国家出版基金项目
NATIONAL PUBLICATION FOUNDATION

中国近代小报小说研究

上册

孟兆臣 著

朝華出版社

伶離婚訊

嚴俊眼部紅腫的原因

湯帝因汽車成階級

與王抱良瞎攀談

佩娜漢口結新歡

將於二十日結婚

周伯勳的治肺妙訣

無題

賽金花

小說日報

民國廿八年八月十九日 星期六
第五號 （今日一張・實售二分）
（公共租界警務處登記證C五四九號）
地址：上海南京路慈淑大樓五二八號
電話：九二三三四（轉接各部）
（定報價目）每月六角 三個月一元六角 半年三元 全年五元
（廣告刊例）報名旁每方十元 封面每二十元 特等半二十字…

割「血瘤」斷送一命！

紅十字會醫院被控

天緣婚姻信託社主人痛其子慘死 準備將孩屍在大新公司櫥窗陳列

本報專訪

手術經過

備忘錄

捨身割股

報捕驗屍

劉郎襍寫

雲裳

售僞榜

（五）

捉刀人撰

五、全權代表

百樂門血案

陳查禮偵探案

歐爾特畢格斯原著

程小青 龐嘯龍 合譯

第二章 旅店血案

（五）

郎當私記

一方

可靠方面消息

事態嚴重

浮生小誌

玲瓏

出版说明

本书为研究中国近代小报小说之专著。作者深入冷门，钩沉剔抉，将目前所见之近代中国小报小说尽量收入书中，可称集大成者。

本书资料翔实，洋洋近百万言。然引用原作原文处颇多，故有必要说明如下：

1. 小报小说，近代以上海为最，作者多为沪上文人，故作品多以沪上方言表现，上海俗语充盈其间，一般读者恐难通晓。为保留作品原貌计，本书作品中沪语方言未加径改，作者则另辟一章专门解释上海俗语，以释读者之惑。

2. 本书收入之小报小说，刊发时间多为二十世纪初至四十年代末。因彼时写作语言文字及表达方式，与后来的规范现代汉语写作表达多有不同，亦为保留作品原貌计，对作品中当时之表达方式及文字语言表

述大多未做修改，如“哪”“那”不分，“师父”常作“师傅”，等等，不一而足。在此预作说明。

3. 近代小报小说内容，京沪有别。京报小说多以公案、实事为主，沪报小说则以社会、言情著称。然言情小说中，难免涉及“情色”二字，但文涉淫秽者甚少。本书多有引述言情小说原文处，故特此说明之。

中国近代小报小说，虽在中国文学史上地位不高，但作为一种特殊且另类的文学现象，在体裁、题材及表现方式上有其独特性和一定价值，亦有研究之必要。至于这类作品资料之汇编保存，更是文学研究的现实需要。这就是我们出版本书的初衷和获得国家出版基金资助的原因所在。

目录

序

近代小报所登载的小说，姑称之为小报小说。

1840 年至 1949 年，学界有近代、现代、晚清、民国、新文学、旧文学六家之分，小报从 1897 年算起，不过 52 年，却横被六马分尸，完整历史化为碎片，各学科研究者如盲人摸象，看不清历史原貌，殊不足取。小报虽中经清朝覆亡、民国建立、“五四”运动，但并没有发生根本改变，故本编把 52 年作一整体，以近代小报统称之。

小报之收藏，以上海图书馆和国家图书馆最富。20 世纪 80 年代，中华全国图书馆缩微复制中心，曾把 500 多种报纸拍成胶卷，为目前最为完备之资料汇摄，胶卷共两套，母片藏在北京图书馆（已有缺损），拷贝贮于上海图书馆。本编以该缩微胶卷和各地图书馆所藏原报为资料来源，共收录小报 205 种（见附表），除残破不堪用者外，凡载小说，皆予收录，或有遗漏，但绝大部分已入篇中。

小报分南北，北派集于北京，天津、青岛等属之，南派汇于上海，无锡、苏州等附之，此乃举其大端而言之，如福州亦有知名小报，却不可强以南北而分隶之。收入本编的205种小报，京海占197种，京海外，地有四处，报仅8种（见小报地区分布表），故本研究以上海、北京两地为中心，分为上海小报小说和北京小报小说两部分，其他地区则附论之。

小报小说数量巨大，名家层出，题材生新，韵味别具。

在数量上，本编收录小说近5000篇。

小报培育了一批小说作家，如周天籁、田舍郎、披发散人、剑胆、尹箴铭、耀亭、哑铃等。周天籁共有小报小说79篇，其《亭子间嫂嫂》在《东方日报》连载了近两年，曾印成单行本发行，至今仍有再版。

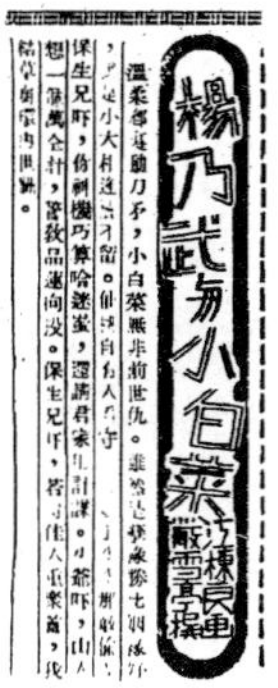

在题材上，小报亦有独创，白相地界小说，演述白相人装笋头、讲斤头、寻相骂、打相打之事，以及摆狠卖斗、搅过明白之举，人物从老头子到小角色，皆摹刻如活，本色当行，承古代侠义之余脉，融入洋场风情，为武侠小说别开新局。

小报充满浓郁的地域风情，如上海白小说用沪堧方言俗语写作，摹刻里弄风情，每日前楼阿姨、亭子间嫂嫂、牵丝攀藤、搅七捻三、吃得死脱，开口杀千刀、浮尸、十三点，闭口触伊那、赤老、猪头三，上接《海上花列传》，而又创制新章。

小报小说向为学界冷落，论者寥寥，本编于近代小说研究，或有裨益，诚所愿也，如有不逮，待方家正之。

孟兆臣

上编

上海小报小说

第一章 上海小报小说综论

一、上海小报概况

上海小报本出花报，李伯元创刊《游戏报》（如图 1-1）于春申江畔，论者以为小报之始。

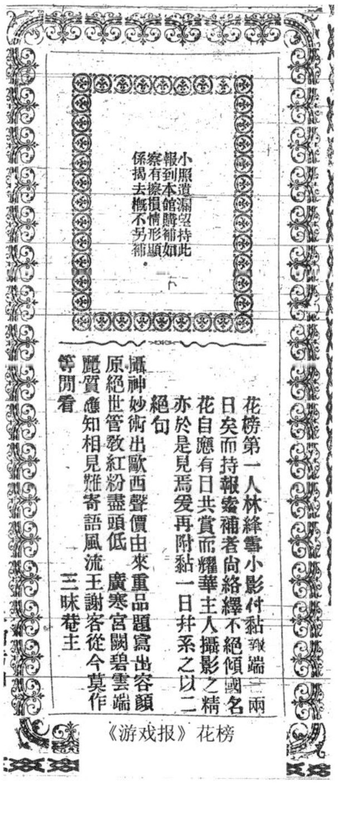
小照遺漏望持此報到本館購補如察有擦損情形顯係揭去概不另補。

花榜第一人林絳雪小影付黏報端二兩日矣而持報購補者尚絡繹不絕傾國名花自應有日共賞而耀華主人攝影之精亦於是見焉爰再附黏一日并系之以二絕句

攝神妙術出歐西聲價由來重品題寫出容顏原絕世管教紅粉盡頭低

廣寒宮闕碧雲端麗質應知相見難寄語風流王謝客從今莫作等閒看

三昧巷主

《游戏报》花榜

图 1-1 《游戏报》花榜

小报初创，以游戏之笔，闲适之度，国家大事，概不与闻，消息出平康北里堪称迅捷，文章撰为风花雪月独擅胜场，此为晚清民初之人略。是为上海小报之第一时期，约在 1897 年至 1917 年间，《世界繁华报》《笑林报》《游戏报》《寓言报》《采风报》足为代表。

迨《晶报》出，记实抉隐、揭露私弊。《福尔摩斯》更以新闻侦探自任，专事揭发各界黑幕，探求社会秘辛，补大报所不敢及，小报之内容，翕然一变。

北伐军兴，革命铁血，军政消

息，不胫而走。李焰生乘时而动，创《硬报》，专载党政要讯、军事秘闻，评讥大员，月旦时局，风行一时。《硬报》停刊，《铁报》继之，小报文风又为之一变也。是为上海小报之第二个时期，约在1917年至1937年间（民初至"八一三"抗战），以四大金刚《晶报》《金刚钻》《福尔摩斯》《罗宾汉》为报首。此时之小报多为三日刊。

承《硬报》之后，《上海报》力矫小报娱情遣兴之旧观，以军政新闻、党国要讯立报，俨有大报风。《社会日报》新闻与文艺双茂，《世界晨报》新闻与知识并重，《时代日报》冶新闻、知识、趣味于一炉，《东方日报》则由时政评论转而致力于小说、小品。

《立报》问世，捐弃成见，兼收二家，既网罗旧派文人，亦载新文学力作。廓清风花雪月，以新闻立报，倡言通俗化、大众化，号为新型小报，《辛报》《迅报》沐其新风，换尽旧颜，趋近新型。是为上海小报之第三个时期，约在1937年至1949年间（"八一三"抗战到新中国成立）。《上海报》《社会日报》《时代日报》《东方日报》《立报》《力报》《小说日报》皆一时之选也。此时之小报多为日刊。

在形制上，大报对开，日出七八张，小报则为4开单张，亦有8开、方型者。小报在种类上，有花报、戏报、游乐场报、党派团体报、电影报、舞报、小说报、画报、医药报等。小报之刊期，有日刊、三日刊、周报。

二、上海小报与小说

（一）第一时期：晚清至民初

晚清小报，阿英（钱杏邨）《晚清小报录》搜罗到32种[①]：《世界繁华报》《笑林报》《游戏报》《消闲报》《寓言报》《采风报》《新上海》《花世界》《花天报》《春江花月报》《艺林报》《奇闻报》《奇新报》《笑笑报》《便览报》《飞报》《笑报》《趣报》《支那小报》《文社日报》《娱闲日报》

① 阿英：《晚清文艺报刊述略》，上海：古典文学出版社，1958年，第47页。

《演义白话报》《方言报》《苏州白话报》《通俗报》《捷影报》《花世界》《鹤立报》《上海白话报》《阳秋报》《国魂报》《娜嬛杂志》。

陈伯熙《上海轶事大观》（上海书店出版社2000年版）刊载2种：《电光报》《飞艇》。①

凡《新发现的三种晚清小报》（《社会科学战线》1981年第1期）发现3种：《国华报》《黄埔潮》《滑稽魂》。②

马光仁《上海新闻史》（复旦大学出版社1996年版）提及3种：《畅言》《趣闻》《戏世界》。③

以上合计共40种。这40种中，唯《游戏报》《笑林报》《世界繁华报》3家维持时间最长，流传下来的报纸较多，其他，则旋起旋仆，为日无多，大部已难觅其踪，存世之原报，已属凤毛麟角。

笔者所见上海图书馆所藏晚清民初上海小报缩微胶卷，共5种：

（1）《游戏报》创刊于清光绪二十三年五月二十五日（1897年6月24日），约于清宣统二年（1910）终刊，日刊，创办人李伯元并主编。后售俞礼，由茂苑惜秋生（欧阳钜元）主编，现存报自1897年8月5日（第43号）至1908年7月24日（第3930号），断残。

（2）《采风报》创办于清光绪二十四年五月二十二日（1898年7月10日），日刊，创办人孙家振（玉声）。历任主笔和编辑者有孙家振、吴趼人等。现存报自1898年7月12日至1900年10月29日，断残。

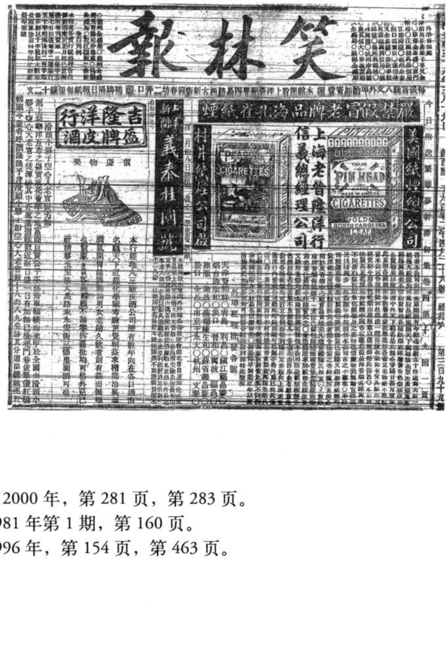
笑林報

图1-2 《笑林报》

（3）《寓言报》创刊于清光绪二十七年正月十五日（1901年3月5日），日刊，创办人沈敬学（悦庵）。现存报自

① 陈伯熙：《上海轶事大观》，上海：上海书店出版社，2000年，第281页，第283页。
② 凡：《新发现的三种晚清小报》，《社会科学战线》，1981年第1期，第160页。
③ 马光仁：《上海新闻史》，上海：复旦大学出版社，1996年，第154页，第463页。

1901 年 3 月 5 日至 1905 年 3 月 12 日，断残。

（4）《笑林报》（如图 1-2）创刊于清光绪二十七年正月二十五日（1901 年 3 月 15 日），日刊，创办人孙家振（玉声）。先后主持辑务者有孙家振、周病鸳、刘志仪、刘东轩等，现存报自 1901 年 4 月 2 日（第 19 号）至 1910 年 5 月 29 日（第 4106 号），断残。

（5）《世界繁华报》创刊于清光绪二十七年三月十九日（1901 年 5 月 7 日），日刊，创办人李宝嘉。后由欧阳钜元（茂苑惜秋生）、任堇叔先后接办。现存报自 1901 年 6 月 24 日至 1907 年 10 月 21 日，断残。

1. 小报附送、登载小说

晚清民初小报以花伶两界为主，报道花事，月旦歌场，旁及奇闻异事，稍涉政治和社会。小说则每日随报附送，不取分文，通常是印成书页式，有的除了原文外，尚有绣像。

大报最早登载小说的是蔡尔康任主笔的《沪报》，从 1882 年开始随报附送《野叟曝言》。最早刊载小说的杂志是 1892 年韩邦庆办的《海上奇书》，刊载韩邦庆的《海上花列传》。晚清小报大半散佚，其登载小说，究竟创于何报始于何年起于何日已无从考其详矣。然小说与小报，二“小”相逢，本是同根，俱为“小族”，天性相近，谊同兄弟，则不待考证而后然。如果说大报与小说，小大不偶，半是勉强迁就。那么小报与小说，同出娱乐消闲，趣味相投，则实属天缘凑泊。

晚清民初 5 种小报，有关小说、弹词、新戏登载、附送数据如下。

（1）《游戏报》

附送弹词：《双飞凤》

登载小说：新小说《饿鬼道》（未完）；短篇小说《吓死了哥》

（2）《采风报》

附送小说：《海上繁华梦》

（3）《寓言报》

附送小说：《澹园述异》（文言短篇集）

(4)《笑林报》

附送小说、弹词：《仙侠五花剑》《繁华梦初集》《九仙枕新词初集》(弹词)

登载小说：社会小说《牛渚犀》(至第13回未完)；社会小说《八大人》(至第3回未完)；写情小说，香梦稿本《宓妃枕》(至第15回未完)；滑稽小说《笑矣乎》(至第10回未完)；短篇小说《王公子》；短篇小说《老大病国》

(5)《世界繁华报》

登载小说：《官场现形记》(至第49回未完)；新著小说《糊涂世界》(至21回未完)；短篇小说《元妙观之气球》(未完)

登载弹词：《庚子国变弹词》(至39回未完)

登载新剧：《新编时事新剧》第一出《康有为说书》；《新编花丛新戏》第十一出《陆兰芬归阴》；《新编时事新戏》第二出《莲珊哭狱》

5种小报共登载小说13篇、弹词1篇、时事新戏(剧)3篇，附送小说4篇、弹词2篇。原创作品不多，规模上，只有《世界繁华报》的《官场现形记》《糊涂世界》尚属可观，《笑林报》的4种，《牛渚犀》《八大人》《宓妃枕》《笑矣乎》未能完篇。附送《双飞凤》《海上繁华梦》《澹园述异》《仙侠五花剑》等皆为成书，系单行本的重载。

2. 小报对小说的经营

小报除了登载小说外，还承担经营工作。

(1) 小说广告

《游戏报》："新出石印历代剑侠奇技录""新出绘图仙侠平倭演义传"

《世界繁华报》："本馆开印《子虚记》唱本小说告白"

《采风报》："绘图海上名妓四大金刚奇书出售"

(2) 经销小说

《游戏报》：《官场现形记》《海天鸿雪记》《海上繁华梦》《政海波澜》《庚子国变弹词》

《世界繁华报》:《官场现形记二三编》《庚子国变弹词》《海天鸿雪记》《繁华梦初二集》《绣像小说》《千年后之世界》《侠男儿》《子虚记》《双碑记》《离魂病》《英国诗人吟边燕语》《夺嫡奇冤》《迦因小传》《恨海春秋》《轰天雷》《(铁)世界》[①]《□生包探案》[②]

(3)代售小说

《游戏报》第2318号[③]广告云:

《官场现形记》出现,本馆代售,每部六本一元[④]。

1903年8月16日《游戏报》广告《本馆出售书画以及各种小说》云:

石印《凤双飞》原板白纸二元八角、新著《海上繁华梦》每部八角、新出《政海波澜》小说六角……《绣像小说》每本二角……《庚子国变弹词》一元二角。

(4)刊印说部

《笑林报》1901年4月2日二则《本馆告白》云:

本报不惜巨资附送新出《仙侠五花剑》奇书,此书力辟托名剑侠各小说之谬,素无刊本,非近今坊间新出各书所同日而语,并请名手绘成图像,准期28日为始,每日随报附送一页。

本报从前每日附送之《仙侠五花剑》新书,因购者纷至沓来,现已仿聚珍版重加校印,于即日起发售。每部六本,小洋四角不折不扣,批发从廉……惟闻近有无耻之徒,翻作石印小本,希图影戳混售,字迹即甚模糊,语句又多脱落,除本馆洋东秘查追究外,购者幸勿为其所蒙,是为至祷。

刊载、代售外,还行刊印之职,报馆又变为书局。《游戏报》第166号[⑤]《绘图〈凤双飞〉招股》云:

是书为兰陵程惠英女所著,向无刻本,此刻除《游戏报》馆排日印送外,因卷帙太多,阅者必须先睹为快,拟用洁白连史纸排印,限明春

---

① 原文漫漶,疑为“铁”字。
② 原文漫漶一字,以“□”代替,全书同。
③ 原报缺损,无日期。
④ 本书引文中出现数字原文多是汉码,因为不易一一核查,本书尽量还原,但不做统一。
⑤ 原报缺损,无日期。

出书，加绘精致图像，以快阅者。年内订购每部三元，出书后每部六元，如欲购股单者，向《游戏报》馆账房面议可也。

“招股”“购股”二词，揆其语意，似为股份之股，脱如是，则意为招纳投资人购买股份，共享刊行小说之润余，则可见小报小说经营手段之翻新也。

3. 小报对通俗文艺市场的开拓

主持小报的“洋场才子”们对通俗文艺市场有清楚的认识。《消闲报》（1897）第2号[①]《释〈消闲报〉命名之义》一文云：

既歇息，则闲矣，既闲，则当有消闲之法矣。一篇入目，笑口既开，虽非调摄精力之方，要亦可为遣闷排愁之助也，此可为当道诸公消闲者也。或者高人韵士，酒阑灯灺，苦茗既熟，有约不来，走马王孙，倦游既返，深闺才女刺绣余闲，既无抵掌良友，复乏知心之青衣，得此一纸，借破岑寂，或可暂作良友青衣观乎？此可为高雅诸君消闲者也。甚或读书童子，读史传不得其门者，谈《聊斋志异》乃足启其聪明。读毛诗不知其义者，诵元人曲本乃适以开其智窍。此无他，庄重难收，诙谐易入耳。此则后来之秀，于正课之暇，亦可借此以消闲也。

近代报刊传媒下的文化娱乐市场发动于何时呢？近代首份小报，是创刊于光绪二十三年（1897）的《游戏报》，此前没有通俗文艺、消闲娱乐报纸，只有3种文艺杂志：（1）申报馆的系列杂志《瀛寰琐记》（1872）、《四溟琐记》（1875）、《寰宇琐记》（1876）；（2）沈饱山编的《侯鲸新录》（1876）；（3）韩邦庆《海上奇书》。这3种中，除《海上奇书》外，其他二种以发表诗文为主，不是纯粹的通俗文艺刊物。如此说来，1897年以前的通俗文艺市场几近空白，迨小报出，才得以开发成型。现知近代最早专载小说的期刊是梁启超主编的《新小说》，创刊于光绪二十八年（1902）十月，大大晚于《游戏报》。以此推算，则1897年至1902年，报纸传媒是小报一家独大，对于通俗文艺市场之开拓，小报之劳，功莫大焉。

---

① 原报缺损，无日期。

小报为纯粹的消闲娱乐报纸，日载花事、菊讯，奇闻、逸事，长三、么二，文虎、常识，涵盖了市民生活诸方面，贴近其生活，迎合其心理，激发了市民的消闲娱乐欲求。

4. 小报同人俱乐部

孙玉声在《报海前尘录·笑林报馆之回忆》中说：

余创《笑林报》，为克期促成小说及晚间会友起见，故于数年之中，先后成《五花剑》三十回、《海上繁华梦》百回、《优孟衣冠》三十回（后改名《如此官场》）。盖苟无日报以督促之，则此各小说必致有头无尾，今日工作，可至来日。今则日报中每需用，不得不逐日下笔，以底于成也。至于晚间会友，则九、十点钟后，吴趼人、周病鸳、高太痴、李伯元、沈习之、俞达夫、刘子仪、夏兰生君等诸友，无不飘然而来。每夕高朋满座，兴至则酌酒赋诗，弹丝品竹（馆中备有乐器），各随所好，不啻一同文俱乐部，惟不叉麻雀，以免赌博恐伤友谊。而尤热闹者，为夏历新年，锣鼓管弦之声，恒达于户外，环而听者如堵。今回首追思，此乐已万难复得，曷禁感慨系之。①

从孙玉声的回忆看，《笑林报》馆俨然成了小说家交际场所，为小说家交流经验、沟通信息、交易稿件提供了方便。

（二）第二时期：民初至“八一三”

上海小报发展的第二个阶段，以民元至“八一三”抗战为时限，其间小报繁盛，数量众多，品类亦夥。

此一时期，以 1919 年 3 月 3 日《晶报》出版发端，继其后《金刚钻》于 1923 年 10 月、《福尔摩斯》于 1926 年 7 月、《罗宾汉》于 1926 年 12 月陆续创刊，上述 4 报，人称“四大金刚”，蔚成一段小报史上的三日刊潮。

《新世界》稍早于《晶报》，之后《大世界》《先施乐园》《天韵报》等现身报坛，是为游乐场报。

---

① 海上漱石生：《报海前尘录》，《新夜报》1934 年 4 月 6 日。

1926年骆无涯创办《荒唐世界》，为横式4开报，此类横报亦曾风行一时。

1929年实业家匡仲谋创办日刊《上海报》，干兰孙出版《上海日报》，与此同时，胡雄飞创刊《社会日报》，三份日报刊出，报界影从。于是，《世界晨报》《东方日报》《时代日报》等一批日刊纷纷发行，取三日刊而代之，以此开启日刊时代。

此一时期以三日刊为主要发行形式，以“四大金刚”影响之巨，故又可视为以“四大金刚”为代表的三日刊时代。

此期上海小报之繁荣，为人羡称为“黄金时代”。谢啼红、陈灵犀、巴八三人皆为洋场才子，报海求生，编辑为业，他们在《小型报痛言》(谢啼红)、《小型报杂论》(陈灵犀)、《报余话报》(巴八) 中，闲话当年三日刊时代繁盛之景况，综括其所言，约为以下数端。

1. 出版自由

谢啼红说：“反正那时候出版界相当自由，政府既未实行新闻统制，也不必向租界当局呈请登记 (民二十以后，中宣部内政部始厉行出版法登记报纸杂志)，说出版就可出版。”①

2. 以报作遣

谢啼红又道：“在从前，办小报既轻而易举，便有些人把它当作玩意儿，化上几百快钱，玩一张小报，骂骂人、出出风头。玩得好，就此玩下去，玩得不好，便牺牲了也没有什么大不了。公子哥们逞一时高兴，便会玩起小报来……玩腻了，兴头过了，随时可以关门大吉。像当年著名的‘海上三小’之一的小抖乱叶仲芳，即是把办小报当作玩意儿的一个。”②

---

① 谢啼红：《小型报痛言》，《力报》1940年11月16日至29日。
② 啼红：《小型报痛言》，《力报》1940年11月16日至29日。

3. 稿源充足

“从前的精悍刺激有吸引力的稿件，不但易于征求，在稿费方面也都不成问题。一个特约撰述，每月报酬一二十元的稿费，他便把全部精力贡献你的报上。而在外来的不寄稿费的投稿中，又得尽你选择。”① “写稿的人，大都有基本的职业，基本的生活，抽一些空暇出来写些稿子，目的不是在助助兴、帮帮忙，便是出出风头，决不打算到稿费上面去的。莫说是写稿的，就是那些担任编辑的人，也大都是尽义务的，即使报纸主人致送些车马费，至多也不过二三十元。因是一张报纸，全部的稿子很是精彩，实际上却一文不名。”②

4. 价低销畅

“一张报纸，售价不过二枚铜板，又因是三天一出版，一月中不过十期，每期两枚，计之一月的报费，仅需二百文。”“那时还不曾闹着失业的恐慌，社会的经济力量，要比现在强得多，破费在小报上面，实在不算什么事。所以，那时候小报的销路方面就不愁不发达了。又因一些人买小报时，总是一叠一买，换言之，就是有一张买一张，所以内容差的，也会跟着有相当的销数。”③

5. 百元办报

谢啼红在《小型报痛言》中说：“每期的排印工不过四五元，一令报纸不过三元左右。外稿是不支稿费的，报纸出版，到了望平街，无论内容如何，每期至少可销四千份以上，内容精彩，销万份以上并非难事。广告亦容易兜揽，有一二百元当然可以办小报了。”④

陈灵犀是著名的《社会日报》主编，谢啼红曾为《铁报》等多份报纸的编辑和作者，其时政评论，一时无两，讥弹政要，不稍假辞色。巴八不知为谁氏化名，但为界内人士则无疑，三人所言，为其亲身经

---

① 巴八：《福尔摩斯》，《报余话报》1936 年 8 月 5 日至 23 日。
② 巴八：《福尔摩斯》，《报余话报》1936 年 8 月 5 日至 23 日。
③ 巴八：《福尔摩斯》，《报余话报》1936 年 8 月 5 日至 23 日。
④ 谢啼红：《小型报痛言》，《力报》1940 年 11 月 16 日至 29 日。

历，绝非虚语。

三日刊时代的小报，多以军政内幕、秘史珍屑、艳闻逸事为内容，言人所不敢言，道人所不敢道，小说退居其次。

三日刊时代的主要小说作家有：海上漱石生（孙玉声）、张春帆、平江不肖生（向恺然）、顾明道、程小青、徐卓呆、包天笑、毕倚虹、张秋虫等。

此一时期小报数量多，品类杂，分述如下。

《游乐场报》

民国初年出现一批由游乐场出资创办的小报，多以“世界”命名。以《新世界》最早，后相继创刊《大世界》《劝业场报》《先施乐园》《天韵报》《世界小报》《新新日报》等，形成了中国小报史上的新品种。这些小报以宣传资方游艺项目为目的，其文多为品题歌场、月旦氍毹、诗文小品当家，兼载小说。《世界小报发刊词》道得好：“政事第一、社会第二、艺术第三、科学第四、笔记第五、游记第六、谈荟第七……诗文评第十一、词曲话第十二……艳史第十四、生传第十五、花品第十六、花讯第十七……编剧第十九、菊品第二十、小说第廿一、短篇小说第廿二。”① 小说位次第21和22位，足见游乐场报对小说之态度。

其小说作者，如《大世界》海上漱石生，《世界小报》姚民哀，《先施乐园》周瘦鹃、王天恨，《新新日报》刘恨我，皆当时名家。

《新世界》

《新世界》又名《新世界义记日报》《新世界日报》，曾更名为《药风日报》，日刊，由上海新世界游乐场出资开办于1916年，郑正秋、天南佛徒、王小逸先后任编辑，存1917年7月26日第241号至1927年3月2日改版第367号报，总报号约为3555号。

《新世界》是新世界游乐场之机关报，以宣传其娱乐项目为务。共载小说101篇，数目虽多，但绝大部分为短篇小制。郑正秋与《新世界》渊源颇深，为作《小广东嫖院记》。还载有钱杏邨（阿英）的

①《世界小报发刊词》，《世界小报》1923年2月16日。

社会小说《途中》。1921年泰东图书局出版一书，名《技击汇刊》，收4种笔记小说：奚燕子《绿沉沉馆笔记》、闻野鹤《推仔第二楼笔记》、吴绮缘《忆红楼笔记》、平襟亚《襟霞阁笔记》，这4位作者都是《新世界》的撰稿人，所收入的4种笔记俱刊载于《新世界》日报。

《大世界》

《大世界》，日刊，黄楚九创于1917年7月1日，为大世界游乐场机关报。由天台山农（刘青）、海上漱石生（孙玉声）主持笔政，存1918年2月15日第230号至1937年3月3日第3581号报。《大世界》以登载诗词与笔记为主，小说方面，连载时间较长的有：

警世小说《此中人语续编》瘦菊戏笔，连载194日。

警世小说《黑幕中的黑幕》漱石生，连载147日。

侦探小说《黑衣盗》澹庵，连载120日。

社会小说《海上销金窟》蘧庐，连载162日。

社会小说《凤尾春闲录》皖江曹痴公，连载483日。

社会小说《眼底沧桑》彭云上，连载539日。

《大世界》辟《寓言世界》栏登载小说，共刊269篇，然多为几日即毕之短篇，名家亦稀。

《先施乐园》

《先施乐园》又名《乐园》《先施公司日报》《上海先施日报》《乐园日报》《先施乐园日报》，日刊，由上海先施乐园公司出资创办于1918年8月19日，周瘦鹃为编辑主任，存1918年8月19日第1号至民国十六年五月十八日第3153号报。

《先施乐园日报》初期名家云集：

苏曼殊：哀情小说《碎簪记》，原载《新青年》，移载于此。

徐卓呆：社会小说《巨眼怪物》、怪异小说《肖像画》、言情小说《蜕》（半梅著，冰血评）。

周瘦鹃：哀情短篇《悼亡》《世界短篇小说杰作集》。

程小青：长篇言情《爱海回波录》、奇情小说《剑光花影录》、侦探小说《江南燕》。

李涵秋：爱情小说《爱国丐》。

姚鹓雏：哀情小说《劫外离鸳》。

胡寄尘：社会小说《蠔首蛇心录》。

《先施乐园日报》共刊小说 93 篇，名家虽夥，然多为短篇。

《天韵报》

《天韵报》又名《永安天韵报》《天韵日报》，日刊，由永安公司天韵楼游乐场创办于 1922 年 4 月 15 日，先后为主编者有：骆无涯、王蒨士、王后哲、吴绮缘、王瀛洲，存 1922 年 4 月 15 日第 1 号至 1930 年 3 月 1 日第 2781 号报。《天韵报》设有小说专栏，共载小说 66 篇，多为短篇。

《天韵报》刊有林琴南小说《巫媪女》，署名践卓翁，编者按云：

> 琴南先生为说部泰斗，海内人士，景仰久矣。本报出世，谋为小报界开一新纪元，罗致名人著作，不遗余力。适旧友郑子广琦，重游京华，因托以此意达诸先生。郑子游先生门下有年，极得先生称许。抵京拜谒，即申是言，先生竟不以为忤，慨然以此作交郑子。并谓心中积悃，所蓄已多，有暇将再撰新作，以付本报刊布也。①

可知此篇为林纾原创初刊，非转载他报也。

张静庐为著名出版家，并不以小说闻世，《天韵报》刊存其多部作品。计有：《我与她——夫妻》《狱中》《无期徒刑》《妻》《那是一个的错》《车中》《两头大》《小河》《王嬷嬷的嘴》《学徒的早晨》。自 1923 年 8 月 2 日至 17 日，每日都有静庐的小说，间或一日两篇。除小说外，静庐还发表了《春季小说批评》，编者按语云：

> 张静庐先生是新的《小说月刊》的主任和泰东书局的编辑，对于小说一门，很有研究，曾经出版有《中国小说史大纲》一书，现在又将其研究小说的一种新心得，特与本报作小说批评一种，逐日刊登。②

此外，尚刊有来岚声《月夜》《可怜的她》，周世勋著、包天笑阅《海上照妖镜》。来岚声和周世勋二人不以小说名世，然皆著名小报

① 践卓翁：《巫媪女》，《天韵》1922 年 4 月 15 日。
② 编者：《读余尾韵》，《天韵》1922 年 5 月 15 日。

报人，来氏所办两种日刊并擅胜名，一为《时代日报》，一为《世界晨报》；周世勋则创戏报《罗宾汉》。

《世界小报》

《世界小报》，日刊，1923年2月16日创刊于上海，由小世界游乐场出版发行，主编张丹斧、姚民哀，存1923年2月16日创刊号至1926年3月27日第973号报。所载小说仅19篇，创刊日即刊海上觉梦人之《歇浦潮拾遗》，其他连载小说尚有：

杨尘因《漂泊萍花记》，萧引楼主《憔悴风花录》，吴门徐碧波《绮楼情劫》，范菊高撰述《情天网丝录》。其中，范菊高，著名小说家范烟桥之弟，以诗词名家，小说并不多见。

《晶报》

《晶报》，三日刊，为“四大金刚”之首，余大雄创刊于1919年3月3日，编辑张丹斧，存1919年3月3日第1号至1940年5月23日第4151号报。内容以短论和小品为多，共载小说33篇，多为名家长篇连载，如李涵秋的《爱克司光录》，及其遗著《新广陵潮》，张恨水《锦片前程》《新人旧人》、天笑《冠盖京华》、漱六山房《最新九尾龟》、刘恨我《烟雾花都》。其中《冠盖京华》连载4年之久。陈冷血亦擅说部，但小报不多见，《晶报》刊其署名冷血的《荡儿》。王妙如的《女狱花》以倡言妇女解放平等而知名，原有单行本，重刊于《晶报》，题为“清季革命小说西湖女士王妙如遗稿，周越然先生借抄”。

《金刚钻》

《金刚钻》，三日刊，“四大金刚”之一，创刊于1923年10月18日，存1923年10月18日第1号至1937年8月13日改版第223号报，总报号为2801号。依郑逸梅先生的说法，《金刚钻》是为了对抗《晶报》而创刊的。当时主持《晶报》的余大雄，挑拨文人笔战，他躲在云端看厮杀，其意不外推广《晶报》的销路。他甚为得意，以为自己有舆论地盘，可以随便在报上骂骂甲、讽讽乙，故引起了一些人的反感。于是陆澹安、朱大可、严独鹤、郑子褒、施济群、孙漱石、严芙孙等10人，每人出10元钱办了一张报，名为《金刚钻》，以为金刚钻的硬度比水晶还强。

编辑有施济群、陆澹安、韦兰史、冯梦云、沈秋雁、张恂子、郑逸梅。

《金刚钻》在三日刊中，以登载文艺作品著名，共载小说70篇，但多为短制，百日以上仅14篇，然多名家名作。如：吴门程瞻庐的社会小说《奈何天》、拂云生的《十里莺花梦》《花影灯痕》、拿云生的《黄熟梅子》、王小逸的《众生相》、汪仲贤的《歇力笑》《毬大王》《老枪之友》《恼人春色》、张恂子《虎窟双雏》、春茧生的《欲海沧桑》。胡梯维的《十里莺花梦》后出单行本。

陆士谔在《金刚钻》发表了很多作品。小说有《金刚钻小说集·猫之自述》、讽刺小说《八仙失道》、侠义小说《枫冷吴江》。文章有《小闲话》《答余云岫先生》(讨论小闲话)《贼话》《谒禹陵记》《秋灯漫录》《冬窗闲话》《记平湖之游》《义友记》《说小说》《客话》。另外《上海小掌故》栏目中也有许多陆士谔文章。《金刚钻》长年有陆士谔的医疗广告，他还为《金刚钻》编第4版的《医林》栏目，并亲手撰写栏目的开场白。除此之外，他还撰写了许多篇医话发表在报上，《金刚钻》从1926年9月3日起在第1版下缘或上缘，皆有陆士谔的医话，作品旁边即陆之医疗广告。如《中西医学平议》《陈逍遥》《发狂论》《爱国病》。《发狂论》《爱国病》二篇十分奇特，似医话，又像文言小说，寓义深厚，可谓中医文言小说。还有一篇《寒魔自述》，从笔法上看完全合乎今日的科普作品，可命名为中医科普小说。

《福尔摩斯》

《福尔摩斯》，三日刊，“四大金刚”之一，由胡雄飞、姚吉光、吴微雨创刊于1926年7月3日，编辑吴微雨，存1926年7月3日第1号至1945年10月22日第2700号报。《福尔摩斯》以大无畏精神致力于社会新闻的报道，以载大报之所不敢载的社会秘闻而著名，招惹官司颇多。共载小说45篇，短篇多，百日以上仅7篇，名家亦鲜，有张恨水国难小说《仇敌夫妻》、漱山六房《柳城鸣镝录》，汪仲贤9种，然都为短篇。

《罗宾汉》

《罗宾汉》，“四大金刚”之一，周世勋创刊于1926年12月8日，初为三日刊，1935年5月1日改为日刊，以菊讯和戏评为主，故有“戏报鼻祖”之称。周世勋、朱瘦竹分任戏曲和电影编辑，存1926年12月8日第1号至1949年7月9日第6178号报。

所载小说共45篇，1937年前仅10篇，殊无足观，无甚名家，只有龙公、个侬充廖化先锋。

1942年后名篇佳作，目不暇接。如冯蘅《黑天堂》《白地狱》、苏广成《歌场风月》、田舍郎《小梅香》《现世男女》《二姐夫》、还珠楼主《黑孩儿》《大侠狄龙子》、吴绮缘《新升官图》皆名篇力作。《罗宾汉》亦为白相地界小说园地，刊登披发散人《血溅上海滩》、周益世《十八条好汉》《十三太保喋血记》，3篇皆为名作。田舍郎《流水多情》、王小逸《铁蹄下》、周益世《五人义》3篇写新中国成立前夕，曙光乍现时上海人之心态，绝望与希冀兼有，惊诧并疑虑共存，如描如画。

“横报”

1926年前后，涌起一股所谓横报潮，因其为横式8开，故名“横报”。骆无涯《荒唐世界》最早，其后则《叽哩咕噜》《牵丝攀藤》等，名字皆稀奇古怪，使用上海俚语，所载多为洋场花月，嫖赌门槛，为时甚短，小说亦稀。

《小说日报》

《小说日报》，日刊，1922年12月3日徐枕亚创刊于上海，徐枕亚自任发行主任兼杂俎编辑，许廑父任编辑主任，严芙孙任广告主任兼增刊编辑，后严芙孙辞广告主任，孙纬才接任，增刊主任由许廑父兼，其他编辑尚有郭元觉、朱松路、孙季康。存1922年12月3日第1号至1923年9月17日第280号报。

栏目有小说界、小说、杂俎，后又增加读者俱乐部栏目。小说界子栏目有小说界消息、小说话。杂俎子栏目繁多，先开设有□□琐记、趣□汇录、艳语拾遗、□□琐闻、青坳诗话、报余杂载。后有艺林、野乘、笔札、游记、诗话、谐海、丛谈、报余。

小说界消息栏目，如1922年12月8日报道云：

青社三日假东亚酒楼西菜部开第五次聚餐会，并欢迎京来社员何海鸣。

青社员何海鸣，现在新旅社，小说界往访者纷纷不绝，闻何君留沪数天，尚拟赴杭一游，再行回京，何君并允以佳稿惠本报云。

商务《小说世界》，定期耶稣圣诞日出版，内容固极丰富，而新旧兼收，志在消泯党见，有功小说界不鲜。

小说话栏目，刊登史料掌故、批评文章，如许廑父《近代小说名家小史》《社会小说杂谈》《侦探小说丛话》，钮农《论滑头小说》。俞天愤《小说话·译书难》说：

最难的是译书了，在下并不曾读过英、法、俄、日文字，自然外国文法一点不懂。可是也曾听人说，译外国文字，有直译、意译两种，如今那些拗口拖沓的小说，大约是直译文字，林琴南的中国古文式的小说大约是意译了。记得从前《新小说》上，载一段外国人译“驰骋文场”四字，变成骑马向书堆里跑来跑去，前天又看见某报上载一段“狼狈为奸”，变成狼和狈通奸。你想中国文译外国文有这许多笑话，那外国文译作中国文，一定有多少笑话，不过没人发现罢了。[①]

于是作者做了一个试验，把一段包天笑文言小说，倩人译成白话，再由人把白话译成文言，前后四人，文言、白话反复翻译，看是否与最初之文言相符，结果令人啼笑皆非。

经了四次重译，竟把天笑一篇很精彩的文字糟蹋坏了……“老妇瑟缩可怜”一句，第一次译作“露出一种瑟瑟缩缩的样儿，很是可怜”，第二次译作“瑟缩可怜”，第三次译作“形状十分可怜”都还不相上下。末一次，把十分当做一寸，那便译成“面现可怜之状一寸许”，在译的人，自然觉得奇妙，哪里知道全文实在不称呢。

还有一句“余伫立其冷摊前”……第三次译作“我站在那儿好半天”，也差不多，原文伫立和久立意思还近，这好半天也是描摹文字。不料第四次，认这半天两字，当做实有的，便译成“我立六小时”这句

① 俞天愤：《小说话·译书难》，《小说日报》1931年1月3日。

话，倘使真有其事，那真成个呆子了。

大家从此知道译书是不容易的事，不要说中国人译外国文不容易，便这中国人译中国文言，尚且有这种笑话呢。所以我说，不深通中国文的，不要去译外国文，不深通中国文的，更不可强译中国文的白话，这是最紧要的金科玉律哇。①

《小说日报》共载小说11篇，颇有名家连载，如：

《上海近十年目睹之怪现象》东越许廑父。

《双云记》松陵赵眠云著，海虞双热评。

《儿女金鉴录》海虞徐枕亚，会稽蒋箸超。

《青磷碧血记》剑尘。

连载剧本有：

《梅话簪剧本》李瀛洲。

《小说日报》刊有许多徐枕亚作品，其中诗愈加珍贵。徐之夫人蔡蕊珠殁于29龄，枕亚作《杂忆三十首》悼亡。其诗云：

人生丧偶忌中年，况复伦常恨莫宣。

欲仿微之裁杂忆，笔端几度费周旋。

彩笔题红句漫夸，当年曾共占春华。

锦窠云散诗成谶，此后真无诚意花。

余与蕊珠初订婚时，曾咏辛夷诗寄意，有“只恐锦窠云易散”句，今日思之，真诚语谶。②

后又作《杂忆诗补遗》，其诗云：

毕生命蹇未逢辰，万毒千灾萃一身。

没世犹教留缺憾，匆匆二十九年人。

谚有三十不满廿九之说，言恶人不足以言寿，蕊珠存年适合此数，嫉之者遂以为口实。③

空劳亲友费调停，既合仍离刻不宁。

到死未知家室乐，长眠滋□胜飘零。

---

① 俞天愤：《小说话·译书难》，《小说日报》1931年1月6日。
② 徐枕亚：《杂俎·艺林·杂忆三十首》，《小说日报》1923年3月7日。
③ 徐枕亚：《杂忆诗补遗》，《小说日报》1923年4月10日。

余与蕊珠两次离婚，辛酉秋间，经亲友极力调解，仍许归侍庭闱。不一月，有同儿坠楼之变，狱成后，遂为末次之离婚。唯因手续仍未完备，家人不能即为余别娶，而蕊珠乃有不得不死之势。①

勉支难局卿怜我，如此收场我负卿。

此后三郎郎不得，头衔新署泣珠生。②

《杂忆三十首》及其《补遗》共有40首之多，记其与蔡氏13年夫妻生活，可供考证徐之生平之用。徐诗之外，许廑父、李定夷、潘无朕等人刊登广告为徐枕亚夫人征集悼词。《小说日报》上刊有《泣珠集》，集共30续，收宗子威、胡寄尘、程瞻庐、孙玉声、范烟桥、徐卓呆、樊樊山、徐哲身等悼蔡蕊珠之作。

《小说日报》颇多创办者徐枕亚广告和作品，庶或有助徐氏及鸳鸯蝴蝶派研究。

《小日报》

《小日报》，日刊，1926年8月1日创刊，创办人舒舍予。沈吉诚、冯梦云、包天笑、江红蕉、范烟桥、黄转陶、查士端、尤半狂等先后为编辑，存1926年8月1日第1号至1948年8月31日复刊第487号报，总报号约为4380号。

《小日报》自创刊之日起即连载小说，曾于第一版设立小说版，许多作品连载时间既长，且篇章完整。如：

天笑《春城飞絮录》、铁蛇道人《稷门余腥录》、顾明道《海上英雄初集》《海上英雄续集》、求幸福斋主《当头棒》、朱太白《酒市秘辛》。

1937年前刊共45篇，1937年后小说激增，仅1949年一年即载小说10篇。战后除名家周天籁、周益世、冯蘅、桑旦华外，《小日报》还刊登了一些新文学家作品，有张爱玲《郁金香》、苏青《鸳鸯湖》、张宛青《春情》、苏凤《桃源路》。张爱玲《郁金香》已有复旦大学李楠女士撰为文章，谓为首次发现，引起专家和读者的重视。

---

① 徐枕亚：《杂忆诗补遗》，《小说日报》1923年4月9日。
② 徐枕亚：《杂忆诗补遗》，《小说日报》1923年4月10日。

《上海报》

《上海报》，日刊，为上海蓬莱市场的日刊，由近代著名实业家匡仲谋创刊于1929年10月1日，存1929年10月1日第1号至1939年3月31日第3170号报。

一版言论，其他版新闻，兼及小说。

其小说多名家长篇，如包天笑《上海的解剖》、海上漱石生《呆侠》、秦瘦鸥《草泽英雄传》、程小青《白衣怪》、程瞻庐《黑暗天堂》、刘白帆《十年之爱》、姚民哀《双龙伏虎记》。

“八一三”事变停刊，1938年1月23日复刊后，其二、三版渐次演为小品、小说版，此时曾淹、张冰独为编辑。所刊小说如：

《红楼花絮》红薇（文言）。

《捉刀六记》张庆霖（文言）。

《血宝塔》皖南汪剑鸣。

《张公馆》白华女士。

《上海报》刊有钟孑民的《血泊鸳鸯》。钟氏为北京作家，作品多刊于北京小报，数量颇多，然在南方小报中却难得一见，可知《上海报》罗致作家不遗南北，且不弃新旧，兼收二家。又曾载郑振铎《最后的十二勇士》（原名《桂公塘》选自《文学》）、沈从文《绅士的太太》。沈从文作品，与小报旨趣迥异，竟登诸报端，可谓奇观。

《社会日报》

《社会日报》，日刊，由吴微雨、胡雄飞等人创刊于1929年11月1日，后由胡雄飞独立承办，存1929年11月1日第1号至1945年8月7日第5204号报。《社会日报》是二十世纪三四十年代的著名小报，获得了很高的社会声誉，得到了鲁迅、林语堂、曹聚仁、周楞伽等文化名人的赞赏。

《社会日报》气魄宏大，奋发进取，勇敢地摒弃偏见，为新文学与小报建立联系。鲁迅、曹聚仁、徐懋庸、郑伯奇、陈子展、周木斋、高季琳、柯灵、唐弢等都曾为《社会日报》写过文章，其中几个人还曾为《社会日报》做过编辑。

小说方面，共载小说180篇，其中1937年后135篇。《社会日报》初期甚为精彩，一时名家荟萃，如张恨水的《春明外史》《京尘幻影录》、漱六山房的《大刀王五》、汪仲贤的《江湖流浪记》、豆蔻(陈灵犀)撰《风尘奇女子》，其中，汪仲贤的社会小说《江湖流浪记》连载了4年多，漱六山房的武侠小说《大刀王五》连载了2年多。

但1937年后之新兴作家网罗不利，名家甚少。

其他小报亦有许多稀见小说资料，如：

汤笔花《大常识·上海的魔》《影戏生活·银幕上的梦》。

刘云若《正气报·红杏出墙记》。

翁藕红《上海晓报·如此春明》。

海上钓徒《社会晚报·花落瀛洲》。

刘云若，天津小说名家，其作品多发行于京津一带，很少在南方报纸见到。其他各位皆非小说家，作品难得一见。

《世界晨报》

《世界晨报》，日刊，由来岚声创刊于1931年7月5日，编辑钟吉宇，存1931年7月5日第1号至1937年8月3日新第307号报，总报号1019号。开刊以新闻和小说成辑，创刊号有汪优游《苏台芳草》、漱六山房《镜花水月》、蛹公《小金刚钻》、徐卓呆《金色美人》、吴双热《公孙剑》5部长篇小说排日连载，齐头并进，作者率皆海内名作手，殊为壮观。据姚吉光回忆称，来岚声办《世界晨报》的“出版的目的是企图发行一张日刊，取得长篇小说的版权，而能成立一书店。所以内容除长篇小说连载外，并无其他特色”[①]。

战后姚苏凤预辑务，新文学消息及其作品则频现报端，唯不载身边小品和风月小说，与同侪旨趣迥然不同。《世界晨报》共载27篇小说，以汪仲贤、张秋虫、钟吉宇、冯若梅几位小说家为主。

《时代日报》

《时代日报》，日刊，创刊于1932年7月1日，创办者来岚声，编辑钟吉宇、朱惺公、徐大风、卢溢芳，后期则由樊仲云、万梅子主辑政，存1932年7月1日第1号至1936年4月30日第1389号报。

① 姚吉光，俞逸芬：《上海的小报》，载中国社会科学院新闻研究所《新闻研究资料》编辑部：《新闻研究资料》，北京：新华出版社，1981年第3辑，第277页。

《时代日报》曾日出2张，共8版，亦为小报史上的一份中型报。共载小说27篇，作品不多，名家亦鲜，可堪注目的有汪仲贤小说《朱八嫁》、马儿《代价》、绵蛮《大罗天》，马儿与绵蛮（卢一芳）不以小说名家，作品鲜见。

《立报》

《立报》，日刊，1935年9月20日初创于上海，后移馆香港，又返沪复刊，社长成舍我，总经理严谔声，总编辑张友鸾、萨空了，编辑恽逸群、谢六逸、张恨水、包天笑等，存1935年9月20日第1号至1948年4月30日第7009号报。《立报》被誉为新型小报之嚆矢。《立报》共载16篇小说。《花果山》为小说栏，初由张恨水编，包天笑继之，二位皆小说大家。栏目刊有张恨水《艺术之宫》、包天笑《三舞女》《桃花港》、穹《流亡》。

在小报界，新文学和旧文学之间成见颇深，壁垒森严。在此新旧之际，《立报》则表现得十分通脱。它摈弃成见，兼收二家，为我所用，所载稿件既有旧派文人之名篇，也有新文学家之力作。小说方面，张恨水、包天笑与茅盾、赵清阁，其所属阵营，不言自明。张恨水发表了《艺术之宫》《芒种》《人迹板桥霜》《桃花港》，包天笑刊登了《三舞女》，赵清阁连载了《艺灵魂》。抗战时期张恨水的《桃花港》与茅盾的《你往哪里跑》同时发表，双星并耀，蔚为大观。

陆京士时期之《立报》仍以新闻为主，不载小说，小品版面亦稀。

（三）第三时期："八一三"至全国解放

1937年到1949年间的上海小报内容，由社会黑幕、党国秘辛，一变而为小说、小品，二小当家。小说方面，上海小报仿效北方小报广刊白话说部之举，大量登载小说，被报人称为"南报北化"。

版面上，第一版社会新闻为主，第四版分上、下版，上版法律、医药、问答征求、来函代邮，下版是影剧；二、三版全部让给小说、小品。4开一张的报纸，同登5种、7种、多至十几种小说，触目皆是，形成小说刊载高潮。

以《东方日报》《上海日报》《铁报》《罗宾汉》《吉报》《飞报》《力

报》为代表，涌现了一批以登载小品、小说为主的小报，包括《小说日报》《真报》《繁华报》《大风报》《好莱坞日报》《活报》《上海人报》《光报》《风报》《天报》《苏报》《诚报》《今报》《万言报》《万象报》《上海小报》《品报》《袖珍报》《正报》等。

反映在数据上，第二时期111种小报，载小说1884篇。而第三个时期，63种小报，共载小说2966篇，两阶段相比，报数仅逾半数，而小说总数超近一倍。第二阶段多短篇，而此期多为中长篇。

培育了周天籁、田舍郎、苏广成、周益世、披发散人、黑旋风等辈大家。产生了《亭子间嫂嫂》《小山东》《斧头阿毛》《小裁缝艳史》等一批名作。

《东方日报》

《东方日报》，日刊，1932年5月27日由徐善宏创刊于上海，编辑谢豹、陈蝶衣，存1932年5月27日第1号至1949年4月30日改版第645号报，总报号5267号。《东方日报》初为时政评论报，后屡经改易，抗战胜利后，终成小说、小品之格局。

《东方日报》1937年前仅刊小说17篇，1938年复刊后，共发表154篇小说，是孤岛时期和抗战胜利后最重要的小说刊载园地之一，名家名作汇聚。

《东方日报》创刊之初，颇赖几部小说壮其观瞻。所登小说，既有前贤如包天笑、张恨水、孙了红，又有后进如周天籁、田舍郎、苏广成、捉刀人、红绡、张宛青者。作品如：汪仲贤《风尘怪侠》、张恨水《如此春城》、田舍郎《小苏州》《宁波阿姨》《阴错阳差》《男男女女》、苏广成《谢谢一家门》《痴男怨女》、红绡《白衣天使》、张宛青《星海浮沉》《梅娘曲》等。

周天籁小说刊于《东方日报》最多，洵为《东方》第一作手，共12篇。《亭子间嫂嫂》《三少奶奶》《亭子间嫂嫂外传》《海上一妇人》《李凤姐》《楼头春色》《碧玉姻缘》《巷中花》《混血女儿》《歌国皇后》诸篇，皆自具机杼，篇篇不苟。

其中尤以《亭子间嫂嫂》最负盛誉。小说自1939年7月3日甫一刊载，读者争相购阅，《东方日报》销数为之激增。老板反复促其赓续，连载一年有余，达 100 万字才告杀青，后又刊登续集，并出版单行本销行。书以会乐里淌白生涯为题，用上海方言俗语叙事，笔调细腻，情致缠绵，为上海风情小说之代表作品，至今仍有再版。

唐大郎，小报名家，诗文一时之选，人称“江南第一支笔”，小说非所长，然大郎出其余绪，撰有社会长篇《乱刀集》《量珠十记》《归儿记》3 篇小说。

《东方日报》自 1932 年创刊至 1949 年停版，18 年间经抗战、孤岛、沦陷、胜利、解放各时期，报史之长，只有《罗宾汉》《铁报》可堪方驾。初期政论之姿，呈硬派作风，后期小说亦云不弱，培育了周天籁等优秀作家，对上海小报史贡献良多。

《辛报》

《辛报》，日刊，1936 年 6 月 1 日创刊于上海，主编姚苏凤，存 1936 年 6 月 1 日第 1 号至 1949 年 5 月 12 日复刊第 589 号报，总报号为 1482 号。上海小报史上，自《上海报》《世界晨报》《时代日报》开始注重新闻报道，倡导语体文。《立报》出，进而廓清风花雪月，以新闻立报，倡言通俗化、大众化，号为新型小报，《辛报》追随于后，亦趋新型。姚苏凤资深报人，推慕新文化，《辛报》多载新文学家作品和消息，然小说甚少。

《辛报》1947 年 9 月 17 日改版，规复海派小报之旧观，以二小（小说、小品）为主，共载小说 78 篇。

捉刀人、周天籁、冯蘅、孟德兰、蓝白黑、田舍郎、苏广成、桑旦华一班人为主干，以上作者，皆为海上小报之惯将旧人。曾几何时，《辛报》之新型，无复存焉。

《辛报》刊登了《亭子间嫂嫂画传》，由董天野制图，为所见海派名著《亭子间嫂嫂》之唯一连环图画版。

《力报》

《力报》，日刊，创刊于 1937 年 12 月 10 日，主编胡力更，编辑金小春，存 1937 年 12 月 10 日第 1 号至 1945 年 9 月 18 日第 2669 号报。《力报》8 年间共载小说 131 篇，为战后海上小说重要园地之一。许多海派小说名篇发表于此，如披发散人《如此小开》、周益世《侠林三少》《小江北》《侠林争雄记》《小山东》、周天籁《风流寡妇》《菱花老五》、苏广成《合欢草》《宜男居》、田舍郎《现世人家》、张健帆《梦里青春》，战后主要作家囊括无遗。其中周益世的《小山东》为白相地界小说代表作。

女作家作品有周炼霞《遗珠》、柳黛《魅言》、张静娴《结婚一年》。柳黛为小品作家，张静娴坤伶，小说偶一为之，赖《力报》得以留存世间。周炼霞画家诗人，小报小说仅此 1 篇，别无他出，十分珍贵。

《上海日报》

《上海日报》，日刊，1938 年由王雪尘创刊于上海，存 1938 年 7 月 1 日第 147 号至 1943 年 9 月 27 日第 1995 号报。王雪尘，南京人，上海小报界一员猛将，玖君为做小传，以石伯挺硬许之。

《上海日报》甫一创刊，尚有劲朗余致，然不数期则蜕化净尽，报风大变，专注小说，其二三版除了《白雪泼墨》等少量小品外，几乎全为小说。以 1940 年 4 月 2 日为例，此一日所刊小说，三版 4 篇，二版 5 篇，共计 9 篇之多。

《上海日报》在创办的 5 年间共刊登了 83 部长篇连载，囊括了当时所有的海上名家，如周天籁、田舍郎、周益世、披发散人、苏广成、黑旋风、乔红薇、张健帆、王小逸、张庆霖、金小春、冯蘅、桑旦华、桃花郎等。

这批作家和前辈诸贤如孙家振、张春帆、毕倚虹、张秋虫有所不同，老辈多为书局写单行本，且篇幅浩大。而新一代则专做小报，择其优者，乃有单行本之刊，其笔下叙黄浦滩头奇奇怪怪之事，缔造了海派小说的繁盛局面。

《上海日报》小说阵容强大，篇篇精彩，如：

周天籁《船家女》。

苏广成《酒肉朋友》《酒色财气》《大小乔》。

田舍郎《难兄难弟》《新嫂嫂》。

张健帆乃著名的弹词评家，所撰小说不多见，《上海日报》刊其《处女心》。

田舍郎的《小裁缝艳史》连载一年多，颇获好评，后出版单行本，发行亦夥。

周益世、披发散人、黑旋风为一批白相地界小说家，王雪尘将3位皆招致麾下，《上海日报》成了此类小说的主刊。发表了3人共9篇长篇连载。

周益世《蜡烛小开》。

披发散人《近代豪侠传》《上海大亨》《恶霸横行记》《鸡鸣狗盗录》。

黑旋风《糊涂虫》《大流氓》《天翻地覆》《斧头阿毛》。

黑旋风《斧头阿毛》允为白相地界小说之扛鼎之作。其摹小抖乱五劲狠六劲口吻写道：

小麻皮知道他怕事不敢说，顿时眼睛一弹，恶狠狠地说："触那个起来，你这个人怎么有些蜡烛脾气，好言好语地对你说，怎么只是假痴假呆地装羊呢。我刚才听得清清楚楚你还要赖一只卵。我小麻皮这人最讲道理，不过人家不把我当朋友看待，在我面前翻什么门槛。那可就休怪我动起辣手来，那时候起手不容情，容情不起手。"①

此一小段对话，石骨铁硬、豁辣松脆，其中"触那个""蜡烛脾气""装羊""翻门槛""辣手"皆上海俗语，与往日之京语武侠小说风致迥异，足称海派小说之力作。

《迅报》

《迅报》，日刊，创刊于1938年9月15日，编辑陈亮、王大苏，存1938年9月15日第1号至1939年10月30日第390号报。《迅报》承《立报》《辛报》之后，趋近新型，编辑却为小报故人，呈新旧杂糅之状，不弃小说、小品，一年间载小说37篇，名家有周天籁、苏广成、田舍郎、捉刀人等。

《小说日报》

《小说日报》，日刊，陈蝶衣、周楞伽、毛子佩创刊于1939年8月15日，存1939年8月15日第1号至1941年12月31日第852号报。《小说日报》虽以小说名报，然所载篇既不多，名家复稀，尽多

① 黑旋风：《斧头阿毛》，《上海日报》1941年4月27日。

无名之笔，除几位老牌小说家如徐卓呆、孙了红、程小青、赵焕亭外，战后之新作家几乎绝迹，共载小说38篇，其中《香扇坠》为张健帆为数不多的小报小说之一。

《品报》《吉报》

邬鹏、易立人创办的《品报》《吉报》，均为日刊。《品报》存1940年7月31日第1号至1942年5月31日第321号报；《吉报》存1940年10月15日第1号至1945年7月31日新第61号，总报号1244号。两报为重要的小说刊载园地，所刊除张恨水、钟吉宇几位前辈作家外，多新兴作家，如周天籁《亭子间嫂嫂新传》《七小姐》《人间魔王》《毛三媛》、苏广成《飞龙传》《古典美人》、田舍郎《绿杨村》《王家庄》、周益世《十兄弟》《色界天》。

《铁报》

《铁报》，日刊，由冯梦云创刊于1929年7月7日，冯氏之后，由毛子佩接办。抗战开始，《铁报》与全市大小报一起休刊。抗战胜利，1945年10月10日率先复刊，1949年6月13日停刊。初为三日刊，后改日刊，存1929年7月7日第1号至1949年6月13日复刊第1261号报，总报号约为3206号。

先后为编辑者有：何二云、谢豹、马儿、陈蝶衣、邵飘萍、吴崇文。战后复刊后，姚苏凤始参辑务。

创刊之初，通篇率皆时政评论，小说仅有10篇，又无甚名家，胜利复刊后小说、小品唱主角，共刊28篇小说。如：

赵焕亭《侠骨丹心》。

还珠楼主《蜀山剑侠新传》。

张恨水《岁寒三友》(有插图)。

王小逸《天外奇峰》(有插图)、《闲情赋》《乱世双雏》《楼上花枝》。

姚苏凤《划梦传奇》。

东方蝃蝀《补情天》。

丁芝《情海沉浮》(有插图)。

作者既有前辈名家，又有战后新锐，既有旧派文人，又有新文学家。新文学家有姚苏凤、东方蝃蝀、丁芝等人，然周天籁、田舍郎、苏广成、周益世一批上海白作家，则被弃诸报外。

《飞报》

《飞报》，日刊，由郭永熙、曾水手创刊于1946年10月16日，存1946年10月16日第1号至1949年7月9日第976号报。共载41篇小说，包括周益世的《侠林争雄记》、披发散人《捞血党》《一门四杰》、苏广成《阿林先生》《天堂春秋》、田舍郎《洋场八仙》。

周天籁共7篇：《新桃源记》《落花照离人》《青春乐》《科长太太》《小桥流水人家》《魂断虹桥》《小桃红》。其中《小桃红》，写与中国人结婚的日籍女音乐家小桃红故事，战后她面临被遣返的窘境，然终赖其才艺得保夫妻团聚。题材极为罕见。

《飞报》重视上海白（即沪白）作品，杨乐郎曾以广播中的“杨乐郎空谈”名闻沪上，所刊《洋泾浜猎奇录》以上海俗语写成，后出单行本共6册，十分风行，如今公私藏书已难觅全璧。

何家支的《黎明》虽未完篇，然述及上海解放前夕，在共产党的炮声下，沪上百姓日用起居和民心向背。旧派小说家此类作品十分罕见，与新文学家作品对勘，有殊途同归之妙。

除了上述外，其他小报上所载亦精彩迭出，如：

《力报》（1947年4月6日）所载苏青文《鱼水欢》、张宛青《风去楼空》；《今报》所载美国沙洛扬著、施蛰存译《恋爱》，叶圣陶《老唐》；《人报》所载丁玲《母亲》等。

《上海人报》所载杨经邦《男女欢场》、绿菊《妙根笃娘》，皆用上海方言写就，于《海上花列传》之外，别开新境，尽传战后春申之俚语新腔。

三、小报对小说的经营

除登载小说外，小报家亦为小说经营的行家里手，他们保护版权、制作精美的插图、刊布广告、发行、代售、拍卖、夺标，皆运营有方，为小说作家们创造了一个良好的小说传播环境。

1. 版权保护

小报已具版权意识，作品常标识版权归属，或归个人，或公司，或书店。如：《锡报》1939年1月17日，长篇社会名家创作《江上涕洟录》懒啼猨馆主（版权所有，不准转载）。

《报报》1931年3月1日《南都新史》京华憔悴克（此书版权大方万袜公司所有）。

《上海日报》1931年4月2日香艳小说《海上红楼》百花同日生（版权归新纪录书店所有）。

《力报》刊登金小春的《桃李争春》，才及一半，即告停刊，金小春启事云“盖以本篇脱稿之初，既由春光书店购得版权，而订有不能全部在报上刊登之合约。本报读者未能得窥全豹，作者无任歉仄，但情非得已，尚希鉴原是幸。小春附启”。

此种做法，一是书局将已购之说部，略登数日，收广告之效，然后出版单行本。如干兰孙办《上海日报》同时又开书店，名为新纪录书店。“该报尚有一便宜的地方，就是报上所刊的几篇长篇小说，其版权差不多已归新纪录书店买下，现在登出，也是一种宣传作用，以备将来一律出单行本。你想出了一次稿费，既派登报之用，又可以发行单行本，不是一举两得吗。至于该报馆馆址，也不必另外设立，就附设在书店内，所以该报虽则蚀本，假使连书店通盘筹算起来，也有许多便宜处”①。

2. 小说夺标

代售、经销、广告外，犹时见小说夺标活动。

《最小》1923年10月5日 广告云：

《侦探小说夺标……千字二十元》：“本社征求一千字以内之侦探小说，大众可自由应征，惟稿以未发表者为限。初选三十名，由程小青、赵苕狂、张枕绿三先生阅稿取样，用不记名式发表，复由初选被录诸君，投票互选。当选第一名，敬赠现洋二十元；第二名、第三名，各

---

① 林华：《小报概说·四种日日刊》，《福报》1931年5月9日。

赠现洋十元；其余各名，亦各赠有差。应征诸君，请于稿末叙明通信处，加盖图章，否则无赠。阳历十月三十一日为手稿截止期。良晨好友编辑部布”。

3. 小说拍卖

1942 年 5 月 1 日《申曲日报》刊广告《李昌鉴实行大拍卖》云：

东方鸣英剧团剧务李昌鉴君，为了生活问题，将有遗眷返乡一举。可是这一笔费用，一时筹措不易，所以又想出个办法，实行李昌鉴拍卖，下面就是李君的一篇拍卖文。

昌鉴立身艺术界，已有廿余载，纵有微才，际此时期，不克发挥，实所惆怅也。春风又起，电台停歇，昌鉴遂告失业。近数月中，编成多种小说，但纸价已贵至二百元一令，实无力出版。昌鉴家有十余口，生活日趋艰难，为生存计，只有遗眷返乡。但返乡一切费用，其数甚巨，无奈之下，只有出售心血作品。如《姊妹血案》昌鉴近作，并已编成电影剧本，侦探故事，情节离奇。昌鉴写作十余年，《姊妹血案》小说，认为最满意，全部正续，大廉价只售五元。《孤灯幻影录》长篇恐怖小说，情节紧张，意义高尚，其主题提倡礼仪，全部三本，售价四元。《昌鉴短篇集》内有五种小说，《艳尸》《候补姨太太》《红颜女》及《碧玉惨史》等，售价三元。

4. 小说润格

《新世界》1926 年 4 月 11 日 广告《徐哲身小说润格》：

文言短篇每千字四元，白话短篇每千字三元，长篇每千字二元，以鄙人文字而署尊衔者倍之，以本人文字而署贱名者又倍之。通讯处，大庆里 115 号宝德公司或本馆编辑部。

此则广告颇堪注意，徐为小说名家，亦替人捉刀，即文中所云：“以鄙人文字而署尊衔者”也。冯玉奇在民国小说史上以篇章多而蜚声，人疑其廉价收草稿而署己名出版，从徐之润格广告可知当时确有此等营生存焉。

5. 小说出租

《锡报》1939年5月5日 广告：

小说出租，每月四角，三月一元，半年元半，全年二元。大批社会、言情、哀情、文艺、创作、名著译本、武侠、侦探、历史、宫闱、说部、幽默等数千种出借。路远不便、专差□送，目录备索。菜市路裕昌里内平江里47号大中书社，电话：87289。

6. 小说学校

《最小》1923年9月23日《上海小说专门学校启事》云：

本校业在筹备中，凡有志学作小说者，不论男女，不限年龄，不拘居址远近，不问有无职业，均可投函本校询问一切。上海西门内静修路合德里六号。校长张舍我布。

7. 小说插图

上海小报在刊载小说的同时配绘插图，现查得插图小说260篇，尤以30至40年代为多，出现了专为小报小说作插图画家，如董天野、江栋良、徐润、石佩卿、秋野等。其中董天野共为35部小说，江栋良为41部小说做过插图。有的是固定的图文搭档，如桑旦华文与石佩卿图、冯蘅文与秋野图。桑旦华、石佩卿共合作13部小说，冯蘅、秋野共合作19部小说。插图小说佳作频现报端，如：

《风报》：周大籁原著，董大野图《亭子间嫂嫂画传》。

《辛报》：周天籁文，董天野图《红楼春深》；孟德兰文，获漪图《迷宫八美》。

《品报》：钟吉宇作，石佩卿图《江南十三侠》。

四、小报小说家的职业化与稿费

20世纪20至40年代，上海涌现了一批职业小报小说家，如王小逸、周天籁、田舍郎（陈亮）、冯蘅、金小春、桑旦华等。王小逸笔名“捉刀人”“爱去先生”。他共为35家小报，写了161篇连载小说，当时有“有报皆‘捉’，无刊不‘爱’”的说法，多时他担任十五六家小报的长篇，甚至一份小报上同时发表他两部作品。周天籁为15种小报写了79篇小说，冯蘅为22种小报写了87篇，田舍郎为16种小报写了64篇，桑旦华为18种小报写了43篇，金小春为11种小报写了46篇。

1. 稿费

小报职业作家涌现的先决条件是足以维持生计的稿酬，然当时小说家之砚田所入几许？海上生活若何？前人无意为我辈文史考证者作起居注，此类资料辑录实难，所得数则，聊供参考，为述如下。

张秋虫全盛时代，“他的稿子千字可卖2元以上、5元以下，一部40万字小说，以5元计算，稿费2000元，快者半月，慢者3个月完稿，每月平均700元，就是洋行买办，也无此巨薪”[①]。王小逸“在稿费上的进账，有300元以上，近400元数字，一个大学教授也不过如此”[②]。王大苏约稿多的时候，每天要写十三四篇，近万字，月入稿费300元。张恂子原在《金刚钻》做编辑，每月有三四十元，不敷家用，于是退出《金刚钻》，专写小说，“闭门家居，每天赶做小说。在他预算，以每千字2元计算，每天做5千个字，也有10块钱，一个月就有300块钱，比任何职业丰肥得多了”[③]。

文人固穷，非只今日，自古而然，近代小说家，能以笔博万金者寥寥无几，仅张恨水几位似曾有丰厚之稿酬，余以润笔之资为活，仅得温饱，已额手加庆不及矣。大部分小报作家们都生计艰难，有时仅凭小报稿费无法生存。“普通的稿费，每千字约在1—3元之间，

---

① 玖君：《报人外史·潘郎憔悴——张秋虫》，《奋报》1940年9月12日。
② 道不同：《“捉刀人”论》，《东方日报》1939年5月28日。
③ 林华：《上海小报史》，《福报》1928年7月13日。

一天写 2 千字固然不难，但是平均每天写 2 千字也不容易，2 千字能完全卖出去尤难。因此除了少数人外，要想卖文章养家活口的，希望无不破产”①。

2. 第二职业

上海人头子灵光，黄浦滩头经营繁盛，小说家们亦非呆鸟笨伯，多兼有他职，以资挹注。首先为编辑，小说家与编辑，常常是一而二,二而一者。当时的编辑费，据林华《上海小报概论》记载，编辑酬劳是每月 20 元，后来到 40 元、80 元。小说家中金小春曾主《力报》笔政 7 年之久，秦瘦鸥曾任《上海报》编辑，王小逸做过《上海日报》编辑，陈亮先后在《迅报》《春秋日报》《大英晚报》《商报》《飞报》《大报》《亦报》等报馆工作过，主编过《风光》周报和《商报》的副刊。

除文字工作之外，小说家即得各展其长。周天籁在上海汕头路开了一家跳舞学校。王大苏除写作外，行医是其副业，他在上海法租界存心堂，悬牌应诊，精内科。陈亮曾在上海闸北开过烟纸店。张恂子是律师。

如此这般，主副业兼营并作，上海便有了一群稳定的、专为小报供稿的职业小说家。王小逸从 1934 年至 1949 年为小报写了 16 年，周天籁从 1938 年至 1949 年为小报写了 12 年，田舍郎从 1938 年至 1949 年为小报写了 12 年，冯蘅从 1939 年至 1949 年写了 11 年，金小春从 1938 年至 1948 年写了 11 年，桑旦华从 1930 年至 1949 年写了 20 年。

五、双小体（小报小说体）的产生

同为登载小说，大报有大报之规，杂志有杂志之例，小报有小报

①《文人的稿费》,《社会日报》1934 年 1 月 4 日。

之体，不合者则不为所用。

小报小说体，姑且称之双小体。何为双小体，就上海小报而言，在题材、写法、语言上皆有自己的特点。

语言上，用本地方言，如糟兄、牙签、开花、吃血、开条斧，常见于上海小报小说。

题材上，无论多么有名的武侠人物，都比不上上海人看白相地界小说来得亲切，什么讲斤头、装笋头、摆华容道，演来一套接一套，套套翻新。

写法上，则摆噱头、吃豆腐。

上海小报53年的历史，181种小报登载了3513篇小说，产生了一批由上海当地作家创作，用沪堧俗语写弄堂风情的小说，可称之为上海小报的双小体，可从以下三个方面寻觅其演变踪迹。

(一) 作家：从流寓到土著

首先，小报要有自己的创作队伍，或曰一批土著作家。京朝邀角、流寓客串，虽能解一时之需，究非长久之计。

说林稗海，人才济济，然不为小报所用。与其掠才者，左有大报、右有书局、杂志。大报主笔，杂志编辑，书局老板，狼吞虎噬之余，所留于小报者皆其烬余，应小报之请者，非出友情客串，即流寓玩票。

上海小报小说家之生聚濡养，以1937年为界言之，最易明了。1937年前，上海小报以时日少、名望浅，尚未有自己的写作队伍。

略举一组数据即可看出。1937年前上海小报，40年间，共创刊小报118种，发表小说1926篇，其中短篇占有一部分，尤其是游乐场报，短篇居半数。

此一时期主要作家有周瘦鹃、汪仲贤、王小逸、张恨水、漱六山房、包天笑、海上漱石生、徐卓呆、张秋虫、程小青、朱瘦菊、平襟亚、何海鸣、顾明道等。作家和作品数目见表1-1。

表 1-1 1937 年前上海小报主要作家及其小说数目表

作家	小说篇数
周瘦鹃（瘦鹃）	22
汪仲贤（优游、U U）	20
王小逸（捉刀人、爱去先生）	16
张恨水（恨水）	14
漱六山房（张春帆）	12
天笑（包天笑）	11
徐卓呆（卓呆、半梅）	10
张秋虫	9
程小青	9
平襟亚（襟亚、网蛛、襟霞阁主）	9
朱瘦菊（瘦菊、海上说梦人）	8
何海鸣（求幸福斋主）	6
顾明道	6
钟吉宇	5
程瞻庐	5
赵焕亭	5
王天恨（天恨）	4
张恂子	4
杨尘因（尘因）	3
海上漱石生	3
孙了红（了红）	2
姚鹓雏（鹓雏）	2
秦瘦鸥（瘦鸥）	2
合计	188

表 1-1 所列皆是小说名家，尤其是张恨水更是家喻户晓。然 23 位作家都早已成名在先，其声誉不待小报已扬威天下，他们的代表作品皆经大报、大刊和书局出版在先。张恨水不必说，且道刊载作品最多的周瘦鹃，人皆知其为书局、大报和杂志编辑，曾任中华书局、《申报》《新闻报》《礼拜六》《紫罗兰》《半月》《乐观月刊》辑务，且在《申报 · 副刊》主笔政达 10 余年之久，其刊于上述报刊之作品更是不可胜数。

然周瘦鹃于小报不过客串而已，所作的 22 篇小说，不过几天至十几天的短篇，连载最长的是刊于《ABC 日报》的《妒情记》，然亦仅 41 天。

再如海上漱石生，乃小报名家，自创《采风报》，曾编《新世界》和《梨园公报》，3报皆小报之翘楚，其与小报不可谓缘浅。然其说部诸作，绝大部分由书局杂志包办。如：

《续海上繁华梦》民权出版社，1915年。

《续海上繁华梦》（初、二、三集）上海文明书局，1915—1916年。

《（绘图）十姊妹》上海文明书局，1920年。

《海上燃犀录》上海图书馆出版发行，1924年。

《如此官场》上海图书馆出版发行，1925年。

《高山拳变》上海时还书局，1935年。

《戏迷传》上海锦章书局，1915年。

《一线天》上海图书馆出版印行发行，1926年。

《机关枪》上海图书馆出版印行发行，1926年。

《怪夫妻》上海图书馆出版印行发行，1926年。

《二百五》上海图书馆出版印行发行，1926年。

以上皆为长篇，且为漱石生代表作。在小报仅可检到4篇，为：

海上漱石生：《海上繁华梦初集》，《笑林报》。

漱石生：《黑幕中之黑幕》，《大世界》。

海上漱石生：《王小三过年》，《金刚钻》。

海上漱石生：《呆侠》，《上海报》。

4篇中，一篇未载毕，一篇过短。

再如海上说梦人朱瘦菊，其名著《歇浦潮》100回，先在上海《新申报》连载5年之久，后由书局出版单行本。其余：

《残粉剩脂录》刊《半月》。

《金银花》刊《紫罗兰》。

《古井重波记》刊《小说新报》。

《新歇浦潮》刊《红杂志》。

海上说梦人小报所刊作品共8篇，其中5篇连载时日不长：

瘦菊《鬼话》，《新世界》（1917年8月28日—1917年9月8日完）。

瘦菊《习惯》，《新世界》（1917年10月24日—1917年12月4

日完）。

瘦菊《六零六》，《新世界》（1918年1月7日—1918年2月13日完）。

瘦菊《咸肉庄历险记》，《新世界》（1921年11月30日—1922年1月29日完）。

瘦菊《美国惨杀案》，《大世界》（1920年7月8日—1920年7月12日至5节完）。

有3部长篇：

瘦菊《绮罗牢狱》，《新世界》。

海上说梦人《新歇浦潮》，《平报》。

瘦菊《此中人语（续编）》，《大世界》。

然《新歇浦潮》《此中人语》（续编），其本编早经刊印，其所给予小报者，不过绪余之章也。此类于小报续尾之作不少，其原著多经书局出版，小报暂借余威以壮门面。如花界大王张春帆有《九尾龟》，《晶报》刊其续作《最新九尾龟》。有时续作亦无，只能贩卖旧货。如《晶报》登张春帆的《黑暗地狱》，题目标："张春帆先生遗著，周越然先生借抄"，并称"《黑暗地狱》二十四回，清光绪三十二年印行，早经绝版"①。所刊系由周越然提供，刊登于此。

网蛛生以《人海潮》名震说林，《福尔摩斯》拾其余唾，刊《人心大变》数日。原稿已为书局所购，在小报刊数日，不过书局做广告而已。编者称：

网珠生处女作《人海潮》说部，已经脍炙人口，此其挨城门之作。《人心大变》中最有精彩之一回，书中汪绮云与孙玉梅女士，在大千世界相遇，演出多少悲欢离合之事，或为网珠生自述。下期有孙玉梅女士小史一篇，读者可参照。今此书已在印刷中，不日即可与诸君相见。在未出版前，先由本报登载，谅为读者所愿也。编者识。②

"此其挨城门之作"。所谓挨城门乃海上俗语，即随人后、唾余、

① 张春帆：《黑暗地狱》，《晶报》1940年3月2日。
② 网蛛生：《人心大变》，《福尔摩斯》1928年6月29日。

牙慧之意。

总之，1937年前之主要作家，非流寓即客串，皆非小报所能牢笼，久非池中物，早经成名在先。诸人于小报乃偶一贮兴，客串一番而已，并不以小报为生者。

追周天籁等出，其写作生涯与小报，乃属生于斯、长于斯，呼之为小报作家，或者小报土著作家，为实至名归者。至此小报始有自己的写作队伍，前辈客串名家，京城邀角，沙汰几净矣。

以数据为论。1937年至1949年，仅13年间，上海小报共发表小说2966篇，多为长篇。此数无论时间，还是数量上远超1937年前上海小报。

以作家而论，周天籁、田舍郎、周益世、黑旋风、苏广成、红绡、孟德兰（艾珑）、蓝白黑、冯若梅（桑旦华）、金小春、冯蘅等作家，专为小报供稿，他们绝大部分小说刊于小报，只有少数流传在外。

12位作家，共刊载600篇小说（表1-2），绝大部分为长篇，占了1937年后上海小报小说总数近三分之一。至此，上海小报方有了职业小报小说作家，或称为小报土著作家，上海小报也形成了自己的创作队伍。

表1-2　1937年前后上海小报作家及其作品数目表

作　家	1937年前（篇）	1937年后（篇）
王小逸（小逸，捉刀人、爱去先生）	16	145
周天籁	0	79
冯　蘅	0	88
田舍郎	0	64
金小春	0	46
桑旦华	2	41
苏广成	0	32
周益世	0	28
孟德兰、艾珑	0	30
蓝白黑	0	23
红　绡	0	19
黑旋风	0	5
合　计	18	600

至于小报连载，后出单行本，其初载仍为小报，则无碍此意。同是单行本，冯玉奇则不能称为小报作家。冯玉奇，亦战后小说家，文名藉甚。今日旧书市仍常见其作，仅据《鸳鸯蝴蝶派研究资料》，其单行本就有156种，然而征诸小报则仅得其4，则冯虽小说家，但与小报关系不大。

(二) 题材：从转贩到自产

1937年前上海小报作家既属流寓与客串，题材随其流转，与大报大刊无甚区别。至周天籁、田舍郎、周益世等，才开创了上海小报所独有的题材。此番转变，以《社会日报》和《罗宾汉》为例，即可明了。

(1)《社会日报》

《社会日报》以注重文艺著称，1937年前共载小说54篇，综括其题材为：

武侠第一，共6篇，居各题材之首。6篇为：

张恂子《蛾眉剑》《双侠同仇记》。

漱六山房《大刀王五》。

豆蔻《风尘奇女子》。

平江向恺然《江湖异人志》。

赵焕亭《康八太爷》。

其中《大刀王五》《康八太爷》连载近2年之久。5位作家皆名手，尤以平江不肖生于小报难得一见。

旧京遗闻第二，共4篇：

张恨水《春明新史》《京尘幻影录》《九月十八日》。

何海鸣《故都残梦》。

张恨水是时红遍南北，其于上海《社会日报》小报青眼有加，惠赐4部作品，3部为长篇巨制。

社会小说第三，共4篇：

网珠生《人海新潮》。

汪仲贤《江湖流浪记》。

范烟桥《珊瑚网》。

张秋虫《酒痕花影》。

社会小说有4家之作，然篇章不敌武侠，名望弱于张恨水，故次之三席。

其他，翻译1篇：社会讽刺小说《黑莱姑娘日记》网珠生、徐培仁合译。其他则零篇余制，不成规模。

上海白作品仅有《阿金姐》《弄堂小史》，而《弄堂小史》仅19续，几不成篇。

上述诸题材中，武侠乃古今稗海第一大题，非待小报而后然。武侠既不发轫于小报，小报又于武侠无多建树，小报与传统武侠乃属转贩，而非自产则明矣。

社会小说乃近代所发明，最宜小报，然非小报独得之秘，名篇佳制多为大报、名刊、书局所攫取矣。故虽如《社会日报》之珊瑚网，仍不脱书局、名刊之畛畦，未能为小报别开蹊径，别创一体。

武侠、社会题材之外，张恨水燕京纪事颇有可议者。张恨水属南人北化，才子佳人伴燕赵游侠儿，佐以军阀、戏子。其为题尤于上海小报不宜，上海人不识北京八大胡同，尤厌旧京之干燥风沙。而北京小报也不以张恨水为意，几弃载其作，以其不谙京城风俗、满族旧礼，仅拾其皮毛琐屑，难当徐剑胆等旗人小说家之万一。其诗情有余，而京味不足。故张氏之旧京遗闻，于上海小报为北京西贝货转卖洋场者。

(2)《罗宾汉》

《罗宾汉》1937年前仅有10篇，5篇武侠，占半数。5篇为：

江湖情侠《电光石火录》。

个侬《南北游侠传》。

龙公《昆湖剑侠传》。

陈仁桦《笔剑姻缘》。

夏涔鹃《祁铁姑》。

1937年后，题材大变，白相地界小说共4篇连载：

披发散人《血溅上海滩》。

周益世《十八条好汉》《五人义》《十三太保喋血记》。

4 篇首尾完好，无断续，尚有插图。其中《十八条好汉》《十三太保喋血记》允为白相地界小说之代表作。

数量最多是田舍郎、苏广成、王小逸、冯蘅等人所创作的沪白海上风月小说，共计 17 篇，且多有插图。17 篇为：

《现世男女》田舍郎文，石佩卿图（有插图）。

《小梅香》田舍郎文，董天野图（有插图）。

《二姐夫》田舍郎撰，江栋良图（有插图）。

《流水多情》田舍郎。

《歌场风月》苏广成文，董天野图（有插图）。

《红男绿女》胡温那文，江栋良图（有插图）。

《颠鸾倒凤》胡温那文，江栋良图（有插图）。

《花开蝶满枝》胡温那。

《黑天堂》冯蘅文，秋野图（有插图）。

《白地狱》冯蘅文，秋野图（有插图）。

《豪门风月》冯蘅文，秋野图（有插图）。

《五月花》冯蘅。

《前度桃花》王小逸。

《无轨电车》王小逸文，江栋良图（有插图）。

《哀艳亲王》王小逸文，江栋良图（有插图）。

《春满江南》王小逸。

《铁蹄下》王小逸。

《罗宾汉》所刊小说一共 45 篇，1937 年前独占篇幅的武侠，至此时仅余 2 篇：还珠楼主《黑孩儿》《大侠狄龙子》，且震于还珠楼主之大名始获登载，其余无名小辈，已难入小报法眼。

而海上风月小说占了总数的三分之一。至此形成了上海小报所独有的题材，即白相地界和海上风月小说。

（三）语言：从京腔到沪白

1937 年后，上海小报说部陡起波澜，黄浦滩头，一辈本地作家登坛，用沪堧方言俗语写作，摹刻里弄风情，是为上海白小说。佳作如林，名篇迭见，如《亭子间嫂嫂》《海上一妇人》《三少奶奶》《小山东》《斧头阿毛》《小裁缝艳史》《隔墙风月》等。至此沪白复兴，上接《海上花列传》，而又创制新章。

1937年前的春江小报，小说多为北方白话，或为文白夹杂体。如张恂子喝申江水长大，提笔则北方白话，无沪上本色。他在《胭脂剑》中写朱老二，不守帮规，采花为程二爷打翻，程二爷责之以帮规。张恂子摹江湖好汉口吻曰：

你们都在江湖上混的，应该知道十大帮规，有道是不许江湖乱道，不许奸盗邪淫。我程某虽然和朱老二积有私仇，可是今天的事情，却为了朱老二江湖乱道、奸盗邪淫而起，并非我程某存心要报私怨。你们各位英雄都和朱老二有交情，但是谁也进过圈子，拜过前人，对于公私二字，总该分得清楚的。请问你们朱老二的行为，对得起帮规，对得起祖师爷吗？

朱二爷自知理亏行污，说道：

程二哥，您莫误会，以为我是贪生怕死的，如果这样想，那您是想左了。要知道我朱老二虽然本领不高明，可是生平一向就很自负，总算是一个顶天立地的男子汉，便是和人家较量失败了，宁可挨一刀之痛，绝不肯向人家服礼赔罪的。

程二爷道：

朱二哥，只能请你原谅，我们圈子里的人，无非讲究江湖义气，倘若有人违反了帮规，知道了要是不整顿一下，那么往后还有谁再肯来投师拜祖。今儿的事情朱二哥你只能怪你自己不好，依照你在开香堂时发的誓言，你应三刀六洞之罪。不过大家都是在帮的人，别人如何忍心下那毒手，只好请你值价些，自己了事了。

那朱二爷就踞坐着的形势里，把身子向前俯了一下，拾剑在手，两手都握在剑柄上，把剑锋向内，对着自己的心窝直刺下去。①

此段不外武侠小说惯套，摹绿林之搦战叫阵之辞。同为叱责采花觅色，至周益世一辈笔下则为：

---

① 张恂子：《胭脂剑》，《真报》1947年4月29日—5月2日。

触伊拉起来，看你们三分像人七分倒像鬼，也要勿二勿三地走起桃花路来，也不同外面打听打听，居然敢吃豆腐吃到我倪阿昌妹子身上，今天要给你一些颜色给你们瞧瞧，叫你们吃豆腐吃出骨头来，梗了喉咙。①

触那娘起来，还要嘴巴凶，今天把你卵里的虫都打出来，看你还有摆什么华容道出来。至于和你有什么难过，你自己回去垫高了枕头想想看，不要太狠了，今天就叫你狠出鼻涕了。②

至此，换尽侠林声口，由张恂子的绿林英雄，一变而为上海白相地界小抖乱，颠倒武林，搅乱江湖。

张恂子为老一辈作家，籍贯上海，作品颇多。然作为小说则羞用土语，一派蓝青官话，时见斧斫刻画模似之痕，毕竟南舌仿北语，婢学夫人，要非本色。

周益世、黑旋风等则引春申俗语入武林，创沪白武侠体，开一代宗风。虽写为文字，偶为北人所不识，然前楼阿姨、宁波娘娘、后楼二房东闻之，莫此亲切也。

再看花界小说。张秋虫亦沪壖土著，其花界小说偶杂沪语，然写定为文本，仍为北方白话体，其写倌人与恩客之缠绵道：

（小脚老二）半晌，见陈二炮僵立在屋子里，进退两难，局促不安，背剪着双手，恨不得劲儿的样子，心里也很替他难过，倒忍不住先开口问道："二少，你究竟有什么吩咐的，就请不要客气，老实说了出来吧。虽然四阿姊不在这里，差不多的事情，并不怎样重要和应该保守秘密的，对我说也是一样。"陈二炮似乎喜出望外，略略沉吟片刻，便笑眯眯地对她说道："话是没有什么，尤其谈不到重要二字，并且我和你那四阿姊，也只是极平常的泛泛之交，凡事都可以公开宣布，绝对用不着保守秘密，难道你连这一点儿都还不曾晓得吗？我的意思，不过因为房间里冷清清、空洞洞的，连鬼多捉得出，实在忒□冷静了。如果你再一溜烟地跑了开去，未免愈加叫人独守空房，坐冷板凳，过于枯燥乏趣，我也

① 周益世：《侠林红粉》，《活报》1947 年 10 月 22 日。
② 周益世：《小山东》，《力报》1942 年 7 月 18 日。

没法再赖在这里了。[1]

此段中，“恨不得劲儿”“一溜烟”“忒”，纯为北方土语，生小上海的张秋虫，摹北方口语到如此地步，亦足多者。然一个上海倌人满口的北方俗语，究非其本色也。不知为何，张秋虫一口吴侬软语，却不觅一用武之地，而让上海倌人说官话。

同是花界小说，同是写妓女和嫖客打情骂俏，周天籁《亭子间嫂嫂》则作：

邵茜萍在椅子上坐坐不舒服，又坐到床上来，鞋子一脱，往床上一倒，把袜子脱了，大挖其脚丫。边挖边道：

“好的，你这脑筋倒好的，这碗生意饭，终究不是永久之计，你有这归去的念头，我交关赞成。如果小数目，不凑手，你向我邵茜萍开口，闲话一句，决没有第二句，无不满口答应就是。不过你是真的买地买屋，正当用场，如果到我面前掉枪花、翻门槛，借端调去别的用场，我不答应的。你要明白，大家凭个良心，是哇?”

邵茜萍边挖着脚丫边说着话，把脚丫里许多粒屑，挖了一堆在褥单上，手抚上去一层沙泥似的，连忙用手往地板上拨。亭子间嫂嫂看见一阵恶心道:“那能，那能，介不漂亮，脏哇?挖死人脚!下来，下来!”[2]

文中“哇”摹口语尾音之悠长。

那能：此非北方话，乃上海土语。意即北方的“咋的”，普通话怎样，文言何如之意。

掉枪花：北方话之耍花招。

翻门槛：骗人也。

闲话一句：不是没用的话，或者屁话之意。而是相反，乃说话算数。

张秋虫、周天籁二家相较，虽同做小说，同为上海题材，只用语不同，却有上海小报小说巨大演变蕴乎其中，其于艺林说部，不啻文海巨澜，稗田沧桑也。

---

① 张秋虫：《脂粉愁城》，《力报》1939 年 5 月 7 日。
② 周天籁：《亭子间嫂嫂》，上海：学林出版社，1997 年，第 657 页。

周天籁久居海上，洋场才子也，亦以花界小说擅场，然其小说不再借径京白，拾人牙慧，徒费周折。转用沪壖土语为亭子间嫂嫂传神写照，其摹刻淌白音声，直录口吻，尽沾甜唾，字句皆出妓女口头唇间，直捷浅白，所谓开口见喉咙也。

至此，上海小报可谓功德圆满。周天籁、田舍郎、苏广成、周益世等为代表的一批土著作家，自家人说自家话，每日前楼阿姨、亭子间嫂嫂、牵丝攀藤、搅七捻三、吃得死脱、脱底棺材、谢谢一家门见诸歇浦小报，就此铸就了海上小报小说体。

第二章 白相地界小说

白相人，北京呼青皮，天津叫混混。

白相人，质言之，流氓也。文饰之，则为江湖好汉，武林侠士。谱入歇浦说部则为海上侠林、马路英雄。上海人打话：外面混混的，吃空心饭的，红眉毛绿眼睛的星宿，日里吃太阳、夜里吃月亮的阿流，无事怕太平的角色，亨字头，小抖乱。以此为题材，发表于上海小报的作品名之曰“白相地界小说”。

白相地界小说共有 47 篇，发表于《罗宾汉》《上海日报》《力报》《飞报》等报，作者有周益世、披发散人、黑旋风 3 位。3 人以此名家，专门从事，未见他作。然 3 人生平交游皆无考，3 位 1 人欤、3 人欤？无从知晓。颂其作，读其书，而不知其人，惜乎！

白相地界小说所述皆为白相人装笋头、讲斤头、寻相骂、打相打之事，以及三不领盆、四不服帖、仙人碰仙人、钉头碰铁头、摆狠卖斗、搅过明白之举。

一、白相英雄谱

白相英雄谱非有 108 位之多，仅主仆二角，恰称一对，如表 2-1：

表 2-1　主仆二角对应称呼

	主	仆
别称一	老头子	小角色
别称二	亨头	蟹脚
别称三	一等一	起码人
别称四	一只鼎	小抖乱、跟屁头
别称五	头儿脑儿，顶儿尖儿	奔在前头，拿些零头

（一）老头子

1. 名号

老头子称法颇多，又称大亨、亨头、亨字头、红牌等。如：

（1）亨头

“他是沪西第一个亨头。”[①]

（2）一只鼎

“原来小阿六的老头子毛长江在虹口也是一只鼎。”[②]

（3）话得起

“范老虎一天天窜起来，现在已是一个颇为话得起的白相人。”[③]

（4）大拇指翘翘

“说起金四海，在虹口白相人中，可以说是大拇指翘翘的人物。”[④]

（5）头儿脑儿、顶儿尖儿

“他的老头子是虹口一带，头儿脑儿、顶儿尖儿，大拇指翘翘，狠天狠地的白相人。”[⑤]

白相地界小说写的老头子颇多，以如下四个为例：

马老炳

“那人名叫马老炳，是满庭芳一只角落里的白相人。平日讲讲，狠天狠地，好像世界上再没有比他狠的人了。平日他每天早晨总是手

① 周益世：《群魔乱舞》，《上海日报》1947 年 2 月 11 日。
② 周益世：《侠林争雄录》，《飞报》1947 年 10 月 12 日。
③ 周益世：《活老虎》，《活报》1948 年 9 月 18 日。
④ 周益世：《侠林争雄录》，《飞报》1947 年 10 月 20 日。
⑤ 披发散人：《恶霸横行记》，《上海日报》1940 年 1 月 5 日。

里托着一只鸟笼在第一楼茶馆，冲鸟喝茶。”[①]

电灯泡金生

“走上一个胖子来，直冲到亭子间里来，那人是八仙桥一只角落里的白相人，叫做电灯泡金生。在这一带地方，所有的小流氓，都拜他做老头子，很有一些儿潜势力。凡是咸肉庄开幕，每个月总要给他吃一些俸禄，万一有人在庄内有什么搅七捻三的事，总由他出来叫开。”[②]

烂眼阿洪

“她的丈夫烂眼阿洪是一个颇有小挖的白相人，平常每天在马路对过的一爿扬州戏园内闲荡着。凡是有什么讲斤头、拆姘头、打相打等事，都是他的份儿。手下也有几十个小捣蛋，万一人家对他不领盆，他要摆一下华容道，只要一声吆喝，手下这班小角色，自会一哄而至，把人家拖牢，别别勃勃请人家吃一顿皮榔头，然后再轧到老虎灶里讲斤头。”[③]

孙玉图

“真应了一句俗语所谓如雷贯耳，知道上海地方，白相人淘里，路道最粗，挖儿最透，而且外面最凶得转的，要让还这位孙玉图先生了。”[④]

武侠小说提及绿林英雄活动的范围都称某某一带，白相地界则说一只角，即某一带之意，又称一只角落，如说马老炳，是满庭芳一只角落里的白相人。

2. 靠牌头、戤牌头

对于小角色，小抖乱来说，老头子之为用，一是谋得衣食，二是免受欺负。

（1）谋得衣食

谋衣食，白相语言叫靠牌头、戤牌头，或守牌头。上海人打话：

① 周益世：《色界天》，《品报》1942 年 3 月 13 日。
② 周益世：《色界天》，《品报》1942 年 3 月 10 日。
③ 黑旋风：《大流氓》，《上海日报》1942 年 4 月 4 日。受时代性、地域性所限，异形词难以强行统一，如“脚色”“角色”，“窜”“蹿”等，不一一注明。
④ 披发散人：《上海大亨》，《上海日报》1943 年 8 月 16 日。

"侬戤啥人的牌头，实梗凶来西。"北方话：你这小子抖起来了。

上海有两种牌头好靠，一是小开，有守小开的说法，普通话即为做阔少篾片。一是大亨，大亨当然有牌头好靠了，再就数到白相人地界的老头子了。在外面跑跑的朋友，如果拜在扎硬的老头子门下，去老头子的曹家渡赌台"做做望风，抱抱台脚，工钱不过十廿元，外快一五一十，一月结算，百八元稳照牌头。于是丝绒帽子，马裤呢大衣，浅口翻鞋，打烊归来，袋里三炮台，白锡包装足，搭只把壳子，也是轻而易举。小弟兄看见，无不'唷！老大伸稍哉！'"[①]

(2) 免受欺负

白相地界有种行径叫"装笋头""硬装斧头柄"。

在上海马路上走走，是你踩了人家的脚，还是人家把脚故意放在你脚下且不论，人家就会一句："侬眼乌珠有哦？"麻烦便来了。

《侠林争雄录》写林小芳梳个飞机头、王春保穿着中装，二人走在马路上，一路过来，正遇着对面走过来一个横爱司头的女人，丰姿很好。两个人都不由自主地将脑袋旋过去看她，不知怎样地那个飞机头少年会踏这个鸭舌帽朋友一脚，"对勿住"还来不及出口，对方就声势汹汹地寻上门来。

"侬眼乌珠有哦？"

说话的是一个头戴鸭舌帽、身穿灰色线呢短衫裤的小伙子，看他身材并不十分长大，吃相却狠得邪气。一面说着，一面就将一只手指头，对着马路上对面一个飞机头少年的鼻子上戳去。嘴里连珠炮般不住地说下去道：

"迭两个这双鞋子还是簇崭全新的，你走路不带眼睛，又不是头生双角的畜生，埋头乱撞。结结实实地踩了我一脚，鞋子踏坏了倒还有价钱，脚给你踩痛了，你要好好地替我摆一句闲话过来，没有这样便便当当地就好出松的。"

飞机头少年心头火起，眼睛一弹，正要还价，旁边那个中装少年，比较火气小一些，想来一个给双方劝开，连忙抢到前头，对那个鸭舌

① 姜太公：《上海闲话新编》，《好莱坞日报》1940 年 1 月 10 日。

帽朋友道："对不起，老朋友请你将火气耐一耐，一个大意，踏痛了你，现在给你打一个招呼，马马虎虎拉倒罢。"

"放那娘个屁，杀死了人，阿是也可以说上一声对不住，立刻马马虎虎了吗？你也不打听打听，此地一只角，提到我小阿六三个字，啥人不晓得。今天你们冒犯了我，没有这样便当，就可以给你们写写意意地出松了吗？"①

这种在马路故意找碴儿，北方话的碰瓷儿，上海白相地界话叫装笋头、硬装斧头柄。遇到这种流氓讹诈，如果没有拜过老头子，是个"孔子"，路道不粗，那么一顿生活等于白吃。对外面跑跑的人来说，真是脸上无光，罩势缺缺。

假如你拜过老头子，单凭老头子的面子就可以摆平。尤其你的那老头子"吃价"，而肯摆肩胛的话，就派一个手下的小角色，先问明白对方拜谁为老头子，对方报出老头子的字号，就可以让对方的老头子"摆句闲话过来"，这就叫讲斤头。讲斤头中，对方落败，就只好自愿拉几台子，点一副香烛，赔罪吃瘪了事。

（3）摘面子、扎台型

装笋头、硬装斧头柄外，白相地界还有坍台、摘面子、扎台型之说。

坍台，北方口语亦常用，但上海白相人有一套说辞，与北方不同，曰："今朝让他收头会，明天你去收他的二会。他坍了你的台，教他搭了鹰架造还你的。"鹰架，不知道究做何解，其意似应为高架之意，即你来赔礼道歉，我在高处，以示贵贱之分。

摘面子，面子，与北方话意同，但所用动词与北方话有异：不给面子，叫摘面子，或下面子；挽回面子，叫扎回面子。

白相地界小说中用得最多的是"摘台型"一词。"台型"就是面子。自己装面子，叫"扎台型"。使人家丢脸，叫"摘台型"。白相人说"扎啥格台型？"即北方话"别嘚瑟"。此语十分流行，不但在白相地界，跳舞场上亦如是说。

---

① 周益世：《侠林争雄录》，《飞报》1947年10月12日。

小角色被人摘了台型，就要诉诸老头子，这就是白相地界的规矩，白相地界小说也即由此展开故事。且看林小芳如何扎回面子。

林小芳因故被小阿六轧牢，小阿六喝了一声开，就要开打。林小芳马上报出老头子字号来，说我们不是空子，都是虹口金四海老大的小角色。“林小芳本来是小开牌头，并不是三考出身的白相人。他们拜在金四海名下，无非是平时在外面白相，难免要受人家欺负。如今拜了一个老头子，有牌头好靠，只要报出字号，立刻可以使对方退避三舍。”①

林小芳有老头子，小阿六敢在马路上敲诈，也不是好吃果子，也有靠山。其老头子是毛长江，这毛长江在虹口也是一只鼎，大拇指翘翘的人物，论苗头和金四海也是脚碰脚，不相上下。既然都有老头子，矛盾就由小角色转到老头子上来。此即白相地界小说的故事逻辑，即由小角色引出老头子，老头子现身替小角色出气。老头子出现后，如果两个老头子互相不服气，你要为蟹脚出气，我也要替手下报仇。由此引发激变，此情形按白相地界话讲就叫有难过。很可能就会朗声、打相打、下一记辣手，以至酿成血案，这就是白相地界小说的故事套路。

各报出老头子后，不意两个老头子正好有难过。毛长江和金四海“平常因为没有什么冲突的地方，遇见了客客气气，倒也一直相安无事。上次也是小阿六开人家一记条斧，对方请出金四海来，当场自然是小阿六吃瘪。小阿六有些不甘心，再见了老头子后，向他哭诉，毛长江心里很不乐胃，当时里关照小阿六，以后若是机会凑巧，碰到了金四海轧脚的事，和他搅过明白，不必买他这笔账，自己可以当他后台……今天上林小芳的路，恰巧是金四海的小角色，这就正可以拿它做出气筒，霉头触过明白。最好他托出老头子来，自己也好去托毛长江，所以林小芳不报出字号倒也罢了，如今这一报字号，可就反而报出毛病来了”②。

---

① 周益世：《侠林争雄录》，《飞报》1947 年 10 月 16 日。
② 周益世：《侠林争雄录》，《飞报》1947 年 10 月 16 日。

因为有前嫌，而且正要寻仇。见林小芳正是金四海的人，小阿六厉声喝道："滚那娘的蛋……别以为你有一个金老大做靠山，我小阿六生平除了老头子以外，别人我也不买账……只好向你借一只大腿派派用场。你若是心里不落胃，去叫金老头出来找我，不论刀山剑林，我小阿六都可以跟着他跑，小身体不是租来的，死趟把没有道理的。"①

小阿六从腰间拔出太平斧，就要取林小芳的大腿，林小芳哀告，小阿六提出三个条件："一条是听凭我们将你们这两个早兄，各排一顿三合土，既然投师拜祖，应该经过火、入过土，给人家排了三合土，不喊一声喔唫，可以算得出道，我们也会领你们盆。第二条是立刻买来香案，就在这里跪下磕一个四方头，替这爿四海得意楼撑撑市面，给诸位茶客见识见识。第三条当场现甩，拉十只台子。三条路任凭你拣中哪一条，否则你既已惹恼了我，今天绝不甘休，有种就吃我三斧头，看你阿是铜打铁浇，项得住吗？"②

林小芳二人只好答应第三条，并以林小芳钻戒为抵押先放行。脱梢以后，林小芳连忙跑到虹口庄源大附近的大泉池浴室，找到老头子金四海，哭出胡拉地将今天吃亏的事哭诉给他。"我们因为小阿六的老头子是毛长江和你老人家也是很相熟的，所以特地提起你的名字，以为小阿六听了，一定要表示服帖，谁知听了不但不表示服帖，而且口出不逊，对于我们越发不肯放松。所以今天虽然是我们坍台，说起来简直您老人家的台也坍进在内，这一些面子若是不设法扎回来，我们倒不要紧，您老人家这样身价，□有些气不过呢。"

金四海在虹口一只角，也是大拇指翘翘的，被人摘了面子岂能善罢甘休。金四海的手下胡百禄亦怂恿道："我以为小阿六这种行为，太使人难堪了，一定要扎回这个台型来，否则对于你的威望可大有妨碍呢。"③

金四海与毛长江两人都为自己的小角色硬出头，见面一谈即崩，两人大起朗声。毛长江说："你要和我较量，就请你显出五颜六色来，

① 周益世：《侠林争雄录》，《飞报》1947 年 10 月 15—17 日。
② 周益世：《侠林争雄录》，《飞报》1947 年 10 月 15—17 日。
③ 周益世：《侠林争雄录》，《飞报》1947 年 10 月 21—22 日。

我毛长江若是怕了，你以后再不在虹口立足。”[①]

金四海道：“姓毛的，你和我大家客客气气，你现在说话这样猛门，是存心和我难过，准备大家搅搅。”[②]

大家既然已经抓破面孔，打翻葫芦泼翻油，打过明白。金四海派李阿德砍死毛长江，鲜血放花筒一般四溅，连肚肠都流了出来，吃相当然非常难看。至此，金四海算是给小角色扎回了台型。然而，金四海被毛长江的小角色小阿六“砰砰”两枪打死。至此，演绎了一场老头子的生死轮回。

3. 小角色顶翻老头子

白相小说最精彩的情节是小角色顶翻老头子。

《大流氓》中的烂眼阿洪“是一个颇有小挖的白相人，平常每天在马路对过的一爿扬州戏园内闲荡着，凡是有什么讲斤头、拆姘头、打相打等事，都是他的份儿。手下也有几十个小搗蛋，万一人家对他不领盆，他要摆一下华容道，只要一声吆喝，手下这班小角色，自会一哄而至，把人家拖牢，别别勃勃请人家吃一顿皮榔头，然后再轧到老虎灶里讲斤头。”[③]

某日阿洪妻子因为倒马桶与邻居陆良山夫妇发生口角，各请老头子讲斤头。陆家请高松林出头，阿洪不服，毛手毛脚，打伤高松林，无奈出外避风头。投至白相人刘德甫门下，拜其为老头子，从此阿洪变成了刘德甫的小角色。

刘德甫姘头翠宝和孙玉堂有私情，刘德甫差阿洪除掉这一对狗男女，阿洪将二人“种了荷花”。刘德甫又派阿洪等人抢劫犹太人开的晶晶珠宝店，所获颇多。阿洪在刘德甫手下都是奔在前头，拿些零头，出生入死，所得不多，使渐生怨悱。

话说白相地界讲辈分，小角色总要听爷叔之命。然老头子对手下不过视作一班五劲狠六劲，碰碰拔出拳头来打人的朋友，摆摆华容道，

---

① 周益世：《侠林争雄录》，《飞报》1947 年 10 月 21—22 日。
② 周益世：《侠林争雄录》，《飞报》1947 年 10 月 25 日。
③ 黑旋风：《大流氓》，《上海日报》1942 年 4 月 4 日。

用他们吓吓洋盘[①]，老头子不把他们放在心上，不过是老头子出演大戏中的活动布景而已，所得亦少。

而白相人说起来铮铮铁骨，考其实，也势利不过了。老头子谁吃价，就捧谁，谁起码，谁派斯了，谁霉了，便弃之而去，欺师灭祖之事亦不稀见。故有言云：

现在这个年头，辈分两个字，早就置之脑后，做到白相人，只得谁凶得转，谁就是大亨。小脚色打坏老头子的事常常有得听说。[②]

阿洪对刘德甫心有不满，询问珠宝之去路，阿洪说：

“德甫兄，上次你拿去的许多可以脱手东西，数目也是在不少，照我算算，三四十万是只多不少的。”

德甫见他一开口说出三四十万数目来，不由得先是一怔，接着脸上装出不大好看的笑容来，对阿洪笑笑道：

“哪里有三四十万，我拿的东西，就拿他们放在橱窗中的价值来说，也不过十万以内。但是这东西卖出去，价钱是不能和橱窗里一样算的，至少要对折转弯，所以实际上只不过三四万的数目，除了开销以及零零碎碎给你们以外，所余也实在无几了。”

阿洪说：“我为了这件事拼性舍命，你再要在我头上剥削，一个人要问良心，到底还说得过去吗？”

刘德甫见阿洪钉牢黄包车地钳牢自己，一些儿也不肯放松，毫无把自己当首领看待的意思，恼羞成怒之下，一张面孔，由红转白。也放下脸来道：“阿洪，你敢是发神经病了，我难道要骗你不成。老实说我是你们的领袖，我要怎样分配，就怎么分配，谁敢多放一个屁，你阿是不服帖吗？”

阿洪见他嘴硬，一只手伸入袋里，捏住手枪，哼了一声道：“卵末是领袖，你若是办的清公事，虽然我去拼性舍命让你享现成，还认你是领袖。若是想打我们的过门，那么谈也不要谈，不服帖就哪能，大家都是一条裤子一根绳，搅搅、白相相吃道理的。”[③]

---

① 洋盘：见第366页。后文有方言词汇，可参见第五章上海俗语汇释。
② 黑旋风：《糊涂虫》，《上海日报》1943年7月26日。
③ 黑旋风：《糊涂虫》，《上海日报》1943年7月4—5日。

至此，二人谈僵，双方顾不得老头子和小角色的名分，便抢起钱箱来，争夺间，阿洪将刘德甫推坠入海。而阿洪携款回到上海开设赌台，由小角色升梢为老头子。

白相地界本为两极世界，一极为老头子，一极为小角色，一上一下，视同纲常。某日，乾坤旋转，天地翻覆，上下易位，白相地界小说写白相人之寻相骂、打相打之迹，其中就以小角色顶翻老头子故事最为出彩。

（二）小抖乱

1. 名号

小抖乱之字号颇多，常用的有：

（1）小角色、起码人：言其地位也。

（2）跟屁头、跟辔头、蟹脚：三者意同，与老头子对称。

（3）星宿：如“他手下一班人都是无事怕太平的星宿，平日唯恐天下不乱，没有事情也要寻一些事情出来。如今有着一件事情去干，而且这其中很有油水可捞，哪一个不起劲。”①

（4）马路英雄：黑旋风发表于《力报》的一篇白相地界小说即名《马路英雄》。

（5）红眉毛绿眼睛：“他介绍我认识几个同产兄弟，都是上海人打话红眉毛绿眼睛的，讲起话来总是戴上一只操那娘帽子，是十足道地的小白相人作风。”②

（6）日里吃太阳，夜里吃月亮，拳头上立人，臂膊上跑马。“这一班日里吃太阳，夜里吃月亮，拳头上立人，臂膊上跑马的马路英雄。”③

其他如阿流、毕家三少、抱台脚、吃空心饭者也用以称之。

---

① 周益世：《小山东》，《力报》1942 年 8 月 18 日。
② 长脚阿福：《葛阿金》，《吉报》1942 年 10 月 5 日。
③ 披发散人：《恶霸横行记》，《上海日报》1939 年 11 月 23 日。

2. 吃相

吃相，也称“吞头”，即装扮、衣着。贬义词也。东北话则叫“那死出”“死样”“损色”(sǎi)。

白相人那一副吃相，交关难看，恶形恶状，九腔加一腔，碰碰触那、触伊拉起来，狠巴巴的、一脸戾气。

上海小报曾刊有胡考所绘《老上海典型人物》一组漫画，其中有白相人和白相人嫂嫂两帧（见图 2-1，2-2），颇为传神，可与白相地界小说所描写相互印证。

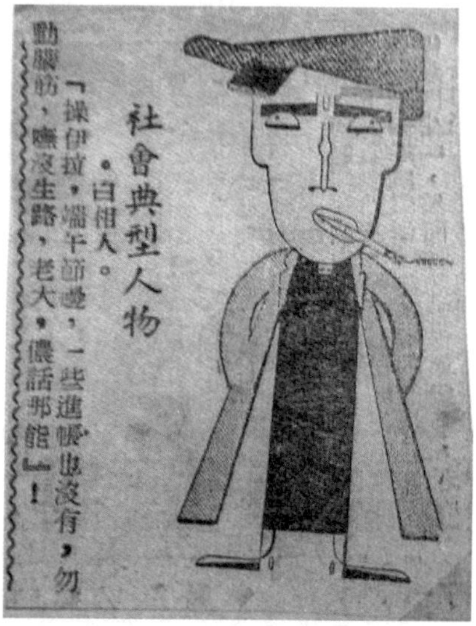

图 2-1 白相人

（1）帽

戴鸭舌帽最多，其他有戴一顶西瓜皮小帽、防雨软草帽。冬装则有一顶呢帽、丝绒呢帽。

还有一种，铜盆帽，是一种勃脱司比牌子来路货。

帽子平常，戴法特别，皆戴在青龙角上，而且不正，歪戴，压得很低，戴得直压眉毛，显得流腔十足。如：

走进两个人来，身上都是短挑，一个戴一顶鸭舌帽，一个歪戴一顶西瓜皮小帽，一看这一副吃相，就知道这两位仁兄，是个毕家三少爷脚碰脚的货色了。①

见说话的一脸横肉，满面杀气，头上一顶笔尖的西瓜皮帽子，戴得直压眉毛。两只袖子管卷了起来，露出两个相当粗大的拳头。一副吞头，分明是鸭蛋当中寻骨头，预备来扳错头的。②

---

① 周益世：《三十六股党》，《真报》1947 年 10 月 28 日。
② 披发散人：《恶霸横行记》，《上海日报》1940 年 10 月 8 日。

（2）衣

常见的是穿了一身香云纱衫裤，还有黑印度绸、格子纺短衫裤，都是短挑。其次，则派立司长衫，冬装则马裤呢大衣。穿法则是敞胸，露出胸毛和刺青，似戏台上的黄天霸。如：

这进来几个人，打头是一个穿香云纱衫裤的大胖子，一件香云纱短衫，胸前并不将纽扣扣好，敞开了露出一个大肚子，当胸刺着二龙抢珠的花纹，那一副吃相，一望而知是拳头上立人，臂膊上跑马的白相人了。①

福生一抬头，见进来那人是一个五短身材，身上披了一件马裤呢大衣，面前纽扣没有扣好，像黄天霸一般将前襟敞开，头上一顶丝绒呢帽，却歪戴在青龙角上。②

衣襟敞开外，衣袖也要卷起，呈捋袖露臂突拳式。如：

穿了一件黑印度绸的长衫，两只袖口卷了起来，露出雪白的纺绸短衫。③

两只袖子管卷了起来，露出两个相当粗大的拳头。④

（3）身

立式则胸前打着“穷结”，“么三式样”地立着。“穷结”，即团臂胸前；“么三式样”，“么三”即“四”也，“四”谐“屎”也。如：

荷生和桂方以外，还有三四个两手在胸前打着穷结，帽子戴在青龙角上的，不是别人，也是弄堂中的一班星宿。⑤

老山东向小宝上下一打量，见他么三式样地立着，那一个身段分明是白相人派头。⑥

（4）手

手，则将一只第八手指直向人的嘴里塞过去，或者大拇指一翘一翘地做着手势。如：

---

① 周益世：《石库门》，《吉报》1942 年 9 月 11 日。
② 周益世：《小山东》，《力报》1943 年 1 月 14 日。
③ 周益世：《侠林三少》，《力报》1944 年 1 月 7 日。
④ 披发散人：《恶霸横行记》，《上海日报》1940 年 10 月 8 日。
⑤ 黑旋风：《糊涂虫》，《上海日报》1943 年 7 月 7 日。
⑥ 周益世：《小山东》，《力报》1942 年 7 月 25 日。

林世民显出她的抖乱本来面目，将一只第八手指直向他的嘴里塞过去，喝道："你替我省省吧，你可知道为什么迟到两个钟头。"①

一只桌子上坐着几个人都是（红）眉（绿）眼睛，帽子戴在青龙角上，说起话来，大拇指一翘一翘地做着手势。一望而知是日里吃太阳，夜里喝露水的家伙。②

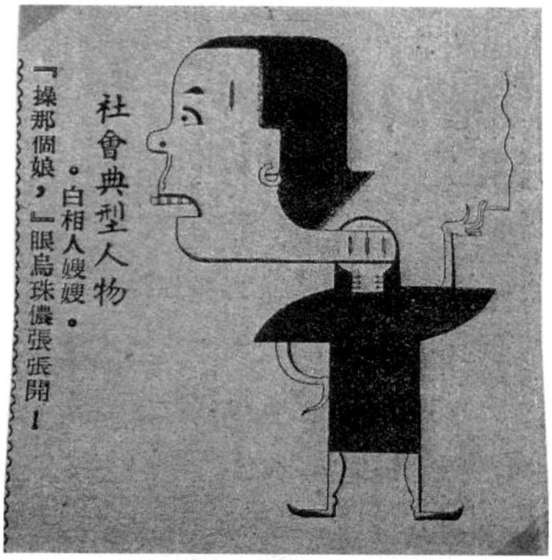

图 2-2 白相人嫂嫂

上海有所谓白相人嫂嫂者（如图 2-2），大拇指翘着是她们的标准动作。《活老虎》写范老虎之妻王三姐，说她："因为做白相人嫂嫂做惯了，碰碰就要将大拇指翘翘，架起了二郎腿，摆出一副狠天狠地的样子来。"③

（5）嘴

嘴，则口中触伊拉开花，或唱着宁波滩簧，或口衔香烟，粘在下嘴唇上，或横衔着一支香烟。"只见他身上穿了一套格子纺短衫裤，一顶防雨草帽戴在青龙角上，一只手托着鸟笼，一只手撑在腰眼里，嘴里横衔着一支香烟，一副架子的确好得呒啥话头。"④

（6）眼

眼，则弹眼落睛，横眉竖目。

以上为静态，小角色走起路来，则摇摇摆摆，或大摇大摆地进来。总之，小抖乱这副吞头，九腔加一腔了，交关不入眼了。

小抖乱之人名，亦可发一噱，如毛和尚、歪头阿仁、小麻皮、摆水果摊的广东甘蔗、电灯泡、黄鱼头、杨老虫、白蚂蚁、大块头福

---

① 周益世：《侠林三少》，《力报》1944 年 1 月 11 日。
② 周益世：《十八条好汉》，《罗宾汉》1946 年 12 月 5 日。
③ 周益世：《活老虎》，《活报》1948 年 9 月 27 日。
④ 周益世：《活老虎》，《活报》1948 年 9 月 17 日。

生、蜜枣阿林、长脚炳春、花鼓筒、铁排门板大光、小辫子、石乌龟、翘脚宝根、小鬼阿章、红头苍蝇、白无常、黄鼠狼、小黑炭等等。

3. 抖乱脾气

白相地界小说形容小角色的品性道：一条裤子，一根绳，身上一些儿呒啥啥，无事怕太平，拍掉帽子，没有脑子的家伙。

或道抖乱脾气、净闯穷祸、抖五抖六、一触一跳、炒虾等不及红、五筋狠六筋①、碰碰就和人家打开头穷上。

抖乱：捣乱也。

抖五抖六的：北方话有“嘚瑟”“嘚嘚瑟瑟”义近之。

五筋狠六筋：狠天狠地。

一触一跳：北方话拘楞暴跳。

周益世写小山东抖乱脾气道：“原来小山东自己喜欢一触一跳，碰碰卖弄狠劲，和人家放对手，打相打。□□舍命地上过明白。”②

周益世写小白龙抢劫金表，举枪就打，被劫者“起先还充得起硬汉，想不到阿龙会这样爽辣就来这一下子，知道这个家伙拍去帽子，没有脑子，和他没有道理好讲，万一弄得不好，准可以叫我自己另外再翻一次红脚桶，那可不是玩的”③。

小抖乱脾气如此混账，但当他们辈份蹿起来后，脾气就变了。《十八条好汉》说：

> 孙柏林这个人在七八年前，的确是一触一跳的脾气，一些儿涵养功夫也没有，碰碰要和人家拼命。可是近几年来，柏林窜了起来，有了钞票，火气也退了，胆子也小了，不会像从前这样一触一跳，碰碰要来一个火爆表现。④

老头子乃小抖乱“转世”，“转世”后，不但退去火气，而且会

---

① 也写作“五劲六劲”“五斤六斤”，各家但求音似，字有不同。
② 周益世：《小山东》，《力报》1942 年 11 月 30 日。
③ 周益世：《双枪小白龙》，《光报》1947 年 5 月 6 日。
④ 周益世：《十八条好汉》，《罗宾汉》1947 年 1 月 18 日。

图 2-3 《十三太保喋血记》插图

变斯文，强盗扮书生起来。如《十三太保喋血记》（插图见图 2-3）中的李天王，其手下小角色众多，有“十三太保”之号。所以李天王在白相地界颇兜得转，有了资本，他“平常强盗扮书生，喜欢装出一副笃定泰山的斯文样子”。“手下十三个小脚色，都是杀人不怕血腥气，狠天狠地的人物。乐得让他们去冲锋陷阵，等到紧要关头已过，自己才像唱压轴戏般上台交代几句过门。”[①]

黑旋风《大流氓》总结道：

凡是白相人越是地位高，越是客气，而且打扮得寿头寿脑，说起话来温文尔雅，一些儿也看不出是白相人的派头来。至于这班五劲狠六劲，碰碰拔出拳头来打人的朋友，那就是跟屁头的起码角色。所谓奔在前头，拿些零头之流而已，没有什么大不了的，吓吓洋盘，固然有用，若是大家都是脚碰脚的，却把他们当做活动布景，一些儿也不放在心上。[②]

4. 白相手法

白相人之手法颇多，并各有切口。如：

开条子：贩卖妇女之谓也。

剥猪猡：抢劫衣服。

抛顶宫：抢帽子。“顶宫”即帽子。

开桃园：桃园，洞也。掘洞盗窃。

拔葱：抢挖耳。

扯蓬：抢耳环。

---

① 周益世：《十三太保喋血记》，《罗宾汉》1948 年 5 月 7 日。

② 黑旋风：《大流氓》，《上海日报》1942 年 4 月 13 日。

捋苗：抢手镯。

捋手圈：抢金戒指。

盗玲珑子：抢金表。

触天表：用竹竿偷窃。

摸甲鱼：偷鞋。

采毛桃：偷鸡。

劈堂：杀人。

其他拆白、绑票、仙人跳，与今日无异。

白相人之手法虽多，但纳入小说者有限。老一辈的海上小说如《海上繁华梦》和《歇浦潮》多述翻戏、拆白、仙人跳，到了白相地界小说写得较多的有如下几种。

(1) 剥猪猡

剥猪猡为小抖乱之常行，如黑旋风《糊涂虫》中刘学明坐黄包车，被小陆等一伙小抖乱抛顶宫，丝绒帽子被抢，刘学明心疼，下车去追，追至死胡同，不想此乃小陆埋伏圈也。刘学明被轧住，大蓬卸下，是一件翻领头大衣，做下来非要几条辫子不可了。大蓬之外，里面的一件丝绵袍子也被剥下，还有表和自来水笔。

刘学明本想靠着"樱桃来得，说出来的话，落门落槛，或许绝处逢生，会特别客气相待"，不想抛顶宫外，加以剥猪猡，中了白相人的连环计。临行白相人告诉他："你被老子引到里面来，这个行话叫做钓乌龟。你不是猪猡，是一只货真价实的十三块六角啊。"[①] 十三块六角乃龟，王八也。

(2) 碰三合土

白相人打相打常会听到一声"碰"。碰就是碰三合土，又称排三合土，是将一个人手脚抓住，举起，然后摔在地上，下面如果是柏油路和水泥地面，人受内伤，口鼻出血。

(3) 摆堆老

据说白玉霜和袁雪芬都被人摆过堆老。堆老，粪也。又称么二三、

---

① 黑旋风：《糊涂虫》，《上海日报》1943 年 4 月 4—5 日。

米共田、黄坤山。用粪包掷人头上，叫摆堆老。于人并无大碍，其目的只在教人小触霉头，借此泄愤，以为人头着粪，至少须交三年恶运。

黑旋风《糊涂虫》中小林和小陆为舞女宝珠吃醋，小陆遣荷生和桂方摆宝珠的堆老，弄一蒲包么二三，去套在她的脑袋上，黄金汁淋了一身，难闻的木樨香味，身上、嘴里都是。恨不得五角洋钱一块豆腐，当场撞死。

披发散人《头破血流录》中才升与领弟拆姘头，才升恨之入骨。找到阿发，阿发向其介绍自己的摆堆老技艺称：

A. 粪的调制：

我们用的粪，是用药料调制过的，不但厚薄适宜，而且奇臭无比。粘在衣服上，休想洗得干净，粘在身上，不论你用怎样好的上等香皂去洗，臭味总洗不掉，少说着也可以在身上遗留着这么两三个礼拜。[①]

B. 包裹物：

这东西湿湿的，放在蒲包里要漏出来，用荷叶包着，就不要紧了。而且荷叶的性子极脆，一碰就破，等一会只要把蒲包向她头上一套，还不是一个黄金满头吗。[②]

里裹以荷叶，取其易碎，外罩以蒲叶便于携带，又通透易泄。二人以 30 只洋谈成这笔交易。

(4) 拿开销

拿开销，今之收保护费也。

香蕉阿二娶再醮之女，婚宴在三元楼。“却见外面走进两个人来，身上都是短挑。一个戴一顶鸭舌帽，名叫二宝；一个歪戴一顶西瓜皮小帽，名叫毛头。一看这一副吃相，就知道这两位仁兄，是个毕家三少爷脚碰脚的货色了。”[③]

拿开销的白相人，又被称为三十六股党[④]，但不知何所取义。

① 披发散人：《头破血流录》，《上海日报》1938 年 10 月 28 日。
② 披发散人：《头破血流录》，《上海日报》1938 年 10 月 31 日。
③ 周益世：《三十六股党》，《真报》1947 年 10 月 28 日。
④ 亦称三十六个党。

三十六股党在上海拿开销，由来已久，凡是新店开幕，他们都会光临，若店家不肯搅落（搅落即花钱），他们会用无赖手段，将你的招牌弄坏，竟或往门面墙壁上泼“么二三”。

这两个白相人“死人勿关地走上前来，搭出一面孔向人家挨血架子”，道：“老板，今天是大喜之期，多花几张钞票不在乎，我们都是当地老弟兄，请你客气些，多开销两钱罢。”

香蕉阿二不吃这一套：“触伊拉起来，我又不是新开店，他们要啥开销，我阿二又不是洋盘，这种没有名堂的冤枉钱是不肯用的。”

拿开销的白相人多是成双成对，一搭一档，一演红脸，一个白脸，一个戴鸭舌帽，一个戴西瓜帽。

戴鸭舌帽的是白脸，道：“喔唷，做大事体何必做人家这一些消费呢？我们对于这里有什么红白事体，一直要照规矩拿开销的，并不是只是限于新开店的，你这位老板就搅落一些吧。”

戴西瓜帽的红脸，不客气地喝道：“喔唷，老婆也要讨，开销又没有几个钱，何必这样狗屁倒灶，乐得漂亮一些。”①

香蕉阿二无奈给了两万元储备票，立刻引起不满。“啥物事啊！出两张钞票子，当我们是啥物事啊。这两张钞票我看你还是自己藏在身边，等一会买两刀草纸，给新娘子派用场吧。”

白相人拿开销“虽然未见得比沿门求乞高明，可是在他们的意思全凭廿四根饬排骨打出来的天下。和一般哭出胡拉的哀党完全不同，哀党讲讲好话，不拘多少，拿了就跑，他们却非要敲足输赢不可”。

“触你那个起来，给你钞票，还要嫌多嫌少嘴里不清不爽，老子先打了你，教训教训你再说。”② 香蕉阿二嘴里骂着，蹿上一步开打。来拿开销的白相人不但不让开，反而迎上去，见那边有一只破的痰盂，身体顺势跌去，在额角上一划，顿时鲜血直流。

拿开销的钱都是从被打处得来的。他们常常说：我们都是经过火、

---

① 周益世：《三十六股党》，《真报》1947年10月30日。
② 周益世：《三十六股党》，《真报》1947年11月1日。

入过土，什么大场面没有见过。打得头破血流寻常事，不作兴喊一声啊呀，即使被搭进行里去，譬如白相外婆家，一些儿也不放在心上。据说，到赌场拿开销，名之曰“黄鱼头就是拳头”。“黄鱼头”指一张五元钞票，其意就是经得起打，才能拿到“黄鱼头”。被打时，要能项得住，不许皱一下眉，还要喊打得好。拳头展开是五个指头，打在身上就说明你值价五元。挨打者可以到赌台账房去领取奖金，如果账房问拿什么钱，你只要扬扬拳头，再将手指张开，账房立刻明白，付一张五元钞票，谓之“黄鱼头票”。

香蕉阿二打的时候，吴先生就劝他打不得，打了以后，即是打中铜钱穴。被打之后，二宝和毛头非要对方摆句闲话出来不可，原来经张春海的调节，本可拿出两万储蓄币就可了事，不想因为香蕉阿二的一拳头，变成了五十万储蓄币。

只要钞票到手，白相人也爽快。二宝对张春海说：“你这位爷叔，我们认识的，既然你出来说一句，我们看在你的份上，一定卖面子给你。好得你老人家吩咐出来，一定打蛇打在七寸里，我们只要咽得落，孙子王八蛋再多放一个屁，立刻拍拍屁股就走。”①

就此结束一番拿开销，三十六股挨了打也不计较，只要拿到钱就好。临行张春海还吩咐他们，香蕉阿二水果摊就在弄堂口，以后不准去和他捣蛋，两个白相人也都唯唯遵命。

二、狠、硬、辣

小报上的白相人颇有性格可言，其性情若何？以白相地界语言言之。

曰：狠、硬、辣。曰：卖斗、搅过明白。曰：小身体不是租来的。曰：三个不领盆，四个不相信。曰：斧头砍上去，只当拜年帖子，当他呒介事。

---

① 周益世：《三十六股党》，《真报》1947 年 11 月 4 日。

一曰狠。狠者，称狠客。动狠曰摆狠劲，或摆摆狠劲。形容词则曰狠巴巴，又称狠五筋、狠六筋，亦作狠五斤、狠六斤。如“弄堂里吴瞎子一班人，外面讲起来，总是狠五筋，狠六筋地，好像世界上只有他们是狠得不能再狠的狠人，天不怕地不怕，连阎王阿伯，无常爷叔都不放在心上的”①。

二曰辣。又称爽辣、豁辣松脆。即心狠手辣，常称辣手辣脚，即动作粗狠，称人则曰手把子狠辣。

三曰硬。上海话硬的说法颇多，如扎硬、石骨铁硬、乌龟甩石板硬碰硬，好像从国际饭店屋顶上甩下来也不会甩碎。如“这批宝货，嘴里固然说得狠天狠地，而且硬得非凡，好像从国际饭店屋顶上甩下来也不会甩碎”②。

四曰卖斗。略等于北方话之好斗。如月珍娘说斧头阿毛道：“你这人怎么这样卖斗，人家好好地和你说话，怎么竟说起法兰西（闲）话来了。”③“李天王和手下一班人，都是吃死人不吐骨头的卖斗朋友。”④

五曰搅过明白。搅过明白，拼到底之意。常和索性横竖横、拆牛棚连用。如《糊涂虫》小陆说：“我可和他不同，素来不知道什么叫做怕，当然能够不被死乌龟碰着最好，可以免掉一些是非，万一给他碰着了，那也没有法，索性横竖横、拆牛棚，和他搅过明白。”⑤

六曰小身体不是租来的。小身体不是租来的，不惜生命之意。如《双枪小白龙》中小白龙说：“什么大阵仗没有见过，自己的身体不是租来的，万一斗不过人家，让对方轧牢了，要杀要剐，一些儿不要放在心上，绝不皱一皱眉毛。人家若是犯到了自己手中，那也一些儿也不客气，照样拉出家生来轰掉他，决不徇情。”⑥

---

① 周益世：《小山东》，《力报》1942 年 7 月 21 日。
② 披发散人：《上海日报》，《恶霸横行记》1939 年 12 月 1 日。
③ 黑旋风：《斧头阿毛》，《上海日报》1941 年 4 月 8 日。括号中字为本书作者添加衍文。
④ 周益世：《十三太保喋血记》，《罗宾汉》1948 年 7 月 2 日。
⑤ 黑旋风：《糊涂虫》，《上海日报》1943 年 8 月 31 日。
⑥ 周益世：《双枪小白龙》，《光报》1947 年 5 月 15 日。

七曰三个不领盆，四个不相信。领盆，服气也。不领盆，不服气也。如“阿毛的性格他素来是知道的，晓得他天不怕、地不怕，猪猡脾气发作，无论是天王老子的阿伯，他也不领盆不买账”①。

小山东这个人生平吃软不吃硬，人家若是和他三个不领盆，一定要搅过明白，他决计不肯屈服，非要拼一个你死我活不可。但是对方万一自知不敌，情愿甘拜下风，表示屈服，他立刻没事了，甚至于叫他吃亏一些，他一句闲话。②

八曰斧头砍上去，只当拜年帖子，当他呒介事。即枪林弹雨，生死不怕也。如“一般狠天狠地的白相人，斧头砍上去，只当拜年贴子，当它呒无介事。”③

黑旋风笔下的斧头阿毛，再狠、硬、辣不过了，姑以其为例，说明白相人之性情。

话说白相人要蹿起来，一定要心狠手辣。《斧头阿毛》中的阿毛做起事来非常爽辣，他本来一副抖乱脾气，面上生毛，翻转来一些情分不讲，做起事来使人见了寒势势。他是木匠出身，故惯使斧头，即使枪也觉得没有用斧头顺手，混进白相人淘里后，亦用斧头办事。他拜钱金福为老头子，钱金福手下虽然有几个很好的枪手，但是讲到用斧头劈人的种气，只有阿毛一个。

陆小荣，是钱金福的小角色，钱金福一手挑他起来，蹿起来后，不把钱金福放在眼里，为一讲斤头事，陆小荣不买账，钱金福让阿毛去斩坏他。阿毛提斧而去，找到陆小荣，“阿毛早已准备妥当，这柄异常锋利的小斧头，藏在袖子里，一伸手来出来，用一下迅雷不及掩耳的手段，对准小荣当头，砍了下去，‘啪’的一声，砍个正着，鲜血四溅。小荣连‘啊呀’都来不及喊，连忙用手去捧脑袋，阿毛再不怠慢，拉起斧头对准小荣的要害，连连地砍了好几斧”④。后来阿毛用此斧头，毙命五条，可谓白相地界第一狠客。

① 黑旋风：《斧头阿毛》，《上海日报》1941 年 4 月 21 日。
② 周益世：《力报》，《小山东》1942 年 12 月 19 日。
③ 周益世：《活阎王》，《活报》1947 年 9 月 2 日。
④ 黑旋风：《斧头阿毛》，《上海日报》1941 年 5 月 3 日。

巫媚女

定雲者。十八入邑庠。旣聘而。喪偶。母夫
女美。閒途至玉尺山。過妪門。女適[illegible][illegible]
。不敢與生道款曲。但竊覗其衣。久之。[illegible]
以爲天下之美。無第二人及龍[illegible]矣。遂告母
[illegible]可。[illegible]之。生曰。果其人實也。雖巫女可[illegible]
門閒。[illegible]炙所取。母曰。内[illegible]
衣冠中人。[illegible]

双鎗小白龍

周益世文　王澤人圖

㈣ 拿出一些顏色來

走出五翻浴室，阿龍四下一看，見這家混
堂鑿然走開說在交通便利的落開區城，可是因
爲在弄堂裏，混堂門口附近倒沒有什整入，一
直要穿出那條弄堂，幾是非常鬧猛的馬路，同
吃那條弄空除了一通馬路外，另外一端又通
到幾條支弄塞去，端先睇了他勞，早已在肚皮
寒計鼻好子，自已很得意的笑了一笑，就在饑
開浴室幾個門面立定，，等。
脚下踏了一個了字步，，不乙一會兒工，那個剛纔洗洋向
兩手卻在騎前打了一個盆匆，被阿能認爲是火燒鬼的那個朋友步
窮結篤龘足定的在那裏匆匆地從混堂裏走出來了，這傢伙走

頹做做
吃吃的
朋友，
慢說想
發攙財

但望小犬早忘勿樂，眞比做
股祟塵誰七十六個停被還窩
心也，總而言之，我必怕蝕
掉老辛，則我懸年肯吃儉用
，所積手的錢都泡湯吳。

醬所及，肥
，一新天方
夜譯一女主
冉字文翠不
敢脫光篇。

牙菌李蘭將急得牙

双鎗小白龍

周苕世 文　王澤大 圖

沒有機會可下手

賬因馬久在沒開廳　不一
房此走沒敵有了，下喜廳
阿間跟進有蘊忍，要原，不驪
龍以晉帳借什麼只變來遊設他
本後一房息壁性有得長設少，
來、斑間，，，兩一面場一使
對茂開以不一一體做正管事他
宋生人後知班倜却穷在理，下
性一到，容開裡還竟相人對次
朋班援許由人走。待的於不
看人房
不尊間敢不工吃擇人落塊却與
入定門再得一，他來瑞虎不將
要口到好些不自向勢虎青他
，吃，這好小應已他，了壓們
如齒嬰要的苦該，打，易送
今，有來數頭怪如招應誰干可
起一搗衍，別今乎該知休兹
法地假蛋一但人由，，來，兵
恨裏結，下是，管有以性一司
他很果對，道怪理了理明定令
了代，於鑑也來
，他誰宋給是尚
知們知性他他去
實不大明今自，
到平陰，天討還
了，人少吃苦得

部，工猶面平到，
只夫，，，猶
得，將看不房也
，打香茂得逃要沒
說當若生清宋去白

何原因，明白也
則無人能
江茂生，原當是多
宋思

張
之
我指
目前拍影
是
一句

笑阿八名，軍退花之前聲若千年使人比一
笑阿八

遊戲小品　猪子

蟠台門坐日輪三草忽忽西

女位紹郭對
士是：梅了
，史「生婦，小
這華這介替扥馬

三、朗声

朗声，亦称“开花”“叫句子”，即古之搦战、骂阵也，如“还不快快下马受降，以免做刀下鬼”。此外潘金莲之骂李瓶儿，凤姐之骂赵姨娘亦其例也，以其直截痛快、酣畅淋漓也，无论古今，白话小说中，但有开骂，多是妙文。

白相地界小说但有打相打，都以朗声为先容。如《小山东》中蔡福生痛打三十六股党拿开销的金宝、马老枪一段。

蔡福生做运输生意，实际上贩卖违禁物品，常要借助开轮船公司的范会臣。恰逢范会臣的夫人翘了辫子，殡仪馆办丧事，蔡福生忙前忙后，就见走进来两个人“虽然也穿了一件长衫，帽子戴在青龙角上，走起路来，摇摇摆摆，一望而知是日里吃太阳、夜里吃月亮的阿流头了”①。

他们是陆炳奎的小脚，两个拿开销的三十六股，蔡福生只开销了他们两只洋，两人嫌少，马老枪立刻唱起朗朗调来，而且闲话中嵌着骨头：“客气些叫你一声爷叔，你也是落门落槛，外面白相相的，怎么说起话来，洋里洋腔起来了，我们在外面拿开销，也不是拿了一天了，凭什么，就凭迭两个肋排骨，就是天王老子的爷做事，小弟兄面上，也要敷衍一下的。”②

福生一只面孔涨得满脸红，好像一只喷血的猪头，道：“触那个娘起来，谁要你这种臭瘪三喊什么爷叔，客气些开销你两只洋，惹得你还要嫌多嫌少，真是见你娘的鬼，枣子过腔，看错了人头，今天老子一只壳子也不给你，看你咬脱我一只卵。”

马老枪这种瘪三，一只面孔像帐子一样，挂起来容易，放下也容易，啧啧两声道：“喔呀呀，像煞有介事些啥物事，从前也不是和我们脚碰脚，我们拿开销，拿了也有几个年头，像这种卖斗相好，倒还是第一趟碰着，大家叫名头也算是自家人了，搭啥格豆腐架子呢？”

① 周益世：《小山东》，《力报》1942 年 7 月 1 日。
② 周益世：《小山东》，《力报》1942 年 7 月 5 日。

福生上前就是一记耳光："滚你娘格腌鸭蛋，这里也有你（这里）臭瘪三的闲话份么？"

马老枪道："姓蔡的，老子认识你，青山常在，绿水长流，咱们大家等着瞧吧，不要狠得过了分，当心狠出鼻涕。"

蔡福生也大声骂道："不来看我，没有种的，是我卵里的虫，老子怕了你们这班臭瘪三，也不要做人了。"①

一番朗声后，马老枪回去向老头子陆炳奎哭诉，陆炳奎派人上蔡福生的路，要在路上截杀他。

作为新式武侠，白相地界说部并不倚重武打，朗声反而是重要篇章，而且佐以上海俗语，愈见精神，凡有段落，皆为可观之辞。

1. 颜色、五颜六色、红黄蓝白黑、一爿染坊

颜色，即厉害，南北通用。如包菊春叫阵蔡福生道："他既然说三天里得给颜色给我看，我倒不领盆，要看看他的颜色怎样，若是他三天里变不出什么颜色来的，那么我来给一些颜色，给他看看，叫他知道我包菊春的利害，不是好吃果子。"②

颜色衍生为五颜六色，如"触那个起来，狄侬排起码人，阿是要用你穷爷发极格起来么？不论什么五颜六色，尽管显出来好了，穷爷倒要瞧瞧看"③。亦称红黄蓝白黑，如"啥个颜色，红黄蓝白黑尽管拿出来好了……不过是一个起码人罢了，呒啥稀奇的"④。"你要看颜色吗？颜色很多，红黄蓝白黑都有，要看立刻来"⑤。

染坊一说，最为生动，"朋友，不要打朋，别拿着西贝的东西来骗人啊，迭两个也是老举，要我一熨斗烫平，须要开一爿染坊，拿出一些颜色出来的"⑥。

---

① 周益世：《小山东》，《力报》1942 年 7 月 5—7 日。
② 周益世：《小山东》，《力报》1942 年 9 月 28 日。
③ 披发散人：《头破血流录》，《上海日报》1939 年 5 月 24 日。
④ 黑旋风：《斧头阿毛》，《上海日报》1941 年 9 月 17 日。
⑤ 周益世：《白相人嫂嫂》，《品报》1941 年 8 月 23 日。
⑥ 周益世：《双枪小白龙》，《光报》1947 年 5 月 5 日。

2. 三头六臂、八只角、铜打铁浇

铜打铁浇、三头六臂、八只角，皆表蔑视、不畏之词。如“包四不论怎么狠法，究竟也是十月怀胎养出来的一个血肉之躯，他既不是三头六臂，也不是铜打铁浇，我倒有些不相信，要放出道行来和他较量较量看”①。“大家都是两个肩胛一个头，谁又用得着怕谁呢？”②

此二语本出《水浒传》武松打蒋门神一段，云：

武松听罢，呵呵大笑，便问道：“那蒋门神还是几颗头，几条臂膊？”施恩道：“也只是一颗头，两条臂膊，如何有多。”武松笑道：“我只道他三头六臂，有哪吒的本事，我便怕他。原来只是一颗头，两条臂膊。既然没哪吒的模样，却如何怕他。”③

八只角。“有我马一同在此，要他方就方，要他圆就圆，不怕他不随着我的意思走，他若是敢强一强，就是他头上长八只角，我也要折断他两只了。”④ 此语，若北方人讲来则为：“不给你点厉害瞧瞧，你不知道马王爷三只眼。”但不见诸白相地界小说，殆上海人不信马王爷乎？

铜打铁浇，如“人人都说顾洪发怎样怎样地狠法，我总当是铜打铁浇，刀枪不入了，今天一看，原来也是一个贪生怕死的脓包”⑤。

又称铜打的罗汉、铁打的金刚，如“我先和他拼命，他究竟(不)是铜打的罗汉，铁打的金刚，白刀子进去，照样也要红刀子出来的”⑥。

由铜打铁浇、罗汉、金刚渐引申出外滩铜人，如《白相人嫂嫂》中罗阿德与乐意里最漂亮的女人宝珍搭上了，阿德老姘头银宝不忿，托大块头金生与阿德讲斤头，金生在五福楼埋伏下人马，罗阿德不肯屈服，道：“什么，你要我拿出钞票来，哈哈，我用钞票倒的确爽气，

① 周益世：《小山东》，《力报》1943 年 5 月 5 日。
② 黑旋风：《斧头阿毛》，《上海日报》1942 年 3 月 7 日。
③ 施耐庵，罗贯中：《水浒传》，北京：人民文学出版社，1991 年，第 86 页。
④ 周益世：《小山东》，《力报》1942 年 12 月 8 日。
⑤ 黑旋风：《斧头阿毛》，《上海日报》1941 年 4 月 2 日。
⑥ 黑旋风：《斧头阿毛》，《上海日报》1941 年 5 月 18 日。

银宝倘然自己来向我苦苦哀求，或许看她可怜，给他一些，吪啥道理，如今她既喊出不三不四的人来，我姓罗的就是要给她，也不高兴拿出来了。倒要看看，有些什么五颜六色？”①

金生说：“‘阿德老大，你是大亨，我们是起码人，今天起码人要发发格看，弄一些颜色给大亨看看，要来一个小鬼跌金刚了，究竟大亨不是外滩铜人，也是皮包血肉，打起来照样也是一样的。’说着，面孔一板，满面杀气，低眉菩萨，变成了怒目金刚，眼看这一出武行立刻要开场了。”②

此语沿用铜打铁浇之意，而以当地景物转喻之。上海外滩有许多铜制的雕像，所以外滩南京路两侧的码头也被叫作铜人码头，如巴夏礼铜像、赫德铜像、和平女神铜像，还有汇丰银行门前的两只铜狮③。

3. 个人头上一爿天、三百年道行、蛇吃鳗鲤比长短

此三语常联用，有时亦和“只有宁波人，没有人吃人”相属。表示欲一较高下。如“包老大……我在朋友最肯吃亏让步，但是人家过了分，一步步逼过来，使我无路可走，弄僵了却也怪不得我不顾朋友交情，蛇吃鳗鲤比长短，要各管各较量较量了。上海滩浪，只有宁波人，没有人吃人，谁怕了谁，个人头上一爿天，大家不妨白相相，比比道行好了”④。

与上述三语意思相同，尚有一说法，曰：“只有两个，一个还没有生，一个却已经死了”。如“世界上使得我梁老八见了害怕的，只有两个，一个还没有生，一个却已经死了”⑤。“这样说来，你是世间上顶好的好人，我还得向你道谢呢，不过世间上的好人只有两个，一个还没有生，一个已经死了，你是算没有生的那个呢？还是已经死了

① 周益世：《白相人嫂嫂》，《品报》1941 年 8 月 22 日。
② 周益世：《白相人嫂嫂》，《品报》1941 年 8 月 23 日。
③ 据说狮子铸成后就将铜模毁掉，成为绝版，铜狮现保存于上海历史博物馆。
④ 周益世：《小山东》，《力报》1943 年 8 月 2 日。
⑤ 披发散人：《恶霸横行记》，《上海日报》1940 年 4 月 13 日。

的那个？”[①]

4. 头会、二会，光棍打光棍，寒天喝冰水

此三语意思相同，皆不屈之言，并常联用。如“本来光棍打光棍，一顿还一顿。今天自己吃了这个亏，若是一些儿还价也没有，任凭他们摇了头会去，自己不来摇二会，那自己可也对不起自己了”[②]。头会、二会，仅知指“花会”，但不悉其详。花会乃上海的一种赌博。

“光棍打光棍，一顿还一顿，今天他们对我下这么一记辣手，我阿荣寒天喝冰水，滴滴在心头，将来的日子正长，若是不叫他们好好吃我一记苦头，我也不姓陆。”[③]

5. 留一些尾巴、狠出鼻涕

留一些尾巴、狠出鼻涕，皆不要欺人太甚之意，如“触那娘起来，还要嘴巴凶，今天把你卵里的虫都打出来，看你还要摆什么华容道出来，至于和你有什么难过，你自己回去垫高了枕头想想看，不要太狠了，今天就叫你狠出鼻涕了”[④]。狠出鼻涕，意为得意之时，瞬间就可能哭出胡拉来，鼻涕眼泪一起流。

“一个人做事要留一些尾巴掸掸苍蝇，不能够扎了人家的面子不算，还要扎到夹里里面去。”[⑤]上海话有“扎面子”一语，即给人难堪，而自己赚足面子。夹里，里子也，由面子转喻而来，以衣服的面子和里子打比方，意为你既要衣服的面子好，又要里子好。

6. 困困醒、牙齿出出齐

《侠林三少》林世民、唐四海、朱宝福三个小抖乱组成侠林三少，恰遇兰花老八，兰花老八是黄博旦之逃妾，私囊甚丰，三人欲敲诈她。兰花老八对三人说：“喂，朋友，你说话识相些，要牙齿出出齐说，

---

① 黑旋风：《斧头阿毛》，《上海日报》1941 年 6 月 24 日。
② 黑旋风：《糊涂虫》，《上海日报》1943 年 7 月 13 日。
③ 周益世：《十三太保喋血记》，《罗宾汉》1948 年 5 月 9 日。
④ 周益世：《小山东》，《力报》1942 年 7 月 18 日。
⑤ 周益世：《小山东》，《力报》1943 年 5 月 24 日。

不可以信口乱说，我们犯了什么法，要被你们看守起来，你们又是什么头寸，可以看守我们。这里虽然山高皇帝远，但是船里也有船主买办，决不能容许流氓敲诈，使正正当当的旅客受无理威吓欺负啊。”

三人当然也不惧兰花老八，因为她负案在逃，便朗声道：“什么，你说我们是流氓敲诈你么，请你将枕头垫高一些，困困醒了说话，自己做了这样的事，还要假痴假呆地装羊。”①

“困困醒”也称“困扁了头”，如：“你困扁了头呢，你把他当早兄，自己倒是一个道地的早兄了。”②

7. 桃花路、杏花街

此语用于骂采花贼、小白脸。《恶霸横行记》小蔡的老婆爱妹和大夏银行的小沈暧昧，白相人黄鼠狼和顺生替小蔡捉奸，正当小沈和爱妹窝心得七荤八素的时候，“顺生已经上前，把姓沈的一把前胸抓住，嘴里开花道：‘触那个前世里格娘起来，要走桃花路，也不晓得铺铺杏花街。看不出你一个穿长袍的先生，竟知法犯法地和人家有夫之妇搅七捻三起来，今天不打你，穷爷也算不得虹口一只角落的老朋友了。’说着，不由分说，举起手来，劈啪两声，就是一个左右开弓”③。

再如《侠林红粉》两个小赤佬方小春和陆一清，路见倪阿昌妹子便甲乙丙，并穷吃豆腐，恰好被倪阿昌撞上，倪阿昌上前骂道：“触伊拉起来，看你们三分像人，七分倒像鬼，也要勿二勿三地走起桃花路来，也不同外面打听打听，居然敢吃豆腐吃到我倪阿昌妹子身上，今天要给你一些颜色给你们瞧瞧，叫你们吃豆腐吃出骨头来，梗了喉咙。”④

8. 人家的棺材，抬进自己家中

此语用来恐吓旁观者，如《活老虎》中的范老虎与日本人勾结偷

---

① 周益世：《侠林三少》，《力报》1944 年 5 月 1 日。
② 周益世：《小山东》，《力报》1942 年 8 月 25 日。
③ 披发散人：《恶霸横行记》，《上海日报》1939 年 11 月 25 日。
④ 周益世：《侠林红粉》，《活报》1947 年 10 月 22 日。

运军米，运送中凡有人问三问四，其小角色便“立刻弹出眼睛，对他们浪声道：‘各人自扫门前雪，休管他人瓦上霜，吃饱了自己的饭，太平一些，不要去管别人家的闲事，拿人家的棺材，抬进自己家中去，是没有什么好处的，识相一些，不要问三问四问别人家的闲事罢。’”①

9. 辈耳光、把这只烂污东西撕豁

女人相骂，无论北方还是南方小说皆有名篇，白相地界小说中亦有精彩段落。如周益世《石库门》黄达时，乃七代祖传妇科医生，马太太领自己的黄花姑娘诊病，黄达时说此女有孕在身，此语对于闺媛，无疑是最大的侮辱。马太太安能容他，“马太太听了，眉毛一竖、眼睛一弹，一只面孔格外拉得长了，对准着黄达时，一口唾沫啐过去，喷得他满头满脸，气愤愤地说道：‘放你妈的十七八个连环屁，我家大小姐是石骨铁硬的黄花姑娘，臂膊上可以跑马，拳头上能立人，丰盛里哪一个不知道。你这种吃屎医生，看毛病摸不准路道，信口胡说地说坏人家，恨起来给你两记辈耳光尝。’马太太说时，那只右手一扬一扬地，颇有冷不防伸过去，对他脸上劈啪地来一记可能”②。

据周益世在《黄老虎》中说，上海的女人最辣手的是抓面孔和辈耳光，抓面孔南北妇女皆擅长，辈耳光是用手在自己的裤裆中先捞上一把，然后对准男人面孔上一记耳光，一样的打耳光，据说被打了辈耳光，至少要触三年零六个月的霉头。

《白相人嫂嫂》中，罗阿德偷娶宝珍，被其妻子银宝闻知，前去讨说法，有人上来求其缓颊，“银宝眼睛一弹道：‘啥叫啥咽得落，先让我把这只烂污东西撕豁了，我就咽得落，否则不要说□来用这一副哀党手段，勿要摆勒心浪。就是天王老子的爷来叫，也是叫不开的。’银宝一只面孔铁青着，就如给棺材盖扪过一般，手下一班小姊妹淘，个个捋袖露臂，狠巴巴的，吃相非常难看”③。

---

① 周益世：《活老虎》，《活报》1948 年 11 月 4 日。
② 周益世：《石库门》，《吉报》1942 年 7 月 31 日。
③ 周益世：《白相人嫂嫂》，《品报》1941 年 8 月 9 日。

《白相人嫂嫂》中剃头司务小九子正在外对人胡说：没有女人，天下太平；有了女人，鸡犬不宁。恰被小九子的老婆听见，骂道："放你妈的屁，你妈难道不是女人，没有了女人，你打哪里才能够钻出来，再说你既然知道没有了女人天下太平，干嘛要把老婆讨了来，尽可以一辈子去过你的光棍生活好了。"[①]

以上所述多为上海俗谈。北方话之叫骂之语，如爷奶、爹娘、鸟、卵、操。敢在太岁爷头上动土；青山常在，绿水长流；白刀子进，红刀子出；……白相地界小说亦采入篇中，北方话刚猛狠戾，为白相地界小说增色不少，然皆绿林常谈，不再赘论。

四、讲斤头

清末民初之黑幕小说常写白蚂蚁、翻戏，迨白相地界小说，所写最多的是讲斤头。白相人诸多白相手段中，讲斤头居其首，皆以其为聚财之道，堆丹老、剥猪猡皆无以方之。其他如钓金龟、三只手等，只能对付个么六夜饭而已。

讲斤头，亦称吃讲茶，也唤作"叫开"，皆白相人居间调解民间纠纷之事也。吃讲茶之意甚易明了，因常在茶馆折冲樽俎，故曰吃讲茶。如"我叫金生，每天在八仙桥吃讲茶"[②]。白相地界小说常称讲斤头，而不云吃讲茶。讲斤头，又作讲经头，出典不详。经头辨析事理乎，斤头讨价还价乎？

上海人起纠纷，不去对簿公堂，而愿意诉诸白相人讲斤头。如黑旋风《斧头阿毛》写李月宝与玻璃杯金玉翠拆姘头，金玉翠认为"最好是不要打官司，一打官司，事情弄僵，没有下场势。即使顺顺利利地占了上风，李月宝名下敲出来的钞票，也要给律师等分去一部分，到自己这里，就见得不实惠了。万一官司只赢了一半，李月宝被判吃

① 周益世：《白相人嫂嫂》，《品报》1941 年 7 月 23 日。
② 周益世：《色界天》，《品报》1942 年 3 月 13 日。

了几个月官司，赡养费和医伤费名下，被法院当局判了一个折扣，那么就没有什么大好处了。倒是中间由人讲好，来得实惠得多，而且还可以因此卖一个人情给黄伯当。一经讲好，钞票立刻可以挨过来派用场，一举数得，真是何乐而不为”①。

不去打官司，而讲斤头，一者省了一笔律师费，二者倚势讨得更好的价码，三者一旦讲好，绝不狗屁倒灶，甚为捷便。

虽云吃讲茶，但地点不拘于茶馆，上等的开个房间谈判，中等的茶馆里讲讲，次等的老虎灶上也可以叫开。《头破血流录》阿发就在弄堂口五福园老虎灶开讲斤头。《糊涂虫》中小陆、桂方、荷生三人，将小林拉拉扯扯地拖到附近一家老虎灶里去了，这爿老虎灶一共才一间店面，半间是专门替人家泡水，半间却有几只板桌放着，即此地亦可以讲斤头。

一旦斤头谈崩，打相打起来，茶馆亦有渔利之法。《侠林红粉》（插图见图2-4）高德海与花鼓筒老八在五龙楼茶馆讲斤头，一言不合，就要动手，茶馆老板傅阿三亦道中人。“（傅）阿三知道讲茶事件上门，窜头海参威（崴）。尤其是双方碰僵，大家在茶馆里演出全武行，茶壶和长凳齐飞，阿三却往往趁这一团糟当儿，关照手下一班堂倌，将破茶壶和茶壶盖拿出来倒地上。等到事情一过，双方总有一方吃瘪的，除了拉台子以外还有负责损失，茶馆里一笔损失，也要由他负担。长凳、桌子打坏多少，可以当场点明，打碎的茶壶却以盖头计算，在破茶壶中拾出多少茶壶盖，就赔（多少）茶壶。”②

图2-4 《侠林红粉》插图

① 黑旋风：《斧头阿毛》，《上海日报》1941年5月22日。
② 周益世：《侠林红粉》，《活报》1947年12月12日。

1. 摆一句闲话过来、咽得落

白相人讲斤头有两句口头禅，曰“摆一句闲话出来”，曰“咽得落”，二词常联用。

“摆一句闲话过来”，此“闲话”绝非无用之言，而是一言九鼎，有肩胛的话，即给个说法，有个落场势。

咽得落，即北方话的说得过去，也常说落场势，即给个台阶下，皆言可接受的条件也。如：“现在只要你摆一句闲话过来，还我们大家一个咽得落，就此一句闲话，大家叫开，以后再不许还有什么搅五搅六。否则呢，我们李老大，大号顺生，虹口一只角落，谁人不知，哪个不晓，做脱个把人，真勿摆心浪，你自己考虑考虑。”①

“使得大家咽得落，大家有个落场势。”②

“阿德一笑道：‘好极，既然你老大出来，有话总好说的，大家都是外面走走的，你老大总不是帮洋吃相，只要大家咽得落，你老大的面子，我无有不赏。’”③

摆句闲话过来一语后被泛用，凡要对方明白，表明态度，答应一件事，即可曰：“喂！摆句闲话过来！”

摆句闲话过来，或称“寻出一只肩胛来”。如：“我看你的面孔，暂时不难为他，只将他轧到茶馆里去，你去对你姊姊说了，摆一只肩架过来。我小陆的为人，最光棍不过，她今天虽然大大地触了我的霉头，我看在老朋友的份上，还是肯让步的。只要她说出来的话，叫我咽得下，同时让我们这班小弟兄，有一个交代好了。”④

2. 前人辈子、吃价老头子

讲斤头全凭前人辈子、老头子面子。老头子又称前人辈子、爷叔，讲斤头之前，先要问明对方的来历，即拜谁为老头子。倘所拜的老头子吃价、有面子，而且肯摆肩胛过来，不必亲自出马，只消派个小角

① 披发散人：《恶霸横行记》，《上海日报》1939 年 11 月 28 日。
② 披发散人：《恶霸横行记》，《上海日报》1940 年 10 月 29 日。
③ 周益世：《白相人嫂嫂》，《品报》1941 年 8 月 1 日。
④ 黑旋风：《糊涂虫》，《上海日报》1943 年 7 月 10 日。

色，即可叫开一场斤头。如果辈分低，不吃价，就可能被吃瘪。

《糊涂虫》的小林被小陆、桂方、荷生轧牢，要他摆句闲话过来。小林报出字号曰："我小林也不是孔子，老头子是桂花阿炳，老朋友地界，谁不知道，你们有话，让我去请他出来好了。"① 谁知小林的如意算盘却打得豁了边，原来小林所提的桂花阿炳没有小陆的老头子金毛辈分高，仅和小陆是同辈，小林还得喊小陆一声爷叔呢。

"虽然辈分不过说说而已，上海滩浪，有许多狠得不能再狠的白相人，论辈分却低得很，但是照样强爷胜祖，比老头子还要狠。可是遇到什么争执，请老朋友去断起来，辈分高低，就大大地有关系。"② 因而小陆义正词严地斥责小林曰："你原来是阿炳的徒弟，我们阿炳是同辈，你这种小鬼道还没有出了，居然目无尊长，对于长辈敢张牙舞爪，摆足臭架子，这个道理随便讲给哪一个听，总不见得说你有道理的。好，我们就喊出两位大亨来评断一下，看到底是谁有道理，谁没有道理。凭几位老朋友一句公断，我小陆绝没有第二句话的。"③

白相人讲斤头多少要顾及一下辈分，不然就会被认为欺上罔下、半吊子，在白相人地界是犯大忌的。小林因此赔罪吃瘪，面子坍光，被挨去五尺血方了事。

3. 摆华容道、红白面孔

讲斤头是一件软骗硬吓的勾当。硬吓，白相地界称摆华容道，或叫摆狠劲，也叫三吓头。软骗则是扮白面孔。

"摆华容道"，也叫摆炮，即威胁对方也。白相人讲斤头会召集一些日里吃太阳、夜里吃月亮，拳头上立人，臂膊上跑马的马路英雄。一个个在旁，一条天津裤带把腰眼收得像只葫芦，揎拳捋袖，碰台拍凳，跃跃欲试，狠命地把板桌拍一巴掌，骂道："不识抬举的小子，给脸不要，好，先打断你念四根肋骨再说。"说完话，一声吆喝，立

---

① 黑旋风：《糊涂虫》，《上海日报》1943 年 7 月 11 日。
② 黑旋风：《糊涂虫》，《上海日报》1943 年 7 月 12 日。
③ 黑旋风：《糊涂虫》，《上海日报》1943 年 7 月 11 日。

刻剑拔弩张，大家又待要动手。[1]

如是早见，仅此招法，即可一熨斗烫平。《恶霸横行记》中说得好："因为白相人在外面吆五喝六，原靠着一股狠劲把人家吓倒，倘若没有这上场势的三吓头，谁会来买他的账呢。"[2]

摆华容道和扮红白面孔名为二，实则一，老道的白相人参伍用之，出神入化。以《恶霸横行记》为例，小蔡的老婆爱珠和大夏银行的职员沈君清轧姘头，小蔡请"黄鼠狼"、小黑炭、李顺生、阿方出头。某日爱珠与沈君清正窝心得七荤八素的时候，黄鼠狼等早已准备好上他们的路。顺生、小黑炭、阿方对姓沈的一顿拳脚，而这摆狠劲、摆华容道、三吓头，目的并不是打死小沈，四人中有一人却不动手，留做白面孔余地，此人即黄鼠狼。书中道：

只有黄鼠狼却不动手……一面做白面孔，假意地劝着道："喂，有闲话好讲的呀！打不要打啊！"……顺生见多打下去没有意思，可以暂收下马威了。对黄鼠狼说："好，看你的面孔，便宜了这小子，轧他到鸿江楼去再说。"

黄鼠狼与李顺生一红一白配合默契。

黄鼠狼晓得今天顺生既然已经扮了红面孔，自己做了白面孔，这一番开场白，要由自己来担任了，当下咳了一声嗽，对顺生说："李老大，世间上无论什么事，没有讲不好的，你且请息怒，让我来替你们大家讲讲看。"顺生哼了一声，铁青着面孔道："你要讲，好，就讲吧。依穷爷的性子，讲他娘只□，打死了他再说，现在就买了你第一次的面子，看你讲得怎样。"

黄鼠狼和李顺生一唱一和将正题拈出，要开条斧。

黄鼠狼见顺生摆足华容道，肚子里暗暗好笑。回过头来，向姓沈的点点头道……今天的事，你要晓得，怪来怪去，要怪你自己不好，在外面搭壳子，应该摸清海底，打听一个清楚，不能糊里糊涂地乱戳亲家姆。裕春茶叶店的老板小蔡，是我们自己人，和我们李老大交情很深，非

---

① 披发散人：《头破血流录》，《上海日报》1938 年 11 月 1 日。
② 披发散人：《恶霸横行记》，《上海日报》1940 年 3 月 20 日。

常热络，你和他女人狗屁倒灶，莫怪我们小兄弟不答应。刚才一顿生活，不过是一只冷盘，照他们的火气，一只一只的大菜出出来，你这个小身体恐怕要挨不起。不过我这个人啊，生平最好讲仁义道德，不愿意看人家鲜血淋淋地闹出什么事来。你们的事不被我看见倒也罢了，既被我碰着了，总要替你们叫开。自古冤家宜解不宜结，大家好马虎就马路拉倒，留一只尾巴赶赶苍蝇，大家放一眼交情在后头。现在只要你摆一句闲话过来，还我们大家一个咽得落，就此一句闲话，大家叫开，以后再不许还有什么搅五搅六。否则呢，我们李老大，大号顺生，虹口一只角落，谁人不知，那个不晓，做脱个把人，真勿摆心浪，你自己考虑考虑。③

黄鼠狼这一番斤头讲得头头是道，虽是白脸，却颇具威力，乃红白兼具。沈君清也非完全洋盘，对于外面讲斤头门槛经络也略闻一二，知道他们是要挨血，有些咽勿落，遂辩称本是邻居今日偶遇。见小沈不服帖，顺生的红脸来得甚便当。又是一番华容道。

顺生狠命地在桌子上拍一巴掌，“碰”的一声，桌子上的茶壶、茶杯都被拍得跳起来……只见他脸上发青，额角头上的青筋一根根地涨了起来，有小指这么粗细，面上杀气腾腾……“阿黄，叫你不要轧在里面，这种贼种，不到黄河心不死，到了黄河流眼泪，他还当我们是三岁孩童，好任凭他掉枪花，打过门了。世间上的事，不怕不破，只怕不做，他剪了小蔡的边，照穷爷的意思，不做掉他，至少也要挖掉他一副眼睛，方泄我这心头之恨。现在总算看在你面上，把手抬得高些，饶了他这一次，不想他倒不三不四地讲起风凉话来，什么我们弄错了，他还算是够交情，不来寻着我们，刚才这一顿生活，就此算数，否则照他语气看来，还要我们的好看呢！我李顺生，作了许多年的白相人，什么大阵仗没有看见过，这种不知好歹的早兄，这种人不见棺材，是不动哭声的。阿黄，你不要轧在里头，管什么卵毛账，让我先来把他打一个半死，然后再把他弄到巡捕房里去，照他这个罪名，看他到了捕房，还是我的理短，还是理长。”说到这里，霍地站了起来，后面小黑炭和阿方都揎袖露臂地，立刻摆出打相打的架子了。这一下华容道，摆得十分灵光，只吓得沈君

③ 披发散人：《恶霸横行记》，《上海日报》1939 年 11 月 25—28 日。

清面孔白色，浑身索索乱抖。[①]

接着又是黄鼠狼的白面孔。

黄鼠狼忙立起来，硬把顺生捺在座位上……顺生勉强点了点头坐下。黄鼠狼回过神来对沈君清道："沈先生，你看样子也是外面跑跑的，怎么这样不知好歹，说话一些儿分寸都没有。你们的一笔鬼把戏，我老早已经知道了，你在真人面前，也不必说什么假话。现在事体既已犯了，一个人总要值价些，伸头也是一刀，缩头也是一刀，不必再推三推四地设法推托，爽爽快快地摆一句闲话过来，最好使我们大家一个咽得落，我们摆一记肩胛，大家叫开，这件事也就算了。倘然你还要当人家是早兄，想打过门打掉，那你岂不是完全没有诚意，教我如何对他们去讲。对不住，我只好知难而退，再不来管这种闲账，淘这种闲气。"[②]

在白相人勾当中，剥猪猡、摆堆老、拿开销，固为害不浅，但属散兵游勇，二三其人而已。而讲斤头则声势浩大，阵容整齐，非十数人几十人不办，有主有从、有白有红；文武兼用、有勇有谋，无愧白相人第一手段也。

4. 帮洋吃相，光棍不断财路

"帮洋吃相"，北方话，拉偏架，袒护也。如："竹海哥，侬狄格算啥格闲话，常言道：'拳头打出去，手臂弯进里。'我现在和姓任的难过，你既然是我的同产，应该帮下忙才是道理，这么帮洋吃相，朝他一方面说话。"[③]

《大流氓》中裁缝司务陆长山的女人陆戚氏，与白相人阿洪的老婆玲弟之间，因倒马桶琐事引起争端，约好在龙园茶楼讲斤头。阿洪本想从陆长山身上挨两尺血用，满以为可以稳照牌头。孰料，陆戚氏请白相人高松林出头，钞票地界一字不提，分明是分文也不肯搅落了。阿洪想："原要照牌头二张钞票用用，如今高松林一出场，把应该可以到手的钞票弄掉，这可哪里肯轻易甘休。常言道得好，光棍不断财

---

① 披发散人：《恶霸横行记》，《上海日报》1939 年 11 月 29—30 日。
② 披发散人：《恶霸横行记》，《上海日报》1939 年 12 月 1 日。
③ 披发散人：《头破血流录》，《上海日报》1939 年 5 月 23 日。

路，出来讲事体，有一个规矩，凡是对方有钞票可以进账的，不能凭着自己实力，恃强压制人家，若是帮洋吃相，打断了人家财路，那就成了十足的半吊子，非砍断他的脚骨不可。”① 阿洪不领盆，下记辣手，将高松林排了三合土，排得口鼻流血。

5. 开条斧、尺寸水头

开条斧，即开价也。《大流氓》写高松林讲斤头云：“高松林的目的原预备今天替他们讲开了，弄一些儿小苗头给他们看看，然后向他们开一记条斧，弄一两尺水头来用用。”②

讨价还价有一套对答之辞，还价者可云：“他们究竟是白手取财啊，又不是皇帝的圣旨，一定要一口咬定多少是多少，二十万的数目，就是拿萝卜片来切切，也至少切上几个钟头，何况是花花绿绿的钞票呢。”③

讨还价则可云：

我们做白相人的，说出话来，再弹硬也没有，况且我和你们又是厮熟的，并没有一万八千地朝天讨价，完全是当自己人看待，只要一些儿给小弟兄的苦开销，你这样地像卖萝卜青菜般讨价还价，这一件事就不必去多谈了。我们再会吧。④

水头，钱也。尺寸，言其多寡也。寸是十元，尺是百元，千元则称一条辫子，万元称草字头。《恶霸横行记》黄鼠狼与小沈讲妥一只手，一只手是五百元。《糊涂虫》小林与小陆，由一条辫子讲到五尺血方始叫开。

6. 拉台子、镶红茶、红红面孔

斤头讲妥，败者所偿付者，如磕头、点蜡烛、放鞭炮、罚清音一堂。罚清音一堂，只唱四出，叫做“四出头”。有的还要求在《新闻

① 黑旋风：《大流氓》，《上海日报》1942 年 4 月 15 日。
② 黑旋风：《大流氓》，《上海日报》1942 年 4 月 12 日。
③ 周益世：《侠林三少》，《力报》1944 年 3 月 12 日。
④ 黑旋风：《糊涂虫》，《上海日报》1943 年 7 月 17 日。

报》的封面广告上大大地刊登道歉启事的，花样颇多。

镶红茶："是绿茶叶中和些红茶叶，用盖碗泡了，凡是逢到讲斤头，下风的应该恭恭敬敬地捧了一碗镶红茶，放在上风朋友的面前，算是点头认输的意思。"①一说是两方茶碗里的茶，由居间人拿来互相倒一倒，使茶相合然后饮之，以示和好。

拉台子，即请请客，红红面孔。常称拉几只台子，如拉四只台子，即拉四只台子的客人，就是北方话的请四桌客人。如小山东与人讲斤头，要求对方"非要依我几个条件不可，第一，我所受的许多损失都要他赔出来，第二却要他本人亲自到我这里来向我当面道歉，第三再叫他拉几只台子，凡是我的小角色们，都请他们吃一顿"②。

《侠林争雄录》小林被吃瘪，对方给了三条路："一条是听凭我们将你们这两个早兄，各排一顿三合土……第二条是立刻买来香案，就在这里跪下磕一个四方头，替这爿四海得意楼撑撑市面，给诸位茶客见识见识。第三条当场现甩，拉十只台子。"③其实白相人的这些讲究，泰半虚头，最终都归到钱上，拉十只台子，实际上是让对方出请十桌客人的钱，并不一定是请十桌的客人。

斤头讲完，临别居间调停者都会放几句光棍的话："在外面跑跑的，一切全凭一张嘴，牙齿当作阶沿石，说出来的（闲话），比白纸上写黑字，签字盖章还要扎硬，决不可以自食其言。"④以此言表示吃价、弹硬，绝不反悔，绝不狗屁倒灶。

7.《斧头阿毛》李月宝和金玉翠拆姘头

讲斤头门槛颇多，经络攸深，爰举一例以明始末原委。

黑旋风《斧头阿毛》李月宝和金玉翠拆姘头，金玉翠是游艺场的玻璃杯，李月宝乃一爿煤球店老板，近来煤球涨了价，他也捞着不少，金玉翠想借此大大地敲他一票。

① 披发散人：《恶霸横行记》，《上海日报》1940年3月25日。
② 周益世：《小山东》，《力报》1942年7月30日。
③ 周益世：《侠林争雄录》，《飞报》1947年10月17日。
④ 周益世：《小山东》，《力报》1942年9月19日。

金玉翠请的老头子，是其过房爷翘脚傅春奎，他被绑票匪徒打断了一条腿，成了瘸子，故称其翘脚傅春奎。他原是一家屋顶花园经理的保镖，后来当了总稽查，凡是靠游艺场吃饭的，无论女的玻璃杯，还是男的小郎，以及跑跑公司的淌白，都拜他为老头子。除了傅春奎外，还有一个双料头身胚的大胖子，是傅春奎的狗头军师金罗汉。

而李月宝一方请的是阿毛。阿毛木匠出身，是初出道的白相人，他狠天狠地，打相打惯使一只斧头，凭狠劲而蹿了起来。

讲斤头的地点是五马路上一爿规模相当大的茶楼，茶楼的名字叫第一楼。双方雅座落身，开始谈判。

李月宝提出拆开，金玉翠则说，不要我可以，总得给我一条出路，不然怎么出来做人，要李月宝给一个尺寸出来，不然没有那么便当就拆开。傅春奎一听玉翠这几句话，心中明白，她架子搭足输赢，自己是要出来做白面孔，给他一个转圜的余地了，当下忙对玉翠道："玉翠，你且不要发火，什么死啊活啊，这种话都不用说。阿毛老大也是落门落槛的，有他出来摆肩胛，最好也没有，一定有一个咽得落的办法给你。"即此开始，条斧砍来。

阿毛还价道："迭种闲话用不着说的，你既然不是黄花闺娘，也不是什么三贞九烈的女人，从前本来是做玻璃杯的，现在大不了再去做玻璃杯好了。不过如今有傅老大轧脚，出场来说话，这一些儿面子，我们总要给他的。况且李老板也是非常漂亮，你只要说一声，稍微要几个钱，我阿毛最有肩胛，可以叫他拿出来。"[①]"现在既然有你傅春奎老大出来说话，冲着你的面子，倘然一毛不拔，未免太不写意。李先生，你就看在我和这位傅老大面上，拿出两百只洋来，这件事情也就这样地算了。"[②]

傅春奎原想李月宝是煤球店老板，总要敲他个"草字头"，而阿毛只答应两尺水头，相差太大，绝不领盆。

傅春奎："阿毛老大，这两尺水头，怎么亏你想得出来的。玉翠

① 黑旋风：《斧头阿毛》，《上海日报》1946 年 5 月 10 日。
② 黑旋风：《斧头阿毛》，《上海日报》1946 年 5 月 11 日。

与姓李的事，倘然两百只洋可以摆平，我也不出来了，你如今还说看了我的面子，出这两百只洋，简直是砍我的招牌，太不写意。”①

于是傅春奎摆其华容道云：“我傅春奎在上海混了几十年，一等一的大亨没有不碰着过，和你客客气气地说话，已经给你不少面子了，你怎么一些儿不懂得交情，帮洋吃相，想弄两尺血来叫开这件正经，世间上恐怕没有这样便宜事吧。即使我姓傅的不喜欢动刀动枪地弄得伤和气，怎奈我手下的小兄弟，捣蛋的多，他们或许要看得不服，弄些白刀子进，红刀子出的勾当来。”“说着，两眼向旁边桌子几个小角色眼睛一扫，那几个小角色会意，一个个眉毛竖、眼睛弹、雄赳赳、气昂昂地卷袖露臂，摩拳擦掌，现出一副狠天狠地的神色来。”②

华容道吓不了阿毛，阿毛道：“傅老大，火气不要大来些，我阿毛虽然是初出淘的后辈，却是见过不论怎样凶险的大场面。人家对我客气，我也总归卖人家的面子的，若是人家在我面前摆什么华容道，我阿毛可有些不领盆的。蛇吃鳗鲤比长短，大家较量较量看，也没有道理。”③

就此谈崩，阿毛出手砍伤了傅春奎的蟹脚阿龙，此一番斤头未讲成。阿毛这个初出道的白相人太抖乱一些，辣手辣脚砍了傅春奎小角色阿龙，只好由阿毛的老头子钱金福出来料理，于是二番斤头开讲。

此番黄伯当出头，黄伯当也是一个话得起的白相人，由其做和事老，为钱金福和傅春奎叫开。最终谈判的结果是：“最晦气的是李月宝，足足损失了一万块钱，其余却人人都弄着一些进账。傅春奎拿到一万元后，给了金玉翠一千块钱，阿龙方面，给了两百块钱的医药费，其余再开销了一二百块钱，余下来的，都和金罗汉两个人做大小股分肥了。其中最不乐胃的是阿龙、阿虎兄弟俩，阿龙这次被阿毛砍了两三斧，伤虽不重，苦头却吃了不少。他起先原以为这次对方有一个姓李的早兄，钞票方面，正可以大大地敲他一票，自己这次被砍伤，至少可以弄一千不是八百块钱，谁知，现在讲好，老头子只给了他二百

① 黑旋风：《斧头阿毛》，《上海日报》1946 年 5 月 11 日。
② 黑旋风：《斧头阿毛》，《上海日报》1946 年 5 月 12 日。
③ 黑旋风：《斧头阿毛》，《上海日报》1946 年 5 月 12 日。

块钱。”①

一番斤头讲下来，不言李月宝损失，即使金玉翠亦所得不多，至于小角色，被砍伤了才得二尺水头，真是奔在前头，拿些零头。白相人的老头子真是吃人不吐骨头，绝大部分钱财皆为其所得，小角色所得无几。

五、打相打

近代武侠小说技击愈出愈奇，还珠楼主、宫白羽等无不以此名家，似乎后继者不擅此技，无以立足侠林。然白相地界小说不落此畦径，亦无意与名家争一日之短长。

披发散人《恶霸横行记》中说：“白相人在茶馆中，一言不合，打起相打来，原是家常便饭，看做平淡。他们的打相打，虽然不像拳术家的记记打要害，不过一副吃相，却非常难看。因为白相人在我们吆五喝六，原靠着一股狠劲把人家吓倒，倘若没有这上场势的三吓头，谁会来买他的账呢。”②

白相地界小说，说起来不过是三脚猫的小抖乱摆摆华容道而已，又非身怀绝技之剑侠。他们不过是日里吃太阳、夜里喝露水的白相人而已，神异之武功于其何与，给个瘪三身段，还其平民本色足矣。

平民本色，里巷风情，何尝不是武侠初祖《水浒传》之本旨乎！鲁智深是个下级军官，武松位不过都头，李逵是个不懂事理的莽撞人，哪里像后世之少林、武当之宗师。武松打虎不过一闪，又一闪，抡起哨棒，挥起拳头，至于李逵斧头功夫与农夫劈柴何异？

1. 三脚猫

白相人之打斗，两个“三”足以形之，即三脚猫和三吓头。三脚

① 黑旋风：《斧头阿毛》，《上海日报》1946年5月24日。
② 披发散人：《恶霸横行记》，《上海日报》1940年3月20日。

猫，北方话半瓶子醋。三吓头，北方话，吓唬人。

周益世写《黄老虎》，说“他”在白相人地界，本来起码来些，后来不知道怎样地会被他蹿起来，别人都领他盆。宝林、小金、李长脚、阿毛四人本来对黄老虎就不服帖，偏偏黄老虎三十岁寿宴，凡是有一些小苗头的，都接到一份请帖，他们四个人都没有挨着。四人认为黄老虎眼高于天，计议上他的路，给他一记辣手，于是便聚集在黄老虎家附近的光明里弄堂口等待黄老虎。

话说黄老虎非有修为的剑客，只不过是近来开了一爿宁波滩簧场子，生意很不错。而伏击他的四个人更是起码人，两者相斗，料也不会有什么过人的招数。且看宝林四人一副吃相，哪有高妙之相：

辰光虽然已经敲过十二点，光明里弄堂口的牛肉面排骨摊上还是高朋满座。尤其是角落里八仙桌上坐着四位仁兄，自己带来一瓶绿豆烧，切了几盆牛肉慢慢地吃喝着，足足坐了一个多钟头，还是没有吃好。牛肉摊的老板大块头，对于这四个顾客，交关勿窝心，照他的意思，恨不得板起面孔，关照他们出松了。可是看了看这四位仁兄，一个个弹眼绿睛，横眉竖目，那一副吃相，不大容易对付。这班顾客，真的只好当他们赤老看待，只要他们不寻事，已经上上大吉了，哪里还敢去惹他们。[①]

黄老虎与宝林对阵，先要朗声。小金道：“姓黄的，你两个肩胛扛一个头，自以为是一只老虎，今天倒要见识见识，你这只老虎到底有啥苗头。”[②] 黄老虎回道：“滚那娘格蛋，你们这班瘪三，简直触瞎了眼乌珠，照子过腔。今天老子先打一个样儿给你们瞧瞧，然后再来问你们受了谁的指使，居然寻事寻到老子头上来了。”所言皆市井粗口，话音未落便开打。

好一个黄老虎，果然有些道理，他嘴里还在说着，身体已在发动，突然向前一步，对着宝林就是一拳，接着身子一侧，横过来一记小挖儿，下面用脚一勾，上面手上用力，将小金一推，四个人当中跌倒了两个人。

小金的身体小，本来相当灵活，可是没有防到黄老虎的出手这样快，

---

① 周益世：《黄老虎》，《小日报》1948 年 2 月 21 日。
② 周益世：《黄老虎》，《小日报》1948 年 2 月 23 日。

突然一拳头打到了宝林不算，接着身子一侧，下面用脚一勾，上面把手一推，小金哪里再站立得牢，顿时也和宝林一般，推金山，倒玉柱，一个身体，倒在地上了。①

黄老虎的一拳，接着身子一侧，用脚一钩，与武功似是而非，纯属三脚猫。不谙穴道，亦不讲要害，略一追求，皆是流氓打架。

(小金和宝林）两个人有四只手，别别白白的拳头打过来，黄老虎身上项着好几记了。

小金存了这个心思，立刻一声暗号，就呼三个人，大家会意，顿时分工合作，小金和宝林窜上去设法拉住他的两只手，李长脚和阿毛两个人设法窜过去扳他的两只脚，存心排他的一顿三和土了。②

排三合土是海上白相人有名的招法，乃数人将一人手脚捉住，抬起来，然后掼在地上，仍属流氓打架招式。

光明里的弄堂口，就是大块头的牛肉面摊，弄口就放着一只大炉子，上面有一只又深又大的紫铜皮锅子，里面正藏着一锅子的牛肉汤给炉火不住地烧着……一时间急中生智，果然给他想起这一锅子滚沸的牛肉汤和下面的大炉子，正是最好也没有的利器，大可以拿来抵挡一阵。主意既定，黄老虎也是手快脚快的角色，自然不再怠慢，立刻扭转身子，站在那只锅子后面，用足气力，将锅子向外面一推。却巧李长脚脚下加紧，已经追到锅子前面，和黄老虎只隔着这一只锅子了。黄老虎将锅子一推，那只锅子自然对准着李长脚倒下来，锅子还没有完全倒下，锅子里的热汤已经直流出来，李长脚要想躲避，哪里还来得及，身上差不多从胸口以下，完全给热汤浇着。③

刚才推到的那只锅子下面的煤炉，对准着他们推了过去，炉子里一只烧得通红的煤球，这一推不打紧，红煤球顿时直向外面泄出来，火星四溅，黑烟乱冒，那一般声势，也的确惊人。④

此一番打斗，可谓是白相人大闹牛肉面摊，牛肉汤与红煤球齐飞，

① 周益世：《黄老虎》，《小日报》1948 年 2 月 24—25 日。
② 周益世：《黄老虎》，《小日报》1948 年 2 月 26—27 日。
③ 周益世：《黄老虎》，《小日报》1948 年 2 月 29 日。
④ 周益世：《黄老虎》，《小日报》1948 年 3 月 2 日。

紫铜锅与老虎灶同煎。金庸笔下韦小宝无此急智，六脉神剑无以方其闹猛。

(黄老虎)，两只眼睛四下里乱瞧，一眼让他看见了大块头 (牛头面摊头老板) 用着的一柄切牛肉的快刀。这柄刀油光雪亮，锋利非凡。原来牛肉面摊的牛肉要切得其薄如纸，吃客既然欢迎，卖牛肉的也可以省下不少牛肉，所以切牛肉的刀，一定要每天磨过明白，刀口锋利异常……就一伸手将那柄刀拿了过来，紧紧握在手中，却巧小金奔到，黄老虎更不怠慢，举起刀，一刀砍了过去。①

牛肉刀绝非金庸之玄铁剑，又非古之飞剑，既不能飞取人头，亦不能变青白剑丸，只能拿来斫砍，与砍牛肉无异，皆屠夫家数也。屠夫家数尚有精粗可言，精者尚有可赏者，而这群白相人则毫无可观者，是愈出愈下，竟动起牙口来。

黄老虎究竟因为身体给宝林抱住……手中一把刀，有些捉不住，快要给他们夺去了。黄老虎心中一急，突然急中生智，俯下身子，张开了一只嘴巴，对准着小金捉住的手，一口咬去……顿时鲜血直流。②

张嘴咬人，伸手拔发，此种打法，暂不能入武侠之林，只能与泼妇打架同论矣。然此即白相人之本色也，唯其如此，乃是真面目。

2. 八面玲珑法

小抖乱打相打，于事虽粗野，然于文则不能俗劣。白相地界小说叙事有法，穿插得宜，跌宕有致，颇多精彩场面，作者尤长于双面描和多面描。如画家之画山石，山分八面，石有三方，步移景换，八面玲珑，皆有可观。

《大流氓》中的陆品海与阿洪有难过，陆品海派其小角色阿海刺杀阿洪，阿洪身负重伤，逃归家中，其老婆玲弟为其延医。初，阿明与玲弟有下花头，二人欲谋杀阿洪，而做长久夫妻。玲弟借出外延医之名去会阿明，二人合计，用一记挖儿，向陆品海放龙，言明阿

---

① 周益世:《黄老虎》,《小日报》1948 年 3 月 3 日。
② 周益世:《黄老虎》,《小日报》1948 年 3 月 5 日。

洪受伤及藏身之处，借陆品海之手做掉阿洪。玲弟回至家中，假称医生马上就到，阿明则找到陆品海，二人一拍即合，遂同往阿洪宅行刺。

武打本一杀人害命之事，不过“砰砰”两枪而已，于事有焉，然于文则不足观。话说阿明与品海持枪前往，一敲门即变生不测，作者于此做足文章，本是二人前往，开门之际，三人皆有动态。然如评书所言，一张嘴难表两家事，花开两朵各表一枝，自此作者从多个角度，数个层面来描摹，文情因之起伏顿挫，曲折变幻。分述如下：

玲弟

书先从玲弟角度写起。

阿明与玲弟本来说好，嚎动品海前来刺杀阿洪，而玲弟在家中作为内应。他们事先约好：品海差来做掉阿洪的一班狠客，自己不管他们怎样回答，只将门一开，让他们一拥而入，直奔到楼上，将阿洪做掉拉倒。谁知她问了以后，外面是一条很熟稔的声音答道：“嫂嫂是我啊。”玲弟一听这声音，不由得呆住了，原来，那不是别人，正是阿明啊。[①]

陆品海

话说，阿明与玲弟事先说好，如果他去敲门，便让娘姨开门。可是当阿明敲门之际，阿洪却催玲弟前去，玲弟无法只得下楼去开。而阿明和陆品海两个人，原以为来开门的是娘姨，谁知一开门见是玲弟，玲弟、阿明、品海三人皆出于意外。

且先看陆品海一层。

陆品海一开门见是阿洪的妻玲弟，一者品海并不知道阿明与玲弟之花头，事先阿明说与陆品海说好，应门者是娘姨，如遇罗唣，辄杀之。现在开门的竟是阿洪的床头人，品海毫不犹豫。书云：

陆品海想到这里，顿时想到先下手为强，后下手遭殃的两句俗谚了。暗想万一玲弟一喊，阿洪固然有了准备，自己要做掉他，自然要多一番麻烦。同时自己上去的时候，她自然要奔出门口，高呼救命，脱身起来，就有许多不便。即使逃走了，她是苦主，一口咬死皇甫吟似地吃牢自己，

① 黑旋风：《大流氓》，《上海日报》1943年3月6日。

也是生路缺缺，毫无办法可想……只一枪将她打死，然后一口气奔到楼上，将阿洪一连几枪，结果了性命，回身逃走。这样一来就如斩草除根，虽然手段辣了一点，到底将来可以高枕无忧。①

(陆品海) 接着踏上一步，对准着玲弟就是“砰砰”几枪，这一下子出于阿明和玲弟两个人意外。玲弟胸口吃着两枪，顿时鲜血直冒出来。②

阿明

以上是陆品海一层，作者接写阿明一层。此文即用此法层层叙事，角度在玲弟、阿明和品海间转换，本是一件事，却有三面情，又生出无数文。③

玲弟被杀一事，转至阿明一方，所见又是不同。

阿明原想借重品海的力量，将阿洪做掉，自己可以和玲弟两个人，双宿双飞，做一对长久夫妻，以后笃定泰山，不至于再被阿洪寻着。谁知品海奔进来第一件事，竟举起枪来，对玲弟开放，眼见得玲弟胸口，已经吃着两枪……自己这一口气如何咽得下，吃啥话头，只有将陆品海做掉，替玲弟报仇雪恨，才好对得住她呢！……一伸手就去摸自己身边的手枪，拔出来捏在手中，直跟着后面奔过来，预备不管三七二十一地将陆品海击毙。④

至此事件发生翻天覆地的变故，阿明反过来要杀品海，二人由同伙倏尔转为仇敌矣。话题又转回到品海，品海不知变故，仍一往无前，欲上楼寻阿洪，一心要打死他。

陆品海

品海一口气奔到楼上，知道阿洪的房间是在前楼，因此直向前楼奔去，只见房门紧紧地关着……对准门锁就是两枪，果然门锁打坏，给他用手一推，门就应手而开了。这当儿，正是阿明赶上来的时候，他听得枪声两响。⑤

---

① 黑旋风：《大流氓》，《上海日报》1943 年 1 月 6 日。
② 黑旋风：《大流氓》，《上海日报》1943 年 3 月 7—8 日。
③ 黑旋风：《大流氓》，《上海日报》1943 年 3 月 7 日。
④ 黑旋风：《大流氓》，《上海日报》1943 年 3 月 8—9 日。
⑤ 黑旋风：《大流氓》，《上海日报》1943 年 3 月 10 日。

阿明

作者移步换景，又陡闪至阿明。

这当儿是阿明赶上来的时候，他听得枪声两响，在半扶梯上，没有看见上面的情形，还以为品海已经和阿洪碰头，这“砰砰”两枪，正是陆品海在辣手辣脚地做掉阿洪了，谁又知道品海只是将门锁打坏。[①]

此时前后叙事以品海为主，阿明为辅。

陆品海

文仍回到品海。

品海冲进前房以为阿洪不消说得，一定在里面，可以如瓮中捉鳖，手到擒来了，谁知四下里一看，却又呆住了，原来偌大一个房间里，四下空空如也，赤佬也找不出来一个，哪里有阿洪的踪迹。品海还以为阿洪藏在什么地方，但是床底下望望，门后面张张，却是踪迹杳然。找他不到，这一来却将陆品海弄得如坠五里雾中，莫名其妙。[②]

阿洪

以上就阿明和品海一方而言，阿洪一方尚未叙及。花开多朵，再表第三枝，单表阿洪：

究竟阿洪到什么地方去了，作者却不得不趁着一个空挡，交代明白。原来刚才品海在下面敲门进来，不问三七二十一，举起手枪来，对着玲弟就是两枪，阿洪在楼上听得明明白白……忙向窗口一伏，正看见陆品海将玲弟打倒在地，向里面直奔。他知道陆品海一定是奔向楼上来，自己若是再不打主意，那么束手待毙，不消说得，一定给品海上来，打死无疑。

阿洪想到这里，立刻动逃走的念头，这时他因为急于要性命，对于身上的伤痕，也完全忘记了，本来痛得呻吟不绝，现在却一些儿不觉痛楚。一口气奔出房门，顺手将门一带，门就关上了，门上是司泼灵钥匙，阿洪是用力一拉，门在关上的时候，自动锁好，因此后来陆品海上楼推门的时候，发见门锁着，还以为阿洪躲在里面，其实阿洪走出房门，直

---

① 黑旋风：《大流氓》，《上海日报》1943 年 3 月 10 日。
② 黑旋风：《大流氓》，《上海日报》1943 年 3 月 11 日。

奔晒台。[1]

这就是品海奔至楼上，而未发现阿洪的原因。此处作者又故作顿挫，将品海追阿洪置诸一旁，重拾阿明一线，景色角度为之一变，文在交叉杂错中表出，不肯直叙。最后推演至阿洪一方，以阿洪为结穴，铸就其狠天狠地，搅过明白之白相人一生。

阿洪

阿洪在晒台上，抵住门，阻挡警察。

伤口上的血虽然不住地流出来，疼痛得创口像要裂开来一般，他却始终将牙齿咬得紧紧地，一些儿也不肯放松，绝不肯就此不用气力，让他们推开来……谁知道气力用得太大了，伤口也实在太结棍些，突然伤口鲜血直射出来，嘴里大叫一声，只觉得一阵子天昏地暗，身子再也站不住了。却巧几个警察又竭力将门一推，阿洪的身立刻直跌出去倒在地上，手脚略微伸缩一下，这样一个狠天狠地的大流氓，就这样结束了。[2]

全篇线索丰富，层次迭出，角度多变，起伏顿挫。为文至此，虽未至善，可谓已尽其能事矣。

六、《小山东》

1. 一条裤子、一根绳子的小山东

小山东、小江北诸角，在海上艺坛，相沿已久，不意又见于白相地界小说。

滑稽有《小山东到上海》，脍炙人口。写小山东打拳卖艺，小客栈孵豆芽，遇秀娟，为其出手抱不平，被伪巡长所追捕。

马永贞，山东济宁人，清末拳师。在跑马厅赛马会上，战胜外国骑士，轰动沪上，后被马贩顾忠溪纠集的白相人砍死。其事曾被改编

---

① 黑旋风：《大流氓》，《上海日报》1943 年 3 月 11 日。

② 黑旋风：《大流氓》，《上海日报》1943 年 3 月 28—30 日。

为戏曲和电影。

上述两位山东人皆武师身段，所为都是打打杀杀之行。故周益世之白相地界《小山东》，其来有自，非空诸依傍也。粗鲁好斗，寻相骂，打相打，动辄“操你奶奶”，举手五分头，海上虽五方杂处之地，但此角似非小山东不扮。

话说在上海康脑脱路延平路上，有一家老虎灶。

这一家老虎灶开在马路转角上，房子虽旧，却是双开间店面，门口横挂着一块两三尺长方形的招牌，上面白底红字漆着一个斗大的茶字，上面还有五龙园三个小字。一只角落里，熊熊地生着火，把水煮得滚着，热气腾腾地专门做着泡水买卖。另一角落里却摆着一个大饼摊，不住地一块块烘着大饼。其余空下来的地方，横七竖八地放着不少板桌，自有茶客到这里来泡茶谈天。老虎灶的老板是江北人，那个大饼摊却是一个山东人摆的。大饼摊的老板是一个五十多岁的老头子……大家都叫他一声老山东。老山东手下雇佣着一个伙计和一个学徒……那个小伙计却是年轻力壮的小伙子，大家都喊他一声小山东，没有一个人去请教他的尊姓大名，他也就自己承认这小山东三个字是他的名字。本来他姓张，名字叫忠才。①

山东人善做面食，大饼摊老板叫老山东，故其徒即名小山东。实际上小山东原名张忠才，一望而知是北方人之字号，和南方人典雅不同，来得质朴。

山东人生性亢爽尚武，虽非人人习武，然武松等籍隶山东。在上海人眼中，山东人与南方人的温婉柔媚不同，凡粗豪狂野、寻相骂、打相打，皆可归诸山东人而无异议。

小山东在大饼摊做伙计，是一条裤子、一根绳的无产阶级。但他却有一身好力气，好勇斗狠，颇有豪侠之气，终非池中物，然尚未遇其主也。不想这日正在店里做大饼，却看见了一场打相打，就见一群小抖乱围着一个人狂殴。

小山东看着，却看得发起火来了。他本来看见他们这许多人打一

① 周益世：《小山东》，《力报》1942 年 7 月 15 日。

个人，心中有些儿替那人抱不平，现在见这一班人，还拿出铁棍木棒来动手，觉得那一种态度，未免太过分了，忍耐不住，在旁边插口道："他妈的！这许多人打一个，真不要脸。"吴瞎子正在耀武扬威，指挥着一班打手，将人打得结棍的当儿，突然听得旁边有一个人在发话。回头一看，认识是刚才老虎灶旁，大饼摊上做大饼的小山东。他这时仗着自己手下人多，个把小山东，哪里放在他的心上，见他居然老虎头上拍苍蝇，在自己面前说起冷言冷语来了，不由得心头火起，对准了小山东，就是一口唾沫，直吐过去，骂道："触那个娘起来，你这种起码人，也有闲话份，快些滚开些，当心拳头风将你一起带进在内。"小山东见他骂起自己山门来，本来心头不服气，不由得格外火冒，对着怒骂道："我操你奶奶，你是个什么东西，敢仗势欺人，老子今天揍了你再说。"说着老实不客气地一步蹿过去，一伸手预备将吴瞎子一把抓住，然后提起钵斗般的拳头，打他一个痛快再说。①

"我操你奶奶"，小山东之口头禅也，一语尽显山东人声口。有人管小山东叫弯舌头，弯舌头即言其山东口音，常带儿化，舌头打弯。话说小山东一口北方口音，一张口即知其不是上海人，上海人骂人称"触伊拉"，后来白相人话头亦精熟，则少用此操，而说"触伊拉"起来。

小山东动手，本出诸打抱不平，未想在白相人地界轧脚进去，可他救的人却是一个有名的白相人，叫蔡福生，做黑货生意，今日因陆炳奎的几个小角色，在范会臣家的丧事上拿开销，被蔡福生赶了出来。几个小角色向陆炳奎哭诉，陆炳奎让他们去上蔡福生的路，给些颜色让他瞧瞧。动手之际，不想半路杀出程咬金，被小山东救了下来，蔡福生感激之余，发现小山东"完全是一个傻头傻脑的山东小伙子，初出茅庐，对于外面的世故人情，还不大明白。不过身上却显得非常结棍，两只手臂上都是胡桃般的一块块筋肉，这种人倘然好好地训练起

① 周益世：《小山东》，《力报》1942年7月19日。

来，的确可以派用场。”[①]“山东人性子直，很忠心的，将来或可以替我们出力办些事出来。”[②] 蔡福生半出感激，半出招聘，将小山东罗致麾下。

小山东说：“我别的本事，一些儿也没有，只有气力还有一些。倘然蔡先生要用着我去打相打或是别的用气力的事，我是再也高兴不过的。”“我也苦着枉有一身气力，无处可卖。你们肯提拔我，我什么事都肯去干。”[③] 从此小山东便成了白相人。

帮会小说《青红帮演义》写拜香堂，投靠老头子仪式，繁文缛节，文字颇长。至白相地界小说尽皆捐弃，直截爽快，不再纠缠于帮规礼数。

2. 小角色、跟屁虫、奔在前头、拿些零头

小山东乃一介城市平民，为大饼司务。所谓一条裤子一根绳，别无财产。但山东人尚武好勇，他投至蔡福生麾下为小角色。小角色所为之事，不外打相打，寻相骂，卖斗摆狠劲，小山东凭一股狠劲为蔡福生屡立战功。

蔡福生被陆炳奎手下打了一顿，光棍打光棍，一顿还一顿，便安排小山东去上陆炳奎的路。原来陆炳奎是负案在逃的案犯，只要把他轧到警局去，他便吃瘪。

这一日陆炳奎走在路上，“突然被人兜胸撞了一下，炳奎出于不意，不由得倒退了两步，向那人一望，见那人年纪很轻，头顶剃得精光，从那只面孔上看去，好像是北方人。炳奎若是平常时候，有人撞了他一下，早就撩起来一记耳光，打过去了。今天他急乎要去看蔡福生，没有心思和人家多搅，只咕噜一声，仍旧埋头向前奔去。谁知那人却不放他过门，嘴里喝了一声：‘我操你奶奶。’举起手来，对准他左颊，‘劈啪’一声，就是一记耳光”[④]。

---

① 周益世：《小山东》，《力报》1942 年 7 月 25 日。
② 周益世：《小山东》，《力报》1942 年 7 月 24 日。
③ 周益世：《小山东》，《力报》1942 年 7 月 26 日。
④ 周益世：《小山东》，《力报》1942 年 8 月 4 日。

“陆炳奎想不到这个山东人这样不讲理，自己走路照子过腔，撞了人家，却还要举起手来打人，跑遍天下，再也寻不出第二个这样不讲道理的卖斗。忍不住心头火气，拔出拳头，对准着他打去。陆炳奎从前初出道时候，原也是和人家打相打出身的，现在却大不相同了，他有了一些地位，养尊处贵，再要叫他和人打相打，已经力不从心了。今天在火头上，顾不得一切，挥拳就打。若是讲究气力，禁不起小山东三拳两脚就可以将他打得倒在地上，动弹不得。不过今天小山东已经由小宝关照过，和炳奎打相打，目的并不是要打坏他，只要能够打到捕房去，就大功告成了。所以小山东和炳奎这一场打相打，完全是虚与委蛇。”[①] 小山东寻机自己将鼻子打破，血流满面，便喊来巡捕，仅此一举，陆炳奎便跌了进去。

在外面混混的，哪一个不是脚踏尾巴头会动的七窍玲珑星，蔡福生此举完全被陆炳奎同伙、白相人曹百川瞧破。在白相地界暗算对手是不光明的，叫做“半吊子”。

曹百川要蔡福生摆句闲话过来：“男子汉大丈夫，在外面做事，应该一豁两响，讲出来的闲话，牙齿当街沿石，若是满口仁义道德，满肚子里男盗女娼，那就是最下作不过的滥小人，当他是人都罪过了。至于你说你没有做过半吊子，但是我却已经发现昨天向炳奎寻事的那个山东小鬼，就是住在你家的。试想这样的情形下，一望而知可以知道你是主使出来，叫他侍候在弄堂口，只要看见炳奎就上去寻事。”[②]

蔡福生心想，自己总算是老屁眼，这样一记挖儿，竟会被他看出来，便说：“现在就随他这个娘卖皮吧，关我一只卵上事。至于你闲话索落，不要替我摆勒心浪。客气些当你一个人看待，才这样客客气气地对付你，你若要狗屁倒灶地勿二勿三起来，滚那娘格膧鸭蛋，这里没有你放屁的余地，你替我滚出去。到了外面，你有什么颜色，尽管显出来好了，我蔡福生总不见得会怕了你曹百川的啊。”[③]

蔡福生存心搭出大家吃斗、比比道行的架势。曹百川见蔡福生做

---

① 周益世：《小山东》，《力报》1942 年 8 月 5 日。
② 周益世：《小山东》，《力报》1942 年 8 月 14 日。
③ 周益世：《小山东》，《力报》1942 年 8 月 15 日。

了这样足尺加三的半吊子还嘴硬，道：“我姓曹的也不见得怕了你姓蔡的啊，搅搅看么，就搅搅看，你不见得是铜打铁浇的，老子不给一些五颜六色给你看看，也不姓曹了。同时也给别人看看，作半吊子的应该是这样下场的。”①

曹百川向劫匪李大扣子一伙放龙，安排他们到蔡福生宅上去劫黑货。李大扣子到了蔡府，劫了钞票，将待出松，不料，被小山东撞见。

一个人直窜上来，一伸手就把他拦腰拖住。这一下，已如兵法所云：“出其不意，攻其无备。”等到李大扣子觉得不好，想要脱逃，哪里还来得及，早已紧紧地被小山东抱住，死命不放。同时再用力在他拿枪的手上，狠命敲了一下，枪就脱手跌出去了。不过李大扣子也是身高力大，不是容易制服得住的，哪里肯就这样便便当当地被他捉住，狠命地用力一挣扎，偏偏小山东大意了一些，以为强盗亦犹人也。狠来狠去，不过狠一支枪，如今既已将他的手枪甩掉，就不用去怕他了。这样一想，两只手不由地松了一些，被李大扣子一挣扎，竟挣脱了。接着回转来对准小山东当胸就是一拳，将他打得直退下去。原来这一拳是他用足平生气力，打出去的，小山东幸亏身体结棍，这一拳还可以忍受得住。若是换一个身体推板一些的，被李大扣子拼着穷性命一拳，怕不要打得口吐鲜红，或是仰面朝天地跌一跤么，饶是这样，小山东也免不得直向后退了好几步。李大扣子趁这机会，就想设法逃走了。②

李大扣子从晒台逃到屋顶。

刚刚跑到屋脊上，一只脚踏下去，踏在一块瓦片上，“啪”的一声，瓦片踏碎，一脚落空，身子向直一冲，一个收脚不住，人就直滑下去。这一下来势凶猛，嘴里“啊呀”两个字也没有喊出，说时迟，那时快，人就立刻跌下去。从屋脊一只踏到屋檐，再从屋檐上翻过，直跌入人家的天井。上海弄堂房子的天井普通都是水门汀地，李大扣子倘然笔直地跌下来，那么或许跌断两只脚骨，不至于有生命之忧。一个人只要不死，留得青山在，不怕没柴烧。就算跌进华德路外国监牢，总有重见天日的

① 周益世：《小山东》，《力报》1942 年 8 月 16 日。
② 周益世：《小山东》，《力报》1942 年 9 月 11—12 日。

日子。那时大丈夫恩怨分明，仍就可以来和小山东算今天这笔旧账。怎奈李大扣子跌下去，是头在下，脚在上，先和水门汀接触的是他的脑袋。脑壳虽硬，若水和水门汀比较起来，总要推板许多。只听得“砰”的一声，脑壳敌不过水门汀，敲得粉碎，不但鲜血溅开来，其中还夹杂着奶油色的脑浆。①

来了一个“乡下人不识关公，血头了。”②

小山东在蔡福生手下屡立奇功，蔡福生倚畀甚深，为左膀右臂，收其为过房儿子，改名蔡小山。花开两朵各表一枝，话说蔡福生的贩卖黑货生意，颇依靠轮船运输。有范会臣者，是个老白相人，开有轮船公司，蔡福生的货物多由其轮船运到上海。因而蔡福生十分巴结范会臣，范会臣与一坤伶金翡翠打得火热，而金翡翠是老头子包菊春的金屋中人。为讨好范会臣，蔡福生找到包菊春，欲为鲁子敬，居间调停。范会臣愿拿出几条辫子，算贴补包菊春的损失，就此叫开。蔡福生找到包菊春，不想，一谈即崩。

蔡福生便派小山东到包菊春的赌场引爆了一颗炸弹，而包菊春则设鸿门宴，欲在宴席上做掉蔡福生。随蔡福生赴宴的小山东早就知道，席无好席，宴无好宴，早有准备，迨包菊春动手之际，小山东见他们人多势众，便来了个擒贼先擒王。

小山东头眼活络，知道现在这个局面，已是到了间不容发的地步了。一些儿也推板不起，真所谓是先下手为强，后下手遭殃，不必再和他们客气。当下趁盛阿良、李子信一班人欲动未动之时，他从袋中摸出手枪，只一个健步，已经调到包菊春的身旁，拿出手枪抵住他的腰际，一只手将菊春的右手拉住，对全桌子的几个人一声大喝道：“你们谁敢动一动，我先把他做掉了再说，说着将枪向前推了一推。”③

小山东押着包菊春来到自己的车上，并将其掳走。在车上，蔡福生对包菊春说：

---

① 周益世：《小山东》，《力报》1942年9月14日。
② 周益世：《小山东》，《力报》1942年9月15日。
③ 周益世：《小山东》，《力报》1942年10月19日。

“菊春哥，你近来不是很得意，常常夸口说，没有遇到敌手，这次可是碰到了定头货。我上次对你说，三天以内给颜色给你瞧，你自己说非要见识见识我的五颜六色不可。因此，我老实不客气地弄一些儿小苗头给你看看，你若是知趣的，也应该表示服帖了。我只当你今天请我吃饭，是低头服小，承认失败……却不想想我姓蔡的也不是好吃果子，早有了防备。果然如今你不但占不着便宜，而且自己落在我们手中，连性命都完全操在我手中，要你活就给你活下去，若是要你死，只要嘴巴歪一歪，我那个儿子，就会送你上来的路上去。不过我和你是老朋友，一切要问你自己，现在就请教你一声，你还是喜欢死呢？还是喜欢活？请你吩咐一声好了。”①

包菊春慷慨言曰：

“你不要这样得意，大家都是在外面跑跑的，将来会面的日子多着呢，也得留一些尾巴掸掸苍蝇，何必一定要在今天一天将威势发完呢？你问我要死还是活，我倒也无所谓，活着固然好，死尴把也呒啥稀奇。一个人谁不要死，被人害死，使手下人永远留一个纪念，也未为不可，比较生病死在床上，反而吃价得多了。就说你现在满面得意似乎永远不会失败了，其实也有一天要死的，而且或死在我的手下，也没有一定。胜败家常事，大家都是一只袜统管里的，又何必在自己人面前，扎什么台型呢？”②

小山东抬起手来给包菊春一记耳光。

这一记耳光，可以说是足尺加三，一些儿折头没有，菊春脸上顿时血红地起了五条指痕，鲜艳夺目，至于那一股辣豁豁的味道，当然不大好受……“触那起来，你嘴还要老，这里是给你一些小苗头，叫你试试老子的手段。”③

此一番鸿门宴不但没有做掉蔡福生，自己险些丧命，经此一折腾，包菊春急火攻心，气得吐血，只好在家养病。

① 周益世：《小山东》，《力报》1942年11月2日。
② 周益世：《小山东》，《力报》1942年11月3日。
③ 周益世：《小山东》，《力报》1942年11月4日。

3. 面上生毛，小角色顶翻老头子

白相地界小说，写拿开销、讲斤头、摆堆老，然最为精彩的是小角色顶翻老头子。

当初，小山东在蔡福生手下渐渐蹿了起来，慢慢地便对老头子有所不满，常常奔在前头，拿些零头，心有不甘，欲小鬼跌金刚，便联合包四合，本准备做掉蔡福生，蔡福生得知，走避香港，把大利公司拱手让给了小山东和包四合。然小山东并没放过蔡福生，追到香港，手刃义父蔡福生。

(小山东) 除了手枪快慢机和手榴弹以外，还在袜统管里，藏着一柄匕首，他这柄匕首，是从前小脚色送给他的。虽然说不出斩金切玉，吹毛断发，却是纯钢打就的两面快，尖头又是笔尖的，锋利异常。只是小山东一直没有用途，今天因为要做掉蔡福生而不发出一丝声息，灵机一动，顿时想到这柄匕首上面去了。当下突然之间，趁着蔡福生一个冷不防，俯倒身子，从袜统管里将这柄匕首拔了出来，用一个极迅速的手法，对准着蔡福生的前胸直刺过去。蔡福生做梦也想不到，他有这样一记手段，等到要躲避时，哪里还来得及，刀锋直向着他的前胸刺过来，刺一个正着。小山东的手劲很好，又是用足全副气力的，这一下子，不消说得，将一柄匕首完全插进蔡福生的胸里，只留出一个木头的刀柄在外头。同时将手一放，两只手伸过去将蔡福生的脑袋抱住，最要紧的是扪紧他的一张嘴，使他没有可以喊出来的机会。

(蔡福生) 今天只觉得胸口一阵奇痛，顿时两眼发黑，金星乱冒，知道事情不妙，要想发极叫了出来，却给小山东伸手扪住。(蔡福生) 今天用尽生平气力，要想将小山东摔开，可是小山东也知道这已到了最末的一着棋子了，只要这着棋子占到胜利，那么，就可以达到目的。将蔡福生解决，自己恩怨分明，仇恨总算报了。因此也是用足一百二十四分的气力，将蔡福生的脑袋捧住，不给他有喊出来的机会。蔡福生起先挣扎的气力很强，渐渐地上气不接下气，气力慢慢地微弱，就直僵僵地摆平在那里。原来小山东这一匕首，正刺中他的要害，不消一会儿工夫，就回到来的路上去了。小山东见他不动，放开手来，向他一看，只见他已经转了湾了，一副死相，交开难见。尤其是两只眼睛突了出来，并没有

闭□，嘴巴张了开来，现出非常痛苦的样子。小山东虽是一个狠客，见了这副场面，也有些汗毛凛凛，觉得自己对付福生，手段未免太辣一些了。[1]

有道是白相人喜结纳、重义气，然看小山东杀蔡福生连一丝怜悯皆无。话说天下熙熙，皆为利来；天下攘攘，皆为利往。白相地界概莫能外，为了利益，情谊在所不惜，老头子又算何物。

4. 亨头碰亨头

小山东与包四合联手赶走蔡福生，占有大利公司。然包菊春、何海棠、刘如意不忘旧恨。初，刘如意到大利公司赌博，与小山东发生龃龉，刘如意欲嚎上自己的老头子何海棠为自己扎回台型。不想，不但没有扎回面子，反被小山东将刘如意痛殴，从此结下梁子。包菊春遣蒋时玉投靠包四合，伺机离间小山东和包四合。包菊春又姘识小山东老婆秀玉，时刻监视小山东一行一动，于是白相人老头子之间开始亨头碰亨头。

蒋时玉假意投靠包四合，常常乘机挑拨小山东和包四合，使生嫌隙。小山东的小角色曾国强看穿其谋，开枪打死蒋时玉，包四合则将小山东和金翡翠绑架，意欲押解大利公司，不意途中，被包菊春等抢走，而包菊春反被包四合劫持。如此一来，几方缠斗在一起，互攻之中，小山东甩了一颗手榴弹，加上一阵枪击，一爿蒸蒸日上的大利公司，就此弄得精光大吉。

5. 横竖横拆牛棚，搅过明白

白相人所恃者唯狠劲而已，非有智谋者也。大利公司被毁，小山东失势，已经过期票子，其不知韬光养晦，仍凭蛮力，只身持枪，去向孙开元拿开销。且有 60 万之巨，真乃取亡之道。

小山东自从失去大利公司，落魄不堪，有孙开元者，渔翁得利，将大利改为得利公司，愈形兴隆。小山东不改白相人本色，抱着横字

① 周益世：《小山东》，《力报》1944 年 1 月 2 日。

打头和他拼一下子的念头找孙开元要拿开销。小山东想，如果孙开元当我起码人，对于我不放在心上，当我呒介事看待。

钞票要不来，同时还要听他一番牢骚，那么自己和他也一些儿不用客气，可以立刻板起面孔来和他上过明白。自己今天本来抱着一劳永逸之计，预备自己拿一个身体晦气，和他们拼上一拼，自己即使绝命沙蟹，他们这一爿公司照样要弄得他们一下精光……自己可要和他们搅过明白。①

小山东开口每日一个草字头，一个月 30 万。孙开元见小山东豁辣松脆，也不向城头上出棺材，远兜远走地向自己探口气吃俸禄，却单刀直入，开诚布公。孙开元也不想抓破面孔，到时候谁都没有落场势，不能下台。但孙开元怕话不投机，小山东辣手辣脚起来。因为现在的小山东是和当年一样，一条裤子，一根绳子，身上一些儿也呒啥啥，一触一跳，碰碰就和人家打开头穷上。我“宁可多花几个钱，只要大家说话有路，肯将招呼打在前头……自己拿出些钞票来，也无所谓，没有什么大不了”②。

“不过所恨的是小山东头颈笔直，两眼向天，要向自己要钞票，架子搭得九十六。”③一面孔老茄茄，架子太辣，口里还说了几句卖斗闲话，称“我曾经单身到一家台子上，将定时炸弹放在里面，炸他一个落花流水。这件事从前做得，现在当然也照样可以再来一下子。只要有一些挖儿，老实说可以很便当地叫人家立刻弄得精光大吉”④。

小山东以手榴弹相逼，开价由一个月的 30 万涨到 60 万，而且要立付 60 万，小山东如愿以偿。孰料，刚要下楼被埋伏在外的孙开元的蟹脚何葆才等轧住，小山东心想：“自己给他们轧住，定要到孙开元那里受他惩治，自己刚才对付孙开元的确是太过分些，现在落在人家手里，当然也是生路缺缺……眼见得自己威信全失，怎么还能够再在白相人地界要骨头、摆狠劲，人家说起来也不消□得，一定替自己

① 周益世：《小山东》，《力报》1944 年 1 月 20 日。
② 周益世：《小山东》，《力报》1944 年 1 月 20 日。
③ 周益世：《小山东》，《力报》1944 年 1 月 20 日。
④ 周益世：《小山东》，《力报》1944 年 1 月 21 日。

加上一个过期票子的头衔，想不到自己纵横好几年，今天会失败在这一班新出道的无名小卒之手。”小山东拼死逃脱，何葆才“砰砰”两枪，杀死小山东。

小山东由一条裤子、一根绳，凭一股狠劲，蹿升为老头子，在白相地界不可谓不奇伟。又因其狠劲而丧命，亦不可谓不刚烈。在此一段成败之间，颇可见白相人之事迹和性格。

白相人毕竟是白相人也，皆鲁莽灭裂之流也。“太史公曰”可转赠之：山东人刚烈尚武，小山东其苗裔也。何兴之暴也！白相人蜂起，相与并争，不可胜数。小山东非有尺寸，乘势起自大饼司务，由小角色而升梢为老头子，苗头不是一眼眼。然好色骄横，自矜功伐，奋其狠劲而不师古，欲以力征经营天下。横竖横，拆牛棚，宁肯绝命沙蟹，也要搅过明白，身死得利公司而不觉悟，尚以为“我若是有一只手提机关枪”“一下子扫一个精光”[①]，岂不谬哉。

《小山东》为白相地界小说之代表作之一，其篇章完整，未曾缺损。小山东形象生动，其暴兴暴亡，狠天狠地，正是白相人之写照。整篇章节紧凑，围绕小山东之兴亡展开，不枝不蔓，不似他篇为凑字数，拉杂添设。全篇无论打斗、朗声，还是摆狠劲、横竖横，俱能体贴人情物理，情态宛然。人物之大亨、老头子、小角色，发为声口，动为行状，喜为性情，怒为气质，皆摹刻如活，本色当行。

七、《斧头阿毛》

白相地界小说叙好勇斗狠之事，往往溺于事之惊怖，而未能为人立传，见事不见人。事既可惊可怖，叙事而又能为人立传，其间亦见人之性情、气质、声口者，其唯《小山东》《斧头阿毛》数篇。

白相地界小说所写皆卖斗、摆狠者之流，故不厌其狠，小山东、小白龙可谓狠者矣。然狠得不能再狠者，当推斧头阿毛。

---

① 周益世：《小山东》，《力报》1944 年 1 月 10 日。

阿毛木匠出身，所用为一柄斧头，以此砍人，其凶蛮狠辣四者俱到，阿毛持其前后砍劈斫剁者共 6 人之多。然砍人者，人亦砍之。阿毛乃拍掉帽子，没有脑子之辈，昏庸不智，因色害身，为成保砍成肉泥。

话说阿毛木匠出身，女人死了，毫无资产，一条袴子，一条绳。“木匠不高兴做了，常常和一班乱党轧淘。因为他的力气大，凡是打相打的事，总要拖他去挨一脚。阿毛在外面混惯了，说出话来，常常嘴里开花，一个不对，拔出拳头便打过明白。”①

第一斧：陆小荣

陆小荣，是钱金福的小角色，钱金福一手挑他起来。近来，稍狠一眼眼，对于钱金福简直就不放在眼里。为了一件讲斤头，陆小荣不买钱金福的账，钱金福让阿毛去斩坏他。为什么单差阿毛去呢？阿毛说：“老钱的手下虽有，但是干那一柄斧头去斩人的胆气却都没有。他本来是预备用手枪打死他的，后来因为他曾经对陆小荣说过，早晚请您尝尝斧头的滋味，所以看上去似乎一定要用斧头去斩他。一来言行相符，二来将他斩得血淋淋的样子，给别人看了，也可以叫人家格外觉得惧怕。他手下虽然有几个很好的枪手，但是讲到用斧头劈人的种气，一个也没有。因此就有人把我介绍了给他，他见了我这种卖相，就很趁心。”②

阿毛前去，将一柄“异常锋利的小斧头，藏在袖子里，一伸手拉出来，用一下迅雷不及掩耳的手段，对准小荣当头，砍了下去。‘啪’的一声，砍个正着，鲜血四溅，小荣连‘啊呀’都来不及喊，连忙用手去捧脑袋。阿毛再不怠慢，拉起斧头对准小荣的要害，连连地砍了好几斧”③。

此为阿毛初出茅庐第一斧。

第二斧：刀疤阿福

刀疤阿福因枪杀顾洪发开码头，阿毛与阿福老婆月珍有染，追阿福回到上海，风闻二人之奸通，恨无证据。某日二人恰在月珍处相撞，

① 黑旋风：《斧头阿毛》，《上海日报》1941 年 4 月 8 日。
② 黑旋风：《斧头阿毛》，《上海日报》1941 年 4 月 29 日。
③ 黑旋风：《斧头阿毛》，《上海日报》1941 年 5 月 3 日。

仇人相见，分外眼红，阿毛操其斧头砍去。

阿毛的一斧头，当路砍下，阿福凑巧向前冲过去，来得正好，这一斧头，正砍在阿福的脑袋上，只听得“啪”的一声，砍一个正着，立刻脑袋开花，鲜血四溅。阿福惨呼一声，两手伸上去捧牢脑袋。阿毛手脚最快，一斧头既已砍着，立刻拔出来再是一斧砍下去，这一斧正砍在阿福举起来的右手上。阿毛这一斧用力很猛，阿福这一只右手，险些儿被他砍了下来，又是一声惨呼以后，人已经要站立不住，向地上倒下去。阿毛却不肯放松一步，举起斧头来，不停地一斧一斧砍下去，也不知他砍了多少斧，只把阿福砍得浑身鲜血直冒，就如一个血人一般。①

第三斧：顾大头

话说阿毛虽是钱金福的小角色，但钱金福也觉得阿毛太狠，对其十分忌惮，想要除掉他。不想被阿毛得知，阿毛潜逃到徐家汇，以避钱金福之追杀。徐家汇这个地方，有一家得利公司，赌客相当多。老板祝亦青，手下两个小角色，一个顾大头，一个万阿通。

阿毛想要在徐家汇站住脚，就得除掉顾大头和万阿通，以至他们的老头子祝亦青，从而得到他的得利公司。阿毛来到顾大头住的长寿里廿三号，赚开房门，偷偷进屋，见顾大头正在酣睡。顾大头听见动静，睁开眼睛。

突然看见阿毛向他狞笑着，不由吃了一惊，刚要喊出“啊呀”两个字来，阿毛用极熟练的技巧，又从腰里把那柄磨得雪亮的斧头拔了出来，捏在手中，一个箭步，蹿了上去，不问青红皂白，对着顾大头的大头上，就一斧砍了下去。顾大头在床上，一时间哪里来得及躲避，早被他一斧头砍一个正着，顿时鲜血四溅。阿毛非常辣手，接连着一斧斧砍下去，顾大头既不是铜打铁浇，身上早被砍了十几斧，血肉模糊，奄奄一息……阿毛拿着血淋淋的斧头出来了，身上也溅了好几处血迹。他本来早就预备好的，身上穿了一件灰布的罩衫，当下就脱了下来，把斧头上的血渍揩干，然后将那件罩衫向地上一丢。②

① 黑旋风：《斧头阿毛》，《上海日报》1941 年 7 月 17 日。
② 黑旋风：《斧头阿毛》，《上海日报》1941 年 10 月 30—31 日。

第四斧：万阿通

接着阿毛又来到万阿通的住处，敲门时，应门的是阿通的老婆，阿毛等人谎称是朋友，来到房间中。

只见阿通呼呼地向里睡着，照他的脾气，大丈夫明人不做暗事，现在应该先把阿通叫醒，让他弄明白，是阿毛来取他的性命，然后再动手把他砍死……只好对他不起，让他去做一个糊涂鬼了，主意既定，就回头又向刘长才使了一个眼色，长才会意。突然间出其不意，伸出两只手将阿通的女人嘴巴掩住，又用手搂紧，使他不能够动弹。阿通女人究竟是一个女人家，哪里好和身强力壮的刘长才相比，被他一把搂进，动也不能动，嘴又被他的两只手掩住了，哼也不能哼出来，只留出两只眼睛，向他们望着，不知道他们这样穷凶极恶，要做出什么举动来了。

阿毛更不怠慢，一伸手早在腰间拔出那柄锋利无比、饱经沧桑的斧头来，对准阿通的太阳穴，用足力气，一斧头下去，不偏不倚，砍一个正着，扑的一声，鲜血和脑浆，在同一时间里，直溅出来。可怜他连"啊呀"一声都没有喊出来，一个翻身，在床上一阵乱动，立刻两脚一伸，呜呼哀哉，伏惟尚飨，一道冤魂，直到枉死城中去报道了。

阿毛还防他没有死，对准了他的脑袋，一连又是几斧，把阿通的头，砍得像一只烂西瓜一般，血肉模糊，好不可怖。这才住手，长长地舒了一口气。[①]

第五斧：祝亦青

剪除了党羽，下一步便是其老头子祝亦青了。阿毛率人来到祝亦青家，以托其销售赃物为名相见，祝亦青放松警惕，遣去保镖。阿毛遂将其控制，并带离其家，押上汽车，其手下阿明等烧了祝亦青的家宅。

祝亦青以为他们把车子停下，预备将他放走，让他回去了，正待立起身子，阿毛却把他一推道："怎么了？你阿是想回去了么？"

祝亦青向他望着道："咦，你不是已经说过，叫我送你们一段路，然后让我回去。现在路也送了你不少，当然可以回去了。"

---

① 黑旋风：《斧头阿毛》，《上海日报》1941 年 11 月 3 日。

阿毛哈哈笑道："你不必回去了，就是回去，也只见一片火烧场，没有你的房屋了。"

祝亦青听得直跳起来道："什么？房屋成了火烧场，这话是真的还是打朋。"

阿毛冷笑了一声道："谁会吃了一百十几元一担的米，这样高兴，和你打朋。你不信回过头来看，看这远远的一片红光，正是在烧着你的府上，所发出来的火焰，才将老天映得变成红色的。"

依着他的话，回过脸去，从车窗中望出去，只见远远的果然有一片红光，直透入半空中。观测那个地方，却正是自己住的地方。这一来，祝亦青的一股无名火，直窜脑门，面孔发青地对阿毛道："你这一下子，太也过份了，你要我把这爿得利公司让给你，我样样都依你，如今竟将我的老窝烧掉，岂不是太嫌过份吗？"

阿毛见他这一副穷形极状，哈哈大笑道："我和你无怨无仇，你苦苦地要来取我的性命，这难道不算过份么？如今我回敬你辣手，你倒也觉得难堪了。可见随便什么事，一定要自己尝着滋味，才知道味道如何。你平日只知道□□人家，什么十恶不赦的辣手，都会使出来，今天换到你自己头上，你觉得□趣了，这就叫做天理昭彰、报应循环，也是你平日为非作歹的报应啊。"

祝亦青一声冷笑道："你倒也知道报应？你这样地用斧头去砍人家，迟早也要被人砍死的。"①

不想，祝亦青一语成谶，阿毛亦为人砍死。

阿毛见祝亦青居然言语之中，对他不客气起来，面孔一扳，两只三角眼朝上一翻，顿时射出两道凶光来，一只手伸过去，又把他那柄随身法宝拿出来，捏在手中，对着他哼哼冷笑道："你说我报应要到，蛮好，我预备将来也给人用斧头砍死，不过你却没有机会可以看到了，因为我今天先要把你用斧头砍死，让你尝尝这斧头的滋味如何。"②

祝亦青拼死挣扎，有人建议阿毛用枪结果他，阿手一把拉住他道：

---

① 黑旋风：《斧头阿毛》，《上海日报》1941年11月20日。
② 黑旋风：《斧头阿毛》，《上海日报》1941年11月21日。

“不劳老弟费心，我自会请他尝尝我这斧头滋味的。”

言犹未了，突然举起手中的斧头，对准祝亦青脸上砍去。祝亦青来不及把头避开，旁边常阿明等早就把将他拖牢，不让他躲避。阿毛一声长笑，反转来又是一斧，顿时砍下个正着，立刻皮开肉烂，鲜血四溅。祝亦青吃了苦头，一声惨叫。阿毛一想不好，这里虽然荒僻，但是被他哗喇哗喇地喊起来，被人家听见了，究竟不便。当下就再一斧头砍去，究竟他用斧头，已是资格老练，技巧纯熟。猛一斧头，正砍在祝亦青的咽喉上，顿时喉管割断，祝亦青向后一仰，立刻跌在地上，滚了几滚，两脚一挺，一侧身子立刻僵着不动了。①

劈了祝亦青，阿毛占了得利公司，由一个钱金福手下的小角色蹿了起来，做起老头子来了。手下小喜和成保皆其心腹也。

第六斧：阿毛

阿毛是个拍掉帽子没有脑袋的家伙，占了得利公司后，恣意妄为，他本好色之徒，见到手下成保之妻貌美，便诱奸之。成保串通阿毛妻桂香，将阿毛捆绑，成保则拿起一把斧头，对准阿毛便砍。

只听“啪”的一声，斧头直向阿毛脑袋上砍去。阿毛虽然手脚被他们紧紧地绑着，不能举起来抗拒，同时嘴巴又被他们用布缠住，喊也喊不出来。但是他却不甘心就这样便便当当地被他们做掉，见成保的斧头砍下来，忙用尽身子，向旁边一滚，竟给他避过了。成保的斧头下去，“啪”的一声，砍在枕头上面，只因用力过大，枕头被砍了开来，里面的木棉花，都飞了出来。成保想不到阿毛临末还有这一记挖儿，格外火冒，一伸手就把阿毛像一只包袱般地拎了过来，对他恶狠狠地道：“怎么，你还不甘心乖乖地被我砍吗，其实你这个念头却想错了，这儿再也没有人好来救你，还是乖乖地让我来结果你性命，你也可以快些上西天去。否则把我激恼了，给你慢慢地多吃一点儿苦头，你可就要悔之莫及了。”②

接着对阿毛一阵子狞笑道：“你会做半吊子，今天老子就请你尝尝

---

① 黑旋风：《斧头阿毛》，《上海日报》1941 年 11 月 22 日。
② 黑旋风：《斧头阿毛》，《上海日报》1942 年 3 月 25 日。

半吊子的味道。”说到这里，更不客气，手起斧落，“啪啪”地一连几斧。阿毛嘴里既然塞满了东西，虽然觉得奇痛彻骨，但是一声也喊不出来，只连连地哼了几声，起先身子还不住地翻动着，想要抵抗，后来慢慢地身子不动了。成保几斧砍了后，知道阿毛已经差不多，低下头一看，只见床上一片血肉模糊，那一副样子，看了实在叫人不堪逼视。①

一代狠客，就此完结。狠者，人亦狠之。以斧砍人者，人亦砍还之。阿毛最终亦葬身斧头之下。

第七斧：成保

初，董小喜和成保有约，凡是从阿毛处所得钱财，二人哈夫。待成保杀了阿毛，找到拿着钱箱的董小喜的时候，董小喜突然抄起斧头，趁成保数钞票之机“举起手中的斧头，对准成保的后脑直砍下去。这一下子，用力很猛，但听得‘啪’的一声，顿时鲜血与脑浆迸出，成保连喊都没有喊一声，立刻跟着阿毛，同到枉死城中去走走了”②。

董小喜砍死成保，与桂香二人携巨款开码头，可是一箱的钞票还未来得及享用，他们所乘坐的列车出轨，二人亦死于非命。

白相地界小说所写皆为一伙暴兴暴亡之徒，虽有小挖，但无大智慧，虽能蹿起于一时，但终无成为党国要人者，横行沪壖而不自知命丧于何时。其所恃者，唯一股狠劲而已，论狠劲，虽有小山东、双枪小白龙，然终逊于阿毛斧头之狠。故阿毛当高踞白相地界狠客之第一把交椅。

八、靠萝卜头牌头的白相人

1. 萝卜头

上海人称日本鬼子为“萝卜头”，小报小说中常用此称，然

---

① 黑旋风：《斧头阿毛》，《上海日报》1942年3月27日。
② 黑旋风：《斧头阿毛》，《上海日报》1942年3月29日。

北方从未闻此说。据深通日文的徐卓呆说法："日本人称盗贼曰DOROBO，中国人音译为大萝卜，因此，背后称日本人为大萝卜。对日本人中稍有地位者，如军官之类，称之为'萝卜头'，后来不管军民人等一律称他们为'萝卜头'了。"①

此说看似颇有道理，然日语在上海恐未必如此通行，上海有洋泾浜英语，一些英语词语得以流行，但尚未听说有洋泾浜日语者。

另一种说法起于香港。据称，明治维新前，日本男人通常把头剃光，剩下一小撮头发在头顶中央，乍看之下就如带缨萝卜一样。日本人占领香港时用萝卜充作粮食配给市民，故有此称。

徐卓呆记载了一则故事云：

有一个中国人在上海一家日本料理馆里当杂差，闲来要帮着在厨房里工作。日本人有一种黄色的腌萝卜，名曰"泽庵"，日本人菜肴中每次必有一二片的。这中国人在厨下，专切这腌萝卜，他平日受了日本人的欺侮，有气没处出，为了自己的职业问题，虽在战时仍旧只能吃敌人的饭，他怀恨在心，每逢切萝卜之时，心里总想这萝卜就是日本人，我来把他们一个个地杀掉，于是他拿起刀来一片一片地切，以为是快举。萝卜两端之头日本人是不吃的，他把萝卜头切下来，本来应当抛入垃圾桶中，而他把萝卜头一一掷入粪坑中，因此他在背后即称日本人曰萝卜头。②

徐卓呆所记显系一则抗日故事，出诸宣传，恐非典故出处。总之，上述诸说皆疑信参半，不知孰是，抑或尚有他说欤？

2. 靠萝卜头牌头

日本人控制上海后，以华制华，收罗鸡鸣狗盗之徒，有许多白相人靠着东洋人牌头蹿起来，周益世在《群魔乱舞》（插图见图2-5）说："白相人遇到吃公事饭的，总要忌惮三分，只是这时正当日本人利用一般流氓扰乱上海治安，帮他们做特务工作。一班白相人以为

---

① 李阿毛：《洋泾浜图说》，见孟兆臣编：《老上海俗语图说大全》，上海：上海社会科学院出版社，2004年，第188页。

② 李阿毛：《洋泾浜图说》，见孟兆臣编：《老上海俗语图说大全》，上海：上海社会科学院出版社，2004年，第188页。

有了日本人做后台老板，格外肆无忌惮，对于吃公事饭的，不放在心上。”[1]白相地界小说并不以萝卜头为主要角色，然却出现了一批靠萝卜头牌头的白相人。如：

图 2-5 《群魔乱舞》插图

(1) 杨律师

周益世《黄老虎》中，黄老虎与妻子小老四反目，小老四与杨律师合谋陷害黄老虎，杨律师勾结两个日本浪人武大郎和十一郎，冒充宪兵司令部，将黄老虎捉拿，敲其竹杠。两个浪人有日本人的牌头，杨律师请他们出来摆华容道。追抓到黄老虎后，武大郎和十一郎司职看守，结果让黄老虎逃走。作者将武大郎、十一郎写得十分无能。

(2) 翻译宋性明

《双枪小白龙》中的宋性明，在虹口宪兵队里做翻译的，暇则到天峰楼敲玻璃杯，调戏玻璃杯美仙。

(3) 孙柏林、马德龙

《十八条好汉》的孙柏林，在 76 号做日本人爪牙，捉重庆分子，弄死许多爱国志士。马德龙进入日本宪兵司令部做密探，很得萝卜头信任，居然红人，也捉拿了许多地下同志。

(4) 胡四保

周益世《群魔乱舞》中的胡四保，是西区出名的杀人魔王，成立了一个杀人公司，专门代人包办杀人事件，唯一好处，就是有肩胛。“不论哪个去找他，给予相当的代价，叫他去将对头冤家做掉，只要钞票地界能够使他满意，他一定要上过明白，而且邪气有肩胛。他答应今天晚上 11 点钟哪个人做翻，绝不留到 12 点钟，真所谓阎王注定

① 周益世：《群魔乱舞》，《诚报》1947 年 2 月 9 日。

三更死，决不留人到五更。”[①] 胡四保狂言道：“现在上海完全在日本人的控制下，我们这个机关是日本天皇特别派定的特务机关，一切行动都可以便宜行事。巡捕房的最高当局也是日本人，大家板起面孔来，不怕他们不对我屈服。”[②]

胡四保所办的特务机关，可以随时缉拿中国政府的地下工作同志，有 76 号的影子。

（5）杨清和

有杨清和者，《十三太保喋血记》的人物。从前也是日里吃太阳、夜里喝露水的白相人。因为结识了一个萝卜头，这个萝卜头是虹口巡捕房里头目，杨清和蹿了起来，当了巡捕房的探长。生梢后，对于外面老朋友地界，常常借着势力搅七捻三。虹口一把抓的李天王，手下十三个小角色，人家叫他们十三太保。陆阿荣开设赌场，李天王率十三太保抢了陆阿荣的台面。阿荣通过倪老四找杨清和担一记肩胛，杨清和手下伍性仁设计，以杨清和家藏黑货为诱饵，骗得十三太保自投罗网，俘获其中五人。

（6）张家祥

《血溅上海滩》中张家祥是日本宪兵队密探。“人人说白相人总算狠了，谁知那和东洋人搭档的什么特务，比我们还要心狠手辣。他们的出身原也是白相人，却因为有了萝卜的牌头好靠，满面孔神气活现。昨天你可看见那个张家祥就是这票货色。”[③]

孙阿亮绑架陆百年，却被王坤山劫中劫。孙阿亮请张家祥摆肩胛，俨然视其为自己的老头子。张家祥联络金如山探长，率警察围攻王坤山大风俱乐部，打死王坤山，救出陆百年。

（7）白老虎

《十三太保喋血记》中的白老虎和日本军部联络，领到一张特别派司，一下便抖了起来，身份和从前不同。“正忙着代江北军队里买军火，由江北将物资装了帆船到上海，然后改装了军火回去。在装货

---

① 周益世：《群魔乱舞》，《诚报》1947 年 3 月 17 日。
② 周益世：《群魔乱舞》，《诚报》1947 年 3 月 25 日。
③ 披发散人：《血溅上海滩》，《罗宾汉》1946 年 7 月 16 日。

和卸货的当儿，虽然得到日本人的默许，面子上不能够明目张胆，必须在吴淞口外面隐僻的地方卸下物资，装运军火。”①

（8）范老虎

《活老虎》写道：“日本人统治上海的末期，是一个大黑暗时代，市面最缺乏的是白米，价钱贵得什么似的，普通人往往拿苞米等杂粮过日子。范老虎有个叫郝星仁的朋友，是在一个日本军人所管理的仓库里做事的，最近联络了管仓库的日本人，预备在仓库中装出大批军米的时候，顺便偷运几卡车出档，运到别的地方，再□批□出去。不过郝星仁和日本人只能在卡车出门时候打过门，至于到了外面以后，沿途上万一查着，那可不是玩的。以后卖出去，又一定要有手面的白相人出面不可，所以郝星仁想来想去，只有范老虎有这些颜色。”②

郝星仁与范老虎合作，赚得钞票麦克麦克。

（9）蒋阿新

当时的上海物质紧缺，除了粮食之外，煤也紧俏。《双枪小白龙》（插图见图 2-6）道：“这里黄浦江中常常有日本人的船只进出，船上的东洋人为了要钞票，往往将各式各样东西卖出来，数目最大的是煤……除了煤之外，别的小货也不少。尤其是船上的五金机件，东洋人偷出来卖，利润很好。”③ 但是这个生意被一个白相人所垄断了，别人休想轧脚进来。这个水老虫叫蒋阿新，人送外号翻江鼠，运送私货过程中，他与敌伪水警勾结可以顺利通过。但是日本海军水上巡逻队，虽有钞票打点，大多是避而远之。

图 2-6 《双枪小白龙》插图

有张振祥者，拜白老虎为老头子，曾做过两次五金生意，给蒋阿

① 周益世：《十三太保喋血记》，《罗宾汉》1948 年 12 月 13 日。
② 周益世：《活老虎》，《活报》1948 年 11 月 2 日。
③ 周益世：《双枪小白龙》，《光报》1947 年 5 月 21 日。

新晓得了，拆了一记烂污，将张振祥的货物扣留，并问成私货，还教训张振祥，以后不许再做此项买卖。张振祥收买白相人双枪小白龙，派其劫持蒋阿新的运煤船，双方一来一往展开争斗。

靠萝卜头牌头的白相人，乃白相地界之新角，其随日本人占领上海而兴，亦随之而亡，一些形象虽略具性格，然自白相地界小说历史观之，实属彗星划空，虽是新角，终是过客。

第三章 周天籁

一、生平和创作

(一) 生平

周天籁之子周鲤门撰有《周天籁年表》，为周天籁籍里、生卒、亲族之最可靠资料。

1. 周鲤门《周天籁年表》

其文云，家父：

1906年9月21日出生于安徽休宁县临溪镇一个贫困家庭。其父亲务农为生，农闲时常挑担叫卖豆腐，以补助生计。

1913—1914年，8岁，在亲友资助下，就读私塾两年。

1915年，10岁，其父亲因突患急病，无钱治疗而去世。死时年仅30余岁。不得已辍学，在家帮母务农及带领3岁的小妹，艰难度日。

1918年，13岁，因母亲带领子女3人难以生存，迫于生计，无奈带着6岁的幼女改嫁他乡，留下他孤独一身。也在同年，由乡亲帮助，据人介绍至上海福州路（当时称四马路）一家由徽州人开设的‘源来当铺’当学徒。

1919—1926年，在当铺里度过3年极其苛刻条件下的学徒生涯，当了7年的店员。在此期间，他利用业余时间，刻苦自学，练字习文，投稿习作，逐步走向文坛。[①]

在上海从事编辑和创作。

1950年，报纸停刊，为谋生计，在上海八仙桥青年会临时工作了1年。

1951—1966年，他与相近处境的文友共约去香港谋生，原计划另办报纸，临行时曾向家属反复讲了一句话‘我会回来的’。但到了香港，因故报纸没有办成，他却从此滞留香港。后经友人介绍在‘邵氏兄弟影业公司’担任影事宣传工作，达10余年之久，直到60岁时才离开邵氏公司。

1967—1981年，1967年受台北老友的邀请，只身赴台任台北市《华报》社编辑暨特约作家之职，并作自由撰稿人。曾以‘周老夫’之署名陆续出版散文型小说集3种，系《轻松轻松集》《逍遥逍遥集》《开心开心集》，内中每篇文章均以1500字为准，每集共收100篇，3集共45万字左右。

1982年，此年他已届76岁高龄，频频多病，独居一人，难以照料。在家属不断动员之下，又应祖国大陆政府之感召，他经过反复思想斗争，终于下定决心，放弃在台北所有私人财产，冲破台湾当局的重重阻力，毅然只身以多病之躯，义无反顾地回到祖国大陆上海。来到阔别30余年的上海后，受到当地有关政府部门及家属亲友们的热烈欢迎。此时他办理了正式定居上海的户口手续（注：1981年期间他曾在友人陪同下，作为大陆‘统战’对象来过上海观光探亲，短期逗留后返台），从此他感慨万千地留在上海安度晚年，享受儿孙们的天伦之乐，不断涌动着要重新执笔，写出新作奉献社会的激情。不料积成宿疾并发，1983年10月22日于上海静安区中心医院抢救无效而不幸逝世，享年77岁。后葬于苏州郊区凤凰七子山公墓，与其1964年11月23日先他而去的夫人程淑媛合葬在一起。[②]

---

① 周鲤门：《周天籁年表》，见周天籁：《惬意惬意集》，上海：文汇出版社，2008年，第300页。
② 周鲤门：《周天籁年表》，见周天籁：《惬意惬意集》，上海：文汇出版社，2008年，第303页。

2. 同人对周天籁的描写

上海小报同人喜欢吃豆腐，对周天籁亦有描写，足堪想象周天籁之语态性情，同人评价其老实忠厚，有口头禅曰操、操、操。蓝白黑在其小说《荡妇》中写道：

周天籁先生笑了，他眯紧了一双眼睛，嘻嘻地说："操、操、操，你开我玩笑，我也来开你玩笑了。"东行的一路电车到了站，周天籁先生蹦跳跳地赶到车站挤上电车去了。我瞧瞧这位老实忠厚人的背影，禁不住浮上一种笑意。①

周天籁将卡片的正反面，翻来翻去，一连看了几遍，不禁跳起脚，说："操、操、操，我上了顾厚道这家伙的当了。"②

操，为北方话，上海小报一般写作触伊拉、触那。周天籁安徽人，日常似仍是北方口音，而且许多朋友都提到其轻盈好动的身手，说他走路一蹦一跳的。蓝白黑写他蹦蹦跳跳地赶到车站。陈亮说：

我认识本书作者天籁兄，已有10多年，他始终孩子气很重，年纪虽已30多岁，就像十一二岁的孩子差不多，天真未泯，跳跳蹦蹦，活泼得可爱。所以有许多孩子喜欢和他轧朋友。③

彭志敏除记其蹦跳外，还给他起了个外号曰"米老鼠"。《今房事秘》中写道：

证婚人介绍人既都致过词，最后便是来宾致词，来宾中有一个生得矮矮的西装朋友，一跳一跳到了台上。此公是谁，提起此马来头大，是名满全沪的小说家，雅号人称"米老鼠"的周天籁是也。周天籁到了台上，先把二粒晶莹墨黑的胡椒眼珠子，骨碌碌打了个转，然后笑嘻嘻道……④

周天籁单身寄寓上海，编辑写稿为生，家眷仍在安徽。所以苏广成说周天籁"为乐天派人物，其出家无家，随处随缘的精神，深令人折服。原籍安徽，就有徽州朝奉脾气，三五年不返乡里，儿子长大

---

① 蓝白黑：《荡妇》，《活报》1948年5月14日。
② 蓝白黑：《荡妇》，《活报》1948年7月6日。
③ 陈亮：《亭子间嫂嫂序》，见周天籁：《亭子间嫂嫂》，上海：友益书局，1942年。
④ 彭志敏：《今房事秘》，《吉报》1941年9月28日。

不认识了爷，平常事耳”[①]。周天籁作品中常常以谋食海上的独身书生为描写对象，良有以也，恐为自己的化身，如《亭子间嫂嫂》中的“我”朱道明、《海上一妇人》中的潘璧人等。

苏广成吃豆腐云：“友侪每为其性欲问题作杞人忧，尤其春天，均惊异他怎生打发这如火如荼的日子过去？盖天籁好于风和日丽艳阳天拍摄模特儿照片，或问曰：‘设汝见彼美人兮罗解带松，露出那一点好处，陡然临渊羡鱼，则如之何？’天籁恒淡然一笑，答曰：‘站在模特儿前，当用站在如来佛前之一片虔诚心、敬仰心，犹诸出家人参禅，不存一丝邪念，完全用艺术眼光去欣赏女人肉体。高峰深潭，曲线周折，池塘生春草，危崖奇葩，直是大好风景，只会引人入自然之胜，撩不起丝毫欲火。故拍摸特儿照片，须有高深艺术修养，及佛家‘色即是空’信念。设存野心，不如爽快打野鸡之为愈也。’”[②]

周天籁喜摄影，他曾做过一篇小说叫《模特私记》，苏广成言其爱拍模特当非虚语。周天籁持躬甚谨，同人虽吃豆腐，但未闻有艳闻传出。

3. 舞艺专家周天籁

周天籁是作家、编辑，又是一位舞艺家。他曾在汕头路开一家跳舞学校，门墙桃李颇多。他曾在《上海日报》刊广告云：“鄙人前曾业余之暇主持艺林舞艺夜校，在新新公司后面慈安里一弄，三年有余。后以公私栗碌，无暇兼顾，半载以还，由吴君接办。刻吴君另有高就，自本月十五日起仍由鄙人收回办理。彻底整顿，加聘教师，期以实现一理想中之业余正当娱乐集团。凡我旧雨新交，仍请不时光临指教，不胜荣幸之至。时间每晚新钟八时至十一时止，星期日照常，如有赐教亦请惠莅上址可也。”[③]

上海小报多设舞版，有专做舞稿作家，亦多与周天籁熟稔。他们的舞文中对周天籁多有溢美之词，兼为其做广告。称其学校堪称沪上高尚舞校，“可夜夜享受跳舞之乐，伴舞的均属女学员，毫无普通

---

① 陈亮：《春天随笔》，《迅报》1939 年 3 月 27 日。
② 陈亮：《春天随笔》，《迅报》1939 年 3 月 27 日。
③《周天籁启事》，《上海日报》1941 年 5 月 21 日。

舞女恶劣习气”[1]。文中又说，周天籁舞姿“如戏台上的台步，三眼一板”[2]。某日，周天籁在大美舞厅与潘彩珍跳探戈“舞探戈一只，全场驻足以观，掌声起于四座”[3]。可见其舞艺之精。

周天籁不作舞文，笔者在《东方日报》舞版发现其一篇《最新标准式交际舞序》，是他为海上名舞艺专家钱宗廉著作所作的序。附录于此，文云：

宇宙万物，都具律动。风之飘飓，电之震闪，草木之摇摆，与乎各种生物之跳跃颠簸，无不是受了自然的波荡而起的旋转作用。这是生命力演进的象征，为万物创造的根源。

流水在静止了的时候，尚不免腐化，何况动物，又何况人类？所以，律动实是人生不可一刻或缺的。世间运动之为人提倡，良有以也。唯运动需要场所和器械，在普通家庭中，很难举行，且缺乏娱乐性质，不能取得内感的谐和，以是很难期于普遍。

于是乎，舞蹈便卓然而起。舞蹈不特是运动，且具着使人内心感到谐和的、美化的娱乐作用，起着于身心两方都有稗益的极自然的功能。而不论在海滨、在家中，随时随地可以举行，其便利更非其他运动可比。

唯观之近来市上的舞场中，大半却不探求其本质，有的只是胡乱地走走，莫说美化，甚至步调也失去了的，不无使人感到索然乏兴。这究竟不比低级趣味的娱乐，如其乱来一通，便全然失去生命力的律动之谓，于人身心也将失却和谐跃进的帮助。

以是在艺术方面的基本锻炼，实在不可或缺。而尤为理论上之探讨，实践上之调准，更觉需要。兹者钱宗廉君于其研究之暇，凭学识和经验写了一册标准式的舞蹈课本。鄙人一览之后，好似发见了一种启示，感到舞蹈前途光明不少，对于尚未得到基本锻炼而渴想一试的人士，更为福不浅也。

钱宗廉君与予同嗜舞蹈者凡已数年，虽不敢自诩经历，然以日常锻炼而言，实已深得其中三昧。而钱君更较予先进，此也并非谦让，以是

---

①《炒鱼豆腐》，《晶报》1939 年 11 月 24 日。
② 曼：《舞姿》，《晶报》1940 年 5 月 18 日。
③《密报》，《晶报》1940 年 3 月 12 日。

钱君所作，实为予所万分仰佩的。中心之感，难道万一，读者均可体会得之。此书所述对于基本方面，已全论无遗，予之所序，仅道及梗概耳。[①]

钱宗廉为当时上海有名的舞艺家，其著作请周天籁作序，亦可见周天籁在跳舞界之声望。

（二）编辑和创作

周天籁典当学徒出身，在典当行中负责首饰的收购，是个终日呆坐在典当铺中的看财童子。他的写作完全是自修，闲暇时喜欢弄弄文艺，并向报刊投稿。他是《新闻报·快活林》老投稿，深得主编严独鹤赏识，与刘春华、王大苏、陈亮一起被收为入室弟子，名四小金刚。据说他十分崇拜儿童文学作家张天翼，他初期创作大部分是儿童文学作品，所写小品文，以抒情者为多，未曾作过通俗小说。

周天籁在“1927—1937年专事写作儿童文学，相继出版不少儿童文学著作，诸如《甜甜》(黄尧插图，文光书局出版)、《三兄弟流浪记》《新中国游记》《可爱的学校》(以上3种书均由穆一龙插图，上海三民图书公司出版)、《小老虎》(华君武插图，文光书局出版)、《梅花接哥哥》(丰子恺插图，文光书局出版)，以及《甜甜日记》《黄牛通信集》等。这些作品成为抗战前后深受少年儿童欢迎的课外读物，销路极广，有的再版达七八次之多。

“这期间，他还兼职主编少儿刊物《中国儿童》(旬刊)，连续出版发行了3年多，达百余期。同时，由于受当年左翼革命文化运动的影响，还与另一文友合作，共同主办编辑大众化的进步文艺杂志《跳跃》，内容刊载大量属于市民大众所适应阅读的普罗文学，曾在社会上产生过一定的影响。”[②]

陈亮在《亭子间嫂嫂·序》中对周天籁的天性和儿童文学创作有这样的评论：

我认识本书作者天籁兄，已有10多年，他始终孩子气很重，年纪

---

① 周天籁：《最新标准式交际舞序》，《东方日报》1938年11月23日。

② 周鲤门：《周天籁年表》，见周天籁：《惬意惬意集》，上海：文汇出版社，2008年，第301页。

虽已30多岁，就像十一二岁的孩子差不多，天真未泯，跳跳蹦蹦，活泼得可爱。所以有许多孩子喜欢和他轧朋友。一半的吸引力，还在他的儿童文学天才相当之深。曾经有过不少儿童读物出版。其行文笔调，正与他个性相似，天真活泼。把大便写成拆屙，小溲写作拆尿，诸如此类，通俗而又自然。即在我们娶了老婆的人读了，亦会有返老还童之感。①

"八一三"后海上小报南报北化，许多小报仿效北方小报，大量登载小说，一张四开报纸，长篇多至十数篇，触目皆是。过去作为上海小报主要内容的军政新闻、社会秘辛，被压缩或取消。如此一来，小说需求大增，作家亦应运而生。也就在这时，周天籁开始了他的通俗小说创作。陈亮回忆道：

时期是在战事发生的次年，我与大苏兄合办《迅报》，需要刊一部长篇连载小说，这笔生意，便照顾了天籁兄。他原也是富于勇气的人，并未拒绝，题目马上出来，叫《孤岛浮雕》。天下事原无不变的定例，经济学博士研究无线电未尝不会成功，他的社会小说《孤岛浮雕》在《迅报》上发表，照样大受读者欢迎。我虽不能说他如何如何成功，顿时其他报馆老板纷纷请他写长篇社会小说，却是事实。②

他的第二部小说就是他的代表作《亭子间嫂嫂》。这部作品刊登在《东方日报》，《东方日报》这时正是邓荫先接手伊始，整顿内容之秋，他的来稿恰逢其时，作品发表后获得了极大的成功，以此确立的他通俗小说家的地位。

"抗战胜利后，他一度中断写作，为全家大小八口之生计，通过友人介绍，受聘于国民党第三方面军下属的机关、日侨管理处所主办的大型综合性期刊《导报》杂志社任总编辑一年。之后受一文友之约，在上海海派小报《大风报》《风报》《辛报》等报纸相继任总编辑职务。"③

据笔者统计，周天籁在上海小报共发表79篇小说，赴台后，周天籁以"周老夫"笔名，出版散文集三种：《轻松轻松集》《逍遥逍遥集》《开心开心集》。

---

① 陈亮：《亭子间嫂嫂·序》，见周天籁：《亭子间嫂嫂》，友益书局，1942年。
② 陈亮：《亭子间嫂嫂·序》，见周天籁：《亭子间嫂嫂》，友益书局，1942年。
③ 周鲤门：《周天籁年表》，见周天籁：《惬意惬意集》，上海：文汇出版社，2008年，第302页。

二、《亭子间嫂嫂》

(一)《亭子间嫂嫂》版本

1.《亭子间嫂嫂》

(1) 原载

周天籁:《亭子间嫂嫂》,《东方日报》1939 年 7 月 3 日至 1940 年 12 月 20 日 (至 519 节完)。创刊一期见图 3-1。

(2) 单行本

a. 周天籁:《亭子间嫂嫂》,友益书局,1942 年。未见。

图 3-1 《亭子间嫂嫂画传》

其广告云:"周天籁先生第一部哀感顽艳写情伟构。全沪名人、艺人、报人一起在本书中发现,确有其人其事,呼之欲出。绝代红妓,生活挣扎亭子间中一生艳迹,轰动沪上。自古红颜多薄命,天涯沦落泪青衫。悲惨处,使人泪下,香艳处,乐而忘形。《亭子间嫂嫂》今日出版,全书 80 万言,都 177 页。经作者细心增删,郑重付梓,分订两大巨册,定价廿四元,特价 15 元,书印无多,欲购从速。牯岭路 64 号《万言报》馆代售。"①

b. 周天籁:《亭子间嫂嫂》,友益书局,1943 年 3 月再版。

2. 续传

(1) 周天籁:《亭子间嫂嫂外传》,《东方日报》1941 年 4 月 2 日—8 月 31 日 (至 153 节完)。

(2) 周天籁:《亭子间嫂嫂新传》,《万言报》1942 年 3 月 28

①《亭子间嫂嫂广告》,《万言报》1942 年 8 月 30 日。

日—8月31日（至144节未完）。

（3）周天籁：《亭子间嫂嫂新传》，《吉报》1943年2月1日（自291节）—4月20日（至366节完）。

（4）万里云：《樊梨花下嫁史将军》，《东方日报》1944年10月2日—1945年3月15日（至162节完）（按与评书樊梨花无涉，故事系沿周天籁《亭子间嫂嫂》而来，篇中有一妓名“樊梨花”）。

3. 画传

（1）周天籁原著，董天野制图：《亭子间嫂嫂画传》，《风报》1948年2月7日—3月4日（至22节未完）。

（2）周天籁原著，董天野制图：《亭子间嫂嫂画传》，《辛报》1948年3月6日（自23节）—1949年4月15日（至340节未完）。

（3）周天籁原著，董天野绘图：《亭子间嫂嫂新传（画传）》，《大风报》1948年5月1日—8月15日（至15节未完）。

（二）创作缘起

周天籁的第一篇社会小说是《孤岛浮雕》，刊《迅报》。《迅报》为新型小报，倾向新文学。周天籁此作属上海花界小说，似与报风不协，刊载效果不佳，为编辑以报纸革新之由停刊。

全篇共写7章，叙张新理与韩庄妓女小香红在云南路会乐里一带借小房子同居。袁菊如与朱品斋一起去看裸体舞。妲己舞蹈学校教师朱鸣皋在人间舞厅教授跳舞，与白莲花表演舞蹈。沈乃振夏日白相公园与公园卖春女搅七捻三。乃振又与孙伏令白相按摩室。

《孤岛浮雕》题材与《亭子间嫂嫂》毫无二致，何以成败悬隔？此稿致命之处即在作者所说的枝蔓松散，一篇小说写了五六组人物，且互不连属，各自独立。他说：“因为这篇稿子刊的日子既多，老长老长的一大片，不但使看的人摸不着头脑，感到首尾不能相接，就是我写的人也随写随忘，前后不能呼应。可是这要诸位明白，这本是一部随拾随写的孤岛上鸡零狗碎的事情，原无情节可言，所以称为浮雕。今天有事便来雕二刀，无事便可雕二刀，这样下去，原可雕十年八年也不致断档道理。”①

周天籁谙熟文情，对《孤岛浮雕》致败之由，心知肚明：非题材之罪，乃组织结构之疏也；非文料不足，乃过于松散；非腹箧之俭，乃临文思涌，齐集奔来，未加控驭，只要稍加收束即成名篇。如此丰富之花界见闻，一篇《孤岛浮雕》可做三四篇《亭子间嫂嫂》。周天籁说：

在下过去曾在本报写过一部《亭子间嫂嫂》的说部。想起当初本报主人托徐大风先生来同我商量时候，那还是民国念八年的春天，细雨濛濛的一个下午，正像这几天乍晴乍晦的气候。徐先生是一常相熟的，这一天他挟了一柄雨伞，手上提了一大包书，笑嘻嘻地跑来，说是有一点事情托我，问我近来书局里的工作忙不忙。我便问他有何事情见教，先生冒雨而来，就是很忙也要替你办到。他就谈起要我替本报担任一部中篇小说，约四五万字，预备二个月结束，并且立刻要我交给他一个题目，预备制锌版。当时我真有点难以答复，因为有几点困难。(1) 在下是研究儿童文艺的，可说社会小说没有把握，只怕轻易尝试，写不好。(2) 那时候手边已有三四种特约的书，都是限月限日交卷，如果再接手另外稿子，势必又要耽误特约的书。(3) 要立时立刻交题目，按理先有题材而后才有题目，现在急急忙忙地，题材根本谈不到，试问这题目何从拟起。当时便告诉徐先生，可否容我一二天的斟酌，或可遵命。但徐先生坐定不开船，而且这一天记得是 3 月念九，说是 4 月 1 日就要开始刊登我的小说，事情不能不说匆促。在徐先生盛情之下，我只得勉力答应了下来。于是我胡乱拟了几个题目，以便斟酌，他看看都说不能用。不知如何我脑子里忽然横里飞来一个印象，便是我那一年租住在会乐里时候，隔壁亭子间里有个私娼叫顾秀珍的，人极精彩，我们都喊她亭子间嫂嫂。他的一段往事我始终印在脑子里，二年以来未曾减忘，如果将她一生事迹写了出来，的确是一部上海社会小说。而且并不是人人都知道的，可说属于另一层阶级的人物。因为我同她做过有二年以上的邻舍，结果她是那样的惨死，我偶一记忆，依然活跃在我眼帘之前。当时我便随意写出“亭子间嫂嫂”五个字交给徐先生。想不到他大为赞成，第二天本报

① 天籁：《孤岛浮雕》，《迅报》1939 年 8 月 17 日。

主人就把它刊出预告来了。[1]

文中说“念八年的春天”，即《孤岛浮雕》将近终篇之时，当《东方日报》的徐大风找到他时，《孤岛浮雕》之败，已使他明了社会小说的做法。亭子间嫂嫂之题一经拈出，顿使海上风花之经络委曲，尽泄无遗，沪壖风月为之减色，歇浦春色因之无光。

徐大风亦不愧知音，一闻此题，欣然应命，连连称好。除了题目之外，周天籁在写法上也较《孤岛浮雕》有所改变，以吃豆腐笔触叙之，更有趣味性，更有吸引力。周天籁“本来预备二个月结束的，一写不觉就写下了二年之久。本预备四五万字完结的，岂料写下了七十几万字还是不能结束。本报主人说是还要往下写，一时万万不能放他断。我却苦得要命，仿佛舞台上演戏，这出独角戏，我一个人连续不断地演了二足年。”[2]

文叙“我”朱道明，受上海一书局之聘，担任一部丛书的主编，住在云南路会乐里一个亭子间。一板壁之隔的芳邻名叫顾秀珍，人称亭子间嫂嫂，年方花信，容貌出众，操一口清脆流利的苏白，是个淌白，每日跑公司、跑栈房拉客人。

搭到客人，将其拉在家里。一则可以省客人开栈房钱，二则来到家里，客人看着地方清清爽爽，用掉几个钱不在意。且亭子间嫂嫂收的价钿也要比去栈房高出好几倍来，所得完全归自己，无人分肥。

亭子间嫂嫂每日生张熟魏，光顾其处的人颇多。如小报文人汤南阁、钱中廉、章医生、陈荣庭、钱店老板张顺隆、苏广成、田舍郎、影片公司编剧吴成镛、摄影记者戴超然、药店伙计彭志敏、大学生陆大新、飞机师姚鹏、小报编辑曹温那、采访员姜星谷、画家孙绍滨、绸缎庄的芮鸿初等等，不一而足。

“我”与亭子间嫂嫂，同在亭子间下，相处日深，仿佛夫妇一样。有活儿二人抢着做，她替我拆洗被褥，缝补衣服，二人相见恨晚。朱道明单身苦闷寂寞，酒后向亭子间嫂嫂诉苦，亭子间嫂嫂对朱道明亦

---

① 周天籁：《亭子间嫂嫂外传·关于写这篇外传的话》，《东方日报》1941年4月2日。
② 周天籁：《亭子间嫂嫂外传·关于写这篇外传的话》，《东方日报》1941年4月3日。

非无情，亦想有所回报，然而不巧，亭子间嫂嫂此夜红头阿三把门，未能如愿。

有沈老头，来亭子间嫂嫂处白相，穿双梁鞋子、竹布袜，寿头寿脑。亭子间嫂嫂发现他的名片上写着上海大学校长、某图书馆馆长、某编审所主任，名字叫沈孟白，是个大名鼎鼎的教育家。

吴门大学的薛景星，在上海读书，他觉得亭子间嫂嫂举动、身世、容貌非常像《茶花女》中的玛格丽特，两人同居，薛景星一心要改造亭子间嫂嫂，然不为薛家所容，被迫分手。

亭子间嫂嫂嫁富翁石春波，石老头子。又经石老头介绍，拜有“江南一枝笔”之誉的唐大郎为师。二人牵丝攀藤，搅七捻三，由师生而互称阿哥与阿妹，亭子间嫂嫂赠其钻戒，并在其身上呼红痧以定情，不意为石老头发现，亭子间嫂嫂离开石府，与唐大郎虽有情，但终成陌路。

邵茜萍是银号职员兼报纸编辑，在《上海日报》编辑金融版，年念六岁，白相女人的门槛精透精透，人称“嫖精”。一副小抖乱脾气，抖五抖六，游腔十八调。来亭子间白相，坐在床上，鞋子一丢，袜子一脱，便大挖其脚丫，并称六月里闻闻这滋味，可免起痧。邵茜萍称行房为“表演”，一来便迫不及待地要与亭子间嫂嫂进行浩大表演。

亭子间嫂嫂淌白生涯，日久渐致不支，罹患梅毒，生一女儿夭折，亭子间嫂嫂不久也香消玉殒。

当白相人排门板大哥听说亭子间嫂嫂死讯，认为她含冤而死，要为她报仇，并说手下有三千徒弟好用。然而“我”说：“你有三千徒弟也无所用，你要替她报仇，除非先从改造这万恶的社会着手，否则你还是免开尊口。”①

（三）豆腐文学

《亭子间嫂嫂》所记，乃一代淌白花月荣枯小史。寄居在亭子间的顾秀珍每日生张熟魏，迎来送往之迹，作者为其做起居注、生意经、

① 周天籁：《亭子间嫂嫂》，上海：学林出版社，1997年，第423页。

食货志，既无离合奇情、兴亡感叹，也无因果循环、劝善惩恶。然小说文字竟不因此而枯窘，皆赖其豆腐笔法。尤有进者，复能于豆腐笔法中，将婉约缠绵、绵邈深情蕴乎其间，则非寻常所能到者。

其中以吃同文豆腐最为人乐道，尤其唐大郎和邵茜萍两位洋场才子，更是被周天籁摆足噱头。

1. 唐大郎

书叙亭子间嫂嫂嫁富翁石春波，石老头子，又称石翁。订婚宴上，石翁为亭子间嫂嫂绍介唐大郎说："顾小姐，你今夜第一次同唐先生会面，他的性格已经看得出几分，将来你常常同他会面，他尽有不少噱头的事做出来。尤其他的一枝笔很有名的，大家都称他江南一才子、江南一枝笔。仿佛从前《三笑》里的祝枝山，你说他好弄，又不好弄，不好弄又还算好弄，总之是这样一个脾气。"[①]

江南第一支笔给淌白作先生，真是噱极，纯属豆腐。上海小报风行吃豆腐，多为同文间互相调侃。每当文窘时，朋友拉来跳加官，帮个忙，充个角色，尤其唐大郎，名气不是一眼眼，上海滩浪，哪个不知，谁人不晓，常有同文吃其豆腐。

(1) 通海的肚子

亭子间嫂嫂叙大郎至石府充先生之遗闻云：

"说出来笑煞人"，亭子间嫂嫂手一拍笑道："唐先生叫名来教我读书，其实哪里是教书，把教书放在煞煞末，他一来就长衫一脱，丫头一手接去替他挂好，他便沙发上一靠，电扇对准他呜呜呜开着。一方面娘姨把冰冻白木耳炖的莲子羹端上两碗来，唐先生一碗，我一碗，两人面对面坐着一吃，这算做点心。我是陪先生性质，所以也要吃上一碗，吃好，接上就授上一枚亨牌雪茄，唐先生顶顶喜欢是雪茄烟。石家里藏有顶顶好的雪茄，都是朋友节上送过来的，至少有下五六皮箱，那一天娘姨搬出来晒太阳，我亲眼看见的。自已真也吃不完，所以供给唐先生吃的雪茄，是顶顶好的，一盒一盒放在我房里尽他抽来吸。点心下肚，便

① 周天籁：《亭子间嫂嫂》，上海：学林出版社，1997 年，第 597 页。

是雪茄，雪茄吸上五六口，接上冰淇淋、紫雪糕、冰西瓜，一大盘消暑的冷饮，又端上来了。唐先生肚皮好像通海的，来者不拒，也不客气地畅量来吃，吃好又在沙发上休息片刻。大约已经一个多钟头消磨过了，而后才叫我把昨天的书本摊开来道：'昨天的一课背背看。'我笑说：'老早忘记了。'"①

周天籁小说，每日都会弄一小噱头，用来调侃，可称之为噱头连环体。通海肚子，小噱头之一也。

（2）跳浜跳得太快

亭子间嫂嫂欲勾引唐先生，大郎抵死不从。亭子间嫂嫂见硬的不行，又来软的。亭子间嫂嫂一阵咯咯地笑道：

"现在空话不要去说了，我也不硬来了，凭你良心，到底要我不要我。"唐先生含羞地一个头歪了过去，面孔肉笑皮不笑的，实在难以启口，忽然道："我看我阿喜欢你不喜欢你？"

"我知道你一定喜欢我。"

"那么你既然知道的，就是了，何必多说。"唐先生面孔红得像肺头一样连头颈里都红了，五筋合六筋地仿佛一只面孔在那里烤火。

"现在我们既然心投意合，大家都是自家人，你也不要摆出先生架子，有人在这里你叫我六姨太，或者嫂嫂。没有人在这里，叫我一声妹妹吧，我们以后改用阿哥、妹妹称呼，你看好不好？"

唐先生笑道："好是好的，只是我有点难为情开口。六姨太，忽然一变为妹妹，这一天跳浜，跳得太快。"②

一天之内，唐先生与亭子间嫂嫂，由师生变成阿哥与阿妹，名分骤变，跳浜跳得太快，小噱头之二也。

（3）论小白脸

二人论起小白脸来，大郎说：

"秀珍，你这句话我非常不赞成，太把我们男人看得低微了。老实说，小白脸也不好打发的，不好服侍的。譬如就拿我来说，你刚刚这样

---

① 周天籁：《亭子间嫂嫂》，上海：学林出版社，1997年，第606页。
② 周天籁：《亭子间嫂嫂》，上海：学林出版社，1997年，第633页。

软来硬来，又把金钱来引诱我，我始终不为所动，足见小白脸也有几等几样的小白脸。有的果然坍透我们男人的台，一搭就上手，这种小白脸是起码货的小白脸。要知道扎硬的小白脸不是没有，我就是其中一个，现在你可以拆穿西洋镜这样说，我何尝不可以拆穿西洋镜说的。”

“你说，你说，让我听听看。”

“让你听听看呀，小白脸到底也要下本钱的，所谓将本求利，姨太太果然有钞票，小白脸也要把精力来交换的。一旦精力亏损，变了一个痨病鬼，试问姨太太还把他看上眼吗？当然又要另换户头，换句话说，这就是姨太太把钞票去买小白脸的精力。一个人精力是有限的，肚里放得落多少货色？有一个外国医生说，顶强壮的小白脸，身内只有半磅精力，同女人开心一次，要耗去半磅中六分之一。你想多么伤精力，多么吃力，起码要一个星期方可以补充进去。有的姨太太吃性太狠，夜夜要小白脸，你想这如何吃得消，如何敌得过，弄得一个小白脸两只眼睛嵌进去，颧骨像假山地耸起来，远看活像一个骷髅，结果一命呜呼，送了个他的终。可是姨太太却胖起来了，因为把小白脸身上的精神都吸收过去，你听听，这就是拆穿西洋镜说一句。所以你不可抹煞小白脸有种伟大的牺牲，也足以吓伤姨太太的胆。”

亭子间嫂嫂笑道：

大郎，你这种话不用说得，我蛮明白，精力果然可贵，不过还有补救方法。我可以多多买点滋补品给你吃，补充你肚内耗去的，不是依旧没有损失。假使是用一回，空虚一回，那么做了夫妻如何办法，世上不是独多了小孤孀了吗？你这种说法只好骗骗三尺童子，我是不会来听你的。[1]

小白脸，上海俗语又称拿工钿的，靠倒贴为活。唐大郎自称是小白脸中扎硬小白脸，但终究还是小白脸。扎硬小白脸，小噱头之三也。

（4）赠戒

戏越演越深，亭子间嫂嫂送上定情之物。

亭子间嫂嫂把手指上一枚大钻戒脱了下来，在空中耀了耀，笑道：

---

① 周天籁：《亭子间嫂嫂》，上海：学林出版社，1997年，第635—636页。

“大郎，走过来。”唐先生急道：“做什么”心里一跳。

“做什么，我把这枚大钻戒送给你，作算我们今天定情的纪念品。从今以后，我是你的爱人，你是我的相好，说得亲热一点，你是我的情郎。”

两人情愈洽，开始捉迷藏。

唐先生手掩了嘴巴索性坐得老远，吃吃吃地笑，亭子间嫂嫂拿他没有办法，便格格格一阵痴笑。站了起来追过去，唐先生连忙逃走，在房间里兜圈子，煞末以中间一张桌子为界，你过来，我打这里兜过去。

唐先生才慢慢走了过去，双双一对坐了下来，亭子间嫂嫂捉了他一只手指，很细心地把它套了上去，笑道：“正好，正好，好像替你买的一样。”

唐先生伸着套住钻戒的手指一看，忍不住心里一阵欢喜，笑道：“亮来，亮来，想必晚上暗头里看，还要亮，越是好的金刚钻，暗头里越是亮，射出来的像一粒粒的火星，擦拉，擦拉耀人眼睛。”

亭子间嫂嫂“伸出一手在唐先生大腿上拧了一把”，唐先生撩起裤脚管，见大腿上一块紫的，亭子间嫂嫂说：

“你的肉太嫩，就紫出一块，下次绝不再这样重手重脚，对你不起，对你不起。”说着又替他一阵抚，唐先生趁势双手抱住她，偷着香了一个面孔。①

女人掐男人大腿里子，上海话叫“大转弯”，不知典自何处，尤流行于舞场，为男女调情之掌故。赠戒，外带一记“大转弯”，小噱头之四。

（5）呼红痧

一个香吻之后，二人算是定下情来。再来上课时，情形大不相同，由上课变成了调情。

自从这一次唐先生同亭子间嫂嫂定情之后，当日双方并没有什么举动，不过两下都自以为你是我的情妇，我是你的情郎，心上也说不出的恩爱。唐先生每天来上课，后来反而把上课的事放到煞煞末，临时动身

① 周天籁：《亭子间嫂嫂》，上海：学林出版社，1997年，第637页。

发觉了，才叫她拿出书本读两句便算了。大部分正当功夫都是交头接耳地大讲其爱情，讲到开心的辰光，嘻嘻嘻哈哈哈地动手动脚，甚至于便你咬我一口，我也咬你一口。唐先生以前教书，都是规规矩矩的，有时连长衫都不宽。现在一到便把长衫一脱，短衫也一脱，朝床上一掼，只剩里面一件汗衫，连胸口三粒小纽子也解开了，一跨雪白的胸膊露在外面。亭子间嫂嫂看得无限窝心，觉得摸一把，咬一口，都不感觉刺激，不如在这雪白胸膊上替他呼下一块红痧，多么够有滋味。便伸手过去把唐先生拖了过来笑道："过来，过来，我来替你呼一口红痧，真美丽哩，有许多日子不退。"

"什么？呼红痧。"

"是的，我会呼红痧。我一张嘴巴凑在你胸膊上面，忍住一口气，尽管朝肚内吸，要吸得重，吸得吱吱吱的啊，一会功夫，你这块肉就红了，红的有些像朱砂，仿佛是痧的颜色，所以称作红痧。"

"这算什么名堂？"

"这算什么名目呀，这是一个女人替她的情郎吸的标记，表示双方海样的恩爱。俾情郎回去照见镜子里面有这块红痧，就想起他的情妇来。大郎，你坐过来一些，我来替你吸一块，来来来。"

说着不待唐先生坐过来便一个斜身扑了过来，抱住他的胸膊，嘴巴就凑上去吱吱吱地吸起来，吸得唐先生一阵肉痒。闭住眼睛叫道："好哉，好哉，这真像是小孩子吃奶奶。"

哪里知道正在这当口，老勿死已经打从房门口跨了进来，把这一套把戏看得一清二楚。苦的两个家伙还是木知木觉，一个吱吱吱吸得起劲，一个闭住眼睛好哉好哉喊得开心。①

"江南第一支笔"，被淌白呼红痧，且吱吱吱，有声有色，小噱头之五。

唐大郎确有其人，为上海小报之名家，诗文双绝，日在各小报上写身边文学，记其舞场、戏园、电影院、餐馆之游踪艳迹，亭子间嫂嫂型的淌白亦不知道白相多少，颇有与亭子间嫂嫂演对手戏之资格。

① 周天籁：《亭子间嫂嫂》，上海：学林出版社，1997 年，第 640—641 页。

2. 邵茜萍

（1）嫖精、嫖账

第二个拉来吃豆腐的是邵茜萍。邵茜萍是银号职员兼报纸编辑，在《上海日报》编辑金融版，他自称今年念六岁，16岁就开始白相，同人曹温那说《九尾龟》里张秋谷也要甘拜他下风。亭子间嫂嫂说：

邵客人实在精明透顶，可说白相女人的门槛精透精透，全部给他学了去。只有他来嫖你，你休想嫖他，只有他吃你，你休想吃他。刀口上的钱，他是肯化的，多足多不在乎此，刀背上的钱，你休想他花一个。如果调他一点枪花，他立刻明白。总之把你一把抓在他手掌之中，一无办法可想。人家说久嫖成龟，他真可以说久嫖成了龟。不但成龟，而且还成了精，称为“嫖精”。①

邵茜萍将钱包落在亭子间嫂嫂处，其中有一张账单，账目收入项为：

七月份收《走马看花集》稿费60元，收三开银号薪水100元，收做金子多头480元，收编辑费100元，收与周益世兄合做棉纱赚头375元。共收1115元整。②

支出项为：

付常熟二媛8次夜厢，每次30元，计240元。

又付伊带出3次在扬子开房间，计洋205元。

付贵族门中与阿莲3次，每次70元，计洋310元。

付红莺洋100元（共计5次）。

付软木底皮鞋2双，二媛1双，红莺1双，计洋60元。

付送黄雪尘做寿礼，洋30元，又代二媛付出礼念元。

付拨还六月份棉纱亏蚀300元。

付女朋友看影戏，吃夜饭，共4次，计洋300元。

付零用约100元。

共计付出1565元。

① 周天籁：《亭子间嫂嫂》，上海：学林出版社，1997年，第655页。

② 周天籁：《亭子间嫂嫂》，上海：学林出版社，1997年，第685页。

这月内用空450元，常熟二媛处调来300元，计2分利息。

又报馆内宕100元，无利。

希望看准做着一记多头，一切舒齐，毋庸放在心上。[①]

按常熟二媛是八仙桥有名的咸肉，“夜厢”即嫖资，“贵族门口”，即台基，“阿莲”为台基之妓女。账目中除掉亏损，生活所用440元外，其余1000多元，全部嫖光，而且还负债。看了这个账目，亭子间嫂嫂牙齿一咬道：

这个小赤佬，你想还弄得好弄不好，一个月出息介多，还会这样地用空，真是个脱底棺材哉。

上海人称寅吃卯粮的人为脱底棺材，或脱底烂污朋友。

邵茜萍为小报名家，凡读小报朋友皆知，他以肉侦之名在《上海日报》写肉稿，所谓肉稿，即咸肉庄新闻也。邵茜萍说：

我的老头子煞死不许我白相女人，如果用真名字发表，老头子便要管束我。你想直到现在，我的老头子还不知道肉侦就是他的儿子。他因为天天看报，天天在马桶间偷来看肉侦的捧女人稿子，而当面却教训我说是：“千万千万不可同肉侦这个色鬼轧朋友，此人色情过度，决无疑死在女人手里。他的稿子老年人看看不妨，而青年人则蒙其害非浅非浅。茜萍，你切切不可搭这种害群之马。”哈哈哈，哪里知道肉侦却站在他面前，你想，我这个挖儿用得好，用得不好。[②]

邵茜萍肉稿名家加嫖精，有此双头衔，足可与亭子间嫂嫂演对手戏。

（2）抖五抖六的十三点，一味游腔十八调

邵茜萍是个小抖乱形象，书中写他“一件长衫领口纽子不曾纽上，一直斜在身上，像个小流氓”[③]。“袖子管一掼，脚一顿。”[④]“张口便是：‘操伊拉灰孙子十八念九代祖宗。’”[⑤] 亭子间嫂嫂说他：“啥人有

① 周天籁：《亭子间嫂嫂》，上海：学林出版社，1997年，第685页。
② 周天籁：《亭子间嫂嫂》，上海：学林出版社，1997年，第660页。
③ 周天籁：《亭子间嫂嫂》，上海：学林出版社，1997年，第687页。
④ 周天籁：《亭子间嫂嫂》，上海：学林出版社，1997年，第655页。
⑤ 周天籁：《亭子间嫂嫂》，上海：学林出版社，1997年，第687页。

像你抖五抖六的十三点，一味游腔十八调。”①

邵茜萍凡事炒虾等不得红，到了亭子间嫂嫂家中，忽大起戏瘾，非要唱戏不可。“快快快，我说到要唱戏，马上就要唱，好像拉屎一样，忍耐不住。”

亭子间嫂嫂和曹温那只好叫了个女老枪拉胡琴，“女老枪眼睛一闭，头一低，开始拉出《乌龙院》调来，邵茜萍五筋狠六筋地把吃奶力气都拼了出来，手一伸，摆出一个架子，唱道：“宋公明打坐乌龙院，猜一猜大姊腹内情。”

曹温那听了说：“你这只老枪喉咙，我听着汗毛管根根竖起来。”

邵茜萍则说“操那，你懂个屁，这是的的刮刮的麒派喉咙，我向来是学麒派的戏，你懂个鸾。”②

（3）大挖其脚丫

邵茜萍有一陋习，就是挖脚丫，北方话抠脚丫子，现代医学之脚气病搔痒，书中道：

邵茜萍在椅子上坐坐不舒服，又坐到床上来，鞋子一脱，往床上一倒，把袜子脱了，大挖其脚丫。③

邵茜萍边挖着脚丫边说着话，把脚丫里许多粒屑，挖了一堆在褥单上，手抚上去一层沙泥似的，连忙用手往地板上拨。

亭子间嫂嫂看见一阵恶心道：“那能，那能，介不漂亮，脏哇？挖死人脚！下来，下来！”④

邵茜萍笑道：“什么叫脏，六月里闻闻这滋味，可以起吞痧的。所以我每天必定挖一二次，别人吞痧，我永远不吞痧，这就是颜色。”⑤

“这样说来，你倒可以将挖下来的粒屑装瓶，当痧药卖哉，阿是死人闲话。快快下来，去洗洗手。”

按此处“起吞痧”似应为“免吞痧”，即不用吃痧气药。脚丫子臭泥可当痧气药吃，邵茜萍真是个小抖乱。

---

① 周天籁：《亭子间嫂嫂》，上海：学林出版社，1997 年，第 671 页。
② 周天籁：《亭子间嫂嫂》，上海：学林出版社，1997 年，第 665 页。
③ 周天籁：《亭子间嫂嫂》，上海：学林出版社，1997 年，第 656 页。
④ 周天籁：《亭子间嫂嫂》，上海：学林出版社，1997 年，第 657 页。
⑤ 周天籁：《亭子间嫂嫂》，上海：学林出版社，1997 年，第 657 页。

（4）浩大表演

邵茜萍口中，称房事为“表演”，场面壮阔者，叫“浩大表演”。唐大郎只不过呼红痧，而邵茜萍则是真刀真枪地浩大表演。

邵茜萍是个急色鬼，唱罢戏就问亭子间嫂嫂：“顾秀珍，那能，我们来表演好不好。”亭子间嫂嫂说：“你不要热昏，现在什么辰光，秋老虎介热的天气，老早就上床也只有你耐得住，好好地再隔一歇，你再一张嘴里开口表演，闭口表演，听听触耳不触耳。”

“喔唷，阿是你顾秀珍出一只角，现在不表演，到什么时候才表演呢，我是个急色鬼，我渴念你，实在长远长远哉。你要把我这副抖五抖六脾气改掉，这是永世也办不到的。爷娘生挺我这样，无可奈何，你顾秀珍是我娘，也改不得我，你不许我常常讲表演、表演，也是没有办法的。实在我开口说惯了，我在报馆里写肉稿子，也是三句不离本行表演、精彩、浩大等句子。不然，假使不是这样写，如何好，不能称为肉稿也。”⑥

亭子间嫂嫂戒之曰，不到十一点，不能表演，十一点过了，到了一点，邵茜萍耐不住。

好不容易到了十一点，到了一点钟，亭子间嫂嫂露台上还不下来，邵茜萍简直像猫叫春地站在露台下面门口哇啦哇啦尽唤尽叫，把亭子间嫂嫂果真叫了下来。她光火说：“邵茜萍，你这个人那能介勿知趣的，人家都困静了，你哇啦哇啦寻死。”

“你为什么不死下来。”

“告诉你一点半，现在辰光阿曾到？”

“一点半，操伊拉，又不是金口，说一点半偏要一点半的，略为前后一些也不妨的，死人额角头。”

亭子间嫂嫂下了露台，进了房，把门关上，窗开着而把帘子拉好。走到窗前朝邵茜萍瞟了一眼，含笑道：“我看你又要穷凶极恶哉，天气介热，我真吃你不消三斧头。”⑦

⑥ 周天籁：《亭子间嫂嫂》，上海：学林出版社，1997 年，第 667 页。
⑦ 周天籁：《亭子间嫂嫂》，上海：学林出版社，1997 年，第 672 页。

周天籁把邵茜萍写成了一只叫春的猫，自有豆腐以来，没有如此之甚者。邵茜萍是脱底棺材，周天籁豆腐也吃得脱底，大泄春光，毫无保留。邵茜萍乃肉稿圣手，曾亲手捧红常熟二媛，周天籁把他拉来跳加官，吃足其豆腐，谁曰不宜。

3. “我”(朱道明)

唐大郎和邵茜萍不过是过客，只有“我”朱道明才是主人。朱道明与亭子间嫂嫂相伴最久，几等于亭子间嫂嫂的丈夫，供其驱使，犹如龟奴隶，与其调情，又像一个拿工钿小白脸。

朱道明一孤男，独自一人在上海，而亭子间嫂嫂实为一单女，一个孤男，一个单女，住的只隔一板壁，何能不生情思，情之所钟正在吾辈。朱道明每于月明风清之夜，打熬不过，便在板壁上凿一孔，窥隔壁之活剧。

朱道明与亭子间嫂嫂说：“假使我们能够早几年，也在这个环境里碰了头，我一定不放你干这生活了。唉唉，真是才子佳人，书上道过一句话，叫‘相见恨晚’。”①

二人相处日深，朱道明对亭子间嫂嫂关怀无微不至，其生理周期亦记得清清楚楚，一日不差。亭子间嫂嫂每日生张熟魏，朱道明为性的苦闷所困，只能过屠门而大嚼。酒后朱道明与亭子间嫂嫂说：

“你想，我现在同你住在一个隔壁房，你没有丈夫，我又是一个独身汉，说句笑话，你还每夜出去尝尝异味，不论它是不是一种正式的交合，但一定可以身体上是得到满足的。请教你，我到哪里去求满足？同啥人去求满足？不是吗？我真正真是个可怜虫！唉！”我又干上了一大杯酒。②

亭子间嫂嫂笑道：“朱先生，你真浪发酒疯哉？一个男人会说这种话，难为情哇？”伸手指刮刮脸。

“什么叫难为情，食色是人之大欲，一个人没有性欲，便失去了人

---

① 周天籁：《亭子间嫂嫂》，上海：学林出版社，1997 年，第 202 页。
② 周天籁：《亭子间嫂嫂》，上海：学林出版社，1997 年，第 202 页。

生意义，人人失去了人生意义，你的生意恐怕也没有人请教了。难道你们女人没有性欲不成，这是男女一体，不分轩轾，假使你处我地位，想想看，这日子难过不难过！”

“并不难过，并不难过。”

“这句话我可断定你不是由衷而发的。亭子间嫂嫂，我们虽是一个邻舍，可说二家是一家，我谈不到有照顾你的地方，你倒常常照顾我，今夜你可以不可以索性照顾我到底？”我红得一面孔，手在颤颤地抖，心想横竖横了，这日子妈的！不是人过的！

“你的酒不要再喝吧，话越讲越不对了，什么叫索性照顾到底？我不懂！”她伸一手过来夺我酒杯，杯里的酒泼翻一桌。①

朱道明要亭子间嫂嫂拿出菩萨情怀，普度众生。亭子间嫂嫂对朱道明亦非无情，亦想将身体奉献，然而不巧，亭子间嫂嫂此夜红头阿三把门。顾秀珍道：“本来我们同床也没有关系，有啥人来管我们闲事，眼眼我这二天还没有清爽，所以我昨夜只好蜷曲在椅子上了，事情真不巧。”②

亭子间嫂嫂与邵茜萍有下浩大表演，但与朱道明，虽已心心相印，但未曾有肌肤之亲。此间之消息，耐人寻味。文中说：

这仿佛是一对夫妇，我们谈得投机，有胜于夫妇之处。因为双方不客之中，又带着客气，有点小事，二人争抢着来做。吃好饭，碗、锅应该要洗的，我先抢来去洗，她又从我手里夺回去，硬说我不会洗。地上泼了一滩水，又二人抢着来扫。她看见我被头褥单脏了，便自顾替我拆下来拿去洗了。我的衣服破了，她手里拿了针线，立刻叫我脱下来替我补好。我想到亭子间嫂嫂这样赤心忠胆地当我一个自己人看待，心中更加难过，我家中女人未必有像她如此贤劳，而待我感情也没有她如此热烈，如果叫我长处在这环境之中，我的心恐怕也要被她感化的危险，我还想以后日子悠长，正不知怎样的一种结果呢？③

二人不即不离之关系，微妙难言，不觉已优入文学境界。肉的文

---

① 周天籁：《亭子间嫂嫂》，上海：学林出版社，1997 年，第 203 页。
② 周天籁：《亭子间嫂嫂》，上海：学林出版社，1997 年，第 205 页。
③ 周天籁：《亭子间嫂嫂》，上海：学林出版社，1997 年，第 206 页。

字中，而能超越肉欲，吃豆腐而又跨越豆腐之上，写出一段真情，也正是周天籁的缠绵之处。

（四）影响

一个淌白，被周天籁搬上书面，日与其牵丝攀藤，写来风趣缠绵，又拉来许多名人吃豆腐，诙谐幽默，仿佛一场滑稽戏。作为上海人，何人不爱看滑稽戏。陈亮说：“这部小说，刊在《东方日报》居然大为轰动。社会上，上中下三等人士，都关心了《亭子间嫂嫂》的遭遇，今天看过，明天非得一早去买报来看不可。我曾数次亲耳聆到大谈《亭子间嫂嫂》故事的，一次在十四路电车上，那个女学生手里拿了份报纸，嗟叹着亭子间嫂嫂的命运恶劣。一次在泥城桥大观园浴室，一个捏脚的堂倌对一个胖子浴客说：‘先生，你不到亭子间嫂嫂家里去玩玩吗？’胖子浴客拉开血盆大口道：‘若是真有这样的亭子间嫂嫂，我到当真要帮帮他（她）的忙。’又有一次是一位做绸庄生意姓芮的朋友，特地要我陪他去看看亭子间嫂嫂，说是我与周天籁为知己，定属熟门熟路，我禁不住大笑，笑他是个《亭子间嫂嫂》迷。其实，被《亭子间嫂嫂》迷惑着的，何止这几位先生小姐。有些害着单相思，有些劳驾往访不得其门而入，有些抱怨着作者让她死得这样伤心。是证《亭子间嫂嫂》风靡之一斑。”

陈亮的话不免捧场之嫌，女学生拿着小报嗟叹亭子间嫂嫂似有矫情，但堂倌要去看看亭子间嫂嫂，当在情理之中。周天籁说：“居然很有一部分读者认为这篇东西有趣味，看上了瘾。在下每次到理发店里剪发，到浴室淋浴，茶室里品茗，路上碰着了朋友，弄堂口坐一堆人吹风凉。说也奇怪，都把这篇东西，作为谈话资料。”[①] 周越然说他没有一天不看《亭子间嫂嫂》。

既然大受欢迎，读者天天无《亭子间嫂嫂》不乐，《东方日报》便不准周天籁停笔。周天籁说：“本来预备二个月结束的，一写不觉就写下了二年之久。本预备四五万字完结的，岂料写下了七十几万字

① 周天籁：《亭子间嫂嫂外传 · 关于写这篇外传的话》，《东方日报》1941 年 4 月 2 日。

还是不能结束。本报主人说是还要往下写，一时万万不能放他断。我却苦得要命，仿佛舞台上演戏，这出独角戏，我一个人连续不断地演了二足年。”①

小报中，一部小说登载四五个月已属长篇，通常在二三个月即结，留为读者换口味之余地。而《亭子间嫂嫂》竟载了近两年，登了519天，共计70多万字。就时间来讲，《亭子间嫂嫂》可跻身小报小说三甲。半规老人的《七情六欲记》608天，田舍郎的《小裁缝艳史》537天，再就是数到《亭子间嫂嫂》，周天籁后又为其补续了前传和后传，成一《亭子间嫂嫂》系列小说，这样算起来，时日更长。

亭子间嫂嫂一角又为其他小说所借用，彭志敏《未亡人》拉亭子间嫂嫂“串戏”，舞稿中竟报道说：“周天籁与顾秀珍并肩上百乐门跳舞。”②

今日，则有人在筹拍电影。又据报道，2013年方言话剧《亭子间嫂嫂》在新光影剧院演出，由上海现代人剧社创作。随着民国小说之复出，《亭子间嫂嫂》会为更多人所关注。

(五)《亭子间嫂嫂》成功之由

1. 花史新传

关于淌白，《亭子间嫂嫂外传》中说：“你别讲洋盘闲话，顾小姐这一种跑公司算是私门头，又叫做淌白。横倒要钞票，根本呒记账，也没有节上收取的办法，勿比长三堂子，才有记账的，你讲外行话。”③

顾秀珍身段，以海上花规而言，为淌白。淌白又作“淌排”，是一种私娼，又叫“半开门”，又叫“跑公司”。因“淌”字，又称“三点水”，是低等妓女。

何以称“淌白”，汪仲贤强为之解，说上海人所谓“淌排”，是说她们在马路上淌来淌去，就像浮在水面的无主木排。如想接近，顺

① 周天籁：《亭子间嫂嫂外传·关于这篇外传的话》，《东方日报》1941年4月3日。
②《百乐门三周纪念中一桩极有趣的腻事》，《东方日报》1939年12月13日。
③ 周天籁：《亭子间嫂嫂外传》，《东方日报》1941年7月24日。

水一捞便得，故为之“捞淌排”。其所言不知确否。上海老白相切口云：嫖长三、闯么二、斩咸肉、叫向导、玩玻璃杯、跳约约舞、请西洋女子按摩。如嫖淌白，一定要说捞淌白，或作撩淌白，方能显出是老举。淌白之花规与长三么二不同，长三么二是记账，三节收钱。而淌白则像小菜场买青菜一样，一手钱一手货。

海上青楼，首屈长三，次则么二，再次则有咸肉庄，等而下之则为淌白野鸡，为短衫党泄欲之所，士绅所不耻。嫖长三、闯么二，堪羡风流韵事，如撩淌白、打野鸡，则穷斯滥矣。淌白名不见花传，事不登载籍，艺文所不取，而周天籁独青睐之，誓为花界著出新史，将淌白谱入说部。低微之“三点水”一经点染，竟能彪炳花史，使长三失色，么二无光，为淌白野鸡吐气不少。就小说人物而言，亭子间嫂嫂可以近比赛金花，与其并艳同芳。

2. 上海土话写的小说

钱芥尘说：“用俗语写入小说的，前有山东土话的《金瓶梅》，后有苏州土话的《海上花列传》和《九尾龟》，都非常生动。上海土话写的小说，天籁可是首创，继之而起着不乏其人……至于描写沪上风月故事，好像顾秀珍活跃纸上，确有其人，真是白描能手。”①

钱先生不愧老于文者，目光如炬，一语道破小说源流。小说之名篇多方言俗语之佳作，《金瓶梅》《海上花列传》《九尾龟》莫不如此。钱先生未提及的《红楼梦》，亦例莫能外，文中用了大量的东北方言。

周天籁自己总结道：“我自己有点不相信起来，像这种随随便便写成的狗屁文字，居然有一部分读者注意。后来我研究一下，方始明白有二个原因：一，文字浅显通俗，略识几个字的都能够看懂。二，故事进行曲折，各种各样的角色都收进，而且上海原就有这一批典型人物，仿佛呼之欲出。”②

周天籁所说的“文字浅显通俗，略识几个字的都能够看懂”，便

① 钱芥尘：《亭子间嫂嫂·序》，见周天籁：《亭子间嫂嫂》，上海：友益书局，1942 年。
② 周天籁：《亭子间嫂嫂外传·关于写这篇外传的话》，《东方日报》1941 年 4 月 2 日。

是指的上海俗语。设使周天籁写顾秀珍，一口京片子，满嘴的蓝青官话，假扮为庄严妙相。何来其软糯，何来其甜腻，而开言烂污货、瘪三、烂浮尸、触那，则上海人见之便喜，不啻纸上王无能、江笑笑、刘春山现身也，如何不爱看。

3. 豆腐笔法

论谋篇布局，《亭子间嫂嫂》几无章法可言，作者以嫖客结篇，人各一节，十人十节，百人百节，连缀成章，实际就是一笔嫖账，与日载于上海小报的花稿、肉稿无异，花稿一日一篇，《亭子间嫂嫂》不过几日一篇。如此写法，则难免复沓重叠之讥，然作者以吃豆腐法，救章法之失，日摆一噱头。今日唐大郎与亭子间嫂嫂作教师，明日唐大郎接受了顾秀珍的戒指，后日顾秀珍为唐大郎呼痧，吊足读者胃口。

论情事，《亭子间嫂嫂》不外淌白起居注，生张熟魏，拉在篮子就是菜，每日大腹贾，白相人，小铁匠，出入其门，你方唱罢我登场，走马灯一般。亭子间嫂嫂日操皮肉生涯，浪语淫声，达于邻室。当此时，写书生慎独则无趣，绘肉客大嚼亦无味，两难之际，缠绵之笔一出，化困局于无形。书叙亭子间嫂嫂与朱道明，以洋场落拓文人坐对孽海落溷花，同是天涯沦落人，竟大起相惜之情。两人仅一板壁之隔，恰在不即不离之间，牵丝攀藤，搅七捻三，香艳缠绵，又寓一点不泯真情于其间。古之文人狎妓，留为美谈，冒辟疆与董小宛、李香君与侯方域，朱道明与亭子间嫂嫂虽无以方之，然其风流蕴藉则同出一理。

（六）《亭子间嫂嫂外传》和《亭子间嫂嫂新传》

《亭子间嫂嫂》后，周天籁又写了《亭子间嫂嫂外传》和《亭子间嫂嫂新传》，形成系列小说。《亭子间嫂嫂》可视为正传，《亭子间嫂嫂外传》则为前传，《亭子间嫂嫂新传》为后传。

1.《亭子间嫂嫂外传》

此篇应为《亭子间嫂嫂》之前传。作者云：

我便是搜集关于顾秀珍的起初从乡下嘉兴到上海，以及她堕落到卖淫的一大段经过，在正传里是阙如的，还有正传里漏写进的人物，这里也要补写一下。[1]

文叙“我”朱道明，安徽人，在上海卖文为生，住在上海会乐里，芳邻名顾秀珍者，住在亭子间，人称亭子间嫂嫂。亭子间嫂嫂乃嘉兴人，遇战事，母死于逃难途中，未婚夫被炸身亡。老父嗜好颇深，日以鸦片烟为活。为生计，亭子间嫂嫂窃雇主家金器，惧事泄，逃到上海，住在亭子间。初为丝厂女工，后丝厂闭歇，亭子间嫂嫂跑单帮，贩日用品到乡下，回程购丝回上海，结果生意失败，血本无归。又欲做舞女，在跳舞学校习舞期间，与夏小开和方家里交际，二人吃醋，以致打相打，亭子间嫂嫂为舞校开除。亭子间嫂嫂下海跳舞，结果第一夜“吃了汤团”。

无奈只好到屋顶花园做淌白，曹操为其第一个客人，亭子间嫂嫂贞操为其所破。亭子间嫂嫂又去粤菜馆做女招待，不久被辞。只好又去做淌白，遇一名客人虞梨夫，乃银行职员，两情相悦，相处日深，不料为其夫人侦知，其夫人将亭子间嫂嫂房间打烂，亭子间嫂嫂只好仍恢复其淌白生涯。

作者结束语云：

我写到这里，可以把这篇外传告一个段落了。关于亭子间嫂嫂以后的经过，以及他的结果，在正传里已有详细地阐述。我写这篇外传的动机，便是说明他做过不少的职业，都不能成就，没有一桩是称职的，于是任先生有一句话评定她，是一个天生吃生意饭的女子。[2]

《亭子间嫂嫂》写顾秀珍抄小货、敲竹杠、开条斧，而其迷汤功夫少有发挥，《亭子间嫂嫂外传》则拾遗补缺，尽展其笼络客人手法。有虞姓客人来到亭子间。

亭子间嫂嫂一笑，她那双眼睛又是花是花得教人看见了喜欢，她骂的一声坐到虞梨夫身边来，握了一把西瓜籽，一粒一粒剥出瓜仁来，塞在虞梨夫的嘴里。[3]

---

① 周天籁：《亭子间嫂嫂外传》，《东方日报》1941 年 4 月 3 日。
② 周天籁：《亭子间嫂嫂外传》，《东方日报》1941 年 8 月 31 日。
③ 周天籁：《亭子间嫂嫂外传》，《东方日报》1949 年 8 月 2 日。

晚间睡觉时，亭子间嫂嫂和客人说：

这里晚上我一人上床是开了窗困的，一有客人来，我就要关窗。我很仔细，我恐怕客人半夜贪凉，身体出了毛病。有时客人往往逼我开窗困，到了半夜我总是偷偷地把窗关上了。因此，有种客人半夜里醒来同我吵闹，还要喝嗬嘣水，还开了窗站在风头里尽吹，我是在心里焦急得来，万一得了毛病，这是很凶险的病症。虞先生，我希望你听我的话，晚上关了窗睡吧，好哦。①

作者对亭子间嫂嫂的生意功夫大加赞赏。说：

亭子间嫂嫂这样地关切客人，她不但是对虞客人这样体贴入微，就是待任何一个客人都是这样的。因此，大凡做过亭子间嫂嫂的客人，无不把她的印象非常地深刻，她的唯一长处就是毫无做生意女人的习气，处处以彼此自家人看待，虽然她偶尔也敲敲客人的竹杠，但都不明显，敲得非常隐藏，大方极了。好得她的一种温柔功夫，没有一个客人不对她表示好感的。②

周天籁笔调缠绵细腻，颇喜摹妓女笼络功夫，至《常熟二媛》，更是长篇累牍，不厌其烦。亭子间嫂嫂容貌秀美，加上迷汤功夫，生意红火，而常熟二媛其貌不扬，而竟能红得发紫，号称“紫肉”，究其原因，全在这温柔功夫上。

2.《亭子间嫂嫂新传》

《亭子间嫂嫂新传》为《亭子间嫂嫂》之后传，接续《亭子间嫂嫂》故事。然此顾秀珍非彼顾秀珍，正传中的亭子间嫂嫂已死不能复活，此篇之亭子间嫂嫂，乃一冒名者，真名叫樊梨花。她继承顾秀珍之遗志，租下其遗居做生意。

作者鉴于本传中亭子间嫂嫂死状甚惨，此传以嫁得金龟婿以矫之，故事皆沿本传而来，故视之为后传。

文演亭子间嫂嫂顾秀珍死后，其香闺为二房东马上贴出条子招租，

① 周天籁：《亭子间嫂嫂外传》，《东方日报》1949 年 8 月 3 日。
② 周天籁：《亭子间嫂嫂外传》，《东方日报》1949 年 8 月 4 日。

当天就有一个单身女郎来承租，不计价钿。此女郎名樊梨花，同顾秀珍是小姊妹淘，生意浪出身，因为打仗，生意浪收歇，樊梨花生活无着，便租下这亭子间。其意，欲借亭子间嫂嫂之芳帜招揽客人，因为顾秀珍生前一批客人都不知道她死，所以他们还要上门来的，这便是樊梨花的生意经。

邵茜萍刚从香港返沪，尚不知亭子间嫂嫂已故，去到亭子间，发现已换了主人。邵茜萍对樊梨花颇为赏识，便住了一个夜厢，过了一天上，还在一张小报上，以“肉侦”笔名写了一篇《新亭子间嫂嫂印象记》，樊梨花因此大红。

曾水手，有咸肉大王之名，亦来在亭子间。因其在编一部《屋顶春色》的单行本，其书仿上海商业名录调查的条例，挨门调查，登录淌白姓名、地址，方便白相者光顾。

第三个客人名苏广成，人腼腆，口说打茶围，被樊梨花敲了一记，只好住了一夜。其余蒋廷筠、朝鲜客人、小许、唱文明戏的邱希希、无线电行程权，不一而足。

有小瘌痢者，姓刘，本是会乐里弄堂口的皮匠，亦樊梨花之客人。孰料，小瘌痢不知如何做了军需官，不忘与樊梨花之旧情，回上海迎娶樊梨花而去。闻讯，曾水手写了篇《樊梨花下嫁瘌痢记》登载报上。

图 3-2 《亭子间嫂嫂新传》

关于《亭子间嫂嫂新传》（插图见图 3-2）之宗旨，作者云：

在正传里写顾秀珍惨死，给他死得太苦了，这新传樊梨花是好好地给她从良的，总算有个好结果，得了一个归宿。[1]

① 周天籁：《亭子间嫂嫂新传》，《吉报》1943 年 4 月 20 日。

（1）邵茜萍

《新传》一仍其吃豆腐作风，邵茜萍亦难逃其劫。文中叙邵茜萍依旧抖乱作风，他“虽然是个动动笔头的生意闻人，但是相当的抖乱，性子异常的燥，抖五抖六地，大有坐不定、立不稳的样子”①。本传中写邵茜萍动辄浩大表演，然究其实不过三根骨二根筋、一个灯笼壳子而已。

以樊梨花久战沙场的无名英雄，真不把茜萍三根骨二根筋的家伙放在心上，几次一（进）攻之后，早把他打高山顶山一个筋斗倒掼了下来……她想不到他的身体会这样的薄弱，屁烧灰，一无用场。平常邵茜萍三个字名气倒非常响，真是拆穿西洋镜，一个钱不值。②

与樊梨花春风一度后，过了一天，在一张专谈桥头、屋顶、生意浪、向导社消息的小报，邵茜萍写了一篇《新亭子间嫂嫂印象记》，化名肉侦。经邵茜萍一捧，樊梨花的生意红火起来。

（2）曾水手

《新传》中又冒出一人，其噱头噱脑，不弱于邵茜萍，此人名叫曾水手。淌白们骂他烂水手，或者大块头水手，他亦不以为忤。

他来樊梨花处兜售其《屋顶春色》一书，自魁曰：

曾水手把手一拍道：“据说就是那本《屋顶春色》作怪，自从这本书一出，大家买来看，大家都到公司里撩淌白去了。单夜里永安公司英华街角子上那个报摊，每夜要销去五六十本。据说自有一批客人买了这本书，然后上屋顶，仿佛对照古本似地，依着书上的面貌、名字挑选。因此，一到夜里九十点钟，精彩的不必说，早已有了主顾带走，就是二三等起码货也一抢而光。这是多少年来出乎意外地轰上这一轰。我死也不会相信，寻寻开心编著那本小书，竟然有了这个效力。昨夜我七点钟到屋顶，无怪她们个个都对我笑嘻嘻，不然都喊我烂水手的、烂胖子的。昨夜她们个个喊我曾先生，曾先生。”③

因为对自己生意有利，樊梨花满招待，为其准备了一顿丰盛午餐。

---

① 周天籁：《亭子间嫂嫂新传》，《万言报》1942 年 4 月 7 日。
② 周天籁：《亭子间嫂嫂新传》，《万言报》1942 年 4 月 9 日。
③ 周天籁：《亭子间嫂嫂新传》，《万言报》1942 年 4 月 11 日。

樊梨花当他晚爷一样看，拣精的蹄子肉一块一块地塞到他饭碗里，又拣那青鱼肚皮一大块，衔到他饭碗里去，几乎只见小菜，看不见白饭了。

“吃口虐，吃口虐，曾先生，你太客气了，既然来吃得，又何必客气。”樊梨花还是不断把小菜夹到他碗里去。曾水手突出了一双眼睛，捧了饭碗头拚命地吃，汗的热气打他头顶心冒起来，仿佛像个蒸笼。樊梨花看见他这副吃相，忍不住一笑，不由自主地一口饭就往外一喷，无巧不巧，却喷了曾水手一头颈、一面孔都是。

“哈哈哈哈，哈哈哈哈。”樊梨花索性把碗筷一推，弯了一个腰，捧着肚皮狂笑……曾水手立刻把饭碗一推，奔过去拿了一块湿毛巾一阵抹，也就哈哈哈一阵大笑道：“操伊拉，梨花，你要死快哉。饭米星喷了我一头颈、一面孔，到底算啥名堂。”[1]

淌白口喷甜唾，咸肉大王佛头着饭，可发一笑，又是周六的豆腐笔法。曾水手实有其人，本名曾庵，笔名海棠、曾水手、水手，在《上海日报》写肉稿，报道桥头新闻，故有“咸肉大王”之称，写有《西游记》《肉市春色》《三国志》《二十四史》《肉弄堂》，皆肉市调查报告。

（3）苏广成

第三个客人，也是前任亭子间嫂嫂顾秀珍的座上宾，名叫苏广成。文中写其资格浅，且面嫩，然却好色，见了樊梨花，连自己的名字也不好意思说出口：

这时候樊梨花钻到床弄堂里脱开裤子，朝壁剥开二爿大屁股，在马桶上撒了一场尿，一边道：“先生，真的，你究竟姓什么？为什么问你几趟不告诉我？既然是我阿姐的老客人，现在来做我，也就是我的老客人，为啥怕难为情不说？说口虐，喔唷，说口虐。”说到这里把尿撒好，走出来一边束裤子，一边笑道：“说口虐，说口虐，还不说的。”于是客人才腼腼腆腆地说：“何必一定要盯紧问，阿可以不说？”

“办不到，一定要说。”樊梨花洗了洗手，揩揩干，走过来把身体

---

① 周天籁：《亭子间嫂嫂新传》，《万言报》1942 年 4 月 11—12 日。

黑天堂

（一六五）

我送你下去

馮蘅文 秋野圖

何進來了，稚弱的心在憶。她令天始出院，林菲她願意成全她與小周一萍則從中作梗，她也菲小周的會恩，要去與雖論。林太太憐其擬情陶路他到何二萍家門與由于小別與何一萍緊口自婆表示而感慣怨了貼一萍去把背背拖在自已于而間：「你有事背屬

「……

：」

小周站走到臥室里：青青也站起着他正要進去，何一萍却把她喝住：「你是客人，應該就在會客室里的。一

「那末我倒問你離了婚，以後如何打

長篇連載

亭子間嫂嫂

·董天野插圖·周天籟原著·

書傳

[illegible]

包拍我身上
平連忙搖搖手表示
道：「好好好，
鈕起來，別給旁人
芬一邊把鈕扣鈕起
認眞道：「十三點
有什麼關係，我們給
知道我的傷，怕什麼
理平對她實[illegible]沒有辦
的纏着

趙理平想：怎
麼一個女子一
變就變得這末
快，當切在李
經理府上初次
見面時，如何
有[illegible]貌，如何
穩，後來在
一朵花時也很
持重，從沒有
這付樣子的。
想到這一點，
知道她也許是
追求我太麼害

態，女子往往

贴住客人身边，随手拿了几粒瓜子，一粒一粒剥出瓜仁来塞到客人嘴里道："你把嘴巴张开来，我会把瓜子肉掷到你喉咙口，试试看，我剥给你吃，我（你）才告诉我姓啥叫啥，好不好？"客人果真把嘴张了开来，樊梨花便把一粒瓜仁往他嘴里一抛了进去，恰恰掷一个正着，二人便一阵哈哈大笑。于是客人笑道："亭子间嫂嫂，告诉你一个姓，下面名字我绝不说。"

"好，你就把姓告诉我。"

"我姓苏，苏州的苏。"

"你的面孔我越看越熟，越熟越好像你的名字在我嘴边头，却是一时说不出口。我打算你再不说的话，我就要到下面弄堂口走去一趟，问问裁缝摊上那块招牌，三个字叫什么名目。待你说出一个苏字，便一口气就读得下。哈哈哈哈，原来你是个裁缝店老板。"苏广成面红耳赤摇摇手。[①]

樊梨花马桶尿后手，苏广成口衔瓜子仁，仍旧是吃豆腐。苏广成，原名王大苏，笔名苏广成，确实取诸上海的老裁缝字号"苏广成衣店"，不怪樊梨花说他是裁缝老板。苏广成为海派小报小说名作家，有《骑虎日记》《黄历本》《贞节坊》等作品，与田舍郎、周益世相比，文气有余，故文中把它写成了一拘挛的书生形象。

《亭子间嫂嫂新传》曾被改编为连环图画，由董天野绘图，刊登于《大风报》。

《亭子间嫂嫂新传》之后，有署名万里云者，写了篇《樊梨花下嫁史将军》，续《亭子间嫂嫂新传》故事。作者说：

大凡读过周天籁《亭子间嫂嫂新传》的莫不知樊梨花下嫁小瘌痢一段记载，真是滑稽突梯，妙不可加酱油。他的全书最后的结束是：从此樊梨花便脱离了妓女生涯，从良而去，总算得了一个归宿。可是以她如此漂亮，身为妓女，阅人既多，而竟会嫁给一个瘌痢……所谓无巧不成书，在下便是与小瘌痢同一在军队里服务，共事了二年，所以他娶樊梨花的一段经过，以及二人婚后艳迹，我知之既详且尽。原来他的真名

---

① 周天籁：《亭子间嫂嫂新传》，《万言报》1942 年 4 月 13—14 日。

叫史伯康……这一段都是过去艳迹，详在周先生那本新传里，此处不赘，在下写的便是他们婚后艳迹。[①]

作品写樊梨花婚后，不安于室，趁史将军旁午之际，先后与朱万里、俞秘书、张公权、蔡将军私通，事泄，樊梨花被史将军毒打致死。此作与《亭子间嫂嫂》相去甚远，趣味迥异。

三、花月新史

(一)《常熟二媛》——咸肉

1. 咸肉庄

海上青楼名目繁多，亭子间嫂嫂是淌白，常熟二媛则为咸肉。咸肉庄，本称韩庄，俗称咸肉庄，又可称桥头，或八仙桥。八仙桥为咸肉聚集之地。《晶报》记述 1938 年八仙桥韩庄情形曰：

八仙桥黄金大戏院后面的格洛克路是韩庄的大本营……庄分大门口与小门口二种，视房屋及房间多寡而定。普通一上一下的房子，称为小门口……入庄游玩分坐房间、做局、夜饷及全包 4 种。坐房间需费一元，为时之久短，则视客之本身及与花的交情而定，做局即关房门，需费三元。为解决性欲之最佳办法，故客多乐为之，夜饷五元，自夜间十二时至翌日止，全包则包一日一夜之谓，需费十二三元。[②]

咸肉庄的另一名号曰桥头，一提桥头，喜欢白相朋友无有不知是八仙桥者，没人错会到别的地方去。八仙桥是咸肉庄的大本营，门口亮着门灯，都是写着什么号、什么记的都是。据说，当初的咸肉庄并不开在八仙桥，都是在大世界游乐场左近，不挂门灯，不捐照会，完全私做。后来有个松江妹妹，包了几个姑娘在八仙桥做生意，渐至发达，遂演变为咸肉庄集聚之地，鼎盛时，咸肉庄有百余家之数。

---

① 万里云：《樊梨花下嫁史将军》，《东方日报》1944 年 10 月 2 日。
② 刀手：《杂谈韩庄》，《晶报》1938 年 9 月 5—6 日。

当时庄花有四大金刚之目，为根宝媛媛、王三媛、苏州弟弟、十里红，后更为十里红、小兰英、小金媛、菱花四人，此时常熟二媛尚无籍籍名。

咸肉比亭子间嫂嫂的淌白名位稍高一些，然无书寓之历史悠久，乃后起者。其与长三、么二经营方式也不甚相同，长三、么二三节收账，而咸肉庄则当场交易，一手钱一手货，咸肉庄已不讲色艺，只是泄欲之场所。

至于所以称咸肉，无确实之解，一说和野鸡一样，无论生张熟魏，只要上门无有不欢迎者，并且可以立刻成交。犹如斩咸肉，咔嚓一刀，拎了便走，取其捷便之意；一说咸肉，非鲜肉，不强似野鸡，已不新鲜，易染病毒也。

周天籁的花史新编，淌白之后又为咸肉立传，皆出前辈之所未备者。

2. 常熟二媛其人

常熟二媛实有其人，咸肉庄上红得发紫，小说之副标题为“一块紫肉的私记”，即示其为纪实之意。今日于小报间，尚能见常熟二媛小影，小说发表时，刊于报眉。

（1）邵茜萍与常熟二媛

常熟二媛与邵茜萍交往颇深，据说二媛由邵茜萍捧红。周天籁小说中提到，邵茜萍见了二媛后，认为人可造就，遂抱定宗旨捧她，倚马立就，草了一篇桥头肉讯，刊在《上海日报》的“走马观花集”上。

自从《上海日报》“走马观花集”里发表了邵茜萍那篇关于常熟二媛的文章后，隔不上一个星期，接连不断应响了几篇关于常熟二媛的文章。投稿的名字虽然不同，而都是出于邵茜萍一人的大笔，以至疯魔了一般喜欢吃肉的朋友如痴如狂，怀了当日报纸，慕名前去喊她。不但白板对煞之外，再有红中对煞，发财对煞。[1]

---

① 周天籁：《常熟二媛》，《上海小报》1941 年 3 月 17 日。

文中提到的《上海日报》“走马观花集”，确有其栏，存报中仍可见邵茜萍之捧稿。文云：

常熟二媛在桥头之地位，与当初十里红、苏州弟弟、杭州二媛辈同，达于深入人间程度，四个字提起来，八仙桥上，可称哪个不晓。周天籁兄，且为伊写成小说，开桥头纪录。二媛出身，天籁兄曾写过，为其翁姑卖入屠门，确为事实，唯其亲生父母，则未道及。据二媛言，其父在近几年中，经营顺利，在乡下，亦是土地财主架子，不知二媛，在上海干这个生活，只晓得做摇织手工。其父曾屡催二媛回常熟，不必再等在上海，顾二媛则并不需要，情愿等在上海。可见吃了这一碗饭，再欲重受管束，终是难的。若常熟二媛，还是舍不得上海者，无非乡下生活，不若上海舒服，所以，亦情愿适意了这个，顾不得苦了那个矣。

活跃屠门，几年以来，终是一个牙签主义，从来不长，能有康铁牛两三次者，实在缺缺。拆穿了讲，跑这种地方，亦唯这个主义，最为干脆爽快，倘一走上了熟路，就有不可解除之麻烦出来，此种滋味，不外是“柠檬开水”“管牢好好”两种。亦许在另一辈庄游朋友心目中，认为热精彩表演，然在于我，最勿受这一套，因为肉麻当有趣也。二媛之令我有好感，即在大方的两个字，不作假早子式之噱头，故我尚具美感，不然，亦老早置之于茄矣。①

邵茜萍既与二媛渊源颇深，自然也就成了书中不可缺少的形象。一如《亭子间嫂嫂》，周天籁仍把邵茜萍拉来吃豆腐，且依旧其抖乱作风。文中写道：

是一个念一二的青年，瘦瘦的脸蛋，中装灰背袍子，眼睛有三百度的近视，香烟不离手的，讲起话来声音老老高，连唾涎也要飞了出来。②

因为湿气邪气重，爱挖脚凹。

邵茜萍索性待她不留意时候，挖了一手指的脚凹泥，冷不提防塞到她的嘴巴上去。③

---

① 西平：《忙里偷闲集》，《上海日报》1940 年 12 月 1 日。
② 周天籁：《常熟二媛》，《上海小报》1941 年 2 月 8 日。
③ 周天籁：《常熟二媛》，《上海小报》1941 年 3 月 24 日。

与《亭子间嫂嫂》中一样，依旧其浩大表演。其实他满身排骨，赛过三个骨头二条筋，即使狠也未必什么了不得，嘴硬骨头酥。

这一夜邵茜萍大显神通，这一仗打下来，可说平分秋色，各有面子。因为二媛早知道邵茜萍三斧头功夫一过，便毫无用场，像吃了一刺刀，早躺在壕沟里，面孔贴地，背脊朝天，死人一样，一点也不会动弹，连热茶都不要喝一口。二媛肚里一急，不要出了毛病，有一次隔壁三号里有个客人，也是乐极生悲，就此翘辫子，热气冷气也不透出一口，面孔格白像锡箔灰……（二媛）急急把他胸口一摸，觉得非常热，再一摸额头却摸了一手冷汗。二媛很细心，又按了按他脉息，跳得很慢，方才知道这是疲倦过了分，没有老调。①

除了邵茜萍，邵茜萍的同事，《上海日报》的曹温那、周白刃、王雪尘也被拉了进来，其中周白刃与邵茜萍一样也是位肉稿作家。王雪尘是《上海日报》老板，在《亭子间嫂嫂》中用名是黄雪尘，尚有避讳，这一次直接用真名，并且说，王雪尘与文明戏老二牵丝攀藤，这老二已 50 多岁，孙子 15 岁。这话半是吃豆腐，半是抉隐私。不过，这种事司空见惯，上海浪文人与生意浪攀相好，真是一眼呒啥啥。

（2）周天籁与二媛

周天籁说："鄙人写常熟二媛小说，决非贸然动笔，深知近来之识常熟二媛者殊多，而二媛本人犹在上海，倘我徒以空中楼阁飨读者，人将斥我为欺骗矣。故执笔之前，曾挽人就商，访问其身世近况。二媛固落落大方，据实相告，既详且尽，遂得以其过去一番惨史为纬，目前之复杂生活为经，成一社会写实说部。"②

周天籁对二媛确下过一番功夫。曾对她进行了采访，获得一手资料。二媛由邵茜萍一手捧红，天籁欲传二媛，乃倩邵茜萍先容，得与二媛相见，倾谈生平。经此一番采风，始草小说，其中所叙其出身生平皆是写实。

文叙：常熟二媛童养媳出身，因丈夫付不起学费，婆婆将其以

---

① 周天籁：《常熟二媛》，《上海小报》1941 年 3 月 10 日。

② 周天籁：《常熟二媛》，《春秋日报》1940 年 10 月 2 日。

二百支洋抵押给咸肉庄。由一位许姓客人，为其点大蜡烛。开苞次日，年已52岁沈老头沈其甫来挨城门，二媛敲其竹杠。沈老头为其在慎昌钟表行以86元买手表，以及皮包、衣料不一而足。后经小报吹捧，二媛渐红。二媛丈夫寻来借钱，二媛打发他离开。二媛客人渐多，什么大学里教书王先生、大西袜厂小开、王老板、钱庄帮客人润民、白相人六马路铁臂阿五等。

有王勋甫者，为二媛之恩客，二媛劝其做大事业，不要流连于此。有邵茜萍者，乃小报肉稿作家，大为欣赏二媛，在《上海日报》写了几篇捧文，二媛因而更红，慕名而来者应接不暇。二媛每月收入之丰，达到5000元以上，文残至此。

3. 常熟二媛的姿容、性情和功夫

（1）姿容

对于妓业来说，一个妓女的容貌十分重要，而红得发紫的二媛(图3-3)，非有绝色，仅具中人之姿，尤其皮肤不棕也不黑，更无可鉴。《上海日报》老板王雪尘看了后，说她身架子也好，就是她的面色稍微带棕，这是美中不足。古美人总以白为美，二媛之肤色令其减色不少。而邵茜萍辩护说，这是天然美，电影明星王人美、黎丽丽、美人鱼杨秀琼，都是这一号的颜色。

图3-3 常熟二媛

在装扮上：

(二媛) 终年她不抹一些粉，连胭脂都不用，口唇膏略微用用，可见他的一络大派，一点看不出咸肉庄上做生意。[1]

---

① 周天籁：《常熟二媛》，《上海小报》1941年3月1日。

平日她衣服穿着很朴素，不爱花花草草的，顶喜欢元色、藏青，偶然穿得鲜艳些，但真真难得的难得……仿佛一个大家妇。[1]

即使邵茜萍来访。

二媛仍旧同白天一样随身打扮，行头不换，袜不穿，一双大膀一直露到胯下，到三角叉裤子为止，轻摇芭蕉扇，漫步走到邵茜萍房间里来，赛过自家人一样。[2]

（2）性情

周天籁叙二媛之生平遭际及各色客人趣闻外，用了许多篇幅探析二媛致红之由，以此品题其性情和功夫，对此周天籁不吝赞美之词：

二媛仿佛在中国是一个观世音妙善，在外国是一个耶稣，也许我的话说得过了火，不过曾经接近二媛的人，都承认我的话是对的，说得十二分吃硬，仿佛雕在石碑上一样。当然这样一个典型人物的女子，而且极其普遍，容易得人人可以同她有接近机会，可以达到一亲肌肤之爱的目的。她散播出去爱的种了，其更布满人间，可说上中下三等都受过她的熏陶的，也不知多多少少。[3]

此话虽过甚其辞，其意则在赞赏其性情和功夫。海上文人评章风月，月旦烟花，容貌之外，亦重性情和应酬功夫。周天籁笔下的二媛，尤以性情和功夫胜人。他说：

无疑的常熟二媛现在已经走红了，而且红得已经近乎发紫，这是每个走走八里桥头的朋友都一度承认的，可是常熟二媛是从哪里走红的？她走红在什么地方，有的朋友竟然不予承认她会走红，他根本没有可以走红的理由。如果常熟二媛这样的人才可以走红，那么比她更漂亮上几十百倍的究竟还不在少数，岂不要红得发紫，紫得发黑。这句话很不错，不过他根本还不会认识二媛的为人、性情、待人接物，以及周旋在客人之间的一种手腕。细心耐气地应酬得面面周到，可说在她目光中看来简直没有一个坏的客人，她八面玲珑的，使得每个客人都对她发生了好感，留下一个深刻的印象，一时难以磨灭。这就是二媛胜于他人的地方，也

---

① 周天籁：《常熟二媛》，《上海小报》1941 年 3 月 30 日。
② 周天籁：《常熟二媛》，《上海小报》1941 年 3 月 19 日。
③ 周天籁：《常熟二媛》，《春秋日报》1940 年 10 月 1 日。

就是走红的理由。有人说，吃了这行饭的人，她对待客人和气，是她的天职，否则何以称为妓女。这句话果然不错，不过我可以说有比二媛更细心、更体贴、更忠实的，简直再也找不出来第二个来了。①

海上堂子，倌人之生意经有灌迷汤、抄小货、敲竹杠、开条斧、溷浴，亭子间嫂嫂颇不乏此行，然二媛虽在生意浪却没有生意习气。

她一点没有生意女人的习气，不像别个看见客人同她亲热一些，便烂敲竹杠。看见文旦，要买文旦吃，看见巧克力糖就买巧克力糖吃。还要伸手讨车钱，讨点心钱，给她少了，面孔就会不好看相，多了对你笑嘻嘻。这一种习气可说十个生意女子倒有十一个是这样的，独有二媛她没有这一种手段。②

她看见年轻的客人，只有拿好话来规劝他，这里不是好地方，宜少来走动，总劝人家不住夜，早些归去。一定住夜，第二天老早便催他上写字间，妓女认钱不认人，而二媛则不同。

她只认得客人而不认得钞票，看重客人的交情比什么都厚。钞票倒是次要，很随便，不放在心上。有时客人手头尴尬，她宁可私下贴出夜厢钱来，不要客人难为一个钱。像这种情形，一个月中不多不多，也很有几个。③

细心、体贴、忠实，又无生意习气，甚至拿出钱贴嫖客，如此二媛，不啻欲壑孽海中绽放出的一朵真情之花。

(3) 嗲功

海上倌人应酬功夫曰迷汤、嗲功，二媛的嗲功自是不同，书中说：

她更有一种特色的嗲功，更非一般女人望尘莫及的。这一种嗲功使出来，任你铜铁也要溶解，石头也要□碎，强盗也要变成佛心，一切十恶不赦的人，经她一感化，都可以一一把他改善，成功一个好人。④

如此玄妙之嗲功什么样呢：一是迷眼，二是笑靥和娇吟。

---

① 周天籁：《常熟二媛》，《春秋日报》1940 年 10 月 1 日。
② 周天籁：《常熟二媛》，《上海小报》1941 年 3 月 30 日。
③ 周天籁：《常熟二媛》，《上海小报》1941 年 3 月 18 日。
④ 周天籁：《常熟二媛》，《春秋日报》1940 年 10 月 1 日。

二媛说着又对李振贵瞟了一个迷眼，这一个迷眼是甜得来，受的人有点浑淘淘。因为二媛最拿手的就是这一种嗲功，她的嗲功都并不是有意做作，贵乎非常地自然。譬如她对你一笑，笑得邪气的甜，两边颊上自然而然浮起两个酒窝。一双秋波活得活得来，对你一看，赛过说话。还有她的答应你一声，譬如客人喊她二媛，她回答你“唔”的一声，好像走的鼻音，又像是喉咙口还不会把这“唔”字完全吐出来，只有一半。①

4. 情妓

常言道：婊子无情，戏子无义，二媛却是既有情又有义。二媛有客王勋甫，二人相处甚深，因其相貌神似二媛的未婚夫，故对其特别有好感。“说不尽的有情有节，一个是可称为情妓，一个是可称为恩客。”② 枕席间，二媛劝其不要再走着风月路道：

二媛跳了起来，逼着王勋甫走路，她面孔板起来道：“你走哦，你是不是还不动身，我一边劝你，你一边简直不听见的，当做耳边之风。我看你这个人将来没有什么了不得，即使给你窜了出来，也没有什么大苗头的。你但看你现在的脾气生挺牵丝攀藤，生得不爽快，做大事体的人绝不是像你这样子的，说着走便走，绝不犹豫。你的本来面目，我已经看明白了。”

这的确给王勋甫一个刺激，他听了这句话立刻穿上骆驼绒袍子，二媛也就走过去替他围上围巾笑道：

“对了，你能够听我话，将来就能够做大事业，男子汉大丈夫办事，说怎么样便怎么样，我就佩服。”

“我现在立刻就走，你佩服不佩服。”王勋甫穿好袍子对二媛鞠躬又说：“我这几天内不会再到这里来。”

二媛执着他一只手笑道：“我希望你以后永远不要来，你假使要问我的消息，你不妨写封信来，我可以在信里复你。”

---

① 周天籁：《常熟二媛》，《上海小报》1941 年 3 月 30 日。
② 周天籁：《常熟二媛》，《上海小报》1941 年 1 月 9 日。

“你会写信吗？好极好极，不过我快要放年假了，年假我大概要下乡去一趟，这当口我也许来看看你，你不应该拒绝我。”

二媛道：“我也不希望你来，放了年假，你应该赶快下乡，别地方也不要打流耽搁了，你为什么又到这里来呢？”

“不是的，我要来望望你，我不住夜，来做房间好了。你横不要我来，竖不要我来，你的心太硬了。你要知道越是这样待我好，我越是要想着你，你索性当我一个平常客人，不劝了我许多好话，我真也不把你印在我脑子里这么深刻地。”

二媛把他推了推道：“好了，我听见了，劝你还是跑了吧，我不同你多谈了。”

王勋甫回头立刻就走，表示很激昂的样子，给二媛看看。①

生意浪应酬手法中，有以退为进者，即劝去而达留客的目的，曰“反灌迷汤”。而二媛待人却是一片真情，不带一点迷汤成分，文章也便由肉欲写出德义。在周天籁诸作品中，对二媛推许最高，许之以情妓、大众情人、观世音、爱的播散者，如此称誉，亭子间嫂嫂无以过之。他说：

关于二媛一生艳迹，大可以把她描写出来，过去有林黛玉、四大金刚、赛金花、北平李丽、唐七小姐、小花园阿七、顾秀珍，一大批女狠将在前，那么常熟二媛未必有逊色于她们吧。②

就其初衷而言，周天籁有意将二媛当作一代花史来作，欲与林黛玉、赛金花比肩。周天籁非不具史才，然终有前辈名著在前，《海上花列传》《九尾龟》《人间地狱》彪炳史册，至于《常熟二媛》，聊供拾遗补缺而已。

就周天籁自己作品而言，《常熟二媛》是继《亭子间嫂嫂》之后的精心之作，震于常熟二媛之大名，有追步《亭子间嫂嫂》之想。亭子间嫂嫂有淌白之事，然人却是虚构，而常熟二媛，既有其人，又有其事，周天籁安得不起名山后世之意？二篇作品写法又复相同，然毕

① 周天籁：《常熟二媛》，《上海小报》1941 年 1 月 14 日。
② 周天籁：《常熟二媛》，《春秋日报》1940 年 10 月 1 日。

竟《亭子间嫂嫂》名声早著，设使《常熟二媛》发表在前，当不知何者为《亭子间嫂嫂》矣。

(二)《楼头春色》——按摩女

1. 按摩室

周天籁说："西洋女人按摩完全滑头戏，原来几个罗宋老太婆，半是按摩，半还是做生意。报纸上登的小方格子广告，西洋年轻美貌女郎云云。"①

核诸小报，仍可见此类广告，如：

《年轻外国女子按摩》："美貌年轻西人女子6位，欢迎高尚人士驾临。"②

《欧洲年轻女子按摩》："现寓静安寺路1025弄，静安别墅内33号门牌2号公寓。"③

《按摩浴室》："西籍女子擅长按摩术，室内设备完美清洁，卫生招待周到，欢迎华宾光顾。静安寺路西摩路口、沧州饭店隔壁、沧州别墅卅二号楼上。"④

《外国女子按摩》："外国女子精瑞典式按摩，欢迎华宾。"⑤

据上所引，周天籁小说所云，洵非虚语，皆征实之言，确有一番寻芳体验之功夫。按摩之风煽自欧西人，初在上海霞飞路一带设室，其后则蔓延全沪。始自何年何月何人不可考，至1930年之情形，《晶报》有文记载云：

今年以来，按摩之风大盛，按摩区扩至三处，第一区在霞飞路，摩女初仅俄妇，今亦渐有华女。第二区在靶子路，鳞次栉比，几达十家，皆以华女为中坚，蓬路两家附之。第三区至南京路，27号之外，沙利文糖果铺右邻103号楼上，为靶子路152号迁至者……爱文义路西，近亦

① 周天籁：《楼头春色》，《东方日报》1942年6月1日。
②《年轻外国女子按摩》，《力报》1943年3月29日。
③《欧洲年轻女子按摩》，《晶报》1939年11月2日。
④《按摩浴室》，《晶报》1938年4月21日。
⑤《外国女子按摩》，《晶报》1938年11月3日。

设一摩室。可附于南京路也。[1]

海上遣兴行乐，有嫖长三、闯么二、叫向导、玩玻璃杯、跳舞等，但请西洋女子按摩则少见。周天籁说：

在上海这个家伙常常跑跑堂子的，并不稀奇，跑跑舞场也不稀奇，独有常常跑跑按摩院的，就认为有神秘性。所以上海有不少的白相老举，他任何地方都去白相过了，唯独按摩院门口没有踏进一步。说来说去还是认为太神秘了。[2]

书中朱道明娶了夏爱琴后，见了朋友就有一羞口的地方，即夏爱琴的出身，如果见了朋友说夏爱琴“是对过按摩院里出身，原是在露台上吊膀子吊着的话说出来。不但自己没有台型，脸上无光，朋友听了也一定大扫其兴”[3]。

在上海，娶红倌人荣耀无比，娶按摩女便颜面扫地。然红倌人与按摩女无甚区别，都是风月女子，究其实，不过习尚如此而已。

既然人皆以为按摩室神秘，不愿在西洋女子面前脱光光，而裹足不前。按摩女又不入作家法眼，海上风月作家如捉刀人、冯蘅等辈，皆未及按摩女。长三已落后，按摩且争先，此正是我辈之好噱头。周天籁捣虚而入，撰此一篇，占尽先机。

2.《楼头春色》

文叙按摩女与海上文人爱情故事。

“我”朱道明，住在上海会乐里亭子间时候，对面是一家名“多子”的按摩浴室。按摩女一律穿白制服，胸口绣有一个红号头，生意极其发达。后扩充到三楼，其玻璃长窗，紧贴“我”的露台，走上露台，二家是一家，轻轻地谈话都能听见，双方手伸得长些，可以彼此授来授去。

多子按摩室一号夏爱琴，是多子的一只鼎，苏州塘口人，19岁，常与朱道明露台夜话，渐至熟稔。夏爱琴约朱道明按摩浴室一游，次

---

① 小侦：《一零三号之摩室》，《晶报》1930年3月9日。
② 周天籁：《楼头春色》，《东方日报》1942年6月1日。
③ 周天籁：《楼头春色》，《东方日报》1942年8月14日。

日，朱道明如约而至，走入多子按摩室。言谈间，朱道明问一个月有多少出息，夏爱琴说："好的时候一个月也有七八百块钱，顶坏的一个月只有五百多块钱。有许多好客人，真好，给我们小账十元念元出手，不算一回事。"朱道明感叹"你们出息真不错呀，比我好得多了，一个动动笔头的男子汉，一个月收入反不及按摩女，真气煞人"①。

按摩后朱道明约其看电影、吃饭、白相兆丰公园，二人情感日近，每夜都在小小按摩室里谈情说爱，终修成正果，结为连理。婚后，朱道明为报馆辞掉，夏爱琴出按摩所积，应付日用开销。朱道明不得已到朋友开的燕子窠去做茶房，无聊之际，忽有好友陈远声创办报纸，邀请其任总编辑。陈远声遇朱道明甚厚，收入颇不菲，道明还清债务，爱琴又有弄璋之喜。此时，爱琴劝道明旋里，看顾故乡发妻。道明为发妻寄上生活费用，少了内顾之忧，与爱琴在上海过着幸福生活。

对于长三、么二风光，上海读者皆熟悉，不外叫堂差、打茶围、碰和、吃花酒、住夜厢、落相好，倌人砍条斧，客人做瘟生，那么按摩室内究竟如何，是如何手续，这是周天籁此篇小说所卖的噱头。至于朱道明与夏爱琴爱情故事，不过一话头而已。

小说写道："我"受一号按摩女夏爱琴的邀请，袋里放了 50 块钱，即奔多子按摩室而来。"为了面子的关系，一件长衫不得不穿上一穿。我穿上了长衫，手还少不来一把折扇，我自以为是书生打扮。"② 书生逛按摩院，少有出见，有书生以来头一遭，真是好噱头。

按摩室"靠在门口那块广告牌上写得明明白白，什么按摩几元，按摩带擦背几元，沐浴几元，药水沐浴几元，扦脚几元，分门别类的。几种统做到，称为全套，全套共几元。若果做全套的要比较便宜些，这当然是希望客人做全套的。在这块广告牌上后面又注明'小账由客随赏不得强索'几个字"③。

按摩第一个手续是挑选按摩女，"你朱先生上楼来按摩，我们楼

---

① 周天籁：《楼头春色》，《东方日报》1942 年 6 月 12 日。
② 周天籁：《楼头春色》，《东方日报》1942 年 6 月 5 日。
③ 周天籁：《楼头春色》，《东方日报》1942 年 6 月 6 日。

上八个女人一排坐在那里的，由一号到八号，制服上都刺有红的号头，由客人拣中。你如果拣中一号的，当然我起来招待你了，拣中二号的，二号便起来招待你，拣中三号的，三号便起来招待你”①。

话说朱道明点了一号夏爱琴，一号领其至小房间，开始工作。

(她) 把我长衫的纽统统解开来，要替我脱下。我说：“我自己来，自己来，你不用客气。”②

她把我汗衫脱了下来，指指下面短裤，问要不要替我脱，随手接交了一件浴衣给我。当下我披上浴衣，背了她面孔，自己把短裤脱了，连忙把浴衣掩护着下身。夏爱琴对我笑笑道：“你用不到怕难为情，来到这里的人，若要按摩，沐浴的，没有一个不浑身脱光。你如果跑到浴室里去，当然也要这样，习惯如此，怕羞的观念，自然而然打破了。”

说着开了房门道：“来，跟我来。”

“到哪里去？”我心里实在有些怕。

“领你到浴间里去沐浴呀。”夏爱琴打前走到了另外一间，原来这里是一间浴室，有一只洋瓷盆。夏爱琴把盆冲刷了一番，然后放了水，又把那窗帘拉了上，门也关了上，说道：“朱先生，你把浴衣脱了，沐浴吧。”

“你跑出去好了，我不要你站在这里。”我的脸又是涨得绯绯红，打发她到外边去。

夏爱琴对我掩了嘴尽笑道：“为什么你这样地怕难为情，我们是吃这行饭的，我要替你擦背呀。”

“我不要擦背了。”

“你胆子放大些，我不会寻你开心的，朱先生。你枉为是个上海人，为什么这一点老不起？”

她一边说一边尽笑，又奔过来把我浴衣拉开，叫我坐到浴盆里去。我已是窘得不知道什么似的，双手掩护了下身死也不放。笑说：“夏小姐，真的，我向来不爱擦背的，就是我到浴室里去也不爱擦背，请你出

① 周天籁：《楼头春色》，《东方日报》1942 年 6 月 5 日。
② 周天籁：《楼头春色》，《东方日报》1942 年 6 月 7 日。

去，你就出去好了。”……我恐怕她在浴室外边偷看，于是钥匙眼也把他塞没了。①

以上是按摩的预备工作沐浴，沐浴之后便开始按摩。文云：

夏爱琴把我身上浴衣带子解开了，袒胸露腹地一线到底，仿佛到医院里去受医生开刀，也就顾不来难为情不难为情。闭上眼睛，满以为既然来到这里，依顺她们是不会错的，过分拘束了反而给她们当土老儿。这时候我鼻子里闻进一阵香味，张开眼睛看了看，原来她正在我身上撒着香粉，从胸口撒起，一直撒到下边两条大腿。接着是一双纤纤玉手在我身上按摩起来，我感觉到的果然美妙无比，也就说不出的浑身舒服极了。

“我替你捉一捉筋，包你酸溜溜的说不出的舒服。”她把我两股之间一个筋突然提了一把，我酸得跳了起来。她咯咯地笑道：“酸哦，就在这一点酸溜溜的时候怪舒服呢。你不要跳，我再来提你一把。”说着出我意料，突然又提了一把，她有点近于同我开玩笑起来。张开眼睛一看，只见她贴近我身体，我真有点情不自禁，也就伸手到她胸口撩了一把，我也吃你一下豆腐。只见她瞟了我一个白眼，说道：“贼腔得来。”②

于是她握了两个拳头，在我背脊上有节拍地敲了起来，敲得滚得转的，使我浑身感觉酥软了，乐得要死。③

待她把我背脊敲毕，我已经周身失了知觉似的，一个人完全酥软无力起来，这一种乐趣简直无法描摹。④

朱道明之按摩院寻芳记至此结束，花了40元，打从后门回到家中。所谓按摩院风光，上海人打话：拆穿西洋镜，一眼呒啥啥，此番按摩，与邵茜萍在亭子间嫂嫂处、常熟二媛家的浩大表演相比，真是小巫见大巫。然按摩风光向来无人揭晓过，这就是噱头，这就是周天籁的颜色，也是小报小说之道。

---

① 周天籁：《楼头春色》，《东方日报》1942年6月8日。
② 周天籁：《楼头春色》，《东方日报》1942年6月10日。
③ 周天籁：《楼头春色》，《东方日报》1942年6月13日。
④ 周天籁：《楼头春色》，《东方日报》1942年6月14日。

(三)《肉》——向导女

向导女为二十世纪三四十年代的女性新职业，即今日之导游也。向导女亦入海上花月史，以其名为向导，实则妓女。向导女，上海人又称“向字头”，因其“向”字打头也，又叫“向大人”，《三本铁公鸡》中有向荣向大人一角，借用来称向导女。

据云上海的向导社，兴起于二战前，最盛时多至百家，如著名的陶陶社。后工部局一度取缔，向导社需向当局依照长三之例纳捐，方许其营业，向导社便改名歌女社，名虽不同，实无二致，歌女也照样出卡。向字头旅馆出卡，每时需费一元，清谈抚摸外，如欲一度春风，则非一二十金莫办。

蒋蕙平（见图 3-4）、江曼丽、朱霞飞、沈莉莉等皆是当时著名的向导女。小报中有诗咏向导社云：

房间不觉小，处处闻向导。
夜来电话声，钟点记多少。[1]

周天籁的向导女小说名《肉》，而不径称向导女，肉也是当时的流行语，如咸肉、肉的世界等。不知周天籁为何不用向导女而名肉，以肉题名，读者会错认作八仙桥的咸肉庄，易生缠夹，不如向导女来得显豁。

图 3-4　向导女蒋蕙平

文云：我、老江、老杨，三个男人从重庆回到上海。三人皆为从事出版和编辑工作的文人，三人合伙开了一个春江书店上海批发部，房屋租不起，只好在旅馆中开长房间，隔壁为白兰花开的向导社。

老杨性好渔色，喊了向导社的小蹄髈到旅馆出卡，后又与白兰花在金门大饭店开房间。孰料，老杨为白兰花和小蹄髈传染急性淋病住院，住院费用不够，白兰花出手相助。

---

① 侧巾：《套唐诗两首》，《晶报》1938 年 7 月 18 日。

老杨因喊向导女，被老板老江辞退。老杨无奈，就近便到白兰花向导社中当一个账房先生，每个月开500万元工钿。

小老虫为白兰花的保镖，因隙与白相人打相打而身死，白兰花因此赔光财产。不久白兰花另起炉灶，办了个光明社。甫一成立，各小报不提，广告已经登在《申》《新》两大报封面上，又在无线电办特别节目，营业因此大盛。白兰花不但还清欠账，而且盈余达53 060万元，老杨也与白兰花同居。讵料中秋日，一时不慎，光明社回禄为白地。

海上花规，长三倌人接生意曰：出堂差坐房间，以及住夜，向导女接客人曰出卡。什么是出卡？小蹄髈向杨家里解释道："出卡，这是我们社里小姐客人喊出的一种别称，出来时候每个小姐都有一张卡纸的，这上面填有钟点、小姐名字、客人名字，回卡时候就知道一共陪客人多少时间，便缴付社里多少钱。"[①]

百无一用是书生，不如一朵白兰花。文中的老杨，笔耕所得无几，不得已到白兰花向导社中当账房先生。儒雅文人竟去做龟奴，不仅斯文扫地，而且颜面全失，然老杨在白兰花处，却能每月拿到500万元工钿，因与白兰花同居而发财，此事不禁令人唏嘘。作者感叹文人穷蹇，然其主旨在于为向导女立传，志在谱出花月新章。

(四)《海上一妇人》《三少奶奶》——末路长三

周天籁生不逢辰，未际会长三书寓于盛时，无缘亲炙林黛玉、胡宝玉、张书玉、陆兰芬四大金刚之芳容玉颜。人皆欲为名花作传，何其幸也！周天籁非不欲、不为、不能，乃不遇也。

周天籁乃一介穷酸，日与亭子间嫂嫂为伍，二人皆谋食海上，一卖文，一卖春，又比邻而居，故《亭子间嫂嫂》一出，众口传诵，以其取诸饮食起居，本色当行也。至于长三倌人非阔少不办，非倾万贯家财，不得其门而入也。

海上长三红倌人入稗，始自《海上花列传》，之后则毕倚虹《人

---

① 周天籁：《肉》，《大风报》1948年3月6日。

间地狱》、张春帆《九尾龟》等作，皆篇幅宏大。当周天籁橐笔走海上，舞女、歌星、影星，甚至模特儿当红，长三已趋末路。周天籁《海上一妇人》《三少奶奶》等篇，皆写此末路长三，篇皆不长，且属末世之光。如以《海上花列传》《人间地狱》为正传的话，周天籁《海上一妇人》《三少奶奶》，不过拾遗补缺而已。

1. 长三遗规

周天籁所写虽为末路长三，但仍保留着长三书寓的遗规旧范。《三少奶奶》写榴媚老二道：

原来老二是杭州人，可说也是一个久历风尘的女子。曾经嫁过人，还生过孩子，无奈命运不济，偏偏丈夫死了，孩子也殇了，在家守不住，才到上海来铺房间，押上了二个养女，出出堂差，自己坐镇着主政。①

《海上一妇人》写二阿姊时又道：

原来二阿姊是一个铺过房间的女人，过去曾经在小花园悬过小香红的门灯，铺过几节房间。现在是身边积了几个钱退隐了，家住在大庆里，同一个养女，度着安逸的日子。

二阿姊是住一个前楼面，房间里家具全是红木的，除了二阿姊，一个养女之外，还有一个娘姨，只有三个女人，没有男子。二阿姊将近三十岁，退隐之后，也没有嫁到一个男人。家道很不错的关系，所以一时也不用依靠男人生活，像她这样多么自由呢，家里只要她认得的从前客人都可以来白相。②

海上青楼，档次最高的是长三书寓，长三书寓主人叫“本家”，文中提到的“主政”即本家也。

妓女称倌人，或先生。妓女的身份有讨人身体和自家身体，讨人身体是被卖或被拐而为本家所有者。文中老二“押上了二个养女”，即讨人身体。

关于铺房间。文中称：“(老二) 才到上海来铺房间”，二阿姊

① 周天籁：《三少奶奶》，《东方日报》1940 年 12 月 23 日。
② 周天籁：《海上一妇人》，《东方日报》1941 年 9 月 2 日。

"是一个铺过房间的女人，过去曾经在小花园悬过小香红的门灯，铺过几节房间"。按，本家或者倌人自己租赁房屋经营，称铺房间。

长三营业有做花头、打茶围、出局等。出局，即出外应酬客人，又称出堂差，即文中的"出出堂差"。

文中有提到"在小花园悬过小香红的门灯"。按长三书寓，皆有门标，或挂牌子，或贴条子，或悬门灯，上面大书倌人名字。如《海上花列传》第二回写道：

见前面是尚仁里，闻得尚仁里都是长三书寓，便进弄去逛逛。只见弄内家家门首贴着红笺条子，上写倌人姓名。中有一家，石刻门坊，挂的牌子是黑漆金书，写着"卫霞仙书寓"五字。[①]

周天籁所写的两人，一位榴媚老二是主政的本家，但只有二个小先生，出出堂差，做花头的亦很少了。第二位二阿姊则干脆退职不干了。皆已夕照在山，故称她们为末路长三。

2.《海上一妇人》

文云有潘璧人，乃上海某银行高级职员，念二三岁，脸蛋生得可爱，同事都当他女性看待，称他潘小姐。二阿姊是一个铺过房间的女人，过去曾经在小花园悬过小香红的门灯，铺过几节房间。潘璧人在二阿姊生意浪时候就认得的，现在她虽然退隐了，仍旧不时到她家里来白相。

潘璧人尚未立家室，托二阿姊为其寻觅，二阿姊为其介绍沈爱珠。爱珠是二阿姊妹生意浪的小姊妹，同是生意浪出身，后为张大块头四妾，她出来不过是寻野食而已，而潘璧人并不知情，追其知晓，深陷情渊，已无法自拔。爱珠从张大块头处逃出，与璧人一同回到爱珠乡下老家生活。不意，璧人为爱珠螟蛉之弟所杀，爱珠则回到张大块头处。

（1）脚底出了鬼

话说这一日：

---

①［清］韩邦庆：《海上花列传》，上海：上海古籍出版社，1994年，第10页。

潘璧人下了写字间……脚底下仿佛出鬼似的，七个走八个弯，自然而然又到二阿姊家里来了。

这是天天来惯了，不来邪气地难过，并且中间隔了一天不来，二阿姊就当了潘璧人的面说了许多牵记的话，使得他心里感到非常抱歉，越其要天天地来了。

独有他到二阿姊家里来，觉得别有一般趣味在心头，说不出的快慰。①

海上风习，凡是有职业的人，下了写字间，都免不了游踪北里，就如潘璧人到二阿姊处去白相一样。当年胡适、苏曼殊都在堂子吃花酒。

(2) 长三的应酬功夫

此文所叙虽是潘璧人与沈爱珠爱情悲剧，但大部分篇章却给了二阿姊，写这位退役长三倌人的应酬功夫，意在为长三树艳帜，为花间留晚照，俾其流风遗韵播散人间。文中写道：

二阿姊待人接物非常和气，吃过生意浪饭的女子，手腕当然很高明的，招待一个客人真是体贴周到。②不论陌生或相识的到她家里来，她真待得你头头是道，亲热万分，背后没有一个人说二阿姊坏话。因此有几个朋友，都不好意思到二阿姊家里来了，都觉得她太客气，太要她破费，买这样买那样来请客，所以都吓得不敢来了。可是潘璧人情形比较二样一点，他同二阿姊交情深了，彼此当作自己人一样看待。③

潘璧人来到，二阿姊说：

"潘先生，今天我买了二块钱百合，足足有一大篮，我已经燉好了二碗等你来吃。"说着回过头去一看，娘姨不在，便喊道："玲弟，你去喊娘姨来，盛百合给潘家爷叔吃。"

潘璧人也老实不客气，到了这里来赛过自己家里一样，要吃就吃，不吃就不吃。二阿姊每天弄好了一些点心等璧人这时候来吃，如果真正想不出什么名目时候，那么也去买一碗面，或者馄饨，侍候着他。总之，

① 周天籁：《海上一妇人》，《东方日报》1941 年 9 月 3 日。
② 周天籁：《海上一妇人》，《东方日报》1941 年 9 月 2 日。
③ 周天籁：《海上一妇人》，《东方日报》1941 年 9 月 3 日。

二阿姊待璧人真是体贴极了！

璧人百合吃好，二阿姊横在床上道："明朝我燉莲子羹给你吃，我也想尽了，不知道你顶欢喜是吃点什么点心？爱咸的还是甜的？你水饺子阿吃？我明天做水饺子给你吃，好哦？"

潘璧人道："随便随便，咸的、甜的我都欢喜。二阿姊，我真对你不起，常常这样要你破费，算什么？"

"啊呀！你同我还说这客气话，你潘先生能够常常到我这里来白相，我已经邪气欢喜。总算承蒙你看我起，来到我这里白相，我根本又没有丈夫，又没有外人，你天天来陪陪我，真是求之不得呢。"[①]

二阿姊叫人去买潘源兴名点。二阿姊说：

"潘先生，点心我已经替你们两位备好了，现在吃呢，还是隔脱一歇再吃？""现在吃吧，我肚里倒也有些饿了。沈小姐，起来，起来，我们吃点心。"

沈爱珠问道："二阿姊，吃点啥点心？"

二阿姊道："刮刮叫潘源兴的糯米汤圆子，我特为喊娘姨到霞飞路去买的。包你吃了还要吃，咬开来是一包奶油水晶，崭是崭得来。听说这家汤圆店的吃客，全是上等人，有的特为坐汽车去买到屋里去的。"[②]

二阿姊虽是末路倌人，但不减长三书寓之流风余韵，其应酬客人，温柔亲切，体贴入微。堂子里还有娘姨相帮，生活饮食周到方便，有种不是家而胜似家之感，无怪魅力之大，让人无法割舍。包天笑在《钏影楼回忆录》记陈去病，夫人故世后，并未续娶，带着女儿，住在福州路花雪南家，以堂子作为会客之所，从事革命活动。而其报答花雪南的，就是替他"做花头"，即开筵请客，上海人口中的"吃花酒"。所请的有许多名人，有时苏曼殊也在座，陈去病为他叫了许多名妓堂差，包天笑有句咏曰"万花环绕一诗僧"。

(3) 横脱一歇

横脱一歇是璧人在二阿姊的老习惯。

---

① 周天籁：《海上一妇人》，《东方日报》1941年9月5日。
② 周天籁：《海上一妇人》，《东方日报》1941年9月1日。

话说潘璧人一进门，二阿姊一个养女，玲弟，只有九岁，就喊“潘家爷叔！潘家爷叔！”玲珑乖巧地偎在他身边。

二阿姊……便拖了一只凳子坐到他面前来，轻言巧语地问着：“潘先生，真的，我看你这二天忽然瘦了，你有什么心境告诉我，我二阿姊一定能够使得你开心，没有心事。”

潘璧人说着，把长衫一宽，二阿姊一手接了过去替他掛在衣勾上。于是璧人便朝那张红木床上一靠，脚搁到床架子上。

二阿姊看见璧人靠在床上，这是他每次来老规矩。马上拿了一个克罗米的茶盘，铺在床的中间，替璧人泡上一壶绿茶，又装了一盆西瓜子，让他靠着磕磕瓜子，喝喝茶，抽抽香烟，这真使璧人感到无上的快乐。

二阿姊这时候也就靠了下来，横在璧人的下首。

当下潘璧人一个身体朝二阿姊这一面下首一侧，看见二阿姊替他剥了许多瓜子肉放在他家一边茶盘里，他连忙笑道：

“咦，做什么？做什么？”

二阿姊对璧人一笑道：“做什么，我欢喜你呀，一粒一粒剥来给你吃，免得你自己剥了。”①

沈爱珠来到，二阿姊说：

“你们双方都不要客气了，来来来，你们两人横下谈谈讲讲罢。”

说着早把一条毛毯铺床上，中间放一个盘，茶呀，香烟呀，瓜子呀，都放在盘里，这是潘璧人每天来同二阿姊谈心时上下首横在床上的老规矩。因为这横着一男一女的谈话，另有一种风趣。最好中间放一个烟盘，一边抽抽烟，一边谈谈讲讲，这乐趣更是说不出的。潘璧人也老实不客气，来来，横脱一歇。

沈爱珠一双高跟皮鞋伸出床外，炒米色丝袜，穿得挺刮而服贴，一直到大腿以下，那扣住宽紧带地方，一半是丝袜，一半是雪白粉嫩的肉。②

此段极为香艳，堪羡风光之旖旎，足怜柔情之缱绻。如“便朝那

---

① 周天籁：《海上一妇人》，《东方日报》1941 年 9 月 4—5 日。
② 周天籁：《海上一妇人》，《东方日报》1941 年 9 月 9—10 日。

张红木床上一靠，脚搁到床架子上”“二阿姊就靠了下来，横在璧人的下首”“这横者一男一女的谈话，另有一种风趣”“一半是丝袜，一半是雪白粉嫩的肉”。此种文字为周天籁最擅长者，写来缠绵悱恻，风味浓郁。小楼一角，红木家生。多情潘郎，长三佳人。床儿侧，枕儿边，小囡绕膝，二姊斜偎。杯泛绿茶，手递瓜子。藕臂舒绣枕，玉体横下首。粉脸相向，冰肌迎凑。联床夜话，喁喁细语。贴心的话儿，婉媚的性儿。处此温柔乡，真疑到了群玉山头，月下瑶台，无怪潘璧人下了写字间就往二姊家里跑。

3.《三少奶奶》

《三少奶奶》全文篇幅不长，叙述上海大同音乐院教授王子通，喜欢跑跑堂子。其相好为榴媚老二，在其处与群玉坊西湖主二媛家倌人筝玉老七相识，老七能唱昆曲，两人一见钟情。王子通与发妻不和，到上海娶第二个奶奶进门，其又不守妇道，二人分居，筝玉老七脱离生意浪，做了王子通的三少奶奶。婚后，为维持日用，王子通回乡变卖财产，又到南京姑丈处求官，皆不成。筝玉老七不耐家室，与交易所里的陈小珊私通，又与高依萍幽会。后重返生意浪，可是生意冷落。筝玉老七提出分手，开条斧三万，王子通恨其情薄，撕打中将其杀死，逃离上海。

（1）冷血动物

王子通这人不喜欢革命，而喜欢逛堂子。他看见：

一批家伙，在马路上公然贴标语，大喊口号，打倒军阀，军阀果然要打倒。总而言之，这种十鸽乱拌的事情，我们死人也不管，人家说我们一句，叫冷血动物。其实说这句话的人不自量力，难道热血动物就加入他们这贴贴标语、喊喊口号，就算了事了。那么我们宁可做个冷血动物。我研究我的音乐，我编我的曲子，只要我一条心不向军阀，不同军阀勾结就是了。[1]

王子通不爱江山爱美人，召集他的徒弟高依萍、作家曹晋卿和朋

---

① 周天籁：《三少奶奶》，《东方日报》1940 年 12 月 21 日。

友胡景尺在老二处吃花酒。

榴媚老二把两个养女喊了出来，一个叫二媛的，生来颇有健康美，介绍给高依萍。一个叫小阿媛，唱得一口京剧，在榴媚老二生意上算是小先生了，介绍给曹晋卿。

胡景尺来得稍迟，告诉大家外面在“捉革命党，不过租界上没有问题，中国地界吃紧点”。大家说：

今朝有酒今朝醉，国家事干他妈的蛋宗旨……来来，我们先来豁脱一个通关，十拳十杯……八十个杯子拿上来……胡景尺喊的洪侠三媛到了，高依萍喊的西湖主二媛也到了，隔一会，汕头路静姝也相继而来，挤挤坐了一大圆圈。鬓影花香，说不尽的艳丽无比。

这里一方面划拳管划拳，喊来的堂差唱戏管唱戏，一时拳声、戏声、胡琴声闹作一团糟，完全是个歌舞升平的局面。[1]

文中所述情形为孤岛时期的上海，虽非历史，但也据实而书。许多小说都曾叙及，国军西移后，原来因战事而萧条的上海市面，突然活跃起来。一些舞女小说写当时的舞场，生意兴隆，人满为患，与周天籁所述可相互印证。

（2）杭州菜

堂子饮食周到，且具美味，有的自备厨子，就是倌人、娘姨，也会烧一手好菜。人们喜欢吃花酒，一者为美色，也有美食之故也。关于堂子的私房菜，周天籁似乎特别感兴趣，尤其在《三少奶奶》中，用去了不少篇幅。

书叙王子通到会乐里榴媚老二家做花头，榴媚老二亲自监制了几样小菜，榴媚老二是杭州人，菜皆杭州风味，纯粹的私房小菜。

菜共三品：

第一道虾饼。老二大谈其杭州小菜经道：

这是碗虾饼，杭州小菜中之一。用鲜虾去壳，斩成肉浆，里面放火腿屑、鸡屑、干贝丝、香菌屑，做成一个个饼子，放在干的面粉内滚一滚，再到打糊的鸡蛋内浸一浸，使面粉不脱落，这样便可以下油锅内一

---

① 周天籁：《三少奶奶》，《东方日报》1940 年 11 月 28 日。

走，就成功了。不过做这味菜都便当，只是锅内走的时候比较难些，油当然要用荤油。火头太大，不能要，饼子外面发焦而内里还是生的。太小又没有力，时间要延长，却是要用文火，力又有力，饼子下锅外黄而内里也熟了。

第二道醋溜鱼。老二道：

这是碗鱼，我们杭州人叫做醋溜鱼的，同北平馆子的醋溜鱼片完全烧法不同。

先买条活青鱼，鳞一打，肚一破，从脊背上划一刀，将那根长骨取出，不是一条鱼已经做两爿了。放在盆子里夹水略蒸一过，只要蒸三五分钟，再取其骨，青鱼本没有什么细骨的，而后再放作料糖、姜、醋、盐花，只能烧十分钟光景，马上盛出，就是这一碗菜。

广东人的鱼生粥，尚且是生的，可以吃，因为鱼在烫的粥里一浸已经熟的了。现在也根据这法子做的。

第三道冬笋炖腌鲜。老二道：

冬笋炖腌鲜，炖法与众不同，里面放冬菇、鸡爪、边尖，而且一锅清汤，清得见底。①

周天籁辟专节说美食，用以形容堂子之温馨，且杭州菜经谈得也颇为地道，看起来周天籁是素有研究，最少是喜欢吃杭州菜，故将平时所好，写入小说。

（3）别有一般趣味在心头，说不出的快慰

小说述王子通和老七之离合，然笔墨多放在摹绘长三之温馨周到，抒写男女之间柔情蜜意上。

王子通本做榴媚老二，两人好得“赛过自家人一样，做一个客人到了这局面，双方都到了炉火纯青之境，最是有滋味的当儿”②。王子通在老二处初识筝玉老七，便移情老七。老七生得胖喜喜，很有一种福分之相。她与王子通有同好，都喜昆曲，并合演一出《长生殿·小宴》一曲。唱道：

① 周天籁：《三少奶奶》，《东方日报》1940 年 12 月 26—28 日。
② 周天籁：《三少奶奶》，《东方日报》1940 年 12 月 22 日。

天淡云间到长空，数行新催御园中。秋色斑斓，柳添黄，萍减绿，红莲脱瓣，桂花初绽。

王子通与筝玉老七大唱其《长生殿》，一个一声妃子，一个一声陛下，那一种含情脉脉的表演，真可说是够有意思的。[①]

昆曲雅致又香艳，尚不若床笫风光之绮丽缠绵。

文写王子通和筝玉老七道：

(筝玉老七) 她会笑眯眯一只惹人欢喜的面蛋朝了子通，寻了许多话来同子通娓娓谈着。

第二天一早，筝玉醒了转来，一看自己的身体是躺在王子通的怀里，一个头枕着他一只臂膀。[②]

写胡景尺与洪侠二媛道：

(洪侠二媛) 便贴紧在胡景尺的身上，像只小鸟地依着他。胡景尺便趁势伸着一只臂膀过来围了她的腰肢，并且围得紧紧的，洪侠二媛一下也不做声，这滋味真也是说不尽的窝心。一个客人白相一个女人到了这一个地步，可说资格已经很老的了。

嫖有嫖学、嫖经，资格论乃嫖经之第一章。周天籁说："这滋味真也是说不尽的窝心。一个客人白相一个女人到了这一个地步，可说资格已经很老的了。"张春帆《九尾龟》更是资格论之集大成者。所谓资格不过即阅历，即晓得花界门槛。一则不花冤枉钱，不作瘟生、曲辫子；一则，白相堂子是为寻开心，想开心就要情谊相洽，妓不以钱为念，而公子以温存为怀，如此才能惺惺相惜，才有人生乐趣。滋味乃嫖经之第二章，指的是由爱色而知心，得以情感上的升华，这才是游踪北里的真谛和境界，也是人类性爱的意义和内涵。周天籁反复强调滋味、风趣、趣味，《三少奶奶》中说"这滋味真也是说不尽的窝心。"《海上一妇人》中说"另有一种风趣""感到无上的快乐""别有一般趣味在心头，说不出的快慰"。此等处，正是周天籁小说倾情之地，写来深情绵渺。以深情论，海上花界小说中，韩邦庆的《海上

① 周天籁：《三少奶奶》，《东方日报》1941 年 1 月 4—6 日。
② 周天籁：《三少奶奶》，《东方日报》1941 年 2 月 4—5 日。

花列传》、毕倚虹的《人间地狱》，莫不以此擅场，周天籁追步其后，可鼎足而三。

(五)《李凤姐》——人家人

在小客栈门前说，常会有人问客人：“人家人要哦?”上海花界有人家人一目，人家人是有家庭人的意思。人家人接客，好像是票友串戏，人家人不常接客，自能保险无毒，所以吃客都趋之若鹜。

但所谓人家人者，许多是冒充的，有时，淌白野鸡无力添置时髦行头，穿了朴素衣服，冒充“人家人”，挂羊头卖狗肉，骗骗“瘟生”，亭子间嫂嫂就曾充过一回人家人。李凤姐是周天籁所写的许多人家人中的一个代表。

李凤姐，生意浪出身，嫁人为妾。其夫程哲明从军，4年来音信皆无，李凤姐闺房寂寞，常到夜总会消遣，与“我”方挺秀相识。她发现方挺秀与其夫程哲明相貌、举止一般无二，故生倾慕之情。李凤姐邀挺秀喝咖啡，到家中夜谈以至留宿、同居，成就了一段姻缘。

李凤姐每天向方挺秀要三块钱，替他储蓄起来，等到凑成一笔整数，带回去作为给其孩子的教育资金。然一段姻缘，终因各有家庭，而程哲明又从军归来，二人只好分手。李凤姐留了一封信，不辞而别，信的落款是“你的过去爱人李凤姐裣衽”。

作者用力之处，并不在叙一段露水姻缘，而是借端发抒其缠绵悱恻之情。天籁善摹情，尤其马桶边、衽席上，最为艳腻，写来历历如绘，且腻不犯淫，艳不伤雅，独有一段深情蕴含其间。

文中说，“我”方挺秀，风雨夜归，常喜欢“把冰冷大手脚插到妻的大腿里面去取暖，她往往被我冷得跳了起来”。

方挺秀与李凤姐在一起时，“李凤姐一只胳膊枕到我的头颈底下，一手搭在我的腰眼里，闭上了眼睛微笑，一句也不做声”[①]。

方挺秀饿了的时候，“她披衣下床，引火煮水。忙了约一刻钟，

---

① 周天籁：《李凤姐》，《东方日报》1942 年 4 月 16 日。

蛋起锅，她把她床的大衣，披到我身上，我的下半身坐在被里，把三个水浦鸡蛋下了肚，也就没有心事了。待李凤姐下被来，手脚冻得冰冰凉，我急忙把他窝起来，问道：'一定给冷了。'" ①

在二人分手时，"半夜里我听她悲悲切切地哭泣，竟想不出一句话来安慰。电灯熄了，我伸手摸摸她的眼眶，是不是在流泪，一摸全是湿的，急急拥抱了她" ②。

二人床上应有之事且不言，李凤姐曾唱过戏，方挺秀非难她唱一曲，以佐夜欢，此时二人已钻入被筒。

并且人睡在枕上，嗓子提不起，李凤姐于是翻了一个身，面孔向了里床，咳了一声嗽："这头一段是流水般，唱苏三离了洪洞县，你听着。"接着是李凤姐逼紧了喉咙一口气唱了下去。居然一会起丑角，一会起旦，两人对白，唱到煞末句"多谢老伯"为止，连忙把身体回了转来，抱了我一阵痴笑道："方先生，惭愧，惭愧，真正难为情，我已经有二年没有唱了，唱得不好，你别取笑罢。" ③

床上风光，被翻锦浪，红烛帐暖者有之，然鸳衾唱戏，却是寻常少见。

此篇就事而言，不过轧姘头而已，作者之志，亦不在此。话说大上海轧姘头，借小房子，真是一眼呒啥稀奇事，事不过一段露水情缘。然作者并未因事之鄙俚，而吝惜文章之风采，反能于缠绵缱绻中，触及情之深处。且说，人不在孽海欲火中翻过筋头，何以能知情为何物，周天籁小说作如此解会，方能体悟其佳处。

(六)《铁皮阿金》——打底大姐

《铁皮阿金》（插图见图 3-5）刊于《上海小报》，叙海上长三堂子打底大姐生意浪生涯。文云：

阿金乃姑苏台畔人，家在苏州外跨塘，父徐炳生，续娶吴氏，后母遇之无状，无奈逃沪投生意浪的好婆。好婆在沪做着本家，铺房间

---

① 周天籁：《李凤姐》，《东方日报》1942 年 4 月 19 日。
② 周天籁：《李凤姐》，《东方日报》1942 年 5 月 26 日。
③ 周天籁：《李凤姐》，《东方日报》1942 年 4 月 17 日。

在福裕里，红倌人为小林黛玉，小先生叫小阿媛。阿金不烦引荐，遂为揩房间大姐，后升为打底大姐以应客。有客马千里者，为律师所帮办，为阿金点大蜡烛。按阿金已非原生货，在乡下时已被石跨塘小裁缝偷情破身。阿金后从良嫁绸缎庄经理杨得春，然习惯于大姐不受夫君管束生活，阿金又无唱随之志，故不安于室，常溜到福致里的生意浪上去，势必又成一场漗浴而后终。

图3-5 《铁皮阿金》插图

沪上为烟花繁盛之地，隶籍章台者，有四大帮，为苏帮、扬帮、宁帮、湖北帮，然以苏帮为上，即堂子中用的大姐娘姨也以亲缘关系，多来自苏州。正如文中所记：

沪宁铁路有个叫做吴县车站的，那就是苏州的另一名称，这是大家都知道的。苏州本是个漂亮女子荟萃的地方，说是姑苏的女子有特别风韵。先不去说别的，单就吴侬软语，无论是婆婆少女，老太太，软棉棉地、娇嫡嫡地说来，确是可爱。曾经有人这样说：苏州的老太太，在隔壁房说话，还错认她是二八年华的少女，把这里隔壁的男子诱得心痒痒地，恨不得奔过去一亲她的芳泽。虽然这是编造出来的一桩笑话，但确实有这种情形，足见苏州女子个个是可爱的。可惜她们都没有正当出路，除了嫁人之外，大部分出来做妓女的多，故所以上海有一批妓女，都是苏帮，都出身在苏州左近的。而苏帮的女子也最崭，当然她们出来吃这碗饭，为了生活关系，并不是指苏州的女子天生派定她吃这碗饭的。除了这个原因之外，还有一种是给人家拐骗出来的，不愿做，也要你做，那么这是不得不做，当然又是一种，但大部分，还是为了生活不能维持，而出此下策的。[①]

① 周天籁：《铁皮阿金》，《上海小报》1940 年 11 月 11 日。

此篇意在为苏州大姐立传，故从苏州乡下，写到海上洋场，明苏帮发祥之迹。所记匪细，关系半部莺花，一朝声色，近代风月史也。

(七)《风化区》——野鸡纪实

周天籁小说多取诸经历，少有假借，《风化区》即实地调查所得。小说广告称："报告风化区中妓女生活之惨苦，句句从实地调查而来。"[①] 揆诸其实，此篇实际上是一篇报告文学，不过编者未加标注，只作小说刊登。

所谓风化区是指上海的四马路以南，爱多亚路以北，这一带为捕房定为风化区。所有大马路、二马路、四马路一带有小姐的人家都要搬到这里，领取照会经营。实际上仅是淌白、抛岗、野鸡拉客的地方，而长三堂子，仍在会乐里、群玉坊、福致里，咸肉仍在八仙桥。

全文以调查报告形式，记载风化区妓女情形。

1. 风化区的经营

风化区的经营有两种：一种是本家买断，一种是自己身体做拆账。

（1）本家买断

若买断本家就要负责开销，本家开销约在230元左右：

你还没有知道我们本家的开销，巡捕房——现在改了警察署了，每一个月要捐我们做小姐的照会费39元，这是小照会，还有本家捐的大照会是130块钱一月。这些捐钱从前是没有的，要是现在不捐，就不能立到马路上。譬如我们到了这风化区里来，常年开下这房间，又要30块钱一天，我们一共开下二个房间，就是60块钱一天的开销。[②]

在风化区做本家的多是扬州帮，一家一般有四五个小姐，多的十多个小姐，本家虽然要领照会、纳税、租房，但从小姐身上还是能赚到大笔收入。以风化区的金玲玲为例，金玲玲以80元老法币一年押给本家，期限3年，卖身所得一共240元，但这240元金玲玲的父母

---

① 周天籁：《风化区》，《东方日报》1943年4月5日。
② 周天籁：《风化区》，《东方日报》1943年3月22日。

拿不到手，被“白蚂蚁”私吞。

本家花了 240 元，只须给她二顿饭食：一顿干饭，一顿稀饭。再给穿上一身花花绿绿的衣服，就可以出去站立街头拉客。当初本家花的 240 元本钱，金玲玲一个月就可以捞回，金玲玲足足做了二年零三个月，钱可以说让本家赚得翻倒翻倒。

（2）自己身体做拆账

为本家买断者，如金玲玲以 240 元卖给本家，毫无人身自由，收入归本家。拆账，则是自己的身体，而租用本家的房间，与本家四六拆，本家到手六成，妓女到手四成。

> 本家只供给我一顿中饭，一顿夜里稀饭，别的完全不与问。衣服也要穿我自己的了，现在衣料非常贵，一件旗袍料二三百元，穿得忒搭浆，客人看不起，常常穿着一件，有时无没台型。所以自己做拆账，生意好还可以有几个钱摸摸，假使生意清，还要蚀本。①

金玲玲的理想就是做满 3 年，有了自己身体与本家做拆账。能够自由，且多赚些。可是狠心的本家，到了 3 年之期，还不放金玲玲走，而玲玲染梅毒、白带、横痃，一身都是病，常常站在马路上昏倒。

对于风化区的妓女之悲惨生活，周天籁做了大量的采访。

2. 流产惨死

一个姓姚名字叫杏花的妓女，她怀了七个月的身孕，还在那里接客，照常营业，终致流产惨死。②每年风化区因小产而死的就有三四个。有的妓女“一方面哺乳做着孩子的母亲，一方面兼做着出卖肉体营业，风化区内像这个情形的妓女仅有二人，在曹禺《日出》内也有这样的妓女，这确实是实在情形”③。

3. 染性病而亡

四马路大兴里有一家姓范的门口，他家的小姐彩宝就是一个“梅

---

① 周天籁：《风化区》，《东方日报》1943 年 3 月 24 日。
② 周天籁：《风化区》，《东方日报》1943 年 4 月 14 日。
③ 周天籁：《风化区》，《东方日报》1943 年 10 月 8 日。

毒攻心而死的妓女，下身溃烂不堪设想，这是做本家的误事，不曾替她及早诊治，待到梅毒第三期已经医药无效，臭得连房间里都没有人跨进一步”①。

文中记一名叫白兰花的妓女。某夜遇到一个杀猪的粗坯，白兰花被其蹂躏，受了重创，第二日又来了一个小工客人，白兰花欲不接此客，被本家毒打，被迫行房。如此折磨，白兰花“下身还是流血，连手都不能碰一下。旁的小姐代为告诉了本家，都埋怨她为什么有毛病不早开口呢。于是白兰花有下几天休养了，每天涂着麻油制的那黑药末，用一根鸡毛蘸了药，涂在伤处。起初两天娘姨替她涂涂，她仰天平躺着，分开了二条腿，娘姨替她涂药时候，不时打恶心，见了又怕又腻滋，后来娘姨不愿意担任这工作，白兰花无法可想，只得拿面镜子照着，自己来动手”②。后白兰花终患肺病三期而老调了。

四马路大兴里有家妓院，妓女秋云，身上有毒，客人一夜风流便会被传染性病。“其中一位青年，意志不决，一时误入歧途，染着淋病，因而失业，终不得回乡。该妓女天良发现，暗地按月接济他的生活费用，半年于今，青年犹滞留海上。”③

4. 拆姘头而发家者

妓女亦有在风化区起家的。如金凤仙，风化区认识一个做五金生意的客人，凤仙为其娶归，小房子租在黄家沙，可是这个客人有发妻。凤仙与他同居没有半年，就被发现，家中女人吵了来，打房间，把金凤仙一房间家生，以及玻璃器皿，打得滑脱精光。

如此一来就要拆姘头，就要拿出一句话来，结果“所有打坏东西，全由客人赔偿，并且再稍微贴还分离之后生活费用，金凤仙便狮子大开口，要他 50 000 元。这当口正是做五金生意发财时候，那调停人认为 50 000 元数目并不大，便一口替他答应下来，当场就把这件纠纷解决下地了。金凤仙得了这笔款子，就在大庆里顶下一幢房子，自

① 周天籁：《风化区》，《东方日报》1943 年 9 月 30 日。
② 周天籁：《风化区》，《东方日报》1943 年 4 月 2—3 日。
③ 周天籁：《风化区》，《东方日报》1944 年 5 月 10 日。

己做二房东，同时又包了二个小姐身边做做”[1]。

金凤仙做了鸨母，上海话叫作主政、本家。金凤仙虽过上了安逸的生活，但她还背着家中的小姐，自己亲自出去做生意。

5. 其他种种

风化区妓女形形色色皆有，如老蟹，上海人称年老者为老蟹。

海上著名老妖精小脚宁波，她在南京路一带兜搭客人，有上 15 年历史，今年 49 岁，依然干她卖淫生活，每夜一双脚一跷一拐地徘徊南京路上，而自有一批爱吃老蟹的人。[2]

周天籁曾专门为老蟹撰有一篇《蟹美人》。

有的妓女妓舞两栖。有蒋曼莉者，傍晚在西藏路上一家舞厅做舞女，晚上则操着神女生涯，因为她是自己身体，不受本家约束的，故得兼职多赚。

有的是打底大姐接客。“她的名字叫阿金，可是她并不公开接客，但是客人中意她时候，便由大姐而变为小姐了，这在生意上称为打底大姐的。这里她来做的时候，并非有打底大姐名义，因为她生得太漂亮了，客人往往对她瞩目，又由于本家的怂恿，阿金偷着变节了。”[3]

妙茵做了妓女而不忘吃素念佛，逢着客人便向人传教。薛惠仙能说各地方言，而且日语又极流利，因此在风化区走红。

风化区中，不尽本家剥削小姐，有时候小姐也欺骗本家，其法名曰“撤台子”。撤台子就是假意卖身，得款后，伺机逃走，骗取本家的包银。有“一个本家把小姐骄养得比亲生女儿还要疼爱，这小姐名字叫小林黛玉，生得天仙化人，艳若桃李，然而呀，居心不善，结果是逃亡了，本家一条生命就此送终她手里”[4]。

《风化区》篇幅颇长，共刊登了 400 多天，人物 80 余位，其中所费之采访功夫颇劳人。周天籁说：

---

① 周天籁：《风化区》，《东方日报》1943 年 4 月 28 日。
② 周天籁：《风化区》，《东方日报》1943 年 12 月 23 日。
③ 周天籁：《风化区》，《东方日报》1943 年 11 月 24 日。
④ 周天籁：《风化区》，《东方日报》1944 年 4 月 16 日。

原意预备写满百零八人而搁笔，实在采访太耗费时间，金钱和心血也不知花了多少，不得已商请编者，俾提前结束。[①]

有人问周天籁，风化区都是起码妓女，你为什么不写高尚的会乐里、群玉坊、福致里的长三倌人呢。周天籁回答说：

我说，那是公子哥儿以及暴发户的销金窟，他们根本没有痛苦，生活个个过得非常富丽，用不到我去写。在下这篇东西，就因为太没有人注意这一批黑暗中的女同胞了，所以要尽我这只秃笔，作向社会呼吁。[②]

文末缀言云：

风化区中妓女生活惨苦，亟待社会人士予以救济与同情。[③]

周天籁颇有普罗观念，具悲悯之心，关注底层社会。此篇之目的就是以社会调查报告，将风化区妓女之惨状公之于世，引起社会的同情。文字朴素纪实，与其小说缠绵风趣笔调完全不同。

(八)《吉普嫂嫂》——吉普女郎

第二次世界大战胜利后，美国大兵在中国登陆，他们带来了吉普车、玻璃丝袜。社会上形成“崇美”之风，出现了一代时髦女郎——吉普女郎、吉普嫂嫂。美国大兵常常驾着吉普车，带着吉普女郎在街上横冲直撞。吉普女郎接待美国士兵，有的与他们结合。

周天籁《吉普嫂嫂》载于《飞报》，文叙：上海交际花徐玉兰容貌出众、口才流利，中西文字俱佳，而以大胆泼辣作风负誉舞榭歌台之间。她曾经出过外码头的舞场，参加过三家话剧团的演出，更干过地下间谍工作。只是她的性格甚劣，又复滥交，做过吉普女郎，为盟军提供性服务，曾与美国兵万奥利串通贩卖玻璃裤带、维他命丸等美货，结果被骗去 1000 万。钱是王伯达替徐玉兰四处调头寸弄来的，受骗后，王伯达饭碗敲碎，家庭吵闹，避到徐玉兰处。徐玉兰后把他赶走，王伯达跳黄浦江自杀。

徐玉兰无法偿债，便做起野鸡来，在马路上拉客，又到八仙桥去

---

① 周天籁：《风化区》，《东方日报》1944 年 5 月 12 日。
② 周天籁：《风化区》，《东方日报》1943 年 3 月 19 日。
③ 周天籁：《风化区》，《东方日报》1943 年 7 月 5 日。

做咸肉，后沦落街头。不想，偶遇旧日好友陈先生、陈太太，资助其治愈花柳病，得脱困境。

恰在这时，有江安邦者，从重庆回到上海，他是徐玉兰10年腻友，此次他自内地来申，带了大批资金，打算在上海办一家化妆品公司。江安邦找到徐玉兰劝其把善后总署的工作辞掉，与他一起开化妆品公司，可以利用她的芳名广事招徕，二人一拍即合，公司名丁香化妆品公司。公司开业，招待记者，办游艺会，大获成功。徐玉兰也与江安邦同居，孰料，事为江安邦夫人所闻，前来大闹公司，徐玉兰不堪忍受，失望离开上海，江安邦则赶到车站与她一起离开远行。

小说假当时之时髦名称成文，仅借用吉普嫂嫂之名，并无多少吉普事实，主要叙述徐玉兰之荣枯史。印制不良，漫漶不清。

(九)《船家女》——船娘

“西湖水滑多娇娘”，是宋朝诗人秦观咏西湖船娘的句子。上海虽无船娘，但杭州、嘉兴等地为海上作家踪迹所及，游兴之余，草为说部，故船娘亦登诸小报，列入海上风月之谱。苏广成作过《船娘阿九》载于《飞报》，金小春作过《水上乐府》载于《春秋日报》和《上海小报》，皆写船娘之作。

《船娘阿九》叙嘉兴船娘故事。

上海游客沈渔舟游览南湖，与禾城嘉兴船娘阿九相识，阿九堂妹小红，已能帮同摇船撑篙，经阿九介绍与沈渔舟相识交往，并结下私情而有孕。然渔舟已与他人有婚约在前，不能娶小红，邹团副居间调停，其调停几等丁白相人讲斤头，以100万补偿小红了事。邹团副垂涎阿九，威逼之，阿九侥幸逃脱。小红愤渔舟之始乱终弃，跳水自杀。阿九悔恨当初结识渔舟，自己亦几为其玩弄，又幸免于邹团副之淫威。

金小春《水上乐府》，写鸳鸯湖船家女许宝珠与任元平相恋，出逃上海。元平病，宝珠做舞女维持家计，为元平疗患，受尽凌辱欺压。后元平病愈，升任银行公司的协理，二人终得过上富足生活。

周天籁的《船家女》，叙乡下船家女到大上海后悲剧命运。文云：上海著名小说家张秋水，受老朋友章心如之邀到杭州去旅行。章心如在一家书局做编辑部主任，历年来收买张秋水的单行本稿子，不下 30 种，其中一部《春江花月夜》出至 15 版，获利不菲，邀其旅行，以表谢意。

西湖边划划子的船家女春香，小家碧玉，天真质朴，张秋水对其生爱慕之情，以为一块璞玉，如加以雕琢，必成十全十美的女人和自己理想的夫人。秋水答应供应春香家中每月开支，而携春香到上海，并住在秋水家中。秋水供其日用和读书，两人相处日久，情感日深，虽未结婚，但春香身体已许给了秋水。

因春香到来，张秋水文章锐减，收入不敷，春香只得到牙刷厂做穿线工，孰知，张秋水遽赴修文诏，众人为春香募集善款，以备日后之需。得募款后，春香脱离章心如夫妻之关照。然甫获自由的春香，不识社会深浅，嫁给了吃报关行饭的胡秋仁，胡秋仁无赖，骗光春香钱财后，将其卖入青楼。在生意浪，春香遇一孙姓恩客，亦为吃文墨饭者，孙先生替其赎身。孙本有家室，娶春香归，不为父母所容，春香自杀亡。文末收束匆促，草草结局。

秋水一小生，春香一小囡，小生对小囡，嬉戏打闹，写来甚是风趣。

(张秋水) 故意伸了一只手指到门缝里，哦啦，哦啦喊道："喂，喂，手指头，手指头！"

春香如果再把门推上来，势必把秋水的手指头轧扁了，这一急非同小可，连忙把门开了出来，张秋水趁机便把身体强持着进来了，一阵哈哈大笑道："你上了我一个当，你不放我进来，我会用方法，照样可以进来。"说着便把春香拦腰一抱，把她放到床上去，你想春香哪里肯罢休，也就煞死抓住秋水领带不放，两个人扭作一团，像在那里调狮子。[①]

床上调狮子，既香且艳，又全是小孩把戏。周天籁作品男角多是纯情小生，张秋水亦如是。一位多情种子，充满幻想，以我独清，对举世浊，想将船家女调教得不脱质朴，又不落流俗。"训练得很像受过高等教育的人，走出去一切举动都很有书卷气。""脸上不要抹粉，

① 周天籁：《船家女》，《上海日报》1940 年 10 月 9 日。

只需敷一层薄薄面油，嘴唇上涂一层口红”“变成了一个十足的上海人”[①]。此意非不善，但人不是他笔下的作品，可以随你雕琢。文弱命短的书生，终无力扭转春香命运。

小说虽名船家女，却无多少捉鱼捞虾之实，写的是大上海的船家女，而不是西湖边的小家碧玉。所叙不脱红颜薄命格套，故事未出可叹可惜的悲剧命运。

(十)《蟹美人》——老蟹

周天籁有《蟹美人》一篇。仅就字面，北方人十分费解，沉鱼落雁有之，横蟹如何形容美人?

“蟹”乃上海俗语，代表女人，称年老者为“老蟹”，而无“小蟹”称年轻者，年轻女性则称“小娘鱼”“小皮夹子”，更无“中蟹”之名。上海话状人老者颇多，如老田鸡、老甘蔗、老芋头、老蝴蝶等。

老蟹又叫“隔年蟛蜞”。隔年蟛蜞者，灯谜之会意格也，据说蟹是蟛蜞所变。

老蟹一语，乃下流人的口吻，语含秽亵，十分弗入调，尖头鳗是不说的。

据熟悉海上典故者云，女人之所以称“蟹”，其意为蟹螯之善夹海参，借此形容女性的器官。老蟹，相当于徐娘半老，并非耄耋之年。

老蟹多用于青楼，后又见诸舞场等处，拿来骂那些年老而冒充年轻，满涂脂粉出来招摇的老妇人，而规规矩矩女人是不能叫人家老蟹的。有诗赞老蟹曰：

柳腰细摆肥股摇，美态万千魂也消。
搔首弄姿抹脂粉，嘴皮穷涂口唇膏。
电车额纹层层布，尊口干瘪牙齿摇。
远看好像十七八，近看春秋年已高。[②]

周天籁的《蟹美人》发表于《大风报》，文云：蔡兰花，40来岁，

① 周天籁：《船家女》，《上海日报》1940年10月7日。
② 萧萧：《海派俗语图解·老蟹》，《风报》1947年5月25日。

在海上花界，30几岁已属老将，多数要退隐，如《海上一妇人》中的二阿姊，《三少奶奶》中的榴媚老二。而蔡兰花40来岁还要出马，无怪称其老蟹。家计所逼，蔡兰花本意是介绍自己女儿大宝，去水果老六所开咸肉庄做生意，不意大宝不从，执意去工厂。蔡兰花已经收了水果老六的定洋，万般无奈，蔡兰花只得以蟹年而自代出场，孰料，竟获意想不到之嘉誉。

第一帮客人是吃报馆饭的，客人为章先生，《大风报》的社长，乃咸肉庄之熟客；余先生，也是报馆中人；还有一位周先生，是开新新印刷所的大老板。《蟹美人》登在《大风报》上，故拿其老板吃豆腐。

在余先生的眼中“从蔡兰花的额角上看来，当在40来岁，而皮肤白嫩仿佛十八九岁少女，这倒是一件奇迹，也许她平日吃珠粉的吧?”而周先生的感觉，“认为这只老蟹看上去一点不觉其讨厌，料其场上功夫一定杀博，做功必崭，肉头也不错。与其白相小娘鱼，还是这老蟹够味，倒是老经验的人白相的”①。

次日的《大风报》便登了一篇署名柔云的《蟹美人记》，接着就有人持了报纸，要白相蟹美人。当初水果老六为蔡兰花起花名，曰“大宝笃娘”，现在即已揭橥报端，就叫蟹美人了。从此以后，蟹美人大红，甚至客人争风吃醋，竞相出价。蔡兰花的夜厢涨价至5000元，坐房间1000元10分钟。某日兰花接一客人，床上竟脱阳，蟹美人为之人工呼吸，救起一命。文至55续未完。

在上海老朋友地界，白相生意浪吃老蟹，非光彩之事。“吃价”的漂亮朋友所不为，然亦有偏嗜者，正如蔡兰花，竟以老蟹之年而大红。《蟹美人》由老蟹一语衍为小说，作者之意，欲为花史推举新人，撰著新章也。

(十一)《菱花老五》——潋浴

长三堂子倌人潋浴故事，第一人称叙述。

---

① 周天籁：《蟹美人》，《大风报》1949年1月18日。

"我"老潘，海上作家，一日书斋笔耕，有客来访，竟是一去7年无音信的菱花老五。"我"与老五前度有旧，此时的她潦倒不堪，据其称曾去香港，为人抛弃回到沪上。"我"出于旧日情谊，收留其同住，且助其戒除烟瘾，又为其置办衣装。人为之焕然一新，然所费不赀，竟有300多数。不意老五故态复萌，一日竟卷逃而去。"我"只能感叹："养了一只狗也不至于这样无情无义。"菱花老五本倌人出身，戏子无义，婊子无情，此言不虚。

文虽不长，而故事委曲多变。变化之端，即在淴浴也。上海俗语有"淴浴"一词，北方人谓之洗澡。然这里的"淴浴"一词，并不是指洗澡，而是说妓女们负了一身债，或者到了尴尬局面，不可开交。连忙找一个人寿头麻子、阿曲死，或亚尔曼，三言两语嫁给他，过度一下。待钞票捞饱之后，实行散伙，旧债全清，等于淴了一次浴，将身上的污垢都洗得清清楚楚。本领高强者，淴之不已，钞票也就捞得木老老。后舞女亦效此法，也称之淴浴，或叫"猪八戒"，"戒"与"嫁"一音之转也。

(十二)《模特儿秘记》——模特儿

模特为近代风月之班首，论裸莫其若者。近代郎静山为第一位裸体摄影家，丁福保之公子丁惠康亦有此嗜，刘海粟亦因之名躁，周天籁则以小说替模特儿立传，为海上花月史增加新编

小说题头标为"有事实报道，有其人其事"。文云："摄影家欧阳春先生，年少英俊，对摄影有独特嗜好，更有精湛的研究。其他摄影家理想中所办不到的条件，他都充分地备下了，因为他有钱，他是个公子哥儿，家中住起花园大洋房，老太爷也是上海著名的富翁，欧阳春又是二房合一子。"①

他"历年参加展览会而获取奖金及纪念章前后有下念四次，获选法国沙龙展达3次，自己举行影展5次，他的照片不但在国内各摄影杂志争相刊登之外，在各国的摄影杂志也争相获刊为荣，欧阳春不愧

① 周天籁：《模特儿秘记》，《风报》1949年4月1日。

为中国一个名摄影家”。“他家中布置有摄影室、暗房、冲晒场、放大间，由专门技师二人为他助手，上海最大的照相馆设备，也许够不上这个条件。”据称他曾“拍过十四个模特”①。文仅述及模特钱小姐一人而未终，文残缺不全，多数为好事者裁去。

(十三)《七小姐》《风流千金》——名媛艳闻

1.《七小姐》

海上富翁唐桂生膝下之七小姐（小说插图见图 3-6），学过美术，办过报，捧过戏子，又曾为舞女下海助力，还曾被绑架。其性格“可说完全是硬线条，没有一丝女儿腔。她做的事情都属于大马金刀的多数，轰轰烈烈地，要怎样办就怎样办”②。

图 3-6 《七小姐》插图

环肥七小姐，异常丰满，女人颇有男人相。25 岁那年生理上起了一个转变，浪漫便愈演愈烈起来。初与表兄秦志远定情，但她要求不举行婚礼，觉得不结婚反比结婚来得有意义。其与秦志远约“我需要你来的时候，打个电话给你，你马上要来，地点我随时变动，当然我们在大旅馆幽会的日子多，至于一切开销，统统归我来”③。

七小姐先后与小型报舞刊编辑梅爷、丹麦人勃郎生、和尚智圆、养狗的广东人李漱芳、医生陈魏风结缘，还曾嫁过中国公使程怀新，一同出洋。秦志远为其总结风流账目云：“你是不是姘过和尚，那个和尚本人还在上海。你是不是同一个丹麦人发生过关系，几乎嫁给他，

---

① 周天籁：《模特儿秘记》，《风报》1949 年 4 月 1 日。
② 周天籁：《七小姐》，《品报》1940 年 8 月 4 日。
③ 周天籁：《七小姐》，《品报》1940 年 8 月 4 日。

跟他到丹麦去。你是不是嫁过中国公使程怀新，一同出国。不久又同一个养狗的广东人热恋，脱离了程怀新之后，双双私逃回国，一直到最近为止又同一个医生有下了关系，开过二次沧州饭店。”①最终，秦志远脱离七小姐，与王彩华结婚，而七小姐病倒，未云所终。

文颇长，所写不过七小姐滥交之风流账目而已，既无风情，又乏缠绵韵致。周天籁于亭子间牵丝攀藤之事颇能道其详，然名门巨室，则非其所长也。据云七小姐有所指，则难以考其详。

2.《风流千金》

文写史小姐一生之浪漫艳遇，兼及台基掌故。

静安寺路上有家叫做派克公寓的，那是一家很富丽的贵族化公寓，这里秘密附设着有一家贵族化的咸肉庄。说起这家咸肉庄的内部装潢，可说富丽堂皇极了。②

此台基由广东老郭与姘头蹄髈阿六主其政。

牢笼了一批真薪实货的人家人，公馆里的姨太太、少奶奶、小姐、电影明星，她们都同男子一式一样，需要性的解决，有的简直不要客人一个钱的，情情愿愿白陪你睡觉。但求解决得痛快，便已心满意足了。③

豪门闺秀史小姐即其一也。文则开列史小姐遇合之形形色色男人，有沈蘅章、张南来、懋昶眼镜店林小开林兰生、徐性善、洋人疗养院柯尔门院长、阿根生、法院推事章眠、乐队领班胡力生。终以史小姐风流成疾，病殁结。

作者按语云“本篇材料为吴菊人君供给，精彩非凡，为最近海上富室实事”④，亦恐噱头而已。

小说写台基者，有《歇浦潮》写过薛大块头，《人间地狱》写过一个设在爱而近路一号的秘密台基，对台基的规矩、装饰、客源、经营等都详细地描绘。所谓台基，就是秘密的卖淫窝点。上台基的女子，

---

① 周天籁：《七小姐》，《品报》1941 年 8 月 14 日。
② 周天籁：《风流千金》，《吉报》1941 年 12 月 1 日。
③ 周天籁：《风流千金》，《吉报》1941 年 12 月 3 日。
④ 周天籁：《风流千金》，《吉报》1941 年 12 月 1 日。

既有来寻快乐的富家小姐、姨太太，更有穷苦无告的贫家女，光顾者则多为不愿暴露身份的特殊客人。

文颇冗长，虽用亭子间嫂嫂吃豆腐写法，然无其风趣。

(十四)《当炉艳》——女招待

《当炉艳》(插图见图 3-7) 写女招待故事。镇江顺和馆王老板的女儿王雪芬替父涤器，当炉卖酒，其美如花，艳名大躁，因故为父斥责，一气走沪。投张来顺一朵花饭店为女领班，并与张来顺同居而为小星。王雪芬长袖善舞，取张来顺代之，自为经理，投下20亿以上资本改装，聘请十大舞星剪彩，生意兴隆可知。孰料雪芬竟会移情别恋，先后与所聘秘书薛南田暧昧，又与赵理平牵情，为张来顺撞破吵翻云云。文残。

图 3-7 《当炉艳》插图

老上海女子中职业女性颇多，从业之繁茂，男儿不及。如模特儿、产科女护士、罗宋舞女、乒乓伴打员、女相士、马桶间阿姨、擦皮鞋、舞女、电影女明星、女接线生、打字女郎、花瓶、交际花、娘姨、茶花女、抛岗、活招牌、小先生、女歌手、娘姨大姐、玻璃杯、修指甲女郎、向导姑娘。对此类职业女性，上海小报皆有所作，如：此篇写的是活招牌，即今日之饭店女服务员；《康克令女郎伤心史》写百货公司柜台女服务员；向导女，周天籁有《肉》；模特，周天籁有《模特儿私记》。至于电影明星、交际花、舞女，其作品指不胜屈。

(十五)《毛三媛》——医学豆腐

毛三媛既不像生意浪的倌人，也不像人家人，弄堂春色，蜂蝶竞采，有冯医生紫风者，见猎心喜，欲噱三媛上手，并与好事者以酒席为赌。

会三媛私处生“偷粪老鼠”，痔疮也，求诸冯医生，冯医生施以手术，三媛九洞十八溪，袒露无疑。麻醉之际，冯得遂所愿，三媛醒后觉之。

某日三媛约冯医生来宅幽会，冯之丈夫突入，将冯医生擒且殴之，并以 6000 块了断。此丈夫乃白相人洪大块头假扮，与三媛演仙人跳者。据云三媛的先生在北京做着大角色，难得到上海来，有一个 5 岁的女儿云。

此篇以医生为题，多有吃豆腐处，如“三媛便咬了咬头皮，心一横，坐上手术床，仰躺了下去，那个女看护走过来替她解开旗袍钮子，又替她脱去下衣……冯医生站在傍边监视着，看见三媛的腹部，眼睛门前一光亮似的，心中一动，他知道三媛过去曾经养过小囡的了，因为上面起着好几条花纹，这些花纹证明她生过小囡无疑”[①]。

小报中花柳医生广告随处可见，常与情色小说为邻，有时就登在小说之文边，一边是肉讯花稿，一边是六零六，颇招惹风月。无怪小说家牵合其入说部，大吃其豆腐，亦是近水楼台先得月之利欤？

(十六)《迎春坊》——旅馆秘闻

此篇写上海旅馆业之风月春光。海上风尚，男女共建香巢曰借小房子，辟室旅馆则曰开房间，与今日无异。旅馆亦为风月薮泽，小说中旅馆饭店常见诸笔端，但演为独篇则不多见。

迎春坊是上海湖北路上的一条弄堂，原为花柳弄堂，后来独多的是旅馆。小说以旅馆茶房为主人公，旅馆暗藏春色，而茶房为氤氲使者，如喊向导女，要由茶房经办，他人不得越俎代庖，即其生财之道也。

客人喊向导女，我们做茶房的也是一笔优厚的进益。从前一个钟头一只洋的时候，女人只到手一角，她们社里到手三角，我们茶房反而有得六角到手。后来各家向导社竞争抢生意，把酬劳我们茶房的暗盘又加高，六角之外又送我们一包大英牌香烟，有的居然送前门牌香烟，有的

---

① 周天籁：《毛三媛》，《品报》1942 年 1 月 28 日。

不送香烟加到八角，这是二年前的事。可是到了现在一律三块钱一个钟头，我们拆到一半以上，这样说来每一个向导女得到拆头是极微的吗？其实并不，她们全在外快上进账，叫明三块钱一点钟，客人付起来起码五块十块，多一点念块，三十块，这是没有定规的，所以我们的进益不在正账而在外快。[1]

文中揭旅馆内幕，居停驿馆，直视为古之桑间濮上、巫山阳台。文以茶房为媒，叙旅馆秘幕及其各色艳闻。周天籁小说题材力求创新，铸就生面，避免俗套，此篇即其一，所揭旅馆秘辛，作者定有一番访求功夫。

(十七)《美人鱼》——泳池风光

游泳不知何人援之入稗，何时引之为题？而演成小说者，不乏其作，或演述成编，或文中点缀些许片段。作家挹取之由，多以其风月撩人：一者男女不避，同场而浴；二者泳衣之暴露，为衣装之首；三者杨秀琼饮誉之隆，其玉照之健美，足以使名媛、贵妇无颜，影星、坤伶失色，而疯魔中国。准此，游泳为小说，不亦宜乎。

惜此篇仅存九续。男为海上青年小说家陶叔良，女为两江女子体专的季翠田小姐。文中述及高桥海滨游泳场、篷帐、冷饮，嗬囒水、沙滩、海浪、浴衣（按泳装也）、白臂玉腿。昔日海上繁华，视今日之海滩诚无多让。

(十八)《俏皮女郎》——舞场掌故

史承明，《江南报》舞刊编辑，其友灰孙子介绍晏摩氏女校一朵呱呱叫的著名校花牧羊小姐，请助其下海货腰。牧羊小姐，“八一三”战起，与家中音信断绝，中途辍学，为维持生活，欲下海跳舞。

史承明为其划策，先出专刊，刊登《李牧小姐访问记》，请其自撰《我踏上人生的道路》并签名。牧羊名不雅，改为李牧小姐。二人又为其托舞场大班阿康安排位子，找人捧场。李牧小姐理发、购装。

---

① 周天籁：《迎春坊》，《品报》1942年4月5日。

下海后应酬各色客人。文残。

周天籁善舞，当过交际舞教师，开过跳舞学校，洞悉舞场情形，故随手拈来，涉笔成趣。其写红舞女收入云："一个红舞女收 3000 舞票一个月真不算一回事，我估计你第一个月 3000 收入，还算赚得小的。第二个月、第三个月，大红特红之后，至少五六千、七八千收入，你相信不相信，这句不夸口。还算有一层，我还要替你同舞场当局去讲，就是红舞星不肯对折拆账，三七拆暂时不可以，至少四六拆，你拿六成，舞场拿四成，这已经优待。待满了千数舞票之后，我还要求他打薪水给你，每个月至少 100 块，这是外快进账，每月固定的。"

从所述可知一红舞女收入之丰，也可了解舞场和舞女之经济关系，惜文残，未能展开。

(十九)《歌国皇后》——歌台秘闻

上海亭子间赵氏独女，赵佩秋，年在 17，天赋歌喉，会金国咖啡馆招聘女歌手，佩秋一试折桂。金国咖啡馆自从聘请了赵佩秋、樊佩红、朱蕙琴、宋惜春、区曼珍 5 位女性加入歌唱之后，生涯大盛，致有挖角者，威逼利诱之。佩秋声名鹊起，认金先生为过房爷，某报举行歌后选举，记者周小平倾慕佩秋歌艺，成立秋团捧之，并以歌后选中为许，愿结连理之枝，佩秋不得已允之。迨歌后揭晓，佩秋果当选，周小平以婚事相询，佩秋则食其言。

歌女继坤伶、影星、话剧女演员之后，称时尚之风标，白虹、李香兰、姚莉、张露、吴莺音、张帆等，皆其选也。作者意在揭歌国秘辛，记歌星生涯及逸事，然寓意庸浅，托情不深，又无《亭子间嫂嫂》之风趣。

四、言情之作

周天籁擅叙情，除了花月小说外，言情是其作品的重要题材之一。此类作品，一仍其缠绵细腻风格，既有欢情，也有苦情，还有纯情，况味不一。

1.《牵牛花》

顾怀远，14 岁的男孩子也，在英民初中小学部读书，戆直纯朴，爱打抱不平。女同学姜淑华，家中姊妹成行，父母无暇照顾，衣履破敝，为同学所轻侮，而顾怀远却引以为知己，似有天涯沦落之感。

一日，淑华为同学欺负，怀远仗义出手，淑华寄书表谢意。而怀远毁书做片纸，并告诫淑华，一心读书，努力上进。此番水火相济之言，淑华大为感动，从此洗脱顽皮邋遢之习，潜心学业，而为同学所钦赏。二人心中已萌爱芽，然怀远因为淑华出手打人而被校方开除。

二人一别 7 年，鱼雁皆无。一日却在华强大学相遇，二度为同学。怀远劝慰淑华不要为上海浮华所动，一归于朴素，至此瓜熟蒂落，二人终成眷属。

顾怀远的订婚感言说："花草中要算牵牛花最朴素，最有姿态，也最有斗性。它的花，朵朵像只漏他（斗）一样晨开而午闭，这是其他的花草所没有的，我现在用它来譬喻你，有许多地方略为相像。"二人同唱："我们今天是桃李芬芳，明天是社会的栋梁。"①

小说充溢戆直之气，标举质朴之美，于百花之中，独怜及牵牛之孤寒，托趣颇高，寄意亦深。文摹绘情窦初开之小儿女，情态宛然，周天籁本以儿童文学出道，故驾轻就熟，文中引用之书信，与其儿童文学作品《甜甜》颇为相似。

2.《出卖灵肉的人》

文叙被侮辱与被损害的故事。

宓冠群苦出身也，当过兵，做过小工，也曾摆过摊头，跑过单帮，后为巡捕，终为杨府识拔，做杨万年公馆男仆。杨万年避难香港，送冠群一笔丰厚酬金。冠群偶遇拾荒女王淑慧，二人同为杭州拱辰桥人，冠群感其诚朴，意其能与共甘苦，故自媒为婚姻。婚后二人操淑慧之

① 周天籁：《牵牛花》，《社会日报》1942 年 11 月 29 日。

本行，收旧货为生，久之冠群亦成内行，收入差可，夫妻恩爱。不意冠群被诬收买无线电材料而罹祸，入狱拷打成伤，不治病亡。为救丈夫，王淑慧从其兄议，到妓院将自己身体押得二千块钱。丈夫亡故，此身亦非己有，必落风尘，其悲惨可知。文残，不知伊于胡底。

故事叙公馆男仆与女拾荒人之遇合，毫无风虎云龙之态，二个被侮辱与被损害者而已。但文写善良人之苦境，及苦中作乐之态如画，如二人结婚日买不起花烛，用莱菔插筷子而拜堂。莱菔北方呼为大萝卜。

文中大声疾呼："这个世界是不容许善良人生存的。"[①]"专门压迫穷人的社会呀！"[②]语皆为造反起义之先声也。

3.《落花照离人》

以下两篇，虽情形各异，但同为痴情女遇负情郎故事，我为女子薄命如斯，汝为男子负心若此。

公路局测绘队高级测量员彭学成，经老同事蒋和卿介绍与钟敏慧成婚。婚后不久，学成即赴外工作，一去杳无音信，忽有凶讯传来，学成路遇劫匪，身死他方。蒋和卿夫妻待钟敏慧如同己出，劝其另嫁。守3年后，敏慧始嫁袁如帆，琴瑟和谐，且诞一子，孰料袁如帆身死，子亦随之而殇。敏慧任苏州省立女中校长时，又与夏君甫论婚嫁，结果不欢而散。回到上海，敏慧心灰意冷，蒋和卿夫妇让自己女儿认敏慧为过房娘，以慰其孤寂，敏慧稍舒闷怀。

某夕，闺房突现夜归人，视之，彭学成也。10年分别一夕相会，学成始道出真情，原来"12年之前，他已有一个情妇，富有财产，待他发觉学成同敏慧订婚之后，便一直监视他行动。测量队出发之初，学成原思婚变，恰巧中途遇匪袭击，他遂抓此混乱之机会，决心抛弃敏慧。当时他化名金本昌，正式与妇在杭州结婚，生一男一女，12年后，该妇不幸病故，子亡，女亦夭折。彭学成又以平日无

① 周天籁：《出卖灵肉的人》，《大风报》1949年4月30日。
② 周天籁：《出卖灵肉的人》，《大风报》1949年4月17日。

赖，游手好闲，不事生产，卒为岳家驱逐，于是顿失依靠，不得已重回上海。探知12年前未婚妻，依然健在，且甚富，于是打算重拾旧欢，言归于好。”敏慧不堪打击，悬梁自尽终。

4.《花花世界》

啼笑因缘，打闹夫妻。

唐青如，舞女也，卸却花衫为人妇，与张达泉同居5年而正式结婚。张原有大妇，筑小房子藏娇，视青如为玩物，而青如不甘。结婚首日，张达泉不与青如同房而回大妇处，青如为之伤心。青如为正名分，在报上登载与张达泉结婚广告，此举惹张父和大妻不满，张为之恼怒。加之，张达泉怀疑青如有外遇，诸般情由，夫妻之间，初则吵闹，嘴上开花，以至于打相打，惊动捕房，闹上法庭。结末，青如不堪屈辱，出走终。

周天籁擅叙枕畔风情，张达泉携香蕉糖二枚，示爱于青如，欲亲纳之口，青如不从，张按之。青如拒之，夫妻床上相扑不已。噱甚！又张达泉年老体衰，讨来秘方，言出诸《于飞经》。谓黑枣纳女阴中，7日7夜，啖之，有奇效。张强青如，7日枣成，张食之而无效，询青如是否为汝阴中物，青如曰否。周天籁小说无淫秽笔墨，然却不减其男女风情，上海有句话，谓某演员“骚到骨子里去”，殆此之谓乎？

5.《相思草》

多情薄命悲苦身，写诗人与淑女之恋。

海上无名诗人董蔚如曾经自费出版过一本新诗集，名叫《相思草》。仅销去13本，有一本流到梁溪，却为梁溪女子庞绮玉认为是一本极有文学价值的诗集，托表兄打探作者。蔚如与绮玉相识，从鸿雁往来，到促膝而谈，志趣相投，坠入爱河。而董蔚如隐瞒已授之家室，绮玉却沉溺于一夫一妻恩爱白头之憧憬，一旦得知真情，痛莫大焉。痛恨之余，与蔚如情断，而匆促嫁刘将军，将军军务栗六，一去不返，绮玉产女而夭。此时董蔚如重拾旧情，追求绮玉，然绮玉“以蔚如已有太太，子女成荫，她嫁了给他，任他如何爱护，人家背后总是说她是姨太太。在梁溪地方做人家姨太太是失面子的，不但许多同事、亲眷面前难以交代，我也要抱恨终身，只恨我们二人相见恨晚了”①。十年恋情，终以绮玉皈依佛门终。

6.《恋爱十年》

叙悲苦之情。

上海某家银行文书刘春安，与叶娟娟相恋10年，书信积300多封，然格于春安家室已具，儿女绕膝，不能遂愿。而娟娟芳华已逝，无所寄托，遁迹空门，遂无音讯。春安与妻琴瑟久不协，时起勃谿，终至其辞职，离家出走，寻访娟娟下落。春安遍访庵堂，花光积蓄，娟娟避而不见。春安滞留娟娟家园，照顾其母，娟娟母感其情挚，认为义子。后终寻回娟娟，然娟娟竟一病不起，香消玉殒，一句遗言也无。

爱之情状，诸般不同，或为欢情，或为滥情，或为痴情，或为懵懂之情，尚有一种苦情，以上两篇皆写苦恋。男女情深意浓，而终不得谐连理，只能归诸造化弄人。如此苦况，何以消遣，只能遁迹空门，以求解脱。

7.《青春乐》

周天籁小说多叙男女之情，然于此情天孽海中，特辟一洞天福地，以抒发青年之纯情。

赵淑华苏州人，父母早亡，15岁单枪匹马来到上海。苏州可怜人家，往往父母把自己女儿包到堂子里去做小先生，不仅穿得好，吃得也好，遇到恩客便嫁之。

淑华则不愿如此，自立自强，学舞下海货腰。初寄寓小姊妹杨玉珍家，后遇舞客胡企范，乃一大学生也。两人一见钟情，淑华辍舞，企范为其搭临时公馆以居之。然淑华终不为胡府所容，为此，企范父

---

① 周天籁：《相思草》，《小日报》1948年2月15日。

母断其学费，无奈，淑华重披舞衫，以供企范学业。

跳舞之余，淑华勤习英文，后被录为兴业银行职员。淑华贤惠，善理家财，节俭持家，历年所积，资财不菲。企范卒业，二人结婚，离开上海，到仙居乡下，同学潘旦光所办养正小学作教员，不久将为胡家延一脉香火，企范父母闻之，亦尽释前嫌云。

富少、舞女当自强。富少为散财童子，舞女是烂污三鲜汤，少有例外，而富少加舞女，鲜克有终者。此篇则一洗前愆，为舞女、阔少吐气不少。

8.《小桥流水人家》

此篇为新梁祝故事。

苏州阊门外十里之遥，有个华乐镇，离开镇上三里有个王家庄，为一仅有二三十户人家的小小乡村。村上陈杏生，上海某家银行的练习生，与黄明珠同窗，奉父母之命，约为婚姻。婚期将近，妆奁已具，然杏生患肺病，明珠父母解除婚约，并将明珠别嫁宋家，而明珠坚不与同房，遭宋家虐待，以此病亡。杏生闻讯，伤悼不已，加之病弱之躯，亦随之殒命，两家求合葬，名鸳鸯冢。

翌年春天，草长莺飞之时，村上有许多人都看见，这坟地上有一对非常美丽的大花蝴蝶，飞舞不忍离去，历日甚久。

这一对蝴蝶有碗口般大，庄上人从来没有见过，翅膀上五彩鲜艳，漂亮极了。[①]

9.《魂断虹桥》

小说袭电影《魂断蓝桥》译名，文叙富易妻故事。

医生徐济群家大小姐徐丽丽，小家碧玉也。与同弄堂保福祥绸缎店职员王林生相恋，偷期密会，珠胎暗结，惧为家庭所不允，与邻人吴先生商议，且嘱其保密。“大家研究结果，可能奔到延安去了，这是近来一般青年男女的新思想所激荡，将来要做一个反中央政府的工

① 周天籁：《小桥流水人家》，《飞报》1949年5月9日。

作者”[1]。二人出走延安，王林生以无工作可为，摆一布匹地摊于市口，生意兴隆。后又开五金店，并在重庆开了皮鞋店、煤油公司，一个月在延安，一个月在重庆。二人感情甚笃，育一子。

抗战胜利旋里，堂上拜见萱椿，皆大欢喜。回沪之林生，盘厂、购洋房、买汽车，建有纱厂和平民工厂。不意，林生别娶倌人月娥三媛，十二根金条，小房子租在马里斯新村。徐丽丽愤其不念患难贫贱，怒打小房子。奈文残不知所终。

王林生之无情，何所归咎，海上繁华欤？男人本性欤？抑可同患难，不可同富贵之宿命欤？

书写丽丽与王林生之私情，自吴先生眼中叙出，吴先生家室男，却与“洛阳女儿对门居”，床榻与徐小姐闺房可相视而笑，故自吴先生角度叙出最为得势，有明月窥窗、花影上帘之妙。

文中写二人奔赴延安，往来书信都严守秘密。延安乃革命圣地，作者无此经历，皆虚写之。然文自国统区作家笔下流出，亦足见当年革命圣地对青年人之号召力。

10.《碧玉姻缘》

《碧玉姻缘》：碧，杨碧梧；玉，吕玉环。

杨碧梧，震旦大学高中部的学生，同窗吕玉环，求学时二人情意已属，毕业后玉环迫于庶母之命，回乡嫁人为小，碧梧亦授室。玉环不甘为小，离婚来至上海，二人相逢，悔不当初，重燃旧情，然碧梧隐瞒婚情，玉环得知，虽失望，然矢志不移，玉环甚至故意失足落胎，以此为碧梧卸责。玉环先不愿做小而离婚，现在又甘心做人妾。玉环情知不为母所容，因而负气出走，脱离家庭，争取自立，与碧梧约一年为期回沪完姻终。

置妾之恼，或女誓不为小，或娶妾为大妇不容，而吕玉环则为争取婚姻自由，甘心为妾。作者志不在婚恋故事，意在言情，用大量文字摹写柔情蜜意，悱恻缠绵之光景。文中写二人无锡畅游，用墨颇多，

---

① 周天籁：《魂断虹桥》，《飞报》1949 年 5 月 29 日。

湖山胜景，罗曼柔情，颇得情景交融之道。

11.《四季花开》

陈其美，书局的编译员；桑丽君，15 岁的苏州女子中学女生。二人因爱好文艺而结缘，书信往还，见面倾谈，遂生爱意，二人在上海苏州间往来交游，行迹愈密。残。

文称“陈其美出身很困苦，从小未尝读过书，他 14 岁便路远迢迢从故乡出来谋生，在一家书局里做练习生，到了 15 岁还是目不识丁，肚里西瓜大的字只不过几个。这时候他才感到失学的痛苦，便日日夜夜刻苦用功，3 年下来，竟然文章写得很不错样子，便到各报去投稿，有一张报，他的稿子寄去，偏偏采用。其美 18 岁，由职员升任编辑所里做助编，这时候他又担任下一本周刊的编辑，销路极佳”。此处所写，颇有作者自己的影踪。

其美寓沪，而丽君住苏州，二人往来于苏州和上海之间，湖山胜景，花前月下，丽影双双。文中充满青春、文艺、初恋之愉悦气息。小说颇类才子佳人，虽难以生新，然其勉力独辟蹊径，亦足多者。

五、其他小说

1. 日侨小说《小桃红》

据周鲤门记载，周天籁抗战胜利后，曾受聘于国民党第三方面军的下属机关日侨管理处，任大型综合性期刊《导报》总编辑一年。

《小桃红》即以此段经历写成。文叙：吴笑天留学日本，娶日籍女子桃红子为妻，华人呼为“小桃红”，抗战胜利则面临被遣返之虞。邻居一户户东归，日侨被打，不敢外出购物，只好雇佣中国使女，财产被接收大员没收，钢琴被劫走，种种不堪。然小桃红一心向华，誓与丈夫共患难。遂向当时的日侨管理处申诉，并且通过朋友拉场，在家中招待记者，小桃红亲自烹调日本著名菜肴“四狗四狗”（菊花锅），款待来宾，趁机说明她嫁给中国人之后，是否可以得到中国籍，或者可以归化中国，是否在遣送之例的种种问题，并将相关情况公诸报端。因而引起重视，日侨管理处呈文南京国防部，得以批准留在中国。

此篇虽为稗官，实近于史，对当日的日侨问题有生动的描绘。此时政府在上海成立日侨管理处，此机关正是周天籁工作之地，故对其中情形甚为熟悉。此机构专司日本侨民一切事情，他们划定一个日侨集中区，把区外日人统统集中在指定区域内居住。

当时关于日侨的政策是："在胜利前结婚，日女华男，或华女日男，结婚期间在三年以上者；日女华男，或者华女日男，在所在地均有正当职业者，由该服务机关证明，得延长其侨居中国自由，可不遣送。"①

关于日侨遣送情况，文中记道："听说日侨上船时候，只可限带千五百块钱，多一元都要扣下，不准带上船，所以把拍卖下来的钱都吃到肚子里去了。可是很滑稽，这位日侨把所有的钱统统吃到肚子里去，不料还不能派到他遣送，因此钱光了，上船的日子遥遥无期，不知哪一天才轮到他，因此他的一家生活陷入极度困难之下而不能过渡。结果把妻子身上衣服一件一件剥下卖光，他妻子裸了一个肉体躲在被里不能见人。"② 即此可概见日侨之苦况。

小桃红玲珑小巧，明艳动人，美色之外，又辅以才学。李凤姐、三少奶奶、海上一妇人，难与相提并论。

小桃红为音乐家，留沪后颇为活跃，曾在兰心大剧院开独唱会，在宋科长府上举行仲夏夜聚餐会，又曾举办赈灾游艺大会、水灾义演等活动，轰动上海，又为唱片公司邀请灌唱片。

美色、才学外，又具懿德。与权贵交，不卑不亢，与丈夫处，则柔而有节。小桃红在外活动，因其身份，颇招非议。曾为宋科长女公子授课，因宋科长为官员，亦引起丈夫不满，并疑与宋科长有私，小桃红顾及丈夫感受，请宋小姐来家授课，而不去宋府，以杜物议。小桃红杭州避暑，青年小说家许江平追求不已，小桃红以礼拒之。

---

① 周天籁：《小桃红》，《飞报》1947 年 6 月 10 日。
② 周天籁：《小桃红》，《飞报》1947 年 5 月 18 日。

丰先生，画家，留学日本，小桃红为其在日教书时音乐系的学生，师生西湖相遇，丰先生邀请来府上居住。此丰先生，当即指丰子恺。丰子恺为周天籁作品绘制插图，二人交谊非浅，周天籁作品中屡有提及。

小桃红为丰先生筹划在上海举行画展，在回杭途中，列车出轨，香消玉殒，丰先生为撰墓志铭。文末以列车出轨结小桃红，终不脱红颜薄命之套路，不过又添一短命才女而已。

丰子恺可确指无疑，然小桃红是否确有其人，则不敢妄议。民国以来之女音乐家，尚未闻有何氏由日本籍归化中国，而又英年早逝者。

2. 电影童星《混血女儿》

此篇演童星故事。开篇从其父母叙起，文云：陈友纯在沪西办了一家规模不大的硝皮场，日夜埋头其间，然其出品终不抵来路货远甚。友人杨听鸿富有资财，曾游历各国，见陈友纯可造之材，遂资助留学英国，以英国制皮工业发达之故也。友纯在英国与丹麦姑娘爱丽丝相恋，成婚回国，生混血女儿培培。培培天赋挺秀，为名记者董戈壁发现，推荐给影片公司。影片公司老板穆巨川以 10 万元签约，第一部影片名《混血女儿》，上演轰动，盛况拍成新闻纪录片。第二部影片《孤女救母记》，亦好评如潮。

友纯和爱丽丝重视培培教育，聘请钢琴名家李音美教授音乐，俄罗斯人教舞蹈。此外还请了一位家庭女教师，名叫江学慈。孰料，友纯倾慕江学慈，学慈不堪情扰，辞职而去，友纯竟为之情痴，终致疯癫成废人。硝皮厂关闭、拍卖，家宅遭贼，钱财一空。陈友纯跳海自杀。

而培培在董戈壁、穆巨川和沙达风提携下，继续拍戏生涯，讵料影业凋敝，投拍之《春之歌》停机。此时一批在上海找不到出路的影星组织旅行剧团，到南洋去掘金，培培亦同行。培培居南洋 5 年，后剧团解散，不得已回沪继续影艺，主演沙达风编导《情窦初开》。此时，培培正少女多梦之年，同弄有一黄姓少年，名乔奇，培培堕入情网，二人出走延安，以爱丽丝同董戈壁决定去延安寻访培培终。

文写陈氏二代际遇，事繁叙多，描摹甚少，作者之意亦仅在记录影星逸事耳。文中多牵合近代影剧旧事，如南洋旅行演出团等，谙熟影坛掌故者，或知所指。穆巨川、沙达风等人名，似亦有所影附也。

3. “谍战小说”《后厢房》

抗战胜利后，谍战小说盛行，如小报中白沉的《京沪地下间谍战》《冲破敌伪间谍网》等作品。

《后厢房》叙：郑顺和嗜赌成性，以致卖子，妻不堪，自杀，经此惨变，顺和发誓戒赌，专心戏剧工作，加入剧团之编剧组。有钱爱丽小姐，喜观戏剧，得与郑顺和相识，二人因戏剧而交愈密，郑顺和居处为一后厢房。某雨夜，爱丽来访，顺和款留之，遂而同居，爱巢就筑在后厢房。同为编剧组的潘竹山，某日来访后厢房。遇钱爱丽，大吃一惊，原来钱爱丽是潘竹山之旧好。潘竹山遂向郑顺和吐露实情云：

这女人姓季，名叫月红，原是私娼，现在改名钱爱丽，化名很多。嫁过五个丈夫，三个是意见不合离开的，二个是给她谋害死的，是特务分子。

去年我编过一个剧本叫《魂肠草》，就是以这桩案子做背景的。

她是一个某某党徒，她杀前一个丈夫是用毒药，后一个丈夫是用绳子勒死。手腕非常高妙，不惜充当私娼，依然干地下工作。死的丈夫那个公务员是亲日分子。

某某党徒，并且是行动分子。一个利用工头地位，鼓动工人罢工，达到与政府对抗为目的。她的出卖肉体，甘为私娼，正是掩护她的地下工作，可以交游各方面的人。能够各地方言。[1]

潘竹山因向郑顺和点破内情，被地下组织拘禁。经郑顺和多方努力，潘得释。警局获悉潘竹山被拘，来潘竹山处问询，潘尽泄之，钱爱丽被捕，但拒不招供。因案情重大，钱爱丽被解送南京，郑顺和无罪开释，后厢房亦封。郑顺和因忧患过度而精神失常。

① 周天籁：《后厢房》，《天报》1947 年 3 月 20—24 日。

全篇所叙仅一奇闻异事而已，与谍战小说相去甚远。文中对钱爱丽之特务手段，如勒人毙命之事，皆虚写。对于所谓谍报秘笈，周天籁更无此经验，力所不逮，此篇为周天籁唯一一篇“谍战小说”，再无他作。如文中写情报传递方式：

发送之法为：弄堂口铁栅栏上系红丝带，每天打结不同，即是不同情报。如果不见丝带，则人已被捕。

收取之法为：“（铜匠）每天两次，早上、黄昏弄堂里挑着二副担子，锵锵锵的经过，这锵锵锵的声音都是暗中打电报给你知道，这声音内行一听怎么样的情报立刻就会知道。譬如电报局之密码，我们听来却明白如话，了如指掌，不是内行当然无从知道。不过这一种情报的方法，时常调换的，有一个时期敲竹梆卖馄饨，敲几记就知道什么情报，有时喊卖报，怎么样的一种喊法，就知道什么情报，变化无常，取用无尽。”①

其所叙难验真赝，抑或得之传闻，或者竟是想象之词乎？

海上作家惯将谍战与言情结合，一如武侠与言情然，书中既写钱爱丽之杀人如麻，又写其美艳动人。铁血柔情，花容侠骨，可惊可叹。其中多叙地下女工作者，不惜肉身布施，以身饲虎，以色诱敌，无论周天籁，还是白沉皆用此法，与新中国之同类作品大异其趣。

4. 鬼故事《殡屋魅影》

此篇记海上失意文人刘云石，以卖文为生，穷困无聊。其表弟供职上海仙乐殡仪馆，云石往依，寄居仙乐殡仪馆靠西边的职员宿舍。近水楼台，足供想象，暇日为报刊写鬼怪故事数则。

某日，殡一艳尸。殡殓师为云石述死因蹊跷，颇有疑窦，云石哀其不幸，羡其明艳，暗自凭吊之。是夕，有女入梦，正白日之艳尸女也。自言：妾原为长三堂子倌人，花名梅妃。吾夫袁履平，是光华铁厂的大老板，妾身为其二姨太，然为大妇不容，唆使娘姨朱妈下砒霜毒于水饺中，毒杀奴命。云石许诺为其鸣冤，往来苏州上海间，又得

① 周天籁：《后厢房》，《天报》1947 年 4 月 24 日。

报馆梅先生相助，寻得梅妃母，诉上法庭，得昭雪。是夜，梅妃又入梦来，为酬其恩，携其妹来，许以为妇。

周天籁小说取诸日常与阅历，从不假借旧籍，更少故事新编一类作品。但此篇《殡屋魅影》，虽写现代之殡仪馆，毕竟与志怪小说不脱干系。然尚有新意可鉴，如荒冢废寺，一变而为殡仪馆，书生依旧，但花妖狐媚变为海上长三堂子红倌人，阴阳通讯，亦改用电话，文中说："刘云石又与梅妃梦中通了一个电话，这个电话异常奇怪，是从苏州打来的长途电话。"①

海上小报体裁翻新，然多取娱宾遣兴之旨，不以寓劝惩、明因果为意，故鬼怪殊少。

5. 文人创业《春满凤城》

上海居大不易，周天籁曾写《牛鼻子得道》，叙主人公离开上海，上黄山隐居。此篇《春满凤城》，写几位上海文人到凤城创业，皆述桃源避秦之志。

文叙抗战胜利后的上海，物价横跳，战讯频传，书店门可罗雀。顾鑫甫和陈亮吉两个文人，联袂赴凤城谋求发展。其友人程鹏原在上海吃书店饭，早已移居凤城，并开"人间书店"。顾鑫甫和陈亮吉到凤城后，三人联合，自编、自印、自己发行，先后出版杂志《世界知识》和《新凤城》，俱获成功。三人心情舒畅，意气风发，准备大干一番。文残，仅存 20 节，惜不见全璧。

凤城，文中说在中国之南方，临近广州，查广东的顺德别称凤城。作者说这里风景美丽、民风淳朴、社会安定，不管此凤城是不是今日之顺德，总归是作者理想中的世外桃源，则于文足矣。

文中提到的两位上海文人，文中说：

一年前上海有两位文艺家向往凤城之旖旎风光，相约到那边旅行，一个姓顾，名鑫甫；一位姓陈，叫亮吉。顾鑫甫是研究世界文学的，出版的译本很多，念七岁，不曾结婚，功底相当不错，只一个老母，一个

① 周天籁：《殡屋魅影》，《天报》1948 年 11 月 3 日。

弟弟，住在上海辣斐坊。陈亮吉是研究民间文学的，著作不下七八十种，念八岁，也还没有结婚，功底较顾鑫甫稍弱。但故乡田地不下二百多亩，然而连年为兵灾、旱灾熬煎，也就收不到一粒米谷。他独身一人寄住顾鑫甫之楼上亭子间，上海无亲无眷，以卖文为生。他同顾是好朋友，都是研究文艺的同志，仿佛弟兄手足。可是近年来出版界大不景气，文艺书籍销路凄惨，他们二人所出版的单行本，曾经风行一个时期，但这二年来大不如前，一落千丈。销售四五千本已是一部热门的书，普通的只二三千本，书局也无意出版了。[①]

文中的陈亮吉，研究民间文学的，著作不下七八十种，显然指的是小报小说家陈亮。陈亮是周天籁的好友，在小报中以田舍郎之笔名发表了许多江南乡村小说，如《绿杨树》《太平庄》等。

以鑫甫为名，且研究世界文学者，中国近代有位伍鑫甫，广东新会人，我国著名翻译家、美术理论家，伍光建之子，父子同为翻译家。文中的顾鑫甫显系影附伍鑫甫。周天籁常将文人好友写入小说中，吃其豆腐，伍鑫甫之被拉入，当亦为其好友也。

6. 书画收藏《桃花扇》

周天籁小说取材力求丰富，以避笔路之单调。此篇辟径古董，写来似行家里手，未曾打过眼者。文曰：海上古董商胡子像，开古董店在五马路、四川路转角。某日购桃花扇一箑，据云为清朝女诗人董文清之手迹，上绘桃花“朵朵竞放，着色鲜艳，恍如真的桃花。而扇子保藏如新，芯子白净，一点没有污渍”[②]。董文清同唐玉如之间才子佳人艳闻广为流传，“我”喜收藏，以五万元购藏桃花扇。文残不终篇。

据文中所记，作者对古董行颇不陌生，所言皆行内话。如：

古玩购进卖出，皆称你送我，我送你，不称为卖出买进者。以示清高[③]。

---

① 周天籁：《春满凤城》，《辛报》1949 年 4 月 15 日。
② 周天籁：《桃花扇》，《真报》1949 年 2 月 20 日。
③ 周天籁：《桃花扇》，《真报》1949 年 2 月 21 日。

再如所云以纸鉴画：

他们除鉴别图章与印泥之外，是鉴辨纸张。某个朝代是如何造纸，某个朝代的纸张是如何一种螺纹，只需用显微镜仔细一照，就可分晓。譬如唐伯虎是某个朝代的，岳飞是某个朝代的，他们用的纸张当然可以知道。如近代的纸张冒上岳飞的字，当然笑话，一望而知是赝品。有许多伪造的，故意把纸张悬在灶间熏得墨墨黑，色彩与真的无异，这只有欺欺外行收藏或者销销洋装（外国人收买）可以充得过，真正收藏家决不会上当的。①

纸之外，还谈到颜料，以及历代书画家小传等书画掌故。小说中尚有大段文史考证篇幅，作者将书画鉴定和文史考据引入小说，的确别创一格。至于桃花一箑之真赝，文情如何发展，惜乎文残不得而知。

7. 白相人地界《人间魔王》

大世界门前 18 路无轨电车车上，白相人小金龙见一亮壳，便盯牢黄包车。得知为骆老头之妾，人称“骆太太”。次日小金龙冒名登门拜访，后每日不请自来，骆太太被他连逼带吓，噱上了手。小金龙骗了色又劫财，骆老头光顾燕子窠，小金龙与人设计，演一出翻戏，硬装笋头，敲其 5000 元血，然银行无法兑现，便持枪强抢骆宅得手。

一日邂逅军官的姨太太冯秀丽，又为其搭上，入其私宅，冒称花旗银行职员不但得其人，还骗了 1000 元钱。

广东老三，富孀，长三堂子出身，营燕子窠，与小金龙姘居。小金龙欲得其钱财不成，动杀机，砍毙老三，被捕判死刑。孰料执行枪决时，行刑人是小金龙手下一个最得意的徒弟，以调包术，私下放走了小金龙。据说小金龙本人依然健在，住在五马路望平街。

文末无端平地起波澜，乃作者故弄狡狯，殊爽循环报应之理。

上海小报有白相人地界小说，专攻此题的有周益世、披发散人等人。如《小山东》《斧头阿毛》等作品，所写为老头子、小角色；卖

---

① 周天籁：《桃花扇》，《真报》1949 年 2 月 17 日。

斗、摆狠劲、蛇吃鳗鲤比长短、下辣手、打相打之事。周天籁仅此一篇白相地界小说。天籁精缠绵一道，杀伐决断非其所长。所写《小金龙》，虽提及茶会，持枪抢劫，然拜谁为老头子，蟹脚为何人，均无交代，殊失白相地界小说之体。小金龙所擅唯搭壳子，几把白相人地界写成拆白党小说。

所用白相地界俗语殊乏本色，白相人称枪曰“老举三”，而周天籁却称“火烧木头”。再如文中写：“小金龙穿了一身香云纱短打，歪戴了一顶防雨草帽，双手交叉在胸口，二条雪白纺绸裤带，打香云纱短衫里面挂了下来，足有一尺来长，这衣服装束，一望而知是个吃白相饭的三点头。”[①] 而白相地界小说则称：一看就是白天吃太阳，晚上吃月亮的家伙。或“马路英雄”，或“小抖乱”，而不称“三点头”，且“三点头”不知何意，未见诸白相地界俗语中。

另结尾处云：“竟然私下把他先生的身体换掉了。”既然是徒弟，就称老头子，而不称先生。

8. 故事新编《新桃源记》

主人公何云生，卜居上海愚园路渔光村，家道中落，卖文为生，娶妻王丽娜，一子一女。然叹笔耕之苦，与旺血朋友宋道静出外交际，流连堂子、舞场。舞场遇张公馆莺、凤姊妹，宋恋其姊，何恋其妹。云生竟为入幕之宾由渔光村住进张公馆。

因此云生夫妻大起勃谿，以致于妻子在《申》《新》《大公》等报上，登广告警告何云生，后何云生为张府所逐。由于夫妻感情破裂，云生万念俱灰，遂舍家出游至黄山，造屋隐居，颜其室曰“牵萝屋”，日与老僧、山民往还。

一日游至黄山有名桃花源者，此处虽游客遍野，而无心者失之交臂。何云生为碧云引入其家，与之结缘，前后与云生定情者有云楼主人林黛玉、春意楼惜春、金珍、朱姓女子等。

后为老僧点破色空，出桃源而访上海。60 年后重归故里，云生

---

① 周天籁：《人间魔王》，《品报》1941 年 7 月 5 日。

已 85 岁，归来已如辽东鹤，家屋街道面目全非，亲人无觅，旧友皆已物故终。

此篇隐括《桃花源记》而成。然作者恐读者病桃源其寡情，则以女儿国济美之，又用群芳游艺会、草裙舞点染现代气息，其艳腻差可比肩《游仙窟》。

《桃花源记》言及"黄发垂髫"，似为男儿国，周天籁则演为女儿国。文中写道："我们桃花源，家家没有男子，都是女人，看见男人非常欢迎的。我时常出来在山崖上采茶，从没有见过一个男子，像何先生这样打扮，桃花源一定要大大轰动的。"[①] 桃花源"一共 300 多家，有男子的只有 32 家，没有男子只有女人到占了 268 家"。歌云："桃花江是美人窠，桃花千万朵，抵不上美人多。"[②]

小说又牵合洋场风花，写到林黛玉家开群芳游艺大会，各逞才艺，朱姓女子大跳草裙舞，几疑其为海上青楼。又写林黛玉家藏书甚富，皆为木刻古本，有《金瓶梅》一部，确为世上孤本云云。

9. 北方白话《酒色财气》

《酒色财气》刊于《风报》，文仅四节，却是作者仅有的用北方方言所作的小说。

近代南北小说家不通声气，互无嘤求，势成京海之分，京派用北方方言，海派则上海俗语。然而，海派作家颇倾慕京韵，常见模其腔调之作，如汪仲贤、张秋虫等人作品，周天籁此篇亦是模仿北方方言写成。如文云：

> 孙大头酒量可真不差，半斤高粱一杯，一饮五杯，毫无醉态，如斯宏量，六华春的侍者及全座食客，莫不为之瞠目咋舌。坐（作）者称赞他的酒量，他不禁哈哈大笑，他说："咱孙某活上 30 岁，年年全在酒色财气中翻觔斗，区区三二斤白干，算不了什么。因为酒色财气，注定酒字当头，倘使无酒，哪儿有色？咱想替先生的文章补充一点，也就是关

① 周天籁：《新桃源记》，《飞报》1947 年 11 月 13 日。
② 周天籁：《新桃源记》，《飞报》1947 年 11 月 15 日。

于色字的资料。”①

文中所用，“咱”“哪儿”“白干”皆北方方言和风物。然北方通称店小二或跑堂的，而不称侍者。侍者显然是上海的叫法。天籁究为南人，婢学夫人，终非本色，难以为继，仅撰四续，即告搁笔。

六、周天籁小说艺术综论

1. 当时年少西装薄，骑马八仙桥，满楼红袖招

周天籁在《亭子间嫂嫂》开首写道：

从前我住在云南路、扬子饭店对过老会乐里时候，有个年方花信，容貌美丽的女同居，她是单身匹马一人住在我们隔壁房、那个斗方的亭子间里的。她姓什么、叫什么，我们都没有知道，也不曾仔细地盘问她，我们都叫她亭子间嫂嫂。②

在《楼头春色》中说：

我朱道明，在下住在会乐里亭子间时候，贴对我房间窗口的是一家多子按摩浴室，因为相距较近，中间只隔得一条走路弄堂……沿着弄堂这一边，装的一排玻璃长窗，而又贴对贴对我们的露台，只要走上露台，二家是一家，轻轻的谈话都能够听见，双方手伸得长些，也许可以彼此把东西授来授去。③

周天籁厕身花国，每日莺莺燕燕、群雌粥粥，其艳福，古之走马王孙、坠鞭公子不过如此。

近代以来，海上风花，甲于天下。歇浦莺燕分长三、么二、淌白、野鸡。长三独领风骚，娼家常自诩：“我们吃堂子饭的，虽然是末等生意，却是头等规矩。”诸小说家日为长三书寓红倌人做起居注。描写其如何叫局，如何出堂差，如何碰和、落相好、点大蜡烛，以及烧路头、走喜神方。著为说部，《海上花列传》肇其端，《海上繁华梦》

---

① 周天籁：《酒色财气》，《风报》1947 年 5 月 2 日。
② 周天籁：《亭子间嫂嫂》，上海：学林出版社，1997 年，第 1 页。
③ 周天籁：《楼头春色》，《东方日报》1942 年 6 月 1 日。

《九尾龟》《人间地狱》继其后。此为晚清民初情形。

周天籁生不逢辰，迨其橐笔作社会小说，长三堂子已趋末路，倌人艳迹遂成绝响，前贤所著，名满天下，后生小子，无以望其项背，非别辟蹊径，无以立足。

在此花国零落之际，不意北里又换新日月，按摩女、淌白、舞女、咸肉、茶花女、向导女勃兴。韩邦庆、张春帆、毕倚虹笔下的长三倌人，已成明日黄花。周天籁手底又推出一批新人，《亭子间嫂嫂》中的顾秀珍为淌白，《楼头春色》中的夏爱琴是按摩女，《常熟二媛》中的二媛是咸肉，《肉》中白兰花为向导女，《海上一妇人》中的二阿姊和《菱花老五》中的菱花老五为末路长三。以上种种人物，皆为前辈作家所未道及者。

就海上花史言，《海上花列传》《九尾龟》《人间地狱》等足称正传。而天籁所作，可称后传，能于长三之外，又成一番沪堧花月新局，其开拓之劳，功不可没。

2. 又糯、又小、又香

周天籁《三少奶奶》中写王子通叫筝玉七小姐局，筝玉来后：

便贴紧在胡景尺的身上，像只小鸟地依着他，胡景尺便趁势伸着一只臂膀过来围了她的腰肢，并且围得紧紧的……她会笑眯眯一只惹人欢喜的面蛋朝了子通，寻了许多话来同子通娓娓谈着……筝玉又是一笑，一笑便伸出一只雪白粉嫩的小手，握紧了王子通的手掌，子通捏在手里，又糯、又小、又香。[①]

诗词言情，说部叙事，此为诗词、小说之正体。故诗忌叙述议论，而小说亦讳抒情写景。然白话小说中，漫摹男女燕婗之形、鹣鲽之态，且笔带浓情诗意者，亦不鲜见。更有甚者，援诗入稗，舍纪事而大写其诗心意境，此只可谓其为正体之外之变体，曹雪芹最擅此法。近代以来，海上作家擅此一手者，当推韩邦庆和毕倚虹，而周天籁，其深情缱绻，缠绵绸缪，足可比肩二人而有三矣。

---

① 周天籁：《三少奶奶》，《东方日报》1941 年 1 月 14 日。

天籁之缠绵多寄情于花间柳旁，更于枕畔席上，以至于板壁旁、马桶上，最为生动。如李凤姐与方廷秀两家头在床上唱戏：

人睡在枕上，嗓子提不起，李凤姐于是翻了一个身，面孔向了里床，咳了一声嗽。

“这头一段是流水板，唱苏三离了洪洞县，你听着。”接着是李凤姐逼紧了喉咙一口气唱了下去。居然一会起丑角，一会起旦，两人对白，唱到煞末句“多谢老伯”为止，连忙把身体回了转来，抱了我一阵痴笑道：“方先生，惭愧，惭愧，真正难为情，我已经有二年没有唱了，唱得不好，你别取笑罢。”[1]

话说李凤姐与方廷秀本是一段露水姻缘，就事而言，无多少曲折可供小说展开叙事，而作者亦志不在此，其意在传达一段缠绵之情。文写二人嬉闹调笑光景，无端不有，兴致一来，竟在床上大开戏台，真是少有出见。

再如写亭子间嫂嫂坐马桶，与仅隔一个板壁的朱先生对话云：

“朱先生，你阿曾困呀？”

“没有困，不过我已经上床了，你为什么这老早回来。”

“短命的，身浪又来了，我恨是恨得来，日子不一定，难捉摸。幸而辰光早，没有接着客人，否则又是僵哉。”

我好奇地连忙翻床头上记，上面有一行记她身浪的日子，知道这次忽然提前五天，便哈哈笑道：“你是不是忽然提前了五天呀？”

“啊呀，死快哉，死快哉，朱先生，你那哼会晓得呢？”亭子间嫂嫂格格一阵笑。[2]

亭子间嫂嫂和朱先生二个人，一生一旦，一个孤男，一个风尘女，一个坐马桶，一个困在床上。深宵夜话，喁喁私语，畅谈女人身浪，诚属不可为外人道的私房话。话题虽不雅相，但艳腻无以复加了。此等处最是周天籁得意之笔，也是小报小说吸引读者的小噱头。

---

① 周天籁：《李凤姐》，《东方日报》1942 年 4 月 17 日。

② 周天籁：《亭子间嫂嫂》，上海：学林出版社，1997 年，第 286 页。

以上，可视作又糯、又小、又香中的糯和香。周天籁之缠绵缱绻还有一小字，小即小儿女，又称小囡、小娘鱼。

《海上一妇人》中写二阿姊养女玲弟只有九岁。见潘璧人来做客，“迎了上来拖了他的手：‘爷叔，爷叔’地一阵乱嚷，拖着他到那椅子上坐下，连忙倒茶，授香烟……璧人坐了下来，茶一呷，香烟一呼，玲弟只有九岁，很玲珑乖巧地偎在他的身边，一双小眼睛，骨碌碌望着璧人的脸。二阿姊便对玲弟白了一眼道：‘跑开，跑开，爷叔一到，你就偎了他，你身上脏哦？你到镜子里去照照看？’”

潘璧人便一手围了她，不放她走开，笑道：

我真喜欢玲弟，啊哟！今天我倒忘记了，忘记买几双天津生梨来了。明天，明天我一定买。

常常吃你潘先生东西，真也罪过，难怪你潘先生一天不到，她便思思念念地喊着：“潘家爷叔那哼还不来呢？”你真把她引嗲了呀。二阿姊说时眉毛里都有笑意表示出来，玲弟便怕羞地只是垂了一个头，逃到那床弄堂里去了。①

玲弟伶俐乖巧，天真无邪，好动馋嘴，活画出小儿情形。海上花月小说有此偏嗜，喜以小儿女为角色，如《海上花列传》所写李浣芳十二岁，《人间地狱》秋波十三四岁，《海上繁华梦》中说贾逢辰叫了个新做的小清倌人花小玲，年纪只有七岁，《九尾龟》中说倌人陆丽娟扶着一个六七岁的小大姐。李浣芳形象，赵景深先生亦曾论及，颇为赞赏。

海上青楼风俗，有所谓小清倌人之目，即尚未梳拢的年幼倌人，也叫小先生。海上小说家之所以将她们写入文中，一则确有此人在，一则取其天真无邪，娇嫩憨跳。所谓又糯、又小、又香，与海派文人柔媚文风恰相契合。

3. 清浅白话，活脱俗语

天籁早期儿童小说，童音乳语婴儿啼，皆入篇章。如《甜甜》中

① 周天籁：《海上一妇人》，《东方日报》1941 年 9 月 3 日。

“拉屙”“拉薄屙”等语，虽不雅驯，然童趣天真，无往而非妙谛。后写社会小说亦纯任自然，出语皆清浅流利，明白如话，绝去典故，不假情景，不落斧斤。

近代海上小说家语言，论韵致，毕倚虹称胜，谈典据捉刀人擅场，说俚俗则田舍郎拿手。天籁儿童文学出手，诗赋才、书卷气，非其所长。而与田舍郎、王大苏、周益世、黑旋风同属一派，都援上海俚语入文。然田舍郎伤于粗率，周益世、黑旋风专摹白相人口吻，而周天籁又有不同。如写亭子间嫂嫂说话：

“再不然你出门时候，在门口壁脚上撒一场尿，不是也不会忘记了。”亭子间嫂嫂忍住笑，客人脚一跳说：“我不是一只狗，不认得路要撒一场尿？笑话，笑话。”①

写邵茜萍口气云：

“这是我十年来的冶游主张，我今年念六岁，十六岁就开始白相。你看我吃格不吃格，浩大不浩大。”曹温那笑道：“吃格，吃格，哪一个能比得上你，你现在早已成精怪，《九尾龟》里张秋谷也要甘拜下风。”②

人物说白用上海俗语，而又以吃豆腐口吻出之，语虽近俗而别饶趣味，与苏广成、蓝白黑相近。

4. 一生一旦，单线贯穿

周天籁小说，多以一生一旦为角，单线结体，如《亭子间嫂嫂》之“我”与亭子间嫂嫂、《海上一妇人》潘璧人与沈爱珠、《三少奶奶》王子通与筝玉、《李凤姐》李凤姐与“我”、《楼头春色》夏爱琴与“我”（朱道明）、《船家女》春香与张秋水、《小桃红》吴笑天与桃红子、《殡屋魅影》刘云石与梅妃等。

古今小说之结构，长篇巨制者如《红楼梦》，如檐蛛结网，密密层层，重门叠户，九溪十八涧，不可方物。与之相较，天籁稗草，如小说中之小品。篇皆不长，一生一旦，线索清晰，不枝不蔓，起结爽

① 周天籁：《亭子间嫂嫂》，上海：学林出版社，1997 年，第 209 页。
② 周天籁：《亭子间嫂嫂》，上海：学林出版社，1997 年，第 664 页。

利，如青竹劲直，白桦挺秀，不见旁逸斜出者，清隽可鉴。

5. 篇篇不苟

海上小报小说名家，如王小逸、金小春、冯蘅等，文债山积，为多换钱故，不免敷衍搪塞，粗制滥造。周天籁做小说，则篇篇不苟，内容都为海上风月，事虽相同，文则有异，不重复，不蹈袭，每篇皆独具机杼，力避熟烂死套。

6. 普罗观念

自古文人狎妓，视为风流韵事。近代小报开设花榜，评章风月，月旦烟花，主持风雅，发为文章，则怜香惜玉，如张春帆的《九尾龟》，韩邦庆的《海上花列传》，为花界立传，或阐循环报应之理，或明佛家色空观念。

与传统文人有所不同，周天籁写生意浪，怜花惜玉外，不引佛，亦不援道，受新文学影响，在其作品中常常流露普罗文学观念。如写《风化区》，描写社会下层生活的悲惨堪怜；亭子间嫂嫂去世后，朱道明为其营葬。当排门板说要为惨死的顾秀珍报仇时，朱道明说："你要报仇，除非从改造这万恶的社会开始，否则你还是免开尊口。"[1] 显然已是普罗观念，以至革命思想亦蕴乎其间。

---

① 周天籁：《亭子间嫂嫂》，上海：学林出版社，1997 年，第 869 页。

第四章 上海小报小说三十二家

一、田舍郎

田舍郎（图4-1），原名陈亮，江苏丹阳后巷人，小报编辑和作家，《迅报》《春秋日报》《大英晚报》《商报》《飞报》《大报》《亦报》之笔政，皆由其掌理，解放后随《亦报》并入《新民晚报》，创作不减，有多部作品贡献于共和国文坛。

图4-1　田舍郎

1. 上海白

海派小说有"上海白"一体，也可称"沪白"，即用上海方言俗语写作者，田舍郎的名作《小裁缝》单行本封面即标上海白。

海派作家中周天籁、田舍郎、周益世、黑旋风、王大苏专攻此体，至西平、杨乐郎，亦以上海俗语写作，然为篇过短，近于小品。

周天籁、田舍郎、周益世、黑旋风、王大苏五家中，大苏量少而逊居末位，其余四家并驾齐驱，而又分两派。周益世、黑旋风专主白相地界；周天籁、田舍郎隶属社会一类。周、田在伯仲之间，周长于缠绵缱绻，田则滑稽爽辣。

田舍郎道：

“死人，当心一眼，跌煞仔，这势口棺材买勿起。”①

“浮尸，没有拆煞仔，还算好来，煤球风炉阿会生旺，快些炖水揩面。”②

“你这只烂污婊子，有面孔死到店里来，卖末到马路上去卖，送上门来鸭屎臭的，面孔多少要一眼哦，天下世界没有见过像你这种烂污婊子。”③

“我说有话快讲，有屁快放，勿要嘴五舌六，狗皮倒灶。”④

“兰根阿哥，牛皮少吹，闲话介弹硬，谅你没有种气，自家人面前勿要掉啥枪花好哦。”⑤

田舍郎上海白作品共64篇，其中《小裁缝艳史》《风流孽债》《里巷风月》（插图见图4-2）《流水多情》《宁波阿姨》《作孽夫妻》《鬼世界》《夜开花》《阿毛娘》尤佳。

图4-2 《里巷风月》插图

《小裁缝》当年在《上海日报》风光一时，一版中，左为《大流氓》，右为《小裁缝》，无意中构成一副绝妙对联。后于1946年出版单行本，销路亦畅。

2. 春申江畔风情与习俗，歇浦滩头音声和语态

田舍郎作品难称尽善，可议之处颇多，如寓意不深，杂沓凌乱，詈词连篇。然有一点却少有人及而精光不淹者，即绘春申胜景，其风

---

① 田舍郎：《作孽夫妻》，《吉报》1942年5月8日。
② 田舍郎：《作孽夫妻》，《吉报》1942年5月8日。
③ 田舍郎：《风流孽债》，《东方日报》1941年9月25日。
④ 田舍郎：《作孽夫妻》，《吉报》1942年7月8日。
⑤ 田舍郎：《作孽夫妻》，《吉报》1942年7月8日。

情与习俗活灵活现；摹弄堂中人，其方言和语态如见其人。

《男男女女》写道，上海某弄堂口，来了一对卖百草梨膏糖的夫妻：

右边站着个男的，满脸天花疤，鼻子塌扁，嘴唇怪厚，双手拉着那只古董模样的手风琴，呜哩呜哩汪，呜哩呜哩汪，调子非常简单。左面站着个女的，三十多岁模样，雪花膏浮起在黧黑的皮肤上，死活不肯合作。头发倒梳得很光，还留着前刘海哩，后面头发往头后顶心竖起，压着嵌水钻的洋翡翠夹子，阴丹士林布旗袍。

男的拉琴，女唱曲，一开口露出嘴中的大金牙，所唱的曲子叫《七勿搭八》：

“正月里梅花是新春了，呜哩呜哩汪，梅兰芳梁山下书信了，呜哩呜哩汪，韩复渠走马荐诸葛，呜哩乌哩汪，秦始皇归天风波亭了。”

男男女女正听得有劲，忽打人堆里挤进一个穿制服的先生来，木棍向麻皮一指，大约是说他妨碍马路交通，叫他的百草梨膏糖担子乔迁。[①]

这时来了个耶稣堂里的老太婆，文中写道：

手里捧着一叠印刷品，跑上来就不管三七念一，拉开仔嘴巴哇啦哇啦，大讲耶稣教，“耶稣爱我，我爱耶稣”。[②]

嘴里先是喷的清水涎沫，接下便喷出粘性的白沫。她大声疾呼地说道：“你们这辈男男女女，你们个个都犯了罪，你们自己都不知道，将来一定要到地狱里去受刑罚，抱烟筒，割舌头，罪恶滔天……你们只要相信耶稣，敬崇耶稣，耶稣就会搭救你们。”[③]

图4-3 《鬼世界》插图

弄堂里的住户颇多，有七十二家房客之数。《鬼世界》(插图见图4-3)写道：

---

① 田舍郎：《男男女女》，《东方日报》1940年1月2日。
② 《东方日报》1940年1月3日。
③ 田舍郎：《男男女女》，《东方日报》1940年1月3日。

二房东女人麻皮老枪，打从厢房里跑了出来，拖着鞋皮头，蓬着头发，好像刚从被窝里起身的样子，一支香烟贴在嘴皮上，说话带含糊："喂，无锡嫂嫂，闲话讲得写意点，你当了和尚骂秃驴，我和你究竟有什么难过，有财有势末怎样，看勿落是哦，此地好住就住住，不好住就搬场。"①

这个二房东女人是个麻皮老枪，人称陆师母。陆先生避风头在外，麻皮老枪与无锡嫂嫂之夫毛囡爷私通，并供养其一家，无锡嫂嫂贪其财默许之。

再说《风流孽债》中的宁波阿嫂，她住在"上海新闻路酱园弄，老牌子皮鞋店谭裕昌隔壁，春在里十五号，今年三十八岁。女人三十如狼，四十如虎，正当如狼似虎之年。头上挽个扇髻，上海人有句俗语'宁波老人会打扮，梳个头发像夜壶攀'"，"两只眼睛再活没有，眯起时却像一条棉纱线"。金牙，几粒雀斑，颧骨高，"老古话，女人颧骨高，杀夫不用刀。宁波阿嫂已经连克了三个男人，黄阿土是她的第四号丈夫了"。

此日宁波阿嫂穿了"簇新的泡泡纱旗袍，照样短袖子、矮领头、肉色丝袜、白缎子绣花鞋子，相当漂亮，右手腋下挟只手皮箧，左手捏块印花绸手帕"，出门去看绍兴戏，路过大昌烟纸店门口一站，喊道：

"喂，老板，老板，拿包大美丽来，再包三角钱酱油西瓜子，快点快点。"

"香烟、瓜子挂挂账。"

老板说："你拿过两瓶正广和，三包金鼠牌，四块固本肥皂，账还勿曾来还。"

四十多岁的大昌老板，色眯眯问："这几天阿土那能勿看见？"

"阿拉阿土前日子又跟着船出去了。"

"阿土出去，今夜到你屋里来叉麻将好哦。"②

---

① 田舍郎：《鬼世界》，《诚报》1938年3月2—3日。
② 田舍郎：《风流孽债》，《东方日报》1941年8月1日。

《小裁缝艳史》中的小裁缝，他是“巷堂口张林记裁缝店的学生意，堂里人都叫他小裁缝，小裁缝叫出了名，因之他姓甚名谁，反而不知道”。“你看他生得那样白白胖胖，居然也知道修饰修饰，留起头发来了，凡士林买不起，每天揩面时候，把头发浸在面盆里浸得泾里湿，然后用那柄牛段头木梳梳得煞光，而且照样是菲列宾式。年纪看上去，大约也有十七八岁了吧，有些发育的样子，有人在澡堂子里把他研究过。”[1]（书影见图4-4）

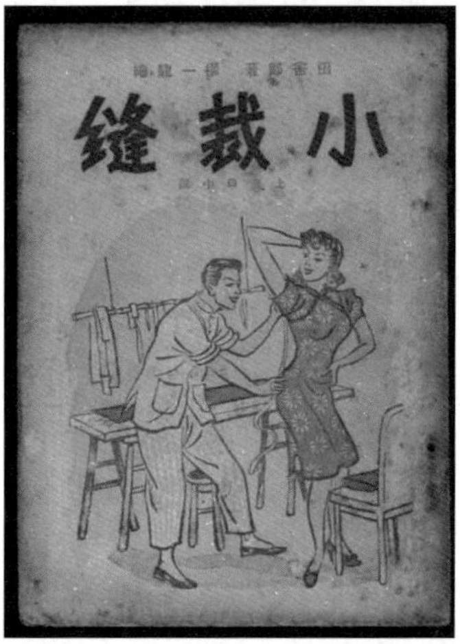

图4-4 《小裁缝艳史》书影

张林记裁缝店老板娘“生得肉团团，全身是肉，屁股上可以摆一桌五十块头的和菜”[2]，和小裁缝暗中往来。

《风流孽债》中的老板和老板娘，“老板镇江人，老板娘扬州人，老板从小就到上海学生意，没有乡土气，一口上海话，至多偶然夹出一声两声本乡音。老板娘在扬州吃家乡米饭，吃到三十岁才到上海，还未经过三个黄梅四个夏，十句话倒有五句这块拉块作风，样子她已经被老板吃瘪。‘阿也喂，乖乖，你有用，你是大老板，人家都不懂，女人也是人，看不下我，明天送我上火车，打张票，回老家好了。’老板娘嘟起嘴，嘴唇皮厚不过，翘起上嘴唇，可挂得一只油瓶”[3]。

小说家之所能，各有不一。就所御人物而言，周天籁不厌其少，最宜男女二人，于楼头板壁，撩风拨月。而田舍郎，则有七十二家房客之长才，所御人物多多益善。尤擅于在弄堂口，聚拢扬州老板娘、小裁缝、宁波阿嫂、烟纸店老板、麻皮老枪、无锡嫂嫂、耶稣堂里的老太婆一批人物，在人影杂沓、众口喧嚣中，愈发见其精神。

① 田舍郎：《小裁缝艳史》，《上海日报》1942年3月1日。
② 田舍郎：《小裁缝艳史》，《上海日报》1942年3月1日。
③ 田舍郎：《风流孽债》，《东方日报》1941年8月2日。

3. 百草梨膏糖

海上红尘，洋场繁华，江南佳丽，歇浦风月，格末上海浪，田舍郎好有一比，曰："百草梨膏糖"。何为百草梨膏糖？他说：

真的，上海地方是天堂，也是地狱，在这里，罪恶被高高举起，什么道德不道德，早就被踏得粉碎。讲道德的只有"一善社敬惜字纸"的老头子，耶稣堂里的老太婆，你要讲道德，你的肚皮不肯讲道德，因为道德不能当作粥饭面包。丹阳粥店的野鸡团子涨到三分钱一支，湖北面店的阳春光面涨到八分钱一碗，大饼油条涨价因购买力不够，虽重行回跌，可是愈见小得可怜。由于种种关系，道德便愈难讲。大世界对过清灵观门首，正站着三三两两的卖淫女人，牯岭路净土庵门首几个流氓在和一个十五岁模样的雏妓吃豆腐。功德林墙头上有巨幅梅毒药品，男女喧嚷，车马杂沓，代表着东方巴黎。位居首席的南京路上，有着斗大"南无阿弥陀佛"的霓红火字。色欲总汇的"会乐里"隔壁一家香烛店里，常有两位修行人整天价正襟危坐，在香边敲木鱼。上海地方一边是穷和饥寒的呐喊，一边是纸醉金迷和淫乐的场面；一边像在竭力挽回漓薄的世风；而一边正大举创造骄奢淫佚的新纪录。整个上海正可以比作那麻皮摊子上的"百草梨膏糖"，在式式俱全中包刮了种种矛盾。①

论上海者，常以五方杂处为说，田舍郎以百草梨膏糖喻之，用以说明其风情甚为形象。上海乃繁华之地，风月之区，有千般奇异，万种诡怪。

《鬼世界》麻皮老枪的丈夫外出避风头，她便与无锡嫂嫂的丈夫搅七捻三，无锡嫂嫂作何感想呢？"实际上，无锡嫂嫂未尝不欢迎和她接近，他们两人，一个是需要对方的丈夫解决肉欲，一个则需要对方给她予取予求的钞票，无锡嫂嫂早已打定主意，姑且把麻皮老枪当作瘟生，当做摇钱树。""无锡嫂嫂家的米未吃完，由麻皮老枪供给，煤球烧完，就烧她家的，油酱糖盐等等，亦完全照着牌头。麻皮老枪男人不

① 田舍郎：《男男女女》，《东方日报》1940 年 1 月 5 日。

过在外面避风头，她就当他死掉一样，恨不得一家一档都送给姘头。”①

令人不堪的是，麻皮老枪吃性奇重，无锡嫂嫂丈夫外出，竟然还爱吃“童子鸡”。“长脚阿姨好像郑重得不得了，先去把房门推上了，然后坐下，故意压低声音道：‘告诉你呀，麻皮老枪看看她□贼腔，却骚得恶形恶状，竟和楼上老鸨家的小儿子有苗头。前天半夜三更，大家都睡了，小赤佬会钻在她房里狗屁倒灶。’无锡嫂嫂引为奇迹：‘要死了，是不是老鸨家的根林。’‘正是他，你想十七八岁的人就这样坏了，不过一大半是麻皮老枪硬把他嚎上的……’‘该死该死，这种不要脸的女人，她养的出根林，自己的年龄都不论论，毛四十的女人，搭十七八岁童子小伙子，真害人不浅。’”②

更有不堪的是，《风流孽债》的阿香与所姘的男人杨筱凯窝心得七荤八素，云雨之后，要汰汰净，却唤自己的母亲拿热水来，像使唤咸肉庄娘姨一样。

宁波阿嫂拉青浦阿姨，拉倒楼上灶披间，告诉她如此这般的一桩事体，她又对二房东女人跳跳脚道：“格桩事体叫我柴弄弄了，娘西匹，交关触霉头了，勿去看他们，倒也眼勿见为净。”

青浦阿姨说她是十三点，头脑却邪气之新法。说道：“上海地方，有啥道理，啥地方吒没这种事体，按摩院下面，照样开点心店，咸肉庄楼下，照样住正正式式人家，何况是自家的女儿，格外没有道理了。”

二房东女人则说：“闲话固是这样说，不过规矩总要照规矩做阿□，假使以后那剃头司务杨筱凯要常常来的话，香烛一定要她们点一付。”③

青浦阿姨虽是十三点，头脑则蛮新的，说道：“上海场化，格种事体，根本平常来兮，小毛头姆妈也会介迷信，枉为你们是亲家呢。”

“十三点，你懂得啥？”二房东女人瞟她一眼。

这时，阿香却在扶梯头上喊：“姆妈，姆妈。”

宁波阿嫂慌忙答应一声，跑到扶梯脚下，昂起脑袋问：“柴话，喊我啥事体？”

---

① 田舍郎：《鬼世界》，《诚报》1948年3月31日。
② 田舍郎：《鬼世界》，《诚报》1948年3月5日。
③ 田舍郎：《风流孽债》，《东方日报》1942年10月12日。

“水有哦？弄盆上来。”

“热水还是冷水？”

“当然热水啰，多问脱格。”

宁波阿嫂跑回灶披间弄水，叹口气道：“唉，犯关，叫我娘做起她们的娘姨来了。”

二房东女人道：“天下世界，本来是这样一回事，啥人有铜钿，啥人狠，啥人呒没铜钿，就狠勿出。阿嫂，钞票究竟是好物事，你就看在钞票面上吧。”

宁波阿嫂送水上楼，阿香守在房门口接，仍不要她进去，宁波阿嫂跑到楼下，阿香却又在扶梯头上叫起来：“姆妈，姆妈，你在热（熟）昏哉，介烫的水拿上来，阿是存心烫死人家！”“哦、哦。”宁波阿嫂又慌忙走到扶梯脚边：“格末拿些冷水上来好哦！”

“快一眼，你这个人生得介笨，木猩猩一眼勿会做事体。”

宁波阿嫂吃着阿香的牌头，跑到自来水龙头上去盛冷水，吱咕着道：“是的，我勿会做事体，此地难道是咸肉庄，我娘是庄上的娘姨还要服侍你们婊子和嫖客！气数真是气数！”①

上海人嘴边有一句口头禅曰：“上海滩浪，迭种事体一眼呒啥啥。”田舍郎在《新嫂嫂》中说：“现在上海滩上，有几家是正正式式结过婚，谁还不是糊里糊涂同居的。你要想，现在日上，结一次婚要几钿，真勿实惠，铜钿省下来，仍旧省在自己袋里，买些吃吃，买些穿穿，不好吗？”②

上海滩有“轧姘头”“借小房子”之说。男人当着玉皇大帝（按：妻子）的面，吓得像小鬼见了钟馗一样，背转身来，偷婆娘的手段比猢狲还玲珑，姘头七八个，小房子三五处，瞒得像铁桶一般。小房子者，姘居之所也，乃相对于正妻之大房子而言。上海有专门出租小房子的二房东，房里日用器物俱全，只要搬一副铺盖进去就成功了。借小房子外，还有“养小鬼”“拿工钿”“龙拖”等名目。就花月情色而

① 田舍郎：《风流孽债》，《东方日报》1942 年 10 月 13 日。
② 田舍郎：《新嫂嫂》，《上海日报》1941 年 5 月 31 日。

言，上海滩花样百出，真可称得上是“百草梨膏糖”。

4. 只有女人有办法，男人只好硬挺挺

《宁波阿姨》中的宁波阿姨，丈夫张锡生。张锡生，本在一家押当里充账房，后失业，为家庭开销夫妻二人时常吵闹。宁波阿姨说：“要吃要穿嫁老公，既吃既穿掗啥空。”①“老实人卖几钿一斤，老实人只有翘辫子。”②遂出外自寻生路，与开柴爿煤炭行的杨和尚姘，后又与邻居毛先生借小房子同居。

张锡生不甘为“十三块六角”，找岳母说理。

“你是长辈，是我丈母娘，我做女婿的不能得罪你，不过要请你想想看，我这个开眼乌龟做下去，实在没有面孔，弄堂里个个晓得，潮热春讽，受不了呀。”他眼眶也红了。

丈母娘淡然一笑道：“唔，原来，那么你预备怎样呢？叫我女儿断了那种关系是可以的，只要你有力量来开销门口，我也不许她到外面去七搭八搭，面子是人人要的。”③

宁波阿姨驳斥张锡生道：“做男人的想也要想想，家里女人小人靠谁养的，假使人家拿出钱来养了小、养了大，还要受他气，看他那张死人面孔，谁都不服帖。”“对呀，我女儿的话到天边都讲得通，四方台子八方理，台面上摊得开就不怕谁来讲闲话。”④

张锡生的岳母不但不以女儿之行为非，反以为是，且认为是天下公理所在，大发惊世骇俗之论。

上海小说家常说，上海是女人的市面，女人总有办法，张锡生一筹莫展。而宁波阿姨解决了问题，《鬼世界》的无锡嫂嫂死了丈夫，不久却风光地坐上了汽车。有人说：“这个鬼世界，只有女人有办法，男人只好硬挺挺，你看无锡嫂嫂死了男人，照样换上个坐得汽车的，假使男人死掉家主婆以后，恐怕就要堆百斤了。”

---

① 田舍郎：《宁波阿姨》，《东方日报》1948 年 1 月 5 日。
② 田舍郎：《宁波阿姨》，《东方日报》1948 年 1 月 6 日。
③ 田舍郎：《宁波阿姨》，《东方日报》1948 年 1 月 21 日。
④ 田舍郎：《宁波阿姨》，《东方日报》1948 年 1 月 23 日。

有人不忿道："你们知道什么呀，她要不是做买卖，哪里来介好窜头，这种女人生来贱坯，男人一死，就去卖皮。"

一个风趣朋友便对他说道："那么你可以去割掉那件东西去派窜头嘛。"

另一人说："不过女人有皮可卖，还是女人便宜，我们这票带柄货色，桂花下来，卖什么呢。"

有人答曰："对啰，男人要末卖屁眼。"①

这个世界到了女人要卖皮，而男人要卖屁眼的地步，真是应了青浦阿姨那句话："上海地方，有啥道理。"无怪《男男女女》中，耶稣堂里老太婆说："你们这辈男男女女，你们个个都犯了罪，你们自己都不知道，将来一定要到地狱里去受刑罚，抱烟筒、割舌头，罪恶滔天。"② 如此罪孽，只有乞灵于耶稣的拯救了。

5. 后门口好婆讲长毛，游戏场里唱滑稽——田舍郎小说艺术

《迅报》编辑向田舍郎邀稿，田舍郎为其撰《糊涂先生传》一篇，偶然谈起自己的小说来，说自己的小说"好比一好婆坐在后门口讲长毛，讲到哪里算到哪里，有话则长，三天三夜讲下去，无话便短，打个呵欠散场"。"好婆讲长毛未必知道洪秀全的出身和结局，还觉得比历史教课书上的有趣，听得瞌睡鬼也溜跑了。不佞就要用这样的方法，给《胡塗先生》写传。虽不够登大雅，却也不流于俗套。"③

他尚有一说，称自己的小说好比"游戏场里唱滑稽的，高兴听他们，就坐下来，不高兴听，尽可顾而之它，各听自由"④。

滑稽戏，人人爱看，其幽默诙谐，田舍郎多有借鉴，可称其小说为纸上的滑稽戏，于其字里行间常可见王无能、江笑笑之影踪。如：

"清明时节雨纷纷，金家小女往外行……"不成腔的滩簧调子，从阿桃司务那片厚厚的嘴唇皮中间冲出来。

---

① 田舍郎：《鬼世界》，《诚报》1948 年 5 月 22 日。
② 田舍郎：《男男女女》，《东方日报》1940 年 1 月 3 日。
③ 田舍郎：《糊塗先生传》，《迅报》1939 年 8 月 30 日。
④ 田舍郎：《糊塗先生传》，《迅报》1939 年 8 月 30 日。

"阿桃司务，看你夜壶水又吃仔斤把。"那在自来水龙头上汏衣裳的二东女人，瞟了他一眼。

阿桃顺手在她蹶起的屁股片上一拍，"是的，夜壶水吃过，那能?"说着，就加快几步，跄跄踉踉往扶梯上跑。

二房东女人追到扶梯脚下，抬起了头骂"浮尸!"

浮尸由她骂，阿桃司务径自上楼去，有了七八分醉意，两条腿勿作主，一打滑，差些儿打扶梯上跌了下来。

"呵呵呵呵"二房东女人在扶梯脚下一阵幸灾乐祸地怪笑。咒着："阿弥陀佛，跌煞仔我就开心!"

然而阿桃司务已经到了楼上，又来了滩簧调："抬起头来看观呀正，行来已到……自家门。"

接着，脚踢着房门，闯出门来的是个矮胖子妇人，南瓜脸，鸭屁股头发，挤着两只红红的老沙眼："开心得来，啥事体介开心，看你活仔一大把年纪，像小囝一样，中着了发财票是哦!"

阿桃司务往房里一攒，呼上支香烟，伸了个懒腰道："告诉你吧，现在辰光做人，落得开开心心。今天过了，明天过啥日子，大家勿晓得。有铜钿人，果然开心。无铜钿人，亦要寻寻穷开心，一旦跷辫子，阎罗王面前，交得落账。"

"那么你为啥勿去死呢!"

"阎罗王勿来请我，寻死总不肯的，呵呵呵……呃，你巴望我死，你勿见得有好处。又要做起孤孀来哉，呵呵呵……"

说着，笑着，阿桃司务两条臂膀往妇人身上一搭，一齐倒下去，倒在那支床上，"呯碰"一声，连前楼人家的皮箱铜环都被震动得"叮当"响。

前楼住的是一份扬州人家，那扬州女人扯高着嗓子嚷起来：

"乖乖，你们老夫妻两个推扳一眼末哉，穷凶极恶，等到晚上都来不及的样子!"[1]

阿桃司务口唱小调，穷吃豆腐，逗五逗六、搅七捻三做派，活脱

① 田舍郎：《夜开花》，《力报》1943年6月1日。

脱一个滑稽戏角色。

陈亮之滑稽戏和好婆讲长毛之喻，其意不过说自己的写作不拘格套，随性挥洒，唯趣是尚。田舍郎的小说论意旨、格局、章法俱无足取，然弄堂风情，引人入胜，上海闲话，当行本色，为市民立传，替百姓传神。好比好婆为小把戏讲故事，但求哄得他爱听，何计其余。游戏场演滑稽戏，只要生动叫座足矣。

由于田舍郎的随性笔墨，只求落笔痛快，故其小说有段无篇，章法杂沓凌乱，然书中的段子则精彩纷呈，看去如散金碎玉闪烁其间。他说："若严格说来，写传也有写传的格局和章法，像丧事人家讣闻里的哀启，从呱呱坠地到寿终正寝，要有头有尾，来得清楚，去得明白，不佞却不想这样笨做。"①

他又称自己的作品是小品、写真、素描。"用小品文的笔调，写一个较长的故事。"②"所写的东西能否成为小说还是问题。自己只觉得每一部东西，不过是人物的素描或写真，落笔之前，始终未计算到小说的结构与故事的安排等等，在形式上仍不过是传记或散文罢了。"③

也许这是风情小说的通病，此等文字，一落言荃，则生气全无，兴会之时，无复检点。如握管之际，心中横亘结构、故事、人物、性格，则必无好文。

6.《流水多情》之燕赵侠风

田舍郎为文，豁辣爽快，与北方燕赵侠风颇多相通之处。《流水多情》写生活指数日涨，魏文忠、慧娟大妇，因生计艰难，勃谿时闻。魏文中又穷又寿，走路不慎碰撞军人，被敲去大衣。慧娟离家而去，弃幼子不顾。邻居有亭子间阿秀者，颇具同情心，照料婴儿，无微不至。

按阿秀一角，育人幼子，视同己出，而不恤人言，不图回报，亦

---

① 田舍郎：《糊涂先生传》，《迅报》1939 年 8 月 30 日。
② 田舍郎：《糊涂先生传》，《迅报》1939 年 8 月 30 日。
③ 田舍郎：《小裁缝艳史・作者的话》1946 年 7 月 24 日（按此单行本无版权页）。

不论婚靓，更无苟且，钬钬铮铮，与江南小囡不同，颇有燕赵侠风。其对话弃上海话软糯，而用普通话杂北方方言。

为娘亦不解其行，说："叫你爽性和他做夫妻，又不答应，反而情情愿愿自己去做娘姨，赚了工钱回来养他。这种情形，讲给人家听，人家也不会相信的。"阿秀则应曰："原也不要叫人家相信，欢喜这样做就这样做了。我和魏文忠不谈婚姻，也许双方都能过得去，一谈上婚姻，那就双方都痛苦。""他说罢，过去抱起孩子，把剩下的饭喂给他吃，那孩子一边吃一边对他笑笑，她吻了他一下：'可怜这没娘种，还笑得出呢。'"[①] 惜文残，不知有情人终成如何？

此文写解放前夕的上海市民生活，熹微中曙光乍现，惊惧与希望同在，恐怖与愤怒并存，写来真实生动。如：

翌日，夜报出版，传播出和谈前途渺茫的消息。从新闻中，得知国民党许许多多文武大官都集中在南京开国民大会，包括各派各系，杂乱无章，各有意见，各有主张。死硬派好战分子依旧重申大放厥词，特务头子依旧从中大做其秘密工作，今天谁失踪，明天又有谁被拘捕，上海、南京，南京、上海，学生、教授、官吏，甚至立法委员也有下狱的。可是李宗仁还是在做媚眼，发通电，口口声声说希望和平。汤恩伯呀，跟他唱双簧，暗中拼命调兵遣将，宣称三十万大军保卫南京、上海，又吹牛皮长江防备安如磐石，叫大家安心。可是谁安心得下呀，南京、上海各机关都在发应变费，应什么变？大家心里雪亮，他们还不是嘴硬骨头酥，自知迟早都要垮的了。上海有一小部分奴才坯子，痴心梦想打半天里丢下个奇迹，好让他们保障了自己搜刮来的财富。怎么奇迹呢？就是把上海搞成国际化，美国兵登陆保护，叫解放军不冲进来，照青岛的办法，因为只要美国的白吉尔中将到上海，这辈奴才的希望就好象浓厚了。可是叫他们失望的是，□□□□□，国际化绝对不可能，接着许多□□号称社会领袖的都开始准备跑了，上海的人心更紧张。[②]

国民党统治黑暗，民怨沸腾，老百姓皆做怒吼声：

---

① 田舍郎：《流水多情》，《罗宾汉》1949 年 5 月 22 日。
② 田舍郎：《流水多情》，《罗宾汉》1949 年 6 月 8 日。

九指外傳

（七）我最歡喜研究文人，

賞逕得有些曾了。「
在羅聽清對方走金行
，退籬外也清術的是
的論，發冒夫藝，場
刀譽，皮腐像西頭賓
在譽，質色母是淡貴
無的。鬼器為這面客
說，如何可以一直面
歎家？但也不從反露
來的殺大討源，親怕
百己，寺近自己地有

密，是外國濃。「
社頭存他那慶租得像很「
字直「零茄的食，在指自己
右教，翻立刻特落在壁上的變
手放下有了他一眼：「
？「怎麼你
更當起這些開身來究」
「我最歡喜與文人，問
從對於女人無論怎一方我都總
興趣。
「你在當是個行長！」
行長也是人，飲食男女

友的立場上向他
師晚上不能藉為
爵師都乏失敗的
對於金行長
社頸一句看不答
上那頂醫邊草簡

五十五歲老婦與十「我能夠得到許多一落萬捲香烟稿業，

長篇連載

亭子間嫂嫂

·董天野製圖·周天籟原著·

書傳

接下去，沈老先生問她丈夫在什麼銀行做事，她祇得扯個謊，表示不能直言，要請對方原諒。最後，她並且這麼說：「我是人家人，我是私底下溜出來的，我丈夫雖不知道這種事。所以，到了十點鐘，我是一定要回家。」沈先生跳起來，叫道：「什麼？我已經付過茶房五十塊夜廂錢，叫你來住夜的，爲何十點鐘就要走？」

她繼續說了許多謊話，約定明晚再來陪他。沈先生方才答應下來，說是一到十點鐘，準放她回去。等了一歇，沈老先生叫茶房，買來二塊錢大煙。然後在床上橫下，叫嫂嫂替他裝煙。她看老頭子抽煙，知道他是利用煙來吊吊精神，不禁在心裏暗暗罵一聲：「這個老王八旦，眞不是東西！」

（十七）

[illegible]

他侮辱我

不說什麼，祇希望音樂快些完

支[illegible]奏的，當﹁泰尼的白花﹂

息時間中，池中許多男人都把

拔開塞立着侯下一曲的起奏。

人郎還以右臂緊緊摟住閔淑英

，她祇得說話了。

﹁那

奇怪，拖[illegible]

暢所欲為。

閔淑英

座上[illegible]翻[illegible]

你们这批国民党军队无论如何弄不好了，把一套制服披在身上，当做老虎皮派用场，恐吓恐吓老百姓，欺压欺压老百姓，吓得老百姓表面上对你们服帖，对你们客气，心里个个恨得你们要命，个个巴望共产党军队早些过来，你们哪里还有打胜仗的希望。①

我以前的丈夫为什么失业？我的孩子为什么会翘辫子？我又为什么会和从前丈夫离开？还不全是国民党政府害的。②

此文在解放军的炮火声中动笔，追新中国成立的凯歌奏响，作品仍连载，可谓之跨时代作品，作者虽已身在共产党麾下，然不落宣传痕迹，秉笔直书，真切耐读。

7. 田舍郎乡村题材

仅就上海小报小说家而言，题材城乡双跨者，仅田舍郎一人而已。他生于江苏后巷，不避田家后人出身，以田舍郎为笔名。后来沪上谋生，所营颇多，已不晓得其旋里时日多寡，及所知乡村生活深浅。共作有《田家风月》(插图见图 4-5)《黄花艳曲》《乱世风情》《太平庄》等 10 篇小说，叙述沦陷时期江浙乡间乱象，田家儿女命运之悲苦，摹刻东洋鬼子、和平军、汪派地方官吏之凶残，而又以游击队隐现其

图 4-5 《田家风月》插图

① 田舍郎：《流水多情》，《罗宾汉》1949 年 7 月 8 日。
② 田舍郎：《流水多情》，《罗宾汉》1949 年 7 月 8 日。

间，形成四方角逐之势。

如《田家风月》，从江南弱女子写起。丁家巷丁老三将女儿巧英许配给李阿根的儿子龙生。巧英不从，而钟情于做五洋生意的林步生，本为一桩民间婚姻，作者却将其牵扯进四方势力中。

首先是游击队登场。李阿根联络游击队抢婚，却被和平军的胖队长小老四劫走。而和平军又被日本鬼子横三拦截，抢走巧英，和平军的胖队长被横三纵狗咬死，横三被游击队打死。游击队、和平军、日本鬼子三方连环缠斗不休。此时第四方的汪派地方势力尚未登场。

巧英为游击队所救，游击队唐司令逼其嫁龙生，巧英不愿，与林步生从游击队逃出，而落入汪派地方保长土灰蛇徐大生和乡长荣德森手中。林步三被荣乡长施以酷刑，无奈签字与巧英脱离，丁老三被迫将女儿巧英嫁给荣乡长。

最终，林步生加入游击队，游击队壮大，捉获荣区长并勒死。巧英进游击队工作，与林步生有情人终成眷属。

文以巧英一角，播弄于游击队、东洋鬼子、和平军、汪派地方四方势力之间。人物亦不外此四者，如游击队里的大阿金、唐司令；和平军的胖队长、大队长；东洋鬼子的横三；地方的保长徐大生、乡长荣区长。四类人物轮番上场，相互作弄，几成笑柄。又穿插以田家风月，如荣区长与巧英、大婶婶与和尚、杨老四与邱寡妇、麻皮荣师娘与徐大生搅七捻三，狗屁倒灶事，以上即田舍郎乡村题材的内容。

和平军大队长开口闭口“你奶奶的”。东洋鬼子竟然“阿拉、阿拉”的，满口上海话。如“阿拉统统完结”“阿拉东洋先生迭个物事，邪气好来兮格，蓬蓬，开开，中国兵游击队呒没法子来来，统统辫子跷跷介，晓得晓得？”[①]

“跷辫子”“迭个”，皆是地道的上海话。上海小报报人的田舍郎，真不知其乡村生活识得几许？所写皆驾虚之谈，毫无真情实感。故事荒率，几同儿戏，但求热闹而已。

① 田舍郎：《太平庄》，《风报》1947 年 11 月 16 日。

二、苏广成

苏广成，原名王大苏，宁波人，写作外，悬壶济世，在法租界存心堂悬牌应诊，精内科，笔名苏广成，乃截取“苏广成衣铺”前三字而成，“苏广成衣铺”，裁缝店也。作品共32篇，可分为风月小说和上海白小说两类。

1. 风月小说

风月小说中，《歌场风月》《杭州姑娘》出版过单行本，《歌场风月》今日尚能见到初版本。

《歌场风月》叙歌女兰秋与赵一平相恋，兰秋师傅张俊庭性好渔色，与兰秋母同居，乘隙奸污兰秋，兰秋为躲避计，住在姨妈家中。赵一平与人经营木行，拆朋友的烂污，无法填补亏空，躲回苏州。一平回沪后与兰秋赁屋同居，依兰秋登台为活，然勃谿不断，终致分袂。此时兰秋已身怀六甲，有青年刘益林者仰慕兰秋，但兰秋只以朋友之谊相许。兰秋抑郁烦闷，终致小产而殒。

《杭州姑娘》写上海人沈杰人到杭州游玩与西湖姑娘阎小莲相识成为恋人，二人缱绻，不久小莲有孕在身。然杰人计无所出，有心负责，无力养家，终以辍学出外谋事之名，离小莲而去。

如上述两篇所记，苏广成风月小说，多用男女情事点缀海上风情以成篇。男女情事，与古无大异，然洋场风情，则前所未有，什么亭子间嫂嫂、扬州阿姨、舞厅蓬尺、宾馆淴浴、开房间、借小房子、轧姘头，时髦摩登之事，花样百出。如弃此沪埂新风而不取，余则无甚新意矣。

2. 上海白小说

苏广成亦为上海白小说作家之一，共有《谢谢一家门》《骑虎日记》《黄历本》《贞节坊》《单开间》5篇作品，其中《单开间》漫漶不计，实有4篇。与周天籁、田舍郎相比，其篇章少外，局度亦狭。田舍郎虽然有段无篇，然其段落尚有数日之长可观，而苏广成《骑虎日记》《黄历本》，以日记体撰作而成，文字已萎至一日几百字之间，更不成其段落矣。至于起伏、波澜、照应俱无从谈起。

说到人物，在田舍郎稍一纵笔，其腕下形象奔涌而出，以至于不可收束。苏广成除《谢谢一家门》《贞节坊》角色稍多外，《骑虎日记》《黄历本》二篇仅及夫妻闲情。

田舍郎唯海上风情是摹，不恤章法之凌乱，头绪之纷纭，只求鲜活，只图俚趣。田舍郎如此，苏广成亦复如是，至于所谓人物个性，苏广成自言："个性方面因为我的笔头太钝，又不愿重复地描写，所以也草草不恭。"①

3. 吃豆腐、摆噱头

苏广成之上海白作品，人物、个性、篇幅皆不足称，唯其每日吃豆腐、摆噱头文字，却滑稽可诵。他自己亦坦承其豆腐和噱头笔法，《迅报》向其约稿，他说："编辑部几位先生，都是我多年老友，蒙他们厚情，叫我担任一个长篇。因为另一个长篇田舍郎先生《花开花落》，是侧重于乡村风味，带有泥土气息的，为调和鼎鼐计，所以我的《贞节坊》，便完全写些上海方面的血头事情，论起'意识'来，根本是'歪曲'的。"②

苏广成挖儿透顶，每日一故事，蕴一小噱头，噱头噱脑，皆可圈可点。如《黄历本》"呷老酒乐脉乐脉"，以呷老酒为噱头写成一风趣小段，文云：

在家中吃中饭的时候，我发见茭白豆腐干丝中有几根肉丝，为之大喜。马上放下饭碗，倒一杯茄皮，对家主婆说："今日干小菜邪气崭，可以呷些酒，乐脉乐脉。"

"酒鬼，酒赛过是侬性命。"

我呷了一口酒，摇头播脑道："有三样物事才是我性命，第一是钞票，第二是酒，第三是家主婆，我顶喜欢就是家主婆。"

① 苏广成：《贞节坊·题外之文》，《迅报》1939年8月29日。
② 苏广成：《贞节坊》，《迅报》1939年8月28日。

“谢谢一家门。”妻子做了个小媚眼，她胃口虽然推板，马屁是吃得进的。

我喝得面上热烘烘，他说我像关公老爷，无巧不巧今天是关公生日，日子过得有些糊里糊涂，差不多半年功夫又过去了。我说：“唉，做人做得怨天怨地怨神明，还是呷呷老酒。”

“少促祭一眼，还要出去办公，勿要走勒马路上，搭汽车碰鼻头。”

“三角照会汽车勿大看见，放心末哉。”

妻子唠唠叨叨地说：“人家吃饭才成问题，侬还要老酒呷呷。看看侬迭副样子，杜米顶多卖200元1担，迭个月里旧钞票3钿勿值2钿，2元只能作1元，小菜场卖□菜黄豆芽，才要新钞票。侬阿晓得，朝小菜场一转，铜钿用脱几化？十十足足，新勿开花账，呒不虚头，两荤一素，钞票用脱8只洋，侬只归我500元1日天小菜钿，叫我那能弄法？迭个月马马虎虎，我贴两钿，下个号头起，侬要吃得写意，只好加出来。”

难得吃着几个肉丝，一记堆老又吃进了，我的酒意完全清醒，可是装胡羊道：

“勿晓得，勿晓得日脚难过。我还是呷老酒，人生难得几回醉，人生难得几回醉，呵呵呵。”

妻子皱眉道：“勿许吃哉，碰碰发酒疯，痴头怪脑。”

“哈哈，娘子她上了小生的当了。”[①]

因呷酒引起了 段大妻对白， 个说要乐脉乐脉， 个说酒赛过是侬性命；夫曰最爱家主婆，妻曰谢谢一家门；男高兴呷老酒，乐脉、乐脉，女乘机摆堆老，要钱、加钿；娘子叹苦经，云日脚难过，丈夫装胡羊，唱人生能得几回醉。男女二角，一来一往，各尽其妙，随处皆有堪发一笑之小噱头蕴乎其间。

再如《骑虎日记》“出门要带小鸡钿”一段。

我先吃粥，我要出门了。老话说得好，出门要带小鸡钿，恐防踏死了人家的小鸡，赔偿不起，不得不向她领三角日常开销。她自顾自在梳

① 苏广成：《黄历本》，《万言报》1942年6月27日。

妆，不理睬我，就迁就些，拍她几记：“阿菊娘，我要去哉。迭两日看侬软绵绵精神勿大好，吃不事体还是歇歇吧。医生关照过，吃力生活勿要做，有啥笨重事体，留拨我下仔写字间我做好哉，阿晓得？身体终要自家保重，尤其是有仔喜，格外要当心。我现在介早出去做生意，叫吃法子，勿然随便那能勿会出门，我人在外世，心里时时牵记屋里，阿菊娘，阿晓得？我要走哉。

说了三遍“我要走哉”妻子方才觉着，妇女人家究竟心肠硬不起，说道：“早去早回，抽屉里有五角头钞票勒浪，拿仔去当车钿吧。”[①]

夫有季常癖，妻是把家虎，夫祭出小鸡钿，妻则手下超生，见其可怜，开恩五角钱。所谓“出门要带小鸡钿”，又是作者寻出的一个小噱头。

海派文学有吃豆腐一体，苏广成亦为吃豆腐专家。《黄历本》“先生猪猡”一段道：

觉得做人没有滋味，想穿了，还是欢喜吃什么吃一些，有得吃做人或者较有滋味。

昨午独自上一家小广东馆子，在派克路上，取其近在迟尺，不必跋涉，天气太热，特为我开一只电风扇，似乎不觉得舒服，倒不是过意不去，而是屋里空气闷热得很，电风扇赛过打热气，实头吃勿消，横竖横，来一瓶啤酒。CBB 八元，不能说贵，有酒无肴，何以下咽，于是翻菜单，点一只炒广鱿鱼，一只生炒明虾片。

啤酒是真薪实货，不过两只热炒，上海人打话，吃过吃伤，鱿鱼里有乌贼片同触须，明虾片至多只有一只明虾，生菜占十分之七。我向侍者说：“鱿鱼里有乌贼，算俚马马虎虎，一只明虾片忒嫌搭浆，阿好掉一只？”

侍者摇摇头：“吃可以，吃可以。”

“格末另外搭我弄一盆叉烧，满翻一眼。”我算得好说白话了。

可是叉烧拿来，只有小盆里一些些，要卖五元中储券，实在心有不甘。侍者好像猜知我心事，陪笑道：“先生猪猡贵得交关啊。”

先生猪猡连在一起，我对他没有办法，实在这位侍者算得是豆腐专

---

① 苏广成：《骑虎日记》，《好莱坞日报》1940 年 1 月 9 日。

家，我要发火却是发不出。会账廿四元五角，连小账同零食捐在内，我寻寻他开心，拿一张五元钞交他去掉单票。侍者以为我要给小小账，欣然答应，但是当他掉给我时，我一毛不拔，写写意意地走了出来。

天气热，要不是这样子辣手，我怕不要闷死。①

上海人吃豆腐名目繁多，如吃嫩豆腐。嫩豆腐者，吃女人豆腐也，下手温存，有情有义，知轻知重，对女人不可下重手，更不可下辣手。然对男人则不同，侍者称客人“先生猪猡”，似豆腐，又不是豆腐，不似豆腐，又是豆腐。说它不是豆腐，骂人猪猡，简直是嘴上开花。吃豆腐还有一句话，叫“吃豆腐吃出骨头来”，谓因吃豆腐而生龃龉。侍者叫人猪猡，这种豆腐实在令人难以下咽。你出重口，我则还你一记辣手，你一句猪猡，我让你小账落空。

4. 关于上海方言之文本

上海俗语小说从韩邦庆的《海上花列传》算起，历史并不长，只是晚清民国间事情，难与北京方言小说相比。

以方言撰就小说，有一个由口头转换到纸上的文本写定过程，佶屈聱牙的方音，如何写成流畅的书面语，审音定字是关键。如《红楼梦》“妖调”，亦可作“妖道”。“值过儿”，“过”写作“个”，于音更胜。“念心儿”，亦可写作“念性儿”，更容易理解。上海俗语中“噱头”，亦作“血头”；“五斤狠六斤”，又作“五筋狠六筋”；“抖五抖六”，也可写成“投五投六”。

小说与戏曲不同，戏曲可以说有多少种方言，就有多少剧种。或者说，有多少种方言，即有多少种说唱、曲艺。然却不会因有多少种方言，就有多少种小说。与口头文学不同，各地方言一登诸小说，便命途不一。北方方言以其官话，或普通话之名衔，堂而皇之写入小说。然其他方言，一入小说便有疑难，故撰成小说者数量不多，能流布开来的，更是屈指可数。

小说中，北方方言无论叙事和对话皆能，然而上海方言则有限

① 苏广成：《黄历本》，《万言报》1942 年 7 月 6 日。

制，只能用于对话，而不能用于叙事。当年韩邦庆写定《海上花列传》，即以白话叙述，而以苏白对话，此法相沿不易，成了上海方言小说的不二法门。在韩邦庆笔下，方音尚浓，读来时有滞碍之处，如：

赵大少爷公馆倷陆里嘎？

张大少爷无拨相好末，也攀一个哉啘。

阿是耐教我攀相好？我就攀仔耐末哉啘，阿好？

教耐作媒人，啥勿响嘎？

咿是阿金倷哉哩。

对话中，摹刻方音过多，读来费力，有伤白话小说通达畅快之理，这是韩邦庆时代。

迨海派小报作家，文面之方音大大减少，其意不外为文本流布方便，如“啘”“哩”等口字旁语气词更少，不再注重方音和语气的模仿，而更重俗谚的运用。如摹女人则浮尸、杀千刀、瘪三，花界则开条斧、灌迷汤、浴浴，舞场则大转弯、雨夹雪。至此，上海俗语已被小报作家当作诗文典故一样征用了。苏广成在写《贞节坊》时曾说：“不过文字方面，另癖豁径，全部用上海俗谚写成，并非想出奇制胜，为读者换换口味罢了。”[①]

然而写定的时候依然遇到方音转换字面的问题，他说：“文字方面，本想全部采用上海白，恐怕太生硬，像最近米店家的门市米一样，不配读者胃口。于是单纯对白是上海人口吻，只恐读者读不下去，有些疑难地方，起先依旧用熟字，渐渐改为正音，文气似乎不一贯，读者不能讲究字面，只好玩其语气了。”[②] 经过苏广成一番淘洗，就成了如下一篇文字：

清早起来，生煤球炉子，淘米洗菜，拖地板，抱小囡，甚至翻筋头给阿菊看，什么事都做完了。终嫌没手势，要想出去溜溜，月薪已完全奉缴妻子，身边连零用钱都没有。她说：“放四天假，侬可以等勒屋里，

① 苏广成：《贞节坊·题外之文》，《迅报》1939年8月29日。

② 苏广成：《贞节坊·题外之文》，《迅报》1939年8月28—29日。

勿要到外世去，每日三角零用钱省下来，一元二角，阿菊倒可以买一双鞋子。”

写到这里，电灯又给她熄了，十一钟，她说：“写死写活，写啥物事出来，上个号头小火表又多点两个字，再下去电费还要加上，困吧，阿听见？”

不知为什么，心里不愿听她话，嘴里毕竟答应了，“听见哉，我就困。拉倒。”①

对话中的语气词明显减少，甚至还可见一些应该为北方方言的词语，如“拉倒”。整个文面流畅，南北皆能读懂，而人物口吻亦婉然若活。

写作中，亦视歇浦风情之浓淡，人物之年纪之老少，而定上海俗语之多寡。如《谢谢一家门》：

陆柏丝嘴快要说，给马德莲屁股上戳了一记，就大家不响。

老太太道：“啊咦，那哼讲（扛）仔半天，菩萨还勒庙里。”

马德莲道：“现在暂守秘密，将来自然明白。”

陆柏丝粉头一扭，也道：“姆妈现现成成预备做丈母娘吧，我看两个人真有眼道理呢。”②

文中年轻人陆柏丝、马德莲说普通话，而作为母亲的老太太则讲上海话，且多语气词，又特意注明“讲”，上海话念做“扛”，为读者正音。再如：

老太太坐在客堂里呆想，老头子回来了，于是两口子就有说吒说地谈起了儿女的亲事。

老头子说：“我看马家小姐配谢天，倒是桩好姻缘。”

老太太道：“唉，阿莲要比二媛有主意，有清头，做伊嫂嫂，蛮等样，蛮有资格。”

老头子呼了口香烟，点点头：“是呀，谢天今年几岁？”

老太太笑道：“天下世界自有侬迭种糊涂格人，自家格大伲子年纪

---

① 苏广成：《骑虎日记》，《好莱坞日报》1940年1月4日。

② 苏广成：《谢谢一家门》，《东方日报》1939年10月7日。

也会忘记，谢天末年二岁，八月初三生日。”①

老头子用普通话，而老太太则与老头不同，老太太全用苏白，此老太太恐怕是苏小乡亲，其语气直与《海上花列传》中人物相仿佛。

三、红绡

红绡，不知何许人也，小说检得19篇，文言、白话兼作，武侠、侦探、言情皆有。然却以北伐铁血、革命男儿、战地蝴蝶、生死鸳鸯，劲吹刚健之风，一洗柔媚之气，加之奇异诡谲之情节，于海派小说小报中实不多觏。

1. 革命铁血

红绡不详其与国民革命军有何瓜葛，但见其作品多以北伐革命为背景，主人公为军中猛将，还常常提及国民党大员如蒋校长、蒋百里等人。

如《白衣天使》中的凌云阁，早在北伐军到上海之前，就被委任为上海区别动队总监，在中学体育教师身份掩护下，发展了15 000人的队伍。五省联军总司令孙传芳，见南军势如破竹，引鲁、张势南侵，鲁、张派毕庶澄镇守上海。毕庶澄纳张大吼女张慧珠为妾，张慧珠早已为凌云阁发展为革命党人也。当北伐军攻打上海时，慧珠假借毕三爷毕庶澄之命，令部队由京沪铁路退驻昆山，因此北军溃败，北伐军进入上海。凌云阁厥功最伟，被委任为上海特别市政府的秘书长兼任党务整理委员会委员。

《枪声艳影》中的唐天纵是黄埔三期学员，校长蒋先生和教务长何先生都很器重他。北伐逼近上海，急电催天纵奔赴前线，委任其为新编第一独立旅第三团团长。他率军血战龙潭，击败孙联军。龙潭一役，天纵以500壮士，抗击10倍于己强敌，血战12小时，不独保守

① 苏广成：《谢谢一家门》，《东方日报》1939年10月9日。

原有阵地，并且歼敌不下数千人之多。荣升独立第三旅旅长，后升任中将副军长。后武汉会议分裂，九江军变，叶挺、贺龙在南昌起义，天纵军务繁忙无暇回家。

《浴血鸳鸯传》中的菱青与孙昭阳，亦黄埔军校学生，为一对带剑携枪之革命情侣也，曾参加汀泗桥之战。

3篇皆演北伐革命，青年志士从戎立功事。所叙人物真赝参半，既有毕庶澄一类真实历史人物，又有毕庶澄妄假传圣旨之传闻逸事，究不知其真实经历有几何。

2. 北方游侠儿与上海白相人

《白衣天使》一篇，冶革命与武侠于一炉，尤其是写北方游侠儿与上海白相人打相打，可惊可叹，可鉴可赏。

文演住上海鸿福里的乔老头，膝下一女，名唤乔红梅。红梅母亡，为营丧，乔老头以红梅许嫁韦洪德为条件，向其借款300元，红梅不允，韦洪德请白相人胡四福为自己出头，逼债迫嫁。胡四福“手底下一班徒弟们，七嘴八舌地说：‘操那起来，迭只老头子那能介坏，将人家铜钿骗到手里脱仔，还要讲法兰西闲话，大概骨头是铁做格，打不碎？四爷叔弗要搭伊多讲，拖出先排一顿三和土，五百洋钿是会排出格。’”①

有亭子间少年，乔老头同乡，他在梵王渡大学攻读，在中华国术会充当主任拳师，又在《申江日报》的运动版做主编。其祖父是清廷的武孝廉及四品游击，家学渊源，国术颇有根底，名叫凌云阁，乃一标准寄寓海上的北方游侠儿。凌云阁路见不平，拔刀相助。

胡四福威胁道：“那能……至有一班不识相的家伙，硬要挺身出来打不平，那可就自寻苦头吃了。我姓胡的提着两条腿在外边跑跑，大人大马，也不知道见过多少了。”歪鼻子阿毛嚷道：“操那起来，神气活现点啥，阿是骨头发痒。”

凌云阁正气凛然，不把这群白天吃太阳、夜里吃月亮的白相人当

---

①红绡：《白衣天使》，《东方日报》1940年9月8日。

一回事，道："我如果怕事儿的话，也不会出来调解事情了。四方桌子八面理，路不平，别人铲。"① 双方约在三角小空场开打。凌云阁高声说："场外各位请听着，这是我们自愿动手较量的，无论死伤，既不报巡捕房，更不说回头话，两厢情愿，各无异词。"②

胡四福说："嗐！兄弟以为此事与你老大哥根本就没有什么关系，光棍打光棍，一只山头一只虎，离开山头数不到我。就像我兄弟是受了朋友之托，出法界斗胆到你老兄的地界上来，路宽眼窄，腿短牙长。"

"凌云阁听得有些儿不耐烦了，忙道：'我兄弟一不在帮，二不在会，既不懂帮规，更不解会例，请你不必多打切口。老实说，你爱意与我打，立刻动手，谁打败，谁便叩头赔罪，干脆一些，何必多说废话呢。'"③

作者写来声口宛然，一为上海白相人，嘴上开花，大摆华容道，一副狠巴巴样子。一为北方游侠儿，开口官话，堂堂正正。

歪鼻子阿毛、小铁匠根宝一伙蟹脚齐上：

第一个袖了铁尺搂头便打，第二第三个执一把药水斧头，先后向凌云阁的腿臂砍去。可是凌云阁毫不怯惧，他伸手将铁尺接住，在□了鬓发的当儿，趁着夺铁尺的势子，来一个脱袍让位的解数。他腾身到包围的圈子外边，翻起来一腿，将执尺的家伙踢了一个狗吃屎，那三个小亡命齐扑了一个空，王大龙的斧头险一些儿砍中鲍阿土的脑袋，鲍阿土的铁尺可险一点打中小湖州的肩胛。这来第一回合，三个被骗，一个倒地，铁尺已到了凌云阁手中。④

两方相斗，上海小抖乱张牙舞爪，恨不能一口把人吃掉。北方武师，严守门户，不慌不忙，进退有据。

话说北方游侠儿，上海白相人，一称雄于北，一为霸于南，各自为王，不曾往来。设使北方游侠儿碰到上海白相人，不知胜负如何。古今武侠小说家不少，却不见有虑及此者，任此重大关目荒弃一旁，

---

① 红绡：《白衣天使》，《东方日报》1940 年 9 月 7 日。
② 红绡：《白衣天使》，《东方日报》1940 年 9 月 9 日。
③ 红绡：《白衣天使》，《东方日报》1940 年 9 月 11 日。
④ 红绡：《白衣天使》，《东方日报》1940 年 9 月 12 日。

无人问津，以为不过好事人臆想而已。孰料，竟于小报中获睹此奇文，犹以为天外飞来之章也。

3. 神鹰探案

红绡亦为侦探小说行家里手，作有神鹰侦探系列，小说注重设局伏脉，情节奇诡。

神鹰探案之一《毒手魔王》，写上海厉公馆连续出现命案，厉大少一共四个姨太太被害，或殒命桥头，或丧身塔楼。

初，厉大少名汉坤，其父厉福祯为香港巨商，经商三年未归。其母私通戎账房，生一子戎建勋，与厉汉坤相貌无二，只差一黑痣。福祯发现妻子私情，逐出戎账房，又派人杀之。建勋成人，害死厉汉坤而假冒之，但为汉坤太太叶映绿发觉。厉大少厉汉坤原有隐疾，早泄，且有一黑痣，假大少数处皆有疑点。假大少谋泄，先后杀死四位姨太太，绑架叶太太、宋春燕等，欲纵火焚烧厉府，千钧一发之际，李神鹰等赶到，捉获戎建勋。

神鹰探案之二《窗前魅影》，叙记者宋春燕屡次遇险，或桥板坍塌，或路遇烈狗，游玩中母宋夫人落崖而死，深夜，亦有人欲谋害宋春燕。

初，宋春燕父宋乐山是徽州东门一家茶药行的老板，生意兴隆，家中有经理各埠生意的先生徐铭恩。徐铭恩妻杨氏，宋乐山见而慕恋之。徐铭恩逼其妻子与宋乐山私通，以固其宠，又以捉奸为名，送乐山至官府殴伤毙命，其妻子自杀而亡。徐铭恩则与宋乐山妻柳氏同居上海，而冒宋乐山名经商。乐山女宋春燕长大，柳氏拒绝将其嫁徐铭恩子，徐惧谋泄，欲害春燕母女性命，为宋春燕做记者的丈夫李神鹰窥破伏法终。

民国时期出现许多系统侦探小说，如程小青的《霍桑探案》、陆澹安《李飞探案》等。红绡神鹰探案，于小报仅见此二篇，尚不成系列，亦无法与名家之作相比。

红绡小说叙事以奇诡变幻见长。如《书艳猎奇记·虬髯奇画做冰人》，叙有虬髯叟者，国画名手也，惜其不为权贵作画。居停主人拂云设计，谓得以巨资得名画，诩为天下第一，无人能及，诱虬髯叟往观。虬髯观后，撕毁之，自做一幅抵偿。拂云之技得售，遂得名画献权贵。

红绡虽善于构设情节，然时有悖理失真之处。《虬髯奇画做冰人》中写京城涮羊肉，其味奇妙，配方秘不示人，竟是杀小儿以佐肉味。《白衣天使》中写以烟卷下毒杀人，口服药品以装病。情节过于奇巧，有故弄玄虚之嫌，缺乏真实感。

《山谷课》写射阳生，出身清寒，为人螟蛉，作网球球童，耳濡目染，竟习为网球名将，虽国手亦感佩之。将网球采入文中，恐非内行人不办，渠亦三折肱者也欤？网球为舶来品，上海开埠早，得风气之先，殆中国网球历史始于上海欤？

四、蓝白黑

1. 生平

蓝白黑，本名汪焚稻，字助予，安徽人。一说与“棋圣”吴清源为同乡，同为（卅）许人，见辛陀《新浮生六记序》，不知其何所据。

辛陀《新浮生六记序》说：“凡读报者，亦莫不知有蓝白黑其人。蓝白黑乃汪助予君之笔名，君聪颖绝伦，善治小说家言。平日喜骂怒笑，皆成文章，轻松流畅，特多神来之笔。战前即已崭露头角，蜚声报坛，比年造诣愈深，所著愈见炉火纯青。客岁，自来海上，各小型报争相邀聘，而读者亦以先观蓝白黑之文为快。”辛陀将蓝白黑与吴清源相提并论，称“吴汪两氏，均（卅）许人，年龄相若，天才横溢，亦足相埒。吴为棋中之圣，汪亦文坛称雄，少年腾踔，诚足并传”①。

蓝白黑在《新浮生六记》(插图见图 4-6）中自述生平云：

寒舍虽属皖南书香望族，然廪乏积谷，囤无隔宿之粮，殆一标准破落户。余髫龄时，敏慧冠于弟行，识字之余，雅嗜音乐绘画，且容貌性

① 辛陀：《新浮生六记序》，《大风报》1948 年 5 月 28 日。

格，酷肖女子，居恒忸怩作态，颇类沪语所指之娘娘腔。此种作风，家人无一称誉，讵独蒙先伯宠爱，诩为天才。

图 4-6 《新浮生六记》插图

民国十三年冬，先伯挈余来沪，初拟命余投梅大王为师，习青衣，备他日登身氍毹，为先严所阻作罢。继则转为读，又以皖沪方言，口音悬殊不果，此余十一岁事也。自是因循荒旷，历五载犹不识之无，胸如草塞，每作家书，亦复乞人代笔，殊可概也。

越六载，先伯一病不治，魂归道山，余顿失依恃，几成浪子。幸得桑梓前辈程沛然先生携余寄寓京沪线之黄渡镇，供给衣食，始免冻馁。程君别署万吉居士，古道热肠，美德可风，朝夕对余诱导，日夜不倦。程君嘉余孜孜苦学，益加勉励，按月资助达百金以上，爱若子弟，饮水思源，余之得有今日，是皆程君之赐也。

其时，因乡居寂寥，适宜修养。经一年，所学略著成绩，写文作稿，措词尚能达意，间尝为沪地各报撰述，多被录用。无师摸索，亦可自进，诚非始料所能及。所惜者，书记涉猎既伙，复病漫无系统，至朱墨亦黑，不遑辨别。受此影响，思想遂落拓不羁，行为尤放浪形骸。余之一生，即于斯时铸其雏形，迄于目前，犹未改观焉。呜呼！岁月催人，光阴忽忽易十七寒暑，缅怀前尘，几有不堪回首之叹。程君沛然今已鬓丝斑白，摇牙投老，余则坎坷中年，离愁满腔，而环顾起居萧条之状，倍增感慨。李后主诗云："人生愁恨何能免，销魂独我情何限。"又云："春花秋月何时了，往事知多少。"余读此，辄为唏嘘。[1]

文中提到"容貌性格，酷肖女子，居恒忸怩作态，颇类沪语所指

① 蓝白黑：《新浮生六记》，《天报》1947 年 4 月 16 日。

之娘娘腔”。蓝白黑有《灵肉之门》一篇，写女扮男装故事，似脱胎于其男儿女相一事。小说写“余”负笈沪上某大学，专攻文科，与同学许梅轩合租东方公寓，梅轩面貌姣好，有美男子之称，然不免娘娘腔，诸多方面频呈女性特征。余与梅轩同处一室，颇为投契，复相慕恋，至余与女同学徐莹交往，梅轩颇含醋意。原来，梅轩本为女子也，自幼御男装，20年来未尝一试女服，是以左邻右舍，多有未知其为女子者。乃母拟将其许配表兄，梅轩负气来申以示抗议。

另，序中提及的程沛然，不详其生平，当亦耆儒硕老，蓝白黑得其陶染，始立文学根基，后橐笔走海上，卖文为生。

2. 豆腐小说

蓝白黑在小报共发表了23篇小说，所写多为艳情，其中以《隔壁风月》最能代表其风格。

蓝白黑为文才思敏捷，尤善吃豆腐一道，写来机趣环生。所谓吃豆腐者，即淳于髡、优孟滑稽幽默之流亚也，在海上小报家中颇为流行。有吃豆腐、吃嫩豆腐（吃女人豆腐）、吃同人豆腐、吃豆腐吃出骨头等名目。

如同人之间吃豆腐，周天籁《亭子间嫂嫂》把唐大郎和邵茜萍拉入与亭子间嫂嫂牵丝攀藤，而蓝白黑也把周天籁拉入自己的小说中来跳加官。如前文已述“周天籁先生笑了，他眯紧了一双眼睛，嘻嘻地说：‘操、操、操，你开我玩笑，我也来开你玩笑了。’东行的一路电车到了站，周天籁先生蹦跳跳地赶到车站挤上电车去了，我瞧瞧这位老实忠厚人的背影，禁不住浮上一种笑意。”[①] 不过，周天籁没有唐大郎、邵茜萍那么逗五逗六，但是其口头语“操、操、操”，殊不雅相。

《隔墙风月》是一篇吃隔壁女人豆腐的小说。

文述上海某石库门房子，“我”与戴师母为近邻，其近异乎寻常。“我家统楼的窗与戴师母的楼窗口，是紧靠着的。我家最右的一扇，和隔壁最左的一扇窗的中央，竖着一支木柱，我和戴师母，如果不实

① 蓝白黑：《荡妇》，《活报》1948年5月14日。

行握手，那么只要隔开两扇窗谈话，否则的话，我必须推开最右的一扇窗，戴师母亦须推开最左的一扇窗。”①

文中所述，稍有凌乱，但其意甚明，即两家近得几乎等于一家。上海居大不易，人满为患，有时板壁一隔，即一户人家，此情形，常为小说家和画家摄入笔端，且所写多风月邻居。如《亭子间嫂嫂》中的朱道明与淌白亭子间嫂嫂、《楼头春色》中的“我”与按摩女，一板之隔，挡不住春光，朱道明在板壁挖一小洞，窥隔壁风光。此文中“我”与戴师母近得不能再近了，正是吃豆腐的绝好机缘。

这个戴师母丈夫是甲长。“因为戴先生现任甲长，戴师母便变成了弄堂里百搭人物。全弄堂中人，无论男女老少，戴师母一律认识，甚至弄堂叫卖臭腐乳、馄饨摊、高邮鸭蛋、宁波苔条饼的小贩，戴师母同样各各相熟，各各交谈。”②

且交谈之兴致极高，移晷忘倦。“平常日子，我每次遇见戴师母，总是回避她的次数多。有时候，不得不和她谈几句，我便想出种种的方法，提早结束谈话。有几次，我甚至推说：‘等一会再说吧，让我先去大便一次。’或者是‘戴师母的话，愈听愈津津有味，比范雪君的《啼笑因缘》，还有好白相。好吧，你等着我，待我回家拿一盒香烟，顺便吃一壶茶来，索性听听痛快。’结果戴师母都在我的欺骗下放我走的。”③

“我”与戴师母常吃豆腐。有一次，“我”与她婆娑于高士满舞厅，跳着跳着，她忽然吃我豆腐，指着我鼻子说：

“这是一只小白脸的鼻。”

我道：“神经病，专门瞎三话四。”

“王先生，你为什么道理要骂我神经病？”

“你先取笑我讽刺我，说我是只小白脸的鼻子。”

“这是抬举你，懂不懂？”

“这种话，恕我莫测高深。”

---

① 蓝白黑：《隔墙风月》，《诚报》1948年7月9日。
② 蓝白黑：《隔墙风月》，《诚报》1948年7月3日。
③ 蓝白黑：《隔墙风月》，《诚报》1948年7月4日。

“小白脸的鼻子，在女人地界相当走运。”

“隔壁嫂嫂，照你的意思，小白脸只要保护他的鼻子够了。”

“当然，电影明星白云，不是请教一位江湖美容医生，改造了他的鼻子吗。白云为什么单改鼻子，就为了要维持小白脸的美。”

“然而事实上，白云的鼻头是假货，假的东西总是假的，假的东西一定比不上真的健全健康。”

戴师母忽然立定了，她将我微微推进一点，尽盯住我的鼻梁，我说“我这个鼻子永远看不厌的。”

“你的鼻子果然不错。”

戴师母吃“我”鼻子的豆腐，“我”反吃其小嘴豆腐，戴师母，“我”又称她隔壁嫂嫂。

“隔壁嫂嫂，你的小嘴唇也长得很美。”

“你的嘴唇小得有趣，小得连一颗鱼皮花生，也像塞不进的样子。”

戴师母给我说得笑了，她将按在我右肩的那只手，轻轻地捶了一下。

“鱼皮花生，比莲芯大得有限，王先生，你未免将我的嘴唇形容的太小了。”

“其实，你可以去照照镜子，你的耳朵小、眼睛小、身材小，什么都小，但是小得有样，小得玲珑。”

“快说，快说，你说我样样小有什么根据没有？”①

火山上、舞池中，搂抱之际，寻机吃吃豆腐，而且还要反吃豆腐。戴师母有些十三点作风，隔壁新邻郑太太刚刚搬来，戴师母即向我透露其秘闻：

戴师母的小嘴唇立刻凑到我的耳朵边，低低地说：“她做过吉普女郎，对于外国人的祖宗，她是见的太多太多了。”

“什么叫做外国人的祖宗？”

戴师母蓦地伸出了手掌，告诉我：“王先生，人人都叫你一声小诸葛，怎么连这种小小的常识，你也不懂。你看□，所谓外国人的祖宗，就是这五只手指里的一只。你不妨猜猜看，到底哪一只手指头，可以代

① 蓝白黑：《隔墙风月》，《诚报》1948 年 7 月 13—14 日。

表外国人的祖宗？”

她嘴里左一只，右一只，只字听来实在有些刺耳，我当然明白了，我向她笑嘻嘻地说：“戴师母，你所指的祖宗，是当中的一只手指头吗？”

戴师母天真地把第三只手指，特别挺得高高地，在我面前扬了扬，“对极了，郑太太对于这支手指头，见识太丰富了。”

“然而你的手指，不够伟大。”

我□望她的手指，她的手指又白又细又嫩，好像□□□得以折就可以折断的样子。指甲□□有致，长长的，尖尖的，还涂上了一层玫瑰色的油彩，那只手指头，套着一只白色钻戒，钻石上的体积不大，光彩却不坏。

我看看不禁笑了起来，接下去说：“戴师母，外国人的祖宗，如果像你这个指头，未免太渺小了吧，我想郑太太一定不会表示欢迎，你戴师母也不一样不会欢迎吧？”

“喂喂喂，王先生，我不过形容而已，你又何必把我带进来呢。我叫戴师母，她叫郑太太，翻翻百家姓，戴字和郑字，路差十万八千里吧。”①

此段吃豆腐，以十三点为作料。“我”以戴师母手指太渺小，戴师母一定不欢迎，吃其豆腐。而戴师母一只一只地展示手指头，让“我”猜哪一只是外国人的祖宗，猜中后，戴师母还特意将中指翘得老高，在男人面前扬一扬，此举不但是十三点，而且外带白相人嫂嫂之风。白相人嫂嫂嘴上开花之际，往往将一个中指翘法翘法。

3. 托喻之富

蓝白黑所做多为艳情小说，不离男女间燕婉之私。然因其文笔玲珑，深谙比兴。缘理设喻，察情取譬，借事含讽，托物寓志，虽不免偶有春光泄露时，然尚不失婉约典丽之致。

如“我”与隔壁嫂嫂戴师母谈风月，她说：

---

① 蓝白黑：《隔墙风月》，《诚报》1948 年 7 月 4 日。

家庭妇女，最好让他们太太平平过着日子，让她们一直满足于二十五支光的电灯泡。因为点惯了二十五支光的电灯，一定不会觉得黑暗，点惯了二十五支光，忽然换一盏七十五支光的，光头虽然亮了，可是以后就非一直点着七十五支的不可。不然的话，她们便要讨厌二十五支光，便会离开黑暗去追求光明了，这点你该应明白。

戴师母心平气和，用物理来譬喻人类的欲望，倒解释得铢锱相称，恰到好处。这种譬喻，固然浅显，然而决非普通女子所能设想。谁知，素以十三点脾气著称的戴师母，却能滔滔地讲出这么一套纯哲学的理论来，真是出人意表之外的事，我怎么能再去小觑她呢？

我立刻轻轻地、无声地拍着手，称赞她的话，讲得有路，讲得完全像大学教授在讲堂中所讲的。最后，而且问她："那么，你大概是个过惯七十五支电灯光的？"

"这也未必。"

"五十支光。"

戴师母摇摇头："能够有五十支光，我要拜拜菩萨了。"

"难道也只有二十五支光的程度？"

戴师母把塞在我的棉被内的一只手，便捏得紧紧地："二十五支光在打七折八扣，我简直是在一盏菜油灯下过日子。"

"照你的意思，二十五支光再打七折八扣，等于一只十五支光的电灯泡，难道戴先生的光热力，这么平凡？"

"我绝不会造谣。"

"所以你追求光明。"

"我不敢奢望，至少，我认为应该合度。"

"合度？至少才算合度呢？五十支光、七十五支光，或者是一百支光？"①

再如蓝白黑《新红楼梦》一篇，以抗日敌情，比喻男女情事，文称：

黄伟之手，既迅然开始动作，动作且复熟练、沉着，而又神圣。此

① 蓝白黑：《隔墙风月》，《诚报》1948年8月11—12日。

种行为，若以军事学之立场观察，实属最标准之侵略作战。然引为诧异者，黄伟虽开衅黩武，采取袭击策略，而严敏玉则处之泰然，并未振臂奋起，出而抵抗，俾予侵略者以严重之打击。职是之故，敌骑遂益肆无忌惮，恣意行动矣。

倘谓严敏玉或可代表中华民国，则敌人挑衅地带，似起于国疆之东部。东部曾设有屏藩，第因其地初无反抗表示，敌人乃解除其间之障碍物，实行长驱直入。试观敌人之侵略方式，系先取初探，继为占领，而侵略手段，则为由点而线，由线而及于全面，至于进攻路向，颇尽迂回曲折之能事。

于是乎，噩耗频传，先则山东之东岳泰山，沦陷矣。次则南下取道山西太原，太原则遭搜索矣。复次则西上而抵湖南，湖南之西岳衡山，又被占领矣。再次则舍衡山而仍重历太原，直向南扑，破第二道防区而下，控制整个江西之大庾岭矣。最后则沿大庾岭而下，止于广州边境。

广州为南国之中心区，气压低而温度高，遍地尽皆柔草与腻土，其地彷佛常年雨水不辍者然。敌人至此，原欲深入广州湾，溯江而上，探其心脏，终因水位太高，洪流淼淼，为恐遭灭顶，遂徘徊两岸之间，观望不进。

敌军在广州湾，趑趄多时，一筹莫展，当其正欲鼓勇探险之际，国军方追踪赶至。国军既至，志在防守最后阵地，纷纷集中于广州湾之海口。[①]

上海白作家中，周天籁缠绵悱恻，其情感之丰富，无出其右者；田舍郎则豁辣浅白，直等于纪实矣，亦一人而已；至于蓝白黑则以善设譬喻，文思宛转，称胜一时。

蓝白黑有《水莲公主》一篇，叙杨莲花南国姑娘，家居广东水乡，善泅，自幼水性过人，男孩不及，有“水莲公主”美称。杨莲花与张蓁青梅竹马，二人出走至汕头同居，被宪兵队所捉，为父母领回。杨莲花又与警察局长之子欧阳卫相恋，怀有身孕再次出走，家长寻觅无踪。某日见上海报纸刊有《本届游泳冠军杨莲花女士》一文，并附照

① 蓝白黑：《新红楼梦》，《群报》1947年9月28日。

片，为一身穿泳衣少女，孰料竟是水莲公主，而旁一人，正是欧阳卫也。

所叙游泳冠军、南国姑娘，与民国时期游泳冠军杨秀琼事迹颇相似，秀琼也是广东人，不过杨秀琼之雅号非“水莲公主”，而是“美人鱼”。此抑隐括“美人鱼”事欤？

五、捉刀人

1. 生平

王小逸，笔名捉刀人、爱去先生、何家支等，浦东南汇县人。其朋友玖君说他高高个子，胖胖身材，红红脸色，讷讷谈吐，戴眼镜，外表近似南货店阿大、粮食店经理，虽是书香门第，但无文弱书生气息。

王小逸书香门第，国学根底深厚。早年执教于豫园萃秀堂生海豆米小学，和张恂子同事，张任教务长，他任四年级教员。二人都是文学青年，教学余暇向报刊投稿，渐渐地引起办刊兴趣，于是诞生了《浦东旬刊》。张恂子为主干，王小逸作主笔，论说、新闻、谈话、小品、小说皆作，甚至校对，也一手包办。《浦东旬刊》名虽为浦东地方十日刊，大本营却在上海，编辑部设在萃秀堂校内，发行部由菜市街王春山负责，王春山为著名小报发行人。王小逸后又办了《新浦东》《浦东旬报》，是当地重要刊物。1928 年因张恂子留学日本，王小逸独立难当而停办。

报纸停办后，王小逸辞去了生海豆米小学教职，迁居于西门王家阙路，杜门却扫，专门从事小说创作。这时他应大东书局之邀写《春水微波》，出版后一举成名，与网蛛生的《人海潮》、百花同日生的《新山海经》，鼎足而三。王小逸成名后，便引起了小报的注意，来岚声是当时的小报名人，他本是通易银行的职员，手下却办有《世界晨报》和《时代日报》，还有一书局，名“震华书局”。来君手下负责社会版的朱腥公，很赏识王小逸，请他在两报上撰写小说，王小逸便以捉刀人的笔名写了《歪嘴吹灯录》《王公馆》《蝶恋花》《迷人洞》《乱红飞絮》等多部香艳小说。除了两报连载外，来岚声的震华书局出版了不少王小逸的小说。

1937年“八一三”事变后，王小逸率家人逃难至租界，闲居无俚，小逸常到大东茶室小坐。一次巧遇《社会日报》主编陈灵犀，陈灵犀向其约稿，小逸投以《鸾和散记》，连载后，大受欢迎。他从1938年到1944年，在《社会日报》上共发表了19篇小说。

在海派小说的发展史上，王小逸是一个承前启后的人物。在王小逸开始写作的20世纪30年代，海上文坛，向日执笔撰长篇的，如海上漱石生、张春帆、平江不肖生、顾明道、程小青、徐卓呆、包天笑，已过了他们创作的全盛期，而周天籁、田舍郎、苏广成、周益世等还未登上文坛。王小逸在其间，辈分要比海上漱石生、张春帆、包天笑等人低，而比周天籁、田舍郎出道早。在人们看够了老前辈们的长三堂子、黑幕、武侠后，王小逸以其香艳小说吸引了不少读者。王小逸、张恂子都是上海土生土长的小说作家，他们之后产生了一批上海籍作家，改变了文坛以苏州籍作家为主的情形，也正因为这一点，苏州籍作家所擅长的吴语小说衰落，代之而起的是上海白小说。

在上海小报小说家中，就数量而言，王小逸居于首位，他共为35家小报写了161篇小说。当时的各家报纸争相发表他的作品，有“有报皆‘捉’，无刊不‘爱’”之目。甚至一份小报上同时发表他两部作品，多时他担任十五六家小报的长篇。1939年5月28日《东方日报》上有一篇道不同的《捉刀人论》，他说：“不论旧的小型报、新的小型报，大家都依靠捉刀人的小说撑天柱子，好像一张小型报上，没有了捉刀人的小说，就不够号召似的。我们统计新旧小型及定期杂志上，刊登捉刀人小说的，就有八九家之多。大家把捉刀人小说当成神明似的刊登着，使捉刀人一月之中，在稿费上的进账，有三百元以上，近四百元数字，一个大学教授也不过如此。”

王小逸文白兼擅，他既能写白话长篇，又写了许多文言短篇集，如《双飞燕》《万紫千红》《美人关》《鸾和散辑》《鸾和散辑补》《今杂事秘》等。

2. 鸦片烟、红珠子、眼药

提起海派小报小说家，捉刀人大名，真是如雷贯耳，当时称之为药料甘草，按量而论，无人能及，然按质而言，既难与红绡、孟德兰比肩，至于周天籁、田舍郎、苏广成、周益世、黑旋风等，更望尘莫及矣。诸家济济一堂，捉刀人必当叨陪末座。

捉刀人小说专主花月情色，他曾说：

捉刀人自从在《世界晨报》写了一篇《歪嘴吹灯录》，又在《时代日报》写了一篇《王公馆》之后，好像是这一家铺子，专门卖这些东西，凡是需要这些东西的，都得上这一家铺子来零拆趸批……老板没奈何留了条子，最主要的一句话，是要我写《王公馆》下集，并且说报纸上已登了不花钱的预告……并且说这东西像鸦片烟、像红珠子，人吃了都会上瘾，现在许多人上瘾了，你不把鸦片烟、红珠子卖出来，那就是对不起老板，简直是对不起读者了。①

捉刀人曾询诸行内人，问小说登龙术若何？“近来忽然技痒，想写一些东西贡献读者，但是究竟写些什么东西呢？心中老是存着这么一个疑问。后来有一位聪明朋友告诉我说，你只往如此如此那条路上写，你便称起识时务者为俊杰了。”② 经行内人指点，于是《王公馆》《人体展览会》《姊妹淘》等一系列情色小说便诞生了。其所谓“那条路”，便是情色之路明矣。

有人把他的小说比作鸦片烟、红珠子，他自己亦有一说法，他说他“供给读者先生们充作一味常用眼药”③。眼药何所取意？上海有句俗语曰“棝眼药”，专指目迷美色，男人看见美女，从眼睛一直舒服到心里，正如眼药涂在眼睛上清凉舒服，受用无比一样。“棝眼药”又称“眼睛吃冰激凌”。

捉刀人的艳情小说，有时描写暴露，淫态毕现，有污楮墨。如《今杂事秘·阴私》言，人之隆准与那话儿成正比例。又说那话儿与人之大拇指指甲成正比例。

---

① 捉刀人：《姊妹淘·小引》，《时代日报》1933 年 11 月 5 日。
② 捉刀人：《王公馆》，《时代日报》1932 年 7 月 1 日。
③ 爱去先生：《人体展览会》，《金刚钻》1934 年 8 月 11 日。

大拇指指甲的长度，等于那话儿大小的直径之半……你把小方形的白纸，先对折了，再对折，再对折，到第三次对折时，那纸已成了扇子形。然后把来平放在大拇指上，尖的一面向内，钝的一面向外，候准指甲外缘，挖下里面的纸打开一看，不是方形的一张纸张，挖了一个圆框吗，说也奇怪，这个人那话儿多大，把这个圆框套上去，丝毫不会错误。至于施之阴性也一样。[①]

《姊妹淘》写女同性恋及换妻。《今杂事秘·阴私》写男同性恋，何郎与翔高二人，歌南风之章、后庭之曲。《今杂事秘·异趣》则写牝狗与妇人交合。

小说家罔不有花月风情描写，周天籁为跑公司、向导女、咸肉庄花立传，然其间却留有一脉真情不泯。田舍郎笔下宁波嫂嫂、扬州阿姨，牵丝攀藤、搅七捻三，甚至狗屁倒灶情形，然却弄堂风情宛然，而捉刀人则一无意趣，徒然宣泄情色。

唯于情色描写有所发明的是，单对情侣，所谓一双蝴蝶可怜虫，已不当其意，而以卅六鸳鸯同命鸟出奇制胜，虽无同时写 36 之数，然写 3 对甚至 7 对则是随处可见。如《无轨电车》写 8 个有家室男女，暧昧私通，重新组合为沈含芳与彭春山、李似燕与戴似玉、李似凤与凌有光、蒋玉愁与黎远生、毕玫云与费正明，5 对新鸳鸯。而最多的是《花底鸳鸯》，共计：叶小鸳与陈明选、叶小鸯与邢纯甫、陈夫人与张翁、叶半山与袁氏、小鸳同学华蝶缘与朗得三、陈宅婢女秋菊与左连发、邢宅婢女春兰与王伯未，共 7 对孽海鸳鸯。

著述都为稻粱谋，捉刀人文债山积，日撰八九篇小说，齐头并进，文昌大帝又未曾授其彩笔，其天天圆谎不暇，遑论寄托、意趣、人物、篇章，故敷衍搪塞之作在所难免，甚至重复词句以充字数，其法甚劣。如：

收拾起东西来，一样一样，也都有了头绪。先由自己整理出一个大纲，然后开门招呼茶房进来打铺盖，装网篮，留了一顶军帽、一件军衣、一根武装带、一双皮鞋在外，其余连消闲的小说子，都一股脑卷入铺盖

① 捉刀人：《王公馆》，《时代日报》1932 年 8 月 21 日。

里，才收拾完。顿时有人来到，第一批，是常驻在船上的栈房伙计，一路喧嚷，一路兜揽。第二批……第三批……。①

这位鲍小姐的父亲鲍炳卿向来在上海做事，做的什么事，人家不知道，从抗战以前，人家就不知道，直到抗战结束，人家还是不知道。②

卫履平说要走，只旋转身来轻轻地叩了一下，那门便开了。开了便出去，出去了，门便关上，门关上了还是那样沉寂起来。赵宗强恨没有跟着她冲出去，恨屋子里没有镜子，恨什么，恨什么，什么都是恨。他思索起来，开始思索起来。③

海派小说家以文换钱无可厚非，但出此下策如捉刀人者确实少见，他自己曾说："管他娘，换了钞票再说。"④

捉刀人颇恃国学功夫，为文喜好玩弄文字，雕琢文面。他曾为《金刚钻》报治一长篇小说，书名《天外奇峰》，不名第几章、第几回而曰第几峰。回目为一联语，每联必着一奇字，如奇迹、奇梦、奇文、奇语、奇花，等等，全书共三十三峰，寓三十三天之意。

其为《海报》写《新纺棉花》，以《西游记》始，以《西厢记》终，取西药计量单位"西西"（cc）之意。共征用了《西游记》《水浒传》《儒林外史》《聊斋志异》《镜花缘》《三国演义》《老残游记》《珍珠塔》《九尾龟》《红楼梦》《封神传》《西厢记》十二部古典名著，或插写、或改写、或另写，成一种故事新编体小说。

而《十八般文艺》是以十八种文体构成小说。十八种文体为：章回体、笔记体、寓言体、新文艺、新体诗、旧体诗、应用文、骈体文、话剧、方言、弹词、滩簧、歌谣、书信、游记、日记、词、曲。因文体不同，各体之间以点将法过渡，他名之曰"藕断丝连体"。

捉刀人本以教师为职业，执教鞭于豫园萃秀堂生海豆米小学，故其作品中常写及学校和教师，如《明月谁家》长江边大柳树村小学教员唐燕甫。《双飞燕·夕阳归燕》中，涵芬之兄同国军西撤，涵芬则

① 王小逸：《天外奇峰》，《金刚钻》1932年8月30日。
② 何家支：《闲情赋》，《铁报》1946年4月17日。
③ 何家支：《闲情赋》，《铁报》1946年7月9日。
④ 捉刀人：《观光团·前言》，《铁报》1945年12月10日。

留在上海作小学教员。《双飞燕·呢喃新燕》，夫意诚随国军西走，妻子世玉谋一小学教职度日。诸人物间，似乎都有作者的影子。

《五里雾》写上海弄堂里的兴华小学校，校长娄振东，夫人顾怜影。教员因工薪问题欲罢课，但顾怜影以金钱贿赂，得以各个击破，罢课未成，唯把龚学定和王翠芝开除。被辞退之龚学定和王翠芝，在高士明资助下，创办华兴小学，王翠芝为校长，龚学定为教务长，兴华与华兴两校因生源发生冲突。小说叙述了上海小学开办、经营、竞争、管理诸多情形，可见其对教育题材之熟稔。

捉刀人小说数量虽多，但多敷衍搪塞之作，择其善者十不得一，差可称述者如《试金石》，演军阀祸国殃民故事。

当国军西撤之前，某团某营营长赵屏，奉命驻上海附近一村，村名黎明，村多朱姓。有朱汉者，妻凤子，朱汉与赵屏同砚，朱汉便招之至家中驻扎。

其父朱一叟斥朱汉引狼入室，必遭杀身之祸，然朱汉不为所动。赵营长撤离，朱一叟任维持会会长，朱汉谏父，为朱一叟所杀。

赵屏，字维翰，与朱汉妻凤子，旧为近邻，二人情洽，曾论及婚嫁。朱汉死后，凤子与赵屏相遇，互矢永好。孰料，维翰却被唐本所害，凤子为维翰报仇，杀死唐本，自己哀痛过度，死于丈夫朱汉墓前。朱一叟之言果应验。

文叙父子、夫妻、军民之间之纠葛和剧烈冲突，暴露军阀祸国殃民之行，寓循环果报之理。告诫人们好男不当兵，交接武人，必引狼入室，尤以情节之终始参差、苍黄翻覆、生死存亡，令人惊骇不已。

此外，又有《双飞燕·离家娇燕》，叙悍妇故事。

某村李四，有季常癖，惧后妻郭氏，郭氏遇其如牛羊。李四有女小珠，郭氏遇之无状。村中有张虎者，业梓人，平日操斧做生理。闻郭氏事甚不平。一日郭氏觅小珠殴之，村民将小珠藏匿，郭氏寻至。

郭氏果至，长呼曰："谁匿小珠者？"

张虎持双斧，舞而出，砍长凳，立折，应曰："我！"

郭氏睨之曰："我觅吾女，与汝何与？"

张虎以斧拟其面，曰："汝可知小珠为汝女耶？我今日非杀悍妇不可，宁捉将官里去。”

郭氏曰：“汝敢杀我，乃无国法。”

张虎曰：“我不杀汝，我非张虎。”掷其斧，捽郭氏发，郭氏倒，张虎曳其发以行……村人以粪土掷其面，耳目口鼻，莫不有粪土。①

后小珠走沪，嫁于大户人家，由婢而为夫人，由拖油瓶女至大户主妇。

张虎不愧虎名，虎虎有生气，替千古以来拖油瓶儿女吐尽心中怨恨之气。而写小珠一角，竟然推倒红颜薄命之宿因，由婢而为夫人，由拖油瓶至大户主妇，又替千古弱女子长豪气。全文简捷痛快，爽如哀梨，快若并剪。

捉刀人虽为上海人，但却不用上海俗语写作，而对京语颇向往之，曾作《新大奶奶》一篇，有意模仿北方方言。如文中对话云：“谁都知道，我们苏州胡同富家是有一些祖产的。你要没有个小子，这些女孩子，一个个嫁出去了，二爷、二奶奶也还年轻，过个一年半载，他们倒把小子抱在手里，你再想娶小老婆，那时候，他们是长孙，我们的受气又怎样？我不要什么贤德的名，老是想着弄了个新来的受气，随便怎样，总要比受二房里的气好一些，大爷。”②

文中的“小子”“大爷”“二爷”皆北方口语。捉刀人的小说语言，文白夹杂，并不以白话见长。迨周天籁、田舍郎、周益世、黑旋风一辈出，则别出新意，以上海白写作，成就斐然，与捉刀人之追求大异其趣。

六、冯蘅

冯蘅，笔名凤三，浙宁慈溪人。“尝肄业于某私立大学二年，而今供职于某洋行”③。其余不详。

---

① 何家支：《双飞燕·离家娇燕》，《铁报》1946 年 3 月 19—20 日。
② 何家支：《新大奶奶》，《社会日报》1942 年 3 月 31 日。
③ 梅霞：《咖啡》，《力报》1941 年 4 月 6 日。

1. 小说、小品兼善

在文坛上，冯蘅和柳絮并称少壮系中领袖。上海战后小报上文学稿件，分作长、短两种，长的连载小说，短的小品文，作家们也据此分成两类，即写长篇的小说家，和写小品的小品文作家。然其中长篇和小品兼善者不多，而冯蘅就是其中一位，常可见到，同一份报中小说与小品同报争辉，一边是他的舞文《文魁斋杂笔》（见图 4-7），一边是他的小说《春华露浓》。

文魁齋雜筆　梅霞

頓時心血來潮，決定將我的亭子間名爲「文魁齋」；哈哈！這間斗室可稱爲「齋」，也是「天曉得」。由於文章是拉雜寫來，故名之曰「雜筆」。早晨，摩西兄光臨寒齋，要我寫個報頭，威脅之下，祇得提起筆來顫動着手寫。寫就，自己不敢多看，蓋寫得太好，足與貓脚上的「小五車在此小便」幾美也！

在新聞片上看到英倫名舞師薛而維斯脫的表演，是那樣的瀟灑自然，超逸卓越，我承認這是藝術。至於海上舞場中的舞客，一部份是行屍走肉，另一部份是機械動作，距離「藝術」二字，奚止十萬八千里。

午餐舞，茶舞，晚舞，子夜舞現在「爵祿」九時起又有晨舞。有人譏爲自四時半離開[illegible]後到「爵祿」去之前的四個半鐘頭底時間中，沒有地方去跳舞是遺憾。

大新紅星殷美鳳小姐

你看她安靜的躺着，若有所思，思安樂的生活吧？不，我想該是在思那被毀的家鄉！

冯蘅舞文

图 4-7 《文魁斋杂笔》

冯蘅写小品署名梅霞、凤三、孤岛闲人，长篇署名冯蘅。小品以舞稿知名，有第一流大记者之号，其同行叶灵说：“舞国记者群里，提起冯蘅，谁也会顿时发生相当的敬意，我们称他第一流的大记者。”① 他在很多报刊开设专栏，现已查到的就有 13 个之多。如《铁报》的《花边小品》、《东方日报》的《珠香集》、《苏报》的《蛇足篇》和《文魁斋杂笔》等。其舞文名气，虽不敢上拟近楼、晚苹等前辈，但与顾亚凯、南宫刀、哀王孙等辈可称比肩。他自己曾说“余写舞稿 ·年，散见各舞刊之拙作不下百余篇”②，还曾翻译过英文舞稿，其评舞女的名言是“绫罗包贱骨”。

冯蘅亦为高产的小说家，共发表 88 篇，其中《呱呱叫姑娘》《英英日记》《黑天堂》稍有影响，《呱呱叫姑娘》《黑天堂》曾出过单行本。冯蘅小说多配有插图，为之增色不少。

---

① 叶灵：《舞过记者塑像——小咪的干哥冯蘅》，《力报》1938 年 8 月 30 日。
② 梅霞：《咖啡》，《力报》1938 年 11 月 23 日。

2. 新感觉派

冯蘅说部，论题材，属情色小说；论人物，多时髦摩登角色；论艺术，则极力追摹新感觉派。

就题材而言，其情色描写多有露骨之时，一味宣淫，殊伤雅道，常被检查和删改，以至曳白。如《娜娜小姐》刊载被删节，作者加按语云：“昨稿过于露骨，因遭郢斫，以致流于晦涩，特此声明。”①

就人物而论，皆都会男女，风流班首。如：《春华露浓》中的曼丽王是舞女；《黑天堂》中的何一萍是舞女蜕变之交际花；小周周廉方是小白脸，拿工钿的；《新乐府》中的林玛丽是教堂唱诗班中最优秀的女高音；《女儿红》中的金音是歌手；钢琴师尼宏，乃菲律宾洋琴鬼也。他们过着20世纪40年代的摩登生活，看美国的《生活杂志》，拍三点式泳装照，出入于咖啡馆、饭馆、宾馆、舞厅。

《野花香》中的李克敏，公司职员，闲暇喜阅中译本之《伽泰莱夫人之恋人》；《英英日记》中的舞女英英，爱看《少年维特之烦恼》、郭沫若《创作十年》、屠格涅夫的《初恋》、章衣萍的《情书一束》、巴金《家》，亦披览《性艺》《性友》。

如果冯蘅小说尚能论艺术的话，则以新感觉派为艺术目标，对穆时英推崇有加，屡次提到穆时英的《黑牡丹》，认为是杰作，最好的舞女小说，故事与文笔都美。他说：“以舞娘或舞场中之一切为题材之小说不多睹，中以穆时英之《黑牡丹》为最佳。穆乃新感觉派健将，其作品都属以上海人生为对象之都市文学，《黑牡丹》故事极曲折，文字优美。”②

所谓新感觉派，意识前卫，喜捕捉光怪陆离的物态，运奇僻险怪之巧思，雕琢刻露尖新之文面。往往有字无段，有段无章，至于寄托意境则不可求也。冯蘅舞女诗《献给薛美丽小姐》云：

呷一杯浓郁的威士忌，

抽一枝强烈的吉士，

① 冯蘅：《娜娜小姐》，《吉报》1941年7月2日。
② 梅霞：《闲话》，《力报》1938年8月30日。

搂一个像黑牡丹那样娇艳的你，
绅士们是感到乐乃无艺。
姑娘，在这霓虹灯与爵士交织着的场合哪，
像单峰驼走戈壁似地你已爬过了三年，
然而你啊，
天真的甜笑依旧挂在红唇边。
像山野里那刚破苞的春花，
少女的红晕依旧留于香腮间。
像黄昏时分那美丽的淡霞，
人格是依旧崇高卓绝。
像额非而士峰之于喜马拉雅，
魂灵是依旧纯洁无比，
像白雪积在西伯利亚的原野。
姑娘，
无情的岁月不曾夺取你的青春，
淫靡的环境不曾更变你的个性。
我尊敬的姑娘啊，
你是在黑暗中努力追求着光明，
愿你永远地纯洁无邪活泼天真。①

其取威士忌酒、吉士烟、霓虹灯、爵士乐、单峰驼、喜马拉雅入诗，极为新奇，然究其意韵则索然寡味。

冯蘅既无纪事长才，篇章结构、起伏开合、设局伏线，非其所长。那么何以构造篇章呢？其法是以人物对话，一问一答，来填充篇幅，形成人物对话加串联词的段落形式，颇类谈话录。

如《蛇蝎夫人》一段道：

钱一棠又重复了一句："草生了不曾？"

"我不懂。"小香摇摇头："你这人真是……"

"总有一些吧？"

① 梅霞：《献给薛美丽小姐》，《力报》1938年10月27日。

"我不许你问这些。"

钱一棠把小香拖到沙发前，她有些急地问他干吗，他道："我们在这里坐一会吧。"

"你不能动手动脚。"

"我答应你。"钱一棠先坐下。

可是，小香拔步离去。钱一棠马上站起来拖住她的手回返长沙发里，她着急得以另一只手向他捏着："你不能碰我，钱先生，你千万不能碰我。"

"你放心好了。"

"有谁来。"

"人来了怎样？"

"也许有人要来也说不定。"

"我们坐在这里，即使有人进来看到也不成问题的。"①

版式上，所有人物对话，全部回行另起，仅此一小段，就占了当日三分之二的栏目版面，颇有占版赚钱之嫌。有许多受新文学影响小说家用此一体，非止冯蘅一人。

3.《英英日记》

冯蘅笔墨，方能日记，撰为说部，勉为其难。冯蘅有《英英日记》一篇，颇负一时之名，林辰中，发表于《诚报》的《一曲难忘》曾以"校正《英英日记》的海派文豪冯蘅"称之。还有人续貂，写了《新英英日记》。

《英英日记》称：得到一本舞女日记，此舞女已经去世，名叫英英。据其日记所载，她所搭户头不少，小白脸有孙骏、蔡、邱、四号小郎，大腹贾则有钱老爷、白粉商，她一面供大腹贾搂抱，一面与小白脸开房间，舞稿作者则与陈耀庭为老相识。某日与阿张幽会，不料，其为拆白党，钱物为其盗窃一空。

此篇以"中国邓肯日记"相标榜，冯蘅在序中说："我只将邓肯

---

① 冯蘅：《蛇蝎夫人》，《真报》1949年2月7日。

的自传看过三分之一，但对于这位产生在太平洋彼岸的天才舞女的文学造诣，以及那支大胆的笔，表示无限的钦佩。看到了英英的日记，心里一句话是：我们中国也有。英英的日记文章是流畅的，由于她生前本不会想到死后有人会将她的生活记录公开发表，故一切尽赤裸裸之能事，以视邓肯的自传更露骨、更刺激……要是以为劳伦斯的《迦泰伦夫人之情人》等小说是有价值之作的人们，将认为这些部分并非不道德。"①

文中作者所称许的邓肯式、《迦泰伦夫人之情人》② 式的大胆和赤裸裸描写，如：

今日是给妈喊醒的，还埋怨我道："你也太不像样了，已是吃中饭的时候。"我又要怪《性友》，更要怪莉。昨夜在床上，我第一遍看《性友》，之后，我真有说不出、写不出的感觉反映在精神上与肉体上，这件神秘的事情，过去我也知道是一种享受，现在又得到了较明确的概念。③

一刻钟后，一幕告终，本来，我有二十分钟至半点钟的胃口，对于白特别敏感，还是心理上的关系，因为太喜欢他了。休息，一觉醒来是下午二时，我们叫了些菜吃后，过半个钟点，房里又满布战云，白说该换新的节目，所谓新的节目者，女主角坐在台边，而男主角则站在台下，来时遽猛，像暴风骤雨，颇使我钦佩起来。④

上述所引两段，前段尚婉转，写性心理的感受，颇有外国小说味道。后段虽以隐喻出之，但已暴露无遗，毫无余味矣。

七、孟德兰、艾珑

孟德兰生平不详，为海上小报艳情小说家之一，其所作专主情色，以叙情爱故事，摹性爱场景为务，不兼它体，共有 17 篇。如：

---

① 英英原著，秋雨校正：《英英日记》，《力报》1941 年 8 月 1 日。
② 现译为《查泰莱夫人的情人》。
③ 英英原著，秋雨校正：《英英日记》，《力报》1941 年 8 月 4 日。
④ 英英原著，秋雨校正：《英英日记》，《力报》1942 年 2 月 10 日。

《十年欢场回忆录》写“我”在上海的西区猎艳。于南京大戏院看戏，与白露及其表妹王麻皮邂逅，遂为入幕之宾。初与王麻皮昵，后与白露狎，始则二人拈酸，终则左拥右抱。

《香风处处》叙姜志成艳遇，自 20 岁慕色，至今 30 岁，10 年间日记本中留下的红吻就达 100 多个。初为亲邻梅太太所引诱，后恋同窗朱惠芬。

《鸳鸯弄》“鸳鸯弄并非上海那一条马路的那一条弄堂，这里指的是顾宅花园靠厕所那一条暗黑又神秘的曲径。在春、秋、冬三季，这一条曲径是平平静静没有什么新闻可发生。而在炎夏的季候，夜晚八点钟之后，就闹猛得可以。周练霞女士笔下的所谓‘但愿两心相照，无灯无月何妨’，那正好是为此曲径而写。此间对对成双，都是交颈鸳鸯，没有灯光也没有月光，就让两心相照”[①]。那时“我”正在小学校里当国文教员，在此鸳鸯弄猎艳，与张丽芬、吴芝英、朱兰英结下情缘，然皆未谐连理。又追随一位戴眼镜、挂辫子小姑娘。

《迷宫八美》叙住愚园路鱼光村 93 号的李小姐，秦淮歌女出身，富孀也，喜用药物渔色，沈牙签、小杨等皆其猎物。书中写道：“这不是可口可乐，是一种药酒，很强烈性的酒，喝下那杯药酒，便有性变的特殊效力，现在沈牙签就是在开始性变，他快将疯狂而无法抑制心头的心暴了。”[②] 小杨服用药物后，与八美同欢，以致纵欲而亡。

成系列的是尼庵风月小说《肉屏风》《锦屏庵》《庵堂风月》三部曲，洋洋十万言。《庵堂风月》曾出版单行本。文叙：“二十岁那年的阳春三月季候，我在绍兴马鞍游览，慕此地有七十二秘庵之艳名，才单身匹马地进入锦屏庵。锦屏庵的黑幕层层，机关重重，正是春色泛滥，风月无边。”[③]“我”被禁锢锦屏庵中为泄欲之玩物，与诸尼昵，然独钟情于妙香，视为孽海知己。妙香欲与“我”一同私奔被阻，凤师太以妙珠为交换，胁迫“我”与其云雨。而法华寺龙云大和尚则垂涎妙香，妙香欲以身饲虎，救“我”出庵。写来浪漫与凄苦，兼而有之。

---

① 孟德兰：《鸳鸯弄》，《活报》1947 年 7 月 20 日。
② 孟德兰：《迷宫八美》，《辛报》1947 年 10 月 5 日。
③ 孟德兰：《庵堂风月》，《大风报》1948 年 1 月 1 日。

孟德兰风流自赏，曾作《十年欢场回忆录》，自诩：“在女人部分，我敢这样大胆地说各省各县的奇奇怪怪、怪怪奇奇简直是有美皆备，无丽不臻。在上海混了也快将十年，十年之内花花绿绿，也是美不胜收。”曾为八仙桥头红肉常熟二媛入幕之宾，又与喜多美子结不解缘。喜多美子胜利后回日本，临别赠其诗有句云：“最是难忘别离日，浦江声声唤卿归。”①

他自称读其作品“不是看小说，而是看我的报告”，意其作品为实录也。然所言真赝无从考证，其在作品中常以“我”露其色相，是否真身则亦不得而知。

孟德兰才力浅薄，文笔稚弱，仅能抒情状物，至于气韵、寄托皆无从谈起。在诸情色小说作者中与金小春在伯仲之间，难与蓝白黑、捉刀人比肩。

《血泪相思》发表于《小说日报》，署名艾珑，曾由百新书店发行单行本，署名孟德兰。如果不是误植，则艾珑与孟德兰为一人。除署名外，艾珑和孟德兰矫情稚嫩新文学腔也十分相似，故把艾珑列于孟德兰后。由于没有更多的证据证明二人身份，为慎重起见，二人列入一节而分论之。

署名艾珑小说共12篇，其中有罗丝系列侦探小说3篇。罗丝为女侦探家，许多警局无法破获的疑难案件，赖其得昭雪。如《奶罩风波》叙和平公寓21号发生命案，主人交际花莉莉和陈姓男被杀，此后和平公寓茶房冯小狗、账房吴先生、周亚君亦先后死于非命。包探一筹莫展，得罗大队长罗文之妹私家侦探罗丝之助，破获此案。

原来，莉莉隔壁邻居为花柳病梅医生，乃一色情狂，曾用迷药奸污婢女阿妹，他将药放置于莉莉胸罩中，迷倒并奸污致死，其他数人之命案亦其所为。

罗丝系列中《血溅香闺》情节更为曲折，书叙：四明村14号，周慕侠与胡萍新婚之夜，新娘胡萍被杀，男傧相亦死在新房中，新郎不见踪迹。新郎杀人欤？男傧相杀人欤？男傧相与新娘私通欤？一时

---

① 孟德兰：《肉屏风》(后又题《锦屏庵》)，《大风报》1947年4月15日。

迷离恍惚。

作者此时穿插一段黄清审案。探员黄清发现婢女阿香、车夫刘三有重大嫌疑，酷刑之下，阿香承认与周慕侠、刘三皆有私情。至此似峰回路转，凶手似为刘三，可是刘三如为报夺爱之仇，为什么不杀死周慕侠而杀新娘呢？仍不得其解。

案件仍是一筹莫展，后得私家侦探罗丝小姐之助始真相大白。文中写罗丝小姐，一副外国做派，与中国女侠不同，充满“赛先生”精神，然却有一个中国式的诨号，叫玫瑰花。

原来，周府之周太太，与前警局探员常德标暗缔私情，常德标毒死周老太爷。至于周慕侠，乃周太太之螟蛉之子，被母所逼娶胡萍，为图遣嫁巨额奁资也。常德标派人杀死新郎、新娘，及醉酒之男傧相，警局逮捕周太太，常德标又派人枪杀了她。当初，黄清拷问阿香和张三，乃转移视线之障眼法也，黄清本就是常德标之手下也。

艾珑的系列侦探小说中，罗丝一角，已具雏形，然形象未尽树立。作者于情节之迷离曲折，已尽其能事，求诸其他则不可得也。

八、桑旦华

桑旦华，原名冯若梅，余不详。小报小说共 43 篇，所作除两篇残损武侠外，余皆艳情小说，什么《无边风月》《锦帐春满》《海上风月》《小巷之春》《桃色女儿》《儿家春色》《红杏出墙》《脂粉奴隶》，等等，一望而知为情色无疑。所写非拆白猎艳即巨室风流，非黑寡妇纵欲即三奶奶偷情。

1. 庸中佼者

桑旦华言情小说中，尚有一些可堪鉴赏。如《王小妹》中，王小妹，春茂里巷堂之花也，为白振民所骗，携其出走后抛弃，小妹对白振民怀刻骨之恨。有富贾赵福源欲娶王小妹填房，王小妹不愿，威逼利诱之下，小妹无奈虚与委蛇，假意同意婚请，得聘礼为父母养老之资，王小妹赴白振民之约，持刀将其刺死。

《女秘书》中的方慧敏，住上海威海卫路，高中毕业，入职大和银行女秘书，被誉为大和银行之花。慧敏与银行职员汤晓峰相识相恋，银行经理曹元达觊觎慧敏之貌美，骚扰不休，慧敏假意允其婚约，得其钱财，结婚当日，与汤晓峰携款远飏。

以王小妹、方慧敏两荏弱之女子，而竟能制服狂且淫魔，取不义之财而为我用，大有绿林遗风；歼仇敌之命于不觉，不愧古来侠女。而其聪慧尤足多者，女虽弱，却能以狡黠胜淫恶；妹虽贫，却能以聪颖御强横。两女子之行，真使须眉男子羞惭无地矣。

《绿野芳草》写二宝遭际。

柳树湾二宝，艳慕富贵，离家出走上海，遇合甘乃良，与其同居，而甘乃良却与秦爱娜暗中往来。二宝又遇柳春老四，柳春老四原为汕头路生意浪先生，后嫁人作姨太太，此时则以操琴为生涯，二宝随其学戏而红。遇卢沟桥事件，市面人心惶惶，戏院不景气，柳春老四与二宝一起逃难，途中，行头箱子被飞机炸光，性命险些丢了。二宝原想投入收容所，却与昔日情敌秦爱娜相遇，此时秦爱娜在红十字战地医院做护士，医院完全是军事化的，队长欢迎有志者加入。柳春老四回上海，二宝则留在医院中替国家服务。二宝感叹以前一直糊里糊涂，到现在才上了正轨。

《海上魅影》叙东塘镇糕团西施秀英，其父黄老爹，镇上有陈少爷陈震权者，因定制糕团与秀英结识私情，陈震权为土匪绑架，秀英和黄老爹被诬通匪，押解至保安队营部。有孔排长者为其父女辩污，而与王德胜发生冲突，王德胜劫秀英到船上，船中秀英推王德胜落水得脱险。秀英流落上海，入徐长仁府中为婢女。后秀英被徐府三少爷徐幼仁卖入咸肉庄，幸遇孔排长救脱火坑。此时，孔排长在沪开设医院，早已收留黄老爹为挂号先生，秀英与黄老爹父女团圆，秀英则在医院为护士，并与孔排长互萌爱苗。

二篇皆写村姑命运，始而江南乡野，继而洋场风光，忽而战地铁血，境界跳跃，命运变幻，红颜薄命女在其间颠沛流转，而竟不被乱世所没，何其幸也。

小报小说常有以革命、光明、内地、有意义工作、军旅、沙场，来宣示其前进意识、叛逆精神者，甚至有写及奔赴延安者。此类情节，或用于曲终以奏雅，或写浪子回头，洗心革面，多为浮泛之笔，但于小说亦足以别开一境，使洋场读者耳目一新矣。

《无边风月》写富贵浮云事。

上海王公馆，主人王伯达，以囤积火油及投机生意发家。王伯达与任蕙芳借小房子，而任蕙芳则与说书先生杨少卿偷情。王伯达与儿媳周静珍乱伦，又奸污婢女阿凤。王伯达夫人王太太与阿贵私通，而大少奶奶周静珍，不甘寡居，与阿祥、慧开和尚、黄富臣幽会。

如此巨室风流，谁料想，王伯达中风，阿贵枪杀王太太，公馆复遭回禄，王伯达被烧死，王伯达女儿王杏芬沦为野鸡，而儿媳周静珍则落拓街头为女老枪。

沪西离静安寺不远的锦华坊13号，为四明柴府，柴夫人与车夫阿二偷情，舍三个年幼子女不顾，与阿二出走，后为协和烟纸店老板所骗，现款和股票皆失。此时，锦华坊房子亦顶掉，柴夫人沦落街头，遇阿二，此时阿二开大饼店，已收留原柴府主人柴一祥，柴一祥与柴夫人相会，然三个孩子却失散无踪。

此文一篇写两府，叙巨室之隆替，大族之沧桑，令人伤心惨目，如地狱变相；明果报之理，寓创惩之意，使人悚然而惊，如晨钟暮鼓。尤致意于富商果报之惨烈，其炎凉冷热之变，不禁令人感叹。小户之困顿，不尤愈豪门之末路乎？文中提到王伯达以囤积火油及投机生意发家，一笔而骂尽奸商，更具现实意义。

《出墙红杏》(插图见图4-8）叙马瑞昌者，于民国廿六年（1937年）冬季避战乱到上海，与马太太小本经营，渐致小康。饱暖生淫欲，马瑞昌在外借小房子，与一堂子出身苏州女人同

图4-8 《出墙红杏》插图

居。马太太耐心规劝道："我们从吴江逃难出来，能有这样一天很不容易，该要好好地守住才好，不要糊里糊涂把这爿店糟蹋掉。"[①]"我不信你在外面应酬得这样辛苦，前天、昨天、今天，两天两夜才回家？与你讲这几句话就嫌我啰嗦了。这爿店好容易辛辛苦苦做起来的，略微有了些根基，不好好地守住它，待到一团糟的时候，后悔就来不及了。"[②]

然马瑞昌却暴跳如雷，"马太太自与他结缡以来，从没有见他发过这种粗暴脾气性子的，她是很懦弱的人，给他这样一来，便吓得不敢再响出声音哭，只是用手在擦眼泪"[③]。

马瑞昌无端怀疑妻子与伙计谢福生有私弊，终至二人分袂。马瑞昌以四根条子价格，将房子顶给人家，给马太太和其女杏芬顶了一间亭子间住，每月给 300 万的开支。此后其女杏芬学戏，登台而红。惜文残缺，不见全璧。

文中马太太之贞静贤淑，忍辱负重，令人动容。小报小说有此一角，庶为花花世界，十里洋场留一脉妇德之馨香，使人知世上摩登时髦之外，尚有懿行令范焉。

2. 上海白

小报有一批上海白作家，如周天籁、田舍郎、周益世、苏广成等，桑旦华，亦预其列，《无边风月》《儿家春色》《桃色女儿》，皆其作也。如桑旦华《无边风月》写房客、二房东和茶房口吻。

（1）房客

文叙程一先到他从前住过的亭子间，他从后门进去，房客以为是小偷，故来诘问：

房客道："喂，侬到啥人家去？"

程一先道："唔笃是几时搬来格？"

房客："侬问伊啥事体？年夜脚边，到别人家来乱闯乱闯，假痴

---

① 桑旦华：《出墙红杏》，《小日报》1948 年 2 月 22 日。
② 桑旦华：《出墙红杏》，《小日报》1948 年 3 月 3 日。
③ 桑旦华：《出墙红杏》，《小日报》1948 年 3 月 4 日。

假呆！”

房客“由程一先身边擦过去，将纸包往桌子上一掼，却惊醒了那床上的妇人，他就埋怨妇人：‘我交代侬当心门，当心门，侬又困着哉，现在各物事才贵得热昏，偷脱一只簸箕，卖卖就要四只□□。’”

程一先：“以前我是在勒该搭格，因为有事体出仔一埭门，刚刚回到上海，跑来一望，那能换仔人家哉，所以我问倷一声。”

“那人听了，脸上才和平一点，挥挥手说：‘侬去问二房东，阿拉搬来只有一个礼拜，别样事体才勿晓得。’说着，就来动手关房门。”[①]

(2) 二房东

二房东：“口天，程先生，我倒勿认得哉，又是剃仔一个和尚头，现在住勒啥地方？程师母好啊？”

程一先：“俚老早就到乡下去哉，该搭房子里格物事是啥人搬去格？”

二房东：“哎哟，物事末才是那嫂嫂自家喊人来搬去格，亭子间里已经换过三个房客哉。照派□以前房钿浪，倷程先生还有找还我两块半洋钿，那嫂嫂来搬物事格辰光，说过一日就送来格，我倒是人家蛮要好格，覅扣物事，啥人晓得一直到现在也覅送来。”[②]

(3) 茶房

堂口茶房：“先生，那能还勿起来？辰光十二点敲过哉！”

程一先：“我格头交关痛，身浪烫得来，恐怕是生病哉。”程一先有气无力地说着。

茶房：“生病？格末拿今朝格房钿付脱仔吧！”程一先在衣袋里很仔细地取出两张一元的钞票来给了茶房，茶房把钞票接在手里。”

茶房：“先生，侬实梗困勒浪，阿拉当侬吃仔生鸦片哉，年三夜四，迭格朋打勿得格。一个人第一要吃价，豆芽孵孵，呒啥道理，上海滩浪几化大亨，才孵过豆芽格，阿拉此地格老板，五年前头尴尬得

---

① 桑旦华：《无边风月》，《东方日报》1939 年 11 月 20 日。
② 桑旦华：《无边风月》，《东方日报》1939 年 11 月 20 日。

来，鞋子也呒没后跟哉，现在小老婆有两个，钢丝包车，邪气吃价，迭格就叫大丈夫能屈能伸，留得青山在，不怕没柴烧。此地隔壁弄堂里有一个姓王格医生，脉里邪气好，出诊到此地，只要一只洋，阿要就去请伊来望望，侬自家跑过来，门诊只收四角。”①

此一段用字定音本色当行，口吻语气毕肖其人，桑旦华亦不愧为上海白一好作手。其中一些词语的运用，似乎还有些苏白痕迹。如“倷”“俚”“唔笃”“一埭”等，这些词语，到周天籁、田舍郎已很少使用，其意不过是使上海白更容易读懂。

在诸位的上海白作品中，周天籁以多情缠绵见长，田舍郎以豁辣爽快争胜，而桑旦华则徒事情色，论人物无所树立，谈意蕴又乏善可陈，虽有上海白长才，惜用非其处。

九、金小春

金小春，笔名金刚，浙江嘉善望族子弟，曾为《上海报》《力报》编辑。为人极温厚和蔼，与《力报》主人胡力更先生，宾主7年，苦心经营，《力报》成绩斐然，金小春有大功在焉。

汪剑鸣在《帐中桃李序》中绘其形容性情道：“他是诚笃勇毅的少年，个儿并不高，服装很朴实，头发老是像一盆吉祥草也似地让他飞竖在额上，终年未尝梳栉。他很幽默，在办公室中，轻易不听到他说话的声音。他肯负责，对于任何一件事，有始终不渝的一贯精神。他更爱交朋友，尤其爱交才华优美的少年，处处以诚恳相见，这是他唯一的美德。”②

金小春在小报共发表46篇小说。

海上小报情色小说作者，颇不乏其人，约有新旧二派，旧派以国学为根底，用词设譬，典丽婉约；新派仿新文学腔，笔力稚弱，除

---

① 桑旦华：《无边风月》，《东方日报》1939年11月21日。
② 汪剑鸣：《帐中桃李序》，《力报》1938年11月12日。

“吗”“呢”“了”“呀”外，动辄抒情。金小春属新派，且专心情色，不兼他务，其朋友将其誉为“天下第一淫人”。

金小春作《帐中桃李》，书以第一人称叙事，主人公亦以金为姓，不知金小春是否以自己经历为原型。文云：“我”金先生，教师也，帐下所教之女学生有张丽珍、静芳、露茜，金先生与三人皆有恋情。张丽珍按摩女，后做舞女，有小贩丈夫，金先生助其办理离婚，静芳早与金先生谐鱼水，并有孕在身。

小说将出单行本，征序于友，胡憨珠在序中引《红楼梦》第八回一段文字道：“‘让人过来给他系裤带时，刚伸手至大腿处，只觉冰冷粘湿的一片，’三五语，曹雪芹诚可谓善写性书之圣手。《红楼梦》书之淫何在哉？当我读《帐中桃李》之初，未卒二回，即指语陈大凡兄，著者必为善写恋爱之名笔手，亦为一至情人，更属近代之第一淫人，其淫殆如警幻仙子所云之意淫也。”①

胡憨珠将《帐中桃李》上拟《红楼梦》，并将“意淫”转赠与他，半是认真，半是豆腐。某夕，胡憨珠遇小春于宴席间，穷吃其豆腐云：“《帐中桃李》静芳、丽珍，及露茜口中之‘金’，得弗兄耶？书中所述，必有其事，不则旖旎风光，无此逼真，金刚点首，且作莞尔之笑。”②

约翰周在叙中则称他是“坦白写实主义者”。他说：

《帐中桃李》一书，完全是坦白率直的作品，也是文友金刚先生“夫子自道”的写作，金先生不但文章写得细腻有致，而且感情亦特别丰富。所以金先生获此意外艳遇，受到两性的摩擦，故而要大胆地把一切的一切，很忠实地报道出来，这是作者的“大无畏精神”的表现。金先生本来在我们文友中，文雅辞藻，传诵一时，尤其金先生的忠实性格，我们一致推崇他是“坦白写实主义者”。就如我们读到《帐中桃李》一书中写他“好大胆施展我各种的小动作，在她的肉体上流动，圆滑的乳峰，是那么的丰满，大腿、肥臀更是多么地嫩腻，手掌间觉得异常地舒

① 胡憨珠：《帐中桃李序》，《力报》1938年11月11日。
② 胡憨珠：《帐中桃李序》，《力报》1938年11月11日。

适，畅快地抚摩，她并不拒绝、退让，给我一个……”像这样“老实不客气”地描写两性的缠绵旖旎，肉欲冲动，完全是从实地亲历上描写出来。一些没有做作，一些没有虚伪，故而在文章艺术上的地位，是具着“最真切”“最率直”的特性。①

约翰周是当年上海的舞艺专家，金小春的作品，正如约翰周所说，大半都是“坦白写实主义者”的，以“大无畏精神”创作的，“坦白率直”的情色描写。

如《大户人家》，写林氏一府，一母三子。母姘车夫、小叔，三子搭舞女、叫向导。《风流王孙》中，张公馆少爷张祖尧爱梅香、兰英、美容，其父皆染指其间，父子聚麀。《桃花庵》中，张家村桃花庵，老尼悟真与和尚广通偷情，徒弟妙明与妙净同性相恋，异性则与文林私会。《狗男女》中，荣森米行老板秦敬荣的三太太与永强玩性虐游戏，其描摹常宣露过甚，而被删节曳白。

上海小报情色小说颇多，虽无上品，但还有一二佳处可言。金小春所作皆不堪称述，既乏才情，又少功力；笔力稚嫩，辞语儇浅；内容枯窘，毫无意趣可言，唯在情色一事，肆笔涂抹风云月色，徒然迎合小报口味而已。

十、桃花郎

桃花郎，姓氏生平不详，共在小报刊登小说 8 篇，其小说不主一格，诸体兼善，举凡舞女、白相、风月皆有所作。然亦病在不专，各体皆未能开宗立派。

1. 白相地界小说

白相地界小说有《男盗女娼》《色星高照》《亡命之徒》3 篇。

《男盗女娼》道：上海某弄堂，阿英丈夫杨贵生作西崽，不常回

① 约翰周：《帐中桃李序》，《力报》1938 年 11 月 14 日。

家，阿英与长脚阿龙私会，被杨贵生撞破，长脚阿龙诱之至水边，乘醉推坠之。

长脚阿龙拜白相人陆宝林为老头子，陆宝林与机关炮张四、尤阿炳争斗，陆宝林被杀。长脚阿龙为老头子寻仇，杀死尤阿炳夫人。

麻皮金生与长脚阿龙皆对小无锡女儿毛弟有情，长脚阿龙绑架小无锡，诱毛弟上当。长脚阿龙同伙棺材根宝将毛弟强奸，又打死其父小无锡。麻皮金生去救毛弟，尤阿炳前往支援，尤阿炳被长脚阿龙所杀。尤阿炳之死，机关炮张四疑为麻皮阿金所为，机关炮张四将麻皮阿金杀死。

机关炮张四剪长脚阿龙的边，与阿英同居。长脚阿龙报复，乘机关炮 43 岁大寿之机，欲刺杀机关炮张四，不料反被机关炮张四手下杀死。毛弟巧妆，趁乱暗中杀死阿英。后机关炮张四被捕，判死刑，毛弟则不知下落。

《色星高照》云：住在凤吉里的马阿毛，与后楼嫂嫂李小翠私通。李小翠又与林玉堂幽会，其夫朱先生捉奸，林玉堂侥幸得脱离，事后得知放龙者为马阿毛，林玉堂遣人殴之，几致死，后马阿毛搬出凤吉里，从此衔恨林玉堂。

林玉堂避风头投到王海山处。马阿毛与吴林弟同居，林弟过房爷为王海山，故林弟与林玉堂得以相识并结私情。马阿毛被剪边，便指使小老虫洒石灰弄瞎林玉堂双眼，王海山得知后，持枪杀死马阿毛而被捕。不久，李小翠又现身，讵意已贵为公安局长太太矣。

上海小报中，作白相地界小说者颇有名家，如周益世、黑旋风、披发散人等，所作《小山东》《斧头阿毛》《双枪小白龙》，皆是名篇。与之相较，桃花郎所作，尚不够纯熟。首先，声口不纯，论起白相地界小说，一口朗声，满嘴上海白，最为得神。而桃花郎所写人物，皆说普通话，上海白相人却不说上海话，恐张嘴便露怯，作者显然对白相切口不甚了了。白相切口亦为专学，周益世等人之所以能成名家，绝非浪得虚名。

其次，性情上，白相人讲究狠劲，横竖横，拆牛棚，搅过明白。《色星高照》小老虫洒石灰弄瞎林玉堂双眼，《男盗女娼》长脚阿龙推坠杨贵生淹死，够辣手矣。然较斧头阿毛之狠天狠地，小巫见大巫，黑旋风所写的斧头阿毛，专以斧头劈人，前后连砍带劈共有五人之数。

再次，白相人气质之抖五抖六、形状之弹眼露睛皆有未备，或备而不到。加之事体枝蔓，角色散乱，与白相地界佳作相去甚远。

《亡命之徒》稍有新意。文演通明银行巨款被劫，系白相人外号通天老虎的程八爷派人所为，通明银行信托部毛德生为内应。劫案发生，通明银行行长吴昌林辞职，毛德生接任，程八爷做董事长。

毛德生分得一部分赃款，却被白相人阎罗老四手下所劫，因此阎罗老四与程八爷结下仇隙。程八爷用计，将阎罗老四和长脚徐大统诬为银行抢劫犯，阎罗老四报复，遣小江北打死程八爷手下小嘴巴炳根、陈子龙，而阎罗老四姘头迷汤阿兰乔装看护妇，手刃毛德生。

阎罗老四挽红胡子张大达子出来与程八爷说情，却无功而返烟台，途中轮船爆炸，张大达子、阎罗老四、黄鱼头皆被炸死。同时，通明银行宣布二度改组，程八爷的大儿子任总经理，二儿子副总经理，小儿子担任放款部总主任。

文中的阎罗老四、程八爷皆白相人身份。然阎罗老四又是通明银行经理，在白相地界说来，经商与白相两兼者，则名之曰生意白相人。阎罗老四以白相人力量，操纵银行，从小说体裁来说，亦即白相与黑幕之合流。实际上，白相与黑幕本不可分，不过一事之两面而已。表则白相，里则黑幕，白相之背后即是黑幕。

周益世虽为白相地界名家，但其作品多写马路英雄小抖乱，稍有背景者，则是日本人贩卖物资，至于党国要人、工商名流，概不与闻。白相人虽也有经营，但仅是赌毒一类犯罪勾当，未曾与商业、官场黑幕相关。白相与黑幕相融，就小说而言，虽于体不纯，但却能使白相获得更大的空间和更深广之背景，足敷作家驰骋笔墨。桃花即于此略胜一筹。

2. 风月小说

风月艳情是上海小报重要题材，篇章颇多，桃花郎写有《偷香窃玉》《怒吼吧上海》。

《偷香窃玉》叙邱小开之拆白之举，书中一一开列其罪行。

阿秀、阿凤姊妹二人与邱小开开房间，阿秀丈夫阿狗捉奸，结果误闯警察捉拿敲诈凶犯之现场被捉，判入狱六个月。

李寡妇与邱小开私通有孕，欲打胎，邱小开则购来砒霜，以堕胎药骗李寡妇服下，后弃之郊外，欲置之死地，为一路过医生救活。

裁缝西施陈玲妹与邱小开偷情结胎，求医于天真医院医生朱女士，邱小开以为陈玲妹诊病为由，骗朱医生至旅馆强奸之，朱医生羞愤自杀。

裁缝西施陈玲妹后与吴小宝同居，怀恨邱小开之遗弃，将邱小开住址通告警局，被邱小开查觉，刺死陈玲妹。

大新烟纸店老板女儿张巧珍，嫁王买办儿子王龙为填房，邱小开冒充新郎写信约会，结婚前一日破其贞操。巧珍嫁后发现相会者非新郎，心中懊悔，假作投河自杀，以便寻仇。

巧珍隐姓埋名居西郊，后投至某家医院为护士，恰遇被邱小开所坑害的李寡妇、阿凤、阿秀姊妹。四人同心，诱邱小开至西郊住处，宣布其罪行，纵邱小开逸至荒野，为狼所噬。

《怒吼吧上海》叙秦芬午夜携巨款叩响医生张人杰门，秦芬是大囤户秦省三之女，与一青年相恋，然其父不允，秦省三逼走秦芬恋人，命其嫁南京官员杨斌。秦芬得其妹秦芳之助出走，午夜求诊张人杰，得知已腹中结胎。

张人杰一面留秦芬于诊所，一面暗中通报秦三省，三省允其5万元替女堕胎，并将其送回秦府。迨张人杰返回诊所，秦芬早已不知去向。

张人杰妻秀玉与杨斌邂逅偷情，恰为张人杰撞见，张人杰被杨斌殴毙。秦省三投机失败，溺亡。杨斌身入囹圄，秀玉沦为街头神女。秦芬、秦芳跋涉万里，深入中原，寻觅光明。

二篇皆衍洋场男女牵丝攀藤、搅七捻三之迹，于事无甚可称述。然李寡妇、阿凤、阿秀姊妹，四人处死邱小开，颇有烈妇侠女之风。恶人张人杰被杨斌殴毙，秦省三溺亡，杨斌入狱，秀玉沦为野鸡。而秦芬、秦芳则寻得光明，深寓报应循环之理。如此写来，使小说层次更为丰厚，既有洋场之风情，又有女侠之壮举，以及循环之天理，数重文意迭现，更加耐读。岂不愈于捉刀人、金小春等人毫无寄托，徒事宣淫者乎？

3. 舞女小说

上海小报中有舞女小说一种，其势不及花界小说、白相地界小说之风行。舞场风月之胜，足以继武长三书寓、八仙桥咸肉庄，其题材之可用，实不多觏。舞女一角于小报小说，几乎篇篇有之，然无扛鼎之作。桃花郎《女人万岁》一篇可称庸中佼者，书叙海上红舞女胡丽玉故事。

绿宝舞厅红舞女胡丽玉，裤带奇松，拖车小赵，过房爷是白相人小苍蝇，户头有孔嘉基、毕大少爷、何大队长等人。

胡丽玉逼小赵和其夫人离婚，拆散其夫妻后又置小赵不顾，小赵羞愤撞汽车自杀未死，受伤住院。胡丽玉探望，小赵为泄愤，咬其耳朵几致脱落。

胡丽玉为绿宝舞厅台柱子，金星舞厅经理孙子敬前去挖角，胡丽玉答应去金星茶舞。绿宝舞厅便挽何大队长为鲁仲连，阻止胡丽玉去金星，结果调解未成，胡丽玉与何队长闹翻，胡丽玉连绿宝亦绝其踪。何队长遣手下往静安别墅枪击胡丽玉和小苍蝇未成，误杀小苍蝇之两徒。小苍蝇报复，打死何大队长而被捕，胡丽玉则开码头。

小说就事而言，不过烂污舞女胡调之迹，无足道也。然其舞场风情、掌故、逸闻颇堪称述。就人物而言，与胡丽玉相好的小赵，按舞场规矩，小赵称拖车，而胡丽玉称龙头，最后两人拆开，则叫龙拖脱轨。而来舞厅与胡丽玉跳舞的舞客，相对于胡丽玉来说，叫户头，如孔嘉基、毕大少爷、何大队长皆是。文中绿宝舞厅与金星舞厅争夺胡丽玉称挖角。文中还述及舞女大班跑牌头，舞客有的仅是摆拆字摊，而有的则将舞女买票带出，进行场外交易，开房间大跳席梦思。红舞女坐台子、转台子忙得不亦乐乎，而阿桂姐、八月之花则在一边吃汤团。

小说风情别具，语言更是地道，如小赵与车夫开花：

小赵：“操那，猪猡，你嘴里勿清爽啥只乱，等一歇功夫，又不要紧的，大不了多付你一点车钱，你啰嗦些什么！”

车夫：“阿也哙！阿也哙！神气活现做怎呢？我们是赤脚人，侬是先生，用不着这种神气对付阿拉。阿拉只要问侬拿车钱，快些拿来，辣妈妈的真倒霉，阿拉头一个生意做着侬，就这样牵丝，赛过碰着死人额角头。”

小赵：“你还要啰嗦，操那娘个皮，猪猡、瘪三。”

车夫：“先生，侬不要骂人，大家都是有爷娘的，我们是拉车子的，作瘪三并不坍台，侬先生卖相好，身边一个钱都不该，问人家借也借不到，倒同我们瘪三差不多。”“辣妈姆的，洋装瘪三。”[①]

以上为男人口吻，再如女人声口。胡丽玉与小赵妻子相骂，胡丽玉有些十三点脾气，开出口来更是爽辣。

胡丽玉：“什么话，你是哪里来的野女人，在电话里神气活现。你也不打听打听，我们此地赵家，岂是你们这班野女人可以来捣蛋的吗？想侬不穿，困扁了头了。”

小赵女人：“烂污货，你不要凶，你要管你的男人，还要在二十四个红脚桶里翻一翻筋斗，不要脸，不要脸。”

胡丽玉：“你才是千人触、万人触的烂污货，天下世界男人又没有死光，一个栗子顶一个壳，你来寻我的男人做什么？不要你的面孔。狐狸精！害人精！心里难熬，何勿买一包盐呢？否则大可以跑到马路上随便去拉一个，你这样不要面孔，何勿爽爽快快地卖 ×。”

小赵女人：“你大概是卖惯了，所以熟门熟路，门槛精来。烂污货！你不要凶，凶有什么用，看你老亲娘收拾你。我一见了你，不马上立刻豁了你的皮，我就是你养的。”

胡丽玉：“好，好好，你只触千人的，嘴还要老，你敢说出来你是什么地方？我不来看你，我是众人养出来的。”[②]

文中对话全用上海白，方言俗语之本色当行，尚其余事，能从中写出胡丽玉颇性格，更是难得。

---

① 桃花郎：《女人万岁》，《上海日报》1940 年 11 月 14—15 日。
② 桃花郎：《女人万岁》，《上海日报》1940 年 11 月 3 日。

十一、路德曼

路德曼，生平无考，在捉刀人、金小春、桑旦华等一批情色小说家中，路德曼虽仅有5篇，然却大煽淫风，摹写女同、男同及其人兽之恋。

《海上新荡寇志》（插图见图4-9）写四川退役张将军与筱翠花寻欢。筱翠花乃一男宠，时称屁精。张将军正在“仙鹤探洞”，会生意浪惠然阿九翩然入，张将军欲将二者拼了个雌雄双档，就像仁裕社的弹词雌雄档一样。

图4-9 《海上新荡寇志》插图

张将军对阿九说：“我有个不情之请，是请你们两个人来合唱一台戏，关于戏码部分，我可以排定，譬如唱二进‘宫’，或者是投‘军’别窑？”①

“惠然阿九在这洋场十里混了多少年，见识的人不能算不多，但她还第一次遇到像张将军这样花样百出的家伙。而筱翠花呢，虽然阅人多矣，见了张将军的如此这般的七零八落，也愕然极了。尤其是他吃惊的是人妖与堂壳双目档，这在他的生意上，还未曾开过先例。”

《海上大观园》写桃花博士金方山喜渔色，听说虹口一家神秘的暗窟，于是便到虹口北四川路一条弄堂寻芳。会有老枪兜生意：“先生，是来问津的吗？要不要看看这里的全套节目，要不要介绍一位北平小姐给你，还有她的宝贝心肝露茜。”

桃花博士一打听，此女在外面混混的花名叫玫瑰花，五年前曾闻听其艳行。她“在新世界饭店开了一个长房间，她随身并未带繁重的

① 路德曼：《海上新荡寇志》，《天报》1947年3月8—9日。

行李，只牵了一条狗。那是条西班牙种的叭儿小狗，全身作白色，颈项牵了一根金黄的链条，许多人都看不出这个女子是做什么生意经的。年纪不过十七八岁模样，成天到晚地逗着狗。而且一到深晚，又可从住在隔壁房间里的男客的耳朵里听得出来，好像有狗的呼吸的声音，不一会儿就听得那女子喃喃发着呓语说：'露茜，你快爬上来。'于是就传来一些杂乱的浪声了……看到了北平女子与露茜之间的关系，他们的关系十分密切，不但密切而且紧张刺激"[①]。

《海上新荡寇志》写张将军与人妖和堂壳叠罗汉，以形军阀之淫恶，尚有寄托，而《海上大观园》则完全是宣淫，为去虹口四川路一带寻芳者绘制路线图，可做花间广告一例看。

十二、张健帆

图 4-10 张健帆

张健帆（图 4-10），笔名有横云阁主、百批、梦梅、醉翁等，著名弹词作家、评论家，有"书场才子"之目。曾在《申报》辟设《评话人物志》《书坛掌故》等专栏，创作了许多评弹开篇，如《蔡文姬胡笳十八拍》《孙夫人投江》等。曾捧徐雪月和范雪君，书评外兼治长篇。书评和小说相比，当推书评第一，小说第二，书评多署横云阁主等，小说署张健帆。

1. 书艺小说

张健帆书评之暇，撰为说部，所叙尽出书评余绪，其一肚子的女说书故事，略加点染即成小说。

① 路德曼：《海上大观园》，《大风报》1947 年 4 月 15 日。

如《香扇坠》写王冷香、喜春云、满天红、满天青、满天飞、金芝兰等为一辈女弹词艺人，鬻艺上海、南京等地故事。

满天红、满天青为师姊妹，席寒雁捧满天红不遗余力，互萌爱意，然满天红辍唱别嫁，寒雁一场无结果，捧角之情亦随之消歇。不虞，满天红嫁未久守寡，迫于环境，重作冯妇，鬻艺养母。江弱燕为之揄扬，来往颇密。后满天红与牛老大有染，闺阁不谨，艳屑频传，弱燕愤而与之割席。

康慕庵与康大器捧满天青，康慕庵在家中开堂会，请满天青献艺。而江一粟与田瑟捧喜春云，两派分别组织青社和云社以对峙，在报纸上大开笔战。

王得水、冷香为父女档，章云谷在《烈报》为其张本。王冷香病肺咳血，养疴家居，赖齐银虎医药之效，病愈登台，众人特为其出版《香雪留痕集》，以助声势。

齐冰清、冰洁、冰玉三姊妹，号三齐、齐三档，负一时之誉。嗜齐者组织冰社，盟主史南村，成员章云谷、齐寄桑、严蔚奇皆一时名流。三齐中，冰玉娇小如香扇坠，艺精品高。上海抗战，冰玉积极筹备说书从业员筹募救国基金，以点一只开篇 10 元国币，捐款购买飞机。后与田圣舸相恋，才子佳人，终结连理。

张健帆书艺小说乃夫子自道，自我写照，所述即其弹词生涯。弹词评论，必要评骘优劣、品题高下，而小说则需明辨是非、扬惩善恶，他将书评引入小说，优劣高下之评，多于善恶是非之辨。故其作品可分为叙事和品评两部分。

就叙事而言，不外女艺人迎送、游宴、私慕、婚恋，捧角家与女说书则市楼醉饮、闺阁探秘。就品题而言，则以才艺和人品分高下，捧角家中，以霭人为祭酒，史南村、章云谷为上，弱燕最下劣。艺人中以冰玉为百花之主，王冷香、喜春云、满天红、满天青、满天飞、金芝兰为上，而满天红之闺阁不谨，则最为不堪，屈居末流矣。全篇文字秀雅，情致缠绵，故事节奏则失于孱缓。

《百宝箱》一篇，直接将其所捧之徐雪月奉为主角。文述女弹词艺人徐雪行、徐雪月。有苏霭人、周东里、瞿明九、蒋留伊等赏雪行、雪月才艺，成立雪社，在报章撰写书评揄扬，并为之说戏，编新书。文残缺不全。

徐雪月，实有其人。本名程素英，原籍安徽，生于江苏苏州，初从徐雪行学《三笑》《描金凤》，后以徐雪月艺名与徐雪行、徐雪人拼三档，因年龄小而说表老练，加之身材矮小，有“小老太婆”之号。徐三档进入上海，声名益响，颇受欢迎。她说表老到，不拘男女，擅起各类角色，如《三笑》中祝枝山、大踱、二刁等，皆其拿手好戏。新中国成立后，加入上海市人民评弹工作团（今上海评弹团），为首批入团演员之一，并曾随团至治淮工地开展文艺宣传，曾参加中篇《一定要把淮河修好》《罗汉钱》《三里湾》《小二黑结婚》演出。编演作品有长篇弹词《迎春花》《红灯记》，弹词开篇《南泥湾》《思想插上大红旗》等。

话说演戏唱曲有花部、雅部之分。花部，花即杂之意，指各地方声腔，又称乱弹，如京腔、秦腔、弋阳腔、梆子腔等，而以京腔为代表。雅部指昆山腔，唱戏者奉昆曲为雅乐正声。清代以来花部勃兴，尤其四大徽班誉满京城，雅部渐至式微，百姓喜看京剧，而厌听昆曲，弹词即属昆曲一类。书中有编演京剧开篇一段，对此段戏曲沧桑史有生动的描写。话说周东里为捧雪月之健将，评弹造诣颇深，他为徐雪月编撰开篇。

周东里所做的开篇，大半取材于昆曲，比较深奥难读，所以周东里所做的《岳母刺字》、申叟硕的《刺虎》、孙和忻的《纳妾跪门》《拷红》等开篇，虽已预告了很久，却还没机会遍读。徐雪月时常在书坛上发表，因为没空儿熟读新开篇，对于替她编制开篇的几位老听客，很觉得抱歉，以后自当设法遍读，方不负诸位老听客雅意。

周东里又因为听客时常点唱玉堂春《三娘教子》和《四郎探母》等京剧对白开篇，觉得通俗易解，异常受欢迎，他便改变作风，翻开《戏考》来参照着试编了一只《武家坡》对白开篇。他用极工整的楷书，誊录在红格子稿纸上，交给雪月时，一般地先把开篇中的情节，向她讲述一遍……不过以前的昆曲开篇，所有的词句，因为根据曲谱再改编出来的，即使力求浅显，仍脱不下一个雅字。周东里讲述时，既异常吃力，雪月、雪人听着，也不容易懂。[1]

昆曲文辞典雅，讲究诗词韵味，故歌唱时不容易听清文意，甚至看一场戏，不知道唱的什么词儿，且昆曲格律严密，强调谨依曲谱，限制颇多。文中说周东里所编的开篇，大部取材于昆曲，深奥难懂，演员看戏词皆有困难，何谈演出，所以周东里教得困难，雪月、雪人演得费力，听众更不待言，许多编好的戏只能搁置一旁。反之，雪月、雪人听周东里说解京剧开篇则完全不同。

听周东里讲起京剧开篇的内容来，情节既人所共知，词句又通俗易懂，由深入浅，好聪明的雪月，早一听就明白了。到了次日，就在书坛上解告，到了下星期日，唱一位老听客新编的《武家坡》对白开篇，以后每逢星期日，都唱新编的开篇。好在有老听客源源不绝地送开篇给我们，只消我们用心勤读，便不愁没有新开篇可唱。徐雪月既许下这个大愿心，她当真和雪人抽出功夫来，很努力地背诵新开篇，不消三五天，已把《武家坡》熟读了。到了星期日那天，雪月和雪人，果然在他们隶属的各书场，一列普遍地弹唱《武家坡》开篇。雪月还运用京腔，起着武生脚色，书场里的听客，都情不自禁地听她唱一句，便拍一次手，每逢有噱头的表情，时常哄堂大笑。及至一曲甫终，掌声如雷鸣，洋洋乎盈耳，像这样热烈的欢欣状况，为从来所未有。[2]

京剧戏词浅近通俗，一听就懂，演员易学易演，演出效果亦佳。由于花部的影响，戏剧班社不再固守昆曲，转而兼收各家之长，有时花雅同奏，甚或昆乱不挡。弹词唱念本用苏白，文中已改为京剧对白，雪月唱《武家坡》时，不但用京腔，而且还起着武生角色，这已非评弹的表演形式，虽是噱头，但效果极佳。

“周东里、苏霭人们这班专捧雪月的健将，见了这般盛况，自然也替她高兴。周东里意想不到由京剧改编的对白开篇，竟这样受人欢迎。足见听客们的程度，逐渐降低，无怪曲高和寡，京戏大盛，连开篇也出于同样的命运。他为迎合多数听客的心理起见，不再费尽心思，

---

① 张健帆：《百宝箱》，《大晶报》1936 年 6 月 30 日。
② 张健帆：《百宝箱》，《大晶报》1936 年 7 月 1 日。

多编使人昏昏欲睡的昆曲开篇了。京剧开篇既容易改编，又为听客热烈拥护，索性避重就轻，试着接连编了好几支京剧对白开篇，让雪月、雪人陆续去唱……雪月、雪人合唱的京剧对白开篇，除《武家坡》外，接着便是《投军别窑》《游龙戏凤》《黛玉葬花》《花木兰代父从军》《霸王别姬》《南天门》，这都是周东里所编的。”①

此一段小说，亦史亦稗，叙花雅兴替，历历如在目前。所叙虽为弹词，然所系甚巨，关乎一代花雅之兴废，整部昆乱演变之历史。

2. 言情之作

张健帆言情之作，有《万古愁》《处女心》两篇，两篇格局相似，人物相联，名为两篇，实与一篇无异。

《万古愁》，男主人公苏霭人，居沪执教鞭，居停主人袁家，粲然一对姊妹花，曰莲芳、莲华，二人与霭人情味相投，日夕相处，互生爱意。莲芳、莲华，并皆芳洁，霭人情丝为之摇曳不定。

《处女心》，主人公亦为苏霭人，此篇中则写其常出入唐季珊府第，与季珊女唐静兰、静珠过从甚密，二女嗜戏，与霭人同好，加之年貌相当、情趣相投，双方家庭亦望结为秦晋，盼望甚殷，然霭人尚迁延犹豫中。残。

书中除男主人公同为苏霭人外，《万古愁》中的袁莲芳，亦出现在《处女心》中，似成了苏霭人小说系列。两篇皆以一男二女之格局，苏霭人对莲芳、莲华姊妹既无轩轾，复与静兰、静珠双姝，并皆有情。小说以杭州和上海为背景，人物往来双城间，所叙不外文人、贤达、闺媛、艺人之交游，笔致细腻，风格婉约，趣尚典雅，节奏略失孱缓。如《处女心》写静珠之娇憨。某日霭人与映雪偶因一事，稍纵笑声，文云：

映雪的笑声未已，静珠已穿着齐整，跳跃着闯进来，笑问道：“咦，你们笑什么？可以讲些给我听听吗？”

映雪这才忍住了笑声，向霭人飘了一眼，又指着他向静珠笑说道：

① 张健帆：《百宝箱》，《大晶报》1936 年 7 月 1 日。

“为什么要笑，你问苏先生吧。”

静珠当就站在霭人面前，伸手摇着他的肩膀道：“苏先生，你快说，究竟为什么要笑呀？”

霭人望望映雪，暗想，你出难题目给我解答，更不知怎么样才好呢，却笑指了指映雪，向静珠说道：“你进门的当儿，不是眼看见密斯韩在笑吗？我却没有笑，怎么反而问起我来呢？”

静珠依然摇撼着霭人的肩膀，腻着声音，咕噜道：“我不管，你们笑得很蹊跷，你非老实讲出来不可。”

正在这个当儿，却见静兰穿着淡蓝色旗袍走了进来，随着送进一阵香风，薰人欲醉，静兰见这情形，先望着静珠喝阻道：“妹妹，你这算什么呢？还不放手吗？”

静珠这才松手，撅着小嘴，退坐在旁边沙发上面，霭人和映雪笑着站起身来。映雪因指了指霭人向静兰笑说道：“方才我一时忘记，代你敬烟给苏先生，他说向来不抽烟，这是你老朋友知道的，我是他的新朋友，自然记不清楚了。我因为他把老朋友和新朋友这样来分别，所以才觉得好笑，加着我又是善笑的，你妹妹看见了，就不知道我在笑什么。”

静珠霍地站起身来，抢着说道：“既然没有什么好笑，你们两人因何你推我、我推你地不肯爽爽快快直说呢？”

霭人笑道：“就为了说不出什么所以然来，所以我索性不再开口。”①

静珠之为什么笑，真乃小囡话题，小囡脾气。人人家中小毛头，脑袋里充满奇怪问题，总会倏忽诘难，无端发问，其问题亦无头无脑，如：天为什么是蓝的？人为什么要吃饭？我是从哪里来的？父母亦无以应之。此情之可爱复可笑，寻常得见，家家有之，作者写来，情景宛然，可谓之曰“状寻常之景如在目前，含不尽之意见于言外”。虽为寻常之事，更要一番体贴人情，揣摩物态之功夫，不然，何来此玲珑之笔？

张健帆有《梦里青春》，虽亦言情，但以青年学生为主角。书中所写赵志澄、任曼萍、沈梦竹、唐素波、陆斌彦、李冰燕、苏自强、

---

① 张健帆：《处女心》，《上海日报》1938 年 10 月 2 日。

王春华、李小鹃、李小莲、苏韵秋、方遇萍、徐觉非，是一群做着青春之梦的年轻人，居住在上海和杭州，常在二地之间往来。

任曼萍与赵志澄、沈梦竹与唐素波、陆斌彦与李冰燕皆情侣，与一群上海同学结伴到杭州春游。丽影双双，入住客舍，联床欢闹，通宵戏谑。

小鹃与遇萍两个人扭股糖儿似的，直闹到一个多钟头方才各自把衣服穿着整齐，沈梦竹与唐素波被同学关在同一房间，而任曼萍与赵志澄在船家双宿，为同学发觉，掩进房间，揭开被底鸳鸯，春光泄露无遗。“说时迟，那时快，觉非三脚两步，他第一个走到床前，忙伸手把盖志澄、曼萍身上的薄薄棉被，只轻轻一掀，哈哈，第二个奇迹又来了。这才把温柔乡、黑甜村中的志澄、曼萍惊醒过来，两人睁眼一望……她那脂玉般的下半身，几乎完全露在被外，连志澄的垂直胯下物，也格外暴露得显明。素波和冰燕，意想不到，真会看到男女双双的下半幅裸体图，不免也羞惭得别转了头，不敢正视……斌彦手快，却把露在被角外的两条男女衬裤，抢在手里，又觉得湿漉漉的，急忙使劲儿一抛……触霉头……小赵的豆腐浆。”①

《红楼梦》亦曾写过宝玉的豆腐浆，与此文之豆腐浆，前后相印，皆为青春当有之行，爱情应有之举，又是小说必不可少之文。更因小说旨意之纯正，情感之美好，读来不觉唐突，唯有会心；不觉刺目，唯有快意，与徒事情色者不可同日而语。

十三、吴绮缘

吴绮缘，海上小说家，著有《小桃红》《奇人奇事录》《新镜花缘》等，小报载其小说 16 篇，诸体兼备，武侠、言情、官场、文言皆有所作。

文言有《秋灯煮梦录》《新聊斋》。《秋灯煮梦录》刊于《力报》

① 张健帆：《梦里青春》，《力报》1938 年 5 月 22—25 日。

（1937年12月10日创刊）；《新聊斋》载于《力报》（1947年4月6日创刊）和《海报》，曾刊单行本。吴绮缘自称深嗜《聊斋》，曾仿其体作《反聊斋》，上述二篇俱为文言短篇集，皆步武蒲留仙之志怪传奇之作。

言情两篇《桃李花》和《春梦痕》。《桃李花》叙管良箴为崇德女校学生。管良箴与胡家俊结缡，然胡家俊有病在身，新婚之夜竟不能同房。家俊病故，管良箴与崇德女校教员苏丹崖萌生情谊，胡家以良箴文君新寡，不宜上学，在外招摇，软禁在家。

《春梦痕》写李君仪居西子湖畔，柳浪闻莺边，与同学周玉琳相恋。君仪应同学之邀，北上华北就职，乘轮船自上海到天津，途中结识张丽珠，轮船失事，二人落水，漂流至荒岛，幸而获救，遂生爱意。然周玉琳与张丽珠相见，一个以为君仪另寻新欢，一个以为早定鸳盟，二人皆别结爱侣，君仪百喙莫辩，只落得个春梦一场空。

两篇言情，一篇婚姻自主，一篇浪漫姻缘。虽叙事平淡，赋情不深，意蕴平平，然其文笔优美，情意缠绵，已足可诵。

最足称述的是其所作的《新升官图》（插图见图4-11）。升官图，古之游戏也，玩家在一幅标注各种官衔的图板上，从白丁起始，依次转动陀螺，以所获判语定升迁贬黜，最先升任最高职位者为胜。吴绮缘借此为篇名，陈白尘亦有话剧《升官图》，两者似无承继关系。

书叙民国官场升降沉浮之事。诗云："干禄争思附骥，成名端赖登龙。蝇营狗苟正相同，管甚旁人嘲弄。勘透官场百态，无非得失鸡虫。升沉黜陟一般空，都付婆娑春梦。"[①]

图4-11 《新升官图》插图

陈伯伟小职员也，妻朱蕙英。伯伟升迁无望，其妻麻雀搭子姚嬷嬷者，乃方总长府上女佣，姚嬷嬷以干女婿名，荐陈伯伟于方总长，

① 吴绮缘：《新升官图》，《罗宾汉》1948年1月9日。

得庶务主任缺。

方总长姘坤伶金翠玉，陈伯伟为其安排小房子，以为藏娇之地。不虞谋泄，开罪方太太，职亦随之而失。方总长暗中放其外任为安徽统捐局长，为避方太太耳目而以陈新名上任。陈伯伟后以房屋道契回赠方太太，得尽释前嫌，后运动得一部长职位，方总长则升任院长。

潘局长喜食人乳，因陈伯伟之来而落职，然隐忍不发，韬晦无几时，得方总长推荐任浙江财政厅长，后又升任实业部次长。

王德平商人出身，夤缘得任县长，以经商之道为官，秉薄利多销之策敛财。其令县中每户上一门牌，每户出费 1 元，然成本仅 4 角 9 分，1 分利给了庶务，其余半数归己，后来王德平竟做了厅长。

夏作人，翩翩少年，如玉树临风，妻夏奶奶。夏作人与湖北财政厅胡厅长之女胡桂华相识，为攀附富贵计，与妻夏奶奶谋，以为离则两利，合而俱伤，乃重续鸳谱。夏作人重娶胡桂华，夏奶奶再嫁潘幼安。后来夏作人、潘幼安也爬到了简任官的地位。

李元俊把礼物藏在牡丹花下送礼给上司，得以升迁，做了民政厅长。

牛省长，行伍出身，喜涂鸦，爱充风雅，常办画展，为阿谀者购之一空。牛省长职在禁烟，夫人家中卖烟。

《新升官图》写陈伯伟升官心态最堪讽诵。话说，陈伯伟，一小官吏，无升迁之望，1945 年的年三十晚上，郁闷无聊，与邻居博升官图为戏。文曰：

他们一共五六个人，轮流掷骰子，陈伯伟在第一把便掷了个双红，出身比人要高得多，大家不免又是一阵恭维。

彼此轮流掷了几次，果然是陈伯伟的手风最好，从办事员升县长、局长，一帆风顺，始终没有掷□脏字，碰过顶子，不多一回，已是擢升到简任地位，眼看着爬上特任官职，并不费事，其余的那几个人都是望尘不及，地位差得远了……陈伯伟听了，好生得意，有说有笑，和刚才大不相同。偶尔也回过头去，看上妻子一眼，表示着快活的模样。朱蕙英却笑道：“真假都是一般，政界中的升降得失，一向是靠不甚住，你别这样地得意，说不定停回栽了个觔斗，一下就降了十七八级，叫你永远不得翻身的。”

陈伯伟觉得这话太是扫兴，并没有回答，只是瞪了她一眼，依然掷着骰子。可不料就从这时候起，运气突然转变，掷下去尽是雪白的一片，简直看不到鲜红的颜色，虽是赌博，却比真的官场反要认真一点。贪赃是犯不得的，尽管位高权重，多掷上几个么色，还不是受着处分，逐渐下降。人家不住地前进，他却只是倒退，相形之下更是难看。眼看着自己的那张牙牌，又是押到科员的老位置上去了，心里一阵懊恼，突然失去了知觉，往后倒去。慌得大家过来，抢着把他扶住。李蕙英却道："诸位不用惊慌，他自从给机关里裁汰以后，失业已久，心境不好，一个不快活，便会昏倒，隔不到三两分钟，马上醒来，这病时常发作，是不足为奇的。”轻轻地在他耳畔唤了两声，陈伯伟果然悠悠醒转，却还是闭着眼睛，叹息一声道："好容易巴结到这个地位，谁知又成了个画饼，以后一切都是完了，再活下去，可还有什么意思吗。”……陈伯伟叹息道："假的如此，真的何尝会得两样，我的心已经粉碎，万不能再掷下去了。”说罢，又是呜呜咽咽地哭泣起来。[①]

陈伯伟晕倒升官图，可与范进中举同看，一哭一笑，千古同慨，摹小官吏心理如画，如见肺肝然。作者用白描手法，从语言、动作诸方面摹绘，写小职员钻竞之心、懦弱之性、穷苦之状、无聊之形、庸俗之气，如在目前，虽未用心理描写法，而心理委曲毕现。

《新升官图》，篇章完整，摹画生动，为民国官场不可多得之佳作。全书不立主干，故事横逸斜出，却不觉其枝蔓突兀，反觉野意盎然，以其故事精彩，足以笼罩全篇也。

十四、徐卓呆

徐卓呆，原名傅霖，笔名李阿毛、卓呆、半梅。他是著名的滑稽文学家，有“文坛笑匠”“东方卓别林”之誉，不待小报数篇作品，

① 吴绮缘：《新升官图》，《罗宾汉》1948 年 1 月 9—11 日。

早有闻名天下。小报共载其作品35篇。

《荒唐博士》，题目虽称滑稽小说，实为侦探。文称海上Y路的江南大厦13号，由葛季诚者租赁。开设葛诚记美术用品制造厂，登广告招牌人员，有女高良玉者应聘被杀。杜博士哲夫，私家侦探，调查高良玉案，发现葛诚记美术用品制造厂所出售之美术用品乃系用真人肢体所制。不久高良玉弟高俊甫在顾氏花园遇害，姊弟二人皆烟鬼也。残。

翻译有《代理皇子》，译自德国沙克基小说。文述巡更人吉儿与微服出行的幽篱庵皇子相遇。皇子喜游戏人间，遂与吉儿互换，己充巡更人，吉儿则入宫做皇子，并以12点钟为限。假皇子吉儿入宫，历宫中骄奢淫逸，不一而足。皇子曾向泰兴公司借款75 000元不还，又借利发公司5万元，户部大臣为皇子划策，以谷物特许经营权卖恩于利发公司，以敉平欠账。户部大臣以此策邀功，要皇子保其再作几年户部大臣。时限已到，吉儿与皇子各复原身，皇子赏吉儿5000元，并邀其做皇家花园园丁，吉儿与恋人花姐成婚并赴任。

另有一篇《金华歌舞团》记剧团生活。李阿毛为早期话剧演员，此篇当出于其生活体验，但多滑稽笔墨，非写实作品。

滑稽小说有《一重天》《摸道人鸾话》《退职丈夫》《怪吊客》。

《一重天》写阴历十二月二十四日“李阿毛”祭灶，开车送灶神上天宫。到了天宫，发现牛郎在天宫开牛奶厂，李阿毛做送奶工。从前还是处女的女娲娘娘现在嫁给了赵玄坛，替丈夫看守家中的元宝，天塌下来也不管。由于其失职，地狱鬼便从私路向天宫贩卖毒药快丹。地狱瘟将军，率领十万阴兵，扛着膏药旗，攻打天宫，天宫戒严，送奶要通行证。天宫成立了维持会，申公豹为会长，由瘟将军派来的一个魔鬼监视他的一切。申公豹被派去蟠桃园寻美女，蟠桃树被锯，蟠桃园改成妓院，名为安慰公司，乃专为阴兵而设。

此篇借天宫写人间，尤其写地狱瘟将军，率领10万阴兵，扛着膏药旗，攻打天宫，天宫戒严。此篇发表于1938年，抗日战起，滑稽之中，讽喻之意不言自明。

李阿毛滑稽天才，常出人意表，想落天外，可方之今日之无厘头。

《怪吊客》云：萍为公司经理，香烟被员工偷吸。经理谎称香烟乃毒药，起避孕作用，吸一只，一年不孕，二支终生绝育，然三日尚有解药，三日外则无救矣。有冯姓员工，立求解药。

《摸道人鸾话》写摸道人是“一位神通广大、聪明正直的、五百年前的有道恩的人”。近来在来沙而乩坛主持乩务，之所以名为摸道人，是因为他善摸。哺乳时代，一双小手，就会摸他母亲的双乳，后来到会行走时，就喜欢摸他自己的小麻雀，长大之后，就喜欢摸人家的袋袋，曾因为摸到一颗杏仁，而破了谋杀案。

潘柳黛的丈夫李延龄出走，好事者代问休咎，摸道人批曰：

其一

喜欢冤家太肉麻，打时拳脚咬时牙。

阿乘岂是乘龙去，从此难寻热带蛇。

其二

蛇来自热带，仍旧回热带。

热带在何处，当在温带外。[①]

潘柳黛生产，有问璋瓦者。批曰：

寄语蛇太太，出洞莫狼狈。

若问生产日，不到五月外。

此番临盆者，定是男宝贝。

携往热带去，可与乃父会。[②]

后竟生女，道人解曰：男的宝贝即女子也。

潘柳黛为上海文坛著名女作家，上海女作家多是大胆女郎，常将自己闺阁生活形诸笔墨，至床第不避。无怪李阿毛将她拉来吃豆腐，稍加摭拾即成妙谛。

李阿毛作品意主滑稽，谐不伤雅，谑而不虐，语含讽刺，却不涉詈词，亦不染情色。语言本色，少长咸宜，允推近代滑稽第一人也。

① 李阿毛：《摸道人鸾话》，《光化日报》1945 年 6 月 12 日。
② 李阿毛：《摸道人鸾话》，《光化日报》1945 年 6 月 12 日。

十五、蒋九公

蒋叔良（图 4-12），笔名蒋九公、九公，他以小品名家，小说不多见。他说："作者为报社撰写说部，今已为第三度，《念奴娇》之后，为《风月传家》。因为文债多的关系，关于每部小说的结构布置，都未作充分地准备，都是随想随写，临时找寻事实的发展，往往在提笔写作之际，还不知道下文的进展怎样。"①其所写皆为随手摭拾来的风月场中人物，如舞女、坤伶、歌星等，无甚稀奇，唯在善设机局。

图 4-12 蒋九公

如《留兰香》写舞女唐安妮事。唐安妮，名门之后，因结交拆白党，受骗失节，被卖与一丈青为女，鬻舞而红。为从一丈青处脱身，唐安妮在袁晓光的帮助下，聘请律师，控假母一丈青诱拐，胜诉获自由。搬进麦克卢大安里 12 号。

甫迁入，闻女夜啼，唐安妮得知，邻居杨先生女阿莺以无力缴纳房费，被卖给平湖老八接客，因此啼哭。安妮助以银钱，暗中送入女家，随手以留兰香糖商标缀于所留信件之信尾，杨先生和阿莺以为真有一位侠女叫留兰香，来帮助自己。唐安妮报告捕房，将平湖老八等逮捕，阿莺等被拐卖女子得救。"后来安妮领导着许多从火坑中挣扎出来的姑娘们，着实干了一番新事业，为妇女界扬眉吐气。"②

小说摆脱红颜薄命之窠臼，而令女主角以法律为利器改变命运，为女界吐气不少，故事虽旧，但结局颇新。小说取名甚巧，以"留兰香"商标缀于信尾，而自己深自韬晦，为善不留名，颇有古之侠客飞剑留书之概。

① 蒋九公：《金镑乐》，《社会日报》1940 年 4 月 16 日。
② 将九公：《留兰香》，《迅报》1939 年 9 月 4 日。

《风月传家》叙南洋吧城[1]富商之子梁祖荫，回国求学上海，居其父金兰契林雨庭府上。林有女名玉人，与祖荫青梅竹马，早缔秦晋之约。祖荫于屋顶花园听群芳荟唱而识歌女骊珠，相恋同居，然迫于严命而与玉人完姻。孰意结婚当日，玉人被枪杀，祖荫为父召回南洋。骊珠在祖荫离开后，为祖荫诞一女而病殒，女不知下落。16年后，祖荫与女儿秀凤巧遇，然秀凤已沦落风尘，父女相认，并迎回吧城。

小说写母女二世命运轮回，母骊珠为戏子，女秀凤为妓女，母为前身，女为后世，皆逃不出风尘之羁，即《风月传家》之题意，同时又寓有因果循环、箴规劝惩之意。

诸篇中以《金镑乐》最为精心，是一篇金融黑幕小说。文叙某银行李行长断弦，职员史梅候嘱其妹竺修与李行长交游，欲与行长结为郎舅。竺修已有男友小伍，拆白党也，小伍利用竺修，向李行长所在银行借钱，骗取6万元巨款。案发，小伍遁逃，而梅候与竺修缘李行长荫庇得脱干系。

经此一番，竺修嫁李行长。李行长通过戈太太，以30万元运动到手南京一局长职位。不意，未就职而李行长被绑，南京之新职，因绑架未能莅任而被免，30万元成画饼，而竺修以50万赎金，仍未救出李行长，连番打击，竺修精神失常。迨李行长脱险，因挪用公款，私营外汇投机，与梅候一同锒铛入狱终。

小说题名《金镑乐》，取自平剧《金榜乐》，即《御碑亭》，而将“榜”改为“镑”。作者自述其著述宗旨云：“本文之作，就是骂尽一般家里搨好了外汇的朋友，说不定连他们的十八代祖宗也要骂在里面。”“因为现在的上海市场，正被黑市外汇搅得乌烟瘴气，而有铜钱的朋友，也以作外汇为唯一时髦投机事业。他们靠投机而捞饱了钱，发了财，手头血旺，就拼命求声色犬马之乐，而许多荒淫乱伦事也随之发生，这里面总难逃一个饱暖思淫欲的公例。而作者在这市场荡动的两年中，冷眼观察，对于那般狗男女的所作所为，尽有不少是可穿

[1] 巴达维亚城之简称，乃今雅加达。

插到本文中的。”①

小说虽有很强的现实性，但人物皆出虚构，作者以李行长命运，写善恶报应故事，借此痛骂外汇投机者不得善终，冀乱臣贼子，读小说而知所惧也。

十六、张庆霖

张庆霖里居、仕履皆不详，有关其卖文生涯，尚有零星记载。据云，张庆霖在上海小报作家中辈分颇高，当在王小逸之上，至于周天籁、田舍郎更是后生晚辈。张庆霖自己说，我不但有儿，而且是有孙的人，两鬓斑白，可见其年高辈长了。他在抗战前即蜚声文坛，曾任五六家的长篇撰述，现在能找到的最早作品发表于1917年。张庆霖能文外，还擅书，字学袁寒云，袁寒云有弟子俞逸芬，张庆霖尚胜其一筹。

1. 霸王拔山举鼎力，老鼠洞里倒拔蛇

张庆霖乃一介洋场文丐，仅以卖文为生，未闻兼有他务，职此之故，常陷窘乡。他在《绿杨新语》说：“今年秋天里，孱弱之驱，就因撰写操劳过度……咯血失眠，几个医生朋友，都很替我担心，一律劝告必须暂停笔耕，方能保持一条蚁命。可是可怜的我，一□累重，家无隔宿之粮，一天不做，就一天不得食。何况我的衣食住行，除非耍笔杆儿，没有第二条出路能够维持生活。所以想了一想，卖文糊口也是死，不卖也是死，同是一死，真叫我走投无路。”②

操劳尚在其次，最令人心酸的是文人的稿费。文人绞心血、耗脑汁，作品出来去换稿费，可是到了出版机构，七折八扣，能拿到一点润笔已经是万幸了。“最不幸的是一般刊物，无论是报馆、书局，或

① 蒋九公：《金镑乐》，《社会日报》1940年4月15—16日。
② 张庆霖：《绿杨新语》，《生报》1939年12月3—4日。

是杂志社，外表倒也堂而皇之，大吹大擂地发行了。文章是刊物上唯一的必需品，犹之商店里的货物，没有货物，如何赚钱。所以在起初赌咒般地卑辞厚币，和作者们订了条约，百说百依，等到稿子送去，具领稿费之时，真如老鼠洞里倒拔蛇，实在不易。用尽霸王拔山举鼎之力，或者弄得些许到手。我以为天下最不幸，文人最伤心的事，莫过于这一着。”

文中所记民国出版商之举，与今日何其相似乃尔。张庆霖所言，非仅自怜身世，亦道出了当下知识分子之心声，古今文人可同发一慨，不禁令人发问，缘何读书人命运如此相似。

《绿杨新语》本为一篇扬州风月小说，绿杨指扬州，故事未开始，作者先念了一番文人苦经，文中感叹道：“深秋时候，区区一病，几离浊世。客馆凄清，低回寒灯之下，宁可饿死，绝不甘做那没有名目的马牛。有时王粲登楼，举首中天明月；北望绿杨，心驰衰朽老母，料想她老人家不时地依闾而望这天涯游子。我虽为人父之父，已经有孙，然而天下父母爱子心，都是一样，你虽两鬓已斑，而老亲犹当你是孩子呢。”①

作者所抒悲苦之情，令人动容，不禁为天下书生，同掬一把辛酸之泪。民国小说家，仅以稿费博得万金者，寥寥无几。他们多兼有他职，甚至有所经营。如王小逸，小说名家，但其本职是教员。周天籁是编辑，同时开跳舞学校。平襟亚更不待言，是有名的大律师。然张庆霖仅以煮字为生，难免受窘。迨1939年后，张庆霖创作日稀，可能已抛弃写作生涯。朋友可惜其辍笔，责其无恒，张庆霖何尝不想有恒，而在此种老鼠洞里倒拔蛇的生活中继续属文是欲恒而不得恒也。

2.《捉刀六记》

张庆霖小说文白兼济，略重文言，皆以艳情为内容。如《十里红楼》隐括《红楼梦》成篇，叙沪西名园，有花木亭台之胜，仿佛《红楼梦》之大观园，中有林妹妹者，与焦大私通，又经焦大之撮合，赘

---

① 庆霖：《绿杨新语》，《生报》1939年12月7日。

宝哥为婿，然宝哥与林妹妹膝下犹虚，林妹妹广求男色，所诞皆异国种。

文中有些笔墨刻露，如“亢阳日久，蛙怒以起，坚度如生铸之铜铁，擦磨之间，几戮破姑娘之裤裤”[①]等。张庆霖亦非笨伯呆子，见上海小报情色小说易销，便将笔墨多用在上面，他非不能社会、武侠，之所以如此，亦生意经耳。

《捉刀六记》刊于《上海报》，又转载于《奋报》，文言小说合集，当时颇受欢迎。如《丹阳老四》写毕澄庶。毕澄庶实有其人，乃军阀张宗昌之部下。文云：1925年奉军入关，张雨亭称大元帅于旧京。郭松龄、张宗昌辈统帅大军南下，其部将如褚玉璞、毕澄庶等，均称悍将。军容虽盛，然纪律不佳，江南人民，每睹冠皮盔军，疾首蹙额。因为当时奉军冬日南下，皆戴皮帽子，江南溽热之地，少见戴皮帽子者，故以为怪异。诸将于戎马倥偬之际，辄喜走马章台，攀花折柳，老张张宗昌、小毕毕澄庶尤醉心于此。

镇江有丹阳老四者，为毕澄庶宠幸。“这丹阳老四工素女之术，枕上风情，岂特奇谋百出而已。毕曰：‘卿真仙人，吾治军十年，未尝有此奇观。以貌取人，失之子羽，深悔前者，未睹芳泽，相见恨晚，其我之谓。’从兹毕为之颠倒，行辕迁于丹四之宅中，办公室即设在丹四妆阁，姊妹行多艳羡之，称丹四军使太太。”[②]

《狗肉将军》，写张宗昌。文云张宗昌一生“有三不知：一曰，绾兵不知若干人；二曰，蓄财不知有若干数；三曰，下陈姬妾不知究竟有几何。”[③]

据说张宗昌的姬妾有四五十之多，其实不然，许多冒用太太之名耳。张宗昌在山东时，“居常盘旋督署中，实授为督办太太者，计为五人，另二人分居平津，又四人守沈阳老宅，共数十一。此十一朵如花，张心中固认为妻妾，部僚目中亦尊奉为太太者也。

“张天赋喜淫，御女不能虚夕，与清代张文襄有同癖焉，虽当军

① 张庆霖：《十里红楼》，《生报》1939年5月27日。
② 张庆霖：《捉刀六记》，《上海报》1938年9月23—24日。
③ 张庆霖：《捉刀六记》，《上海报》1938年10月3日。

事前锋，其帐下亦必携有美人与俱，所谓行军太太是也。而第五、第六两太太，最足快愉胜此重任。此二人亦非有特殊恩宠，盖以胆量过人，擅驰骋，进退周旋，皆得如意，他人不能也。故无论第一道防线如何冲突，如何紧张，第二道防线则依样葫芦，肉搏酣战，炮火声愈密，张兴致愈豪。而行军太太好谋而成，炮火不惊，其娇喘呻吟，辄与前线健儿之杀喊连天，遥相应和，殆性艺之特殊现象耳。”①

既然太太仅有十一之数，那么四五十是如何历来呢？原来是娼家伎俩，凡是与张春风一度，娼家便榜其门曰张公馆，以临时太太名，到军中索取费用。后来领取的人愈办愈多，竟达四五十人之数。军需处洞悉其情后，后凡是借名索饷者则一律绝决之。②

张庆霖与一批新兴作家不同，金小春、冯蘅等受新文学影响颇多，张庆霖则以旧学为功底，为文雄深雅健，叙事、摹景、抒情皆称能手。作做文言胜于白话，《捉刀六记》为其代表作，其余则无甚建树。

十七、秦瘦鸥

秦瘦鸥为民国著名作家，以《秋海棠》《梅宝》等作品闻名。其与小报亦颇有渊源，以笔名秦怪风、赵子龙、四将军、包打听，为《罗宾汉》常川撰稿。其又曾为《上海报》主编，这时他供职两路局，与鄂森律师为知己，因此法律界消息灵通，其兄为市党部要员，故军政党商学各界消息亦迅捷，又曾自创小报《孙中山》。秦瘦鸥在小报所刊小说有 6 篇。

翻译小说《蓝手》，译自英国作家依茄华雷斯作品，书叙豪富谭敦娶帕烈斯先爵的独生女谭美丽为妻，生一女谭露丝。谭敦曾立过一份遗嘱，称遗产留给女儿露丝，如果露丝夭折，财产归其妹葛罗德夫人，但须等到其女儿死后 20 年。

---

① 张庆霖：《捉刀六记》，《上海报》1938 年 10 月 7 日。
② 张庆霖：《捉刀六记》，《上海报》1938 年 10 月 7 日。

谭敦胞妹艳兰，嫁葛罗德，故书中又称其为葛罗德夫人和葛老太太。艳兰探知其兄遗嘱内容，便设计欲侵占遗产，先从弟媳谭美丽下手。一次外出购物，艳兰将绸缎塞进谭美丽的包中，以偷窃罪将谭美丽陷害入狱。狱中谭美丽做染工，长期浸泡，手为之变蓝。迨谭美丽出狱后向艳兰询问女儿下落，并以其蓝手，在葛府的玻璃上印上蓝手印以警告葛罗德夫人，让其说出露丝的下落。小说之名《蓝手》即以此也。

谭美丽入狱后，其女谭露丝由艳兰抚养。葛罗德夫人之子小葛罗德儿时顽劣，将鞭炮系猫尾点燃之，还曾用烧红的铁丝烫伤露丝手腕落下疤痕。谭露丝由保姆携带乘船出游，船覆露丝落水，不知所终，谭敦因思念女儿而亡。露丝落水，幸为救起，船漂泊到南非达郎特堡港，露丝为万亨伟所收养，长大后又回到了她出生的地方，名万妮丝小姐。

葛老太太欲请一位女秘书，不想应聘的正是万妮丝，即谭露丝也。葛老太太原亦以为露丝已不在人间，不想自己请来的女秘书就是露丝。葛老太太一见万妮丝手腕上的瘢痕，便昏厥过去。事为小葛罗德发现后，小葛罗德欲娶万妮丝，以图遗产不成，情急之下，用药物劫持万妮丝，乘飞机逃跑。史杰猛等警探将小葛罗德抓获，救下万妮丝。

秦瘦鸥对依茄华雷斯崇拜有加，并自承私淑弟子。他说“我喜好依茄华雷斯的写作，就为他所写的侦探小说虽然曲折离奇，而仍能忠实现实，并且绝不是存心想写侦探小说而写的。实际上，他的作品倒是十十足足的社会小说，经他所描写出来的人和事，无不和现实社会的情况相吻合，你闭上眼睛就会觉得像真的一样。他去世已经六七年了，但在欧美和日本，他的盛名还在许多未死的作家以上，我不但喜欢他，而且崇拜他，自认是他的私淑弟子。所以当我翻译他的作品的时候，委实是一直很用心的，至少可以说并不大意”[1]。

此篇虽为侦探小说，但不重在侦察手段之新巧，推理之深邃，而是通过案件的叙述，写世态之炎凉、人心之险恶。小葛罗德之残忍且

① 秦瘦鸥译：《蓝手》，《社会日报》1941 年 3 月 1 日。

不论，艳兰为财产，竟置骨肉亲情不顾，此篇侦探小说的奇诡与社会小说之深刻兼而有之。

秦瘦鸥译笔流畅，可见其国文之功力。如人名翻译之谭敦、谭美丽、谭露丝，皆汉化之，使中文读者易于辨识，且为之平添文化内涵。

武侠小说《草泽英雄》写剑侠抗清事。反清驱满乃近代小说之主题之一，仅武侠与反清之合流，其作品即不知凡几，遑论其他。此作篇幅宏大，历史背景悠长，从吴三桂叙起，直至辛亥革命推翻清廷。

文叙吴三桂帐下一员勇将名欧阳立。清兵攻云南，大理失守，欧阳立死难。遗一子名叫欧阳密青，密青，即反清之意。密青由乳母苏氏抚养成人，后从碧琼仙姑习武，传其剑术，于乌蒙山紫霞岭聚义举反清大旗。康熙派塔额布进剿乌蒙山，乌蒙山英雄在密青的率领下，杀死塔额布，声势愈大。乌蒙英雄曾试图劫杀康熙未成，杀了二皇子胤禄，又伤了雍正，使康熙胆寒。后师傅碧琼仙姑命欧阳密青将甘肃境内凤梧山辟做潜修之地，韬光养晦，待到光宣年间，革命军兴，欧阳密青助革命军推翻清朝。

文中所涉及史实真幻参半，不必深究。打斗场面，战阵与武功并用，武功尽为剑侠本领，如写塔额布吐出雌雄剑，乌蒙山英雄行动则架剑光而飞，碧琼仙姑驾冉冉香云，自天而降，服用欧阳密青神符，便能凌空而行，力举千钧。此类行径，剑侠和神魔小说中已司空见惯，浸成俗套，作者不知生新，而搬演无误，难免令读者生厌。

另有林华者，著《上海小报史》，称此作乃出诸秦瘦鸥祖父之手，不知确否。

十八、白沉

白沉，生平无考，小报小说共 8 篇，残者不计，武侠 2、艳情 2，皆不足称，间谍 2 篇尚可论。

海上小报小说，艳情居多，谍战则不多见。《京沪地下间谍战》（插图见图 4-13）叙中日谍报战。中方有京沪区行动组长 A 字 32 号

图 4-13 《京沪地下间谍战》插图

老 K、37 号美丽之花周莉萍、42 号三人；日方有寺田杏子、佐佐木米子两人。

文云游击队东南区首脑，派遣 A 字 32 号京沪区行动组长老 K，化名台湾人高田雄与 A 字 37 号美丽之花周莉萍，打入日军情报机构，与日军间谍寺田杏子、佐佐木米子展开间谍战。

老 K 和美丽之花获取日军三战区地图，又从酒醉的寺田杏子口中探知，土肥原和川岛芳子翌日正午 12 时乘天马号专车到上海，游击队在真如埋设炸弹袭击，炸伤二人。

为加强工作，游击队东南区又派女谍报人员 42 号前往上海，日方则因情报工作不利，对寺田杏子失去了信任，遣佐佐木米子到沪协助寺田杏子。

美丽之花潜入丁默村身边，在哥伦比亚批货店门前刺杀未成，美丽之花被捕牺牲。

寺田杏子是京沪行动组长老 K 留日期间的爱侣，42 号亦与老 K 有情，二女决斗，42 号打死寺田杏子。佐佐木原是中国人，与京沪行动组长老 K 亦为情人，佐佐木被游击队捉获，老 K 纵之使去。老 K 和 42 号则登上潜艇继续战斗。

《冲破敌伪间谍网》写女谍报李志贞故事。李志贞是杭州警官学校的学生，跟随了戴校长干着特殊工作。她奉命打入敌伪特务组织，在陈国华的领导下，周旋于日军宪兵队长片山和 76 号间。

李志贞警官学校的同学徐守一叛变，重庆方面令陈国华处决徐守一，但经李志贞的挽救，徐守一悔悟，并把日本特务深入内地间谍名单盗出，戴罪立功，后被特务何美珍杀死。

陈公博与吴世宝因上海赌台龃龉，吴世宝被谋杀。李志贞与陈国华一起处决谋害徐守一的何美珍，及 76 号特务张小姐，安排舞女陈璐色诱宪兵队长片山。李志贞从片山处骗得通行证，意欲逃离上海时被杀。

此二文中牵合历史人物颇多，如土肥原、川岛芳子、丁默村、李士群、吴世宝、夏仲明、戴校长，陈公博等，然皆徒有其名，所叙之事俱驾虚之谈，如土肥原、川岛芳子在真如被炸，胥于史无征。

小说将言情与谍报合流，言情居多，谍战恨少，乃借谍海写鸳鸯而已，主人公更像一个多情种子，而非冷血之谍报英雄。如京沪行动组长老K与我方女谍42号有革命情，与敌方寺田芳子同为早稻田大学同学，有旧情，与佐佐木米子早有鸳盟。

女间谍一例以色相诱敌，欲表日本兵皆好色之徒。至于绝岸颓峰之惊险，力挽狂澜之壮举，则不见其踪，与新文学及当代流行谍战作品，大异其趣。

十九、周薇庵

周薇庵，生平不详，所著皆鬼故事。有的融侦探鬼狐于一体，有的沿袭传统志怪传奇，以鬼故事寓因果循环之理。

《焚环记》写南京夫子庙歌女皇后曹佩英，与赈务委员会的潘秘书幼华结缡。孰料，抗战烽火起，幼华随政府西撤，佩英留守南京。幼华最初到汉口，后又撤至重庆，又因政府官员，为避嫌疑，不能与南京方面通信，故幼华与佩英音讯断绝。幼华一去无消息，在南京的曹佩英孤苦伶仃，又被孙部长逼嫁作妾，佩英无奈，自杀殉情。谁想，佩英自杀之日，正潘幼华在重庆与某要人女周美珍结婚之时。佩英之冤魂托梦给负心郎潘幼华云：三年为期，报应不爽。后潘幼华乘重庆到上海的飞机失事亡，果为三年之期。

《酒城艳尸》亦写鬼报冤故事。徐韵珍，女学生也。为校长丁自修迷奸，惧事泄，丁自修将一男学生林其扬迷昏，伪造韵珍与林其扬同宿之现场。孰料，因迷药过量，林其扬身死。徐韵珍无处诉冤，投水自尽。丁自修退职，接任者黄湖生，徐韵珍托梦黄湖生，嘱其邀约前任校长丁自修参加该校毕业典礼，黄湖生允其幻托。丁自修应邀前往并致辞，甫上台，即跌倒毙命。

诸篇之中，以《尸室艳魂》（插图见图 4-14）稍有新意，是篇融鬼神与侦探于一体，古之鬼魂获用武之地，而侦探之情节因之而更迷离诡谲。《尸室艳魂》叙有李芝生者，因病住院，夜分，隔壁有女病殒，竟是李芝生之旧识，生意浪菱花也。菱花真名赵秀珍。秀珍嫁徐凤台，后被弃。徐凤台心狠手毒，离弃秀珍不算，又派人将行将分娩之秀珍毒死。当晚，秀珍魂灵来至芝生床前，泣诉被害之冤，并嘱芝生到浦东凤翔镇一访。

图 4-14 《尸室艳魂》插图

李芝生遵嘱，至凤翔镇某宅，孰料，此处乃徐凤台之窟穴。芝生甫一叩门，即被押入暗室。徐凤台乃一凶犯，他造假钞，抢劫并杀害高小姐，绑架郭大板的儿子并撕票。李芝生陷匪窟后，与陆锦园生情，陆锦园乃徐凤台妻也。后得其帮助，李芝生始逃出魔爪。而徐凤台因其匪窟所藏炸弹爆炸，而葬身其中。

民国侦探小说流行，出现霍桑、李飞等神探，此篇则以秀珍告发为重要环节，不过一阴间之鬼探也，更似阴间线人。她仅凭一星天理，怀一腔鹃血，不假推理和实验，其神异远超人间之侦探多矣。

二十、路中天

路中天，生平无考，小说共 4 篇，皆为武侠，一为窦氏母女的《风虎龙云》《红粉侠义传》，一为清风山女侠系列的《江湖奇人传》，皆写女侠。

《风虎龙云》《红粉侠义传》二篇皆叙窦氏母女行侠仗义事。云中雁窦凤英因恶霸所逼，落草婆罗洲水寨，坐了第五把交椅。邱如海县令，纵其子为非作歹，将陆双宝父亲陷入冤狱。云中雁窦凤英与神弹手骆青，救出陆双宝父亲，并取了邱如海五千多银子，散与百姓。杨四太太，以治病为名骗取钱财，窦奶奶与窦凤英母女断其双腿以惩戒之。

《江湖奇人传》述清风山五莲峰华严庵老尼禅悟，其门下女徒众多，琼华、妙华、舜华、春红等皆是也。有江洋大盗莫天龙，杀人越货。刘太公因其匪行，而不愿将孙女嫁莫天龙之子而悔婚，莫天龙率众至刘太公府门肆凶，刘太公派人向禅悟求救。禅悟遣弟子杨天元和琼花师兄妹下山，杀死莫天龙及其子莫如虎，救刘太公一家。

曹州府辖五贤村，吴氏诬陷继子强奸，继子被判死刑。杨天元与琼花师劫法场，将继子救出，并胁走县太爷杀之。

近代武侠常以武功之神异，炫耀技法，路中天未蹈此弊。他沿袭传统写法，朴素纪事，叙述简捷，语言浅近，然殊少新意。

二十一、张恨水

1. 不见载于北京小报

张恨水在小报共发表了 26 篇小说，然都刊载在南方小报上，北京一篇也无。以皖人而久居日下，因写《春明外史》《啼笑因缘》而有名，旧都题材之名家，其小说竟然绝迹于当地小报。不知是小报之不取，还是恨水之无意，或者不屑。

春明小报所载都是方言土语写就的小说，如尹箴铭、徐剑胆、庄耀亭等都写得一手地道的京片子。此非张恨水之长，其小说写北京事却不用北京话，即使名气再高，也难免荒腔少韵之讥。张恨水固不把小报放在眼里，而小报也无意于外乡人写的北京西贝货，此殆两家形同陌路、不相为谋者之情欤？

然南方小报延揽之，犹恐不及，张恨水来沪，余大雄登门拜访，讨

（小說預告）錦片前程 恨水

張恨水先生、原擬爲本報所撰之長篇小說、名曰「熱血之花」、近改稱「錦片前程」、內容雖未全體露布、大致有一愛國女子、在國難當頭時、不惜生命、爲國家、爲情人、於旖旎風光之中、作一番悲勇熱烈之事、寫來有聲有色、自下期本報起、特載第一回、白髮婆娑煨爐溫舊夢。紅顏憔悴踏雪訪情人。

图 4-15 张恨水小说及照片

得《锦片前程》（如图 4-15）而归。现存上海小报中，登载时间最早的是《春生日报》上的《京尘魅影》，据姚吉光之说，为南方报纸的第一篇，尚早于《啼笑因缘》之于《新闻报·快活林》。但张恨水作品各地报纸转载颇多，此篇是否是初版，尚有疑问。可以确定为初版的，是刊于《晶报》的《锦片前程》，有宝凤之文章为证。其文云：

张恨水所撰《锦片前程》长篇说部，自民国二十一年一月下旬开始在本报登载，直到民国二十四年十一月杪即上期本报止，分载 984 次而结束焉。其间或因时变，或为邮阻，不无间断之处，故此三十六回之著，几亘四年始毕。恨水先生于《前程》赓续中，曾亲至海上数次，与本馆同人订交，逸事缤纷，亦仿佛如火如荼之锦片也。最令人纪念不忘者，当《前程》稿初载时，本报犹系三日一刊，甫载二期，即丁一二八之变，海上小型报纸，一律停刊。唯本报惨淡经营于炮火声中，勉出临时特刊，以报淞沪战事轶闻。厥时如《新闻报》之《快活林》，《申报》之《自由谈》等，均暂辍笔，《前程》稿遂亦停登。迨沪战息烽，诸报复旧，本报亦于 3 月 27 日恢复平时状态，《前程》稿乃又每三日与读者一见。十年国庆佳节，本报改为日刊，读者始日日得观《锦片》。故此一篇小说，连带及于二则之重大往事，读者当犹忆及也。[①]

张恨水小说多长篇，小报连载甚不便，《锦片前程》刊了 4 年有余，共 984 续，逾年经月，读者恐早已首尾两忘，难以联成片段。如此时长，真让人有心读书，无福消受，殊非小报连载之道。

---

① 宝凤：《恨水前程谈锦片》，《晶报》1935 年 12 月 2 日。

海上小说作家如周天籁、田舍郎、周益世等辈皆不作此类长篇，他们作品多在三四个月之间，此在张恨水眼中，恐仅为短篇或中篇。张恨水曾有一篇《人迹板桥霜》刊在《立报》，共54天，在张恨水作品中，不甚为人注意，只能算是个小段。然于小报最为合体，时日不长，月余可毕，脉络明晰，起结清楚，阅者读来甚为便当。

张恨水莅沪，与余大雄相谈甚欢，席间，余大雄提及所撰两部小说，宝凤文道："时先生方撰《啼笑因缘》续稿，大雄爰□，欲以关秀姑妻樊家树，而以沈凤喜妾之、何丽娜则为外室。先生不允，谓此种俗套，不堪着笔。大雄乃以为《锦片》中之邵宝珠说情，先生谓此稿有实事为底本，邵射曹女，以自杀毕命。兹因自杀为社会恶习，拟另写一结果，今宝珠仅以'两行苦泪夜半走新都'了之。如昔日所谓不知所终，则笔下果已超生矣。"①

如文中所述，余大雄为《啼笑因缘》请命，又为《锦片前程》说情，故可确定《晶报》之《锦片前程》确为初版。加上《立报》的4篇《艺术之宫》《芒种》《桃花港》和《人迹板桥霜》，除此之外，小报所载皆非初版，有的甚至已经出有单行本。如《平沪通车》初版《旅游杂志》，《新人旧人》初载《太原日报》，《如此春城》《世界晚报》副刊早已连载，《新黄粱》已载《社会月报》，《仇敌夫妻》出自单行本《弯弓集》，等等。这些篇章，非但不是初版，且多不完篇，残缺不全。说到底，张恨水毕竟才大名高，确非池中物，不是小报所能牢笼者，何谈包办与初版。

小报所刊恨水小说，约有两类：一为旧京遗闻，一为抗日救国。

2. 旧京遗闻

张恨水以燕京遗闻蜚声，成名之作《春明外史》《啼笑因缘》，后有所作，多不脱二书格局。

论结构，常以三角构局，如《回春之曲》玉子与周秀峰、袁美中之间，《锦片前程》的邵宝珠与祝长青、毛正义之间，加上名作《啼

---

① 宝凤：《恨水前程谈锦片》，《晶报》1935年12月2日。

笑因缘》樊家树与沈凤喜、何丽娜，久已为其常用套路。

论人物，女角则各有面目，男角则书生本色，性格不甚突出。恨水尤善写绿窗贫女，如《回春之曲》中的玉子，与寡母、弱女相依为命。《锦片前程》邵宝珠，庶出，且父母双亡；《艺术之宫》李秀儿，父为街头卖艺人，自己做裸体模特糊口；《新人旧人》的大妞也因家贫而做人体模特。

论故事，多为小家碧玉与玉面书生、贵介公子感情纠葛，最后，红颜薄命以终。如《回春之曲》写周秀峰留学回国，任大学教授也，与富商女黄丽华交往。寡妇陈大娘之女玉子，名陈玉芝，住在洋楼上的周秀峰与住太平村的玉子望衡对宇，互生倾慕之情。玉子学戏，登台而红，有阔少袁美中纠缠玉子，玉子颇恶之。某日在玉子家小宴，袁美中与周秀峰发生口角，玉子痛斥袁美中。袁美中痛恨周秀峰之夺爱，遣人摆布周秀峰，而被颇有侠气的平民兄弟于一鸣打退，并教训袁美中，促其罢手。

《锦片前程》北京姑娘邵宝珠，与祝长青相恋，祝长青好友毛正义忠告长青以国家大义为重，斩断情丝。长青致书宝珠诀别，投了九十六军，赴抗日前线，而劝人爱国的毛正义则向宝珠示爱。

宝珠为摆脱包办婚姻，离家入财政部工作，与财政管理局局长吴大业结私情。长青军中归来，虽不忘旧情，究竟覆水难收。后吴局长托人送宝珠一万元钱，示断绝关系。宝珠远走南京，长青车站凄然送别。

谈北京旧事，人多以宫闱秘闻、前朝逸事为言，徐剑胆《阔太监》，鸟迷《普大妞儿》之太监内幕；哑铃《康小八》之京城巨盗，剑胆《赛金花》、燕僧《大刀王五》，更不待言，一代名妓，旷世英豪。

凡为小说家，无论名之高下，皆有短处，即贤如张恨水者，竟不谙旧京掌故，对皇宫王府，春明逸闻，望而却步，走避寒门小户中，藏身破屋敝檐下，苦讨文字生涯。然其虽少贵族气象，却不乏平民情怀，其所叙故事、所用手法、所蕴情韵，视公子王孙，毫无逊色，且足以傲人。

张恨水有《岁寒三友》（插图见图 4-16）一篇，刊于上海《铁报》，未曾完篇。其写孟老板，是唱大花脸的京城武生，与朱科长朱砚田、铁工厂陈师傅，还有金老太太及其女儿老姑娘大妞，都住在一个胡同里。金老太太家遭回禄，租赁李老头宅子暂住，李老头租房给金老太太一家，其意在老姑娘，意欲其作儿媳。老姑娘不从，李老头则以50元债务相逼，孟老板仗义出手，替金老太太还清欠款，并将李老头轰出门外。

图4-16 《岁寒三友》插图

书写孟老板大高个儿，穿一件布大褂，光头，“大袖子垂着，手上挪搓着两个核桃”。一进门便高声说“我”是“‘唱大花脸的。一不吃瓦片，二不放引子钱，三不弄脏钱。’说完，连搓两下核桃”[①]。

将钱还给李老头，孟老板便对他说：“‘我三句话不离本行，来句《洪鸾喜》的戏词儿，两个山字儿叠起来，此话怎讲，请出。’说着，板下面孔，抱着拳头高高地一拱。”[②]

又痛斥李老头道：“‘欺负人家孤儿寡母，你简直是恶霸，你是北京城里老混混。你打听打听，姓孟的也不是小混混，讲文讲武，全凭你，我不含糊。’他越说声调越高，把《打龙袍》的大嗓子都使出来了。”[③]

而金老太太与女儿大妞听了高兴，大妞正在煮面条儿，“看煮面条子的那锅白水，好像白水里煮出一朵花”[④]。说不出的心里喜悦。

李老头不服，叫孟老板等着瞧，孟老板“把《打渔杀家》卷毛虎倪荣的词儿说出来道：‘很好，大概没有哪人，敢挖了人家的眼睛泡烧酒喝’”[⑤]。

---

①张恨水：《岁寒三友》，《铁报》1948年8月28日—9月9日。
②张恨水：《岁寒三友》，《铁报》1948年8月28日—9月9日。
③张恨水：《岁寒三友》，《铁报》1948年8月28日—9月9日。
④张恨水：《岁寒三友》，《铁报》1948年8月28日—9月9日。
⑤张恨水：《岁寒三友》，《铁报》1948年8月28日—9月9日。

此一段，张恨水将平日顾曲所积，倾箧倒出，演了一出花脸武生铲奸除恶的活剧。孟老板一个唱戏的，举止不脱台风，说话皆是戏词儿，加之嫉恶如仇的性儿，写来虎虎有生气。文中“小铜墨盒儿、毛笔、纸、印色盒儿、全都放在炕上，李老头看了这些东西，心里暗想着，这家伙带个全份”，“全份”，用作北京话稍有不纯，应做“全礚”，于全文语气稍顺。另“手上挪搓着两个核桃”，“挪搓”不知作何解，北京话，仅一搓字即可。

3. 抗日救国

张恨水有许多抗日救国名篇。如《九月十八日》，写来自辽宁的学生王有济，大财主的儿子，平时荒废功课去捧角。“九一八”事变，东北家乡陷落，生活费用无从寄来，由纨绔子弟而靠典当度日，虽尚征歌选色，然家国之仇未能忘怀，九月十八日的月份牌始终没有撕掉，一直保留，后去前线抗日。

《仇敌夫妻》中的桂有恒，是抗日秘密工作委员会执行委员，夫人日本人，名榴子。桂有恒将义勇军名单藏在家里，被妻子抄录献敌。桂有恒得知，以毒药杀死已育二子的榴子，自己则奔赴前线，成了义勇军中一位骁勇善战的队长。

《桃花港》写桃花港杨义民和女儿菊香。日军来到桃花港，菊香躲藏，日军威胁杨义民交出菊香，为救父，菊香出来应酬。日军队长猪溪茂一郎，对菊香怀非分之心，菊香刀砍猪溪队长，杨义民诱杀李小狗、甄鲁才等汉奸。父女两人一共杀了一个鬼队长、一个鬼兵、五名汉奸。杨义民捐躯，菊香逃脱。数日后，菊香控舟载芦苇引燃敌船，火烧桃花港，亦以身殉国。

其抗战小说，充满爱国热情，虽有宣传痕迹，但人物故事生动，不落说教之弊，如《桃花港》之命名，似取意于李香君血溅桃花扇典故。抗日意志、民族兴亡、诗意侠风，融为一体，生动感人。

4.《人迹板桥霜》

《人迹板桥霜》写于抗战之重庆。文叙：重庆有个黄桷垭，名流巨公多聚居于此，医学博士林孟超教授亦独居这里。林教授好友朱子经做冰人，为其介绍住在松垭口的中学国文教员李乐天小姐。

某日早起，林教授前去探望，过松垭口附近木板小桥，桥上蒙了一层晨霜。桥上，林教授巧遇负重过桥的东北人张作舟老先生，林教授替其扛米袋子，又询知家中有病人，林孟超慨然允诺去其家中诊病。说话间被路过的裘部长坐的滑竿所撞，将张作舟的包袱踢到水中而不道歉，扬长而去，林教授愤慨不已。在张作舟家诊病时，得识其邻居自称为吴小姐者，吴小姐颇赏识林教授之义举。因路上撞人之故，林教授推却裘部长求医之请。

李小姐有感于板桥之霜晨美景，写了一篇《人迹板桥霜》发表，并邮寄给林孟超。待林孟超见到李乐天时，才发现李乐天就是张作舟的邻居自称为吴小姐者，二人已是旧日相识也。

张恨水诗文功力深湛，熟稔情景之理，小说融会“人迹板桥霜，鸡声茅店月”意境而成，专在板桥霜三字上做功夫。先看板桥二字，全文以板桥为叙事之线，层层情事，萦绕板桥而生。越板桥而会意中人，走板桥而行侠仗义，因板桥而结怨权贵，一个板桥，被作家用尽用绝。再看霜之一字，整篇以霜结情，真诚爱情如霜之洁，嫉恶如仇若霜之凛，鄙薄显贵比霜之冷，胜义环生，余韵无穷。

二十二、钟吉宇

钟吉宇，浙江钱塘人，学者，居士。曾主辑《世界晨报》《时代日报》，在小报共发表21篇小说，各体兼备。诸作之中，以质而论，武侠第一、社会第二、言情第三。以量而论，武侠第一、言情第二、社会第三。

钟吉宇小说，出笔谨严，一星情色不染，颇有老作家之风，不似战后作家如捉刀人、金小春、桑旦华等，小说铺子专销风云月色。海上老一辈作家，写长三书寓的大有人在，不论韩邦庆，还是张春帆，文不乏缠绵，但仍不失温柔敦厚，未曾漏泄春光。迨战后作家则大写燕亵之态、淫媟之姿，宣泄色欲，暴露无遗。

1. 武侠小说

其武侠内容最为丰富，既有名著续作，又能自创新篇。其学殖深厚，博闻多识，援引言情、神仙、佛道、边塞、公案诸体融入武侠，随手摭拾，不拘格套，然皆有根底。

如《南荒女侠》写申纯率众女侠，为备金兵南下，宋室南迁，一路南行到云南大理，途中结交豪侠，并与大理国白云公主相识。大理国王王位被乔奇所篡，国王剃度出家，住在玉韵山上。申纯率军赶走乔奇，迎大理国王复位。光复后，大理国王将王位传给申纯。文末云“所以大理一带，在此时虽然尚有外国之名，其实早已由中国人统治。以后元人灭宋，攻入大理，申爷的子孙，又迁往缅甸，建立缅国，为今日缅甸建国之始”[①]。

《泰山奇侠传》叙新疆省的于阗、和田等县，明代为东察合台汗国的领土，在它的南边，有一座山叫做棋盘山，住着麻罕族的番人，山上有块美玉被当地人供奉如神，然棋盘山却为诨号燕子飞的采花大盗杨廷美所盘踞。嘉峪关内马家寨英雄裘鹏飞，和陕西凤翔府豪杰梅寿，两家从棋盘山夺得美玉，交与霍布政，转献给皇上做玉玺之用。

不意，吐尔番国首相乃木贿赂魏忠贤，诬陷众英雄。美玉本产自于阗国，顾英狡称玉为吐尔番所有，准备献给朝廷，却被裘鹏飞、梅寿所劫，乃木不得已兴兵相争。时魏忠贤当道，以强劫番官宝玉，致启边衅，请陕西布政霍定远严查究办。梅寿被拘刑部大狱，后经过梅寿家人打点疏通，始得释放。

会四川叛贼奢崇明围攻成都，新授四川左布政使朱大人朱燮元，率老英雄梅寿、裘鹏飞、裘鹏举、李五等人，击溃叛贼，收复重庆。

二篇皆写侠义英雄，绿林好汉，他们归顺大吏，供其驱使，效命边疆，开边拓土，或在西南、或在西北、或在川边，其功所及，甚至

① 钟吉宇：《南荒女侠》，《东方日报》1943年2月21日。

不朝外灣，可是自
先做了錯事，爲什
要去害人家三十多
人捉進去不放，人
家裏也是有老有小
，一個人不能全把
心捺了。假使再不
得你們太傷陰隲了
面孔再在太平莊上

笑：「看你說話多
你戲子的。」
要說的。」

很輕的大學生，寶初今年剛畢業。這一天，寶餘只
把燻魚頭肉骨頭拋到桌子底下喂狗吃，寶初便道：
你不耍去引那個狗了！把這地方糟塌得這樣子！」
餘笑道：「你看這小傢伙多有意思！」他見那丫頭
香走了過來，越發高興趣來了，撕了一塊油雞逗的
狗直在桌上蹦，笑道：「金香你看你看！」金香一
嘗見寶初的臉色有點不快，便道：「喲！這狗得洗
了！」一面又去拿掃帚畚箕，說道：「我來掃掃，
不能再給它吃了！」他一說，寶餘就歇了手，訕訕
自去吃粥。
金香掃了地，又去捉狗，說：「去洗澡去。」
狗是個黑白花的叭兒狗，臉是白的，頭上有些黑毛
絲縷縷披下來，掩沒了上半個臉，活像個小女孩子
環着大眼珠子在那前瀏海後面偷偷的看人。㊀

鬱·金·香

·張愛玲·

金香很吃力的把兩扇沉重的老式拉門雙手推到牆裏面去。門這邊是客廳。牆上掛着些中國山水畫，都給配了鏡框子，那紅木框子沉甸甸的壓在輕描淡寫的畫面上，很不相稱，如同薄紗旗袍上滾了極闊的黑邊。那時候女太太們剛興着用一種油漆描花，上面酒一層閃光的小珠子，也成爲一種閨閣韻事。這裏的太太就在自已鞋頭畫了花，沙發靠墊上也畫了同樣的花。然而這一點點女性的手觸在這陰暗的大客廳裏簡直看不到什麼。

門那邊，陳寶初陳寶餘兄弟倆在那裏吃早飯。兩人住他們姊夫家裏住了一暑假，姊姊姊夫是太太老爺

，還有綢布莊的
解閑一看，才見
旗花料，一件是
貨料都很大方華
賺？錢小紡他饒

中間，文掉下
字跡，已認得
了，還是一派
，持贈繡物，
爲他給空繡一
後圖謝。玉夾
鞋花一雙，可

花，央她刺繡，他又是什麼意

缅甸亦为侠客所开创。小说改帮派争斗为替国效力，融边塞与武侠一体，虽于体不纯，但民族大义有足多者。

《柳林奇侠传》和《黄龙奇侠传》，写唐朝吕洞宾得汉钟离所赠宝剑成剑仙鼻祖之事。吕洞宾收柳仙为徒，柳仙与白牡丹成婚，柳仙又收红线、怪尼为徒，辗转流布，磨勒、聂隐娘、白牡丹、婴宁、凤梧子等皆得剑术。诸剑仙降魔伏怪，行侠仗义。小说融佛道与武侠于一体，所牵合之道教人物颇多，几无遗漏者。古代剑仙小说不乏名作，如《女仙外史》《七剑十三侠》等。此篇则推源其始，归宗吕洞宾，剑侠本出道家内丹修炼之术，故小说将吕洞宾写入武侠，顺理成章。

《怪侠欧阳德》，写欧阳德师从神拳教习张景和习武，除暴安良，张景和死，欧阳德带其二子闯荡江湖。文残不全。欧阳德本出《彭公案》，本篇沿袭其名，而增述其事。

《江南十三侠》（插图见图 4-17）叙赛毛遂杨香武、金镖黄三太、神拳教习张景、白马李七侯、小方朔欧阳德、闹海蛟于化龙、懈怠鬼濮大勇、花刀没羽剑刘世昌、追风侠刘云、铁头判官邓龙、粉面虎马镜川、黄面虎江大道、青面虎袁帘、万里云宋玉书、母大虫万大娘、一片云黄慧英、一枝花胡爱娘等一班江湖英雄，投赵清献麾下，际会风云，除暴安良事。他们荡平屠家庄，破石佛寺。小方朔欧阳德三探八仙阁，盗取匪徒名录，剿灭贵州天王会。文开首云：

图 4-17 《江南十三侠》插图

却说满清入主中国之初，侠盗遍于大江南北，清初笔记记载极多，此外江湖上流传的轶事更多。不过《彭公案》《施公案》等书所记，颇多失实。如窦二敦，清初笔记皆做窦二东，其兄曰大东，《彭公案》只有窦二敦。有清初笔记对于窦二东的记述，虽然在官厅压（迫）及为清廷的忌讳之下，毁多誉少，但亦与《彭公案》所写的截然不同。又如金镖黄三太，原籍江南，乃湖南岳阳黄岸人，并非北方人。又施公、彭公两人，在清史的记载中，清初笔记，均无可考，大半出于杜撰。其实清判奇最多，手下侠客最众者为赵清献公廷臣。窦二东、黄三太都曾在赵公手下效过力，后来因为南北二派起了纷争，更兼窦二东的羽党，颇多不法，才与赵公生了意见，两下分手。赵公系以顺治二年拔贡知山西山阳县事，后渐升任至兵部尚书，浙江总督。身虽仕清，对于明末遗臣被捕者，多设法营救，全活者尤众。史家称他一生清节，足与宋赵清献公先后媲美，他的忠直清正可以想见。①

此篇乃翻案之作，欲以赵清献代彭公和施公，以为于史有据，并引清代文献以示信而有征。对于各位英雄故事，则重加演述，但所述仍不脱公案小说之格套，新意不多。虽名为翻案，实则攀附名著，以壮声势耳。

《水浒新传》系续张恨水《水浒新传》，乃续作的续作。演述梁山好汉之结局。文叙一百零八人之梁山好汉，仅武松一人活命，且藏深山埋头苦干，准备再造梁山。

2. 言情之作

《侠婢忏情记》据《娇红记》王娇娘和申纯故事演述而成，虽有添设，但仍不出才子佳人格套。

《油瓶女儿》写娟云母嫁王家为妾，生娟云为三小姐。初，娟云母与王家二公子相爱，身怀娟云，不意娟云母被父母所迫出嫁方家。嫁后光阴，王家二公子不舍娟云母，设计使娟云母与方家离婚，终得嫁入王家。因此一番曲折，故王宅疑娟云为方家骨血，随母入王家则为拖油瓶矣。

娟云与高文正心意已属，然娟云却违心嫁了周小泽。婚后二人琴瑟失和，小泽另有他恋，娟云寄住文正家中。对此周小泽不满，设计

① 钟吉宇：《江南十三侠》，《品报》1941 年 7 月 5 日。

拍摄二人照片并到法院诉高文正、娟云通奸。高文正被判通奸并服徒刑，娟云则被判离婚。

娟云做舞女，文正对娟云之情不辍，而娟云感文正之真情而嫁之。讵意，娟云与文正结婚当日，周小泽派人枪杀文正。文正死，娟云出家，后圆寂在极乐庵。

文以绿窗贫家女坎坷经历为线，述红颜薄命故事，属苦情小说。娟云弱女子，生为拖油瓶，嫁又非其人。千辛万苦，始获有情人，然终不得谐连理。苦情加薄命，女命之苦者，未有逾此者。

《欲海鸳鸯》叙陈婉珠自幼许配秦文英，婉珠母陈太太以文英穷酸而峻拒。然婉珠不以其贫而弃之，矢志不移。陈太太与范允高姘居，二人谋划将婉珠嫁巨富查一平，婉珠坚决不从，虽殴打亦不允。

有王司令亦艳羡婉珠之美貌，婉珠被白副官从查一平处威逼利诱强劫而去，逼迫其做王司令侧室，查一平未能得到婉珠，反被王司令敲了六万元的竹杠。王司令正与婉珠合卺之时，不虞为王司令太太发现，婉珠逃出。婉珠为谋生货腰为舞女。后范允高为王司令枪毙，陈太太在黄浦江轮船上落水，被秦文英所救，文英与婉珠亦破镜重圆。

此篇乃破镜重圆故事，播弄小人中，增出王司令一角。民国小说，武人一出，顿使故事平添波澜，命运变生不测。葳蕤之弱女，骄横之军阀，许多作家以此结构言情小说，如张恨水的《啼笑因缘》，秦瘦鸥《秋海棠》等皆是也。

《女魔王》（插图见图 4-18）述王雪瑛、叶梦飞与陈平子住在同一弄堂，青梅竹马，复同窗共砚，同学们称他们是三角恋爱。王雪瑛乃名门闺秀，喜跳舞，善交际。王雪瑛与陈少爷陈伯道相识，而叶梦飞与李子云交往，并结下私情。

图 4-18 《女魔王》插图

此时迭连发生凶杀案，现场发现陈平子照片，陈平子因此被捕，雪瑛为平子奔波，将其保释出狱。后李子云又被杀，为探明真相，雪瑛曾孤胆探敌，持枪与柳妈一起把身陷匪窟的叶梦飞和陈平子救出，并与警员一起将匪徒抓获。

原来杀人的主犯是陈伯道。为了追求叶梦飞，陈伯道和李子云、舞厅副总经理唐维德串通，杀死与叶梦飞来往的曹大刚，并栽赃陈平子。他又妒忌李子云与叶梦飞情恰，因此又托唐维德把李子云杀掉，后劫持并藏匿叶梦飞和陈平子。陈平子这时候才知道王雪瑛的苦心，和叶梦飞的虚伪，十分悔恨，依着他母亲的主张，和雪瑛订婚。

此篇虽写男女爱情，却能摆脱才子佳人俗套，援侦探入言情，熔铸出新篇，写雪瑛持枪探匪窟，独闯龙潭，已与女侦探无异。其泼辣爽快，一扫红颜之哀怨，其勇决果敢，推翻薄命之宿分。

3. 社会小说

钟吉宇有《白日狼啼》一篇，题官场小说，写官商勾结黑幕。文云：

抗战胜利后，有符志夷等十位商人，皆是战后之暴发户。他们组织了一个俱乐部，一则结交几个像样的朋友，二则他们做的生意，多带着一点不干净的气味，心里十分害怕，恨不得马上寻着一个靠山，好有备无虑。他们觉得自己拼命钻路道、用钞票，也只不过认识几个第二三流的新贵，而且交情也不见得怎样好，他们想找一位老成硕望的第一流人物做靠山。

易容斋善交游，乃政商间掮客，他常到某要人陈进公馆走动，得识高官金先生，人有称之金将军。经过易容斋拉拢，符志夷等十位商人愿出资以公馆和女子贿赂金先生，女子亦不外求，即易容斋妻妹。

易容斋又夤缘金先生的手下杨秘书，杨秘书与易容斋妻汪滢渐熟，遂相私通，易容斋则与杨秘书妻苟且。得金先生及杨秘书之助，他们做了许多别人做不了的生意。经过汪滢的活动，符志夷等将被封查的货物私自卖出，汪滢亦从中获利。他们又倒卖清单不全的接收货物，还与唐总务长合谋，在机关物品拍卖中舞弊牟利。

后金先生势败，杨秘书亦丢官走香港。易容斋携杨太太去香港寻杨秘书，杨秘书易名到某省去做官，后杨太太不告而辞，汪滢早离易容斋而去。易容斋在乡下的发妻育英携子来奔，此时的易容斋镜花水月一场，交际失败，又被以经济犯追捕。

抗战胜利后，国民政府接收之初，商人和官员乘此混乱之际，大发国难之财，小说即以此为题。当时有捉汉奸运动，以此清算一班日伪爪牙，此篇中的易容斋，即以经济汉奸之罪被追捕，可见此篇有很强的现实针对性。

文中涉及许多具体商业活动，皆虚笔写之，然却不因此而影响人物真实性。所谓事未必即此事，人确有其人。至于公馆行贿，美女献身，恐怕是既有其人，又有其事。小说所演之人和事，未必纪实，但却胜似纪实。

小说写高官之神龙首尾，不露真相，奸商之狡诈贪婪，无孔不入。又映衬之以美女香车，穿插以艳遇欢情。高官、巨商、美女，出入于俱乐部、公馆、赌场，奢华靡丽气象中，却密幕重重，暗影憧憧。

书中的易容斋，往来于高官和奸商之间，拉拢权钱交易，可唤作政商掮客，权钱经纪人，在中国小说人物谱牒中，他可称得起是一位新人。

二十三、张秋虫

张秋虫原籍浙江慈溪，先世迁居扬州。郑逸梅曾分民初小说家为苏、扬两派，苏派以包天笑为首，有周瘦鹃、程瞻庐、程小青、范烟桥等。扬派以李涵秋为首，有贡少芹、毕倚虹、张丹斧、张碧梧、张秋虫等。

张秋虫少年即以文章闻名乡里，其父好友为淮泗税吏，延其主文案，后去职赴沪卖文，笔名姜公、一沤。因出生于旧历二月十二日，世称此日为百花生日，故又以百花同日生为笔名。其主要作品有《新山海经》《海市莺花录》《水银灯》等。新中国成立后，张秋虫任上海文史馆馆员。在小报共发表了 16 篇作品。

1. 白描功力

秋虫大家手笔，功力深湛，白描独步近代稗坛。其白描，殊非寥寥几笔者可比，而是工笔细描，其工细之程度，仅所描即可单独成章。从音貌、形神、情状诸方面，多角度、多层次勾勒，工致而不死板，机趣盎然。白描中寓讽喻嘲戏，勾勒中传缠绵悱恻之情，如《脂粉愁城》中写美人。

且看其笑靥：

杨妃老五亭亭地玉立在房门口，甜蜜蜜地望着珍珠花一笑，瓠犀微露，青眼斜睃，姿态的曼妙，尽够销魂摄魄。

其腿也：

只见她一只脚刚刚跨进房门，俏伶伶的六寸圆肤，只套着一双银色镂空的高跟皮鞋，并没有穿丝袜，裸露着一双光致致的粉腿。不粗不细，肥不嫌肉，瘦不露骨，圆圆的像两根小肉柱儿。

其肤也：

皮肤虽不十分白嫩，却淡黄微红，滑腻柔嫩，另有一种天然肌肉光泽的美感。没有一点冻疖或疮疤的瘢痕，更不像西方美人茸茸满腿，金碧辉煌有那刺眼的黄毛。愈显得珠圆玉润，水净沙明，的确可称得肉感丰富，彩色娇艳。

其衫也：

镂空堆花的轻纱舞衫，虽然长得盖着脚背，却因衣衩开得极高，飘飘地随风摇曳，关不住满园春色。所以依然迷离惝怳，看得见贴肉的三角短裤以下的一部分丰肥莹洁的大腿，能够吸引人们的视线集中到一处。而且这衣服做得紧缩熨贴，包裹得全身的肌肉天衣无缝，衬托得那水蛇般的纤腰、司辟林般的修股、沙利文面包般的喜马拉雅山，以及帕米尔高原、苏彝士运河，如火如荼地将整个的曲线美渲染得恰到好处。

其胸臂也：

空花的地方，更照见白皑皑的酥胸粉背，连那最紧俏而新奇的内衣，也看得清清楚楚。那有名无实的长袖，另有几缕虚悬着的游丝系连着，一圈荷叶式的袖口，紧紧地藏有宽紧带扎住，倒很警备森严，别有风味。而一双玉臂和那莹绿透明的翠镯，依然不受拘束，全体暴露在外面。

其行也：

但见她脚尖儿不能十分着力似地，走几步带有危险性的路——真个行一步，可人怜。和三寸金莲的古美人的病态，异曲同工，好比蜻蜓点水，蛱蝶惊人。盈盈地几乎要随风吹去——纤腰便扭几扭，修股更摆几摆，双峰更颤巍巍抖上几抖，像夏云般变化无端、春水般漾荡不定，委实美得难画，妙不可言。

其脂粉也：

再看她脸部的化妆，更完全摹仿美国好莱坞最妖冶新奇的电影明星派头。脂粉的势力，能够使人目迷五色，妍媸老少，一概辨不分明。一股醉人的体香，尤其远远地就可以改变周围的空气，假使是肺气薄弱的人，一定要连打几十个喷嚏，难免还有得着怔忡不宁之症。①

此段抵得上一篇汉之大赋，从皮、胸、臂、腿、脚、臀、脸，鞋袜、衬衣、裙、内衣、饰品，静、动、味，多角度、多层次细致刻画，活脱脱一个现代女性形象，置于今日亦可称时髦摩登。其述美女之形，可视同工笔美人图，亦可方之《洛神赋》，仅乏其翩若惊鸿，婉若游龙之灵动。

张秋虫白描有时过于工细，于段无有不精彩，然篇章过长，未免枝蔓、拖沓，甚至游离，致使小说起伏转折过于孱缓，故读张秋虫小说有见段不见篇之感。加之登载不得法，某日刊上千字，某日仅百余字，多寡不均，复中辍失联，写美人读至终篇始见半面。

2. 烟经

张秋虫喜念烟经，据说张秋虫嗜好颇深，三折肱知为良医，故写来极为生动。其烟经，一者述装烟之技法。

《捆仙绳》中说："艾姨太太十几岁的时候，为了应酬客人，也很下过一番苦工，烧得一手好烟。人人夸奖是黄、长、松，竟有许多人非她不能过瘾。"②

---

① 张秋虫：《脂粉愁城》，《力报》1938 年 12 月 1—2 日。
② 百花同日生：《捆仙绳》，《小日报》1934 年 4 月 3 日。

《脂粉愁城》中写小脚老二谈装烟手艺道：

小脚老二道："随便什么事，有利必有弊。单说装烟，松有松的好处，紧也有紧的妙处。松的烟，固然吸得爽快，可惜不大经吸，总吸到要紧关头，就没有了。紧的烟，吸的口数比较地多，烟头也特别地浓，只是要多卷几卷，似乎稍微慢上一点。我因为你此刻急于过瘾，所以先装几筒松的给你打打底子。其实讲到吃口，还是紧的好，吸一筒有一筒的效力，大刀阔斧，交关杀搏，痛快极了。但是青油炒菜，各人所爱，这个也要看你自已相信不相信罢了。

"等你瘾已过足，我再慢慢价装两筒紧的给你尝尝看。我有本事一筒一筒地预先装好，像快上快（红珠子之一种）一般，连眼儿都一齐打好。这种烟装得其紧无比，可以一粒一粒地抛掼在地下不会碎，所以一筒烟能够吸上五六分钟之久，烟头更是非常之浓，委实容易过瘾，无论如何烟瘾发作，只要吸它三五筒，包你可以打倒。而且还有一种好处，假使预先装好一二十筒，等到你要吸的时候，就可以随意吸了一筒再粘上一筒，任凭你要吸多少筒数，都能够一口气吸下去，绝对不愁间断，免得临时等着烟装。"①

此等手法，真是天上难找，地下难寻，神乎其技矣，可惜施之无用之道。

二者摹刻老枪之烟容怪状。亦用白描手法。如《捆仙绳》中寄寓京城杨厅长府中的苏楚材，苏老先生。

且先观其吸也：

苏老这时横躺在床上，身体蜷缩着像一只大虾米。洋布帐子里浓烟密布，他两片嘴唇紧紧地咬住一根橡皮管儿，一手拿着一根妇女头上铁丝做的一粒簪，一手捏着橡皮管的尾巴，凑在破玻璃杯改造的幽明灯，油和灯芯都放在下面一个小浆糊瓶里，吱吱吱地吸得声势浩大。②

只见他一副公事公办的面孔，将全身的力气都运用在两爿嘴唇上，嗤嗤地将一筒老鼠屎大小的鸦片烟吸的涓滴归公。赶紧放下橡皮枪拿过

① 张秋虫：《脂粉愁城》，《力报》1939 年 6 月 8 日。
② 百花同日生：《捆仙绳》，《小日报》1934 年 3 月 26 日。

缺嘴的茶壶，仰着颈子，咕咕噜噜喝了大半壶热茶，嘴里唏溜唏溜地有一种极轻快舒适的声音，表示还有余味可供咀嚼。接着鼻孔里慢慢喷出两股淡而无味的青烟。呛出一口黄痰，吐在香烟罐做的小痰盂里，一只手按住胸口，不住地喘气。半晌，迸出一丝微声。①

其床帐也、其手脸也：

那张床是紧靠着房间中的西南一角，帐子后面的两只角，用细麻绳系着，挂在墙壁上的锈钉上，前面却拿一根细竹竿横穿在帐子的夹缝里，又拿两根竹竿下面插在棕绷的洞眼里，上面再用绳捆缚支撑着。

那洋布当初想必也有清白廉洁的光荣历史，但不幸自从荣任了苏老先生的绛帐以来，深染了贪污的习气，永远无缘洗心革面。每日给烟气包围着，煤灰蒙蔽着，已经变做十分土劣的鼻烟色，便有西江之水也洗涤不清，真个成了酱帐咧。

其实也不能单叫这顶帐子独被恶名，就是床上的那许多枕套褥毯，也都已同流合污，造成了清一色的局面，看不清它们的本来面目和原有的各式花样。便连他身上的衣服、头上的眉发、脸上的皮色、嘴唇和下颏上的几根洋灰鼠胡须，也一律染成鼻烟色。尤其是十个指头和指甲，深黄乌黑，好像在染缸里伸手出来的样儿。床头靠着墙横放着一只窄小的旧式书桌，上面乱堆些书籍簿册和许多零星杂物，也都烟容满面，灰尘积有几分厚。②

这是一个典型的老枪，家室之破败，不复辨认，只有几部书，尚能看出其书生身世。

其癖也：

薛君湘冒雪来访，进屋后“拍过身上的衣裳，还在房门口连连跺脚，鞋子上面的雪，一片片地拖泥带水，给踢得飞溅满地。苏老先生自命素有洁癖的人，不禁将两条烟黄眉毛一皱，喉咙管里拉大锯般狂咳了一阵。”

苏老先生颇不满君湘，说道：“君湘，你就是这种地方惹人厌，

① 百花同日生：《捆仙绳》，《小日报》1934 年 3 月 27—28 日。
② 百花同日生：《捆仙绳》，《小日报》1934 年 3 月 26—27 日。

身上的雪不好抖在外面，偏要弄得屋子里满地烂湿地，真正缺德戴帽缨儿。”①

其言也：

(访客薛君湘问)“苏老这一向身体好些了吗?”苏老先生拿铁丝签子蘸着烟膏，在灯上缓缓地转动烘烧着，眼睛直盯着烟灯，摇头叹息道：

“前几天，仿佛觉得稍微舒服一点，就只下半身还麻木不仁，走路不大方便。这两天又不对了，浑身骨头酸痛，坐又不好，睡又不好，简直动弹不得，胸口也非常胀闷，连吸烟也没有用，每天大约要多吸三四筒，还是十分不舒适。一来天气太冷，二来冬至快到了，这是一个大节气，差不多的人都难过这一关，像我害着这种不治之症，发发劳伤倒是小事，只怕今年吃不着年夜饭了。”

“哎！想不到我苏楚材已经是五十几岁的人，却会充军般跑到几千里外，难道命里注定要死在北京。这一向很想吃湖北的土产，像省城的豆丝、大冶的□糕、孝感的麻糖、黄冈的糍粑和洪山的紫苔菜，都每天念念不忘，不知道怎地会这样嘴馋？大约也是不祥之兆吧。”

“本来我暮年穷病交迫，早已生不如死，虽然承居停主人特别优容，让我在这里吃一碗干饭，但是便溺行动，样样都要主人服侍，那些底下人哪里能够体贴他们东家的一番美意，谁也不把我这个穷师爷放在眼里，我非万不得已，轻易也不敢惊动这些二爷，省得受许多鸟气。一个人常年像犯人一样锁在这小厢房里，除了福官陪我以外，连一个谈心的人都没有，只好睡在床上，吸吸烟、想想心事。明知道这一世尝尽了做人的苦趣，将来更万万不会有翻身的日子，活着也没什么好滋味，倒不如早死早超生。我又没有妻室儿女，孑然一个孤老头子，还有什么贪恋不能撒手的。我只愁尸骨不能还乡，死后依然做一个漂流异乡的野鬼啊”……说到这里，伤感欲绝，语声悲哽断续，愈加低细如蚊，只辨得出每字都带点哭音，虽然强制着尚未老泪纵横，但鼻孔里早已拉着风箱，清鼻涕汩汩地只顾在嘴唇上缩进缩出。②

① 百花同日生：《捆仙绳》，《小日报》1934年3月27—28日。
② 百花同日生：《捆仙绳》，《小日报》1934年3月28—29日。

全段可分形和神两套笔墨：其形也，从其吸烟、其居室、其身形，写老枪之烟容火色，面面俱到，而嗟叹、嘲讽之意已现于言外；其神也，则摹其潦倒之境、奇癖之习、钻竞之心、莼鲈之思、辛酸之命，层层深入，且汇集拢来，集于一身，为千古师爷造就了一尊宝像。

3.《江湖艳史》

《江湖艳史》题曰党会秘笈小说。书借川边石仡佬镇上的草坝场，写汉流之江湖仪式、切口、秘规及行侠仗义、解纷排难之举。所引江湖仪式、切口多为韵语，如写汉流哥儿吴银高因与朋友妻丁倚红通奸而被惩治，用钉板钉死。文云：

里面内场，上面供着圣牌，左右分设无数客位，中间另有一把交椅，布置得井井有条。一望而知这是秘密的党会，正预备举行重大的典礼。说时迟，那时快，只见执法管事邓伯安两手交叉，朝着圣牌，把右足一屈，回身向内，又朝左右把腰一弯，口中念道：

“咱们码头太不恭，草坝场上请英雄。

上面摆了金交椅，众位大哥坐当中。

下列坐凳七十二，当家管事与巡风。

本堂哥弟分左右，执堂大哥为最崇。

内场原来讲仁义，堂口不同礼节同。

十条注定守法度，十款森严为行凶。

兄奸弟媳罪当剐，陈平盗嫂更难容。

今请远近各位拜兄到此地，好教大家同心戮力铲刁风。”

邓伯安念毕，又将右脚一屈，身子弯着打一个周转，才归就本位。接着便见执堂大爷永明玉站起来，手擎红旗，右手直伸，微微向下，大指伸扬，左手搭在右肘，向圣牌将身一弯，转身朝外，口中也念道：

“国无常法国不正，家无常法家不兴。

内场哥弟无法度，上下颠倒胡乱行。

坐堂大哥要刚正，执法管事莫徇情。

钦佩是清高中正，诛杀是奸盗邪淫。

咱们重山隔水到贵镇，专诚领教大法早执行。”[①]

武侠写神怪动植者颇多，而征诸民俗，吟诵歌谣者鲜矣。此篇融民俗与武侠于一体，风俗醇醲，实不多见，至于情节之奇异，则其余事。

文又道：

由邓伯安将那派人监视着的翩翩少年带到圣牌前面，朝上跪下，那少年虽然还想冒充硬汉，也不禁面如土色，浑身索价发抖。邓伯安厉声叱道：“吴银高，你身入内场，升到管事地位，好不容易，应该怎样努力向上，偏偏不认青红皂白，不讲汉流条款，一味任性胡为，肆无忌惮。今大事已到此，还要放值价一些，自己主裁，不要别人动手，才算得江湖上的好汉，咱们内场哥弟的英雄。”吴银高站起来，昂头念到：

“咱们在内场说内场，自己做事自己当。

自己挖坑自己跳，动手不要别人忙。

我有闲言仔细论，众位哥弟莫主张。

人活百年皆是死，休逞英雄与豪强。”

吴银高手上的绑已有人替他松下，当下忽然说罢，他自己将身上的衣服脱光，眼望着那钢针似的钉板，微微摇一摇头，眼眶儿不禁红了两圈，倏地涌出眼角，他连忙竭力止住，那泪珠儿依然在眶中乱转。但他把心一横，略略仰头朝天，一只脚轻轻顿了一顿，连哼都不肯哼一声，只把牙根咬得紧紧的，将身一挺，使劲向前，对着地上的钉扑下。

但听得扑哧咔嚓的几声，却没有哎呀喊痛的声音，只见吴银高雪练似的白肉，周身被铁钉穿透，鲜血四射，地上像洒了一阵桃花雨，胆小的侧颈低头，蒙面掩目，哪里还敢逼视。吴银高痛得眼珠儿高高地突出眶外，手脚不住地乱挣乱弹，好半天功夫方才咽气了账。一时阴气森森，血腥扑鼻，四面大小老么乱放鬼火，绿油油地映满山谷。[②]

古之酷刑有所谓上刀山、滚钉板者。滚钉板，即光身子从钉满钉子的木板上滚过去。过去平民越级告状要滚钉板的，据说“杨乃武与

① 张秋虫：《江湖艳史》，《世界晨报》1936 年 9 月 19 日。
② 张秋虫：《江湖艳史》，《世界晨报》1936 年 9 月 22 日。

小白菜”案，就是杨乃武的姐姐滚钉板告御状后才被受理的，《九更天》《杨乃武》等戏中都有此关目。

张秋虫自述其创作意图说：“太史公作《游侠列传》首言儒以文乱法，侠以武犯禁，而于其排解难纷，深致倾慕。所以朱家、郭解之流，经他的生花妙笔，渲染得熠熠传神，而虎虎然有生气。现今关于汉流的一切秘规奇侠，和异事艳闻等等的，都是由一个四川朋友根据他个人的阅历和珍秘的考据，很忠实而热心地告诉我，在下做这书的动机虽不敢窃比太史公之《游侠传》，但因这情节的离奇，和边陲暴物党会组织的值得注意，大可补职司采风的参考，也便道听途说，辗转介绍给诸位看官之前。使上海一般看惯了游韩庄、嫖俄妓的社会小说，鼻中飞剑、脚下腾云的武侠小说的读者，耳目一新，感觉稍异。譬如天天吃苏式的肥鱼大肉，偶然到四川馆子吃两样藜蒿根、紫菜薹之类的蔬菜，便不觉得爽口，总可以改换胃口。”[1]

此篇可称道者有二。

一者，传采风之旨：

文中引用大量民谣，皆自采风而来，而非文人所笔拟者。其歌谣叙事性强，可以想见袍哥当年且歌且舞、载言载跳之情景。虽得诸转赠，但仍保留民间原貌，即使不放在小说中，也是珍贵的民俗资料，至于讽喻观政则其余事也。

二者，绘奇俗之境：

天府之国，蜀道阻隔，奇境异俗，遂而生焉。武侠小说处置犯帮规者，或砍、或杀、或逐，跃钉板者，写来刀锋火舌、血光剑影。帮规之森严，执堂之无情，令人惊心动魄，可惊可骇，可诧可怪，一新人之耳目，使看惯洋场风情的上海人，尝尝四川的藜蒿根、紫菜薹是何等滋味。

张秋虫有志留一部江湖秘史传世，上拟《游侠列传》，然所写究出朋友之口，书开首写汉流之切口，尚有新意。后则与流行武侠小说通用套路无异，无甚可称述者。

---

① 张秋虫：《江湖艳史》，《世界晨报》1936年9月26日。

二十四、何海鸣

何海鸣，民国著名作家，笔名求幸福斋主，著有《十丈京尘》《朔方健儿传》《求幸福斋随笔》等。何海鸣迭经军旅、久历游宦，于军政、花间皆有根底，非徒弄文者可比，故其撰为小说近于写真，可与近代史互读。

《故都残梦》写各地军阀在北京开设办事处事。

1. 代表之产生

文述北京代表历史云：

历来有人说，中国近代的特产，最多的是政客。其实也不算什么，本来一个国度里的公民，决不能与政治脱离关系，偶尔当当政客，倒也是分内之事，不足为奇。

只是这些政客里面，另有一种手法灵妙，善找机会的人，模仿战国时候苏秦、张仪那般说客的行径，合纵连横的时势研究得很清楚，三寸不烂的口才，锻炼很能干，便钻到各方面军政巨头那里，或不得已而求其次，混到什么大团体里面，取得一个代表头衔，东奔西走。表面上虽甚是平淡稀松，只办些普通晋谒或拜寿、贺喜那一类的应酬事项。但有时被他们攫着机会，三言两语、七嘴八舌，也居然能兴波作浪，酝酿成时局上最严重的风潮，就越发波谲云诡可观。

吾人鉴于前十几年来争斗扰攘，举国不宁，与其说是政客播动出来的，毋宁认为是这种代表制造所得的成绩。故所以这些年来国事闹得乌七八糟，其乱如麻，而这些大大小小的代表也多的五花八门，不可究诘。若认真考究起来，本同在一个国家政治系统之下，这省对那省、此方对彼方，既不是什么邻邦和国际上的关系，要这些类乎大使、公使、使节一般的代表何用，这倒算是中国的一种特产。[1]

至于如何派一个代表，如何能当上一个代表，如何当好一个代表，皆有说焉。

① 何海鸣：《故都残梦》，《社会日报》1931 年 1 月 15 日。

2. 如何派代表，其开销若干

文云：

那么，派一个代表到北京来，在人选上势需要慎重挑拣，非顶亲信与顶有才干的人不能派。一旦奉命前来，因为责任重大，事务繁多，排场也与寻常不同，必须在京组织一所宽敞华美的办公处，领一笔很富裕的办公经费，顶一个代表而兼处长的阔头衔。在家有武装兵士立在大门口站岗，出外有挂匣子枪的马弁站在汽车沿保驾，声势烜赫，举止阔绰，用不着到处胡拉拢，自有政府中高官大吏，因为要仰承他主人的意旨，自己登门就教，或曰曲意联欢，将他看得和外国公使一般尊贵。

至于那次号和小号的军阀，势力本来不大，地方隔得又远，政府既不怕他什么，又不需要他帮助，甚至应接洽的事情也很稀少，偶尔派个代表来，发生不出多大作用，只不过是普通的门面上应酬，彼此凑凑热闹罢了。政府虽说是怀远柔来，来者不拒，不见得不肯表面敷衍。

但一个代表由那么老远的地方派出来，毫无所为，纵然不须多拨经费成立办事处，那最小限度的川资和薪公杂用，为数也不在少。在算盘打得很精的军阀们，叫他无缘无故地花这笔冤枉钱，岂有不肉痛的道理，因此才想出这个很聪明、很经济的办法。

拣那同乡中原本在外面干事的人，有志愿当代表的，随便送他一张公事，承认他是代表，一不定薪水，二不给川资，完全由他自尽义务，而且也不明白规定任务，任凭他找机会，爱联络谁便联络谁，爱干啥就干啥。好在心里头拿得稳，第一替他多联络人，总不会惹出麻烦来；第二既当他的代表，他只有替他吹牛，绝不会到处去骂他，若真事出意外，惹出大差错，他再打电报否认，也还来得及。似这样占便宜的事，他仅仅一纸空文，又何所吝惜，何所顾忌，而不肯轻易授人呢。[1]

3. 代表之升迁取财之道

虽然这一类的代表为了太穷、太窘的缘故，不免要张大其词，到外面招摇撞骗，捞些油水，然而天地间人与人的结合，左不过是互相利用，

① 何海鸣：《故都残梦》，《社会日报》1931 年 1 月 31 日—2 月 1 日。

断无代人做事而甘于白赔精神与钱财的，只要利多害少，他们也就落得马虎了。看起来像是个食之无味、弃之可惜的鸡肋，然而藉此究可与有势力的各方面往来交接，踏得进他们的铁门槛，若没有这个空名头，还要被摈之门外，连表面的敷衍都讨不着呢。

只要他们肯表面敷衍，我们把他们奉承头等大代表的手段，反其道而行之，一样时时藉故登门拜访、曲意联欢，或找些事做，替他们尽心出力、讨好献媚，渐渐被他们认作可供奔走的好爪牙，自然也就有利益可寻了。

等到我们自己把地位身份逐次增高，再利用新的一方面的势力，反转头去挟持原来派遣我做代表的那一方面，使他刮目相看，特别敬重，将义务改成权利，要回他一笔钱，甚至于借我的力量，将他的地位也顺便提高。到那时，我一跃而为头等代表，一样有成立办公处的必要，处长一席，舍我其谁？岂不还是事在人为，由小而大吗。[①]

此段亦史亦稗，既叙且议。写军阀者夥兮，然多以其为背景，冀暴其祸国殃民之罪，然具体而微，真情实感者鲜矣，如此篇之写小小之办事处，则非此中人不知有其事，亦道不出其内情。

近代小说家以北京为题者多矣。仅就《故都残梦》一篇题目而言，其与张恨水小说几难辨尔汝，但细读之下，二者判然有别。张恨水为旧京题材好手，与何海鸣相比，同为燕京题材，何纪实、写真，张则弄文、传奇。以其二人出身仕履不同也。

张恨水乃一介文士，笔耕为生，赖腹中几部诗书卖弄为活。张恨水有意为文，或有为文造情、幻设奇局者，故长于传奇，而拙于纪实、写真，所据多为故都逸闻轶事。

而何海鸣曾为军人、党国要员，乃一宦海余生之伤心人也，本无意为文，偶染柔翰，不过述前尘影事而已。著为文章，所谓不期然而然者也，所作皆有经历为根基。此殆《故都残梦》与《啼笑因缘》之不同欤？

关于军界，何氏尚有一篇《当头棒》，然不过军阀艳遇纪事而已。

---

① 何海鸣：《故都残梦》，《社会日报》1931年2月1—2日。

二十五、顾明道

1. 武侠与抗清合流

顾明道以武侠名家，在武侠作家中，其眷顾小报甚殷，共刊连载小说16篇。其中6篇以抗清为主题，《碧血忠魂录·男儿祈战死》写嘉定三屠，演黄二公、杭文若、毛玉佩、朱元亮忠勇事。《孤城血》叙郭慕解、周祥、黄鸣岗等江湖英雄与阎应元、陈明遇保江阴事。《碧血忠魂录·海上孤军》记张煌言抗清死节，葬西湖南屏山，建张苍水祠，以上3篇皆据史而书。

演为武侠者则有《海上英雄》《龙山王》《荒江女侠新传》。

《海上英雄》乃系列小说，有初集和续集。《海上英雄初集》演侠义英雄王英民抗清故事。文云浙江鄞县碧云村王天放之子王英民，少英勇，从胡一山习武，胡一山授其纯钩宝剑，并传剑术。王英民功成，斗杀黄龙一条。胡一山，山西雁门人，华山五福观方丈崆峒子之徒，与阎应龙为友。王英民与钱琼珠约为婚姻，大盘岛海盗闹海神蟒余腾蛟劫掠碧云村，村中段人龙者，乘机劫持琼珠，余腾蛟亦觊觎琼珠，杀段人龙，从其手中掠走琼珠。王英民救琼珠，攻陷大盘岛，并就此建立抗清根据地。

此篇有1939年5月鸿文书局《海上英雄》单行本。

《海上英雄续集》叙明末，鲁王、唐王败后，郑成功海上起义抗清，甘辉率军归附郑成功，随其征战。攻打舟山时，有赵继云者，一箭射杀舟山守将萨辉，技艺神妙。赵继云乃义勇军团长，亦来投奔郑成功抗清。

《龙山王》写黄猛者，浙江天台山畔黄家村人氏，曾投师青海柴达木石门寺番僧法刚，习武艺成返乡，多年后偕妻与伍震子去青海石门寺寻师。伍震子，别号伍三锤，使一对紫金锤，开设镖局，与黄猛英雄相惜。黄猛到了石门寺，师父已归道山，遂在石门寺住下。石门寺附近有龙山，在青海和藏边交界处，非但形胜之地，亦为产金之区，黄猛和伍震子剿灭盘踞于此的劫匪两头蛇，建立龙山抗清根据地。

年羹尧率清兵攻罗卜藏丹津，黄猛、伍震子、舒捷等出兵助丹津，为清将岳钟琪率领的清军，使用红衣大炮攻破柴达木。黄猛退至藏边龙山，岳钟琪进攻龙山不遂，黄猛在龙山抗清树帜，称龙山王。

据陆士谔《谈龙山王》云，顾明道此篇《龙山王》有胭脂贼数回，并非向壁虚构，盖本之钱塘汪景祺《读书堂西征随笔》而演为小说。陆士谔文章颇长，论《龙山王》稗史之离合之迹甚详，然于史可据者有限，《龙山王》仍属武侠，而非历史演义。

《荒江女侠新传》叙荒江女侠方玉琴与师傅岳剑秋，在昆仑山结婚，穴居山洞，杀死名唤梼杌的怪兽。在洛阳遇公孙龙，铲除劫匪东方云，救获谭太守公子。

聂军门聂士成抗击洋兵战死八里堡，大刀王五率吴奎、李元通亦与拳匪和洋兵战，王五被枪弹击中身死，天津失陷。

方玉琴与岳剑秋等协助曾家庄抗击拳匪，计退洋兵，曾家庄得以保全。山东境内满家洞，有明遗民赵兴汉兄弟潜居，蓄志革命，复兴明社。玉琴、剑秋等剿灭冒用满家洞名声杀人越货的匪徒，并与赵氏兄弟联络，使满家洞与袁彪为首领的螺蛳峪两支抗清力量联合。方玉琴和岳剑秋欲泛海去联络非非道人，他经营琼岛，有一支海上力量。

顾明道的抗清题材颇为全面，从地理上看：在东南方向，有海上英雄；在西北、西南方向有龙山之王；在中原则有荒江女侠。从题材看，既有历史演义，又有英雄传奇。其英雄传奇部分，以抗清标忠义之旨，以行侠演小说之文，融武侠与抗清于一体。其套路约为：初写侠客之出身、之豪举，或斩妖、或除怪，继归化抗敌；终则潜龙勿用，韬光养晦，伺机再起。其牵合人物颇多，如郑成功、年羹尧、聂士成、鲁王、唐王、岳钟琪、萨辉以及大刀王五等，人虽庞杂，但抗清之旨则一以贯之。

当顾明道握笔之际，正日寇凭陵、神州板荡之秋。作者蛰居孤岛，摩诘多病之身，劝肋不足以当老拳，虽不能上阵杀敌，然却不甘寂寞，挥洒邯郸少年、朔方健儿好身手，以激锁沉之民气也，振尚武之雄风。其心可悯，其志可嘉，其书可传。

2.《国色刘三秀》

顾明道作有《国色刘三秀》，为清代有绝色寡妇之称的刘三秀立传。文记：

刘三秀，常熟任阳人，国色也。初与何天白恋，三秀兄刘赓虞贪聘礼，将三秀嫁任阳首富黄亮功。与黄亮功生一女，名珍儿。黄亮功死，三秀被清军掳去，豫亲王纳之后宫，生二子，三秀虽入清室，然得暇便服汉装。其女珍儿嫁钱时肩，时得母之庇荫。

刘三秀出诸墅西野叟《过墟志》记载，云三秀江南美女，文君新寡，为清兵所掳，豫亲王惊为天仙化人，纳入后宫，为其生两子。但在史学界，刘三秀嫁的是不是豫亲王多铎，尚是疑问。

顾明道此篇，谨依清史笔记，未曾添设和渲染，似言情非言情，似演义非演义，仅一人物小传，且入宫后事迹很少。提起刘三秀，人为汉人，身嫁多铎，且生儿子，人必以为定是一部宫闱秘闻无疑。然顾明道所记仅述三秀之出身及与其女珍儿之间的悲欢离合，儿女情长而已。而以其御汉服，寄托故国之思。欲铸就一代清宫秘史，相去甚远。

二十六、赵焕亭

赵焕亭，河北玉田人，著名北派武侠大家，著有《奇侠精忠全传》。

张恨水久居燕京，赵焕亭为河北人，离京城不远，二人皆与北京有渊源，但是他们的小说却不为北京小报所采。赵焕亭在上海小报共发表了 8 篇小说，所作皆为武侠。

《风尘侠隐记》写侠女故事。文叙唐朝潘姓藩镇之子潘将军，息影长安，经商获利，为第一富人。得法善赠青玉牟尼念珠，手边把玩之物，贮之宅中慧珠阁。一日念珠忽失踪迹，潘将军门客王超寻访念珠下落，遇一头梳三鬟丫髻、身穿褴褛衣衫的女子，王超追踪并结识之。问及念珠事，三鬟女子约其明日慈恩寺塔院相候。果然，三鬟女子把挂在慈恩寺塔院相轮上面的念珠取回掷还王超。

三鬟女子塔尖取念珠事，出诸《初刻拍案惊奇·程元玉店肆代偿钱》，赵焕亭重新演述，稍有渲染，未曾添设，此为小说之前半部。后半部则逸出《二拍》之外，别开蹊径，《二拍》中三鬟女子神龙首尾，文末称不知所终，似言有尽而意未穷之意。加之其行飘忽不定，飞来飞去，故赵焕亭便往仙侠一路演述之。写道：三鬟女，本名燕燕姑娘，与母隐居山中，燕燕斩蛇而采青衣小儿。青衣小儿乃千年茯苓精也，既采之，则化作尺许长的一块物什，燕燕将其装入药囊。按青衣小儿茯苓精事，多为武侠家采用。文残不终篇。

《剑底莺声》述王辅臣事迹，不知何故，取此香艳篇名，终篇未见篇名与王辅臣关合之处，不知其所寓意为何。文叙明末嵩山少林寺法晖长老，善剑术。有张名德者，人称张官儿，率仆人张安，赴任祥符知县，路出少林寺，随喜之。法晖长老颇为赏识张官儿男仆张安，后张安得法晖所传授剑术。

张安在张官儿手下，大破山贼霍峻、张耳崖，声名大振。后张官儿受谗解职，张安转投陕西总镇姜瓖麾下，任守备之职的料楚材，又为王进朝认为义子，张安从此改名王辅臣。

八王子攻大同城，城陷，姜瓖死节，王辅臣被俘，降八王子，甚蒙八王子礼遇，授王府侍御之职。不想，八王子忽大触圣怒，获罪赐死。辅臣没入辛者库，充贱役。后得皇帝起用，立授辅臣御前一等虾。皇帝命洪承畴经略河南，不直其忠荩，命辅臣随侍洪承畴左右。后辅臣贿赂朝端，得钦点陕西平凉提督。吴三桂潜约其起事，不从，后为胁迫反清，虽得皇上原宥，然心不自安，自刎亡。

按王辅臣，实有其人，明末清初山西大同人，王进朝认为义子，改姓王。随明末山西大同守将姜瓖抗清，不久投降于阿济格，免于被诛，没入辛者库为奴。后获顺治帝重用，官至总兵，平西王吴三桂笼络之。康熙帝即位，辅臣调为陕西提督，镇守平凉。三藩之乱时，王辅臣委决不下，态度暧昧，后畏罪自尽。

文中提及八王子攻打大同，所称八王子，应为阿济格。因攻打大同事属阿济格，然阿济格为清太祖努尔哈赤第十二子，并非八王子。

不知作者何所据称八王子。

赵焕亭乃北方武侠宗师，虽为小报撰稿，未尝敷衍塞责，亦不曾为上海小报之情色之作所劫，依旧下笔谨严，所作多于史有据。所用语言为北方白话，时杂方言俗语，如：“山东侉哥们说话就带着三分橛气，又有个‘鸟鸟’的口头令，偏搭着袁达是关外人，那个‘妈了巴子’的口头语，也不含糊。于是合车行中，车夫们交代车价之下，你一个鸟，我一个妈了巴子，搞了半天，归根是越说越拧。袁达见那车夫长腿拉脚，一张苦瓜脸，又是个痂皮红眼子。”① “以后但愿他们和和气气，不打架吵嘴连累我生气，这就算老人家的讨个值过儿。”②

其中“妈了巴子”“长腿拉脚”“值过儿”皆北方土语。在上海小报中北方方言小说并不多见，编辑恐是震于赵焕亭名气之大，故而采用。而此时，上海已产生了自己的武侠小说题材，曰白相地界小说，此类小说用上海俗语，写歇浦滩头白相人故事，十分风行。赵焕亭虽贵为北方大师，然与之相较，不免呈落寞之相。

二十七、漱六山房

张春帆，江苏常州人，别署漱六山房。漱六山房为海上小说名家，著有《九尾龟》，小报所载仅有10篇。《最新九尾龟》刊于《晶报》，据残篇文意，同《九尾龟》一样，仍以上海倌人为题，章秋谷依旧为主角。仅有一篇《大刀王五》尚完好，叙大刀王五事迹颇详，然牵合过多，甚至顾亭林也叙入传中，殊觉不类。文末叙剑侠陈翠云姊妹，飞入宫中救光绪，并与光绪定情。光绪死后，二人终身不嫁，以此为大刀王五之余波，尚可玩味（见下编北京小报小说第三章第二节）。

---

① 赵焕亭：《侠骨丹心》，《铁报》1937年2月1日。
② 赵焕亭：《侠骨丹心》，《铁报》1937年5月11日。

二十八、姚民哀

姚民哀，近代小说名家，著述颇丰，于小报存《双龙伏虎记》一篇。

袁世凯手下猛将，有“北洋三杰”龙、虎、狗之说。段祺瑞为虎，冯国璋为狗，王士珍以善权谋，忽仕忽隐，见首不见尾，故有龙誉。王士珍，字聘卿，号冠儒，河北正定人。得袁世凯之宠信，官至陆军部长、总参谋长和北洋总理。小说于王士珍生平功业无甚称述，乃藉其名撰侠义公案小说。一如《彭公案》之彭公、《施公案》之施公、《鼎盛万年青》之康熙，实乃延清代侠义公案之余脉。

书中写王士珍，人送外号“黄脓鼻涕”，戏其无用，鸡肋不足以当老拳也，即孙悟空数落唐僧之“忒不济”。小说中常设正大无用角色以供调笑之用，如《施公案》中写施公眼歪、手蜷、足跛、门偏，有“施不全号”。

书叙前清光绪末造，宣统继位之初，将江北划分为新建行省，特地设立这江北巡抚的新风宪长官，其职责就是消弭盗患，肃清匪祸。头一个膺此新任就是北洋三杰之中号称夭矫游龙，跟下山虎段祺瑞，哈巴狗冯国璋齐名的正定王士珍。

王士珍后改江苏巡抚。扬州的长江飞划水师兼缉私统领徐老虎，觊觎江苏巡抚已久，暗中作祟。王士珍甫一到任，其保险镖师范得胜即被杀。王士珍青衣小帽，微服私访，被大伊山土匪当肉票掳走。范得胜案发，淮阴捕快小瘌痢当堂领下了严限批文，限期抓获凶手。小瘌痢一筹莫展，只得请出其父，已退隐的瘌三妹金筱堃。瘌三妹是沭阳县名捕，曾在淮阴和沭阳屡破大案，名重一时。瘌三妹扮作玩蛇人寻访王士珍下落。文残。

此篇属侠义公案之短打书，写英雄投靠、抓差办案、大吏私访、镖师效命、铲奸除恶之事。作者欲于《施公案》《彭公案》之后写一《王公案》，惜原文残损，不见全璧。书之后幅似以捕头瘌三妹为主角而展开。

二十九、张恂子

张恂子，上海浦东人，与顾佛影、王小逸有“浦东三杰”之目。早年留学日本，习法政，归国后于沪开律师事务所，理讼之暇，以“春茧生”的笔名创作小说。张恂子海上稗坛名宿，为书局、杂志、大报所著，久已风行海内，小报延之唯恐不及，偶尔惠顾，并非常客，共载其小说 17 篇。

张恂子笔大如椽，各体兼善，社会、黑幕、武侠、言情，皆有所作。运笔老练，驾轻就熟，然格局既旧，人物亦无新意，不免俗套。

1. 言情小说

《虎窟双雏》，属言情小说，写瑞英与王祺故事。文云：白木生，海上豪商，有同父异母妹瑞英，乃洪姨太太所生。瑞英生病住院与看护小姐王琳成闺中密友，并与王琳弟王祺相识恋爱。而白木生欲将瑞英嫁与刘道台之三公子，瑞英不从，出走外祖母家与王祺相会。白木生策划绑架瑞英，为救瑞英，王祺中弹身亡。白木生事败又伤人命，自动分出一股家产与瑞英，求他不再追究。

瑞英以这笔钱和王琳一起合办一家医院，因瑞英与王祺初次见面是在医院里，王祺死在医院，两人末次见面也是在医院里，这段姻缘可谓从医院起，以医院终，为纪念王祺，便名医院为王祺医院。瑞英与王琳两人终身不嫁人，而嫁给社会了，社会便是丈夫，愿意为社会服务一辈子。文末称，如果路过中山路，便能看见一座大洋房，那便是王琪医院，似有本事可寻。

此篇颇有寄托，以薄命不祥之身，虽经忧患，却愈见挺秀。而终以社会为归宿，托旨正大，已非红颜薄命，有情眷属，以及娜拉出走之后所能牢笼者。为古来妇女新开一境，有功女界不少。

2. 武侠小说

武侠中有《胭脂剑》《芙蓉剑》，二“剑”皆女侠故事。

《胭脂剑》叙江苏宜兴，有黄知县者，因年迈，将公事付其子黄大少爷办理。大少爷嫖土娼九花娘，款洽之际，见飞刀送书，文曰：“西门曾寡妇案，不许贪赃枉法，如敢阳奉阴违，叫你颈项溅血。”

有沙通判者，葬父择地，寻一牛眠吉地，却属曾寡妇所有。沙通判欲打通官府夺地，曾寡妇无奈求助茅山玉真道人。玉真道人乃太平军将领之遗孀，身怀绝技，托迹道观，玉真道人遣二徒金霞和吴小凤下山除恶。

吴小凤乃宜兴武官之女，小凤母病亡，父娶卖身葬父的卖解女莲姑娘为续弦，父染时疫死，后母莲姑娘与尼姑淫乱，吴小凤杀母报仇未成，得金霞之荐拜玉真道人门下。

金霞则为太平天国军后代，父战死，玉真道人收留吴小凤，文残至此。按文中情节有不能连属之处。

篇所述不外吴小凤等行侠仗义之事，其可堪一议者，乃在将艳情与武侠合流。如淫尼纵欲，“这东西的的确确是代理性质，并没有真除”[①]。此等猥劣笔墨，似不应出诸大家之手。至于庵堂风月，木耳制阳具等事，自《三言》以来，不乏其篇，亦无劳张氏大笔重述之。

《芙蓉剑》写女侠赵依萍。赵依萍自幼习武，师傅为大侠李青，李青与大刀王五师出同门。李青授赵依萍芙蓉剑，芙蓉剑系一短刀，六七寸长，百砍不折。女侠遂托迹海上女校，开始其行侠仗义生涯。同班杭州籍同学周季华，母黄氏，听计于姘头袁子安，欲将季华嫁给袁子安之侄，季华不从，然无计可施。赵依萍仗义出手，深夜往探，将黄氏割发剃眉，留书示警，从此黄氏不再提婚事，并同意季华继续读书。同学刘曼与表兄玉哥情定鸳盟，刘曼后母胡氏将刘曼监禁，欲将其卖入堂子做生意。赵依萍潜入刘家大院，背起刘曼，腾空而去。

作者将古之女侠移植洋场女校，赵依萍身上颇有聂隐娘、红线之影踪，为女学生平添刚健之气。然套路未免陈旧，面对现代之钢筋水泥，仍是腾空而起，不知此腾空，能纵几许之高，其能超越摩天大厦乎？

---

① 张恂子：《胭脂剑》，《真报》1947年5月11—15日。

3. 英雄传奇

《朔南大侠传》乃英雄传奇，述大侠盖七省故事。盖世英，武林大侠，诨号盖七省。某日在陕县客店巧遇白面二郎郑天荫，郑天荫乃陕西一带绿林好汉。盖世英、郑天荫相会之际，又有郑天荫的同门师妹了因尼姑徒弟邬明珠，仞树忉大师徒弟杏姑来至此间。

有厉君玉者，自恃武艺，颇不直盖世英、郑天荫声名，暗中露其身手，初则展示其踏雪无痕之技，继则发火球，并将飞镖系于盖七省发辫以戏弄之。厉君玉戏侮郑天荫时，被杏姑发觉，杏姑、盖世英、郑天挺、芮泼天四人前后夹击，邬明珠使出飞蝗石，打中厉君玉的太阳穴，摔落尘埃，醒来释之。文残。

文中所摹武林绝技，如飞镖、火球、踏雪无痕诸事，亦不新鲜。飞镖不论，踏雪无痕，摩擦而生火球，平江不肖生早有珠玉在前。

可议者在于小说之结构。盖七省本为全文之主线，然却不肯直述，非弄得横斜逸出不可。作者于盖七省一线中，阑入邬明珠、九花娘、杏姑、厉雄四段小史，或以倒叙、或以插叙，横冲直撞于正文中。

4. 评论

周公在《谈小型报上的小说家》中，对恂子颇多不满之词，他说：“张恂子的写小说资格，是相当老的，从前在《金刚钻》报就老早看他的大作了，另外替书局里写的长篇也不少。他本人是律师，人生经验相当丰富，照理写出来的东西，应该很有看头的。但是不知如何，他的写作技巧，非常平庸，就是没有杰出的地方，以致他的小说，始终不为人重。近来某报刊登他的一篇长篇小说，拼命学李涵秋，似乎想振作一番，但是所学到的，是李涵秋的糟粕，而不是他的精华。徒然觉得啰里啰嗦了一大篇，一句也没有搔着痒处。看得不耐烦起来，率性不看了。那就无怪乎他的小说在今天，已感到落伍了。”[①]

话说小报小说亦有体。一者，文不甚长，似单行本之中篇。二者，角色无多，二三为宜。三者，线索以单线为佳，易记便观。四者，逐

① 周公：《谈小型报上的小说家》，《力报》1942 年 9 月 19 日。

日连载，天天必有可观之处，即海上作家所云，每日要有个小噱头。五者，内容以上海市民熟悉者更易讨好。

许多老作家以作书局单行本法写小报小说，人物丰富，线索错综，篇幅巨大，连载数年始毕。然小报连载不同书局单行本，读单行本人物线索或有遗落，随手即可回翻。小报连载如流水，逝者不可覆收。故非从头订购，厘不清人物和线索，即使每日不漏，人物多、线索杂，亦感烦难。

篇幅巨大，连载数年，难免有懈怠之时，时日一长，必然冷场。故小报名家长篇，多不终篇。加之登载不得法，每日字数不均，有时百十多字，有时上千字，迁延时日，虽刊毕者，亦等无疾而终。

张恂子即蹈此弊，角色纷纭，线索繁复，又常用倒叙、插叙，使人如堕五里烟雾。同为武侠，转不如白相地界小说，直直叙来，毫无折转，豁辣爽快，最配小报读者胃口。

三十、苏青

苏青是著名女作家，其声名稍逊张爱玲，而视张宛青、丁芝则过之。有《结婚十年》《浣锦集》，其在小报共载小说 5 篇。

其小说多以弃妇怨女题材，写其幽怨悱恻之情，叙其红颜薄命不祥之身世。如《鸳鸯湖》，“我”在轮船上邂逅符小青，小青为“我”述其生平遭际。符小青家住 A 城鸳鸯湖，父早亡，姊妹寡母三人相依为命，姊姊名眉青，与元泰钱庄黄鸣卿先生的独子黄承德为同学，两人相恋，眉青辍学嫁之，婚后生一子。眉青做小学教员，承德负笈他方读书。会抗战起，承德随学校迁往内地，不知生死，而黄鸣卿的钱庄生意亦因兵燹而停歇。文残。

《鱼水欢》叙“我”的友人朱密，医师也，其太太孙姓。“我”做客其家得悉其夫妻间之秘密。孙小姐待字闺中时，情窦已开，暇则阅《红楼梦》，诵“露滴牡丹开”，读两性卫生书籍，嫁为人妻，惜丈夫病肺以致无力行房。后夫死寡居，虽偶与男人偷情，然终难满足性欲。

精神恍惚，家人以为精神病人，而求助朱密医生并嫁之。朱医师洞悉其病在于未得谐鱼水，然婚后朱医师吝其雨露，孙仍愁容不展，精神病难得痊愈。朱医师乃养病患以自重之技，借此谋食也。

女作家善抒情，不善结构故事，此篇则巧设疑局而悬念环生，颇能引人入胜。

《续结婚十年》，述“我”与丈夫徐贤办完离婚手续，暂住姑丈家。“我”与徐贤结婚已 10 年，生育两个孩子菱菱、元元。离婚后的“我”思念孩子，忙于写作、出书。与文化出版界人士谈维明、鲁思纯、潘子美交往颇多，郑烈则为政界人物。行迹最密的数赵瑞国、童于道、谢上校。曾与赵瑞国一夜销魂，与谢上校同梦巫山，不虞珠胎暗结，无奈去医院堕胎，谢上校赶来慰问，并留下一笔钱与“我”。

上海小报女作家皆擅写艳情，而以苏青名气最大。其《结婚十年》早已蜚声文坛，与其名著相比，她的小报小说在情色二字上毫不示弱。如《鱼水欢》写孙小姐性爱感受云：“她想起旧诗中‘露滴牡丹开’这句话，是多么地富丽堂皇，多么地引人入胜，然而她身受、而且能够感到的情况却是并不只像小虫蠕蠕般偷啃花心使人烦躁，却又永远不得安慰。”①

《续结婚十年》除性爱外，其他一些女人隐私也被她搬了出来。如撒尿：“在床下捞到一只尿壶，蹲在地上便撒，天啊！不是我的技巧不够，还是她的尿壶太满了装不下，小便淋漓在地上。”②

如孕检：“有一位外国医生，他是精于妇科的，我请他检验。他把我的小便抽出来，用针注射于鼠身上，鼠的子宫果然显得膨胀起来。他说那便可以证明我的尿内含有某种荷尔蒙，在他的 Pregnant Examination 单上，他肯定地写上一个＋字。”③

如堕胎：“节制生育是女子解放的基本条件，在万不得已时，科学的堕胎方法也是值得赞美的。一个女人若是不能控制自己的子宫，

---

① 苏青：《鱼水欢》，《力报》1947 年 4 月 18 日。
② 苏青：《续结婚十年》，《沪报》1946 年 9 月 20 日。
③ 苏青：《续结婚十年》，《沪报》1947 年 3 月 17 日。

她还想有办法去控制男人的心吗？”[①]

苏青《结婚十年》出版后，因其大胆暴露，论者即颇有微词，其小报小说依然固我。堕胎、性爱不计，女人撒尿也登诸篇章，确属少见。而且被她写得淋漓满纸，不怪有人说她是月经带、尿布作家。

三十一、张宛青

张宛青，曾为编剧，改编过莫里哀的《理想夫人》。嫁舞台装置专家孙樟，后仳离，余不详。小报共载小说 11 篇。

其小说多半为情恋题材，仍演婚姻自由的老故事，或格于父母之命，不得谐连理；或所嫁非人，红颜薄命。如《红鸾喜》叙方家振倾慕同学潘珺，奈何父母之命，只好娶胖丑女谢婉玉。而潘珺爱的是隔壁青年教授何滨，他精通好几国文字，著述又多。当全面和平的喜讯传来时，何滨与潘珺终成连理。

《葩儿兰》记工程师苏瑜琦，在北平大学念书的时候，爱上隔壁鲜花店的女儿依葩兰。依家旗籍，其店里出售名贵白兰花，好事者便送依葩兰一雅号，叫葩儿兰，葩儿兰即白兰花也。后依家花店迁至上海，店名即名“葩儿兰”。苏瑜琦与葩儿兰在上海重逢，旧情复萌，一起出游杭州，坠崖身亡。

张宛青有两篇写坤伶的小说，一篇《梅娘曲》，述女伶丁梅芬惨史。丁梅芬一度与人生子而夭，后氍毹运转，成上海舞台唱花旦的红伶，人称梁玉珊老板。嫁一下野政客、要人王东钦为七姨太太，然闺帷寂寞，芳华虚度。她与王化溥暗恋，王化溥被王东钦派人枪杀，梅芬又与家庭钢琴教师卫语白缠绵，语白惧命不保，与梅芬分袂。丁梅芬亦殒命，然不知死于谁手。

一篇《清歌红泪》，叙汉口红伶秦霞影苦命事。秦霞影与做特殊

① 苏青：《续结婚十年》，《沪报》1947 年 3 月 18 日。

工作的秦笙结婚，然仅七天，秦笙便身亡。秦霞影落魄，漂泊到天津做舞女。在从天津到上海的轮船上与庄毓鸣相识同居，后弃庄毓鸣，转投梁春沛，而梁春沛不告而别。

张宛青熟悉戏班剧团生活，所见必多，二篇皆写女伶名高命薄，辗转依人之悲惨命运。

张宛青曾作有《五年的婚姻生活》。一些民国女作家喜将自己的婚姻生活写成小说，如苏青的《结婚十年》、丁芝的《从结婚到离婚》等。似成了一种风潮，且将婚姻生活详加描述，大胆而暴露。其撰作之意，半是泄愤，半是生意眼，以大胆暴露搏人眼球，苏青即以此红透半边天。张宛青此篇系纪实之作，尚称不上小说。

小报女作家皆以大胆暴露著称，她们不惜以色相示人，操笔大写情欲，张宛青亦不能免俗。如《春情》中写道：

这风虽有点轻的寒，可也有些刺激，像爱人抚摸着胸际，愉快里，又夹着些儿颤抖。①

一条短短的袢裤，掩着了腹和臀部，大腿和足，也是白嫩白嫩的。②

热的交流，情的奔放，太阳闪进了濛濛的云帐，留下了大地，留下了风，留下了青春的苍蔚的树木。她喘息着，蹙着眉，一边微喊着：“椿，轻着点，我怕，我痛啊。”

“我也痛呵，妍，忍着点，为了我，为了我爱你，你应该忍着点。”她啜泣着，凄惶的泪珠滴在她的手背上，“血”他惊叫起来，一幅洁白的手帕，殷殷的有点点的血迹。③

作为女作家，武侠不宜，社会不能，而于轻嗔薄怒之情爱文字驾轻就熟，辅以色欲笔墨，更为小报所乐见者。虽已是民国，但女性将其私生活演为小说，还是一件稀奇事，颇能吸引读者。

张宛青小说，尚不能与张爱玲比肩，视苏青稍弱，然与丁芝则在伯仲之间。

---

① 张宛青：《春情》，《小日报》1947年7月18日。
② 张宛青：《春情》，《小日报》1947年9月7日。
③ 张宛青：《春情》，《小日报》1947年8月28—29日。

三十二、丁芝

丁芝，著名演员，同时又是位小说家，常为小报撰稿，小说共4篇，《女人万岁》《情海沉浮》《苦恋》《当太太出去的时候》。

《苦恋》短篇，仅8续，《当太太出去的时候》为点将小说，亦仅一日之短篇。《情海沉浮》（插图见图4-19）刊于《铁报》，连载时日较长。后于1947年10月出版单行本，作为《铁报》丛书之一，由《铁报》社出版部出版。书叙方氏与宝凤、小凤，母女三人之薄命生涯。文云：

图4-19 《情海沉浮》插图

只有几百户人家的走马塘周家村周大力续弦方氏，周大力性情粗鲁，方氏与大力侄周小毛通。方氏生二女，宝凤与小凤，宝凤乃方氏与周小毛之私生子，小凤为方氏与周大力所生。方氏后与大力分袂，大力与方氏各领一女生活。方氏辗转依人。二女长成，宝凤嫁裁缝子阿明，琴瑟不调，宝凤到上海卖笑为生。

大力死，小凤依母生活为拖油瓶。其母视其为摇钱树，卖与张老爷开苞。小凤后嫁汪乡长之子汪小牛为妻，不久分离，到王举人家为佣妇。后嫁烟纸店老板李荣富，李荣富经商，时常在外，小凤与店里学徒私通，后烟纸店遭回禄。

小凤逃至上海寻其姐姐宝凤，第三次做新娘嫁许财子，生活稍安。然其与汪小牛所生子不成器，与许财子所生寅生抑郁自杀，一女宝珠亦堕落风尘。许财子死后，小凤又与徐海山姘，徐海山另有新欢，弃之不顾，小凤为之精神失常，被其姐宝凤送入疯人院终。

《女人万岁》以红舞女李莉为原型写成。李莉，人称北平李莉，著名舞女交际花。曾因间谍嫌疑而轰动一时，赖冯玉祥夫人李德全转圜，始脱祸。

文叙：李莉出生在北平，父乃小商人。15岁时父亡，李莉去天津做丫鬟，受尽虐待。后被卖入娼家，挂牌月月红，名遍天津。脱籍与凌公子结婚，不久下堂去，辗转上海做舞女而红。在申与文艺界的周先生交厚，后与凌公子分袂，曾为吴某纳为侧室，脱幅，又与蒋某同居。

跳舞外，李莉曾与高占非、王人美合作拍摄有声电影《春潮》，为艺术而牺牲，拍摄裸体艺术照。跳舞外李莉嗜平剧，亦涉足话剧。曾在轮船上邂逅一外国人，与其一同游历欧洲。回沪，以欧游归来，一代红星为号召，名声益躁。李莉自北平赴汉口，又从汉口到重庆，交一外国腻友，被疑为间谍，为重庆方面扣留，因无实证而放行。

李莉被称一代尤物，美艳差可比肩赛金花，然功业则远逊之，加之丁芝笔力不济，仅成生平述略已属不易，更无望赖之以传世矣。

丁芝另有一篇《从结婚到离婚》，叙与屠光启婚变事，系纪实，非小说。苏青有《续结婚十年》，张宛青有《五年的结婚生活》，皆披露于小报，以大胆暴露私生活号召读者，赖丁芝此作，鼎足而三矣。

丁芝小报小说皆属稚弱之作。方能纪事，略有本末，而生动形象，力所不及。甫学抒情，强能说愁，尚不能臻真挚之境。至于穿插掩映，风韵意境，无从谈起。

附：小报与新文学家小说

小报和新文学分属不同的文学阵营，新文学与白话文互为表里，上海小报多用文言，新旧对立，势同水火。新文学与小报之间不但有性质新旧之分，有时，尚存地位高低和身份贵贱之别。小报为新文学家骂为“才子加流氓”“文丐”“文娼”。然小报虚怀谦恭，被骂后却主动争取人家的认可和支持。在新文学家和小报报人判若冰火、互不来往情形下，《社会日报》摒弃偏见、打破壁垒，率先与新文学家建立联系，开通了新文学与小报的沟通渠道。

大约在1928年前后，《社会日报》主笔陈灵犀与曹聚仁书信往还，相交甚得。通过曹聚仁，陈灵犀结识了许多新文坛的知名人士，鲁迅、曹聚仁、徐懋庸、郑伯奇、陈子展、周木斋、柯灵、唐弢等都曾为《社会日报》写过文章。《社会日报》打破坚冰，与新文学互通声气，报道消息，刊登作品，《世界晨报》《时代日报》亦效法之。延纳新文学家，提倡语体，开设白话栏目。

迨《时代日报》开设《瀑布》《畸形社会》等栏目，皆以新文学为立场，主张文艺大众化，刊登民歌、新诗。万梅子主编《时代日报》更声言其新闻语体化主张，他说："五年前笔者就想改新闻文体为语体，而一向没有相当的机会。这次本报扩大，同人才一致决定新闻纪事也一律语体化、通俗化，使大众便于阅读。"① 小报为旧文学之故垒，而新文学以白话文为新军，以白话文之新军阑入小报之故垒，遂诧为报界奇观，开小报之新风。小报所刊新文学家小说，对于新文学研究，颇具史料价值。如：

丁玲1篇：《人报》1932年7月15日—8月20日（至73节未完）《母亲》（此稿作者特许登载）。

沈从文1篇：《上海报》1938年7月3—23日（至20节完）《绅士的太太》。

郑振铎1种：《上海报》1938年5月9日—6月10日（至29节未完）《最后的十二勇士》（原名《桂公塘》选自《文学》）。

施蛰存1种：《今报》1946年10月24—29日（至5节完）翻译小说《恋爱》美国沙洛扬著，施蛰存译。

钱杏邨1种：《新世界》1920年3月21日—5月15日（至24节完）社会小说《途中》。

其他作家，如张爱玲、苏青、张宛青一辈女作家更是小报追逐的对象。张爱玲在小报上登载作品1篇，苏青9篇，张宛青13篇。张爱玲的一篇是登在《小日报》的小说《郁金香》，经著名现代文学研究专家陈子善、吴福辉的鉴定，确认为张爱玲的作品，从未被著录过。《中华读书报》曾有专版报道整个发现过程，引起了学界和社会的广泛关注。

---

① 梅子：《增刊词》，《时代日报》1935年9月11日。

第五章 上海俗语汇释

吴侬闽谈，适成风土；昆曲秦腔，蔚为艺文。迨上海辟为租界，华洋杂处，海上繁华。亭子间嫂嫂、扬州阿姨开口十三点、邓禄普、白相人、拆白党，出言牌头子码、龙头拖车，凡此类方言俚词，20世纪20至40年代最为流行，可通称之为上海俗语，或海派俗语。

海派小报涌现了一批上海俗语小说家，如周天籁、田舍郎、周益世、苏广成、披发散人、蓝白黑等，其作品有《亭子间嫂嫂》《小山东》《斧头阿毛》《小裁缝艳史》《风流孽债》等。上海俗语属洋场风情、海上遗产，颇具研究潜力和价值。然世殊事异，俯仰陈迹，许多俗语已语焉不详。爰摭得事有可考，语出典故，风土醇醨者，略加注解，以就教人方，亦观风俗，知得失之遗意也。

一、堂子俗语

生意浪

上海的堂子俗称。那些吃堂子饭的人，无论倌人、娘姨大姐，还是相帮，都不肯直言堂子，而叫生意浪。生意浪即做生意的地方。如“从前一向在生意浪，他姓樊，叫梨花。打仗之后本家把房间收歇了，便一个人私做做，不悬牌，不捐照会，开销又省，这一二年来积了几个钱”①。

叫局、出局、带琵琶

客人看戏饮酒召倌人相侑，曰叫局。倌人应召而来，叫出局。传唤倌人所用的是一小片红纸，上写倌人名和地址，叫局票。客人叫局，有时候在局票上写上“带琵琶”三字。倌人出局，有的只是陪酒，有的除陪酒外，还当筵唱曲，如客人想让倌人唱曲，就事先在局票写上“带琵琶”，倌人就会明白，是要唱曲的。

烧路头

路头者，五路财神也。堂子遇五路财神诞日和年节，以宣卷，或打唱等形式举行祭祀活动，叫烧路头。

抄小货

倌人向客人索要钱、衣服、首饰，私入己囊，弗分润鸨母，叫抄小货。亦作抄小伙。如“像这种抄小伙，她们真也不摆浪心上，根本不会出毛病。还有一种抄小伙的，同时接两个客人，而在同一夜，同一个地方，而客人面前绝对不知道”②。

开条斧

也是向客人要钱物，也叫砍斧头。如“这记条斧，一共开了1000多元，在英英的开条斧的历史上，是创立了新纪录。连今天的现钞，昨天的舞票与现钞，数目将近3000。而只给对方香了几个面孔，X毛也没有碰到一根，英英认为碰到了天字第一号的瘟生”③。

清倌人、浑倌人、小先生、尖先生

已接过客的长三妓女叫倌人，或叫大先生。十二三岁未成年，未接过客的雏妓叫小先生。如“榴媚老二把两个养女喊了出来，一个叫二媛的，生来颇有健康美，介绍给高依萍。一个叫小阿媛，唱得一口京剧，在榴媚老二生意上算是小先生了。介绍给曹晋卿”④。

称大先生为浑倌人，未接客的为清倌人、小先生。小先生是老鸨

① 周天籁：《亭子间嫂嫂新传》，《万言报》1942年3月29日。
② 周天籁：《亭子间嫂嫂》，上海：学林出版社，1997年，第110页。
③ 冯蘅：《呱呱叫姑娘》，《品报》1940年8月31日。
④ 周天籁：《三少奶奶》，《东方日报》1940年12月25日。

的摇钱树，索价甚高，不肯轻易许人的，客人要想得到，非被狠狠地敲一杠子不可。小先生奇货可居。所以老鸨们对她们的防护非常严格，轻易不许她们单独接触男人，以防私下与有情人私奔或同居。如小先生未经鸨母允许而与人有染，叫偷开苞。因为有厚利可图，就有人假装小先生，这种小先生被称为尖先生。

恩相好

倌人们，除接客之外，有自己私心相悦的人，叫恩相好。倌人有恩相好，是鸨母最痛恨的事，因为有了恩相好势必不尽心接待别的客人，影响生意，鸨母得不到好处。恩相好也叫恩客。如“两人躺在一个被封筒内，一个枕头上面，这样娓娓道来，也就说不尽地有情有节。一个是可称为情妓，一个是可称为恩客”①。

调头

长三倌人由一家堂子迁到另一家，叫调头。调头之日必拉客人摆酒，以示生意红火，酒席多者为荣。

桥头、斩咸肉、咸肉草绳

桥头指的就是八仙桥，咸肉堂子的大本营。门口点门灯，书某某号、某某记者皆是。“考一二十年前的咸肉庄，并不开在八仙桥头，都是大世界左近。不挂门灯，不捐照会，完全私做。后来有个松江妹妹，带了一二千洋钿，到上海来包了几个姑娘做这生意，门面撑得老大，便在八仙桥上做得很发达。”“时至今日，上海原是个肉欲世界，桥头的咸肉至少五六百块，其中甚为走红的出息远在红舞星之上，单一块肉每月收入数千元不希奇，听听真是吓煞人。”② 去咸肉庄发泄性欲叫斩咸肉，经常光顾咸肉庄的叫咸肉草绳。因为咸肉是用草绳包装的。

向大人

向大人原是评剧《三本铁公鸡》中的人物，叫向荣大帅，习称向大人。后来人们用这一词指向导社的向导女，她们以伴舞、导游为号

---

① 周天籁：《常熟二媛》，《上海小报》1941 年 1 月 9 日。
② 浅草：《新语林》，《晶报》1939 年 4 月 22 日。

召，实际上是变相的妓女。

上海首家向导社是四川路上的上海向导社，继为国际向导社，多的时候达数百家，因此向导女也风光一时。《上海新俗语图说》云："原来在最近十年来，上海的向导社风起云涌，向导姑娘成了冶游场中的新职业。她们打扮得花枝招展，到旅馆、菜社里去出卡。""上海的向导社事业，约可分为两个时代：一是初创时代，约在战前二三年前间，本市的向导社，最盛时多至数百家，后来当局一度取缔，就进入另一歌女社时期，其实歌女社便是变相的向导社，而所谓歌女出卡，也就是向大人赴宴。"①

向导女也称向字头。周天籁所作小说《肉》专写向导女。

淌白

今日之站街女。"所以摊头上大块头老板也认得她是跑公司的一只淌白。"②

跑公司

淌白生涯，每日到各大公司所建的游乐场去兜客人，故称跑公司。"她想提高自己的身价，不再跑公司，也不跑栈房，专门在马路上兜来兜去搭客人。"③

又称"跑栈房"，到客店兜揽生意。"那包打听一声冷笑：'你可以瞒得过我一双眼睛吗？你还不是常常跑栈房的孤老吗？'"④

挨城门、趁热被头

李阿毛《洋泾浜图说》云："昔日上海城未拆以前，每夜一到九点多钟，各处的城门都关了，我们如果要进城，可以叫开城门。叫开城门之法，先高叫一声开门，门内的看守的人，便问道：'有没有照会？'城外的人便答道：'有照会。'那城门上，有一个碗口大的洞，洞中会伸出一只手来要那照会，城外的人，身边摸出两只角子，授给他，他一拿到这两角照会，便高叫一声'开门'，于是二重城门，一

① 尉迟梦撰文，陈青如作图：《上海新俗语图说》，《社会日报》1994 年 5 月 8 日。
② 周天籁：《亭子间嫂嫂》，上海：学林出版社，1997 年，第 91 页。
③ 周天籁：《亭子间嫂嫂》，上海：学林出版社，1997 年，第 91 页。
④ 周天籁：《亭子间嫂嫂》，上海：学林出版社，1997 年，第 91 页。

齐开放。开放的时候，出钱的人，当然进去，而旁边如有其他的人，也可以一齐进去，因为他不开则已，开则不问人数的。因此有精明朋友，不愿出钱，都守在城门口，等候出钱的人到来，他一出钱，大家可以跟着进城了，这叫做挨城门。好在每五分钟或十分钟，总有人会来开一次的，只消等一会，就等得穿的。这挨城门一语，后来就应用到堂子里了，凡一个先生，由一个瘟生出了钱而点大蜡烛，第二夜，便留一个恩爱相好住夜，这也叫挨城门。”①

趁热被头是说客人或有阃令甚严，不敢在外过夜的，便趁清早工夫，踅到倌人屋，此时倌人尚未起身，或刚送走前客，被窝尚未凉，便留新客，这叫趁热被头。

浆糊罐头

亦称“掏浆糊罐”，形容女人交接男人之多。“人家人既然上了咸肉庄，当然也不止一次二次，好像一只浆糊罐头，决不会清爽。”②

二、白相地界俗语

起码人

白相地界小说中，起码人是小角色、蟹脚之意，又可称小抖乱等。“新窜起来的起码人，派头小的很。”③

脚碰脚、同产兄弟

同伙、同道。“大家都是脚碰脚的，不过客气一些，尊他一声老大罢了。他怎么煞有介事地搭出经理架子。”④

即北方话之拜把子兄弟，上海白相地界又曰弯过膝馒头。如“从前我们十八个人不是在虹口夏海庙弯过膝馒头看，对照菩萨发过誓，十八个人一条心，不可以作半吊子”⑤。

---

① 李阿毛：《洋泾浜图说》，见孟兆臣编：《老上海俗语图说大全》，上海：上海社会科学院出版社，2004 年，第 157 页。
② 周天籁：《亭子间嫂嫂》，上海：学林出版社，1997 年，第 91 页。
③ 周益世：《小山东》，《力报》1944 年 1 月 22 日。
④ 周益世：《小山东》，《力报》1943 年 7 月 12 日。
⑤ 周益世：《十八条好汉》，《罗宾汉》1947 年 1 月 6 日。

白相地界中又称“同产兄弟”，又写作“同参兄弟”。“产”“参”一音之转也。如：“阿龙哥，大家都是同产兄弟，阿好请你不要下这一记辣手啊。”[①]“他老头子曹宝根和百川也是同参的兄弟。”[②]

也称“一条跳板上的货色”，如“一班人虽是初期见面，原是一条跳板上的货色，所以莫不一见如故”[③]。

轧脚

参与。“可是国强和小山东两人非常要好，决不会不轧脚，说不定将来里应外合。”[④]

一只袜

一伙的。“现在分明是他们都在一只袜筒管里的，几个人合了伙来算计我。”[⑤]

种气

北方的骨气、男子汉气，上海俗语叫种气，即北方话的有种。“怎奈对方一硬，三个人就想滑脚，现在围住了，一个个脸上哭出胡拉，一些儿种气没有，这种人真是起码，太不吃价了。”[⑥]

小身体不是租来的

不怕死，不计代价意，白相人朗声常用此语。如：“讲到打相打，小身体不是租来的，最多舞厅饭不吃，自愿回家去吃老米饭，你又能咬脱我的什么。”[⑦]

“‘讲句难听的闲话，身体虽小，倒勿是租来的。’赵吉荪说后，就立了起来，只有三四分钟，已围了一大堆的人。这一大堆的人，围着在看好戏，看两个朋友在比赛拳击。”[⑧]

五斤狠六斤

形容凶狠，又作“五筋狠六筋”。如“眉毛竖起仔，五斤狠六

---

① 披发散人：《恶霸横行记》，《上海日报》1940 年 7 月 9 日。
② 周益世：《小山东》，《力报》1942 年 8 月 27 日。
③ 披发散人：《恶霸横行记》，《上海日报》1940 年 4 月 2 日。
④ 周益世：《小山东》，《力报》1943 年 9 月 7 日。
⑤ 周益世：《小山东》，《力报》1943 年 7 月 25 日。
⑥ 周益世：《双枪小白龙》，《光报》1947 年 5 月 18 日。
⑦ 桃花郎：《女人万岁》，《上海日报》1940 年 12 月 12 日。
⑧ 南宫刀：《迷汤西施》，《东方日报》1941 年 9 月 25 日。

斤”①。

“另外几个破席子里也探出头来附和着说：‘上个明白’‘操伊拉，打，打，打’……‘两只洋拿去买伤药吃吧，不要五筋狠六筋，一定要打相打。’”②

牙齿当街沿石

慷慨，说话算数。“酒来了之后，张丽珍倒有牙齿当街沿石之概，永康喝一钟，她亦陪一钟。”③

钉头碰铁头

硬碰硬。比如白相人老头子相斗，就是钉头碰铁头，总要出人命的。“我连忙笑道：‘这你才该死，钉头碰了个铁头，看你有什么手段对付他，你也有这一天吃瘪，笑煞仔人的。’”④

横竖横、拆牛棚

破罐子破摔，破釜沉舟。但不知为何称“拆牛棚”，或许只为押韵脚而已。“索性横竖横，拆牛棚，和他搅过明白。”⑤

困扁了头

做你的清秋大梦，痴心妄想。“什么，你居然存了这样一个心思，要想和我走开了，哼，那你可困扁了头，没有这样便当。”⑥

常与“瓜子壳当帽子戴”联用。“客人个个给她得罪光了，你的大烟从什么地方来的，白饭从哪里来吃，五元铲的马将还有得叉吗？你不要困扁了头想瓜子壳当帽子戴。”⑦

挖儿

手段，着法。“他不愧是一个厉害角色，自己总算是老屁眼，这样用一记挖儿，竟会被他看出来。”⑧“提起她，真是赫赫有名，名气响，挖儿透，生意也是顶呱呱。”⑨

---

① 燕赵舞客：《火山欲焰》，《力报》1939 年 7 月 28 日。
② 桑旦华：《金银花》，《跳舞日报》1941 年 1 月 16 日。
③ 南宫刀：《迷汤西施》，《东方日报》1941 年 9 月 19 日。
④ 周天籁：《亭子间嫂嫂》，上海：学林出版社，1997 年，第 91 页。
⑤ 黑旋风：《糊涂虫》，《上海日报》1943 年 8 月 31 日。
⑥ 周益世：《侠林三少》，《力报》1944 年 6 月 2 日。
⑦ 严纹云：《舞女痛史》，《东方日报》1940 年 8 月 9 日。
⑧ 周益世：《小山东》，《力报》1942 年 8 月 15 日。
⑨ 小尹：《小郎记小》，《跳舞日报》1941 年 3 月 29 日。

又作挖儿势。“老头子，你这里面有什么特别的挖儿势。你可以说出来，让我听听。”①

拔短梯

拆台，过河拆桥。又称“半吊子”。“小刘不写意，是个半吊子，拔他的短梯。”②

反累斯

反制手段，反击。不知典自何处。“触伊那，这个李天王也是老举，怎么会给你一噱上了路，不要他已轧出了你的苗头，给你来一下反累斯。你且将经过情形完全说出来，让我先听听再说。”③

上他的路

对某某动手。“时机不可失掉，老大，我们就立刻去上他的路。”④

杀搏

激烈、精彩、结棍、结实。常用来形容身体强壮。“表演一套精彩绝伦的好戏，杀搏结棍，大有惊天地动鬼神之概。”⑤ 亦作紧张杀搏，也可重叠，杀杀搏搏。

罩头势

相当于武侠小说中的“兜头一记”。“窜上去的一记罩头势，勇猛无比。”⑥

开足输赢

与赌博无关，乃狠狠地打一顿。“开足输赢做他一顿，叫他尝尝味道看。”⑦

跌进去

特指跌进监狱。而不是跌进沟里、河里。“这次喝令动手的定是他的大徒弟一只眼吴瞎子，已经搭牢了跌进去了。这一次也尽足够他

---

① 周益世：《小山东》，《力报》1942 年 8 月 1 日。
② 披发散人：《头破血流录》，《上海日报》1939 年 3 月 11 日。
③ 周益世：《十三太保喋血记》，《罗宾汉》1948 年 5 月 27 日。
④ 披发散人：《恶霸横行记》，《上海日报》1939 年 11 月 28 日。
⑤ 黑旋风：《糊涂虫》，《上海日报》1943 年 7 月 28 日。
⑥ 周益世：《小山东》，《力报》1942 年 7 月 13 日。
⑦ 周益世：《小山东》，《力报》1942 年 7 月 13 日

受用，你的一口气，照算算也可以出了。”①

硬装斧头柄

找碴儿、寻衅、碰瓷，白相人借机敲诈也。“时玉一听，觉得菊春的肚皮倒着实龌龊，这一个硬装斧头柄，的确相当恶毒。”

装榫头

亦硬装斧头柄。“亭子间嫂嫂急道：‘啊哟！啊哟！他故意装榫头！我没有欠过他钱，要末前世欠下他的！’”②

老举三

北方话无对应词语，凡是神秘之物件可称之。如枪、女人月经带等。“叫他们搜一搜看，万一没有家生，是我们疑心生暗鬼，错怪了他们。但是万一身上有老举三的话，他们看见巡捕了，自然立刻逃走。”③

“马桶间阿姨给了她五元，她又问马桶间阿姨：‘老举三有吗，弄一条摆摆华容道，裤带可以勿松时，我总勿松，免不了时方摆平。’”④

定头货

冤家对头，白相地界用之表示遇到茬子了。“癞皮阿三倒碰着定头货，轧不出是什么苗头，他也放手，说：‘有什么难过好讲，你有老朋友吗？’”⑤

好吃果子、酥桃子

懦夫、易于敲诈者。“竟在我面前搭起这种乱毛臭架子，当你穷爷是好吃果子，真不要摆在心浪上。”⑥

“你打算敲竹杠不成，眼睛睁睁开，这两个阿是酥桃子？操那起来。”⑦

---

① 周益世：《小山东》，《力报》1942年7月29日。
② 周天籁：《亭子间嫂嫂》，上海：学林出版社，1997年，第91页。
③ 周益世：《小山东》，《力报》1943年4月11日。
④ 梅霞：《灯草裤带》，《上海日报》1941年7月2日。
⑤ 冯蘅：《呱呱叫姑娘》，《品报》1940年8月8日。
⑥ 桃花郎：《女人万岁》，《上海日报》1940年12月22日。
⑦ 桑旦华：《金银花》，《跳舞日报》1941年1月15日。

胡桃肉

不敲不肯拿出钱来。与吃果子、酥桃子相反。“如今看样子，孙开元这人是不吃软的，或许是胡桃肉，不敲不肯出来。”①

南北开

平分也，常用于分赃，也叫哈夫，英文 half。平分东西叫南北开。据说这是个吃西瓜的典故，吃西瓜，一刀下去分成平均的两半叫南北开，于是便借用来指平分。“有了这两百块钱，自己和和贵两个人南北开，一人拿了一尺血，自己也可以和几个小角色吃一顿么六夜饭。”②

讲斤头

又称拉台子、吃讲茶、叫开，都是指白相人调解纷争。

“从前白相人相打相骂，由中间人出来调节，在茶馆里吃讲茶。结果，把两造的茶，由中间人互相倒一倒，使各人茶杯的茶相和，就此和好，这叫‘吃讲茶’，由败者惠茶钱。后来进步了，茶馆改为酒店，大家去吃一杯酒，叫做‘红红面孔’，由败者付酒钱，也可以和解了。近年来规模更大，非到菜馆里去请几桌酒不可了，这叫‘拉台子’。如请四桌酒，叫做拉四只台子，余可类推。昔日里还有败者一方面，须罚清音一堂，其实只唱四出，叫做四出头。但目下考究实际，这种虚花头，已经废除了。还有点蜡烛的典礼，现在也没有了。”“其实拉的不是台子，而是拉吃客，譬如拉四只台子，乃拉满四只台子的客人也。败者愿罚四桌酒的话，中间人也得去拉几位有面子的人物来，到到场，证明两造已归和好，以后不得再伤和气。”③

叫开，或称叫一叫开、叫叫开。“他是特地来为阿小与英英叫叫开的。”④

摆句闲话过来

原是白相人讲斤头的专用名词，即叫对方的老头子说句话，来

① 周益世：《小山东》，《力报》1944 年 1 月 19 日。
② 周益世：《小山东》，《力报》1942 年 12 月 20 日。
③ 李阿毛：《洋泾浜图说》，见孟兆臣编：《老上海俗语图说大全》，上海：上海社会科学院出版社，2004 年，第 129 页。
④ 冯蘅：《呱呱叫姑娘》，《品报》1940 年 8 月 20 日。

解决冲突。后来凡是要对方明确表示态度、答应一件事，也叫摆句闲话过来。“‘照我说，非要圈吉妹妹明白地摆一句闲话过来，否则决不太平。’‘不太平吗？那能？看你的颜色了，红黄蓝随你变就是了。’”①

帮洋吃相、拳头打出去、手臂弯进里

即吃里扒外、拉偏架，常用在讲斤头中。“竹海哥，侬狄格算啥格闲话，常言道：拳头打出去，手臂弯进里。我现在和姓任的难过，你既然是我的同产，应该帮下忙才是道理。这么帮洋吃相，朝他一方面说话，须知我是来托你替我带一个信给姓任的，你肯就肯，不肯就拉倒，叽里咕噜说这一番废话做什么呢。”②

咽得落

说得过去，白相人讲斤头常用此词，表示价钱合理。“宝珍准备奉让，不过钞票总要搅落些的，使阿宿也可以咽得落。”③

落场势

下场台阶，讲斤头中，斤头讲好，双方满意。“四个人仍旧像老样子的坐下，阿小他们倒没有落场势。”④

摆华容道

白相人地界，摆出自己的人马来，威协对方，叫摆华容道。“她又问马桶间阿姨：‘老举三有吗，弄一条摆摆华容道，裤带可以勿松时，我总勿松，免不了时方摆平。’”⑤

剥猪罗、剥田鸡、洒香水、摆丹老

剥猪罗是抢人衣服。穿皮衣的被他们叫做带毛猪，穿布衣的叫白皮猪，皮大衣加皮袍的叫双料猪，钱多的叫肥猪，有金表的叫玲珑猪，瘟猪是身无分文的。

剥田鸡是抢劫儿童财物。

洒香水是人脸上洒镪水。

---

① 安子：《圈吉妹妹与罗平》，《迅报》1939 年 8 月 24 日。
② 披发散人：《头破血流录》，《上海日报》1939 年 5 月 23 日。
③ 周益世：《白相人嫂嫂》，《品报》1941 年 8 月 6 日。
④ 冯蘅：《呱呱叫姑娘》，《品报》1940 年 8 月 9 日。
⑤ 梅霞：《灯草裤带》，《上海日报》1941 年 7 月 2 日。

摆丹老是向人抛秽物，丹老是粪的别名，又写作“堆老”。如“他存心白斩鸡，摆你一记丹老，你和他打官司，保险没有苗头”[①]。

白相地界的各种勾当都有切口，除了上述外，下面亦皆其行也：

抛顶宫，抢帽子；拔葱，抢挖耳；扯蓬，抢耳环；捋苗，抢手镯；捋手圈，抢金戒；盗玲珑子，抢金表；触天表，用竹竿偷窃；开桃源，掘壁洞，亦曰开窑口；排云子，除店铺排门；翻高头，越墙上屋；跑顺风，对面行窃；跑逆风，背后行窃；垃圾，专窃电车乘客；牵黄牛，专窃黄包行；拾卷子，专在小菜场行窃；对买，扮买客行窃；跑早清，清晨行窃；跑灯花，黄昏行窃；摸甲鱼，偷鞋；上闩子，撬窗贼；下闩子，撬门贼。采毛桃，偷鸡贼；倒旗杆，偷笋；挨马铃，专窃铜吊；牵猢狲，专窃洋装客。[②]

以手枪狙击，谓之吃卫生丸；以利斧劈人叫开山王府；沉人于水底，谓之驼石碑；溺人于河，谓之种荷花；用绳勒死行人，谓之背娘舅；以木棒击断人腿，谓之借腿；抢劫女人饰物，曰看阿舅；抢劫乡下人包裹，曰看娘舅；弄堂偷马桶，曰掰猪头。

行路训子、赶猪猡、钉靶

《行路训子》原是一出京剧的名字，也是一句北方流行的俗语，指乞讨，后来这句话也传到了上海。北人所称的行路训子，也就是南方人所习知的钉靶、赶猪猡，也有人称之为萧何追韩信。

钉靶又写作“叮霸”“钉疤”。“瘪家三少爷钉疤，别人给五分，你给一元，在瘪家三少爷口中，你亦是小开。”[③]

血

白相地界里钱有许多切口，血用得最多。“‘老兄，辰光差勿多了，好开步了，血阿是带足？’‘走就走，血哪能会勿带足，簇新的，一百块头一张钞票，念张，实实足足二条龙。’”[④]

① 夜游神：《妹妹杂写》，《小日报》1948 年 8 月 29 日。
② 汪仲贤撰述，许晓霞绘图：《上海俗语图说》，上海：上海书店出版社，1999 年，第 123 页。
③ 旁观者：《药水小开》，《东方日报》1940 年 9 月 26 日。
④ 旁观者：《药水小开》，《东方日报》1940 年 10 月 3 日。

现血

现钱。“临末脚俚塞过来廿块现血。”①

旺血党

钱多叫旺血。旺血党，有钱人。“定生做梦也想不到这个庸庸碌碌的王坤山，会成了旺血党，有钱托他代放。”②

麦克麦克

钱多也称麦克麦克。英语 mach 译音。“拿他五十元也不过如此，足见他今天皮夹子里麦克麦克。”③

木老老

后缀，形容钱多。“钞票多得木老老”④。钱多，亦称钞票多得造反。

霍血、搁血、干血、干血痨

皆无钱之意。“这两天却巧搁血，连几件挺刮些的皮子都送到娘舅家去了。”⑤“他勿是生什么大病呀，这几天他身上断档，正在生干血痨。”⑥

毕的生司

没钱，又写作“瘪的生斯”“瘪滴生死”，是洋泾浜英语 empty cents 的译音。“也难以出来白相，袋里瘪滴生死。”⑦

挨血、捞血

想办法搞钱。“老头子一见亭子间嫂嫂便钟了情，身边又有血，一个夜厢阿根哥开他十二块钱，他也一口答应下了。当然苗头轧出，亭子间嫂嫂断定老头子身边的血甚旺，便用种种迷惑的手段来挨他的血。”⑧

吃乖血

想出乖巧办法搞钱叫吃乖血。

---

① 燕赵舞客：《火山欲焰》，《力报》1939 年 7 月 14 日。
② 披发散人：《头破血流录》，《上海日报》1939 年 5 月 13 日。
③ 周天籁：《亭子间嫂嫂》，上海：学林出版社，1997 年，第 477 页。
④ 披发散人：《血溅上海滩》，《罗宾汉》1946 年 7 月 26 日。
⑤ 披发散人：《头破血流录》，《上海日报》1938 年 12 月 29 日。
⑥ 旁观者：《药水小开》，《东方日报》1940 年 10 月 10 日。
⑦ 周天籁：《亭子间嫂嫂》，上海：学林出版社，1997 年，第 473 页。
⑧ 周天籁：《亭子间嫂嫂》，上海：学林出版社，1997 年，第 94 页。

霸

钱的另一切口，又称霸儿、霸子，又写做“把”“把子”“把儿”“巴”“巴子”。如“茶钱称青霸，酒钱称浆霸。因此钱袋称为霸子，略作巴子。所以马路上警察拦住去路而搜查袋内有无违禁品，就叫抄霸子。霸有时亦称霸儿，分赃亦称劈霸，所以勒令交出赃物，叫做呕霸，逼赃称为挤霸（挤应读则恩切）。受贿叫作捞霸，纳贿叫塞霸，亦称吃霸。凡串通而诱人赌博，叫做翘霸。凡弄到了一笔来路不光明的钱财，就要行劈霸”①。

劈巴

分赃。“小陆等老板一走，将房门一关，对刚才拿匕首的朋友道：‘喂，桂方，钞票来了，大家好劈巴了。’”②

搅落

花钱，尤指花冤枉钱，打水漂。“宝珍准备奉让，不过钞票总要搅落些的，使阿宿也可以咽得落。”③

冤枉钱叫灰钿，称搅落灰钿。

水头

水头也是钱的切口。丈为千位，尺为百位，以寸为十位。二尺水头，就是二百块钱，三寸水头，就是三十块钱。“总算讲好三丈五尺水头，一切可以摆平。”④三丈五尺水头，就是三千五百块钱。

黄鱼头、电杆木

黄鱼头，五元也；电杆木，十元也。电杆木为十元，乃象其形也，电线杆子是十字交叉行状。然黄鱼头为五元，不知其典所出。“今天黄鱼头也不够，非要弄一根电杆木来不可。”⑤

阳春票子

十元也，过去上海十个大钱买一碗阳春面。“张古愚来来得朋友，

---

① 李阿毛：《洋泾浜图说》，见孟兆臣编：《老上海俗语图说大全》，上海：上海社会科学院出版社，2004年，第233页。

② 黑旋风：《糊涂虫》，《上海日报》1943年4月7日。

③ 周益世：《白相人嫂嫂》，《品报》1941年8月6日。

④ 披发散人：《头破血流录》，《上海日报》1938年11月23日。

⑤ 周益世：《小山东》，《力报》1942年12月4日。

强逼他们捧场，结果都买了‘阳春票子’。”[①]

辫子

千元也。如五条辫子，便是五千元。“小陆呸了他一声道：‘现在什么时候，讲斤头还讲百数吗？米贵卖到千上千落，若是只讲百数，那可吃饭也不够，我们在外面白相的，都要饿死。’安华本来知道他的意思，所谓一记耳光是指五条辫子而言，决不会是五尺水头。自己所以问他可是五百只洋，不过是一记噱头，试探试探口气而已，果然不出他所料，小陆面孔一板，呸了一声，说出这几句话气上听过来。不问可知，他的伸出一只手，是指着五千块钱，岂不是五尺血了。”[②]此段对辫子和尺辨析得很清楚。

草字头

草字头，万元单位也。“上次是为了一个小开和舞女拆姘头的事，替他们叫开，好好地敲了一票，这件事是如意掮来的，所以他分了好几个草字头。现在东西虽然贵，但是有了几个草字头，究竟也可以好好地派一些用场了。谁知道这个小鬼自己作死，不知怎么地会到大利公司去派窜头。”[③]

三、舞场俗语

约从20世纪30年代开始，跳舞风行海上。舞场络绎开业，舞女接踵下海，一时“火山”喷发，“红壳”闪耀，狂飙突起，所向披靡。不瞬眼，“弹性女儿”成了风流班首、时尚先锋。

小报和文艺作品也把舞业和舞女作为报道和描写的中心。小报开设专栏，报道舞讯，舞稿作家应运而生，舞星、拖车、大班、小郎、马桶间阿姨成为小说主角。在此过程中，产生了许多关于舞场的典故、方言、俗语，这些新鲜生动的语汇流行于市民中，也被记者和作家广

① 牛祖泰：《四大妖精》，《真报》1948年10月12日。
② 黑旋风：《糊涂虫》，《上海日报》1943年8月16日。
③ 周益世：《小山东》，《力报》1944年3月10日。

泛应用，尤其在小说中更是随处可见。

火山

舞场当时有一个特殊的说法，叫火山。这一说法叫人无从捉摸，不知其典从何来。如《力报》曾刊燕赵舞客小说《火山欲焰》，《力报》曾刊小品《火山人语》，《风报》曾刊小品《火山报道线》。

学蓬尺

学跳舞，“蓬尺”摹音乐声。“把一个小名叫阿毛的女儿，送进跳舞学堂去学蓬尺。”①

弹性女儿

舞女又被称为跳壳、货腰女，还有一种叫法是弹性女儿。这一称呼系英文译音，英文跳舞叫 dancing。上海从前曾有部专描写舞女生活的影片叫《弹性女儿》，还有支弹性女儿歌。

架子红星

弹性女儿们亦生涯不一。有的走红，称红舞女、红壳、红星，如洋囡囡李珍、小北京衣雪艳、香港舞后陈玲玲、野玫瑰罗绮、凤仙花严洁萍、煤球西施李珍珍、小皇帝邬敏，以及管敏莉、唐飞飞、冯媛媛等。《风报》的《舞国点将录》、《奋报》的《舞国 36 宝》、《风报》的《舞国一百零八将》、《吉报》的《舞国百美图》、《天报》的《新舞国三十六宝》，都是红星们的传记。

“舞女当中，自然有红有黑，红的自然人人赞美，个个羡慕，但有一般舞女，生涯并不见如何佳妙，然而她却神气活现，像煞有介事。到了舞场里，自己毫无实力，完全依靠大班来替她拉台子、撑场面，不然的话，只好孵马桶间，大班们把她们请来了，只好自认晦气，与她们敷衍。像这种红星，便是所谓架子红星，一般豪客，不屑一顾的。”②

阿桂姐、八月之花

阿桂姐，生意冷清的舞女，与红舞女对称，又称八月之花。上海

---

① 苏成寅：《阿毛姐》，《跳舞日报》1941 年 4 月 24 日。
② 亚凯文，徐润图：《舞场俗语图解》，《力报》1947 年 5 月 27 日。

人称蹩脚、推板曰桂花，或单称一个桂字。“一样是一个舞女，红舞女与阿桂姐就大有分别，红舞女也不会孵马桶间，再不会吃闲食，常在马桶间乱攀谈。她们一进舞场，转台子已经来不及了，哪有功夫还有空消闲。”①

汪仲贤先生在《上海俗语图说》中考证桂花云：桂花是指木樨饭，即蛋炒饭，吃蛋炒饭原是一句骂人吃屎的话。另一种说法是说，桂花是“贵货”的讹音，以贵货代贱货，是一句反话。舞场中把那些无生意的舞女称为阿桂姐，或桂花寡老。不过也不限于舞场，凡女伶、歌女、导花、庄花、女侍，其貌不扬，行头不挺，毫无台型者，皆曰阿桂姐。《上海报》有一小说名叫《阿桂姐伴舞记》。

吃汤团

舞女无生意叫吃汤团。“生意又是那么清淡，昨天进场，要不是丹老、老屈喜坐台子，我不是吃汤团吗？”②

浅草在《新语林》中解释说：舞场里，坐了一个划票的人，这个人专司记舞女票数的，防备舞客揩油舞票，直到打烊。这个舞女名字底下一票都没有，便打上一个圆圈，请她吃一个鸭蛋，故称舞女一天没有生意为吃汤团。

单洋客人

只花一元钱的舞客。过去舞场规定一元三跳，舞场里一元是起码价，亦作“丹阳”。又称混大拉，是英文一美元的译音（one dollar）。“明知他只一回头生意，下次不会再来的，我看见这种丹阳家伙，老实不客气也就要敲一记。”③

摆拆字摊

进舞场而一毛不拔叫摆拆字摊。“以前她在伟宫，我常常跟朋友去摆拆字摊。坐在她后面。”④

到舞场中摆拆字摊的，大致有两种人：一种是学艺未精，不敢贸

① 一号小郎：《小郎记小》，《大风报》1947 年 4 月 25 日。
② 夜游神：《妹妹杂写》，《小日报》1948 年 8 月 29 日。
③ 周天籁：《亭子间嫂嫂》，上海：学林出版社，1997 年，第 371 页。
④ 冯蘅：《呱呱叫姑娘》，《品报》1940 年 9 月 12 日。

然下场者。另一种是观光者，到此来见见世面。过去上海有种茶舞，女客进门取茶资五角，男分文不取，并奉赠茶点，故摆拆字摊的人颇多。

舞女大班、跑牌头

舞场经理叫舞女大班，他们负责舞场的日常管理工作。早期这一行收入颇丰，一般银行经理、洋行大班，尚不如他。后来因为他们对舞女过分苛刻，政府予以取缔，便不叫舞女大班，改称舞场从业员。“像刚刚进舞场做舞女格，最容易受舞女大班格气，大班向来是看见大佛笃笃拜，看见小鬼踢一脚。”①

舞女大班的一个主要职责就是联络舞女，你为舞场拉来的舞女越多越有业绩。“舞女大班每天早晨到舞女家里去跑跑，因为这时候舞女们大都没有出去，甚至还在拥衾高卧，那是请求舞女帮忙最好的时候，舞场俗语就称之为‘跑牌头’。如像几位红星家里每天总有无数大班作不速之客，因为不这样，难免为人捷足请去也。”②

舞女大班也种种不同，有的与舞女关系暧昧，常有绯闻传出，这种叫色霉大班。手中只有101个③舞女，成天价为拉不到舞星而发愁的叫苦恼大班。这些大班也是小说的主角，《辛报》曾发表过《风流大班沧桑史》，《力报》曾发表《大班私记》。

洋琴鬼、搭洋琴鬼

洋琴鬼指外国乐师也。据说这些洋琴鬼中菲律宾人居多，舞女与外国乐师发生关系叫搭洋琴鬼。《迅报》1938年12月7日有唐乔司的《洋琴鬼点将录》。

小郎

是舞场中的男服务员，人称小郎。小郎之职司，除拉门、端茶倒水之外，还要在舞女和舞客间传递信息，有的还可以成为舞女的拖车，叫小郎拖车。《风报》上有一号小郎的小说《小郎记小》：“我是专门伺候舞小姐的白衣侍者，舞场俗语皆呼谓小郎。今年十五岁，浙江宁

① 燕赵舞客：《火山欲焰》，《力报》1939年7月28日。
② 亚凯文，徐润图：《舞场俗语图解》，《力报》1947年6月8日。
③ 上海俗语，“一个”的意思。

波人。做过小郎三年，胜过白相跳舞场十年。”[1]

开户头

在舞场指找个舞伴。“李小开有户头的，郑小开有了慧翠，开户头的只有冯根一个人。冯根看来看去，没有一个能合自己意的，虽则漂亮的舞小姐勿少。最后，就拣了坐在他们前面一排位子上第四个，招她坐台子。”[2]

坐台子、转台、救济台子、捧场台子、头只台子、压轴台子、冷台子

坐台子：舞女到客人的桌子前应酬。“那么，什么是坐台子呢？”“坐台子的意思就是叫一个舞女到客人的台子上来坐坐，照规矩，每小时代价十元。但坐台是光荣的事件，手面应该阔绰一些，做一次台子，至少给她三十元。像姬娜、王小妹等往往一只台子得到五百一千。而且，现在不照时间算，当舞女坐到一个客人的台子上时，假如另一个客人也要她来坐坐，那么，叫舞女大班去催她转台，红舞女忙的时候，每夜在三个多些钟点的时间中，坐台十几次，平均每次还不到一刻钟呢。曼丽王生意很好，假如不叫她坐台，别想跳着她。”[3]

转台：指红舞女们生意兴隆，应接不暇，从一个台子转到另一个台子，忙得团团转。

救济台子：“阿桂舞女或起码红星恒以孵马桶间为苦，乃央诸大班为之设法，大班在熟客地界，自说自话将牌头领到客人台上。”[4]此种行为被戏称为善后救济总署，此即所谓救济台子。

捧场台子：“捧场台子就是一个舞女进场时，客人来捧场，所坐的椅子，不管这舞女坐十分钟也好，五分钟也好，甚至一分钟也好，都需购买大量的舞票。而且还有连台子也不坐，客人到来，买了巨额的舞票，就扬长而去，连闲话也不讲一句的，这种台子，就称之为捧

① 一号小郎：《小郎记小》，《大风报》1947 年 4 月 15 日。
② 旁观者：《药水小开》，《东方日报》1941 年 3 月 6 日。
③ 冯蘅：《春华露浓》，《吉报》1940 年 11 月 20 日。
④ 亚凯文，徐润图：《舞场俗语图解》，《力报》1947 年 5 月 26 日。

场台子。”[①]

头只台子：以台子代指客人，头只台子就是舞女招待的第一个客人。一般来讲，舞女都把头只台子留给有来头或热络熟客，坐头只台子的客人在邀请舞女出外上有优先权。

压轴台子：“舞女坐台子，自然先应付生客，东转西动，直到快要拉司弹斯之时，方才姗姗来迟，完成最后一台，这便是压轴台子。客人自然是熟络户头，至于熟络户头为什么肯甘心情愿，如痴汉等老婆一样耐心呢？其中自然有原因，那便是打烊后双携出门，心照不宣去了。”[②]

冷台子：“昔时，舞女坐位子时，舞客与舞女之间，稍不如意，便有这一种坐冷台子表演。舞女坐在舞客台上，置之不理，故意冷淡着她，使她难堪。”[③]

迷汤

笼络他人的话，尤用于妓女、舞女。“千穿万穿，马屁不穿穿，王巧贞虽明白孙敏在灌她的迷汤，心里却很喜欢。”[④]

大转弯

北方话“掐大腿里子”，常用于舞场小说，写舞女与舞客之打情骂俏。“慧翠说后，对何二爷来了一个媚笑，何二爷叫她勿要骚，慧翠又是在他的大腿上扭了一个大转弯。”[⑤]还有小转弯，“这叫做你嘴凶，她手狠，你吃她干醋，她请你吃小转弯”[⑥]。

吃隔壁醋

即吃醋，舞女同行是冤家也。“我有一个客人，比较与我接近一点，他就吃隔壁醋。”[⑦]

雨夹雪、夹心饼干

舞客在舞票中间夹带钞票付给舞女，私下讨好舞女，叫雨夹雪，

---

① 亚凯文，徐润图：《舞场俗语图解》，《力报》1947年6月15日。
② 亚凯文，徐润图：《舞场俗语图解》，《力报》1947年6月3日。
③ 亚凯文，徐润图：《舞场俗语图解》，《力报》1947年5月27日。
④ 桑旦华：《金银花》，《跳舞日报》1941年1月13日。
⑤ 旁观者：《药水小开》，《东方日报》1941年4月20日。
⑥ 旁观者：《药水小开》，《东方日报》1941年3月21日。
⑦ 南宫刀：《迷汤西施》，《东方日报》1941年10月1日。

也叫夹心饼干。给舞女夹心饼干的舞客，大都是派头奇小，因为他们舍不得多买舞票，于是就夹些现钞，这样舞女可以实惠些，自己则可以省些钞票。“陆小姐伴舞的那家舞厅，派头比较大一点，所以陆小姐的客人赠给她的夹心饼干，是可以尽量独吞。她就拿到家里，交给假娘。”①

描花

“舞客醉心于某舞娘，而尚不敢毛遂自荐，一诉衷肠。此时也，可以肯之稔者，转托邻座姊妹，或烦拉门小郎，或请马桶间阿姨，致意某娘，闲话里向，吹脱几声，此乃所谓描花。”②

买票带出

舞客将舞女带出舞场，到他处销魂，看电影、吃大餐，或开房间。

场外交易、席梦思

舞女除了陪跳舞外，有的还提供性服务，与舞客的这种交易，就叫场外交易，又称跳席梦思。“琼英羞涩地低下头，胖子就拍拍朱家里的肩胛，叫他把耳朵送过来，然后自己将嘴巴凑上去咬：‘买票带出，今晚就那个。’”③

拖黄包车

舞女身体笨拙，舞艺欠佳，舞客与其翩跹，觉邪气吃力，像拖了一辆黄包车。

广告舞

舞场中生意清淡的阿桂姐，有时与舞女一同到舞池中活动活动，藉以缓和尴尬气氛，并展示一下舞艺，称广告舞。“不少阿桂姐在跳广告舞，不一会便开始正式跳舞了。”④

百宝箱

舞女的皮包叫百宝箱，里面无奇不有，钞票、舞票、日记簿、通讯录、舞客卡片、胭脂、花粉、唇膏香水、烟、橡皮糖，以至于橡皮

---

① 哀王孙：《舞国哀史》，《袖珍报》1939 年 7 月 19 日。
② 尤金撰稿，佩卿绘图：《舞场术语图解》，《吉报》1941 年 5 月 23 日。
③ 张之进：《吐火山头》，《力报》1943 年 3 月 13 日。
④ 正兴馆主：《二九年华》，《真报》1947 年 6 月 3 日。

膏、药水香棉花、头痛粉、胃痛药片、消治龙、月经带，等等。有的皮包里，还有小人雨衣，以及防毒油膏，应有尽有，故称百宝箱。

开水

舞场提供饮料，但是收费；或是舞女自带的饮料，自用或饷舞客，以表殷勤。但这开水可不是白喝的，是会有代价的，实际上是拉拢客人的一种手段，和迷汤是一个含义。

龙头、拖车

这是舞场俗语中的一对最基本的词语，使用的频率高，衍生的词语也多。龙头指舞女，凡是与舞女有关系的男人都叫拖车。他们之间就像车头与车厢密不可分，所以称舞场中有密切关系的男女为龙头和拖车。

海派小报中有很多作品写此类舞场鸳鸯，称为龙拖鸳鸯。如《天报》阿凯的《龙拖鸳鸯谱》、《辛报》老牌拖车用吴语写的《拖车日记》、《辛报》逍遥生的《龙头日记》、《辛报》民国郧贵的《拖车日记》、《苏报》佩卿的《龙头拖车》。

拖车最初指那些学艺不精的舞客，被舞女们拖来拖去的人，后来才指与舞女有关系的舞客。“拖车之厕身舞场者，不入正席，其所处之地位，犹在舞女之后。凡舞女之斗篷、皮夹等物，均由各个拖车尽保管之责，若舞女无人过问时，则拖车得权充舞男，聊绷绷场面，此拖车应尽义务也。拖车之入舞场，并不受场中执事之欢迎，但因舞女关系，亦不能加以拒绝。遇售门券时，拖车可免费入场，入席后，仆欧则导以白开水一杯，亦不取费。唯每晚则限定六杯，六杯而外，须酌量取费，以示节制，此拖车在舞场中应享之权利也。至于舞场外则拖车所得之权利，远非开香槟者所能及其万一矣。”①

拖车种类不一，因此也衍生出了一大堆有关拖车的俗语，如坦克车、体格魁梧者；装甲车，牌头扎硬者；花车，行头挺刮者；氍毹拖车，戏台上戏子也；挂名拖车，有拖车之名而无其实者。此外还有火车、电车、卡车，等等。

---

① 唯唯：《带拖车》，《罗宾汉》1928 年 3 月 6 日。

姆妈拖车："所谓姆妈拖车者，即是舞女的姆妈，每天钉牢黄包车，从开场起一直到打烊止，钉牢着寸步不离，管束得极严，使对方无法可施。舞女中有上述两形者，过去有位服毒死之贺蝶，以及大东里的沈美红，目今有仙乐里的李玫，都是如此情形。"①

行交行拖车："在营业买卖中同行中交易，称之为行交行，白相人讲斤头碰着老朋友，也称为行交行。凡是舞女的拖车，也服务于同一舞场者，舞场俗语就称他们行交行拖车。舞小姐拥有这一类拖车者，大都阿桂姐占多数，尤其一般小舞场里，差不多从小郎起，直到老板经理为止，个个都有户头。"②

行交行拖车包括老板拖车、大班拖车、小郎拖车。老板拖车指舞场老板与舞女成龙拖关系。舞场老板"差不多十分之八九，他们的太太，都是舞女出身，如郑伟显之王玲玲，华佩兰、郁克飞之任妹妹等"③。大班拖车指舞场大班与舞女的龙拖关系。小郎拖车指舞场里的穿白号衣的小郎与舞女成龙拖关系。

拜金拖车："所谓拜金拖车者，只要龙头每天有钞票拿转来，关于龙头的行动，以及其他一切，是不加干涉的。拜金拖车，亦可称他为笼里拖车，此类拖车，势必蛰居家园，足不出户在家老酒酌酌，小麻将搓搓，倒也逍遥自在，但舞场里是连脚尖都从不徜进寸步的。像这类拖车，自己毫无生产，而专靠龙头两双脚跳下来养家活口。"④

旺血拖车：指有钱的大腹贾、暴发户、小开一类拖车。如"新仙林陈美芳的拖车朱鹏，本为海上有名小开之 ，不但每夜到场狂捧，而且又替陈姝购汽车、顶洋房，在陈姝身上花去大批钞票，但从不说声冤枉"⑤。

玻璃拖车：所谓玻璃拖车者，即是外强中干的药水小开之流，表面上衣着笔挺，但只是个空架了。上海在抗战胜利后，塑料制品十分流行，当时人称塑料为玻璃。

① 亚凯文、徐润图：《舞场俗语图解》，《力报》1947年4月29日。
② 亚凯文、徐润图：《舞场俗语图解》，《力报》1947年4月27日。
③ 亚凯文、徐润图：《舞场俗语图解》，《力报》1947年4月26日。
④ 亚凯文、徐润图：《舞场俗语图解》，《力报》1947年4月29日。
⑤ 亚凯文、徐润图：《舞场俗语图解》，《力报》1947年4月29日。

四等车：过去火车车厢有四个等次，四等车厢是最底的一等。舞场借此指那些囊中羞涩的人，只能在小舞场中跳跳。

花龙头：龙头亦花色繁多，有老龙头、小龙头、米许林龙头等等。花龙头指那些杨花水性的舞女，喜欢与小白脸，尤其飞机头子码来往者。《舞场俗语图解》中说："例如新仙林小萍果爱煞烂香蕉小邹后，复又与洋场小傅打得火热，前者与后者，均为小白其脸，飞机其头。同时小苹果之首任开道大会刘某，却也是圣约翰大学之著名搭壳圣手，所以舞女之欢喜飞机头者，皆称之为花龙头也。"①

龙拖脱轨、拖车对碰、扳道夫

龙头和拖车，发生纠纷，以至分道扬镳，过去叫拆姘头，舞场俚语则称龙拖脱轨，极为形象。舞女往往不只一个拖车，其间安排不周，两辆拖车彼此不期而遇，尴尬无比，甚至大打出手，拖车对碰。龙拖脱轨，居间调停者，为扳道夫。

四、骂人俗语

赤老、猪头三

瘪三、赤老、猪头三都是上海流行的骂人话。

赤老即鬼。

猪头三，就是骂人畜生，这是猪头三牲的缩脚韵，猪头三牲是祭品，三牲指猪头、雄鸡和青鱼。后来猪头三又有新的含义，意指门槛不精的瘟生，以"牲"谐"生"。

十三点

上海流行的骂人话。如"'皮像邓禄普一样厚，十三点'丽珍骂了一声，对他白了白眼睛，就到浴室里去"②。

其意尽人皆知，但其语源却有几种说法。一种说是从掷骰子来的，

---

① 亚凯文、徐润图：《舞场俗语图解》，《力报》1947 年 5 月 5 日。
② 南宫刀：《迷汤西施》，《东方日报》1941 年 9 月 20 日。

两只骰子所能掷出的最大点数是十二，即掷出个双六，不可能超出十二点去。如果掷出十三点来，那叫“出色”，是不可能的，只是痴人说梦，因此十三点就是骂人傻。另一种说法认为，“癡”的俗写是“痴”，它的笔画恰好是十三画，因此以十三点来代指痴。还有一种解释，说十三点是指骨牌中的么五、么六，而且二牌的形状像蜡烛扦子，因此亦有蜡烛脾气的含义。按此说不甚可解，五六相加并不等于十三。十三点是用来骂女人，男人则用糟兄、寿头。

十三点的隐语很多，如么五么六、戚门陆氏、梁山泊、金少山、四七一一、赵老开、电话听筒、新新公司、愚园路等。梁山泊谐二三八。四七一一加在一起是十三点。金少山，谐“斤少三”，即一斤少三两，一斤少去三两就是十三两（旧制一斤有十六两），与京剧演员无关。戚门六氏，为重门格谜语，盖谜底之下尚有一谜底也。戚陆音同七六，而七六则为十三，其谜底为十三点。

“七六八五九四”亦是十三点。“何况陈飞虹的脾气，素来是有‘七六八五九四’作风的。”[①]

触

即北方脏话“操”。“你才是只千人触，万人触的烂污货，天下世界男人又没有死光，一个栗子顶一个壳，你来寻我的男人做什么？”[②]

触伊那

相当于北方的骂人话“操你妈”。“触伊那，这个李天王也是老举，怎么会给你一嚎上了路。”[③]

烂污

骂女人烂污用场最多，什么烂污货，烂污皮，或者烂污三鲜汤。“张三葆骂道：‘操那格娘个烂污 ×，什么叫红舞女。’”[④]

“‘烂污皮，你神气些什么，你以为你自己是清水货，狗屁倒灶的事情交关在我肚子里，阿要讲出来给大家听听。’‘你讲，你讲，你

---

① 一号小郎：《小郎记小》，《大风报》1947 年 6 月 6 日。
② 桃花郎：《女人万岁》，《上海日报》1940 年 11 月 3 日。
③ 周益世：《十三太保喋血记》，《罗宾汉》1948 年 5 月 27 日。
④ 桃花郎：《女人万岁》，《上海日报》1940 年 12 月 22 日。

敢瞎三话四，我就扯豁你的嘴，烂污货，你与大鼻子阿根的事，小报上一五一十地登载过，啥人勿晓得？’”①

“认得，认得，迭排女人才是烂污三鲜汤，我朋友花了三五十块钱，都可以与他发生关系，哈哈哈。”②

浮尸

女人骂男人之词。“笃的一记，曹老二的头上又吃着一个栗子，胡丽玉白着眼骂道：‘你这个汆江浮尸，狗嘴里终落勿出什么象牙。’”③

“‘这烂污浮尸，死大块头。’紫兰骂了一声。”④

洋盘、绍兴、瘟生、寿头

洋盘。盘是价钱的意思，正如交易所称开盘、收盘一样。“在三十年前中国戏馆的戏单上都标明洋人加倍几个大字，那时候不但是戏馆如此，无论什么生意遇到了洋人都要带竹杠性质。与洋人交易，暗中高抬价额，这种暗盘就叫洋盘。现在洋盘二字已成了一切外行的代名词，对于任何事物的门外汉，都能够称作洋盘。”⑤

瘟生、寿头与洋盘意思差不多，凡是门外汉、不懂行、不懂规矩、门槛不精、花冤枉钱、容易被人欺骗的人都可叫瘟生、寿头。“‘你看，这又是一个死不完的瘟生。’”⑥“这老人一眼看以为他是冬烘先生，双梁鞋子，竹布袜，寿头寿脑的。”⑦

绍兴，也是洋盘意。做了一次瘟生或洋盘就可称“做足绍兴”或“绍兴做足”。唯其语源有不同说法，一种说：绍兴酒，为越郡名产，近年陈货不多觏，酒肆所售花雕太雕，十九系苏州等处西贝货，非老酒鬼不能辨，上海海派切口遂以之为上当代名词。

另一说法云：上海人称吃白食曰“扰”，称人头多曰“兴”。有种人专扎小开牌头，终日混在一起，吃用白相，都照在小开身上。所

① 桑旦华：《金银花》，《跳舞日报》1941年1月6日。
② 桃花郎：《女人万岁》，《上海日报》1940年12月8日。
③ 桃花郎：《女人万岁》，《上海日报》1940年11月15日。
④ 张之进：《吐火山头》，《力报》1943年3月8日。
⑤ 汪仲贤撰述，许晓霞绘图：《上海俗语图说》，上海：上海书店出版社，1999年，第6页。
⑥ 桃花郎：《女人万岁》，《上海日报》1940年11月1日。
⑦ 周天籁：《亭子间嫂嫂》，上海：学林出版社，1997年，第98页。

谓绍兴，便是许多人头，扰在小开一人身上，而这小开乐于结交酒肉朋友，爱做阔少。在旁人看来，此人便是做足了绍兴。二说不知孰是。

蜡烛、白礼氏

蜡烛一词取其不点不亮，用火点了才肯放光的特性，用指不识相、敬酒不吃吃罚酒的人，与胡桃须用力敲碎了壳才能吃同义。此词又可单称一个蜡字，如蜡气冲天，蜡来不识相，蜡得转了弯。“我说你一句话好像又重了些，你年纪活在狗身上的，还这样一味蜡烛脾气！”[①]

白礼氏。蜡烛之隐语。白礼氏者，专门经营煤油、汽油、柴油的洋行，它兼营一种洋蜡烛，骂你白礼氏者，即蜡烛之意也。

邓禄普、上海啤酒

邓禄普指20世纪英国邓禄普公司生产的轮胎，这种轮胎的牌子叫邓禄普，它既厚又耐用，所以人们用来借喻人的厚脸皮。厚脸皮的另一说法是上海啤酒，上海啤酒的英文缩写是UB，音谐厚皮。如“‘皮像邓禄普一样厚，十三点。’丽珍骂了一声，对他白了白眼睛，就到浴室里去”[②]。

郎德山

1940年1月6日《好莱坞日报》曾连载过一部田舍郎的小说叫《奇侠郎德山》，小说就是根据上海一句流行俗语“郎德山，才勿关”敷衍而成的。当时的上海有两个郎德山，他们都是艺人，一个是魔术师，一个是唱花脸的京剧演员。这个唱京剧的演员脾气随和，见人总是笑嘻嘻的，后台诸事不管。后来人们就用他的名字来命名那些糊里糊涂、百事勿关、死拆滥污、不负责的人。

脱底棺材

脱底棺材是指比郎德山更撤烂污的人。没有底的棺材，指人一点信用不讲。“你是脱底棺材，袋里放着这许多钞票，尽多尽少会用完。还是我替你存着，缺少的时候问我要，免得要急用的时候像奔丧一般

---

① 周天籁：《亭子间嫂嫂》，上海：学林出版社，1997年，第105页。
② 南宫刀：《迷汤西施》，《东方日报》1941年9月20日。

找人。”①

糟兄

有句俗语云：“情愿同老鬼背包，不要同糟兄轧淘。”糟有两种解释：一种认为糟就是瘟、屈、寿、洋，糟兄就是瘟生、屈死、寿头、洋盘。另一种认为糟是糟糕的意思，二者意思差别不大。糟兄又称“早兄”。洋径浜英语称糟兄曰“毛令百拉柴”，未悉何所取意。

“我终究是初出茅庐，所以许多地方都好像老勿出口，这是我第一次项着迭种事件，像现在就老举了。况且送上来的肉，还啥勿吃，子码牌头作家说起来，真是其兄甚糟。”②

糟田螺

糟田螺是上海街头一种食品，因为有一个糟字，便借为骂人词语，与糟兄同一旨趣。糟田螺还有一解，因为腌制的东西总是不新鲜的，所以用来代指过时的人或物，即宿货。

邱六桥、周策六

邱六桥是一切坏人的总称，邱六桥原本是弹词《珍珠塔》中大盗，桥亦作乔。上海话中“丑”读“邱”音，不识好歹，上海话为“勿识好邱”，坏人叫邱人头，或邱路角。“只凭一副卖相，可以看出是一个邱六乔，不是一个好东西。”③

“邱六桥有时移名改姓亦称周策六。策六或做触落，凡见了人作鬼头鬼脑之状，交头接耳，上海话谓之触落，其人就名之曰触落党，赐党人姓氏曰周，周者邱也……周策六者，邱六桥之化身也。”④

文旦壳子

文旦壳子是指不识相、讨厌的人。文旦是一种水果，即上海人所称的沙田柚子，它的壳子可以做成装物的盛器。那么这种壳子怎么就是不识相、讨厌人？汪仲贤在《上海俗语图说》中解释说，文旦壳子用来做成烟木碗，“烟”谐“厌”，故称人文旦壳子就是厌人的意思。

---

① 苏广成：《飞龙传》，《吉报》1940年10月15日。
② 一号小郎：《小郎记小》，《大风报》1947年4月18日。
③ 披发散人：《恶霸横行记》，《上海日报》1939年11月13日。
④ 汪仲贤撰述，许晓霞绘图：《上海俗语图说》，上海：上海书店出版社，1999年，第286页。

黄熟梅子卖青

假装贞洁。《上海俗语图说》保存了一首山歌，山歌云："栀子花开心里青，结识私情呒淘成。单叉裤子裙勿系，黄熟梅子卖啥青。滥污婊子触千人，走拉路浪搭架形。敌两个穷爷勿卖侬格帐，黄熟梅子卖啥青。"

板板六十四、碰碰脱裤子

假装正经。"我有时好白相也吃吃她们豆腐，惹她们面孔板板六十四的真笑煞人。"①

五、其他俗语

1. 有关男女

上海俗语中有很多女人的专用词语。如女名件、寡老、孤老、壳子等。寡老指女人，和老指男人，分别称为寡老头子、和老麻子。

名件

名女人，多是贬义。"小迷汤是大东舞厅脂粉队里的一位名件，倘然是常在舞场溜溜的朋友，说起了大东里这位小姐小迷汤而摇头，说是勿大熟，那这位朋友，在跳舞场还没有见过大世面，资格还浅。"②

寡老

女人。"上海滩浪，无非人抬人高，大家捧捧大家，只要西洋镜不拆穿就是。我这种特别看待她，倒反而惹她一落头，她有种，敢到别家跳舞厅去做，我弄不过迭种寡老，我张三葆情愿从绿宝舞厅爬了出去。"③

孤老

女人。"那包打听一声冷笑：'你可以瞒得过我一双眼睛吗？你还

---

① 周天籁：《亭子间嫂嫂》，上海：学林出版社，1997 年，第 451 页。
② 东方戟：《小迷汤》，《小说日报》1940 年 9 月 1 日。
③ 桃花郎：《女人万岁》，《上海日报》1940 年 12 月 22 日。

不是常常跑栈房的孤老吗？'" ①

壳子

女人也。燕子窠里跑跑的女人叫烟泡寡老，也叫老枪寡老，十四五岁的叫小壳子，凶狠的叫辣椒壳子，滥糊的可称为糨糊壳子。和女人搅七捻三叫"搭壳子"。"我忙问：'什么叫壳子？''哈哈哈，壳子就是女人，兄弟讲话素来乱扯一十七，要请原谅。因为接近一批壳子之故，所以天天混在女人堆里，环境如此，也无可奈何。'" ②

老蟹

老女人。"我明朝和你到百乐门去，叫迭只老蟹帮帮忙。" ③ 周天籁曾写《蟹美人》，叙老妓女故事。

搭芯子

芯子，女子也，与壳子、寡老同义。搭芯子，兜搭女人也。"我和你的事虽然没有人知道，但是从前你在外面搭芯子却很有名气，因此有人居然疑心陆宗保的被人砍坏和你有关系。" ④

胡老码子

女人之情夫。上海称女人为"寡老头子"，称男人为"和老麻子"，亦作胡老码子。然男人的情妇，却无对应的说法。"她有个胡老码子，每天同吃同住，要好得头都割得下来似的。" ⑤

红头阿三看门

女人月经来潮。"'嫂嫂，外面风声还紧吗？'"只见她摇摇头，蜜蜜笑道："'不是，这二天红头阿三看门呢。'" ⑥

月经又称"身浪"。"断命的，身浪又来了，我恨是恨得来，日子不一定，难捉摸。" ⑦

领工钱的

面首。"好了，佩服佩服，陈绮能这么爱煞你，同你做洋装换季，

---

① 周天籁：《亭子间嫂嫂》，上海：学林出版社，1997年，第19页。
② 周天籁：《亭子间嫂嫂》，上海：学林出版社，1997年，第380页。
③ 牛祖泰：《四大妖精》，《真报》1948年10月4日。
④ 周益世：《群魔乱舞》，《诚报》1946年12月26日。
⑤ 黑旋风：《斧头阿毛》，《上海日报》1941年5月28日。
⑥ 周天籁：《亭子间嫂嫂》，上海：学林出版社，1997年，第25页。
⑦ 周天籁：《亭子间嫂嫂》，上海：学林出版社，1997年，第286页。

还有啥话头呢，对哦？你也是领工钱的小白龙。”[①]

又作拿工钿的。如“跟施丹萍与李珍好的沈巩伟拿工钿，我又不拿工钿。”[②]

石灰砌起来的

用以形容小白脸之白。“你是小白脸，一只照会是石灰砌起来的。”[③]

白板对煞

同追求一个女人的两个男人撞在一起，尴尬了。“那阿李与阿小势不两立，英英在阿小方面说已和阿李断绝，在阿李（阿小）方面也说已和阿小（阿李）断绝，所以英英恐怕白板对煞，心里很急。但阿李已冲进自己的房里了，阿李与阿小相见，双方的脸色都非常难看。”[④]

温功

男女温存。“同时坐着的，却都对对成双，在那里温功表演。”[⑤]

白果

指女人对男人的白眼。“素珍听得很仔细，微微地抬起头来，将眼波向这边掷过来，可是这并不是多情的眼波，而是一个无情的白果。”[⑥]

色霉

男人好色。“老甲鱼……棺材板已经将要背在身上了，何况说不定他的女儿已经比陈绮大得多呢，而他还是自不知趣地穷色霉。”[⑦]

牙签

牙签一用即弃，用来指男人白相女人，喜新厌旧，只有一次，绝无第二次的胃口。“小白脸十九是牙签。”[⑧]“迭排人是拿女人弄白相

---

① 一号小郎：《小郎记小》，《大风报》1947年5月10日。
② 冯蘅：《尤物列传》，《辛报》1947年10月6日。
③ 南宫刀：《迷汤西施》，《东方日报》1941年9月26日。
④ 冯蘅：《呱呱叫姑娘》，《品报》1940年8月1日。
⑤ 一号小郎：《小郎记小》，《大风报》1947年5月10日。
⑥ 于回头：《女儿腰》，《小说日报》1941年6月9日。
⑦ 一号小郎：《小郎记小》，《大风报》1947年4月26日。
⑧ 玲玲：《玲玲日记》，《好莱坞日报》1940年5月5日。

格，伊拉有种绰号叫‘牙签’。”① 亦用于女人对男人，女人则称女牙签。“‘只怪你自己眼睛触瞎，碰到这票牙签。’‘碰在我手里，我要给他尝尝女牙签的味道了。’”②

钟派

上海过去有个很有名气的相公叫钟雪琴，擅青衣，叫个堂差，要法币四元，各种娱乐报刊争先报道他，后来凡是男人而女性化的人，都称之为钟派。

垃圾马车

垃圾马车是骂欢场上那些不管生张熟魏、老幼美丑，兼收并蓄，照单全收、揽在篮里就是菜的人。既可用于男人，也可以用于女人。与骂人滥污三鲜汤、猪头三勿精同义。“瞿先生是标准垃圾马车，阿猫阿狗，随便哪个都跳。”③

2. 苗头、蹿头、呑头、罩势

苗头

北方话中苗头，即事件的征候，上海俗语与之出入较大，相当于北方话的风头。“做出来的几件事，都是轰轰烈烈，极有苗头。因此越窜越高，地位和钞票都一天比一天地进步。”④

风头健，也称苗头真不是一眼眼。“这两天额角头亮起来，钞票接连滚滚而来，苗头真不是一眼眼。”⑤ 风头不再，落了下风，则说“苗头缺缺”。

拔苗头

出风头，展示本领。北方话露露脸。“万阿通，是一个初出道的小抖乱，却是生就一副伶牙俐齿，一只樱桃，交关来得，胆子也很大。所以派他这个差事，存心叫他拔拔苗头。”⑥

---

① 燕赵舞客：《火山欲焰》，《力报》1939 年 7 月 28 日。
② 梅霞：《灯草裤带》，《上海日报》1941 年 7 月 1 日。
③ 张之进：《吐火山头》，《力报》1943 年 3 月 13 日。
④ 周益世：《小山东》，《力报》1943 年 1 月 25 日。
⑤ 黑旋风：《糊涂虫》，《上海日报》1943 年 7 月 24 日。
⑥ 周益世：《小山东》，《力报》1942 年 10 月 7 日。

轧苗头

察言观色。“马一同一轧苗头，知道再要多敲也休想敲得出来了。还是太平些，适可而止，拿了这两百支洋吧。”①

别苗头

较劲也。“宁可我拿出以后，你再和他们别苗头，叫他呕吧呕出来，那就吃价。”②

蹿头

白相地界小说中此词用处颇多，即北方话中的“蹿起来了”，发迹、升官、发财了。“小麻皮因为窜头海山湾，得意洋洋地告诉她刀疤阿福就要到上海了。”③

“海山湾”，后缀，形其多也。海山湾，应为海参崴。

佘头

同蹿头。“坐上车子，迷汤一边理头发，一边对着小胡子露出了媚笑。小胡子看了小迷汤迭副一副佘头，真是又好气又好笑，气得缠了二三个钟头，还是一场呒结果。好笑自己玩女人亦玩过了勿少，而会在小迷汤身上翻了船。”④

派蹿头

派派用场，显示身手。“小山东只想福生弄些事情出来，使福生对自己认为才大堪用，将来可以派派窜头。”⑤

甩头

蹿头，也有作甩头者。“邪气妥当，　定可以大出甩头。”⑥

夯头

样子、气度。“小迷汤想是在想，可是看了小胡子发呆的一副夯头，觉得太扫了他的兴致，要他以后钞票源源飞来，我勿得勿放一点迷汤功夫出来。”⑦

---

① 周益世：《小山东》，《力报》1942年12月20日。
② 黑旋风：《糊涂虫》，《上海日报》1943年7月21日。
③ 黑旋风：《斧头阿毛》，《上海日报》1941年6月21日。
④ 东方戟：《小迷汤》，《小说日报》1940年9月23日。
⑤ 周益世：《小山东》，《力报》1942年8月2日。
⑥ 周益世：《小山东》，《力报》1943年3月12日。
⑦ 东方戟：《小迷汤》，《小说日报》1940年9月21日。

罩势

风头。“我又没有客人，出去毫无罩势”[①]。

3. 台型

形象、面子。“本来这种起码‘木亮儿’，连笑也不屑去笑他，但看到他带的一只壳子倒蛮有台型。”[②]

扎台型

装面子。“我晓得杜美丽的脾气，她喜欢要面子，死扎台型。”[③]

新来格红舞女算带仔几个熟客来大扎台型，此地喊伊坐台子，伊面喊伊坐台子，老早弄好格现成台型。外头人看看，果然风头十足。内行人一看就拆穿西洋镜，像我四阿姐勿想出风头，勿想跳人家，要跳人家出风头，也便当来兮。喊几家熟客捧一场，蹦蹦极场面，有啥勿会。[④]

摘台型

给人下不来台。“我不是想去玩，我要摘摘她的台型。”[⑤]也做坍台型，即坍台。“我早就讲过不可一概而论，他偏不信，结果弄得台型坍光，好处半点也无。”[⑥]

4. 老举、老鸾、老屁眼

经验老道者，老油条。

老举

“就托亭子间阿姨的女儿莉莉介绍进舞场，亭子间阿姨是老举，靠大小姐脚尖生活五六年了。”[⑦]

老鸾

“这小子一向老鸾，开口总是见多识广的样子。”[⑧]

---

① 梅霞：《灯草裤带》，《上海日报》1941 年 7 月 2 日。
② 冯蘅：《呱呱叫姑娘》，《品报》1940 年 10 月 6 日。
③ 吴魁先生：《拖车日记》，《跳舞日报》1941 年 3 月 4 日。
④ 四阿姐：《舞女流水》，《晶报》1940 年 4 月 16 日。
⑤ 冯蘅：《娜娜小姐》，《吉报》1941 年 11 月 3 日。
⑥ 张之进：《吐火山头》，《力报》1939 年 6 月 25 日。
⑦ 苏成寅：《阿毛姐》，《跳舞日报》1941 年 4 月 24 日。
⑧ 小尹：《小郎记小》，《跳舞日报》1941 年 1 月 18 日。

老屁眼

“他不愧是一个厉害角色，自己总算是老屁眼，这样用一记挖儿，竟会被他看出来。”①

屁股里出毛

意同老屁眼，而又更形象之。“谁知道戏园生意是三百六十行中，最难做的一种。在预算的当儿，的确可以稳照牌头，决不会亏本的道理。可是一经捏手，除非是屁股出了毛的老鬼，或者可以捉得住一班唱戏的弱点，不怕他们倔强，否则自然而然地会生出大大小小的纠纷来。”② 如果老屁眼被戏耍了，沿老屁眼之文，则称挖了某某屁眼。

老蔬菜

经验老道者。“这一班老蔬菜，哪一个敢不听我的。”③

老眼睛

经验老道者。“阿德虽然也是一个老眼睛，到了这个当儿，也难免不大大地吃了一惊了。”④

5. 谚语

城头上出棺材，远兜远走

说话婉转。“孙开元见小山东豁辣松脆，也不向自己城头上出棺材，远兜远走地要向自己探口气吃俸禄。”⑤

枇杷叶面孔

翻脸不认人。“那家伙所以叫做白相人，手段来得辣，从不吃情，触犯了他，马上枇杷叶面孔，翻转不认人。吃相来得怕，胆子小的，不知他是什么来路，那一种威势，可以使你马上屈服。”⑥

炒虾等不及红

白相地界小说常用来形容小抖乱急躁脾气。“一面走在路上，一

---

① 周益世：《小山东》，《力报》1942 年 8 月 15 日。
② 披发散人：《上海大亨》，《上海日报》1943 年 8 月 5 日。
③ 周益世：《活阎王》，《活报》1947 年 10 月 7 日。
④ 周益世：《活阎王》，《活报》1947 年 7 月 21 日。
⑤ 周益世：《小山东》，《力报》1944 年 1 月 19 日。
⑥ 周天籁：《亭子间嫂嫂》，上海：学林出版社，1997 年，第 67 页。

面急不可待，炒虾等不及红了，把其中一封信拆了开来。”①

只打九九，不打加一

不要赶尽杀绝意。“这倒实在太可恶了，常言道得好：光棍打人，只打九九，不打加一。他这样地故意来气你，手段未免太辣了。”②

鞋子未着落个样

偷鸡未成蚀把米。“要是我没有预先派着伏兵，不但一些儿好处不能得到，而且鞋子未着落个样，你们三个人还给她们抓了去。”③

墙头刷白粉

白说。“格讲句话等于墙头刷白粉，岂不是白说。”④

天下只有白宰鸡，没有白 ×× (操皮)

“总知道天下只有白宰鸡，没有白 ×× (操皮)。”⑤

6. 缩脚语

甲乙丙

甲乙丙为丁，盯梢也。“小李与曹老头子在后面实行甲乙丙主义。”⑥

么三角落

死角，四谐死。“四周巡礼了一周，结果总算在么三角落里找到他的芳迹。”⑦

天官赐

福也。“老兄真是有苗头，壳子送上门来，事后还有钞票进账，啥地方的天官赐？”⑧

牛头马

面孔也。“刘如意突然吃了这两记耳光，忙不由自主地举起手来，

---

① 披发散人：《荷花少爷》，《万言报》1942 年 6 月 27 日。
② 披发散人：《头破血流录》，《上海日报》1938 年 12 月 27 日。
③ 周益世：《活阎王》，《活报》1947 年 8 月 22 日。
④ 黑旋风：《马路英雄》，《力报》1947 年 6 月 25 日。
⑤ 披发散人：《头破血流录》，《上海日报》1913 年 11 月 21 日。
⑥ 于回头：《女儿腰》，《小说日报》1941 年 6 月 9 日。
⑦ 一号小郎：《小郎记小》，《大风报》1947 年 6 月 6 日。
⑧ 旁观者：《药水小开》，《东方日报》1940 年 10 月 3 日。

想捧住自己这只牛头马。”①

7. 洋泾浜英语

桃色牛司：牛司，news。

坦克油，凡利买去：Thank you very much。

黑漆板凳：husband，丈夫。

角落山姆：all sum，全部，又写做“骨碌山姆”，又作“搅老三姆”。

拉司克：last car，末班车。

维他命M：钱。这个词有些费解，称钱为维他命，与称钱为血同一机枢，后面所加的M，是英文money的第一个字母。

飞洋伞：指未婚妻。“飞洋伞是英文Fiancee谐音，这是中国的洋泾浜闲话。”②

MC

《风报》1947年5月7日云楚《MC》云：“MC者何，一般时髦小姐每逢经期来时，男朋友请吃冷饭，就轻轻地说：‘我MC来了。’MC者，MONTHLY COME是经期的代名词。”

独养儿子

即瘟生。与英语one son谐音，于是独养儿子就变成了瘟生的代名词了。

尖头曼

英文绅士译音，但多含讥讽之意。“看那个人这一副客气的样儿，好像专门讲究礼貌的尖头曼一般。”③

克姆赏

似是小费。“拿过他一张黄鱼头的克姆赏。”④

---

① 周益世：《小山东》，《力报》1943年2月3日。
② 浅草：《新语林》，《晶报》1939年12月30日。
③ 周益世：《小山东》，《力报》1942年7月28日。
④ 周益世：《石库门》，《吉报》1942年7月29日。

康密兴

似为收入，待考。“小山东进账了很大的一笔康密兴。”①

那摩瘟

工头，又作“拿摩温”，英文 number one 译音。“到大都会茶室，跳舞已经开场，照理我已经是误卯，所以那摩瘟便给我一顿牌头。”②

8. 其他

落槛

北方话，够意思。“她虽然烂污一点，可是为人倒是挺爽快的，说一是一，说二是二，上海人打话，交关落槛。”③

落门落槛

恰到好处，十分周到，实实在在。“他又想到曼丽的话丝毫并没有错，一般地讲来，倒着实是落门落槛得很。豪爽的性格、大方的举止，出于一个挂着伴舞招牌而实际上卖淫为业的女人，不仅不容易，反而觉得可佩起来了。”④

勒杀吊死

北京话“一根筋”。“做事要爽爽气气，牵丝攀藤，勒杀吊死，我最最咬乱！’⑤

结葛啰哆

乱七八糟。“你和福生难过，双方闹得结葛啰哆，交关利害，究竟怎样的一回事。”⑥

什割乱拌

乱七八糟，又作“杂合乱拌”。“大家讲得拢，讲得来，根本没有条斧竹杠，讲不拢也呒啥道理，朋友归朋友，交情归交情，什割乱拌的事情是从来没有的。”⑦

---

① 周益世：《小山东》，《力报》1942 年 12 月 24 日。
② 一号小郎：《小郎记小》，《大风报》1947 年 4 月 25 日。
③ 正兴馆主：《二九年华》，《真报》1947 年 10 月 18 日。
④ 正兴馆主：《二九年华》，《真报》1947 年 7 月 1 日。
⑤ 周天籁：《亭子间嫂嫂》，上海：学林出版社，1997 年，第 141 页。
⑥ 周益世：《小山东》，《力报》1943 年 3 月 8 日。
⑦ 正兴馆主：《二九年华》，《真报》1947 年 7 月 1 日。

牵丝搬藤

不爽快，北方话有吱扭，吱吱扭扭。“你不要管我是谁，请你叫小赵听电话，你就快一点去叫，不要牵丝搬藤。”①

搅七捻三

胡缠。“那个北边人说出的话，亭子间嫂嫂却完全弄呆了，搅七捻三的双方都缠到隔层里去。”②

敲钉转弯

北方话转弯抹角。“小陆见他有缝便钻，觉得这只秃子，实头厉害，像这样末吃末谢，敲钉转弯，倒像是吃牢自己。”③

豁辣松脆

爽快，北方话有嘎巴溜丢脆，最足相称。“孙开元见小山东豁辣松脆，也不向自己城头上出棺材，远兜远走地要向自己探口气吃俸禄。”④

窝心

高兴。“只好拍拍她的马屁，讲几句甜话给她听听，让她窝心窝心，我可以每个月照牌头领工铏。”⑤

落胃

高兴，也写作“乐胃”。“赵吉荪听了这话，邪气落胃。”⑥

落脉

高兴，同落胃。“杨老头子的身体渐渐恢复，原见英英对他这样温柔，真是一堆‘污’撒勒心里，邪气落脉。”⑦

不乐胃

不高兴。“刚才自己作嘴脸给他看，从他面色上已可看出他是大大地不乐胃了，虽然自己吃他的牌头，是因为他太目中无人，不该对

① 桃花郎：《女人万岁》，《上海日报》1940年11月3日。
② 周天籁：《亭子间嫂嫂》，上海：学林出版社，1997年，第55—56页。
③ 黑旋风：《糊涂虫》，《上海日报》1943年7月16日。
④ 周益世：《小山东》，《力报》1944年1月19日。
⑤ 夜游神：《妹妹杂写》，《小日报》1948年8月26日。
⑥ 南宫刀：《迷汤西施》，《东方日报》1941年8月17日。
⑦ 冯蘅：《呱呱叫姑娘》，《品报》1940年9月3日。

自己也这样老茄茄的。”①

茄门

不感兴趣。“老实告诉你，我小胡玩女人，还不是捞一把拣拣，像你这样的烂污货，真是其门甚茄。”②

咬鸾

尴尬、棘手。“现在弄得车钱也没有一个回去，咬鸾不咬鸾？”③

阿咪咪

北方话，哎呀妈呀，不好意思。“阿咪咪，你看验身体阿难为情哇？我们到底是一个人呀！”④

谢谢一家门

敬谢不敏，不过如此。北方话，拉倒吧。“老古话：不如意事常八九，今夜舞场里来仔一位红舞女，派头九十六，谢谢一家门，苗头不过如此。”⑤“像胡丽玉这样的宝货，谢谢一家门。”⑥

一只角

非牛角、羊角，乃角落，某个地方。“里面有一只角，上面挂着一块雅座的招牌，比较清静。”⑦

一眼

一点。“今早身上清爽，省得带上那种搅七捻三的东西，跳起舞来，一眼勿便当，牵丝攀藤。碰着步子跨得大眼格客人，格末叫该死哉，又勿好招呼打在前面。”⑧

一眼眼

一点点。常用作“不是一眼眼”，即多、大也。“这两天额角头亮起来，钞票接连滚滚而来，苗头真不是一眼眼。”⑨

① 周益世：《小山东》，《力报》1943 年 2 月 18 日。
② 夜游神：《妹妹杂写》，《小日报》1948 年 8 月 30 日。
③ 周天籁：《亭子间嫂嫂》，上海：学林出版社，1997 年，第 488 页。
④ 周天籁：《亭子间嫂嫂》，上海：学林出版社，1997 年，第 177 页。
⑤ 四阿姐：《舞女流水》，《晶报》1940 年 4 月 16 日。
⑥ 桃花郎：《女人万岁》，《上海日报》1940 年 11 月 1 日。
⑦ 黑旋风：《斧头阿毛》，《上海日报》1941 年 5 月 4 日。
⑧ 四阿姐：《舞女流水》，《晶报》1940 年 4 月 17 日。
⑨ 黑旋风：《糊涂虫》，《上海日报》1943 年 7 月 24 日。

咪咪

形容小。“你这毛病真真是咪咪小的病。”①

眼眼调碰着眼眼调

凑巧。“李小开对何二爷说：‘哪能传头经？在外面鬼头鬼脑的，一忽儿就走了，讲点啥物事？阿是此地面子小，请勿住她在这里坐一歇？’何二爷就拉嚎头说：‘勿是的，她今朝刚刚眼眼调碰着眼眼调，所以勿能坐，现在亦要紧勿煞地回去唱《落马湖》。’”②

夹忙头里膀牵筋

越忙越乱，添乱。“‘先生，十二点钟了，房间连下去，还是结束？’原来来的却是一个仆欧，‘当然连下去。’朱永康说后，就砰地把门一关，然后对张丽珍笑笑说：‘夹忙头里碰着膀牵筋，真是气数。’”③

性命卵子筋

要命，性命交关。卵子，肾囊也。“这一下海底捞月手段……刘四海也知道自己这个性命卵子筋，推板不起，万一在气头上，给她在海底中将这个月捞着，即使性命不送掉，也得像太监一般。”④此句中的海底捞月，是奔裆部而去，故说性命卵子筋。

开花

张口骂人叫做开花。“南京人骂人的成语，有云：入你妈，不开花，开了花，不结瓜。”⑤“你踩痛了我的腿，招呼不打，还要嘴上开花，那能？你算身上皮子挺刮一些，吃瘪阿拉穷人是哦，蛮好，穷人只有一条性命，与你拼一个明白，横竖活不下去。”⑥

樱桃角得

白相人对于人体的五官，都有切口，称眼睛曰照子，耳朵曰顺风，舌头曰门枪，嘴巴曰樱桃，娴于辞令者叫樱桃尖。樱桃角得的意思是

---

① 周天籁：《亭子间嫂嫂》，上海：学林出版社，1997年，第117页。
② 旁观者：《药水小开》，《东方日报》1941年3月7日。
③ 南宫刀：《迷汤西施》，《东方日报》1941年8月24日。
④ 周益世：《石库门》，《吉报》1942年8月6日。
⑤ 李阿毛：《洋泾浜图说》，见孟兆臣编：《老上海俗语图说大全》，上海：上海社会科学院出版社，2004年。
⑥ 桑旦华：《金银花》，《跳舞日报》1941年1月15日。

叫人家嘴巴留神，保守秘密，又写作樱桃割断。叫人不要出口不逊，上海话说："侬樱桃弗要开花。"

骂几句太平山门

既骂人，便不会太平，骂了还不至于激怒对方。"福生以为包菊春一定不受这礼物，或许还要在阿能面前，骂几句太平山门。"①

此句中的阿能是小角色，两军开战，不斩来使，阿能充信使，为福生跑腿，向包菊春送点问候礼物。福生与包菊春本宿敌，福生送包菊春礼物，黄鼠狼给鸡拜年，不怪包菊春会骂人。但不是当福生的面，而是把气撒在信使阿能身上。

跑香槟、弹琴

跑香槟就是拍马屁。过去上海春秋两季举行赛马，赌的马票叫香槟票，因此也把赛马叫跑香槟，赛马中马师要抽打马的屁股，以促其赶快跑，正好用来代指拍马屁。

弹琴就是谄谀、献媚。

触壁角

打小报告，说坏话。"陆老大，我要来问你一句话，你听见谁在阿洪面前触我的壁角，说我和他的老婆发生了特殊关系。"②

瞎三话四

瞎说。"瞎三话四，你知道我很需要？这话是替你自己讲的。"③

法兰西闲话

三七嘎达喽话，没用的话。白相地界常说："摆句闲话过来"，此闲话不是闲话，而是给个说法。"人家好好地来和你说话，怎么竟说起法兰西闲话来了。"④

绍兴老调

嘲讽，北方话念秧儿，念三七，三七嘎达喽话。"朱海生却又唱起绍兴老调道：'阿福，你既是一个狠客，不应该避风头到香港去。'"⑤

---

① 周益世：《小山东》，《力报》1942 年 10 月 18 日。
② 黑旋风：《大流氓》，《上海日报》1943 年 1 月 4 日。
③ 桑旦华：《金银花》，《跳舞日报》1940 年 12 月 28 日。
④ 黑旋风：《斧头阿毛》，《上海日报》1941 年 4 月 8 日。
⑤ 黑旋风：《斧头阿毛》，《上海日报》1941 年 7 月 3 日。

小儿科、徐少甫门人

小儿科是说人小家子气，派头小，没魄力。小儿科有一隐语是徐少甫门人，徐少甫是上海著名的儿科医生，他的徒弟当然也是小儿科医生了。

象牙肥皂、犹太、梁新记

这三个词语都是用来形容吝啬人的，象牙做的肥皂，虽然颜色像肥皂，但却一点肥皂沫也搓不下来。

犹太是指犹太人，说人张犹太，李犹太，或以色列留学生，即是说人吝啬的意思。犹太人精于算计，故以吝啬称之。“这个老犹太，别地方都不出血，在我面前老是凑上来问我要㖸要㖸，等一会买袜子，我一定要砍足输赢。”① 亦作犹太作风。“石伯乐生来的犹太作风，对于吃人家白食最为高兴。”②

梁新记是一家广东人开的牙刷店招牌，他们出品一种双十牌牙刷，质量非常好，他们的广告词是“一毛不拔”。

黄牛、肩胛、黄牛肩胛

凡是不负责任的人叫黄牛，以黄牛无肩胛也，也叫黄牛肩胛。与此相对，责任叫肩胛，要叫人负责任，就说：“侬摆一只肩胛下来。”责备某人不负责任则曰：“侬档码子专门黄牛。”责任心不同则有不同的叫法，曰黄牛肩胛、豆腐肩胛、水门汀肩胛。

“你只管放心大胆，笃定泰山，在此地做下去，一切天大的事情，有我张三葆担这个肩胛，保险你呒事体。”③

翘脚

瘸子。“被绑票匪将他的一只脚打坏了，成了翘脚。”④

象牙猢狲、烧鸭壳子

上海俗语，称人瘦小曰象牙猢狲或烧鸭壳子。象牙猢狲指男而言，烧鸭壳子指女而言。

---

① 戚门陆氏：《十三点笔记》，《小日报》1948 年 8 月 1 日。
② 周益世：《活阎王》，《活报》1947 年 9 月 27 日。
③ 桃花郎：《女人万岁》，《上海日报》1940 年 12 月 24 日。
④ 黑旋风：《斧头阿毛》，《上海日报》1941 年 5 月 5 日。

椒盐排骨

瘦人。“是一个浑身找不出四两肉的椒盐排骨。”①

塌眼药

即现今之养眼也，男人看漂亮美女。“其中不乏漂亮的女人，阿竺于是大塌眼药，十分有劲。”②

眼睛吃点冰淇淋

即塌眼药。“别看张佩芳面孔不十分好，一只脚倒生得着实不错，我想眼睛多吃点冰淇淋，她把脚一踢，问我看什么。我老老实实地说：‘看你一只脚生得好。’”③

海外

吹牛。“其实我完全是卖你的面子，几千只洋，有啥个卵用好派，不是我海外一句，还不够我打一记牌九呢。”④

魁

亦吹牛。“不是我魁，我跑了十八年的舞场，老一辈的舞女我个个认得。”⑤

哇带带

用于形容吹牛。“见他说话有些牛皮吹得哇带带。”⑥

掉枪花

耍滑头。“自己想想，一而再地欺骗我，现在又要来摆噱头吗，我不是傻子，你不要糊里糊涂，一等一的老奸巨猾，打不来我的过门。你这毛头小伙子，刚才丢掉姆妈的奶头子，就想掉我的枪花。”⑦

小放牛

将某人放生，即有约不赴。《小放牛》原是一出京剧的名字。舞女们常用这种办法来摆脱她们讨厌的客人。“直等到三点钟，张丽珍

---

① 黑旋风：《糊涂虫》，《上海日报》1943年7月30日。
② 牛祖泰：《四大妖精》，《真报》1948年10月22日。
③ 小尹：《小郎记小》，《跳舞日报》1941年1月19日。
④ 周益世：《小山东》，《力报》1942年9月26日。
⑤ 牛祖泰：《四大妖精》，《真报》1948年10月4日。
⑥ 周益世：《小山东》，《力报》1943年4月8日。
⑦ 桑旦华：《金银花》，《跳舞日报》1940年12月26日。

还没有来，赵吉荪当她是演小放牛。”[1]

装胡羊

装相。“忽然陈家里像牛叫似地喊我，见他娘的鬼，落得装装胡羊，给他个不理。”[2]

卖羊三千

不是市场上售卖绵羊、山羊，乃佯装之意。“羊”谐“佯”。另一说，以土产冒充洋货。从前谓之卖洋，后来凡是作伪欺诈行为皆谓之卖洋，后加三千，即十足卖洋的意思。老白相有了资格便不愿意在人前卖弄，故意装得像曲死一样，富翁不愿意在人前夸福，故意哭穷，都是卖洋三千。“你阿是还要装死？叫你立起来，还要卖羊三千做什么，当心恼了你老子。”[3]

素火腿

无用货，其典不详，煨灶猫与其同义。“你这人真是素火腿，怎么这样一件事也不会做。”[4]

煨灶猫

“吓得像两只煨灶猫，缩在后面，再也没有胆子敢出去。”[5]

戎囊子

懦夫，胆小鬼的统称。

照会、大英照会

此照会另有一解，乃指人的面孔。面孔好，就说照会交关崭；面孔不佳，就说格只照会靠弗住。“上海租界时代，车子有什么大英照会、法兰西照会等分别。面孔亦然，漂亮出众的，称大英照会，而不能满意的面孔，就称为法兰西照会。因为一切车辆，在法租界都很马虎的。至于面孔丑陋的，称为拆烂污照会。”[6] 还有什么白兰地照会、包脚布照会等。

① 南宫刀：《迷汤西施》，《东方日报》1941 年 8 月 21 日。
② 小尹：《小郎记小》，《跳舞日报》1941 年 1 月 15 日。
③ 周益世：《小山东》，《力报》1943 年 2 月 16 日。
④ 黑旋风：《糊涂虫》，《上海日报》1943 年 6 月 6 日。
⑤ 周益世：《活阎王》，《活报》1947 年 9 月 3 日。
⑥ 李阿毛：《洋泾浜图说》，见孟兆臣编：《老上海俗语图说大全》，上海：上海社会科学院出版社，2004 年。

大英法兰西

互不相干。"我不管她，她也不管我，我们夫妻素来是大英法兰西，大家不来去的。"①

投五投六

北方话嘚嘚瑟瑟，亦作抖五抖六。"每天忙得投五投六，然也闲得吊儿郎当。"②

贼秃嘻嘻

鬼头鬼脑。"你真是一部垃圾马车，个个都要。那么你既然欢喜她们，何必还来喊我呢？小孙，不是我说你，不要动气，你身体这样坏，还不自知调养调养，专在外面东搭搭西搭搭，贼秃嘻嘻的。"③

油煎猢狲、三脚猫

油煎猢狲，指那种心浮气躁，坐立不宁的人。三脚猫指那些略懂皮毛的人，即半瓶子醋。

一只袜、一对大拉酥

上海俗语用一只袜、一对大拉酥来表达一丘之貉之意。大拉酥的原意，有人说是蒙语，又有人说是大垃圾，还有人说是大拉杂，不知孰是。又作"搭拉苏"。"云飞粉颈扭转道：'棺材脱底和你是一对搭拉苏'。"④

老茄茄

不是老茄子，乃倨傲之意，北方话带搭不稀理，义相近。"蒋时玉见事机这样迫切，曾国强还是老茄茄地自以为是，心中好不气恼。"⑤

吃牌头

被训斥。"难道不怕'曼乃球'见了吃牌头，后来一问，原来'煤球'出去了，于是我就对她说：'你今晚来不来？……''来来来，无论如何，家里打翻火油箱也来。'"⑥

---

① 周天籁：《亭子间嫂嫂》，上海：学林出版社，1997 年，第 373 页。
② 正兴馆主：《二九年华》，《真报》1947 年 5 月 21 日。
③ 周天籁：《亭子间嫂嫂》，上海：学林出版社，1997 年，第 75 页。
④ 张之进：《吐火山头》，《力报》1943 年 6 月 18 日。
⑤ 周益世：《小山东》，《力报》1943 年 5 月 18 日。
⑥ 玲玲：《玲玲日记》，《好莱坞日报》1940 年 5 月 5 日。

牌头亦作“排头”。“写信回去叫老头子寄出来，顶多吃顿排头，我可以告诉他受人之愚，骗去的。”①

沙蟹

全部也。“生路缺缺，三条性命，难免全部沙蟹。”② 常用照侬沙蟹，或一塌刮子。

双料头身胚

译为北方话为：有两个人那么粗。“反之看看外表面是双料头身胚，好像交关结棍，实际上却一碰‘拍气’，一些儿用处也没有。”③ 此词尤其用来形容大胖子，如“一个双料头身胚的大胖子”④。

伸梢

发迹，发达，也做生梢。“小胡，好久没有见面，谁知你现在已经伸梢。”⑤“你妹妹做舞女生梢了，怎么你还是老样子，乐得吃些、穿些，棺材薄些，难道你把钱积起来预备开么二堂子吧？”⑥

弹硬

强大。“舞女阵容已是十分弹硬。”⑦

窍开

秘密。“亚凯这人不落槛，为什么抽我的脚，好，我姓李的倒要看看……顾亚凯不是这样的人，其中另有窍开。”⑧

桂花

差、不好也，亦称桂搭搭。“我的舞非常桂花，希望娜娜小姐指教。”⑨

豁边

失算。“你这一记算盘，不是又打豁边了吗？”⑩

---

① 周天籁：《亭子间嫂嫂》，上海：学林出版社，1997 年，第 480 页。
② 周益世：《活阎王》，《活报》1947 年 7 月 27 日。
③ 周益世：《小山东》，《力报》1943 年 8 月 3 日。
④ 周益世：《小山东》，《力报》1943 年 6 月 7 日。
⑤ 苏广成：《飞龙传》，《吉报》1948 年 8 月 3 日。
⑥ 苏广成：《飞龙传》，《吉报》1940 年 11 月 5 日。
⑦ 牛祖泰：《四大妖精》，《真报》1948 年 10 月 9 日。
⑧ 牛祖泰：《四大妖精》，《真报》1948 年 10 月 10 日。
⑨ 冯蘅：《娜娜小姐》，《吉报》1941 年 6 月 20 日。
⑩ 黑旋风：《糊涂虫》，《上海日报》1943 年 4 月 11 日。

老举失匹

失算、出丑。“你别看王静文老实，老实人肚子里花样经才多着呢。可惜他刚才老举失匹，说错了话。”①

照牌头

以某为衣食父母。“我又勿是你的拖车，养在你家里，吃用开销照你牌头。”②“今日是礼拜六，洋行的小鬼的牌头，大可照得。本来做舞女格，全靠礼拜六、礼拜日进账一票。”③

项

北方话“扛”。“过去香港的生意好做，现在的人心也坏了，要赚大众钞票，也得用身体去项，所以我不愿意在香港做下去了。”④

翘辫子

死。“死人！你坐在灶披间做什么，我以为你已经翘辫子，送往殡仪馆，永远不会到这里来了。”⑤

枣子过腔

看走眼了。枣子，指眼，亦作照子。“朋友，吃豆腐也要拣拣人头，不要枣子过腔，否则豆腐中或许要吃出骨头来哽住喉咙的。”⑥

生路缺缺

即缺生路，上海俗语将缺重叠置后。“一定走投无路，生路缺缺。”⑦

丈二豆芽

丈二豆芽，老嫩。年纪虽大，门槛却不精。

一百零一件

一百零一件，不是一百件之外还有一件，是只有一件。“我（恰）过的小白脸岂止一百只，死要钱的也只有这一百零一的小高。”⑧

---

① 正兴馆主：《二九年华》，《真报》1947年9月14日。
② 南宫刀：《迷汤西施》，《东方日报》1941年11月5日。
③ 南宫刀：《迷汤西施》，《东方日报》1941年11月5日。
④ 夜游神：《妹妹杂写》，《小日报》1948年8月4日。
⑤ 桃花郎：《女人万岁》，《上海日报》1940年11月9日。
⑥ 披发散人：《荷花少爷》，《万言报》1942年7月3日。
⑦ 周益世：《小山东》，《力报》1943年1月8日。
⑧ 张之进：《吐火山头》，《力报》1943年3月6日。

上海话中有许多加有数目字的俗语，如七勿搭八、猪五杂六、勿二勿三、搅七捻三、七嘴八搭、七缠八牙杈。

九十六

形容多。“今夜舞场里来仔一位红舞女，派头九十六。”① “姓林的拖车叫炳生，是开向导社的老板，进账九十六，一天至少有一百多块钱。” ②

皮榔头、吃外国火腿、吃雪茄烟

上海俗语中对挨打有很多说法，挨嘴巴叫“吃雪茄烟”，又叫作“吃五分头”。被踢叫作“吃外国火腿”。提起四肢在地上摔叫作“排三合土”。抛入河滨中叫作“种荷花”。

“触那个娘起来，侬嘴巴里清爽些，当心请你吃五只雪茄烟。” ③

开汽水、开嗬嘣水

指嘘声。舞台上的伶工唱戏唱得荒腔走板，台下的看客，报以嘘声，这声音很像开汽水。又叫开嗬嘣水。“‘有一位少年，风头实在好，呱呱格叫……’‘嘘……嘘……。’阿小听见有人在开嗬嘣水，便立起身来调查。调查之下，知道是坐在天门台那边一桌上几个油腔滑调的西装少年所开的。” ④

另有一功

非常特别而与众不同，便称另有一功，亦做另有一弓，有时称另有一只弓。“我不知接过多少奇奇怪怪的客人，有的脾气歹是歹得来，另有一弓的。” ⑤

六路圆路

“上海在战前有一条有轨电车，名叫作六路圆路。经过东新桥、外滩北火车站、南京路，又回到东新桥。没有起点，也没有终点，恰巧是一个圆圈，等于是在兜圈子（战后这条路已经废除了）。于是海

① 四阿姐：《舞女流水》，《晶报》1940 年 4 月 16 日。
② 苏成寅：《阿毛姐》，《跳舞日报》1941 年 4 月 29 日。
③ 披发散人：《恶霸横行记》，《上海世界》1940 年 2 月 5 日。
④ 冯蘅：《呱呱叫姑娘》，《品报》1940 年 8 月 8 日。
⑤ 周天籁：《亭子间嫂嫂》，上海：学林出版社，1997 年，第 400 页。

派的话，就把六路圆路这句话拿来用作代表兜圈子的名词了。”①

王三和人

王三和是上海一家著名的酒店，王三和人是指喝醉酒的人。在具体应用中也可以引申出其他的相关含义来。“上海人‘王三和人’一句话，也有几种解释：一是‘勿要王三和人’，意即不要搅七念三，醉人喜欢搅。一是‘听伊王三和人’，意即不要他瞎话三千、滥胡调，也即是吃豆腐也。”②

十三块六角

王八，詈词也。龟的背纹是十三个六角形的图案。“自己未免太吃亏了，戴顶把绿帽子到没有道理，可是拿了十只洋就甘心做十三块六角，未免自己也对不起自己了。”③王八的切口颇多，又称六索，古有元绪公。

玉皇大帝

家主婆。“阿梅这死丫头倒坏，真是坏透坏透，把自己关在房间里，他倒溜跑了。这个当实在上得勿大勿小，要是玉皇大帝这个时候回来，岂不又要闹得一塌糊涂。”④

打翻火油箱

夫妻勃谿。“难道不怕‘曼乃球’见了吃牌头，后来一问，原来‘煤球’出去了。于是我就对她说：‘你今晚来不来？……’‘来来来，无论如何，家里打翻火油箱也来。’”⑤

香港饭店

巡捕房。

尚田银行

当铺也。“阿小好久没有以拖车的资格出现在那儿，原因非常简单，因为身上的衣服都进尚田银行，皮子勿挺，自然不好意思进

① 浅草：《新语林》，《晶报》1939年12月12日。
② 姜太公：《上海闲话新编》，《好莱坞日报》1940年5月3日。
③ 周益世：《小山东》，《力报》1942年12月5日。
④ 桃花郎：《女人万岁》，《上海日报》1940年11月10日。
⑤ 玲玲：《玲玲日记》，《好莱坞日报》1940年5月5日。

去。”①

也叫娘舅家。“这两天却巧搁血，连几件挺刮些的皮子都送到娘舅家去了。”②

子丑寅

毛也，卯谐毛。“你们女人袖子短，手臂向上一挠，子丑寅完全给人家看清爽。”③

萝卜头

李阿毛精通日文，曾写过《日本怪语新解》。他在《洋泾浜图说》中说：“‘萝卜头’是一句过时的话，在沦陷时期，很流行过。战前上海人称日本人为‘东洋小鬼’‘矮赤老’，但老上海的日本人，都听得懂，所以才产生了这句‘萝卜头’，‘萝卜头’便是代替‘东洋小鬼’‘矮赤老’的。日本人称盗贼曰 DOROBO，中国人译音为大萝卜，因此背后称日本人为大萝卜。对日本人稍有地位者，如军官之类，称之为萝卜头，后来不管军民人等，一律称他们为萝卜头了。另有一说，有一个中国人在上海一家日本料理馆里当杂差，闲来要帮着在厨房里工作。日本人有一种黄色盐萝卜，名曰泽庵。日本人菜肴中每次必有一二片的，这中国人在厨下，专切这盐萝卜。他平日受了日本人的欺侮，有气没处出，为了自己的职业问题，虽在战时，仍旧只能吃敌人的饭，他怀恨在心。每逢切萝卜之时，心里总想，这萝卜，就是日本人，我来把他们一个个地杀掉，于是他拿起刀来，一片一片地切，以为是快举。萝卜两端之头，日本人是不吃的，他把萝卜头切下来，本来应当抛入垃圾桶中，而他把萝卜头一一掷入粪坑中。因此他在背后，即称日本人曰萝卜头，二说不知孰是。”④

“人人说白相人总算狠了，谁知那和东洋人搭档的什么特务，比我们还要心狠手辣。他们的出身原也是白相人，却因为有了萝卜头的牌头好靠，满面孔神气活现，昨天你可看见那个张家祥就是这票货

① 冯蘅：《呱呱叫姑娘》，《品报》1940 年 8 月 8 日。
② 披发散人：《头破血流录》，《上海日报》1938 年 12 月 29 日。
③ 冯蘅：《呱呱叫姑娘》，《品报》1940 年 8 月 27 日。
④ 李阿毛：《洋泾浜图说》，见孟兆臣编：《老上海俗语图说大全》，上海：上海社会科学院出版社，2004 年，第 188 页。

色。”①

空心大老官

搭空架子者，绣花枕头，徒有其表者。“身上的皮子倒□挺刮，身边原来也呒啥啥的，不过是个空心大老官而已。”②

哈迷蚩

《说岳全传》有哈迷蚩一角，为金兀术的左膀右臂。“你真不愧是我的哈迷蚩，好，我一切全权都托给你了。”③

洋铁罐头

非洋铁罐头装的食品，指穿洋装者。“回眸一笑，原来是招呼后面的洋铁罐头的人。”④

药水小开

假冒小开者。“真小开容易做，做药水小开难做，做上了药水小开而勿让他显底那是更难。”⑤

过期票子

失势者。“他是个过期票子，有啥个搅头。”⑥

零拆碗菜

散装零卖。“在不知道的人看来，一定以为阿金姐曾经红灯花轿，正式地和金世开举行过婚礼，谁又知道他们这一对儿，也不过是由零拆碗菜而糊里糊涂地结合在一起。”⑦

钉牢黄包车

盯梢。“刘德甫见阿洪钉牢黄包车地钳牢自己，一些儿也不肯放松。”⑧

不摆勒心浪

不放在心上。“五只洋舞票一般舞女真不摆勒心浪。”⑨

---

① 披发散人：《血溅上海滩》，《罗宾汉》1946年7月16日。
② 黑旋风：《糊涂虫》，《上海日报》1943年4月5日。
③ 披发散人：《恶霸横行记》，《上海日报》1940年5月24日。
④ 披发散人：《恶霸横行记》，《上海日报》1940年10月12日。
⑤ 旁观者：《药水小开》，《东方日报》1940年9月26日。
⑥ 周益世：《小山东》，《力报》1942年11月29日。
⑦ 披发散人：《恶霸横行记》，《上海日报》1940年5月8日。
⑧ 黑旋风：《糊涂虫》，《上海日报》1943年7月5日。
⑨ 小尹：《小郎记小》，《跳舞日报》1941年3月14日。

阿摩尼亚味

厕所味，不知典故何出。“非常浓烈的阿摩尼亚味道。”①

脚踏尾巴头会动

形容聪明。“石小开，你真是一个脚踏尾巴头会动的聪明朋友。”②“在外面混混的，哪一个不是脚踏尾巴头会动的七窍玲珑星。”③

红脚桶里翻一番筋斗

重生一回，比喻有生命危险。“烂污货，你不要凶，你要管你的男人，还有在二十四个红脚桶里翻一番筋斗，不要脸，不要脸。”④

① 黑旋风：《糊涂虫》，《上海日报》1943 年 6 月 13 日。
② 周益世：《活阎王》，《活报》1947 年 9 月 24 日。
③ 周益世：《小山东》，《力报》1942 年 8 月 14 日。
④ 桃花郎：《女人万岁》，《上海日报》1940 年 11 月 3 日。

图书在版编目（CIP）数据

中国近代小报小说研究 ：全二册 / 孟兆臣著. -- 北京 ：朝华出版社，2020.10
ISBN 978-7-5054-4539-0

Ⅰ. ①中… Ⅱ. ①孟… Ⅲ. ①小说研究一中国一近代 Ⅳ. ①I207.41

中国版本图书馆CIP数据核字(2019)第200747号

内容提要

中国近代小报纷如潮涌，灿若繁星，所刊小说数目巨大，韵旨别具。本书首次对半个世纪的小报小说进行了全面整理和研究，一批埋藏已久的优秀作家、作品，得重现辉光。正文分述沪、京两地小报小说，上海以白相、言情题材为主，沪壖方言，摹刻洋场风情；北京以公案、实事故事为重，白话评讲，叙述旧京轶闻。文末附录近代小报小说六十七家作品总目及故事提要。资料丰厚，议论精当，实为近代诸学科研究者案头必备之书。

策划编辑 / 赵　倩
责任编辑 / 赵　倩
特约编辑 / 张北鱼
特约编审 / 黄道京
责任印制 / 张文东
陆竞赢
书籍设计 / 王　鹏

出版发行　朝华出版社
社　　址　北京市西城区百万庄大街 24 号
邮政编码　100037
订购电话　（010）68996050 68996522
传　　真　（010）88415258（发行部）
联系版权　zhbq@cipg.org.cn
网　　址　http://zhcb.cipg.org.cn
印　　刷　北京雅昌艺术印刷有限公司
经　　销　全国新华书店
开　　本　710mm × 1000mm　1/16
字　　数　782 千字
印　　张　58
版　　次　2020 年 10 月 第 1 版
　　　　　2020 年 10 月第 1 次印刷
装　　别　精装
书　　号　ISBN 978-7-5054-4539-0
定　　价　198.00 元（全二册）

ISBN 978-7-5054-4539-0
9 787505 445390 >

取冷氣

名人百態圖

· 張光宙 ·

景陽岡打老虎 ◇宣鐵吾

行者武松今重見，伸手捏着蝿；但願棍棒有效力，背小從此蠢遁形。

廢尺

· 上官牟 ·

金榜哀

· 白璧 ·

可否冒充

戈矛

白宮

· 凱 ·

· 林爽白 ·

六個月後的

· 東方來 ·

日記者中之中國通

（總兒）

滬變發生以後，蘇州河以南，有一時期，絕鮮日人行蹤，爭於日記者，則更杳如黃鵠，比至十九路軍撤退後防，始稍稍有日記者之足迹，迄至最近英領館之停戰會議舉行，於是議場中，乃成爲中日兩國記者之集合地，一度開會，必有中日記者達三四十人，髮絲帽影，濟濟一堂，亦可見此項會議之重要，當中日記者每度集合採訪時，又惜者，蓋兩國地位，已自成世仇，然偶有[illegible]消息，輒能合作不覺間，故兩方時能傾入同化，記者不於大阪每日新聞，東京日日新聞[illegible]，任駐滬記者，乃近任[illegible]本朋友，[illegible]若干日本朋友，[illegible]，有一日本[illegible]，以日本之[illegible]，然中國人之後[illegible]，且爲此次抗日[illegible]，已同化[illegible]。

張子廉慰往遺囑

（假叔）

[illegible]日傀儡，國人無不忿恨，而一般熱血份子，更知效命疆埸，爲國殺賊，其中如國貨機器[illegible]人張子廉氏，平日素以提倡國貨爲己任，及滬變發生，更由消極的抵制，而進一步作積極的抵抗，率領全滬義勇軍，赴天通庵助戰殺敵，無算，蔡廷楷氏嘉其忠勇，即將義軍全隊，撥歸翁指揮，張以現有軍力單薄，圖謀擴充，於時適溧陽大刀隊揭竿而起，派人來滬接洽投効，張遂收編以告翁，翁即仿其[illegible]合作，司令一職，仍由張自任，……賊，張氏於後戎馬倥偬，生死莫定，待命討滬上公私諸事，自難兼顧……

前夕，略備肴饌，召親戚朋友共席間，即以慷慨之詞，與之訣別，並立一遺囑，其措辭悲哀壯分，讀人振奮，……諸凡產業之支配，妻室之有死字而無生字也，……致其沈痛決別之……無片刻寧，而生活一切，更與士卒共甘苦，乃千餘健兒，在待殺賊立功之際，忽奉退卻之令，……即忍痛率部後退，……讀之，……

小說

恐怖之

新聞館

上海自中日事件起後，各界……

出版第一百八十六號 （星期二）

白天準演 ◀ 園 ▶

程得利 小金香 譚金升 （韓）（桂）（喜） 方洪壽 劉鳳奎 王三黑 一陣鳳 沈三玉 （尚）（小）（云） 李幼芬 小連升 小銀奎

（馬）蹄金 行路 （蝴）蝶盃

蟠桃會

（一）口劍 賣馬 （天）水關

高月霞 趙鳳鳴 高壽山

沈三玉 朱三龍 王三黑 方洪壽 劉鳳奎

一陣風 八歲紅 劉鳳奎

（烏）（龍）（院）

連環陣

（白）（水）（灘）

男女分座 ▶ 吉祥園 ◀ 概不加錢

（永慶社特請上海天津超等名角）

▶陽歷十七號陰歷廿三日白天演◀

榮蝶仙 金仲仁 （唐）（少）（亭）

俞振庭 俞玉亭 王鳳卿

（麒）（麟）（童） 許蔭棠 瑞芝峯

虹霓關 魚腸劍 （陽平關） （代五藏山）

戰太平 摘纓會

特請錢文卿 客串陳子田 郭春山 王立卿 紳商 特煩王瑤卿 季寶卿 偏 方寶奎 特請侯文泉 客串十陣風

（彈）（詞） 準不（梅）新新 演謊玉配彩切 （青）（石山）

公聚德五金雜貨店

本報編輯兼發行 文治實 住……

印刷 馮少青 住……

手紙係請於二十四日午後四鐘……

至前門外西河沿勸業場後門對過……

目录

下编 北京小报小说 / 395

附录 / 559

参考文献 / 868

下编

北京小报小说

第一章 北京小报小说综论

一、北京小报体制

1. 白话小报

北京小报源出白话报，据管翼贤记载，首份名曰《白话学报》，由崇文门内方巾巷崇实小说校长文实权所办，后则有彭翼仲的《启蒙画报》。此时之白话报，名虽称报，但仍装订成书册发行。

迨 1904 年，彭翼仲的《京话日报》创刊，每日一小张，初为八开四版，单面印刷，以开发民智为宗旨，首冠演说，次则要紧新闻、本京新闻、各省新闻及小说谐著等，始可称北京第一份小报。此后《北京新报》《正宗爱国报》《群强报》《爱国白话报》相继问世，始定北京小报之局。

言北京小报，非上海可比。北京小报首论文白，次及开张，以其北京小报皆白话也，故每称白话报，或白话小报，不径称小报。又因小报皆为白话，故有文言大报、白话小报之对称。

北京小报源出白话报，而上海小报创自花报。故仅论文白，不足以语上海小报，上海小报中，白话小说与文言诗文同载并刊，大报亦然。上海以开张论报，四开单张为小报，对开则为大报。

北京小报之白话非仅语体，且杂北京方言俗语，称京话小报，或京白小报最为贴切。

2. 报旨

北京白话小报以开通民智、维持风化为宗旨，关注民生疾苦。北京《燕都报》发刊词云：

《燕都报》为什么出现呢？这个问题若要详细答解，就是千言万语未必说得清楚，记者姑且大略说说：第一是社会风化的现象太坏，第二是人民生活的现相太糟，风俗一坏，社会就一天比一天黑暗；生活一糟，人民就一天比一天困苦……今在第一号发刊之日，先以三大宗旨宣示同人，第一维持道德，第二改良社会，第三提倡实业。①

其《本馆紧要启事》又云：

维持风化，改良社会，最重要的事情就是淫赌，所以本报对暗娼、赌局最为注意。阅报诸君如有实确闻见，即请详细函知，以便登录。再，本报设有烟鬼录一门，凡属抗令吸食鸦片者，本报必将姓名、职业、住址列表登出，使其改过断绝。②

上海小报素尚消闲娱乐，鲜有倡言道德者，与北京小报宗旨迥异。

3. 开张

上海小报多为四开四版，而北京白话小报则八开八版，折叠后，手掌大小，与今日普通开本书籍相仿。其小巧，可把玩手中。谢豹谈及北京小报开张时说：

北平有小报曰《群强报》，已有四十年以上之历史，与最早之黄皮《京报》同时问世，该报仅出八开一小张，骤视不类报纸而似戏院之戏目单，与伶界关系最深，全城各戏园每日之戏目，搜罗靡遗，文字亦大部谈戏捧角者，但绝不许攻讦任何伶人，正如上海之《罗宾汉》。此报销路当不恶，读者多下层阶级，各大公馆之门房，尤必备此物。遇姨太太、少奶奶高兴需听戏，必先向门房索该报，如姨太太不识字，则由门

---

① 懒侬：《燕都报出现了》，《燕都报》1920 年 5 月 1 日。
② 《本馆紧要启事》，《燕都报》1920 年 5 月 1 日。

房朗诵一遍，俾姨太太知何处戏好，以便前往。谑者以“群强”二字音为戏“门房”，因戏呼该报为“门房报”云。[①]

至《实事白话报》《实报》等，始行四开四版，则与上海小报无异。

4. 栏目

北京小报之栏目，除报头、尾版外，其常见栏目为：

第一版，演说；第二版，要闻；第三版，本京新闻；第四版，本省新闻；第五版，杂著、命令等；第六版：小说。

各报版次与栏名有所出入，然内容无异。至《实报》，设四开四版，版式栏目与上海小报趋于一致。

北京小报每份售价铜元一枚。

二、北京小报与小说

北京及天津共发行了二十几种小报，然亡佚颇多，留藏者亦残缺不全，本编收录共 18 种，择要分述如下：

《京话日报》

《京话日报》1904 年 8 月 16 日创刊，创办人彭翼仲，编辑吴梓箴等，存 1904 年 8 月 16 日至 1923 年 4 月 5 日报，散佚颇多。报以白话传播知识、开拓民智为宗旨，1906 年 9 月 28 日被当局查封，社长彭翼仲流放新疆。辛亥革命后，1913 年彭翼仲返回北京，始复刊，旋又为袁世凯政府封杀，后由吴梓箴复其刊，出到 1923 年 4 月 5 日终刊。

初期所载小说多移载他书，后开设《醒睡录》和《新鲜滋味》二小说栏目，由徐剑胆和损公主持。刊载京话小说，尤其《新鲜滋味》流传颇广，今日尚能见装订成册小说售卖于孔夫子等网站。现存小说

---

① 啼红：《迍邅散记》，《力报》1938 年 1 月 4 日。

42 篇，但多残缺不全。

《正宗爱国报》

《正宗爱国报》，日刊，创刊于 1906 年 11 月 16 日，创办者丁宝臣，编辑初由王子贞担任，后为文益堂，存 1908 年 4 月 3 日第 484 号至 1913 年 7 月 27 日第 2363 号报。丁宝臣为回民，故该报关注回教徒，是第一份回民小报，此报散佚颇多，仅存小说 6 篇。

《北京新报》

《北京新报》，日刊，发行兼编辑金辅臣，存 1910 年 7 月 7 日第 531 号至 1911 年 12 月 8 日第 1438 号报，大部散佚，所存小说皆为说聊斋。白话聊斋是北京摔评家数之一，后由艺人张智兰将所讲录为话本，在报上登载，首刊《北京新报》。此后，《群强报》《实事白话报》赓续之，遂演成北京白话小报历史上最悠久的小说专栏。大约在 1909 年，张智兰开始在《北京新报》上写《白话聊斋》，他的《评讲聊斋》在现存的《北京新报》散佚无存。张智兰忙于他事，则由其邻居好友庄耀亭续作，庄君忙，由其同事尹箴明代笔，故今存《北京新报》说聊斋皆为耀亭、尹箴明二人手稿。现存说聊斋共 32 篇，惜皆残缺不全。

《群强报》

《群强报》，日刊，为清末名臣端方子、继康侯所创办，后由李饮露、陆泽外先后接手办理，前后参与辑务的有陈艮心、杨曼青、乌泽声、勋莐臣、颜慎夫、罗天愁、崔玉公等，存 1913 年 2 月 9 日第 245 号至 1936 年 4 月 3 日第 8361 号报。

在北京的白话小报发展史上，《群强报》继《正宗爱国报》之后，居《爱国白话报》《实事白话报》《燕都报》之先，创刊早且发行广。小说栏目有《遣兴录》和《评讲聊斋》。《遣兴录》由北京著名小说家时感生主持，《评讲聊斋》由庄耀亭、尹箴明负责。

评讲聊斋是庄耀亭、尹箴明等报人以评书形式、用北京方言演述的白话聊斋故事，24 年的时间内，在北京的报纸上连载了 300 多篇，是一次规模巨大的《聊斋》白话传播活动。其中《群强报》登载的最多，共 118 篇，由尹箴明专门从事，不兼他务，自 1913 年 6 月 27 日

《锦瑟》(现存最早一篇，前报缺）至1922年9月30日《棋鬼》，共连载了9年之久。

《爱国白话报》

《爱国白话报》，日刊，1913年7月30日创刊，创办人马太璞，回族，此报报龄不到9年，数度易主，马太璞之后，杨瑞和、金梦年、周澜泉皆先后主持报务，存1913年7月30日第1号至1922年2月26日第2976号报。《爱国白话报》是继回民丁宝臣所办《正宗爱国报》之后，又一份由回民创办的北京白话小报，现存小说69篇。《爱国白话报》在创刊后第8日即开设了小说栏目《庄严录》，聘请剑胆主持。曾于1913年12月16日起在附张连载小说《春阿氏》，春阿氏案是清末北京城的一桩命案，曾引起社会极大关注，冷佛根据市隐的调查记录著成小说，刊于《爱国白话报》，并汇集成册出版。小说后被改编成京剧，20世纪50年代还曾改编成评剧上演，1987年吉林文史出版社曾出版过松颐校释本。

《春阿氏》刊载后，反响热烈，《爱国白话报》上刊登了一些读者的阅后感言，如毕瀛孙《阅毕〈春阿氏〉小说愀然有感》、逸史《吊春阿氏》、三畏《吊春阿氏》、柏全《敬步冷佛先生吊春阿氏原韵》、三畏《吊春阿氏（叠）前韵兼酬冷佛》。除此之外，还刊登了根据小说改编的《新牌子曲春阿氏》(又名泥犁狱)，此作品连载了27天。《春阿氏》作者冷佛，本名王咏湘，是《爱国白话报》的重要撰稿人，《春阿氏》外，还刊有小说《蓬窗志异》《借尸还魂》，诗集《情天恨海集》。《蓬窗志异》为志怪小说，自1913年11月26日刊始载，至1914年11月16日结束，连载近一年时间。

《白话捷报》

《白话捷报》，日刊，创刊于1913年8月3日，存1913年8月3日第1号至1914年8月22日第371号报，共载小说12篇，多为亚铃作品。

《白话国强报》

《白话国强报》，日刊，1918年创刊，编辑兼发行人为李茂亭，编辑时感生，存1918年10月1日第274号至1925年4月18日约第

2520号报，散佚较多。现存小说29部，其中，耀亭小说4篇，皆为说聊斋，损公小说4篇。二人皆为北京小报知名小说家。耀亭，即庄耀亭，北京小报报人，以所著白话聊斋闻名。蔡友梅，笔名损公，在《京话日报》《顺天时报》辟小说栏《新鲜滋味》，载小说数十种之多。

《北京白话报》

《北京白话报》，日报，1918年创刊，创办人任昆山，昆山去世，由其弟任璞生继任经理，编辑徐仰辰，笔名剑胆，存1919年12月1日第145号至1938年9月5日第7413号报，部分散佚，共存小说143篇。

《北京白话报》重视小说，如1922年7月27日刊5部小说，占了第四、六、七版三个整版。《北京白话报》的一些小说是据该报上的报道写成的，如1920年4月22日始刊剑胆所撰《同恶报》，就是根据《北京白话报》相关报道写成的，其中《白云鹏》最为知名。

《实事白话报》

《实事白话报》，日报，1918年创刊，社长为戴征（兰生），戴氏为北京小报界后起之秀，主报政时仅弱冠之年，编辑有李笑公、沈幼臣、何卓然、常樾乔、戴兰生、庄耀亭、徐剑胆、黄辽隐、庄荫棠等，存1920年2月8日第527号至1932年8月30日第5102号报。

《实事白话报》在北京白话小报界获得了很高的声誉，销售广远，当时有言："小报之多不胜枚举，而其间最为人士所欢迎者，即为《群强》《实事》二报，而尤以《实事》为最。"[①]"论销路与声价当为《实事白话报》首屈一指。"[②]

《实事白话报》甫一创刊，即在头版启事征求小说：

本报小说分门登载，流行海内，不待赘言，唯新旧说部甚繁，本馆人才有限，藏珍未露，遗珠尚多，用特登报征求，以资观览。如有新颖记事，以及旧日轶闻，凡有益社会，合乎白话体裁者，如肯将全稿赐寄，酬资从丰。[③]

---

① 懒云翟崇熙：《论实事白话报》，《实事白话报》1924年5月23日。
② 谔谔声：《本报两千号感言》，《实事白话报》1924年5月23日。
③《本报征稿启事》，《实事白话报》1920年2月8日。

《实事白话报》在小说方面投入大量版面，如1924年10月4日第4版，同时刊出《说聊斋·董生》(耀亭)、伦理小说《女儿福》(辽隐)、讽世小说《摇钱树》(希夷道人投稿)、实事小说《前世冤》(剑胆)、实事小说《一门贤孝》(北鹤)，共5部小说。

设有《庄严录》和《说聊斋》二小说专栏。《庄严录》撰稿人为耀臣，作品如《巧云》《大小骗》等，《大小骗》后出单行本。《说聊斋》后又改为《白话聊斋》，由耀亭撰稿，此栏为时颇长，据现存之《实事白话报》，自1921年9月27日至1930年11月29日，此栏共刊登了包括《云翠仙》《画皮》在内的61篇白话聊斋作品。

《小公报》

《小公报》，日刊，1919年创刊，先后有籍少荃、杨西园、董仿仲、程道一、戴兰生接手办理报务，存1919年8月1日第126号至1925年6月12日第2262号报，部分散佚，共存小说62篇。

戴兰生主政时，上任伊始即增加小说版面，聘剑胆、道一、辽隐、耀亭、浮鸥、北鹤诸名笔撰稿。《小公报》小说颇受欢迎，有的印成单行本销售，浮鸥所著侦探小说《哑巴老妈》曾翻印5次。

燕京小报流行以新闻报道为题材的小说，名之曰实事小说，如《小公报》1921年3月9日刊登的实事小说《刘二爷》即称："今天这个题目名曰《刘二爷》，乃系今日新发生了一件实事，今将内里情由，次第穿插，依序编演，秉笔直书，不加己意，可作阔老官纳妾之殷鉴。"①

《燕都报》

《燕都报》，日刊，1920年5月1日创刊，经理文实权，编辑有文懒侬、王冷佛等，存1920年5月1日第1号至1925年9月20日第1432号报，散佚颇多。《燕都报》现存29篇小说，主要作者有文实权、曾寄蜉、冷佛、辽隐、啸天、燕僧等。文实权为北京著名小说家，他在《燕都报》上有6篇小说，如1922年3月16日至1922年12月5日间刊登的绘图修正加批《春阿氏》，著者王冷佛，修正者文实权。《春阿氏》小说曾于1913年12月间在《爱国白话报》附张连

---

①《刘二爷》，《小公报》1921年3月9日。

载，后汇集成册出版单行本，作者冷佛是根据文实权的调查记录撰成小说，此次经修正，插入绘图在《燕都报》重载，并署王冷佛、文实权二人名。文氏还有翻译小说2部，一部为救国小说《义大利复国记》，署原著梁启超，译述文实权；一部为侦探小说《火里罪人》，署美国柯南道尔著，古燕文实权译。

《小小》

《小小》，日刊，创刊于1925年，据管翼贤记载，社长宋信生，存1925年2月12日第30号至1930年6月30日第1908号报，投稿人多半系学生，现存小说109篇，短篇居多。

《实报》

《实报》，日报，1928年10月4日创刊，社长管翼贤，存1928年11月19日第45号至1945年9月22日第5760号报。

《实报》在北方颇负盛名，人称“小《实报》”。传统的北京白话小报，如《京话日报》《群强报》等用燕京方言土语纪事，以开民智、正风俗、祛民隐为指针，首冠演说，继以“要紧新闻”“本京新闻”“宫门抄及上谕”，八开八版。《实报》则完全新型，仿大报规例，“小报大办”，它以新闻为主，戏评小说辅之，四开四版，一、四版为新闻，二、三版为短文、小说。

《实报》共载小说80篇，网罗了陈慎言、李薰风、耿郁溪、徐剑胆、徐春羽等一批名家，巨著名篇相属，如停云《龌龊社会》(津门记实)、镕百《傀儡春秋》、剑胆《旧京黑幕》《红鬃烈马》、过客《燕京外史》、李薰风《北京明星》、徐剑胆《烟阀遭虐案》(烟阀案)、陈慎言《天府哀鸿》、抱残《宦海镜》，皆难得之佳作。北平沦陷，管翼贤曾任伪职，《实报》沦为日人喉舌，曾刊《太平之花》和《安乐乡》二篇汉奸小说，旨在宣扬大东亚共荣和北京升平景象，皆未署名。

《实事白话游艺报》

《实事白话游艺报》，日刊，存1938年10月1日第7270号至1939年3月31日第7434号报，散佚颇多，载小说15篇。

《白话晨报》

《白话晨报》，日报，1912年11月18日创刊于天津，社长刘仲赓，经理白幼卿，存 1927 年 12 月 13 日第 5371 号至 1928 年 3 月 31 日第 5473 号报。《白话晨报》乃稀见天津地方小报，惜散佚过甚，所存无多。报以新闻和小说为主，所辟版面颇多，每日登载小说有 6 篇之多，现存 16 篇。

三、小报小说的刊载

1. 张智兰的白话聊斋

就北京的日报而言，小说与小报同属白话，本有亲缘，小说遂成小报诸文体之大观也。

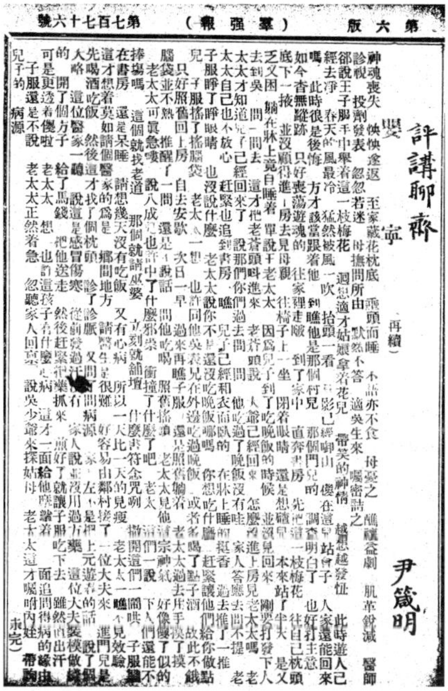
第六版 （群強報） 第七百七十六號
評講聊齋
（再續）
尹箴明

图 1-1 《评讲聊斋》

据管翼贤所著《北京报纸小史》记载，北京报纸刊载小说，自《公益报》市隐所作《米虎》始。小报所载小说，据湛引铭所云，始于《京话日报》，首篇名为《达威力德尔侦探记》，但此篇乃已出版之说部，非出诸独创。直至《北京新报》添设《白话聊斋》，方始自创新编。

湛引铭说：

报纸上增添小说，不知始于何人，据北京方面说，始于《京话日报》。乍出版便登有《达威力德尔侦探记》钟承祖各篇，这些故事全都散见于各说部中，与原书一样，不必另费笔墨。后来《女报》出版，是由张展云约请董竹孙先生按日信笔编造的。至于从《新报》有《电术奇谈》，是《白云塔》小说另改了个名目，从此总算新开了一个法门。各报的小说只说什么录，并非出自心裁，又不肯直说这段故事见于某书，甚至把原故事随意增删，或将人名、地名儿改变，所谓您看着新鲜。因此把书铺的陈小说买的行市都涨了，这路说法儿，在下也说过几天。后来《北京新报》添上《白话聊斋》，这才不巧立名目了。①

若按湛引铭此说，则小报刊载小说始于《北京新报》。又据尹箴铭、庄耀亭和金受申说法，张智兰是在小报上刊载《白话聊斋》第一人。以此推断，则北京小报刊载小说始于张智兰的《白话聊斋》，换句话说，张智兰是最早在小报上刊载小说的作家。

2. 六版闲章

小报通常八版，小说刊第六版一整版。

版面仿书籍版式，四框围以铅线，小四号字竖排，无标点，断句空格，字迹清晰，间距疏朗，字数在千字左右。长则五十几续，短在二十四五日间。

此种小说版式相沿甚久，《北京白话报》曾将其改成横式五号字印刷，引起读者不满，群称不便，报馆无奈发函：

前者本报改版，皆因循有一班阅者之请求所致。同人等一时疏忽，忘记征求大多数之意见，亦忘记小说不好订本之考虑，猝然改为横栏。近日迭接各处函电，均谓小说不便订本，更有因五号字太小，容易模糊，大费目力者。本报诸人亦未敢以臆断……凡阅本报者，皆有发言之权利，自应征求大多数之意见，以为从违，或赞成新式，或欢迎旧式，敬祈于五日内来函指正，以便取决……编辑部同人启。②

征求意见之结果，赞成旧版式的居多。

日前因改栏问题，曾登启事于报端，借以征求众意，决定从违。连日接到各方指正之函，不下四千四百余书，隆情厚意，感激莫名，遂逐件细加披阅，内有四千二百余函皆愿从先旧式……可称大多数之同意，赞成旧式□栏……以便逐日存留，易于装订成册云云。③

报馆无奈只好改回旧的小四竖排书版式，此种版式字迹清晰，易

① 湛引铭：《韦公子》，《群强报》1917 年 4 月 10 日。
②《本报紧要启事》，《北京白话报》1922 年 6 月 11 日。
③ 剑胆：《春明梦影》，《北京白话报》1922 年 6 月 14 日。

于装订成册保存。小报时或于版边标明："请君将此页按日存留，以便装订成册。"书摊常有装订好的小册子出售，报馆亦将载毕小说翻印装订出售，作者既收了稿费，又抽版税，一举两得。第六版外，亦印小说附张，版式与第六版相同。如《爱国白话报》所刊之《春阿氏》。此种小四竖排书页式的版式，直到《实报》，才为横式标点所代替。

六版小说或冠名为栏目，如《京话日报》的《醒睡录》《新鲜滋味》，《群强报》的《评讲聊斋》，《爱国白话报》的《庄严录》。

3. 翻印装订出售

小报除发行报纸外，还兼营小说出版，每月报馆都要发行一二种，每部在三四万言间。啼红说：

天津《白话午报》馆，除报纸外，并兼营小说出版业，即以该报所刊长篇翻印装订而成。此项小说多取材轰动社会之桃色新闻，加以渲染，演成说部，每部不过三四万字，约分十回，回亦多非驴非马，每册约售贰角，月必出版一二种，销路颇佳。①

此种小说每本售价在铜元二十枚左右。如《实事白话报》刊登之小说广告云：

《小楼梦》每本铜元廿枚，《慎鸾交》每本铜元廿枚，《哑巴老妈》每本卅枚。②

六版小说无章回标题，挨日径载，然装订成册发售时，则会截成章回，添加回目标题。如剑胆刊于《爱国白话报》的《花和尚》出版单行本，按剑胆说法称改成普通说部，便对小说添设回目。他说：

若要临完，按页装订成册时，似乎是不大接气。奈因近来从头补购者，日见其多，所存之报，尽皆补磬，后来再有订购者，自难补全，颇负爱阅诸君欢迎之本意，鄙人深觉不安。现已商之于本馆主任马君璞，拟将《花和尚》小说改为普通说部，以《花和尚》三字为总名，内中另

① 啼红：《迍邅散记》，《力报》1938 年 1 月 4 日。
②《本报小说价目》，《实事白话报》1922 年 7 月 17 日。

作目录，分为二十四回，成上下册两册。[①]

其《赛金花》亦如是。

将这段小说，略加修正，串成一气改成普通说部，节成一十六回，分上下册，每次冠以双行题目，并将赛金花小像，刊刻铜板，印于篇首，神采奕奕，如亲其人。现在已将第一册，编纂就绪，交手民排印，大约节前准可出版。[②]

小报于小说广告之、刊登之；复翻印之、装订之，诸般经营之法，可谓尽其能事矣。

四、白话评书，京腔京韵

北京报界有一说法曰：文言大报，白话小报。小报乃白话之天下，小说亦然。在上海小报中，文言小说仍不乏篇章，如捉刀人、吴绮缘、红绡、卧佛、钝斋、莲川居士、巽公皆文言大家，其短篇集连载，逾年经月。而北京小说，据现存报，仅检到一篇文言短篇。

北京小报小说多为白话评书，以剑胆、尹箴铭、耀亭、耀臣、哑铃、北鹤等为代表，在民初至二十世纪二十年代，他们的作品尚保留引首诗，以及说学逗唱、插科打诨段落。尹箴铭说："在下八股改业，混进摔评一门。"剑胆说："在下这门小说，原是个评书派。"迨二十世纪三四十年代，陈慎言、李薰风等作家以散文笔法写小说，始有改观。北京小报沿袭评书传统，上海小报小说则已呈散文化，还有的以抒情笔法为小说者，如苏青、丁芝、张宛青一辈女作家皆如此。甚至还有欧化小说。

北京小报小说多用北京方言俗语，京腔京韵。尹箴铭说他的小说是"白话夹杂北京土话"[③]，许多作家为防方言被讹读，而自加音注，以备不虞，可见对京韵十分在意。小说中有大量的方言俗语，有

① 剑胆：《花和尚》，《爱国白话报》1914年3月5日。
② 剑胆：《赛金花》，《爱国白话报》1914年9月20日。
③ 湛引铭：《娇娜》，《群强报》1920年8月18日。

的今日读之，已不详其意。如《康小八》中，康小八第一次做路劫之后，所获颇丰，心中大喜，文道："俗语说：两只眼睛是黑的，那包银子是白的，再说又是初次看见这们些，可称是乡下佬进皇城，头一遭。遂一面用手去抓弄，一面自言自语地暗自说道：'哈哈，说了归齐，还是当路劫，钱来得容易，要是凭我小子放脚，多咱能够挣下这么些银子呀？瘸子的腿，已就也是已就了，一回也是干，两回也是干，脑袋掉了不过是碗大的疤拉，爽性来个打破脑袋用扇子扇，明天早起把驴拉到驴市上一卖，制个小六转，爽性大大来它一下子，要劫劫皇纲（念杠），要抢抢娘娘。'"①

再如："王大爷，你好没影儿地，提这个做什么？"②

文中的俗谚，"瘸子的腿，已就也是已就了""脑袋掉了不过是碗大的疤拉""打破脑袋用扇子扇"且不说，单说其字的读音，作者特意在"皇纲"的"纲"加了音注"(念杠)"，其目的是用正京音。

"好没影儿地"的"影"应读作"秧"，其意是突然，毫无征兆之意，不是某人突然不见了。也可写作"好么样儿地"，更易读通。"制个小六转"的"制"，不是自己制造个枪，"制"乃买也。"疤拉"，北方话，疤痕之意。"归齐"，归根到底也。

五、武侠逊色，公案第一

题材上，北京小报小说公案第一，实事小说最受欢迎，武侠、言情较少。此与上海小说正相反，上海小报几无公案，已被侦探所替代，实事小说亦鲜见，而以武侠和言情为大宗。

关于公案小说，北京小报小说作家常据实事演述公案折狱，如剑胆《如是观》写的是清嘉庆年间一桩弃儿凶案，始终悬疑，他从友人觅得好事人日记一本，记事甚详，演为小说。其《香界寺》是根据

① 亚玲：《康小八》，《爱国白话报》1913 年 12 月 31 日。
② 亚玲：《康小八》，《爱国白话报》1914 年 2 月 20 日。

1919年5月间一件实事，当时警界在西城石碑胡同西厢寺抄拿大方丈鉴悔，并有尼姑、在旗男女多人被捕。野僧《害婴案》是据报纸所载，按事而述，演为小说。

北京小报之公案小说塑造了一批青天形象，他们具察察之明，虽未若包公之日断阳、夜断阴，但亦能制五毒之蛇蝎，起九幽之冤狱。

1. 危九

浮鸥《王阿毛》写老捕头危九。文述：

有王阿毛者，乃江夏县令林宝书家奴，后送与太守贾克灿，因其善昆曲受宠。王阿毛与江夏县令林宝书之女林韵芳青梅竹马，二人相约私奔出走，不虞失约未值。韵芳走避朱起凤宅，朱起凤之妻侯氏不贞，与开染坊的牛兆麟有染，相约私会朱起凤宅中。牛兆麟赴约恰遇韵芳，朱遂奸之。适王阿毛寻至朱宅，见其情景，以为二人通奸，遂杀牛兆麟并林韵芳。

事发，经危九德手始抓获元凶。危九德，乃江夏县老捕头，年逾八旬，当年应役之时，经其手破获奇案颇多。

此案破后，有人问他何以知道王阿毛与林韵芳有私，从而锁定王阿毛是凶犯，他说："此中并没有什么奥妙之处，不过一个理字而已。试想林大令素日喜好风雅，王阿毛又是他家的娈童，不用细问，自是宠爱极了，并可知道王阿毛的姿色决意美丽，否则那贾知府必不要蠢伶，藏在他的府中。我又访知林小姐也通文墨，素日作了几本传奇，命这王阿毛扮演，既有这样事实，那林小姐一定钟情于王阿毛了，否则她何必自作传奇。至于演得好不好，她又何必注意，就此情形观之，便知林小姐与王阿毛有关系了。

"如今贾太守染病，王阿毛乱嫖，林小姐携着珍宝私奔，林小姐素日并不出门，试问林小姐投奔何处，除王阿毛之外，还有第二个人吗？至于林小姐何以投到朱家，倒是令人难以捉摸了。"

至于另一凶手牛兆麟，他何以料知？他说："至于牛兆麟与侯氏有关系这一节，更容易明白了。因知朱起凤日日当差，不常在家，朱起蛟又是一个书呆子，素日侯氏与朱起蛟不睦，便知侯氏泼辣，凡属泼辣之人哪能安分守礼，必与侯氏有关系，究竟他们怎么拉拢上的必过堂审问。”

最后他道：“天地间的事情，无非一个理字，任你怎么能作案子，到底出不去理字范围。当事人多半昏聩，或者心有成见……所谓静者乃能见微知著，若能仔细审这情节，必可得着线索的。”①

危九破案亦用推理之法，然以人情世故为根据，而非以科学数据为准，与西方小说之推理不同。

2. 田统带

剑胆有一田统带系列公案故事。田统带，名田德山，为京城右翼统带。田统带系列，据现有报纸，剑胆作了 7 篇，7 篇之外当亦有作，然无资料可考。7 篇之中保存《付胜氏》《前世冤》，然皆残缺。《前世冤》尚存梗概，云：“单说这段新题，亦系田统带所办案件，可为田德山侦探案之七。查其事迹，乃赵准泰扎毙姘妇弃凶远飏一案。其凶犯在未作案之先，早已预定弃凶逃遁，地方官胡得而知之。不期田统带，平素于微细之事，处处留心，每出一奇特之案，属下禀明出事地点，田统带触动脑筋便可料知此潜逃之犯，落于何方，即派属下前往捕拿，至则有如探囊取物，并且百无一失。此案赵准泰之被获，离潜逃时，不出五十分钟，若非留心时务，胸有成竹者，曷能如是之速。”② 五十分钟缉获凶犯，今日亦可谓之神探。

3. 郭公

辽隐有郭公折狱 2 篇，文称郭公名郭君实，乃作者之友。

郭公“在孙传芳五省联军总司令时代，曾任安徽知事多年，因为他是一个作小说的出身，对于民隐极想发扬。他自己常说那腐败的话，道是‘穷死不要钱，急死不冤命’。既有这个怀抱，自然名声很好了。他所治过的县份，老百姓有口皆碑，甚至临走之时，道途之上男女

① 浮鸥：《王阿毛》，《实事白话报》1930 年 9 月 6 日。
② 剑胆：《前世冤》，《实事白话报》1924 年 9 月 28 日。

杂沓，人山人海，伏地哭留。老百姓哭，郭君实亦哭，结果留帽留鞋，挂在城门上，表示永不敢忘。还有主张立生祠的，于是也足见郭君是一位好官了。孙传芳失败，郭君亦连带下了台，我们见面之后，问他何以这么大的本事，这个年月的人心，大非昔比，居然能有这样好结果，岂不是太难得了。到底是什么法子，请道其详，郭君笑道：无他，穷死不要钱，急死不冤命而已。凡是临民之官，果能把十个字印入脑筋，包管能博得好官的名声。但有一节，下台之后，依然两袖清风，可以说是一个铜子的宦囊没有。现在又和某书局订约，给人家做稿子，对付着谋生哪。说来未免令人伤心，这话不说，只说他在任所之时，经过的新奇案子，不一而足，暇时我们便谈案解颐"[①]。

《醋西施》叙安徽宿迁县大源酒醋店，老板邬阿善，人称邬大源。原配亡故，续弦康爱姐，人称醋西施。本县书生宋师尧，佻达无行，倾慕爱姐，曾扬言不娶，爱姐嫁后，宋师尧颇有不忿之词，玩笑间曾有邬大源死，方得爱姐之类言谈。

孰料，邬大源在收账回途中被杀，钱财被劫，爱姐被疑杀夫，宋师尧因其言论，与李协台等亦被于知事下令抓捕。

迨郭君实上任，知案另有隐情，假令判宋师尧有罪，爱姐任人呈领为妻。有卖豆腐的苗起端，递呈愿领爱姐为妻，作案者即其人也。又从其住处起获烟袋等赃证，苗起端抵命。康爱姐、宋师尧和李协台等无罪释放，宋师尧与康爱姐终成眷属。

《九人画》亦郭公折狱故事，作者称："友人郭君治宿迁县一年有余，经手所办的奇案极夥，尤以九人画一案情节新颖，若非郭君事事留心，此案万难破获。郭君本是新闻界的人，做了县官之后，决不端那县太爷的臭架子。每日按时办公，公事已毕，也许和同人研究县务，也许微服而出，亲往各处访查民情。按着新闻记者访事的办法，在那茶馆酒肆以及乡村市镇随便与你闲谈，人民既不知他是县官，自然无

① 辽隐：《醋西施》，《实事白话报》1930 年 8 月 11 日。

所避忌，坐在一起纵口大谈，因而颇得民隐。”[①]

文叙郭公每次微服出访，总见一童子，年约十二三岁，立于墙根，手中拿着一卷白纸，为画共五段，绘九人。后经询得知，此子名俞大柱，住西城流水堡。其父俞耀西，母梅氏。俞耀西结交一军界朋友侯二刚，连长之职，其兄大刚任旅长。侯二刚觊觎梅氏，为俞耀西痛斥，侯二刚则借县中劫案攀污俞耀西入狱，以图梅氏。为救丈夫，梅氏委身侯二刚，侯二刚应允其救夫之请，暗地却促其夫速死，以独占梅氏，俞耀西终被枪毙。丈夫死后，梅氏将侯二刚逐离身畔，然侯二刚仍来纠缠。文虽残缺，但郭公为其白冤者必也。

郭公断案，今仅存此两篇，未见有他作，不知有幸成系列如包公案者否。

在北京小报的公案说部中，有的以疑案衍成小说，详述警察、法庭审案过程，以明民国司法之公正。

亚铃的《元宵案》演：有张福泉，爱吃元宵，去亲属家吃酒又想起这个茬来。邻居有个苏大姑娘，热心人也，听说张福泉要吃元宵，说正好别人送来三十个，就给你十五个，不想张福泉吃下便身亡。

这显系苏大姑娘投毒了，然此元宵亦非苏大姑娘所有，乃一不相识驴夫，称受刘万才所托送到苏大姑娘处，刘万才乃苏大姑娘表兄。苏大姑娘遂成嫌犯。恰在这时，分居已久的苏大姑娘弟弟苏斌，返家省亲，或疑元宵出诸其手，意欲加害不相和睦的姐姐苏大姑娘，苏斌亦系狱。后迭经审问，终因证据不足，判定此案暂告悬疑，俟侦查有确实证据，再行起诉。然按文中所述，所谓不相识之驴夫，始终不在嫌犯之列，亦未有交代，于文于理皆有罅漏，但按小说不好究其实。

公案小说皆有案底，如谜语之谜底。此篇则无底可揭，且文中所述诉讼程序颇繁，作者之目的是欲借此案说明民国以来“司法独立自比专制时代不同。若在前清时代，传至刑部，五刑交加，未尝不能讯

① 辽隐：《九人画》，《实事白话报》1930 年 10 月 28 日。

出真凭实据来，然亦有受刑不过，因而诬服者。”①

辽隐《杀子疑案》写湖南长沙发生的一件疑案，叙湖南长沙杨兆和，妻杨屈氏，杨屈氏倌人出身，不改劣性，与萧子成私通，又与高鹏林有染。其子燮元怨愤其母，杨屈氏恋奸情热，曾有毒杀其子之图谋。

后燮元捉奸，孰料，捉奸不成，落水溺亡。燮元兄弟告杨屈氏杀子，警察验尸结论，杨屈氏杀子不成立，燮元致死之由无定论，成疑案。文中叙述司法程序，引证司法文件颇多，其意亦在说明民国司法之文明。

六、偏好议论，鄙薄自由

与上海之消闲娱乐不同，北京小报以移风易俗、开发民智为宗旨，小说多说教，好议论。

北京小报十分关注自由话题，如自由交际、自由婚姻等。浮鸥有数篇专以此立题。明清以来之作品力倡婚姻自由，上海小报视借小房子、轧姘头为寻常之事，而北京小报尚对此议论未定。浮鸥对自由、摩登持论甚谨，看似中庸，实则守旧。其自释自由云：“自从自由的名词时兴以来，很有许多的事物，都要冠以“自由”二字。譬如党派之中，都名自由党者；婚姻之中，有名自由婚者。其余如自由船、自由车、自由床、自由椅，这宗名词很多，作者见闻不广，未能一一记述。甚至上海的地方黄浦滩，因为是五方杂处，中外同居，风土人情，不免更尚自由，于是把黄浦滩呼之为自由滩。大家这样的定名，其间的用意也不过是表示文明而已。”②

就此议论看，他并不反对自由，然持物唯求新，人唯求旧观点。一提自由婚姻，便有不同看法，诗曰：

---

① 亚玲：《元宵案》，《爱国白话报》1914 年 3 月 16 日。
② 浮鸥：《自由岸》，《小公报》1923 年 8 月 5 日。

沾染欧风美雨，婚姻都讲自由。
不然男女两愁，眼看皮抽肉瘦。
父母初闻否认，继而颇引为忧。
无他权且允儿谋，与尔终身撮就。
假若彼才我貌，说来倒可营求。
谁知恋爱些时休，闹得鸡争鹅斗。
排却糟糠古教，何能燕侣莺俦。
十年梦醒泪双流，旧室反成新构。①

作者认为："专制婚姻自然不好了。自由婚姻也不见得都圆满。"《三角血》叙女学生真静梅，校花也，性喜浪漫，可谓是新人矣。然而其行却不可取，她与刘荀士、阮如咸二男生善，后嫁刘荀士，却与如咸私通，又毒死刘荀士，与阮如咸同居。似此皆是以自由之名行淫乱之实者也。

剑胆于北京小报以议论称第一，发文言论皆关乎世道人心，对婚姻自由亦有见解。《恶妇回头岸》一文，题目上冠以"助善语录"之名。文云：黎玉青任俄义洋行副经理，妻黎太太纵情挥霍，人称洋行内老板，外号财神奶奶。弄下偌大亏空，无法抵补，黎玉青自焚，并纵火焚烧俄义洋行，黎玉青伤重而亡。黎玉青死后，黎太太与擦白党翻译冯小齐一见成情，为其所骗，财物罄尽，被卖入三不管小下处接客，受尽虐待。染了一身杨梅大疥，鼻子烂掉，自杀为老尼救回，空门了其残生。

文后剑胆议论道："按此段事迹，并非凭空捏造，实在确有其事，故敝人将其编成小说，借以警告社会。一般好自由的女子，且莫受那新潮流的熏染，要知那宗恋爱自由等等新名词，并非普通妇女可以随便讲的，必得有了真实学问，还得自己有最明了之眼光，方能论到自由恋爱。日前某君说，必须男女出言不苟，方可谈到恋爱自由，诸君听听这宗学理，够多么深奥，有如佛语参禅的一般。若是既没学问，又没有明了眼光，胡乱讲起恋爱自由，势必成为野狗交合。此段用意，

① 浮鸥：《自由岸》，《小公报》1923 年 8 月 5 日。

专为警戒好自由的女子与事事狂放不羁之人，故有是报。”①

此段曲终奏雅，点明题旨，未为不可。然有时随文便大发议论。如《欢喜冤家》中一段写奎老头、奎老太婆与女儿蓉大妞夜宿，文道：“姑娘靠仅里边，老两口子靠外边，老太婆挨着姑娘，老头子却仅在那一边，亲丁三口人睡在一个炕上。”

就此情景，剑胆之老礼便搬了出来，发起议论曰：“要按规矩说，二十一二岁的大姑娘，应该放在套间去睡，不能同爹妈睡在一起。虽说是亲丁三口，也应男女有别。话虽如此，人要一穷了，就顾不了那些讲究。所以孟夫子说，衣食足，而后礼仪兴。可见国家人民，第一最要紧的是吃饭主义，先讲吃饭，再讲其他各事。”②

剑胆所言，不为无理，然横生议论，且远征博引，有时议论多于叙事，实为小说之大忌。

铁丐存小说8篇，皆刊于《实事白话报》，3篇较完整，其中2篇写一夫娶二妻事，一篇《新鸳影》，邹玉祥先后与倩云和银鸾结缡；一篇《黑黛缘》，缪墨园与李黛芳、黄玉芙恋爱结婚生子。

古代小说中，《儿女英雄传》安骥娶“二凤”，张金凤和何玉凤，一闺秀，一侠女，《红楼梦》亦寓环肥燕瘦、娥皇女英之意，然此类二妻小说并不多见。时至民国，铁丐竟有这般作品刊登，实属罕见。揆诸其意，不外不赞成旧礼教，然亦不喜自由之新道德，取其中间道路，用中庸之法，写不新不旧，即不失浪漫，又一归于传统礼俗之婚姻。

他说：“平日编著言情小说，专取材于新旧情场里的佳话逸事，虽不一定人弃我取，可是我所选定材料，若以之移赠同业同道，总有几个人物不新不旧。或竟嗤为理想中的人物，绝非现代习俗上所能有的，以为不合现代青年的眼光。这话，我也是无暇多辩……不过像我所采择的材料，在现代的社会上却也当真等于凤毛麟角，搜求不易。现本着不悖于时代性，而又不致陷于浪漫派的趣旨，选出一段侠情事

① 剑胆：《恶妇回头岸》，《爱国白话报》1921年7月31日。

② 徐剑胆：《欢喜冤家》，《实报》1938年6月1日。

料从事编撰。”[①]

在上海小报大写轧姘头、养小白脸、吃童子鸡、搭小房子、开房间、逛长三、白相么二，叫向导女之时，铁丐仍固守于其不新不旧人物，可见京海之不同。

七、情色皆无，嗜血有加

上海小报则多艳情小说，有捉刀人、冯蘅、桑旦华、孟德兰等专攻此体。北京小报小说无色欲描写，然却喜摹行刑场景，奈何如此传统之小报，却嗜血若此。

如其描斩首。京城清末民初似乎行刑皆在菜市口，文中说，出了宣武门，够奔菜市口，人山人海观瞧，自不必表。

行刑建有监斩棚，有监斩官在。犯人要推至监斩棚前边，再行点名，之后便行刑。其法如下，先要拴辫子。文云：“把刘二的小辫，与麻绳拧在一处，往前一拉，后边两个人，往后一搬左肩膀，就听刘二哼了两声，脖子立刻长出有三四寸。”

此处作者未写行刑柱，辫子当系于柱桩上。接着，“过来一个面如活鬼的刽子手，用手向刘二脖子上点了一点，一回手，从徒弟怀里，把那把大头鬼刀拿过，恶狠狠举起，说声好刀，只听扑哧一声，斗大人头，砍落在地，一腔鲜血，洒至尘埃”[②]。

斩首尚简便，最为血腥的是剐刑。网络上流行不少清代剐康小八之图片，然不知真假。剐刑过程颇长，先是押赴刑场，沿途有叫好的观众，而犯人例要唱几口、说几句，以示英雄好汉。如什么二十年后又是一条好汉之类，至于观众如何叫好，文实权写到是喊“野”和“好”，一呼百应，文云：

有那年轻好事的嚷道：“大家齐了没有？”即有多数人应道：“齐

① 铁丐：《黑黛缘》，《实事白话报》1933 年 9 月 11 日。
② 剑胆：《张观准》，《爱国白话报》1921 年 4 月 25 日。

了。”“给那谋害亲夫的一个‘野’呀。”众人嚷一声：“野！”真能听出二里多地（按这种风俗在前清光绪二十年之前盛行，嚷“野”字是表示反对，叫“好”字是表示赞成）。又有人嚷道：“好横的大妞儿，齐了没有？”众人嚷道：“齐了。”“给她个好儿。”众人接声一嚷好儿，车行故意甚慢，为的是叫人哄着玩儿，这也是社会上一种制裁力。①

动刀之过程，先设桩、香案。懒侬《六命奇冤》写道：“早有人栽好木桩二根，遂将金福金禄捆在木桩之上……又见有人在阶下设了一张香案，洪当家出座，走向桌前，拈香毕，向上磕了三个头，回身落了座。洪寿即喊道，用刀。”

此时开始用刑，“但见刽子手用刀尖向贼胸上一剜，复又一转，再用刀刃一割，只见四五寸大的血肉，掷在就地，胸前割了两块，两背各割一块……不一时二贼各成了八块腥臭的骨肉了。两名刽手，各持首级，走至阶前，单腿打千，报道：‘刑毕。’”②

懒侬所述较为简略，闲云《风尘侠义》更为详尽。他写了一段刽子手的刀法表演，真是难得一见。文云：“那正刽子手的右膝盖，突地朝监斩棚一曲，随手竖起一把明晃晃的剔骨牛耳尖刀，往上一举。这招儿，恍似《三国志》里叙的曹孟德，当年向董卓献刀时的情景一般。这样玩过一套花样之后，接着见他猛地侧身，刀儿一亮，身子扑到犯人前面，照定恶贼李虎的额际，飕地一闪，就刮了下去，随着刀儿闪下来的劲儿，一片肉块，立即横搭到鼻梁之间。紧接听得恶贼，只颤着：‘哇呀，妈呀’了一声。”

所谓搭在鼻梁之间，是用来遮盖眼睛，有的小说记载称，是从头顶削下来一块皮以盖眼。

“于是执定利刃，一刀一刀，便即由上往下剐刮。这当儿，只听得：嗤咕嘎喳，嘎喳嗤咕，眼见左膀右臂，左腿右腿，一节一节，解得七零八落。接着，刀子斜刺里绕到上边，向犯人脖颈间只一横，又将脑袋瓜子端了下来。此时，只剩下一个缺腿断臂，没有脑袋，血淋

① 文实权：《母女同磔录》，《实事白话报》1924年11月16日。
② 懒侬：《六命奇冤》，《爱国白话报》1919年12月31日。

淋的红肉墩子尚自竖立在那里。”

在《康小八》中，刽子手最后致命一招是用点心针，针刺心脏而毙其命。而此处却是用刀划开胸膛。“末后，刀子照定胸膛中央，嗤的一声，插了进去，用力一按，一直拉到下边，刽子手随即用手向内一掏，霎时间，将心儿肠儿肚儿，滴滴答答，拖出来一大串子。”[①]

关于菜市口行刑，北京有许多民间传说，然究无文献可征。至于真实情形如何，则不得而知。小说所写，不免渲染之处，供阅者想象而已。

① 闲云：《风尘侠义》，《实事白话游艺》1939 年 2 月 12 日。

第二章 评讲聊斋

一、评讲小史

评讲聊斋（见图 2-1），又称说聊斋、讲演夜谈、白话聊斋、聊斋演义，名称不一。因庄耀亭、尹箴明二公，以评讲之名，笔耕不辍，垂 20 年，年深月久，名远望重，为归美二氏，总其余而名之曰评讲聊斋。

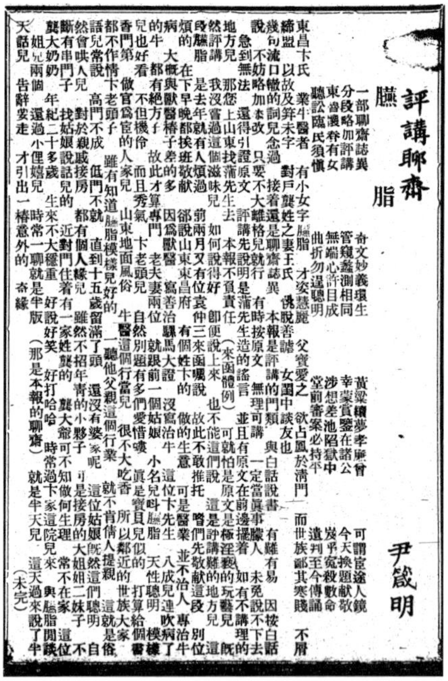
評講聊齋
臙脂
尹箴明

图 2-1《评讲聊斋》

评讲聊斋之史，其来尚矣。现存最早的《聊斋》话本集有二种：一名《醒梦骈言》，一名《删定二奇合传》。《醒梦骈言》，约刻于乾隆以前；《删定二奇合传》，有咸丰年间刻本。

近代则有三家之言可供考稽，一为金受申，一为尹箴明，一为戴兰生，此处参伍折中三家之言而考之。

北京四九城中，皇城根下，乃曲艺窝子。仅就评书而言，金受申先生有言说得好：

北平在清代，有着每月关钱粮，四季领米的八旗官兵；有着大小衙门五营二十三泛；有着天天开仓，日日放米的仓场；有着专赚皇帝钱的内务府司院库和里扇太监，有钱而且有闲。于是在吃喝玩乐、花虫鱼鸟、走马排车、耍枪弄棒之外，便都去书馆中去闲坐。如东安门外南湾子东悦轩，后门一溜胡同同和轩，便专为内务府及太监的聚集所。①

在以前北平人没听过书的，仿佛没吃过（涿）州粉一般，王公府第，除常川养着几个说书的人（如说《彭公案》的李豫林，说长枪袍带书的王虎臣，便是那女司令金壁辉先人府中养的说书人）以外，还可叫家档子。记得那王府喀尔喀亲王那彦图驻平，曾叫过杨云清说家档子，因为本家好听荤包袱，所以永远在外书房里说。

入民国后尚能维持原来现象，衰落的起始在民国六年以后，九一八事变之前，北平四九城还有一二十家书馆，全盛时期即地安门外大街至鼓楼一隅之地，就有六家书馆，以外撂地的还不算。②

以上是金先生所述北京评书小史。北京评书行的家数，约有四者。

一为长枪袍带书，也称长枪书。有《列国》《三国》《西汉》《东汉》《隋唐》《跨海征东》《残唐》《精忠说岳》《明英烈》，还有介于长枪和小八件之间的《水浒传》。

二为武侠类的短打书，即所谓公案书，又称小八件。有《三侠五义》《小五义》《大宋八义》《善恶图》《清烈传》《三侠影》《彭公案》《永庆升平》《施公案》《于公案》《雍正剑侠图》。

三为神怪书，有《西游》《封神》《济公传》。

四为谈狐说鬼的爱情书，只有《聊斋志异》一种。

---

① 金受申：《北平的评书》，《一四七画报》1946 年 5 月 11 日第 4 卷第 1 期。
② 金受申：《北平的评书》，《一四七画报》1946 年 5 月 11 日第 4 卷第 1 期。

四家数中，独《西游记》和《聊斋》以书立派。

1. 月川德氏首创评讲之门

据金受申先生言，《聊斋》由清光绪年间，一个叫德月川的清宗室创为评书，先在后门大街试演，后列为评书家数之一。

传其艺者有：宗敬之、周鸣九、刘逢源、张智兰、刘岚仲、雷岚川、邹福久、世殿成、陈士和、董云坡、赵英颇、纳兰桥、曹卓如、文健华、松寿卿、画锅、福久。

以上评书聊斋传承人，仅知其名，略道先后，若论其世系和师从关系，多已无从知晓矣。至于其书艺，有两家之评论尚可引述，一是金受申，一是湛引铭。

金受申先生说：宗敬之、周鸣九、刘逢源、张智兰，这几人虽在书馆敬献，但都不是评书行道出身，俗称“海青”。他们的特点是照着本说，其中张智兰最为有名。

陈士和、董云坡“二人能得其中三昧，能将情节曲折传出，且有超过原文之处”①。

赵英颇名声在外，纳兰桥名声不大，曹卓如“尚能叫座”，“至于陈士和弟子文健华，简直不可闻问。有一次说《金生色》，陆军部蔡科长气得大骂而去，于今文健华不知开到哪个外穴去了”②。

湛引铭评论云：

月川、敬之假清门，黑杵首先一份。鸣九照本撂地，智兰善背原文。画锅、福久近单春，挣钱吃饭过瘾。士字徒从师艺，借道云岚诸君。殿成杂抓寿卿云，都比愚下带劲。③

“月川、敬之假清门，黑杵首先一份。”“清门”不以赚钱为目的票友，“黑杵”是私下收钱，其意略为，名为票友下海不计报酬，却私下收钱。此说和金受申先生说的“海青”相符。

“鸣九照本撂地，智兰善背原文。”周鸣九、张智兰谨守《聊斋》

① 金受申：《北平的评书》，《一四七画报》1946 年 5 月 11 日第 4 卷第 1 期。
② 金受申：《北平的评书》，《一四七画报》1946 年 5 月 11 日第 4 卷第 1 期。
③ 湛引铭：《任秀》，《群强报》1919 年 6 月 21 日。

原文，与金受申先生说法相印证。

“画锅、福久近单春，挣钱吃饭过瘾”，是说画锅讲法近于单口相声。福久，不知何人。

“士字徒从师艺，借道云岚诸君”，云岚不知何人。据文意仅知陈士和师徒借鉴他人处颇多。

“殿成杂抓寿卿云，都比愚下带劲。”对于此联，湛引铭自己有解释云：

在下为什么末句说世松二位是抓云呢？并非说二位说得不好，皆因我殿成大哥不是专吃《聊斋》，本学儿是《隋唐》，还有吃大小黑脸儿（就是《三侠五义》《小五义》……），也能说《戏迷传》。单春，即一个人的相声。故此，我说他杂抓。至于松寿卿先生，我们没接过谈，论其口锋灵变、肚腹渊博，实比愚下强。①

其意是说世殿成会的书多，并不专主《聊斋》一门，至于说“松寿卿云”，则不明其意。

以上说的是评书行中人，即撂地、进馆子吃摔评饭的先生，尚不及报馆之执笔先生，那么是何人将《聊斋》搬上小报的呢？就是那位善背原文的张智兰。

2. 张智兰

对于小报评讲聊斋的历史，戴兰生的回忆文章说得最为翔实。其文曰：

按《聊斋志异》一书，本蒲松龄老先生所著，蒲系清初时人，聊斋系其书斋名。全书共四百余段，内容包罗万象，应有尽有，数百年来，久为读者所欢迎。

晚近《聊斋》译成白话，在报上刊登，首创于金君辅臣所办之《北京新报》（在清末宣统初年）。评书界名人张君智兰，夙以擅说《聊斋》出名。此君现已作古，其哲嗣少兰，号佩文，在评书界中，亦颇有名，为大名鼎鼎擅说《精忠》之潘诚立之高足。佩文承父师遗业，人又精明，

① 湛引铭：《任秀》，《群强报》1919 年 6 月 21 日。

本业外复潜心学医，擅眼科，近来家业日起，人皆谓张君智兰，一生忠厚，故其哲嗣能跨灶。当二十五年前，《北京新报》初登白话聊斋时，即系张智兰首创，后因公忙，无暇握笔，始由其邻居好友庄耀亭君赓续接作，已而庄君又因公忙，由其同事好友湛引铭君代作。

湛引铭者，暂隐名也。乃清季之贵族，胜朝之遗老也。入民国后，改署尹箴明，在《群强报》上编辑白话聊斋，标题加用“评讲”二字，署款改用尹箴明，取隐真名之意。前之所以用湛者，尚有暂时之意，后之所以用尹者，即绝对不谈其真名姓，而实行隐去也。故白话报界中提起编辑白话聊斋，人皆知耀亭与尹箴明，而不知实创始于张君智兰也。耀、尹二公外，尚有杨曼青、徐翁剑胆诸君等等，不及备述。不过说的段子多，登的日子久，仍以本报耀亭、《群强报》之尹箴明二公为最。今则二公先后去世，白话聊斋，亦竟随之渺鲜。抚今追昔，诚不禁感慨系之矣。

后生如记者，遭逢时会，在报界中滥竽充数，与耀、尹二公时相聚处者，屈指二十余年，是以知之最详。由《北京新报》说起，历经《京华新报》，复活之《京话日报》《群强报》以迄本报，凡关于二公之《聊斋》作品，记者均有完全之保存，在当时不过偶尔留置，决无他意存乎其间。不意二十五年后，此一堆破烂残余之剩报，竟成绝大纪念品矣。

日前，偶与宦游归来之谔谔生君（谔谔生君，与耀、尹二公同为二十五年前之报界知名人士，不但与二公为文字交，且为总角交。此君之年龄较诸君为小，然其旧学则与湛引铭君相等，其社会杂学则又与待余生君抗衡）谈及白话聊斋一事，谔谔生谓想不到《聊斋》改白话，居然红了 20 多年。不但蒲老先生想不到，就连擅说《聊斋》的张智兰，也万没料到嘴说不如笔说。既然如此，吾报何不扫数说完，成一全书。记者深以所言为然，近顷阅者方面来函，亦是如此说法，足见人同此心，心同此理。因此决定修正后重登，所有未说各段，将来即由谔谔生君担任继续。①

戴兰生此文刊于《实事白话报》，作为重登评讲聊斋序言，虽云重登，但并非全部。所以戴兰生所说藏有耀亭和尹箴明的全部作品，亦无从印证。但作为亲历者，戴兰生之言可靠且详尽。据此可知小报

---

① 兰生：《白话聊斋·纪白话报刊登聊斋原委》，《实事白话报》1932 年 12 月 1 日。

评讲聊斋首创者为张智兰，首载之报为《北京新报》。

至于张智兰生平，仅有戴兰生文中对其哲嗣之记载，得知其克绍箕裘，且悬壶济世，他则无考。张智兰评讲聊斋首载之报是《北京新报》，首载之日约在1909年。惜《北京新报》散佚颇多，张智兰评讲篇什，已无从觅其踪影。

3. 庄耀亭

戴兰生文中说，张智兰忙不可支，由其邻居好友庄耀亭代劳。庄耀亭不济，则有尹箴明续之，三人接力，未曾间断。

庄耀亭，北京小报报人，曾任《实事白话报》编辑，据《实事白话报》两则告白，得知报馆中有二庄姓人，庄耀亭、庄荫棠。两庄姓人在告白中，从未并列出现在一则广告中。且二人皆做说部，都曾在《实事白话报》刊载，故疑庄耀亭、庄荫棠为一人。管翼贤《北京报纸小史》记载曰："庄荫棠，笔名耀臣，曾著《白话三国》刊于《实事白话报》。"①

1930年，庄耀亭在作品中说"鄙人现年六十老高"②，又说"以区区不才鄙人我说，吃《聊斋》差不多二十年"③。"因为鄙人从事以来，小说并没有间断过一天。哪怕遇到头痛脑热，但能挣扎绝不误事"④。庄耀亭在20多年间笔耕不辍，其所演《聊斋》篇章，因报纸散佚，已不知其确数，现存的庄耀亭作品94篇。

4. 尹箴明

尹箴明、湛引铭为一人，皆笔名。据《实事白话报》兰生的文章讲："湛引铭者，暂隐名也。乃清季之贵族，胜朝之遗老也。入民国后，改署尹箴明，在《群强报》上编辑白话聊斋，标题加用'评讲'二字，署款改用尹箴明，取隐真名之意。前之所用湛者，尚有暂时之

① 管翼贤：《北京报纸小史》，见杨光辉等编：《中国近代报刊发展概况》，北京：新华出版社，1986年，第428页。
② 耀亭：《崂山道士》，《实事白话报》1930年8月7日。
③ 耀亭：《陆判》，《实事白话报》1924年11月19日。
④ 耀亭：《胡四姐》，《实事白话报》1931年12月8日。

意，后之所以用尹者，即绝对不谈其真名姓，而实行隐去也。”

戴兰生对尹箴明、湛引铭记述颇详，然真实姓名讳莫如深。查《北京报纸小史》，作白话聊斋者有一勋莐臣。“勋莐臣，著白话聊斋，刊《群强报》”。检《群强报》作评讲聊斋只有尹箴明一人，且亘二十年未曾易主，故可以考定尹箴明就是勋莐臣。笔者将此论著为文章发表，勋莐臣先生外孙女张雅芳阅后来信，为言勋莐臣当年逸事，并立志将评讲聊斋搜集整理出版，以纪念外公之英灵。

尹箴明为北京小报前辈，据他自己讲：“在下八股改业，混进摔评一门。”①他是由科举而致力小报，“在下在报界混了十几年，担任的笔墨，并不一样，初手儿是学做演说，后来在《京都日报》《北京新报》当了两任编辑员。自从接办《群强报》，专任这门《聊斋》。”②

他最初从事评讲也从《北京新报》开始：“我说书的缘故，因为这份报，是耀亭先生，从前专说《聊斋》，因为又在别处做事，所以帮个忙儿。真是俗语说的，入行三天没力笨，总算我也藉着人家的报纸，学出这么一份招说的学问来。彼时我还帮着作一作演说，理一理新闻。”③有的时候碰上“我们耀亭大哥，玉体违和，拿起笔来就喘，所以求我帮说一段，我是义不容辞”④。“我们这馆里的人，虽不敢说全拿得起来，可是哪一样儿都要学一学。隔些天我们换一换心思，我要说书呢，好叫耀臣先生做几篇演说，来两段儿戏评，人家评的也比我在行。”⑤

由于二人实系师徒关系，风格一致，虽然轮换着上场，甚至有时半路插手，也能接得上。尹箴明讲：“幸亏我们耀亭大哥同我是一路说法，换上他老先生，接着说了二十多天。这就是人多玩意儿多，有朋友的好处，外带不是我们自夸，换个别位，还未必能接着说哪。要是我们不换下款儿，诸位未必瞧得出来，皆因他老先生，首创这门玩意儿，彼时我就跟着造魔，极力摹仿，死气白赖，往一个味儿里追求，

① 湛引铭：《陈锡九》，《群强报》1920年2月1日。
② 湛引铭：《申氏》，《群强报》第2136号。
③ 尹箴明：《小翠》，《北京新报》第706号。
④ 尹箴明：《红玉》，北京新报第758号。
⑤ 尹箴明：《青梅》，《北京新报》第822号。

所以才显不出来。”[1] 这大致是《北京新报》时的情形。

尹箴明后入《群强报》。《群强报》重视评讲聊斋，派尹箴明专门从事，不兼他务。开始还长川住馆，后因家务所累，报方允其家中办公，不必来馆，可见对其优待。

这份笔说《聊斋》的活儿，尹箴明先生吃得最长，他说：“在各报上一晃儿混了二十余年。”[2] “在下担任这门聊斋，从癸丑到壬戌不准换样儿。”[3]

在 1920 年 2 月他就说：“说到现在，净《聊斋》这部书，约莫总说过二百多段了。”[4] 其间，在 1922 年《群强报》改说《夜谈随录》等小说，立栏为《何必聊斋》，后改《讲演夜谈》。从 1922 年底持续到 1925 年 8 月，皆题湛引铭初稿或初编，大概此时尹箴明已垂垂老矣，不堪笔劳，须人协助，由尹箴明草初稿，再由他人润色。他大概死于 1925 年，因为在 1925 年 11 月 5 日已经被称为“故去老友”矣。

现在能见到的尹箴明最早的作品是 1913 年，最晚的作品是 1925 年 8 月 12 日《群强报》讲演夜谈《修鳞》，题湛引铭初编。尹箴明共存作品 158 篇。

5.《何必聊斋》《讲演夜谈》《遣兴录》

讲演聊斋自 1909 到 1922 年，说得日子颇不少，仅湛引铭一人从“从癸丑到壬戌”[5] 就说了十年。《聊斋》四百多段，所剩无几，加之不能抄重回，重述旧篇，同行尚需避让。《聊斋》虽好，不是久恋之地。湛引铭便萌去志，做换书之想，商之《群强报》经理，便于 1922 年 1 月重起炉灶，改说《夜谈随录》，以《崔秀才》为首篇，题曰“何必聊斋”，讲了两篇，改题“讲演夜谈”。一则径标原书名，以醒题目，二则以为“何必”两字，语近奚落。同为文人，处兀聊窘迫之乡，藉笔墨以博升斗，何苦自虐如此。书虽换，人依旧，湛引铭

---

① 尹箴明：《娇娜》，《北京新报》第 1307 号。
② 湛引铭初编：《尤大鼻》，《群强报》1925 年 5 月 8 日。
③ 湛引铭初稿：《犁花》，《群强报》1922 年 11 月 21 日。
④ 湛引铭：《陈锡九》，《群强报》1920 年 2 月 1 日。
⑤ 湛引铭初稿：《犁花》，《群强报》1922 年 11 月 21 日。

仍为主笔，讲演之法，与评讲聊斋毫无二致。作者自谓："按照讲演聊斋笔路口锋述说《夜谈随录》。"[①] 现存 18 篇讲演夜谈，换题不换人，仍由湛引铭操刀，实缘后继乏人，并非湛引铭驽马恋栈豆。

又过了几年，至 1925 年 11 月 5 日，题目忽变为"遣兴录"，作者时感生，首篇《仙露》小序云：

今天改演"遣兴录"，体裁却与《聊斋夜谈》相同，今天讲演的玩意儿，因为什么人家说着说着，换了你呢？又为什么不接说聊斋夜谈呢？诸公有所不知，皆因故去的老友湛引铭先生，在本报主笔□始演《聊斋》，后改夜谈，将些热闹目录，已经说了不少的段儿，搜罗殆尽。即便在下勉强再接着说几段儿，只怕也不及别位的大作。莫若另起炉灶，改演新书，标题为"遣兴录"，反正不出《谐铎》《夜雨秋灯录》等。这路笔记的故事儿，本报由来已久，就有这门讲演小说，阅读诸君也都瞧惯了，故此仍复旧制。俗语说得好，一路货惊一路主顾，麻木凉香各有所长，最好是萧规曹随，本着从前的意思往下聊。

时感生，民国北京小说家，本名关紫绶，在北京任小报小说编辑。此番换书，不但书不同，人也是新人。此时之湛引铭已被称为故去老友矣，一代宗师，已成古人。当年湛引铭殚精竭虑为《聊斋》，招说 20 余年，垂垂老矣仍不疏战阵，直至撒笔人寰，可谓鞠躬尽瘁，死而后已，追随蒲留仙于地下，二老相会，把臂言欢，柳泉先生必待之以上宾而后可。

人亡琴在，湛引铭流风遗范，虽死犹生。时感生亦为可儿，萧规曹随，仍复旧制，得延讲演之余绪不堕。《遣兴录》共存 11 篇。

庄、尹二人之外，尚有惕厂、杨曼青、徐剑胆亦曾在报上撰写评讲聊斋。

6. 评讲聊斋篇数

据现存北京小报，登载过评讲聊斋的有《北京新报》《京话日报》《群强报》《实事白话报》《白话国强报》《北京商业日报》6 种报纸。

---

① 湛引铭初稿：《犁花》，《群强报》1922 年 11 月 21 日。

《北京新报》题“说聊斋”，存26篇，署名耀亭、尹箴明，有的题尹箴、耀亭。

《京话日报》题“白话聊斋”，存2篇，《仇大娘》《大男》，署名惕厂。

《群强报》题“评讲聊斋”，118篇，署名湛引铭、尹箴明，或湛引铭初编。

《实事白话报》题“说聊斋”，61篇，署名耀亭。

《白话国强报》题“说聊斋”，4篇，署名耀亭。

《北京商业日报》题“聊斋演义”，3篇，未署名。

共计214篇。

以上篇数据现存报统计而来，实际数量要多于此数。湛引铭说：“自从《北京新报》出版登起，已然小十年了，可说的不差什么的，都说过了。”[①]“说到现在，净《聊斋》这部书，约莫总说过二百多段。”[②]这话大约在1921年（民国十年），评讲正在热销，已经说了200多段，估计全部创作在300段以上，评讲家几乎把《聊斋》说了一遍。

附录：评讲聊斋篇目（152篇）

《凤阳士人》《细柳》《小梅》《罗刹海市》《莲香》《大男》《商三官》《素秋》《锦瑟》《阿绣》《刘夫人》《青娥》《梅女》《柳生》《香玉》《乐仲》《姐妹易嫁》《曾友于》《嘉平公子》《花姑子》《金生色》《瞳人语》《晚霞》《婴宁》《促织》《庚娘》《神女》《续黄粱》《胭脂》《崔猛》《凤仙》《阿英》《陈公栖》《梦狼》《画皮》《仇大娘》《种梨》《崂山道士》《黄英》《田七郎》《公孙九娘》《齐天大圣》《长亭》《钟生》《贾奉雉》《阿霞》《毛狐》《书痴》《武孝廉》《王成》《王桂庵》《寄生》《公孙夏》《房文淑》

---

① 湛引铭：《邵女》，《群强报》1918年8月9日。
② 湛引铭：《陈锡九》，《群强报》1920年2月1日。

《窦氏》《韦公子》《九山王》《双灯》《湘裙》《彭海秋》《黎氏》《考弊司》《佟客》《张鸿渐》《丁前溪》《霍女》《吕无病》《段氏》《薛尉娘》《褚遂良》《聂小倩》《仙人岛》《申氏》《龙飞相公》《邵女》《巩仙》《鸽异》《小翠》《红玉》《张诚》《丐仙》《水莽草》《狐嫁女》《贾儿》《成仙》《连琐》《汪士秀》《王者》《保住》《青蛙神》《陈锡九》《西湖主》《荷花三娘子》《莲花公主》《绿衣女》《云萝公主》《甄后》《胡大姑》《娇娜》《妖术》《细侯》《毛大福》《太原狱》《邢子怡》《白莲教》《云翠仙》《萧七》《狐梦》《僧术》《驱怪》《骂鸭》《狐女》《王大》《伍秋月》《夜叉国》《大力将军》《姬生》《老饕》《叶生》《石清虚》《李伯言》《雷蒙》《赌符》《连城》《章阿端》《乔女》《白秋练》《姚安》《马介甫》《席方平》《青梅》《董生》《陆判》《侠女》《封三娘》《胡四娘》《天宫》《王六郎》《折狱》《胡四相公》《瑞雪》《颜氏》《辛十四娘》《画壁》《考城隍》《长清僧》《青凤》《江城》《葛巾》《小谢》《珊瑚》《宫梦弼》。

7. 轮子活，翻头，一样面百样作，一遍拆洗一遍新

评讲聊斋有个困局，即 400 多段，其中爱瞧的连 100 段都没有，小段叙事简单，坤角儿少，甚至说了 20 多年也没说到短段儿。既然就不到 100 段热闹的，小段又不堪评讲，就有卖重回的问题，评讲家称之为轮子活。

翻头，卖重回即前述旧篇，二番评讲。此类重述之作，皆热闹大段，虽为重述，但却不能雷同，不能照抄原文。“又搭着报纸上说书，不同书场儿，每段换地方儿，换个年月，还能再说，这是印在报纸上了，不许使轮子活。”[①]“可不能抄成文，知道哪位收藏着旧稿儿，倘或一质问，有多憨蠢。”[②]

虽是翻头，却不能使轮子活蒙骗读者。庄耀亭讲这叫作：“一样面，百样作；一遍拆洗，一遍新。”[③] 虽讲述旧篇，但要有新意。此类旧章重述者，今日尚有案可查者有 30 多篇，有的非只重述，《凤阳士

① 湛引铭：《陈锡九》，《群强报》）1920 年 2 月 1 日。
② 耀亭：《白秋练》，《实事白话报》1922 年 10 月 23 日。
③ 耀亭：《珠儿》，《实事白话报》1931 年 11 月 5 日。

人》说了3遍。

庄耀亭说《聊斋》："可说的才二百多段，在报纸上倒说了二十多年，要是说过去的不准翻头，那就只好是另改门路。"[①] 不料庄公所说"另改门路"一语成谶。没想到《聊斋》这碗饭吃到了头，评讲家在尹箴明手中就改换了门庭，另投他书去矣。

二、评讲之体

1."在下八股改业，混进摔评一门"

有人把尹箴明恭维为"《聊斋》大将"，他立刻惶恐不已，说这四个字愧不敢当。既不承认，也认为此大将说法殊不类，不是一句行内的话，"说书只有行，仅可称先生，自谦为学徒"[②]。如果上封号的话，我们这行的应该叫先生，可是我只是个学徒。如果真封我为大将，"您一枚铜子的月俸，我们这一群早就饿死了，总而言之，看书听戏，万不可只知有己不知有人"[③]。尹老先生之所以这么谦虚，就是因为不是吃评书饭的，不过是一个报人而已。

尹箴明自承"在下八股改业，混进摔评一门"[④]。"别听亲友捧场，把我这门玩意儿夸得事不有大眼贼儿似的。其实我连地道的海清都跟不上，无非前些年没事，都是从耳鼓中输入的，一知半解学问，后来蒙本报总理约我做这门玩意儿。"[⑤]"偷了点评书套子"[⑥]。"本着摔评的规矩说我的《聊斋》"[⑦]，"我们是动笔，道中先生们不动笔，可得费唇舌"[⑧]。

评讲既已偷师摔评，劫财江湖，已属争口，不能再挤兑评书，也要给说书先生留口饭吃——用尹箴明的话说就是"报纸登《聊斋》，

---

① 耀亭：《珠儿》，《实事白话报》1931年11月5日。
② 湛引铭：《荷花三娘子》，《群强报》1920年3月29日。
③ 湛引铭：《荷花三娘子》，《群强报》1920年3月29日。
④ 湛引铭：《陈锡九》，《群强报》1920年2月1日。
⑤ 湛引铭：《保住》，《群强报》1919年12月23日。
⑥ 湛引铭：《保住》，《群强报》1919年12月23日。
⑦ 湛引铭：《红玉》，《群强报》1919年1月22日。
⑧ 湛引铭：《保住》，《群强报》1919年12月23日。

不能妨碍江湖道，只好变着法胡诌，还得合报纸体裁”[①]。即探索一种报载体的摔评，为江湖卖艺的让道。如此评讲家将书场搬到了报端，与道中先生互不相犯。

关于评讲之身份，评讲家说了很多，不过是辩白与评书的关系。实际上，评讲之体，出自摔评，不过是将场上表演的评书，挪至报上连载，与摔评的区别仅是一个用嘴讲，一个用笔说。

2. 单回儿书

对自己的评讲之体，评讲家直言偷师，不稍避讳，又用了许多文字，反复譬喻，一者为自己正名，一者为自己表功。对于评讲体，评讲家还有一个比喻，说自己的评讲聊斋属单回儿书，不同横版小说。此言颇堪玩味。

什么是单回儿书呢，引尹箴说：“说书这路玩意儿，属着单回儿的书难说。何为单回儿书呢？从前城外青草馆儿，每到夏季天儿，多有约随意消遣的。比如哪一位会说什么玩意儿，前去喝茶，大家必把你架弄上去，说个一回两回的，犹如本道中的人到了书馆儿，本馆做艺的先生也要约上去，帮着说两回，这都名为单回儿书。既没多大的时限，又得让座位上听得明白，才能算个玩意儿。”[②]

据尹箴明所述，约等今日的客串，这种客串“既没多大的时限，又得让座位上听得明白”。尹公用来比喻自己的评讲，都是在单位时间内讲完一个故事，对于评讲家来说，就是每天要讲一个稍有头尾的小故事。

尹箴明又拿横版小说儿做比，说：“论到愚下的这门以笔说书，不同横版小说儿。”[③] 此横版小说，应该指的是新型铅印横排的小说单行本，非木板竖排者。

与横版小说不同在哪里呢？他接着说：“每次要有个小扣子儿，又限于这版的地位，说少了不够排的，说多了又排不开，总得留神掐

---

① 湛引铭：《荷花三娘子》，《群强报》1920 年 3 月 29 日。
② 湛引铭：《湘裙》，《群强报》1917 年 6 月 1 日。
③ 湛引铭：《湘裙》，《群强报》1917 年 6 月 1 日。

拢着字数儿，这还说的是每一天。论到新换目录头一天，先得占几行书词儿，再说几句铺场话儿，然后一报家门，不能说书，已经够了字数儿，好歹可也得留个账头儿（不对，回头儿），您想有多么难。”[①]

若如上言，评讲是单回儿书，要掐拢着字数儿，要有小扣子，不同横版小说。难道横版小说就不考虑字数，安设情节吗？以吾推之，尹先生之意是说，我为口语体，汝为书面体；汝之书面体，可抒情，可议论，以页算，汝抒情、议论占半页，在我则无疑砸饭碗；我以日计，每天就是一个头尾完聚的故事，汝则以一书为故事，我则以一日为情节；汝几十万字为故事，我则以日千字为情节；在我则可以“顺着原文，一加花头，再一逗哏，更仿佛相声儿了。在戏□□，这叫开搅，到评书行说，名为加欢”[②]。汝则不能。此即是尹先生单回儿，横版之说欤？

总之，评讲聊斋与新型的小说单行本不同，评讲聊斋出诸捽评，在小报上日载一篇，每天要交代一个故事，这是它的特点。

3. 报余饶头、六版闲篇

评讲聊斋之位次，居小报之第六版，第六版已落演说、要闻、京闻之后，故称报余。用尹箴明的话说：“蔡马飞是个配搭儿，潮银子搭个戥儿，六枝儿抓痒痒儿，是个搭手儿，骆驼的下颌，搭拉嘴儿。”[③]“报余的饶头”[④]。又说：“供菜中的山药，无非是个底货。”[⑤]

他解释道：“本报聊斋评讲，为占六版闲篇。”[⑥]“因报纸登小说，名为报余，是把演说、要闻、京闻登完，登这么一段，所为引人兴趣。好比这篇报纸，是个公共集会的所在，咱们每日聚在一处，先尽要紧的话说，然后再聊天儿。如有要件、呈批，是国民不可不知道的。我

---

① 湛引铭：《湘裙》，《群强报》1917 年 6 月 1 日。
② 尹箴明：《崂山道士》，《群强报》1915 年 10 月 2 日。
③ 尹箴明：《仇大娘》，《群强报》1915 年 8 月 4 日。
④ 尹箴明：《凤仙》，《群强报》1915 年 3 月 2 日。
⑤ 湛引铭：《吕无病》，《群强报》1918 年 1 月 7 日。
⑥ 尹箴明：《仇大娘》，《群强报》1915 年 8 月 4 日。

们登在六版，正是应尽的天职。”①

即属报余闲篇，至于其作用不过是遣兴和解闷而已。他说：“您要瞧正经的，第一是演说，其次是新闻，是预备关心时局诸君参考的，京闻是记载社会情形的，轮到这末版，所为您瞧着倦闷了，藉此遣一遣兴，故此这门玩意儿，总得加着逗个哏儿。”② 评讲家给自己的定位就是报余闲章。不过是娱宾遣兴而已，故说学逗唱，插科打诨，有时就像相声，图的是个热闹。

三、题材角色

评讲家对于《聊斋》题材有自己的说法。分为苦条子、花衫子，大段、小段、冷段子。

（一）苦条子、花衫子，大段、小段、冷段子

1. 苦条子、花衫子

评讲家将《聊斋》题材分为苦条子活、花衫子活。苦条子，相当于近代哀情小说，《邵女》《仇大娘》《促织》皆是。花衫子，即言情小说，《霍女》《娇娜》《小翠》是也。评讲家喜欢花衫子活，以其有坤角儿，说起来活泛。苦条子为防枯寂，也加个小花脸，逗个哏，方能说得下去。

2. 大段、小段、冷段子

《聊斋》许多篇章不脱子部小说体，丛残小语，粗具梗概，朴素纪实，去小说甚远。《聊斋》虽然名为400多篇，然合于作意好奇，篇幅曼长，叙事婉转者，仅居其半。“若论聊斋这部书，统共四百余

① 尹箴明：《胭脂》，《群强报》1914年12月19日。
② 湛引铭：《吕无病》，《群强报》1918年1月7日。

段，真要说瞧着有滋味儿，不足一半儿，再要说人人爱瞧，连一百段也没有。”[①]“《聊斋》一共四百多段，倒有多一半不能说的。”[②]

《聊斋》既然泰半不堪评讲，可说的百余段，又登了20年，精华殆尽，欲脱此困境，非说小段、冷段不可，或卖重回、翻头，除此无能为也。

（1）小段

小段即故事粗具梗概者。尹箴明说：“《聊斋》四百多段，内中有长有短，长篇的固然显得热闹，短篇的差不多都不爱瞧。因为叙事简单，而且坤角儿很少，所叙也不过蹊跷古怪，决计谈不到男女之情，以故直说了二十多年之中也没说到短段儿……再说凡是短篇的故事，从中绝没有多少曲折，多半近于新闻体裁，十有八九平铺直叙，作就了不能十分讨俏，铺张死了也是瞎掰。”[③]如《韦公子》《狐嫁女》《珠儿》《保住》《祝翁》《水灾》皆是。

《保住》一篇，叙吴藩家将保住巧取爱姬琵琶事，然仅及鸡鸣狗盗学鹦鹉之行，只400多字。耀亭演之“凑凑合合才说了三天，若非夹杂许多闲话，至多说上一天完事”[④]。

《水灾》原文不到300字，叙自然灾难，奇闻杂合因果。尹箴明说：“就说这段《水灾》，立意无非就是说孝。除此之外，在没有什么可瞧的，既不是才子佳人，又不是风花雪月，看着倒像一段儿实事，不过原文说得太玄，要说是编造的假玩意，可是又有年月可考。”[⑤]《水灾》与今日之新闻稿无异，仅相当于报缝间的短消息，去小说甚远。

耀亭讲演《祝翁》曰：“胡四姐演毕，紧接《祝翁》，原是一个小段儿，虽然没有多大意思，说来倒也新奇……无如《聊斋》既有这段玩意儿，也不能够永远不说，好在至大说上两三次，一展眼就过去啦。

①湛引铭：《邵女》，《群强报》1918年8月9日。
②耀亭：《白秋练》，《实事白话报》1922年10月23日。
③耀亭：《水灾》，《实事白话报》1931年10月14日。
④耀亭：《水灾》，《实事白话报》1931年10月14日。
⑤耀亭：《水灾》，《实事白话报》1931年10月14日。

这也无非与唱戏一样，后台管着它叫垫活。”[①]

《祝翁》原文仅有400多字，写已死复生，夫妻同亡事，仅为奇闻，并详志年月。对于评讲家而言，只能做个垫场而已。

小段给予评讲家的空间甚小，无从发挥。庄耀亭说：“我前者说过一回短段儿，阅者又嫌不禁看，一篇要说两个目录，那还不如看原文哪。”[②] 巧妇难为无米之炊，实逼处此，万般无奈，评讲家对于小段，只能把它当作大段间的垫活而已。

（2）冷段

相对争相评讲的热闹大段，有种非小段，然20年来无人问津者。庄耀亭明确提到的如《竹青》，“这段目录虽不大好，可是20多年始终没有说过”[③]。可谓冷矣。《贾奉雉》是个冷段子，《双灯》“这段书是极冷的小段儿”[④]。

《贾奉雉》以金盆玉碗贮狗矢，痛斥八股文。又以出世清操求解脱，人物沉浮中，而寓富贵浮云之理，可归讽喻之体，然于评讲聊斋甚不便。文虽长，关目亦曲折，以其寡情少味，故被冷落。

《双灯》叙魏运旺艳遇。然离合悲欢，仅及遇合，无深情韵致，为冷段必矣，极少有人评讲之。

2. 正生、正旦加小花脸

关于角色。《聊斋》人物乃书生狐女之局，神异变化，又托之以诗情画意。评讲只靠三寸不烂之舌，无诗情之凭借，如谨遵传奇志怪之例，何以当《聊斋》400段哉！故评讲弃小说人物，而援戏曲入评讲，论角而不谈人物。

如湛引铭论《寄生》角色，说其中都是正工儿多：王桂庵、郑子侨、张大户，都是正生；孟芸娘、郑太太、张太太，都是正旦；寄生是小生；张五可纯乎是闺门旦。

---

① 耀亭：《祝翁》，《实事白话报》1931年12月21日。
② 耀亭：《白秋练》，《实事白话报》1922年10月23日。
③ 耀亭：《竹青》，《实事白话报》1931年8月22日。
④ 湛引铭：《双灯》，《群强报》）1917年5月30日。

因为是正工儿多，“几个人都不准逗哏，若是专按规矩说，未免的又不热闹”。而作为评讲聊斋，“说书同唱戏道理一样，必得正生、正旦才能算正经玩意儿。又必须加小花脸同花旦，才能逗哏儿热闹。”[①] 评讲家以戏曲人物论《聊斋》，见解颇为独到。

《寄生》写寄生思慕表妹，其父桂庵便派媒人提亲。原文有“父母大忧，苦研诘之，遂以实告。父遣冰于郑，郑性方谨，以中表为嫌却之”[②] 一段，湛引铭仅依“遣冰于郑”四字，便添设了一个媒人角色，且给了个姓，叫王媒。

次日天明，用完早饭，桂庵到了外书房，叫管事的去把王媒找来。管事的到了门房儿，又转派了打杂儿的一个王碎催去找王媒。这个人本是王媒的叔伯小叔子，夙日都有个小嗷呕。到了门口儿堵门儿一叫大嫂子，功夫不大，就听院中有走道儿的声音，说：“媒婆媒婆，惯把媒说。东家出来，西家进客。开开门看，是谁找我，是谁找我（这是王媒吗？《下河南》的媒婆）？”一见王碎催，问明原因，这才同赴王宅，要给寄生前去提亲。[③]

王媒进了屋子，见老夫妻上下首儿坐着，自己连忙万福行礼，说：“老爷太太在上，媒婆这厢有礼。”

郑秀才说：“不消不消。媒婆你可好么（这是郑秀才吗？胡公子）。”

太太也跟着说：“来，与媒婆看坐。”

王媒说：“当着老爷太太的面儿，哪有我坐的道理。”

太太说：“赐座便坐（这是《聊斋》吗？一死儿地要唱《金鸡岭》吗）。”

王媒只好说了句：“谢坐。”跨在一个小凳儿上。

郑太太说：“王媒，你一向没来，我又没叫你，你从哪儿来呀？”

王媒说：“嗳，我的老爷太太，小妇人是一天穷忙。前些天就要来给老爷太太请安，总没得点闲空儿，昨天我到王宅去了，府上的舅老爷

---

① 湛引铭：《霍女》，《群强报》1917 年 12 月 6 日。

② 张友鹤辑校：《聊斋志异会校会注会评本·寄生附》，上海：上海古籍出版社，1978 年，第 1683 页。

③ 湛引铭：《寄生》，《群强报》1916 年 12 月 29 日。文中括号内的文字为原文中插科打诨内容。详见第 442 页“四、评讲结构”中“6. 插科打诨”。

托我给他家府上的大相公提亲。我想咱们这五里三村儿的姑娘，配得上王大相公，实在不容易寻找。若说远处的，又怕彼此不知根儿，反倒不合式，就说府上的姑娘给人家儿，也是一样。所以我多嘴，同王老爷提到这府上的姑娘现在也没合式的人家儿，要是来个亲上做亲，彼此岂不都放心？是我顺嘴这么一说，敢则王老爷同太太是久有此意，不过不好亲自启齿，故此才嘱咐我前来，探听探听老爷太太愿意不愿意，好跟着再遣大媒。”说着偷眼看这老夫妻两个。[①]

《寄生》中角色如湛引铭所说，都是正工，不能逗哏，难免呆板，为解枯寂，故添设王媒婆一丑角，以调和气氛。

再如《霍女》一篇之霍女，湛引铭将其评讲为花旦小花脸，而朱大兴则是一个老生的三花脸，所谓无丑不成戏，二丑相逢，说起来便热闹非凡。

朱大兴路遇霍女，便上前兜搭，而霍女亦非善类，二人风言风语。朱大兴上前对霍女道：

“我想你一个人儿走道儿，怕是遇着大扛子的把你扒脱了，再若遇见坏小子，同你掏坏杂碎，你不能有护庇的能力，恐怕遭了强暴。我想你昏夜独行，决计不能是远处的，左不过五里三村的邻居。有道是祖居三十载，无有不亲朋，乡里乡亲的，我在这一方也是个首户，俗语儿说，好人护三村，好狗护三邻。你要一定不依，我只好把村中里正、保甲喊来，派他们把你送回家去，问你们家长，因何放你黑夜出门。”

少妇一听，说：“你这样强留奴家，总是你的好意喽。但只一节，你倒是别挡着道儿呀（算不了好狗），如此奴家遵命就是了。”

朱爷一吐舌头，起心缝儿都是喜欢的。说：“这不结了吗。你跟我去，决没错儿。”说着抹身形头前引路，少妇后面跟随，转眼来到朱家的门前。[②]

朱大兴将霍女留在家中同住，似乎得了便宜，但霍女善病。她说：

① 湛引铭：《寄生》，《群强报》1916 年 12 月 30 日。
② 湛引铭：《霍女》，《群强报》1917 年 11 月 14 日。

“说起我这病症，是从小儿得的，每一犯非用补药不可，每天非喝真正清河上党来的老人参汤不行。”

朱大兴一听，说：“我的老乡亲，这件事可实在办不了了，从打我们头一代，也没那样儿的口头福儿呀。”

霍女一听，连哼哼了两阵，说：“呦！这么说起来，你可是没有把我当人哔。”说完堪堪地就要断气。

朱大兴一瞧，霍女病得很重，心说不好，好容易得了这么件便宜事，八成儿要黄咧。要按公理说（私事也得讲公理），我不但一个大钱没花，人家也没彩礼，又是个死门儿，娘家又没人常来磨害，连追往亲戚的分资都省下啦。就说这个人儿，除去爱吃口子，还不是准扔不下的瘾，并没派我做衣裳，打首饰（别忙啊，早晚总办得到），真个（念格）的了，人家孩子图口子吃，我还不尽心巴结着点儿，那我小子成了什么人物了。①

人参汤熬好，立有奇效。

及至喝下去，一瞧立刻精神透大，仿佛过足了烟瘾一样。朱爷见药真投簧，可称是一则以喜，一则以惧。喜的是人参汤一吃下去，立刻见效；惧的是真要吃常了，那得多少钱哪。可是既然见效，又不敢不尽这份儿心，笑嘻嘻地向霍女说：“你这阵觉着怎么样？买的这是顶好的，合三十多换哪（比现在烟土还贵）。”

霍女点了点头，也没说好歹，就说：“可不知道，你一共买了多少？方才给我熬了几钱？我告诉你说吧，我这病要买个一两二两的，可不中用，总得打总儿批下几箱子，容我慢慢儿地喝。你不是好买便宜货吗（好，挣吃了便宜药了）？我大约每天至少也得三钱。”

朱爷说：“干什么用那么些呀？”

霍女说：“你想每天我在被窝里先得闹一口才能睡觉，第二大一亮来一口，才能起得来，这俗名儿就叫清水瘾。”

朱爷说：“这是人参，不是鸦片烟（那会儿也得有哇）。”

霍女说：“现在我是一顿也离不开吗。”

---

① 湛引铭：《霍女》，《群强报》1917 年 11 月 20 日。

从此果然迟误一会，立刻鼻涕眼泪地就要死。喝下一口去，立刻就有精神。闹得朱爷一点儿方法没有，只可按日供给。背地里细一核算，哪一天都得合个十两八两的现银子（比现在一杆烟枪嚼谷儿厉害）。[①]

二个丑角你一言我一语，一来一往，加上作者之插科打诨，直把人参汤当鸦片写，浑疑作台上优伶正作场，很有舞台效果。

四、评讲结构

评讲聊斋之结构，以《柳生》为例，此文刊于《群强报》1913年12月9日至28日，由尹箴明演述。

1. 开篇西江月

京师报馆林立，家家都有小说。并非专为卖钱多，谁不指他治饿。
有说外国侦探，或谈各种学科。好好歹歹乱登着，不出劝善惩恶。
本报聊斋评讲，无非信口造魔。假托狐鬼费搜罗，别当真事方可。
一段接着一段，每段都有不得。胡咧瞎诌带混讹，这可说的是我。

2. 次为原文，在两行到五行之间

周生，顺天宦裔也，与柳生善。柳得异人传相人之术，尝谓周曰："子功名无分，万钟之资，尚可以人谋。然尊阃薄相，恐不能佐君成业。"未几，妇果亡，家室萧条，不可聊赖，因诣柳，将以卜姻。

3. 几行铺场话儿

几句流口辙的词儿念毕，接着又写了两行原文，接着还是《聊斋志异》。今天更换目录，说段《柳生》，为什么说这段儿呢？因为自从本报今年登这门玩艺儿，所说的全是狐鬼妖仙等事，没说过一段纯乎人事的。也搭着这一部书，凡是纯乎人事的，没有多少段，并有在下业经说

① 湛引铭：《霍女》，《群强报》1917年11月21日。

过的好几段，下剩多是不如鬼狐热闹的。今天这段说的好歹，可是没准儿，好在不甚长，即或不好，俟等下段咱们再补付。

4. 报家门

介绍人物，即周生与柳生。

闲话打住，这就开书。却说有个周生，原文没有名号，咱们也只好拿生字当他名字。就是现在这儿顺天的人氏，家中还是世代做官，真称得起“头辈爷爷做阁老，二辈爷爷做少卿，三辈父亲无官品，他是皇榜进士公（这是周生吗？替人词的套子）”。反正上辈做官就是了。到了周生，就中了个秀才，同一个柳生，两个人是莫逆之交。这位柳生，经过名师指教，传授他的相法，还是真高明。外带马前神课祈禳方术，都有点儿真传，可是不撂地，不做生意。

5. 正文加欢

正文如何安排，尹箴明在演《胭脂》时说：“前面占了几行西江月，又两行原文，跟着几行铺场话儿，不理会就是十三四行，赶紧得把这段书的家门报清了，找个扣子就算一回了。这玩艺儿有篇幅管着，不能拐五七版……立刻缩短点儿回头儿，可得加欢（就是往花哨、有精神里说）。”[①]

《柳生》的正文说：

（柳生）时常与周生看相，闲说话儿。说：“咱们哥儿俩，今天作为闲谈，我送你几句话，也不跟你要什么，你也不用给我什么，这叫遇缘。我可嘴直，您可别恼。俗说：君子问祸不问福。喜直言前来找我，爱奉承另问他人。你的这点心腹事，我说出来准让你点头砸嘴儿（十几句了，任什么还没说呢。这所为点着圆上粘子，好馈杵。那位说，我们花一枚铜元，不听你这套。您要在街上，花十枚八枚，也离不开这套，无非多买一张手纸）。”得，我别招说了，还得接着说柳生。

---

① 尹箴明：《胭脂》，《群强报》1914 年 12 月 19 日。

这一天，（柳生）对周生说："你的功名，相貌上带着没份，可是几千石米的家当儿，你要尽点儿人力，可以谋得到手（可不知是挖土道吃黑档子，是调膳去，反正现在全都没有了）。"这不过以米资比家当儿，言其你就可以趁个富家翁。"唯有一节，你的这位尊阃内助，相貌太薄，恐怕不能帮助着你成家立业。"哥儿两个说完，周生半信不信的，也就不提了。

过了没多少日子，果然周大奶奶去世。周家的日月，现在虽支着架子，内囊可是空虚了。又办了这件白事，日子一天比一天地着急，虽然这样，可还有几个下人，两匹牲口。周生把夫人发丧出去，自己也很不高兴，这一天偶然想起柳生前次的话，居然应验了，想必有点儿真的。趁着今天没事，找他占算一卦，问一问我打算续弦，说谁家的姑娘方能发财。

此段正文加欢，以江湖术士演柳生，将天桥把式圆粘子手段也用上了，使文章生动热闹，同时又展开情节，引起周生纳妾故事。

6. 插科打诨

插科打诨用括号标明，如："真称得起头辈爷爷做阁老，二辈爷爷做少卿，三辈父亲无官品，他是皇榜进士公（这是周生吗？瞽人词的套子）。"

"'俗说：君子问祸不问福，喜直言前来找我，爱奉承另问他人，你的这点心腹事，我说出来准让你点头砸嘴儿。（十几句了，任什么还没说呢。这所为点着圆上粘子好馈杵，那位说，我们花一枚铜元，不听你这套。您要在街上，花十枚八枚，也离不开这套，无非多买一张手纸）。'得，我别招说了。"

7. 自带音释

如"斜街（街念该）"①。

---

① 耀亭：《娇娜》，《实事白话报》1924 年 11 月 7 日。

8. 一日千字左右

如1917年11月13日《群强报·霍女》，为1011字。

评讲聊斋与话本小说大同小异，唯无入话，无看官等套语。除开首西江月外，无赋、赞、回末诗，以节省篇幅。

五、评讲手法

捽评之手法，评叙说表、说学逗唱、插科打诨，十八般书艺，评讲家皆有所用。

1. 学

如摹媒婆口吻。《段氏》附则有："立招媒媪，为夫买妾。"① 湛引铭摹媒婆口吻云：

梅媒一听，说："二奶奶说的是，既打算立人，要是痨病鬼儿，风里灯儿似的（还不如炮打灯哪），那您府上自然不要。再说长得也总得有五成以上的人材（同现在中交票行情一样），亲友家有个大事小情儿，方能带得出去。真要姥姥不疼，舅舅不爱，烧糊了卷子似的，那怎么一块儿跟他混呀。"

毛氏一听，说："你先少犯频（当媒人的同我们说小说儿的一样，不犯频焉能挣饭吃呢），倒是有没有哇。"

梅媒说："我的二奶奶，要说没有，我们指着什么吃呀？不过有几层难处，我得先对您说说，您得占一头儿。要讲买好坐家女儿，可得岁数小点儿，买到您家，调理几年，随了手儿，日后大点儿再收房。"

毛氏说："但不知有十几岁的？"

梅媒说："喝，十几岁哪儿有哇，过明年交七岁，还是腊月生日。"

毛氏一听，说："我们买妾，谁哄孩子呀？"

梅媒说："既然这样地嫌小等不了，只好买个大些儿的喽。可是一

① 张友鹤辑校：《聊斋志异会校会注会评本·段氏附》，上海：上海古籍出版社，1978年，第1523页。

节，岁数儿一个大了，可不敢应包纸包写。反正应您是姑娘儿，这样的，您府上能将就点儿不能？”

毛氏说：“只要准能生育，我们也还可以相一相。但不知究竟多大岁数？”

梅媒说：“大概在三十以内，不过长得可老苍一点儿，仿佛有点儿皱纹儿似的，其实那是皮松（肉也紧不了）。”

毛氏一听，说：“你说了半天，到底是多大岁数儿呀？”

梅媒说：“不是据他们说不过三十吗？据我瞧四十往里是不假的。”

毛氏说：“你说了这么半天，你想谁请老妈呀？”

梅媒说：“我一个人儿的二奶奶，您别着急，不论怎么急，别管怎么急，您反正得容我慢慢儿地说（同我一个宗旨）。我得先把这些丑话儿说在头里，不然您说我穷疯了讹人。您要打算买十七八岁，七八成人材，亲笔出卖，死门儿的坐家女儿，还得红籽红瓤（比三白口头甜）。这话没有别的，还有什么你老人家不圣明的吗？那可没得说的，您只好看破着一点儿。人家养女儿一场，谁家不愿意一夫一妻，给个相当的人家儿，为什么偏找三层大、两层小的哪？”

毛氏一听，从前所说的那两套，都为是给这层儿托活，只不过为挤兑多卖俩钱儿。赶紧说：“你就干脆为什么说什么，到底有对式的没有？如果有，我不怕花钱。”

梅媒说：“您只要想开了，人家既出名卖女孩儿，还有不急的吗？既然这么说，我也不能撇外股儿。只是现有一家儿，您先暂请回府，俟等我说着瞧，您过一半天，再听信儿吧。”①

最后梅媒让二奶奶听信儿，实际上有没有还两说着。此段全为对话，如不明言评讲聊斋，以为是相声脚本如下：

甲说：要小的。

乙说：有七岁不到的，要不要。

甲说：我又不哄小孩，干嘛要这么小的。

甲说：要大些的。

① 湛引铭：《段氏》，《群强报》1918年3月14日。

乙说：有个近四十的，要不要。

甲说：我又不请老妈，干嘛要这么大的。

《云翠仙》有一段云翠仙骂梁有才，原文曰："豺鼠子！曩日负肩担，面沾尘如鬼。初近我，熏熏作汗腥，肤垢欲倾塌，足手皴一寸厚，使人终夜恶。自我归汝家，安坐餐饭，鬼皮始脱。母在前，我岂诬耶？"① 耀亭将其演为：

翠仙指着梁某一路大骂，说："好你个不要脸的东西，真能跟我行得出来。你也不拍拍良心想想，当初你是怎么样儿，而今你是怎么个样儿。似你这等心术，可谓掏出来狗都不闻，要说你是豺狼鼠子，简直地都不配。对你这样人物说话，直不必撰文。就说你当日做买卖的时节，也不过就是肩挑负贩，跑得你脸上像小鬼似的，哪儿还看得出你是个人来。及至跟我到了一块儿，汗腥气能够熏我个倒仰儿，满身的油泥包裹，恨不要能够往下揭，永远也不懂怎么叫洗澡（这点儿倒是和我一样），手脚上的皴皮有一寸多厚，初嫁你时，能够成夜地叫人恶心。既是母命难违，只好跟你闭着气混。就说尊驾这副尊容，这副面孔，这点儿干净，这点儿德行，你还想做拆白党哪？依我说趁早儿拉倒吧。"②

蒲松龄写这一段时，应是腹中早有泼妇骂街一场白话对白，再按白话之意写成文言。耀亭的评讲是恢复其本来面目，故本色当行，惟妙惟肖。又以拆白党牵合时闻，透着新鲜感。

2. 唱

评讲家皆戏迷，常在文中开唱。如《黄英》写曾生造访陶爷，《聊斋》原文曰："因与莫逆，值花朝，曾乃造访。"③ 耀亭因花朝二字，演为：

因为一到二月中旬，百草萌芽，春风扑面，人的精神立刻清爽，古人吟诗作赋大半以春日为题最多。故说：

仲春冰化水生波，节届花朝天气和。

① 张友鹤辑校：《聊斋志异会校会注会评本·云翠仙》，上海：上海古籍出版社，1978年，第751页。
② 耀亭：《云翠仙》，《实事白话报》1921年10月16日。
③ 张友鹤辑校：《聊斋志异会校会注会评本·黄英》，上海：上海古籍出版社，1978年，第1451页。

轻暖轻寒时絮（序）好，乍阴乍雨赏心多。

杏花村中沽美酒，好鸟枝头送雅歌。

怪只怪，青青柳条偏事多。

无端地，泄露春光怎奈何（那位说了这是诗吗？不，唱。）

因为写到花朝二字，想起来子弟书上有段儿《傻泄》。①

耀亭所言不诬，此段确为子弟书《露泪缘·第二回傻泄》，其全文仍存世，今日出版之子弟书丛刊如《清蒙古车王府藏子弟书》《子弟书丛钞》，皆有收录。

3. 演

诸般手法中，尹箴明、耀亭特拈出讲、演、哏三者，并有自己的阐述。关于讲和演，他说："遇着有寓言喻意的地方儿，应用讲；遇着原文无意味的篇幅，应用演，演法不同，离不开情景二字。"② 讲不必赘言，但说这演。

《巩仙》开首一小段，写巩道人欲入鲁王府，而遇阍人和中贵事，文仅 150 多字："巩道人，无名字，亦不知何里人。尝求见鲁王，阍人不为通。有中贵人出，揖求之，中贵见其鄙陋，逐去之。已而复来，中贵怒，且逐且扑。至无人处，道人笑出黄金二百两，烦逐者覆中贵。"③

此段在《聊斋》不过开篇之过渡文字而已。湛引铭说："这点地方，按原文是一个家人（就是门公），一个中贵（就是太监），皆因势力小人派头儿，若不入口气则已，既入口气，就得形容出两个人口吻来，方能算演。诸位爱瞧不爱瞧，我可不管，反正您细细儿地念一遍，闭眼一想，敢说活画出这么两个人来咧。"④

湛引铭将起演为："且说巩道人听王府的门房人说，本府概不施舍，连忙口念无量佛，说：'我不同别的云游僧道，指佛穿衣，赖佛

---

① 耀亭：《黄英》，《实事白话报》1922 年 9 月 3 日。
② 湛引铭：《巩仙》，《群强报》）1918 年 10 月 13 日。
③ 张友鹤辑校：《聊斋志异会校会注会评本·巩仙》，上海：上海古籍出版社，1978 年，第 895 页。
④ 湛引铭：《巩仙》，《群强报》1918 年 10 月 13 日。

吃饭，我连一顿斋饭都不赶，我来是要面见王爷，谈谈话儿’。

门房儿的这人一听，把嘴一撇，说：‘你真说了个容易，见见大律师，还得先交谈话费呢？大嘿儿不的王爷，就凭尊驾这身撒，你当是你们家的灶王爷呢，早来早见，晚来晚见（唱上《开山府》咧）。乘早儿给我马二巴打嘎儿，走球哇，别在这儿装杂，杂合面儿的饼子。这是王府，有尺寸的地方儿，可别买贵的，听见了没有？’

老道听这人这么说，并不答言儿，也不走。正在这么个当口儿，见由三门儿里走出一个30多岁的内官来，听门上人这么泛闲杂儿，往这儿走着说：‘孩子们，干什么这么鸡猫子喊叫的呀？惊了驾，是你担哪，还是得儿我担（出门就唱上《法门寺》了）？’”

门上的这个本是催巴儿，一见坦达出来了，赶紧垂下手儿，说：“老爷都是他招急了我咧，说话未免声高些，你老人家千万别怪乎小的。”

这个太监倒背着手儿，斜楞着眼睛，冲着巩老道说：“嘿，老道，你好大胆子呀。这是什么地方儿，他们叫你走，乘早儿转化去，不结了嘛。”

巩道人一听，连忙作了个揖，说：“公公”。太监一听，说：“公公，我还得儿四尺上哪（所唱定了这出啦），干什么呀？你别瞧这是府门头儿有钱，架不住不喜欢你们这路人，乘早儿走哇。”

巩老道一听，晓得他也认着自己是化缘的了，微然一笑儿，说：“贫道并不化缘，是要面见王爷的，烦劳给通禀一声儿吧。”

太监说：“就凭你这么个破烂肮脏的野老道，胡臭的嘴，要见王爷。爷，歇了觉咧，给我走哇。”

老道一听，没了法子，转脸儿出了东阿斯门而去。这太监又对门上的人说：“你瞧大清早晨的，什么事都有，也不是哪庙里轰出来的。”

门上的笑嘻嘻地说：“告诉老爷说，他磨烦了我半天了，不然我就急得只嚷咧。小差使儿，不敢不小心。得咧，他这也就死了心了。老爷也不用跟他一般见识生气了。”

太监说：“跟他真生气才合不着呢。你瞧他这件破袍子，八成儿是白云观挂不出单来了，要托爷的人情。”

刚说到这句，往西一扭头，见老道大踏步儿又由西门儿走了进来。太监一瞧，说："嘿，你瞧这东西，敢则真能诚心呕腻人玩儿，死胡同儿，他又回来咧。"

说着话，把三角儿眼一瞪，对门上人说："你给我把他打出去，再进来，砸折你的狗腿。"

嘴里说着，就扑过老道去了。老道一转脸儿，太监照定脊梁就是一拳，并没打着。气忿忿地对门上的说："你拿杠子，给我加劲儿打他呀，不然，我传鞭子打你。"

门上这个催巴是狐假虎威，一听，说："老爷你不用生气，交给我咧。我揍不出他的溺来，也把他揍成半只蜂似的。"说着抄起红杠子，追出西门儿，太监可站住了，怕人有接应。

但说老道出西门往南一拐弯儿，出了随墙小门儿，这个催巴也就追出去，到了大院儿，举杠搂头就打。"①

老道拿出金银来，家人门公，中贵太监态度大变。

这个催巴一见，立刻笑脸儿迎和地接在手中，说："怎么说，仙长爷，这是赏给小的的么？我这儿谢谢你老人家。但只一节，那锭黄金，你老人家先拿着，你在这门儿外头略候一候，容小的我极力地去对那位老爷说去。他们这项人，脾气特别，不好说话，好在你老人家有这真宝贝，大概总有九成九有成儿，您容我说去，稍微候一候儿成不成？"

老道说："我这是求人的事，焉有不行之理，你就将这金锭拿了去就是。"

说着又往前递。催巴一手是杠子，一手是银子，只好说："你老人家拿着不是一样吗？"

说着话已把银子揣在怀中，从老道手内接过金锭儿，说："那么您听我的喜信儿吧。"

说着话，又把杠子扛在左肩头上，手里托着这金子往回路走。一面走，一面上眼瞧，真是眉欢眼笑，连周身寒毛眼儿都是酥的（真没见过嘛）。拐过小门儿，进了西门洞儿，见太监气哼哼地往外瞧着呢。一见

① 湛引铭：《巩仙》，《群强报》1918年10月7日。

催巴儿回来，笑嘻嘻地说："你瞧你这块骨头，连打老道都不会啦（刚排《小化缘儿》）。"

又见他手里托着金锭儿说："你就是捡了个烧活不咧，也犯不上乐得这个样儿呀。"

催巴儿不顾得分辩，先把杠子放下，恭恭敬敬地举着金锭儿，凑进太监跟前，说："老爷请看，这不是纸的。"太监接过一瞧，果是赤金，这才要追问何处得来。"[1]

且说鲁王府的这个太监，听催巴说是一锭真金，连忙接在手中掂了掂分量，是真沉，也有宝色。催巴儿说："怎么样，不假吧？这种东西，决瞒不过你们老爷的眼睛，您倒瞧瞧有成色没有。"

这个太监，别听这么说，其实也没见过金整宝（就戴过一个戒指，不能算行家）。故意地皱着眉头子细端详戳记，好容易找着，又不认识，只好把元宝边子放在嘴边儿上，使舌头尝了尝。点着头儿一乐，说："不错儿呀，果然是甜的哟（憋了半天的主意，才想起《钓金龟》的高招儿来）。"[2]

从以上引文可以看出，湛引铭所谓演，即在原文枯寂时，添设丑角，表演热闹段落，以引起阅者兴趣，类似戏曲的跳加官。

4. 哏

湛引铭说："说书不逗哏，说来一定不惊人。"[3]"全是老座子的哏，现抓；卖芸豆不出堆儿，现抓还得热乎。"[4]

老座子，卖芸豆不出堆，不尽能解。但其意易明，就是不能用"死哏"[5]"俗哏"[6]，"只要事在情理之内，又是书中应有的事故，就可以铺张着说说。所难的是在不贫不厌，不使陈套子，就能令人爱看"[7]。

说书不能不逗哏，关键要"不贫不厌，不使陈套子"，这大约可

① 湛引铭：《巩仙》，《群强报》1918 年 10 月 8 日。
② 湛引铭：《巩仙》，《群强报》1918 年 10 月 10 日。
③ 湛引铭：《狐嫁女》，《群强报》1919 年 6 月 10 日。
④ 尹箴明：《崂山道士》，《群强报》1915 年 9 月 25 日。
⑤ 湛引铭：《齐天大圣》，《群强报》1916 年 4 月 2 日。
⑥ 湛引铭：《娇娜》，《群强报》1920 年 8 月 18 日。
⑦ 湛引铭：《娇娜》，《群强报》1920 年 9 月 9 日。

以概括评讲聊斋用哏的宗旨。评书行中，湛引铭认为哈辅源、马凤芸等臻此境界，而双厚坪则落第二义，说他“可惜带相声派”[1]，至于万人迷则等而下之矣。

此番对前辈之褒贬是湛引铭演《胡大姑》时，拿文中的岳家逗了几个哏儿，于是有读者来信说，如果这样讲《聊斋》大失宗旨。“一则添加俗哏，二则好骂世讽刺人，在评书行中是双厚坪派，不足为法，再若一铺张，就成了万人迷咧。如果只为混饭吃，何如到书馆打地说评，或在天桥卖场单春，管保比这么以笔说，既能多挣钱，又免失办报的宗旨。”[2]

看起来用哏也是不易的一件事情，但无哏则不成书，有哏但要不贫不厌，还透着新鲜感，此乃逗哏之道。如《狐嫁女》开首，湛引铭加了不少哏。《狐嫁女》开篇写老翁嫁女，遇殷尚书睡在楼中，便邀其入席，殷尚书慨然应允。原文曰：“‘不知今夕嘉礼，惭无以贺。’翁曰：‘贵人光临，压除凶煞，幸矣。即烦陪坐，倍益光宠。’公喜，应之。”[3] 此几句，湛引铭演为：

这是怎么说的，我不晓得你今夜晚间嘉礼告成，仓促而来，没备什么贺礼，实在惭愧呀，惭愧。

老翁说：“贵人说哪里话来，我们事情办得不像样儿。又赶上这样年月，我们姑爷从南京新回来，只告了十天的假，娶过门过三天，就得回去销假当差，故而诸事办得潦草，没敢知会亲友，想不到您这样赏脸(这是狐翁吗？学我们街坊胡二大妈犯贫哪)。你既然肯赏脸，不在赏什么，你老爷是大贵人，可算得一位福星禄神。俗言说，一福压百祸，什么凶星恶煞，有你老爷在座，全给镇压得住，真是殷天官在此，诸神退位（那是姜太公)。没别的，请您替陪陪新亲，我们亲戚家，知道连你老先生都来赶人情，别提我多做脸咧。但不知肯赏全脸不肯？

殷先生本是寒士，听人家贵人贵人地称呼，又把自己夸赞得了不得，从心坎儿里喜欢起来（官僚派的人最喜奉承，老狐精真得诀窍儿)。连

---

① 湛引铭：《娇娜》，《群强报》1920年9月9日。
② 湛引铭：《娇娜》，《群强报》1920年8月18日。
③ 张友鹤辑校：《聊斋志异会校会注会评本 · 狐嫁女》，上海：上海古籍出版社，1978年，第54页。

连点头，说："蒙你这样优待，一定要叨扰的。"[①]

殷爷倒退了三步，一望，两望，三望，一抖双袍袖，走六个半碎步儿（这也是原文吗？戏场子的老套子）。老翁毛着腰儿，手扶栏杆往上行，慢登楼板儿一十三层（索兴唱上莲花落咧），一会儿上来，已然唏嘘气喘了。

连忙答揖，方才坐下，见靠东头里间的软帘儿一掀，走出一位半老的妇人，奔到自己面前，深深万福。老头儿说："此乃拙荆、贱内、敝房下（全是一个人儿，大约为将来老翁死后好吃三份儿孀妇钱粮）。"[②]

上述几段中皆靠哏成，如"一抖双袍袖，走六个半碎步儿（这也是原文吗？戏场子的老套子）""此乃拙荆、贱内、敝房下（全是一个人儿，大约为将来老翁死后好吃三份儿孀妇钱粮）"等皆是。

而"我们姑爷从南京新回来，只告了十天的假"，"（官僚派的人最喜奉承，老狐精真得诀窍儿）。"此殆所谓"卖芸豆不出堆儿，现抓还得热乎"欤？抑或双厚坪之骂世讽刺，万人迷之俗哏欤？或比肩哈辅源、马凤芸的不贫不厌者欤？不管其境界如何，这哏里透着新鲜，显然不是陈套子。

5. 考证索引

评讲之法，不外评叙说表，然亦非四法所能牢笼，尹箴明常说《聊斋》"原是寓言的假玩意儿"[③]，故时用考证索引以评讲。

（1）阐释篇章宗旨，以寄劝惩之意

如言《聊斋》：

首段《考城隍》大意是百善孝当先。[④]

二段《瞳人语》是万恶淫为首。[⑤]

《梦狼》，戒的是贪财。[⑥]

---

① 湛引铭：《狐嫁女》，《群强报》1919 年 6 月 8 日。
② 湛引铭：《狐嫁女》，《群强报》1919 年 6 月 8 日。
③ 尹箴明：《崂山道士》，《群强报》1915 年 10 月 5 日。
④ 尹箴明：《画皮》，《群强报》1915 年 7 月 14 日。
⑤ 尹箴明：《画皮》，《群强报》1915 年 7 月 14 日。
⑥ 尹箴明：《画皮》，《群强报》1915 年 7 月 14 日。

《画皮》，戒的是渔色。①

《张诚》，是一篇孝友文字。②

《双灯》，是蒲先生晚年近于禅理的文字，又是劝人不可迷于声色货利的警世要言……双灯是什么呀？就是人的两只眼睛，眼为淫欲之媒……通篇皆色即是空，空即是色的意思。③

（2）笺注姓字，索解微言大义

尹箴明索隐《阿霞》曰："据蒲先生既曰志异，则是纪事体例，应当有这么件真事。若据在下看，是真假参半的玩意儿，事迹好似略有影子模儿，无非姓名不真。所以薄幸人，必言其姓景。景者影也，就是无情人的影子。以齐阿霞说，就是奇事，抑或旗籍人之事。"④

《阿霞》中有人物曰景星、齐阿霞二人物，尹箴明以"景"训"影"，而以"齐"训"奇"或"旗"，显系望文生义。尹箴明常用此法就人名阐发新意。他如：

《娇娜》中的雪笠："隐寓着如同笠上之雪，一抖便落，即一尘不染之义。"⑤

《巩仙》中老道："老道也未必姓巩，呼为巩仙，巩固道教真理之义。"⑥

《书痴》中彭城郎玉柱，非指徐州："彭城宜做鹏程，言其鹏程万里之郎君，本可为擎天玉柱之人。"⑦

《陈云栖》中真毓生："言其真有这么一个娶两位女道士为妻的人。"

白云深、梁云栋："姓白姓梁，不是好人的，大约是白鼻梁儿的角色。"

真毓生的母亲臧夫人："臧者藏也。"

臧夫人族妹京氏："惊人之事业，又好似京中有这么一件事，还

---

① 尹箴明：《画皮》，《群强报》1915 年 7 月 14 日。
② 湛引铭：《张诚》，《群强报》1919 年 3 月 2 日。
③ 湛引铭：《双灯》，《群强报》1917 年 5 月 30 日。
④ 湛引铭：《阿霞》，《群强报》1916 年 8 月 11 日。
⑤ 湛引铭：《娇娜》，《群强报》1920 年 10 月 4 日。
⑥ 湛引铭：《巩仙》，《群强报》1918 年 11 月 25 日。
⑦ 湛引铭：《书痴》，《群强报》1916 年 9 月 23 日。

是缙绅世家的事，不便直说，故此把姓氏地名多隐藏起来，究其实不足为训。所以夫人是真藏氏，即真门中的肮脏事。”①

《崂山道士》之崂山：“可是哪个山，都有老道。以山东说，得属泰山最出名，为什么不说泰山道士呢？蒲先生就为借用这个‘劳’字儿。《齐乘》说登之者劳，足见不容易上。其实哪座山也没有走平道舒服……登山如是，求道亦如是，孟子曰：斯天将降大任于是人，必先苦其心志，劳其筋骨，也是以劳苦二字当先。”②

作者所作训诂多为附会，然亦毫无影踪，多据其形象而加以申说。评讲聊斋是报端之文，与案头之作无异，故杂考证索引亦无碍大体。

6. 不批典

《聊斋》用典多，如详加笺注，不免游离故事，评讲便成类书矣，殊乖摔评之体。故评讲聊斋对于典故不作批注，只讲故事。典雅者浅易之，与故事关系不大，且深晦者，则弃之。

如《阿绣》有句云：“一夕，刘醉归，室暗无人，方自挑灯，而阿绣至。刘挽问：‘何之？’笑曰：‘醉臭熏人，使人不耐！如此盘诘，谁作桑中逃耶？’”③

桑中，典出《诗经》，作者于此不做纠缠。演述为：“正在这个当儿，见有人一掀帘子，敢则是阿绣由外面进来。刘爷因带了几分醉意，笑嘻嘻地一扶阿绣，说：‘这般时候，你上哪儿去啦？’阿绣笑着说：‘上哪儿喝得这么酒气喷人的，你瞧有多么讨人嫌。你作什么这么刨根问底儿的呀？你当我也跟黄兴似的一路货哪（这是阿绣说的吗？不，替真伟人表白哪）。’”④ 作者将桑中逃，解为黄兴一路货。黄兴乃辛亥革命家，战功不显，遇革命困难重重有“逃跑将军”“常败将军”之号。此处以新典释旧典，巧妙且灵动。

《霍女》原文曰：“黄怀刑自爱，艳丽忽投，惊惧不知所为，固却

① 尹箴明：《陈云栖》，《群强报》1915 年 6 月 23 日。
② 尹箴明：《崂山道士》，《群强报》1915 年 10 月 5 日。
③ 张友鹤辑校：《聊斋志异会校会注会评本·阿绣》，上海：上海古籍出版社，1978 年，第 996 页。
④ 尹箴明：《阿绣》，《群强报》1913 年 8 月 30 日。

之，女不去。”① 写黄生初见霍女之情形。

“怀刑”一词有出处。评讲云：“这几句书，活画出一个知礼守法的君子来。怀刑就是《论语》上说的‘君子怀刑’。时时刻刻，把王法放在心中，若是小人，则不然，见了便宜，就伸脑袋，什么叫王法，如同记吃不记打的小孩子一样。”②

作者于此指明出处，且详加解说，并将君子怀刑的下一句，小人怀惠，也带出来。并非作者偏好此词，缘于这个黄生，用湛引铭的话说是个“正工小生”③，乃正面高大形象也，以四书中语予以评价，适增其光彩，故湛引铭在此稍作盘桓，详为解说。

《公孙九娘》文末异史氏曰：“香草沉罗，血满胸臆；东山佩玦，泪渍泥沙。古有孝子忠臣，至死不谅于君父者。公孙九娘岂以负骸骨之托，而怨怼不释于中耶？脾膈间物，不能掬以相示，冤乎哉！”④ 此段典实过重，且与故事关涉不大，作者弃而不讲。

对于长篇的奏疏和判词，如关乎故事，照录原文，而不作评讲。如《续黄粱》中有包拯之上疏，耀亭和尹箴明都说过此篇，皆录而不讲。

尹箴明说：“评讲聊斋，每日原文，至多不过六行，今一天因为什么写半版呢，因为这个奏折，不能间断着登。再说说书讲回头儿，这些一气贯通的文字，一隔回头儿，就说不下理去，而且还是不能逐句再讲一遍。故此只好把原折写出来，好在这个奏折，并不甚深，阅报诸君，看得下半版所登的命令、申令来，就可以看得下来，故此咱们也就不必细讲了。”⑤

耀亭在录原文后，略加疏解而未加评讲。对于不能评讲之理由，耀亭说的最为透辟。他说：“原文最精之处就是奏疏，可不能把它演成白话，只能照着原文录下，才能像个奏疏的体裁。譬如要用白话，不但不合奏疏的体裁，而且有失庐山真面，挺好的美人儿改成小鬼，

① 张友鹤辑校：《聊斋志异会校会注会评本·霍女》，上海：上海古籍出版社，1978 年，第 1092 页。
② 湛引铭：《霍女》，《群强报》1917 年 12 月 6 日。
③ 湛引铭：《霍女》，《群强报》1917 年 12 月 6 日。
④ 张友鹤辑校：《聊斋志异会校会注会评本·公孙九娘》，上海：上海古籍出版社，1978 年，第 483 页。
⑤ 尹箴明：《续黄粱》，《群强报》1914 年 11 月 28 日。

反倒落得劳而无功。”①

评讲聊斋，非皆宜演成白话，如奏疏类，若演白话则无味，美人成了小鬼。好在白话报中之《命令》亦文言，当时阅者读《聊斋》原文，亦不会有大碍。

判词在小说中要比奏疏生动，但也不宜评讲。如《胭脂》一篇，尹箴明与耀亭皆讲过，其中有一篇判词700字有余，中有句若：“将仲子而逾园墙，便如鸟堕；冒刘郎而至洞口，竟赚门开。”“开户迎风，喜得履张生之迹；求浆值酒，妄思偷韩掾之香。”“浪乘槎木，直入广寒之宫；径泛渔舟，错认桃源之路。”“而乃感关雎而念好逑，竟绕春婆之梦；怨摽梅而思吉士，遂离倩女之魂。”②

此判词事关情节，乃案件大白之关键，无从删节。然典故过多，又不宜评讲，两作者皆照录原文，占两页篇幅。

耀亭说：“按说原判也应该改演白话，逐句批讲，方合体例。不知此等文字，万不容画蛇添足，即便勉强演讲，也不过把原注解改成白话，不但劳而无功，而且不合判词体例。”③

尹箴明说：“这一篇判词，人人都爱看，论理应当都说一说。奈因一共40多个典故，要是一天说几个，约得十天半个月的，叫大家看着，成了《白话类腋》，又像小说丛书了。怎么能算评讲聊斋呢？故此不便注解，诸位要爱搜求这些典故，您可以找一本有批的查查，也就行了。或把张智兰先生约到您府上，请他给您说一说，这报纸上说《聊斋》，实在不能批典，千万包涵。”④

文中是不是40多个典故，不必细究。金受申曾说张智兰照本说，尹箴明亦云他善背原文，大概张智兰的说法是照着原文，一字不落地直说过去。如此说法，典故当然在评讲之列，也许张智兰亦因此得名。所以才有尹箴明上面所说的，你想要听典故，只有请张智兰到您家中慢慢给你撕掳。但不知张智兰如何将典故说活泛了，张智兰作品无传

① 耀亭：《续黄粱》，《实事白话报》1923年9月30日。

② 张友鹤辑校：《聊斋志异会校会注会评本·胭脂》，上海：上海古籍出版社，1978年，第483页。

③ 周建设主编：《白话聊斋·胭脂》，北京：首都师范大学出版社，2014年，第334页。

④ 尹箴明：《胭脂》，《群强报》1915年1月25日。

世者，后人无福消受矣。张智兰既享大名，必有过人之处。然张智兰谨守原文，作为弟子的尹箴明和耀亭，却未传承其衣钵，而采取灵活取舍。在此师徒传承，手法去留之间，必有两代评讲家之深心存焉。

判词一经白话翻译则淡乎寡味，毫无韵致，耀亭在录原文外，仅用百余字，略陈其大义，一带而过。尹箴明亦如此，不过，稍作穿插，亦补弃讲之不足。文云："今一天这一大段原文，可就是人人都夸赞他这个《胭脂判》判词。因什么大家都夸赞呢？皆因是对仗工稳，典故用得花梢（可惜没有新名词）。要问为什么必得用这路判，这里面可有个道理。因为学使都是甲班出身，到了某省下马，观风的告示，都讲四六排偶，甚至有镶用全省县名儿的。原没什么用处，所为让本省的秀才一瞧，学院有才情。施公断这一案，所做的这一套判词，无非也是这么件事，一来逞自家的笔路，二来这全案，除毛大之外，宿介、秋隼，全是名士，故此才用这宗四六的判词。"①

此段说解谈古论今，议论风生，要较死译原文来得生动。

六、情色、禽虫篇段

1. 情色篇段

《聊斋》中不乏情色篇段，时亦艳墨四溅。评讲聊斋说过的有《伏狐》《天宫》《书痴》《荷花三娘子》《巩仙》《连琐》，至于《犬奸》《五通》《药僧》《黄九郎》《巧娘》，则弃而不用。

情色篇段评讲起来十分不便，因北京小报绝无香艳文字，评讲聊斋更是文字纯净。然这些描写究是《聊斋》原文，况且有些字句篇段，乃文情之必然，无从删节。如照原文直讲，在文言中温柔缱绻，在白话则有可能浅露猥亵矣，故评讲家处理起来十分烦难。

如《荷花三娘子》一开头就有"野合"一词，曰："湖州宗湘若，士人也。秋日，巡视田垄，见禾稼茂密处，振摇甚动。疑之，越陌往

① 尹箴明：《胭脂》，《群强报》1915 年 1 月 25 日。

觇，则有男女野合。”①

“野合”二字无可避让，非加以评讲不可。如在海派作家则是一篇很好的香艳文字，而京城评讲家在此等处非常尴尬。此语在上海话一句“狗屁倒灶”即可，北方白话则不太好形容，如言苟且，则与野合一样晦涩。北方话有一句“钻高粱地”于此篇最为合景，然京城评讲家皆有些冬烘拘谨，又不好出口。

湛引铭讲解道：“且说宗湘若，看见一男一女在谷子地上野合，心中明白，这必是一对浅教育的男女，不便紧自瞧，我也不便细说。那位说，您既称讲演，究竟什么叫‘野合’？‘野合’您要真不懂，告诉您说就是老合撒野。”② 老合撒野，且也说得过去，勉强应景。而下面一段更是难说。

“而款洽间，若不胜任，屡乞休止。宗不听。女曰：‘如此，我便化去！’宗惧而罢，由是两情甚谐。”③ 此一段，为《荷花三娘子》之书胆，且文字富有情味，无可回避。

湛引铭解道：“按字面讲，就如同在野的政客，一旦运动成熟，又处处棘手要辞职似的，宗爷是求仁得仁，如何肯放。仙女说，你要一定没结没完，我可又要变化，脱身而去了。湘若一害怕，闹了个有余不尽。这几句别以为我逗哏，在蒲留仙笔意，是描尽莲花仙子的身份，又是处女的姿态。实则天下乐境，均是转眼化去，何必苦苦认真。”④

作者对蒲松龄笔墨亦有会心，故能讲解出“是描尽莲花仙子的身份，又是处女的姿态”。“闹了个有余不尽”，然却不肯用一个香艳字眼形容之。耀亭曾说：“如《莲香》《任秀》《张诚》《巧娘》等，全都可听可瞧，其最难说者，莫过于《巧娘》。因为内中有许多避讳，不能过于随便。前者虽然说过一回，觉得很费周折。凡用文言文可以说的，一改白话就近于秽亵，与其费力不讨好，曷若捡好说的说。”⑤ 湛

① 张友鹤辑校：《聊斋志异会校会注会评本·荷花三娘子》，上海：上海古籍出版社，1978 年，第 682 页。
② 湛引铭：《荷花三娘子》，《群强报》1920 年 3 月 30 日。
③ 张友鹤辑校：《聊斋志异会校会注会评本·荷花三娘子》，上海：上海古籍出版社，1978 年，第 685 页。
④ 湛引铭：《荷花三娘子》，《群强报》1920 年 4 月 11 日。
⑤ 耀亭：《阿宝》，《实事白话报》1931 年 12 月 31 日。

引铭亦言："说到伤雅道的地方儿，咱是粗糙地一表儿，可不能细讲演。那位好□滋味儿，您看原文去。"①这大略是他对《聊斋》香艳段落的原则。总之，评讲家对情色段落总是视为难题和畏途，得避则避之，无可回避，则蜻蜓点水，所谓"咱是粗糙地一表儿"。

再如，《巩仙》原文有："尚方独坐凝想时，忽有美人自檐间堕，视之惠哥也。两相惊喜，绸缪臻至。"②

湛引铭演作："这两个人，立刻上了小床儿，又足这么一谈心。有人说，都是怎么谈心来着。原文说绸缪备至，实不相瞒诸位说，这句我不会讲，记得《诗经》上说："'迨天之未阴雨'，'绸缪牖户'"，大概就如同我催我们房东给修理房似的。"③

实际上，此处讲为亲热一番，或者温存皆可，上海话还有温功一词，然湛引铭竟是不肯，非得引经据典，牵扯到《诗经》。最后解作："大概就如同我催我们房东给修理房似的。"让人啼笑皆非。总算也是回避之法。

然《连琐》一篇是避无可避，让无可让，非得字字坐实不可。《连琐》原文有："戏以手探胸，则鸡头之肉，依然处子。又欲视其裙下双钩。女俯首笑曰：'狂生太罗唣矣！'杨把玩之，则见月色锦袜，约彩线一缕。更视其一，则紫带系之。"④

湛引铭作："说着话故意凑近了一点儿，用手装做摸姑娘儿身上冷不冷，手头儿上的劲头儿微大了一点儿，把绸衫儿的大襟纽扣儿给扯开了。姑娘并未理会，杨先生趁势往里一探手，正撞在姑娘咂咂头儿上，真仿佛要吃接奶的孩子，一点奶胖儿没有，果然同小妞儿相仿。姑娘笑嘻嘻地把杨先生推开，把纽扣扣好。"⑤

原文需要讲的地方，如鸡头、处子，演为咂咂头儿、奶胖儿连琐全部按原意解出，且准确无误，然终觉不类。在志怪传奇精神百倍的地方，评讲家讲起来显得十分之拙劣，这等地方正是评书的短处，实

---

① 湛引铭：《霍筠》，《群强报》1924年9月20日。
② 张友鹤辑校：《聊斋志异会校会注会评本·荷花三娘子》，上海：上海古籍出版社，1978年，第898页。
③ 湛引铭：《巩仙》，《群强报》1918年11月3日。
④ 张友鹤辑校：《聊斋志异会校会注会评本·连琐》，上海：上海古籍出版社，1978年，第332页。
⑤ 湛引铭：《连琐》，《群强报》1919年10月6日。

在是勉为其难。摹床笫之蹀躞之态，诗文辞赋之长也；而说忠表义，铲奸诛恶，乃白话之能。捧评于市井勾栏宣讲忠孝节义，厚正人心风俗，最为当行本色，而不易演说私情。柔情蜜意宜写为诗文，于风晨月夕，把卷微吟，赏心悦目。此殆评书与诗文之异同欤？

《连琐》接云："积数月，忽于灯下笑而向杨，似有所语，面红而止者三。生抱问之，答曰：'久蒙眷爱，妾受生人气，日食烟火，白骨顿有生意。但须生人精血，可以复活。'杨笑曰：'卿自不肯，岂我故惜之？'女云：'交接后，君必有廿余日大病，然药之可愈。'遂与为欢。既而着衣起，又曰：'尚须生血一点，能拚痛以相爱乎？'杨取利刃刺臂出血，女卧榻上，便滴脐中。乃起曰：'妾不来矣。君记取百日之期，视妾坟前有青鸟鸣于树头，即速发冢。'杨谨受教。出门又嘱曰：'慎记勿忘，迟速皆不可！'乃去。"①

此段刺臂救女是白话评讲的大好题材，湛引铭讲起来精神百倍，满身是嘴。插科打诨，评叙说表，挥洒自如。文云："连琐笑嘻嘻地把杨爷推开，说：'久蒙眷爱，妾受生人气，又日食烟火，白骨顿有生意。若得生人精血，可以复活'。杨爷一听，哈哈大笑，说：'这件事从前我就愿意，是你不肯，不是我舍不得。既然如此，你就不必细说了，咱们关门吹灯放帐子，有什么话，咱们是明天再说。'"②

"这段儿书虽不热闹，可敢说是好色而不淫的一个段子。您别瞧是怨女旷夫，终夜在一起打连恋，总没说到有狎亵的事故。唯独到了昨天的书，按照原文，才有'但须生人精血可以复活'几个字。您若连上文看，又有'忽于灯下，向杨似有所语，面红而止者三'的姿态。据诸位瞧，必以为连琐会做态，其实是真不好说（不然这段，早就订本儿卖钱了）。"③"当年金圣叹先生有云，天下的事，唯调情这件事最易。因为别件事，至少尚须五七人，唯此事只用二人，且内中有一人是我，我之肯，已是千愿意万愿意，只要那方面赞成，立刻就是和局。

① 张友鹤辑校：《聊斋志异会校会注会评本·连琐》，上海：上海古籍出版社，1978 年，第 336 页。
② 湛引铭：《连琐》，《群强报》1919 年 11 月 7 日。
③ 湛引铭：《连琐》，《群强报》1919 年 11 月 8 日。

所怕的内中有人调唆，在那一方面，也未必准愿破坏和局，苦于中间有小人挑拨，两家又万不能自开谈判。再说彼此所开的条件，也有许多不好直接说出口的，这一来可就耽误了大事了（那位说，这是金圣叹说的吗？）”

这一段是插科打诨，离开原文，作者有功夫油腔滑调，来调三寸舌，正是《聊斋》原文打的场子宽绰。所以湛引铭才能抽身出来，闲话数语，再来说扣子不晚。

反正这件事就是男子一方面不好明说，女子一方面更是碍嘴，我说着也觉着别拗难过。那么该怎么办呢？咱只好仍用原文，略改白话儿说。

且说杨爷听姑娘所要求的条件并非意外的苛求，所以点头认可，张罗着速成。谁想连琐姑娘又说了话了，说：“郎君你且慢来，慢来，慢慢地听奴道来呦。”

杨爷说：“你我这是自由的好事，做什么又叫板找工尺管着呀？有什么话，你只管快说。”

连琐说：“这件事你要依从了我，可与你有些不利，事后必有一场大病。你也不必害怕，决计要不了你的命，可是二十几天的罪，你可得受得了哇。”

杨爷横打鼻梁儿，说：“我含乎不了，要是骨头一疼就不断了，那还算哪道小子呀（这是杨于畏吗？断烟说嘴的杨闹儿）。”

连琐说：“不是别的，总得预先讲在头里，这场病可非同小可，总得趴床卧枕三四个礼拜，方活得过来哪。”

杨爷说：“你放心吧，老伙计，你即便给我栽上症候，我也不怕。左不是杨梅大疥、鱼口便毒。从前有同春堂、李林茂包治管好，如今大药房列为专门，我是老于花柳界的人，满不理论这些（这是杨于畏说的了吧？杨闹儿逞能哪）。”

连琐说：“你不用同我瞎诌胡咧，不说正文（谁说有原文哪）。我实对你说，因为妾在泉下，所秉纯阴之气，寒气最厉害无比，生人感触，强壮身体须三九日可以复原（比我这段书少不了三两天）。你这里孑然一身，病轻病重谁来问个信，谁给你抓剂药，请上个先生（得，唱上老

《叹十声》了)。"

杨爷说:"你就不用紧说废话了,别说还有法子医治,就是治不了,我都有冒险的精神。这叫牡丹花下死,做鬼也风流。咱们别耽误正事,我还是关门、吹灯、铺床、叠被、放枕头,你乘这功夫儿,摘头、洗脸、收首饰、褪裙子、解纽扣儿、宽衣解带,穿着衣裳睡最不解乏。"

连琐说:"你就不用紧自磨烦我们了,你看天已将晓,你我夫妻就此安眠了吧。"

说着话,二人放下大帐子,帐内有什么情节,鄙人向不担任调查。诸位爱瞧,是明天接演。①

此段写来如戏曲中的风流花旦和捣蛋小生的一出戏,评讲聊斋于这等处最见功力,常常有说有唱,科诨并用,十分热闹。

2."稍通点儿禽虫学才说得好"

《聊斋》花妖狐媚、花鸟虫鱼,无所不包,于志怪传奇是为好题材,然于评讲殊为不便,非有专学不办。在《聊斋》的禽鸟篇章中,《促织》耀亭、尹箴明皆已讲过,耀亭仅存一节,尹箴明所讲尚全,然于蟋蟀并未作过多盘桓。《鸽异》和《王成》则由湛引铭讲过一次。这几篇既非小段,也非热闹段落,评讲家皆望而却步。至于其难处,湛引铭说:"这段儿书,本是挺好的玩意儿,可是说《聊斋》的主儿,多不喜欢说他,从前德月川的门报儿见过一两次,在下也没能去听,至于别位,我也没听过。推原其故,这段儿同《促织》《鸽异》相仿,好像得稍通点儿禽虫学才说得好。"②

庄耀亭、尹箴明都不懂禽鸟,如果照搬《群芳》《花镜》一类书籍,则又显生硬,湛引铭说《王成》时,至禽鸟之处,无从措手。好在善于藏拙,恰好有位养鹌鹑的玩家来函,便将其来信作为附篇照登不误,算是圆全了下来。

此来函者名赵介臣,他作了一个鹌鹑小谱,文云:

---

① 湛引铭:《连琐》,《群强报》1919 年 11 月 8 日。

② 湛引铭:《王成》,《群强报》1916 年 11 月 12 日。

鹌鹑之鸟，产于山东、河南、江苏、湖北襄阳一带。秋后时间，暇人均喜玩之。光绪念年，河南南阳、归德等处，盛兴斗鹑。

相之之法，有歌诀云：长如蝇子团如鳖，软似棉花硬似铁。头要似蒜子，眼似椒子，鼻似麦子，目似锥子，颈似蛇子，毛似竹叶子，尾似钩子，腿似杠子，脚似片子。具此数种，方为勇战上品。

此下论人工讲，洗、空、吊、截、喂、把六字诀。

洗者，捕得此鸟，用开水晾温，或红茶水，将周身洗透。

空者，一日不喂食，去其外皮之油，则周身活动，气不喘，身段灵便，上圈咬斗时，彼咬身不疼，不败。

吊者，如明日上圈，今夜内不喂食，或少喂，次日上阵不喂，故两鸟见食争斗奋力。俟咬过数百嘴，则玩主将谷子撒在圈内，该鸟各得食即不斗矣。

截者，每早喂萝卜、白菜心，令其泻肚，去内油。①

评讲家才有不逮，径引他人著论，确是破例。然不如此，《王成》等篇便永远上不了评讲。

七、北京土话

尹箴明说评讲聊斋是“白话夹杂北京土话”②。白话夹杂土话有两层难处：一是音，一是意。有的有其音无其字，有的有其字而无其音。如评讲中的“大”，用于人名，多不念“大”，而念“代”，如“鬼大”“贼大”。有的有字有音，而无其意。如“好模样儿地”，音字无误，然意却不同。

湛引铭对此颇有体会，他说：“有许多写不出来的字，即便勉强连查带讹写出来，白话玩意儿，大家念着一个不贯串，也就没有意思了。”评讲聊斋毕竟是摹着说书人的口风写就的，写定时颇费审音正

① 湛引铭：《王成》，《群强报》1916年11月27日。
② 湛引铭：《娇娜》，《群强报》1920年8月18日。

字功夫。

1. 自带音注

为了怕读者将音读拧，走了北京的纯正的音儿，评讲家随文注音。如：

"真个（念格）的了，人家孩子图口子吃，我还不尽心巴结着点儿，那我小子成了什么人物了。"①

"他们是亲哥儿三（念撒）。"②

"当家的，叫我有么（念麻）事儿呀？"③

"脑袋核（念胡）儿也不像呀。"④

"你打听隔壁儿姚大（念代）呀？"⑤

"又喊了声'三（念塞）儿来。'……这孩子正在门房儿陪着打杂儿的喝酒哪，听主人在耳房里，连次点着名儿喊，自已不敢紧慎着，只好拉着长声儿，赶紧答应了个'喊'（高宅这门房儿要学姚宅）。……连忙说：'你老叫我奏嘛呀（三儿是天津口音）？'"⑥

"雇两个老姆（念蛮），把两个人送到新房。"⑦

"要说斗个梭和（念湖）什么的。"⑧

"站在墙根儿底下，定了定神儿，踏着高粱碴（念乍）子，找着小道儿，往西一路苦挠。"⑨

"见阎王爷气得眼睛发直了，说：'可恼哇，可恼。鬼卒（念局）们何在？'小鬼在旁'呕'了一声（那位说，这是哪一出哇？高腔《谤阎》，可惜没人听了）。"⑩

以上诸例中，凡括号皆作者所加音注。《红楼梦》中林黛玉常把

① 湛引铭：《霍女》，《群强报》1917年11月20日。
② 尹箴明：《曾友于》，《群强报》1914年4月19日。
③ 湛引铭：《钟生》，《群强报》1916年6月9日。
④ 湛引铭：《霍女》，《群强报》1917年11月26日。
⑤ 尹箴明：《阿绣》，《群强报》1913年8月4日。
⑥ 湛引铭：《丐仙》，《群强报》1919年4月12日。
⑦ 湛引铭：《小翠》，《群强报》1918年12月14日。
⑧ 尹箴明：《梅女》，《群强报》1913年11月24日。
⑨ 湛引铭：《张鸿渐》，《群强报》1917年10月19日。
⑩ 湛引铭：《考弊司》，《群强报》1917年8月15日。

"真个的"放在嘴边，曹雪芹未曾自带音注，如果读者不解方音，出口便读拧了。

脑袋核（念胡）：儿化更传神，如煤核儿。

"高粱碴（念乍）"："碴"应作"茬"，茬，庄稼收割后余留在地里的短茎和根，而碴，有大碴粥一词。无论写作碴、还是茬，都应念"zhà"。

鬼卒（念局）：是模仿京剧唱音。

2. 方言例释

此处摘录评讲聊斋所用之方言俗语，略做笺注，意在阐释方言之风味。

(1)"憨蠢"[①]：蠢，亦可作"趁""碜"，与磕碜（kēchen）意同。

(2)"真趁"[②]：有钱也，不知典出何处，亦满语欤？

(3)"只好在店里懊着吧"[③]：懊着，念"āozāo"，或"nāozāo"。周立波《暴风骤雨》作"懊糟"，烦恼也。

(4)"今天还作白话聊斋，明天就许咯儿屁。"[④]：死也，东北话有咯儿屁朝凉。上海话则有老调。

(5)"要细撕掳还能说几天"[⑤]：撕掳，掰扯也，条分缕析也。

(6)"妈儿腻"[⑥]：今作猫儿腻。

(7)"包圆儿"[⑦]：尤指买东西，全部买断，即曰包圆儿。上海话搅落山姆。

(8)"到了儿"[⑧]：不是已经到达目的地，乃事情的终结处。东北话，末了儿，后尾儿（yuěr），"了"（liǎo）字儿声上扬始得神。

(9)"考考儿的人"[⑨]：应举业者。

---

① 湛引铭：《巩仙》，《群强报》1918 年 11 月 1 日。
② 尹箴明：《嘉平公子》，《群强报》1914 年年 4 月 6 日。
③ 湛引铭：《王成》，《群强报》1916 年 11 月 7 日。
④ 耀亭：《考城隍》，《实事白话报》1930 年 7 月 22 日。
⑤ 湛引铭：《丐仙》，《群强报》1919 年 5 月 4 日。
⑥ 尹箴明：《崔猛》，《群强报》1915 年 1 月 26 日。
⑦ 耀亭：《种梨》，《实事白话报》1930 年 8 月 4 日。
⑧ 尹箴明：《嘉平公子》，《群强报》1914 年 4 月 10 日。
⑨ 尹箴明：《嘉平公子》，《群强报》1914 年 4 月 8 日。

(10)“五脊六兽”[①]：不舒服，难受。其写定甚难，仅望字面，离题万里。

(11)“好模样儿地”[②]：不是说这人长得端庄好看，而是突然，陡然之意。常作：好模样儿地，怎么突然如何如何。

(12)“漆慢儿乌黑”[③]：黑之形容词，有一抹（mà）黑等。

(13)“苦巴苦曳”[④]：尤其用于父母之鞠养劬劳。

(14)“抢先儿楼把点子”[⑤]：点子，不是一点儿，而是不菲，不少之意。如整点子酒；那些年，他可倒蹬点子烟。

(15)“哏儿哏儿地直乐”[⑥]：哏儿哏儿读“gerger”形容笑声，亦可作“咯咯”。

(16)“尽着北院里拆”[⑦]：尽量意，或作“先可着”。

(17)“作者可受了云南罪了”[⑧]：北京小说多处以云南喻遭罪，不知典出，或指发配远方。

(18)“弯搭拉（one dollar）”[⑨]：英文译音。

歇后语：

(1)“大萝卜挤眼，拔了我咧。”[⑩]

(2)“黄瓜腌葱，邪碴儿。”[⑪]

(3)“死胡同儿，他又回来咧。”[⑫]

(4)“武大郎服毒，吃也死，不吃也死。”[⑬]

3. 待考

(1)“尚老先生，你可马前着点儿。”[⑭]

① 耀亭：《成仙》，《实事白话报》1930 年 9 月 20 日。
② 耀亭：《画皮》，《实事白话报》1930 年 11 月 18 日。
③ 耀亭：《黄英》，《实事白话报》1922 年 9 月 16 日。
④ 耀亭：《赌符》，《实事白话报》1927 年 1 月 25 日。
⑤ 耀亭：《黄英》，《实事白话报》1922 年 9 月 17 日。
⑥ 湛引铭：《萧七》，《群强报》第 3174 号。
⑦ 耀亭：《黄英》，《实事白话报》1922 年 9 月 16 日。
⑧ 耀亭：《崂山道士》，《实事白话报》1930 年 8 月 7 日。
⑨ 尹箴明：《妖术》，《群强报》1913 年 10 月 3 日。
⑩ 湛引铭：《妖术》，《群强报》1920 年 10 月 18 日。
⑪ 湛引铭：《邵女》，《群强报》1918 年 8 月 19 日。
⑫ 湛引铭：《巩仙》，《群强报》1918 年 10 月 7 日。
⑬ 耀亭：《黄英》，《实事白话报》1922 年 9 月 17 日。
⑭ 湛引铭：《巩仙》，《群强报》1918 年 11 月 15 日。

(2)“趁早给我马儿巴打嘎儿，走球哇。”①

(3)“趁早别拿我打糠灯。”②

(4)“推小车的拣了个驴肚带，暗含着就算有了盼儿了。”③

(5)“青酱高（醋了）”④

(6)“我们窝儿薄，所是个脆儿，两五斗，所是一蛋。”⑤

(7)“海子里的鹿，对楞着。”⑥

---

① 湛引铭：《巩仙》，《群强报》1918 年 10 月 7 日。
② 耀亭：《梅女》，《实事白话报》1930 年 4 月 23 日。
③ 耀亭：《梅女》，《实事白话报》1930 年 5 月 1 日。
④ 耀亭：《画皮》，《实事白话报》1930 年 11 月 18 日。
⑤ 耀亭：《画皮》，《实事白话报》1930 年 11 月 19 日。
⑥ 耀亭：《连城》，《实事白话报》1922 年 8 月 28 日。

第三章 实事小说

一、《白云鹏》

北京小报有实事小说者，系由新闻演述而成，有时小说与报道同出一报，自采自撰，肥水不流外人田，自己园地自家收，新闻、小说同版并茂。

警世小說
白雲鵬
劍膽

图 3-1 《白云鹏》小说

其中以风化案撰为小说者最为风行，盖过公案、侠义。亚铃写《康小八》，乃近代名案，题材不可谓不奇，但他仍感叹道："这件事情，不过是个巨盗，并没有什么出奇的地方，不足一论。无奈目下都以实事小说当先。本馆□任人，也不能不急起直追，迎合社会的眼光。”[①] 可见实事小说风头之健。此类小说如《白云鹏》《李五奶奶》《同恶报》等皆喧动一时。

《晶报》主笔张丹翁语多诙谐，曾说民国以来，姓氏上有颜色的，最出风头，如黎元洪、黄兴、乌泽声、蓝天蔚、朱三小姐等，其中提到一个白云鹏，也因姓沾色而出名。张恨水也曾提及白云鹏，说："北京出了两个拆白案，说来也奇，这两案同出在新世界……一个是鼎鼎大名大鼓书家白某，一个是新剧花旦胡某。”[②]

这里单说白云鹏案。白案曾轰动一时，张丹翁为此事撰有大鼓书词，登在《晶报》上，张恨水许之为京城第一拆白案。

白云鹏，为我国著名大鼓书艺人，中华人民共和国成立后仍活跃于共和国舞台，其大鼓书艺，自有公论，此不赘言。却说北京的小报上有一篇小说《白云鹏》，演白云鹏风流拆白案，新闻小说俱在，无可避讳，笔者无奈撰此小论，厚诬古人，情非得已，薄讥前贤，有情可原。为慎重起见，先引述新闻报道，以示本论不诬。

（一）《白云鹏》本事

《北京白话报》1919 年 12 月 1 日报道云："新世界徐狗子、杂技场唱大鼓的白云鹏，系拆白党之流。27 号晚间，唱毕大鼓，偕同某侧□太太、某姨奶奶，赴某旅馆开秘密会，被警厅采员将男女一并拘获，带局讯办，详情容访再志。”[③]

12 月 3 日报道云："新世界白云鹏被捕已志本报。现据调查员报告，白云鹏系通县人，在新世界演唱大鼓，颇蒙妇女欢迎。以那王府祺四爷之妾周氏、宣武门外路东前清知府程某之妾周氏，姊妹二人（系从□母之姓，均称周氏）与白某爱情甚重，因在场上六目传情。白云鹏不如刘宝全稳重，被探员周某探出破绽，跟踪白某，见与二位姨太太迭次在青云阁开茶话会。前天晚间祺周氏、程周氏又约白云鹏在崇文门内，船板胡同新华饭店东院北房开秘密会，夜间被探员抄办，

① 亚铃：《康小八》，《爱国白话报》1914 年 2 月 9 日。
②《二十年前之晶报 · 北京新拆白案之一》，《晶报》1939 年 7 月 1 日。
③《本京新闻 · 拆白被捕》，《北京白话报》1919 年 12 月 1 日。

讯供不讳，于三十号连同一干人证解厅。闻程知府现在上海办理矿务，祺克坦系开办警察人□，警厅拟将白某先在新世界示众，从重惩办。”[①]

12 月 16 日报道云：“□□□拆白案，经法庭逮捕后，判令游街十日，昨有人看见白犯身穿大氅，背后有白布一□，□□□□，押随在观音寺一带游街示众。”[②]

相关报道、演说、谐文颇多，见后文“(三)《白云鹏》资料系日类编”。

白案一出，舆情沸腾，一则以为万般罪恶，最在云鹏，谓非宫刑无以伏其辜。一则以为褚周和程周二氏亦非善类，所谓雌犬不摆尾，雄犬不上前，并援某女客在大世界勾引老倭瓜一事为例云：“北京社会自拆白白云鹏淫案发现，大多数人都派白犯的不是，要据我说，决计不在一方面。十四号那天，有第一宾馆女客张某氏（津人），看中了新世界唱大鼓的老倭瓜。当时坐在杂耍场女客座，使出人来给老倭瓜带信，非要跟他订约不可。老倭瓜怕学白云鹏，唱完了不敢出前台。张女是非见他不可，后有某处茶房告知张女，此处警厅的侦探甚多，你要跟他谈谈，若在这儿是万万不可的，该女始出场而去。”[③]

还有人认为是纳妾之害，曰“欲使一日不舒服，便喝醉，欲使一生不舒服，便娶两个媳妇”[④]。

亦有归罪于社会者，认为如今戏园子里男女杂厕，早年北京的戏园子不卖女座，绝无此类事件发生。还有一种说法，颇耐人寻味，曰此在上海根本不算一回事，吹皱一池春水，干卿底事。

白云鹏拆白案报道后的第三天，《北京白话报》即刊出《白云鹏小说不日出版》的广告，称现正从事编辑，不日即出版。12 月 9 日开始连载剑胆之警世小说《白云鹏》。小说刊出后反响热烈，“阅者争先快睹，初非本报意料所及”[⑤]。又请著名画家李菊侪为小说绘制插

---

①《本京新闻·再志被捕》，《北京白话报》1919 年 12 月 3 日。
②《本京新闻·拆白游街》，《北京白话报》1919 年 12 月 16 日。
③《本京新闻·您说怨谁》，《北京白话报》1919 年 12 月 17 日。
④ 梦影生：《演说·纳妾之害》，《北京白话报》1919 年 12 月 7 日。
⑤《诗钟》（并叙），《北京白话报》1920 年 1 月 10 日。

图，这些插图亦作为画片发行，每张以铜元一枚零售。此时的《北京白话报》“已然销售到一万四千多份，天天往外省封寄的，亦不下五千有零”①。后报馆又发行了小说的单行本。

(二)《白云鹏》小说人物谱

小说依本事演述，略加添设修润，足称实事小说。全篇以白云鹏为主，以徐狗子为宾，经纬双线结构，而以吉周氏与陈周氏穿插其间，经纬分明，穿插得宜。

1. 白云鹏

书云：白云鹏三河县人，居香厂河南第一小胡同路东。媳妇孙氏，母皮氏，母亲当老妈子，媳妇随同洗涮。白为史振麟的门生，初在北京四海班弹弦子授徒，教授两个徒弟翠喜和金红，因与金红有染被辞退，臭名在外，谁也不敢用他。后经师傅史振麟介绍至天津的小广寒，不想又犯这宗毛病，与李二太太结露水缘，白云鹏敲诈其650块钱和一个赤金手镯。

又鬻艺海上，与王翠兰姘居，结识吉周氏和陈周氏。白云鹏自沪旋京，重逢陈周氏、吉周氏二人于戏园子，旧情复萌，行迹甚密，在新华饭店被捉。白云鹏被罚游街一星期，示众毕，定为拘役二年，交教养局习艺，拨入绳子科学习手艺。

文写白云鹏游街示众云：

遂令巡警，拿过两块白布，书记提笔写道：“唱大鼓书白云鹏，在新世界勾引妇女，有暧昧行为，判罚游街示众，以儆奸宄”……巡警拿着两块白布，一块钉在马褂前襟，一块钉在大氅后面。打扮已毕，由外勤所，派了巡警十名，由厅内押出，沿路看热闹的人，拥拥挤挤。当时出了前门，走在大栅栏口儿上……众警士，便把白云鹏，押往天桥。看官要知道天桥地方本来是四通八达一个大街市，来往行人，色色皆有。当见巡警，押着白云鹏过来，忽拉（啦）拉（啦）跑过一簇人，把白云

① 剑胆：《白云鹏》，《北京白话报》1920年2月9日。

鹏围在当中，都向他观看，有笑的、有骂的、有俏皮的、有念他身上钉着那篇罪状的，把个白云鹏羞得无地自容。①

拆白游街非只白云鹏一人，白云鹏之后，亦有继其辜者。据《北京白话报》报道："前在北海承光门桑园电影场，调戏妇女之拆白党胡敬才，业经法庭证明，实系拆白骗取妇女金钱，现已判处徒刑六个月，并于三日起押令该犯先行游街三日，然后送交游民习艺所拘押。"② 虽游街示众非止白云鹏一人，但终因白云鹏名声之大，而轰动一时。

文中白云鹏角色，作者依事而演，故叙多描摹少，人物虽不甚生动，但因报道已深入人心，不待小说而自工。

2. 吉周氏、陈周氏

本事为祺周氏、程周氏，为姊妹二人，系从鸨母之姓，均称周氏。祺周氏是那王府祺四爷（祺克坦）之妾周氏，祺克坦系开办警察人员；程周氏为宣武门外路东前清知府程某之妾周氏，程知府在上海办理矿务。

小说为存忠厚，将祺周氏、程周氏改为吉周氏，陈周氏。吉周氏，名之曰周菊香，夫名吉占，字梅心；陈周氏，名之曰周兰香，从良嫁人，夫名陈悲陀。

小说叙吉周氏与吉占、陈周氏与陈悲陀，以及吉周氏与黄九之孽缘遇合，作为穿插文字。

3. 徐狗子、老倭瓜

（1）有关徐狗子、老倭瓜的报道

在白云鹏本事中，徐狗子是重要人物之一，与白案相始终，案发第一篇报道，12 月 1 日的《本京新闻 · 拆白被捕》就有其名，且其名冠于白云鹏之先。文曰：

---

① 剑胆：《白云鹏》，《北京白话报》1920 年 4 月 16 日。

②《拆白党游街示众》，《北京白话报》1922 年 10 月 3 日。

新世界徐狗子、杂技场唱大鼓的白云鹏，系拆白党之流，27号晚间唱毕大鼓，偕同某侧□太太、某姨奶奶，赴某旅馆开秘密会，被警厅采员将男女一并拘获，带局讯办。①

接着4日的报道云：

（白云鹏）今秋来京，又入新世界，明着作艺，暗行拆白，以眉目传情，结交那府四爷（祺克坦）的姨奶奶（名福阁。拉纤的人是唱女落子孙俊贤之父孙傻子）。第一次会面，即在该场吉士林饭店内，白某措词天冷无衣，孙傻子从中说项，头一天该氏即赠白某很多的钱，此款即与徐狗子一班人均分。②

从报道看，徐狗子拆白之行不亚于白云鹏，故12月1日报道其名在先，而白云鹏反居其后，至于其如何拆白，未见报道。然单就白案而言，狗子亦与其事，且分得赃款，唯不知若干之数。不是案中人，何能分肥？故剑胆将其写入小说，并无冤情，实受其辜。另，白案中确有幸与不幸之说，如12月4日的报道中提到的孙傻子，乃男女拆白的中间人，拉皮条者，然却成漏网之鱼。他确为该案重要证人，然后续报道再未提及，小说中也无其人。

白云鹏被抓后，徐狗子仍是报道重点之一，记者始终没有放过此人，12月5日报道说：

拆白党白云鹏被捕后，徐狗子自起矛盾，心颇不安。昨日灯晚在新世界场面上说，我徐狗子吓得直吐血，今天早起，直转腰子，差点儿没死。现在报上说我与白云鹏是同党，我做了三十多年的艺，混得有了狗窝，也有了狗皮，唯没有一点儿脏星儿（本来没一点）。也不知他这些闲话，冲谁说的。③

12月6日报道云：

白云鹏犯案后，各报均秉董狐直笔，历数其罪。其实新世界内杂技场，尚有徐狗子与老倭瓜两个人，该场若仍以顾全生意起见，不忍辞退这两个人妖，将来发现之事，或有过于白云鹏者。日前记者亲到该场，

---

①《本京新闻·拆白被捕》，《北京白话报》1919年12月1日。
②《本京新闻·详志拆白》，《北京白话报》1919年12月4日。
③《本京新闻·拆白余闻》，《北京白话报》1919年12月5日。

正值徐狗子、老倭瓜连续登台，徐狗子贼人胆虚，直向台下说些可怜话，什么我们是苦人，又什么家中烧佛香，都是诸位的钱，有个自作自受的，可不是我徐狗子。次为老倭瓜登场唱的是《妓女过节》，其词句非常污秽，更兼他这一身贱骨，令人看着肉麻。[①]

徐狗子亦知自己是漏网之鱼，虽幸而得脱。一则以喜，一则以忧，喜者没抓着；忧者，不知啥时被抓，天天担心，已经吓得直吐血，转腰子。转腰子是北京话，意为惶急无宁，即贼人之心不自安也。老倭瓜与徐狗子齐名，当亦拆白之健者，然仅在12月6日报道中提及，其事迹不详。

至于徐狗子之结局，报道称：

昨见某报，登有狗子登台大骂报馆……并闻新世界某君，对于狗子一事，万难回护，所订合同，至阳历年底满限，有不再行续订之说。果尔，诚社会人民一幸事也。[②]

近日狗子四出□为运动，以免失□擦白党的脸面。[③]

警厅前因新世界唱□簧的徐狗子，与拆白党白云鹏一类，曾下逐客令，徐狗子已于十五号，滚出新世界。[④]

狗子虽逃了白案，但究未脱背运，终为新世界逐出。在白案报道中，徐狗子行踪有头有尾，形象堪称鲜明，事迹胜似铁证，故其沦为剑胆笔下鬼，不在乎剑胆刀笔之利，而是狗子自投罗网。

(2) 小说中的徐狗子、老倭瓜

在小说中，剑胆将拆白者设为主宾二角，白云鹏为主，徐狗子为宾。

徐狗子出身

本事中，无徐狗子籍贯身世。剑胆增叙其出身云：

原来这人，系东京生长，流落北京，因为家道寒微，自幼便能在社会上抓钱。八九岁时，什么打执事、溜骡子，无事捡捡煤核（核念胡）、

①《本京新闻·五志拆白》，《北京白话报》1919年12月6日。
②《本京新闻·六志拆白》，《北京白话报》1919年12月7日。
③《本京新闻·七志拆白》，《北京白话报》1919年12月9日。
④《本京新闻·商场走狗》，《北京白话报》1919年12月17日。

针针烂纸。夏景天甜瓜、西瓜、酸梅汤都会卖。到了冬天，卖花生、卖铁蚕豆。按节按令，还有应时赚钱的生意，如二月二的太阳膏、五月节的灵符、八月节的烂果子、腊月二十三日关东糖、马草马料。三十日晚晌，挨门送送财神爷，到了天亮，卖卖大骡车。到初一二，脑壳扣上个破柳罐，凑上一个人，去当王八兔子来进宝，到各商家铺面，招大家一个笑儿。但是他弄钱的道儿太多，在下我这支笔、这张纸，一时也说他不尽。

总而言之，下等社会里的事情，徐狗子总算很有经验。后来他就依着自己这点儿聪明，便拜了前门大街，唱曲的万人迷作了他的老师。又给丫髻赵，磕头认了师叔，其小乔方四，都是他同门师兄弟，从此厕身于什不闲界内，找碗饭吃。①

上文剑胆所述行业虽多，然皆不在三百六十正行之内，皆行外行，皆杂行，皆贱行也。狗子未必干过这多事，但加诸其身，亦无不妥，以形其出身之低贱也。

徐狗子相貌

小说为其开脸云：

原来徐狗子身高六尺，是个瘦长汉子。色如油炒驴肝，黑中透紫，头似枣核形象，上下皆尖。高头骨，窝抠眼，黑眼珠儿小得赛过绿豆，白眼珠儿大得赛过马猴。秤砣鼻子，一部连腮带鬓硬喳喳的胡须。大颏拉嗉，有点水蛇腰儿，两只私占官街的大脚，以此足以表示出他当年幼时，受过劳苦的形状。只其说话声音，有如破锣一般，吧啦吧啦地响。未语先笑，一笑两支狗眼，成了一道缝儿。俗语说：蹿节的馒头，越睁越小啦，一张小嘴，成了一个三角式，上嘴唇一碰下嘴唇，这就要口吐人言，招大家的笑乐。②

此段写狗子相貌十分形象，作者摭拾传统评书开脸之词，加之戏台上三花脸之扮相，参伍错综而成之。文字谐俗生动，可见剑胆民间艺术之修养。

---

① 剑胆：《白云鹏》，《北京白话报》1920 年 2 月 8 日。
② 剑胆：《白云鹏》，《北京白话报》1920 年 2 月 9 日。

徐狗子唱什不闲儿

徐狗子属跳加官的丑角，文中写道：

且说徐狗子既已侧身于什不闲界内，每日出台，专指着他那副狗头脑招人笑乐。所以一到场面上，自己先向众顾客说："您别瞧徐狗子，我这个长像不好，就有一样便宜，受打扮，不信打扮完了诸位瞧。那位说，必然好看了，岂知更不像个人揍的了。"

且说徐狗子，顺嘴胡流，把人乐得前仰后合，哄堂大笑。其实这些粗俗不堪入耳的话，在当年就是前门天桥一带，用白土子画圈，供那些下等社会的人开心解闷。左不是把自己上三代以及父母妻子老婆孩，饶在里头，互相辱骂，招大家一笑。每一回，挣钱十个八个的当十沙板钱，无非苟延残喘，找早晚两顿窝窝头吃，但凡有份别的手艺，谁也不招这宗怨。①

"揍"，北方方言，乃父母生养之意，非殴打也。徐剑胆此语似为实录，今日二人转舞台，亦以骂自己三代、父母、老婆孩为逗笑之噱头。

徐狗子，行贱名亦不佳，剑胆又一路朝着贱、狗、丑方向写去。贱者，贱人、贱命；狗者，狗头、狗脑；丑者，丑面、丑行。狗子底本好，不待刀笔，自然成型，剑胆只是添加出身数行，人即跃然纸上。

剑胆写白案，白云鹏是唱大鼓书的，总是正工身份，狗子是小花脸，两人一生一丑，一主一宾。然戏台上，丑角总是受欢迎，故小说中徐狗子一角，较之白云鹏更为生动，大有反客为主之势。老倭瓜一角，惜乎文残，不知其形象若何。

(三)《白云鹏》资料系日类编

1. 新闻报道

1919 年 12 月 1 日《北京白话报·本京新闻·拆白被捕》："新世界徐狗子、杂技场唱大鼓的白云鹏，系拆白党之流。二十七号晚间唱

① 剑胆：《白云鹏》，《北京白话报》1920 年 2 月 9—10 日。

毕大鼓，偕同某侧□太太、某姨奶奶，赴某旅馆开秘密会，被警厅采员将男女一并拘获，带局讯办。详情容访再志。”

1919年12月3日《北京白话报·本京新闻·再志被捕》：“新世界白云鹏被捕已志本报。现据调查员报告，白云鹏系通县人，在新世界演唱大鼓，颇蒙妇女欢迎，以那王府祺四爷之妾周氏、宣武门外路东前清知府程某之妾周氏，姊妹二人（系从□母之姓，均称周氏）与白某爱情甚重，因在场上六目传情。白云鹏不如刘宝全稳重，被探员周某探出破绽，跟踪白某，见与二位姨太太迭次在青云阁开茶话会。前天晚间祺周氏、程周氏又约白云鹏在崇文门内，船板胡同新华饭店东院北房开秘密会，夜间被探员抄办，讯供不讳，于三十号连同一干人证解厅。闻程知府现在上海办理矿务，祺克坦系开办警察人□，警厅拟将白某先在新世界示众，从重惩办。”

1919年12月4日《北京白话报·本京新闻·详志拆白》：“警厅密探拿获拆白党白云鹏各节，已志前报。兹因关心社会诸君，对于此案甚为注意，今将详细情形，补录于下，以供众览。

“白云鹏京东三河县人，从前以弹弦子为生，住居香厂，后又在天津学唱大鼓。民国三年来京，在四海升平演唱，五年秋赴上海，在上海新世界演唱，后又挪在天外天。因在该处学会拆白技能，很剩了几个钱，今秋来京，又入新世界。明着作艺，暗行拆白，以眉目传情，结交那府四爷（祺克坦）的姨奶奶（名福阁、拉纤的人是唱女落子孙俊贤之父孙傻子）。第一次会面，即在该场吉士林饭店内，白某措词天冷无衣，孙傻子从中说项，头一天该氏即赠白某很多的钱，此款即与徐狗子一般人均分。后来该氏又给白某介绍顺治门大街程宅姨奶奶。十九号那天白云鹏同着二位姨奶奶在青云阁茶楼上品茶，被密探看出破绽，禀明吴总监，奉令捕拿。此时白云鹏虽已知觉，仍敢复于27日在新华饭店，请二位姨奶奶吃番菜，宴毕刚要办别的事，即被密探捕获，并将青云阁主人及新华饭店王某解厅。听说现在那、程二姨奶奶，已供认与白云鹏有苟且之事，唯白云鹏坚不吐实，在司法处挨了二十手筒子，始才吐出实情。其余容访续志。”

1919年12月5日《北京白话报·本京新闻·拆白余闻》：“拆白

党白云鹏被捕后，徐狗子自起矛盾，心颇不安。昨日灯晚在新世界场面上说，我徐狗子吓得直吐血，今天早起，直转腰子，差点儿没死。现在报上说我与白云鹏是同党，我做了三十多年的艺，混得有了狗窝，也有了狗皮，唯没有一点儿脏星儿（本来没一点）。也不知他这些闲话，冲谁说的。又闻白云鹏有一件可笑的事儿，当27号被捕时，白犯一上囚车，遂叹了一口气说道：‘此次被捕，实乃我白云鹏之错也。’临遭官司还臭转，可称得起是地道屎蛋。”

1919年12月6日《北京白话报·本京新闻·五志拆白》：“白云鹏犯案后，各报均秉董狐直笔，历数其罪，其实新世界内杂技场，尚有徐狗子与老倭瓜两个人。该场若仍以顾全生意起见，不忍辞退这两个人妖，将来发现之事，或有过于白云鹏者。日前记者亲到该场，正值徐狗子、老倭瓜连续登台。徐狗子贼人胆虚，直向台下说些可怜话，什么我们是苦人，又什么家中烧佛香，都是诸位的钱，有个自作自受的，可不是我徐狗子。次为老倭瓜登场，唱的是《妓女过节》，其词句非常污秽，更兼他这一身贱骨，令人看着肉麻。记者赶紧走开，绕在楼梯处，就见两个唱女落子姑娘（其名姓记者不甚留意，未能指出），就见两个人扶在楼杆上，低低说道：‘白大叔的事情，不要紧了，现在已托人向警厅方面说项，只要一送在司法界，就算完事。’说至此处，回头看见有人，立刻止住，携手而去。据记者想，警厅吴总监对于此事，特别注意，无论托出什么样强有力的，他也给个铁面无私，一概拒绝。至于两个无耻的周氏，也应当施行相当处罚，治一警百，整饬北京风俗，就在迅雷之第一声耳。姑志之，以观其后。”

1919年12月7日《北京白话报·本京新闻·六志拆白》：“昨见某报，登有狗子登台大骂报馆，此事果真，本处巡警，即应干涉，皆因他是作艺的人，没有这样自由骂人的权柄。比如各报所登他与白云鹏的事情，有不实的地方，尽可以直接向各报更正，否则还可以投诉，如彼竟敢在台上大骂报馆，巡警不加干涉，未免有损职任。又别一访员报告：近日各场女客减少，或因受白某之影响所致，并闻新世界某君，对于狗子一事，万难回护，所订合同，至阳历年底满限，有不再行续订之说。果尔，诚社会人民一幸事也。”

1919年12月9日《北京白话报·本京新闻·七志拆白》："前有人传说，白云鹏已然押厅，未游街示众，后经访员报告，此说不确，并谓近日狗子四出□为运动，以免失□擦白党的脸面，能否达到目的，就看白云鹏游街与不游街上了。"

1919年12月13日《北京白话报·本京新闻·八志拆白》："狗党白云鹏被捕已迭志本报，现调查白云鹏在警厅供称：伊与祺四太太，原是旧交，在天津就认识。彼时四太太尚未从良，夜度之资，就供伊花用。后来天南地北拆散鸳鸯，伊才偕同拆白某上来到北京，投入狗党。在新世界演唱，头一天出台，下场时碰上祺四太太，将伊引至吉士林吃饭，赠现洋票五百元，给制衣裳。后来又给介绍上程太太，时常约至青云阁品茶，新华饭店开秘密会，联床共枕吃鸦片烟，伺候完了，二位太太都赏钱云云。警厅检查祺周氏，确有烟瘾，送往医院戒除，程周氏交拘留所看押。白云鹏现又供出同党三人，被密探相继捕获。详情容访再志。又一消息，日前有人报告白犯，业已游街示众，现经调查，实属不确。同该犯在厅，尚有未讯之事件，故详志之。"

1919年12月16日《北京白话报·本京新闻·拆白游街》："□□□拆白案，经法庭逮捕后，判令游街十日，昨有人看见白犯身穿大氅，背后有白布一□，□□□□，押随在观音寺一带游街示众。"

1919年12月17日《北京白话报·本京新闻·严禁拆白》："提督王统领，因京师发现拆白党案，伤风败俗，莫此为甚。若不速将此辈铲除罄净，则不足以挽□□。昨由营翼选派密探五十名，分赴各繁华去处侦查，若遇此等不法之徒，即行捕获，解送提督，尽法惩治，以儆奸邪。"

1919年12月17日《北京白话报·本京新闻·商场走狗》："警厅前因新世界唱□簧的徐狗子，与拆白党白云鹏一类，曾下逐客令，徐狗子已于15号，滚出新世界。"

1919年12月21日《北京白话报·本京新闻·白案判结》："昨听警界人云：'拆白党白云鹏一案，业已由司法处判结。白犯判为拘役二年，交教养局习艺，女犯程周氏判罚一年半拘役，祺周氏判罚一年拘役，均交妇女习工厂习艺。其容留宿奸之□□东安饭店罚洋六十元，新华饭店罚洋十六元。'"

2. 舆论反响

1919年12月4日记者《北京白话报·演说·今果然矣》："本报日前，曾登唱什不闲徐狗子之污臭行为。一般阔官并不留心，仍纵容自己姨太太到新世界内游逛，不多几天，就发现唱大鼓者白云鹏拆白的动作。警厅吴总监对于此事，非常痛恨，现拟从重惩办，打算把白云鹏押赴东安市场、新世界、游艺园各热闹场中，游街示众。吾友沨沨子，对于此事，曾著一演说，登诸他报，内云：'如遇有拆白党犯案的时候，问明事实，然后就施用宫刑。并云，法子虽好，恐怕司法界办不到云云'。以鄙人意见，宫刑两个字，固是沨沨了戏拟之词，深知办不到。但在下为拟一个法子，又公道又易办，果能仿行，准可治一警百。其术唯何？就是连拉线的孙傻子等，和这两位姨奶奶，一并押赴各处示众，方算平允。皆因这宗事情，一起首的时候，多半出在妇女这一方面，无论那拆白党，有多大能耐，万不敢硬向妇女跟前去献媚。况似徐狗子那宗狗头狗脑、臭污不堪的人，也要有些风流勾当，岂不是妇女自轻自贱吗！俗语说：乐极生悲，又说什么饱暖生闲事，这白云鹏可算是乐极生悲，这两位姨太太可算是饱暖生闲事了。或有人说把两位姨太太押在各处示众，也恐办不到，皆因程、那两家，都是官宦人，恐要顾全自己脸面。但近接专员报告，程某在上海来一电，有不认该氏之说。那府自丢人的那天，已然报了地方警察，无所谓脸面攸关。深望警界，照此办理，既可警戒一般无聊妇女，又可叫那未曾发现的人惊一惊心，是否之处尚乞裁□"

1919年12月7日梦影生《北京白话报·演说·纳妾之害》："俗人有两句极平常的话，说出来细细一思忖，其中意味很是深厚，是哪两句话呢？就是：欲使一日不舒服，便喝醉；欲使一生不舒服，便娶两个媳妇。

"喝酒一事，姑且不论，就以而今新世界白云鹏与程、那两姓姨太太的事情说，这就是纳妾的一个殷鉴了，不但丢人丢脸，惹气伤财，并且还给大家当了话柄。事到如今，闹得满城风雨，虽不能遍喧五大洲，大概中国各都会热闹地方，没有个不知道的了。

“以上看来，纳妾的事情，够有多大害处呢！鄙人借着这个题目，索性将其中的害处，分析向诸君说说。

“先说家庭之害。按夫妇一伦，乃五伦之始，有夫妇方能有家庭。故夫子说：造端乎夫妇，所以必须礼聘，正所以重视其人格也。平素夫妇，必须相敬如宾，这家庭中才能显出雍穆和蔼样子来。

“谁知阔老官，一有了钱，先讲究纳妾。果然为子嗣计，买个贫家姑娘，亦还可说，偏偏要在八埠里去选娼妓，这一弄到家中，焉能过舒服日子。从此夫妻反目，离心离德，那出身低贱的人，性质已然学坏，忽然入于有规矩的家庭，觉得处处不能自由，便偷着作出些败坏门风的事情。起先左不是同下人、跟班作些丑事，到了如今的时代，人人讲自由，社会上又立了这些公共游艺场，可称正遂其心之大欲。白云鹏一事，算已然发现在外边的，其未发现者尚不知还有多少，这便是家庭之害。

“再说人身之害。一个人要是纳了妾，必得宠着她的性儿，任意奢华，进项无多，岂能浪费。作官的人，势必要贪，钱越多，挥霍得越快，闹来闹去，自然伤心害理的事情都要作出来了，终究要把自己名誉毁到不可收拾，方才罢手。

“再说种族的害处。人体发育，知识道德因之而进步，一人如此，人人如此，聚族成国，从此便能富强起来，所以外洋最讲保种。种强，国必强；种弱，国必弱。那是一定的道理，请看好淫多妻的人所生子女，万万不能强壮的了。

“总以上所说，纳妾一事，既然关系这样重大，不但害了自己，害了自己家庭，并能害及社会，害及一国，岂可不慎重其事吗。”

1919 年 12 月 17 日《北京白话报 · 本京新闻 · 您说怨谁》：“北京社会自拆白白云鹏淫案发现，大多数人都派白犯的不是，要据我说，决计不在一方面。十四号那天，有第一宾馆女客张某氏（津人），看中了新世界唱大鼓的老倭瓜。当时坐在杂耍场女客座，使出人来给老倭瓜带信，非要跟他订约不可。老倭瓜怕学白云鹏，唱完了不敢出前台。张女是非见他不可，后有某处茶房告知张女，此处警厅的侦探甚多，你要跟他谈谈，若在这儿是万万不可的，该女始出场而去。”

1919年12月17日梦影生《北京白话报·演说·法律的自由》：“记者昨日看见白云鹏在新世界一带游行示众，瞧着实在可怜，可怜的是什么呢？可怜他无论怎么样也是国民一分子，只因不懂法律作用，才信竟而为。如今碰到例头儿上，落了这么一个游街示众的结果，这为人的资格总算贬到至低的去处了。看来不懂法律的人，够多么吃亏呀！”

1920年1月10日张修孔《北京白话报·演说·对于北京风俗之悲观》：“拆白一案，人人都怪白云鹏淫荡，我独不以为然。那、程二位姨太太，要是行为正派，焉能受了他的勾引。俗语说得好，雌犬不摆尾，雄犬不上前。这话虽粗，实有至理。总而言之，全由北京风俗败坏缘故，更在乎他们当年做官时，贪搂有以造因了。

“早年北京，戏园不卖女座，男女界限，关防极严，那时这类事，决然没有。到在如今，不问酒楼戏园，男女杂厕其间，处处讲究改良，时时丑事发现，反说什么女界开通，其实放荡淫佚。设若风俗如古，何至淫荡流行呀！白某一案，要不是某侦探看出破绽，焉能败露出来，不知未败露出来的，尚有多多哩。咳！拿着首善之区，竟成夷蛮之乡，当局只知皮毛维新，不想根本改良。若不从速维化，将来还不成污秽之都吗！所以鄙人对于北京风俗，抱无穷的悲观。”

3. 谐文

1919年12月7日陈小山《北京白话报·警世谐文·新闻西江月》：

自从改良市政，各处商场争奇。

新世界内闹野鸡，公家置诸不理。

昨日本报登载，白云鹏案迷离。

体面官妾任人欺（好体面了），都因大鼓而起（人家有钱，人家爱听）。

报纸关心风化，当提不得不提（遭忌就在这句）。

奉告有妾莫犹疑，少在乱□里挤（人家爱乱）。

鄙人非常讨厌（诚然），说话口快嘴直（诚然）。

有钱当该把德积，纵妾自由何必（你别瞎操心啦，人家爱……）。

1919年12月12日陈小山《北京白话报·趣话西江月》：

张祖光先生，文字古老，庄谐骈行，余读《趣话西江月》，令人泪笑，不佞学步一首，仍望张弟指正之。陈小山叙言。

狗子狗男狗女，狗料狗肉狗汤。

狗腿从来跑断肠，浪狗摇而摆晃。

功狗不让苍狗，狗窦聚赌窝娼。

狗腚迸吧儿叮当，狗屁乒乓乱响（动大家伙）。

义狗报恩湿草，他比奸佞胜强（一定）。

而今狗事太麻扬，处处巴巴狗抢。

狗熊被枷所累，癞狗疔毒恶疮。

天狗难把日头伤，齐唱时日害丧（害念曷，丧去声）。

1919年12月15日祖光《北京白话报·警世谐文·趣话西江月》：

狗字余韵已尽，尚有倭瓜可供喷饭，聊凑数章，以搏剑胆、小山、菊侪、绩宸诸兄一粲。

倭瓜种类不一，山东倭瓜差强。

一撮之土可栽秧，大粪越多越旺。

伏天难免臭烂，坏瓜没有好瓤。

烂瓤做成狗食汤，狗子赖他资养。

倭瓜难比鸡蛋，鸡蛋尚有蛋黄。

瓜子虽多不充肠，倭瓜多吃肚涨。

非与倭奴致气，因他败坏纲常。

浪费笔墨乱评章，尚祈阅者原谅。

1919年12月27日延陵素霞来稿《北京白话报·实话西江月》：

贵报宗旨正大，材料最为完全。

趣话祖光、陈小山，小说大家剑胆。

伦理小说孝女，一笑先生述编。

菊侪插画更新鲜，新闻立时能见。

剑霞嚼墨对韵，函秋侠凤奇缘。

云鹏小说传世间，可谓庄谐并艳。

1920年1月10日陈小山《北京白话报·诗钟》(并叙)：

剑胆二砚兄所著《白云鹏》小说风行于世，阅者争先快睹，初非本报意料所及。昨夕灯下，鄙人猥寒虚，构思文字，偶忆前人，有鼎峙格诗钟一门，余何不以白云鹏三字填之。于是商之同人，同人皆赞许，十分钟拟妥十联，虽为小道，亦费苦心构制云尔。

河北云书千里白，海东波浪一鹏青。小山。

玉壶盛唱飞鹏白，云阙奇观献蛋红。二苏。

白马神鹏天地界，青龙鬼卦阴阳图。秀公。

淮南鸡犬仙云白，塞北鲲鹏戏雪水。怀愚。

云中鹏鸟飘青翅，江上鱼翁笑白头。笑佛。

祥云绚彩青鹏舞，故国凄凉白雁哀。佛笑。

鹏叫一声霜雪白，鹃啼双泪彩云红。绩宸。

鹿洞六经穷白首，鹏飞万里望青云。菊侪。

凰驾云端仙鸟护，鹏摇白膀猎人惊。一笑。

先天鹏举夸岳帅，后世云长白关公。璞生。

1920年1月6日佛笑《北京白话报·游戏文章·送白玉鹏被捕入警察厅序》：

北京久称多骗子拆白之辈。白云鹏唱大鼓，屡不见容于警察，怀抱丝弦，欣欣赴旅馆，深知其必有合也，白云鹏乐乎哉！夫以了之不够格，苟关心风化者，皆痛恨焉，况北京之士，嫉恶如仇者哉！然吾尝闻秉公与徇情异，吾恶知其今不异于我所云邪！聊以白云鹏之罚□之也，云鹏乐乎哉！吾因之有感矣。为我传语狗党之辈，而观于其行，复有昔时骗钱者乎？为我告曰：吴总监在上，可以遁而逃矣。

4. 小说刊行广告

1919年12月4日《北京白话报·白云鹏小说不日出版》："启者：本报已将白云鹏、徐狗子前后历史即拆白行为搜罗完备，现正从事编辑，不日出版，以飨阅者，内容趣味深厚，穿插新奇，诚为一种警世之作，先此布告。编辑部启。”

1919年12月8日《北京白话报·阅报诸君大注意》：“本报《白云鹏》小说，准于明日出版，内中实事据情直书，不加杜撰，以明真相。特布。”

1919年12月9日剑胆《北京白话报·白云鹏》：“西江月罢，下演《白云鹏》警世小说。按此事为本京发现擦白党闹事第一公案。”

1920年1月19日《北京白话报·阅报诸君》：“现在北京报加添画片，定于阳历本月二十号出版，系大画师李菊侪先生所绘，内有一页绘图本报之《白云鹏》小说，每张零售铜元一枚，为欲购者请向送报人手索可也。本报谨启。”

1920年1月24日剑胆《北京白话报·白云鹏》：“近日李菊侪先生所绘之《白云鹏》小说图已至四续，如有购者请向送报人手索，零售铜元一枚。”

1920年1月25日剑胆《北京白话报·白云鹏》：“近日李菊侪先生所绘之《白云鹏》小说图已至五续，如有购者请向送报人手索，零售铜元一枚。”

1920年4月15日剑胆《北京白话报·白云鹏》：“今日李菊侪先生所绘之《白云鹏》小说图已至七十五续……零售铜元一枚。”

1920年4月20日剑胆《北京白话报·白云鹏全书预约券》：“……有铜版插图数张……”

1920年4月21日《北京白话报·白云鹏全书预约券》。

1920年4月21日剑胆《北京白话报·白云鹏》：“今日李菊侪先生所绘之《白云鹏》小说图已至八十一续，如有购者请向送报人手索，零售铜元一枚。”

5. 小说总目

《北京白话报》1920年4月21日剑胆《白云鹏》：

说书至此，做个结束。兹将该段小说内容大加修改，首尾穿成一气，列为十四回。现已出售预约券，每上下两册，收大洋四毛，出书后，两册售大洋六毛。题目先行宣布录后。

北京白話報

PEKING PAI HWA PAO

Io Ngau Nan Yin
Chienmen, Peking

館開設北京前門外大安瀾營

電話南局

一年四月一號

星期一

一元二角全年

啓者鄧王氏自有空地一段座落外左三正月定將自落地外左三門外左川區牛角灣五院門路南計長房五號十二房屋十二

惠：各東英文學校招男女生學習會話者注意（高級英文班）教授英人（郭道甫女士）擔任教授

新式便

今有金志銳鋪房一所門面二間坐落西單牌樓南路東啓者自置西四牌樓磚塔胡同四道

莊言錄

巧雲（三續）

耀臣

話表江南這一搗亂　把洞庭的廟宇也都毀壞　一片歡喜地　化作瓦礫場　李生一想　既然赶上這個年頭兒　文行是決計無濟於事啦　要打算置身榮顯　錯非歸入武行不行　遂即投筆從戎　學班超棄文歸武　隻身奔赴軍營投効　居然頗著戰功　後來隨同李宮保　轉戰各省　在前敵上頗肯用命　等到克復無錫縣　大軍駐紮惠泉山　因爲山後豺狠很多　往往就有傷人的事　李生沒事兒要去射獵　就手兒除一除當道豺狠　遂即挽弓腰弩　負槍奔往山後，於是披榛斷莽而獵　覺得興氣勃勃　每於幽邃之徑　出入其間　連個從人都不帶　別管有無豺狠虎豹　反正能夠活潑精神　日以爲常　越跑越高興　也搭著身在軍界　不管甚麼叫危險傷生　這天正在行獵之際　忽見前面一鹿　在草地裏直蹦　李生赶緊抽弓拔箭　紉扣填弦　照定前面就射了去啦　誰知一連三箭　全都沒中　只好就是拏鎗打吧　不想一連又放了三鎗　始終沒夠上　因爲鹿的腿快　鎗不能及　所以全都放空啦　只得撒開了往下一赶　鹿是旋奔旋止　用鎗一打他就跑　跑幾步兒他又站住僬僬　把李生鬪的火往上撞　心說這是誠心嘔氣　不然今天就放了你啦　這一來偺們是沒結沒完　無論你跑到那兒　我今天也得把你追上　想罷　遂一哈腰兒　往前苦這們一追　漸漸追進山刻兒　路轉峯回　前鹿已香　但見山花寂寂　澗水潺潺　覺著豁然開朗　彷佛另是一個世界　猿猩登枝尋菓　百鳥棲樹高鳴　雖非世外桃源　也算別有天地　遠遠望見深林之內　隱隱現一茅庵　徽聞木魚之聲　達於耳皷　於是信步走入庵內　則見一少年女子　危坐諷經　淡粧素服　長的非常俊秀　近前細看　不是別人　正是洞庭所遇　眉珠庵的巧雲　當即上前握手相見　各道離別之苦　因述近事　彼此悲喜交集　說起別後相思　巧雲悲不自勝　一手拉定李生　嗚嗚的這們一哭　一邊兒哭著　一邊兒說　萬想不到偺們在此地相遇吻　把李生哭得淚如雨下　遂說卿你先住聲　有話不妨慢慢兒的說　小生決不能捨卿而去　再說前者並非負約　實在隨同家父回籍　巧雲一聽　這才止住眼淚　一問李生是怎麼來的　李生照著實話一說　並將因亂投入軍營的話　又說了一遍　又說若非棄文習武　今天萬也見不著　可見無論甚麼事　皆有定數　若僅憑人力　往往倒有許多阻滯　回想神前立誓　雲堂定盟之際　想的到有今天嗎　巧雲說　那邊有一問小屋　郎可以到裏邊屈坐屈坐　今天既是見著面兒啦　爽性談談我這肚子委屈　李生說　好　那們偺就屋裏坐　說罷一同走進屋內　二人這才對坐談心　一問巧雲怎生到此　巧雲長嘆一聲　說　唉　眞是一言　難盡

（未完）

講演夜談　張五

湛引銘初稿

目下節過大雪　可稱天氣嚴寒　身上無衣或缺棉　眞能週身打戰
儻再肚中喫飽　庶幾支持當天　趕到粥廠見門關　只好沿街號喚
幸賴大家慈善　臨時窩頭募捐　聚少成多湊銀錢　救活貧民無算
另有嗇吝政客　剝削摟入腰纏　一旦無常喪黃泉　聊供姬奴分散

幾句代臨時窩頭曾勸捐的濟口轍的書詞兒念畢　接着再說一段夜談隨錄上的故事　題目是張五　我這幾句書詞末四句就與這段事故有映合的地方　故借此喚醒有錢的闊老　其實在下明知人微言輕對做空言無補若議肯做公益慈善的人不必有錢　自已省喫儉用也要做善舉　若一毛不拔留錢爲死後封王的郎使勸破了嘴他也裝糊塗那們我做什麼又說費話呢　皆因今年北省霪雨爲災又搭着諸物品貴　以目下說　玉米麵八枚銅元一斤　諸位善士每年捐一元　能購三十斤　今年只購二十二三斤　年成越不濟　外鄉逃荒的人越多　多添人口少購米麵　豈不得多餓死人嗎　故此我接照生意窯子的話　勸勸諸位　沒捐過的儘沒多有少捐個一元半元的　捐過的再花個重分兒　早幫早搭平知情　我衝上磕個頭　先請頭一位財神爺　那位說　你是說着哇　還是要撥在土地上窺柞哇　對惡上巒瞧我這段張五　是康熙年間雍涼地面的故事　雍涼是現在陝甘一帶地方　原文不指明某府某縣、也含混着說　省得得罪人　無論什麼縣纔有一位縣太爺姓（眞明白）原文也沒名姓　咱也不必胡起名字　只說知縣某　自從到任以來　眞是家家關門戶戶叫狗（那是山陽縣）雖是邊省苦缺　架不住人家會經主意　別瞧外省人不通本地風俗民情　架不住人家有好幕友　內中有個主刑名姓郭的　是縣官駝錢的驢兒　他夙日曉得本處民風儉樸膽小守法　變着方法給縣官一出主意借各項公益爲名　沒一樣不加捐加稅的（那位說又都加的是某項呀　您上雍涼打聽去吧　我也摸不清）不到二年　摟了好幾十萬　立刻又買姨奶奶、又雇小跟班兒爺　把家中原有姬妾並有少官親都接到任上　可是喫飯人多　做事的人少　全用小民血汗掙來的資財　供養這班餓少（爺白喫飯的嗎）這位縣官白晝嘔盡心血　夜間爲姬妾孌童纏繞　忽然得了一病　據醫家說病係怔忡　永久心跳害怕年前稍好些、每到昏夜　哆嗦做一團兒　漸至不理公事　都交郭師爺代拆代行　一晚間把衙中所有的人都叫鑽二堂套間兒裏　通宵點許多支大蠟　坐在四圍看守着　有時還嚷害怕　一晚兒半月自除

華民國九年一月

實事白話報

本社電報局第二千二百三十四號

本報職任發行兼編輯戴徵

本 孔子週流列國始作春秋 司馬世掌文官力 成選史 誠以搜羅必須 聞見尤貴衆多

買 今懸中說部人任 得北校一日 合買新橋即匏一 報恩 胡鄭同 趙 職日

屢試屢 此丸專能 舒肝暖胃 袪寒化濕 凡偏 氣上下串 痛左右 墜 塞

應驗靈 此丸專能 通關開 急怒傷肝 肺燥氣 炎以及 槍砲 者 背能 頭目

第一回：演事实述说侦探案，翻旧话重提兰絮因。
第二回：一封书荐往小广寒，四面钟施展仙人跳。
第三回：博密语小何学说客，结自由李妇费筹思。
第四回：大鼓手被困天津卫，王傻子相约赴申江。
第五回：阔老迷心从良有计，天南地北割断情丝。
第六回：假托病兰香行诡诈，听戏语老陈醋兴波。
第七回：众弟子遗念大芳楼，王翠兰怒索风流债。
第八回：破头钟授计广阔泉，裕三爷气氛寻鏖战。
第九回：徐狗子家庭闹酸潮，白云鹏搭入新世界。
第十回：寻旧好晤面吉士林，续前盟借宿东方店。
第十一回：倾芳心怨女结相知，述根由徐狗托底蕴。
第十二回：青云阁默识真面目，杂耍场敬礼惹闲言。
第十三回：爱妾失踪仆役报案，侦探通电立即拿人。
第十四回：审菊香供出黄老九，游街市判罚绳索科。

二、《李五奶奶》《刘二爷》《家庭祸水》《同恶报》

1.《李五奶奶》

北京的私娼，上海的台基，小报都曾演为小说。《李五奶奶》《陈七奶奶》二篇皆写私娼，《陈七奶奶》仅见有单行本，不知初刊于何报，《李五奶奶》载《小公报》，据《实事白话报》报道演述而成。

1922年9月3日《实事白话报·再志李五奶奶被捕》云：

西城北闹市口沟沿头著名暗娼李五奶奶被捕一节，已志昨报，兹将详情录后。原李五奶奶家内，常有军政各界要人在彼吸烟、打牌、大摆花酒，晚间汽车填街塞巷，热闹非常，直比清吟小班胜强百倍。

不料李五奶奶有个情人王秀峰在李铁拐斜街开容生照像馆，久与河南人徐少辅伙贩烟土，听说亦是李五奶奶的资本。二十八号运货到京，拿样子给李五奶奶阅看，李五奶奶看见情人，即留徐、王二人在家住宿。恰被右二区巡官李祝三、叶介臣、肇辅臣等访知，于二十九号早五时带同巡长赵子元等前往抄办。捕获王秀峰、徐少辅男子二名，李五奶奶、赵王氏与姑娘儿等妇女十余口，搜出烟土七八十两，赌具、烟具等物，遂将一干人犯，解送警察厅究办。

听说李五奶奶手眼通天，势力比陈七奶奶还大。前任吴总监，屡接报告，均不好意思动他，因彼时某总次长常去打牌，某军稽查，亦在他家请客，照应很大，吴镜潭怕伤感情，不肯认真……听说李五奶奶专包良家女，在他家中应酬客，每月三十元、五十元不等，由李五奶奶制备华美衣裳，穿戴起来艳如桃花，阔不可言，所包妇女多在附近居住。

西城北闹市口沟头门牌八号，贯市李寓，著名暗娼李五奶奶被右二区抄获一节，已三志本报。现经调查，是日在李五奶奶家中捕获烟土贩子王秀峰、徐少辅及李五奶奶、李大姑娘、李三姑娘、李五姑娘，并同院居住赵宝山、赵王氏、赵大姑娘、赵二姑娘，又在李五奶奶房后门牌十一号文焕章院内，捕获文瑞氏、文二姑娘、王王氏、王淑芬及住客刘士阔等，并于李五奶奶院中搜出大宗烟土、烟具、赌具等物，一并带区录供。①

16天后，此报道即被演为小说，由徐剑胆执笔，于1920年5月16日起连载于《小公报》。小说以李五奶奶为穿珠之线，勾连各色人物，摹刻社会众生相，尤重在官商军三界中人。

书叙前清光绪年间，北京西河沿后身有个好站街的张二姑娘（即李五奶奶），乃二把刀张五之女，后嫁蜡铺会做大蜡的李二爸，以李二爸行五，故称李五奶奶。于府内设艳窟，手中有红姑娘杨秀珍、贵三姑娘、周月娥等。往来者皆达官贵人。

议员老爷有：劳望三、福子实。劳望三，为西藏青海议员。福子实，系蒙古议员。劳望三与玉六姑娘腻，在其身上半个月花了七八十万块钱。又与女学生打扮的松索卿缱绻。

要人公子有：方四公子方冻雪、方三公子方木斋、湖南督军大少爷张少尧、直隶省长小舅子赵幼稚。赵幼稚出入李五奶奶处，与杨秀珍、周月娥交好。

---

①《社会新闻·四志李五奶奶被捕》，《实事白话报》1922年9月3日。

武人：朱将军、高司令。朱将军朱豪，曾做过奉天蒙务局督办，弄了个空桶子将军。二人亦来李五奶奶处寻芳。

李五奶奶生有一子四女，二女李二姑娘亦操此生涯，与牛少龙姘居，牛少龙乃革命英雄，袁项城派去湖口对付黄兴有功，授陆军中将。二人育一子而夭。

天津著名盐商朱亮，号宣科，行四，人称朱四拐子。朱四拐子来李五奶奶处消遣。李二姑娘与黄天民、杨秀珍三人设计诓骗朱四拐子钱财。李五奶奶老来丧子而疯癫，为治疗疯癫之病，服用慧眼和尚药物而惨死终。

小说人物纷纭，线索繁杂，贪多务得，细大不捐，意欲一笔而包揽京城各等角色，人物如烟云随风，匆匆一过，读者亦如行山阴道中，应接不暇。李五奶奶一案，捉获者众，牵扯者多，殆作者惑于此，而失却剪裁欤？

全篇除李五奶奶外，皆另加添设，已脱离本事。至于李五奶奶，虽为主角，但所占篇幅不多，仅在篇头章尾，用作开篇和结案，并于其生死之际，寓循环报应之理。

附录：有关《李五奶奶》新闻报道

1922年8月31日《实事白话报·社会新闻·再志李五奶奶被捕》："西城北闹市口沟沿头著名暗娼李五奶奶被捕一节，已志昨报，兹将详情录后。原李五奶奶家内，常有军政各界要人在彼吸烟、打牌、大摆花酒，晚间汽车填街塞巷，热闹非常，直比清吟小班胜强百倍。

"不料李五奶奶有个情人王秀峰在李铁拐斜街开容生照像馆，久与河南人徐少辅伙贩烟土，听说亦是李五奶奶的资本。二十八号运货到京，拿样子给李五奶奶阅看，李五奶奶看见情人，即留徐、王二人在家住宿。恰被右二区巡官李祝三、叶介臣、肇辅臣等访知，于二十九号早五时带同巡长赵子元等前往抄办，捕获王秀峰、徐少辅男子二名，李五奶奶、赵王氏与姑娘儿等妇女十余口，搜出烟土七八十两，赌具、烟具等物，遂将一干人犯，解送警察厅究办。

“听说李五奶奶，手眼通天，势力比陈七奶奶还大。前任吴总监，屡接报告均不好意思动他，因彼时某总次长常去打牌，某军稽查，亦在他家请客，照应很大，吴镜潭怕伤感情，不肯认真。今本区巡官，有此毅力，楞敢抄他，胆子总算不小，就看薛总监毅力如何。若能严惩，给官场除一大害，即良家女子，亦少被污毁许多。听说李五奶奶专包良家女，在他家中应酬客，每月三十元、五十元不等，由李五奶奶制备华美衣裳，穿戴起来艳如桃花，阔不可言，所包妇女多在附近居住。据李五奶奶对客说，所包的妇女，均是由外转来的，某人是某宅小姐，某人是某宅姨太太。如某顾客与某女上劲儿，是三请四叫拿电催，故意不来，所为挤钱。若阔客不来，李五奶奶又令该客合意的女子，打电相约催请，约完某甲，又请某乙，请完某乙，又叫某丙，反正所包的女子，天天得给李五奶奶挣钱，没有一日清闲。起初包月说是陪人打牌，日久即操暗娼生涯，听说污毁清白女子很多。并闻李五奶奶家中，人头儿虽多，没下多大资本，系多数包月的。给他一人奔，一个姑娘儿每月仅挣数十元，李五奶奶所得之利，岂止数倍。大约阔老叫个姑娘儿，陪侍一夜，不止拾元，及陪酒、陪烟、陪着打牌之类，大约一夜得给十元、二十元的，何况他若再有买来的养女，更是一本万利了。此乃所闻大概情形，李五奶奶比明娼可恶，详细情形仍容访明再志。”

1922年9月2日《实事白话报·社会新闻·三志李五奶奶被捕》：“西城著名大暗娼李五奶奶被捕一节，已志报端。兹经调查其被捕原因，系李五奶奶前与宾宴华楼画像馆王玉崐（字秀峰，长辛店人）姘识，王某施出许多手段，令李氏出资本八百余元，在李铁拐斜街路南，开设容生照像馆，馆后另组密秘暗室一处，既可作二人幽会之所，亦可为妇女姨娘等结会之区。日前李氏诱引西河沿梅姓之姨奶奶，与王某姘□，骗取金钱九百余元。又引诱许某之妾陈玉卿，与王某姘识，诈骗银元财物，约值二千余元。现在许某、梅某，先后在地方厅警察厅控诉。警察薛总监，遂密饬该管区署，将贻害社会之淫妇逮捕，是日拆白骗匪王某，亦当场就获。”

1922年9月3日《实事白话报·社会新闻·四志李五奶奶被捕》："西城北闹市口沟头门牌八号，贯市李寓，著名暗娼李五奶奶被右二区抄获一节，已三志本报。现经调查，是日在李五奶奶家中捕获烟土贩子王秀峰、徐少辅及李五奶奶、李大姑娘、李三姑娘、李五姑娘，并同院居住赵宝山、赵王氏、赵大姑娘、赵二姑娘，又在李五奶奶房后门牌十一号文焕章院内，捕获文瑞氏、文二姑娘、王王氏、王淑芬及住客刘士阏等，并于李五奶奶院中搜出大宗烟土、烟具、赌具等物，一并带区录供。并闻李五奶奶淫荡已极，虽是半老徐娘，与王秀峰爱情很重，从先二人在潘家河沿梅太太家中，时常开幽会，后因梅太太被警区抄获，李五奶奶知道梅家坑子臭了，将王秀峰约至家中取乐。听说李五奶奶虽然淫乱，就钟情王秀峰一人，将积蓄的造孽钱，在李铁拐斜街开容生照像馆，即委王秀峰掌柜，并出巨资，令王秀峰与徐少辅伙贩烟土，近年赚洋数十万。李五奶奶家中，即大销卖场，闻私土贩子王秀峰使用李五奶奶贴他的钱，结友很宽，现托朋友四出运动，情愿受重罚，开脱自己与李五奶奶罪过。听说薛总监不畏势力，不注重钱，拟□李五奶奶的养女及一般暗娼等交济良所择□。王秀峰与李五奶奶等一干人犯，分别□罪，果□所□，系□□□面，整饬风俗第一要义。哪怕李五奶奶手眼通天，□幕中有人替他□□运动，唯恐强有力者说话，可就办不到了。"

1922年9月21日《实事白话报·社会新闻·李五奶奶的余波》："著名暗娼李五奶奶被抄一节，已迭志本报。昨闻警厅□息，此案尚未罚办，仅将李五奶奶先交妇女工厂戒烟，因案内有一个王淑芬，□□王二姑娘，被李五奶奶转出去，现在□□下落，非将王二姑娘捕获，始能定案。前经司法处审讯，李五奶奶颇□推委，□王淑芬质证，始有认承，唯未说出切实地址，现正派□查拿，有说在李五奶奶附属□□藏匿，未悉确否。"

2.《刘二爷》

《小公报·刘二爷》，系依本馆新闻编撰的实事小说，据《小公报》1921年3月3日《本京新闻·再志阴谋》报道：

刘季耘之妾梦兰，既与男仆常福勾通一气，复将使女及男女佣役等，一律买收，听其驱使，更兼外援势力日厚，虽刘季耘亦唯仰其鼻息。故此该妾竟敢召其奸夫等，在西跨院内，昼夜宣淫，使女二名亦皆随之干那无耻行为。年稍长之使女于怀胎后，不便淫欲，梦兰乃为延一针医，欲将胎刺坠，不料竟致害命。彼时都中各报，莫不登载其事，卒以该妾手眼灵敏，仗有势奸夫某某等之力，竟得无事。唯大妇董氏，因见各报登载伊家之淫秽丑事，败坏名誉，悉由梦兰所造成者，颇以为耻，当将报纸检交刘季耘阅看毕，乃告大妇董氏曰：以后对于梦兰行动，你多留点神。不料此事为其他仆妇传告梦兰，而梦兰至此恨大妇益深，去大妇之心益急。

6天后，1921年3月9日即刊载小说，由剑胆执笔，称："今天这个题目名曰《刘二爷》，乃系今日新发生了一件实事，今将内里情由，次第穿插，依序编演，秉笔直书，不加己意，可作阔老官纳妾之殷鉴。"①

小说将原案刘季耘、妾梦兰，改为柳起云、妾韵兰，地点不变，仍为北京东安门内西板章胡同。文叙柳起云"一生之性情，就在三个字上拼命注意，第一个字是财，第二个字是色，第三个字是官，这三个字……好色必想生财，因为生财，故想做官，做了官，必有财，有了财，好去嫖赌。"② 韵兰"是德胜门内果子市有一个当店伙，叫塔十的姑娘。塔十系镶红旗人，媳妇白氏，跟前一子二女，长女乳名玉环，即本题目中的刘二爷也。十五六岁就在家门口招风惹草，颇不安分。"

惜小说仅存6续，恨不见全璧。

附录：有关《刘二爷》新闻报道

1921年3月3日《小公报·本京新闻·再志阴谋》："刘季耘之

---

① 剑胆：《刘二爷》，《小公报》1921年3月9日。
② 剑胆：《刘二爷》，《小公报》1921年3月9日。

妾梦兰，既与男仆常福勾通一气，复将使女及男女佣役等，一律买收，听其驱使，更兼外援势力日厚，虽刘季耘亦唯仰其鼻息。故此该妾竟敢召其奸夫等，在西跨院内，昼夜宣淫，使女二名亦皆随之干那无耻行为。年稍长之使女于怀胎后，不便淫欲，梦兰乃为延一针医，欲将胎刺坠，不料竟致害命。彼时都中各报，莫不登载其事，卒以该妾手眼灵敏，仗有势奸夫某某等之力，竟得无事。唯大妇董氏，因见各报登载伊家之淫秽丑事，败坏名誉，悉由梦兰所造成者，颇以为耻，当将报纸检交刘季耘阅看毕，乃告大妇董氏曰：以后对于梦兰行动，你多留点神。不料此事为其他仆妇传告梦兰，而梦兰至此恨大妇益深，去大妇之心益急。正在设想谋害大妇之计，忽闻街上有打鼓之声。梦兰知此鼓声，系算命之瞽者所敲，当时计上心来，急将常福唤至屋内，递与常福十元钞票一张，附耳说道：你快将这算命的瞎子叫住，你将大娘们（梦兰对董氏之称呼）年岁生辰日时告诉这个瞎子，记得清楚些，明天叫他算命时，可按着这生辰日时，说这人命里妨夫败家，怎么不好叫他怎么说，过后还有补他的好事呢。一面又将自己的生辰时日，告诉常福，亦转告知瞎子，到明天算到这个命时，必须要往好上说。常福领会其意，接过钞票赶紧跑到外边，追上算命瞽者，将他拉到僻静地方，详详细细将梦兰的话，向瞽者说完，先给瞽者一块钱说，等明天算完命还有赏钱。”

1921 年 3 月 7 日《小公报・本京新闻・殃及区长》：“刘季耘之妾梦兰，因召集奸夫刘纪清（宛平县书吏），帮同威吓大妇董氏，其事汹汹，董氏情急，遂喊来巡警，要求将一干人，带至本管中□区署。经该区孙署长，因董告诉该妾盗窃财产，故意错药害死伊夫，种种罪状，皆犯刑事，非警察所能排解之案，始备文解送法厅。及至该妾被地方检察厅拘留后，其奸夫中有赵、周姓者，因恐该妾丧失财产管理权，及被法厅判罪时，则伊等二人秘密之图谋，归于完全失败，故此到处出死力为之运动。讵知若辈所运动之处，早已闻知若辈与恶妾通奸，伙谋刘姓家产之事，故皆拒而不管。因此赵、周二人追忆该案之始，多所愤恨。日前中一区孙署长及署员巡官各一人，突被警察殷总监唤至厅内，拘押司法处。内容相传谓孙署长对于恶妾之案，照普通刑事案办法，由区径解法厅，事后有人受梦兰奸夫之运动，在殷总监前指摘孙署长错处，致将殷总监激怒，遂有拘押孙署长及署员巡官之事。

“又一消息云：殷总监拘押中一区署长内容，因有人在警厅投递匿名信一封，控告孙署长有种种劣迹，及对于恶妾梦兰之案，有左祖刘显臣及董氏之处。总之孙署长被拘押之表面无论因为何事，将来不难水落石出。

“据恶妾方面漏出之消息，谓孙某此次对待刘梦兰办法，颇招人恨。由此推测之，显系恶妾梦兰方面有人暗为中伤，仍待续访。”

1921 年 3 月 7 日贾宪章来稿《小公报 · 演说 · 纳妾之害》：“鄙人近数日阅看本报，载有刘季耘家中秽史。考其原因，系□纳宠之害所起，致□□室不安，秽史播传，败坏家庭，有伤风化。本报有正风之责，不得不将此妖妇之历史，载明于世，俾有纳妾之人，为当时殷鉴。

“纳宠就是纳妾，每逢小老婆，多是得宠的，既然得宠，就是爱□□爱而生惧，所以就应了谚语，要星星不敢给月亮，一个不服从她的命令，她先装病，后再寻死，这是小妾之拿手。你要怕她死，可就好好地顺她的心。

“说起这宗事故，别说平常的庸庸碌碌，便是人王地主，她也会摆布一番，阅者不信，略一□说。古时桀王宠妹喜，纣王宠妲己，幽王宠褒姒，吴王宠西施，宠幸这些个淫妇妖女的主儿，都是为什么亡的国？不是被个宠字所害吗？所以这个宠字，是龙字顶着宝盖，非得挨着龙，还得有宝物陪着他，才能宠幸。奇珍异宝，凤胆龙肝，要什么全现成的，常说要得真富贵，陪伴帝王家。

“要是没有邓通之财，帝王之富，就仗着祖上当牛马的遗产，竟懂得任情挥霍，饱暖生闲事，看着有容颜的妇女，随便就纳以为妾，只为片刻之欢，可不知蔓延祸水，后日其害之大，当然不知伊于胡底。至小也给你个卷包儿会，尝尝抄家的滋味如何。若往大里说，阅报诸君呀！请看看近日本报新闻栏内所载，地安门内东板桥刘季耘之妾，所作所为之秽史，延及家庭社会无穷之祸，鄙人不必细表，阅者自知。但是我学生所望，即是劝这些好纳妾的老哥们，以刘某为前车之鉴，是所切望了。”

3.《家庭祸水》

1920 年 11 月 9 日《小公报·本京新闻》栏有一则《家庭祸水》报道云：

西城某宅姨奶奶香儿因败坏门风，与仆人亮儿、朱四等有染，被本宅将亮儿、朱四等驱逐。不料香儿以听戏为名，早出夜归，又被本宅老太太禁止，不准出门，香儿心生一计，贿买正太太房女仆文妈，令正太太同伊出去游逛，坐汽车、听戏、吃饭，均香儿给钱。前天正太太、香儿、文妈三人逛颐和园去，由家中带去五份杯箸，不知同谁吃饭，昨早上东直门外小庙烧香，夜间始回。近日正太太裕氏，今日上十一条娘家，明日上灯草胡同世家，后天上沙井胡同奎家，均同香儿、文妈前往，早出晚归。气得老太太病了多日，堪堪要死。香儿害了花魁，今又引诱正太太，心术太坏了。

11 月 22 日本京新闻栏又有进一步报道。

11 月 21 日《小公报》即在头版发表启事称：“启者：本报前登香儿与马车夫吉二不解缘一则，屡志不一，兹经访友报告，其中秘密情节真有不可思议者。如香儿之手段、香儿之诡谋、正室之被骗、老太太之震怒，一切情形、种种趣闻，足成一部警世小说。为纳妾者之殷鉴……故以《家庭祸水》为标名……由第一回说《风流吉二识姝丽，逞娇艳香儿闹花丛》起首，接续刊布，以飨阅者。特此先为志出，编辑部同启。”

11 月 9 日新闻刊出，21 日刊登小说广告，仅有 12 天的间隔，警世小说即撰成，可见小说家之神速。惜小说无存。

附录：有关《家庭祸水》新闻报道

1920 年 11 月 22 日《小公报·本京新闻·甘作下流》：“西城某

宅姨太太香儿，其娘家人素操贱业，惯作无耻生涯，现在前门外居住。香儿有个内侄女，颇有姿色，某宅管事人怕香儿娘家人将次女送入火坑，遂接到家中居住半年之久，打算给她找个婆家，不料香儿胞兄某甲仍将此女给人做了二房，本夫已四十多岁，致此女颇为怨恨。”

4.《同恶报》

《同恶报》刊于《北京白话报》，系据本报旧历二月十六日命案编成，命案系“北京西城钥匙胡同文海夫妇谋害李某，弃尸灭迹，辗转藏埋，以及经官破获，蒸骨验尸等等实在情形”[①]。报道仅存验尸一节，见附录。

小说由剑胆演述，书谓：右翼正红旗满洲二甲，印铭佐领下，有个吃三两银子的马甲兵，姓文名海，住西城内北草厂口黑塔寺，娶妻永氏。李占魁，在阜成门大街摆设首饰摊，觊觎文海妻永氏，然永氏为人极其端正。孰料，文海因拐骗妇女案被捕，判处五等有期徒刑，李占魁乘机强逼永氏成奸。惜文残损，不见全璧。

原案首尾完具，案件离奇，自然成文，稍加点缀即成小说。书中人物文海、李占魁、永氏皆用原案真名，拐卖和奸占等情节亦按实事叙写。

附录：有关《同恶报》新闻报道

1920年4月10日《北京白话报·本京新闻·详志验尸》：“西城永祥寺发现命案，业经宣传各报。于四月六日提署派邓科员、右翼富统带、龚管带、吴安帮带，会同检查官罗潜、书记长刘以忠、仵作于涛、俞源、傅顺、宋泽，带徒弟九人，及内右四区忠署员、马巡官等，实行蒸骨验尸。由午前十一时余，将尸骨由坑内取出，将满身拆解各骨，均系代字白牌，用水洗去污土，遂入铁锅煮了一时三刻。然后起

①《同恶报小说出版》，《北京白话报》1920年4月19日。

出，又将骨上筋肉刮净，复将各骨放笼屉内，用黄米粥、酒糟、烧酒、米醋等，以布纸垫盖，又蒸一时三刻。蒸完用水洗净，将各骨按人身之原位置，摆于两张八仙桌上，用雨伞遮日，详细验看。委实用手枪打了皮肉二弹致命，头骨有大小刃伤各一处，唯两足、左手骨遗失。眼同检查官及凶犯文海、尸亲李宣（亡人胞兄）、证人园主任和等，将验得各情由宣明。其凶犯文海谈笑自若，颇有自得之意。尸亲李宣，检骨入棺，颇有哀惨之情。唯菜园任和，乡人无知，实为可怜耳。”

三、其他实事小说

1. 亚玲《元宵案》

《元宵案》刊于《爱国白话报》。作者谓：

中华民国元年十一月……因为张福泉贪口腹之欲误食毒物身死，叠经地方监察厅，将一干被嫌疑人犯传案，开预审六七次之多，因无确实证据，遂将嫌疑极重之苏大姑娘及苏斌，一并释放……以此足见司法独立自比专制时代不同……今本馆主任泪墨君，觅得元宵案在监察厅前后追诉各呈词，以及高等审判庭判决正本，委余作为实事小说。[①]

文叙北京海甸街住户张福泉，娶妻郑氏，嗜食元宵。会郑氏姊生子满月，郑氏与夫张福泉往贺，当晚张福泉欲吃元宵。

先是，街坊苏大姑娘处，有一不相识驴夫，声称苏大姑娘表兄刘万才，托送元宵 30 枚，苏大姑娘遂收下。适逢张福泉提起吃元宵，苏大姑娘便将驴夫所送元宵拿出 15 枚转送张福泉，张福泉食后中毒身亡。苏大姑娘遂成嫌犯，而分居已久之弟苏斌，恰于事发当日返家，疑元宵出诸其手，意欲加害不相和睦的姐姐苏大姑娘，苏斌亦系狱。然叠经地方监察厅，以至高等审判厅开审，因证据不足，遂判定此案暂告悬疑，俟侦查有确实证据，再行起诉。

---

① 亚玲：《元宵案》，《爱国白话报》1914 年 3 月 16 日。

2. 剑胆《夜游神》

《夜游神》刊于《爱国白话报》。作者谓：

这段事情……实不相瞒，乃是现在，不多几个月出的案子。系我一个至好朋友，述给在下。①

文述顺属宛平县，京北70里，有个村落叫失音庄，庄上有焦二者，名成，外号夜游神。同村农夫袁旺，排行老大，人称袁大，供养瞎眼老母。袁大妹荣哥，王老西之未亡人，寡居娘家。荣寡妇与焦二有私，焦二谋杀袁大，被枪毙。荣寡妇虽有私通焦二之罪，然谋杀一事确不知情，无罪释放。后热心人为荣寡妇撮合，嫁鳏夫郑三，如此，荣寡妇无夫而有夫，郑三无妇而得妇，袁大瞎老母失子而得半子。

3. 剑胆《欢喜冤家》

《欢喜冤家》刊于《实报》。小说广告云：

《欢喜冤家》以十三年前北京一桩惨杀案实事，描写社会黑暗，及家庭不良。②

故事云：北京东城豆腐胡同，住着一家富户胡素和，本是山西皮货商人，在城里开着几家皮货局子，专做细毛生意。胡素和娶奎大妞，即胡大奶奶，二人育有两女。胡大奶奶与店里学徒赵旺苟且，殃及其女金子，被赵旺奸污。后胡大奶奶与赵旺反目，赵旺杀死胡大奶奶，伤其两女，赵旺被捕伏法。胡氏二女后嫁为人妇，而胡素和出走入山不归。

4. 剑胆《如是观》

《如是观》刊于《爱国白话报》。作者谓：

前清嘉庆年间一桩弃儿凶案，始终悬疑。友人觅得好事人日记一本，记事甚详，演为小说。③

文云：前清嘉庆年间，河南汴梁，有一家乐户，堂名藤花院，院

---

① 剑胆：《夜游神》，《爱国白话报》1920年4月28日。
② 《编者启事》，《实报》1938年4月27日。
③ 剑胆：《如是观》，《爱国白话报》1919年4月28日。

中有一名妓曰爱奴，秀才钱青与之情恰。里邻有白玉子者，乃躬自不修之荡妇，外号白蝴蝶，丈夫孙山东，乃大兴肉杠伙计。钱生与白玉子私通，多所应允，白玉子欲与钱生远走高飞，狠心杀死亲夫，埋于炕洞中。钱生则惧事远走，白玉子色诱并威胁大兴肉杠掌柜王山东，令其对外宣称：孙山东因染病，已与妻子返老家去矣，以杜问询。白玉子脱身后，又与靳明姘居，房屋另租他人，租房人时闻房中异味，寻踪发现炕洞中尸体。事发，白玉子被捕，以谋害亲夫，凌迟处死。钱生逃到北京，重逢爱奴，钱生因好色染病而死，爱奴出家终。

5. 剑胆《张烈女》

《张烈女》刊于《爱国白话报》。作者谓：

单说这段《张烈女》，本是近代前清乾隆年间一桩实事，其中最要之点，系一纤弱女子，而能从容就义，至死不屈。[①]

篇云：直隶宛平清河镇唐家岭恶霸贾六，一子贾德明，麻秃瘸兼备。同村流门户儿（外来户）张朴，女儿娥儿。贾六属意娥儿，欲娶为儿媳，张朴不从，贾六情急，痛殴张朴，又以张朴借500吊制钱，且以女儿做抵押相讹，并将张朴告上官府。贾六串通官府，将张朴收监，后囿死狱中。出为父报仇计，娥儿决意出嫁贾家。新婚之夜，贾六奸占儿媳，与子大起争执，贾六竟失手掐死其子，贾六置而不顾，直入洞房。甫入，娥儿手刃之，大仇得报，娥儿亦剖腹自尽。

6. 剑胆《小美人》

《小美人》刊于《爱国白话报》。作者谓：

这段《小美人》故事，本是民国三年六月间，一件逆伦谋杀案子。[②]

故事情节为：西城护国寺石碑胡同曹常魁，正黄旗汉军人，庄王府的管厨。曹常魁娶前库胡同耿英善之女耿大姑娘，人送外号小美人，是为曹耿氏。曹常魁徒弟长绪，外号白脸长，曹耿氏与之私通，两人

① 剑胆：《张烈女》，《爱国白话报》1919年6月30日。
② 剑胆：《小美人》，《爱国白话报》1919年7月15日。

情热智昏，谋杀曹常魁，并留一诗，故布疑云，诗曰：

奸夫淫妇不可留，已然等了有三秋。

他与我妻同有染，特意前来把他谋。

众人休要混乱想，他我也是前世仇。

大人若要全此案，再等女命现出头。

白脸长逃逸时，因衣裳血迹，被巡警拘捕，事泄，奸夫淫妇皆处绞刑。

7. 剑胆《香界寺》

《香界寺》刊于《爱国白话报》。作者谓：

这件事情，出在民国八年五月间，经警界在西城石碑胡同西厢寺抄拿大方丈鉴悔，并有尼姑旗妇男女多人，往区上解的时候，一拉拉了两大车。①

文云：顺属京西香界寺，方丈鉴悔，门头村小户蓝辛，妻福氏。福氏与鉴悔私通，蓝辛在北京王府普二爷家看院与府内齐婆子牵情。事泄，双方互不咎罪，同意分袂，福氏、鉴悔；蓝辛、齐婆子各得其情。

蓝辛得赶车王四之托，售卖玉观音。初，龙光庵姑子庙有个半老姑子叫慧聪，因事入普二爷府随手牵走玉观音，遂授其所腻龙光庵姑子庙厨师小何。小何托赶车王四转卖，王四托蓝辛兜售，如此循环，将被盗之原物卖回本主手中。事发，小何、老尼论偷盗罪处置。

8. 野僧《害婴案》

《害婴案》刊于《实事白话报》。作者谓：

这段故事，本是今年五月间的实事，各报纸亦曾登载此段新闻，作者经友人报告，遂据实写来。②

文叙关玉德独子小东被害，警署破获案件事。

---

① 剑胆：《香界寺》，《爱国白话报》1920 年 4 月 2 日。

② 野僧：《害婴案》，《实事白话报》1932 年 11 月 1 日。

第四章 《康小八》《大刀王五》《赛金花》

一、《康小八》

近代小说之实事题材颇不少，然有盛与不盛，幸与不幸之别。若大刀王五、霍元甲、赛金花等，流传甚广，可为盛者；若林黛玉、康小八、白云鹏则不及之。然林、康、白当年诸事，亦喧传众口，报刊争载。康小八劫官饷，被目为巨盗，假以时日也许就传为侠盗。林黛玉之艳名盖过赛金花，然限于上海，善举义行虽多，终目其为淫妇。白云鹏在北京为淫伶、荡娃，如在上海也许就是追求婚姻自由的先行者矣，何其不幸哉！

康小八（再續）

小說

亞鈴

图 4-1 《康小八》小说

康小八乃京城巨盗，

据说曾惊动慈禧太后。小八被抓，太后有心宽恕，然小八桀骜不驯，戏侮太后，慈禧怒，将斩首改为凌迟，亚铃小说中写慈禧太后在景山上，用望远镜观瞧被捉的康小八。

康小八事亦演为戏曲曲艺，评书有《康小八》《混混论》，传统相声“八大棍儿”中有《康小八赶脚》，京剧有《东皇庄》，也叫《拿康小八》，为“八大拿”之一。然多失传，鲜有流传者。老舍撰《八太爷》，写王二铁抗日事，名虽叫《八太爷》，仅影事渲染而已。文中描写康小八云：“人家八太爷入了北衙门，还是脚上没镣，手上没铐，自自在在地吃肉喝酒耍娘们。在南衙门定案之后，连西太后都要看看这个黑矮子。到了菜市口，八太爷自己跳上凌迟柱子下倒放着的筐子，面不改色。不准用针点心，不准削下头皮遮住眼睛，人家八太爷睁眼看着自己的乳头、自己的胳臂被刽子手割下，而含笑地高声地问：‘八太爷变了颜色没有？’成千成万的人一齐喝彩：‘好吗！’”[①] 文叙王二铁看《东皇庄》，见扮康小八的穿便衣薄底快靴，又闻听其用手枪，并与自己长得一样又矮又黑，心生倾慕之情。以其为心目中英雄，在其鼓舞下为抗日捐躯。

小报所刊康小八小说有三：

一为大云著《康小八》，载《北京白话报》，述光绪年间，京东有一个小村落名字叫康家营，有康姓兄弟康小八、康小九，种地之外，在北京齐化门外做赶脚生意，兄弟二人，常借机调戏奸污妇女。康小八遇土匪王子贞，王子贞赠洋枪一把，康小八来到天津，持枪打劫泰山永油酒店冯贯中冯掌柜。文残缺漫漶。

一为赵焕亭《康八太爷》，载《社会日报》，残损漫漶，虽名为《康八太爷》，但无康小八事迹。

一为亚玲《康小八》，初刊《爱国白话报》，保存完好。后又于《白话捷报》重载，亦曾出版单行本，且配有插图。小说刊出后，“因为这个小说，从头补报每天总有个七八十份去。”[②] 足见阅者之踊跃。

① 舒济，舒乙编：《老舍小说全集·第十一卷》，武汉：长江文艺出版社，2004 年，第 244 页。
② 亚玲：《康小八》，《爱国白话报》1914 年 2 月 9 日。

1. 亚铃《康小八》

书叙前清光绪年间，直隶大兴县康营地方，有康小八、康小九兄弟。康小八在北京东直门牵驴做赶脚为生，趁机做杀人越货之行。

第一案犯的是康营黑桥杀张有义，劫了100余两银子，从此一发不可收拾，并买了一只洋枪，名为小六转，怀里掖着这件家伙什儿，更是有恃无恐。是打破脑袋用扇子扇；瘸子的腿，已就也是已就了，一回也是干，两回也是干，脑袋掉了不过是碗大的疤瘌。仗着小六转，在北京与剃头匠一言不合，开枪就将其打死。书中还插叙一段康小八五伦皆亡，六亲不认事。他因为叔叔不借其钱，将叔婶枪杀，并纵火焚烧。这时康小八的名声越发大了起来，京城五营两翼的官兵都在暗中访拿他，但始终没有得手，因其名大，竟有小毛贼冒用康小八大名行劫。有陈小秃者，慕康小八之名愿与其结伙，从此康小八手下便有了陈小秃、张三、李四、胡老太、王黑头、王愣头一伙碎催供其驱使。

康小八从北京行劫到了天津，侯家后为必到之地，结果在三喜下处，因争风吃醋把一个叫白大爷的人给打死了。书中写康小八之行劫路线，似乎是一路往北。

康小八性毒复好色。路上看见一户姓田的人家，文中说这家是打糖锣儿的，当是打糖锣儿做小买卖的。家中有个大姑娘叫换子，一小家碧玉也。不想被康小八一眼瞥见，这康小八翻墙入室，手持小六转，口称要是跟我扭骨拔棒，就让你吃枪子，生生把人家大姑娘霸占了。路过昌平州，又欲强奸许姑娘，王黑头拦阻他说，戴花不采花，采花不戴花，怎么破江湖之道。并纵许姑娘逃走，康小八恼怒，竟然开枪把王黑头打死。王黑头的弟弟叫王愣头，含恨在康小八手下做碎催，伺机复仇。这便埋下了康小八覆亡之根。

一路向北，康小八来到了营口，劫得东三省解京官饷。此举惊动朝野，有候补千总杨得山、杨仁山兄弟，奉命捉拿康小八。书写拿康小八，并非官兵进剿，一个巨盗，官兵无甚用场，而是选用巧计智取之，如此写来颇类短打公案小说。

到营口后，康小八眷一妓，是李家大院的李小兰。杨得山颇有巧智，他以大义晓喻李小兰，又以真情感动之，答应娶其为妾，小兰见终生有托，便许为内应。此时，康小八与陈小秃因分赃不均，已生嫌隙，而为兄复仇的王愣头，蓄志已久，正按捺不住，几人互结心腹，定下里应外合之计，正是：整备窝弓射猛虎，安排香饵钓鳌鱼。

康小八来到李小兰房，刚要走，小兰一把把他拖走，“打了个匪子”，“上前连拧带咬地说道：‘干嘛呀，我们巴结不上您呢是怎么着？’”[①]，一番磋磨，康小八便失去了防备，小兰将其灌醉，招来官兵，康小八一举成擒，押解进京，判凌迟处死。文中说。“当时景山上，有太后老佛爷，用千里眼往下观看。”[②] 康小八一生行径，竟能引起老佛爷青眼有加，也算是死而无憾了。

2. 康小八之死

康小八之死，京城传闻颇多，老舍也将其写入文中，并有不许用点心针，眼看自己被肢解的耸人场面的描写。据说，康小八是最后一个被凌迟处死的人，今日网上还有照片流传，不明真赝。北京小报无色情，但却不惧血腥，独喜摹写行刑之场面，小报中能检到的就有7家之多。亚铃亦未能免俗，且在诸家中其文最为丰富。文道：

康小八说：“诸位哥们，容我道给两句。”

看热闹儿的人说：“好哇!”

康小八说：“康八太爷是个奉旨交拿的人犯，好小子敢做，好小子敢当。”到这句，便大声唱到：“自幼儿闯江湖，独自为首。”

两旁瞧热闹的人，又一齐喝彩说：“好哇!”……出了顺治门，来到菜市口街上。搀下车来，到监斩棚跟前点过了名，押在西边剐人桩子上，把康小八扶上条笸，把他那根小辫拴在木桩铁环子上，把底下条笸一撤，可就把康小八悬在上面。

刽子手用刀应当先把他的头皮上片下一块来，盖上他的眼睛，为是不叫他看着。谁知康小八对刽子说：“你不要盖，我要瞧着你们剐。”

---

① 亚玲：《康小八》，《爱国白话报》1914年3月1日。
② 亚玲：《康小八》，《爱国白话报》1914年3月6日。

刽子手遂点了点头，先把左胳膊卸下来，只听咯吱一声，吧嗒扔在筐内。康小八犹自扭着头观看，复又把右胳膊卸下来，扔在筐内，康小八仍然咬着牙看着。那两只胳膊已无，同突出（念哭吃）一个样，鲜血淋漓，这份难瞧，就别提了。刽子手实在看不过去了，心里发了一点慈心，遂把那根铁针，从肋条上扎了进去，名为点心。就见康小八两眼一翻，呜呼哀哉。话休烦絮，把康小八掣了八块，然后把脑壳掣下来，打入了木笼，粘上封条，号令在菜市口。①

亚铃善于穿插，当行刑之际，眼看康小八就要被凌迟之时，忽别生一段趣剧。话说，京城有塔子、吉子、德子、萧顺儿几个混混，此日也来看热闹，看着看着就有些不耐烦活着了。这时人山人海，水泄不通，这萧顺儿：

一边说，一边往里挤，一边往里挤，一边嘴里说道："借光呵！借光，诸位诸位，借光呵！让我进去瞧瞧我这位康八弟。"

按他那心理的思想，一半透着他不怕事，又透着是个外场人，一来要同康小八套套近，仿佛叫他知道东半城一带，有我这么一个萧顺儿。再说又同翼里这些官兵老哥们请请安、拿拿腿，言其他朋友多。

众人听他这样说，自然给他闪出一条道路来，把他让了进去。那康小八正在车辕子旁边站着纳闷儿，这是谁呀？及至见这人挤了进来，并不认识。又见他这副穿章，早已猜透他是蘑菇。听他嘴里直嚷嚷要瞧瞧康八弟，未免让人心里生气，心说："哈哈，这小子有点儿生鸡蛋画花，不熟假充熟，有点幸灾乐祸，看这宗情形，透着他在干岸上呢。有了，我吓唬吓唬他。

想到这里儿，把眼一横说："你叫我康八弟，你准认识我吗？"

萧顺一听，有点不得，然而已然到了这个当口，可又不能说不认识他了，要说不认识他，一下儿把他招恼了，倒是麻烦，莫若说认识他，透着是个外场人，一定愿意。想到这儿，笑嘻嘻地上前请了个大安，口内说道："我的康八弟，我怎么不认识您呢！"

康小八说："你是谁呢？"

---

① 亚玲：《康小八》，《爱国白话报》1914 年 3 月 15 日。

萧顺笑哈哈地说："您瞧会把我忘了，东半城谁不知道我萧顺儿呀！"

康小八一听冷笑两声说："呕，你就叫萧顺儿呀，不错不错，我可想起你来了。"

萧顺儿此时已然心中蹦蹦地打鼓，仍是涎着个脸说道："你想起我来了吧。"

康小八说："头儿们把他给我揪住，他就是同我抢劫饷银的萧顺儿，我们一块儿作了好几案呢，千万别叫他走了。"

萧顺儿一听，吓得魂飞天外，魄飞九霄，塔子、吉子、德子一瞧，不是碴儿，这才抹头挤进人丛，挠之乎也。

（萧顺儿）遂哭哭啼啼地说道："八太爷，我一个人的八太爷。您那不是善心，您叫我小子一死，我小子不能活，我家中还有七十多岁的老妈，八十多岁的老爹，一百多岁的老奶奶，全指我小子一个人养活着，你要是拉把我吃这碗饭，我们家一家子可就全不能活着了。"

（萧顺儿）双膝跪倒，说："我的康八爷，您自当我是个无知无识的小孩子，抬抬手，我就过去了，您要打算吃点什么？喝点什么？您自管言语，出口就是万福店，我给您叫了送了来，您可以把这点气儿消了吧。"①

最后，经人说合，萧顺儿拿出六百两盘川，康小八算放了他。萧顺儿六百两银子换来与康小八临终一面缘。

小说之文不喜平，此一节，如直述剐刑，公事程序，不免单调寂寞。正思何以解闷，孰料竟有不怕死者撞到笔端，顺其势，稍一点染，便平地惊雷，奇峰陡起，文情为之起伏荡漾不定，深得穿插之妙。

此就文而言，就人而论，不经意中，却读了一篇混混传，文虽不多，却抵得上一部青皮史。"请请安""拿拿腿"，活脱一副京油腔。"透着是个外场人"一语，直诛其心，萧顺儿之无赖本色，无处遁形。

读此篇可知什么是大盗，什么是小混，小混与大盗之悬隔若何。

---

① 亚玲：《康小八》，《爱国白话报》1914年3月8日。

康小八一句话几乎要了小混混之性命，却原来小混混平日之势焰，不过拿来吓吓百姓而已，怎么当得起大盗之万一。

3. 可惊，可叹，复可伤

亚铃自述其为文宗旨云：

按康小八这路人，其勇敢□□，一往直前，大可以代表燕地之人物。若受高等教育，未尝不可为古之大侠，如荆轲、田光之流。康小八，惜生长僻乡萧壤之间，官府人不能感化，父母不知教诲，将其勇敢无前之气概，发泄无由，以致流为盗贼，良可浩叹！

余今据事直书，以告康小八一流人物，须将凶顽之气，化为豪爽之肠，为乡里作一排难解纷之人，为国家作一干城御侮之士。更告吾中华民国之为官吏者，于小民必得教养兼施，为父母者，于子弟必得随时教诲，以免子弟为康小八，流入盗贼，上欺元首，下辱祖先，岂不痛哉！①

诚如作者所言，小八一角实令人可惊、可叹，复可伤。

可惊者：凶顽之性、邪恶之念，杀人越货、奸淫掳掠，太后生畏、官兵胆寒，固一世之雄也。

可叹者：亚铃此篇，志在实事小说。惊天巨案，可新闻睹，据事直书，形其凶顽，昭示劝惩，于意足矣。如此成篇未尝不可，然仅成一凶徒伏法故事，于豪侠之气毫无发挥。天下小说多矣，传奇、侠义，无所不可，亚铃何必自缚手脚若此，使作者之才不得尽展，题目之意有余未发。话说有清一代，凭一己之力，而能让太后心惊者有几人，小八实为百不一遇的好题材。凡物讲究物尽其用，作者仅以一时事小说了之，未免可惜。

可伤者：盗亦有幸与不幸，所谓窃钩者诛，窃国者侯，同理亦可移诸小说题材。大刀王五、霍元甲传为英雄可谓幸矣，康小八写成强盗可谓不幸矣。话说康小八实非悍匪巨盗所能论定者，就老舍所写，王二铁一门心思崇拜康小八，俨然已经把他当作侠义英雄。况小八又

① 亚玲：《康小八》，《爱国白话报》1913 年 12 月 25 日。

有对慈禧大不敬处，不难将其演为绿林豪杰，后世戏曲曲艺已露其端倪，如假以时日，将不谓近代武松、李逵、林冲欤？

二、《大刀王五》

大刀王五故事是晚清民国以来重要的武侠题材之一，曾有平江不肖生《近代侠义英雄传》、钟吉宇《大刀王五传》小说，说唱有顾颉刚《大刀王五》(鼓词)，评书有《大刀王五》，当代演之为小说影视者亦夥，小报所载小说共 4 篇。

1. 燕僧《大刀王五》

燕僧所作《大刀王五》残，所余文字叙及二事。

一为义送英老爷。文称大刀王五自出狱以后，总想着英老爷待自己这份恩典，后听说英老爷要外放知府，而少盘缠，王五立刻凑了 3000 两银子送去。王五曾有誉满京城之义举——千里送安御史事，此当影其事，而将安御史，改为英老爷。

一为遇难之由。王五遇难细节，人言人殊，燕僧道：

王子宾终日在外探听皇上消息，后来端王执政，义和拳匪起事，端王大有废去光绪，拥立其子傅权之意。王子宾气得每日怀揣手枪，拟行刺端王，为给光绪帝报仇。

后来董福祥包打交民巷，大刀王五自告奋勇，要由前门外城墙，挖个地道，到交民巷施放地雷，募了三十多壮汉，挖了没有两天，洋兵进京，王子宾知道事情不妙，不得不暂时躲避。

岂知平日有个仇人，此人姓杨名图外，号叫杨泡儿，会几句德国话，竟自谋了个德国安民公所的翻译。杨泡儿想起当年的仇恨，捏个词儿遂将大刀王子宾，在德国公使馆告下来了，硬说王子宾是个匪徒，曾充乾字团头，又在前门外垛口内挖过地道，意思打算把交民巷轰碎。德国公使按名派人查拿，将那些壮汉拿去二十多人，都定了个枪毙的罪名……大丈夫岂能嫁祸于人，挖地道明明是我的主张，与所雇的人何干，这王子宾一个人走到交民巷德国使馆门首……回一回公使，就说是王子宾前来求见。[1]

董福祥者，乃当年率军攻打东交民巷的清军将领，曾领武卫后军，慈禧召对，董福祥说：臣无能，唯能杀外人耳。八国联军攻北京，董福祥主战，奉命攻打东交民巷，然孤军深入，未能成功。北京陷落，八国联军以董福祥攻打使馆为由，向清政府要其人头，清庭力争，董福祥得免一死，后被革职。

据燕僧所述，王五参加董福祥攻打东交民巷之役，且出奇谋，以地道战攻敌未成，而为小人所告发被捕。交民巷，应为东交民巷。杨泡儿，乃添设之小人角色。

2. 剑胆《赛金花》

剑胆《赛金花》载于《爱国白话报》，融红妓与名侠于一书，关乎王五者有二事。

一为千里送御史。王五开同顺镖局，专走川广陕浙、东三省一带的镖车，所向无前。清御史安维竣忠直敢言，参奏李鸿章，上怒，将安维竣革职发配，王五万里长途，一路护送到军台。

二是至死之因。王五狂言半月攻下东交民巷，为吴小山推荐给荣中堂，因此之故，联军进京后，布告捉拿，经嘎七之诱骗，王五被捕，遭毒打和枪杀，文称王五被德国武官拷打，拉到河沿边，用枪击中后脑而死。

文中添设吴小山和嘎七二小人角色。

3. 顾明道《荒江女侠新传》

《荒江女侠新传》续至近代，王五亦为采入书中。书中男主角岳剑秋听说北平有个奇男子王子平，本领高强，为人义气，必要和他会一会。另一角色翟绮云说，父亲是北方有名的拳术家，和大刀王五比赛武艺，败给王五，无颜面在江湖行走，避居此地。

---

① 燕僧：《大刀王五》，《燕都报》1922 年 3 月 16 日。

书中插濮青士一段。云王五被官府通缉，前去投案，太守濮青士义释之，为他书所无。至于安维峻、谭嗣同事，各书皆有记载，以平江不肖生叙演最善，此篇则一笔带过。至于对义和拳的态度，书以拳匪称之，王五对其甚不屑，不与交往。

顾明道写王五至死之由，与诸位大相径庭。文云洋兵攻打天津，王五率李元通、赛旋风吴奎、铁判官钱无灵，抗击拳匪和洋兵，王五被枪弹击中而死。原文谓：

王五的身上已经中了十余弹，终于他含笑去向他的故人报告这一次努力的经过了，他的身后的一群，李元通倒在他的前面，吴奎是没有劈死一个洋兵就牺牲了，等到钱无灵完结的时候，他们的一群已经一个不剩了。①

王五与顾明道之《荒江女侠》本无涉，此篇乃强作牵合。所堪注意者，一为阵亡说，乃顾明道独创，他书所无。二是对义和拳态度之不屑，而当代作品，多称王五与义和拳并肩作战，或王五即义和拳。

4. 漱六山房《大刀王五》

小报大刀王五故事，以漱六山房《大刀王五》演述最丰。

书分两部分，上半部写顾亭林抗清事迹。道顾亭林为实现排满复明计划，化名顾宁人游山西、陕西，得傅青主帮助，联合镖行和绿林朋友，准备定期起事。又借亢百万亢振宗的力量，创立了银号，以备军饷。顾亭林妾黄玉如赴五台山刺杀清帝未成，起义亦未遂，顾亭林赍志以殁。

小说所以拉入顾亭林，不明其意。一者抗清，一者保光绪，本不相为谋，无故拉扯，且互不连属，似有添凑篇章之嫌。

下半部始叙王五，其写王五与广西提督苏宫保一段遇合，为他书所无。文云广西提督军门苏宫保苏元春，仰慕王五，到馆拜望，结为风尘知己。苏宫保被参，得王五托人疏解，幸从轻发落，苏元春在王

---

① 顾明道：《荒江女侠新传》，《海报》1943 年 4 日 12 日。

五处住半载，始回广西而去。至于千里送御史，谭嗣同死节，各书皆叙及，本文亦载。

最有新意的是谭嗣同、王五与陈氏姊妹救光绪故事，则为漱六山房所独创。文云：陈家庄的陈翠云、陈碧云，乃会飞行的剑侠，陈家庄是京城左近的把势窝儿，碧云姊妹的父亲陈士明，是太极拳的名家。

光绪被软禁，谭嗣同与王五、奎玉山到陈家庄见翠云姊妹，请其出手。陈碧云飞入宫中见光绪，“光绪帝正在英年索居的时候，见了这般两个佳人，少不得要多看两眼，觉得宫里的这些庸脂俗粉再也比她们不上……两个人的眼光，刚刚碰了一个针锋相对，光绪帝连忙回过头去，陈翠云恰由不得腮边颊上，泛起无限的红云来……光绪帝徘徊归座，叫过陆忠，附耳说了几句话，陆忠连连答应：‘嗻嗻。’走下去笑嘻嘻地问陈碧云道：‘主子问你们姊妹可都有了人家没有？’陈碧云脸上一阵发烧，又不好开口，只得指着翠云道：‘她还没有人家呢。’翠云此时越发不好意思……光绪帝也不开口，只对翠云微微地笑，翠云心上也陡地起了一种非常的感触，是翠云有生以来所从来没有的……（光绪）见了陈翠云具着这般花嫣柳媚的风姿，又有这种虎跳龙拿的武艺，更肯冒着险来救自己出宫，免不得于感激中，杂了几分爱念，就打了个将来把翠云选进贵妃的意思。”①

谭嗣同死节，王五、李振元、翠云奉谭嗣同遗命救光绪，翠云对光绪自称臣妾，背了皇上就走，无奈被抢回。光绪驾崩，陈翠云姊妹为之守节，又常去凭吊荒冢。诗曰：

纷纷狐秃太纵横，剑气如云铲除不平。
博得峨眉甘守志，英雄知己已属倾城。③

作者在大刀王五故事结尾处，插入光绪帝与陈翠云姊妹爱情故事，写得情意缠绵，刀光剑影中平添一股柔情，以之为大刀王五故事之余韵，荡漾于文末，于小说颇有裨益。

王五与义和拳之间，民国小说多称其不屑拳匪，此书中写王五将

509

① 漱六山房：《大刀王五》，《社会日报》1931 年 9 月 5—8 日。
② 漱六山房：《大刀王五》，《社会日报》1932 年 8 月 18 日。

拳匪首领张德成和黄莲圣母的红灯照视为妖孽。

一班拳匪都把王五恨如切齿，却又知道他浑身武艺，更兼义和团大师兄张德成，再三邀王五入伙。王五自从派人送光绪帝出京之后，眼看着这般扶清灭洋的拳匪，摇身一变，就变成了大德国、大日本国同各国的顺民。从前的拳匪头目，更拍上了外国人的马屁，依旧地作威作福，狗仗人势，到处欺人。最可恨的是，以前原是拳匪中的同伙，如今又在外国人那里告他，只说他如何如何地烧毁教堂，如何如何地谋害教士。更有平日守份的人，也常常不应他们的需索，给他们到洋人那里去一告，一条性命十分里就去了九分。①

此书所写王五临难之情形，与他书略有不同。王五旧街坊有崔德明者，亦拳民也，外号小霸王。王五与其结怨，小霸王至德军处诬告王五烧毁教堂、谋害教士，德兵前往会友镖局抓人，王五拒捕，德军开枪，王五中弹亡。文中写道：

(王五)“你们来此有什么事?”中国人也不回答，只对带兵官说了几句。有一个兵官把手一挥，就有四个洋兵抢过来，动手要拿王五。王五大怒，一抬脚，就把两个洋兵踢得飞上屋去，顺手又拿着两个洋兵，往地上一捺，捺得这个洋兵杀猪般叫起来。其余的洋兵见了，一个举起枪来待放，王五索两手举起两个洋兵，当做藤牌一般，奋身一滚，直滚入洋兵队里，施展鸳鸯腿的功夫，着地卷来，疾如风雨，只把这一队洋兵，卷得齐齐跌倒，滚作一团。王五大笑道：“原来外国人的本领，也不过如此。”

枪声起处，王五胸际早中了一枪……背后枪声乱响，一阵连珠枪。②

王五死后，翠云杀崔德明为王五雪恨。此小说曾刊于《社会月报》(始载于1935年第1卷第10期)

总之，王五题材经平江不肖生笔墨淘洗后，余韵不多，顾明道以荒江女侠，徐剑胆以赛金花，漱石生以顾亭林牵入文中，殊觉不类，诸作皆不得王五正传之旨，乃拼合杂凑之作也。

---

① 漱六山房：《大刀王五》，《社会日报》1932年8月10—11日。
② 漱六山房：《大刀王五》，《社会日报》1932年8月13日。

三、《赛金花》

近代妓名之艳者，莫赛金花若，浮沉稗林说海，成就之小说非只一家。以其所遇合，贯穿成近代大事记，半部花史，关乎一朝兴衰。若近代人物如散珠，则以赛金花为串珠之线，汇聚拢来之，借离合之情，写兴亡之感。

赛金花事迹谱入文林说海始自樊樊山《彩云曲》之吟咏，堪与《圆圆曲》相媲美。此作亦诗亦史，于赛之生平大节首尾俱全，已无余事可传。

说部起自曾朴之《孽海花》，又有陆士谔《孽海花续编》，而剑胆之《赛金花》与二者并驱而为三。剑胆之《赛金花》（见图 4-2）作于 1914 年，从时间看，晚于曾朴《孽海花》和陆士谔《孽海花续编》。

无论《孽海花》还是《孽海花续编》皆非赛金花之独传，仅是以之为入话而已，艳声虽隆，实则着墨不多。剑胆此作，志在赛金花之正传，穿插甚少，更无曾朴、金苓之守旧时期与改变时期之巨史宏愿。所述之事，皆依《前后彩云曲》所传事迹演述之。未尝凭空添设，可谓据史而述，无一处无来历。文中仅叙及大刀王五，为小说应有之穿插，不似它作之纷杂。

文叙赛金花与葛良卿之两世姻缘事。文云：江苏苏州府平江县有一位士子姓龚，名弼，号良卿，赴京赶考，路出上海，与仁寿里的琼林班书寓馆人李云飞结识，后良卿落魄，不能赴京应试。李云飞慨然出所蓄赠之，为誓倘金

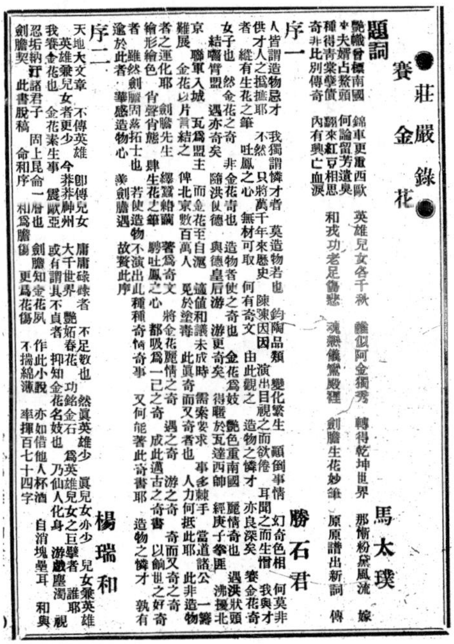

图 4-2 《赛金花》小说

榜题名，以金屋贮之。良卿至京应试，竟金榜题名，大魁天下，然良卿背却前盟，李飞云投缳自尽。琼林班曹阿三之子曹祥儿生女曹月娥，即赛金花，幼龄为雏鸡，与龚良卿一见钟情，纳为妾。曹月娥与人无异，唯粉香腻玉之脖项，有红线一周，实乃李云飞之后身也。

关于两世姻缘，樊樊山早有句云："情天从古多缘业，旧事烟台哪可说。""君既负人人负君，散灰扃户知何益。"《彩云曲》小序记曰："先是，学士未第时，为人司书记，居烟台，与妓爱珠有啮臂盟。比再至，已魁天下，遽与珠绝，珠冤痛累日，竟不知所终。"[①]

《彩云曲》所记烟台妓，名爱珠，且未有转世之说，剑胆改为上海李云飞，并转世为曹月娥，与葛良卿重续姻缘。

项间红痕，未见《彩云曲》吟咏，最早记于《孽海花》，云金雯青状元初遇傅彩云，见其容貌宛如旧识，又见她颈际有红丝一道云云。剑胆亦袭此说。

小说接叙曹月娥作为公使夫人，改名龚彩云，随龚良卿出使德国，龚彩云与男仆崔顺私通，又在德国皇后举行舞会上得识瓦德斯。龚公使夫人与瓦德斯幽会，为陆军上尉恶夫来嘉撞破，二人前有仇隙，争执中，瓦德斯开枪毙其命，逸走。龚公使病殁，大妇郑夫人料理家政，新任公使接职，郑夫人率家人回到上海，龚彩云离开龚府，与崔顺同居上海。到上海后崔顺负心，赌博荡尽资财，龚彩云为傅紫芝骗至苏州，重入烟花，改名傅彩云。后崔顺吐血而死。傅彩云到天津，姘马夫孙得云，后至北京，改名赛金花，都下人皆呼赛二爷，琉璃厂首户周飞云出资供养傅彩云，以为德语翻译，求避兵士骚扰买卖生意。

上述诸事皆依《彩云曲》演述，亦与《孽海花》大同小异，至于赛金花进北京之后故事，则不见诸他说。

《彩云曲》所写"彩云一点菩提心，操纵夷獠在纤手"一事，剑胆借包克斯砍关帝像一节以实之，演义成娥眉救苍生之壮举。文叙德兵捉拿到平民，以是否砍佛像为辨别包克斯（即义和拳，拳民）之标准。其法为将平民捉至关帝庙，以砖头砍关帝像者非拳民，不砍则拳

①［清］虫天子编：《中国香艳全书》第2册，北京：团结出版社，2005年，第667页。

民，杀之。赛金花为德兵讲明拳民皆逃，留城中者皆细民，又与德军科知府讲明其中缘由，因此一言活命无算。此节写来颇有实感，非仅赖想象，必有经历方能写出。剑胆曾有《义合拳》说部，叙庚子国变之亲身经历，故此处所写，谅非虚语。除此事外，文中写有吴小山者，假借德人名誉去琉璃厂收取保护费，赛金花将其情形告诉科知府，科知府得知内情，惩治吴小山。

赛金花在北京重逢瓦德斯，此时瓦德斯的官职是钦差统帅，住在清宫南海通明殿内，二人重温旧梦，共宿于八宝龙床之上。

安维竣上书，弹劾李鸿章，因言获罪，大刀王五护送安维竣至谪所。王五狂言半月攻下东交民巷，为吴小山推荐于荣中堂，事为德军所闻，因此被缉捕并枪杀。赛金花殴打女仆桂香，桂香负气自杀，赛金花雇人移尸，事泄，被递解回原籍上海，赛金花到上海高张艳帜，重为冯妇。

北京与瓦德斯重逢，殴毙女仆等事，皆见诸樊樊山吟咏，唯大刀王五不在其列，属剑胆小说穿插之文，意在绾结大侠与名妓，以壮声色而已。

小报所载有关赛金花小说共四篇。剑胆除《赛金花》外，还有《义合拳》一篇，刊于《实报》，记庚子拳乱事，叙及赛金花，然文残，不见其事迹。

一笑《赛二爷》，载《北京白话报》。专以赛金花虐婢自杀事演成单篇。叙赛金花开南班子，班中有桂香者，因事被赛金花责打，负气自杀死。赛金花出外逃祸，命人移尸到邻居满三家，而令翠玲冒充赛金花女儿上堂应案。满三奶奶不堪都老爷满堂之审问，说出实情。赛金花无奈只好出面应讼，赛金花求古都老爷和定鹤侪为其转圜，最后被判罚金，交款释放。赛二爷经此一番风波，灰心世路，遂即日买舟南下，后来听说嫁了一个撑船的老者，成为半世夫妻。1915 年，曾有人在中华旅馆亲见赛金花，同她的后夫居住在一室，然两鬓已星。文残至此。

另有一篇希夷道人的《摇钱树》，见《实事白话报》。写赛金花之子荒唐惨死，以明报应不爽者。文云赛金花生意红火，有摇钱树之号，生一子金朴满。户部掌印郎中侯嵩认为义子，后又被德帅瓦德斯领为义子，带至德国长大，瓦死回国，改名王德赐，号道希，嫌母业贱，仅称其为义母。王道希与梅新田同到北京交际，梅新田是中日混血儿，冒入江苏籍。二人交结洋人和权贵，开公债票买卖所，买空卖空。又开银行，后设印刷局，印制票子，二人皆发财。王道希妻雪燕，后纳四姨太太，从其身上染杨梅入骨下瘘的病症，自病后，受尽四个姨太太之折磨，被其虐待至死。梅新田有断袖癖，染杨梅疮，病亡。

至于徐大风的《一代尤物赛金花》(《春秋日报》)、无须老人《两次在沪张艳帜的赛金花》(《力报》，1937 年) 则非小说，不在论述之列。

第五章 徐剑胆

一、报界小说权威者

管翼贤说徐剑胆“三十年来，在各报著小说，其数量不可计，堪称报界小说权威者。”[①] 据现有资料，剑胆小说共151篇，在诸家中，仅少于尹箴明的158篇，居次席。

徐剑胆之生平，据管翼贤《北京报纸小史》记载：本名徐仰宸，笔名剑胆，曾为《实报》编辑。剑胆自述生平曰：“鄙人侧身报界，屈指算来，忽忽十有余载了。好也吧，歹也吧，社会上提起来，总还知道，有这么一个徐剑胆。一来是年月太久，永远没有歇过工，大家脑筋里都印着剑胆两个字。二来是同道的捧场，不肯扒豁子，再者余素来向不借报招摇，更不敢以笔墨得罪朋友，十余年来，始终如一。”[②]

此是1919年的话，1942年则曰：“著者侧身报界四十年来，所作之社会小说敢谓均系亲眼目睹之实事。”[③] 加之管翼贤有徐剑胆三十年来之言，据此可知，徐剑胆一生以编辑和著述为事业，贡献于北京

① 管翼贤：《北京报纸小史》，见杨光辉等编：《中国近代报刊发展概况》，北京：新华出版社，1986年，第429页。
② 剑胆：《金闺艳案》，《爱国白话报》1919年12月15日。
③ 徐剑胆：《鬼蜮世界》，《实报》1942年2月4日。

报坛。

其笔名，据刘永文之考证，除剑胆外，尚有一名曰“自了生”。

二、“在下这门小说，原是个评书派”

剑胆小说，脱胎于传统评书，与古之话本《三言二拍》无异，不过把传统评书由勾栏瓦舍搬到案头报端而已，称之为报端作场、案头捧评可也。其体例、手法、语言仍沿袭说书人搬演规习。剑胆自己说：“在下这门小说，原是个评书派，所以当天总得有个结束的话题，第二天得有个且说。”[①] 剑胆小说与评书本为一家，即“派”字亦大可不用。不意，上海报端新潮迭起，旧法早已被捐弃之时，传统话本却仍盛行于北京报纸，复能于剑胆小说、尹箴铭评讲聊斋见之。

剑胆小说每篇以引首诗开场，下演故事。纪事则本末完整，线索清晰、少穿插。叙述用白话，人物则白描，喜好议论以寓劝惩。文间则说学逗唱、插科打诨。其他慢表，且以说学逗唱、插科打诨为例证说明之。如：

娄妈让王大娘炕上坐下……见她身上穿一件浅月白竹布褂子，外罩一件青缎子大坎肩儿，胳肢窝的纽扣儿上，系着一条双联儿白洋绸的绢子，青缎子散裤脚儿的套裤，两只天足，穿着一只上海皮底皂鞋，头上梳着一个甜瓜式儿的圆头，塔拉得过了脖颈子，前面儿漆黑的头发，拢下来盖满着耳朵，露出小小一对金丝耳圈儿，又搭着是个清水脸儿，嘿别提够多么苏雅了（那位说，这是王大娘吗？不，这是现在当娘姨的扮相儿。总而言之，不过打扮得时兴抹腻，漂亮干脆就是了）。[②]

文中插科打诨语用括号圈之，其他作家亦如是，似在北京小报已成通例。剑胆小说虽案头之作，但所用仍是场上家数，模拟说唱口吻。插科打诨在现代小说中难得见到，即使《三国》《水浒》文本亦不见

---

① 剑胆：《花和尚》，《爱国白话报》1914 年 1 月 10 日。
② 自了生：《阿玉》，《正宗爱国报》第 1816 号。

其踪迹。宋代说书当有插科打诨，被称为说书人底本的《三言》竟不见之，则为冯梦龙删削净尽矣。

说口如：

且说金海云进了原宅的大厅，把手中的弓箭放在一边儿，这才举目观看。但则见，这书房三明两暗。

前出廊，抱厦卷。玻璃窗，贴花片。地板上，铺毡毡。落地罩，雕花线。

分配着檀梨桌椅，中国的古玩。

正当中，是长案。宝烧饼，彩色鲜。粉红花，分外艳。

一阵阵，香气纷飞，沁人的鼻端。

左瑶琴，右古剑。满书架，缀牙签。列西东，靠隔扇。写真像，正面悬。丰神奕，气象严。

原来是震撼西欧的拿波仑，肖像豪颜。[①]

《胡知县》写道：

那胡梅娘一边哭着，一边儿把泪珠儿搌，一边儿偷看，这位钱汇川，揭孝幔，留神看。但见他眉儿青，眼珠儿圆。白眼珠儿小，似粉团。黑眼珠儿大，黑斑斑。精神儿秀，书香满面。鼻梁儿凸，嘴唇儿鲜。更兼那天庭饱满，地格儿宽。穿一身素衣衫，手扶供桌长吁叹。哭了声死去的恩公，难得见，只使我受恩的人儿，泪洒在九泉（那我说了，你真会找辙，这是真正、正本大套的《庄子鼓盆》，爱听不听）。[②]

在尹箴铭、庄耀亭、剑胆诸家中，剑胆小说中唱段最多，徐先生殆顾曲周郎，京城一戏迷欤？如《金茂》中一段：

原老者见了金爷，彼此叙礼让座，问过姓名籍贯，然后原老者说，阁下来到敝国，有何贵干，金爷见问，这才把话匣子打开，遂长叹了一声说："先生啊，咻咻，哒啦，哆啰（对，话匣子唱两句儿吧），未曾开言我的泪先临，细听海云说分明：生长中国江苏省，父母双亡剩我孤身。学会阴阳八卦准，能掐会算不差毫分。论文读透圣贤的经训，诸子百家

① 自了生：《金茂》，《正宗爱国报》第1730号。
② 剑胆：《胡知县》，《爱国白话报》1913年8月23日。

五典三坟。武能力举千钧鼎，弓刀石箭武艺超群。只为我才高被那俗人恨，因此上来在暹罗城。不是夸口把大话论，治国安邦胸有经纶。倘有机缘把素愿尽，一步飞腾到青云。”金爷唱到这里，觉着嗓子有点发干，这才端起茶来，一饮而尽。①

同在《金茂》尚有唱段：

又一抬头，见山顶有只老虎，在那里冲盹儿呢（这许是吃饱了思困），金爷赶紧走在这颗大树底下，喊了喊嗓子，说：“众军慢走，听爷爷的令下，大家一听，赶紧止住脚步，只听他唱道：

金海云，在郊外，忙传那令号。叫一声，众儿郎，细听根苗。且在着，枯树下团团围绕，我自能，施妙计，捉此凶妖。掐真诀，念灵咒，无边奥妙。擒猛虎，献当今，同立功劳。少时间，与虎战，你们千万别跑。倘或是，事不祥，我好先挠。”金爷只顾了唱西皮了，不想把这只老虎惊醒。②

剑胆、尹箴铭、耀亭、耀臣等人小说中常有说学逗唱、插科打诨小段，刻意模仿曲艺表演手法。然说学逗唱、插科打诨，属说书唱戏之场上技巧，移诸书面，殊觉不类。从现代小说角度看，二者属穿插文字，稍有迁延，便生枝蔓游离之感，故民国小说家少有采用者，即使古之《三言二拍》中，此手法亦不多见。

三、小说题材

剑胆之小说题材，以公案第一，实事小说第二，旧京秘闻第三。

1. 公案

剑胆残存小说中，公案有20篇之多，居诸类小说之首。各篇惩恶扬善外，竟以情节之新异和奇诡为尚。如《新房死尸案》，王晏安

① 自了生：《金茂》，《正宗爱国报》第1731号。
② 自了生：《金茂》，《正宗爱国报》第1737号。

娶薛礼放女，新婚之夜闹洞房，晏安表妹袁招儿匿于床下，孰料邻人赵慨思，亦来此藏匿。

真是无巧不成书，竟有两人都想藏新人床下，此已巧矣。然更为奇异的是，床上莺俦燕侣，床下也野鸳鸯雨水得谐，此尚不足为奇，一对新人不知是否早生贵子，而野鸳鸯春风一度，竟珠胎暗结。孰料，这个赵慨思会因潮湿芜秽死在床下，一度春风，竟换来的是命丧黄泉。

《猴美人案》云：四川富顺何福，家畜一猴。一日猴儿因事为何福嫂打死，猴死倏忽复活，口做人语，诉说自己是流井县卞婷婷，许配张少新为妻，张家悔婚，捏造婷婷谣言，婷婷为父母勒毙。何家人怪其能言人间事，便牵猴至婷婷墓地，杀猴于墓地，婷婷得以复活。此事已杂花妖狐媚，更为蹊跷的是，有盗墓贼熊大，盗婷婷墓，只见猴头不见人，告上官府，官员审问，其盗墓事亦不打自招。

《小美人》一篇叙北京西城护国寺石碑胡同的曹常魁，本为正黄旗汉军人，庄王府的管厨。突然被杀，凶手在粉壁题诗一首云：

奸夫淫妇不可留，已然等了有三秋。

他与我妻同有染，特意前来把他谋。

众人休要混乱想，他我也是前世仇。

大人若要全此案，再等女命现出头。

原来此案为曹常魁徒弟长绪，外号白脸长的所为。长绪与曹常魁妻曹耿氏私通，两人情热智昏，谋杀曹常魁，并留一诗，故布疑云耳。

古代公案小说中，常设诗谜，以迷离案情，如包公案中《咬舌扣喉》一篇中的“一史立口阝人士，八厶还夺一了居。舌尖留口含幽怨，蜘蛛横死恨方除。”后包公开悟其意，而得破此案。

剑胆另一篇《蒲葵扇》写福建某绅士黄毓全，一子一女。儿子黄少荃，女黄秀如。某日黄氏兄妹得无来历箑一，黄秀如题一诗曰：

扇子有风凉，拿在手中央，

虽无云雨意，却可解烦肠。

兄少荃信手又题曰：

雄飞原有志，雌伏固无妨。

倘借春风力，飘飘出画堂。

不料此扇流出，有段霞轩者，为黄毓全之密友，后因故被逐，怀恨在心。会黄家欲与名宦刘体仁结秦晋之好，段霞轩以此扇作祟播弄其间，刘家欲解除婚约，两方不协，讼至官府。时卢慕韩在臬司署内为师爷，见此扇批曰："既甘雌伏，何必雄飞。其人之品，从可知，其人之婚，理宜绝。"遂判解约。黄毓全回府责打儿女，儿自杀，女亦随之。竟因是扇诗而酿成命案。

剑胆有一田统带系列公案故事。田统带，名田德山，为京城右翼统带。田统带系列，据现有报纸，剑胆作了7篇，7篇之外当亦有作，然无资料可考。7篇之中《付胜氏》《前世冤》，尚有残文，其他仅存目，原文皆佚。《前世冤》尚存梗概，云："单说这段新题，亦系田统带所办案件，可为田德山侦探案之七。查其事迹，乃赵准泰扎毙姘妇弃凶远飏一案。其凶犯在为作案之先，早已预定弃凶逃遁，地方官胡得而知之。不期田统带，平素于微细之事，处处留心，每出一奇特之案，属下禀明出事地点，田统带触动脑筋便可料知此潜逃之犯，落于何方，即派属下前往捕拿，至则有如探囊取物，并且百无一失。此案赵准泰之被获，离潜逃时，不出五十分钟，若非留心时务，胸有成竹者，曷能如是之速。"①

五十分钟缉获凶犯，今日亦可谓之神探。剑胆之公案，与现代之侦探小说旨趣不同，其所追慕者，乃古之折狱小说。在海上侦探小说早已风靡之时，剑胆竟不假任何科学手段，而纯任微服私访，察察之明，欲与包公、狄公试比高下。同为案件，写法如此不同，亦可见所谓京海之别欤？

2. 实事小说

此处所谓实事小说，乃指据报馆新闻演述而成者。新闻甫一报道，不数日小说即告刊载，其迅捷这般，托赖现代传媒，得神速如此。此类小说时效极强，销路奇佳。多数报道和小说皆出一家报馆，不假

① 剑胆：《前世冤》，《实事白话报》1924年9月28日。

他人手笔，新闻与小说同报争辉，且演说、谐文、小说、新闻并载。《白云鹏》《李五奶奶》《刘二爷》《同恶报》《夜游神》等，皆为实事小说，其中《白云鹏》《李五奶奶》影响颇大，都曾出版单行本（详见下编北京小报小说第三章）。

3. 旧京秘闻

剑胆所述旧京秘闻，主要有内务府、仓匪、侦缉队、军法处。喜言北京掌故者，常提及两个位卑而利重的肥缺，一个是内务府，一个是仓库差官。剑胆小说所写虽仅片段，然亦可观，迄今尚未见有演为专篇者。

（1）内务府

存《刘二爷》1篇。篇中说："看官要知，当时北京，有两句俗语是：'缎库、银库、内务府，金银财宝如粪土。'凡是社会上，每出一件新式样的衣服，必自由内务府官老爷兴出来的主义。至于逢场作戏、挥霍金钱，更得以内务府官儿老爷手头阔绰为模范。皆因银库、缎库、内务府所存的金银雄厚，当官的人是近水楼台。"[1] 然小说仅存6节，无法获知其详情。

（2）仓匪

仓匪有《英雄会》和《杨结实》2篇。《英雄会》残，仅提及韩二为仓匪。《杨结实》叙杨结实系前清光绪四五年间北京一个巨盗。他在城郊仓库两边肆行抢劫。当时有著名仓匪韩蔼轩者，惧怕杨结实，便援引其管理兴平仓。从此杨结实一伙盘踞于兴平仓，为非作歹。韩蔼轩与杨结实同为仓匪，势不相能。韩蔼轩与田七合伙出首杨结实，杨被捕斩首，韩蔼轩则为拳匪所杀。

（3）侦缉队

清朝北京城治安，由步军营维持，设内城、外城两个巡警总厅。民初，设京师警察厅，但只辖管城区内的治安，城墙以外仍归步军统领衙门。侦缉队略当于今日刑警队。民国初年，在京师警察厅、步军

① 剑胆：《刘二爷》，《小公报》1921年3月10日。

统领衙门以及京畿军政执法处都设有侦缉队。剑胆有专篇叙其黑幕，为《一念差》《旧京黑幕》《烟阀遭虐案》(烟阀案) 3 篇。

《一念差》文残，只道及提督府之提署薛星甫，其亲家为京东潘家村潘家，被匪洗劫，薛星甫派人缉获罪犯。案本可结了，谁知薛提署与府中师爷郭子良藉此设谋，唆使犯人口供，牵连他人，从中渔利。最可怜李德旺、仇黑子、齐四几个人，本来破案有功，结果攀诬入狱，送到菜市口，身首异处。薛星甫从中落了七八百两银子。

《旧京黑幕》《烟阀遭虐案》(烟阀案) 2 篇，写了二唐、一朱，三名侦缉人员。

一唐

一唐为《旧京黑幕》中的老唐唐玉珊。老唐，唐玉珊，书中未明其职官，只称侦缉处老唐。负责缉捕盗贼，查拿奸宄。文中说，当时："地面权力最大者，是内城提署侦缉办案人员，外城是警察厅侦缉处办案人员。这两处的头目人……那些纨绔阔少，就都巴结着向他来交朋友。"[①] 会有刘太监者，娶德氏，人称小德氏，不守妇德，姘小葛，号兰亭。偏又有人给刘太监荐了一个打杂的来占二，小占二又与德氏卷逃私奔。案发小占二与德氏拘于老唐处，刘太监向老唐行贿，唐处长受了刘太监一个大帽，方将小德氏释放。所谓大帽，当系当时俗语，但不知究指钱之多少。

小德氏被拘时，小葛常来狱中与小德氏私会，老唐默许之，小葛虽得了这般好处，然于老唐处无分毫津润。老唐遂报复葛兰亭，以搜得乱党信函之名将其抓捕。老唐对付葛兰亭之法，乃侦缉秘笈，切口为"后手"。何为后手呢?

原来他们出去办案时，衣袋里，必须预备下纸牌、扑克牌、烟灰、白面、烟泡、烟土、假票子、假委任状、假反动信函各项东西甚多，不及备载。想想办什么样的案犯，得带上什么东西，所为栽赃之用。假如说由上边下来的案犯，限即捕拿，到了这人的住所，检查他犯案的证据，一样犯法犯禁的东西都没有，打砂锅有话，难道这就罢了不成? 在这个

① 剑胆:《旧京黑幕》,《实报》1933 年 6 月 3 日。

当口，偷空便将犯禁物品给他掖在身上，要不就给他放在抽屉里。然后假装二次再行检查，遂将所掖的赃证举出，那人心里没愧，当然不认这笔账。刚然一说，这不是我的东西，那办案人早就把手举起来，等他这话只说了半句，那蒲扇似的巴掌，早已抡在他的脸上，“啪”的一下子，使了个十足劲，能把这人打个趔趄。再敢说第二句不是，跟着第二个大嘴巴，又打上来了。所以任凭你是否真实，有无其事，只要一到了老唐去办案，哪一回也别想办空了，所以他办案，比别人露脸者，全在后手的功劳。①

以上是唐玉珊之贪赃枉法，以办案渔利，然尚未涉及赌毒案件。

二唐

二唐为《烟阀遭虐案》中的唐德山。文中说：

唐氏德山为民国初年在侦缉界内颇负威名之一人也……由提署马兵出身，不十年位至右翼统领，授陆军少将之职……那唐德山，本由当小差使起始，地面上，一些烟赌娼三种黑幕，哪一样也逃不过他这一双厉害的眼睛，何况他多年在北京城里，干这缉捕盗贼，安靖地方任职，业已升到右翼统带，经他手办的案件，哪一月都有十件二十件，由张三便可知道李四，由李四，便可知道郭七。所有城内城外，一些坐庄大烟土贩子，他都有一本人名册在手。至于私设赌局的地方，和暗娼招待所，他更知道得详细。另外也有一本住居门牌号数的记载，一者为访查案件，可以作个参考之资；一者可以藉事找寻找寻他们，就得托人过来见他一面。这些坐庄大烟贩，业已都成了富家翁，对于地面官差，自然要设法拉拢，求个照应，银钱一节，更要看开。又知道老唐，是个外场人，好交朋友，只要能将他巴结好了，便可放心大胆去干那私贩黑白二货的营生，若不将他应酬好了，趁早改行，去作光明正大的营业。于此可见唐某当时任职巡缉差责是何等厉害。故尔北京四九城里，干烟赌暗娼这一类人，没有一位不知唐某，亦无人不怕唐某人。②

烟赌娼为治安之大患，尤其贩烟，黑幕重重，然水愈浑，老唐愈

① 剑胆：《旧京黑幕》，《实报》1933 年 1 月 16 日。
② 徐剑胆：《烟阀遭虐案》（烟阀案），《实报》1938 年 9 月 30 日。

在此用功夫。他说：

余身负缉捕盗贼，安靖地方，从不曾贪使一文非法之钱。不过对于贩卖黑白二货之徒，彼系不义之财，而又素性悭吝，有时为余所捕获，其悭吝之囊，至此不得不破，故余于彼等身上加重处罚。此亦悖出悖入，无伤天理，且可藉此所罚之款，以养余手下穷苦之队兵。否则旗饷无着，军饷亦无人过问，若无此罚款之收入，众多弟兄，岂不皆成饿殍矣，故余亦赖此得以稍有积蓄也。①

唐氏此番言论颇似正大，侦缉人员旗饷、军饷皆无，何以求生，故出此下策，其激愤之辞，良有以也，无奈只好以毒养警。

当时京城有四家大烟土贩子，孟、侯、广、唐四大家。当议员的胡宝臣等合股贩卖烟土，老胡之小太太叶艳秋运土被捉，四家大烟土贩子之一的孟，即孟大爷孟翼轩找老唐疏通。老唐索贿，老孟哭穷，老唐说：

我并不曾十分为难他，要据我手下报告，他这二年多，运贩私土所得利益，计算虽不足十万，也有个八九万块钱了。只是他连连报告，告诉我，实在没有一点积蓄，此话就便是真的，那可怨谁，钱是进的不少，她随便地花，我是知道的。喝，如今几位著名私土贩子，这份阔，这份折腾，直比前清内务府与从前户部库兵还要加倍能花。每到一个下处里，都讲究把一院子姑娘都包下来，关上大街门，归他们几个人由性作乐，戏园子前排包厢一订订一排，并非一天，都讲整月给钱，永久给他们留着。请想，照那宗花法，有多少进项，也能花个罄净。如今轮到我这儿，给手下兄弟们放个一两月官饷，反倒抱苦哭穷。请问你们，于良心上说得下去吗？②

最后老唐捞了 15 000 元的好处费。老唐表面上说是给手下弟兄筹饷，实则自肥，钱都入了他自己的腰包。如此下来，日积月累，老唐竟积攒了有三四十万的家私。然老唐敢如此为非，亦有靠山，此靠山是一位王将军。老唐逢迎王将军之妙手不是钱物，而是投其所好，

---

① 徐剑胆：《烟阀遭虐案》(烟阀案)，《实报》1938 年 9 月 27 日。
② 徐剑胆：《烟阀遭虐案》(烟阀案)，《实报》1939 年 2 月 13—14 日。

送古董。老唐敲毒贩，称毒贩的钱是悖入悖出，而老唐送王将军礼亦何尝非悖入悖出者？此悖理之世界，不知伊于胡底？

一朱

一朱为侦缉队二队队官朱贵。朱贵本为北京混混出身，后钻入地方武官兵队，做提黑龙（按鞭子）的贱役，后来补了花市守备兼侦缉队二队队官，方才发迹。其敲诈手段不似二唐狡诈，所为不改混混本色，讹诈良善，几至明抢。

有郳麻焦者，人称郳大，巨家富户也。朱贵寻隙，罚了他几百块钱，罚款郳大全都认可，然朱贵过于贪心，恨不能一口吃个胖子。他看上人家那所大房子，便与李汉三合谋，将烟土置于郳身上，恐吓并敲诈其房契。朱贵得其房契又催逼其迁出，郳大无奈兴讼，朱贵谋泄伏法。

（4）军法处

《活阎罗》写军阀麾下八大处之一军法处，口含天宪，草菅人命。文云：

国体改变以来，重文轻武，每一军阀麾下，必设一司令部，部内又分八大处，中有一执法机关，专掌人的生死。那当执法处长的先生，在旁人看见他的作为，就好像阴间阎罗老子……那么本题所说的活阎罗，则大大不然了。他是假借着这执法处长的威权，滥杀无辜，并派兵四处捕拿无罪的人民，硬诬为通敌有证，若能以若干万资财献上，便可释放无事。倘所献者不符彼所挟之数目，彼则赫然震怒，将砂笔提起一勾其人之名，立即退出营外，砰然一声，送了性命。亦有正在张罗款项，未及到手，或不得其门而入，彼则急不能耐，提笔一挥，其人之命亦断送于枪弹之下，所以大家便送了他一个外号，管他叫活阎罗。[1]

文叙活阎罗乌振东，假司令部之威权，向驻扎之某镇勒逼钱款，开设银行，称入股本军银行，所入之款将来可以发给银行股票，作为长期存款，按月付息。有邱八、焦三、巴六等富户不从，乌振东便将他们一律拉到司令部后院枪毙，乌振东在此镇上驻40几天，刮取民

① 剑胆：《活阎罗》，《实报》1930年5月22日。

财 30 多万。于是便同表兄王宪章到北京组织银行，称银行原为给师部筹饷、发饷之转运机关，于是各营长、连长都把侵蚀下来的兵饷存入银行。孰料，某军长败绩，马师长自杀，手下鸟兽散，孟营长、魏旅长武人持枪索款，余皆效仿。乌振东、王宪章所敛之钱财终不保，势败财散，二人皆先后病死。

近代武人擅权，稗海说林常见某军长、某将军、某师长之魅影，为各类小说不可缺少之恶角，此角淫邪、凶残、狂暴诸恶必备，开口娘的，闭口枪毙。其中，名伶与军阀为绝配，佳人已属沙咤利，一入豪门深似海，绝色逢淫威，美貌遇横暴，动人视听，最易跌宕文情。有此一角，离合生死、穷通寿夭，皆赖其播弄之。足以代古之恶霸、悍匪与赃官也，而为近代之元凶。

剑胆现存小说中，题目标有侠字的，共有 7 篇，其中 4 篇有目无文，3 篇有目有文，有目无文者无法判定，有文者 3 篇《红鬃烈马》《双龙斗》《报恩侠女》，也不是标准意义上的武侠小说。《报恩侠女》中，剑胆说：

> 这段武侠小说，乃前清一桩实事，虽云武侠，可没有刀枪拳棒，一招一式，互相对打套子，因为对于武术一道，丝毫不懂。纵然可以向会武术的朋友去打听些名堂来，或买些练武练拳脚的书，作参考。但是我没有实地练习过，决计不敢胡诌混写，贻笑大方。[①]

既然不写拳脚，则难称武侠小说矣。北京武侠作者不少，但小报武侠小说不见其多，而上海小报武侠为主要题材，可见京海小报趣尚之不同。

四、剑胆议论

剑胆本诸古之风教遗意，践行箴风易俗之近务，其小说非议论不入题，莫说教不足以结篇，千种说教，百般譬喻，殆同演说。北京小

---

① 徐剑胆：《报恩侠女》，《实报》1937 年 11 月 20 日。

报馆中，做小说的也兼他项，如剑胆、文实权、庄耀亭都做过演说，演说和小说的笔法相同，都是通俗白话，因此，也容易把小说做成演说。

北京小报小说家中，剑胆非但以篇章第一，且复以议论独步。治诗者言，宋人以议论为诗，尚未见京派小报小说之好议论，京派小说之好议论，皆未若剑胆之耽于说教也。正如剑胆自己所说："临到归齐，收煞的时候，亦离不开彰善瘅恶四个字。"① 上海小报初创即标消遣娱乐之旨，早已不知感发劝惩为何物。孰料，为海派所弃之道德人心之言，竟于北京小报每日见诸报端。试观其《欢喜冤家》开篇所云：

世说奸近杀，赌近盗。《感应篇》云："福善祸淫"。以上几句话，初听之，似乎是老生常谈，但经过若干事实以后，始知这些话，却系至理名言，丝毫不爽。可见古人著书立说，无论什么事，皆由多少年亲身经历，得着正当实验，方始下笔。既下笔著书立说，犹如生铁铸成一样，后人万难更改。

即如三纲五常，人人所必从的大经大法，历经数千年，尤其不能为后人所翻案。孔子说："谁能出不由户。"假如你偏要不从屋门向外行走，硬要揭开窗户蹿出，但是你自身所受的痛苦，唯有你自己知道，结果，仍得去走屋门。

说到居家，越发有一定的规矩，一定不移之法度。所谓规矩者，即长幼有序、男女有别、父慈子孝、兄友弟恭、夫敬妇顺而已。父不慈，不能望子之孝；兄不友，难免弟之不恭；夫不知敬，难免妇之不顺。总之皆系双方立论，各行共事。不过为人子者，只尽子道，至于孝；作哥哥的，只尽长兄悌爱之道；作妇人的，只尽顺从之道。果能如是，其家决无不和，势必蒸蒸日上，家泽流长，光大门户，子孙绵延。朱夫子治家格言云："家门和顺，虽饔餐不给，亦有余欢"，就是这宗道理。②

文中，屡被小说家所讥讽之《太上感应篇》《朱柏庐治家格言》

① 剑胆：《义烈鸳鸯》，《小公报》1920 年 10 月 16 日。
② 徐剑胆：《欢喜冤家》，《实报》1938 年 4 月 28 日。

也被剑胆搬出来，至于老箱子底，如三纲五常、父慈子孝、兄友弟悌，也自其笔端涌出，势不免陈腐之讥。

京派小说家言论多集中于恋爱婚姻自由议题上。揆诸小说戏曲史，自《西厢记》“天下有情的都成了眷属”一语出，文坛翕然宗之，《牡丹亭》《红楼梦》更是高唱爱情颂歌，至此婚姻自由已成定案，至于民国小说更无烦饶舌。然京派小说家仍喋喋不休，斤斤于此。如《迷途》涉及两人同居一事，遂引发作者一篇演说，他说：

原自恋爱自由四字，公然在报章上发现已来，颇为一般讲性学之青年男女所赞成，著文论断，大声呐喊，社交公开，打倒片面贞操，打倒吃人礼教，唯有恋爱自由四字，真是搭救多数青年的一盏明灯。而其他一方面，又引起多数顽固老学究，与讲伦理学、生理学之反对。双方互相攻击，各有理由。于是有某君，出一调和办法，谓恋爱自由。既有多数青年男女热烈赞同。但一方面，又有多数学者之反对，余立于双方中间，作第三者，出一调和主意。

在恋爱自由过程中，尽可由男女双方去找可心之对象，迨双方于恋爱自由时期中，如皆认为十分满意后，即须在报章上登一告白，只寥寥数字云：“我俩，因意见一致，业行实行宣布同居了。”但此告白登出以后，双方不得再有反悔，倘有反悔者，即是犯了恋爱自由的约章，不但贻反对者之口实，且有毁灭恋爱自由之重要性，所谓人格破产者是也。由这第三者如是一调停，双方论战，戛然停止。①

北京作家一临两性、同居之题，便如遇大敌，如畏猛虎，喋喋不休，唯恐辩白不清。北京小报无情色文字固佳，然其观念不免迂腐，此处，剑胆在维新和守旧两派中，貌似中立，为婚姻自由立则，划定一个圈子，实不过一冬烘先生腹中之风化纲略，于事无补，徒贻青年人笑柄而已。此风化大纲在《报恩侠女》又有所阐释，他说：

且说早年妇女，讲究大门不出，二门不迈，所谓闺阁中人，真有一辈子没瞧见车辙是什么样儿。这宗办法，平心而论，实在过于偏僻……是以挤来挤去，挤到而今，激出了反动情势，一变而为婚姻自由，社交

---

① 剑胆：《迷途》，《实报》1937年8月4—5日。

公开，将以前那些拘谨女子的事情，一齐打倒。于是荡检逾闲，风流艳事，无时无之，忧时之士，见此情形，又恐人群堕入畜道。

著者，立于新旧两方中间，说一句公道话，按以前那宗办法，实在有背天理人情，照现在这宗办法，又过于任性，故两两皆不得良好之结果。最妙者，还是中庸之道，不偏不倚，持其两端，用执其中。

自由二字名词，固然很好，须在范围以内之自由。平等二字，亦如之。若无范围之平等自由，家庭长幼难分，男女乱爱，这还成个什么世界。持中之论，讲自由平等，只在范围之内，不得出乎范围以外。类如男女婚姻自由者，父母虽然可以作主相亲，亦要征求男女同意。又如各机关品级等类，是显分大小职权起见，此为办事上应付责任之界限。至于人与人，却立于平等地位，且不可以大压小，以强抑弱。若果人人皆见此种心理，平等自由二字，是何等光明而又磊落耶！若要没个范围，父子可称为大同胞，胞兄妹亦可恋爱，成为夫妇，试想与禽兽，又有什么分别。所以孟夫子说，人与禽兽相去者几希，不过人有礼义廉耻，禽兽所欠者，只在此一端耳。人若将礼义廉耻略去，便与禽兽无异。①

上海人视轧姘头、借小房子、开房间为寻常之事。田舍郎《新嫂嫂》说："现在上海滩上，有几家是正正式式结过婚，谁还不是糊里糊涂同居的。你要想，现在日上，结一次婚要几钿，真勿实惠，铜钿省下来，仍旧省在自己袋里，买些吃吃，买些穿穿，不好吗。"②而北京作家尚纠缠于纲常伦理，京海观念之悬隔，真不可以道里计也。

五、剑胆小说中的北京方言

剑胆为北京方言作家，其小说京音、京语皆堪鉴赏。

---

① 剑胆：《报恩侠女》，《实报》1937 年 12 月 15—16 日。
② 田舍郎：《新嫂嫂》，《上海日报》1941 年 5 月 31 日。

京音如：

(王大娘)“您今儿个把那一百银子给他吧。”

贾七说：“给谁一百银子呀？”

王大娘说：“呦，给谁，给娄妈呀！”

贾七说：“凭什么给他一百银子。”①

此处的“您”“今儿个”，皆北京习语，尤其“呦，给谁，给娄妈呀！”之“呦”“呀”，更能传达旗人妇女之口吻。“呦”，应读作长音，“呀”，则急收。

“热滋呼啦，楞给分开。”②

“热滋呼啦”，亲热，亲密之意。呼啦，语缀无义，滋，亦可读 cī。

俗语如：

“买烟不抽装着玩儿。”③

“鼓着腮帮子装人养的。”④

“醉雷公，浑霹（霹与批同音）。”

“胡亥的儿子，简直是胡来吗。”⑤

① 自了生：《阿玉》，《正宗爱国报》第 1819 号。
② 剑胆：《胡知县》，《爱国白话报》1913 年 8 月 14 日。
③ 剑胆：《恶讼师》，《爱国白话报》1919 年 11 月 1 日。
④ 剑胆：《偷生奴》，《爱国白话报》1919 年 9 月 29 日。
⑤ 剑胆：《胡知县》，《爱国白话报》1913 年 8 月 17 日。

第六章 北京小报小说十一家

一、哑铃

哑铃，又作亚铃，《小小》报曾刊有徐哑铃小说，疑“徐”为其姓氏，余不详。哑铃自述其笔名来历云：“鄙人在本报（按《爱国白话报》）担任小说，别号原是哑铃，取意如同是个摇不响的铃铛，其中并没有多大意味，杨曼青先生谓哑铃，莫若亚铃，为东亚之铃，意味深长，似比哑铃范围大点。既蒙朋友指正，那就将哑字，改作亚字，以后就用这个亚铃二字为别号了。”①

据现有资料，哑铃自1913年至1931年，近20年间在北京小报共发表31篇作品，其中以《康小八》影响最大，曾出版单行本（见北京小报小说第三章第一节）。

哑铃所作多为公案折狱小说，如《元宵案》叙有张福泉者，爱吃元宵，去亲属家吃酒又想起这个茬来。邻居有个苏大姑娘，热心人也，听说张福泉要吃元宵，说正好别人送来30个，就给你15个，不想张福泉吃下便身亡。

这显系苏大姑娘投毒了，然此元宵亦非苏大姑娘所有，乃一不相

① 亚铃：《何喜珠》，《爱国白话报》1921年3月6日。

识驴夫，称受刘万才所托送到苏大姑娘处，刘万才乃苏大姑娘表兄。苏大姑娘遂成嫌犯，恰在这时分居已久的苏大姑娘弟弟苏斌，返家省亲，或疑元宵出诸其手，意欲加害不相和睦的姐姐苏大姑娘，苏斌亦系狱。后迭经审问，终因证据不足，判定此案暂告悬疑，俟侦查有确实证据，再行起诉。

然按文中所述，所谓不相识之驴夫，始终不在嫌犯之列，亦未有交代，于文于理皆有罅漏。公案小说皆有案底，如谜语之谜底。此篇则无底可揭，且文中所述诉讼程序颇繁，作者之目的是欲借此案说明民国以来"司法独立自比专制时代不同。若在前清时代，传至刑部，五刑交加，未尝不能讯出真凭实据来，然亦有受刑不过，因而诬服者"①。

《张黑虎》叙光绪年间，安徽凤阳府太守赵舒翘，判案有如神助，能制五毒之蛇蝎，起九幽之冤狱，似包公再世。

安徽凤阳米家村米德成，娶大竹村潘燕儿为妻，迎亲之日，新人甫下轿，突出利刃，将米德成老父刺死，新人自杀未死。然杀人之新娘并不是潘燕儿，案子十分蹊跷。

却说米家村有个何腾蛟者，妻子何佩贞，颇有姿色。某日为本地土棍张黑虎窥见，遂起觊觎之心，欲占为己室。佩贞被逼无奈，以必死之志，诈允之。张黑虎迎娶之时，佩贞怀剪前往，欲刺死张黑虎。可是造化弄人，轿至途中，突遇大雨，大家躲至清凉大佛庵内，恰好同日遣嫁的大竹村潘燕儿花轿，亦来此避雨。雨停，忽闻枪声，慌乱之中，二新人上错轿，佩贞被送至米德成家，佩贞一下轿，见有人前迎，以为必是张黑虎无疑，出剪刺死，谁想却是米德成老父。

而潘燕儿被抬至张黑虎家，张黑虎见错就错，欲逼奸之，潘燕儿不从，张黑虎便将潘燕儿卖至花船上，后遇忠仆王忠，将燕儿救出。潘燕儿官府申冤，不虞，有林知县者，得张黑虎一万两银子贿款，不理此案。终赖赵太守和汪知县清明，冤始得白。一番生死之后，米德成与潘燕儿终成眷属，何佩贞夫妻破镜重圆，张黑虎斩首伏其辜。

哑铃之公案小说，皆以古折狱小说笔法，写今日之实事案件。北

---

① 亚铃：《元宵案》，《爱国白话报》1914 年 3 月 16 日。

京小报此类作品颇多，许多案件初经小报报道，轰动一时，小说接演，顺势以收舆情，一事两用，一举两得。

二、辽隐

辽隐，管翼贤《北京报纸小史》载云："黄辽隐，本名叔卿。奉天人，故后遗妻及子女一个人，死无棺衾，亦经管翼贤、戴兰生诸氏出资埋葬之。""黄佛舞，笔名辽隐，曾在北京、天津各报小说编辑，著作甚多。"① 余不详。

1. 公案及武侠小说

辽隐为著名小报小说家，今能检索到的有48篇，然多残缺，少完璧。所作十九公案，其中有郭公折狱《醋西施》和《九人画》2篇。文称郭公名郭君实，乃作者之友人，郭公"在孙传芳五省联军总司令时代，曾任安徽知事多年，因为他是一个作小说的出身，对于民隐极想发扬，他自己常说那腐败的话，道是穷死不要钱，急死不冤命。既有这个怀抱，自然名声很好了。他所治过的县份，老百姓有口皆碑，甚至临走之时，道途之上男女杂沓，人山人海，伏地哭留。老百姓哭，郭君实亦哭，结果留帽留鞋，挂在城门上，表示永不敢忘，还有主张立生祠的，丁是也足见郭君是一位好官了。孙传芳失败，郭君亦联带下了台，我们见面之后，问他何以这么大的本事，这个年月的人心，大非昔比，居然能有这样好结果，岂不是太难得了，到底是什么法子，请道其详。郭君笑道：无他，穷死不要钱，急死不冤命而已。凡是临民之官，果能把十个字印入脑筋，包管能博得好官的名声。但有一节，下台之后，依然两袖清风，可以说是一个铜子的宦囊没有，现在又和某书局订约，给人家做稿子，对付着谋生呢。说来未免令人伤心，这

① 管翼贤：《北京报纸小史》，见杨光辉等编：《中国近代报刊发展概况》，北京：新华出版社，1986年，第427页，第429页。

话不说，只说他在任所之时，经过的新奇案子，不一而足，暇时我们便谈案解颐。”①

《醋西施》叙安徽宿迁县大源酒醋店，老板邬阿善，人称邬大源，原配亡故，续弦康爱姐，人称醋西施。本县书生宋师尧，佻达无行，倾慕爱姐，曾扬言不娶，爱姐嫁后，宋师尧颇有不忿之词，玩笑间曾有邬大源死，方得爱姐之类言谈。孰料，邬大源在收账回途中被杀，钱财被劫，爱姐被疑杀夫，宋师尧因其言论，与李协台等亦被于知事下令抓捕。

迨郭君实上任，知案另有隐情，于是假令判宋师尧有罪，爱姐任人呈领为妻。有卖豆腐的苗起端，递呈愿领爱姐为妻，作案者即其人也。又从其住处起获烟袋等赃证，苗起端抵命，康爱姐、宋师尧和李协台等无罪释放，宋师尧与康爱姐终成眷属。

《九人画》亦郭公折狱故事，作者称：

友人郭君治宿迁县一年有余，经手所办的奇案极夥，尤以九人画一案情节新颖，若非郭君事事留心，此案万难破获。郭君本是新闻界的人，做了县官之后，决不端那县太爷的臭架子。每日按时办公，公事已毕，也许和同人研究县务，也许微服而出，亲往各处访查民情。按着新闻记者访事的办法，在那茶馆酒肆以及乡村市镇随便与你闲谈，人民既不知他是县官，自然无所避忌，坐在一起纵口大谈，因而颇得民隐。②

文叙郭公每次微服出访，每见一童子，年约十二三岁，立于墙根，手中拿着一卷白纸，为画共5段，绘9人。后经询得知，此童子名俞大柱，住西城流水堡。其父俞耀西，母梅氏。俞耀西结交一军界朋友侯二刚，连长之职，其兄大刚任旅长。侯二刚觊觎梅氏，为俞耀西痛斥，侯二刚则借县中劫案攀污俞耀西入狱，以图梅氏。为救丈夫，梅氏委身侯二刚，侯二刚应允其救夫之请，暗地却促其夫速死，以独占梅氏，俞耀西终被枪毙。丈夫死后，梅氏将侯二刚逐离身畔，然侯二刚仍来纠缠。文残至此，意者郭公为梅氏白冤者必也。

① 辽隐：《醋西施》，《实事白话报》1930年8月11日。
② 辽隐：《九人画》，《实事白话报》1930年10月28日。

郭公破案故事，仅存此2篇，未见有他作，不知有幸成系列小说如包公案者否？2篇皆脱胎于公案小说，尚不具侦探小说之科学推理，设使孙了红、程小青书中的鲁平、霍桑，遇辽隐笔下之郭公，不知郭公视霍桑为洋鬼子，还是霍桑目郭公为土老帽？

武侠小说《洪三点》，演洪三点除暴安良事，他每于行侠处辄书“我便是”三字，下涂三点血，其形如品字，又像十七帖的下字，大家遂称洪三点，东三省官员皆惧之。平素深自韬晦，隐居奉天安东县所属上祥镇内为绅士，所谓“事了拂衣去，深藏身与名”也。

《红叶谷》，亦为侠义小说，写官逼民反，绿林英雄戈飞霞替天行道事。有戈飞霞者，亦士子，后家败落，投著名的帮头吴枫客麾下，吴枫客尽传其绝技并招为女婿，戈飞霞接任为山大王，啸聚红叶谷。黑龙江巡抚贺秘君草菅人命，受贿包庇，民怨沸腾。贺秘君奉召赴京途中路出红叶谷，为戈飞霞劫获，戈飞霞杀贪官朗德仁，削贺秘君鼻，又施展剑侠飞行本领，入宫递书，进承御览，所言贺秘君种种不法皆不虚，龙颜大怒，贺秘君伏法。

2.《化杜鹃》

辽隐作有《化杜鹃》一篇，文揭革命秘幕，直刺当政要人，与北伐革命铁血小说大异其趣。

文叙四川西充县方寿镇乔庚，与同窗郑雪芝结缡，适逢北伐军兴，乔庚奔赴江西，投身北伐革命。因其非军人出身，只能在后方做管理战俘的工作，其妻郑雪芝后亦携子追随丈夫至江西，组织妇女看护伤兵。后乔庚终如愿效命疆场，前线负伤而归。

国民革命定鼎南京，乔庚因不是军人出身，无从安置，滞留南京，谋不到官职，仅靠家中接济。后去北平，希冀官场旧友之照拂，谋得一官半职。孰料，一无结果，抑郁失望，夫妻勃豀，家用日绌，车夫牛二又吵闹索取工钱。至此，乔庚夫妻始悔其革命经历，贫病交加，失望至极，溺毙儿女，夫妻亦自杀于旧京崇文门外枣秸胡同西充乔寓。留题壁诗一首曰：

今日号啼难解决，将来金紫等浮萍。

雄心碧血于斯尽，儿女夫妻化杜鹃。

以言情论之，乔庚、郑雪芝二人，一双革命爱侣，两个苦命鸳鸯，情真志坚，至死不渝，然青春热血，徒化鹃血啼痕，凄婉动人。

以革命故事言之，乔庚、郑雪芝二人，追随革命，鞍前马后，虽无功，亦不曾有过，本欲献身革命，以政府为生，可最后落得身死他乡。古有狡兔死，走狗烹之殷鉴，今有儿女夫妻化杜鹃之血证，古今同慨，可胜叹哉！

然作者犹有未尽之言，古来小说，皆以叙炎凉冷热起，叹人生命运终，一起一落，始告完篇。此篇则于冷热命运之余，起落完篇之时，忽作变徵之声，倒转笔锋，冲出文外，痛斥当政，直指其名。文云：

我们虽是投军，因为不是黄埔学校出身，所以不能优待，既然想出来做官，若不拿钱运动，那怎么能得到手。①原来南京政府这些阔老官，口中说的话都好像是戏台上的戏词，至于他们的行为如何，与他所说的话，不但不相干，并且他们近来的行为比较从先北政府尤为黑暗。每用一个人，不是姑爷，便是舅爷……若不是有亲戚瓜葛的，那么只有拿钱买官，某官是多少钱，他们都定的有价目表，任你是谁，自要有钱便可作官，也不管你有什么功勋，没有钱依然置诸闲散。政府坏到这样，可以说是古今中外，第一个买卖政府了。②

到了如今，蒋氏的专制比军阀犹甚，他是怎样欺压百姓？怎样引用私人？怎样媚外？怎样聚敛……③

作者将小说当作檄文，把叙事之语变为愤激之词，大事声讨，以致于直刺当政蒋介石，可谓之政治小说，当局目之为反革命小说亦不为过。

三、浮鸥

浮鸥，生平不详，自 1922 至 1936 年，共在小报刊载 35 篇小说。

---

① 辽隐：《化杜鹃》，《实事白话报》1930 年 8 月 8 日。
② 辽隐：《化杜鹃》，《实事白话报》1930 年 8 月 6 日。
③ 辽隐：《化杜鹃》，《实事白话报》1930 年 8 月 9 日。

1. 自由婚姻小说

北京小报十分关注自由话题，即自由交际、自由婚姻。浮鸥有数篇专以此立题。明清以来之作品力倡婚姻自由，上海小报视借小房子、轧姘头为寻常之事。而北京小报尚对此议论未定。浮鸥对自由、摩登持论甚谨，看似中庸，实则守旧。其自释自由云：

自从自由的名词时兴以来，很有许多的事物，都要冠以自由二字。譬如党派之中，都名自由党者。婚姻之中，有名自由婚者，其余如自由船、自由车、自由床、自由椅，这宗名词很多，作者见闻不广，未能一一记述，甚至上海的地方黄浦滩，因为是五方杂处，中外同居，风土人情，不免更尚自由，于是把黄浦滩呼之为自由滩。大家这样的定名，其间的用意也不过是表示文明而已。①

就此议论看，他并不反对自由。然持物唯求新，人唯求旧观点，一提自由婚姻，便有不同看法，诗曰：

沾染欧风美雨，婚姻都讲自由。
不然男女两愁，眼看皮抽肉瘦。
父母初闻否认，继而颇引为忧。
无他权且允儿谋，与尔终身撮就。
假若彼才我貌，说来倒可营求。
谁知恋爱些时休，闹得鸡争鹅斗。
排却糟糠古教，何能燕侣莺俦。
十年梦醒泪双流，旧室反成新构。②

此为《自由岸》引首诗。《自由岸》写史勿悔看到《自由报》上登载春华女士演说《我的婚姻主张》，主张人尽我夫，随便恋爱，非要达到极快乐的目的，下面有秦爱莲征婚广告，史勿悔本已娶妻唐氏，放着好好的媳妇不要，抛在娘家，停妻又娶妻，去寻征婚的秦爱莲。秦爱莲向其提出十项自由为结婚条件，包括吃穿自由、交友自由、游戏自由。即此可知，秦爱莲乃假借自由恋爱之名，行骗人之实。秦爱

① 浮鸥：《自由岸》，《小公报》1923年8月5日。
② 浮鸥：《自由岸》，《小公报》1923年8月5日。

莲与史勿悔同走上海，骗光其钱财而弃之。

作者认为："专制婚姻自然不好了，自由婚姻也不见得都圆满。"《三角血》叙女学生真静梅，校花也，性喜浪漫，可谓是新人矣。然而其行却不可取，她与刘荀士、阮如咸二男生善，后嫁刘荀士，却与阮如咸私通，又毒死刘荀士，与阮如咸同居。

《侬之泪》写徐茜文受胡不然小姐蛊惑婚姻自主，以致与父对簿公堂。茜文要求解除父母包办婚姻及赡养费用，此皆新道德之流毒也。而旧道德仍有其用处，浮鸥主张参伍用之，他说："旧道德完全推翻，新道德尚未规定，在这个新旧交换的时代，社会没有一定的准风俗，人民没有一定的准习惯，所谓公说公有理，婆说婆有理。主张保存国风的，当然不以新的为然，主张提倡新风的，当然不以旧的为然，聚讼纷纭，莫衷一是。其实各有各的好处，决不能一笔抹杀，新的固可强国，旧的亦不见得弱国。"①如《自由岸》史勿悔虽移情别恋，其妻唐氏始终不弃。后父母设计，重为史勿悔娶妻，新婚之夜，新娘乃旧人，实即唐氏也。至此史勿悔亦醒悟，夫妻重归于好。

再如，《鸡魔》写彭家驹娶妻佩琳，却在外姘妓女苏老二，又疯魔饭馆女招待王小燕。后遇小学教员李红庄，家驹与之同居，然红庄不安于室，唆使情人暴打家驹，后家驹得下瘘之症，红庄弃之不顾。家驹落魄回家，发妻佩琳不弃，善遇之，未因其荒唐而稍减夫妻之情。

此两篇皆有夫妻重归于好之关目，虽不出浪子回头之局，然作者之用意，乃欲重振旧道德，以救新道德之失，故此谱出了新破镜重圆故事。

2.《张寡妇》

《张寡妇》为实事小说，以豫西女匪张寡妇事迹，据实演为小说，文颇长，并附有张贺氏小影。张贺氏造反亦曾轰动一时，以其事撰为小说的仅此一篇，尚未见有他作。

书叙河南洛宁墙头村村民张树斗，娶妻张贺氏。后丈夫早死，公

---

① 浮鸥：《三角血》，《实事白话报》1936 年 5 月 11 日。

公被匪打死，婆婆喝大烟身亡，遂与夫弟树奎分爨。张寡妇家有田数百亩，一生吃着不尽，只因夫弟不良，勾结匪人，为争财产而将其儿子打死，并把三房媳妇卖了。张寡妇为复仇，遂将地亩卖去，买了数百杆枪，从此驾杆，招兵买马，占山为王，后势力愈发壮大，计有步枪 3000 支，欲联合各杆编为二三师之众。豫陕晋边区绥靖督办刘镇华，委刘茂恩军长派阮勋副师长前去剿匪，匪首张寡妇被获伏法。

作者云：

友人罗君为洛阳名士，最近寄一信来，重重包裹，颇似重要。拆而阅之，亦知为张寡妇之略历，及其驾杆凶狠各情形，并其素日之种种计划，虽属万恶，罪不容诛，然而细阅其经过，亦觉盗亦有道，嘱予著为说部，以儆不法之人。噫嘻，叱咤风云之女匪首，其罪固有应得，而其背景亦颇似痛苦，此真乱世之悲剧。①

张寡妇家有田数百亩，一生吃着不尽，只因夫弟不良，勾结匪人，为争财产而将其儿子打死，从此一怒上马，也去为匪，然而确有惨痛背景。足见乱世想过太平日子，有时也不容易啊。②

作者对张寡妇，既恶其行，而又悯其世，悯其世，而原其心，原其心，而赞其业，云："一个庄家农妇，居然作了山大王，叱咤一时，也可以自豪了。"③

《人之劫》写陕西大荔县连芳镇，兵乱饥荒，哀鸿遍野，以致人吃人。面此之惨状，作者不由得将笔锋直刺当政。云：

前几天报上登载，蒋介石的夫人宋美龄，作了一件衣裳，便是四十万。为着修饰起见，还在法国请了一个专人（见前数日本版及各报）。又据朱子桥先生说，每三元钱，便可救活一个灾民。如此看来，蒋太太的一件衣裳，便可活陕西三十多万。贫富苦乐，何等的悬殊。想蒋介石是国府主席，又是革命有功勋的人，固然应当这么豪富了。然而我们小民空作了一个口头上的主人翁，不必说没开过这个眼，简直连饭都奔不上了，假使大多数的人民都穷得吃不上饭，只剩下这少数的大伟

① 浮鸥：《张寡妇》，《实事白话报》1931 年 8 月 6 日。
② 浮鸥：《张寡妇》，《实事白话报》1931 年 5 月 25 日。
③ 浮鸥：《张寡妇》，《实事白话报》1932 年 5 月 25 日。

人如此之阔，我想也没有什么意思。①

文中直呼蒋氏和夫人大名，不稍假辞色。虽仅寥寥数语，却点染成了一篇新“朱门酒肉臭，路有冻死骨”故事。

《狗报》写天津有一西洋人，名福赖姆，富商也，一子阿谋格，一女阿兰司，豢一犬，名牲乃。阿谋格觊觎父财，图谋行窃，为牲乃啮阻，阿谋格愤恨入骨，活埋牲乃甫毕，与未婚妻酒后驾车疾驰，但见牲乃绕于车前不去，车失控坠河，二人双亡。小说情节奇特，寓循环报应之理。

《三官保》写三官保者，北京一混混也，虐待父母，休弃原配，奸占人妻。有郑瘤子者，名为小买卖人，实则侠盗，古道热肠，行侠仗义，出手惩治三官保。作者未写其飞剑取人头，而是把他写成一个老赶，质朴可喜。此老赶，在人家跑马场骏马飞驰之际，策驴于赛道，人见皆笑翻。然此老赶却以其蹇驴，掀翻了三官保良驹，痛殴三官保。

四、鸟迷

鸟迷，不详其姓氏生平。北京小报共载其 4 篇作品，数虽不多，足堪称述。

《普大妞儿》写京城太监，以太监为题之小说本少见，且此篇完整无损，其中写太监之帷薄秘辛，闻所未闻。

北京某大杂院，住着方老爷与方太太，方老爷是太监，邻居姑娘大妞常出于方家，见方老爷家豢狗数条，且疼爱有加，怪形怪状，殊为不解。如，方太太家人狗同碗，狗用舌头舔完，人接着用。“大妞道：‘呦，还用舌头舔呢？这不是你们吃饭的饭碗吗？那狗多脏呀！回头可怎么盛饭。’方太太瞪了她一眼道：‘这怕什么，用舌头舔了，还省得我洗碗。’大妞儿用手堵着嘴笑道：‘您真不怕脏，狗舌头，什么地方没舔过，回头盛饭盛菜，吃着才香呢。’几句话说得方老爷脸

① 浮鸥：《人之劫》，《实事白话报》1930 年 6 月 13 日。

上通红，方太太便追过去要撕她的嘴巴。”①

大妞与方太太是一墙之隔的邻居，昨宵听见方太太说被狗咬伤，“听滋啦的一声，仿佛咬得挺厉害似的。”大妞大早就过去问候，可是见方太太手上连一个牙印都没有，怪问方太太，方太太否认。大妞说：“您忘了吧，我躺在炕上听得真着哪，您跟花妞闹着玩，不是还咬了您一口吗？方太太听了这话，脸上便涨得通红。”②又一日，邻居德韵如听见方老爷房中“方老爷仿佛说梦话，方太太也仿佛跟人说话似的，被窝里的狗，吧唧吧唧，吧唧吧唧，仿佛吃什么东西”③。

狗之为用大矣，既可娱人之乐，又可代人之劳，尤足补方老爷之缺，而供方太太驱使。

文中方太太又说：“你逛过景山后头没有，景山后头不就是后门吗，紧挨着后门全住着老爷，等到太阳一落，你看吧，一个一个老爷，手里全拿着鞭子，全带着一群狗，什么样儿、什么颜色的都有，那才好玩呢。”④

据此而言，太监家家养狗，已成风气。太监豢犬备特殊用途，于史不知是否有征，金受申曾有文记载太监轶闻，但未言及狗，如鸟迷此说确凿，倒可补史之阙如，为太监立传矣。

《浪里浮花》写军阀淫虐舞女之艳闻，而以侠客惩凶救美穿插之。

书叙北京远东舞厅红舞女吕惜玉，家道中落，无奈供人搂抱。惜玉与谭子光相恋，然惜玉父却将其嫁给人称老金的金司令。入金府，惜玉受虐殆死，被弃置医院不顾。后惜玉病苏，遂在医院为护士，不料为老金所闻，重又将其捉回。

有山东侠客飞燕子刘二官者，本名孔敬夫。飞檐走壁，手使盘龙宝剑，像自来水笔一样地小巧，削铁如泥，山东土匪闻之丧胆。某日，下榻北京旅馆，闻听谭子光述惜玉事，甚不平，出手相助，赠惜玉宝剑，以之刺死老金，逃往东交民巷躲藏，后又逃到刘二官家乡雄黄村

① 鸟迷：《普大妞儿》，《实报》1930 年 5 月 7 日。
② 鸟迷：《普大妞儿》，《实报》1930 年 5 月 1 日。
③ 鸟迷：《普大妞儿》，《实报》1930 年 5 月 15 日。
④ 鸟迷：《普大妞儿》，《实报》1930 年 5 月 3 日。

儒林镇。孰料，为盘踞卧虎山的匪首潘子章掳去，谭子光与刘二官复又寻迹追踪。

其写飞燕子刘二官，称其能飞檐走壁，从100多尺高的大楼跳下去，落地连一点声音都没有，还有一种特别本领，化妆术出神入化，尤其是其所使的一口宝剑，更为神奇。文道：

敌夫便气得伸手往袖桶里一抽，抽出一根像自来水笔那么一件东西，约莫有七八寸长，比一个手指头大不了多少。手拿的地方，像是象牙制的一个柄儿，牙黄色，上半截却是套的有个皮套，皮套漆黑漆黑的，望上去很精致、很轻巧，却看不出是一种什么东西。

敌夫拿在手里，用两只手一搬，登时寒光一闪，冷气逼人，却原来是一口宝剑。宽窄比一个手指头宽不了一二分，刀刃却是一片极薄、极薄的薄片，能够卷起来，卷起来只有五六寸长，抽出来，展开却有一尺还不止。敌夫指着这口宝剑，把眼睛一瞪道："看见了没有，这是什么东西，这叫做盘龙宝剑，削铁如泥，杀人不见血，你不要小看了它，我就专指着它打抱不平，可惜它不会说话，它要会说话，就可以告诉你，贪官污吏、土豪劣绅、奸夫淫妇，死在它手里有多少。"①

剑之小者，自唐传奇以来就有其说，如《聂隐娘》之三寸宝剑，可藏在后脑中，其余柳叶、牛角、弯月不一而足。此文中之自来水笔，亦小巧之一种，置于袖中，无须开后脑矣。文中又说剑可卷，即化作绕指柔之意，平江不肖生曾写一种缅刀，可作裤带系在腰间。

作者以侠客身段写刘二官，但碍于小说为言情之体，未曾大事铺张，虽仅数笔点染，已足惊人，皆因其一身正气使然。其自来水笔，虽不能当军阀枪弹之万一，然其侠义精神却不可掩也。

《姊妹卖血记》写北京洋人医院之黑幕，以此为题，确属稀见之作。书叙未言明国籍之羊毛大王，羊毛大王家族罹患遗传疾病，致病之由是源自亚洲的病菌，故无法在美国追究病原。羊毛大王遂出资，资助德维斯来中国开办医院。德维斯本是学政治经济学改行习医，获医学博士，作了羊毛大王的卫生顾问。羊毛大王的目的，是要把中国

① 鸟迷：《浪里浮花》，《实报》1931年11月9日。

人当做试验品，以推究病原，只要病原找出来，就达到目的，至于医院将来办得怎么样，是赚钱，是赔本，他就一概不管了。德维斯到中国后开立医院大肆倒卖人体器官和血液。惜文残缺不全。

五、陈慎言

陈慎言（1887—1957），福建闽侯人，曾在北京等地从事编辑和写作。陈氏为大报大刊作家，与小报无甚渊源，只《实报》上刊载7篇作品，他善作旧京秘辛、军阀秽史，小报中7篇小说，除2篇残损外，有3篇写军阀淫恶史。

《古城新史》写北京姑娘玉涛。某日玉涛与姑母游公园，路遇王师长，仅一面之照，未通一言，王师长即追踪玉涛住处，威逼之下，将玉涛赚入府中。某日王师长与玉涛路遇贝府四老太太带着七嫂子，王师长又逼玉涛邀贝府七嫂子出来交际。

除此之外，王师长从文魁家所悬照片中见希七爷的福晋，又逼玉涛赚其入府。王师长如此疯狂追求女性，所为不是自己，是为讨好一位年轻的王姓军团长，供其淫乐。然小说只存上集，无下集，究不知有多少清白女子被王师长赚入府中，而王军团长又不知如何淫恶。

《嬖人别传》叙张金福妻子张太太，时髦漂亮，出外交际，经柳三太太介绍，与金将军姘居。靠着自己太太与金将军之交厚，虽戴了顶绿帽子，但金福却得到卫队旅旅长的军职。后太太与金将军之私情为金福所闻，金福不念旧情，亦不思卫队旅长如何得来，令其马弁王明将张太太带出枪毙，王明私释之。

女人多是红颜薄命不祥身，方离虎穴，又入狼窝，张太太又成为古将军之玩物。某日金福在古将军处，巧遇“被枪毙”的妻子，金福诧为见鬼，金福逼问王明，王明知事泄，惧祸逃走。张太太为避金福躲至天津，辗转逃至东北，沦落烟花，结识董团长。恰巧王明亦投奔董团长，与张太太重逢，二人一起潜逃，不意王明病故。

张太太先后与金将军手下张筱卿张处长、黄师长黄景熙、古军长、金将军、董团长姘识，皆大小军阀。张太太自叹："自认命薄，三番五次，都是碰着这种不讲理的武夫，还有什么可说。"①

《天府哀鸿》，天府，不知何指。文叙黄校长黄季侯，为讨好李督理花钱买穷苦人家女娃子供其淫乐，初次所献女娃子，不知如何就死在李府。李督理也不作解释，只说在房间里用枪打老鼠了，打老鼠为什么将人打死，亦一笔糊涂账。一次未得宠，黄校长再献女子萃青，李督理娶为新太太。黄校长通过萃青买土捐肥缺。黄校长、萃青与李府八太太、十太太一起假公署名卖缺。事为李督理所闻。殴伤萃青，后萃青又为十太太毒死，黄校长所献第二个女子亦命丧李府。

八太太和十太太卖缺之事败露出走，被抓回。李督理又发现十太太与李副官有私情，遂将二人残忍杀死。李副官是两手两足钉在墙上，十太太更惨，头上钉了一条长铁钉，一直从嘴里透出。

黄校长卖缺所得钱款被李督理追缴，又逼迫其出30万方可了事。黄校长故技重施，又在女人身上动脑筋，不过手下已无女将可遣。无奈派自己太太到李督理处疏通，黄太太被留在府中陪督理，方将黄校长放出。此计既售，黄校长又派黄太太去李督理处交际，活动土捐一缺。孰料，因与七太太同争此官，被七太太用枪打死，黄校长安葬黄太太，避祸乡间到彭县。

军阀之淫恶凶残，令人发指，施用暴行是其看家本领。《天府哀鸿》写李督理拷打萃青道：

李督理责问萃青："你的亲戚胆真大，为何借我的名义在外面卖缺。"说时，便是一腿，踢在萃青腰上，萃青不留神，猛中一腿，跌倒在地。李督理喝道："你快说来，你和他如何勾结，干出这事。"萃青道："我没有，我实在不知道。"李督理恶狠狠站了起来，在萃青身上连踢两腿。

李督理说着向四下一看，找不出一个棍子，一时兴起，将身旁摆的一张茶几，一腿踢坏，把茶几一只木脚，拆了下来，当做棒子。②

---

① 陈慎言：《夔人别传》，《实报》1936年7月2日。
② 陈慎言：《夔人别传》，《实报》1937年12月14日。

在苹青身上一阵乱打，苹青鬼哭狼嚎，惨叫起来。李督理把手中一根棒子打折了，才扔在地下道："好，留你再活半天，你再不说，把你枪毙了。"①

近代小说写军阀秽史，常以弱女子陷武夫彀中为离合之线，婴婉遇秽亵，葳蕤遭暴虐，以写军阀之淫恶，一者以形红颜薄命之可怜可叹，博读者同情之泪。一者状军阀之可憎可恶，以应社会之共愤。以此构局者，近代小说颇多，将军或与红伶、或与明星、或与女学生结孽缘，如《啼笑因缘》《秋海棠》等皆是也。

六、李薰风

李薰风，生平不甚详，仅知其曾为天津《庸报》的专栏作家，著述颇丰，今日旧书网上稍一搜索即能检索到其作品，如《北国春秋》《再生曲》《比翼双飞》《歌声泪痕》《桃李门墙》《北平小姐》《北京明星》《北国春秋》《雨下荷残》《野蔷薇》等。这些书售价从几百到上千，价值不菲，残破旧作，反因时日而愈焕其精光也，尽为书贾居为奇货。

李薰风为大报大刊作家，小报中仅于《实报》见其作品 8 篇，8 篇作品皆以旧京遗闻为内容。如《女科员》开篇即谈到老北京的一个典故，叫做"东富西贵"，他说："'东富西贵'这是一个成语，在北平社会上流行，可说是历有年所了。这成语的意义，解释起来，并不深奥。因为北平是几百年帝王建都的所在，所有明清两朝的王公巨第，多是建筑在西半城。那时候，养鱼玩鸟、赏花看戏，鉴藏古玩、怡情声色，只有这一班老爷子最出风头。又都是皇亲国舅，近派亲支，在皇上面前，可以说一不二。所以'西贵'二字，即是由此而来，解作西城多权贵之意。

"至于东城，虽然王公府第，不如西城的那样多，贵字上谈不到，可是什么仓、什么库，尽在那东半城。东城的富户，也很多在什么仓、

① 陈慎言：《燮人别传》，《实报》1937 年 12 月 15 日。

什么库上当差的。这些仓库，尽是国家的总命脉，又都不免百弊丛生，金银米粮，随乎调动，经管其事的大小官员，往往咄嗟之间，立成巨富。唯其如此，东半城的人家，贵字提不到话下，富字却可当之无愧。年头一多，‘东富’二字，居然并驾齐驱，和‘西贵’同样地叫得响了。”①

北京小说常谈清宫秘闻、遗老遗少、王爷名伶之逸闻轶事，而“东富西贵”则少有人道及。“东富西贵”，仅是上联，其下联是“南贫北贱”，还有一句说“东城富西城阔，崇文穷宣武破”，这说的已经是清末民初的情形。而到了民国初年，旋转乾坤，“东富西贵”变成了“东贵西富”，因为这时许多达官新贵住在了东城，如段祺瑞、徐世昌、顾维钧的宅邸都在东城，故改变了“东富西贵”之说。

《女科员》叙民国北平，有海伯泉者，出身没落旗人家庭，祝芳华是北平中学的一朵校花，画报曾登过她的相片。某机关招考办事员，海伯泉与祝芳华同时报考，恰巧在同一考场应试，二人互递纸条，伯泉写国文，芳华写英文，得以完卷。试后，许多大学毕业生弃录，而仅高中毕业的祝芳华被招入，海伯泉亦名落孙山。芳华就职后，汲引海伯泉进局办事，海伯泉为芳华补习国文。

《地狱天堂》写乡居海甸倭瓜村的魏氏父女。魏德顺与魏秀珍，因避战乱进京，秀珍入郭府为女仆，魏德顺入玉府为男佣。后因玉府少爷倒卖家中古董，魏德顺得贿私放出宅入狱。

初，郭府少爷郭振京纠缠秀珍，追父入狱，秀珍为救父，委身郭振京，后为郭少奶奶侦知，入室殴打秀珍，致其流产。秀珍与父回乡村居，当年乡居时，秀珍与郭家海两小无猜，早萌爱意，迨郭家海从南京回乡寻找秀珍，欲圆其姻缘时，则已不见其踪迹。

《北京明星》一篇，尽收旧京时尚风流人物，名媛、阔少、照相师、看护妇、将军子、外国舞女、文明戏子、火奴鲁鲁艳星，皆汇集拢来。文从北京饭店的舞会写起：

什么时候明星出现的最多？什么地方明星密集出现？那么要算是礼

① 李薰风：《女科员》，《实报》1937年1月4日。

拜六、礼拜两天，和北国饭店、北海公园、中央公园、平安、真光等电影院、长安各戏园了。这几个地方，北国饭店尤为中外参杂，星光闪闪、密布集中之地，因为北国饭店靠了跳舞的帮助，不管是礼拜六、礼拜。最热闹完全是在晚上，晚上的后半夜。那时候，北京的北海、中央各公园，夜深人去，10点钟后，无不关门送客。电影院、戏园曲终客散，也到终场的辰光了。这些位游人观众之间的所谓明星们，午夜之后，游兴尚有不尽，但是又苦于三更四鼓，无一适宜之所足以排愁遣兴。彻夜不眠，追欢取乐，怎么样？思索的终了，殊途同归，不谋而合，大家乃多以北国饭店跳舞为看戏、观影、逛公园之余兴，男男女女差不多以跳舞厅为唯一最后的归宿，故此北国饭店的热闹是通宵达旦、车马不绝。越是礼拜六、礼拜，夜半12点钟过来，才仿佛越来得起劲，喜欢跳舞而来的各界明星们联袂莅止。不用提如何的风光，如何的热闹，便是那北国饭店，拖着明星洋车，开着明星汽车而来的车夫、苦朋友，也各停各处，坐遍门前一片空地。①

莅临舞会的诸明星依次现身：

（1）沈大少，沈丕华。沈军长之子。

（2）钱三小姐，钱秀美。曼美女子中学学生，是交际场中有名有姓的人物。

（3）刘震亚，乃富商之子，泰山为银行经理。

（4）名妓白雪老七。

所叙之故事为：某日礼拜六，沈大少慕钱三小姐名，前来参加北国饭店舞会。结识曼美女子中学校高级学院武大兰。此外，沈大少还与白雪老七等周旋。沈大少之外，另有刘震亚追逐钱三小姐。振亚得沈大少之先容，结识钱三小姐，钱三小姐以参加舞会之名向刘震亚商借首饰。以上所叙为名媛阔少故事。

演文明戏的胡人飞，为爱美剧社中坚，擅长表演彩旦角色，以男作女，在戏台上唱文明戏，眼风向台下乱飞，他与沈府姨太太私通，事泄，沈丕华马弁刘大嘴砍死胡人飞。胡人飞妻闻夫死讯，携子三口

① 李薰风：《实报》，《北京明星》1938年10月12—13日。

自杀。沈丕华极力掩盖，外人不悉此案之真相，武大兰为沈大少约到家中书房，血案详情全为武大兰偷听去。以上为文明戏子与军长姨太太。

钱尚孔、施少白两位俱为话剧界老前辈。钱尚孔有干女儿钱菊蓉者。有鲁梦元者亦倾慕钱菊蓉，钱尚孔为之拈酸吃醋。鲁梦元与钱菊蓉比翼飞南京，钱尚孔与施少白二位受钱太太之托，去南京寻其女钱小姐。不虞施少白、钱尚孔、鲁梦元、钱菊蓉 4 人游览玄武湖，落水溺亡。以上是话剧先锋与干女儿。

跳火奴鲁鲁的密昔菲梨雅，丈夫密斯忒菲梨雅，夫妻二人开办研究夏威夷音乐的音乐社。在北京表演草裙舞。音乐社男社员王大卫与菲梨雅有染，王大卫与密斯忒菲梨雅互殴，最后酿成血案。菲梨雅枪杀丈夫后自杀，王大卫溜走。以上为外国艳星与中国小白脸。

钱三小姐捧童伶王小白，为王小白家中筹款填补亏空。然钱三小姐去见王小白时，其师傅挡驾，失望而返，小说至此终篇。此为名媛与优伶。

全文摭拾旧京艳闻成篇，时尚景物如万花筒，炫人眼目。然人物纷纭，线索过繁，呈支离破碎之状，如七宝楼梯拆开不成片段。

七、觉禅

觉禅，生平不详，小报共刊载 5 篇小说，4 篇为武侠。

其中《英雄外传》一篇，合杨露禅、董海川二人于一传，将其事迹演为小说，名之为近代实事武侠说部。杨露禅和董海川皆清末著名拳师，杨露禅传习太极拳，董海川则为八卦拳宗师，声震京城。

作者自述缘起云：“著者写这部《英雄外传》，叙的是两个鼎鼎大名的武术前辈，提起来想读者们也都晓得的。一位是太极门杨露禅，一位是八卦门董海川。这二人在民国纪元前四五十年的时候，北京没有不知道他们二位老人家的。他们二位老前辈事迹甚多，余系听诸友好处所述，并嘱余著出说部。一可借此提倡武术，二可作为茶余酒后之消遣。况在一二月前，本社社长亦曾命余著一近代实事武侠说部。故今以此《英雄外传》，聊以塞责。”①

文演太极门武师杨露禅，收德玉为徒，然德玉非善类，遂逐其出门。露禅同门师弟李德勇有女玉娥，太极功夫高强。父携其比武选婿，德玉戏侮之，为玉娥出手所伤而殒命。

周国兴母女为都司吴良陷害，玉娥杀吴良之妾红玉，削吴良发辫，以示惩戒。后玉娥与马文光比武定情，结为连理，又擒获盗取京城端王手印的凶僧慈仁送官。

八卦门武师董海川徒弟尹福，行侠仗义，擒获假扮怪兽害人的贺二，为民除凶。适逢慈禧、光绪自西安返跸，尹福随驾扈从至京。

杨露禅故事较为完整，述其学艺和行侠经历，及弟子玉娥等故事。董海川残缺，仅及弟子尹福扈从慈禧、光绪事。近代人物中，大刀王五、霍元甲家皆播为说部，家喻户晓，然演述杨露禅、董海川者则不多见。

八、停云

《实报》刊有《龌龊社会》一篇，作者停云，无考。文叙沽上逸事，作者自称据实而书，然不过艳闻逸事而已。

书写天津葛府秽闻。其所叙葛府之事，道破一句，不过帷薄不修，男女私情而已。然作者以小说家数经营之，写来起伏跌宕，委曲婉转、悬念层起，机趣盎然。

话说偌大一个葛府，如正面直书，必致板滞呆笨，作者从一件小小不然之事叙来，此小小之事，就是一个刚进葛府的小小男仆。犹如大观园先从刘姥姥写起一般，遥遥写来，一变板质为深曲邃远。

葛府新来的小男仆叫大锁，由王妈领着去见主人，文云：“只见正对着梯子搁了一张大条儿，条儿上搁了一对大花瓶，当中供了

① 觉禅：《英雄外传》，《实报》1934年1月27日。

三尊瓷佛，条几上面是一张大方桌，挂着桌围，上面隔着香炉、烛台，靠着墙摆了些红木椅子、茶几、书架，上面搁着些古董玩具，房顶上挂着一盏四个头的花电灯，可是只用了当中的一盏，已经够亮的了。”

此乃大厅，葛家虽不如《红楼》贾府之数进宅院，仅一小楼，然楼内却重门叠户，走过大厅，作者逐一介绍葛府人物。

1. 太太

进府第一个见的当然是太太，且看此太太如何？

(大锁) 跟着小王妈又一推开门，进了房间里。这房更精致了，四面的墙是粉红漆的，加上一个粉红的电灯罩子，光虽然不亮，可是非常迷人。靠窗户一张桌子，搁了些化妆品，当中搁了一张白漆小圆桌，围了几把椅儿，靠着墙搁了一张大睡椅，还有两张沙发，靠里面有一张金光灿烂的铜床，床上点了一盏烟灯。对面对躺了一男一女，男的约莫有三十岁左右，一张瘦长脸，两道门鸡眉，一双三角眼，脸上一点肉亦没有，透着青白青白。女的不过二十多岁，打扮得十分时髦，穿着一身黑色滚白边的旗袍子，一只脚趿着一只白底红花的拖鞋，一只脚光穿着粉袜，嘴里叼着烟枪，正在呼呼地抽着，看不清楚眉眼。男的亦正在聚精会神地替女的拨烟，仿佛不知道他们的进来一样……王妈道：“太太，这就是长庆的外甥儿。”大锁就叫了一声太太。

王妈叫了太太，大锁认定必是太太，男必是老爷了，不然如何同床共枕。

这时太太又笑了一下，翻身伏在床上，贱声贱气地问那老爷道：“你看这孩子怎么样？跑上房好不好。”那老爷正烧着烟，两只眼睛看着烟灯，手里不住地滚着签子，冷笑了一声道：“这孩子好福气，又叫你爱上了。”那太太笑着推那人一下道：“你别这个劲儿，你在外头我管过你吗？”男的又冷笑了一笑道：“别说了，前天四姨娘。”太太抢着道“你敢说，你敢说。”那老爷笑着道：“四姨娘叫我买一瓶香水，你就……。”再要往下说，那太太已经下了这边床，扑到那边去，就去捂老爷的嘴，两个人嬉嬉笑笑打成一团。大锁心里想着，真怪了，怎么城里的老爷、太太就不怕人笑了，当着生人就打着玩。[①]

太太与老爷的谈话颇为暧昧，不知其内情如何？

2. 老爷

正在纳闷就听见汽车喇叭在街上响了几声，楼底下有人喊了一声："老爷回来了。"就见老李妈进房来说道："老爷回来了。"那太太登时下了床，往那边床沿上一坐，大锁以为是老爷的那个男子，亦赶紧下了床，连忙穿上袍子，扣上纽子，往圆桌旁边的椅子上一坐，脸上露出一种害怕的样子。大锁心想，感情他不是老爷，那就更糟了。

这时听见一阵脚步的声音，又听见有人一面在说话，只看从外间房进来一个五十多岁的人，大高个，尖脑袋顶，大炸腮，一脸的横肉，肉皮上一层油光，嘴边微微的有几根鼠须，身上无情无理的穿了一下子丝绸，大锁知道，这一定是老爷子了，果然不错，太太站起来，笑着叫了一声"老爷"。那个男子亦站了起来，叫了一声"舅舅"。

原来与太太嬉笑的竟是外甥，其太太与外甥之行迹颇不寻常。

3. 姨太太

接着太太催促小王妈带大锁去见大姨太太。

小王妈快走几步，出了外屋，走过一道长廊，到了一间屋的门外，轻轻地敲了几下，里面一开门……一个半老的女人，大约总有四十多岁了，坐在方桌旁边折锡箔，一个将近五十岁的男子站在旁边，正说着话，看那男子的打扮，至多不过是个当差的，又像一个裁缝，小书桌上坐了一男孩子，在电灯底下用铅笔画哪。王妈带着大锁到那半老女人面前，叫了一声大姨太太，大姨太太才抬起头来，一脸的皱纹，两眼已经洼了下去，头发亦花白了。[②]

葛府怪事多，姨太太倒比太太年齿大，且屋里又有一个男人，行迹亦可疑。

---

① 停云：《醒醒社会》，《实报》1933 年 7 月 16—8 日。
② 停云：《醒醒社会》，《实报》1933 年 7 月 18—21 日。

4. 舅太太

接着去见舅太太。

(大锁跟着王妈) 走过一段游廊，又上了一层小梯子，只见这里又是一所小楼，栏杆门窗一色是白漆的，窗户上挂了白绸子窗户帘儿。进了门一个小甬道，一面墙上是大镜子，一面墙上是一个挂帽子的架子，一个衣服架子，门旁边安了一个自动电话，地下亦铺了毡子，电灯上亦是白绸子的罩子。大锁心里想道："这一定是老爷的书房。"小王妈领着他又进了一个门……大锁偷偷地看时，这舅太太长得非常地好看，天生的、长长的一张小鹅蛋脸，两道细长的眉毛，一双水汪汪的眼睛，脸上一点脂粉没有，天生的、雪白的皮肤，不要说大姨太太比不上她，就说太太亦比她差得多。

且看老爷和舅太太的对话，又颇耐人寻味。

老爷亦往沙发上一坐道："你瞧着他灵巧，就叫他伺候你这里得了。"舅太太看了老爷一眼，笑了一笑，从两个酒窝子当中，露出一片白牙齿，大锁一看，几乎傻了，一辈子亦没瞧见这样好看的人。只听舅太太说道："我不敢添人了，你们家这个夜叉精真利害，你斗得了吗?"老爷道："她得罪别人我不管，得罪你，我揍她。"舅太太又笑了一笑道："得了，别说了，看看表吧，别回去又挨骂去。"老爷道："我不走了，你别打趣我。王妈，你叫她们把烟盘摆上，太太问我，你就说李督办家有电话来找去了，天亮才能回来，你亦带这孩子出去吧，明天派他在哪里，听我的信"……房里传出一阵娇笑的声音，仿佛是舅太太发出来的。[①]

老爷竟宿在舅太太的房间，还竟传出娇笑声，那么老爷和舅太太究竟是怎么一回事？这让懵懂的大锁真是云里雾里。

5. 大太太

葛府太太何其多，那么究竟谁是嫡、谁是庶，谁先、谁后呢？丫鬟春云为大锁指点迷津，她说"你要见太太容易极了，你下了这个楼，穿过那座大楼，到了后院子，那里不是有一排平房吗？你去看去吧，

---

① 停云：《龌龊社会》，《实报》1933 年 7 月 23—24 日。

谁坐在房门口捻棉线，谁就是太太。”

至此葛府之底始泄，文亦豁然开朗。原来葛云峰，本为苦出身，幼拣煤核，发妻是个抢棉花的，即跟在棉花车后拣拾棉花的穷人。葛云峰后做生意，闹义和团那年发了一点外财，开了一班叫卖行，后又开了一家军衣庄，跟着一个什么督军，到外省去做了一任军需处长，当了一回税官，搂了些个造孽的钱。

葛云峰阔了起来，置发妻不顾，冷落在楼后平房中，任其以捻棉花度日，而与舅太太同居。后又娶小太太进门，此小太太本为大小姐同学，小太太进门，将小姐和少爷逐出，发妻待如老妈子，大姨太太打下冷宫，舅太太亦搬出。大姨太太与舅老爷不清不白，舅太太与小杨有情有谊，小太太与外甥少爷以及舅太太一个干哥哥邹鸿祖私通，后小太太离开老葛，老葛与舅太太正式结婚。

小说开首，借大锁写葛府。小竖奴临大宅门，目迷五色，不辨东西，正不知先迈那条腿。见的是太太，可又有大姨太太、舅太太、大太太。将将见到老爷，以为是老爷，结果是外甥。作者欲擒故纵，故布疑云，文情随之倏开倏合，起伏跌宕。

作者白话造诣颇高，语言本色当行，如：

说到天津真是一个好去处，吃的穿的、听的看的、玩的逛的，哪一件不全？好的坏的、穷的富的、贵的贱的，哪一宗没有？真正是三六九等的人生、七八十种的街市，既有晴天三尺土、下雨一锅泥的陋巷，又有平平坦坦、柏油铺的大马路，既有红裤子绿袄、两只小脚满街跑的村姑，又有小身腰、窄袖口、高跟鞋、长旗袍的摩登小姐。①

葛云峰是个开军衣庄的出身，跟着一个什么督军，到外省去做了一任军需处长，当了一回税官，搂了些个不造孽的钱，买了几所火不烧的宅子，娶了三个贼不偷的太太，养了五个雷不劈的儿子。②

此外，就谋篇布局而言，作者善于设局伏线，叙事之外，复能营造惝恍迷离之意境，于小报确为难得之佳作。

---

① 停云：《醒醒社会》，《实报》1933 年 7 月 4—5 日。
② 停云：《醒醒社会》，《实报》1933 年 7 月 8 日。

九、镕百

伪满题材小说，在北京小报难得一见。《实报》刊《傀儡春秋》一篇，连载颇长，作者镕百，不知何人化名。文叙东北抗日及伪满丑史。

篇云：“九一八”事变后，东北三千万同胞受尽暴日和伪国官吏的双重压迫，江山好、冯玉梅、侯国柱、李金榜等绿林好汉，奋起抗日，组织义勇军，请秦天和出山为领袖。秦天和，善剑术，留学东瀛，攻习陆军，回国后在政府军队中供职，是位具文韬武略，力能统治全局的奇人。

秦天和恋人温若璧。若璧为帮助秦天和组织义军，与伪哈尔滨市长鲍观澄交际，并把他色诱至家中，侯国柱、冯玉梅将其劫持，索得二十万元钱款。秦天和组成救国军，任第十陆军总指挥，率部光复宾县。文残至此。

小说亦史亦稗，土肥原贤二、本庄繁皆现身其间，伪满官吏则有鲍观澄和赵欣伯。鲍观澄，江苏镇江人，曾任伪满洲国驻日本代表，伪满洲国哈尔滨特别市市长。赵欣伯，河北宛平人，早年留学日本，是第一个获得日本明治大学法律博士的中国人，曾任日本陆军大学中文教师，因此和日本少壮派军人颇有渊源，后任张学良的法律顾问，“九一八”后，任沈阳市市长，伪满洲国立法院长，因贪污解职。其身后留在东京的巨额遗产，曾引起一场旷日持久的跨国官司。小说则暴其丑史，写二人皆好色之徒，鲍观澄与同父异母妹乱伦，赵欣伯则追求美术学校女学生。

至于秦天和、温若璧则显系虚构，秦天和东瀛游学归来，又擅剑术，即师洋人之长，又得中华侠客之精，殆所谓中西合璧之人才。

至于江山好、冯玉梅、侯国柱、李金榜等江湖英雄，毫无小白龙、张海天等之影踪，于东北抗日史，无可征之处。以此言之，此篇显系案头之作，乃摭拾古之绿林与伪满丑闻缀合而成。然而，作者之爱国之忱，不可忽也，小说多慷慨激扬之辞，其振蒙起愚之意，灼然可见。

十、抱残

《实报》刊有《宦海镜》一篇，作者抱残，演贻谷事迹，以清光绪贻谷案撰为小说者，于小报仅见此一篇，其他报刊书籍未闻有载。作者抱残，不可考。

文叙八国联军进京，两宫西狩，荣禄随扈，用渭南县令范羊充文牍，范羊不堪任用，私走。凑巧这个时候，贻谷赴召前来，荣中堂如获至宝，与其商量义和拳及外国交涉事，引为臂助。贻谷办事勤苦，简放山西臬职，贻谷不就。贻谷兄锦昌，因办奉省东流水垦溺职，充发四川，上谕贻谷办理北口外东西两盟垦务，为其胞兄赎罪。

贻将军赴任途中，接到郡王旗委员公禀，称郡王旗土萨拉齐丹泊尔造反，有焚局霸垦情事。贻谷到任，抓获丹泊尔，丹泊尔不知悔改，贻将军万不得已将他正法。

贻将军所委置备军械的文哲珲，原是绥远旗人中一位佐领，因贪污受贻谷申斥，惧罪而诬告贻谷，秘折由军机处进呈御览，太后动怒，即着大军机鹿传霖前往查办，贻谷解职，绍英接任，荣中堂不念前嫌，范羊开复原官，后得陕臬一缺。范羊结纳鹿中堂。文残。

按贻谷，满洲镶黄旗人，内阁学士。八国联军入京，随扈西安，授兵部左侍郎，后被委为督办蒙旗垦务大臣，赴绥远督办西蒙垦务。曾武力镇压各旗抗垦势力，捕杀了准格尔旗抗垦首领，协理台吉丹丕尔。后为归化城副都统文哲珲参奏，被撤职查办，发配新疆，后改川边，因武昌起义爆发，安置直隶易州。1921 年，北洋政府为其平反，并予褒奖，赐“耆英望重”额匾。1926 年病逝，著有《绥远奏议》《垦务奏议》《蒙垦续供》。书中鹿中堂、绍英、文哲珲，亦皆历史人物。

文中范羊一角，逸于史外，属另行添设者，且着墨不少，作者以拨弄是非小人之笔出之，写其性乖张、擅逢迎。其为荣中堂主文案，见太后治某王爷罪谕旨，而不敢办理，不顾荣中堂之恩宠，弃职责不顾，星夜而逃。

全文据史而述，而以良臣形象写贻谷，其秉性忠良，办事勤苦，功勋卓著，复能诗、通音律，篇中引述其诗词颇多。奈命犯小人，惨遭陷害，而清廷不稍加存恤，令人生兔死狗烹之叹。惜文残缺不全，贻谷民国尚有事迹可记，不知后文是否叙及之。另，文首以说书人讲评贻谷案开篇，亦不知民国是否有贻谷故事流传市井。

十一、孑民

孑民，钟孑民。1939年1月8日《玉壶冰》文末启事云："《玉壶冰》小说著者钟孑民先生，日前因病逝世，小说稿件因而中断，不得已至此结束。"[①]关于钟孑民生平，除此消息外，余皆不详。

共在小报发表6篇小说，其中《白玫瑰》《玉壶冰》二篇为武侠，皆以三皇炮锤名家宋迈伦为题。据其称："说起三皇炮的来源，俗名三皇炮，创始于普照大师，普照为明末时少林寺僧，精通少林拳术，晚岁推阐禅理，发明三皇炮锤拳，命名的意思，是取天地人三皇，怀抱太极，手托日月之像，所以拳套子里，有十字锤一式，为全套六十四式之本，即由怀抱太极之形化出。"[②]

普照之后，传习者为宋迈伦。"清室禁卫军中，有一位弓箭教师宋迈伦先生，秉性祥和，任侠好义，今之河北深县，昔之直隶深州人氏。幼年间曾游泮水，庠序有声，因为十次乡闱，终未名登黄榜，年纪也五旬开外了，便抛弃举子业，在禁卫军中充一员弓箭教师。"[③]

《白玫瑰》写有陈大成、陈二成姐弟二人，其父为山西左云知县，为吴友德陷害致死。不久母亦亡故，姐弟由仆人张福抚养成人，无力复仇，隐名埋姓过活。姐弟二人为宋迈伦收为徒弟，教授武艺。二成夭殇，大成艺成，以"白玫瑰"名。女扮男装，行侠仗义，又与玉姑联手，杀死孙则李、吴友德，大仇得报。

《玉壶冰》叙北京西城区新街口一胡同住户孙希贤，一女冰玉。

---

① 钟孑民：《玉壶冰》文末启事，《实报》1939年1月8日。
② 孑民：《白玫瑰》，《实报》1932年5月4日。
③ 孑民：《白玫瑰》，《实报》1932年5月4日。

有阔少周庆普者与孙希贤不睦，周庆普入肃王府为西席，仗肃王府威势，为泄私愤，设计陷害，以通匪窝藏罪将孙希贤逮入肃府杖伤，希贤愤而自尽。为报父仇，冰玉从三皇炮锤名家宋迈伦习武。凶匪赵天鹏抢掠钱财，奸淫妇女，宋迈伦出山，擒获赵天鹏，送官伏法。冰玉艺成，恶霸杨善修肆凶，迈伦遣冰玉枭其首。文未完。

二篇皆以女侠为主角，写儿女心肠，英雄肝胆。此外又对三皇炮锤之拳理、拳法有所阐释。宋迈伦确有其人，为清代武术名家，人称"神拳宋老迈"，传习三皇炮锤拳，有关其说部，尚未见有他作。

附《实报》上的汉奸小说

《实报》曾刊《太平之花》《安乐乡》，皆未署名，文亦简短。

《太平之花》写黄氏一家三代，黄老太爷和其子黄忠仁教育第三代国强、国淑东亚共荣思想。黄忠仁在第四次治强运动中，负扩大华北政治力的责任，出外视察，不久凯旋。

全篇口号加观念，无甚故事情节。假黄氏一家三代，宣传大东亚共荣思想。篇中写道：

在这大东亚战争时代，友邦日本方在举其全力□着国运，为着全东亚的解放，去向英美恶势力拼斗，驱逐他们出境，使他们永远不得染指于我们东亚共荣圈。我们身在后方工作的华北人们，实在是已经参加战争了，我们更应当自勉自励，群策群力地，尽心竭诚去从事我们各人的工作，那才对得起在战场搏斗的勇士。我们切不可自暴自弃，放下我们的义务，漠不关心。①

《安乐乡》述赵梅丽回到北京，遇到旧识朱太太，向其讲述自己从北京到南京，又从南京到北京逃难过程，全家死亡殆尽，只剩下自己和弟弟。最后在北京与姑姑重逢。文借赵梅丽回京之观感，宣传被占领的北京是安乐乡，日本人如何好，而蒋介石是战争祸首。

①《太平之花》，《实报》1942年4月14日。

抗战爆发后，《实报》为日本人控制，沦为其宣传机关。然就小说而言，《实报》刊载说部颇多，但只见此两篇汉奸小说，且篇幅短小，未敢署名。一份报纸，充当日本人宣传机构，小说又为通俗宣传之利器，然只有两篇之数，此情形颇堪玩味。意者，《实报》毕竟是中文报纸，读者为国人，汉奸言论，恐不为百姓所乐观。此外，日本人虽然控制报纸，但其势力未必渗透到具体编辑工作，故小说内容未曾有大的改观。

附录

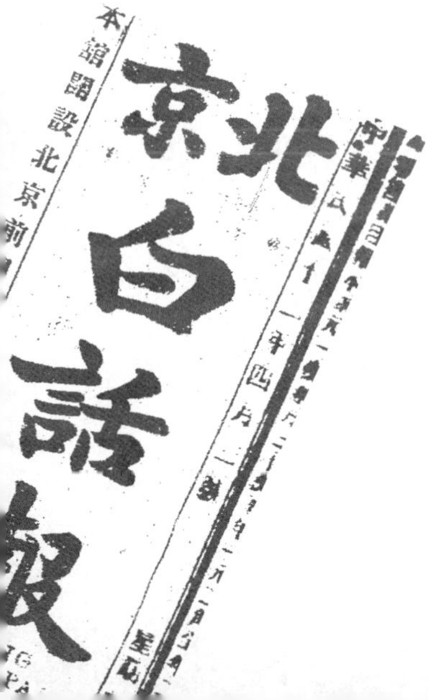

一、近代小报小说六十七家总目及故事提要①

（一）上海小报小说三十六家总目及故事提要

周天籁

1.《迅报》1938年9月15日—1938年9月19日（5节未完）《模特儿们的身世》天籁

2.《迅报》1938年9月22日—1939年8月17日（298节完）《孤岛浮雕》天籁

上海四马路，靠外滩那条江西路转角地方，有座高耸云霄的大厦。“八一三”战事发生，上海的天空每天有激烈空战，在大厦上看空战的李老四被流弹打死。

现在且说这座大厦第14层楼，一家律师事务所的助理张新理，他是一个32岁的公子哥儿，与咸肉庄的小香红相识。小香红嘉兴人，自小做人家的童养媳，后被骗到上海，抵押到法租界一家韩庄上做包账。新理与小香红在云南路会乐里一带借小房子同居，后二人生活日窘，开了一家燕子窠，张新理出外拉客人，被包探发现，罚款300元。

8月13夜，中日双方酣战到天亮，8月14日更用飞机空中大战。小香红被流弹打死，新理后沦为老枪。

做建筑工程监工的黄牛，夤缘得入报馆。黄牛捧红童星程囡囡，二人又成立孩子救国协会，募集捐款。战事西移，上海沦为孤岛，孩子救国协会解散，黄牛向报馆请假，携一箱子的救国漫画去内地做宣传，离开上海。

上海沦为孤岛，愈加繁荣，袁菊如与朱品斋一起去看裸体舞。

私娼白银娥搭了一个日本姘头，血甚旺，有徐心耕者与其交际，以开转运公司名义，从银娥手中骗去巨款。又在报关行偷了一部分钱，去曹家渡赌台赌博，钱财嫖赌而光，自杀亡。

---

① 附录中同名文章多以发表时间、报刊、署名为划分依据，故与正文和“附录 二、近代小报小说相关统计数据”部分篇数有所差异——编者按

人间舞厅在孤岛上虽不算大，但跻身一流的舞厅，妲己舞蹈学校教师朱鸣皋在此教授跳舞，与白莲花一起表演舞蹈。

沈乃振夏日白相公园，不想碰到公园卖春女。乃振又与孙伏令白相按摩室，乃振忽闻妻子菊芬生产，不幸孩子夭折。

3.《东方日报》1939年7月3日—1940年12月20日（519节完）《亭子间嫂嫂》周天籁

“我”朱道明，受上海一书局之聘，担任一部丛书的主编，住在云南路会乐里一个亭子间。一板壁之隔的芳邻名叫顾秀珍，人称亭子间嫂嫂，年方花信，容貌漂亮，操一口清脆流利的苏白，原来是个淌白，每日跑公司、跑栈房拉客人。

跑公司，将客拉在家里，一则可以省客人开栈房钱，二则来到家里，客人看着地方清清爽爽，用掉几个钱不在意。且亭子间嫂嫂收的价钿也要比去栈房高出好几倍来，所得完全归自己，无人分肥。

亭子间嫂嫂每日生张熟魏，光顾其处的人颇多。如小报文人汤南阁（笔名阁先生）、钱中廉、章医生、陈荣庭、钱店老板张顺隆、苏广成、田舍郎、影片公司编剧吴成镛、摄影记者戴超然、药店伙计彭志敏、大学生陆大新、飞机师姚鹏、小报编辑曹温那、采访员姜星谷、画家孙绍滨、绸缎庄的芮鸿初，等等，不一而足。

朱道明与亭子间嫂嫂，同在亭子间下，相处日深，仿佛夫妇一样，有活，二人抢着做，她替朱道明拆洗被褥，缝补衣服，假使他们能够早相识，也许真能结为夫妻，只怨相见恨晚。朱道明单身苦闷寂寞，酒后向亭子间嫂嫂诉苦，亭子间嫂嫂对朱道明亦非无情，也想有所回报，然而不巧，亭子间嫂嫂此夜红头阿三把门，未能如愿。

有沈老头，来亭子间嫂嫂处白相，穿双梁鞋子、竹布袜，寿头寿脑。亭子间嫂嫂发现他的名片上写着上海大学校长、某图书馆馆长、某编审所主任，名字叫沈孟白，是个大名鼎鼎的教育家。

吴门大学的薛景星，在上海读书，他觉得亭子间嫂嫂举动、身世、容貌非常像《茶花女》中的玛格丽特，两人同居，薛景星一心要改造亭子间嫂嫂，然不为薛家所容，被迫分手。

亭子间嫂嫂嫁富翁石春波，人称石老头子，又经石老头介绍，拜有“江南一枝笔”之誉的唐大郎为师。二人牵丝攀藤，搅七捻三，由师生而互称阿哥与阿妹。亭子间嫂嫂赠其钻戒，并在其身上呼红痧以定情，不意为石老头发现，亭子间嫂嫂离开石府，其与唐大郎虽有情，但终成陌路。

邵茜萍是银号职员兼报纸编辑，在《上海日报》编辑金融版，年念六岁，白相女人的门槛精透精透，人称“嫖精”。一副抖乱脾气，抖五抖六，游腔十八调，来亭子间白相，坐在床上，鞋子一丢，袜子一脱，便大挖其脚丫，并称六月里闻闻这滋味，可免起痧。邵茜萍称性爱为表演，一来便迫不及待地要与亭子间嫂嫂浩大表演。

亭子间嫂嫂淌白生涯日久，渐致不支，罹患梅毒。生一女儿夭折，亭子间嫂嫂不久也香消玉殒。当白相人排门板大哥听说亭子间嫂嫂死讯，认为她含冤而死，要为她报仇，并说手下有三千徒弟好用，然而朱道明说：“你有三千徒弟也无所用，你要替她报仇，除非先从改造这万恶的社会着手，否则你还是免开尊口。”①

4.《迅报》1939年8月18日—1939年10月21日（60节未完）《花花草草》天籁

5.《晶报》1939年10月6日—1940年5月23日（223节未完）《小花园阿七》周天籁

小花园并不是花园，而是一个路段，这一带多是百货店、袜店、丝线店、鞋店等作女人生意的商铺，因此而闻名。小花园一带有一条弄堂懿德里，阿七在这里铺房间做生意，悬的牌子就以小花园名之，曰“小花园阿七”。

阿七父亲为江湖医士，靠给人打六零六治疗性病营生。父死，姑母做媒将其嫁给一老头子。阿七不安于室，借出外练戏之名，与同票房里陈新甫结下不解姻缘，他答应阿七与老头子分离一起同居。新甫是个少爷公子派头，生得一表人才，梳着飞机头，交际女人手腕来得高明，可是家中并无资财，结识阿七后，便在其身上打主意。他与白相人麻皮阿金串通，敲去阿七5万元钱，与阿金劈巴。

---

① 周天籁：《亭子间嫂嫂》，上海：学林出版社，1997年，第423页。

阿七后与老头子拆开，得13万元分手费，与陈新甫同居。陈新甫又借赌博翻本之名，与马家里密谋抢劫阿七，阿七被劫五万五千块钱，新甫与马家里分肥。后阿七终因陈新甫吸鸦片，游手好闲而与之分手。一年后的陈新甫已变成瘪三麻子，身上烂污不堪矣，而阿七悬小花园阿七牌子作生意而大红。

阿七有恩客胡大少羡霞，洋行副买办，二人虽然心投意合，然胡大少却不愿讨其为妻。阿七明知他不会讨她回去，但仍善加款待。

6.《好莱坞日报》1940年1月5日—1940年5月7日（108节未完）《四季花开》周天籁

陈其美，书局的编译员。桑丽君，15岁的苏州女子中学女生。二人因爱好文艺而结缘，书信往还，见面倾谈，遂生爱意，二人在上海苏州间往来交游，行迹愈密。

7.《上海日报》1940年3月21日（4节）—1940年9月4日（169节未完）《群芳吐艳》周天籁

张将军的九姨太太徐兰英与京伶梁遇春私通并卷逃，遇春以逃亡国外为名，将徐兰英骗到轮船上，推坠入海，尽得其钱财。

梁遇春携巨款到上海，要大大地白相一番，计划举凡上海的生意浪女人，他都要一一见识见识。于是，在旅馆喊向导女小茉莉，以及冒充电影明星的向导女杨白雪。杨白雪以拍电影保证金为名，骗其2000块钱。梁遇春又在长三堂子，叫白兰花堂差。

有小四麻子者，老白相也，亦来靠梁遇春牌头，两人一搭一档，到处寻芳。闯么二堂子，白相袋袋花，屋顶花园游艺场打野鸡，又光顾亭子间嫂嫂顾秀珍，在33号咸肉庄嫖白牡丹、小香红。后因钞票和首饰被盗，流落街头，毒发身死。

8.《力报》1940年7月1日—1940年11月27日（149节未完）《风流寡妇》周天籁

范东明，中型旅馆长兴发之老板，花烛夫人故后，续弦年25岁、一身宽体胖的早熟姑娘，是为范夫人。孰料范老板病亡，范夫人上无姑嫜伯叔，下无子侄儿女，独享这爿长兴发旅馆，俨一富孀也。如花玉貌正当年，不堪空帏冷帐、孤枕煎熬，遂致艳屑频播。范夫人先后姘了 4 个男人：小李、冯秉南、徐炳文、过问钮。冯秉南贪色死，范夫人为徐炳文害死，长兴发旅店为过问钮所有，过问钮又在房间发现黄金。财富瞬间过手，略见兴亡盛衰，报应不爽。

9.《品报》1940 年 7 月 31 日—1940 年 10 月 9 日（71 节未完）《七小姐》周天籁

10.《吉报》1940 年 10 月 15 日（72 节）—1941 年 8 月 14 日（365 节完）《七小姐》周天籁文，昌□绘插图

海上富翁唐桂生膝下之七小姐，学过美术，办过报，捧过戏子，又曾为舞女下海助力，还曾被绑架。其性格完全是硬线条，没有一丝女儿腔。

环肥七小姐，异常丰满，女人颇有男人相。25 岁那年生理上起了一个转变，浪漫便愈演愈烈起来。初与表兄秦志远定情，但她要求不举行婚礼，觉得不结婚反比结婚来得有意义。她与秦志远约：我需要你来的时候，打个电话给你，你马上要来，地点我随时变动，我们在大旅馆幽会，一切开销，统统归我来。

七小姐先后与小型报舞刊编辑梅爷、丹麦人勃郎生、和尚智圆、养狗的广东人李漱芳、医生陈魏风结缘，还曾嫁过中国公使程怀新，一同出洋。

最终，秦志远脱离七小姐，而与王彩华女士结婚了，而七小姐病倒，未云所终。

11.《上海日报》1940 年 9 月 10 日—1940 年 10 月 31 日（50 节完）《船家女》周天籁

上海著名小说家张秋水，受老朋友章心如之邀到杭州去旅行。章心如在一家书局做编辑部主任，历年来收买张秋水的单行本稿子，不下 30 种，其中一部《春江花月夜》出至 15 版，获利不菲，邀其旅行，以表谢意。

西湖边划划子的船家女春香，小家碧玉，天真质朴，张秋水对其生爱慕之情，以为一块璞玉，如加以雕琢，必成十全十美的女人和自己理想的夫人。秋水答应供应春香家中每月开支，而携春香到上海，并住在秋水家中。秋水供其日用和读书，两人相处日久，情感日深，虽未结婚，但春香身体已许给了秋水。

因春香到来，张秋水文章锐减，收入不敷，春香只得到牙刷厂做穿线工。孰知，张秋水遽赴修文诏，众人为春香募集善款，以备日后之需。得募款后，春香脱离章心如夫妻之关照，然甫获自由的春香，不识社会深浅，嫁给了吃报关行饭的胡秋仁，胡秋仁无赖，骗光春香钱财后，将其卖入青楼。

在生意浪，春香遇一孙姓恩客，亦为吃文墨饭者，孙先生替其赎身。孙本有家室，娶春香归，不为父母所容，春香自杀亡。

12.《春秋日报》1940 年 10 月 1 日—1940 年 10 月 22 日（21 节未完）《常熟二媛》周天籁

13.《上海小报》1940 年 10 月 23 日（22 节）—1941 年 4 月 15 日（175 节未完）《常熟二媛——一块紫肉的私记》周天籁

常熟二媛童养媳出身，因丈夫付不起学费，婆婆将其以 200 支洋抵押给咸肉庄，由一位许姓客人，为其点大蜡烛。开苞次日，年已 52 岁沈老头沈其甫来挨城门，二媛敲其竹杠。沈老头为其在慎昌钟表行以 86 元买手表，以及皮包、衣料，不一而足。后经小报吹捧，二媛渐红。二媛丈夫寻来借钱，二媛打发他离开。二媛客人渐多，什么大学里教书王先生、大西袜厂小开、王老板、钱庄帮客人润民、白相人六马路铁臂阿五。

有王客人王勋甫，为二媛之恩客，二媛劝其做大事业，不要流连于此。有邵茜萍者，乃小报肉稿作家，大为欣赏二媛，在《上海日报》写了几篇捧文，二媛因而更红，慕名而来者应接不暇。二媛每月收入之丰，达到 5000 元以上，文残至此。

14.《上海小报》1940 年 11 月 11 日—1941 年 2 月 28 日（91 节未完）《铁皮阿金》周天籁（插图）

阿金乃姑苏台畔人，家在苏州外跨塘，父徐炳生，续娶吴氏，后母遇之无状，无奈逃沪投生意浪的好婆。好婆在沪做着本家，铺房间在福裕里，红倌人为小林黛玉，小先生叫小阿媛。阿金不烦引荐，遂为揩房间大姐，后升为打底大姐以应客。有客马千里者，为律师所帮办，为阿金点大蜡烛。按阿金已非原生货，在乡下时已被石跨塘小裁缝偷情破身。阿金后从良，嫁绸缎庄经理杨得春，然习惯于大姐不受夫君管束生活，阿金又无唱随之志，故不安于室，常溜到福致里的生意浪上去，势必又成一场》浴而后终。

15.《东方日报》1940年12月21日—1941年3月31日（91节完）《三少奶奶》周天籁

上海大同音乐院教授王子通，除了音乐外，还喜欢跑跑堂子，做榴媚老二已经一年多了。一日在老二处吃花酒遇到筝玉老七，老七生得胖喜喜，很有福相，她是群玉坊西湖主二媛处倌人，虽然没有进过学堂读书，不识字，却能背诵李白《长恨歌》，兼能唱昆曲，王子通与老七两人一见钟情，合唱昆曲《长生殿·小宴》一曲。

王子通与发妻不和，到上海娶第二个奶奶进门，其又不守妇道，二人分居。后经过老友胡景尺之拉拢，王子通与老七通款，旅馆定情，筝玉老七便正式脱离了群玉坊西湖主二媛，跟随王子通，做了他的三少奶奶。

娶得美人归后，开销日大，王子通无奈回乡变卖财产，老七与交易所里的陈小珊私通，又与高依萍幽会。

筝玉做了一个月的三少奶奶，有点不耐烦，悬名雅静，重行出山，到生意浪做生意。可是场面撑的老老大，王子通花了一笔本钱，可是生意冷落。

王子通到南京姑丈处求官未成，筝玉老七提出分手，并开条斧，张口要三万，王子通恨其情薄，撕打中将其杀死。王子通逃离上海，决意改名换姓加入革命党去做一番实际工作，以图革命成功，将功赎罪。

16.《跳舞日报》1940年12月21日—1941年1月22日（31节未完）《俏皮女郎》周天籁

史承明，《江南报》舞刊编辑，其友灰孙子介绍晏摩氏女校一朵呱呱叫的著名校花牧羊小姐，请助其下海货腰。牧羊小姐，“八一三”战起，与家中音信断绝，中途辍学，为维持生活，欲下海跳舞。

史承明为其画策，先出专刊，刊登《李牧小姐访问记》，请其自撰《我踏上人生的道路》并签名，牧羊名不雅，改为李牧小姐。二人又为其托舞场大班阿康安排位子，找人捧场。李牧小姐理发、购装，下海后应酬各色客人。

17.《东方日报》1941年4月2日—1941年8月31日（153节完）《亭子间嫂嫂外传》周天籁。

朱道明，安徽人，在上海卖文为生，住在会乐里，芳邻名顾秀珍者，住在亭子间，人称亭子间嫂嫂。亭子间嫂嫂乃嘉兴人，遇战事，母死于逃难途中，未婚夫被炸死，老父嗜好颇深，日以鸦片烟为活。为生计，亭子间嫂嫂窃雇主家金器，惧事泄，逃到上海，住在亭子间。初为丝厂女工，后丝厂闭歇，亭子间嫂嫂跑单帮，贩日用品到乡下，回程购丝回上海，结果生意失败，血本无归。又欲做舞女，在跳舞学校习舞其间，与夏小开和方家里交际，二人吃醋，以致打相打，亭子间嫂嫂为舞校开除。亭子间嫂嫂下海跳舞，结果第一夜吃了汤团。

无奈只好到屋顶花园做淌白，曹操为其第一个客人，亭子间嫂嫂贞操为其所破。亭子间嫂嫂又去粤菜馆做女招待，不久被辞，只好又去做淌白，遇一名客人虞梨夫，乃银行职员，两情相悦，相处日深，不料为其夫人侦知，其夫人将亭子间嫂嫂房间打烂。

一董姓客，自称朝鲜人，名松木一郎，欲娶亭子间嫂嫂。亭子间嫂嫂随之去其老家湖州居住，不想所谓朝鲜人乃假冒，且有夫人，亭子间嫂嫂被虐，只好逃回上海，仍恢复其淌白生涯。

18.《品报》1941年7月5日—1941年11月30日（147节完）《人间魔王》周天籁

大世界门前，18路无轨电车上，白相人小金龙见一亮壳，便钉牢黄包车，得知为骆老头之妾，人称骆太太。次日小金龙冒名登门拜访，后每日不请自来，骆太太被他连逼带吓，嚎上了手。小金龙骗了色又劫财，骆老头光顾燕子窠，小金龙与人设计，演一出翻戏，硬装笋头，敲其5000元血，然银行无法兑现，便持枪强抢骆宅得手。

一日邂逅军官的姨太太冯秀丽，又为其搭上，入其私宅，冒称花旗银行职员，不但得其人，还骗了1000元钱。

广东老三，富孀，长三堂子出身，营燕子窠，与小金龙姘居，小金龙欲得其钱财不成，动杀机，砍毙老三，被捕判死刑。孰料执行枪决时，行刑人是小金龙手下一个最得意的徒弟，以调包术，私下放走了小金龙。据说小金龙本人依然健在，住在五马路望平街。

19.《吉报》1941年8月15日—1941年12月1日（99节完）幽默讽刺香艳巨制《牛鼻子得道》周天籁

上海福煦路马浪路有牛庐，主人牛鼻子先生，年在不惑。初为钱庄伙计，因战赋闲，百无聊赖。其人迂而怪，夫妻不睦，时闻勃谿，愤懑称疾，住进医院，与女护士范巧云有染，后与发妻离婚，同范巧云同居。然新欢并无真情，弃之不顾，牛鼻子先生始醒悟。上海居大不易，牛鼻子偕友三人，同去黄山，即是逃难，又是寻道，欲赴黄山出家修行。

20.《东方日报》1941年9月1日—1942年2月14日（165节完）《海上一妇人》周天籁

潘璧人，某银行里的高级职员，同事都当他女人看，称潘小姐。二阿姊是一个铺过房间的女人，过去曾经在小花园悬过小香红的门灯，铺过几节房间，后积了几个钱退隐，在大庆里同一个养女度着安逸的日子。潘璧人在二阿姊生意浪时候就相识，现在她虽然退隐了，仍旧不时到她家里来白相。

潘璧人尚未授室，托二阿姊为其寻觅，二阿姊为其介绍沈爱珠。爱珠是二阿姊妹在生意浪的小姊妹，后为张大块头四妾，她出来不过是寻野食而已。而潘璧人并不知情，迨其知晓，深陷情渊，已无法自拔。爱珠从张大块头处逃出，与璧人一同回到爱珠乡下老家生活，不意璧人为爱珠螟蛉之弟所杀，爱珠则回到张大块头处。

21.《吉报》1941年12月1日—1942年9月30日（282节完）《风流千金》周天籁

静安寺路上有家派克公寓，里面有一家贵族化的咸肉庄，即台基也。此台基由广东老郭与姘头蹄髈阿六主其政，牢笼了一批人家人，公馆里的姨太太、少奶奶、小姐、电影明星，她们都同男子一式一样，需要性的解决，有的简直不要客人一个钱的，情情愿愿白陪你睡觉，豪门闺秀史小姐即其一也。先后与史小姐遇合者有沈蘅章、张南来、懋昶眼镜店林小开林兰生、徐性善、洋人疗养院柯尔门院长、阿根生、法院推事章眠、乐队领班胡力生。终以史小姐风流成疾、病殁结。

22.《品报》1941年12月2日—1942年4月4日（115节完）《毛三媛》周天籁

毛三媛既不像生意浪的倌人，也不像人家人，弄堂春色，蜂蝶竞采。有冯医生紫风者，见猎心喜，欲噱三媛上手，并与好事者以酒席为赌。

会三媛私处生偷粪老鼠，痔疮也。求诸冯医生，冯医生施以手术，三媛九洞十八溪，袒露无疑，麻醉之际，冯得遂所愿，三媛醒后觉之。

某日三媛约冯医生来宅幽会，三媛之丈夫突入，将冯医生擒且殴之，并以6000块了断。此丈夫乃白相人洪大块头假扮，与三媛演仙人跳者。据云三媛的先生在北京做着大角色，难得到上海来，有一个5岁的女儿云。

23.《东方日报》1942年2月21日—1942年5月31日（101节完）《李凤姐》周天籁

李凤姐，其夫程哲明，从军为国出力，四年音信皆无。李凤姐闺房寂寞，常到夜总会消遣，与方挺秀相识。她发现方挺秀无论面貌、性情、举止与程哲明一般无二，遂生倾慕之情。李凤姐邀其喝咖啡，有到家中夜谈以至留宿、同居，成就了一段姻缘。李凤姐每天向方挺秀要三块钱，替他储蓄起来，等到凑成一笔整数，带回去作为其孩子的教育资金。

然二人终因各有家庭，程哲明从军赋归，李凤姐只好与方挺秀分手。李凤姐留了一封信给方挺秀，不辞而别，信的落款是“你的过去爱人李凤姐敛衽”。

24.《万言报》1942年3月28日—1942年8月31日（144节未完）《亭子间嫂嫂新传》周天籁

25.《吉报》1943年2月1日（291节）—1943年4月20日（366节完）《亭子间嫂嫂新传》周天籁

亭子间嫂嫂顾秀珍死后，其香闺为二房东贴出招租条子，当天就有一个单身女郎来承租，不计价钿。此女郎名樊梨花，同顾秀珍是小姊妹淘，生意浪出身，因为打仗，生意浪收歇，樊梨花生活无着，便租下这亭子间。其意，欲借亭子间嫂嫂之芳帜招揽客人，因为顾秀珍生前一批客人都不知道她死，所以他们还要上门来的，这便是樊梨花的生意经。

邵茜萍刚从香港返沪，尚不知亭子间嫂嫂已故，去到亭子间，发现已换了主人。邵茜萍对樊梨花颇为赏识，便住了一个夜厢，过了一天上，还在一张小报上，以肉侦笔名写了一篇《新亭子间嫂嫂印象记》，樊梨花因此大红。

曾水手，有咸肉大王之名，亦来在亭子间，因其在编一部《屋顶春色》的单行本，其书仿上海商业名录调查的条例，挨门调查登录淌白姓名、地址，方便白相者光顾。

第三个客人名苏广成，人腼腆，本想打茶围，结果被樊梨花敲了一记，只好住了一夜。其余蒋廷筠、朝鲜客人、小许、唱文明戏的邱希希、无线电行程权，不一而足。

有小瘌痢者，姓刘，本是会乐里弄堂口的皮匠，亦樊梨花之客人。孰料，小瘌痢不知如何做了军需官，不忘与樊梨花之旧情，回上海迎娶樊梨花而去。闻讯，曾水手写了篇《樊梨花下嫁瘌痢记》登载报上。

26.《品报》1942 年 4 月 1 日—1942 年 5 月 31 日（58 节未完）《迎春坊》周天籁

迎春坊是上海湖北路上的一条弄堂，原为花柳弄堂，现在独多的是旅馆。小说以旅馆茶房为主人公。旅馆暗藏春色，而茶房为氤氲使者，如喊向导女，要由茶房经办，他人不得越厨代庖，即其生财之道也。

27.《力报》1942 年 5 月 1 日—1942 年 6 月 30 日（58 节完）《菱花老五》周天籁

“我”，老潘，海上作家，一日书斋笔耕，有客来访，竟是一去七年无音信的菱花老五。“我”与老五前度有旧。此时的她潦倒不堪，据其称曾去香港，为人抛弃回到沪上。“我”出于旧日情谊，收留其同住，且助其戒除烟瘾，又为其置办衣装，人为之焕然一新，然所费不赀，竟有三千之数。不意老五故态复萌，一日竟卷逃而去，“我”只能感叹：“养了一只狗也不至于这样无情无义。”

28.《东方日报》1942 年 6 月 1 日—1942 年 9 月 29 日（121 节未完）《楼头春色》周天籁

“我”，朱道明，住在上海会乐里亭子间时候，对面是一家名“多子”的按摩浴室。按摩女一律穿白制服，胸口绣有一个红号头。多子按摩室生意极其发达，后扩充到三楼，其玻璃长窗，紧贴“我”的露台，走上露台，二家是一家，轻轻的谈话都能听见，双方手伸得长些，可以彼此授来授去。

“我”与多子按摩室一号夏爱琴，隔窗相谈甚欢，夏爱琴约“我”次日去其按摩浴室体验一番。次日“我”如约而至。

按摩后朱道明约其看电影、吃饭、白相兆丰公园，二人情感日近，每夜都在小小按摩室里谈情说爱，终修成正果，结为连理。婚后，朱道明被报馆辞掉，夏爱琴出按摩所积，应付日用开销。朱道明不得已到朋友开的燕子窠去做茶房，无聊之际，忽有好友陈远声创办报纸，邀请其任总编辑。陈远声遇朱道明甚厚，收入颇不菲，道明还清债务，爱琴又有弄璋之喜。方此时，爱琴劝道明旋里，看顾故乡发妻。道明为发妻寄上生活费用，少了内顾之忧，与爱琴在上海过着幸福生活。

29.《东方日报》1942年10月1日—1943年3月18日（159节完）《碧玉姻缘》周天籁

杨碧梧，震旦大学高中部的学生，同窗吕玉环，求学时二人情意已属，毕业后玉环迫于庶母之命，回乡嫁人为小，碧梧亦授室。玉环不甘为小，离婚来至上海，二人相逢，悔不当初，重燃旧情。然碧梧隐瞒婚情，玉环得知，虽失望，然矢志不移，玉环甚至故意失足落胎，以此为碧梧卸责。玉环先不愿做小而离婚，现在又甘心为妾。玉环情知不为母所容，因而负气出走，脱离家庭，争取自立，与碧梧约一年为期回沪完姻。

30.《吉报》1942年10月1日—1943年2月19日（106节完）《花花世界》周天籁

唐青如，舞女也，卸却花衫为人妇，与张达泉同居五年而正式结婚。张原有大妇，筑小房子藏娇，视青如为玩物，而青如不甘。结婚首日，张达泉不与青如同房而回大妇处，青如为之伤心。青如为正名分在报上登载与张达泉结婚广告，此举惹张父和大妻不满，张为之恼怒。加之张达泉怀疑青如有外遇，诸般情由，夫妻之间，初则吵闹，嘴上开花，以至于打相打，惊动捕房，闹上法庭。结末，青如不堪屈辱，出走终。

31.《社会日报》1942年10月24日—1942年11月27日（37节完）《牵牛花》周天籁

顾怀远，14岁的男孩子，在英民初中小学部读书，戆直纯朴，爱打抱不平。同学姜淑华，家中姊妹成行，父母无暇照顾，衣履破敝，为同学所轻侮，而顾怀远却引以为知己，似有天涯沦落之感。

一日，淑华为同学欺负，怀远仗义出手，淑华寄书表谢意，而怀远毁书做片纸，并告诫淑华，一心读书，努力上进。此番水火相济之言，淑华大为感动，从此洗脱顽皮邋遢之习，潜心学业，而为同学所钦赏。二人心中已萌爱芽，然怀远因为淑华出手打人而被校方开除。

二人一别7年，鱼雁皆无，一日却在华强大学相遇，二度为同学。怀远劝慰淑华不要为上海浮华所动，一归于朴素，至此瓜熟蒂落，二人终成眷属。

32.《吉报》1943年2月23日（147节）—1943年4月26日（198节未完）《女人百态》周天籁

33.《东方日报》1945年3月16日—1945年6月24日（98节完）哀艳长篇《红梅阁》周天籁

徐乐山，夫人沈月英，陪嫁女红梅。夫人无出，乐山与红梅有情，珠胎暗结。乐山懦弱，有季常深癖，妻悍妒，不容乐山纳红梅入室。红梅舍名分，只要腹中儿，不为所允。沈月英百般威吓，逼其打胎，不意红梅与腹中胎儿皆丧命。徐乐山因此得了一场大病，他在园中建起一个阁，题名红梅阁，以纪念红梅。他的夫人在这时候也得了一个不可告人的险症。

34.《东方日报》1943年3月19日—1944年5月20日（417节完）《风化区》周天籁

风化区指的是上海的四马路以南、爱多亚路以北，这一带为捕房定为风化区。所有大马路、二马路、四马路一带有小姐的人家都要搬到这里，领取照会经营。

在风化区做本家的多是扬州帮，一家一般有四五个小姐，多的十多个小姐。本家要领照会、纳税、租房，小姐照会39元，叫小照会，本家的照会叫大照会，130块钱一月。在风化区开房间，又要30块钱一天。

风化区的妓女生活悲惨。姚杏花怀了七个月的身孕，还在接客，终致流产惨死。每年风化区因小产而死的就有三四个，有的妓女一面哺乳，一面做生意。四马路大兴里有一家姓范的门口，小姐彩宝因梅毒攻心而死，下身溃烂不堪设想。本家不曾替她及早诊治，待到梅毒第三期已经医药无效，臭得连房间里都没有人跨进一步。

白兰花某夜遇到一个杀猪的粗坯，被其蹂躏，受了重创，第二日又来了一个小工客人，白兰花欲不接此客，被本家毒打，被迫行房，后白兰花终患肺病三期而老调了。

金凤仙，在风化区认识一个五金生意的客人，凤仙为其娶归，小房子租在黄家沙。可是这个客人有发妻。凤仙与他同居没有半年就被发现，家中女人吵了来，二人被迫拆开，金凤仙得到5万元分手费，从此金凤仙做了鸨母而发家。

叶美娟，热恋一个电器行小开，私定白头之约，同居有日，但终不能谐连理。

海上著名老妖精小脚宁波，她在南京路一带兜搭客人，有上15年历史，今年49岁，依然干她卖淫生活，每夜一双脚一跷一拐地徘徊南京路上。

蒋曼莉，傍晚在西藏路上一家舞厅做舞女，晚上则操着神女生涯，因为她是自己身体，不受本家约束，故得兼职多赚。

妙茵做了妓女而不忘吃素念佛，逢着客人便向他传教。薛惠仙能说各地方言，而且日语极流利，因此在风化区走红。

35.《吉报》1943年9月12日（134节）—1944年2月14日（642节未完）《海上艳行记》周天籁

36.《大上海报》1943年12月8日—1943年12月31日（23节未完）《太虚幻境》周天籁

住洋房之海上寓公章吉人，妾春兰，子章又新。文叙春兰与又新、章吉人与小大姐间搅七捻三，狗屁倒灶事。

37.《风光》1946年3月18日第2期—1946年3月18日第2期（完）《同命鸳鸯》周天籁

38.《东方日报》1946年5月21日—1946年8月31日（102节完）《混血女儿》周天籁

陈友纯在沪西办了一家规模不大的硝皮场，日夜埋头其间，然其出品终不抵来路货远甚。友人杨听鸿富有资财，曾游历各国，见陈友纯可造之材，遂资助其留学英国，以英国制皮工业发达之故也。友纯在英国与丹麦姑娘爱丽丝相恋，成婚回国，生混血女儿培培。培培天赋挺秀，为名记者董戈壁发现，推荐给影片公司。

影片公司老板穆巨川以10万元签约，第一部影片名《混血女儿》，上演轰动，盛况拍成新闻纪录片。第二部影片《孤女救母记》，亦好评如潮。

友纯和爱丽丝重视培培教育，聘请钢琴名家李音美教授音乐，俄罗斯人教舞蹈。此外还请了一位家庭女教师，名叫江学慈，孰料，友纯倾慕江学慈，学慈不堪情扰，辞职而去。友纯竟为之情痴，终致疯癫成废人。硝皮厂关闭、拍卖，家宅遭贼，钱财一空，陈友纯跳海自杀。

而培培在董戈壁、穆巨川和沙达风提携下，继续拍戏生涯。讵料影业凋敝，投拍之《春之歌》停机，此时一批在上海找不到出路的影星组织旅行剧团，到南洋去掘金，培培亦同行。培培居南洋5年，后剧团解散，不得已回沪继续影艺，主演沙达风编导《情窦初开》。

此时，培培正少女多梦之年，同弄有一黄姓少年，名乔奇，培培堕入情网，二人出走延安，爱丽丝同董戈壁决定去延安寻访培培。

39.《东南风》1946年5月21日第9期—1946年6月25日第14期（6节未完）长篇连载《雏子姑娘》周天籁

40.《快活林》1946年6月1日第18期—1946年6月1日第18期（完）《友人妻》周大籁（短篇、插图）

41.《快活林》1946年6月8日第19期—1946年8月20日第26期（完）《六年恩仇记》周天籁（短篇）

42.《苏报》1946年9月22日—1947年1月20日（未完）《楼头春色》周天籁

黄筱山，年在25岁，小白脸，吃绸庄饭，一夫一妻一子，住在小旅馆。对过马路有个春耕里的过街楼，楼上住了一对母女，两个未亡人，女唤大小姐。黄筱山性喜渔色，且噱头功夫邪气崭，与大小姐一嗾即上手，二人幽期秘约，暗中往来，致令黄筱山夫妇间勃谿时闻，常听诟谇。黄筱山两方弥缝，摆尽噱头。文残不知结局如何。

43.《飞报》1946年10月16日—1947年3月26日（159节完）《吉普嫂嫂》周天籁

上海交际花徐玉兰，容貌出众、口才流利，中西文字俱佳，而以大胆泼辣作风负誉舞榭歌台之间。她曾经出过外码头的舞场，参加过三家话剧团的演出，更干过地下间谍工作。只是她的性格甚劣，又复滥交，做过吉普女郎，为盟军提供性服务。曾与美国兵万奥利串通贩卖玻璃裤带、维他命丸等美货，结果被骗去1000万。钱是王伯达替徐玉兰四处调头寸弄来的，受骗后，王伯达饭碗敲碎，家庭吵闹，避到徐玉兰处，徐玉兰把他赶走，王伯达跳黄浦江自杀。

徐玉兰无法偿债，便作起野鸡来，在马路上拉客，到八仙桥去做咸肉，后沦落街头。不想，偶遇旧日好友陈先生、陈太太，资助其治愈花柳病，得脱困境。

恰在这时，有江安邦者，从重庆回到上海，他是徐玉兰十年腻友。此次他自内地来申，带了大批资金，打算在上海办一家化妆品公司。江安邦找到徐玉兰，劝其把善后总署的工作辞掉，与他一起开化妆品公司，可以利用她的芳名广事招徕，二人一拍即合，公司名丁香化妆品公司。公司开业，招待记者、办游艺会，大获成功，徐玉兰也与江安邦同居。孰料，事为江安邦夫人所闻，前来大闹公司，徐玉兰不堪忍受，失望离开上海，江安邦则赶到车站与她一起离开远行。

44.《天报》1947年3月5日（5节）—1947年4月30日（61节完）《后厢房》周天籁

（前缺）郑顺和嗜赌成性，以致卖子，妻不堪自杀。经此惨变，顺和发誓戒赌，专心戏剧工作，加入剧团之编剧组。

有钱爱丽小姐，喜观戏剧，得与郑顺和相识，二人因戏剧而交愈密，郑顺和居处为一后厢房。某雨夜，爱丽来访，顺和款留之，遂而同居，爱巢就筑在后厢房。

同为编剧组的潘竹山，某日来访后厢房，遇钱爱丽，大吃一惊，原来钱爱丽是潘竹山之旧好。潘竹山遂向郑顺和吐露实情云：

这女人姓季，名叫月红，原是私娼，现在改名钱爱丽，化名很多，嫁过五个丈夫，三个是意见不合离开的，二个是给她谋害死的，前一个丈夫被她毒死，后一个丈夫用绳子勒死。是特务分子，她是某某党的党徒，她不惜以私娼为掩护，做地下工作。

潘竹山因向郑顺和点破内情，被地下组织拘禁。经郑顺和多方努力，潘得释。警局获悉潘竹山被拘，来其处问询，潘尽泄之。钱爱丽被捕，但拒不招供，因案情重大，钱爱丽被解送南京。郑顺和无罪开释，后厢房亦封，郑顺和因忧患过度而精神失常。

45.《沪报》1947 年 4 月 1 日—1947 年 5 月 15 日（45 节未完）《卖相思》周天籁（插图）

46.《苏报》1947 年 4 月 1 日—1947 年 4 月 29 日（未完）《情弦变音记》周天籁

青年小说家万凤林，浙江石门人，17 岁来上海考正风文学院。正风文学院抗战时烧毁于战火，沦陷后上海出版业冷落。他的同学叫江海青，原是位出版商，在重庆开了一家红叶书店代卖文具，出版书籍，邀请他前去担任编辑。万凤林应邀而去，在朋友江海青处与重庆光明中学教务主任潘石英小姐相识。石英善操琴，二人堕入情网。石英曾言：我操琴你写文章，我死也眼睛闭。一日抚弄中，琴弦崩断，石英为凤林述操琴经历云，弦断数次，一次与家兄死别，一次初恋分手，皆不祥之兆也。文残不知所终。

47.《飞报》1947 年 4 月 1 日—1947 年 9 月 21 日（176 节完）《小桃红》周天籁

吴笑天留学日本，娶日籍女子桃红子为妻，华人呼为小桃红，抗战胜利则面临被遣返之虞。邻居一户户东归，日侨被打，不敢外出购物，只好雇佣中国使女，财产被接收大员没收，钢琴被劫走，种种不堪。然小桃红一心向华，誓与丈夫共患难，遂向日侨管理处申诉，并且通过朋友拉场，在家中招待记者。小桃红亲自烹调日本著名菜肴“四狗四狗”(菊花锅)，款待来宾，趁机说明她嫁给中国人之后，是否可以得到中国籍，或者可以归化中国，是否在遣送之例种种问题，并将相关情况公诸报端，因而引起重视。日侨管理处代其呈文南京国防部，得以批准留在中国。

小桃红为音乐家，留沪后颇为活跃，曾在兰心大剧院开独唱会，在宋科长府上举行仲夏夜聚餐会，又举办赈灾游艺大会、水灾义演等活动，轰动上海，唱片公司邀请其灌唱片。

小桃红善交际，与权贵交，不卑不亢；与丈夫处，则柔而有节。小桃红在外活动，颇招非议。曾至宋科长家为其女公子授课，引起丈夫不满，并疑与宋科长有私，小桃红顾及丈夫感受，请宋小姐来家授课，后则婉拒之。

小桃红玲珑小巧，明艳动人。杭州避暑，青年小说家许江平追求不已，小桃红则以礼拒之。

丰先生，画家，留学日本，小桃红为其在日教书时音乐系的学生。师生西湖相遇，丰先生邀请其来府上居住。小桃红为其筹划在上海举行画展，在回杭途中，列车出轨，香消玉殒。丰先生为其撰墓志铭。

48.《风报》1947 年 5 月 1 日—1947 年 5 月 4 日（4 节未完）《酒色财气》周天籁文，徐润图（插图）

49.《风报》1947 年 5 月 5 日—1947 年 8 月 16 日（104 节完）《夜夜春宵》周天籁

康莱臣，杭州当地一个绸缎庄主人，携妻子陈秀娟来沪度蜜月，却流连花丛，迷途不思返。所游历处如：群玉坊名妓董宝宝处，以 500 万元及首饰价开苞，然真假莫辨；沪西大西路西洋人艳窟观火鲁鲁舞，裸体表演也；八仙桥咸肉庄斩肉；访宁波李丽开设之贵族门口。不一而足，所费无算。因康莱臣荒唐，新奶奶回杭后，吞服安眠药自杀未果，康莱臣始返杭终。

50.《大风报》1947 年 7 月 1 日—1947 年 7 月 9 日（9 节未完）《美人鱼》周天籁文，徐润图（插图）

51.《风报》1947 年 8 月 17 日—1947 年 11 月 26 日（100 节完）《卿何薄命》周天籁文，徐润图（插图）

宋彩珍，南浔乡下孤女，来沪投亲戚宋老太。老太为其做主嫁给吃公事饭的探员张德标，然遇之无状。后张德标破获大案，进账既丰，另立两个门口。娶两房长三堂子倌人做太太，弃彩珍不顾。张德标后因通匪而开码头。

张德标走后，彩珍做烟厂女工，为夏工头胁迫同居。夏工头因与女工艳闻而辞职，走湖州一去不返。彩珍与蒋致和两意相投，誓同生死，不意为致和父母所阻而别娶，蒋致和抑郁而终。

彩珍为舞女时，又结识做汽水生意的蔡授芳。蔡生意失败，偷窃被捕入狱。彩珍四嫁皆空花水月，假凤虚凰梦一场，投水自尽终。

52.《辛报》1947 年 9 月 17 日（32 节）—1947 年 9 月 17 日（32 节未完）《红楼春深》周天籁文，董天野图（插图）

53.《飞报》1947 年 9 月 22 日—1947 年 12 月 27 日（98 节第 6 章完）《新桃源记》周天籁

主人公何云生，卜居上海愚园路渔光村，家道中落，卖文为生，娶妻王丽娜，一子一女。然叹笔耕之苦，与旺血朋友宋道静出外交际，流连堂子、舞场。舞场遇张公馆莺、凤姊妹，宋恋其姊，何恋其妹，云生竟为入幕之宾，由渔光村住进张公馆。

因此云生夫妻大起勃谿，以致于妻子在《申》《新》《大公》等报上，登广告警告何云生，后何云生为张府所逐。由于与妻子感情破裂，云生万念俱灰，遂舍家出游至黄山，造屋隐居，颜其室曰“牵萝屋”，日与老僧、山民往还。

一日游至黄山有名桃花源者，此处虽游客遍野，而无心者失之交臂。何云生为碧云引入其家，与之结缘，前后与云生定情者有云楼主人林黛玉、春意楼惜春、金珍、朱姓女了等。

后云生为老僧点破色空，出桃源而访上海。60 年后重归故里，云生已 85 岁，归来已如辽东鹤，家屋街道面目全非，亲人无觅，旧友皆已物故终。

54.《群报》1947 年 10 月 28 日—1947 年 10 月 31 日（3 节未完）《肉》周天籁

常州西门外合生鲜肉庄王阿狗女王慧如，与伙计李大私通事。

55.《辛报》1947 年 11 月 16 日—1948 年 1 月 31 日（74 节完）《艳婢记》周天籁

“我”经报馆同事王先生介绍，雇佣一小大姐李青青。青青苏州人，17 岁，美艳异常，邻里有“艳婢”之目，擅于料理家务，颇称主人之意。不意青青失身于李家二少爷，且产下私生子，“我”为此事周旋，将私生子寄养人家，以保全青青名声且安其心。不意“我”对青青生爱意，欲纳为小星，已瞒发妻营香巢于江湾。好事将近，孰料李家二少爷又来纠缠，青青留下一封书信，远走他乡。

56.《小日报》1947 年 11 月 21 日—1948 年 2 月 24 日（92 节完）《相思草》周天籁

海上无名诗人董蔚如曾经自费出版过一本新诗集，名叫《相思草》，仅销去 13 本。有一本流到梁溪，却为梁溪女子庞绮玉认为是一本极有文学价值的诗集，托表兄打探作者。蔚如与绮玉相识，从鸿雁往来，到促膝而谈，志趣相投，坠入爱河。而董蔚如隐瞒已授之家室，绮玉却沉溺于一夫一妻、恩爱白头之憧憬，一旦得知真情，痛莫大焉。痛恨之余，与蔚如情断，而匆促嫁刘将军，将军军务栗六，一去不返，绮玉产女而夭。此时董蔚如重拾旧情，追求绮玉，然绮玉以蔚如已有太太，子女成荫，如果嫁了他，任他如何爱护，人家背后总是说她是姨太太。在梁溪地方做人家姨太太是失面子的，不但许多同事、亲眷面前难以交代。十年恋情，以绮玉皈依佛门终结。

57.《风报》1947 年 11 月 27 日—1948 年 3 月 5 日（92 节未完）《当垆艳》周天籁文，石佩卿图（插图）

镇江顺和馆王老板的女儿王雪芬替父涤器，当垆卖酒，其美如花，艳名大躁。因故为父斥责，一气走沪，投张来顺一朵花饭店为女领班，并与张来顺同居而为小星。王雪芬长袖善舞，取张来顺代之，自为经理，投下 20 亿以上资本改装饭店，聘请十大舞星剪彩，生意兴隆。孰料雪芬竟会移情别恋，先后与所聘秘书薛南田暧昧，又与赵理平牵情，为张来顺撞破吵翻。

58.《飞报》1947 年 12 月 28 日—1948 年 5 月 7 日（120 节完）《落花照离人》周天籁

公路局测绘队高级测量员彭学成，经老同事蒋和卿介绍与钟敏慧成婚。婚后不久，学成即赴外工作，一去杳无音信，忽有凶讯传来，学成路遇劫匪，身死他方。

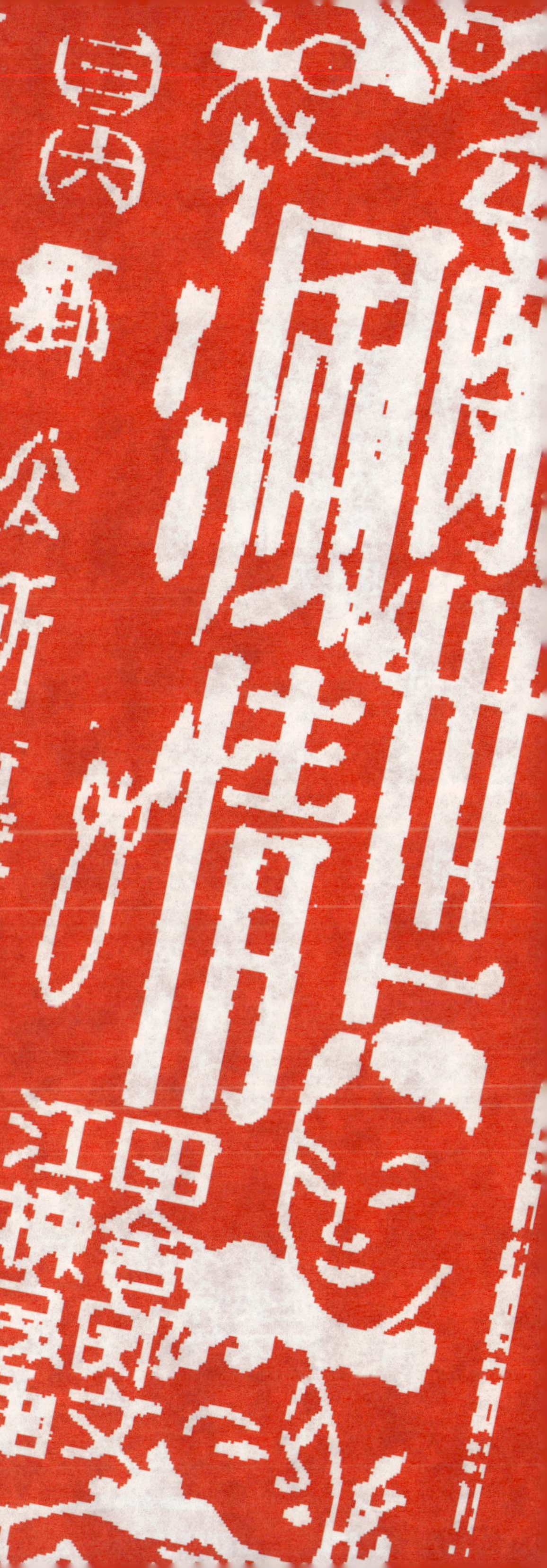

（四六）鄭公所裏山大走動

方也沒法去掙脫媳，獨自個兒找後門

大風淚，不料一眼兒就被二奶奶瞧見

了，阿秀呀，不見

文 言 她，勾 關暗 鑽入

「姆媽講你，決不是要意，也是一時間的氣話，你如有三長兩短，媽媽怎麼辦？黄經理不是太便宜了他？」「我也顧不得這許多了！死後做了鬼，我會找到他算這筆賬的！」

阿菊他們站在那裏談話，因為不時在揩眼淚，便漸漸引起人家的注意，最好在他們身上找一點好玩意出來；大家可以瞧着不花錢的熱鬧了。陸藹彭一看，便悄悄的說：「阿菊！我們找一個地方去坐坐，站在路上不便多談什麼話，你看，人多吧。」說着，即與阿菊走到水上飯店去找個沿浦的座位坐下。先叫了兩杯咖啡來喝着。阿菊

阿菊道：「老太婆是你什麼人？」「我女人的母親，丈姆娘啊！」陸藹彭叫了口咖啡道：「這個老太婆精神很好，在馬路上嗶啦嗶啦跳上跳下，賽過在唱滑稽，我一向不會冒火的，今天也不客氣了，要不是有警察來干涉，真要和她打起來了！」阿菊不禁笑了笑：「家裏鬧鬧算了，為什麼鬧到馬路上去？」

二十忖他的，忘這，把長，吾得力放想她，因半一壞方在去

雌老虎發威

(二七)

我女人的母親

「陸先生！人人要臉，樹樹要皮，孫一天的情形，陸先生，如其樊了你，也要跳黃蒲的吧，小姊妹淌當面只有蘭我；背後這不當笑話講？姆嫣本來一學不知道的，咋天不知如何也知道手，嗆嘈嗻嘛，一直在鼠我，講我曾頭陸，才弄出這溜丟臉的事情來；陸先生！你想，自己親生娘，也在着我了，黃禁理又死不出面，輕置人息来有舌下去。一我

綠是緊着眉，呆望着窗外滴淚滾滾的黃蒲江出神。陸壽彭勸她道。

「自殺的念頭，趕快丟丟開，如其我見到黃經理，也要敎他給你一個辦法的。就是我家庭方面，爲了這件事，鬧得天翻地覆，使我家裏站不住腳，我女人鬧着不算，還有一個老太婆夾在裏面攪不消爽，剛才由家裏一直鬧到馬路上，差一點見打起來。」

「你是誰？」
面是誰？」

蒋和卿夫妻待钟敏慧如同己出，劝其另嫁。守三年后，敏慧始嫁袁如帆，琴瑟和谐，且诞一子。孰料袁如帆身死，子亦随之而殇。

敏慧任苏州省立女中校长时，又与夏君甫论婚嫁，结果不欢而散。回到上海，敏慧心灰意冷，蒋和卿夫妇让自己女儿认敏慧为过房娘，以慰其孤寂，敏慧稍舒闷怀。

某夕，闺房突现夜归人，视之，彭学成也。十年分别一夕相会，学成始道出真情，原来十二年之前，他已有一个情妇，测量队出发后，他逃到杭州与此妇结婚，生一男一女，十二年后，该妇不幸病故，子亡，女亦夭折。彭学成重回上海，寻找敏慧，打算重拾旧欢，言归于好。敏慧不堪打击，悬梁自尽终。

59.《大风报》1948年1月1日—1948年5月31日（90节完）《肉》周天籁文，王秋野图（插图）

“我”、老江、老杨，三个男人从重庆回到上海。三人皆为从事出版和编辑工作的文人，合伙开了一个春江书店上海批发部，房屋租不起，只好在旅馆中开长房间，隔壁为白兰花开的向导社。

老杨性好渔色，喊了向导社的小蹄髈到旅馆出卡，后又与白兰花在金门大饭店开房间。孰料，老杨为白兰花和小蹄髈传染急性淋病住院，住院费用不够，白兰花出手相助。

老杨因喊向导女，被老板老江辞退。老杨无奈，就近便到白兰花向导社中当一个账房先生，每个月开500万元工钿。

小老虫为白兰花的保镖，因隙与白相人打相打而身死，白兰花因此赔光财产。不久白兰花另起炉灶，办了个光明社。甫一成立，各小报不提，广告已经登在《申》《新》两大报封面上，又在无线电办特别节目，营业因此大盛。白兰花不但还清欠账，而且盈余颇丰，老杨也与白兰花同居。讵料中秋日，一时不慎，光明社回禄为白地。

60.《辛报》1948年3月1日（9节）—1948年12月28日（293节完）《西厢风月》周天籁（插图）

（前缺）蒋凤仙与前夫之女大媛，母女二人开私门头做淌白，接客度日。大媛告后母凤仙胁其接客，逼良为娼，凤仙被判六个月徒刑。

凤仙入狱，大媛生活无着，求助从前客人吴天祥，获资助甚多。

大媛与吴天祥渐成相好并同居，吴天祥夫人得知，前来砸房间，大媛被打，自杀未遂。吴天祥与夫人离婚，正式与大媛结合。

吴天祥家有小大姐菊儿，吴天祥与其私通，并在外筑小房子同居。大媛则出外交际，遇浦春庭，浦春庭答应与大媛同居，不意钱被窃，无处调头寸，负债累累，随船走台湾而去。

吴天祥以大媛与浦春庭有私之由，把一房间的家具搬光，弃大媛于不顾。大媛潦倒街头，病濒死，被从前客人药材店伙计小蔡所救，但小蔡力薄，无法供养大媛。大媛本欲自杀，最后毅然向杨树浦方向走去。那边工厂林立，大媛去做工，自食其力，而小蔡因盗窃案发入狱。

蒋凤仙出狱后，在一家烟草公司里做包香烟女工，她一人自寻自用，倒也很安定，住在南洋桥花成里 7 号后西厢。

61.《飞报》1948 年 5 月 8 日—1948 年 9 月 26 日（144 节完）《青春乐》周天籁

赵淑华，苏州人，父母早亡，15 岁单枪匹马来到上海。苏州可怜人家，往往父母把自己女儿包到堂子里去做小先生，不仅穿得好，吃得也好，遇到恩客便嫁之。

淑华则不愿如此，自立自强，学舞下海货腰。初寄寓小姊妹杨玉珍家，后遇舞客胡企范，乃一大学生也。两人一见钟情，淑华辍舞，企范为其搭临时公馆以居之。然淑华终不为胡府所容，为此，企范父母断其学费，无奈，淑华重披舞衫，以供企范学业。

跳舞之余，淑华勤习英文，后被录为兴业银行职员。淑华贤惠，善理家财，节俭持家，历年所积，资财不菲。企范卒业，二人结婚，离开上海，到仙居乡下同学潘旦光所办养正小学作教员，不久将为胡家延一脉香火，企范父母闻之，亦尽释前嫌云。

62.《大风报》1948 年 6 月 1 日—1948 年 8 月 6 日（64 节完）《张将军之妾》周天籁文，石灵子图（插图）

狗肉将军张三省，有 33 位姨太太。念四妾名殷美玲，长三堂子出身，将军为筑香巢于淞滨，俾海上不时之需，然难得一幸。美玲闺帷久旷，遂姘布庄伙计童心斋，后奸情暴露，二人逃往乡下。然不堪劳作，童先期旋沪，却与生意浪小阿媛同居。美玲回沪得知，上门诟骂，为童心斋所杀终。

63.《真报》1948年6月6日—1948年10月13日（124节完）《柳浪闻莺》周天籁文，石佩卿图（插图）

石氏姊妹石美凤、美贞本生在西子湖畔富庶家庭，美贞同砚沈小平招姊妹二人来沪。不意二人同恋沈小平，沈怀一石两鸟、一箭双雕意，两面承诺，皆以婚姻相许。然鱼与熊掌不可兼得，沈小平携美凤回杭成婚，而留在上海的美贞一无所知。美贞忙于备嫁，结婚广告已登诸《新闻报》，美贞频催小平，结果沈小平掉枪花，小放牛，弃美贞于不顾。美贞空花水月，一无所获终。作者只结美凤一线，而舍美贞不顾，不知道美贞得讯后，情何以堪。

64.《风报》1948年7月26日（82节）—1948年7月26日（82节未完）《菱花二媛》周天籁文，石佩卿图（插图）

65.《大风报》1948年8月7日—1948年9月18日（34节未完）《千里香》周天籁

66.《东方日报》1948年9月1日—1948年9月30日（30节完）《歌国皇后》周天籁

上海亭子间赵氏独女赵佩秋，年在17岁，天赋歌喉。会金国咖啡馆招聘女歌手，佩秋一试折桂。金国咖啡馆自从聘请了赵佩秋、樊佩红、朱蕙琴、宋惜春、区曼珍5位女性加入歌唱之后，生涯大盛，致有挖角者，威逼利诱之。佩秋声名鹊起，认金先生为过房爷。某报举行歌后选举，记者周小平倾慕佩秋歌艺，成立秋团捧之，并以歌后选中为许，愿结连理之枝，佩秋不得已允之。迨歌后揭晓，佩秋果当选，周小平以婚事相询，佩秋则食其言。

67.《活报》1948年9月17日—1948年12月21日（95节完）《殡屋魅影》周天籁

海上失意文人刘云石，以卖文为生，穷困无聊。其表弟供职上海仙乐殡仪馆，云石往依，寄居仙乐殡仪馆靠西边的职员宿舍。近水楼台，足供想象，暇日为报刊写鬼怪故事数则。

某日，殡一艳尸，殡殓师为云石述死因蹊跷，颇有疑窦。云石哀其不幸，羡其明艳，暗自凭吊之。是夕，有女入梦，正白日之艳尸女也。自言：妾原为长三堂子倌人，花名梅妃。吾夫袁履平，是光华铁厂的大老板，妾身为其二姨太，然为大妇不容，唆使娘姨朱妈下砒霜毒于水饺中，毒杀奴命。

云石许诺为其鸣冤，往来苏州、上海间，又得报馆梅先生相助，寻得梅妃母，诉上法庭，得昭雪。是夜，梅妃又入梦，为酬其恩，携其妹来，许以为妇。

68.《飞报》1948年9月27日—1949年1月28日（119节完）《科长太太》周天籁

薛翠英出身浙江南浔富户，自幼嗜芙蓉，为夫家得知，解除婚约。翠英来沪读书，生活放浪，结识所谓美国留学生江大平。江大平谎称父是银行的行长，实乃一拆白党，薛翠英被骗失身。后入某行政机关为女秘书，所在科长为孔永年，新丧，娶薛翠英为妻。孔永年为活动职位，往来南京上海间，薛翠英吃性颇重，与谭股长、巴品夫股长、汪公侠、高德华偷情。后为夫窥破，以金条五根分袂。薛翠英与高德华同居，不意高原即是无赖，坐吃山空。薛翠英嗜烟，高又好赌，薛翠英沦落街头为乞丐。

69.《风报》1948年10月12日（13节）—1949年1月16日（106节完）海上事实《桃源艳迹》周天籁

70.《真报》1948年10月14日—1949年2月13日（113节完）现实小说《快乐之家》（后改名为《太太万岁》）周天籁

任君平，海上报馆编辑。夫人程淑媛，光华大学高中毕业生，亦精英语。夫妻和美，然孩子降生，不堪负累，程淑媛欲为丈夫分忧，出外工作。淑媛兄程天行，实业家也，在浦东开办川沙油厂，又欲在上海设立分厂。淑媛锐身自任，出任万隆油厂厂长，经营有方，生意兴隆，被报间誉为中国第一家最完备、最伟大的榨油厂。

淑媛原为丈夫分忧，不意事业做大，到美国考察并采购设备，开设新工厂，交际渐多。在美考察间，任君平与群玉坊小翠花结为相好，小翠花坚欲嫁之而后可。事终为夫人所闻，为其主持，将小翠花娶为妾。

小翠花与老张前情未断，老张见其嫁任君平，前来寻仇，杀死君平。小翠花保护君平儿子，使其免于此难。小翠花入狱，淑媛念其恩，允保其出狱。

71.《辛报》1949年1月1日—1949年4月8日（89节完）《恋爱十年》周天籁

上海某家银行文书刘春安，与叶娟娟相恋十年，书信积三百多封，然格于春安家室已具，儿女绕膝，不能遂愿。而娟娟芳华已逝，无所寄托，遁迹空门，遂无音讯。春安与妻琴瑟久不协，时起勃豀。春安辞职，离家出走，寻访娟娟下落。春安遍访庵堂，花光积蓄，娟娟避而不见。春安滞留娟娟家园，照顾其母，娟娟母感其情挚，认为义子。后终寻回娟娟，然娟娟竟一病不起，香消玉殒，一句遗言也无。

72.《大风报》1949年1月1日（8节）—1949年2月28日（55节未完）奇情小说《蟹美人》周天籁

蔡兰花，40来岁，家计所逼，初意介绍自己女儿大宝去水果老六所开咸肉庄做生意，不意大宝不从，执意去工厂工作。蔡兰花已经收了水果老六的定洋，万般无奈，蔡兰花只得以蟹年而自代出场。

第一帮客人是吃报馆饭的，客人为章先生，《大风报》的社长。余先生，报馆编辑。还有一位周先生，是开新新印刷所的大老板。三人颇赏识蔡兰花，便在次日的《大风报》登了一篇署名柔云的《蟹美人记》，接着就有人持报来访，专做蔡兰花。“蟹美人”之名亦因此而大红，甚至有客人为之争执不下、竞相出价之局面。蔡兰花的夜厢涨价至5千元。某日兰花接一客人，床上竟致脱阳，蟹美人为之人工呼吸，救起一命。

73.《风报》1949年1月20日（4节）—1949年3月31日（70节完）《桃李争春》周天籁

吴佩英、朱剑慧、陈也儿，共沐春风于汪先生门下而倾慕之。然吴玉殒，陈别嫁，汪先生与朱剑慧结褵。文末云：“我现在在看这本书，里面的故事，仿佛是我的一生写照，处处都吻合。里边一个主角也是教师，追求她的有三个女生，结果一个死，一个别嫁，一个才成正式夫妇。这本书是英文翻译的，美国女名小说家白朗地所著，李健吾先生译本。”①

字迹漫漶，不堪卒读。

74.《飞报》1949年2月2日—1949年5月9日（83节完）《小桥流水人家》周天籁

苏州阊门外十里之遥，有个华乐镇，离开镇上三里有个王家庄，为一仅有二三十户人家的小小乡村。村上陈杏生，上海某家银行的练习生，与黄明珠同窗，奉父母之命，约为婚姻。婚期将近，妆奁已具，然杏生患肺病，明珠父母解除婚约，并将明珠别嫁宋家，而明珠坚不与同房，遭宋家虐待，以此病亡。杏生闻讯，伤悼不已，加之病弱之躯，亦随之殒命。两家求合葬，名鸳鸯冢。

75.《真报》1949年3月7日—1949年3月27日（11节未完）《桃花扇》周天籁

76.《风报》1949年4月1日—1949年4月26日（26节未完）《模特儿秘记》周天籁

77.《大风报》1949年4月2日（2节）—1949年4月30日（30节未完）《出卖灵肉的人》周天籁

宓冠群苦出身也，当过兵，做过小工，也曾摆过摊头，跑过单帮，后为巡捕，终为杨府识拔，做杨万年公馆男仆。杨万年避难香港，送冠群一笔丰厚酬金。冠群偶遇拾荒女王淑慧，二人同为杭州拱辰桥人，冠群感其诚朴，意其能与共甘苦，故自媒为婚姻。

婚后二人操淑慧之本行，收旧货为生，久之冠群亦成内行，收入差可，夫妻恩爱。不意冠群被诬收买无线电材料而罹祸，入狱拷打成伤，不治病亡。为救丈夫，王淑慧从其兄议，到妓院将自己身体押得2000块钱。丈夫亡故，此身亦非己有，必落风尘，其悲惨可知。

78.《辛报》1949年4月12月—1949年5月12日（20节未完）绝顶香艳《春满凤城》周天籁

抗战胜利后的上海，物价横跳，战讯频传，书店门可罗雀。顾蠡甫和陈亮吉两个文人，联袂赴凤城谋求发展。其友人程鹏原在上海吃

① 周天籁：《桃李争春》，《风报》1949年3月31日。

书店饭，早已移居凤城，并开人间书店。顾鑫甫和陈亮吉到凤城后，三人联合，自编、自印、自己发行，先后出版杂志《世界知识》和《新凤城》，俱获成功。三人心情舒畅，意气风发，准备大干一番。

79.《飞报》1949年5月10日—1949年6月28日（47节未完）《魂断虹桥》周天籁

医生徐济群家大小姐徐丽丽，小家碧玉也，与同弄堂保福祥绸缎店职员王林生相恋，偷期密会，珠胎暗结，惧为家庭所不允，与邻人吴先生商议，且嘱其保密，二人出走延安。到延安后，王林生摆布匹地摊于市口，生意不错，后又开五金店，并在重庆开了皮鞋店、煤油公司，一个月在延安，一个月在重庆。二人感情甚笃，育一子。

抗战胜利旋里，堂上拜见萱椿，皆大欢喜。回沪之林生，盘厂、购洋房、买汽车，建有纱厂和平民工厂。不意，林生别娶倌人月娥三媛，费12根金条，小房子租在马里斯新村。徐丽丽愤其不念患难贫贱，怒打小房子。

田舍郎

1.《迅报》1938年12月12日—1939年6月28日（160节未完）《花开花落》田舍郎

开豆腐店的大麻子的女儿根弟，与土桥头东边魏家村的魏流金情爱事。

2.《迅报》1939年8月30日—1939年9月27日（21节未完）《糊涂先生传》田舍郎

3.《东方日报》1940年1月1日—1940年11月15日（198节完）社会风趣长篇《男男女女》田舍郎

杨启丰抛妻弃子，娶向导女乐桂珍。婚后乐桂珍吃白面，与人通奸，启丰愤恨不过，将其打死，因而入狱。妻沦为娼妓。

陶雨亭与交际花胡曼订交，胡曼拆了王三公子一票烂污，结怨被人暗杀。胡曼生前曾留1万元给雨亭，算是一份夫妻之情。陶雨亭又与爱宝同居。

江洪志与舞女乐琴珍订情，而琴珍变心。由于所经营之糖果公司遭回禄，江洪志落魄不堪。乐琴珍当上跳舞皇后，置洪志不一顾。

唐山查，狂嫖滥赌，舞弊巨万，投黄浦江自杀。

4.《好莱坞日报》1940 年 1 月 6 日—1940 年 5 月 4 日（109 节未完）《奇侠郎德山》田舍郎

上海郎家桥附近住的都是郎家后代，过去是大族，直到现在只留下一个后代，就是郎德山。他搬到法租界南洋桥铁门旁一条小弄堂里居住，家道败落，依泰山津贴为生。郎德山有季常癖，在妻子面前委曲求全。

5.《上海日报》1940 年 3 月 21 日（4 节）—1940 年 11 月 20 日（232 节完）《患难之交》田舍郎

黄大块头、吴长生、张银宝三人为同一监牢的难兄难弟。出狱后，黄大块头经营猪猡生意，在新港结识大姑娘，偕其回沪，两人小房子借在三多里。期间大姑娘与人称绍兴梅兰芳、唱花旦的金蓉花相姘，而黄大块头与曹家渡二房东太太金师母同居。

吴长生来依黄大块头，大姑娘与吴长生私奔出走而失散。大姑娘颠沛流离，路上遇张银宝救之，并与之同居。而吴长生走后又搭上苏州女人。

吴长生与苏州女人回沪，与开烟纸店的张银宝和大姑娘相遇。大姑娘旧情复萌，二番与吴长生出走。黄大块头作伐，将苏州女人嫁给张银宝，如此颠倒鸳谱。

6.《社会日报》1940 年 4 月 1 日—1940 年 12 月 12 日（238 节未完）《无花果》田舍郎

阿翠，袜厂女工也。拿摩温宁波嫂嫂蜂媒蝶使，介绍其与工程司张炳生相识，后又逼阿翠做工厂里的大人物吴先生的小老婆，被阿翠拒绝，阿翠亦为工厂辞退。阿翠又转烟厂做工，与张秉生相恋订婚，小张答应阿翠负责一家生活，然此不过空心汤团。小张因舞弊被捕，阿翠亦从工厂蜕为舞女，但舞业不振，常吃汤团，又蜕为向导女。因遇樊天池，放弃向导女，并与樊天池同居怀有身孕，然樊府悉其为向导女，而禁止与其往来。

7.《上海日报》1940 年 11 月 22 日—1941 年 2 月 28 日（89 节完）

《难兄难弟》田舍郎

陆家骥，年轻有为的商人，娶富商女魏明珠为妻。二人去北方经商，明珠水土不服，回苏州居住，家骥托弟家骏照看她。家骏造谣离间，致其哥嫂离异，而家骏则与嫂嫂明珠同居。明珠识破家骏，最终与女科医生李守中结婚，介绍人就是陆家骥，李守中乃家骥同学也。

8.《上海小报》1941 年 1 月 7 日—1941 年 1 月 18 日《我的太太》田舍郎（短篇）

9.《上海小报》1941 年 1 月 19 日—1941 年 1 月 21 日（4 节完）《急景凋年》田舍郎（短篇）

10.《上海小报》1941 年 1 月 30 日—1941 年 2 月 3 日（5 节完）《恭喜发财篇》田舍郎（短篇）

11.《上海小报》1941 年 2 月 4 日—1941 年 2 月 12 日（9 节完）《老板娘》田舍郎（短篇）

12.《上海小报》1941 年 2 月 14 日—1941 年 3 月 6 日（11 节完）《阁先生传》田舍郎（短篇）

13.《上海日报》1941 年 3 月 1 日—1942 年 2 月 28 日（438 节完）《新嫂嫂》田舍郎

唐爱珍住铁马路小菜场德兴里 24 号。常州老太婆做媒，用李代桃僵之术，把英俊的段民贵照片充做其弟段民举小像，骗唐爱珍嫁丑男段民举。

段家养女根弟与小嘉定牵丝攀藤，而爱珍则与小叔段民贵、小嘉定、温那、张阿六、裘根生搅七捻三。后爱珍成为烟厂厂长夫人而贵显。民举失业在家，民贵沦落瘪三，根弟小产死。

14.《上海小报》1941 年 3 月 7 日—1941 年 3 月 24 日（18 节完）《自己写照》田舍郎（短篇）

15.《上海小报》1941 年 3 月 25 日—1941 年 4 月 15 日（22 节未完）《米虫外史》田舍郎（短篇）

16.《东方日报》1941 年 8 月 1 日—1944 年 3 月 2 日（850 节完）《风流孽债》田舍郎

住上海新闻路酱园弄、老牌子皮鞋店谭裕昌隔壁、春在里 15 号的宁波阿嫂，已经连克过三个男人，黄阿土是她第四号丈夫了。宁波阿嫂有一女，从小拖油瓶拖过来，芳名阿香，在糖果厂包大王水果糖。

宁波阿嫂丈夫阿土船员生涯，常年海上。宁波阿嫂与烟纸店老板朗德山、南货店老板王庆元、皮鞋店老板轧姘头。

阿香初嫁印刷所小开小龙，又与理发师杨筱凯、向导社老板朱阿根、码头工小六子、寿根、老板吴大块头相好。后遇穿中山装、称为地方民众服务的陆介元，随其去内地乡下干工作并结婚，生活愉快。寄其母的第三封信则说：我丈夫不幸于昨天肺病去世，是为了很多而且很热心的工作牺牲，我则在内地继承丈夫未尽责任，去做更有意义的工作。宁波阿嫂害伤寒症病殁，这母女俩总算结束了她们的一笔风流孽债。

17.《吉报》1941 年 11 月 16 日—1942 年 5 月 4 日（134 节完）《王家庄》田舍郎

百万富翁王荣富有扒灰之名，儿子王和贵是赌棍，媳妇阿凤则是烂污三鲜汤。阿凤除与公爹乱伦外，又与吃白面的滩簧小生、唱京戏的武生杨小春私通，后又成为局长太太。局长横行乡里，为非作歹，被杀死。阿凤公公、丈夫病殁，婆婆削发为尼，阿凤亦为杨小春放火烧死终。

18.《上海日报》1942 年 3 月 1 日—1943 年 9 月 27 日（537 节未完）长篇连载《小裁缝艳史》田舍郎

张林记苏广成衣铺中，有位小裁缝。张林记老板死，小裁缝与大块头老板娘同居。其女桂英嫁罗金鑫，罗金鑫则因私吞公款被捕。小裁缝去做单帮客发财，携款归来，大块头老板娘将桂英嫁之。大块头老板娘因与茶房调情，疏忽看守小裁缝囤积之货物，被盗贼窃光。大块头老板娘出码头，桂英与理发师跑路。

小裁缝又与铅皮店老板娘私通，将其孤孀女卖到生意浪。之后小裁缝又与私门头王阿兰同居，做瘪三时与老枪女人、公馆白太太相好。华龙路太太、松江娘姨、北方女戏子、董小姐、女书画家亦皆其艳史之一页。

19.《吉报》1942 年 5 月 5 日—1942 年 8 月 31 日（111 节完）《作

孽夫妻》田舍郎

周曼华是位女工，殷秀岑乃工厂厂长。周曼华娘舅洪警铃是银行家，做买卖西药生意。周曼华用美人计，骗了殷厂长巨万款子。

关宏达去桥头咸肉庄白相白菊，白菊倒贴白云。高占非欲创办事业，关宏达和韩兰根认为殡仪馆最赚钱。

20.《万言报》1942年6月27日—1942年8月31日（66节未完）《阿毛娘》田舍郎

阿毛娘，常熟人，今年30岁，姘洋布店伙计阿桃。阿毛娘去阿桃店买布，阿桃能将短裤料剪成旗袍料。讵意阿毛娘生病期间，却被青浦阿姨剪边，与阿桃逃之夭夭。阿毛爷死，阿毛娘与二房东先生牵丝攀藤，后嫁裁缝店老板。裁缝店老板亡，阿毛娘与店里裁缝司务通情。此后，阿毛娘男人换了好几个，裁缝司务也早已老调了。

21.《吉报》1943年4月1—1943年4月26日（26节未完）乡村小说《王老虎》田舍郎

22.《力报》1943年6月1日—1943年8月4日（65节未完）《夜开花》田舍郎

23.《吉报》1943年9月12日（53节）—1944年2月14日（188节未完）《叔嫂之间》田舍郎

24.《大上海报》1943年10月21日—1943年10月21日（1节未完）长篇连载《小裁缝外史》田舍郎

25.《大上海报》1943年11月6日—1943年12月31日（45节未完）《作孽夫妻》田舍郎

26.《繁华报》1943年11月7日—1944年9月30日（256节完）社会长篇《暴发户》田舍郎

在上海打仗的时候，张老板死于战乱，徒弟小阿四颇有良心，在兵荒马乱中，照顾二位师母，先后与大师母娘宝贞、二师母娘巧英同居。小阿四与堂弟倪子龙创立一家新棉纱号，又盘下一家小规模的针织厂。倪子龙痨病死，财产归小阿四一人所有，从此发迹变泰，在法租界住宅区买了一幢石库门。此时小阿四已与二位师母脱离，娶美英；与美英离婚后，将莉芬扶正；又与女秘书唐敏英轧姘头，而以

30 万和解拆开。后小阿四破产，太太莉芬卷逃。

27.《力报》1943 年 12 月 1 日—1944 年 8 月 31 日（193 节未完）《现世人家》田舍郎

杨氏一门，主人杨老板，妻杨师母，儿子顺宝，儿媳杏珠，女儿翠香。

女儿翠香之相好颇多，有邓先生、球大王小黄以及烟纸店小开洪福生，后与汽车夫结婚。

顺宝出走不知下落，杏珠在家，公爹扒灰，杏珠有孕，杨师母无奈只好让他们摆明同居，而杨师母则与老枪申曲家姘居。

杨老板被儿子顺宝气死，顺宝做了大老板，而杏珠回到杭州娘家居住，杨家置之不理，杏珠精神失常而废为疯妇。

顺宝娶杏珠妹明珠为妻，而明珠与掮客小顾私通。顺宝与明珠分手后，又娶生意浪月娥老八。

杨师母偕老枪申曲家卷逃，潜居浦东，后老枪申曲家贩白粉跌了进去，杨师母流浪被顺宝收留。老枪申曲家来归，与杨师母重温旧梦，顺宝亦留之，顺宝则要称他一声爷叔。

28.《繁华报》1944 年 10 月 1 日—1945 年 2 月 24 日（95 节未完）长篇连载《混账东西》田舍郎

上海弄堂住户顾孟平，妻顾师母。顾师母与木匠作老板阿桃司务鬼迷张天师，阿桃司务供顾师母开销，顾孟平被人骂一声死乌龟。

顾师母女儿菊香与香烟厂小张相恋。孰料，顾师母竟剪亲生女儿的边，与小张恋奸情热而倒贴之。菊香横下心与亲生母亲断绝关系，却被女拐子宁波嫂嫂串通江北阿三拐卖，其间为江北阿三强奸。

29.《繁华报》1945 年 3 月 30 日—1945 年 4 月 28 日（30 节未完）长篇连载《生意人》田舍郎

江祥福在北京路一家五金店里做伙计，后做到账房先生。与长脚老太婆的女儿红妹相恋。

30.《快活林》1946 年 2 月 9 日第 2 期—1946 年 2 月 9 日第 2 期（完）《他来迟了》田舍郎（短篇）

31.《快活林》1946 年 3 月 2 日第 5 期—1946 年 3 月 9 日第 6 期

(完)《科长梦》田舍郎（短篇）

32.《风光》1946年3月11日第1期—1946年3月18日第2期(完)《柳下惠与春天》田舍郎文，胡亚光图（短篇）

33.《风光》1946年3月11日第1期—1946年3月11日第1期（未完）通俗小说《小裁缝》田舍郎文，李素插图（短篇）

34.《快活林》1946年3月20日第9期—1946年3月20日第9期（完）社会短篇小说《囤户杨麻皮》田舍郎（短篇、插图）

35.《快活林》1946年3月23日第8期—1946年3月23日第8期（完)《牺牲品》田舍郎（短篇、插图）

36.《风光》1946年3月25日第3期—1946年3月25日第3期（完）短篇小说《二姑娘》田舍郎文，胡亚光图（短篇）

37.《风光》1946年4月1日第4期—1946年4月1日第4期（完）《心头事》田舍郎文，胡亚光图（短篇）

38.《风光》1946年4月22日第7期—1946年10月18日第31期（24未完）长篇连载《作孽夫妻》田舍郎文，耶邝插图

39.《罗宾汉》1946年8月10日—1947年4月30日（246节完）《现世男女》田舍郎文，石佩卿图（插图）

张良庚是福大祥洋布店的学生意，因故被辞退，回乡下带表妹菊珍来到上海，并与其同居。良庚吞没菊珍金饰品，菊珍为之病倒，寄住陈巧生宅，与咸货店老板儿子阿发恋爱，又先后与飞机师陆国荣、吃棉纱饭的土梅来往。张良庚自杀，菊珍与金家姨夫金老板一起生活，金家姨夫虽然年纪太老了一些，但是他有良心、有事业、有房产。虽无出，但菊珍与其领一养女供膝下之欢。

40.《飞报》1946年10月16日—1947年3月30日（163节完）《田家风月》田舍郎文，江栋良图

住丁家巷的丁老三将女儿巧英许配给李阿根的儿子龙生，巧英不从，而钟情于做五洋生意的林步生（一作王杏生）。李阿根联络游击队抢婚，却被和平军的胖队长截获，胖队长逼巧英嫁之。巧英又被日本鬼子横三劫走，横三又逼婚巧英。胖队长被横三纵狗咬死，横三被游击队打死，巧英获救。

游击队唐司令逼巧英嫁龙生，巧英不愿，与林步生从游击队逃出，又不幸落入汪派地方保长土灰蛇徐大生和乡长荣德森手中。林步生被荣乡长施以酷刑，逼其签字与巧英脱离，巧英被迫嫁荣乡长。

林步生加入游击队，游击队捉获荣乡长并将其勒毙。巧英进游击队工作，与林步生有情人终成眷属。

41.《快活林》1946年12月2日第41期—1947年8月5日第70期（23节未完）热情长篇小说《二姐夫》田舍郎

42.《飞报》1947年4月1日—1947年7月29日（122节完）《黄花艳曲》田舍郎文，江栋良图

住邱家村的疯秀才邱族长，原是出名的活阎王。儿媳邱寡妇与其二女阿梅、阿杏相依为命。邱族长捉奸邱寡妇与根泉，施以刑罚，被游击队主任徐大生所救，邱寡妇受刑伤重而死。

李阿根的儿子龙生，与阿梅有情，徐大生污蔑其为特工，以便占有阿梅姊妹，姊妹二人与龙生逃亡上海。

火车站中遭遇日军林木队长，龙生、阿梅脱身，而阿杏被林木队长强占，与其在苏州同居。阿杏与赌台魏老板私通，一同逃到上海，孰料，阿杏被魏老板卖入台基。

阿梅到上海后做女工，辗转与妹妹阿杏相会，此时阿杏已嫁苏军长为姨太太。阿梅为苏军长所污，亦被其纳为小。阿杏与杨老四偷情，被苏军长捉奸，杨老四被捕入狱。

抗战胜利后，阿杏离开苏军长，回乡途中被徐大生勒毙。徐大生卷财逃走，遇到麻皮师娘，二人私奔，而被麻皮师娘丈夫杀死。当年之情郎龙生以阿梅身已属苏军长而拒之，阿梅转投杨老四，欲到上海寻觅新生活。

43.《光报》1947年5月2日—1947年8月3日（94节完）《作孽姻缘》田舍郎文，石佩卿图（插图）

大通路314号是一幢单零单的西式小洋房，主人徐富生，今年40多岁。长子大德，次子小德，女儿兰珍，女婿杨顺林。徐富生为患病的大德冲喜而娶翠英，小叔小德与新嫂嫂翠英私通，而翠英则与小姑兰珍丈夫杨顺林开房。

大德病死，徐富生中风亡，小德与后母麻皮女人的千金结婚。小德投机生意失败，麻皮女人母女卷逃，大通路小洋房过了户。

44.《风报》1947年5月5日—1948年1月14日（245节完）《太平庄》田舍郎文，江栋良图（插图）

太平庄，不知坐落何方，庄上有一座猛将堂，堂里有个小道士名叫林德宝。林德宝原是某码头的小流氓，犯了案子，躲到这里。庄子上有个豆腐店，老板是寡妇巧凤娘。女儿巧凤。庄上有王阿荣者，早倾心巧凤。

小道士与巧凤娘有私。和平军到了庄上，小道士林德宝拜陆大队长陆胖子为老头子，领了陆大队长到巧凤家的豆腐店鬼混，巧凤为陆大队长霸占。癞痢头和阿荣因揭小道士私情，小道士串通陆大队长将其毒打。癞痢头和阿荣为复仇投奔游击队，后二人回庄杀死小道士林德宝。

癞痢头担任和平军大队长，又作鬼子的特工队长，还暗中帮助游击队，做着地下工作。他在地面上颇有势力，欺压百姓，霸占妇女，无恶不作。巧凤与癞痢头相好，也参加了游击队工作。在游击队中，巧凤怀疑穆瑛与瘌痢头有私。为了自己私人恩怨，竟然投降鬼子告密，带领鬼子捉拿二人，结果穆瑛被打死，癞痢头受刑不过，投降变节。巧凤则做了鬼子龟尾生的姘头，瘌痢头亦借助巧凤势力，横行乡里。此时国军打回来，鬼子全部投降。瘌痢头为争夺龟尾生留给巧凤的珠宝，将巧凤杀死，而瘌痢头亦被游击队抓获并枪毙。

45.《诚报》1947年6月1日—1948年3月1日（171节完）《里巷风月》田舍郎文，江栋良图（插图）

张根生本是纱厂里的工程师，工厂关闭，失业在家。家主婆张师母出外交际，姘纱布号掮客毛大块头，毛大块头资助张根生做生意。最后毛大块头出900万，根生与家主婆离婚。

根生以此卖老婆钱为资本，做生意成功，与老皮匠儿媳小观音同居。小观音与南洋生意人孔嘉庚私通而与根生分袂。

毛大块头生意失败，根生家主婆来归，根生收留之。根生又与舞女蒋曼丽结婚，逐出家主婆张师母，不意结婚当日因贩毒入狱。根生家主婆因被休怀恨在心，串通白相人放火抢劫根生家。

根生出狱后，迷途知返，浪子回头，以送报为生。这时小观音也已在工厂做女工，根生欲与其复好，小观音则介绍小姊妹淘巧英与根生，自己则同浦东川沙的穷教员远走乡下。巧英即蒋曼丽之姊，被母逐出，一直做女工，根生与巧英二人志趣相投，以自食其力为荣，二人终成眷属。而根生女人因前放火案被捕。

46.《飞报》1947年7月3日—1948年2月9日（190节完）《乱世风情》田舍郎文，江栋良图

老瘌痢的女儿阿秀貌美，洋学堂教师张先生对其颇有倾慕之情，然乡长汪先生强逼阿秀为寄女，后将其嫁给其子祖良，而乘机将儿媳强奸。张先生父贿保安大队，保安大队长为张家硬出头，从乡长府上带走阿秀归张家，乡长报复害死张先生父。村民反抗，教师张先生率乡众捣毁乡公所，汪乡长则为县里警察大队带走惩办。

47.《罗宾汉》1947年8月5日—1948年4月30日（262节完）《小梅香》田舍郎，董天野图（插图）

小梅香父母双亡，寄居姐姐大毛囡家。大毛囡嫁个老枪，此老枪因与白相人打相打和携带鸦片，而被捕入狱。

一日小梅香被白相人所窘，飞机师郑鹏飞出手相救。小梅香入烟厂为女工，锡包间主任杨猴荪威逼利诱小梅香与论婚嫁，不料杨猴荪因偷盗烟厂香烟被捕。

拿摩温宁波阿姨为媒烟厂王厂长，王厂长有妻，小梅香为妾。小抖乱钱可德写无头信给王厂长，污小梅香与空军郑鹏飞有染。王厂长听信谣言，小梅香出走，后虽复好，但王厂长心有余疑，而小梅香心已死，在去杭州的京沪线凯旋号特别快车上跳车自杀。

48.《群报》1947年10月28日—1947年10月31日（3节未完）《常州阿姨》田舍郎文，江栋良图（插图）

49.《东方日报》1948年1月5日—1948年5月27日（130节完）《宁波阿姨》田舍郎

宁波阿姨，丈夫张锡生，二人育有二子。张锡生，本在一家押当里充账房，后失业，为家庭开销，夫妻二人时常吵闹，以致动刀，张

锡生绝望自杀未死。

宁波阿姨出外自寻生路，与开柴爿煤炭行的杨和尚姘，后又与邻居毛先生借小房子同居。宁波阿姨还曾为亭子间嫂嫂拉皮条，介绍亭子间嫂嫂与祥生卡车行郑先生轧姘头。

张锡生踏三轮车为生，毛先生妻毛师母与张锡生姘居，唆使张锡生杀死宁波阿姨和毛先生，张锡生被捕入狱，毛师母和亭子间嫂嫂沦落为娼。

50.《风报》1948 年 1 月 16 日—1948 年 3 月 5 日（51 节未完）《常州嫂嫂》田舍郎（插图）

常州嫂嫂并不是真正常州人，因其 18 岁到常州做了四五年布厂女工，学得了一口常州话，又跟布厂跑街杨福元成了家。东洋人投降后，夫妻两人到上海来谋发展，房子借在新闸路斯文里 13 号，因为人家听他们俩一开口就是常州土白，就叫她常州嫂嫂。杨福元在外面鬼迷张天师，借小房子与人同居，常州嫂嫂愤而与之拆开，姘郎中先生郑保康双飞双宿。

51.《飞报》1948 年 2 月 9 日—1948 年 9 月 27 日（212 节完）《洋场八仙》田舍郎文，江栋良图

八仙来在洋场，曹国舅为测字先生，李铁拐曾作忠义救国军，打东洋鬼子断了一条腿，何仙姑工厂女工，韩湘子小抖乱，蓝采和小开，吕洞宾走方郎中，张果老二房东，汉钟离肉庄老板。

何仙姑工厂做女工，韩湘子常来纠缠。何仙姑嫁其二房东张果老，后不堪虐待，逃走无锡为妓。在妓院遇汉钟离，汉钟离开设平民工厂，收容失业工人，制造国货，何仙姑嫁之并生一子。

张果老为平民工厂董事长，汉钟离为总经理，二人失和。汉钟离认为，他们要配合国家的新经济政策，努力增加生产，勤俭立国，决心扩充平民工厂，吸纳失业人员，而不以个人发财为意。张果老指使韩湘子刺杀汉钟离未成。

此时俞鸿钧、蒋经国来到上海，蒋督导决心打虎。张果老借了豪门的庇护，犹在经营金钞黑市，私套外汇，大发其改革币制的不义之财，事败露被捕，游街示众。韩湘子因刺杀罪入狱，而蓝采和擢升递

补了曹国舅的庶务职位，李铁拐亦由司阍人升为监工，走方郎中吕洞宾也进厂充当了厂医。

52.《诚报》1948年3月2日—1948年8月9日（159节完）《鬼世界》田舍郎文，石佩卿图（插图）

二房东女人麻皮老枪，人称陆师母。陆先生避风头在外，麻皮老枪与无锡嫂嫂之夫毛囡爷私通，无锡嫂嫂贪其财默许之，麻皮老枪则供养其一家。麻皮老枪曾给无锡嫂嫂3000万元钱款。毛囡爷病故，无锡嫂嫂姘长脚阿姨之侄王梅根，3000万为王梅根窃走。无锡嫂嫂沦落咸肉庄，经王先生花钱赎身，然为王太太不容而逐出。后无锡嫂嫂为狎客所骗，赔了身体又失小钻戒，自杀被救，重到老鸨处做拆账。而麻皮老枪则因为吃白粉跌了进去。

53.《辛报》1948年3月6日—1948年5月28日（91节完）《短头夫妻》田舍郎文，江栋良图（插图）

从乡下初到上海的宋巧珍，遇拆白党失身，滞留春在旅馆，春在旅馆13号茶房张阿元收留并与之同宿。巧珍有心嫁阿元，而阿元视为摇钱树，逼其接客。阿元又命巧珍嫁王先生，王先生病死。巧珍又嫁曾先生，曾先生病重，巧珍卷逃，却为梅家阿姨所骗，一无所获。在被拐途中，幸被暗探识破救出，送济良所，此时宋巧珍心也死了，不想再嫁人，情愿在济良所里度过一生。

54.《罗宾汉》1948年5月1日—1949年2月13日（280节完）《二姐夫》田舍郎文，江栋良图（插图）

张氏姊妹三人，张玉兰为三妹妹。玉兰生性浪漫，曾与大姐夫同居，又与二姐夫有情，后二姐病殁。大姐夫经营万象百货店，大姐夫死后，大姐姐与杨春生私通，资产为杨春生所骗，羞愤自杀。二姐夫与阿菊同居，后又分手。

玉兰浪子回头，愤于社会不良，女孩子被耽误，受不到教育而有志兴学。得某年轻颜料商捐出南市的房屋，创办了平等女子义务中小学暨幼稚园，校长张玉兰，幼稚园主任张菊芳，张菊芳便是阿菊。学校欢迎贫困人家的女儿和真正有志求学的女孩子入学。后收留失业的二姐夫，并促其与阿菊重圆。

55.《东方日报》1948 年 5 月 28 日—1948 年 10 月 21 日（135 节完）《阴错阳差》田舍郎

沈杰仁一表人才，在一家百货公司绸缎部做职员，年方 24 岁，妹阿秀。

有秦梅宝者，银行家女儿。某日梅宝母秦老太太光顾绸缎部而钦赏杰仁，招赘为女婿，而杰仁妹阿秀则嫁颜料大王江大栋的儿子江银官。

梅宝风流浪漫，与江银官私奔香港。沈杰仁吞服来沙尔自杀，未成。

后杰仁与江大栋女江紫瑛热恋，紫瑛为其嫂嫂阿秀与黄皓作冰人，阿秀与黄皓谐连理。然黄皓早有妻室，其岳父乃军人，黄皓不敢提出离婚。黄皓又与江紫瑛结情，并育有幼子。至此豪门与寒族之间姻缘破灭殆尽。

56.《风报》1948 年 7 月 26 日（82 节）—1949 年 2 月 3 日（146 节完）《大阿姨》田舍郎文，江栋良图（插图）

57.《大风报》1948 年 8 月 1 日—1948 年 9 月 2 日（32 节未完）《天下太平》田舍郎

58.《诚报》1948 年 8 月 10 日—1948 年 10 月 16 日（66 节完）《缺德之家》田舍郎（插图）

生意人詹佩林，一子阿德，填房太太带一个拖油瓶女儿小云。詹佩林与拖油瓶女，太太与继子之间不伦。结局，詹佩林因囤积获罪，小云与詹佩林的学徒纱号的外账房王敖生订婚。

59.《飞报》1948 年 9 月 28 日—1949 年 2 月 14 日（136 节完）《少年夫妻》田舍郎文，江栋良图

福生，上海棉布纱号学徒，与夜校同学魏文娟、姜婷婷相识交往，却被老板和亲属斥为荒唐。老板欲将女儿巧珠嫁福生，巧珠肥而丑，为福生所拒。福生离开棉布纱号，欲与魏文娟结婚。

然在结婚前一夕，为已供职日本宪兵队的姜婷婷偕一东洋人所阻，文娟与福生分袂，魏文娟与表兄走南京。

夜校张老师是重庆分子、锄奸团行动组的组长，福生亦随其参与

其中。张老师被捕，福生求诸姜婷婷，并以搭救张老师为条件允其婚请，并签有字据。

福生与姜婷婷结婚当日，姜婷婷父被锄奸，二人不欢而散。

福生无奈娶巧珠，此时之巧珠，已结珠胎，然非福生所属。福生不甘屈辱，离开巧珠，在张师母鼓励下欲赴后方，参加抗日工作。

60.《风报》1949 年 2 月 8 日—1949 年 4 月 26 日（81 节未完）现实长篇《天下大变》田舍郎

61.《飞报》1949 年 2 月 15 日—1949 年 4 月 26 日（72 节未完）《海上残梦》田舍郎

上海和平坊弄堂内住户，包括三百六十行以外的各种行业，大家都在议论共产党要来了。

杨老板之妻杨家奶奶无出，杨老板与生意浪丽华三媛借小房子。杨家奶奶为探出小房子地址，将大小姐阿妹许给杨老板司机根生。三媛进宅后，为逐出三媛，杨家奶奶让杨老板将小大姐阿妹收房为二奶奶。为报复杨老板，杨家奶奶与司机根生牵丝攀藤。最终，杨老板与杨家奶奶离婚，二奶奶卷逃，工人罢工，根生则带三媛离开上海。三媛本是根生的妻子，因根生开外码头，三媛无奈吃堂子饭，其嫁杨老板，本是根生与三媛计划好的骗局。

62.《罗宾汉》1949 年 2 月 24 日—1949 年 7 月 9 日（133 节未完）《流水多情》田舍郎

生活指数日涨，魏文忠、慧娟夫妇，因生计艰难，勃谿时闻。魏文中又穷又寿，走路不慎碰撞军人，被敲去大衣。慧娟离家而去，弃幼子不顾。邻居有亭子间阿秀者，颇具同情心，照料婴儿，无微不至。

63.《大风报》1949 年 4 月 2 日（2 节）—1949 年 4 月 30 日（29 节上集完)《常州嫂嫂》田舍郎

64.《飞报》1949 年 4 月 27 日—1949 年 7 月 9 日（67 节未完）《江南草绿》田舍郎

周益世

1.《上海日报》1940 年 3 月 21 日（4 节）—1940 年 8 月 13 日（147

节第 4 回完）讽刺社会长篇《蜡烛小开》周益世

蜡烛店小开小徐和陈洪宜，两人一搭一档，路遇一漂亮壳子，便去盯梢。盯至一弄堂口，见悬牌写着玉庄，二人进去一打听，方知所盯之女，是这家咸肉庄第一块响喇喇的响牌，八仙桥上红透半爿天的洋囡囡。二人从咸肉庄白相出来，又去摇会赌钱。

2.《品报》1941 年 7 月 22 日—1942 年 2 月 2 日（192 节第 12 回完）《白相人嫂嫂》周益世

阿宿的老婆宝珍，是乐意里最漂亮的女人；罗阿德是乐意里中最话得起的白相人。一日，宝珍遇一小抖乱纠缠，罗阿德出手相救，从此，二人暗中往来，宝珍最终脱离阿宿，投入罗阿德怀抱。

罗阿德与宝珍婚礼，罗阿德的老姘头银宝大闹现场。银宝托大块头金生与阿德讲斤头。金生在五福楼设下埋伏，不想，罗阿德持枪将金生押为人质，得以脱逃。金生大失面子，派手下暗杀罗阿德，结果错刺罗阿德手下茄皮阿六，将其击伤。罗阿德实施报复，潜至银宝住处捉奸，将银宝和与其同居的倪世良砍伤，复于绍兴戏馆外刺死金生。

梁兴邦有意于宝珍。罗阿德既命案在身，梁兴邦和白娘娘向捕房放龙，巡捕捉拿，罗阿德拒捕，被巡捕打死。罗阿德死后，宝珍又投到白相人王坤山怀中。

陆汉堂是大发洋布店老板兼经理，为骗取火险，火烧大发洋布店。不虞，被王坤山方窥破，以向保险公司放龙威胁，欲分肥火险款。两人讲斤头，陆汉堂不服，杀王坤山及白娘娘、宝珍。宝珍做了·场白相人嫂嫂，最终死于非命。

3.《品报》1942 年 2 月 21 日—1942 年 5 月 31 日（73 节第 9 章未完）《色界天》周益世

《吉报》1942 年 6 月 1 日（74 节）—1942 年 7 月 25 日（129 节第 11 章完）《色界天》周益世

某二人白相咸肉，瘦的朋友叫常礼和，是做广告生意的；胖的叫胡天通，是吃交易所饭的。常礼和叫怜花，吃性药折磨之，故意延迟时间。怜花本家臭嘴老四出来要他摆句闲话过来，并托电灯泡金生与常礼和讲斤头。

金生是八仙桥一只角落里的白相人，这一带的小流氓，都拜他老头子，凡是咸肉庄开幕，每个月总要给他吃一些俸禄。万一有人在庄上找麻烦，便由金生出面叫开。金生摆一记肩胛，常礼和吃瘪，砍了招牌，还搅落了钞票。

常礼和要将面子轧转来，去找马老炳。马老炳是满庭芳一带一只鼎，平时讲讲，也狠天狠地。常礼和与马老炳商议对怜花下一记辣手，向其洒香水，即泼硫酸也。

怜花养病，期间老客人小陆探病，二人一起卷逃，同居过起人家人生活。焉知怜花不安于室，与邻人陈年富儿子葆生搅七捻三。后怜花被庄主捉回，又做起咸肉来。

4.《力报》1942 年 7 月 1 日—1944 年 2 月 10 日（576 节未完）《小山东》周益世

小山东，姓张，名忠才，是上海康脑脱路延平路上一家老虎灶大饼摊的伙计。

某日一班白相人在其老虎灶打相打，小山东出手相助，救出被围打的人，被救者是白相人蔡福生。初，在范会臣妻子的丧礼上，陆炳奎的小角色拿开销，被蔡福生所阻，陆炳奎的小角色便在大饼店伏击蔡福生。因此番打抱不平，小山东被蔡福生收为小角色。

蔡福生遣小山东去上陆炳奎的路，陆炳奎因绑架被捕房追捕，小山东去装笋头，故意与陆炳奎打相打，从而叫来巡捕，将陆炳奎轧到捕房，陆炳奎因此跌了进去。

不想此计被陆炳奎的朋友曹百川窥破，曹百川要蔡福生摆句闲话过来，双方谈崩。蔡福生由长江轮船贩卖“黑老”到上海，都是借重范会臣轮船公司的几只船，恰好有一批货过来，曹百川派人到码头去破坏蔡福生的生意，未成功。曹百川遂向新从江北到上海的李大扣子放龙，李大扣子得讯，率人去蔡福生宅中劫黑老。李大扣子钱财动手，准备出松，却被小山东轧牢，脱逃中，李大扣子失足从楼上跌落摔死。

小山东屡立奇功，蔡福生收其为过房儿子，改名蔡小山。

范会臣开轮船公司，是生意白相人，与坤伶金翡翠结下孽缘。金翡翠本为包菊春之金屋中，包菊春开俱乐部，设立赌台，是颇话得起的老头子。蔡福生的生意颇得范会臣之助，故为其出面与包菊春讲斤头，言明范会臣愿出一笔钱贴补包菊春损失，以此换取其放弃金翡翠。包菊春不从，蔡福生派小山东给他一些颜色瞧瞧，在包菊春俱乐部引爆了一枚炸弹。

光棍打光棍，一顿还一顿。包菊春则设下鸿门宴，请蔡福生赴席，准备在宴席上做掉蔡福生。不想被小山东先下手为强，将包菊春押为人质，带蔡福生一同逃离虎穴。

小山东羽翼渐丰，对蔡福生颇生不满，遂与包四和联手，来个小鬼跌金刚，赶走蔡福生，小角色顶翻了老头子，从而占有大利公司。

与小山东结怨的包菊春、何海棠、刘如意不忘旧恨，包菊春遣蒋时玉离间包四合与小山东，包菊春又姘识小山东老婆秀玉，时刻监视小山东一行一动。

在蒋时玉的离间之下，小山东与包四合火并。小山东被包四合扣押，包菊春等见计谋得售，乘机将小山东从包四合手中劫走。小山东引爆手榴弹，经过一番枪战，一爿蒸蒸日上的大利公司，被打得精光大吉。包四合开码头去天津，小山东到香港避风头，在香港遇到蔡福生，小山东不念旧恩，手刃寄爸蔡福生。

有孙开元者，渔翁得利，接收大利公司，并改为得利公司，生意红火。小山东回到上海，来到得利公司，向孙开元拿开销，开口就是60万，而且还摆出老茄茄的面孔。孙开元稍有犹疑，小山东便以手榴弹相逼。拿到钞票后，小山东欲出松，被埋伏在外的孙开元的蟹脚何葆才开枪杀死。

5.《吉报》1942年7月29日—1943年4月26日（278节未完）《石库门》周益世

上海阿拉白死脱路丰盛里的33号，是一幢两间一厢的石库门房子，大门上挂了一块擦得雪亮的铜招牌，上写黄达时七代祖传妇科专家。马太太领未嫁女看病，黄达时诊为有孕在身，吃了马太太一记耳光。

何求在话剧团打杂，对38号大小姐唐锦绣爱慕不已，而楼下厢房里大少爷曾谷凡对唐锦绣亦倾慕有加，二人常因此吃醋。

刘四海与一舞女借小房子，刘师母则和冯志恩偷情，不想被刘四海率一伙白相人捉奸，冯志恩吃了一顿生活，并被拖到老虎灶上讲斤头。幸文旦老八出来摆肩胛，方始叫开，刘师母则羞愧自杀。

6.《吉报》1943年2月12日—1944年2月14日（70节未完）社会侠林长篇《十兄弟》周益世

7.《吉报》1943年9月12日（54节）—1943年9月12日（54节未完）长篇小说《骚大姐》周益世

8.《吉报》1943年11月16日（116节）—1943年11月16日（116节未完）长篇小说《大小姐》周益世

9.《力报》1944年1月1日—1944年9月25日（263节完）《侠林三少》周益世

林世民、唐四海、朱宝福三个瘪三组成“侠林三少”。以铁血团名义敲诈林世民娘舅金和清老板，敲诈不成则绑架之。事为金和清内侄李志荪窥破，三少则将其劫持，李志荪跳河逃脱。金和清获救，林世民事败谋泄出逃。

陆雪林者，轮船买办。凡是其手下的职员，不论茶房做手，都拜其为老头子。三少投奔陆雪林，在船上做黑牌。黑牌者，凡是非公司雇用，由买办喊来，无工资而靠捞外快赚钱的人就叫黑牌。

三少船上遇兰花老八，兰花老八乃黄博旦妾，与包车夫阿福卷逃，私囊甚丰。三人欲敲诈之，却为陆雪林所阻，陆雪林欲独吞老八钱财。兰花老八见陆雪林势力颇大，阿福已无用处，将其推坠大海。转身投入陆雪林怀，两人丽影双双下船而去。

三少向黄博旦放野火，却被黄博旦识破白相人面目，又被李志荪撞见，巡捕抓捕，三人成擒。兰花老八和陆雪林则不知所终。

10.《力报》1944年4月1日—1944年8月15日（138节完）《小江北》周益世

小江北乃一介黄包车夫，一日拉到赵玉屏，半路将其剥猪猡。小江北白相野鸡，被崇明阿三偷去皮夹子，小江北求助条二码子赵老四，赵老四吃瘪崇明阿三，迫其呕巴，还回皮夹子。小江北与赵老四路遇淌白秀玉，二人一起白相私门头，却被张德操、潘麻皮摆了一记仙人跳。小江北重行剥猪猡被捉，押上香港摩托卡，跌进大房子。

11.《上海宁波公报》1944 年 9 月 1 日（151 节）—1944 年 9 月 10 日（162 节未完）《虹口兄弟》周益世

12.《力报》1944 年 10 月 1 日—1945 年 4 月 24 日（144 节未完）《侠林争雄记》周益世

在白相人地界，提起小蹄膀朱玉书，也是响当当的人物。可是他近来做事不大顺手，今天到浦东收白货（吗啡也）回来，乘小舢板过江，被摇舢板的拔出苗头，动手抢劫，船打翻，朱玉书落水，游回岸上，货全被浸湿。

初，叶小明和朱玉书都是李青云的小角色，李青云死，手下的一班人各自在外面派窜头。叶小明与朱玉书妻杏花有下花头，此次朱玉书到浦东做生意，叶小明放龙给摇舢板的阿毛，嘱其半路劫杀之。

朱玉书逃回，甫入家门便撞见杏花与叶小明床上同宿，叶小明逃走，朱玉书找到同产弟兄八仙桥老板范善良，将杏花卖给咸肉庄做生意。

叶小明投靠李汉云，鼓动杨宗茂、何保德等到范善良咸肉庄寻事，欲借小角色闯祸，嚓范善良和李汉云斗狠，从中渔利。

13.《苏报》1946 年 9 月 22 日—1946 年 10 月 12 日（21 节未完）《海上三亨》周益世

二路车上，乘客拥挤，西装少年踩痛胖子，两人嘴上开花之际，胖子发现钱包被盗。西装少年是李福根，人称快嘴小李，拜张秋云为老头子。胖子是上海大亨胡世仁的开山大弟子朱□玉先生，外号排门板。车上的三只手是阿宝的手下，快嘴小李与排门板二人到满庭芳找到阿宝，要回皮夹子。

毛小开与水老鼠范高生姘妇许湘君有花头，被范高生捉住讲斤头，毛小开搅落一笔钞票并写下伏辩，方始叫开。

14.《罗宾汉》1946 年 12 月 5 日—1948 年 4 月 30 日（441 节完）《十八条好汉》周益世文，王泽人图（插图）

在虹口一带有一班白相人，号称十八条好汉，横行一时。十八个人在虹口夏海庙弯过膝馒头，对菩萨发过誓，十八个人一条心，不可以作半吊子。

孰料，老三刘金发与老六孙柏林同时追求一个在虹口相当走红的绍兴戏子小金花。金发怪柏林剪他的边，当着自己一班兄弟痛打孙柏林，老大和老二也派柏林不是。

孙柏林怀恨，联络老六毛如虎，投奔另一白相人包龙图，遂将十八条好汉的内幕揭穿。造假钞的机关被破获，老大、老二因此送命。小金花成了孙柏林的女人，刘金发却跌进了大房子。孙柏林又与一个叫马德龙的包探合谋，使在监狱里的刘金发吃了不少苦头。

七年后，刘金发出狱，重操旧业，印制假钞，聚集十八好汉之残部，预备向孙柏林、马德龙、毛如虎复仇。

孙柏林和小金花被刘金发抓住，刘金发用酷刑将小金花折磨致死，又把孙柏林活埋。

马德龙这时进入日本宪兵司令部，靠萝卜头牌头，当起一名密探，居然红人，甘心为虎作伥，捉了许多地下同志。刘金发捉住他并关押起来，不料，马德龙拼命逃跑，被刘金发手下开枪打死。

毛如虎出身是虹口小抖乱，后来和刘金发一班人混在一起，算是十八条好汉。“八一三”之后，毛如虎纠集一班党羽，在浦东一只角冒用游击队名义，弄到几支枪支，拿老百姓晦气，后被汪记政府收编为和平军。

毛如虎被刘金发轧牢，刘金发弄瞎了他一只眼睛，正准备酷刑处死，不意被毛如虎手下救出。毛如虎住进福民医院治疗眼伤，刘金发混进医院病房，杀死毛如虎，不料自己却被毛如虎的姘头花宝宝开枪打死。

15.《诚报》1946年12月18日—1947年3月31日（101节完）《群魔乱舞》周益世（插图）

某日巡捕夜巡，一背包人见巡捕逃走，遗下一包裹。巡捕打开一看，是颗人头，案子移交赵振兴探长。不久，有女认尸，称死者是陆宗保，自己是其妻子杨佩珍。

初，陈大魁与陆宗保为同产兄弟，都是赌台老板李宝云的小角色。陈大魁与陆宗保妻杨佩珍有奸情，被陆宗保发现，捉奸中，反被陈大魁打死。

有苏成德者，乃杨佩珍住处之二房东也。苏成德对杨佩珍早有觊觎之心，某夜偷入佩珍房间，欲行不轨，佩珍反抗，苏成德失手将杨佩珍杀死。恰巧陈士魁到来，苏成德用棒将陈士魁打晕。

一案未破，又生一案。探长赵振兴追踪并逮捕陈士魁，并以陆宗保案向其老头子李云宝敲诈一副金台面。李云宝觉得赵振兴狮子大开口，找到胡四保，嘱其做掉赵振兴。胡四保开杀人公司，专门包办杀人生意，唯一好处，就是有肩胛。胡四保派陆子敬、宋义民将赵振兴暗杀，不想惊动了巡捕，交火中宋义民被打死。陆子敬因为没有救出宋义民被胡四保开除，某日在妓女白兰花的房间，陆子敬被赵振兴之旧部发现，陆子敬情急跳楼摔死。

16.《光报》1947年5月2日—1947年7月1日（61节完）《双枪小白龙》周益世文，王泽人图（插图）

张小开，名振祥，拜白老虎为老头子。其在乱党地界，十分兜得转，收下小货从来不会出毛病。

张振祥常到五福浴室沐浴。这日，领了一位陌生朋友，这位朋友腰间左右挂两只勃朗林，他便是双枪小白龙，白相地界的一位狠客。小白龙见一浴客身上所挂链表，缀一根小指般粗的金表链，好似一条过海黄龙。追此浴客刚出浴室，小白龙便持枪劫之，让张振祥见识一下自己的苗头，显出自己是一个响当当的角色，不是没有用的脓包。

黄浦江中常常有日本船只出入，日本人将船上物资倒卖给中国人，最多的是煤炭，这种生意被一个诨号翻江鼠的蒋阿新包办，别人休想轧脚进来。张振祥做了几次五金机件，皆因蒋阿新从中作梗，而未成功。

张振祥派双枪小白龙上蒋阿新的路。小白龙乘蒋阿新与日本人交易之际，劫持运煤船，大获成功。追小白龙二次劫船时，蒋阿新已有防备，枪战中，小白龙右手被击中，落了残疾，变成了单臂小白龙，再不能纵横白相地界了。

17.《活报》1947年7月20日—1947年10月19日（91节完）《活阎王》周益世文，亚夫图（插图）

在白相地界，阎老四鼎鼎有名，人称活阎王。

陈阿德本是阎老四的小角色，却不想做了半吊子，私下与高福林一同做了一笔黑货交易，到手不少钞票。阎老四在大美饭店找到陈阿德，陈阿德逃跑中从大美饭店跌下摔死。

陈阿德已死，阎老四上高福林的路。高福林在百林大厦公寓房子租了几个房间，开了一家高贵赌场，范围虽小，输赢却大。阎老四派李巧生、小林、黄三元抢劫高福林赌场。

石小开搭上了汽车夫曹阿义女人潘宝玲。石小开情愿拿出一票钞票来，让曹阿义另外讨一个女人，曹阿义不从，石小开则托阎老四将曹阿义做掉。阎老四派李巧生等三个小角色砍死曹阿义。石小开没有钞票酬答阎老四，便和阎老四策划绑架了石小开父亲石乐伯。不想看守石乐伯的老巢被端，看守马老二被抓，李巧生等滑脚，阎老四不知情，来不及逃，被警察局抓获。

18.《辛报》1947 年 9 月 17 日（32 节）—1947 年 9 月 17 日（32 节未完)《小捣蛋》周益世文，徐润图（插图)

19.《飞报》1947 年 10 月 12 日—1947 年 11 月 10 日（30 节完)《侠林争雄记》周益世文，陈冠儒图

林小芳，小开也。某日走在马路上，遇到一个戴鸭舌帽、身穿灰色线呢短衫裤的小抖乱，吃相狠得邪气，硬说林小芳踩了他的脚，要林小芳摆一句闲话过来。原来这就是所谓的白相人装笋头。

这个戴鸭舌帽的人叫小阿六，拜的老头子是虹口一只鼎毛长江，而林小芳也不是孔子，老头子是虹口大拇指翘翘的金四海。

毛长江论苗头和金四海脚碰脚，平常没有什么冲突。一次小阿六开人家一记条斧，对方请出金四海来，小阿六吃瘪。小阿六不甘心，向毛长江哭诉，毛长江关照小阿六，以后若是机会，碰到了金四海轧脚的事，和他搅过明白，自己可以当他后台。今天上林小芳的路，恰巧是金四海的小角色。

林小芳被小阿六吃瘪，回去便向老头子金四海诉苦，金四海为其出头，与毛长江在王三和酒店谈判。孰料，斤头未讲好，却撕破面皮。金四海派蟹脚李阿德做掉了毛长江，而毛长江手下小阿六则用枪打死

金四海。

20.《活报》1947年10月20日—1947年12月19日（61节完）《侠林红粉》周益世文，亚夫图（插图）

白相人方德茂之子方小春与其友陆一清坐车，巧遇倪宝凤，见其面貌很崭，遂上前吃豆腐，并一直盯梢到倪宝凤住的弄堂口。恰被宝凤哥哥倪阿昌见到，阿昌上前教训了他们一顿。

小春回去找到花鼓筒老八，花鼓筒老八乃小春父亲的开山门大弟子。阿昌无牌头可戤，于是找到虹口白相人高德海，双方在五龙楼茶馆吃讲茶。花鼓筒老八被高德海左右开弓两记耳光吃瘪，大庭广众下坍台，下了面子。

倪阿昌因高德海给自己扎了台型，遂将宝凤嫁给高德海。婚礼现场，花鼓筒老八引爆炸弹，高德海、宝凤俱被炸死。

21.《群报》1947年10月28日—1947年10月31日（3节未完）《黑皮阿五》周益世文，穆一龙图（插图）

22.《真报》1947年10月28日—1947年12月31日（55节未完）《三十六股党》周益世

在弄堂口摆水果摊的香蕉阿二娶再醮之女，婚宴设在三元楼。却见外面走进两个人，一个戴鸭舌帽，一个戴西瓜皮小帽，他们就是上海人所称的三十六股党拿开销者，即在人家办黑白喜事当口要钱也。香蕉阿二开销了2万元储备票，二人不满，香蕉阿二愤而出手殴之，二人趁机自伤流血。后经张春海出面叫开，香蕉阿二开销了50万元储蓄币方了事。

白相人大闸蟹阿黄，为过界拿开销与独眼龙福生讲斤头。福生被吃瘪，拉台子赔罪，福生派马夫阿四枪击阿黄。

23.《小日报》1948年2月1日—1948年6月9日（105节完）《黄老虎》周益世（插图）

黄老虎在白相人地界本来起码来些，可是不知如何蹿了起来，牌头越来越硬。宝林偏不服帖，恰巧黄老虎三十初度，凡是他所认为有一些小苗头的，都接到一份请帖，偏偏宝林、小金、李长脚、阿毛不在受邀之列。某日，四人碰在一起，要给黄老虎一点颜色，便在光明里弄堂口的牛肉面排骨摊动手。不料，黄老虎掀翻牛肉汤锅，将宝林等打退。

黄老虎娶妻小老四,二人不睦，常寻相骂，打相打。黄老虎赌气出走姘头白兰花家，却遇白兰花与拖车小白脸在床头温功。而黄老虎妻小老四与小丁有花头，二人合谋，串通杨律师，以私运关金之名敲诈黄老虎，并寻机做掉他。

杨律师找来两个日本浪人武大郎、十一郎，凭其日本人的牌头，摆了一记华容道，将黄老虎抓获。孰料，黄老虎却在武大郎、十一郎看管下脱逃。

黄老虎回家捉奸小老四和小丁，不想捉奸不成，却被小丁开枪打死。

24.《罗宾汉》1948年5月1日—1949年6月15日（392节完）《十三太保喋血记》周益世文，王泽人图（插图）

虹口一把抓的白相人李天王，手下十三个小角色，人称十三太保。

陆阿荣开设赌场，李天王率徒抢台面。倪老四为阿荣设谋，找杨清和报复李天王。杨清和本是个起码白相人，靠着东洋人牌头蹿了起来，在虹口捕房里当探长，对于外面老朋友地界，常常搅七捻三，借势压人。

杨清和为阿荣画策，令伍性仁向李天王放龙，以杨清和家藏黑货为诱饵，骗得十三太保前来劫财，杨清和则在家中张罗布网，一举俘获五人，后五人逃脱。

大太保王大宝见老头子李天王失势，成了过期票子，率众投靠白老虎。白老虎原是上海白相人，身背五条命案，开码头逃江北，正逢抗战初期，白老虎投入一只杂色军，后杂色军改编和平军，军长令其返沪开设办事处。白老虎回到上海，又和日本军部里接洽，领到一张特别派司，牌头更是扎硬。

胡阿达白相舞场，与小龙为丁玲玲吃醋争风，以致于打相打。小龙父是大名鼎鼎的白相人龙天彪，开赌场并做贩私生意。白老虎出面与龙天彪将此事叫开，然小龙心不甘，暗派宋明仁和吴阿森杀死胡阿达。

王大宝报复，率十三太保抢劫龙天彪高桥赌场，轧牢当手李永福，令其打开银箱。孰知，银箱暗设机关，藏有毒瓦斯。开锁之际，李永福引爆机关，毒瓦斯喷出，李永福与这一班狠天狠地的十三太保同归于尽。

25.《活报》1948年9月17日—1949年2月15日（144节完）《活老虎》周益世

范老虎，白相人也，外号活老虎。

范老虎一天天蹿起来，已是一个颇为话得起的白相人。其妻王三姐也就成了白相人嫂嫂，马立师一带，只要提出王三姐，尽人皆知，平常代人家讲斤头，照样张牙舞爪。

王三姐因范老虎在外面与金碧花搭小房子，气不过，故与小胡牵情。范老虎与郝星仁合伙，从日本军队仓库偷运白米。为泄愤，王三姐不顾夫妻情，对范老虎下一记辣手。王三姐找到马阿香，并与其夫陈起龙合谋，到日本宪兵队告密，宪兵队捉拿范老虎。范老虎得知其谋，炸毙陈起龙，又杀死三姐，己则自杀。

26.《真报》1949年1月12日—1949年3月31日（74节未完）《强盗王》周益世

钱如明，医生也。某日夜半，有人求诊，钱如明被请到靠近徐家汇一座独立的小型花园洋房，住在这里的就是杀人越货的强盗王世忠。王世忠一伙人本在天津做生意，到上海不到一年，连续做了好几件案子，王世忠腿上被击伤。

文漫漶残缺。

27.《活报》1949年2月17日—1949年4月20日（64节未完）《独眼龙》周益世

李天龙为何福禄保镖，何福禄被劫，李天龙护主，伤及左目，故称独眼龙。

李天龙因伤住院，其心仪的大小姐阿巧与何福禄勾搭，竟搭小房子，做姨太太。李天龙辞去保镖，何福禄所予之酬报亦不如李天龙意，保镖与主人反目成仇。

杨老松在东新桥一条弄堂里开了一家秘密赌窟，李天龙与他密谋上阿巧和何福禄的路。

28.《罗宾汉》1949年6月16日—1949年7月9日（34节未完）《五人义》周益世

漫漶残缺。

苏广成

1.《迅报》1938年12月12日—1939年8月29日（完）《贞节坊》苏广成

上海法租界外国坟山相近，有一座1931年的建筑，那就是贞节坊。弄堂中住着大阿姊、二小姐、四妹妹，三姊妹皆为舞女。有医师俞济人亦迁居于此。大阿姊拖车阿斌。阿斌与二小姐牵情，俞济人与大阿姊、四妹妹搅七捻三。

2.《新华》1939年8月23日（19节）—1939年8月27日（23节未完）《拖车杂记》苏广成

3.《迅报》1939年8月30日—1939年10月20日（第46篇未完）噱头连载《单开间》苏广成

字迹漫漶。

4.《东方日报》1939年9月19日—1939年12月28日（100节未完）社会小说《谢谢一家门》苏广成

法租界外国坟山对过的贞节坊，进弄第一家石库门之谢第。

谢老太爷有儿子谢天、谢地，女儿谢谢。谢天与马德莲相恋，谢地与陆伯丝结缘，谢谢与田葆昌有情。然谢家老太病故，马德莲小产而死。谢天因刺激而疯癫，谢地独身出走延安，考进了训练学校，有志去做有益于人群的工作。而谢谢也未与田葆昌连理，而是嫁给了一个汕头人，婚后亦翘辫子。

5.《好莱坞日报》1940年1月1日—1940年9月30日（未完）《骑虎日记》苏广成

文记夫妻琐事，及与萧小姐牵情，与小姨嬉闹。

6.《品报》1940年7月31日—1940年10月9日（71节未完）噱头长篇《飞龙传》苏广成

《吉报》1940年10月15日（72节）—1940年12月31日（144节完）噱头长篇《飞龙传》苏广成

嫦娥下凡托生李小秋家，降生后父母双亡，而依黄杨氏为活，与黄杨氏子黄志高称兄妹。二人家中偷情，志高失业，嫦娥无奈去做舞女。

有邹应龙，先是银行职员，后跳舞跳穷，便教人跳舞为活，嫦娥与其结私情。嫦娥又与舞客杨小开相识，搭小房子，然杨小开父守财奴，杨小开持枪劫其父财，被抓判刑。嫦娥被邹应龙与荣生所骗，坐上前往哈尔滨的轮船。

7.《上海小报》1940年10月23日—1941年4月15日（152节未完）《雄媳妇》苏广成

贾福记五金店贾老板，只有一女贾珠波，嫁杨鑫甫，为上门女婿。珠波婚前既与人有染，婚后又为鑫甫撞见与人孵茶室，热络异常。鑫甫为报复则与岳父之妾小姆妈幽会，又与少奶奶身份的爱宝牵情。

8.《品报》1941年7月5日—1942年5月31日（314节未完）《古典美人》苏广成

《吉报》1942年6月1日（315节）—1943年2月16日（563节未完）《古典美人》苏广成

袁绍基与发妻生一子而殇，结识坤伶金艳琴而相恋，背父妻偷娶。后二人不和而分袂，此时艳琴已身怀六甲，不久生产，得一麟子，与绍基复好如初。然绍基偷娶，艳琴又是戏子身份，故不为袁家所容，子则被收回养于袁家，艳琴一面不得见。后袁家迎娶艳琴，然惹大妻之嫉妒。

9.《吉报》1941年7月21日—1941年12月31日（164节完）社会讽刺小说《药葫芦》苏广成

富商周福宝，其兄周福兴。福宝发大财，福兴不及兄，福兴从福宝处常有分润。

福宝只有一独生女，不想64岁老来得子。福兴惧兄得子妨碍自己财路，生加害之心。糖饼会上，福兴子周锡祥，与其舅父之弟陈梦熊串通敲诈福宝8万元，然被周福宝女儿秀兰瞧破，并告知父亲。

秀兰嫁张如云，然张府大儿媳于美丽挑拨离间，秀兰与丈夫不睦，生子又不准亲自哺育，难得天伦之乐。秀兰深恐自己死后，儿子会受到于美丽欺负，更恨这个小东西，自出生到现在，从没有使她过一天安定日子，便用药毒杀亲子。同时，周福兴女莲英收舅父陈梦熊3000块钱，投毒将周福宝子药死。

10.《力报》1941年8月1日—1942年1月17日（156节完）《合欢草》苏广成

小玲乃向字头也，向字头即向导女。小玲与马家驹本为一对恋人，然家驹贫，无以自给，何谈迎娶。小玲无奈嫁翻砂厂主李蔼林，牺牲己身，供养家驹一家兄妹三人。

莲香亦为向导女，与家驹有私，然莲香滥交不自检束，最后竟致沦落街头而亡。

小玲后与蔼林脱幅，得1000元赡养费，与家驹复其情爱如初，二人开设一爿小烟纸店。家驹病殁，小玲为家驹诞一子。

11.《好莱坞日报》1941年9月1日（13节）—1941年11月26日（92节未完）《马寡妇》苏广成

马寡妇年轻丧偶；马玲玲、朱宗江为夫妻；李宝樟、李小樟为父子。文叙五人之间搅七捻三，颠倒交互幽会私通。

12.《力报》1942年1月18日—1942年8月31日（212节完）《宜男居》苏广成

积福里12号王至中娶莲芬，人皆言莲芬有宜男之相。有小吴者，书“宜男居”赠之，以为门额。

至中外出，邻人李一龙与莲芬私识，后又与莲芬妹莲芳相好。迨李一龙与他的表妹结婚，李一龙照样与莲芬、莲芳姊妹睡在积福里，李一龙称这个表妹是他的母亲娶给他的，而莲芬姊妹则是他自己找来的。当至中回沪，已人去楼空，徒余“宜男居”匾额。

13.《万言报》1942年6月27日—1942年8月31日（65节未完）《黄历本》苏广成

文记夫妻每日琐事，及与陈小姐之艳闻，后陈小姐与他人订婚。

14.《繁华报》1943年9月13日（13节）—1943年10月31日

(58节未完)《旷男怨女》苏广成

15.《大上海报》1943年10月21日—1943年10月21日（1节未完)《古城风月》王大苏

《繁华报》1943年11月25日—1944年1月13日（22节未完)《古城风月》苏广成

吴中多佳丽，自不乏韵事流传。有纨绔子叶少岩，溺于赌，黜职返里，株守家园，于雨夜邂逅旧邻黄杨氏偕宝小姐往剧场观戏。宝小姐有殊色，叶少岩倾慕之，欲借邻妇为晋身之阶，百计示好，不得逞。黄氏绅商之家，富于资，但年逾知命，膝下犹虚，妻黄杨氏盖其续弦也。黄杨氏竟向少岩献媚，冀其垂顾，卒达到借种目的。

16.《繁华报》1944年12月5日—1945年3月25日（92节未完)长篇连载《苏台春满记》苏广成

17.《海光》1946年1月23日第8期—1946年1月23日第8期(完)《从戎记》苏广成（短篇)

18.《罗宾汉》1946年8月10日—1946年12月24日（130节完)《歌场风月》苏广成文，董天野图（插图)

歌女兰秋与赵一平相恋，兰秋师傅张俊庭性好渔色，与兰秋母同居，乘隙奸污兰秋，兰秋为躲避计，住在姨妈家中。赵一平与人经营木行，拆朋友的烂污，无法填补亏空，躲回苏州。一平回沪后与兰秋赁屋同居，依兰秋登台为活，然勃谿不断，终致分袂。此时兰秋已身怀六甲，有青年刘益林者仰慕兰秋，但兰秋只以朋友之谊相许。兰秋抑郁烦闷，终致小产而殒。

19.《飞报》1946年10月16日—1947年3月30日（163节完)《飞来凤》苏广成文，董天野图

张大原为世家子，袭父余荫，不事生产，耽安乐。有烟霞癖，能歌，俨然谭派名票，交梨园中人无数。断弦之后，垂爱其妻之赠嫁婢，名唤阿凤。阿凤美而艳，慧黠异常，私一张邸常客，伶人李世春，并与其同居。后又与职员马如龙姘识，马如龙被捕，阿凤回到张大原处。阿凤如此这般在数个男人之间飞来飞去也。

20.《诚报》1947年3月21日—1947年9月30日（119节完)《扫

帚星》苏广成文，董天野图（插图）

马爱宝，养媳妇出身，其夫钱阿荣。军服厂老板蔡晋元佣爱宝为婢女，又收录阿荣进军服厂做工，并资助其做生意。爱宝与晋元有染，后通过律师登报声明与钱阿荣母子脱离养媳妇关系，而与蔡晋元搭小房子，然不久即拆姘头。爱宝又与王律师王小白、阿三同居，皆不长久，最终经王小白搭桥与蔡晋元重拾旧好。谁知半月之后阿三看报，出了一桩惊人新闻，蔡晋云覆车惨死，新寡文君爱宝逃之夭夭。

21.《飞报》1947 年 4 月 1 日—1947 年 7 月 31 日（124 节完）《船娘阿九》苏广成文，董天野图

上海游客沈渔舟游览南湖，与禾城嘉兴船娘阿九相识。阿九有堂妹小红，已能帮同摇船撑篙，经阿九介绍亦与渔舟相识交往，并结下私情而有孕。渔舟已与他人有婚约在前，不能娶小红，经邹团副居间调停，以 100 万补偿小红了事。邹团副垂涎阿九，威逼之，阿九侥幸逃脱。小红愤渔舟之始乱终弃，跳水自杀。阿九悔恨当初结识渔舟，自己亦几为其玩弄，又幸免于邹团副之淫威。

22.《风 报》1947 年 5 月 5 日 —1947 年 11 月 3 日（152 节 完）《同心结》苏广成文，董天野图（插图）

郭鹤鸣、徐玉芙新婚燕尔，丈夫回沪工作，徐玉芙留守苏州，无聊中听弹词以消遣，遇 20 多岁的青年弹词家钱小舫，相交甚密，唯不涉暧昧。

鹤鸣在沪与一寡妇热恋，置玉芙病不顾，玉芙为之曾吞金自杀。而玉芙苏州行迹亦为婆家所疑，派婢女监视。玉芙难以忍受，与鹤鸣离婚，回苏州与钱小舫同居。钱小舫所穿绣花拖鞋缀有同心结，为从前玉芙所赠。讵料，钱小舫染病而亡。

23.《飞报》1947 年 8 月 1 日—1948 年 8 月 14 日（368 节完）《阿林先生》苏广成文，董天野图

阿林在香港住上一年多，本来是跟一个老舞女跑单帮，与其有下暧昧关系，滞留香港。老舞女在舞厅跳舞，介绍阿林到舞厅做仆爱，一年后升了开普登，他手头倒很积了些钱。老舞女早嫁了个港仔，眼见香港市面不景气，阿林便回上海。

回沪途中，在皇后号邮轮上结识少妇殷萍，又于其处结识狄娜。回沪后所交结之女人尚有翠英、李丽华、六阿姊等。阿林将殷萍所有私蓄以囤货盘店之名，弄到自己袋里。又在银楼骗取大量金饰，再加自己东骗西捞许多钱财，乐得抛下一切，离开是非之地，同狄娜到香港去组织小家庭。狄娜亦有私蓄，二人乘坐克别芙兰号邮船去港。

24.《诚 报》1947 年 10 月 1 日 —1948 年 2 月 3 日（107 节 完）《杭州姑娘》苏广成文，董天野图（插图）

上海人沈杰人到杭州游玩，与西湖姑娘阎小莲相识成为恋人，二人缱绻，不久小莲有孕在身。然杰人计无所出，有心负责，无力养家，终以辍学出外谋事之名，离小莲而去。

此连载曾出单行本。《诚报》广告云："请向各书报摊购阅《船娘阿九》，为苏广成著，由董天野插图百余幅，十五万言精装一厚册。售价一万五千元。"①

25.《群报》1947 年 10 月 28 日—1947 年 10 月 31 日（3 节未完）《野花闲草》苏广成文，董天野图（插图）

26.《风报》1947 年 11 月 21 日—1948 年 3 月 5 日（93 节未完）《民主夫妻》苏广成文，董天野图（插图）

大刚与小娟新婚夫妻，然小娟与表弟暧昧，大刚颇怀不满。大刚与小娟之闺友张小姐暧昧，而小娟却为表弟与张小姐间极力撮合。

27.《辛报》1948 年 3 月 6 日—1948 年 5 月 20 日（72 节完）《花甲翁》苏广成文，董天野图

施大富，富翁也，家有三个太太，又在外面与生意浪的小先生金媛搭小房子。金媛与小张相恋，大富死，金媛与张生卷逃。

28.《风报》1948 年 7 月 26 日（82 节）—1948 年 11 月 30 日（158 节未完）《第八夫人》苏广成文，董天野图

29.《大风报》1948 年 8 月 1 日—1948 年 8 月 16 日（16 节未完）《野草闲花》苏广成

① 苏广成：《杭州姑娘》，《诚报》1948 年 2 月 3 日。

30.《飞报》1948年8月25日—1949年6月3日（219节未完）《天堂春秋》苏广成文，董天野图（插图）

王凤梧，家室男，先与二媛搭小房子，后又与老二的女人、金美玲、孔曼芬姘。而金美玲与老二有私情，二媛与华三祝相好，孔曼芬又失身于华三祝。皆颠倒鸳鸯谱。

最终，凤梧与孔曼芬、华三祝与二媛同日结婚。而凤梧婚礼恼了两个人，一个是老二的女人，她还不知道凤梧已与他人订婚；一个则是金美玲，与他一度缱绻，竟无法再与他亲近。金美玲隐忍，而老二的女人、凤梧妻子来大闹婚宴。

31.《东方日报》1948年9月1日—1949年3月26日（177节未完）《痴男怨女》苏广成

经营西药的沪光公司招考女职员，史淑华应考，偶遇地产公司职员鲁殿光，二人相识并相恋。淑华同事施曼瑛，孀妇也，与张白伦结情。孰料两对情人又交叉互恋。

32.《飞报》1949年6月4日—1949年7月9日（36节未完）中篇创作《同林鸟》苏广成

黑旋风

1.《上海日报》1941年4月1日—1942年3月31日（343节完）社会小说《斧头阿毛》黑旋风

阿毛木匠出身，女人已死，自己一条袴子，一条绳，木匠不高兴做了，常常和一班乱党轧淘。因为他的力气大，凡是打相打的事，总要拖他去挨一脚。后拜钱金福为老头子。

有陆小荣，是钱金福的小角色，钱金福一手挑他起来。孰料，近来稍为狠一眼眼，对于钱金福简直就不放在眼里，为了一件讲斤头，陆小荣不买钱金福的账。钱金福遂派阿毛去斩坏他，钱金福的手下人虽多，但敢拿斧头砍人的只有阿毛。阿毛寻到陆小荣，趁机不备，对准小荣，斧头当头砍下。顿时，鲜血四溅，小荣连忙用手去捧脑袋，阿毛毫不怠慢，又砍几斧，结果了陆小荣的性命。此为阿毛初出茅庐砍人第一斧。

刀疤阿福因枪杀顾洪发，在上海呆不住，开码头避风头。其妻月珍与阿毛牵情，刀疤阿福回到上海后，预备捉奸，不想被阿毛用斧头劈死。

阿毛下手之辣，转为其老头子金福所忌讳，准备下手除掉阿毛，却被阿毛窃听，阿毛避风头至徐家汇。

徐家汇有一家得利公司，赌客相当多，老板祝亦青，手下两个心腹，一个顾大头，一个万阿通。万阿通原为刀疤阿福手下，故寻阿毛报仇，发动全部人马捉拿阿毛。阿毛逃脱后，伺机报复，先潜到顾大头住的长寿里廿三号，偷入其宅，顾大头正睡在床上，阿毛持斧头将其砍死。复到万阿通家中，故技重施，万阿通亦死于阿毛斧下。

剪除祝亦青两心腹后，阿毛便来上祝亦青的路，先烧掉其住宅和家人，然后砍毙之。阿毛连杀三人，强占了得利公司。

钱金福眼见阿毛蹿起来了，心生嫉妒，便来得利公司寻事，命蟹脚葛昌根去抢台面。阿毛等人手提机关枪，身穿保险马甲对阵，钱金福及其手下屈服缴械。阿毛以妻儿相逼，迫钱金福让渡生意和财产，并派人遣送钱金福回原籍，趁机将其暗杀。

阿毛将成保的老婆小毛占为己有，而阿毛的姘头桂香却又与小喜有染。成保与小喜合谋下辣手，成保砍死阿毛，财物到手。成保与小喜哈夫之际，小喜效法阿毛之狠劲，用斧头劈死成保，独吞所得。小喜携桂香开码头，不意列车脱轨，二人亦死于非命。

2.《上海日报》1942 年 4 月 1 日—1943 年 3 月 30 日（第 12 章完）社会长篇《大流氓》黑旋风

上海爱文义路上的永康里，卅一号住户裁缝司务陆良山妻陆戚氏，有母大虫之名。16 号住户烂眼阿洪，老婆玲弟。烂眼阿洪是一个颇有小挖的白相人，手下有几十个小捣蛋，凡是什么讲斤头、拆姘头、打相打等事，都有他的份儿。

母大虫陆戚氏与玲弟因倒马桶起争端，各请老头子讲斤头。陆家请高松林摆肩胛，阿洪不买账，打了高松林。因此事，阿洪的老头子翘脚宝根与高松林也发生火并。阿洪惧祸，出外避风头。

阿洪投奔刘德甫，拜其为老头子。刘德甫姘头翠宝和孙玉堂有花头，刘德甫嘱阿洪做掉二个狗男女，阿洪将二人种了荷花。

刘德甫遣阿洪等人抢劫犹太人开的晶晶珠宝店，成功后欲把货运往外埠销售。在去宁波船上，刘德甫与阿洪互生猜疑之心，在争夺钱箱时，阿洪将刘德甫推坠入海，而与顾大刚分肥。

阿洪携财宝回到上海，自己坐庄，摆了一只台子，名大吉俱乐部。因本钱粗，胆子大，生意邪气发达。

玲弟与阿洪的小角色李阿明搅七捻三,二人合谋做掉阿洪。阿洪被陆品海击伤，在家养病。阿明遂向陆品海放龙，陆品海前去阿洪宅行刺，陆品海入门之际，遇到玲弟，惧其喊叫，将其杀死。

阿明见情人被杀，遂将陆品海击毙。阿洪至此恍然大悟，阿洪与阿明对射，俱皆丧命。

3.《上海日报》1943年4月1日—1943年9月27日（179节未完)《糊涂虫》黑旋风

夜半时分，刘学明坐黄包车回家，被小陆等小抖乱抛顶宫，丝羢帽子被抢。刘学明下车追赶，不想进入一死胡同，此乃小陆设下圈套。刘学明被轧住，大蓬卸下，里面丝绵袍子也被剥去，外加上表和自来水笔。这一串行动，白相人讲话，叫做抛顶宫外加钓乌龟。

舞女大班小林和小陆为舞女宝珠吃醋，小陆遣荷生和桂方摆宝珠的堆老，弄一蒲包么二三，去套在她的头上，黄金汁淋了一身。小林调查摆堆老为谁者，不想又被小陆借故轧牢讲斤头，宝珠出面，答应小陆五条辫子，方才叫开。

小林脱身后，设一计，找来舞厅两个保镖万耀泉和朱宝思，扮作包打探。当小陆到宝珠家取讲好的五条辫子时，万耀泉，朱宝思上前来一记三吓头，以敲诈罪要将其带往捕房。小陆见是吃公事饭的，只好吃瘪，并写下伏辩，承诺以后不再与宝珠和小林搅七捻三。

4.《繁华报》1943年9月13日（12节）—1943年10月31日（58节未完)《穷凶极恶》黑旋风

5.《力报》1947年6月11日（11节）—1947年10月13日（130

节未完)《马路英雄》黑旋风文，王秋野图（插图)

小朱朱甫荪，开天生医院，乃一风流医生也。在他没有和葛静云结婚之前，凡是在他院里当看护妇的，没有一个不是和他有过贴肤之亲。后小朱结识督察长施惠堂的姨太太一飞老五，二人打得火热。施惠堂发觉，派亲信去捉奸，讲斤头，小朱搅落 30 000 万元，后又惠钞 6000 元，始换得与一飞老五同居。

这一番聚散，原来是施惠堂和冯志禄两家头商量好串的扇面，施惠堂借此甩掉一飞老五。

小朱后来因为勒毙舞女案被抓，施惠堂嘱徐泰山在小朱身上做足输赢，施以酷刑折磨之。

出狱后小朱与高长标、周小华等组织一铁血锄奸团，准备上施惠堂的路。文残。

红绡

1.《力报》1938 年 6 月 15 日—1939 年 2 月 5 日《书艳猎奇记》红绡

(文言短篇合集)

(1) 春色满园关不住
(2) 回头一笑百媚生
(3) 春灯影里够销魂
(4) 流星一矢贯丹心
(5) 歌喉响可遏行云
(6) 美人忽逢沙吒利
(7) 蚀骨销魂一女魔
(8) 奇疾美人眠不得
(9) 犹是云英未嫁身
(10) 春风偷渡玉门关
(11) 公主云床看佛牙
(12) 为报郎恩两度缘
(13) 最难消受美人恩
(14) 意中人是梦中人
(15) 回头一念放屠刀
(16) 为郎憔悴却羞郎
(17) 同心真假两金莲
(18) 一失足成千古恨
(19) 虬髯奇画做冰人
(20) 重把新弦弹旧谱
(21) 伤心北地买胭脂
(22) 恨不相逢未嫁时
(23) 无心再合玉蝉缘
(24) 雪耻难忘故剑情

2.《上海报》1938 年 10 月 1 日—1939 年 3 月 31 日（第 13 篇未

完）香艳侠情《奇人奇事录》红绡（文言短篇合集）

第一录　歼妖鼋乞丐得娇妻　　第二录　探虎穴计破白魔岭

第三录　李太守画舫遇仙姬　　第四录　鲛绡巾构成覆盆冤

第五录　云双鹣巾帼变须眉　　第六录　杨淑礼圣洁膺旌表

第七篇　周吻霞死后入青楼　　第八篇　荐亡魂莲座见慈亲

第九篇　服邪药妄制桃花帐　　第十篇　感知遇禽兽报殊恩

第十一篇　易嫁缘慧眼识英雄　　第十二篇　报深仇虎儿歼恶霸

第十三篇　霍小姐夭矫若神龙

3.《力报》1939 年 2 月 7 日—1939 年 7 月 10 日（151 节完）《战地笙歌》红绡

上海愚园路，李国屏因不满包办婚姻来沪，寄居姑父马联甲宅，走读振华大学。国屏喜弄笔墨，与笔名抱月女士的刘倩影相识称莫逆，成恋人。讵料，倩影病故，临终嘱其妹雪华继之。倩影与雪华原为手帕交。

国屏走马章台，罹患花柳之恙，遇桂珍（真）。桂珍风尘奇女也，有秘方，为李国屏治愈花柳病，并促国屏与雪华之情好。但提出一条件，为其绍介一有为青年。国屏和雪华为其介绍王长江。王长江，国民革命军五师十旅十团团长，桂珍与王长江结缡，同赴从军之行。国屏与雪华亦投身战地。

郑武功，浙江镇海人，中尉第一排排长，与雪华一见钟情并结合。

张国安，乙师之精锐第三营第九连连长，22 岁，17 岁投身行伍，累建奇功，由下士而渐升至连长。瑞金一役，身先士卒，沪战中打了第一个胜仗。国安与国屏朝夕相处，情如手足，却不知国安乃女扮男装之花木兰，二人终成连理。

4.《奋报》1939 年 4 月 17 日—1939 年 8 月 28 日（138 节未完）《中州七霸天》红绡

《袖珍报》1939 年 8 月 29 日（139 节）—1939 年 9 月 29 日（第 7 霸完）《中洲七霸天》红绡

嵩山少林寺，为武事汇宗之所。该院主持了尘与禅圣，有入室弟子七人，江湖称七霸天。七霸天行侠仗义，除暴安良。

5.《袖珍报》1939 年 6 月 20 日—1939 年 8 月 30 日（69 节第 3 集完)《浴血鸳鸯传》红绡（文言短篇合集)

第一对　爱上叉鱼射鸭人

第二对　怜卿慧眼识英雄

第三对　旖旎风光易嫁缘

6.《力报》1939 年 7 月 13 日—1939 年 10 月 19 日（39 节第 3 课未完)《山谷课》红绡（文言短篇合集)

第一课　牛郎泗水会天孙

第二课　韩庄血战美人猪

第三课　落花时间又逢君

7.《正报》1939 年 8 月 16 日—1939 年 9 月 2 日（18 节第 1 集未完）香艳、热情、紧张、纪实《铁血芳魂记》红绡（文言短篇合集)

第一记　一飞冲天多谢薄情娘

8.《袖珍报》1939 年 10 月 1 日—1939 年 11 月 4 日（35 节未完)《鬼影狐鸣记》红绡（文言短篇合集)

第一篇　白狐歼仇记

9.《力报》1939 年 10 月 20 日—1940 年 2 月 25 日（117 节完)《夺妻记》红绡

李彗星，海上作家，女友施淑君病陨，彗星不能忘怀。父母令彗星娶表妹宝姑为妻，彗星不从。父母以为其娶吕念慈女士之名，招其回乡，移花接木，仍将宝姑嫁之。

彗星毅然离家出走返沪，并誓言，一日不去其妇，则一日不归，终生不去其妇，则终生不归。来沪入职晨华小学，并为书局撰作，借住黄拱辰宅。一日，瞥见邻家女儿芳云之翩翩鸿影，一见倾情，虽有人造谣中伤彗星，彗星与芳云终成连理。

10.《奋报》1939 年 11 月 5 日（第 1 篇 36 节）—1939 年 11 月 30 日（第 2 篇 20 节完)《鬼影狐鸣记》红绡（文言短篇合集)

接续《袖珍报》之《鬼影狐鸣记》

第一篇白狐歼仇记

第二篇艳鬼酬恩记

11.《生报》1940年1月4日—1940年3月5日（57节未完）《枪声艳影》红绡

唐天纵乃黄埔军校第三期学员，颇受校长蒋先生和教务长何先生器重。后唐家败落，又遇战火，天纵与母逃至上海。

初，天纵父唐师古与李伯同订有儿女亲事，将李府之李琴华许配给唐府的唐天纵。唐师古为议员，李伯同为其属下，李家借助唐家实力，经营丝厂和纱厂获厚利，移居上海。唐师古仕途不利而退隐，因亏空曾向李家借款不遂。唐师古病逝，天纵奉母避难上海。

李伯同有二女，大小姐李琴华、二小姐李琴心。李琴华颇嫌唐天纵之穷困而悔婚，琴心颇不直其姊之行为，同情天纵，并常周济唐家，因而与天纵结情。

北伐军逼近上海，紧急电报催天纵动身，任其为新编第一独立旅第三团团长，天纵将母亲托付琴心，立即启程奔赴前线，率部血战龙潭，以500壮士，抗击10倍于己之强敌，血战12小时，不独保守原有阵地，并歼敌不下数千人之众。

龙潭一役，天纵成名，荣升独立第三旅旅长，又升任中将副军长。后武汉会议分裂，九江军变，叶挺、贺龙在南昌起义，天纵无暇回家。

天纵去后，琴心一则在沪西清华医院工作，一则与婢女阿秀照顾天纵母。

12.《力报》1940年5月1日—1941年2月17日（216节完）《五兄弟》红绡

天津法租界发生抢劫杀人案，有9件之多。劫匪号称五兄弟，老大鹿铁头、老二邱龙生、老三解独手、老四郑老三、老五刀疤万福。五兄弟气焰猖獗，竟挑衅华探霍克强霍探长。

劫匪欲乘太古轮船逃亡上海，霍探长追踪到船上，但未发现匪徒行踪，遂求助于同学凌云生。凌云生与霍克强同为纽约警探专门大学毕业，服务青岛海关。霍探长嘱其在青岛拦截五兄弟，然凌云生追踪未成，反被杀害，劫匪逃脱。

霍探长追踪至上海。此时，五兄弟内讧，郑老三、解独手被捕，鹿铁头先后杀掉刀疤万福和邱龙生，最后鹿铁头为霍探长抓获。

13.《奋报》1940 年 7 月 6 日—1940 年 11 月 30 日（125 节未完）刺激、香艳、纪实之作《二小姐》红绡

《生报·枪声艳影》之续作

孙三太爷，乃上海白相人地界出名的弹硬人物，有“路路通”之号。要挟李伯同将其二小姐李琴心嫁其子。琴心父贩运黑货，被扣押在孙三太爷家。父亲哀求琴心，琴心无奈嫁三太爷子孙富儿，琴心甫一入门便将孙府密室钥匙握在手中，将所藏黑货运回李家，并嘱父将黑货全部出空。七日归宁，琴心乘机脱身。

此时传来消息，唐天纵已在第七师当了团长。琴心携巨款到杭州开设戒毒戒烟医院，在赴杭州列车上遇匪，有姚彪旅长者，出手击毙匪徒。姚旅长对琴心一见倾心，这时又传来天纵牺牲的报道。

14.《东方日报》1940 年 8 月 18 日—1941 年 3 月 20 日（188 节第 10 章完）兴奋曲折长篇纪实《白衣天使》红绡

住上海鸿福里的乔老头，本江西万载人，膝下一女，名唤乔红梅，乃医生学堂毕业，在强华医院做看护。

红梅母亡，为营丧，乔老头以红梅许嫁韦洪德为条件，向其借款 300 元，韦洪德乃红梅所在之强华医院院长也。红梅不允，璧还 150 元，其余以在院工钱为抵偿。

韦洪德请白相人胡四福为自己出头逼债迫嫁。有住亭子间里的少年，与乔老头比邻而居，且为同乡，他在梵王渡大学攻读，在中华国术会充当主任拳师，又在《申江日报》的运动版做主编，其祖父是满清的武孝廉及四品游击，家学渊源，国术颇有根底，名叫凌云阁。

凌云阁仗义出手打败胡四福，己亦受伤。红梅送其入强华医院疗治，在医院与韦剑华相识。剑华乃韦洪德之女，其母鲁济平女士去世，嘱剑华主持院务，不许其父插手。

韦洪德派人暗杀包大书律师而栽赃凌云阁，凌云阁被捕。为救凌云阁，红梅嫁警察厅长张大吼，然计未成，凌云阁仍被判死罪，行刑时逃走。红梅欲谋杀张大吼，在其所吸香烟放毒，谋泄被捕，经斡旋

得释。

红梅参加革命工作，在革命机关中与凌云阁意外重逢。原来，凌云阁民国早已即加入革命党，并在上海潜伏下来，发展了一只 15 000余人的队伍。到了国民革命军北伐的时候，他早已被秘密委任为上海区别动队总监，负责组织力量迎接北伐军。

此时毕庶澄驻扎上海，人称其毕三爷。他罗网杀害革命党的刽子手李宝章，人称李大刀，以及张大吼等人，并以张大吼公馆为行辕。张大吼为固宠，将女儿张慧珠献给毕三爷。

张慧珠，亦革命党党员也，其为张大吼的第三位女公子，国立东南大学的校花，但并不是张大吼亲生。慧珠在毕三爷手下安插革命别动队成员，迨北伐军攻打上海时，慧珠假传毕庶澄之命，令部下立刻撤军，由京沪铁路退驻昆山。因此军阀溃败，张府星散，毕庶澄亦逃上外轮而去。

北伐军开到了上海，云阁厥功最伟，被委任为上海特别市政府的秘书长兼任党务整理委员会委员。云阁与剑华结缡，红梅则由剑华、凌云阁撮合，嫁凌云阁的堂兄弟凌云程。云程任市党部执委，也是一位少年英俊的革命英雄。

15.《跳舞日报》1940 年 12 月 21 日—1941 年 1 月 1 日（12 节未完）舞女秘史、香艳长篇《老牌处女》红绡

咸肉庄阿福嫂养女凤媛，淫业不振，而转业货腰，经《捣蛋日报》编者史耀前协助策划，改名老牌处女，下海即红。

16.《东方日报》1941 年 4 月 23 日—1941 年 9 月 23 日（153 节第 6 章完）惊险紧张长篇侦探《毒手魔王》红绡

上海厉公馆连续出现命案，厉大少一共四个姨太太被害，或殒命桥头、或丧身塔楼。后得记者李神鹰、宋春燕，及穆探长之助方始破案。

初，厉大少名汉坤，其父厉福祯为香港巨商，经商三年未归。其母私通戎账房，生一子戎建勋，与厉汉坤相貌无二，只差一黑痣。福祯发现妻子私情，逐出戎账房，又派人杀之。建勋成人，害死厉汉坤而假冒之，但为汉坤太太叶映绿发觉。厉大少厉汉坤原有隐疾，早泄，

且有一黑痣，假大少数处皆有疑点。假大少谋泄，先后杀死四位姨太太，绑架叶太太、宋春燕等，欲纵火焚烧厉府，千钧一发之际，李神鹰等赶到，捉获戎建勋。

17.《东方日报》1941年9月20日—1942年3月4日（150节完）神鹰探案之二《窗前魅影》红绡

记者宋春燕，屡次遇险。或桥板坍塌，或路遇烈狗。游玩中母宋夫人落崖而死，深夜，亦有人欲谋害宋春燕。

初，新闻记者宋春燕父宋乐山是徽州东门一家茶药行的老板，生意兴隆，家中有经理各埠生意的先生徐铭恩。

徐铭恩妻杨氏，宋乐山见而慕恋之。徐铭恩逼其妻子与宋乐山私通，以固其宠，又以捉奸为名，送乐山至官府殴伤毙命，其妻子自杀而亡。徐铭恩则与宋乐山妻柳氏同居上海，而冒宋乐山名经商。乐山女宋春燕长大，柳氏拒绝将其嫁徐铭恩子，徐惧谋泄，欲害春燕母女性命，为宋春燕做记者的丈夫李神鹰窥破伏法终。

此篇为神鹰探案之二。

“本篇主角与重要配角依然是《毒手魔王》一文的全班人马，只不过犯案的凶手是换了一个人了。这办法是取第一专集与以下各集表面上的联络，每一案告终也就是等某一集稿件杀青的意思，内容布局绝不相同。”①

18.《东方日报》1942年3月21日—1942年5月11日（52节完）实事写真小说《奇女子》红绡

军法处处长孙洪，是位英俊雄伟的少年，中央军校的高材生，又是西路剿匪军总司令的好友，调任九江。

一日路遇投水自杀女子，孙洪救其上岸，得悉为当地叶老太爷女，名叶萍影，受后母虐待，投水自杀。孙处长力惩萍影之后母，大快人心，然萍影仍竭力回护其父。孙洪又严惩军中鸦片陋习。

孙洪归家与曹女士圆婚，后孙洪多次去九江，亦曾访萍影，虽有倾慕之情，然终未吐露衷曲，只能铭刻心版而已。

① 红绡：《窗前魅影》，《东方日报》1941年9月24日。

19.《力报》1942年6月1日—1942年10月13日（110节完）《乱史家庭》红绡

阿金嫂，白相人嫂嫂也，与颜三合谋，害死阿金，并与颜三同居。

披发散人

1.《上海日报》1938年10月25日—1939年6月30日（292节完）社会长篇《头破血流录》披发散人

上海，傍晚7路电车上，博基与永明两个小抖乱，遇朱玉湘小姐，两人恶形恶状吃豆腐调情，并一直盯梢到兴盛里，为白相人张阿发撞见。永明被张阿发等人轧牢，要碰其三合土，朱增宝居间调停，到弄堂口五福园老虎灶讲斤头。

博基逃出，去找王坤山。王坤山赶到，责怪朱增宝有眼无珠，这是虹口大名鼎鼎的老头子柳矮子柳老大的独养儿子柳永明，焉能打得。朱增宝无奈道歉，并责骂张阿发。

陈竹海在十年前，是虹口五福里弄堂口摆水果摊的，后来凭一股狠劲，蹿了起来，尤其把花会办得十分发达，此外包运烟土、私贩禁品，成了虹口白相人中的一只鼎了。柳矮子索性甘心跟竹海的屁头，只有张三郎不甘屈居人下，常有做掉竹海的念头。

初，虹口钱庄的一些股东私运金条，托张三郎保护，结果合作不睦，大股东金柏雄转托陈竹海做这笔生意。事为张三郎闻之，责怪陈竹海做半吊子，要他摆句闲话过来，两人当面谈崩。陈竹海下一记辣手，派阿章与红头苍蝇枪杀张三郎，而张三郎手下福生和松林亦用枪将陈竹海打死。

2.《上海日报》1938年7月1日—1939年9月11日（73节未完）社会长篇《洋行小鬼传》披发散人

李德明、汪孝棠、吴尚奎等是上海的克鲁司洋行小鬼。大班是黄毛。

洋行待员工甚薄，厕所不备草纸。李德明等一起在公司吃包饭，饮食亦简单，手稍慢一点，红烧肉便被抢去。

李德明对居停主人汤礼兰的千金汤玉兰倾慕有加，常透过壁孔窥探春光。汤礼兰在哈夫洋行做杀老虎之职，杀老虎者乃收账先生也。洋行里有俗谣道得好：

一块洋钱温道罗，来叫克姆去叫哦。

买办先生康白度，收账朋友杀老虎。

3.《上海日报》1939年11月12日—1941年2月28日（423节完）《恶霸横行记》披发散人（缺第2回和第3回）

《上海世界》1940年2月2日（82节）—1940年3月10日（115节未完）《恶霸横行记》披发散人

此文系由《上海日报》移载，为《恶霸横行记》的第2回和第3回。

上海裕春茶叶店小开小蔡，娶妻爱珠。爱珠与大夏银行职员沈君清轧姘头，小蔡托白相人李顺生、黄鼠狼替自己出头。黄鼠狼、小黑炭、李顺生、阿方几个人将沈君清轧住，先让他吃了一顿生活，然后拖到鸿江楼讲斤头，要他摆句闲话过来，不然告上公堂，至少一个妨碍家庭罪。沈君清无奈只好搅落200元叫开，并写下伏辩，保证以后不再和爱珠往来。

梁老八和金世开是虹口两个有名的白相人。金世开做着黑货生意，马上有一批货就要到上海，小辫子便向金世开讨差事，却无所遣派。小辫子心生怨恨，便放龙给梁老八，梁老八得讯，派人在码头上将金世开的黑货劫走。

光棍打光棍，一顿还一顿。梁老八绑票陆百万，金世开得知，派人将肉票掠去。梁老八则向警方报案，称金世开绑架陆百万，樊探长派人包围藏匿肉票的铁路饭店，救出陆百万。

为报此仇，金世开将梁老八劫持，梁老八逃跑中被打死。梁老八死后，其手下的石乌龟、蒋池湖、牛天标为争老大而大肆争斗。郭和尚、刘阿斗、陈四狗、梁志先等一班白相人在争夺赌场的枪战中，俱皆丧命。

4.《上海日报》1942年1月5日—1942年10月31日（287节完）《洋行百丑图》披发散人

上海租界未被日本人占领之前，洋行林立，多是英美人所开设。

有夫尔哈斯洋行，大班罗斯谷、华经理陆志明。陆志明对大班百般巴结，而对雇员则十分苛刻。马士贵嗜赌，为偿还赌债，向公司预支 50 元，被陆志明拒绝，只有向派斯洋行全福高息借款。

全福是派斯洋行出店拿摩温，因拿客户小费，被老板斥责。全福找到自己的夫人阿金转圜。阿金在老板大派斯家做女佣，并被大派斯占有。靠了阿金之势力，全福逼张百灵搬场，承租房屋，从中大获其利。

苍蝇洋行经营绒线生意，大班白脱斯。苍蝇洋行原仅销售绒线，中国职员康无为为大班画策，从外国运来原材料，在上海设厂生产。绒线定名苍蝇牌，销售甚好，声名远扬，康无为也因此荣升华经理。实际上，康无为只会几句洋泾浜，中国字也不识几个，因对大班之顺从，人送外号“外国忠臣”。

和平船厂厂长史特浪原是瘪三出身，不过占了是英国人的便宜，做了船厂的厂长。厂中船坞，未曾安装栏杆，工人落水而死，工人讨要抚恤金，史特浪拒绝并殴打工人，因此引发工潮。

面对罢工，史特浪一筹莫展。厂里有一个英国职员，名脱考斯，一酒色之徒也，向董事会提出辞掉史特浪，提高工人待遇，董事会采纳。工潮平息，脱考斯因此升任厂长。

脱考斯老婆白勃拉，美人也。为巩固脱考斯厂长地位，白勃拉牺牲色相去拉拢董事会成员。董事长英国人罗纳与白勃拉在汽车里亲热，表面上尖头曼的英国，却把汽车的么二角子当做行乐之所。

脱考斯和厂里的一个女速记员曼丽搅七捻三，而曼丽却和来厂修理船只的船主哈夫门在船舱中亲密。哈夫门离去，曼丽回到船厂，脱考斯冷落之。曼丽则另觅新主，到了世界保险公司。

克浦登开侦探事务所，英国人奥斯汀夫人与一洋琴鬼加拉斯私通，欲和丈夫离婚，托克浦登调查丈夫，收集证据，以备不时之需。

1941 年 12 月 8 日，日本对美宣战后，租界沦陷。上海本由英美人把持，自从这天起，英美势力被根本铲除，洋行倒闭，一班中国雇员也树倒猢狲散。

5.《品报》1942 年 1 月 15 日—1942 年 3 月 31 日（70 节第 3 回

未完)《捣蛋小开》披发散人

上海皇宫大舞场中，大名鼎鼎的捣蛋小开王晓贤，人称小王，与两个跟屁头费如仲、尤石贵正在等舞厅的一只鼎胡玲玲。因为昨天王晓贤花了一二千块钱将胡玲玲买票带出，本欲与胡玲玲开房间，结果没有达到目的，被胡玲玲摆了一记丹老，他们今天是来砍胡玲玲招牌的。不虞，没有砍成招牌，三人反被舞女大班杨培昌和鸡毛根生赶出舞厅。

费如仲找到他的一个抖乱朋友施任道，让其设法报复皇宫舞厅。施任道寻了一条两尺长的青花蛇放进舞厅，舞厅大乱，施任道又派三人摆了杨培昌一记堆老，弄得他佛头着粪。至于胡玲玲，王晓贤则将其骗上车，拉倒郊外，扒下衣服，弃之而去。

王晓贤写信给他舅父诈称被绑架，以骗其赎款。赎款虽然得到，却被费如仲、尤石贵二人携走远飏，自己一无所获。王晓贤在上海无法立足，只得回苏州。到了苏州，又翻娘舅门槛，吊表妹菊仙膀子。

6.《万言报》1942年6月27日—1942年8月31日（66节未完)《荷花少爷》披发散人

某日报端分类广告刊一征婚启事，乃荷花大少少华所登。少华接到一封署名刘静珍的回信，约在影院门前见面。少华赶到约会地点，见到的所谓刘静珍，却原来是熟人，乃津津向导社向导女洪红红。

初，少华与陈思光为好友，思光乃津津向导社的老板陈思明之弟。思光与向导社的红牌洪红红热络，思明恐影响生意，便断绝思光经济来源。思光见少华的征婚广告，想设计仙人跳从少华身上乔钱。

不料，仙人跳未成，反成就少华与红红开房间温功，思光因此与少华动拳打相打。少华白相舞厅，遇菲菲，并成入幕之宾。非非家有大小姐阿梅，少华与其床上热络，被菲菲撞见，少华被逐出。

7.《上海日报》1942年11月1日—1943年5月31日（208节完)社会长篇《近代豪侠传》披发散人

上海大光明饭店501号房间写起，名为总会，实则赌窟。

雷青云与施仁博对赌，施仁博常胜。施仁博忽然得讯，其子施小开被绑，实乃施小开假铁血团名义自导绑架。雷青云是生意白相人，施仁博求其帮忙，结果雷青云与施小开联手，一同敲诈施仁博45万钱款，二人哈夫。

施小开与坤伶花碧君及高天龙夫人珍妮老八搅七捻三，结果被白相人敲诈，搅落钞票方叫开。

8.《力报》1943 年 6 月 1 日—1943 年 12 月 31 日（220 节第 7 回完）《如此小开》披发散人

钱伯明乃大富翁钱忠善的独养儿子，娶妻郭美珍。钱伯明别恋红倌人明珠老九，二人搭小房子同居，郭美珍得知，率人打坏小房子。

钱忠善教训儿子不该如此荒唐，自己却在堂子胡调，追其与人开房间时，钱太太和钱伯明派人捉奸，又请宋律师出头讲斤头。结果，钱忠善将部分财产转至钱太太名下。如此一来，钱伯明血又旺了起来。

傅家虹乃暴发户傅学青三公子，人称三小开，照父牌头，在舞厅扎台型，与钱伯明因杨妹妹和陆玲玲两位舞女，动手打相打。李士元替钱伯明轧面子，请老头子黄金龙出头，三小开则有张仁符牌头好掮，双方讲斤头，三小开吃瘪。卜公道律师为三小开画策，找人攀诬钱伯明强盗，钱伯明因此跌了进去，后被保出。

有洪小开者，因电影明星胡姐姐对其冷落，剥其衣服，弃之郊外。

洪小开逼奸金银花不从，金银花吞金戒指自杀被救，洪小开被判两年徒刑。

9.《上海日报》1943 年 6 月 1 日—1943 年 9 月 27 日（118 节未完）社会长篇《上海大亨》披发散人

某日，上海大世界屋顶有人跌落，头颅撞地而亡。死者名史和贵，其妻夏桂仙与刘老九私通，史和贵被逼跳楼自杀，其弟史和田为兄鸣冤。刘老九拜孙玉图为老头子，史和田写信，后又面见孙玉图诉苦，孙玉图将刘老九驱逐出门。

10.《大上海报》1943 年 10 月 21 日—1943 年 10 月 21 日（1 节未完）社会长篇《流氓喋血记》披发散人

11.《罗宾汉》1946 年 7 月 1 日—1946 年 11 月 30 日（108 节完）长篇连载《血溅上海滩》披发散人

孙阿亮绑架富翁陆百年，肉票却被另一白相人王坤山抢走。

孙阿亮为寻靠山，投奔张家祥。张家祥照萝卜头牌头，在宪兵队做密探，比一班白相人更心狠手辣。孙阿亮与张家祥联手捞肉票，张家祥与金如山探长率人围攻藏匿肉票的大风俱乐部，打死看守胡谷孟，救出陆百年。枪战中王坤山受重伤，死在医院里。而张家祥则踌躇满志，孙阿亮也跟着蹿了起来，挂了一个日本宪兵队的头衔，在外面为非作歹。

孙阿亮在万众舞厅为一舞女与金小开争风吃醋，孙阿亮以抓重庆分子名义逮捕并杀死金小开。其证据就是孙阿亮塞入金小开衣袋里的游击队委任状。

12.《飞报》1946年11月28日—1947年2月25日（未完）《捞血党》披发散人

小卜、小林欲捉奸小王与马文远的三太太，二人联络任百开、阿棠等人拿来摄影机准备取证，结果抓错人，所抓的不是三太太，而是芳华老八和小王。于是捉奸变成抢劫，小卜、小林等将小王和芳华老八洗劫一空。洪小开自导自演绑票，好敲他老子拿出一笔钞票来，被捞血党任百开、阿棠发现。洪小开与老马等设计做掉洪小开父洪吉祥，以便洪小开获得财权。而阿棠等却来上老马等的路，以揭破内情为由，让他们摆句闲话过来。

13.《飞报》1949年1月15日—1949年7月9日（170节未完）《一门四杰》披发散人

石伯奎，生意白相人也，开设茶馆和汽车行。石伯奎有三子：石宗、石丕、石志，人称一门四杰。

有华北官员杨进贵，得刮地皮钱，宦囊丰盈。四杰将其绑架，不料被街头快嘴马德海窥破，四杰杀死马德海灭口。

史小嘉与石宗同捧绍兴戏红伶李金华，为其争风吃醋，史小嘉向警局放龙，石宗因绑架和杀死马德海事被抓。

蓝白黑

1.《辛报》1947年9月17日（32）—1947年9月17日（32节未完）《八骏图》蓝白黑文，徐润图

2.《群报》1947年9月19日—1947年10月18日（25节未完）《新

红楼梦》蓝白黑文，董天野图（文言、插图）

3.《辛报》1947年10月2日—1947年10月21日（18节未完）《女儿心》蓝白黑文，亚夫图（插图）

4.《群报》1947年10月28日—1947年10月31日（3节未完）《春梦》蓝白黑（文言）

5.《真报》1947年11月2日—1947年11月10日（9节未完）长篇言情《桃花梦》蓝白黑

6.《活报》1947年11月21日—1948年1月9日（47节未完）《灵肉之门》蓝白黑文，陈依青图（插图）

与群报《春梦》为同一作品。

余负笈沪上某大学，专攻文科，与同学许梅轩合租东方公寓。梅轩面貌姣好，有美男子之称，然不免娘娘腔，且举止频呈女性特征。余与梅轩同处一室，颇为投契，复相慕恋。余与女同学徐莹交往，梅轩颇含醋意。

孰知，梅轩亦为女子也。自幼御男装，二十年来未尝一试女服，是以左邻右舍，多有未知其为女子者。乃母拟将其许配表兄，梅轩负气来申以示抗议。

7.《大风报》1948年1月1日—1948年5月25日（85节完）《浪子回梦录》蓝白黑文，万大绘图（插图）

上海法租界格维希路赵公馆，主人赵季乐，人称琴老，业五金起家。妻子赵太太。妾三小姐，有艳色。余为其家庭教师。

余与三小姐私通，琴老虽一妻一妾，然膝下犹虚，欲纳舞女于素秋。余复与于素秋昵，相偕游赏杭州西湖，三小姐随后寻至，至余左右为难。不虞此时，琴老蹑踪而至，惧琴老之威，余抛下三小姐和于素秋，只身返申。

“作者附志：本文暂作结束，最近当整理出版，欲知三小姐、于素秋二姝之下文，以及男角如何沉溺于赌，俟单行本出版，当有详细交代也。”[1]

---

① 蓝白黑：《浪子回梦录》，《大风报》1948年5月25日。

8.《大风报》1949年1月1日（8节）—1949年1月10日（16节未完)《小老婆》蓝白黑

9.《辛报》1949年1月5日—1949年5月12日（104节未完）《胭脂国》蓝白黑（文言）

歌女罗玉环，有一线天之雅号，黄将军乃其户头，有洪生者亦与其交际。洪生因一线天之绍介，得识外号紫雪糕的舞女钱素。

10.《活报》1948年1月13日—1948年3月19日（63节完)《小姐万岁》蓝白黑文，陈依青图（插图）

范蓓蓓已届摽梅之年，名为上学，却与男友虞非约会复兴公园。不想路遇抢劫，有杜吉仁者，出手相救。杜吉仁，空军上尉，曾在缅甸及太平洋上空作战，现代飞虎将也。蓓蓓由杜吉仁而识小李，范蓓蓓父为其介绍由练习生而升至洋行老板的宋志刚。

杜吉仁率直勇敢、小李天真热情、宋志刚胆大心细，皆堪托付终生，然其所爱还是虞非。然虞非已与表姐高歌订婚，蓓蓓镜花水月一场，失望之极，夤夜出走，却又为警察所阻，送回家中。

11.《力报》1949年2月20日—1949年4月30日（69节未完）《夜莺曲》蓝白黑

夜来香，淌白也，所接客人有丘八李班长，蛮横不讲理。有何先生者，商人也，虽在夜来香处住夜，但很规矩，欲娶夜来香，然夜来香格于自己身份，未之允也。

12.《活报》1948年3月20日—1948年5月4日（45节完）《荒唐先生》蓝白黑文，王秋野图（文言、插图）

沈懋康，乳名三毛，扬州人，代理保长，人称荒唐先生。有三好：好奇、好胜、好色。

有李小姐迁入为芳邻，称服务于秘密军事机关，正在调查一冒充军官抢劫案，托荒唐先生登记户口，并答应推荐其至军事机关工作。

李小姐忽言欲往东北，向荒唐先生商借20两金子，以所顶房子及家具抵押，并遗荒唐先生一箧而去。不虞，李小姐乃抢劫主犯，追军警搜至荒唐先生宅，发现箧中所藏为军服和枪支也。

13.《活报》1949年4月1日—1949年6月7日（69节未完)《十二

个梦》蓝白黑

浙江义乌东桥村李大明，一女李小宝。15年前，李大明曾私放并资助在糖厂作苦工的唐仲伯逃走，15年后，唐仲伯携资返乡兴建第一糖厂。李大明押掉女儿李小宝一件驼绒旗袍招待唐仲伯，唐仲伯欲娶李小宝，与发妻两头大。李小宝有幼年同学吴忠，碾米厂小开，与李小宝早结鱼水之情，并握有3年前的血手帕，以为把柄，逼其嫁之。

14.《大风报》1949年4月2日（2节）—1949年4月30日（29节未完）《花弄影》蓝白黑

15.《活报》1948年5月5日—1948年7月20日（76节未完）《荡妇》蓝白黑

胜利后的上海，王先生作新闻记者，其报社总编辑为周天籁。王先生学俄文，拜利朗为老师，同学中有白帆小姐，白帆有“大胆女郎”之号。出于新闻记者的好奇，王先生颇欲探寻其隐秘，报馆同人中，亦多霍霍然欲前往问津者。王先生写了多篇《白帆访问记》，文中提及白帆是新兴交际花，有很多追求者。其中有顾厚道者，香港粤华银行的副总经理，欲与白帆作金钱肉体的交换。文章刊发后，引起顾厚道的交涉，要求更正。文漫漶残缺。

16.《大风报》1948年5月26日—4901948年8月23日（86节完）《大胆女郎》蓝白黑

丽丽当摽梅之年，与刘伯康相恋，二人辟室东方饭店，同赴巫山。丽丽又与同学李国琛偕云雨，李国琛乃一色鬼，以拿工钿为活，敲诈丽丽，偷其钻戒，然丽丽心意已属。当丽丽再遇刘伯康时，弃之如敝履。

17.《诚报》1948年7月3日—1948年11月8日（125节完）《隔墙风月》蓝白黑

王先生的芳邻颇多，如郑太太、戴师母等。戴师母说郑太太做过吉普女郎，对于外国人的祖宗，她是见得太多太多。

王先生与戴师母更是近邻，两家窗户紧靠在一起，故王先生称戴师母为隔壁嫂嫂。戴师母是甲长之妻，十三点脾气。她是舞女出身，舞名白莹，白莹之意，据说就是白虎。戴师母与戴先生年齿悬隔，所以戴师母说，宁愿做戴先生的女儿，而不愿做太太。

王先生惯吃女人豆腐。戴师母曾邀王先生至其设在亭子间的秘密行营寻欢，恰好大华贸易公司张志超亦寻至，结果白板对煞。

郑太太、原名王舜华，与郑先生姘居。郑先生乃戴师母之旧好，二人重燃故情，以致戴师母，掼下戴先生与郑先生开码头。郑先生和戴师母走后，王舜华决定嫁个规规矩矩的人，王先生亦欲约束自己。

18.《风报》1948 年 7 月 26 日（82 节）—1948 年 11 月 30 日（205 节完）《水仙花》蓝白黑

19.《真报》1948 年 8 月 1 日—1948 年 11 月 6 日（90 节完）《杏花春雨江南》蓝白黑（插图）

杏花村赵大奶奶菊英，丈夫赵明阳供职上海，小姑月英和月敏。

赵明阳患不举之症，菊英与阿牛、木匠老李、医生侯仲良皆有私情。菊英之外，阿牛又与月敏、月英姊妹幽会。赵明阳从上海带回手枪和治病的药膏，阿牛感到威胁，阿牛剪掉侯仲良的阳物，又杀死赵明阳、月敏、侯仲良，而偕月英私奔。

20.《大风报》1948 年 8 月 25 日—1948 年 9 月 17 日（24 节未完）《卖吻姑娘》蓝白黑

21.《力报》1948 年 9 月 1 日—1948 年 12 月 30 日（119 节完）《水莲公主》蓝白黑

杨莲花南国姑娘，家居广东水乡，善泅，自幼水性过人，男孩不及，有水莲公主美称。

杨莲花与张秦青梅竹马，二人出走至汕头同居，被宪兵队所捉，为父母领回。杨莲花又与警察局长之子欧阳卫相恋，怀有身孕再次出走，家长寻觅无踪。某日见上海报纸刊登《本届游泳冠军杨莲花女士》一文，所附身穿泳衣少女照片，即水莲公主。旁一人，为欧阳卫。

22.《辛报》1948 年 9 月 4 日—1948 年 12 月 26 日（100 节完）《新镜花缘》蓝白黑（文言）

欧阳生中国医专毕业，习岐黄，悬壶济世，借诊于西门某药铺，缘生意鼎盛，欲脱离自立诊所。药铺店主为挽留计，乃遣其妇色诱之，驯致其女大囡、二囡，亦与欧阳生结不解情。欧阳生又与刘姨太太通奸，后药店主人之妇小产死，欧阳生因怂恿刘姨太太卷逃被捕。

23.《真报》1948 年 11 月 7 日—1949 年 3 月 1 日（104 节未完）《儿戏夫妻》蓝白黑

周敏负笈首都南京，妻子唐娟娟在上海独守空房，经常电报召回周敏。某次返沪火车上周敏与舞女陈小姐邂逅。唐娟娟闺阁旁，有登徒子张氏子张小仲，常隔空抛掷情书入唐娟娟房中。周敏查知，夫妻不快，勃谿常闻，周敏在外与陈小姐幽会，唐娟娟则遣张小仲追踪周敏行迹，得悉内情。

捉刀人

（王小逸，笔名捉刀人、何家支、爱去先生）

1.《显微镜》1924 年 6 月 7 日—1924 年 6 月 28 日《人海妖风》小逸

2.《海报》1924 年 10 日 10 日—1926 年 5 月 29 日（116 节未完）《众生相》小逸

3.《良报》1926 年 4 月 16 日—1926 年 5 月 19 日（11 节第 1 回完）《人海妖风》小逸

4.《新世界》1926 年 2 月 27 日—1926 年 12 月 14 日（82 节第 9 回未完）《海市人头》小逸

上海南站京广洋货大吉祥铺子李富龙，妻子张杏英。夫妻开设化妆品厂，所招伙计有黄利生、蒋阿秀、张三胜等。黄利生被辞退，返家与黄小珠成婚，新婚夜误把伴眠的杨秀云当做新娘，效尽于飞之乐。

5.《金刚钻》1929 年 11 月 9 日—1930 年 10 月 6 日（58 节第 6 回未完）《众生相》王小逸

方大戟无子，威逼奸占金玉英，纳为妾，并假婚礼收敛钱财，后玉英乘机与心上人陆琪卷逃。大戟又操办迎娶早已进府居住的土娼李三姐，不意三姐迎娶当日即流产。

篇末云：“《众生相》全书计 40 回，30 余万字，描写现代社会的形形色色，如军阀政客、劣绅土豪、美人名士、娼妓佣奴，无不入木三分，淋漓尽致。本报摘刊其叙方大战一大段，藉窥一斑。全书另有单行本，由世界书局代售，上集二册售洋 9 角 9 分，下集不日出版，本书兹即停刊。编辑部启。”①

6.《上海日报》1931 年 4 月 1 日（44 节）—1931 年 8 日 31 日（166 节未完）家庭小说《风流夫婿》王小逸

7.《时代日报》1932 年 7 月 1 日—1933 年 7 月 9 日（346 节未完）热的小说《王公馆》捉刀人

有王公馆，老爷王散愁。王公馆大少爷娶刘公馆的小姐刘莺为妻。王散愁与儿媳、亲家母刘太太乱伦，后娶沈如玉入府。

刘莺则与洪先生、周漱芳、梅占先、陈谦之、冯占奎私通。沈如玉则与刘莺弟刘鹄幽会。

后王散愁死，家产在散愁女王美鱼、王少奶奶刘莺、姨太太沈如玉间分配。此时，王大少爷未归家，而女儿王美鱼已出嫁，王府只有沈如玉、刘莺，而出入之客为梅占先、冯占奎、陈谦之一辈，王公馆已名存实亡。

8.《时代日报》1933 年 11 月 5 日—1935 年 4 月 14 日（489 节未完）异样小说《姊妹淘》捉刀人

某女校，校中组织女子剪发团，不剪上面，而剪下面的发。顾秀兰、张琳、郭毓芬、章爱芳皆同窗，郭毓芬、张琳同性相恋。赵福平溜进女生宿舍与郭毓芬、张琳、章爱芳幽会，又与陶二小姐暧昧，而陶二小姐与孙绿冰偷情。

9.《东方日报》1933 年 11 月 25 日（18 节）—1933 年 12 月 6 日（19 节未完）香艳小说《夜来香》捉刀人

10.《金刚钻》1934 年 1 月 1 日—1934 年 8 月 8 日（215 节完）《骚来女士外传》爱去先生

刘一芳，在电车上与一外国青年同吊一个藤圈，不意相撞，说了声骚来，后经常把骚来放在嘴边，同学称她为骚来女士。

骚来女士，女学生也。性放浪，喜胡调，先与严先宗幽会，因先

① 王小逸：《众生相》，《金刚钻》1930 年 10 月 6 日。

宗仅才三分钟，不当骚来意。又与刘通明云雨，为通明妻洪佩芳窥破，刘通明将其转让给其兄刘通禄。

11.《金刚钻》1934年8月11日—1937年4月22日（734节完）《人体展览会》爱去先生

距离上海数十里之遥，有一个小小市集，地名唤做同安，有女学生郭丽华者，膺美人之誉。某日丽华与女同学苏贞琳推后窗，观屋旁小河中男人沐浴，故小说名《人体展览会》。丽华初与裁缝店学生意李阿关偷情，后与邹联华、陈不哭、俞端、张鲁西、柳又梅寻欢做爱，终与柳又梅同居，然不为柳府认可。后以生男为期许，丽华终生女，柳府置之不理，丽华抑郁而终。

12.《金刚钻》1934年8月11日—1934年9月3日（22节未完）长篇小说》《军中妇人》王小逸

13.《世界晨报》1935年8月11日—1937年4月25日（578节未完）长篇小说《乱红飞絮》捉刀人（插图）

与《小说日报》《隽侣榜》为同一作品。

14.《世界晨报》1937年4月30日—1937年8月3日（85节未完）香艳长篇《蝶恋花》捉刀人

文漫漶不清。

15.《金刚钻》1937年6月16日—1937年8月13日（55节未完）《无愁之曲》爱去先生

16.《社会日报》1938年3月25日—1938年10月9日（完）《鸾和散辑》捉刀人（文言小说合集）

假婚　蝇缘　蠕隐　三迁　十嫁　邮诱　电灭

粥粥　绵绵　织恨　渔欢　北遁　南归　楼笑

街嗔　李阋　狱荒　母爱　情俘　欲偶　书空

17.《力报》1938年5月11日—1939年4月14日（第32节未完）《鸳鸯谱》捉刀人（白话短篇合集）

第1谱　月明林下美人来　　第2谱　一寸相思一寸灰

第3谱　说尽心中无限事　　第4谱　蓬门今始为君开

第5谱　拟托良媒亦自伤　　第6谱　小姑居处本无郎

第7谱　无端嫁得金龟婿　　第8谱　海燕双栖玳瑁梁
第9谱　楼上花枝笑独眠　　第10谱　蓝田日暖玉生烟
第11谱　花开堪折直须折　　第12谱　今年花开又一年
第13谱　太真含笑入帘来　　第14谱　珠箔银屏逶迤开
第15谱　斜拔玉钗灯影畔　　第16谱　暂将团扇共徘徊
第17谱　不把双眉斗画长　　第18谱　重帘深下莫愁堂
第19谱　鸳鸯瓦冷露华重　　第20谱　云雨巫山枉断肠
第21谱　初闻涕泪满衣裳　　第22谱　卧后清宵细细长
第23谱　商人不知亡国恨　　第24谱　罗衣欲换更添香
第25谱　山形依旧枕寒流　　第26谱　细草春香小洞幽
第27谱　花径不曾缘客扫　　第28谱　新妆宜面下朱楼
第29谱　犹是音书滞一乡　　第30谱　未妨惆怅是清狂
第31谱　旧时王谢堂前燕　　第32谱　飞上枝头变凤凰

18.《社会日报》1938年6月6日—1938年6月24日（19节完）万花筒《蔷薇花》爱去先生（短篇）

19.《社会日报》1938年6月25日—1938年7月16日（22节）万花筒《长乐未央》爱去先生（短篇）

20.《锡报》1938年7月1日——1939年1月19日《桑中人语》捉刀人（文言短篇合集）

一索　二难　三绝　四愁　五员
六根　七情　八仙　九合　雨

21.《社会日报》1938年7月17日—1938年8月6日（21节完）万花筒《一声何满子》爱去先生（短篇）

22.《社会日报》1938年8月7日—1938年8月25日（19节完）万花筒《鹣鹣鲽鲽双双》爱去先生（短篇）

23.《社会日报》1938年8月26日—1938年9月16日（22节完）万花筒《酒家何处有》爱去先生（短篇）

24.《晶报》1938年8月31日—1940年5月23日（未完）《今杂事秘》捉刀人（文言风月短篇合集）

古风　三六　二五　交通　阴私

婿乡　子舍　同嗜　异趣　绥绥

冥冥　晚晴　早熟　井波　池皱

妻市　女牢　肥巷　憨欢　鸦阵

鸡窠　柴话　油腔　觅四　杀千

交臂　扪心　萍聚　瓜分　杯误

书荒　周游　独活

25.《社会日报》1938年9月17日—1938年10月9日（23节完）万花筒《载鬼一车》爱去先生（短篇）

26.《社会日报》1938年10月10—1940年9月4日（未完）《针毡私记》捉刀人（文言短篇合集）

锄奸记　饮鸩记　倾家记　暴富记　屈膝记

腐心记　乱流记　绝粒记　获虎记　听莺记

一饭记　三妇记　覆车记　蹈海记　客至记

潮来记　口惠记　捐扇记　沉珠记　河上记

桥头记　失马记　逐鹿记　大块记　小试记

闻铃记　挝鼓记　染指记　现形记　长征记

短气记　付丙记　在寅记

27.《社会日报》1938年10月10—1938年11月3日（25节完）万花筒《寇深矣》爱去先生（短篇）

28.《社会日报》1938年11月4日—1938年11月27日（24节完）万花筒《鱼与熊掌》爱去先生（短篇）

29.《社会日报》1938年11月28日—1938年12月21日（24节完）万花筒《夕阳无限好》爱去先生（短篇）

30.《社会日报》1938年12月2日—1939年1月10日（20节完）万花筒《一蟹不如一蟹》爱去先生（短篇）

31.《社会日报》1939年1月11日—1939年2月7日（27节完）万花筒《家书抵万金》爱去先生（短篇）

32.《锡报》1939年1月24—1940年3月8日（353节未完）《群莺乱飞》捉刀人（文言短篇合集）

刻坏木人头沈南佳 药水棉花缪碧云　外国马虞绮文　黑里俏

施茜　席梦思席孟诗　隔年历本郑七襄　铁棒打弗杀周丽则　敲扁橄榄秦小宝　花对话陶彩英　飞快车魏妍　小大由之田樱　怀中火炉荣茜茜　搭浆水蜜糖钟艳芝　煨红引线厉静仪　宽紧带韩素吾　五枝光金琦　纪律花计丽华　糖醋排骨劳燕仙　挤裂西瓜子胡绮年

33.《社会日报》1939 年 2 月 7 日—1939 年 3 月 8 日（26 节完）万花筒《康熙字典》爱去先生（短篇）

34.《社会日报》1939 年 3 月 9 日—1939 年 4 月 2 日（20 节完）万花筒《第六等》爱去先生（短篇）

35.《正报》1939 年 4 月 1 日—1939 年 8 月 31 日（26 节未完）《夜行船》捉刀人（白话短篇合集）

春水绿波　渔火两三星　行不得也哥哥　月上柳梢头　欸乃一声　醉醒愁未醒

36.《社会日报》1939 年 4 月 10 日—1941 年 5 月 9 日（677 节第 32 回完）每日画刊《赵钱孙李》王小逸

上海近郊万花村，有地方四凶：乡长李伯通、孙团长雄飞、钱团长桂山及赵三姐，合称赵钱孙李。

万家莺与刘大寿相恋，却被李伯通霸占，李伯通放火烧了刘大寿家。刘大寿投奔女英雄叶戴天，参加游击队，啸聚鼎丰岛。孙雄飞女儿孙粹芳与万家驹恋，她将其父之枪支献到鼎丰岛，后被洪队长踢伤，到上海医治无效亡。吕钟、王风、卫立人等都投奔鼎丰岛，并在大王庙攻打李伯通武装。最后四凶皆受惩治，而刘大寿与花又兰、万家莺与卫立人、吕钟与童金碧、王风与褚爱芳、万家驹与卫立芳皆得谐连理。

37.《力报》1939 年 4 月 15 日—1940 年 6 月 30 日（第 16 回完）《陌上花开》捉刀人

大约距离上海四五十里之遥，有一处名唤白墙的地方。有周府坐落于此，主人周素雨，妻唐锦仙，人称周少奶奶。

唐锦仙同学张杏林，为自己丈夫陈必胜和唐锦仙牵线偷情。周少奶奶又与小龙、唐萍寻欢。

阿芳初与小龙相恋，小龙亡故，移情唐萍。唐萍与周少奶奶、阿芳握雨携云，后与素雨妹周素芬结合。

陈必胜与周少奶奶幽会，又与周少奶奶之母唐太太暧昧，后因杀害小龙入狱。

周素雨携张子卿的女儿张明玉私奔，后张明玉另有所欢，离开素雨而去，周素雨又与张杏林欢会。后素雨与锦仙复好如初，纳阿芳为妾。周素芬与唐萍结婚。

38.《好莱坞日报》1939 年 4 月 15 日—1939 年 6 月 30 日（77 节未完）《蝴蝶梦》捉刀人（短篇白话合集）

梦之一　别是一番滋味在心头

梦之二　流水落花春去也

梦之三　梅子黄时雨

梦之四　丁香笑吐娇无限

39.《力报》1939 年 4 月 18 日—1940 年 2 月 12 日（完）《无边小览》爱去先生（文言短篇合集）

破晓　拗春　榴下　鹦前　墙笑

船吻　双雕　一蟹　乌合　狐疑

长舌　短兵　凝眸　斫鼻　寡疾

40.《迅报》1939 年 7 月 18 日—1939 年 8 月 11 日（24 节未完）《三字经》捉刀人

赵一美，孤女，初嫁张三益，三益死，嫁马五柳。赵一美被郭司令郭六奇窥见，夺为己爱，为郭司令的七姨太太。

41.《小说日报》1939 年 8 月 15 日—1940 年 7 月 9 日（322 节未完）《隽侣榜》捉刀人

李嘉谟，大陆女校教员，其学生丁宝珠到其府上拜访，求为数学考试通融。李嘉谟与丁宝珠、袁琴开房同宿，后与丁宝珠同居称夫妻。而丁宝珠与校长之侄儿李天才、报馆的田冰、曹二偷情。丁宝珠、沈飞霞、倪倜然、赵球，二女二男在旅馆争风吃醋而惊动警局，为新闻记者所报道。李嘉谟逃走，丁宝珠则被拘留在看守所。

42.《奋报》1939 年 11 月 5 日—1940 年 9 月 5 日（完）《醇酒妇人》捉刀人（文言、白话短篇合集）

高粱（以下为文言） 少艾 浊醪（以下为白话） 丽质 心醉 目迷 白干 红晕 颂德 歌功 巨眼

43.《好莱坞日报》1940年1月1日（107节）—1940年2月17日（143节未完）《善女人正传》捉刀人

44.《力报》1940年2月14日—1940年4月26日（完）《轩渠小史》爱去先生（文言短篇合集）（保留电影摄制权）

大无畏 小有才 三妇艳

45.《好莱坞日报》1940年4月16日—1940年8月2日（25节未完）《无轨电车》捉刀人（文言短篇合集）

让座 接班

46.《力报》1940年4月27日—1941年1月20日（273节完）《满天飞》爱去先生

愚园路有一座一上一下屋子，其中一位住户是冯太太，其女小芬。小芬待字闺中，冯老太太劝诱其交往男朋友，将其作为发财之道。小芬先后与王有道、李海涛交，又与尤宗海、李由来往，被二人以假钞和赝品戒指所骗。后有陈汉城、大学教授黄成、白相人潘仰山都拜倒在小芬石榴裙下，因此小芬钞票麦克麦克，男朋友之多，冯老太太赞其为满天飞，到处都有人把大拇指竖起来。小芬滥交患了梅毒，医生为之诊疗，又把医生纳入男朋友之列。

47.《力报》1940年7月1日—1941年7月6日（325节第20章完）《万里愁城》捉刀人（文言）

东海之滨白龙港有林氏一族，主人林有恒，二子皆亡，遗一孙文虎。文虎于海滨偶遇赵文鸳，文鸳因父逼其嫁曹司长之子曹大猷，故欲轻生，二人倾诉衷肠，情已相属。后文鸳虽走陕西，但文虎不忘初恋之情，鱼雁不断。

文虎娶裘璧，琴瑟甚好。裘璧病殒，文虎又娶陈珮，而纳秀容为妾。因妻妾不睦，陈珮投水自杀，林宅亦遭陈珮父陈竹安指使盗贼抢掠。

文虎念兹在兹唯在文鸳，后虽相见于上海，会日本人轰炸，文鸳离沪投身后方服务事业到汉皋，文鸳因思念文虎，神经错乱。而在上海之文虎，祖父亡，翠兰因沉船死，身边之秀容因隙离文虎而归宁，文虎陷悲苦惆怅中。

48.《小说日报》1940年9月1日—1941年12月31日（403节完）《明月谁家》捉刀人

长江边大柳树村，小学教员唐燕甫与妻陆织云，张家兄妹冠群、冠玉，吴氏母女吴氏与淑珍，皆为同村人。

陆织云贤德，为燕甫纳淑珍为妾。战乱起，大柳村驻扎邱团长军队，淑珍被邱团长抢走逼为姨太太，燕甫等被邱团长拘捕。

后燕甫、淑珍逃出邱团长魔爪，亡命到上海。到上海后，燕甫准备开设义务性学校。张冠群与冠玉兄妹乱伦，冠玉怀孕，后冠玉沦落上海街头为乞丐，遇燕甫一家，被收留。此时，燕甫失散多年的弟弟陈行也有了消息，身在上海的燕甫决定回大柳村去探听消息，冠玉与之同行。

49.《社会日报》1940年9月8日—1940年11月23日（74节未完）《姊妹篇》捉刀人（文言中篇）

黎仁山，浙江上虞人，旅居沽上，设肆经营杂货。黎仁山无子，女三：长女梦珠，嫁邓达；次女蕴珠，嫁黎文；三女智珠，嫁杨建绪。

仁山初以黎文为赘婿，蕴珠生子天赐，黎仁山以天赐继黎家产业，不意天赐夭。又以长女梦珠子邓灿为嗣孙，孰料邓灿出走陕西。黎仁山病死，姊妹三人争产，以致兴讼。天津县县长赵某以贪婪闻，拘禁黎家多人，黎家输贿得释，然家产亦荡尽也。

50.《奋报》1940年10月19日—1940年11月30日（未完）《春水绿波》捉刀人（白话短篇合集）

船女　卖解

51.《社会日报》1940年11月18日—1941年2月21日（71节完）《试金石》捉刀人

当国军西撤之前，某营长赵屏，奉命驻上海附近一村，村名黎明。村多朱姓，有朱汉者，妻凤子。朱汉与赵屏同砚，朱汉便招之至家中驻扎。

其父朱一叟斥朱汉引狼入室，必遭杀身之祸，然朱汉不为所动。

赵营长撤离，朱一叟任维持会会长，朱汉谏父，为朱一叟所杀。

赵屏，字维翰，与朱汉妻凤子，旧为近邻，二人情洽，曾论及婚嫁。朱汉死后，凤子与赵屏相遇，互矢永好。孰料，维翰却被唐本所害，凤子为维翰报仇，杀死唐本，自己哀痛过度，死于丈夫朱汉墓前。

朱一叟之言果应验。

52.《绍兴戏报》1941年1月6日—1941年3月5日（47节完）《如花越女》捉刀人

黄静芝、黄静芳一对姊妹花，静芳为人唤作“如花越女”“金嗓子”。

静芝与喻汉英本情侣。有徐学庶者，从重庆来沪，静芝见异思迁，移情徐学庶而与喻汉英断绝。然学庶得知静芝之薄情后，绝裾而去。当静芝欲与喻汉英重拾旧好时，喻汉英已与静芝妹妹静芳丽影成双矣。

53.《上海日报》1941年3月1日—1942年1月31日（328节完）《三妇艳》捉刀人

未亡人赵贞慧，小姑陈婉，邻人包府之刘玉如，合为三妇。

赵贞慧与小姑陈婉同性相恋，又与小叔陈铨乱伦，私通陈婉丈夫盛一鸣、刘玉如丈夫包顺之。刘玉如与陈铨偷情，陈婉则与包顺之寻欢。

54.《社会日报》1941年3月2日—1941年12月3日（262节未完）《银样蜡枪头》捉刀人

群龙书店总校对童润身娶新大人张爱英，夫妻招待宾客，有润身同事赵万山者在坐。会李刘丽留来访，李刘丽留者，润身表嫂，夫君李百川远在四川。赵万山与李刘丽留仅一面之缘，即去李刘丽留居处纠缠，期间又与张爱英偷情。

有名董小峰者，巨富也。赵万山荐张爱英与之交际，李刘丽留亦认之为干爸。讵料董小峰并不姓董，真名李湘洲，乃贩卖白老的大王。李湘洲被捕，赵万山亦被抓，吃官司三个月。迨出狱，董公馆已易主，张爱英另姘一山东人，李刘丽留亦别抱琵琶，赵万山无处归身。

55.《社会日报》1941年6月18日—1942年4月26日（289节第12章完）《自君之出矣》小逸

何婉清，夫沈如磐，抗战西撤，如磐随征，何婉清闺门独守。两位表姊婿方钰、陆经，皆对婉清倾吐爱慕之情，而何婉清皆拒之。

迨如磐归来，却另娶孙练，婉清与立契约，望其两面照拂。然如磐终恋孙练闺阁，而不一顾婉清和幼子。

56.《力报》1941 年 7 月 1 日—1941 年 9 月 30 日（28 节第 36 谱完）《鸳鸯谱》捉刀人（白话短篇合集）

第 33 谱　多情却似总无情　　第 35 谱　今夜偏知春气暖

第 34 谱　泪尽罗巾梦不成　　第 36 谱　楚腰纤细掌中轻

57.《东方日报》1941 年 8 月 1 日—1942 年 5 月 3 日（263 节完）《三不管》王小逸

李少岩，妻谢氏，一女李莲芬，姨太太黎氏。谢氏私通陆文龙。莲芬初嫁王子仁，王子仁与表妹早通情款，姨太太黎氏与王子仁私通有孕。莲芬次嫁刘铭，与小叔私通，离开刘府后与钱镇南姘居，莲芬堕胎遇庸医身死。

58.《力报》1941 年 10 月 1 日—1942 年 3 月 7 日（143 节完）理想滑稽长篇《快活林》捉刀人

不知是中华民国几年了，上海的南京路已改为天堂路，所有天堂路两边的房屋，至少 18 层。天堂路 606 大厦，13 层 13 号房间有一女子，姓麦，名秀，父亲是葡萄牙人，母亲是中国人，名罗宋梅李简太太，乃夫姓叠加而成。麦秀毕业，母出于敛财目的，为麦秀举行自立典礼，有名钱病王者送礼。麦秀男朋友名曰李五更，不意却与自己的母亲罗宋梅李简太太结婚，而改名彭德芍。母亲嫁自己的男友，而原存在家中的钞票亦为母携走，麦秀一无所获。

59.《上海日报》1942 年 2 月 1 日—1942 年 12 月 31 日（未完）《薄幸列传》捉刀人（文言短篇合集）

邓之惠　刘士英　张子堂　欧化东　曹人杰

何绳祖　冯志远　闵天申　韩幼棠　田必富　裘去病

60.《万象报》1942 年 2 月 21 日—1942 年 2 月 28 日（8 节未完）《大众情人》王小逸

61.《万言报》1942 年 3 月 1 日（19 节）—1942 年 6 月 15 日（74 节

未完)《大众情人》王小逸

62.《社会日报》1942年3月31日—1942年5月15日（46节完)《新大奶奶》何家支

北京大户人家富氏，富颖滨、富大奶奶夫妻无子。富大奶奶为颖滨纳妾，称新大奶奶。富大奶奶妒忌，颍滨与新大奶奶搬出另住。

63.《力报》1942年4月12日—1942年10月29日（44节完)《鸾和散辑补》捉刀人（文言风月短篇合集)

戏玉　奇梦　怪婚　越俎　移鳟　肥异

64.《海报》1942年5日1日—1943年2月28日（17节完)《鸟鸣春》何家支（文言短篇合集)

呢喃　啁啾　呖呖　嘤嘤　关关

粥粥　燕燕涎涎　架架格格　姑恶　不如归去

行不得也哥哥

65.《社会日报》1942年7月2日—1943年1月9日（83节第2章完)《多事之秋》王小逸

某乡村豪绅，人称庄善人、庄菩萨，本名庄本彝。有三子，大年、大有、大生，一女绿漪。

庄善人在乡间包揽诉讼，为县府逮捕。善人身陷图圄，家人凑集赎金不菲，却被匪徒抢劫，后以六万金之笔据，输贿出狱。出狱变卖家产抵偿六万金，从此家业败落。

66.《东方日报》1942年8月1日—1942年12月31日（152节完)《夜未央》王小逸

赵焕诚家住在上海老西门，自从军兴以来，他便搬到公共租界新闸路居住。夫人沈青芙，二人虽已同居五年，但赵焕诚以各种理由推迟婚礼，而与陈联珠结婚。青芙大闹婚礼现场，焕诚补偿损失而与青芙分袂。

联珠同学施为美，其恋人为计里仁，二人亦中道分离。最终，施为美与姚新甫，李青芙与计里仁成眷属，加之赵焕诚与陈联珠，乃成3对错乱鸳鸯。

67.《力报》1942年11月1日—1943年7月26日（254节完)《故

园花》捉刀人

陶逊斋到北方做了三个月的县长，被袁督军赏识，将女儿袁秋鸾嫁给他为太太。陶逊斋从北方回到上海，偕太太入住上海旅馆，二人举止豪华，上海旅馆的账房把他们招待到楼上不列号的特别房间里。后陶逊斋把陶太太送回乡间，自己则用岳父汇款在上海挥霍。

有钱双莺者，亦入住上海旅馆，其入住是为等待留学归来的洪焕之。等待期间与在沪江大学读商科的刘震东私会，又与陶逊斋暗中往来。追洪焕之到沪后，二人依靠其父洪连卿供应，滞留海上。

陶太太袁秋鸾回乡亦不安于室，后与陶逊斋脱离关系，与袁润之到上海，仍入住上海旅馆，袁润之仰仗秋鸾之奁资供其逍遥。后袁秋鸾接北京的电报，其父断绝汇沪之款，袁小姐无奈与袁润之分手返北京。而陶逊斋本来就是拆白党，此时，又携一位韩小姐到广东。至于洪焕之和钱双莺则有所醒悟，二人离沪回乡。

68.《上海日报》1943年3月1日—1943年9月27日（210节未完）社会艳情长篇《五里雾》王小逸

上海弄堂里的兴华小学校，校长娄振东，夫人顾怜影。教员因工薪问题欲罢课，但顾怜影以金钱贿赂，得以各个击破，罢课未成，唯把龚学定和王翠芝开除。

被辞退之龚学定和王翠芝，在高士明资助下，创办华兴小学，王翠芝为校长，龚学定为教务长。兴华与华兴两校因生源发生冲突。

69.《社会日报》1943年3月9日—1944年2月26日（328节完）《同床梦》小逸（文言）

距离南阳桥不远，有地曰安纳金路，张府坐落于此。主人张利宾，妻施莹之。利宾与莹之离婚，而与施美结缡，利宾又于玛丽暗中往来。

施美与何放心原有旧，与利宾结婚后生一子绝肖放心，后何放心与芳华谐连理。

70.《海报》1943年3日18日—1945年5月1日（548节完）《丽人行》何家支

海上汪府，老爷汪卓然，妻子汪太太汪方国贞。膝下三女：大小姐静芬已嫁，姑爷蒋志诚；二小姐汪淑芬；三小姐汪敏芬。加之出嗣归宗的汪飞莺、常住汪府的表妹奚丽莼，皆待字闺中。

敏芬接北京父函，邀其北上，欲以萧委员长的三少爷萧敬明为其婿。敏芬虽去北京，但拒绝父命，而与戎装军人祁连山祁营长相爱。

奚丽莼与同住汪府的黄景行；淑芬与张成器；出嗣归宗的飞莺与丁万里；汪太太侄子方令德与祁宏瑛；敏芬同学李笑芙与龙秀苗；张成器父张念兹与殷小姐，汪府诸儿女，或自择、或媒妁，皆嫁得如意郎君。

71.《东方日报》1943年6月25日—1943年12月1日（158节完）《燕双栖》王小逸

杨家湾勤俭起家的陆老瞻，其子陆德明，品学兼优，得人资助高中毕业。德明在刘仲由家教书，结识其女刘韵华，二人厮熟；德明又常到黄大器家，与其女黄韵玉稔知，二韵皆有意德明。

高中毕业后，韵玉父介绍德明去远东公司做会计，韵华父准备送德明上东京学土木工程，德明选择韵华父之资助去东京留学。德明学成回国，北京就职后，杳无信息，二韵之望皆落空，韵华别嫁严守信。

有李振明者，从汉口到上海，发行一本杂志，邂逅韵玉，交往甚频。此振明乃德明留日同学，系德明派遣试探韵玉忠贞者。韵玉矢志不二，终得与德明玉成眷属，而振明亦觅得家室。

72.《繁华报》1943年9月13日（12节）—1943年10月31日（56节未完）《小姐观止》王小逸

73.《大上海报》1943年11月6日—1943年12月31日（56节未完）《春宵曲》捉刀人（文言短篇合集）

吉祥止止　知己知彼　不过尔尔

74.《繁华报》1943年11月7日—1944年8月31日（277节未完）长篇连载《浊海繁花》王小逸

上海某弄堂78号，二房东张元齐，太太金氏。房客有杜大与兰珍一家、翠阁老六与戴碧一家、广东女人钱翠英、爱爱与其母等。

二房东太太金氏欲涨房价，住户一致抵制。二房东太太与小姜有私，兰珍与阿林、阿蓬、荀八偷情。翠阁老六与荀八、张元齐、小姜幽会。

75.《社会日报》1944年3月1日—1944年10月25日（205节未完）《何草不黄》小逸（文言）

文字迹漫漶。

76.《力报》1944年10月20日—1945年9月18日（未完）《关关新语》王小逸（文言短篇合集）

双马　三枪　鞋异　同嗜

酒侣　花痴　指南　逐北

77.《大上海报》1943年10月21日—1943年10月21日（1节未完）长篇连载《夜夜曲》王小逸（文言短篇）

望仙楼

78.《海报》1944年11日1日—1944年11月10日（完）集锦小说《红叶》小逸等（短篇）

79.《大上海报》1944年11月2日（2节）—1945年6月24日（222节完）《春雨江南》小逸

凌绿云与张漱石相恋，漱石去香港一年未归，亦无音耗，绿云嫁奚在田。漱石去香港途中船倾覆，患难余生回到上海，绿云无颜以对，欲轻生，为漱石所救。在田劝慰二人，并携绿云、漱石同返自己家中。

80.《海报》1944年12日1日—1945年5月5日别裁小说《新纺棉花》捉刀人（插图）

故事新编

“题解（仿春王正月一段）：新者何？非故也。纺者何？纺织也。棉花者孰谓？谓茧也。曷为不言唱戏而言纺棉花？戏中有一戏名《纺棉花》也。何言乎纺棉花？且唱且纺也。何以不言写文章而言纺棉花？盖《海报》编辑先生之意也。何言乎编辑先生之意？先生之意，文章犹戏，戏犹文章，以文章为戏，是以毅然名之《新纺棉花》也。

“内容（仿心太平斋）：

（1）上海将有一钞票大会举行（亦名币语会）。钞票会说话，向来认为有这句话而没有这件事，是以震惊了中外古今，有好些人，不远千里而来，贤如书中人，不能免焉。

（2）所惊动的书中人，大都是耳熟能详的书，以《西游记》始，以《西厢记》终，表示称量西药一样，还只一西西的意思。

（3）各个书中人到了上海，人是古人，事是时事，成一个古人今人化，时事故事化。

（4）但是钞票说话大会，始终不开，为什么不开，据说仿自某大编导，小凤仙里没有蔡松坡，蔡松坡里没有小凤仙。”①

后序：

“写完《新纺棉花》，数一数，计得章回九种、笔记一种、弹词一种、传奇一种。然而这些东西的写法却不出乎三种：一是插写，插在某一故事之前或后；一是改写，把原有的故事加以改造；一是另写，那就是不大和原书故事有关系了。

“试分述如下：

（1）《西游记》，插写。写在唐三藏师徒过火焰山之前，以孙悟空、猪八戒为中心人物。

（2）《水浒传》，插写。写在打祝家庄收了许多新头领上山之后，以戴宗、时迁、李逵为中心人物。

（3）《儒林外史》，另写。写严贡生路过上海，因而办学，以严贡生为中心人物，兼及胡屠户。

（4）《聊斋志异》，另写。写新人白凤戏弄俞生，以此二人为中心人物，与原书中青凤略有关系。

（5）《镜花缘》，插写。写在女儿国、轩辕国的中间，以唐敖、林之洋、多九公为中心人物。

（6）《三国演义》，改写。写刘备招亲，原书在南徐者改在上海，以刘备、孙夫人为中心人物。

（7）《老残游记》，另写。写老残忽然而来，忽然而去，既称《老残游记》，自然以老残为中心人物。

（8）《珍珠塔》，改写。写见姑及赠塔，原书在襄阳者改在上海，以方卿为中心人物。

---

① 捉刀人：《新纺棉花》，《海报》1944 年 12 日 1 日。

(9)《九尾龟》，改写。写章秋谷、陈海秋嫖妓院事，新人萧龙人、黄文兰实即陆丽娟、范彩霞，以章秋谷为中心人物。

(10)《红楼梦》，插写。写在查抄荣国府之后，以王凤姐、刘姥姥为中心人物。

(11)《封神传》，另写。写在全书结束以后，以姜子牙为中心人物，兼及诸神。

(12)《西厢记》，另写。写在全书结束以后，以红娘为中心人物，兼及张生、莺莺。

“在这里应当声明的是《封神传》一文，完全凭己意写作，丝毫不会加以模仿，因为这书的用笔行文，实在并不值得模仿。除了《封神传》以外，都曾画一下虎、续一下貂过的。书中人根本未到过上海的，有《镜花缘》；书中人本来在上海的，有《九尾龟》，这是偶然的涉笔成趣，并不是什么预定计划。”①

81.《社会日报》1944年12月12日—1944年12月14日（3节完）《囚凤记》王小逸文，穆一龙图（插图）

82.《光化日报》1945年4月14日—1945年8月31日（139节完）《鸳鸯于飞》何家支

蒋天仙与蒋奇花是一对姊妹花，天仙嫁常世秋。奇花平日喜吟“鸳鸯于飞，毕之罗之。君子万年，福禄宜之。”她即爱常世辰，又爱赵斌，鱼与熊掌兼而有之，三人同居。

83.《海报》1945年5日1日—1945年8月18日（未完）《双飞燕》何家支

《正报》1945年8月19日—1945年10月9日（未完）《双飞燕》何家支（文言短篇合集）

玳梁海燕　乌衣旧燕　琼楼新燕　画堂春燕　风帘离燕

84.《吉报》1945年6月20日（18节）—1945年7月31日（59节未完）《花外流莺》王小逸

85.《海报》1945年7日3日—1945年8月18日（未完）别裁小

---

① 捉刀人：《新纺棉花·后序》，《海报》1945年1月3日。

说《十八般文艺》捉刀人

《正报》1945年8月19日（17节）—1945年8月25日（56节完）别裁小说《十八般文艺》捉刀人

故事新编

引言：“是一个偶然的感念，从十八般武艺里脱胎出来的十八般文艺，似乎可以当做一篇小说的篇名。说与天天晤对的潘恂卿、汤修梅两兄听，两兄为之轩眉一笑，只是一笑，还不是激赏，这已经是两个月以前的话了。查十八般武艺：一弓、二弩、三枪、四刀、五剑、六矛、七盾、八斧、九钺、十戟、十一鞭、十二简、十三挝、十四殳、十五叉、十六爬头、十七棉绳套索、十八白打。据说明嘉靖间山西李通，应募‘勇敢’为第一，于是十八般武艺的十八事，是确定的了。

“至于十八般文艺，是由于我私人的杜撰，不曾经过什么考试院来考过，所以还是上海人所谓吃豆腐作风。也许文艺不到十八般，也许文艺不止十八般，而我又是实实在在说不上件件皆能的一块废料，有勇气说出来，没勇气写下去，因此从闲谈到实现，直经过了两个月。

“现在列举的目次是章回体、笔记体、寓言体、新文艺、新体诗、旧体诗、应用文、骈体文、话剧、方言、弹词、滩簧、歌谣、书信、游记、日记、词、曲，合起来凑成十八种。预备每一种敷衍三天，像前次《新纺棉花》的体例。所不同的，《新纺棉花》以模仿为目标，《新纺棉花》的书中人是原有各该书的书中人，《聊斋》除外，前后并不联系。在每一种之末，用点将例过渡下去，便是一些藕断丝连的联系。

“现在十八般文艺，前后却只是一个故事，又因为是文，便想在姓文的头上打主意，文种、文翁、文彦博、文天祥、文徵明，都太严肃了，不敢亵渎，结果是指定了文素臣。小说毕竟还是小说，也不一定算厚诬古人，但是列举着的目次，还是个未定草，前后移动在所难免的，这是开场白，明天开始刊载本文。我只觉得战战兢兢，下笔没《新纺棉花》容易，倘然顶了石臼做戏，吃力不讨好，想来也是我喜欢舞文弄墨的一种惩罚吧。34年6月30日捉刀人。”①

86.《社会晚报》1945年10月8日（7节）—1945年10月8日（7节未完）中篇连载《晚钟声》何家支

87.《铁报》1945年10月10日（前缺）—1946年3月28日（10节未完）《双飞燕》何家支（文言短篇合集）

投怀玉燕　呢喃新燕　辞巢白燕　衔泥双燕

荒林孤燕　夕阳归燕　离家娇燕

88.《福尔摩斯》1945年10月20日—1945年10月22日（2节未完）《重庆人》何家支

89.《海风》1945年11月24日第2期—1945年11月24日第2期（完）《遵海记》捉刀人文，封宁图（短篇）

90.《海风》1945年12月1日第3期—1945年12月1日第3期（完）《倚闾记》捉刀人文，封宁图（短篇）

91.《海光》1945年12月5日第1期—1945年12月5日第1期（完）《七情记喜》何家支（短篇）

92.《海光》1945年12月5日第1期—1945年12月5日第1期（完）《七情记喜》何家支（短篇）

93.《海风》1945年12月8日第4期—1945年12月8日第4期（完）《杀头记》捉刀人文，封宁图（短篇）

94.《铁报》1945年12月10日—1946年1月18日（39节未完）《观光团》捉刀人

故事新编

前言：“过去我曾给《海报》写过两种别裁小说，一是《新纺棉花》，以十二种不同的旧小说，贯穿一个钞票说话大会故事；一是《十八般文艺》，以十八种不同的文体，描写文素臣率领家属游上海的故事。前者刊载三十三天，后者刊载五十六天。现在《铁报》复刊，编辑先生要我重为冯妇，写类乎以上别裁的小说，我不得不承诺下来。可是推陈出新的技巧，实在感到有些不够，结果是‘管他娘’，换了

① 捉刀人：《十八般文艺》，《海报》1945年7日1日。

钞票再说。

“这一次，定名为藕断丝连体《观光团》，内容也先有个拟议。是上海成了收复区，将次开庆祝胜利大会，轰动各地人士，纷纷到上海来观光，形成了无数小组织的观光团。这些观光团、这些观光者，都是旧小说里的人物，仍用过去点将的成法，作为一个联系，这便是所以唤作藕断丝连体，所以唤作观光团。

“采用的说部，假定为《红楼梦》《水浒传》《儒林外史》《三国志》《老残游记》《广陵潮》《九尾龟》《官场现形记》《东周列国志》《二十年目睹之怪现状》《西厢记》《珍珠塔》《聊斋志异》《子不语》《玉梨魂》等，大约为十五种。每章回小说两种之后，间以曲、或弹词、或笔记、或鸳蝴派等一种，临时更动，是也许的。这一次写作，为求故事容易发展，并不注意仿效，像前次《新纺棉花》的体例，倘若其中有相似处，这是偶然而不是当然，谨请读者见谅。预定两个月以内写完。采用说部中，有半数以上，是前次曾经采用过的，但也有《西游记》《封神榜》等，都摈弃不用了，又若《镜花缘》也是摈弃不用了，这是预备另有任用与另候任用的，先在这里声明一下。”①

95.《海光》1945年12月12日第2期—1945年12月12日第2期(完)《七情记怒》何家支(短篇)

96.《海光》1945年12月19日第3期—1945年12月19日第3期(完)《七情记哀》何家支(短篇)

97.《海风》1945年12月22日第6期　1945年12月22日第6期(完)《嫁鸡记》捉刀人文，封宁图(短篇)

98.《海光》1945年12月26日第4期—1945年12月26日第4期(完)《七情记乐》何家支(短篇)

99.《海风》1945年12月29日第7期—1945年12月29日第7期(完)《养虎记》捉刀人(短篇)

100.《海光》1946年1月2日第5期—1946年1月2日第5期(完)《七情记爱》何家支(短篇)

---

① 捉刀人：《观光团·前言》，《铁报》1945年12月10日。

101.《海风》1946年1月5日第8期—1946年1月5日第8期（完）《访旧记》捉刀人（短篇）

102.《海光》1946年1月9日第6期—1946年1月9日第6期（完）《七情记憎》何家支（短篇）

103.《海光》1946年1月16日第7期—1946年1月16日第7期（完）《七情记欲》何家支（短篇）

104.《海风》1946年1月19日第10期—1946年1月19日第10期（完）《调新记》捉刀人（短篇）

105.《海光》1946年2月13日第11期—1946年7月30日第33期（23章未完）《弃妇艳》何家支（短篇、插图）

106.《海风》1946年2月23日第15期—1946年8月3日第36期（未完）《太平妻》王小逸（文言短篇合集）

数典　代筹　嫁后　战前　偕遁　大归　家难　邮书　欢联

美男　损友　登楼　签字　健忘　奇遇　约法　宵会　喋喋

107.《沪光》1946年3月31日第1期—1946年4月28日第5期（未完）《活观音》捉刀人（短篇、插图）

108.《是非》1946年4月1日第2期—1946年4月1日第2期（完）小说《非非想》何家支（短篇、插图）

109.《锡报》1946年4月1日—1946年8月26日（68节未完）《八年目睹之怪现状》王小逸

文漫漶残损。

110.《铁报》1946年4月6日—1947年1月20日（第10回完）《闲情赋》何家支

赵宗强住在基督教青年宿舍，某日，有称姓卫之女士奉访而不遇，不料竟是华实中学之同事卫履平。卫履平称有一女士思慕赵君以致于病，赵百思不得其人。卫履平携赵宗强至一巨宅，中住邵太太，老处女也，即思慕赵宗强者，宗强被软禁，与邵太太同居，受尽蹂躏，后宗强设法逃出。

赵宗强，绍兴人，其执教鞭时，与学生鲍翠筠恋。赵宗强自邵太太处逃出后会合鲍翠筠，隐名埋姓乡居。期间，翠筠则至一赵太太宅中供职。某日赵太太邀赵宗强来访，不想，所谓赵太太即卫履平。卫履平为道邵太太原委云：邵太太为豪门女，行乖僻，无与论婚嫁者，现已香消玉殒。然因与赵宗强有前情在，故自称赵太太。其遗产一部分留给赵宗强和卫履平，卫履平亦与邵太太为同性夫妻。最终，赵宗强一人而娶鲍翠筠、卫履平二女为妻。

111.《是非》1946年4月29日第5期—1946年4月29日第5期(完)《团团转》捉刀人（短篇、插图)

112.《是非》1946年5月20日第7期—1946年5月20日第7期(完)《声声慢》捉刀人（短篇、插图)

113.《罗宾汉》1946年7月1日—1946年9月11日（88节未完)《前度桃花》王小逸

抗战后，重庆人刘振秀来上海访旧友李天仙。文字漫漶。

114.《香雪海》1946年7月31日第1期—1946年8月14日第3期（3节未完)《鸾和新辑·诚则灵》捉刀人

115.《香雪海》1946年8月7日第2期—1946年8月14日第3期（未完)《群莺乱飞》何家支

116.《诚报》1946年8月15日—1947年10月16日（60节完)《云鬓花颜》捉刀人（文言)

施承范，富商也。妻季氏，妾贺氏。子大南、大平，女肖丽。

承范好施复好色，有恙入住大善医院，与女护士魏贞利、曹芳茵昵。后娶贞利入府，而贞利援引曹芳茵、李一莲共侍承范，三人结党，共谋施氏财产，设计离间承范家庭。妻季氏、妾贺氏被黜；子大南、大平，女肖丽受冷遇。后谋泄，妻季氏，妾贺氏返府。魏贞利、曹芳茵被逐出，李一莲则免于被黜。

117.《沪报》1946年8月16日—1947年3月31日（218节第14回完)《女儿乐》捉刀人

漕河镇的曹月卿为茶馆老板，侄女曹仙仙，螟蛉子发发。

仙仙已到摽梅之年，求之发发，年幼不当意；求之张四维，四维病肺，退而求其次得黄奇，谐鱼水欢。

会上海虹口被炸，黄子铭、黄少奶奶回到漕河镇避难，曹仙仙得识黄子铭。黄子铭夫妻来往上海和漕河镇之间，黄子铭与曹仙仙、裘翠仙、严双珠、李清芬、郑帼英、甄梦仙幽期偷会。而黄少奶奶则与张四维、公公黄宝圆寻欢。

迨胜利到来，黄子铭幡然悔悟，与黄少奶奶复好如初。李清芬回乡与张四维团聚。隔壁弟弟曹桢年有了差使，偕裘翠仙到南京赴任。甄梦仙不知去向，严双珠与曹仙仙则返回漕河镇。

118.《快活林》1946年8月26日第27期—1946年8月26日第27期（完）《人妖》捉刀人（短篇、插图）

119.《苏报》1946年9月22日—1946年12月31日（96节完）《花底鸳鸯》捉刀人

叶小鸳、叶小莺姊妹也。小鸳与陈明选新婚燕尔，小莺则嫁邢纯甫。邢纯甫与陈夫人私会，与婢女春兰幽期。迨叶小鸳与陈明选南京归来，迁居新址，亲友相聚，举行鸳鸯蝴蝶会。共成七对夫妻：叶小鸳与陈明选、叶小莺则与邢纯甫、陈夫人与张翁、叶半山与袁氏、小鸳同学华蝶缘与朗得三、陈宅婢女秋菊与左连发、邢宅婢女春兰与王伯未。

120.《今报》1946年10月5日—1946年10月6日（完）短篇小说大会串·言情小说《初试记》王小逸（短篇）

121.《诚报》1946年10月30日—1946年11月18日（20节未完）《黛绿脂红》捉刀人（文言短篇）

俞成美营金业，娶妻韦氏，有艳名。韦氏亡，而择一乡间美女张凤芝为续弦。

122.《诚报》1946年11月23日—1946年11月28日（6节未完）《眼儿媚》捉刀人

123.《飞报》1946年12月1日—1949年6月25日《香艳杂志》捉刀人文，万大利图（文言短篇合集）

东家墙　万能夫人　葛十三　空中夫妻　徐淑第二

哑妇　馒头记趣　新婚者言　春香　痴妯娌

婢妾世家　十与三之比　四姊妹　驻颜术　巾戏

南方之强　帘外桃花　小洋鸡　准未亡人　美人关

小桥流水　万里寻兄　盲女　蓬门丽质　十美图

第三代　奇癖　三度做新娘　酒徒之妇　三十七号

陈艳秋　嬉春图　相思戒　愁城　玉芙蓉

马前雪　掌上明珠　赛金莲　香水精　枪花大王

无独有偶　寒雨连江　赵钱孙李　艳于花　多宝姑娘

阿绥　天壤王郎　婢妾之间　皆大欢喜　解语花

124.《海风》1946 年 12 月 15 日第 5 期—1946 年 12 月 15 日第 5 期（完）《伸手记》捉刀人（短篇）

125.《诚报》1946 年 12 月 18 日—1947 年 3 月 20 日（第 6 回完）《今世冤家》王小逸文，董天野图（文言短篇合集、插图）

第一回　红是相思魂销预约券　素来无赖名赐俏冤家

第二回　灯红酒绿女婿上华堂　粉腻脂香冤家藏暗室

第三回　金屋这番人艳称双绝　冤家何处花明又一村

第四回　楼上无楼凌晨来穴隙　戏中有戏向晚问冤家

第五回　酒阵酩酊鸳鸯会双死　歌声婉转蝴蝶不孤飞

第六回　历尽沧桑南征兼北讨　听残云雨东倒有西歪

126.《铁报》1947 年 1 月 21 日—1947 年 12 月 31 日（331 节完）《天外奇峰》王小逸（插图）

田太太，夫田进德在外经商，女田畹新。

畹新与袁彬本情好。会舅父去世，循成亲再成服、棺材前成亲之例，父母之命，将畹新嫁于舅父子吴昭明为妻。

不久畹新与袁彬私奔，二人辗转藏匿，后为畹新父母寻获。某日，田家人团聚一堂，袁彬想不到竟能与旧日恋人黄美新相会。原来，袁彬在汉口与黄美新相爱，因战乱失散，美新为田畹新父田进德纳为妾。此番相会，数重亲谊，纠缠不已。后田畹新又为敌伪机关所掳，被何炳泉霸占，敌伪崩溃，畹新逃出。经历数重磨难，有情人终成眷属，袁彬同娶黄美新、田畹新二新为妻终。

127.《诚报》1947 年 3 月 21 日—1947 年 8 月 5 日（135 节完）《李公馆》王小逸（插图）

上海有二李公馆，一为李主任之李耀寰公馆，一为李宗南李三爷公馆，二馆交厚，同服务萝卜头手下。

李耀寰在李太太外，又宠病西施魏爱莲、郑端湘和程宝华。李宗南则把叶翠升任书记，侍奉左右。

上海遭飞机轰炸，为安全起见，二李公馆决定合建防空洞。某次来袭，二家避入其中，讵料炸弹正中防空洞。叶翠之丈夫凌伯安，身份微贱，不得入防空洞，得以幸免。凌伯安本不满叶翠之行为，见此情景，非但不救，反而堵塞防空洞之通气孔，二李家眷皆毙命其中。唯李耀寰因去南京得脱此难。

128.《诚报》1947年3月21日—1947年7月4日（完）《柔乡记》何家支文，江栋良图（短篇文言合集、插图）

人面　花骨　鬼戏　雨失　独家　假凰

129.《沪报》1947年4月1日—1947年5月15日（44节未完）《赛杨妃》王小逸文，董天野图（插图）

上海近郊徐家村徐老五女儿佩玉，貌美，人称"赛杨妃"。佩玉被送至黄远所开设之刺绣传习所习刺绣，黄远与佩玉定情，却为黄远父携回老家纳入后房中。

130.《群报》1947年4月5日（2节）—1947年4月25日（15节未完）《百家姓》何家支（文言短篇）

厂花

131.《力报》1947年4月6日—1947年6月30日（未完）《第一风流最损人》捉刀人文，徐澄之图（文言短篇合集、插图）

车祟　谶异　怯富　宣隐

132.《小日报》1947年5月1日（5节）—1947年7月23日（完）《画堂春》王小逸（文言短篇合集、插图）

重逢　初试　胜婚　易妇　萍踪　镜合

133.《光报》1947年5月2日—1947年9月30日（17节未完）《万紫千红》捉刀人（文言短篇合集）

群雌　新大观园　桃李花开　尝新　新路线

合家欢　赤脚大仙　徐娘　玻璃小姐

134.《真报》1947年5月20日—1947年7月30日（64节完）《商

人妇》王小逸（插图）

管天德，吃交易所饭，单是纱厂股，抢了一个帽子，抛出补进，就赚了5000万。妻瑞芳，不守妇德，与陈良何偷情，夫妻勃谿，家室不宁，以致居室被盗。后经管天德之感化，瑞芳悔悟，与陈良何断绝来往，夫妻和好如初。

135.《东方日报》1947年6月26日—1947年11月30日（157节完）《红心草》捉刀人

陶家菊是一位读文科的大学生，同学魏如明和闵炳章。魏如明姊姊魏如芳，闵炳章妹闵红英。

陶家菊奉父母之命，与同乡女子谢咏絮成婚，二人成婚而不同床。家菊钟情于闵红英、魏如芳，与二人皆结不解缘。后谢咏絮与公公偷情，家菊与之离婚，与闵红英结合。

闵炳章与魏如芳、魏如明与于闺范谐连理。婚后闵红英又与魏如明偷欢，数人之间之错乱鸳谱。

136.《罗宾汉》1947年7月2日—1947年12月30日（182节完）《无轨电车》王小逸文，江栋良图（插图）

夫妻本有道，不循正路行，故曰无轨电车。

彭秋古，有发妻仇素兰，而倾慕有夫之妇蒋玉愁，后与仇氏离婚，与黄阿毛姘居。

仇氏与彭秋古离婚后，姘李小生。

蒋玉愁，夫黎光远，而与富豪薛光前暗中往来，以色易财。

毕玫云与费正明为夫妻，分袂后，毕玫云与富翁屈光照同居，光照死，得其遗产。毕玫云与屈光照长孙屈自灵同住，年轻的祖母常吃此童子鸡。玫云又移情黎光远，寻欢彭秋古，终与费正明覆水重收。

李似凤、李似燕姊妹同嫁戴似玉，后凤燕纷飞，似凤嫁凌有光，始符一夫一妻制。

沈含芳一女嫁二夫，二夫为凌有光、彭春山，后单依彭春山。

后沈含芳与彭春山、李似燕与戴似玉、李似凤与凌有光、蒋玉愁与黎远生、毕玫云与费正明终谐连理，五对鸳鸯聚于一室同欢。

137.《锡报》1947年7月9日—1948年7月16日（283节未完）

《北雁南飞》王小逸

上海闹市中，有一座小有园林之盛的周公馆，孀妇周太太，子周少爷锦高。

锦高表妹陶蕴芳从北京来访，留恋不返，与锦高恋爱结婚，不久分袂。然蕴芳身后追求者颇众，有周府大太太之子美成和玉成，同学黄畏三等，皆未谐。

陶蕴芳出走，路上被强盗劫持，得刘师长帮助脱险，因此二人相识并谐连理。

138.《活报》1947年7月20日—1947年10月19日（91节完）《一门四活》王小逸文，金粟图（插图）

沈氏一门四人，父活阎王沈宝兴，妻活神仙沈太太，子活死人沈宝庆，女活观音宝萝，故称一门四活。

活阎王宝兴与小寡妇白娘娘偷期，活神仙沈太太与张得宝、万少爷万人迷幽会，活死人宝庆妻林眉与顾剪淞、张得宝、万人迷云雨，活观音宝萝与何人望、张得宝、万人迷绸缪。数人间，或姑嫂同姘，或母女通奸。

139.《诚报》1947年8月6日—1947年9月30日（56节完）《十八变》王小逸文，江栋良图（插图）

林大嫂女林美子，嫁李老太太之子李功宇，然功宇与三婶子偷情，与沈飞云寻欢。而美子则与李府大叔李信孚、二叔李信诚及功宇弟功宙握雨行云。美子捉奸功宇与沈飞云，反过来功宇则抓美子与功宙，最终二人离婚。此时之美子追求者仍不减。有某男，美子颇中其意，当夕即发生关系，然美子并不想嫁他。

140.《苏报》1947年9月6日（42节）—1947年9月6日（42节未完）《夹竹桃》王小逸

141.《小日报》1947年9月21日—1948年2月21日（第10回完）《吹灯新录》捉刀人（插图）

苏州宝华公司经理张宝荪与刘利芬借小房子于铜山里。芳邻粥粥有：十三点神经病李绮华、古典美人小脚连韵琴、陈姨太、薛七、薛九，及阮氏三妹玉芝、玉球、玉笑。张宝荪与上述诸女皆有云雨之情。

绸缎铺职员连捷甫亦铜山里中人，他与刘丽芬、肥女钱瘦梅、薛七、薛九，及阮氏三妹玉芝、玉球、玉笑，共赴阳台。

张宝荪、连捷甫成争风之势，终以互换而熄战。后张宝荪与薛七、薛九离开铜山里。

142.《诚报》1947年10月1日—1948年9月15日（329节完）《妇人观止》王小逸文，石佩卿图（文言、插图）

老爷陈三德，陈夫人莲英，婢女思云及陈三德自周府携来之红梅，合称三妇。

陈三德难得回府，陈夫人莲英与陈云士、退职之县长黄良佐幽会。红梅与童浩、张老彭偷期。

思云最为淫贱，与之谐云雨情者有：陈云士、郁警官、郑启凡、张秉凌、张秉凌父张老彭、黄良佐。同性者则有红梅。

红梅与陈三德、童浩与表姐四小姐、黄良佐与陈夫人共谐连理。而思云沉迷色情不悟，卒为警局所捕，始稍知敛迹也。

143.《风报》1947年10月12日—1948年2月28日（32节完）《美人关》王小逸（文言短篇合集）

庞妃　林十三妹　崔校长　曹四姐　老刘老刘　标准姑娘

144.《群报》1947年10月24（前缺）—1947年10月25日（未完）《夹竹桃》王小逸

145.《群报》1947年10月28日—1947年10月31日（3节未完）《卖青春》王小逸（文言短篇）

《小西门西施》

146.《真报》1947年10月28日—1948年7月5日（225节完）《轻薄桃花》王小逸

老西门某一条弄堂里的13号，有蒋公茂者，公务员也。妻蒋师母，大儿蒋春保，二儿蒋冬发，另有一童养媳云芳。

单说云芳。云芳与春保为初婚，后又先后嫁云景刚、董伯阳。又曾与姚影同居，姘头则有店中学徒董心德，最终云芳从姚影处与刘大同私奔。

147.《大风报》1948年1月1日—1948年9月2日《鸾和新辑》

捉刀人（文言短篇合集）

飞蓬　掷果　婚变　情累　老郎　小妇　肥婢

148.《铁报》1948年1月5日—1948年12月31日（344节完）《乱世双雏》王小逸（插图）

日本人要来了，胡张村村民仓皇逃难。胡觉先女儿胡小珮，乱离途中被日本人抓获，而供职于日本人机关中，为吉田据为专宠。张嵩华乃小珮之恋人，此时已参加游击队，小珮把吉田部队之机密输送给嵩华。游击队为刺探情报，派嵩华妹蕙华打入日本军部，蕙华先情迷吉田，后又为大池所宠。此时，有黄志国者，乃一高中生，凭爱国热血，持炸弹伏击日本卡车而被捕，蕙华设法保护，使其脱险。后小珮射杀吉田，与蕙华逃出魔爪。张嵩华与胡小珮、黄志国与张蕙华，两对有情人终得团聚。

149.《罗宾汉》1948年1月5日—1949年1月1日（344节完）《哀艳亲王》王小逸文，江栋良图（插图）

刘太太的女儿刘怡芬，初嫁姚仁本，仁本亡后嫁郑公和、孙嗣权、湛深，四次出嫁，皆做了未亡人。遂决意不再嫁，朋友公送匾额，封其为"哀艳亲王"。孙嗣权、湛深朋友捐资救济其生活，抚育后代。

150.《东方日报》1948年1月5日—1948年7月1日（163节完）《换巢鸾凤》捉刀人

薛南田在培华商会任文书和会计，女朋友孙碧荷。孙碧荷有朋友倪馥英。薛南田与倪馥英幽会，最终与唐琏结婚；孙碧荷与刘子方情好，最后嫁庄履之，婚后仍与刘子方保持情人关系；邹漱凡与唐琏欢会，最终娶倪馥英；魏瑚与唐琏论婚嫁不成，终娶孙碧薇为妻。总计成就四对鸳鸯：孙碧荷与庄履之，唐琏与薛南田，邹漱凡与倪馥英，魏瑚与孙碧薇。

151.《辛报》1948年5月18日—1949年1月28日（232节完）《浅笑轻颦集》捉刀人（插图）

上海老街，三家三个姑娘，为周小桃、黄秀梅、何清芬，号称三亨。

黄秀梅父黄鸿飞，子曰店私塾先生，欲纳小桃为妾，小桃虚与委蛇，骗其钱财。

黄鸿飞与周大嫂漆联飞私通，周大嫂竟胆大凿墙开洞，与鸿飞往来，为其夫周老板告发至警局。

周小桃与袁小秋恋，却被刘柏生捷足先登，而小秋与小桃干妈刘三太太偷欢。迨小秋与小桃结婚，二人不睦，小桃别恋刘汉人。

何清芬答应为钱生道设计与秀梅幽会，及期，锐身自任，因此成就二人之婚姻。然何清芬与钱生道结婚当日，却被钱生道发妻当场闹翻。

秀梅姊姊病肺殒，秀梅嫁与姊夫李三龙。

诸对夫妻，终致对簿公堂。周老伯诉其妻漆联飞与黄鸿飞通奸，钱生道妻梁燕燕诉何清芬妨害家庭，袁小秋诉周小桃不守妇道，何清芬诉钱生道遗弃，黄鸿飞诉周小桃诈骗，雀飞鸦噪，鸡犬不宁。

152.《力报》1948 年 7 月 6 日—1948 年 10 月 31 日（完）言情名篇《孤星泪》王小逸文，江栋良图（插图）

赵慧云，父赵谦之，缠绵病榻。慧云与邓守仁约为婚姻。二房东廖太太与曹体仁谋，以麻醉剂施之赵氏父女二人，父谦之死，而慧云被污。

慧云嫁曹体仁为妾，曹体仁尽吐其与廖太太之奸谋。慧云得邓守仁之助，杀曹体仁与廖太太，慧云亦自尽，邓守仁远遁。

153.《真报》1948 年 8 月 1 日—1949 年 3 月 31 日（232 节未完）《酒色财》王小逸文，董天野图（插图）

冯繁锦、冯繁富姊弟，繁锦设宴兼赌局请其交好之男友，赴宴者有红木店小老板张见山、张见门弟、暴发户刘桂根、李铭乡、冯炳、袁润生，此一宴席为弟弟繁富筹集教育经费达 10 亿元。繁锦与徐慕达、尤作新、冯炳偷期幽会。繁富从胭脂学云雨情。胭脂乃李铭乡妾，繁富称为二婶娘者也。

154.《东方日报》1948 年 8 月 3 日—1949 年 2 月 27 日（198 节未完）《碧桃花下》捉刀人

高兰芝是一个从苏北兴化城外的一个小集镇逃出的女子，卑田院的孤儿，流落上海。有胡公馆欲收留兰芝，经过换妆、医院体检后入住胡府。胡府二少爷胡宇昌倾慕高兰芝，与之定情，不意胡府将其许配给南京的珊老爷为三姨太太，后高芝兰逃回上海与宇昌相会。

155.《诚报》1948 年 9 月 17 日—1949 年 4 月 27 日（255 节未完）《到处为家》王小逸

当盟国战胜日本那一年秋天，有一位少年从重庆坐飞机回到上海，他叫韩秀成，家住福庆里。八年前秀成已与费兰因女士，约以十年为期论嫁娶，然兰因却琵琶别抱。烽火乱离，秀成旧地重游，寻欢猎艳。家中有婢女翠玉，芳邻有张春华，腻友则有兰因妹兰萍，皆与之结情。

156.《活报》1948 年 9 月 17 日—1949 年 2 月 24 日（153 节完）《金碧双圆》王小逸

新闻路新闸里，红楼一角。管氏女管金枝与同学袁启元相恋，缠绵绸缪。袁启元又与同窗晏碧薇如胶似漆，最终三人一同离家出走。迨七月旋里，金枝、碧薇二人腹部皆已隆起，作双圆状。

157.《大风报》1949 年 1 月 1 日—1949 年 2 月 28 日（63 节未完）《连理枝》王小逸

158.《铁报》1949 年 1 月 5 日—1949 年 6 月 13 日（156 节未完）《楼上花枝》王小逸

临海古城，朱朗然与杨静君、崔龙珠两位女士皆供职教育界。杨静君与崔龙珠皆对朱朗然有倾慕之情，后朱朗然携妻子去兰州。崔龙珠厌恶古城之土豪劣绅，辞教职远赴广东投军，后随军到上海，龙珠介绍杨静君入军职同为报务员。

159.《罗宾汉》1949 年 1 月 5 日—1949 年 6 月 8 日（148 节完）《春满江南》王小逸

江南某乡村，有上海学成回乡行医的杨增寿医师举行义诊，杨增寿纳杨囡囡为妾。

有孟贞丽者，美女也。孟贞丽与庆西小学校长张祝韩、教员俞伯伟恋。孟贞丽有腻友薛慰霞亦眷张祝韩。孟贞丽又与杨增寿、孟少恩偷欢。而终迫于父母之命，嫁田嗣业，虽非所愿，但以年齿尚嫩，尚能重温江南春梦，稍慰闷怀。

160.《大风报》1949年4月2日（2节）—1949年4月30日（30节未完）《花前月下》王小逸（文言短篇）

美艳亲王

161.《罗宾汉》1949年6月9日—1949年7月9日（31节未完）《铁蹄下》王小逸

漫漶残缺。

162.《飞报》1949年6月26日—1949年7月9日（14节未完）《黎明》何家支

冯蘅

（冯蘅，笔名凤三、梅霞）

1.《力报》1939年5月20日—1939年6月12日（22节未完）《大学生卡通》冯蘅

2.《品报》1940年7月31日—1940年10月9日（71节未完）舞国秘史《呱呱叫姑娘》冯蘅

“有一位少年风头实在好……”，舞女英英喜欢唱这首《呱呱叫》，故人称“呱呱叫姑娘”。其袋中有户头周先生、大余、马伯，拖车为阿小。

3.《吉报》1940年10月15日—1941年6月15日（234节完）热情小说《春华露浓》冯蘅

上海人学文学院西洋文学系的二年级学生，22岁的北平人周卓愚，外号书痴。遇舞女曼丽王，与其同居，为龙头与拖车关系。同居期间，周卓愚与曼丽王婢女阿媚相恋，后二人反目，周卓愚又与曼丽王重拾旧欢。阿媚则与陈耀庭相契，然格于陈耀庭家室之累，亦空花水月一场，阿媚发誓再不与舞场男人来往。而周卓愚则因为骗了同学一笔款子，被学校开除，离开上海到内地。曼丽王感慨：这是小周的生路，我们努力挣钱，这是我们的生路。

4.《跳舞日报》1940年12月21日—1941年4月16日（105节未完）《糟兄外传》冯蘅

凯姗拿舞厅舞女何美珍、朱文英，一胖一瘦，有汤团与春卷之号。

美珍拖车名小陆，文英拖车为小张。有劳早训、毛令白，二人一搭一档出入舞场，劳早训跳何美珍，毛令白跳朱文英。美珍、文英当二位糟兄、寿头，向他们开条斧、敲竹杠，得来钞票供养拖车。

5.《吉报》1941 年 6 月 16 日—1942 年 2 月 14 日（233 节未完）热情小说《娜娜小姐》冯蘅

煤业巨富顾德培之子顾浩然，留恋舞场，其龙头为舞女玲玲，二人虽同居，顾浩然却实行牙签主义，背玲玲搭派头奇大的舞女娜娜，并成为其拖车。而娜娜乃女牙签，顾浩然之外，则与张玉书、郭伟二小白脸交，为其发工钿。

6.《上海日报》1941 年 7 月 1 日—1941 年 7 月 31 日（32 节未完）《灯草裤带》梅霞

7.《力报》1941 年 8 月 1 日—1942 年 6 月 3 日《英英日记》英英原著，秋雨校正

"我"，舞女也，喜阅《少年维特之烦恼》、郭沫若《创作十年》、屠格涅夫《初恋》、章衣萍《情书一束》、巴金《家》，亦披览《性艺》《性友》。所搭户头不少，小白脸有孙骏、蔡、邱、四号小郎，大腹贾则有钱老爷、白粉商。"我"一面供大腹贾搂抱，一面与小白脸开房间，舞稿作者则与陈耀庭为老相识。某日与阿张幽会，不料其为拆白党，钱物为其盗窃一空。

8.《力报》1941 年 10 月 1 日—1942 年 4 月 5 日（175 节完）《大学教授》冯蘅

从美国乘坐柯立芝总统号归国的文学硕士徐复天，供职春申大学教授英文。徐复天颇喜渔色，在美国有女友黛妮。回国后，在家中对外甥女慧芳怀不轨之心，外则与杨雯寻欢，学校则与学生贝叶、余佩芳联床作乐。其丑闻四播，甚至登载春申大学学生主办的《星火》壁报上。学生为此罢其课，春申大学开除之，归国教授徐复天落魄返乡。

9.《万象报》1942 年 2 月 21 日—1942 年 2 月 28 日（8 节未完）艳情小说《女宿舍》冯蘅

10.《万言报》1942 年 3 月 1 日（9 节）—1942 年 3 月 12 日（20 节未完）艳情小说《女宿舍》冯蘅

11.《社会日报》1942年12月22日—1943年1月10日（14节未完）《小夜莺》冯蘅

12.《海报》1943年1日3日—1945年4月14日（789节完）《脂粉幽灵》冯蘅

住在同一弄堂的许莉芳是桂花舞女，卜妹妹是生意浪的小先生，从沈荣学戏。沈荣弟沈瑞是百货公司职员，为人端方，与卜妹妹相恋。卜妹妹年齿稚嫩，情义真挚，憨顽跳踉，而行事有方。二人常骑脚踏车飞驰于街头巷尾，丽影双双。

后卜妹妹由二流红倌人改业歌女，认姜太公为干爹，捧场点戏的客人有周小生等。卜妹妹虽与客人周旋，然仍钟情于沈瑞，并以罢唱威逼母亲允其与沈瑞来往。其母则以三年为期，视沈瑞资财而论嫁娶。

沈瑞返乡，又传沈瑞病重之讯。卜妹妹与周小生相恋，然周小生有家室之累，亦无结合之希望。沈瑞罹患肺病，卜妹妹不离不弃，决定下海跳舞，供养乡下沈瑞。

13.《繁华报》1944年6月1日—1944年8月31日（91节完）长篇连载《声色犬马》冯蘅

余凤翔，年轻的商界名流，将黄脸婆丢在扬州老家，在外称未婚，在旅馆开了三个长房间，纵情声色，钟情于歌女妮娜。妮娜是怡情歌场歌唱组的台柱，余凤翔与其交往两个月，钞票用掉七八万。期间，妮娜与祝敏庆暗期幽会，为余凤翔得悉，妮娜悔悟，凤翔不究，并答应与她成婚。

14.《上海日报》1943年9月9日—1943年9月27日（31节未完）《夜上海》冯蘅

《辛报》1947年9月17日（32节）—1947年9月17日（32节未完）《夜上海》冯蘅

15.《大上海报》1943年10月21日—1943年10月21日（1节未完）社会长篇《大上海之夜》冯蘅

16.《繁华报》1943年11月7日—1944年5月31日（100节完）长篇连载《繁华世界》冯蘅

红舞女李娟娟，手头户头颇多，有林亦棠、李东炳，拖车则是刘稚鸥、小张两位。李娟娟嗜赌成性，除货腰所积外，到处调寸头，又将家里的道契盗卖，最终吞烟自杀。

17.《社会日报》1944 年 3 月 1 日—1944 年 10 月 21 日（203 节未完）《咖啡座之恋》冯蘅

杰士咖啡馆有八个女侍应生，最为人瞩目的乃是一号胡锦华。有郁毅君者，大学生也，杰士咖啡馆常客，与胡锦华相恋结婚。不意胡锦华某日偶遇旧情刘杰，乃初试云雨者，二人旧情复萌，锦华与郁毅君离婚，与刘杰同居。然刘杰父拒绝此门婚姻，并以断绝父子关系相胁。

18.《力报》1944 年 9 月 1 日—1944 年 12 月 31 日（119 节完）《陋巷花草》冯蘅

距国际饭店不远的厚福里，有 6 家石库门，街道污秽陈旧，6 幢房子有 44 家住户，200 口人。其中 3 号门牌只住 2 家，一家是二房东周聿清夫妇与 17 岁的女儿珍珍，一家是三层楼上住的三房客林日昌夫妇与他的 15 岁小姨胡英。

胡英从松江一家初级中学毕业，要到上海做女职员未就。胡英与周珍珍交厚，珍珍常携其外出游赏，因而结识珍珍男朋友刘文绮。刘文绮，大学生也，喜足球。刘文绮渐对胡英发生好感，文绮又为胡英介绍职位，胡英得以成为女职员。周珍珍觉察文绮已情属胡英，胡英虽有剪边之嫌，珍珍不无醋意，然大度成全之，胡英与文绮得谐连理。

19.《海报》1945 年 5 日 1 日—1945 年 8 月 18 日（109 节未完）《新乐府》冯蘅

20.《正报》1945 年 8 月 19 日（110 节）—1945 年 10 月 9 日（144 节未完）《新乐府》冯蘅

21.《铁 报》1945 年 10 月 10 日（145 节）—1945 年 12 月 31 日（155 节未完）《新乐府》冯蘅

林玛丽是教堂唱诗班中最优秀的女高音，被誉为“金嗓子”“神秘的声音”，朱杰美则是男高音。林玛丽已经与表兄骆毅订婚，表兄在美国留学，太平洋战争发生至今无消息。

朱杰美、林玛丽相恋，唱诗班另一男高音瞿顺元，亦在追求林玛丽之列。为离间计，瞿顺元造二人谣言，登诸校壁报，绯闻传至玛丽父林伟达耳中。林伟达大怒，责令玛丽退学，玛丽愤而出走，住同学周淑珍处。文漫漶残缺。

22.《大上海报》1945 年 8 月 5 日—1945 年 8 月 11 日（7 节未完）《女牙签》冯蘅，令狐原图（插图）

23.《力报》1945 年 9 月 1 日—1945 年 9 月 18 日（18 节未完）《黎明之前》冯蘅

24.《正气报》1945 年 10 月 9 日（4 节）—1945 年 10 月 9 日（4 节未完）《儿女风云》冯蘅

25.《海风》1945 年 11 月 17 日第 1 期—1945 年 11 月 17 日第 1 期（完）曙后众生相《一个吉普女郎的诞生》冯蘅，封宁图（短篇）

26.《海风》1945 年 11 月 24 日第 2 期—1945 年 11 月 24 日第 2 期（完）曙后众生相《这也是丢脸的事》冯蘅（短篇）

27.《海风》1945 年 12 月 1 日第 3 期—1945 年 12 月 1 日第 3 期（完）《我们需要生活》冯蘅（短篇）

28.《海风》1945 年 12 月 22 日第 6 期—1945 年 12 月 22 日第 6 期（完）《最后一次晚餐》冯蘅（短篇）

29.《市民日报》1946 年 1 月 2 日—1946 年 1 月 28 日（23 节未完）《黎明前后》冯蘅（短篇）

30.《海风》1946 年 1 月 12 日第 9 期—1946 年 1 月 12 日第 9 期（完）曙后众生相《我的救主啊》冯蘅（短篇）

31.《海风》1946 年 1 月 19 日第 10 期—1946 年 1 月 19 日第 10 期（完）曙后众生相《洋场恶少的行径》冯蘅（短篇）

32.《海风》1946 年 1 月 26 日第 11 期—1946 年 1 月 26 日第 11 期（完）曙后众生相《最难堪的一天》冯蘅（短篇）

33.《海风》1946 年 2 月 16 日第 14 期—1946 年 7 月 20 日第 34 期（完）《劫后桃花》冯蘅（短篇、插图）

34.《七日谈》1946 年 2 月 20 日第 10 期—1946 年 7 月 17 日第 29 期（未完）《雏燕迎春》冯蘅文，长虹图

35.《东南风》1946 年 3 月 21 日创刊号—1946 年 3 月 21 日创刊

号（完）《误交匪人》冯蘅文，亚光图（短篇）

36.《东南风》1946年3月28日第2期—1946年3月28日第2期（完）《春之梦》冯蘅（短篇）

37.《东南风》1946年4月4日第3期—1946年4月4日第3期（完）《怀春记》冯蘅（短篇）

38.《吉普》1946年4月8日第21期—1946年8月22日第37期（15节未完）言情长篇《江南春好》冯蘅（插图）

39.《东南风》1946年4月11日第4期—1946年4月11日第4期（完）《爱的接收》冯蘅（短篇、插图）

40.《东南风》1946年4月18日第5期—1946年4月18日第5期（完）《结婚照上的男人》冯蘅（短篇）

41.《东南风》1946年4月25日第6期—1946年4月25日第6期（完）短篇小说《残废者的胜利》冯蘅（短篇）

42.《东南风》1946年5月2日第7期—1946年5月2日第7期（完）《移爱记》冯蘅（短篇、插图）

43.《东南风》1946年5月9日第8期—1946年5月9日第8期（完）《一个日本女朋友》冯蘅（短篇）

44.《东南风》1946年5月21日第9期—1946年5月21日第9期（完）《义务汽车夫》冯蘅（短篇、插图）

45.《东南风》1946年5月28日第10期—1946年5月28日第10期（完）《四姊妹》冯蘅（短篇、插图）

46.《东南风》1946年6月4日第11期—1946年6月4日第11期（完）《拖油瓶》冯蘅（短篇）

47.《海风》1946年6月22日第32期—1946年7月20日第34期（完）《劫后桃花》冯蘅（短篇）

48.《罗宾汉》1946年7月5日—1947年3月19日（229节完）《黑天堂》冯蘅文，秋野图（插图）

何一萍，舞女蜕变之交际花也，与王大队长周旋。王大队长原是强盗出身，后来给日本人收留去做特务工作，在上海算是一霸。何一萍入幕之宾尚有徐科长，以及小白脸小周。小周名廉方，飞机头，小白脸，靠拿工钿为活，先后姘识者有林太太、徐姨太、徐妮华、奶妈、青青、黄太太、杨兰茜。后小周为杨兰茜军人丈夫赵德生枪决，替全体给他玩过女人的丈夫报仇。

49.《锡报》1946年7月30日（20节）—1946年8月26日（46节未完）《曙前风花》冯蘅

50.《诚报》1946年8月29日—1946年11月28日（91节未完）《海上艳后》冯蘅

尤青水与周丽君为姊妹淘，同住乔凯公寓，过交际生涯。小陆读过艺校，办过图书杂志、话剧团体，现在组织了个播音团，请尤青水参加播音，然并不成功。

尤青水户头中有从重庆来的实业家何德生和其侄少爷何达人，何德生与尤青水幽会，何达人与周丽君亲昵，二对各得其所。然何达人暗中尚与尤青水来往，因此何达人、尤青水、周丽君之间难免龃龉发生。

51.《苏报》1946年9月22日—1947年1月20日（116节未完）《夜长魔多》冯蘅文，秋野图（插图）

张洁华成长于一个普通公务员的家庭里，沦陷后，其父张英才在伪政府中作事。张洁华有未婚夫李毅七，因太平洋战争发生，以技术人才远赴昆明服务，二人未能成婚。

林雪晖乃张洁华父之上司，对张洁华颇怀觊觎之心，洁华难违父命与之交际。某日张洁华路上跌伤，得大学生罗雄之救护，二人相恋成婚。然婚后罗雄心念路莹小姐，而张洁华与林华源幽会。

52.《沪报》1946年11月1日—1947年5月15日（190节未完）《夜开花》冯蘅文，秋野图（插图）

寡妇交际花陈少奶奶何苹香，其户头是经营股票公司的刘祖荫。刘祖荫移情徐太太，何苹香又结识刘康。然刘康乃一牙签，除何苹香外，又与单琼、杜薇、钱淑玲诸女人周旋。

53.《苏报》1946年11月9日—1946年11月9日集锦小说之八《人体像》冯蘅（短篇）

54.《铁报》1946年12月11日—1947年6月10日（172节完）《交

际花日记》冯蘅（插图）

“我”，海上交际花也，日出入于咖啡馆、饭馆、宾馆、舞厅，与各色人等交际。户头有朱参谋、陆行长、仇老板，囊中之小白脸有小蔡、陈君和小郁。后与朱参谋闹翻，朱参谋要回同居的房子，“我”则另觅一新户头，乃龙委员。“我”以50根条子代价，答应与他到南京同居一个月。

55.《海风》1946年12月15日第5期—1946年12月15日第5期（完）《无灵魂的皇帝女儿》冯蘅作，封宁图（短篇、插图）

56.《诚报》1946年12月18日—1947年7月31日（185节完）《英英日记》冯蘅教正，秋野图（插图）

戚小姐，名英英，战时重庆社交界名媛。胜利后，托美国少校搞到飞机座位，回到上海，仍以交际为生涯。韦克少校、蒋队长、吴委员等皆入幕之宾，拿工钿之小白脸则有小仇、阿姜、车夫阿根，后因开罪吴委员而避居苏州。

57.《苏报》1947年2月15日（前缺）—1947年2月19日（5节未完）《出水芙蓉》冯蘅

58.《苏报》1947年2月24日—1947年2月24日（完）《理发匠的艳福》凤三（短篇）

59.《苏报》1947年2月24日—1947年2月27日（未完）《姨太太》凤三（短篇）

60.《苏报》1947年2月24日—1947年3月4日（未完）《叔嫂之间》凤三

61.《天报》1947年3月5日（5节）—1947年4月30日（61节完）《沦陷小姐》冯蘅

（前缺）闵淑英为翻译官熊振东所污，并与其同居。熊翻译与日本浪人久田太郎游。某日，乘熊振东不在，久田太郎强奸闵淑英。熊翻译移情生意浪小翠，欲与其同居。最终，闵淑英与熊翻译脱离，与在政府方面担任秘密工作的表哥一起，离开上海到达自由区。

62.《苏报》1947年3月6日—1947年3月17日（11节未完）《红豆相思》冯蘅（插图）

前援得保揚
興・蔡清笑

為亦境當帆老於精鮮

之猪，老□搖白，則話誠□興，以吃自己飯管他人事者多也。」

為政徽□，親人如直欲透其目光於肌膚之澗，睨徐榛曰：「汝今日理妝，費持乃多於他姊妹乎？」徐榛曰：「我亦共姊妹治餐、理妝饑五分饋耳。」宮致曰：「然聞我醉矣，親徐榛今日猶冠霖絕倫。」起擒徐榛素手，入寢室去。秋香芳春愛愛，自逆而送之。送已畢、饋愛如背。秋香曰：「今日秋者五人，而公子與徐妹易醉，我儐不若是。」更往猶覺中，以餉芳容愛愛。芳容笑曰：「我如患心臟琢者然，不知何故。」愛愛曰：「殆應伸明一刀，縮頭亦一刀，給富一刀乎？」秋香曰：「我等試溯之，徐榛今已何若！」芳容笑曰：「我乃不知。」愛愛曰：「我知之，如看恨之此物。」

奇癖

捉刀人撰・萬大製圖

傍午，爲政別館中，肉香四溢。愛愛奔告爲政曰：「喜筵已設於堂上，郎請公子入席。」爲政笑曰：「喜筵爲何人而設？」愛愛曰：「非爲徐姊而設耶？」爲政曰：「勿作如是觀，喜筵爲每一姊妹而設也。」愛愛微笑，爲政以手撫愛愛肩，徐步至堂前，秋香爲布席者然，俯其肩曰：「公子請。」爲政向日進食，自南面坐，四婢分列左右，今日則否，南面坐者乃有二人，其一爲政，其一徐榛。徐榛謙辯，秋香等扶掖之，按之而復撫之。爲政笑曰：「大門以外，有人知大門以內之樂事者乎？」秋香曰：「無人。」爲政曰：「鄰里見汝等出入，以汝等爲何如人？」秋香曰：「里人之嘗至不一，或謂徐姓爲夫人，則吾

拉了起来

63.《罗宾汉》1947 年 3 月 21 日—1948 年 2 月 29 日（357 节完）《白地狱》冯蘅文，秋野图（插图）

林素雯、徐翠红、刘兰香，三人当舞女时结为十姊妹，分别是老大、老二、老五。林素雯嫁郭君甫，刘兰香与陆定贵同居，徐翠红则远嫁杭州。

有朱阿根者，拆白党兼流氓也，林素雯、刘兰香皆其旧好。此番听说刘兰香嫁得金龟婿，上门敲诈 5000 万，陆定贵发现后，将刘兰香逐出家门。

朱阿根又去寻已为郭太太的林素雯，林终为所惑，二人重拾旧欢。

刘兰香离开陆定贵后，到金门饭店觅得刚从杭州与夫仳离返沪的老二徐翠红。翠红乃同性爱专家，二人合作顶房子同住，作起交际花来。入幕之宾有颜料商梁一平、退职之费军长及黄参议员。

某日，刘兰香路遇刚毕业的大学生高天扬，相谈甚得，志趣相投，相恋成婚。朱阿根虽曾来纠缠刘兰香，皆为高天扬所拒，并不稍疑兰香也。

后朱阿根因贩毒判死刑，老二徐翠红远走香港为舞女，而老大林素雯钱物被所交男人刮光，刘兰香念姊妹情给了她 5 根小条子和 1000 万现钞，林素雯则去婶娘那里居住。

64.《真报》1947 年 3 月 12 日—1947 年 9 月 16 日（185 节未完）《女儿红》冯蘅（插图）

曼立顿舞厅，女歌手金音，钢琴师则为尼宏，乃菲律宾洋琴鬼也。金音与尼宏配合默契，然格于物议，只能暗相慕恋。

有富翁叶立仁，为歌台常客，金音贪慕钱物，失身于叶立仁。因此，金音对尼宏抱有十分歉意，然终以身报答其情。

金音又与蒋亚青、白相人朱阿根、小闵交往，终不能托付终生。后识范四，二人情意相投，与论婚嫁，筹备参加集团婚礼，而龙太太与金音有同性之私昵，此时出面欲阻拦其婚礼。

65.《群报》1947 年 4 月 5 日（2 节）—1947 年 4 月 17 日（13 节未完）《花之街》冯蘅

66.《力报》1947 年 4 月 6 日—1948 年 3 月 9 日（322 节完）《胭

脂虎》冯蘅文，王秋野图（插图）

林氏大林、小林兄弟二人跌宕欢场，阅人多矣。在长三堂子主政六小姐、海棠大媛；在苏州有珍珍、朱太太；在家中与三姨太乱伦，最莫逆者为交际花田琳。初田琳从三姨太手中攫取小林，以小白脸拿工钿遇之，后腹中珠胎暗结，便执意嫁之。然小林不过游戏三昧，视田琳为牙签，欲以两亿到四亿元之价了之，并无意婚姻。田琳失望吞来沙而自杀。

67.《风报》1947 年 5 月 1 日—1947 年 5 月 4 日（4 节未完）《崇楼风月》冯蘅

68.《光报》1947 年 5 月 2 日—1947 年 7 月 1 日（61 节完）《地狱天堂》冯蘅文，秋野图（插图）

许丹林大学毕业，得父荫庇，不事职业，蹀躞舞场，与舞女王琴娜为龙拖。同一舞场之飞飞亦恋许丹林，因此，琴娜与飞飞之间便有了难过。琴娜雇白相人摆飞飞堆老，飞飞亦还之以辣手。最终琴娜悔悟，离沪去杭州。许丹林感慨天堂与地狱仅咫尺之间也，欲挥慧剑斩断情丝。

69.《大风报》1947 年 6 月 6 日—1947 年 7 月 9 日（34 节未完）《游击姑娘》冯蘅文，秋野图

70.《铁报》1947 年 6 月 11 日—1947 年 11 月 30 日（184 节完）《陋巷笙歌》冯蘅

上海某条弄堂，无街灯且泥泞，住在前楼的是朱华氏和她的三个女儿，阿明、阿芬和阿芳。大姐阿明已嫁人，二姊阿芬在华国酒家作侍应生。邻居有大房东派来看房子的徐三爹和他的小儿子毛毛，另一邻居为洋琴鬼黄先生和黄太太。

毛毛与阿芳有情，阿芬对毛毛亦有好感。毛毛为董太太色诱，阿芬和阿芳在外亦与男人交际。毛毛因此十分不满，然不舍初恋之情。

71.《光报》1947 年 7 月 2 日—1947 年 9 月 30 日（91 节未完）《尤物外传》冯蘅文，秋野图（插图）

72.《活报》1947 年 7 月 20 日—1947 年 9 月 3 日（46 节未完）《琼楼风月》冯蘅文，秋野图（插图）

73.《苏报》1947年9月6日（42节）—1947年9月6日（42节未完）《洋场恶少》冯蘅文，秋野图

74.《辛报》1947年10月2日—1947年12月16日（73节完）《尤物列传》冯蘅

驾驶1946年的八缸别克轿车的小施与交际花华妲妮闹翻，而移情吕敏。吕敏以老彭为户头，又与祝立人等周旋。小施嗜赌成性，别克输掉，出入只能坐三轮车，尚欠债在身，到吕敏处调寸头。

吕敏为舞女时，与倪凤仙交好，呼为大阿姐。大阿姐倪凤仙与宋素青同居，后脱离，得了六根条子，偕咪咪与吕敏同住，准备与吕敏合作，到苏州乡下弄几个小姑娘，顶个大房子铺房间。

75.《群报》1947年10月24日（18节）—1947年10月24日（18节未完）《海上艳后》冯蘅

76.《群报》1947年10月25日（前缺）—1947年10月25日（未完）《洋场恶少》冯蘅文，秋野图

77.《飞报》1947年11月11日—1947年12月10日（30节完）每月小说《交际世家》冯蘅文，王秋野图

邢二小姐，交际花也，其女薛冰飞承母衣钵，故称交际世家。薛冰飞住凯瑞公寓，在上海寻户头，母则在南京住首都饭店猎大腹贾。后母回到上海，偕女一同与崔中将、黄经理等交际。既为母女，时或共侍一人，亦有互相剪边之日。薛冰飞与黄经理昵，邢二小姐却与黄经理太太密谋阻止二人一同去台湾，又以15根条子代价，出卖二人所住旅馆之时间地点，以供黄太太捉奸之需。

78.《小日报》1947年11月21日—1948年2月20日（89节完）《野花香》冯蘅

李克敏，一介公司职员，闲暇喜阅中译本之《伽泰莱夫人之恋人》，妻刘宛中归宁之夕，徜徉复兴公园遇陆锦园。陆锦园，曾为女教员、舞女，与一富商同居，后嫁一南洋大学生，大学生将其钱物骗走，锦园成一弃妇，企图自杀。当此际，遇合李克敏，堕入情网，时相往还。为妻刘宛中发觉，不免勃谿。最终李克敏幡然悔悟，回到妻子身边。

79.《辛报》1947年12月17日—1948年1月31日（未完）《三朵花》冯蘅

80.《风报》1948年1月17日—1948年2月15日（25节未完）《陋巷春色》冯蘅文，秋野图（插图）

81.《诚报》1948年3月1日—1948年7月2日（未完）《红袖倾城》冯蘅文，秋野图（插图）

住飞达公寓的交际花吕琳，以张委员为户头，邻人有王氏兄弟有德、有道，大学生也。二人倾慕吕琳，吕琳把王有德纳为拿工钿之小白脸。王有德初与吕琳昵，后则移情交际花周玛丽。

82.《辛报》1948年3月1日—1948年7月30日（141节未完）《海上名雌》冯蘅文，秋野图（插图）

交际花秦黛，以刘少棠、过房爷温如玉、周队长等为户头，周旋其间，暇则为小白脸小孙发工钿。

83.《罗宾汉》1948年3月1日—1948年4月20日（51节完）《豪门风月》冯蘅文，秋野图（插图）

钟公馆的钟老爷因公晋京后，家政托付齐总管，齐总管俨然一家之主矣。

齐总管性好渔色，与婢女阿娟、娘姨苏妈、陈太太朱一菁、生意浪曼琳、四太太妹妹朱忆梅等皆结露水情缘，又在生意浪点大蜡烛。后齐总管与李桂珍正式结婚，准备做一个好好的丈夫，致力于事业，不再荒唐。

84.《力报》1948年3月10日—1948年7月5日（144节完）《一家春》冯蘅文，秋野图（插图）

陆氏一门，主人陆和清，妻陆太太，子陆时雄，儿媳周曼华，同住之内侄女金芝。

陆时雄床第无能，周曼华与公公陆和清通。陆时雄则与表妹金芝幽会，然陆时雄无法娶金芝入门，金芝羞愤自杀亡。

陆和清娶生意浪艳情三媛为妾，艳情三媛乃陆时雄之旧识。三媛逼迫陆时雄重拾前好，而将周曼华让渡老头子陆和清，实行互换，被陆时雄和周曼华拒绝。后艳情三媛为陆家以五根条子为代价逐出家门，而陆太太为陆和清另娶她人为妾。陆时雄亦与周曼华言归于好，致力于生意，陆家始恢复平静。

85.《大风报》1948年5月28日（2节）—1948年7月6日（38节完）《新玉堂春》冯蘅

86.《锡报》1948年7月20日—1948年10月27日（88节）《琼楼风月》冯蘅

漫漶不清。

87.《风报》1948年7月26日（82节）—1948年7月26日（82节未完）《舞海潮》冯蘅

88.《辛报》1948年10月3日—1949年1月19日（97节未完）《新蝴蝶梦》冯蘅

由平飞沪的尤琴妮来找男朋友，住姊姊家，而与姊夫席庆增发生恋情。

89.《真报》1949年1月6日—1949年3月1日（80节未完）《蛇蝎夫人》冯蘅

舞女兼交际花陆琳，与从香港回来的钱一棠为旧日相好，此番旋沪又为入幕之宾。陆琳一面应酬户头，一面乘暇与钱一棠相会，钱一棠则觊觎陆琳之艳婢小香。

90.《罗宾汉》1949年4月16日—1949年6月8日（50节完）《五月花》冯蘅

李璇出身豪门，海上交际花。李璇与强尼相恋，然强尼身在台湾。另有中年徐景甫者，追求李璇已有三个月，所耗亦有五根条子。中国人民解放军已经全部解放了南京，苏州亦解放，上海的徐景甫、李璇都面临选择。徐景甫邀李璇去台湾，李璇初尚犹豫，因为强尼据说已经回到上海，然究未见其人。李璇权衡之后，不敢冒生活在新时代的风险，与徐景甫飞往台湾。

孟德兰、艾珑

（孟德兰、艾珑为同一作者笔名）

1.《生报》1939年2月4日—1939年7月11日（156节完）《恋

爱网》艾珑

"一·二八"战起，小学教员沈涤文居同学陈骥之家。骥之有妹骥英在中学读书，与涤文相处日久，乃生倾慕之情，然骥英已许字吴少爷。另有黄小姐者，亦追求涤文。

骥英被逼嫁吴少爷之父吴昌言，乃报馆总经理，一老头子也。骥英服毒自杀，弥留之际寄意涤文与黄小姐，己则赍志以殁。

2.《正报》1939 年 7 月 16 日—1939 年 9 月 2 日（47 节未完）侦探艳情《桃色惨案》艾珑

王老五是中学的训育主任，家里养有二位太太，大太太生子杏君，二太太生女杏芬。杏芬钟情学校里的一位国文教员郭心一，大太太钟情学校里的一位化学教员钱笃宫。郭心一看中一位温文尔雅的女学生张丽娟，而张丽娟又是杏君追求的目标。

3.《小说日报》1941 年 4 月 21 日—1941 年 10 月 27 日（361 节未完）《血泪相思》艾珑

王伟是位青年教师，平日投稿杂志书局，与隔壁戴眼镜、挂辫子的小姑娘钱华相恋，然为钱华父所阻。王伟、狄秋萍、周文等组织某某团集会，为警局以不法结党拘捕入狱。王伟被审判时遇同学，因得其回护，释放出监。出狱后，王伟又与狄秋萍、钱华等一起办剧社，名叫青明，一方面推进剧运，一方面从事秘密工作。

钱华被抓，本拟执行死刑，得同志帮助，以掉包术而逃脱。后周文选择逃避，回苏州作店铺职员。狄秋萍恋梅小姐、江小姐，梅小姐玉殒，江小姐去后方医院，失意的狄秋萍远走他方。只有王伟和钱华留在上海坚持工作。

"本书将由百新书店发行单行本。"①

4.《万言报》1942 年 5 月 5 日—1942 年 6 月 15 日（3 章未完）《人间春梦》艾珑

5.《社会日报》1942 年 5 月 25 日—1942 年 6 月 12 日（19 节完）《翁小姐》艾珑（短篇）

---

① 艾珑：《血泪相思》，《小说日报》1941 年 10 月 26 日。

6.《繁华报》1943年10月1日—1943年10月31日（27节未完）《海上流莺传》孟德兰

7.《香雪海》1946年6月10日第革新17期（17节）—1946年6月10日第革新17期（17节未完）《嫒嫒外史》艾珑

8.《上海特写》1946年7月16日第7期—1947年2月1日第30期（33节上集完）长篇连载《上海美人传》艾珑

吴玛丽是上海著名交际花，敌伪人物与之往来者甚多。后吴玛丽加入地下工作，曾设计刺杀张队长。"我"被捕入狱，有名徐美者探监，送面包等物，中有玛丽秘信藏在面包里。后"我"为李士群释放，住院期间与看护妇周蕙芳相恋。

9.《辛报》1948年3月1日（9节）—1949年4月30日（402节未完）《无边春色》孟德兰

汪先生在上海、杭州、苏州之艳迹颇多。在杭州，汪先生、张志刚、顾荣辉与姜凤英、姜凤梅、汪丽珍缠绵，后姜凤英、姜凤梅、汪丽珍三人皆离奇被杀。

在苏州，经茶房介绍得识交际花姚明珠，以及周芝英。在上海，与生意浪小玲珑家讨人身份的小先生宝玉昵，在法国公园遇兰英，戏院姘上佩英。

在杭州，与玛丽结婚，并纳秦萍为妾。在苏州，追逐歌女绿萍。

10.《天报》1947年3月5日（5节）—1947年3月17日（17节完）丨大妖妇《常熟二嫒》孟德兰

11.《天报》1947年3月5日（5节）—1947年4月30日（61节未完）《同命鸳鸯》艾珑

《风报》1947年5月1日（62节）—1947年5月4日（64节完）《同命鸳鸯》艾珑

（前缺）莉莉，百乐门舞女。百乐门周老板对莉莉颇存觊觎之心，然莉莉所钟情者为秦子明，而子明已有女友静娟。

12.《天报》1947年3月18日—1947年4月30日（44节完）《十年欢场回忆录》孟德兰

"我"在上海的西区猎艳，于南京大戏院看戏，与白露及其表妹王麻皮邂逅，遂为入幕之宾。初与王麻皮昵，后与白露狎。始则二人拈酸，终则左拥右抱。某夜“我”出走，弃二人不顾。

13.《群报》1947年4月7日—1947年4月17日（10节未完）《月黑杀人夜》艾珑文，徐润图（插图）

14.《大风报》1947年4月15日—1947年7月9日（86节未完）《血溅香闺》艾珑文，柳影图（插图）

四明村14号，周慕侠与胡萍新婚之夜，新娘胡萍被杀，男傧相亦死在新房中，新郎不见踪迹。探员黄清负责此案，发现婢女阿香、车夫刘三有重大嫌疑，酷刑之下，阿香承认与周慕侠、刘三皆有私情。

案件终得私家侦探罗丝小姐之助始真相大白。原来周府之周太太，与前警局探员常德标暗缔私情，常德标毒死周老太爷。至于周慕侠，乃周太太之螟蛉之子，被母所逼娶胡萍，为图巨额奁资也。常德标派人杀死新郎、新娘，及醉酒之男傧相。警局拘捕周太太，常德标又派人枪杀周太太。

黄清本为常德标之手下，拷问阿香和张三乃转移视线之障眼法也。

15.《大风报》1947年4月15日—1947年7月9日（86节未完）《肉屏风》（后又题《锦屏庵》）孟德兰文，董佩珍图（插图）

马鞍山上有个锦屏庵，“我”随喜入庵与妙香恋。刘海大师与妙花私情被“我”撞破，欲对“我”不利。

16.《活报》1947年7月20日—1947年8月20日（32节完）桃色探案之一《奶罩风波》艾珑文，徐润图（插图）

和平公寓21号发生命案，主人交际花莉莉和陈姓男被杀，此后和平公寓茶房冯小狗、账房吴先生、周亚君亦先后死于非命。包探一筹莫展，得罗大队长罗文之妹、私家侦探罗丝之助，破获此案。

初，莉莉隔壁邻居为花柳病梅医生，乃一色情狂，曾用迷药奸污婢女阿妹。他将药放置于莉莉胸罩中，迷倒并奸污致死。其他数人之命案亦其所为。

17.《风报》1947年7月20日—1947年9月2日（45节完）《鸳鸯弄》孟德兰文，董佩珍图（插图）

“鸳鸯弄并非上海哪一条马路的哪一条弄堂，这里指的是顾家宅花园靠厕所那一条暗黑又神秘的曲径。在春、秋、冬三季，这一条曲径是平平静静没有什么新闻可发生，而在炎夏的季候，夜晚八点钟之后，就闹猛得可以，周练霞女士笔下的所谓‘但愿两心相照，无灯无月何妨？’正好是为此曲径而写，此间对对成双，都是交颈鸳鸯，没有灯光也没有月光，就让两心相照。”①

那时“我”正在小学校里当国文教员，在此鸳鸯弄与张丽芬、吴芝英、朱兰英结下情缘，然皆未谐连理。某日又去鸳鸯弄猎艳，追随一位戴眼镜挂辫子小姑娘，为小抖乱所殴而离开上海。三年后回上海，芝英嫁律师，兰英嫁米商，丽芬嫁给了校长，鸳鸯弄再也见不到当年的戴眼镜、挂辫子的小姑娘。

18.《苏报》1947 年 9 月 6 日（42 节）—1947 年 9 月 6 日（42 节未完）《风流债》孟德兰文，董天野图

19.《风报》1947 年 9 月 16 日—1948 年 1 月 15 日（102 节完）《迷魂阵》孟德兰文，紫辛石图（插图）

交际花林丹敏，绰号无底洞、摊平小姐。林丹敏从香港到上海，同船有香港足球名将刘剑鸣、皇后轮船船长周振天及其女儿周明珠。

在途中，周振天强奸女儿周明珠，明珠留遗书自杀获救，遗书为林丹敏留藏。丹敏以遗书为条件，从明珠手中将刘剑鸣交换至自己闺内。林丹敏赴上海交际未成功，刘剑鸣移情另一交际花张琳。丹敏为之精神失常，将周氏父女之奸情揭露，丹敏自杀，周振天父女羞愧无地亦自尽。乘船回港之刘剑明与张琳则因轮船失事，葬身鱼腹。

20.《辛报》1947 年 9 月 17 日（12 节）—1947 年 9 月 17 日（12 节未完）惊险、刺激、恐怖、紧张《拍花魔王》艾珑文，徐润图（插图）

21.《辛报》1947 年 10 月 2 日—1947 年 12 月 19 日（78 节完）《迷宫八美》孟德兰文，获漪图（插图）

住愚园路鱼光村 93 号的李小姐，秦淮歌女出身，富孀也。喜用药物渔色，沈牙签、小邹、小张皆其猎物。与李小姐有同好的还有张

---

① 孟德兰：《鸳鸯弄》，《活报》1947 年 7 月 20 日。

莉娟以下7位女子，与李小姐共成迷宫八美。后因致小杨等数位男子殒命，迷宫始被捣毁。

22.《群报》1947年10月24日—1947年10月25日（未完）《风流债》孟德兰文，董天野图（插图）

23.《辛报》1947年12月10日—1948年1月31日（40节未完）《落花梦》孟德兰

24.《大风报》1948年1月1日—1948年5月26日（85节未完）《庵堂风月》孟德兰

“编者按：本篇为《锦屏庵》之续集。”

“二十岁那年的阳春三月季候，我在绍兴马鞍游览，慕此地有七十二秘庵之艳名，才单身匹马地进入锦屏庵。锦屏庵的黑幕层层，机关重重，正是春色泛滥，风月无边。”① “我”被禁锢锦屏庵中为泄欲之玩物，与诸尼昵，然独钟情于妙香，视为孽海知己。妙香欲与“我”一同私奔被阻，凤师太以妙珠为交换，胁迫“我”与其云雨。而法华寺龙云大和尚则垂涎妙香，妙香欲以身饲虎，救“我”出庵。

“本书将发行单行本，自《肉屏风》《锦屏庵》而至《庵唐风月》，洋洋十万言，请读者密切注意，本报发行部分至此为止。后事如何，请看单行本。”②

25.《风报》1948年1月17日—1948年3月5日（45节完）《双美恋》孟德兰

刘萍与章文德为一对恋人，然当年刘萍写给章文德的情书，乃出诸乃妹刘影手笔。刘影亦恋章文德，假姊姊住院之机，与姊夫叙温情，为姊姊瞧科，三人浮沉情海。后妹妹刘影毅然挥剑斩情丝，成全姊姊。刘影父母为其女觅婿，有周经理的独养儿子周文涛膺其选，然周文涛所眷为金美娟。

26.《大风报》1948年5月28日（2节）—1948年7月30日（62节未完）《美人关》孟德兰

---

① 孟德兰：《庵堂风月》，《大风报》1948年1月1日。
② 孟德兰：《庵堂风月》，《大风报》1948年5月26日。

“我”与秋萍同窗相恋，然为秋萍母所阻，秋萍出走，与“我”同居。秋萍做百货公司女职员，“我”做家庭教师。不虞，秋萍与经理之子小周忽传私情，“我”与秋萍因此勃谿时闻，秋萍因此服毒自杀获救。秋萍辞去百货公司职务，得仁济医院女护士朱依萍帮助，入职医院为护士，“我”则在纱厂当事务员。日久，“我”与依萍生情，在家中缱绻，而秋萍亦不以为忤。

27.《大风报》1948 年 9 月 1 日—1948 年 9 月 27 日（25 节未完）《浦江月》孟德兰

28.《活报》1948 年 9 月 17 日—1949 年 12 月 31 日（105 节未完）《香风处处》孟德兰

姜志成，一风流倜傥之青年，艳遇颇多。自 20 岁猎艳，至今 30 岁，10 年间日记本中留下的红吻就达 100 多个。姜志成初为梅太太所引诱，后恋同窗朱惠芬。其间梅太太不免拈酸吃醋，最终姜志成与朱惠芬终成眷属，而梅太太一场空，徒贻四字于新郎曰：“我的冤家”。

29.《活报》1949 年 1 月 1 日—1949 年 6 月 7 日（149 节完）《醇酒美人》孟德兰

生意浪一代名花静兰香三媛，南人北相，颇有丈夫气概，擅饮，花间有十八酒仙者，皆为三媛手下败将，有醇酒美人之誉。三媛 16 岁由银行帮的 A 先生为其开苞，B 先生欲讨为妾未果，周老板因其而离婚，然交最深者为 C 先生，视为风尘知己。可是 C 先生踏上了二万五千里长征的途程，他觅得另外一个比他爱三媛更重要的使命。

桑旦华

（桑旦华，原名冯若梅）

1.《福报》1930 年 6 月 1 日—1930 年 11 月 10 日（第 4 回未完）香艳武侠长篇《侠女屠龙记》冯若梅

2.《世界晨报》1931 年 12 月 4 日—1932 年 8 月 30 日（144 节完）武侠异史《红粉喋血记》冯若梅

3.《世界晨报》1937 年 3 月 20 日—1937 年 7 月 1 日（90 节未完）武侠异史《红粉喋血记》若梅

金鸡岭女侠顾大奶奶，丈夫顾霸天早亡，遗一女剑霞，母女在北路上有一些小名声。苏公子苏龙因父亲为上司陷害，带家传宝物替家严到关外赎罪。所携宝物为一条小玉龙，吻衔一真珠，引起各路绿林奔竞。朱赛花自荐枕席欲嫁苏龙，而顾剑霞与苏龙亦萌情爱，于焉情海生波。文漫漶残损。

4.《东方日报》1938 年 12 月 17 日—1940 年 8 月 5 日（540 节未完）《无边风月》桑旦华

桃花里有唐府，唐老太爷有两房姨太太。大姨太太与一山东人私通，二姨太太孙丽芳原是公司职员，被唐老太爷收入后房。唐老太爷在姨太太之外，又与张妈寻欢。

桃花里的伍府，伍老爷与婢女翠儿偷会被伍太太撞见，翠儿为伍太太逐出家门，翠儿无处可依，投水自杀。伍太太情人小王，出入伍府，后竟以伍府二老爷自居。伍家败落，伍少爷荒唐，最后竟沦落为瘪三。

唐府的大姨太太与一说书先生程一先有私情，后以 1 万元庄票与唐老太爷分手。分手后大姨太太下海唱戏，演《姨太太私奔记》，即唐老太爷与大姨太事。后大姨太太被程一先抛弃而落魄。程一先又与蕙珠、阿英姘，而蕙珠卷逃，程一先被以诱奸有夫之妇阿英罪，判徒刑 4 个月。出狱后，程一先姘上高府之高太太，高太太将之以表少爷之名义引进府中。高太太之外，程一先与医院的徐佩兰、凤仙私通。有妓女小西施，为程一先噱上手，程一先以拆白手段，夸口去美国，骗得小西施 600 元私房钱和 3 只金戒指，逃之夭夭。小西施正为程一先所拆烂污无奈时，有牛老板出现，小西施假冒人家人，接待牛老板，得偿还债务，并嫁给牛老板。

5.《东方日报》1939 年 11 月 25 日—1940 年 8 月 5 日（27 节未完）热情讽世长篇《鸿鸾禧》冯若梅

6.《晶报》1940 年 5 月 3 日—1940 年 5 月 23 日（20 节未完）社会长篇《酒色财气》冯若梅

7.《品报》1940 年 7 月 31 日—1940 年 10 月 9 日（71 节未完）社会小说《海上魅影》冯若梅

8.《吉报》1940 年 10 月 15 日（72 节）—1941 年 1 月 20 日（166 节完）社会小说《海上魅影》若梅

东塘镇糕团西施秀英，其父黄老爹。镇上有陈少爷陈震权者，因定制糕团与秀英结识私情。陈震权为土匪绑架，秀英和黄老爹被污通匪，押解至保安队营部。有孔排长者为其父女辩污，而与王德胜发生冲突，王德胜劫秀英到船上，船中秀英推王德胜落水得脱险。秀英得撑船者陆阿金之助，在其家暂避，后陆阿金送秀英至上海其姑母杨老荐头处。姑母开荐头店，荐秀英入徐长仁府中为婢女。

徐府帷薄不修。四姨太太与二少爷私通，大少爷与徐长仁父子二人，因婢女桂香争风吃醋。徐长仁后因投机失败，偕婢女梅香和男仆江富潜逃，在新上海饭店被梅香和江富所杀。秀英被三少爷徐幼仁卖入咸肉庄，幸遇孔排长救脱火坑。此时，孔排长在沪开设医院，早已收留黄老爹为挂号先生，秀英与黄老爹父女团圆，秀英则在医院为护士，并与孔排长互萌爱苗矣。

9.《跳舞日报》1940 年 12 月 21 日—1941 年 1 月 22 日（30 节未完）风趣小说《金银花》桑旦华

10.《绍兴戏报》1941 年 1 月 6 日—1941 年 3 月 7 日（49 节未完）越剧小说《春到人间》冯若梅

小红乃一乡下姑娘，其母欲将其嫁给土头山赵大块头赵元龙作小。小红与根宝私奔来沪，资斧用尽，沦为乞丐。后经旅馆老板介绍，到一家绍兴戏班子里学越剧，登台一唱而红，一跃而为越剧班子里独当一面的当家青衣。

11.《好莱坞日报》1941 年 3 月 3 日（33 节）—1941 年 5 月 30 日（115 节未完）风趣小说《月月红》桑旦华

12.《吉报》1941 年 3 月 14 日—1941 年 9 月 2 日（156 节完）《绿野芳草》桑旦华

柳树湾之王有德，有女大宝、二宝。大宝从上海衣锦还乡，二宝艳慕，离家出走上海。路上乘错车而遇赵逸舟，赵逸舟怜其孤弱，乃邀至家中。其间二宝遇合甘乃良，二人同居，而甘乃良却与秦爱娜暗中往来。甘乃良后携二宝回家，然不为父母所容，二宝不甘为人骂为狐狸精而出走。

二宝遇柳春老四，柳春老四原为汕头路生意浪先生，后嫁人作姨太太，复脱离，此时则以操琴为生涯，二宝随其学戏而红。遇卢沟桥事件，市面人心惶惶，戏院不景气，柳春老四与二宝一起逃难。途中，行头箱子被飞机炸光，性命险些丢了。二宝原想投入收容所，却与昔日情敌秦爱娜相遇，此时秦爱娜在红十字战地医院做护士。医院完全是军事化的，队长欢迎有志者加入，柳春老四回上海，二宝则留在医院中替国家服务。二宝感叹以前一直糊里糊涂，到现在才上了正轨。

13.《力报》1941 年 3 月 16 日—1941 年 7 月 14 日（119 节完）《百鸟朝凤》桑旦华

朱绮云、朱绮凤姊妹，俱红坤伶也，献艺于上海大华舞台。妹妹朱绮凤色艺双全，有做米生意的陈和元，每日光临捧场，意欲娶朱绮凤做第四房姨太太。有少年捧角家俞培元，观看朱绮凤所演《苏三起解》，酒后冲动，上台打了扮演王金龙的演员，以致于戏院大乱。俞培元虽是钱庄小伙计，然朱绮凤与之情意相投。某日，有小抖乱以毒药袭击绮凤，俞培元奋不顾身上前救护而受伤。陈和元以其财大，逼迫朱绮凤与之成婚，新婚之夜绮凤将陈和元灌醉，脱身与俞培元一同离开上海。姊姊朱绮云则携母回到北平。

14.《吉报》1941 年 6 月 1 日—1942 年 9 月 26 日（381 节完）《无边风月》桑旦华文，石佩卿图（插图）

上海王公馆，主人王伯达，以囤积火油及投机生意发家。夫人王太太，妾大姨太太，女儿王杏芬，另有孤孀大少奶奶周静珍。

王伯达与任蕙芳在同孚路荫余里十号借小房子，而任蕙芳则与说书先生杨少卿偷情，后蕙芳离开王伯达。王伯达与儿媳周静珍乱伦，又奸污婢女阿凤。

王伯达夫人王太太与阿贵私通，而大少奶奶周静珍，不甘寡居，与阿祥、慧开和尚、黄富臣幽会。

王伯达中风，阿贵持枪劫持大姨太，在大姨太与阿贵抢夺枪支时，枪走火击杀王太太。王公馆复遭回禄，王伯达被烧死，王伯达女儿王杏芬沦为野鸡。而周静珍落魄之际，曾与老医生、小崇明姘居，然嗜好颇深，沦落街头为女老枪。

沪西离静安寺不远僻静马路上，有一新落成洋房，锦华坊13号，为四明柴府，主人柴一祥。柴夫人与车夫阿二偷情，舍三个年幼子女不顾，与阿二出走同居，不久分手。柴夫人又被协和烟纸店老板所骗，现款和股票皆失。此时，锦华坊房子亦顶掉，柴夫人沦落街头，遇阿二，此时阿二开大饼店，已收留柴一祥，柴一祥与柴夫人相会，然三个孩子却失散无踪。

15.《上海日报》1941年7月1日—1942年2月28日（224节完）《春水长流》桑旦华

邬丽贞、邬丽春姊妹花，姊夫方志敏。邬丽春与姐夫方志敏偷情，后嫁朱老头子，为第七位姨太太。朱老头死，邬丽春离开朱家，姘张如柳，张如柳骗其手表钻戒，一共三四千元而去。邬丽春倾慕演武生的黄虎仁持久勇猛，与之幽会，不意黄虎仁遭枪击身亡。

16.《品报》1941年12月1日—1942年5月31日（106节未完）《桃色女儿》桑旦华

小沈约三姨太宝凤到龙门旅馆开房间，恰遇自己太太彩贞与人幽会，小沈教训彩贞，施以拳脚毕，则辟室神州旅馆与三姨太云雨。彩贞将邻人黄仁茂藏诸床下，而黄仁茂妻翠娥与小吴、小陈在旅馆寻欢经宿。黄仁茂妻口吃，仁茂逼其接客，以挹注其嗜好，小沈则充嫖客。三姨太宝凤将小沈引进徐公馆，小沈于徐公馆中与五小姐、张妹、方妈和徐府老太太偷情。

17.《万象报》1942年2月21日—1942年2月28日（8节未完）《春漏艳滴》桑旦华

18.《万言报》1942年3月1日（9节）—1942年6月15日（100节未完）《春漏艳滴》桑旦华

19.《上海日报》1942年3月1日—1942年3月30日（20节未完）《雌老虎》桑旦华

20.《吉报》1942年6月1日（107节）—1942年8月7日（139

节完)《桃色儿女》桑旦华

21.《万言报》1942年6月27日—1942年8月31日（66节未完)《野鸳鸯》桑旦华

22.《吉报》1942年9月27日—1943年4月26日（184节未完)无边风月之三《翠翠》桑旦华

荆翠翠，表兄方志明，方志明与翠翠情好，却与二姨太私通。翠翠父欲将翠翠嫁银行行长为妾，翠翠不从，与方志明出走同居。方志明与翠翠同居仍与二姨太往来，得其挹注，翠翠恨其不专，出走。二姨太太女伶出身，离开荆家与方志明同居，以唱戏为生。得知翠翠在蚌埠嫁镇守使为妾，二姨太太与方志明往蚌埠寻找，有金参谋拘禁二姨太，强迫其为妻。

23.《东方日报》1943年2月10日—1943年10月26日（257节完)《锦帐春满》(后改名《春满江城》)，桑旦华

上海西区的一家石公馆，主人石老太爷，妻石太太，公子石履端，姨太太丽娟。石老太爷偷婢女春兰，又与娘姨阿金私昵。石太太情人为车夫阿三，石太太给其5000元，阿三开办烟行，石太太与阿三同居，很少回石府。后石老太爷落魄，沦为瘪三，在街头扮死人讨钱。公子石履端与丽娟卷逃，秘密同居。履端与秀珍通，而丽娟也另有户头，起初在外，后至家中。履端某日捉奸，持刀杀死两娘姨和丽娟后自杀。

24.《繁华报》1943年9月13日（13节）—1943年10月31日(57节未完)《花开花落》桑旦华

25.《社会日报》1944年3月3日—1944年10月25日（未完)《何氏门中》冯若梅

泰山路积善里何公馆。何老爷外面借小公馆，与何太太吵闹不宁。大小姐何冠琼夜不归宿，大少奶奶与二少爷私通。舅老爷使用假钞，何老爷和冠琼因此受牵连。文漫漶残损。

26.《东方日报》1944年3月6日—1944年4月15日（38节未完)《好女儿》桑旦华

27.《吉报》1945年6月20日（20节）—1945年7月31日（61

节未完)《四小姐》桑旦华文，石佩卿图（插图）

28.《风光》1946年3月11日第1期—1946年3月18日第2期(完)《痛苦》冯若梅（短篇）

29.《飞报》1946年10月16日—1947年3月30日（163节完）社会长篇《三奶奶》桑旦华文，石佩卿图

三少奶奶住上海鸿吉里，三先生常年经营在外，三奶奶有房客沈寄云，画家也。三奶奶索居无俚，渐与沈寄云通情，迨三先生归，心生疑窦，欲逐寄云出门。三奶奶无出，为结纳三先生心，三奶奶纵容三先生对婢女阿桂不轨，阿桂被逼跳楼，幸不死。三先生所经营者，原为假钞也，案发，三先生被判15年。三奶奶亦在缉拿之列，寄云助其避居乡下，病死他乡。而寄云与阿桂终成连理。

1947年9月由二酉出版社出版单行本，名《三少奶奶》。

30.《沪报》1947年4月1日—1947年5月15日（45节未完)《坐床喜》桑旦华（插图）

31.《飞报》1947年4月1日—1947年11月5日（218节完）社会长篇《黑寡妇》桑旦华文，石佩卿图

杨源生在“八一三”抗战开始那年，还只是一家百货公司袜子部小职员。女顾客中有一位住愚园路新谷村五号之吴太太，为镇守使妇，夫死寡居，常御黑衣。某日吴太太邀杨源生至宅中，威逼利诱下而成奸。

吴太太出资为杨源生开百货店，但暗中却与张春元偷情。然张春元另有所欢，偷偷将店中货物盗出，另开他店，后经关老头讲斤头，方将杨源生、张春元二人叫开。

吴太太因病结识保春堂药店的医生米苏人，情好往来，米苏人哄骗吴太太做生意，到手三根条子后远飏。吴太太在刘妈哄骗下嫁陆稿荐陈老板，新婚之夜醒来发现陈老板是个哑子，但陈老板为人忠厚，吴太太遂亦安心。

此时落拓之张春元又来敲诈吴太太，某夜持刀威胁，被哑子陈老板打死。陈老板被捕，刘妈卷逃，孤立无助之吴太太又遇杨源生。此时杨源生在香港和上海间做买卖，杨结婚生子后不忘旧情，携吴太太

去香港。

32.《风报》1947年5月5日—1947年7月5日（60节完）《雌老虎》桑旦华文，石佩卿图（插图）

上海鸿安里13号小职员陆寿彭，妻尤琴。

黄经理欲娶阿菊为妾，然雌老虎黄太太对黄经理看管甚严，以致于新郎无法赴婚礼现场，乃托诸陆寿彭庖代。尤琴以为陆寿彭偷娶，大闹婚宴，陆寿彭逃遁，有家不能回。后经阿菊道出原委，陆寿彭夫妻和好如初。

33.《诚报》1947年6月6日—1947年11月1日（189节完）《脂粉奴隶》桑旦华文，石佩卿图（插图）

程中义为谢宅之家庭教师，谢先生留学美国，谢师母留守上海。程中义冒雨前往上课，淋雨生病，谢师母细心照看，日久生情，难免缱绻。谢师母嫡妹三小姐严月珍嫁柳延生，夫妻不合，严月珍一度服毒自杀，后离婚，携阿姨与姊同住。谢师母有病期间，程中义照看之余，与三小姐相识并定终身。程中义弃谢师母之情，不告而别，三小姐亦告失踪。谢师母从报纸上看到程中义与严月珍的结婚广告，伤心不已。

34.《东方日报》1947年6月26日—1948年5月27日（243节完）《海上风月》桑旦华文，石佩卿图（插图）

做五金生意的姚明振，妻无出。姚明振放眼择妾，跌宕舞场，跳吴丽娜。吴丽娜做了姚明振的过房媛住进姚府，人称大小姐。姚明振与妻分袂，娶宁波女人为进门，孰料新婚之夜发现新人姚太太是麻皮丑女，姚明振不与同房。

姚太太与小朱私通，后离开姚明振与之同居。小朱与亭子间嫂嫂通，被亭子间嫂嫂骗了两张银行本票，小朱一气身亡。姚太太又与后楼报纸编辑黄先生同居，二人摆摊头作生意。黄先生到陈师母家做家庭教师，姚太太怀疑私弊，夫妻勃谿，姚太太服毒自杀。

35.《风报》1947年7月17日（2节）—1948年3月5日（208节未完）《银凤》桑旦华文，石佩卿图（插图）

桃花涧汪老四开一爿的酒店，其女银凤当垆。银凤貌美，有活招牌之誉。宓二少爷，乃酒店常客。会战乱，桃花涧被炸平，银凤被宓二少爷携至上海，威逼利诱成为二少奶奶。

宓二少爷有烟霞癖，因在秘密燕子窠吸鸦片被判刑1年6个月。银凤与邻人李和生往来，李和生与张老板因强盗罪被逮。

银凤在咖啡馆衣帽间做女侍，与绸缎庄赵老板相识并同居。赵老板贩毒，被判20年。银凤正在辗转依人，而一一落空之际，与咖啡馆时相识之吴吟秋重逢，二人相约重操咖啡馆业。此时，宓二少爷出狱归家，银凤弃之如敝履，偕父与吴吟秋同居。

36.《群报》1947年10月28日—1947年10月31日（3节未完）《祥明嫂》桑旦华文，石佩卿图（插图）

37.《飞报》1947年11月6日—1948年8月17日（289节完）《王小妹》桑旦华文，石佩卿图

王福康女王小妹，春茂里弄堂之花也，为白振民所骗，携其出走后抛弃，小妹对白振民怀刻骨之恨。王小妹有孕在身，出走苏州小产，遇李伟南，暂住其处，李伟南介绍小妹到朋友牛书斋轮船公司工作。有富贾赵福源欲娶王小妹为填房，王小妹不愿，威逼利诱之下，小妹无奈虚与委蛇，假意同意婚请，得聘礼为父母养老之资。王小妹赴白振民之约，持刀将其刺死。

38.《小日报》1948年2月1日—1948年4月4日（44节完）《出墙红杏》桑旦华文，石佩卿图

马瑞昌民国廿六年冬季避战乱到上海，与马太太小本经营，渐致小康。饱暖生淫欲，马瑞昌在外借小房子，与一堂子出身苏州女人同居，而且无端怀疑妻子马太太与伙计谢福生有私弊，后二人分袂。马瑞昌以4根条子价格，将房子顶给人家，给马太太和其女杏芬顶了一间亭子间住，每月给300万的开支。此后其女杏芬学戏，登台而红。

39.《辛报》1948年3月6日——1948年5月1日（48节未完）《金凤》桑旦华文，石佩卿图（插图）

40.《东方日报》1948年5月30日—1949年3月31日（378节完）《小巷之春》桑旦华

上海某弄堂有吕大年者，其女吕秀英家贫貌美。有梅公馆少爷梅友寒，某日偶遇吕秀英，一见钟情，两人相恋，然梅父以门户不对拒之。梅友寒私下借房子准备同居，恰在这时，梅府以北京姑妈不豫为名，遣梅友寒北上问病，意在疏离二恋人也。迨友寒乘机返沪时，飞机失事，友寒丧生。

41.《风报》1948年7月26日（82节）—1948年7月26日（82节未完）《金色美人》桑旦华文，石佩卿图（插图）

42.《大风报》1948年8月1日—1948年8月31日（30节未完）《两妇之间》桑旦华

43.《飞报》1948年8月18日—1949年4月29日（226节完）《女秘书》桑旦华文，石佩卿图

方慧敏住上海威海卫路，高中毕业。邻人曹元达，由蜡烛店老板做到银行经理。介绍慧敏到大和银行做女秘书，被誉为大和银行之花。

慧敏与银行职员汤晓峰相识相恋。曹元达觊觎慧敏之貌美，元达妻闻之，二人勃谿不断，以致离婚。曹元达对慧敏威逼利诱，慧敏则虚与委蛇，一方面允其婚约，得其钱财，一方面策划与汤晓峰携资出走。结婚当日，慧敏乘隙与汤晓峰远飏。

44.《风报》1948年10月12日（41节）—1948年11月30日（98节完）《翠堤藏春》桑旦华

45.《飞报》1949年4月30日—1949年7月9日（69节未完）长篇小说《风云儿女》桑旦华

金小春

1.《力报》1938年7月25日—1938年11月9日（107节未完）《帐中桃李》小春

“我”金先生，教师也，帐下所教之女学生有张丽珍、静芳、露茜，金先生与三人皆有恋情。张丽珍按摩女，后做舞女，有小贩丈夫，金先生助其办理离婚。静芳早与金先生谐鱼水，并有孕在身。露茜则热衷社会工作。

“《帐中桃李》在本报刊登者，至此为止，其篇末最精彩之数万

言，则仅刊于即将出版之单行本上，读者欲窥全豹，可购阅之。”[①]

2.《力报》1939 年 9 月 28 日—1939 年 10 月 21 日（339 节未完）《桃李争春》小春

“我”金先生，教师也，与表妹素琴、学生晴霞相恋，后又眷女伶雪芳，并与黄德芬牵情。金先生因母病冲喜结婚，娶田小姐，黄德芬因之离金先生远走。

“《桃李争春》刊至今日为止，后面尚有急剧发展的极曲折之哀艳故事，见于春光书店发行之单行本。至未能在本报刊登之原因，盖以本篇脱稿之初，即由春光书店购得版权，而订有不能全部在报上刊登之合约……小春附启”[②]。

《力报·一朵花·自我介绍》云：“《桃李争春》一书，是继《帐中桃李》后的又一长篇艳情小说，业已印行单行本出版。文长卅万言，精装一大厚册，计三百余面……（小春）”[③]。

3.《力报》1939 年 10 月 22 日—1940 年 7 月 7 日（254 节完）《一朵花》小春

巧云被卖于赵秀山，在纱厂做包身工。巧云为工厂拿摩温、厂主欺凌，受尽折磨。后赵秀山住处失火，巧云得大顺子协助逃出。

不意被拐卖娼家，与同命之凤英相遇。凤英有恩客胡芳华，二人相爱，凤英有孕在身。后凤英偕巧云逃出娼家，去香港寻胡芳华。至港后凤英与芳华团聚，生一子华英，而巧云得其夫妻资助而求学。

其间巧云下海伴舞以贴补家用，艺名萧艳云，红遍香港。萧艳云为银行经理张泽民所辱，生一子云生。

张泽民与妻曼娜离婚。曼娜与大顺子结合，同归乡村生活，并携艳云与张泽民子云生抚养。会凤英病殒，艳云辍舞与胡芳华谐连理。艳云抚育凤英子华英，张泽民却因争风吃醋枪杀李八爷入狱。

十年后张泽民出狱，亦回归乡间。此时他读到的新闻称，华云小学十周年庆典盛况，校长为萧艳云女士。

---

① 小春：《帐中桃李》，《力报》1938 年 11 月 9 日。
② 小春：《桃李争春》，《力报》1939 年 10 月 21 日。
③ 小春：《一朵花》，《力报》1940 年 1 月 7 日。

4.《力报》1940年7月8日—1940年12月26日（170节完）《少女的禁城》小春

静安寺路金城新村唐公馆，主人唐锦帆。大太太梅芳、二太太玉英、三太太爱莉、男仆福庆、大小姐阿凤。

梅芳与福庆、二太太与汽车夫顺生、三太太与叶树芳私通。阿凤做舞女而红，艺名高飞凤。唐锦帆为保镖王清源枪杀，娘姨卷逃。

此前梅芳、玉英、爱莉、飞凤已逃出唐公馆，投身战地。王清源后任师长，玉英、梅芬、爱莉由护士升任医生，飞凤为战地医院之院长。

唐公馆为顺生和玉英焚毁。在唐公馆旧址新楼落成时，玉英与顺生、王清源与梅芳、爱莉与史耀芝、飞凤与卜虚仁四对情侣租下新楼入住。少女的禁城变成了自由城。

5.《春秋日报》1940年10月1日—1940年10月22日（21节未完）《水上乐府》小春

6.《上海小报》1940年10月23日（22节）—1941年1月14日（101节未完）《水上乐府》小春

鸳鸯湖船家女许宝珠与任元平相恋，出逃上海。元平病，宝珠做舞女维持家计，受尽凌辱欺压。后元平病愈，升任银行公司的协理，二人终得过上富足生活。

7.《跳舞日报》1940年12月21日—1941年3月11日（70节未完）《磁性姑娘》金小春

博仁医院乃著名花柳病医院，有某女学生茹小姐者，来治横痃。马医生告诉她其校长邹施兴来治过下疳。邹施兴所办的是一所野鸡学校，学生都是烂污交际花。茹小姐滥交，上至施校长，下至车夫阿毛。

8.《力报》1940年12月27日—1941年7月21日（181节完）《上海小姐》小春

上海小姐李蕊，女学生也，流连茶室舞厅，情人吕伯钦。有张仁者编造伯钦去香港之讯，乘机约李蕊开房间同宿。与多少男人有肌肤者之亲，李蕊自己亦不复记忆矣。

李蕊与陆琳琳相识。琳琳与车夫忠保同居，已育一子，其母与忠保偷情。琳琳母开咸肉庄，引诱李蕊做庄花。李蕊与琳琳皆爱伯钦，后李蕊与伯钦结婚。

琳琳歌女社时名丁明。丁明与舞女丁聪挑拨李蕊与伯钦之间，致二人离婚，而车夫阿金助李蕊揭穿丁明计谋，伯钦与李蕊复好，丁明悔悟。

此时周忠保已到内地的自由天地，来信相约。伯钦与李蕊、丁明、丁聪、则民、阿金六人共赴内地做为国家为民族有益之事。

9.《上海日报》1941 年 3 月 1 日—1941 年 7 月 31 日（151 节未完）《狗男女》小春

荣森米行老板秦敬荣，子振国，姨太太美云、佩英。美云、佩英与永强、荣森米行的账房吴志仁及振国偷情。

“《狗男女》在本报刊登者，至今日截止，尚有十分之三的故事，可于即将出版之《狗男女》单行本上读得之。读者欲窥全豹，请密切注意《狗男女》单行本之出版日期。小春附启。”[1]

10.《好莱坞日报》1941 年 5 月 19 日（48 节）—1941 年 5 月 30 日（59 节未完）《玫瑰姑娘》小春

11.《力报》1941 年 7 月 1 日—1942 年 4 月 17 日（281 节完）《厂长夫人》金小春

大中丝厂的厂长邱鸿宾，发妻邱太太，小星艳芳、小桃红。

邱太太下顾园林师阿兴；艳芳与阿兴、瞿林、密云和尚私通；小桃红与瞿林、密云和尚有染。

邱鸿宾亡，邱太太与阿兴回乡下，艳芳离开上海，小桃红与密云和尚卷逃。后密云和尚入狱，出狱后云游名山。小桃红与瞿林离开上海去做有意义的事。

12.《上海日报》1941 年 7 月 1 日—1942 年 2 月 28 日（233 节未完）《风流花瓶》金小春

谷经理是现代的花瓶集藏家，花瓶者，公司女职员也。谷经理与公司女职员陆萍私相往来，而陆萍与谷经理外甥天民、小皮匠、明发

① 小春：《狗男女》，《上海日报》1941 年 7 月 31 日。

暗中相会。

13.《吉报》1942年2月1日—1942年10月8日（223节完）艳情小说《万里春》金小春

春在里84号冯先生飞鹏，海上寓公；一女兰春，值怀春之龄，父拘管甚严，不得恋爱。兰春出走，与杨顺生、郑伯群、阿张、小周、大鸣、抚青分别相恋同居。最终兰春觉悟，知爱情应专一，遂与伯群谐连理。

14.《万象报》1942年2月21日—1942年2月28日（8节未完）《送子巷》小春

15.《上海日报》1942年3月1日—1942年9月31日（174节完）《十八变》金小春

文水镇德兴鞋子店鞋子西施王德芬，与富家子弟陈士群结婚。然非德芬所愿，德芬早与店里鞋匠师傅国英心意相契。与士群结婚当日，便与国英私奔上海，孰料到上海后国英竟把德芬卖入娼家。

德芬与金龙同居，偶遇梅虹。梅虹乃陈士群之妻，无法忍受士群之乖戾而出逃上海，到上海后做舞女、向导女，与人同居。梅虹和德芬经历相似，都受包办婚姻之害，而颠沛海上。二人一同从金龙处出走，在土耳其浴室做按摩女。

后德芬和梅虹在家乡创办英芬小学和德龙农校，德芬任校长，造福桑梓。金龙和国英来归，协助兴学，二人分别与农校教师雪芬和淑英结为连理。而德芬退隐，将农校和小学交给金龙和国英，与梅虹在农校颐养天年。

16.《万言报》1942年3月1日（9节）—1942年6月15日（100节未完）《送子庵》小春

老师太觉慧，门下徒弟月净、妙香，房客寡妇陈大嫂。

陈大嫂与宝庆偷情。月净、妙香同性慰藉。月净与姚医师，妙香与沈绍昌相恋，两对恋人出逃，觉慧则死在庵中。

17.《跳舞日报》1942年3月14日（前缺）—1942年3月14日（未完）香艳小说《水帘洞》小春

18.《力报》1942年4月12日—1942年11月5日（204节完）《东

厢记》金小春

陈纯卿、妻玉珍夫妻住东厢房。纯卿赴任在外，玉珍及小大姐阿梅与马经理、徐老板、毛祖培淫乱。纯卿捉奸在床，但念夫妻情重，原宥玉珍，夫妻和好如初。

19.《上海日报》1943年4月20日—1943年9月27日（159节未完）社会艳情长篇《桃花庵》金小春

张家村桃花庵小尼姑妙明、妙净，老师太悟真。悟真与和尚广通偷情；而徒弟妙明与妙净同性相恋，二人又同文林私会。

20.《影舞日报》1942年5月1日—1942年6月6日（未完）《玲玲日记》玲玲日记，小春校正

21.《东方日报》1942年5月15日—1942年8月11日（88节完）《黑家庭》小春

长春坊12号的一幢三开间的屋子，住着因买卖双马厂单而投机起家的棉纱暴发户史润泉，其妻罗曼，妾金凤，前妻所携螟蛉子瑞麟。

润泉与儿媳淑珍、瑞麟与庶母罗曼、金凤与汽车夫阿庆私通。最终润泉生意失败潦倒，瑞麟与庶母罗曼结合，以其所获赡养费供瑞麟求学。金凤与阿庆回乡过桃花源生活。淑珍得40 000元钱，负笈他方，离开上海。

22.《力报》1944年5月15日—1944年8月18日（92节完）《落霞记》金小春

世家子殳敏少爷，洋行职员，与女学生出身之吕霞成婚。殳敏又与交际花叶玛莉同居，三人之间勃谿不断，最终一起离开上海归园田同居，经营农场。

23.《万言报》1942年5月16日—1942年6月12日（28节未完）《帐中桃李续集》金小春

24.《上海日报》1942年9月1日—1943年4月15日（224节完）社会长篇《王家女》金小春

住新闸路平康里的静珍和母亲，与继父、油瓶哥哥福生同住，一家靠静珍货腰为活。静珍每日度供人搂抱生涯，周旋于舞客小张、王穆亮、朱酒肉、马拉块之间。静珍厌倦舞女生涯，辍舞入工厂为女工。

其油瓶哥哥对静珍心怀歹念，欲行凌辱，静珍与母愤而离开上海回乡。

25.《力报》1943年10月1日—1944年5月14日（124节完）《蛾眉月》金小春

浙西的王泾村，吴家茶馆主人吴德山女吴阿珠，同村大佃农子章奇生，同村德容子玉卿。

奇生与玉卿皆有情于阿珠，但阿珠意属玉卿。三人同去上海，奇生设计诬陷玉卿，玉卿被押解回乡。阿珠在上海鬻舞为生，然洁身自好，后与玉卿终成眷属。

26.《吉报》1942年10月9日—1943年4月26日（184节未完）艳情长篇《春风桃李》金小春

住在平乐新村的某一幢三层小洋房的密丝屠，名华秀，美国留学生，硕士学位，后蜕为交际花。其初夜奉给其男仆，她赐男仆一西洋名曰亨利。密丝屠又周旋于彤云、张先生、蒋士豪、许源清之间。

27.《大上海报》1943年10月21日—1943年10月21日（1节未完）长篇连载《昏天黑地》金小春

28.《力报》1942年11月1日—1943年9月30日（219节完）《风流王孙》金小春

张公馆少爷张祖尧爱恋梅香、兰英、美容，其父皆染指其间。最终，这位法国留学生张祖尧跳楼自杀，而张父即海上闻人张景林。

29.《大上海报》1943年11月6日—1943年12月31日（56节未完）《女歌手》金小春

女歌手倚梅事。

30.《繁华报》1943年11月7日—1944年5月24日（194节完）长篇连载《一点红》金小春

歌女叶天红，马小开马守卿倾力捧之。情爱逾恒，数度缱绻，然终未谐连理。天红后与琴师陈炳康同居，生有一子。

有陈处长者，觊觎天红色艺，纠缠不休。天红避走北京，陈处长亦追至，与同捧天红之王师长争风，为王师长枪杀。

天红重回上海，再披歌衫，守卿捧之如初。后天红意兴阑珊，辍唱离沪，归居乡间。

31.《社会日报》1944 年 3 月 1 日—1944 年 10 月 21 日（209 节未完）《大户人家》金小春

大户人家林府，一母三子。母亲林陆氏是守寡二十年的节妇，三个儿子林城、林均、林坤。母姘车夫阿毛、小叔陈义新，三子荒唐搭舞女、叫向导女、赌博。

32.《繁华报》1944 年 6 月 1 日—1944 年 6 月 14 日（4 节未完）长篇连载《昏天黑地》金小春

33.《繁华报》1944 年 6 月 25 日—1944 年 8 月 31 日（66 节完）《家庭魔王》金小春

袁公馆主人袁玉书，大太太丽芳、二太太丽娟、丫头杏花。

玉书虽有二房太太，仍在外渔色，因在家中强奸杏花入狱。而丽芳、丽娟则与杨乐浪私通，乐浪俨然袁公馆主人。

迨玉书出狱，公馆易主，乐浪远飏，丽芳、丽娟已嫁他人。

34.《上海宁波公报》1944 年 9 月 1 日（92 节）—1944 年 9 月 10 日（101 节未完）《叶子姑娘》金小春

35.《繁华报》1944 年 11 月 1 日—1945 年 7 月 10 日（133 节完）长篇连载《返魂香》金小春

钱少冬跌宕舞场，与舞女王翠莲相识相恋。翠莲走红，却沉溺赌博，少冬虽反复劝诫救助，仍难改恶习。最后翠莲离开上海，依丈夫乡居，少冬则与舞女夏风另结情缘。

36.《繁华报》1945 年 7 月 26 日—1945 年 7 月 31 日（6 节未完）《山茶花》金小春

37.《诚报》1946 年 12 月 18 日—1947 年 3 月 20 日（89 节未完）《桃李春风》金小春文，金剑凡图（插图）

38.《力报》1947 年 4 月 6 日——1947 年 6 月 20 日（77 节未完）《桃李春风》金小春

坤伶桂琴从师秦玉卿，有孙祖棠、马文林皆倾情桂琴，三人间遂起纠葛。马文林欲对桂琴行不轨，得桂琴母之允诺、女仆李妈妈之帮助，更肆无忌惮。桂琴只有祖棠堪慰藉悲怀。

39.《苏报》1947 年 3 月 6 日—1947 年 3 月 18 日（10 节未完）

《海棠红》金小春（插图）

40.《真报》1947年3月12日—1947年9月5日（168节未完）《雨后桃花》金小春（插图）

贝润泉是个胜利后的暴发户，他经营颜料致富，现年51岁。润泉与梅玲姘居，又与梅玲的女仆张妈偷情。而梅玲则把从润泉和黄队长处得来姘资，贴颜料业跑街冯小芳。贝润泉妻贝师母不甘被冷落，暗中与孙明往来。

41.《苏报》1947年4月1日—1947年4月11日（10节未完）《大富人家》金小春

42.《上海人报》1947年9月25日—1948年1月15日（208节未完）《大户人家》金小春文，徐倩萍图（插图）

浙西K城一座瑰丽之住宅，宅主黄仁焕，营榨油厂起家，人称“大车户”。

黄仁焕觊觎丫鬟宝珠，屡行不轨；而姨太太梅香与家庭教师李明扬偷情；丫鬟宝珠与书童黄纯暗中往来。

43.《上海人报》1948年2月1日—1948年2月7日（7节未完）《风流世家》金小春

44.《诚报》1948年2月18日—1948年9月23日（215节完）《东厢记》金小春

董公馆是一座三上三下的石库门房子，宅主董守仁。妾梅芳，生意浪出身。子祖尧。螟蛉一女慧玲，17岁，住东厢房。

董守仁对慧玲颇存禽兽之心。慧玲后为梅芳借故逐出家门，寄居舞女玛丽处。在祖尧、玛丽、丽君、金龙的策划下，当董守仁娶丽君婚宴上，慧玲冒充新娘，当众大揭董守仁之丑行，董守仁窘愧无地，加以生意失败，回乡与发妻团聚。

金龙、丽君结褵离开上海，而慧玲仍回东厢房度其求学生涯。玛丽觉得都市是罪恶的摇篮，与慧玲不辞而别，离沪而去。

45.《力报》1948年3月11日—1948年7月31日（130节未完）《谢堂燕》金小春

熊万新，妻孙氏。万新生意成功，姘舞女黄玉英，孙氏与其离婚。

离婚后万新又厌弃玉英而追逐歌女青青，孙氏离婚后与小黄同居。

46.《真报》1948年5月14日—1948年7月31日（80节未完）《碧云天》金小春

坤伶唐秋雁，师傅李德珍。青年名票顾春芳，银行职员，年少英俊，与秋雁相恋，而师傅和假母拨弄其间。秋雁父之徒弟邱玉林亦有意于秋雁。

47.《东方日报》1948年8月5日—1949年4月17日（244节未完）《长相思》金小春

浙西的S镇，鞋匠之女、养正中学学生张唯美，校花也。唯美与同窗胡兆璋早萌情爱，其父欲其嫁林志仁，非其所愿。新华鞋店师傅有罗福棠，唯美与其暗中往来，并一同出走上海。

48.《诚报》1948年9月25日—1949年4月23日（201节完）《春城飞花》金小春

张公馆公子张德铭，称病在身，母为德铭娶妻美琪以冲喜。红坤伶陈燕飞于婚礼仪式唱《鸿鸾禧》，故意唱错戏词，婚宴不欢而散。

婚后德铭与美琪始终不同房，未谐鱼水，美琪与婆婆不明就里。某日，德铭坦露心怀言，其早与坤伶陈燕飞同缔鸳盟，互矢爱好，然格于母命，不娶戏子之言，故劳燕分飞。后德铭与母皆亡，美琪与张公馆花匠励文私奔。

桃花郎

1.《上海日报》1940年8月16日—1940年12月26日（132节完）《色星高照》桃花郎

住在凤吉里的林玉堂与后楼嫂嫂李小翠私通，李小翠夫朱先生捉奸，林玉堂侥幸得脱离。事后得知放龙者为马阿毛，林玉堂遣人殴之几致死，后马阿毛搬出凤吉里，从此衔恨林玉堂。

钱老四和林玉堂纠集流氓，码头械斗伤人，为避风头林玉堂避至王海山处。马阿毛与吴林弟同居，林弟过房爷为王海山，故林弟与林玉堂得以相识并结私情。马阿毛被剪边，便指使小老虫洒石灰弄瞎林玉堂双眼。王海山得知后，持枪杀死马阿毛而被捕。不久，李小翠又现身，讵意已贵为公安局长太太矣。

2.《上海日报》1940 年 11 月 1 日—1941 年 2 月 28 日（108 节完）《女人万岁》桃花郎

绿宝舞厅红舞女胡丽玉，裤带奇松。其拖车小赵，过房爷白相人小苍蝇，户头有孔嘉基、毕大少爷、何大队长等人。

胡丽玉逼小赵和其夫人离婚，拆散其夫妻后又置小赵不顾。小赵羞愤撞汽车自杀未死，受伤住院。胡丽玉探望，小赵为泄愤，咬其耳朵几致脱落。

胡丽玉为绿宝舞厅台柱子，金星舞厅经理孙子敬前去挖角，胡丽玉答应去金星茶舞。绿宝舞厅便挽何大队长为鲁仲连，阻止胡丽玉去金星，结果调解未成，胡丽玉与何队长闹翻，胡丽玉连绿宝亦绝其踪。何队长遣手下往静安别墅枪击胡丽玉和小苍蝇未成，误杀小苍蝇之两徒。小苍蝇报复，打死何大队长而被捕，胡丽玉则开码头。二年后胡丽玉回到上海，此时已嫁为厅长夫人。

3.《上海日报》1941 年 3 月 1 日—1941 年 6 月 19 日（110 节未完）《偷香窃玉》桃花郎

阿秀、阿凤姊妹二人与邱小开开房间，阿秀丈夫阿狗捉奸，结果误闯警察捉拿敲诈凶犯之现场被捉，判入狱 6 个月。

李寡妇与邱小开私通有孕，欲打胎。邱小开则购来砒霜，以堕胎药骗李寡妇服下，后弃之郊外，欲置之死地，为一路过医生救活。

裁缝西施陈玲妹与邱小开偷情结胎，求医于天真医院医生朱女士。邱小开以为陈玲妹诊病为由，骗朱医生至旅馆强奸之，朱医生羞愤自杀。

裁缝西施陈玲妹后与吴小宝同居，怀恨邱小开之遗弃，将邱小开住址通告警局，被邱小开查觉，刺死陈玲妹。而与陈玲妹同居之吴小宝被疑为凶手，被判入狱。

大新烟纸店老板女儿张巧珍，嫁王买办儿子王龙为填房。邱小开冒充新郎写信约会，结婚前一日破其贞操。巧珍嫁后发现相会者非新郎，心中懊悔，假作投河自杀，以便寻仇。

巧珍隐姓埋名居西郊，后投至某家医院为护士，恰巧与李寡妇相遇，又结识阿凤、阿秀姊妹。四人同心，诱邱小开至西郊住处，宣布其罪行，纵邱小开逸至荒野，为狼所噬。

阿狗出狱杀死阿秀、阿凤。张巧珍与医生结婚。王龙与一位冯姓的女学生谐连理。

4.《上海日报》1941年8月2日—1942年12月7日（125节完）《男盗女娼》桃花郎

上海某弄堂，阿英丈夫杨贵生作西崽，不常回家。阿英与长脚阿龙私会，被杨贵生撞破。长脚阿龙诱之至水边，乘醉推坠之。

长脚阿龙拜白相人陆宝林为老头子，陆宝林与机关炮张四、尤阿炳争斗，陆宝林被杀，长脚阿龙为老头子寻仇，杀死尤阿炳夫人。

麻皮金生与长脚阿龙皆对小无锡女儿毛弟有情。长脚阿龙绑架小无锡，诱毛弟上当。长脚阿龙同伙棺材根宝将毛弟强奸，又打死其父小无锡。麻皮金生去救毛弟，尤阿炳前往支援，尤阿炳被长脚阿龙所杀。

尤阿炳死，机关炮张四疑为麻皮阿金所为，机关炮张四将麻皮阿金杀死。

机关炮张四剪长脚阿龙的边，与阿英同居。长脚阿龙报复，乘机关炮张四43岁大寿之机，欲刺杀机关炮张四，不料反被机关炮张四手下杀死。

毛弟巧妆，趁乱暗中杀死阿英。后机关炮张四被捕，判死刑，毛弟则不知下落。

5.《上海日报》1942年4月1日—1942年5月1日（31节完）长篇连载《怒吼罢上海》桃花郎

秦芬午夜携巨款叩响医生张人杰门。秦芬是大囤户秦省三之女，与一青年相恋，然其父不允，秦省三逼走秦芬恋人，命其嫁南京官员杨斌。秦芬得其妹秦芳之助出走，午夜求诊张人杰，得知已腹中结胎。张人杰一面留秦芬于诊所，一面暗中通报秦三省。三省允其5万元替女堕胎，并将其送回秦府。迨张人杰返回诊所，秦芬早已不知去向。

张人杰妻秀玉与杨斌邂逅偷情，恰为张人杰撞见，张人杰被杨斌殴毙。秦省三投机失败，溺亡，杨斌身入囹圄，秀玉沦为街头神女。

秦芬、秦芳跋涉万里，深入内地，寻觅光明。

“桃花郎启事：兹因本人心绪恶劣，无暇执笔，不得不将本篇草草结束，幸祈读者加以鉴谅为荷。”①

6.《繁华报》1943年11月25日—1944年3月6日（96节完）《十字街头》桃花郎

午夜时分，霓虹舞厅红舞女张娟娟被马德麟勒死，劫其30万存款和钻饰。为掩匿罪行，又杀死知情人舞女刘丽娜。后马德麟又害死萧大秃子、小开赵德明。马德麟乘轮船逃往烟台未果，被82号警士王大顺开枪击毙。

7.《繁华报》1944年3月16日—1944年7月22日（128节完）社会长篇《亡命之徒》桃花郎

通明银行巨款被劫，系白相人外号通天老虎的程八爷派人所为，通明银行信托部毛德生为内应。劫案发生，通明银行行长吴昌林辞职，毛德生接任，程八爷做董事长。

毛德生分得一部分赃款，却被白相人阎王老四手下所劫，因此阎王老四与程八爷结下仇隙。程八爷用计，将阎王老四和长脚大统污为银行抢劫犯。阎王老四手下报复，小江北打死程八爷手下小嘴巴炳根、陈子龙，迷汤阿兰乔装看护妇手刃毛德生。

阎王老四挽红胡子张大达子出来与程八爷说情，却无功而返烟台，途中轮船爆炸。张大达子、阎王老四、黄鱼头皆被炸死。

同时，通明银行宣布二度改组，程八爷的大儿子任总经理，二儿子副总经理，小儿子担任放款部总主任。

8.《光报》1947年5月2日—1947年7月1日（61节完）长篇连载《乱世春秋》桃花郎文，董天野图（插图）

李杰与舞女杨白洁有情，杨白洁逼李杰结婚，并要其立下字据。李杰与许琼芳暗中往来，杨白洁以字据为证，逼其二人分离，李杰杀死杨白洁并其婢女。

案发，李杰得小范与张伯钧之助脱罪，而许琼芳却移爱张伯钧，

① 桃花郎：《怒吼罢上海》，《上海日报》1942年5月1日。

并要驱赶李杰出码头。李杰报复，劫持琼芳到船上，却被牛大炮所知，琼芳反为牛大炮劫夺，李杰愤而枪杀牛大炮。

李杰出狱后，经济权却被其妹妹李静掌握。李静与小范相恋，李杰遂劫李静和小范，被张伯钧发现，绑架未成。李杰跑到琼芳家与吴妈幽会，为在牛肉店做伙计的吴妈丈夫撞破，将李杰杀死。李静与小范去香港结婚，琼芳则随张伯钧而去。

路德曼

1.《上海特写》1946年6月11日第4期—1947年2月1日第30期（36节未完）长篇连载《海上荡寇志》路德曼

2.《天报》1947年3月5日（5节）—1947年4月30日（61节未完）《海上新荡寇志》路德曼（插图）

四川退役之张将军与筱翠花寻欢，筱翠花乃一男宠，时称屁精。会生意浪惠然阿九翩然入，张将军将二者拼了个雌雄双档，表演人妖、堂壳叠罗汉。

张将军挥金赌台，遇摇缸女郎刘小妹，其夫小山东乃吴世宝小角色，吴世宝迫令小山东让渡刘小妹与张将军。

张将军与贩土的盛老三，沪西的小皇帝吴世宝吴大队长，三人合作设立永丰贸易公司，实际为秘密俱乐部，用以招待日本军官。吴世宝与刘小妹有染，张将军未免醋意，后张将军回四川。上部终。

3.《苏报》1947年3月7日　1947年3月18日（11节未完）《海上迷宫》路德曼（插图）

4.《苏报》1947年4月1日—1947年5月3日（未完）《人约黄昏后》路德曼

5.《大风报》1947年4月15日—1947年7月9日（86节未完）《海上大观园》路德曼（插图）

新世界饭店住进一位开长房间的女子，常携一犬随身，颇为神秘。桃花博士金万山喜渔色，探知此女为北平女子赵小姐，人称玫瑰花，犬名露茜，乃赵小姐床上爱侣。桃花博士与之绸缪，并识张小姐，一同寻欢。

金万山路遇一艳妇刘小姐，随之入香闺同宿，不意刘小姐乃金万山太太的姊妹淘。刘小姐又倾情钟先生，以其为童子鸡，风情有别，金万山因此拈酸，以致与钟先生打相打。

张健帆

1.《大晶报》1932年4月13日（7节）—1936年7月19日（1492节第32回未完）社会小说《百宝箱》张健帆

（前缺）徐雪行、徐雪月女弹词艺人也。有苏霭人、周东里、瞿明九、蒋留伊等赏其艺，成立雪社，在报章撰写书评揄扬，并为之说戏，编新书。

苏霭人亦为《万古愁》和《处女心》主角。《万古愁》中莲华、莲芳等亦现身此篇中。

“张健帆先生所著《百宝箱》长篇，已刊于报端者达30余万言，为各界所称道，风靡一时。现未刊完者尚有10余万字，内容步步紧张，渐入精彩之境，本刊乃为续登，将来另出单行本，读者当有优先权利可享。”[①]

2.《力报》1938年2月21日—1938年11月29日（261节第11回未完）《梦里青春》张健帆

赵志澄、任曼萍、沈梦竹、唐素波、陆斌彦、李冰燕、苏自强、王春华、李小鹃、李小莲、苏韵秋、方遇萍、徐觉非是一群做着青春之梦的年轻人，居住在上海和杭州，常在二地之间往来。

任曼萍与赵志澄、沈梦竹与唐素波，陆斌彦与李冰燕皆情侣，他们与一群上海同学结伴到杭州春游，丽影双双，入住客舍，连床欢闹，通宵戏谑。沈梦竹与唐素波被同学关在同一房间。任曼萍与赵志澄在船家双宿，为同学发觉，拥进船家，掩进房间，揭开被底鸳鸯，春光泄露无遗。

李家兄妹，兄李小莲，妹李小鹃。小莲与苏韵秋恋，蓝田种玉，已珠胎暗结。小鹃与方遇萍情恰，绸缪缱绻，早有肌肤之亲。然方遇

① 张健帆：《百宝箱》，《大晶报》1936年5月23日。

萍供职天津，追回沪，小鹃已嫁金崇钰为妻。苏自强与春华订婚同居，然春华终嫁银行家，苏自强落得孤单一人。

3.《上海日报》1938年7月1日（16节）—1938年10月20日（122节未完）长篇小说《处女心》张健帆

苏霭人常出入唐季珊府第，与季珊女唐静兰、静珠过从甚密。二女嗜戏，与霭人同好，加之年貌相当、情趣相投，双方家庭，亦望结为秦晋，盼望甚殷。然霭人尚迁延犹豫中。

此作与《万古愁》相关联，苏霭人皆为主角，袁莲芳等人物亦掩映二作间。

4.《正报》1939年4月1日—1939年5月22日（47节第2回未完）《霜天晓角》张健帆

5.《小说日报》1940年3月16日—1941年12月11日（613节第20回完）《香扇坠》张健帆

王冷香、喜春云、满天红、满天青、金芝兰等为一辈女弹词艺人，鬻艺上海、南京等地。

满天红、满天青为师姊妹，席寒雁捧满天红不遗余力，互萌爱意。然满天红辍唱别嫁，寒燕一场无结果，捧角之情亦随之消歇。

不虞，满天红嫁未久守寡，迫于环境，重作冯父，鬻艺养母。江弱燕为之揄扬，来往颇密，弱燕妻疑其有私。后满天红与牛老大有染，闺阁不谨，艳屑频传，弱燕愤而与之割席。满天红再嫁来沪，又与弱燕重逢，细诉衷曲。而寒雁则离沪去内地，在那边替国家出力，干着有意义的工作，然仍旧情系满天红。

康慕庵与康大器捧满天青。康慕庵在家中开堂会，请满大青献艺。而江一粟与田瑟捧喜春云，两派分别组织青社和云社以对峙，在报纸上大开笔战，后江一粟因惧康慕庵而罢笔。喜春云因一粟捧角不利而不欢而散，从此伊郉避面，无相往来。

王得水、冷香为父女档，章云谷在《烈报》为其张本。王冷香病肺咳血，养痾家居，赖齐银虎医药之效，病愈登台，众人特为其出版《香雪留痕集》，以助声势。

齐冰清、冰洁、冰玉三姊妹，号“三齐”“齐三档”，负一时之誉。

嗜齐者组织冰社，盟主史南村，成员章云谷、齐寄桑、严蔚奇皆一时名流。三齐中，冰玉娇小如香扇坠，艺精品高。上海抗战，冰玉组织筹备说书从业员筹募救国基金，以点一只开篇十元国币，捐款购买飞机。后与田圣舸相恋，才子佳人，终结连理，史南村、章云谷、江弱燕为之贺喜。

6.《社会日报》1942年9月7日—1944年1月10日（448节第9回未完）《万古愁》张健帆

苏霭人，居沪执教鞭，居停主人二房东袁家，粲然一对姊妹花，曰莲芳、莲华。二人与霭人情味相投，日夕相处，互生爱意。莲芳、莲华，并皆芳洁，霭人情丝为之摇曳不定。

莲芳、莲华之表兄刘曼卿，寓杭州，房主洪氏，洪氏女漱玉和冰玉，亦姊妹花。姊妹歆羡曼卿，洪老太太啧有烦言，后为了成全漱玉与钟知非的亲事，曼卿悄然离杭。

曼卿友唐可风，大学教授也，与学生杨玉清师生恋，玉清珠胎暗结，唐可风因秘密政治工作被捕，母家又与玉清断绝往来，玉清怀孕在身，生活无着，得曼卿扶助，寄居杭州洪漱玉家中。玉清分娩后来沪为教员，后下海货腰而成一代红舞女。

尤盈盈，丈夫嗜好颇深，盈盈将子寄养孤儿院，上火山供人搂抱。丈夫不良，盈盈乃寄情男友黎镜清，而黎镜清犯法入狱。文漫漶残缺。

吴绮缘

1.《先施乐园》1920年2月4日—1920年2月11日（9节完）武侠小说《剑底情人》绮缘（短篇）

2.《先施乐园》1920年4月17日—1920年4月25日（9节完）武侠小说《蛮女戕奸》绮缘（短篇）

3.《先施乐园》1920年5月2日—1920年5月10日（8节完）侦探小说《玫瑰花刺》绮缘（短篇）

4.《大都会》1935年1月18日—1935年1月18日长篇社会《都会风光》吴绮缘（短篇）

5.《海报》1942年5日2日—1942年11月8日（未完）《新聊

斋》吴绮缘（文言短篇合集）

天宫仙侣　神相　断足僧　罗浮君　苦禅上人　异丐　捕蛇叟

奇门遁甲　奇疾　赖债庙　隔夜饭　飞石怪　善治心疾　新黄粱

静海僧　鬼语致富　麻风女　灭门盗　心神　番女　祝由科

嵩山道士　行尸术　天师府　葛三娘　洞房恶剧　吴淞之游

尸变　夙孽　朱子玉　异兽　范攸湖　口技　文登狱

6.《力报》1942年9月1日—1942年11月8日（完）《秋灯煮梦录》吴绮缘（文言短篇合集）

虬髯客　义犬　邋遢僧　盗侠　鬼吻　灵箫　奇嗜　银儿　僵尸

奇婚　豪博

7.《东方日报》1943年7月1日—1944年8月18日（301节未完）《桃李花》吴绮缘

管良箴、冯逸君、周逸群皆崇德女校学生。管良箴与胡家俊结缡，然胡家俊有病在身，新婚之夜竟不能同房。家俊病故，管良箴与崇德女校教员苏丹崖萌生情谊。胡家以良箴文君新寡，不宜上学，在外招摇，软禁在家。冯逸君、周逸群组织学生闯胡家说理。

8.《海报》1945年5日19日—1945年5月27日（8节完）海派小说名家挟轮会《割爱记》吴绮缘（短篇、插图）

9.《群报》1947年9月19日—1947年10月18日（29节第2回未完）《风絮霜兰》吴绮缘（插图）

少年沈彦华乘轮由津返沪，邂逅江南女子杨露枝，船覆，漂流小岛，遇救。

10.《群报》1947年10月25日（前缺）—1947年10月25日（未完）《今聊斋》吴绮缘

11.《罗宾汉》1948年1月5日—1948年12月31日（350节完）《新升官图》吴绮缘文，王坚图（插图）

陈伯伟，小职员也，妻朱蕙英。伯伟升迁无望，其妻麻雀搭子姚嬷嬷者，乃方总长府上女佣。姚嬷嬷以干女婿名，荐陈伯伟于方总长，得庶务主任缺。

方总长姘坤伶金翠玉，陈伯伟为其安排小房子，以为藏娇之地。

不虞谋泄，开罪方太太，职亦随之而失。方总长暗中放其外任为安徽统捐局长，为避方太太耳目而以陈新名上任。陈伯伟后以房屋道契回赠方太太，得尽释前嫌，后运动得一部长职位，方总长则升任院长。

潘局长喜食人乳，因陈伯伟之来而落职，然隐忍不发，韬晦无几时，得方总长推荐任浙江财政厅长，后又升任实业部次长。

王德平商人出身，夤缘得任县长，以经商之道为官，秉薄利多销之策敛财。其令县中每户上一门牌，每户出费一元，然成本仅四角九分，一分利给了庶务，其余半数归己，后来王德平竟做了厅长。

夏作人，翩翩少年，如玉树临风，妻夏奶奶。夏作人与湖北财政厅胡厅长之女胡桂华相识，为攀附富贵计，与妻夏奶奶谋，以为离则两利，合而俱伤，乃重续鸳谱。夏作人重娶胡桂华，夏奶奶再嫁潘幼安。后来夏作人、潘幼安也爬到了简任官的地位。

李元俊把礼物藏在牡丹花下送礼给上司，得以升迁，做了民政厅长。

牛省长，行伍出身，喜涂鸦，爱充风雅，常参画展，为阿谀者购之一空。牛省长职在禁烟，夫人家中卖烟。

12.《小日报》1948年2月1日—1948年4月21日（60节完）《春梦痕》吴绮缘（插图）

李君仪居西子湖畔柳浪闻莺边，与同学周玉琳相恋。君仪应同学之邀，北上华北就职，乘轮船自上海到天津，途中结识张丽珠。轮船失事，二人落水，漂流至荒岛，幸而获救，遂生爱意。然周玉琳与张丽珠相见，玉琳以为君仪另寻新欢，丽珠以为君仪与玉琳早定鸳盟，二人皆别结爱侣，君仪百喙莫辩，只落得个春梦一场空。

13.《锡报》1948年7月12日—1948年11月20日（141节未完）《桂枝香》吴绮缘

赵逸云翩翩少年，刚大学毕业，未婚。好友宋翼云夫妻携一女小照，欲作蹇修。女名谢琼华，父母双亡，依叔父生活。

赵逸云欲访琼华，忽传琼华玉殒之讯，逸云便往杭州凭吊琼华芳冢，不想，邂逅林桂枝。后桂枝来沪上为舞女，伴舞安乐宫，与逸云时常往还。文后幅漫漶，不堪卒读。

14.《力报》1948年9月1日—1949年3月27日（198节完）《新聊斋》吴绮缘（文言短篇合集）

黄金梦　神仙眷侣　神相叶先生　天宁异僧　金甲神　曾生

峨眉神僧　捕蛇杨叟　静海神僧　鬼语致富　麻风女　天师符

洞房恶剧　狐异　石狮妖　黄将军　虫　人妖　白莲教　异丐

神相　罗浮君

15.《铁报》1948年12月1日—1949年6月13日（第3回未完）《燕都侠影》吴绮缘（插图）

明末战乱，女侠荆大娘护卫杜翰林杜凤书一家避难。途中杜夫人亡，荆大娘授杜凤书女锦珠武功绝技，以为报仇之计。

16.《罗宾汉》1949年6月9日—1949年7月9日（31节未完）《火双鹅》吴绮缘

徐卓呆

（笔名李阿毛、阿毛哥）

1.《春声日报》1921年5月31日—1921年6月6日（7节完）《火药库》卓呆（短篇）

2.《世界晨报》1931年7月5日—1931年10月1日（87节未完）家庭小说《金色美人》徐卓呆

夏志芳，水产公司经理，与妓女小云生一子，名祥儿。小云撇子出走，不知所终。夏志芳与金润卿女婉珍结婚。丘丈金润卿用水产公司款项做标金而大亏，公司面临信用危机。小云出走，嫁西人富翁，十年后夫死拥巨金回国，人艳称之。某日，与夏志芳重逢。

3.《金刚钻》1932年5月6日—1932年5月18日（完）《金刚钻小说集·徐先生》卓呆（短篇）

4.《大风报》1932年7月13日—1932年9月1日（49节未完）滑稽小说《荒唐博士》卓呆

海上Y路的江南大厦13号，葛季诚者赁此，开葛诚记美术用品制造厂，并登广告招聘人员，有女高良玉应聘被杀。杜博士哲夫，私家侦探，调查高良玉案，发现葛诚记美术用品制造厂所出售之美术用品乃系用真人肢体所制。不久高良玉弟高俊甫在顾氏花园遇害，姊弟二人皆烟鬼也。

编者识：“《荒唐博士》为滑稽小说名家徐卓呆先生得意杰构，全书10万余言，曾刊第一回于舍翁办之《新报》。”[1]

5.《上海商报》1933年10月9日（154节第9回）—1934年8月14日（284节第25回完）《烟灰老四》徐卓呆

6.《上海报》1934年5月6日（第6部分）—1934年9月5日（128节完）李阿毛事业之一·滑稽小说《怪播音台》徐卓呆

7.《力报》1937年12月23日—1938年3月31日（100节完）滑稽小说《金华歌舞团》徐卓呆

金吾、华原磐夫妻，同为教员，教体育与音乐，生二女金雁和华容。

金吾、华原磐夫妻失业在家，向老友周寒泉商借钱款筹办演出团体，取名金华歌舞团，在银光大戏院演出，竟大受欢迎，生意兴隆。

团员钱泉和胡调见猎心喜，欲脱离自立，于后台挖角，以70元每月的包银商诸台柱子温如玉，被金吾得知，以每月100元留下温如玉，而将胡调开除。

周寒泉欲娶小老婆，以金吾家阿雁为嚆矢，金吾夫妻虚与委蛇，搪塞迁延。最后，以干父母拜周寒泉和周太太，而将阿雁嫁与金华歌舞团扮小生的陶陶，周寒泉镜花水月一场空。

8.《晶报》1938年8月21日—1939年4月23日（151节完）滑稽小说《一重天》卓呆

阴历十二月二十四日李阿毛祭灶，开车送灶君上天宫。牛郎在天宫开牛奶厂，李阿毛做送奶工。从前还是处女的女娲娘娘现在嫁给了赵玄坛，替丈夫看守家中的元宝，天塌下来也不管。由于女娲娘娘的失职，地狱鬼便从私路向天宫贩卖毒药快丹。地狱瘟将军率领十万阴兵，扛着膏药旗，攻打天宫，天宫戒严，送奶要通行证。天宫成立了维持会，申公豹为会长，由瘟将军派来的一个魔鬼监视他的一切。申

---

① 卓呆：《荒唐博士》，《小日报》1932年7月13日。

公豹被派去蟠桃园寻美女，蟠桃树被锯，蟠桃园改成妓院，名为安慰公司，乃专为阴兵而设。

9.《社会日报》1938年1月13日—1938年1月17日（5节完）幽默创作《照相机》卓呆（短篇）

10.《晶报》1939年6月1日（38节）—1939年11月11日（167节完）《妹妹我爱你》卓呆

11.《晶报》1939年11月18日—1940年5月23日（20节未完）《妹妹我恨你》卓呆

绿君、湘君，一对姊妹花。姊妹同恋小林一人，姐姐谦让，小林与妹妹湘君结婚。

12.《正报》1939年4月1日—1939年7月15日（104节未完）《玉不碎》徐卓呆

高红玉，公司女职员，与妹妹小玉同恋小陈，而公司经理林逸民又追求红玉。后小陈与小玉结婚，红玉则在犹豫是否嫁给林经理。

13.《小说日报》1939年8月15日—1939年10月1日（47节第15章完）《代理皇子》德国沙克基著，徐卓呆译

巡更人吉儿与微服出行的幽篱庵皇子相遇，皇子喜游戏人间，遂与吉儿互换，己充巡更人，吉儿则入宫做皇子，并以12点钟为时限。假皇子吉儿入宫，历经宫中骄奢淫逸，不一而足。皇子曾向泰兴公司借款75 000元不还，又借利发公司50 000元。户部大臣为皇子划策，以谷物特许经营权卖恩于利发公司，以敉平欠账。户部大臣以此策邀功，要皇子保其再作几年户部大臣。时限已到，吉儿与皇子各复原身。皇子赏吉儿5000元，并邀其做皇家花园园丁，吉儿与恋人花姐成婚并赴任终。

14.《海光》1945年12月5日第1期—1945年12月5日第1期（完）《倭袍》徐卓呆（短篇）

15.《海光》1945年12月12日第2期—1945年12月12日第2期（完）《水浒第×回》徐卓呆（短篇）

16.《海光》1945年12月19日第3期—1945年12月19日第3期（完）《三笑》卓呆（短篇）

17.《大上海报》1945年7月15日—1945年8月28日（35节未

完)《怪吊客》李阿毛

书信体，萍和莹之通信。

萍为公司经理，香烟被员工偷吸。萍谎称香烟乃毒药，起避孕作用，吸一支，一年不孕；两支终生绝育，然三日尚有解药，三日外则无救矣。有冯姓员工，立求解药。

叉麻是测验朋友的最好的方法，宛如照怪镜，尤其在他输的时候，更容易把他的真相露出来。

18.《大上海报》1945 年 7 月 15 日—1945 年 8 月 28 日（35 节未完)《测验》李阿毛

19.《光化日报》1945 年 5 月 1 日—1945 年 6 月 17 日（48 节未完)《摸道人鸾话》李阿毛

摸道人是 500 年前得道真人，神通广大，近来在来沙而乱坛主持坛务，有求必应，有问必答。其本领是双手乱摸，人称摸道人。曾摸到一颗杏仁，而破了谋杀案。

潘柳黛的丈夫李延龄出走，好事者代问休咎，摸道人批曰：

其一

喜欢冤家太肉麻，打时拳脚咬时牙。

阿乘岂是乘龙去，从此难寻热带蛇。

其二

蛇来自热带，仍旧回热带。

热带在何处，当在温带外。

潘柳黛生产，有问璋瓦者，批曰：

寄语蛇太太，出洞莫狼狈。

若问生产日，不到五月外。

此番临盆者，定是男宝贝。

携往热带去，可与乃父会。

竟生女，道人解曰：男的宝贝即女子也。

20.《是非》1946 年 3 月 25 日第 1 期—1946 年 3 月 25 日第 1 期（完）幽默小说《掘藏》卓呆（短篇、插图）

21.《是非》1946 年 4 月 8 日第 3 期—1946 年 4 月 8 日第 3 期（完）

《重庆雾》卓呆（短篇、插图）

22.《铁报》1946年8月1日—1946年10月15日（第13篇完）故事新编第一篇《玻璃园》徐卓呆（短篇）

23.《是非》1946年4月29日第5期—1946年4月29日第5期（完）短篇小说《乐土》卓呆（短篇、插图）

24.《海光》1946年7月17日第31期—1946年7月17日第31期（完）短篇小说《不识货》卓呆（短篇）

25.《七日谈》1946年1月2日第3期—1946年1月2日第3期（完）讽刺小说《贼赃》卓呆（短篇）

26.《七日谈》1946年1月23日第6期—1946年1月23日第6期（完）侦探小说《葡萄颂》卓呆（短篇）

27.《快活林》1946年2月9日第2期—1946年2月9日第2期（完）《脱底的爸爸》卓呆（短篇）

28.《快活林》1946年2月16日第3期—1946年2月16日第3期（完）《男装丽人》徐卓呆（短篇）

29.《快活林》1946年2月23日第4期—1946年2月23日第4期（完）滑稽小说《常识四十三分》卓呆（短篇）

30.《快活林》1946年3月2日第5期—1946年3月2日第5期（完）《小多子》卓呆（短篇）

31.《快活林》1946年3月9日第6期—1946年3月9日第6期（完）滑稽短篇《一墙之隔》卓呆（短篇）

32.《快活林》1946年3月16日第7期—1946年3月16日第7期（完）《礼尚往来》卓呆（短篇）

33.《今报》1946年10月11日—1946年10月11日（完）滑稽小说《怪吊客》徐卓呆（短篇）

34.《小日报》1947年9月4日—1947年9月17日（17节未完）《三个半家庭》阿毛哥

35.《飞报》1949年5月19日—1949年6月28日（38节未完）《退职丈夫》李阿毛

李游，真名伍浩然，与一位患歇斯底里症的女人相恋。此女虽与李游有情，却去做妓女。不久忽逃出妓院与李游同居。女每到月经期即发歇斯底里。同居不久，忽又思重落风尘。

蒋九公

1.《迅报》1939 年 7 月 14 日—1939 年 9 月 4 日（51 节完）社会长篇《留兰香》蒋九公

唐小姐，名安妮，名门之后，因结交拆白党，受骗失节，被卖与一丈青为女，鬻舞而红。为从一丈青处脱身，唐安妮在袁晓光的帮助下，聘请律师，控假母一丈青诱拐，胜诉获自由。安妮搬进麦克卢大安里 12 号，甫迁入，闻女夜啼，唐安妮得知，女乃阿莺，与己同命，将卖入娼家。安妮助以银钱，暗中送入女家，随手以留兰香糖商标缀于所留信件之信尾。买主平湖老八憎阿莺毁约，邀白相人劫人。唐安妮报告捕房，将平湖老八等逮捕，阿莺等被拐卖女子得救。

2.《社会日报》1939 年 9 月 1 日—1939 年 11 月 13 日（69 节完）《念奴娇》蒋九公

文漫漶不清。

3.《社会日报》1939 年 11 月 18 日—1940 年 3 月 30 日（114 节完）《风月传家》蒋九公

南洋吧城富商之子梁祖荫，回国到上海求学，居其父金兰契林雨庭府上。林有女名玉人，与祖荫青梅竹马，早缔秦晋之约。祖荫于屋顶花园听群芳荟唱而识歌女骊珠，相恋同居，然迫于严命而与玉人完姻。孰意结婚当日，玉人被枪杀，祖荫为父召回南洋。骊珠在祖荫离开后，为祖荫诞一女而病殒，女不知下落。16 年后，祖荫与女儿秀凤巧遇，然秀凤已沦落风尘，父女相认，并迎回吧城。文字漫漶。

4.《力报》1939 年 11 月 1 日—1940 年 3 月 2 日（第 5 回完）《孤城艳梦》蒋九公

上海孤岛，风花雪月依然繁盛。宋飞凰、伍瘦鹤、褚东风、华雪萍、安老博士一辈，皆顾曲周郎，日事捧角。

安老博士为老牌留学生，仕途失意，假书画自隐。公余之暇，听歌选色，捧何丽蓉，收碧吟秋做义女。

宋飞凰乃小报编辑，捧卞绿云不遗余力。然卞绿云颇不智，嫁纨绔子弟王裕祥为小星，婚后秋扇见捐，备遭冷落。

虞南浦，白门名宦后裔，与名歌女湘妃同居。日机轰炸，虞家被毁，虞南浦落拓海上，典当度日。而湘妃嗜好阿芙蓉颇深，后虞南浦贫病身亡，湘妃在外交际，颇为浪漫。

有方怀仁者，实乃托名，本为浙江大禅寺的住持，名元明，见北方鼓姬童秀美，托茶房小胡拉马，以3000元及钻戒、灰背大衣为代价，辟室幽会。

青年诗人罗梦幻与春莺女士因文结缘。春莺负债，梦幻撰文为其募捐，进而相爱。然春莺做舞女时户头骆璜，欲娶其为外室。春莺母逼其嫁骆璜，春莺与梦幻出走香港，梦幻病故，春莺殉情跳海。

尤雪凤唱《玉堂春》，戏重而频频饮水，以致内急，来不及下台，而淋漓氍毹。

5.《社会日报》1940年4月15日—1940年8月20日（115节未完）社会讽刺长篇《金镑乐》蒋九公

李行长断弦，职员史梅候嘱其妹竺修与李行长交游，欲与行长结为郎舅。竺修已有男友小伍，拆白党也，小伍利用竺修，向李行长所在银行借钱，骗取6万元巨款。案发，小伍遁逃，而梅候与竺修缘李行长荫庇得脱干系。

经此一番，竺修嫁李行长。李行长通过戈太太，以30万元运动到手南京一局长职位。不意未就职而李行长被绑，南京之新职，因绑架未能莅任而被免，30万元成画饼，而竺修以50万赎金，仍未救出李行长。连番打击，竺修精神失常。迨李行长脱险，因挪用公款，私营外汇投机，与梅候一同锒铛入狱终。

张庆霖

1.《上海报》1938年9月23日—1939年3月30日（48节完）《捉刀六记》张庆霖（文言短篇合集）

丹阳老四　朱二太太　狗肉将军

长生寺僧　风流省长　天津小姐

附记之一《抗战鸳鸯沙场同浴血》

2.《生报》1939年2月3日—1939年2月18日（16节未完）《小红低唱记》张庆霖

3.《生报》1939年5月10日—1939年8月24日（96节未完）《十里红楼》张庆霖

沪西名园，有花木亭台之胜，仿佛《红楼梦》之大观园。

有林妹妹者，与焦大私通，又经焦大之撮合，赘宝哥为婿。宝哥承泰山余荫袭为公司主人，然宝哥与林妹妹膝下犹虚，林妹妹广求男色，所诞皆异国种。

4.《上海日报》1939年3月9日（68节）—1939年5月8日（128节完）《绿杨人语》张庆霖

5.《生报》1939年12月1日—1939年12月31日（31节未完）社会小说《绿杨新语》张庆霖

6.《上海日报》1939年5月10日—1939年9月11日（129节未完）《艳舞明灯》张庆霖

湖州马锦文，小学教员，一女马玖。马玖抗战避难沪江，投止黄姓亲属宅。其子玉阶，喜顾曲，邀马玖入音乐社，社中有蒋仲龙、世家子、洋行职员。玉阶、仲龙皆情慕马玖。然玉阶志在杀贼报国，后不别而行，北上投军。仲龙则与马玖辟室旅馆，同梦巫山。马玖欲嫁仲龙，然仲龙并无诚意，而与舞女北雁幽会。

7.《奋报》1939年4月1日—1939年4月30日（28节未完）《捉刀六记》张庆霖（文言短篇合集）

续《上海报·捉刀六记》

《其人憔悴，风义属伶官》

秦瘦鸥

1.《上海报》1930年5月3日—1932年3月29日（670节第32回完）《草泽英雄》秦瘦鸥

吴三桂帐下一员勇将欧阳立。清兵攻云南，大理失守，欧阳立死难，欧阳立妻亦自杀殉夫。欧阳立遗一子，名欧阳密青，取名之意即反满灭清也，由乳母苏氏抚养成人。

密青从碧琼仙姑习武，传承剑术。后于乌蒙山紫霞岭聚义抗清，公举欧阳密青为正头领，邱龙光、雷天霖副之，崔成康、刘晔为左右军师。乌蒙聚义后，云南各处库银，屡被劫去。康熙命塔额布出兵，进剿乌蒙山，攻打紫霞岭。乌蒙山英雄击退清兵，杀死塔额布。

后欧阳密青又联合了左龙山，声势愈大。乌蒙英雄试图劫杀康熙，虽未成，但却杀了二皇子胤禄，伤了雍正，使康熙胆寒。

碧琼仙姑命欧阳密青于甘肃凤梧山辟潜修之地，韬光养晦。待到光、宣年间，果然纷纷活动，助革命军推翻清朝。

2.《上海报》1932 年 10 月 8 日—1933 年 4 月 30 日（203 节第 10 章未完）侦探说部《四义士》秦瘦鸥

3.《奋报》1939 年 7 月 1 日—1940 年 9 月 26 日（完）《钗光剑影》秦瘦鸥

即《上海报》所载秦瘦鸥《草泽英雄》

4.《袖珍报》1939 年 8 月 29 日（60 节）—1939 年 11 月 4 日（127 节第 12 回未完）《钗光剑影》秦瘦鸥

即《上海报》所载秦瘦鸥《草泽英雄》

5.《社会日报》1941 年 3 月 1 日—1941 年 12 月 27 日（231 节第 48 章完）世界侦探名著《蓝手》依茄华雷斯原著，秦瘦鸥译

侦探史杰猛结识了一名叫万妮丝的少女，万妮丝在照相馆当职员，后被葛老太太请为秘书。葛老太太与其子小葛罗德同住府中。入葛府不久，万妮丝在一块玻璃上，发现了一刚刚打上去的蓝手印，不知谁所留，目的如何。

葛老太太瞥见万妮丝的手腕上有烫伤的疤痕，认定万妮丝就是失踪多年的葛老太太的侄女谭露丝。

初，豪富谭敦娶帕烈斯先爵的独生女谭美丽为妻，生一女谭露丝。谭敦曾立过一份遗嘱，称遗产留给女儿露丝。如果露丝夭折，财产归其妹葛罗德夫人，但须等到其女儿死后 20 年。

谭敦胞妹艳兰，嫁葛罗德，即葛老太太。葛罗德夫人探知其兄遗嘱内容，便设计欲侵占遗产。

葛罗德夫人与弟媳谭美丽外出购买，将绸缎塞进谭美丽的包中，以此谭美丽被捕入狱，狱中做染工而手变蓝。谭美丽入狱，其女谭露丝由葛罗德夫人抚养。葛罗德夫人之子小葛罗德儿时顽劣，曾用烧红的铁丝烫伤露丝手腕落下疤痕。后露丝乘船出游，船覆露丝落水，不知所终，谭敦因思念女儿而亡。

露丝落水，幸为救起，船漂泊到南非达郎特堡港，露丝为万亨伟所收养。长大后又回到了她出生的地方，即万妮丝小姐。

谭美丽出狱后寻找女儿，向葛罗德夫人询问，偶然将双手在门上一揿，葛罗德夫人惊异地发现她的手是蓝的。后谭美丽就将蓝手印印在葛府的玻璃上以警告葛罗德夫人，让其说出露丝的下落。

葛罗德夫人原亦以为露丝已不在人间，不想自己请来的女秘书就是露丝。葛罗德夫人一见万妮丝手腕上的瘢痕，便昏厥过去。事为小葛罗德发现后，小葛罗德欲娶万妮丝，以图遗产不成，情急之下，用药物劫持万妮丝，乘飞机逃跑。史杰猛等警探将小葛罗德抓获，救下万妮丝终。

6.《今报》1946 年 11 月 6 日—1946 年 11 月 9 日（完）短篇创作《落叶》秦瘦鸥（短篇）

白沉

1.《力报》1947 年 4 月 6 日—1947 年 11 月 29 日（239 节完）《京沪地下间谍战》白沉文，澄之图（插图）

游击队东南区首脑派遣 A 字 32 号京沪区行动组长老 K，化名台湾人高田雄与 A 字 37 号美丽之花周莉萍，打入日军情报机构，与日军间谍寺田杏子、佐佐木米子展开间谍战。

老 K 和美丽之花获取日军三战区地图，又从酒醉的寺田杏子口中探知了土肥原和川岛芳子明天正午 12 时乘天马号专车到上海，游击队在真如埋设炸弹袭击，炸伤二人。

为加强工作，游击队东南区又派女谍报人员 42 号前往上海。日方则因情报工作不利，对寺田杏子失去了信任，遣佐佐木米子到沪协助寺田杏子。

美丽之花潜入丁默村身边，在哥伦比亚批货店门前刺杀未成，美丽之花被捕牺牲。

寺田杏子是京沪行动组长老K留日期间的爱侣，42号亦与老K有情，二女决斗，42号打死寺田杏子。

佐佐木原是中国人，与京沪行动组长老K亦为情人。佐佐木被游击队捉获，老K劝其离开上海，纵之使去。老K和42号则登上潜艇继续战斗。文字漫漶不清。

2.《力报》1947年12月1日（2节）—1948年7月31日（245节未完）《何处是儿家》白沉文，秋野图（插图）

抗战时期沦陷区，交际花陈瑛，其空军丈夫曹延培远征。陈瑛不甘闺房寂寞，与地产商刘焕彬昵，讵意蓝田种玉，珠胎暗结，求诊梅德华梅医生。梅医生与地产商刘焕彬夫妻谋，以掉包术换走陈瑛所生子，归刘焕彬夫妻抱走。事为曹延培发觉，与陈瑛分袂。

梅医生喜渔色，与陈瑛、婢女小琴、李莉莉皆有染，后与刘焕彬妻刘太太结缡。

刘焕彬与地产商洪吉光皆欲娶陈瑛，陈瑛游移不定。

3.《活报》1948年3月20日—1948年7月21日（128节未完）《榴火之恋》白沉文，青萍图（插图）

钟府一门，主人钟国清，为大西银行行长。钟国清眷女伶颜蕙芷。钟府上大小姐钟志洁爱上一个叫小陆的大学生，实一拆白党也。二姨太太爱上了大少爷钟志敏，而大少爷荒唐较乃父有过之而无不及。除二姨太太外，大少爷又与舞女路黛琳、生意浪的静香四宝、马姨太太、徐小姐皆有私情。

4.《东方日报》1948年6月11日—1949年4月17日（289节第10回未完）《四海群龙记》白沉

武当三剑客之一的龙须君，系武当派祖师张三丰徒弟，妻为崆峒派女贞子李敏。夫妻善剑术，能驾剑光飞行十数日之久。受祖师张三丰之命，龙须君与李敏到齐鲁行侠。

清登州道向道尹假借皇上圣寿，向沿海渔民摊派捐税，每县5000两银子。龙须君路见不平，仗义扶助渔民。

蓬莱知县徐正青大胆敢言，抗拒捐税，被向道尹陷之狱，为龙须君救出。

山东抚台齐若敏，人称青天大人，体恤民隐，免除圣寿捐税。向道尹勾结刑部傅侍郎和素王爷，假传圣旨将齐抚台私自调京，押入刑部大牢。龙须君入京欲援救之。文漫漶残缺。

5.《力报》1948 年 9 月 1 日—1949 年 3 月 5 日（178 节完）《冲破敌伪间谍网》白沉

李志贞是杭州警官学校的学生，跟随戴校长干着特殊工作，奉命打入敌伪特务组织，在陈国华的领导下，周旋于日军宪兵队长片山和 76 号间。李志贞警官学校的同学徐守一叛变，重庆方面令陈国华处决徐守一，但经李志贞的挽救，徐守一悔悟，并把日本特务深入内地间谍名单盗出，戴罪立功，后被特务何美珍杀死。陈公博与吴世宝因上海赌台龃龉，吴世宝被谋杀。李志贞与陈国华一起处决谋害徐守一的何美珍，及 76 号特务张小姐，安排舞女陈璐色诱宪兵队长片山。李志贞从片山处骗得通行证，意欲逃离上海时被杀。

6.《活报》1948 年 9 月 17 日—1949 年 6 月 7 日（132 节完）《浪花曲》白沉

高树之寄居舅父家，与舅父女卢兰、三姨太太、二姨太太皆有情。

高树之与表姊卢兰结婚，后卢兰难产殒。与三姨太太绸缪并生一子，后三姨太太嫁崔佳华而去。二姨太太金秀文离开舅父，高树之与其同居。高树之又眷堂子红倌人二小姐，二小姐恨高树之滥情，精神失常失手杀死婢女而入狱，而金秀文亦离高树之而去。上海解放，高树之孑然一身，试图振作。

7.《东方日报》1949 年 4 月 24 日—1949 年 4 月 30 日（8 节未完）《春城处处可飞花》白沉

8.《活报》1949 年 6 月 8 日—1949 年 6 月 14 日（7 节未完）《四季春》白沉

周薇庵

1.《小日报》1948 年 2 月 1 日—1948 年 5 月 8 日（77 节完）《尸

室艳魂》周薇庵（插图）

李芝生因病住进济群疗养院8号房间。夜分，隔壁9号有女病殒，孰料为芝生旧识，乃生意浪菱花也。菱花为舞女时，名王玛丽，真名赵秀珍。秀珍嫁徐凤台，后被弃，徐凤台复派陆锦园毒死在医院分娩之秀珍。昏夜，秀珍魂灵来至芝生床前，泣诉被害之冤，嘱芝生到浦东凤翔镇一访。

遵嘱，芝生至凤翔镇某宅，甫一叩门，即被押入暗室。此处乃徐凤台之窟穴，他印制假钞，抢劫杀害高小姐，又绑架郭大板的小儿子并撕票。后芝生经徐凤台妻陆锦园之搭救，逃出魔窟。徐凤台之同伙李大队长李中林运炸弹至暗室掩藏，不虞炸弹爆炸，徐凤台等皆葬身其中。

2.《小日报》1948年5月9日—1948年8月9日（93节未完）鬼趣小说《古树魔影》周薇庵

B市公园及附近医院中，连续有林小素、钱玉姗、徐文娟、严静一四女被奸杀，无从破案。某日，有女名殷贞一者，至珠宝店售卖钻戒，老板疑为赃物，报告警局。警探追踪此女，见女平日出入灵宝街70号，乃奸杀案凶犯甘宗棠居处，殷贞一系其姘妇。甘宗棠惧罪潜逃未果，被抓捕归案。

3.《东方日报》1948年5月23日—1948年10月14日（127节完）鬼趣小说《焚环记》周薇庵

南京大了庙歌女皇后曹佩英，与赈务委员会的潘秘书幼华结识，并缔结连理。抗战起，幼华随政府西撤，佩英留守南京。幼华初到汉口，又撤至重庆，因政府官员避嫌故，不能与南京方面通信，故幼华与佩英音讯断绝。

在南京的曹佩英为孙鹤宾孙部长逼嫁作妾，佩英自杀殉情。佩英自杀之日，正潘幼华在重庆与某要人女周美珍结婚之时。佩英的鬼魂托梦幼华云：三年为期，报应不爽。后潘幼华乘重庆到上海的飞机失事亡，果为三年之期。

4.《诚报》1948年11月6日—1949年1月12日（50节完）《酒城艳尸》周薇庵

黄湖生，某校校长，酒店买醉归，遇落水鬼，鬼乃酒店老板女儿徐韵珍也。初，徐韵珍为前任校长丁自修迷奸，丁自修并伪造徐韵珍与同学林其扬同宿之现场，林其扬因迷药而亡，徐韵珍无处诉冤，投水自尽。徐韵珍冤魂托梦黄湖生，请其邀约丁自修参加该校毕业典礼。丁自修应邀前来并致辞，甫上台，即跌倒毙命。

路中天

1.《东方日报》1938 年 10 月 1 日—1939 年 12 月 18 日（421 节第 18 回完)《风虎龙云》路中天

佟家寨开酒店的窦老老窦九皋，妻人称窦奶奶，一女窦凤英。恶霸佟杰觊觎凤英之美貌，用强逼婚，窦氏一家无法安身，避走襄阳。路上遇合书生荣正及绿林豪杰卢慕杰、解桐、符路通。

窦家一行往襄阳投亲不遇，荣正父又给奸臣陷害入狱。窦九皋转依婆罗洲金眼雕黄俊。这时卢慕杰、符路通、解桐也辗转投奔婆罗洲，风虎云龙会，各路英雄在婆罗洲聚义。金眼雕黄俊坐第一把交椅，赛天王窦九皋坐第二把交椅，草上飞卢慕杰第三把交椅，催命鬼符路通第四把交椅，云中雁窦凤英第五把交椅。结义后，婆罗洲英雄劫汝州法场，救出荣正父，又引纪小三、小四亦入伙。而卢慕杰倾慕梅大娘梅六荷，随梅大娘所去，不知所终。

2.《东方日报》1939 年 12 月 19 日—1940 年 8 月 5 日（218 节未完）武侠小说《红粉侠义传》路中天

窦氏母女，窦奶奶、窦凤英，遇合骆氏和其女骆青。骆青号金莺儿，乃神弹手也。邱如海县令，纵其子为非作歹，将陆双宝父亲陷入冤狱。窦凤英与骆青救出陆双宝父亲，并取了邱如海 5000 多银子，散与百姓。

杨四太太，妖妇也，以治病为名骗取钱财，窦氏母女断其双腿以惩戒之。

有刁龙者，纠集匪类，动手掳掠，年轻女子避之不及。窦凤英母女，仗义救出张大娘母女和田小昌，取刁龙不义之财散之。

3.《品报》1940 年 7 月 31 日—1940 年 10 月 9 日（71 节未完）武

侠小说《江湖奇人传》路中天

4.《吉报》1940 年 10 月 15 日（72 节）—1941 年 4 月 8 日（219 节完）武侠小说《江湖奇人传》路中天

皖北建平县刘家集郝太公，续弦郝太太，一子郝天寿，丫鬟春红。春红遭郝太太毒打，遇拐脚道人救助，并书荐笺，送春红投至清风山五莲峰华严庵禅悟老尼门下修行。琼华、妙华、舜华、杨天元，皆禅悟徒也。

江洋大盗莫天龙，杀人越货。刘太公因其匪行，不愿将孙女嫁莫天龙之子而悔婚。莫天龙率众至刘太公府门肆凶，刘太公派人向禅悟求救，禅悟遣弟子杨天元和琼花师兄妹下山。

杨天元与琼花师兄妹下山杀死莫天龙及其子莫如虎，救刘太公一家。

拐脚道人遣杨天元和琼花到山东曹州府，惩治狗官鱼肉乡民之县太爷。曹州府辖五贤村，陆某续弦吴氏。吴氏诬陷继子强奸未遂、图谋弑母，继子被判死刑。杨天元与琼花师劫法场，将被诬的陆氏继子救出，并胁走县太爷杀之。

张恨水

1.《春声日报》1921 年 6 月 13 日—1921 年 8 月 8 日（56 节第 6 回未完）《京尘魅影录》著者张恨水，评者姚民哀

2.《克雷斯》1931 年 3 月 15 日—1931 年 8 月 30 日（63 节第 9 回未完）讽刺小说《小说迷魂游地府集》张恨水

3.《社会日报》1931 年 10 月 10 日—1933 年 5 月 2 日（294 节未完）社会小说《京尘幻影录》张恨水

陈斯人，一介文人，受人请托为总理吴丰声作画庆生，吴丰声敬佩陈斯人才德，二人多有交往。三年后吴丰声下野潦倒，陈斯人冒险探望，又为其故去友人出版遗著。

广东落魄文人李逢吉来北京交际，拜访督办唐雁老，同洪丽源行长和刘子明秘书打了几圈麻将，意外赢了 5000 元钱，决定以此谋求官位。

包宇尘与富优仕以妓女翠凤贿赂政客萧雨辰，以谋官职。包宇尘与萧雨辰通过陈伯宇和戚十爷，终于为富优仕捐了一个胡马关监督。

看相人知机子帮助荀督办之二姨太太扶正，被提携为朱镇守使秘书。

有留学归来之工学硕士陶融，称有水银造金之术，白天禄和下野大佬卫五爷为其投资，当卫五爷去工厂探查时，人去楼空。

李逢吉逢迎唐雁老，得获庶务秘书一职。掮客何銮宝靠着妻子与唐雁老的三姨太太接近，而获得好处。一群人围绕在唐雁老周围，预备组阁。

4.《晶报》1932 年 1 月 27 日—1935 年 12 月 1 日（984 节完）《锦片前程》恨水

北京姑娘邵宝珠，系庶出，父母双亡，由二太太抚养成人。宝珠不满父母之命的方家婚约，而恋祝长青。祝长青好友毛正义忠告长青以国家大义为重，斩断情丝，长青致书宝珠诀别，投了九十六军，赴抗日前线。而劝人爱国的毛正义则向宝珠示爱。

宝珠与方家解除婚约，离家工作，就职五洲公司。宝珠喜交际，周科长送衣料，舒经理多支薪水，追求者甚众。宝珠入财政部，与财政管理局局长吴大业结私情。

长青军中归来，虽不忘旧情，究竟覆水难收，长青与毛正义之妹毛正芳相恋。后吴局长托人送宝珠一万元钱，示断绝关系。宝珠远走南京，长青车站凄然送别。

5.《福尔摩斯》1932 年 4 月 21 年—1932 年 5 月 9 日（18 节完）国难小说《仇敌夫妻》张恨水

誓死抵制日货委员会的委员名单中，第一名便是桂有恒，他在抗日秘密工作委员会当了一名常务执行委员。他本是某校化学教员，夫人是日本女士师范学校毕业的榴子。桂有恒将义勇军名单藏在家里，被妻子抄录献敌，桂有恒得知，以毒药杀死已育二子的榴子。“两个月后，义勇军出了个骁勇善战的队长，很是有名，他每次对民众演讲都说：‘抵抗日本，不必唱什么高调，只要各人切实从本身做起。’”①

编者附识：“名小说家张恨水，在此国难期间，著成中短篇小说四五种，总其名曰《弯弓集》，在剞劂中，约一月后可以问世，本报得钱芥尘先生之介，择其最精彩一篇刊之，想读者诸君，对此名著，当以先睹为快焉，编者附识。”②

6.《社会日报》1932 年 4 月 24 日—1932 年 5 月 26 日（33 节完）国难小说《九月十八日》张恨水

南京某大学李百全老教授，其学生中有一位来自辽宁，乃大财主的儿子，名唤王有济。他不住宿舍，寓旅馆，荒废功课去捧角。

“九一八”事变，东北家乡陷落，生活费用亦无从寄来，王有济由纨绔而至落魄，典当度日。虽尚征歌选色，然 9 月 18 日耿耿于怀，故 9 月 18 日的月份牌始终没有撕掉，一直保留。有济搬出旅馆回到宿舍，月份牌被入住的退职团长甄觉民发现，将其送回，并告诉有济他要去前线。有济有所触动决心效命疆场。去之前写一告示，言明赤条条杀上前线，将所有东西拍卖投军，署名东北学生王有济。拍卖会上，他将 9 月 18 日的月份牌，送给他最讨厌的老师李百全。李先生接过，又将其送给学校挂在礼堂上。与王有济一起到上海去投军的共 50 名学生，大家同唱《易水歌》七遍为其送别。

7.《东方日报》1932 年 5 月 27 日—1932 年 11 月 22 日（179 节第 5 回未完）社会小说《如此春城》张恨水

住北京西城根胡同的菊儿，小家碧玉也，姓寿，旗籍。父入狱依母生活，母亲满胡同都称呼她为寿二爷，与牛大爷一起合作开洗衣房。

菊儿与吕人妞儿从唱青衣的短腿李学戏，八年艺成，在天桥小戏园子登台。菊儿艺名芳芝仙，大妞吕桂仙。芳芝仙大红特红，在游戏场演出。戏班子有男伶华小兰，善旦角，以月里嫦娥扮相闻名。华小兰与芳芝仙一见钟情。

8.《大报》1932 年 6 月 9 日—1932 年 8 月 3 日（15 节未完）社

---

① 张恨水：《仇敌夫妻》，《福尔摩斯》1932 年 5 月 9 日。
② 张恨水：《仇敌夫妻》，《福尔摩斯》1932 年 4 月 21 日。

会短篇《是谁之过》张恨水

在前门外琉璃厂百合园一家角门里，住了一刘老太太，女儿阿梅嫁章德俊。章德俊身为绥靖署掌库，挪用公款被捕。

9.《晨报》1933年1月8日（118节第13回）—1933年9月23日（264节完）《欢喜冤家》张恨水

10.《金刚钻》1933年5月10日—1933年11月27日（201节未完）《铁血情丝》张恨水

柴竞，是一个既懂文又尚武的人。他遍访名师，途经乡野酒家，酒家老板朱怀亮，虽年老却精神矍铄，柴竞欲拜其为师。朱怀亮女朱振华替父试探柴竞武艺，怀亮看中柴竞文武双全，不骄不躁，与之结为知己。

柴竞到黄山费尽周折见到张仙人，与之同往南京，欲找张文祥的徒弟罗宣城。那张文祥是当年刺杀马新贻的英雄，可惜被凌迟处死。途中结识孝子李云鹤、龙岩大师。

11.《上海报》1933年7月15日（76节）—1934年5月7日（260节未完）社会长篇《满城风雨》张恨水

（前缺）安乐县端午会战激战正酣，曾仲实正欲击败对手，却由于联合军将路过此处，造成安乐县人影散乱。曾仲实在混乱中被兄长曾伯坚带回家中。曾伯坚乃安乐县曾家长子，亦是一名省城大学生，父曾子约，弟曾仲实。

舅父袁学海来安乐避难，伯坚心仪袁家长女淑珍，前去探望，并商定接淑珍等女眷来家中避难。

伯坚因大学生身份，被强迫做迎接师长霍仁敏的代表，又被任命为联合军团书记官。伯坚趁乱逃出军队，到教堂求得神甫庇护。

此时同盟军击退了茶香镇的联合军，向当地商户勒索军饷。商会请神甫，利用洋人身份出面与同盟军的夏云峰师长交涉，伯坚也随之前往，偶遇同学卫尚志，此时他已经是夏师长的参谋。伯坚从卫尚志口中得知，夏师长计划攻打西平之后再攻安乐县。伯坚心中大喜，与卫尚志商议保举自己为师长秘书，伺机返乡。

师长率军占领西平县，委伯坚为县长。伯坚遇淑珍堂妹淑芬，她面目姣好，性子爽利，工作于红十字会，二人相谈甚欢，颇生倾慕之情。

12.《晨报》1934年2月2日—1935年10月18日（480节完）《北雁南飞》张恨水

李小秋师从姚廷栋学国文，与姚廷栋女春华同窗共学，相处日久，遂生爱慕之情。然格于父母之命，春华别嫁，小秋情场失意，投军而去。

13.《立报》1935年9月20日—1937年6月5日（613节第24章完）《艺术之宫》恨水

北京姑娘李秀儿家庭贫困，父亲李三胜常年表演绝活“一人班”，收入寥寥，加之年老体弱，在表演中昏倒。秀儿瞒着父亲，在艺术学校中充任裸体模特养家糊口。

艺术学院学生段天得百般追求秀儿，为了让秀儿能够委身于自己，将其做裸体模特的实情告知了她的父亲与意中人万子明。万子明不愿再娶秀儿为妻。秀儿的父亲李三胜羞愤于依靠女儿“卖身”而生活，离家出走，重操街头艺人旧业，体力不支累死在街头。

秀儿为寻求依靠，不得已与段天得同居，但段天得并不愿与她结婚，将其抛弃。艺术学校谣言四起，传言秀儿生活不检点，与多位男同学有染，秀儿被迫离开学校，到“艺术之宫”做裸体模特。

艺术之宫看似是艺术家的创作之地，画家们表面道貌岸然，实则内心极其肮脏，都想把秀儿占为己有，甚至在上课时请人来参观，以色情之眼光觊觎秀儿的身体。因段天得的抛弃，公寓不能再居住，秀儿居无定所，在艺术之宫受到麻先生的轻薄，待到出门又受到段天得的侮辱，秀儿不堪打击，精神失常。

14.《晶报》1935年12月2日—1937年5月21日（462回第18回完）《新人旧人》张恨水

旧京新化胡同六号一个大宅门，是个大杂院，住着赵高氏母女，女儿大妞。赵高氏做针线散活，女儿大妞做人体模特。

住在会馆的闵先生闵宗良是前清举人，赋闲多年，后在四维中学谋一国文教员教职。高氏接闵宗良缝补浆洗活计，贴补家用。

闵宗良子，原名执中，后自己改名不古，号滔天汉子，就读南方某校。不古乃一革命青年，曾为请愿团的首领，被政府逮捕，全国学生会打电报到南京将其救出。他曾在南方报纸上发表文章，主张非孝主义。闵宗良怒断其供养，不古无奈旋京，到石林隐所创办的小学部做主任，屈从石林隐，接受其钞票去拉拢学生。

闵宗良以大妞为模特，禁其子不古追求大妞，而鳏居多年之闵宗良却对赵高氏情义绵绵。后父子妥协，赵高氏母女皆许嫁闵宅，闵氏父子，各得其所。

15.《立报》1937年6月6日—1937年8月13日（68节第3章未完）《芒种》恨水

16.《实报》1937年7月1日—1937年9月3日（未完）《泪影歌声》张恨水

17.《晶报》1938年1月19日—1938年9月23日（246节完）《征途》张恨水

北平到上海的火车，称平沪通车。某日，北京官员胡子云乘平沪通车，坐头等包房。有女上车，茶房告知，没有空铺位。胡子云买的下铺，上铺犹虚，子云引女子入上铺。女自称下堂之杨家少奶奶，名柳系春。二人一路同乘，绸缪缱绻。女子于苏州下车，而胡子云仍香梦沉酣，一觉醒来，女子不见，身畔十万元不翼而飞，追之不及，钱财一空。胡子云落拓返程，衣衫破蔽，只好坐三等车回京。路出苏州站，又见女子芳影，然惊鸿一瞥，胡子云高喊骗子，但人以其为疯，不之信也。

18.《立报》1938年4月1日—1938年7月31日（120节未完）长篇小说《桃花港》恨水

安徽某校地处偏僻，安庆的报纸要三四天能到，南昌的报纸要七八天。南京失陷，消息传来，学生们收起书本，组织抗战。张定、胡志远、姚超群三人到桃花港。

桃花港是一个到芜湖只五十多里路的地方。三人住在杨复兴杂货店，主人杨义民、菊香父女。来到桃花港后，三名学生发动桃花港民众抗日。

日军来到桃花港，菊香躲藏，日军威胁杨义民交出菊香。为救父，菊香出来应酬。日军队长猪溪茂一郎，对菊香怀非分之心，菊香刀砍猪溪队长，杨义民诱杀李小狗、甄鲁才等汉奸。父女两人一共杀了一个鬼队长、一个鬼兵、五名汉奸。

杨义民捐躯，菊香逃脱，数日后，菊香控舟载芦苇引燃敌船，火烧桃花港，己亦以身殉国。

19.《晶报》1938 年 12 月 15 日—1940 年 5 月 22 日（405 节未完）《新游侠传》张恨水

清朝末季辛亥年间，开封府河南候补道台之子秦平生，睿智聪慧、胸怀大志。其在东洋留学归来，接受维新与革命思想，归国后渴望成就一番革命事业。

他随武师马老师习武，广交中原豪杰，带领各路豪杰解救了被清政府关押的两位革命党青年才俊。清廷清剿革命党，迁怒于朴实庄稼人，秦平生协同其师伯冯兽医，假冒钦差大臣，解救了被冤枉的百姓。

为了集结各路英雄，秦平生深入华山险境，以诚意打动了一位武艺高强的太平天国遗将。这位道人去登封，替秦平生劝说庄主王老五，王老五夫妇带领全庄加入革命。

秦平生与鹿凤英青梅竹马，鹿小姐最初虽不谙革命，但凭着对秦平生的感情，为他传递消息。最终，在革命志士挺进郑州起义之际，秦平生与鹿凤英喜结连理，共同走上革命的道路。

20.《奋报》1940 年 3 月 7 日—1940 年 3 月 14 日（8 节未完）中篇旅行小说《蜀道难》张恨水

21.《海报》1942 年 5 日 1 日—1945 年 8 月 11 日（第 22 回未完）《回春之曲》张恨水

22.《正 报》1945 年 8 月 20 日（22 节）—1945 年 9 月 3 日（第 22 回完）《回春之曲》张恨水

周秀峰留学回国，任大学教授也。某日平安电影院看游艺会，巧遇好友刘子厚夫妻。经刘子厚介绍，周秀峰初遇富商女黄丽华。

寡妇陈大娘，育二女，长女玉子，名陈玉芝；幼女小竹子。住在洋楼上的周秀峰与住太平村的玉子家望衡对宇，互生倾慕之情。陈大娘为周秀峰打点家务，周秀峰则时加周济。玉子生病，周秀峰帮助调治，殷勤有加。

玉子学戏，登台而红。有阔少袁美中纠缠玉子，玉子颇恶之。某日在玉子家小宴，袁美中与周秀峰发生口角，玉子痛斥袁美中。袁美中痛恨周秀峰之夺爱，遣人摆布周秀峰，而被颇有侠气的平民兄弟于一鸣打退，并教训袁美中，促其罢手。

23.《东方日报》1943年1月7日—1943年10月15日（282节未完）《新黄粱》张恨水

北京卖花人刘得胜与李先生相识，又在送花时结识书局王经理，便在其书局做花匠。一日刘得胜巧遇从前庙中的周道士，然而周道士此时已经身为道尹。刘得胜以花匠身份上前接谈，周道士拂袖而去，王经理因此辞退了快嘴刘得胜。五年后，李先生碰到已经出家的刘得胜，他历经荣辱富贵，结集多段传奇成书，二人不由得讲起这书中的故事。民国时期，很多人靠打仗富贵。山东有一个王全海，出身贫寒，做过土匪，后招安为易州镇守使。他已经娶了两任太太，又想在北京娶一位有文化的妻子。小商人赵观梅投其所好，欲将妻妹罗静英嫁之。

孙督军的四太太与一位伶人鲁俊仙偷情，孙督军深恨之，寻证据无着，赵观梅便为引荐侦查处林小峰。林小峰派任如虎跟踪四太太，并告知了孙督军其行踪，孙督军遂电令以“赤化罪”处死鲁俊仙。

乐逸荪总裁欲讨妓女美珠为姨太太，美珠和鸨母趁机勒索一大笔钱。后美珠又为巡阅使薛又蟠赏鉴，乐逸荪遂将宝珠奉送给薛又蟠。薛又蟠颇阔绰，出钱请半城戏子唱戏。

王全海因拍马屁得到了3000军饷，皆是胡乱印刷的军票。王全海手下娄民才和柴得有得此军票，胡乱挥霍。

薛又蟠提拔汽车兵刘得胜做营长，刘得胜凭着冲劲儿出生入死，升为团长。上街偶遇故友胡国钧，胡国钧在张宇虹司令手下任职秘书。

24.《今报》1946年11月1日—1946年11月30日（30节第1篇未完）《雾中花》恨水

25.《真报》1947年3月12日—1947年4月19日（39节未完）《冒险的乐园》恨水

抗战时重庆，有赵子同者，大学毕业，任求仁中学数理教员，与郭宝怀是小学同学。郭宝怀穷困，自赵子同处借30元为资本，从桥坪贩卖冬笋、红苕到重庆，后渐至其他物品而发迹变泰，娶杨家妹为妻。为报答同学赵子同，郭宝怀资助赵子同 1 万元经商。郭宝怀在过江时，其专用木船被小火轮撞翻而溺水亡。郭死后其妻沦为舞女。“世上紧守岗位的人，不求那冒险的乐园，也不会走入雾里去失脚。”①

须弥附志：“此为张恨水先生最近杰作，首尾完备，原付某刊物，仅到数期而止，兹商恨水先生移到本报。篇中叙述抗战时期大后方民间故事，与《新闻报》之《纸醉金迷》，异曲同工。海上嗜恨水先生说部者众，得此当快意。须弥附志。”

26.《立报》1947 年 12 月 5 日—1948 年 2 月 1 日（54 节完）《人迹板桥霜》恨水

抗战时期，重庆有个黄桷垭，名流巨公多聚居于此，医学博士林孟超教授亦独居这里。林教授好友朱子经做冰人，为其介绍住在松垭口的中学国文教员李乐天小姐。

某日早起，林教授前去探望，过松垭口附近木板小桥，桥上蒙了一层晨霜。桥上，林教授巧遇负重过桥的东北人张作舟老先生，林教授替其扛米袋子，又询知家中有病人，林孟超慨然允诺去其家中诊病。说话间被路过的裘部长坐的滑竿所撞，将张作舟的包袱踢到水中而不道歉，扬长而去，林教授愤慨不已。在张作舟家诊病时，得识其邻居自称为吴小姐者，吴小姐颇赏识林教授之义举。

因路上撞人之故，林教授推却裘部长求医之请。裘部长妻舅乃张作舟儿子的上司，裘部长得知因张作舟而林孟超却诊，故把张作舟的儿子辞掉。

吴小姐有感于板桥之霜晨美景，写了一篇《人迹板桥霜》发表，并邮寄给林孟超。待林孟超见到李乐天时，才发现李乐天就是张作舟的邻居自称为吴小姐者，二人已是旧日相识也。

27.《铁报》1948 年 6 月 8 日—1948 年 10 月 2 日（未完）《岁寒三友》张恨水（插图）

北京某条胡同朱科长宅，朱科长朱砚田，南方人，客寓北京。其

---

① 恨水：《冒险的乐园》，《真报》1947 年 4 月 19 日。

好友有梨园行唱花脸的孟老板孟连城，铁工厂里的陈师傅陈立仁。

邻居金老太太宅遭回禄，朱科长请其母女三人到家中居住。朱科长夫人为冰人，撮合陈立仁与金老太太女儿老姑娘姻缘。

金老太太离开朱科长家，租赁李大舅李老头宅子。李老头租房给金老太太一家，其意在老姑娘，意欲其做儿媳。老姑娘不从，李老头则以 50 元债务相逼，事为朱科长和孟老板所闻，仗义疏财为金老太太偿还债务及房费，孟老板痛斥李老头。

朱科长接陈立仁到家养病，反复撮合陈立仁和老姑娘的婚姻。

钟吉宇

（笔名嘉鱼）

1.《克雷斯》1930 年 7 月 24 日—1931 年 9 月 4 日（104 节第 10 回未完）武侠小说《江南女侠传》钟吉宇

2.《世界晨报》1931 年 7 月 9 日—1931 年 12 月 3 日（147 节完）武侠短篇《龙门箭》吉宇

韩凤九，女儿娟英。某日娟英被虎衔入森林，众人以为被八臂哪吒李云郎所劫。韩凤九追踪救女，一路遇合张庙祝、妙德、马龙、胡七娘、李七等各位英雄。张庙祝、妙德、李云郎皆龙门山弟子，龙门山袖箭，天下闻名。韩凤九与各位英雄杀淫僧，毁寺，为妙德报仇，亦寻获女儿。

原来，李云郎有妹妹李云英，李云英欲收娟英为徒，假其兄之名，演劫色之剧，故引来各路英雄大动干戈。

3.《世界晨报》1932 年 4 月 25 日—1932 年 6 月 17 日（37 节完）战事小说《逃难》钟吉宇

“我”（福卿）家住沪上，上海抗战起，为寻姨母一家而入战区，从而参加战斗负伤。家人逃难到苏州。迨上海停战，与家人在上海团聚。

4.《时代日报》1935 年 12 月 10 日—1936 年 3 月 1 日（69 节未完）妇女小说《家庭》吉宇

陈立德是美国的留学生，做过大学教授、外交部秘书，现在做生意。有一女，陈雪鸿小姐。姜起龙、起彪兄弟，起龙庶出财寡，起彪嫡子钱多。雪鸿与起龙有情。文漫漶残缺。

5.《世界晨报》1936 年 9 月 18 日—1937 年 1 月 16 日（118 节完）社会香艳《欲海鸳鸯》钟吉宇

陈婉珠自幼许配秦文英，婉珠母陈太太以文英穷酸而峻拒，然婉珠不以其贫而弃之，矢志不移。陈太太与范允高姘居，二人谋划将婉珠嫁巨富查一平，婉珠坚决不从，虽殴打亦不允。

有王司令亦艳羡婉珠之美貌，婉珠被白副官从查一平处威逼利诱强劫来，逼迫其做王司令侧室。查一平未能得到婉珠，反被王司令敲了六万元的竹杠。王司令正与婉珠合卺之时，不虞为王司令太太发现。婉珠逃出，为谋生货腰为舞女。后范允高为王司令枪毙，陈太太在黄浦江轮船上落水，被秦文英所救，文英与婉珠亦破镜重圆。

6.《世界晨报》1937 年 1 月 16 日—1937 年 3 月 20 日（完）武侠短篇《龙门大侠》吉宇（短篇）

7.《东方日报》1940 年 9 月 1 日—1941 年 5 月 7 日（第 8 回完）《侠婢忏情记》钟吉宇

汴梁有名的才子申纯游川，于剑门道上遇女侠丁怜怜。怜怜有成都第一名妓之名，实乃贵族千金。怜怜生平喜驰马走剑，为伯父所逐，方到蜀中，挂妓女的招牌，做戏弄贵人的游戏。丁怜怜请申纯至庄园做客，并与之结情。

申纯得知舅父王平任资州通判，便去拜望。舅父有女王娇，身边侍女飞红，王平欲将王娇嫁申纯。

王平夫人亡故，侍妾湘娥扶正。初，飞红与湘娥二人选一做申纯妾，后因小姐王娇之言，飞红做申纯妾，湘娥而为王平妾，故湘娥嫉恨小姐王娇。

王平欲毁婚约将小姐嫁杜元帅子，申纯与王娇二人相思成疾。

飞红到青城山徐夫人处，问小姐和公子休咎，徐夫人天眼开示：王娇小姐前生破了湘娥的婚姻，致湘娥情不得遂，悒悒而死。所以湘娥这一生，也破她婚姻。又申纯、王娇前生杀业太重，得夭寿报。

申纯小姐出走不知所终，只留词一阕：

莲闺爱绝，长向碧瑶深处歇。

华表来归，风物依然人事非。

月光如水，怕照埋香新塚里。

黄鹤催班，此去何时再得还。

丁怜怜不知所终。

文依《娇红记》故事演述而成。

8.《吉报》1940年10月15日（12节）—1940年10月20日（77节完）言情小说《弱女恩仇记》钟吉宇

9.《吉报》1941年2月26日—1942年6月16日（367节第17回完）长篇武侠《泰山奇侠传》钟吉宇

新疆省的于阗、和田等县，明代为东察合台汗国的领土。在它的南边，有一座山叫做棋盘山，住着麻罕族的番人。山上有块美玉被当地人供奉如神，然棋盘山为采花大盗诨号燕子飞的杨廷美所盘踞。

嘉峪关内马家寨英雄裘鹏飞，和陕西凤翔府豪杰梅寿，两家从棋盘山夺得美玉，交与霍布政，转献给皇上做玉玺之用。

不意，吐尔番国首相乃木遣顾英贿赂魏忠贤。美玉本产自于阗国，顾英狡称玉为吐尔番所有，准备献给朝廷，却被裘鹏飞、梅寿所劫，乃木不得已兴兵相争。时魏忠贤当道，以强劫番官宝玉，致启边衅，请陕西布政霍定远严查究办。梅寿被拘刑部大狱，后经过梅寿家人打点疏通，始得释放。

会四川叛贼奢崇明围攻成都。新授四川左布政使朱大人朱夒元，率老英雄梅寿、裘鹏飞、裘鹏举，并李五四人，还有小英雄梅德、冉遇春、杜功、梅富、梅贵五人，女英雄冉映雪、冉映玉、梅映月、梅映雪四人，击溃叛贼，收复重庆。朱夒元升任四川巡抚，梅德授左布政，冉遇春、裘鹏飞、裘鹏举、李五均授总兵，梅富、梅贵、哈七、梅三、杜功，均授副将。

各位英雄功成名就时，即洞房花烛之夜，梅德与冉映雪、朱夒元与梅映月、冉遇春与梅映雪、薛敷政与冉映玉终成眷属。

自此以后梅德、冉遇春、梅富、梅贵，都跟着朱夒元办事；梅寿、裘鹏飞、裘鹏举、李五、蒋鼎，也都随时帮衬；冉映雪、冉映玉、梅映月、梅映雪也各随丈夫，里里外外效劳。

后朱燮元积功至贵湖云川广五省军务总督，正逢李自成、张献忠相继作乱，又有一番作为。

10.《东方日报》1941 年 5 月 8 日—1942 年 12 月 5 日（564 节第 7 回完)《油瓶女儿》钟吉宇

娟云母嫁王家为妾，生娟云为三小姐。

初，娟云母与王家二公子相爱，身怀娟云。不意娟云母被父母所迫出嫁方家。嫁后光阴，王家二公子不舍娟云母，设计使娟云母与方家离婚，终得嫁入王家。有此一番曲折，故王宅疑娟云为方家骨血，随母入王家则为拖油瓶矣。

娟云与高文正心意已属，然娟云却违心嫁了周小泽。婚后二人琴瑟失和，小泽另有他恋，娟云寄住文正家中。对此周小泽不满，设计拍摄二人照片并到法院诉高文正、娟云通奸。高文正被判通奸并服徒刑，娟云则被判离婚。

娟云做舞女，文正对娟云之情不辍，而娟云感文正之真情而嫁之。讵意，娟云与文正结婚当日，周小泽派人枪杀文正。文正死，娟云出家，后圆寂在极乐庵。

11.《东方日报》1941 年 8 月 1 日—1943 年 2 月 21 日（第 11 回完)《南荒女侠》钟吉宇

申纯与王娇相恋，而王通判欲将王娇嫁杜元帅公子。申纯与王娇携飞红与小凤一起出走。申纯因为金兵南下，宋室南迁，一路南行到云南大理，途中结交豪侠。白云公主父为大理国工，不想为白云公主姨夫乔奇篡位。国王剃度出家，住在玉韵山上。申纯率军赶走乔奇，迎大理国王复位。光复后，大理国王将王位传给申纯。“所以大理一带，在此时虽然尚有外国之名，其实早已由中国人统治。以后元人灭宋，攻入大理，申爷的子孙，又迁往缅甸，建立缅国，为今日缅甸建国之始。”①

12.1942 年 3 月 27 日—1943 年 3 月 20 日（326 节第 60 回完)《水浒新传》张恨水文，嘉鱼戏续

① 钟吉宇：《南荒女侠》，《东方日报》1943 年 2 月 21 日。

本书系续张恨水《水浒新传》，乃续作之续作。

杨雄在馆陶县遭到暗算，一番挣扎中难以摆脱困境，又被王全劝降侮辱，等不及燕青的救援，撞柱而死。

卢俊义等英雄攻下大名，朝廷的赏赐表扬却只字不提。卢俊义、林冲等辅佐李宣抚起兵怀庆，不得不听从巡抚与刘副使指挥，结果被围困在马岭关，林冲于黄花岭一番苦战与刘副使会合。此后，玉麒麟卢俊义、霹雳火秦明、李逵等梁山好汉先后就义。

宋江与吴用等人守卫京师，望徽、钦二帝能暂避襄阳。然奸臣张邦昌百般阻挠，一味求和。忠臣张叔夜绝食以抗。金人攻破京师，吴用等设计救二帝，反遭暗算。梁山泊 30 余位豪杰俱被炸死，72 人英雄亦皆战死沙场。赖英雄效命，康王赵构得南渡，建立南宋政权。

最终，梁山好汉仅武松一人存活，于深山埋头苦干，准备再造梁山。

13.《品 报》1941 年 7 月 5 日 —1942 年 5 月 31 日（320 节 第 12 回未完）《江南十三侠》钟吉宇文，石佩卿图（插图）

14.《吉报》1942 年 6 月 1 日（321 节）—1943 年 1 月 6 日（534 节第 15 回完）《江南十三侠》钟吉宇

赵廷臣与赛毛遂杨香武、金镖黄三太、神拳教习张景、白马李七侯、小方朔欧阳德、闹海蛟于化龙、懈怠鬼濮大勇、花刀没羽剑刘世昌、追风侠刘云、铁头判官邓龙、粉面虎马镜川、黄面虎江大道、青面虎袁帘、万里云宋玉书、母大虫万大娘、一片云黄慧英、一枝花胡爱娘等际会风云，除暴安良。

赵清献知山阳县，有石佛寺屠杰，原为山东响马，强抢民女，杀害官差。赵知县遣人平屠家庄，破石佛寺。

赵清献任江南江宁知府。贵州有天王会，其头目为绰号镇西大将军的冯天佑，在贵州十分猖獗，麾下徒众甚多。溆浦县西北乌家庄，庄主乌大元，绰号飞天夜叉，是冯天佑的党羽，盘踞九股脑山。赵公探乌家庄，派人盗其机关图，乌大元被神拳教习张景和生擒活捉。

贵州天王会日益猖獗，贼众达 20 余万。朝廷飞升赵公为贵州巡抚，和马镜川一同进剿。天王会聚集香炉山上，山上的八仙阁上藏有会匪名录，里面机关密布。小方朔欧阳德三探八仙阁，盗取名录。马镜川剿平香炉山，擒了冉宗孝，冯天佑虽逃，已无能为也。

赵清献调任浙江巡抚，度其太平官吏生活。马镜川成了乡绅，其余那批英雄，如黄三太及儿子黄天霸、邓龙的儿子邓飞雄、濮大勇的儿子濮天雕、白马李七侯、杨香武、刘世昌、于化龙、刘云、小方朔欧阳德等人，都在江湖上走动，作出许多惊天动地的事件来，那些事迹，俱在《彭公案》《施公案》中。

文开首云："却说满清入主中国之初，侠盗遍于大江南北，清初笔记记载极多，此外江湖上流传的逸事更多，不过《彭公案》《施公案》等书所记，颇多失实。如窦二敦，清初笔记皆做窦二东，其兄曰大东，《彭公案》只有窦二敦，有清初笔记对于窦二东的记述。虽然在官厅压（迫）及为清廷的忌讳之下，毁多誉少，但亦与《彭公案》所写的，截然不同。

"又如金镖黄三太，原籍江南，乃湖南岳阳黄岸人，并非北方人。又施公、彭公两人，在清史的记载中，清初笔记，均无可考，大半出于杜撰，其实清判奇最多，手下侠客最众者为赵清献公廷臣。窦二东、黄三太都曾在赵公手下效过力，后来因为南北二派起了纷争，更兼窦二东的羽党，颇多不法，才与赵公生了意见，两下分手。赵公系以顺治二年拔贡知山西山阳县事，后渐升任至兵部尚书，浙江总督，身虽仕清，对于明末遗臣被捕者，多设法营救，全活者尤众。史家称他一生清节，足与宋赵清献公先后媲美，他的忠直清正可以想见。"①

15.《吉报》1943 年 1 月 7 日—1943 年 11 月 16 日（293 节未完）武侠长篇《怪侠欧阳德》钟吉宇

浙江嘉兴人小方朔欧阳德，师从神拳教习张景和习武。独角虎王猛、金钱豹胡威，欺压良善，欧阳德路见不平，拔刀相助。

王猛者，乃嘉兴第一恶霸，清廷司礼王太监之侄，与匪纠合成大刀会，为非作歹，刺杀赵巡抚。欧阳德遇合县令朱方柏、赵巡抚，协助官府清剿王猛，因王太监作梗，搁置无果。

---

① 钟吉宇：《江南十三侠》，《品报》1941 年 7 月 5 日。

师傅张景和死，欧阳德带其二子闯荡江湖，与虞美人卢杏花比武，又协同马千总捉拿采花贼桃花客邓密。

16.《东方日报》1943年2月22日—1944年5月14日（514节完）《柳林奇侠传》钟吉宇

唐朝吕洞宾得汉钟离所赠宝剑成剑仙鼻祖，收柳仙为徒。柳仙与白牡丹成婚，柳仙又收红线、怪尼为徒，辗转流布，磨勒、聂隐娘、白牡丹、红线、婴宁、凤梧子等皆得剑术。诸剑仙降魔伏怪，行侠仗义。而剑仙祖师吕洞宾云游天下，寻访高人而去。

17.《飞报》1947年4月16日—1947年10月6日（171节完）《女魔王》钟吉宇文，江栋良图

王雪瑛、叶梦飞与陈平子住在同一弄堂，青梅竹马，复同窗共砚，同学们称他们是三角恋爱。

王雪瑛乃名门闺秀，喜跳舞、善交际。王雪瑛与陈少爷陈伯道相识，陈少爷在捕房里当过翻译，又在什么武术会里当过教师。叶梦飞则与腰带插手枪的李子云交往，并结下私情。

此时迭连发生凶杀案。曹大刚被杀，现场发现陈平子照片，警方怀疑其与曹大刚因叶梦飞争风吃醋而起杀机。陈平子因嫌疑而被捕，雪瑛为平子奔波，将其保释出狱。

后李子云又被杀。为探明真相，雪瑛曾孤胆探敌，后持枪与柳妈一起把身陷匪窟的叶梦飞和陈平子救出，并与警员一起将匪徒抓获。

原来杀人的主犯就是陈伯道。为了追求叶梦飞，陈伯道和李子云、舞厅副总经理唐维德串通，杀死与叶梦飞来往的曹大刚，并栽赃陈平子。他又妒忌李子云与叶梦飞情恰，因此又托唐维德把李子云杀掉，后劫持并藏匿叶梦飞和陈平子。陈平子这时候才知道王雪瑛的苦心和叶梦飞的虚伪，十分悔恨，依着他母亲的主张，和雪瑛订婚。

18.《东方日报》1946年5月21日—1946年8月31日（102节第12回未完）《黄龙奇侠传》钟吉宇

续《柳林奇侠传》

吕洞宾遇李希靖，降服花妖。李希靖被智净法师收为徒弟，修习佛法，打败神光魔王、闻香魔王等妖怪。

19.《东方日报》1947 年 6 月 29 日—1948 年 6 月 10 日（第 14 回完）《多情女侠》钟吉宇（插图）

武当山下，石牌地方，有一家姓王的猎户，主人王皓，一子王雄，王雄有小武松之号。一日王雄山中打猎，偶遇林九娘所豢大银狐和双狼。

林九娘，并不姓林，至于她的本姓叫做什么，无人知道，只知她父亲是一位明朝的忠臣。她隐居在此，因为宅旁有林子，所以就以林为姓；又因附近林子中有 9 棵松树，所以就自称为林九娘。据说，她 12 岁的时候，曾跟父亲一同在某处起义，不料有人叛敌，因此被围，她父亲战死，她和她两个老总管隐居山林。

林九娘与王五、王雄、李七、林八、王勇、叶兰香、周小姐、林逸、林云等豪杰结拜，立誓驱满复明，救民杀贼。他们杀巡抚、取樊城、攻襄阳，后败退至山神庙地洞中，未知生死若何。

20.《东方日报》1944 年 9 月 2 日—1944 年 9 月 30 日（30 节未完）《多情女教师》钟吉宇

史建英是某某党的党员，为了达到某种政治目的，要胡惠清嫁给羊士元。而吴慧琴从中作梗，欲胡惠清嫁陈自清。史建英派人暗杀吴慧琴未成而远飏。

21.《东方日报》1944 年 10 月 2 日—1945 年 9 月 18（321 节未完）故事小说《释迦牟尼佛》钟吉宇

演述释迦牟尼故事。

22.《飞报》1946 年 10 月 16 日—1947 年 4 月 13 日（第 10 篇完）官场现形《白日狼啼》钟吉宇

抗战胜利后，有符志夷等 10 位商人，皆是战后之暴发户。他们组织了一个俱乐部，一则结交几个像样的朋友，二则他们做的生意，多带着一点不干净的气味，心理十分害怕，恨不得马上寻着一个靠山，好有备无虑。每觉自己拼命钻路道，用钞票，也只不过认识几个第二、三流的新贵，而且交情也不见得怎样好。他们想找一位老成硕望的第一流人物做靠山。

易容斋善交游，乃政商间掮客。他常到某要人陈进公馆走动，得识高官金先生，人有称之金将军。经过易容斋拉拢，符志夷等10位商人愿出资以公馆和女子贿赂金先生。女子亦不外求，即易容斋妻妹。

易容斋又夤缘金先生的手下杨秘书，杨秘书与易容斋妻汪滢渐熟，遂相私通，易容斋则与杨秘书妻苟且。

得金先生及杨秘书之助，他们做了许多别人做不了的生意。经过汪滢的活动，符志夷等将被封查的货物私自卖出，汪滢亦从中获利。他们又倒卖清单不全的接收货物，还与唐总务长合谋，在机关物品拍卖中舞弊牟利。

后金先生势败，杨秘书亦丢官走香港。易容斋携杨太太去香港寻杨秘书。杨秘书易名到某省去做官。后杨太太不告而别，汪滢早离易容斋而去。易容斋在乡下的发妻育英携子来奔，此时的易容斋镜花水月一场，交际失败，又被以经济犯追捕。

张秋虫

(笔名百花同日生)

1.《小日报》1929年10月2日—1929年12月25日（54节未完）《新山海经》百花同日生

2.《大上海》1930年4月2日—1930年6月11日（23节未完）《上海明星》百花同日生

3.《响报》1930年9月4日—1931年4月28日（34节未完）香艳社会长篇《野草花》百花同日生

4.《社会日报》1931年3月7日—1931年3月16日（10节完）集锦社会小说《艳窟丽姝》秋虫（短篇）

5.《上海日报》1931年4月2日（58节）—1931年11月30日（287节第30回完）香艳小说《海上红楼》百花同日生

6.《社会日报》1933年1月21日—1933年2月6日（17节未完）浪漫创作《损人之心》张秋虫

7.《小日报》1934年3月23日—1934年9月15日（147节未完）《捆仙绳》百花同日生

杨亦墨荣任北京财政厅长，因患中风人称“杨瘫子”。“杨瘫子”

人虽瘫，却拄着镶嵌金花的司的克去胡同访窑姐木樨花。

寄寓杨厅长府中的苏楚材、柳公恢皆作客京华的南方人。苏楚材为西席，柳公恢为幕客，柳公恢当代文豪，乃杨亦墨嫡亲表叔也，西子湖畔人，府中称其四老太爷。柳公恢对绒线胡同的范小姐颇有倾慕之情。

湖南人薛君湘，报人也，项廷尉当政的时候，其为新华宫里的股肱爪牙，十三太保之一，来杨府访苏楚材。

李石山、杜菊朋办报，请宋阎王和柳公恢赐稿。宋阎王，倡门才子，花稿一时无两，乃苏小乡亲。

8.《社会日报》1934年10月10日—1934年10月17日（8节完）革命故事《家常便饭》张秋虫（短篇）

9.《社会日报》1935年3月1日—1935年7月4日（104节未完）社会小说《酒痕花影》张秋虫

文漫漶不清。

10.《世界晨报》1936年9月18日—1937年4月1日（第31回未完）党会秘笈《江湖艳史》张秋虫

川边小镇石犵狫，民风强悍，码头上有一汉流哥儿帮会。龙头大爷为永明玉，其人耿正不阿。正当家郭义斌、副当家周再飏、执法管事邓百安、副管事李清云，其余张吉六的巡风、危少山的辕门等。

前任正管事谢祥麟，妻丁倚红。祥麟死，倚红与吴银高通奸被捉。吴银高乃汉流，奸人妻子，按汉流帮规当处死。

适张义堂来在石犵狫，此人乃汉流第一等人物，江湖上素著威望，各码头无不闻名敬畏。于是邀张义堂做客位第一把交椅，以盟证大爷的地位。邀集三山五岳的内场人，一齐到场，惩治吴银高。吴银高跃身钉板之上，板钉穿胸而死。

张义堂，川南古蔺县人氏，善剑术，经泸州前辈老汉流苏锦巡的提拔，渐次升至一排地位，在码头公口担任坐堂太爷（即首领），又在川边滇黔跑滩（走江湖也），结识许多汉流哥弟。

有连封码头的第一位英雄矮脚豹赵燕山者，他勾结太阳堡郑家两兄弟，郑庆奎、郑喜奎，欲来寻衅。

11.《社会日报》1938年4月8日每周说苑《墙西私记》百花同日生撰，牧野绘图（短篇、插图）

12.《社会日报》1938年9月23每周说苑《樱痕记》百花同日生撰，牧野绘图（插图、短篇）

13.《力报》1938年11月19日—1939年8月9日（279节第6回未完）《脂粉愁城》张秋虫

海棠花、珍珠花是一对坤伶姊妹花，与群玉坊的杨妃老五为姊妹淘。

杭州西湖畔有一所不大不小的庄子，主人陈忠世，远近闻名，是专销售洋货的巨商，膝下三子：陈大炮、陈二炮、陈三炮。

陈二炮游踪北里，与花如玉老四结相好，然小脚老二亦与陈二炮有情，二人争风吃醋。后陈二炮与小脚老二租小房子，双飞双宿，并生一子。

14.《上海宁波公报》1939年7月1日（10节）—1939年9月25日（18节未完）《太平犬》张秋虫

15.《苏报》1947年9月6日（前缺）—1947年9月6日（未完）《金龟大□》百花同日生

《群报》1947年10月24日（48节）—1947年10月25日（未完）《金龟大□》百花同日生

16.《上海人报》1947年11月2日—1948年1月15日（73节未完）《三十六宫》百花同日生（插图）

暴发户吴辛甘，太太黄蝴蝶，黄蝴蝶带一拖油瓶女儿黄小姐。吴辛甘与白五小姐在外搭小房子，白五小姐是魏定康医生的姨太太，而魏医生却是黄蝴蝶的过房儿子。

何海鸣

（笔名求幸福斋主）

1.《社会日报》1931年正月初1日—破损无日期（7节完）《房租》求幸福斋主

2.《社会日报》1931年1月15日—1933年3月28日（474节未

完)《故都残梦》何海鸣

北京的魏四爷，字璧如，先斩后奏，做了牛上将军牛保忠的北京代表。而卓誉周为云南姚督军通消息，履行北京代表之职。方国英则是虞大帅的北京代表。

虞大帅在北京做议长，人称大头鬼虞议长。虞议长邀 100 多位议员替繁香院的窑姐燕燕做生日，被虞大头太太闻之，来闹繁香院，赖方国英转圜，得免出丑。后虞大帅部队被打败，虞大帅下野，一班攀龙附凤的党徒，作鸟兽散。

时伯磊组织了一个东华通讯社，以替八大胡同各窑姐拉皮条并藉以联络阔人，为生财之道。通讯社成变相的台基，开办以来，交易十分发达。有戈总长戈绍伟者，为青年政治家。经时伯磊撮合与新从上海来的名妓情娟，成就了一段情缘。

后时伯磊经戈总长之介，与一新任总长郑作杰结交，做了郑总长手下司会客的帮办。军人武装索饷，教育部职员讨薪大动拳脚，郑总长被围困不得脱身，司会科员殷寿仁因设计援救郑总长得宠。殷寿仁与时伯磊为在郑总长面前争宠，相互倾轧，时伯磊失势辞职。

"那时国家的政局，变化得却更多了，南方新兴的势力，蓬蓬勃勃，已占据到扬子江南岸，旧都中暮气沉沉，不死不活，已早呈现出萧条衰败的气象。"①

时伯磊等决定离开北京到南方发展，去做南方新兴势力的代表。迨时伯磊坐上轮船南下时，孰知冤家对头殷寿仁早已捷足先得，并在某宣传机构做了重要分子，并在报上发表了诗作。

3.《小日报》1931 年 1 月 15 日—1932 年 3 月 15 日（349 节未完）长篇名著《当头棒》求幸福斋主

密斯钱，名钱兆梅，人称钱四小姐，与房军长房伯韩，跳舞场中相识而成情人。房军长换防而去，钱四小姐远赴房军长行营，却遭冷遇。经历各种磨折，最后协商分手，然此时钱四小姐腹中，已结下房军长之孽种。

① 何海鸣：《故都残梦》，《社会日报》1933 年 3 月 10 日。

4.《大风》1931年3月15日—1931年10月8日（65节未完）《裙带风光》求幸福斋主

八大胡同有一北班，名咏仙班。班中有一北妓，名花彩卿。花彩卿走红一时，随傅军长从良，婚礼大事铺张。缘花彩卿之裙带关系，咏仙班金奶奶的小儿子金升，奉了傅军长的委令做了中尉随从副官。金奶奶乃花彩卿之假母也。

5.《金刚钻》1933年9月12日—1933年9月26日（22节完）《猩红热的颂赞》求幸福斋主

古氏，富户，少爷罹患猩红热，娶妻冲喜。少爷亡，群议以为新娘应守节，不虞新娘亦染猩红热殒。作者以为死得其所，不然守节之苦逾于病故也。

6.《上海报》1937年7月5日—1937年7月27日（20节未完）中篇小说《家》求幸福斋主

顾明道

1.《小日报》1930年5月4日—1931年1月18日（227节完）长篇武侠小说《海上英雄初集》顾明道

浙江鄞县碧云村王天放之子王英民，少年英勇，从胡一山习武。胡一山授其纯钩宝剑，并传剑术。王英民功成，斗杀黄龙一条。胡一山，山西雁门人，华山五福观方丈崆峒子之徒，与阎应龙为友。

王英民与钱琼珠约为婚姻。大盘岛海盗闹海神蟒余腾蛟劫掠碧云村，村中段人龙者，乘机劫持琼珠。余腾蛟亦觊觎琼珠，杀段人龙，从其手中掠走琼珠。王英民救琼珠，攻陷大盘岛，并就此建立根据地。

有1939年5月鸿文书局《海上英雄》单行本。

2.《大上海》1930年8月17日—1931年2月14日（未完）武侠小说《黄袍国王》顾明道

我国云南之西南方向，有一暹罗国。暹罗国王侄儿名唤孛哥，姓郑名昭，并非暹罗国人，乃是华人，自幼习武，膂力过人。

3.《小日报》1931年5月16日—1932年6月25日（339节完）《海上英雄续集》顾明道

明末，鲁王、唐王败后，郑成功海上起义抗清，甘辉率军归附郑成功，随其征战。攻打舟山时，有赵继云者，一箭射杀舟山守将萨辉，技艺神妙。赵继云乃义勇军团长，亦来投奔郑成功抗清。

4.《金刚钻》1931 年 12 月 27 日—1932 年 1 月 18 日（8 节完）《小白龙》顾明道

明朝嘉靖年间，江浙一带时有倭寇来侵。浏河附近之清河镇，有市井游侠儿名小白龙，设计诱寇，手刃倭首田中太一郎。

5.《金刚钻》1933 年 1 月 2 日—1933 年 10 月 17 日（245 节第 10 回完）武侠小说《龙山王》顾明道

黄猛，浙江天台山畔黄家村人氏，曾投师青海柴达木石门寺番僧法刚，习武艺成返乡，多年后偕妻与伍震子去青海石门寺寻师。伍震子，别号伍三锥，使一对紫金锤，开设镖局，与黄猛英雄相惜。黄猛到了石门寺，师父已归道山，遂在石门寺住下。

石门寺附近有龙山，在青海和藏边交界处，非但形胜之地，亦为产金之区。黄猛和伍震子剿灭盘踞于此的劫匪两头蛇，建立龙山抗清根据地。

年羹尧帅清兵攻罗卜藏丹津，黄猛、伍震子、舒捷等出兵助丹津，为清将岳钟琪率领的清军，使用红衣大炮攻破柴达木。黄猛退至藏边龙山，岳钟琪进攻龙山不遂。黄猛在龙山抗清树帜，称龙山王。

陆士谔《谈龙山王》云："顾明道之《龙山王》胭脂贼数回，并非向壁虚构，盖本之钱塘汪景祺《读书堂西征随笔》。"①

6.《上海报》1934 年 10 月 1 日—1936 年 8 月 28 日（647 节第 16 回完）长篇小说《蓬门红泪》顾明道

苏州绣花女淑贞，与母、妹相依为命。有少年宋青萍，父母双亡，与淑贞一家同居，如一家然，青萍与淑贞早萌爱意。宋青萍为小学教员，与云间女校的同事沈云英情意相投。

淑贞去上海入东方刺绣公司工作，为经理所污，淑贞为了生活，无奈隐忍。宋青萍与沈云英终结连理，淑贞镜花水月一场，闻讯晕厥。

---

① 陆士谔：《谈龙山王》，《金刚钻》1933 年 10 月 13 日。

有单行本，出版时间单位不详。

7.《生报》1938 年 2 月 15 日（51 节）—1938 年 3 月 22 日（86 节未完）《黛痕剑影》顾明道

演李信、红娘子事。

8.《社会日报》1938 年 3 月 6 日—1938 年 6 月 28 日（未完）《磨剑录》顾明道（文言短篇合集）

王赳　水怪唐四郎　高杰　田伶　箭侠　贺十五姑　焦琏

柴秃儿　陈邦彦　陈老樵　马贩子　怪道人　蝴蝶儿

9.《社会日报》1938 年 6 月 3 日—1938 年 6 月 3 日（完）每周说苑《张家玉》顾明道撰文，宣相权图（短篇、插图）

10.《社会日报》1938 年 7 月 22 日—1938 年 7 月 22 日（完）每周说苑《惆怅》顾明道撰，相权图（短篇、插图）

11.《社会日报》1938 年 9 月 9 日—1938 年 9 月 9 日（完）每周说苑《废》顾明道撰，牧野图（短篇、插图）

12.《社会日报》1938 年 10 月 10—1939 年 2 月 2 日（53 节完）《碧血忠魂录》顾明道（白话短篇合集）

男儿祈战死　匹夫有责　海上孤军

13.《正报》1939 年 4 月 1 日—1939 年 7 月 14 日（66 节第 5 回未完）长篇社会小说《柳暗花明》顾明道

金珠、银珠姊妹与父水生相依为命，养蚕营生。水生借邢老虎款购桑叶，因利重收获少，无法偿还，水生病亡。为偿债，银珠被迫去刑老虎家做养媳妇。

14.《好莱坞日报》1939 年 5 月 10 日—1939 年 6 月 30 日（60 节未完）武侠说部《孤城血》顾明道

演郭慕解、周祥、黄鸣岗等江湖英雄，及与阎应元、陈明遇抗清保江阴事。

15.《海报》1942 年 5 日 1 日—1942 年 10 月 30 日（183 节完）《国色刘三秀》顾明道

刘三秀，常熟任阳人，国色也，初与何天白恋。三秀兄刘赓虞贪聘礼，将三秀嫁任阳首富黄亮功。三秀与黄亮功生一女，名珍儿。黄亮功死，三秀被清军掳去，豫亲王纳之后宫，生二子。三秀虽入清室，然得暇便服汉装，其女珍儿嫁钱时肩，时得母之庇荫。

16.《海报》1942 年 11 日 13 日—1943 年 10 月 14 日（第 12 回 365 节完）《荒江女侠新传》顾明道

荒江女侠方玉琴与师傅岳剑秋，在昆仑山结婚，穴居山洞，杀死名唤梼杌的怪兽。在洛阳遇公孙龙，铲除劫匪东方云，救获谭太守公子。

聂军门聂士成抗击洋兵，战死八里堡。大刀王五率吴奎、李元通亦与拳匪和洋兵战，王五被枪弹击中身死，天津失陷。

方玉琴与岳剑秋等协助曾家庄抗击拳匪，计退洋兵，曾家庄得以保全。

山东境内满家洞，有明遗民赵兴汉兄弟潜居，蓄志革命，复兴明室。玉琴、剑秋等剿灭冒用满家洞名声杀人越货的匪徒，并与赵氏兄弟联络，使满家洞与袁彪为首领的螺蛳峪两支抗清力量联合。

方玉琴和岳剑秋欲泛海去联络非非道人。非非道人经营琼岛，有一支海上力量。

赵焕亭

1.《社会日报》1932 年 9 月 1 日—1933 年 11 月 29 日（410 节未完）《康八太爷》赵焕亭

皇家猎场发现老虎，官府张榜悬赏招募杀虎者，一女孩与老者揭榜，并捕杀老虎。老者名唐天骥，女儿青虹。唐天骥出身杀虎世家，其高祖唐保新婚之夜为虎所噬，从此唐家以虎为仇，代代杀虎。传至唐天骥，从老道刘宽习金钟罩铁布衫艺成。

唐天骥好友陆世杰在北方开镖局，为恶霸天明亮所害。唐天骥北上为友复仇，机缘巧合，偶遇欲行奸淫妇女的天明亮，唐天骥为民除害，杀死天明亮，声名远扬。天明亮同党西霸天扬言复仇，身怀屁股神功的大小子白琨与唐天骥一道准备应敌。

2.《金刚钻》1935 年 9 月 1 日—1937 年 1 月 26 日（468 节完）武侠小说《剑底莺声》赵焕亭

明末，嵩山少林寺法晖长老，善剑术。有张名德者，人称张官儿，率仆人张安，赴任祥符知县，路出少林寺，随喜之。法晖长老颇为赏识张官儿男仆张安，后张安得法晖所传授剑术。

张安在张官儿手下，大破山贼霍峻、张耳崖，声名大振。后张官儿受谗解职，张安转投陕西总镇姜瓖麾下的料楚材，又为王进朝认为义子，改名王辅臣。

八王子攻大同城，城陷，姜瓖死节，王辅臣被俘，降八王子，甚蒙八王子礼遇，授王府侍御之职。不想，八王子忽大触圣怒，获罪赐死。辅臣没入身者库，充贱役。后得皇帝起用，立授辅臣御前一等虾。皇帝命洪承畴经略河南，不直其忠荩，命辅臣随侍洪承畴左右。后辅臣贿赂朝端，得钦点陕西平凉提督。吴三桂潜约其起事，不从，后为胁迫反清，虽得皇上原宥，然心不自安，自刎亡。

3.《铁报》1936 年 12 月 1 日—1937 年 5 月 27 日（第 20 回未完）长篇小说《侠骨丹心》赵焕亭

前清同治初年，山东济南府有袁达者，祖贯辽阳千山，少年任侠，妻吴氏，一子天化。

袁达遇合南雍，从其学习武。梁南雍，捷盗出身，通州名捕。长臂佛蒋奉，劫掠淫邪，作恶多端，南雍铁砂掌斫伤蒋奉而擒之。

南雍传袁达铁砂掌，袁达功到艺成。从此袁达于善用枣核钉、梅花钉外，又添铁砂掌绝技，一时间任侠之名，远近皆知。

袁达携子天化游侠，在登州沙门岛剿盗，捉获朱振东等贼众。又结识江湖女奇人瞎姑，瞎姑以琵琶弹唱掩人耳目，劫富济贫，诛奸铲恶。袁达在探螺蛳峪时，为啸聚于此的盗墓贼以火枪射杀。吴氏不久亦亡，天化陷穷困。

《侠骨丹心》小说，刊至二十回，暂作一小结束。全书至此，仅露端倪，以后尚有许多热闹节目，当另发刊单行本，以饷读者也。编者志。[1]

4.《东方日报》1936 年 12 月 25 日—1937 年 7 月 14 日（159 节第 10 回未完）《酷吏别传》赵焕亭

① 赵焕亭：《侠骨丹心》，《铁报》1937 年 5 月 27 日。

5.《正报》1939 年 5 月 4 日—1939 年 7 月 14 日（66 节第 5 回未完）武侠名著《天门遁》赵焕亭

6.《小说日报》1939 年 8 月 15 日—1939 年 11 月 28 日（106 节未完）《侠义英雄谱》玉田赵焕亭

清顺治年间，京西丰台镇地面，有一个任侠子弟，姓曾，名元瑞，因善能相马，并调马，便绰号马王爷，使得好拳棒，和妻子胡氏经营田园，种植芍药花。曾元瑞铲恶除暴，曾惩治豫亲王府中的恶奴程道启，又遇镇八台黄兴权。

编者按：赵焕亭先生为本报所撰《侠义英雄传》刊至今日为止，续稿犹未寄到，因先生远在玉田（河北省），邮程阻隔，顷已去函，请先生继续撰著，一俟寄来，即当赓续刊载也。[1]

7.《社会日报》1941 年 3 月 1 日—1942 年 5 月 19 日（153 节第 23 回未完）《风尘侠隐记》玉田赵焕亭

唐朝潘姓藩镇之子人称潘将军，息影长安，经商获利，为第一富人。得法善赠青玉牟尼念珠，手边把玩之物，贮之宅中慧珠阁。一日念珠忽失踪迹，潘将军门客王超寻访念珠下落，遇一头梳三鬟丫髻、身穿褴褛衣衫的女子。王超追踪并结识之，问及念珠事，三鬟女子约其明日慈恩寺塔院相候。果然，三鬟女子把挂在慈恩寺塔院相轮上面的念珠取回掷还王超。

好色之徒李裕昌，欲谋王酒胡财产。三鬟女子弄手段，示警于李裕昌和京兆尹于琮，以便保全王酒胡的身家。裕昌、于琮为保全性命，只好悬案不究。

三鬟女，名燕燕姑娘，与母隐居山中。燕燕斩蛇而采青衣小儿，青衣小儿乃千年茯苓精也。

8.《海报》1942 年 5 日 1 日—1942 年 6 月 9 日（第 3 回第 40 节未完）《红粉金戈》赵焕亭

[1] 赵焕亭：《侠义英雄谱》，《小说日报》1939 年 11 月 28 日。

漱六山房

1.《晶报》1923 年 3 月 3 日—1924 年 10 月 24 日（第 24 回未完）《最新九尾龟》漱六山房

2.《小日报》1927 年 5 月 17 日—1928 年 4 月 30 日（30 节未完）讽世小说《金屋灵龟》漱六山房

3.《平报》1928 年 10 月 10 日—1929 年 1 月 6 日（25 节第 2 回未完）武侠小说《风雷鹣鲽》漱六山房

4.《平报》1930 年 8 月 15 日—1931 年 3 月 3 日（33 节第 5 回未完）社会小说《第一佳人浪漫史》漱六山房

袁世夔、彭家淑新婚未久，却夫妻不睦。世夔与乳母邢老五、九姑奶奶私通，家淑则与小归寻欢。

5.《社会日报》1930 年 10 月 27 日—1932 年 8 月 18 日（566 节完）武侠小说《大刀王五》漱六山房

顾亭林为实现排满复明计划，化名顾宁人游山西、陕西，得傅青主帮助，联合镖行和绿林朋友，准备定期起事。又借人称亢百万的亢振宗的力量，创立了银号，以备军饷。顾亭林妾黄玉如赴五台山刺杀清帝未成，起义失败，顾亭林赍志以殁。

北京城中有王五者，号子斌，开设会友镖局，拜昆仑童二为师，并与陈家庄的陈翠云、陈碧云结为绿林知己。翠云姊妹擅剑术，会飞行。

广西提督军门苏宫保苏元春仰慕王五，结为风尘知己。苏宫保被参，得王五托人疏解，幸从轻发落。苏元春在王五处住半载，始回广西而去。

安御史因参奏李中堂，降旨革职，充发辽东。王五三千里单骑送忠臣，保护安御史出关。

王五与霍元甲结为好友，霍元甲勇斗俄国大力士。拳民为乱，霍元甲斥张德成、黄莲圣母、红灯照为妖孽。

谭嗣同死节，光绪帝幽禁。谭嗣同遗命陈家庄翠云、碧云救护光绪帝。翠云飞入宫中见光绪帝，互萌情爱。翠云与王五、李振元等救光绪未成。八国联军进京，清宫蒙难，王五护送光绪帝至张家口出京。

拳民首领张德成邀王五加入被拒，王五旧街坊崔德明者，亦拳民也，外号小霸王，王五与其结怨。小霸王至德军处诬告王五烧毁教堂，谋害教士。德兵前往会友镖局抓人，王五拒捕，德军开枪，王五中弹亡。翠云杀崔德明为王五雪恨。二十年后翠云姊妹凭吊荒冢，二人为光绪帝守节未嫁。

6.《社会日报》1931 年正月初 4 日—破损无日期（4 节未完）《倡门中的新年》漱六山房

7.《梨园公报》1931 年 6 月 5 日—1931 年 8 月 2 日（19 节完）集锦小说《串地锦》漱六山房等（短篇）

8.《大报》1932 年 5 月 6 日—1932 年 8 月 30 日（39 节未完）长篇侦探言情小说《锦笑珠啼》漱六山房

9.《上海日报》1932 年 9 月 28 日（17 节）—1932 年 9 月 30 日（18 节未完）武侠小说《脂粉英雄》漱六山房

10.《大报》1933 年 11 月 27 日（27 节）—1933 年 11 月 27 日（27 节未完）社会小说《青春之狂》漱六山房

姚民哀

1.《上海报》1931 年 6 月 1 日—1931 年 10 月 28 日（第 24 回 149 节未完）侠情长篇小说《双龙伏虎记》常熟姚民哀

前清光绪末造、宣统继位之初，将江北划分为新建行省，特地设立江北巡抚，其职责就是消弭盗患，肃清匪祸。头一个膺此新任就是北洋三杰之中号称夭矫游龙，跟下山虎段祺瑞、哈巴狗冯国璋齐名的正定王士珍。

王士珍改任江苏巡抚。扬州的长江飞划水师兼缉私统领徐老虎，觊觎江苏巡抚已久，暗中作祟。王士珍甫一到任，其保险镖师范得胜即被杀。王士珍青衣小帽，微服私访，被大伊山土匪当肉票掳走。

范得胜案发，淮阴捕快小瘌痢当堂领下了严限批文，限期抓获凶手。小瘌痢一筹莫展，只得请出已退隐的乃父瘌三妹金筱堃。瘌三妹是沭阳县名捕，曾在淮阴和沭阳屡破大案，名重一时。瘌三妹扮作玩蛇人寻访王士珍下落。

张恂子

1.《社会日报》1929年11月1日—1929年12月20日（43节未完）武侠小说《蛾眉剑》张恂子

2.《社会日报》1929年12月21日—1929年12月31日（11节未完）武侠小说《双侠同仇记》张恂子

3.《海报》1930年1日3日—1930年11月24日（85节未完）武侠香艳长篇小说《三剑奇侠传》张恂子（插图）

4.《克雷斯》1930年4月15日—1930年7月21日（26节未完）社会小说《泥犁地狱》张恂子

5.《上海日报》1930年5月16日—1931年7月12日（68节第32回完）武侠小说《朔南大侠传》张恂子

大侠盖世英，颇有声名，诨号盖七省。在陕县客店巧遇白面二郎郑天荫，郑天荫乃陕西一带绿林好汉。盖世英、郑天荫相会之际，又有郑天荫的同门师妹了因尼姑徒弟邬明珠，仞树忉大师徒弟杏姑来至此间。

厉君玉自恃武艺，颇不直盖世英、郑天荫声名，暗中露其身手，初则展示其踏雪无痕之技，继则发火球，并将飞镖系于盖七省发辫以戏弄之。厉君玉戏侮郑天荫时，被杏姑发觉。杏姑、盖世英、郑天挺、芮泼天四人前后夹击，邬明珠使出飞蝗石，打中厉君玉的太阳穴，摔落尘埃，醒来释之。

6.《金刚钻》1932年8月21日—1932年11月12日（82节未完）《摩登小史》张恂子

石鹄，名搏霄，洋行买办，在外偷娶姨太太。石太太则迷恋191号赌场，家财为之荡尽。

石搏霄兄，石时雨，亦买办也。其妻大石太太则与书场里唱《再生缘》的小孙搭姘头，开长房间。

7.《金刚钻》1935年6月2日—1936年12月31日（464节第24回完）奇情小说《虎窟双雏》张恂子

白木生，海上豪商，有同父异母妹瑞英，乃洪姨太太所生。

瑞英生病住院与看护小姐王琳成闺中密友，并与王琳弟王祺相识恋爱。而白木生欲将瑞英嫁于刘道台之三公子，瑞英不从，出走外祖母家与王祺相会。

白木生策划绑架瑞英。为救瑞英，王祺中弹身亡。白木生事败又伤人命，自动分出一股家产与瑞英，求她不再追究。瑞英以这笔钱和王琳合办一座医院，名王祺医院，姑嫂两人终身不嫁，愿意一辈子为社会服务。

8.《社会日报》1938年4月20日每周说苑《堕桥记》恂子文，牧野绘（短篇、插图）

9.《社会日报》1938年8月26日每周说苑《滑稽列传》恂子撰，牧野绘图（短篇、插图）

10.《海报》1942年5日1日—1943年3月30日（第5回未完）《海上新潮》张恂子

坤伶孙兰芬，乃孙俊卿与刘氏所生女。

刘氏与小沈姘居，后二人拆开。小沈沦为老枪，流浪街头死。

唱花衫的王焕玉与唱武生的武二花相恋，焕玉母王大娘嫌弃武二花穷困，焕玉为其吞金，坚意嫁武二花。后武二花肺病亡，焕玉照抚武二花祖母、母亲两代寡妇。

富商唐和老，以400元代价，将菊珍开苞。菊珍以此400元办行头，下海跳舞，成红舞女。后在慈善跳舞大会与唐和老重逢，唐和老已不复辨识今日菊珍为何人矣。

棉纱帮小徐，情钟孙兰芬，追求甚烈，然为兰芬已经失贞而郁郁于怀。后小徐与谢太太姘识而将孙兰芬置之脑后，谢太太丈夫返沪，与小徐一段孽缘了结。小徐沦落，而孙兰芬红透氍毹。

11.《上海特写》1946年5月21日第1期—1946年6月25日第6期（第2回未完）武侠长篇《战线侠女》张恂子（插图）

12.《海晶》1946年7月14日第20期（第2回6节）—1946年8月4日第23期（第2回未完）武侠长篇《战线侠女》张恂子

13.《今报》1946年10月14日—1946年10月16日（完）武侠短篇《钢鞋尖》张恂子（短篇）

14.《真报》1947年3月12日—1947年9月25日（196节第2回

未完）武侠长篇《胭脂剑》张恂子（插图）

江苏宜兴，黄知县年迈，将公事付其子黄大少爷办理。大少爷嫖土娼九花娘，款洽之际，见飞刀送书，文曰：“西门曾寡妇案，不许贪赃枉法，如敢阳奉阴违，叫你颈项溅血。”

有沙通判者，为葬父，寻一牛眠吉地，却属曾寡妇所有，沙通判欲打通官府夺地，曾寡妇无奈求助茅山玉真道人。玉真道人乃太平军将领之遗孀，身怀绝技，托迹道观。玉真道人遣二徒金霞和吴小凤下山除恶。

吴小凤乃宜兴武官之女，小凤母病亡，父娶卖身葬父的卖解女莲姑娘为续弦，父染时疫死。后母莲姑娘与尼姑淫乱，吴小凤欲杀后母报仇未成，得金霞之荐，拜玉真道人门下。

金霞则为太平天国军后代，父战死，玉真道人收留之。

15.《苏报》1947年9月6日（42节）—1947年9月6日（42节未完）《野百合》张恂子

16.《群报》1947年10月24日（48节）—1947年10月24日（48节第3章未完）《野百合》张恂子

17.《真报》1948年1月9日—1948年7月9日（176节完）武侠热艳长篇《芙蓉剑》张恂子

赵依萍，上海爱仁女校学生也，自幼习武，师傅为大侠李青，李青与大刀王五师出同门。李青授赵依萍芙蓉剑，芙蓉剑系一短刀，六七寸长，百斫不折。

同班杭州籍同学周季华，母黄氏，听计于姘头袁子安，欲将季华嫁给其侄袁子安，季华不从，然无计可施。赵依萍仗义出手，深夜往探，将黄氏割发剃眉，留书示警。从此黄氏不再提婚事，并同意季华继续读书。

同学刘曼与表兄玉哥情定鸳盟，刘曼后母胡氏将刘曼监禁，欲将其卖入堂子做生意。赵依萍潜入刘家大院，背起刘曼，腾空而起。刘曼，玉哥终成连理。

苏青

1.《海报》1945 年 7 月 3 日—1945 年 7 月 7 日（5 节完）海派小说名家挟轮会《一个梦》苏青（短篇、插图）

2.《诚报》1946 年 8 月 15 日—1946 年 10 月 15 日（59 节未完）《朦胧月》苏青

3.《群报》1947 年 10 月 25 日（前缺）—1947 年 10 月 25 日（未完）《朦胧月》苏青

“我”在书报摊上买了一本《蓝因秘史》。蓝因是有名的女作家，写过长篇小说《弃妇泪》，描写自己的婚姻生活。“我”的表姊曾在日伪余部长家里当过家庭教师，得表姊之介“我”得便访蓝因。蓝因为“我”述其生平遭际：蓝因父蓝汝明，蓝汝明本为孤儿，由蓝因外祖父抚养长大，留英回国。蓝因降生不久，母病殒，外婆将蓝因抱回。蓝因在凤凰镇的乡下长大，后父亲领其到上海与后母生活。

4.《沪报》1946 年 9 月 1 日—1947 年 3 月 22 日（204 节完）《续结婚十年》苏青

“我”与丈夫徐贤办完离婚手续，暂住姑丈家。“我”与徐贤结婚已十年，生育两个孩子菱菱、元元。离婚后的“我”思念孩子，忙于写作、出书。与文化出版界人士谈维明、鲁思纯、潘子美交往颇多，郑烈则为政界人物。行迹最密的数赵瑞国、童于道、谢上校。曾与赵瑞国一夜销魂，又与谢上校同梦巫山。不虞与谢上校缱绻之余，珠胎暗结，无奈去医院堕胎，谢上校赶来，留一笔钱以示慰问。

5.《力报》1947 年 4 月 6 日—1947 年 4 月 28 日（23 节完）《鱼水欢》苏青文、天野图（插图）

“我”的友人朱密，医师也，其太太孙姓。“我”做客其家得悉其夫妻间之秘密：孙小姐待字闺中时，情窦已开，暇则阅《红楼梦》，诵“露滴牡丹开”，读两性卫生书籍。嫁为人妻，惜丈夫病肺以致无力行房。后夫死寡居，虽偶与男人偷情，然终难满足性欲，精神恍惚。家人以为精神病人，而求助朱密医生并嫁之。朱医师洞悉其病在于未得谐鱼水，然婚后朱医师吝其雨露，孙仍愁容不展，精神病难得痊愈。朱医师乃养病患以自重之技，借此谋食也。

6.《小日报》1947 年 10 月 17 日—1947 年 12 月 21 日（67 节未完）《鸳鸯湖》苏青

“我”在轮船上邂逅符小青，小青为“我”述其生平遭际：符小青家住 A 城鸳鸯湖，父早亡，姊妹、寡母三人相依为命。姊姊名眉青，与元泰钱庄黄鸣卿先生的独子黄承德为同学，两人相恋，眉青辍学嫁之，婚后生一子。眉青做小学教员，承德负笈他方读书。会抗战起，承德随学校迁往内地，不知生死，而黄鸣卿的钱庄生意亦因兵燹而停歇。

张宛青

1.《光化日报》1945 年 6 月 1 日—1945 年 8 月 30 日（91 节完）《红鸾喜》张宛青

方家振与谢婉玉订婚，然家振对同学潘瑁早已心属，奈何父母之命只好娶胖丑女谢婉玉。而潘瑁爱的却是隔壁青年教授何滨，他精通好几国文字，著述又多。当全面胜利的喜讯传来时，何滨与潘瑁终成连理。

2.《诚报》1946 年 11 月 23 日—1946 年 11 月 28 日（5 节未完）热情小说《春酒绿》张宛青

3.《东方日报》1947 年 6 月 26 日—1947 年 7 月 24 日（27 节未完）《星海浮沉》张宛青

4.《小日报》1947 年 7 月 8 日—1947 年 9 月 17 日（72 节未完）《春情》张宛青

周妍与在陆军政治部工作的光骕有婚约在先，追光骕旋里，毁约别娶他人。周妍转与学机械的江椿投入热恋，云情雨意，春光无限。

5.《东方日报》1947 年 11 月 6 日—1948 年 9 月 23 日（437 节完）《梅娘曲》宛青

丁梅芬，女伶也，一度与人生子而夭，无奈又复出寻觅生活。结识王化溥、刘胖子、茂生、友彬、老凌等人，然依然漂泊无依。后氍毹运转，成上海舞台唱花旦的红伶，人称梁玉珊老板。

后梅芬嫁下野政客、要人王东钦为七姨太太，然闺帷寂寞，芳华虚度，而与王化溥暗恋，王化溥被王东钦派人枪杀。梅芬又与家庭钢琴教师卫语白缠绵，语白惧命不保，与梅芬分袂。丁梅芬亦殒命，然不知死于谁手。

6.《活报》1949年1月1日—1949年4月30日（113节未完）《清歌红泪》张宛青

秦霞影，汉口红伶也，与做特殊工作的秦笙结婚，然仅七天，秦笙便身亡。秦霞影落魄，漂泊到天津做舞女。在从天津到上海的轮船上与庄毓鸣相识同居，后弃庄毓鸣，转投梁春沛，而梁春沛不告而别。

7.《上海人报》1948年1月13日—1948年2月7日（9节未完）《秋尽江南》张宛青

8.《诚报》1948年2月15日—1948年8月10日（177节完）《芙蓉春晓》张宛青文，江栋良图（插图）

春天的太湖畔，画家齐丽玲巧遇新闻记者管敏直。回程车上又与中学好友，已经入伍空军的方令语相值。

丽玲与令语交往，性格不合而分手，又和钱医生钱宗仪相恋，但钱宗仪有了心上人。正在丽玲失落之际，又与管敏直在太湖畔相逢。

9.《力报》1949年3月6日—1949年4月28日（49节完）《凤去楼空》张宛青

从美国留学归来的摄影家杨耀，在家中开作品展览会。女宾有黄佩芬者，在展览结束后，以失却别针为名，返回杨宅，并与杨耀一夜缠绵。次日，杨耀发现家中的首饰和一张契约不翼而飞。

10.《诚报》1948年8月11日—1948年10月31日（80节完）《芭儿兰》宛青

工程师苏瑜琦，在北平大学念书的时候，爱上隔壁鲜花店的女儿依芭兰。依家旗籍，其店里出售名贵白兰花，好事者便送依芭兰一雅号，叫芭儿兰，芭儿兰即白兰花也。后依家花店迁至上海，店名即名芭儿兰。

苏瑜琦与芭儿兰在上海重逢，旧情复萌，一起出游杭州，坠崖身亡。

11.《诚报》1948年12月13日—1949年4月30日（131节未完）

《银烛秋光》宛青

北平四合院之谢宅，主人谢云甫有女初长成，曰文棡、又棡、小棡。

初，文棡许嫁薛建华，然谢家羡青岛李家之富，而将文棡嫁李家。不久文棡新寡回母家，与建华重逢，旧情复炽，然建华已授室。

侯耀南亦钟情文棡，以金盒子为信物，欲与文棡结缘。文棡父欲将文棡嫁侯耀南，而文棡不直父意，仍钟情建华。

丁芝

1.《光化日报》1945年8月16日—1945年9月13日（完）《女人万岁》丁芝

李莉出生在北平，父乃小商人。十五岁时父亡，李莉去天津做丫鬟，受尽虐待；后被卖入娼家，挂牌月月红，名遍天津。脱籍与凌公子结婚，不久下堂去，辗转到上海做舞女而红。在申与文艺界的周先生交厚，后与凌公子分袂，曾为吴某纳为侧室，脱幅，与姓蒋者同居。

跳舞外，李莉曾与高占非、王人美合作拍摄有声电影《春潮》，为艺术而牺牲，拍摄裸体艺术照。跳舞外李莉嗜平剧，亦涉足话剧。

李莉曾在轮船上邂逅一外国人，与其一同游历欧洲。回沪，以欧游归来一代红星为号召来，名声益躁。李莉从北平去汉口，又从汉口到重庆，交一外国腻友，被疑为间谍，重庆方面将其扣留，因无证据而放行。

2.《立报》1946年10月1日—1946年10月8日（8节完）《苦恋》丁芝（短篇）

3.《铁报》1946年11月3日—1947年5月10日（216节完）《情海沉浮》丁芝（插图）

只有几百户人家的走马塘周家村周大力，续弦方氏。周大力性情粗鲁，方氏与大力侄周小毛通。方氏生二女，宝凤与小凤，宝凤出周小毛，小凤出周大力。方氏后与大力分袂，大力与方氏各领一女生活。

二女长成，宝凤嫁裁缝子阿明，琴瑟不调，宝凤到上海卖笑为生。

大力死，小凤依母生活为拖油瓶，其母视其为摇钱树，卖给张老爷开苞。小凤后嫁汪乡长子汪小牛为妻，不久分离，到王举人家为佣妇。又嫁烟纸店老板李荣富，李荣富经商时常在外，小凤与学生意私通。后烟纸店遭回禄毁，小凤逃至上海其姐姐宝凤处，第三次做新娘嫁许财子，生活稍安。然其与汪小牛所生子不成器，与许财子所生子寅生抑郁自杀，一女宝珠亦堕落风尘。许财子死后，小凤又与徐海山姘。徐海山另有新欢，弃之不顾，小凤为之精神失常，被其姐宝凤送入疯人院。

（二）北京小报小说三十一家总目及故事提要

剑胆

（另一笔名自了生）

1.《京话日报》第 2159 号—2196 号（37 节完）醒睡录《锯碗刘》剑胆

2.《京话日报》第 2197 号—2235 号（27 节完）醒睡录《贾脖子》剑胆

3.《京话日报》第 2236 号—2284 号（48 节完）醒睡录《张老西》剑胆

4.《京话日报》第 2285 号—2307 号（22 节完）醒睡录《董二楞》剑胆

5.《京话日报》第 2307 号—2355 号（46 节完）醒睡录《阜大奶奶》剑胆

6.《京话日报》第 2356 号—2378 号（22 节完）醒睡录《吴洚雪》剑胆

7.《京话日报》第 2379 号—2436 号（57 节完）醒睡录《巧循环》剑胆

8.《京话日报》第 2437 号—2481 号（42 节未完）《蛮女召祸记》剑胆

9.《京话日报》第 2483 号—2509 号（24 节完）醒睡录《姊妹易嫁》剑胆

10.《京话日报》第 2511 号—2536 号（25 节未完）醒睡录《花鞋成老》剑胆

11.《京话日报》第 2537 号—2541 号（4 节未完）醒睡录《黄五妞》剑胆

12.《京话日报》第 2547 号—2586 号（37 节未完）醒睡录《黑籍魂》剑胆

13.《京话日报》第 3411 号（16 节）—3411 号（16 节未完）侠义小说《孙氏剑》剑胆

14.《正宗爱国报》第 1735 号—1752 号（23 节未完）庄言录《金茂》自了生

江苏阳湖县金茂，号云海，出洋游历暹罗国。至暹罗国，以打猎寻雁为名干谒原府。原老原天柱为朝中大臣，金茂自诩才能，原天柱保荐于朝，得暹王重用，娶原天柱女为妻。

万牲园老虎跑出，命金茂设法，金茂率人捕杀逸虎。东宫失却玉印，金茂抓得窃贼内侍白田海，赦人还玉，将玉印完璧归赵。御史多严弹劾金茂无才，为验真伪，暹王命当场隔盒猜物，被其误打误撞言中。

15.《正宗爱国报》第 1757 号—1787 号（22 节完）庄言录《范希周》自了生

宋朝建炎年间，福建建宁府建宁县范家村，村正范汝为，同宗建安县秀才范希周。

县里派人催地丁，村民范楞儿被官府抓走，知县索 1000 两银子放人。官逼民反，秀才范希周率众毁衙劫狱，救出范愣儿，又联络山寨大王王伦，到武羿山落草。

建宁知府吕忠翊，一女乳名玉香，赴任途中其女被劫上武羿山，上山后，与范希周谐连理。后官兵攻破武羿山寨，玉香欲死节，为父吕忠翊所救，范希周与玉香失散。

范希周改名贺承信，被招安，在岳飞大人麾下差遣，屡立战功，得任广州守备，归吕忠翊麾下。一日为玉香窥见，夫妻破镜重圆。

16.《正宗爱国报》第 1788 号—1829 号（41 节完）庄言录《阿玉》自了生

杭州城内汪画善，一子汪闻韶；善源号典当铺黄大昌，一女乳名阿玉，嗣子黄少昌。

杭州府著名的富户贾七，端午日出游，看龙舟竞渡，窥见阿玉。贾七遣人说媒，被拒，遂生愤恨，雇人刺杀阿玉，不意杀死黄少昌。因汪闻韶和其师袁少山与黄少昌同住，故有嫌疑，师徒二人监候待质。

黄大昌府上娄妈，从贾七宅护院王大娘口中得知，贾七雇凶杀人，人头投入书房后枯井中。娄妈遂与阿玉够奔杭州太守衙门鸣冤，案得破，贾七伏法。后汪闻韶中进士，与阿玉终成眷属。

17.《正宗爱国报》第1830号—1830号（1节未完）庄言录《麻希陀》自了生

18.《爱国白话报》1913年8月6日—1913年8月24日（18节完）庄严录《胡知县》剑胆

湖北汉阳府孝感县知县胡如海，甫一上任，即遇一奇案。本县城内钱秀才，父母早亡，依叔为生，叔父为其娶妻，为王好老女儿凤姑娘。花烛夜，新娘见婚房中，现红脸大汉，巨齿獠牙，未能合卺。次日，堂屋门响，叔父探看被杀。婶娘见夫死，亦自缢，新娘不知去向。

胡知县之令爱梅娘，聪慧异常，襄助审案，以弹屏风为进退之号。梅娘窥破案犯以《千字文》《百家姓》及两张字帖为暗号所编之密信，破译出："凤儿鉴：兄坚持忠则尽命，子可以夫唱妇随。贺二拜。"因此案破。

初，王好老女儿凤姑娘与表兄贺老二情好，叵耐凤姑娘嫁于钱生。两人相约谋害钱生，反伤了钱生叔父性命。

后胡知县病故，其生前两袖清风，身后无资敛葬。钱生出资料理后事，胡梅娘与钱生终成眷属。

19.《爱国白话报》1913年8月25日—1913年10月4日（39节完）《李银娘》剑胆

浙江李亲王，系南京天子一奶同胞手足弟兄，钦奉皇太后懿旨封王，生女李银娘。皇太后密旨在仁和钱塘两县选婿，选中浙江杭州府仁和县书生何瑞蔼，何生入宫坦腹东床，为郡马。

反贼张哥儿，自江西带兵反起，水陆并进，进攻浙江省城，直逼王宫。何生与李银娘本欲自尽殉国，李亲王传命，郡马有母在堂，可毋死，请自便。何生逃出宫，看顾老母而去，李银娘则留在宫中。乱兵之首张哥儿进据李府毓庆宫，宫女谢一兰出袖箭伤张哥儿，张哥儿中毒身亡，得以保全毓庆宫郡主。李银娘与何生破镜重圆。浙江收复后，李亲王收谢一兰为义女。

20.《爱国白话报》1913年10月5日—1913年11月25日（49节完）《魏大嘴》剑胆

荣升班魏掌柜魏实，乃山西太古县人，外号魏娇娃，娶跑马解的赵翠娥为妻。魏娇娃病殁，赵翠娥生遗腹子魏大嘴。

魏娇娃干爹贾五者，土霸也，无后，领魏大嘴为义子。赵翠娥在魏大嘴身上刺魏字，以为日后归宗计。贾五死，魏大嘴承继贾五遗产。

李二的丫头翠姑娘与魏大嘴两小无猜，后成婚。赵翠娥、李二死，魏大嘴挥霍，不善治产，家产荡尽。李翠儿为悍匪白眼猴掠去。魏大嘴则流落三河县，遇合太监王施，认王施为师，净身为太监。

入宫，为太后老佛爷赏鉴，改名魏忠贤。李翠亦辗转入宫，但已改称客氏。

21.《爱国白话报》1913 年 11 月 26 日—1914 年 1 月 8 日（40 节完）《盗中侠》剑胆

明末清初之际，奉天铁岭知县吴英，一子吴兰生。吴知县任满还乡，携宦囊两万两银子上路，入住状元店。不意乃黑店，由宋秃子、飞毛腿黄、托塔李二、柳四等七名匪徒所设，胡知县银两被劫，人亦被杀。分赃不均，七匪内讧，宋秃子、柳四等杀飞毛腿黄；托塔李二携菊儿及飞毛腿之女莲香逃出。李二、菊儿避居乡间，莲香誓死复仇。

胡知县一去不回，子兰生沿路寻父，路上与莲香相遇；莲香扮成美少年，入状元店杀死宋秃子、柳四。莲香与菊儿同嫁兰生，一夫二妻。

22.《爱国白话报》1914 年 1 月 10 日—1914 年 3 月 30 日（71 节完）《花和尚》石君题词，剑胆笔述

江宁城内，十字街路北有座延年寺，方丈真禅。真禅与吉祥庵的尼姑私生一子，尼姑染病死，此子随真禅在延年寺长大，法名澄显。庙中尚有一摆当铺的俗家宫长万。

真禅死，宫长万与澄显同谋，贿赂普庆寺方丈、僧录寺正印空际，使澄显得任延年寺方丈。经宫长万说和，澄显与柳秀婉成婚。议婚之初，谎称澄显是总督衙门文巡捕。澄显与宫长万日长生嫌隙，以致割席，澄显斥革宫长万庙中伙计身份，逐出庙门。澄显与柳秀婉婚后琴瑟不和，宫长万与柳秀婉合谋，以冒名娶妻罪名将澄显告至僧界保产团，终以澄显给与柳秀婉 1000 两银子而罢讼。宫长万与柳秀婉原议平分此款，然柳秀婉将宫长万灌醉，携款远飏。小宫一场空花，而澄显仍把持庙政。

23.《爱国白话报》1914 年 4 月 1 日—1914 年 10 月 6 日（186 节完）庄严录《赛金花》剑胆

江苏苏州府平江县有一位士子姓龚，名弼，号良卿。赴京赶考，路出上海，与仁寿里的琼林班书寓倌人李云飞结识。后文卿落魄，不能赴京应试，李云飞慨然出所蓄赠之，龚良卿为誓，倘金榜题名，以金屋贮之。良卿至京应试，竟金榜题名，大魁天下。然良卿背盟，李飞云投缳自尽。

琼林班曹阿三之子曹祥儿生女曹月娥，即赛金花。幼龄为雏鸡，与龚良卿一见钟情，纳为妾，改名龚彩云。龚彩云与人无异，唯粉香腻玉之脖项，有红线一周，实乃李云飞之后身也。

龚彩云作为公使夫人随龚良卿出使德国，与仆男崔顺私通。又在德国皇后举行舞会上得识瓦德斯。龚彩云与瓦德斯幽会，为陆军上尉恶夫来嘉撞破，二人前有仇隙，争执中，瓦德斯开枪毙其命，逸走。龚公使病殁，大妇郑夫人料理家政，新任公使接职，郑夫人率家人回到上海。龚彩云离开龚府，与崔顺同居上海。到上海后崔顺负心，赌博荡尽资财。龚彩云为傅紫芝骗至苏州，重入烟花，改名傅彩云。后崔顺吐血而死。傅彩云到天津，姘马夫孙得云。后至北京，改名赛金花，都下人皆呼赛二爷。琉璃厂首户周飞云出资供养赛金花，以为德语翻译，以避兵士骚扰买卖生意。

德兵捉拿到平民，以是否砍佛像为辨别义和拳拳民之标准，其法为：将平民捉至关帝庙，以砖头砍关帝像者非拳民，不砍则拳民，杀之。赛金花为德兵讲明拳民皆逃，留城中者皆细民，又与德军科知府讲明其中缘由，因此一言活命无算。

有吴小山者，假借德人名誉去琉璃厂收取保护费。赛金花将其情形告诉科知府，科知府得知内情，惩治吴小山。

赛金花在北京重逢瓦德斯，此时的瓦德斯是钦差统帅，住在清宫南海通明殿内，二人重温旧梦，共宿于八宝龙床之上。

安维竣上书，弹劾李鸿章，因言获罪，大刀王五护送安维竣至谪所。王五狂言半月攻下东交民巷，为吴小山推荐于荣中堂。事为德军所闻，因此被缉捕并枪杀。

赛金花殴打女仆桂香，桂香负气自杀，赛金花雇人移尸。事泄，被递解回原籍上海。赛金花到上海高张艳帜，重为冯妇。

24.《爱国白话报》1914年10月7日—1914年11月16日（37节未完）《孝义节》剑胆

辛亥起义共和后，湖北武昌府江夏县集贤村孟守仁，娶妻吴氏，在武昌开了几处钱庄、典当的铺户，乃武昌财主，又捐了三品官衔，人以“阔老官孟百万”称之，一子孟成烈，号曰侠心。

某日赴宴，席间结识江西都督陈七枚，现任大同都督孙一井，及陈七枚都督幕府师爷唐济琴。三位都督知孟守仁富商，遂见财起意。唐济琴以部队饷银不足，向孟守仁敲诈。孟不允，三都督勾串孟守仁家被逐之马车夫魏四娃陷害孟守仁，以私藏危险物品为赃证，污其为乱党，从而敲诈钱财。孟成烈递呈湖北李都督伸冤，李督军派人抓获唐济琴和魏四娃，审出实情，将二人枪毙。

孟守仁入狱，不堪屈辱，吞金自杀。孟成烈为父报仇，欲刺杀孙一井，未成被捕。初，孟成烈为接近孙一井计，先结识孙一井女孙玉环，本出复仇，不想弄假成真，二人萌生恋情。孙玉环劫狱救出孟成烈。

25.《爱国白话报》1914年12月17日（15节）—1915年1月25日（50节）《吴月娇》剑胆

（前缺）吴耀珊以200两银子将女儿吴月娇卖给方统领，月娇誓死不从。方统领暮夜相逼，吴月娇以裁衣剪刺杀之。月娇携母遁去，为方统领卷逃之三姨太太与其姘夫，及其邻居王裤带瞧破，揭报至官羁押。

审案之燕知县有意存恤良善，然无万全之计，只好冒险救出吴月娇，双双逃往外洋，结为连理，生有一儿一女。

26.《爱国白话报》1916（大中华帝国洪宪元年）1月21日（32节）—1916（大中华帝国洪宪元年）1月21日（32节未完）《白绫帕》剑胆

27.《爱国白话报》1915年1月26日—1915年2月12日（17节未完）醒睡录《珍珠冠》剑胆

28.《爱国白话报》1918年12月9日—1919年1月22日（39节

完)《锡壶案》剑胆

前清嘉庆年间，江苏娄县芭蕉村有一家住户吴贵，娶妻颜三妞儿。颜三妞儿与同村彭武鸣私通，彭武鸣武举出身，人称彭武举。二人恋奸情热，合谋害死吴贵。其法以熔化锡壶热液，灌入吴贵口中。彼时娄县令为吴某，庸暗无查察之明，不料为路过芭蕉村的上海令汤公窥破。汤公微服私访，开棺验尸，真相大白。彭武举斩首，颜三妞儿凌迟处死。

29.《爱国白话报》1919年1月23日—1919年3月15日（44节完）警世小说《杨结实》剑胆

前清北京东便门内卧佛寺东，一小小住户杨大个子，回族，长子杨结实。东便门附近一伙亡命徒纠集为砍刀会，为非作歹，头目关海德，杨大个子入会。砍刀会中鸡屎德子和狗头王二暗通官府，将关德海、杨大个子出卖，二人被捉正法。杨结实为父报仇，追踪鸡屎德子和狗头王二两在逃贼，举告至官，终为正法。

杨结实疑心妻铁氏与李二顺私通，杀李二顺并伤铁氏，被发配。后潜行回京，在城郊仓库两边纠伙肆行掳掠。抢劫御史之子良老三，敲诈田七。

著名仓匪韩蔼轩惧怕杨结实，无奈援引其管理兴平仓，杨结实一伙遂得盘踞于兴平仓为匪。然韩蔼轩与杨结实势不相能，韩蔼轩与田七合伙出首杨结实，杨结实被捉斩首。庚子年间，韩蔼轩为拳匪所杀。

30.《爱国白话报》1919年3月30日—1919年4月27日（27节完）《张古董》剑胆

民国著名商人张侃，字布仁，外号张古董，其女张慧儿，乃一摩登女也。慧儿在中山公园偶遇梁一鹤，人称小梁，小梁乃一学子，复善拆白渔色，慧儿与之一见钟情。小梁、慧儿约同府中姨太太小桃，窃取张古董钥匙，盗得钱财。小梁则将小桃与慧儿二人拐至上海。

小桃至上海后重拾旧情，与武生钱福宝姘居。慧儿则被小梁以500元卖至大吉里开下处的恶鸨黄辣子，树艳帜大红，花名西莺，然备受黄辣子荼毒。西莺恩客有军界大老官王大人者，见其被殴状，遂告发至警局。警探拘捕黄辣子，又循线抓获小梁，小梁与黄辣子俱判

愛國報

一九百零九年八月十六號 禮拜一

本報價目 ●

全班 大賜福 王[illegible]林 梁

合演 （御果園）

侯兌兒 [illegible]稽[illegible] 皇

● 七

△ 三

七月初

。子憤，，開但什短，天先說

把說更天貧人頭聲憑般文，的深
一到上我寒家，道老呢問忙，了
時這才母的縫倚，婆尚她說二不
屋裏得女日做情我本來母不姑看
呢，歇都月活着們商歇女姑娜要
。好息到，計十一先息怎，嫂愛
匕像呢三那度指年噴呢的四在了
又想，四一這給到了，這姑意凉

台，拾用的一老細瑚，一门，ろ

豪俠小說

清俠傳

楊覺禍撰稿　吳一舸繪圖

第五十七回

度日維艱仰賴十指
傳崇祿位焚香三回

四姑忙道，快不要恩人恩人虛天價喊呌了，我們聽了反覺怪刺耳的，媽老婆忙改了話口，笑道，小姐們不願叫我稱呼恩人，我不這麼稱呼了就是，說話間，大王已把茶泡來，斟上了茶，恭恭敬敬給二姑四姑端了過來，二姑這時身上越發燥起來，汗仍拍個不住，索性她把上身衣服脫去，衹繚了薄薄一件衫兒，媽老麥香了，亡欄道，

燕都報
民國九年
陰歷庚申年三月十二日
本報每日多印二千張特
井陘
介紹馬玉堂

处徒刑。慧儿与家人团聚，小桃与钱福宝因侦探高福安之回护得脱此案，未再追究。

31.《爱国白话报》1919 年 4 月 28 日—1919 年 5 月 17 日（完）警世小说《如是观》剑胆

前清嘉庆年间，河南汴梁，有一家乐户，堂名藤花院。院中有一名妓曰爱奴，秀才钱生与之情恰。

里邻有白玉子者，乃躬自不修之荡妇，外号白蝴蝶。丈夫孙山东，乃大兴肉杠伙计。钱生与白玉子私通，多所应允。白玉子欲与钱生远走高飞，狠心杀死亲夫，埋于炕洞中。钱生则惧事远走，白玉子色诱并威胁大兴肉杠掌柜王山东，令其对外宣称：孙山东因染病，已与妻子返老家去矣。以杜问询。

白玉子脱身后，又与靳明姘居，原住房屋另租他人。租房人时闻房中异味，寻踪发现炕洞中尸体。事发，白玉子被捕，以谋害亲夫，凌迟处死。钱生逃到北京，重逢爱奴，钱生因好色染病而死，爱奴出家终。

作者自谓："按此事本系前清嘉庆年间一桩弃凶奇案，始终悬疑。友人觅得好事人日记一本，记事甚详。"[1]

32.《爱国白话报》1919 年 5 月 18 日—第 2072 号（39 节完）警世小说《卖国奴》剑胆

高丽国之西黑水国，有裴沛，字国钧者，留学归国，任次长后升至财政部长。

财政部长裴国钧、外交总长万国芬、出使大臣宋立夫，皆亲印度之卖国贼，与印度签订不平等条约，大借其款。国人不满，发起暴动。裴国钧惧祸，跑到印度，后被引渡回国，处以死刑。黑水国人民起义，打败入侵的印度军队，推翻专制政府，改建共和，举施含容为临时大总统。

33.《爱国白话报》1919 年 6 月 30 日—1919 年 7 月 18 日（15 节完）警世小说《张烈女》剑胆

---

① 剑胆：《如是观》，《爱国白话报》1919 年 4 月 28 日。

直隶宛平清河镇唐家岭恶霸贾六，一子贾德明，麻、秃、瘸兼备。同村流门户儿（外来户）张朴，女儿娥儿。贾六属意娥儿，欲娶为儿媳，张朴不从。贾六情急，痛殴张朴，又以张朴借500吊制钱，且以女儿做抵押相讹，并将张朴告上官府。贾六串通官府，将张朴收监，后圄死狱中。

出为父报仇计，娥儿决意出嫁贾家。新婚之夜，贾六奸占儿媳，与子大起争执，贾六竟失手掐死其子。贾六置而不顾，直入洞房。甫入，娥儿手刃之，大仇得报，娥儿亦剖腹自尽。

34.《爱国白话报》1919年7月15日—1919年8月21日（31节完）《小美人》剑胆

西城护国寺石碑胡同曹常魁，正黄旗汉军人，庄王府的管厨。曹常魁娶前库胡同耿英善之女耿大姑娘，人送外号小美人，是为曹耿氏。

曹常魁徒弟长绪，外号白脸长，曹耿氏与之私通。两人情热智昏，谋杀曹常魁，并留一诗，故布疑云，诗曰：

奸夫淫妇不可留，已然等了有三秋。

他与我妻同有染，特意前来把他谋。

众人休要混乱想，他我也是前世仇。

大人若要全此案，再等女命现出头。

白脸长逃逸时，因衣裳血迹，被巡警拘捕，事泄，奸夫淫妇皆处绞刑。

35.《小公报》1919年8月1日（续）—1919年8月1日（未完）时事新剧《学生殉国记》剑胆编辑（禁转载）

36.《爱国白话报》1919年8月22日—1919年9月7日（16节完）《珠玉缘》剑胆

安徽桐城程铁庵，生二女，长曰爱珠，次曰爱玉。苏鹤汀，书生，娶爱珠。一日白莲教凶僧入村为虐，苏鹤汀夫妻擒之送官，不料为其脱逃。数年后凶僧之同伙前来报复，爱珠杀之，己亦伤重不治。姐亡妹继，爱玉又嫁苏鹤汀为妻。后苏鹤汀中进士，授河南祥符县知县，赴任途中，遇宝禅寺僧徒抢劫。其首领正是苏鹤汀和爱珠所擒获后逃脱之凶僧，苏鹤汀用父亲传授之诸葛亮行军百宝囊，擒获30名僧徒，杀其魁首，荡平宝禅寺，夫妻偕老云。

37.《爱国白话报》1919 年 9 月 8 日—1919 年 9 月 25 日（17 节完）《巧奇缘》剑胆

前清光绪庚子拳匪之乱，有住京城西敞洼王坦者，遇自京逃难之奎老，其女奎大姑娘殁，暂厝佛寺，佣王坦为守更者，看守尸体。不意奎大姑娘病苏，然奎老已逃难他方。王坦护持奎大姑娘至家，善遇之，又仗义进京为其寻亲。

乱稍戢，奎老来祭扫亡灵，不意女儿已复活，并得王坦之照拂，遂将魁大姑娘嫁给王坦。又为感激乱中为其看护家产的福氏父子，将二姑娘许配给福家少爷。

38.《爱国白话报》1919 年 9 月 26 日—1919 年 10 月 15 日（18 节完）《偷生奴》剑胆

五代残唐时，朱全忠占领河南，自称梁王，后被后唐所灭。手下有一亲信臣子，姓满名月波，乃阉人。梁被灭后，满月波偷生卖国，逃窜林下。一日遇旧日同朝共事的余小臣，二人合谋成立复社，假恢复梁王宗社之名，募集捐款，借机敛财。

有朱二爷朱罄净者，乃梁宗室，被余小臣拉入复社。朱罄净入社，以自己为宗室，不齿与满月波在复社中平起平坐，将满月波羞辱。

事后，满月波愤恨不已，遂向燕王刘守恭写信告密，言朱罄净、余小臣阴结复社，与唐为仇。信被余小臣拾获，送至朱罄净，朱罄净率人擒获满月波，押至复社，按会规第二条，以叛逆罪杀之，并籍没其家。朱罄净和余小臣瓜分其财产妻妾，财产归余小臣，妻妾归朱罄净。

朱罄净将自己府中的一婢女春梅赏给余小臣，不意春梅乃满月波之旧妾，暂寄朱府，久有为满复仇之心，入余宅，手刃余小臣。偷生奴皆不得好死。

39.《爱国白话报》1919 年 10 月 16 日—1919 年 11 月 1 日（15 节完）《恶讼师》剑胆

前清湖北武昌江夏县有个不第秀才霍照，外号两头蛇。杂货铺伙计袁圭璋之妻，霍照涎之已久，霍照攀诬袁圭璋与贼人相通入狱。袁妻设计，遣妓女马彩芬假扮己身，前去求霍照搭救其夫，袁圭璋出狱与妻远走他乡。

后马彩芬因诱赌犯案，托霍照疏通案情，为知县识破，洞悉霍照设计陷害袁圭璋始末。霍照判流放，死于途中。

40.《爱国白话报》1919 年 11 月 2 日—1919 年 11 月 19 日（17 节完）警世小说《抢婚奇案》剑胆

北京德胜门茶盅盖胡同赵安，妻颜氏。有荣贵者，为某旗管看坟者，放债牟利，人送外号阎王荣。

赵安借债阎王荣，无力偿还，被迫将妻子抵债，妻不从，为热心仗义的同院李老太太携出藏于冯氏家中。冯寡居，妆阁无郎。阎王荣得知其下落，赴冯寡妇家拿人，结果从寡妇家捉出和尚。初，冯寡妇与悟非有私，此夜幽会，为人撞破。事露，县官令和尚还俗，阎王荣游街示众。

41.《爱国白话报》1919 年 11 月 20 日—1919 年 12 月 13 日（23 节完）警世小说《生死鸳鸯》剑胆

邓总戎女巧姑与邓府西席子孙耀宗情好，总戎探知女意有属，顺从之。不意迎娶之日，总戎被刺死。

初，总戎在四川害死富户七口人，其妻郑氏得免，总戎娶郑氏回府，郑氏遗腹子即巧姑。巧姑遣嫁之日，郑氏整理衣物，发现前夫之玉佩，询诸总戎，始悉家人被害真相。郑氏复仇，刺死总戎，遂与女儿巧姑投河。不意郑氏被捉，判处斩首。巧姑投水被救，救之者为木荣斋木督学，木督学收巧姑为义女。

此时，孙耀宗父死，乃改回原姓李氏，为人西席。木督学倾慕孙耀宗才学，将义女巧姑嫁之，然二人互不知对方为谁何。合卺之夕，巧姑誓不嫁二夫自尽，至此耀宗始悉为巧姑。巧姑既亡，耀宗谎称能复活之，屏绝余人，乘隙，己亦自尽，以报巧姑之情。人咸嗟叹，为建鸳鸯冢云。

42.《北京白话报》1919 年 12 月 1 日（16 节）—1919 年 12 月 8 日（23 节完）实事小说《孽海循还记》剑胆

43.《小公报》1919 年 12 月 4 日（20 节）—1919 年 12 月 4 日（20

节未完）社会小说《恶监遭劫记》剑胆

44.《北京白话报》1919年12月9日—1920年4月21日（121节完）警世小说《白云鹏》剑胆

白云鹏，三河县人，居香厂河南第一小胡同路东。媳妇孙氏，母皮氏。母当老妈子，媳妇随同洗涮。

白云鹏为史振麟的门生，初在北京四海班弹弦子授徒，教授两个徒弟翠喜和金红。因与金红有染被辞退，臭名在外，谁也不敢用他。白云鹏经师傅史振麟介绍至天津的小广寒，不想又犯这宗毛病，与李二太太有下一段露水姻缘，并以威胁手段敲诈650块钱和一个赤金手镯。

后鬻艺海上，与王翠兰姘居，又结识吉周氏和陈周氏。吉周氏，周菊香，乃满清贵族吉占之妾。陈周氏，周兰香，清候补道陈悲陀之妾。白云鹏回京后，复逢陈周氏、吉周氏二人于戏园子，旧情复萌，行迹甚密，在新华饭店被捉。

白云鹏被游街一星期，示众毕，定为拘役2年，交教养局习艺，拨入绳子科学习手艺。

45.《爱国白话报》1919年12月14日—1920年1月7日（19节完）《金阊艳案》剑胆

江苏金阊门外七里塘畔小酒铺褚掌柜，女乳名艳桃。艳桃与绸缎庄小徒弟陈洪范相恋，某日欢会之际，为父撞破。褚掌柜以窃贼牵洪范至保甲局。保甲局总巡大老爷郑一鹤洞悉其情，为艳桃和陈洪范做主婚配，然褚掌柜颇不愿。艳桃有表兄葛彬，艳桃父母私许葛彬劫艳桃强娶之。葛彬将艳桃劫至孙兴、孙旺处，为孙母孙老太太所阻，欲送还陈洪范家成婚。葛彬复于路中再抢，不意错劫赵燕士及其姐，为燕士所杀，燕士不知所杀者为何人。群议以为杀葛彬者为陈洪范，陷之狱，幸郑一鹤白其冤。洪范、艳桃得郑大老爷之清明查察，终成眷属终。

46.《爱国白话报》1920年1月8日—1920年2月14日（35节完）警世小说《眼镜博士》剑胆

黄九，人称黄老九，上海人，眼镜博士，精制眼镜兼善拆白渔色。

黄九与张书寓姘识。张书寓与第 79 师师长郭小仁原为相好，后为郭师长夫人潘氏所逐。潘氏于张书寓处发现黄老九，听朱氏主张将黄老九携归府第。朱氏为潘氏之梳头娘子，曾与郭小仁有私。

后朱氏与黄老九勾结卷逃，为郭小仁寻得，郭小仁痛责潘氏，潘氏无颜面自杀。郭小仁瞥见黄老九，不能释怀。郭有断袖之癖，前有杨小仙，系经黄老九介绍入幕。此际，黄老九替杨小仙为郭小仁娈童，以彰报应不爽。

47.《爱国白话报》1920 年 2 月 16 日—1920 年 4 月 1 日（39 节完）警世小说《方观承》剑胆

方承观微时，曾得屠户王六之周济，方承观则认屠户王六之女金子为义女。又得羽士刘星辉 20 两白银资助赴京，路上川资被劫，穷蹇无聊欲自杀，为普老和尚所救。方承观京中际遇雍王，雍王延为府中西席。康熙龙御上宾，雍正登基，授内阁中书、直隶总督，又授陕甘总督节制。

方承观贵显，然不忘旧恩，穷困时所周济己者皆一一报之。王屠户赠金赡养，并遣家其女。又从刘星辉指导，在各都会处设留养所，救济贫穷逃难之民。刘总兵因病迟误军饷，律应问斩，方承观赦其罪，令其戴罪立功。初，刘总兵乃刘星辉之子，刘星辉在与方承观初识时即以刘总兵事相托，至此应验无爽。

48.《爱国白话报》1920 年 4 月 2 日—1920 年 4 月 27 日（24 节完）警世小说《香界寺》剑胆

顺属京西香界寺，方丈鉴悔；门头村小户蓝辛，妻福氏。福氏与鉴悔私通，蓝辛在北京王府普二爷家看院与府内齐婆子牵情。事俱泄，互不咎罪，同意分袂，福氏归鉴悔，而蓝辛与齐婆子结合，双方各得其情。

蓝辛受赶车王四之托售卖玉观音。初，龙光庵姑子庙有个半老姑子叫慧聪，因事入普二爷府随手牵走玉观音，遂授其所腻龙光庵姑子庙厨师小何。小何托赶车王四转卖，王四托蓝辛兜售。如此这般，将被盗之原物卖回本主手中。事发，小何、老尼论偷盗罪处置。

49.《北京白话报》1920 年 4 月 22 日—1920 年 5 月 5 日（13 节

未完）警世小说《同恶报》剑胆

50.《爱国白话报》1920年4月28日—1920年5月27日（29节完）警世小说《夜游神》剑胆

顺属宛平县，京北70里，有个村落叫失音庄。庄上有焦二者，名成，外号夜游神。同村农夫袁旺，排行老大，人称袁大，供养瞎眼老母。袁大妹荣哥，王老西之未亡人也，寡居娘家。

荣寡妇与焦二有私，焦二谋杀袁大，被枪毙。荣寡妇虽有私通焦二之罪，然谋杀一事确不知情，无罪释放。后热心人为荣寡妇撮合，嫁鳏夫郑三。如此，荣寡妇无夫而有夫，郑三无妇而得妇，袁大瞎老母失子而得半子。

51.《小公报》1920年5月16日—1920年9月15日（120节完）社会小说《李五奶奶》剑胆

前清光绪年间，北京西河沿后身有个好站街的张二姑娘，乃二把刀张五之女，后嫁蜡铺做大蜡的李二爸。李二爸行五，故称李五奶奶。李五奶奶做私娼营生，手中有红姑娘杨秀珍、贵三姑娘、周月娥，往来者皆达官贵人，如民国代表、西藏青海议员劳望三，蒙古议员福子实。劳望三与玉六姑娘腻，在其身上半个月花了七八十万块钱，又与女学生打扮的松索卿缱绻。

要人的公子有方冻雪、方木斋，湖南督军的大少爷张少尧，直隶省长的小舅子赵幼稚亦出入李五奶奶处，与杨秀珍、周月娥之结情。

武人有朱将军、高司令亦来此寻芳。朱将军，朱豪，曾做过奉天蒙务局督办，弄个了空桶子将军；高司令，曾当过营长。

李五奶奶生有一子四女。二女李二姑娘操此生涯，与牛少龙姘居，牛少龙乃革命英雄，袁项城派去湖口对付黄兴有功，授陆军中将，二人生一子而夭。

天津有个著名的盐商朱亮，号叫宣科，行四，人称朱四拐子，来李五奶奶处。

李二姑娘与黄天民、杨秀珍三人设计诓骗朱四拐子钱财。

李五奶奶老来丧子而疯癫，为治疗疯癫之病，服用慧眼和尚药物而惨死终。

52.《爱国白话报》1920年5月29日—1920年7月16日（47节完）警世小说《小连生》剑胆

前清光绪年间上海四马路天仙茶园著名小武生潘幼廉，乳名小连生，系本地人，师从夏月润学戏。

候补道洪大人之妾金莺莺慕色小连生，托新剧家陈不凡斡旋约会小连生。陈不凡与小连生同恶相济，设计诓骗金莺莺1000块钱的对条，复戏弄之。当幽会之时，用唱花脸名为一声雷的胡四李代桃僵。金莺莺一见，羞愤不已，而身上的钱财又被胡四劫去。

金莺莺誓欲复仇，其闺友苏小芳为其出头，托做警官的何步法及褚四，在陈不凡去大亨绸缎庄兑现对条时，喊来巡警将其抓获，后取保释放，然陈不凡心不甘。

小连生与陈不凡另出一计，遣陈不凡姘头黄大角色诱褚四，并对褚四称握有得自革命党人的期票。褚四谋诸何步法，二人以为一旦告发革命党嫌疑，升官发财两得。何步法携期票去，小连生、陈不凡则报警称某商人丢失期票，为何步法所窃，且招来印度巡捕将何步法抓获。此计得售，小连生、陈不凡自何步法身上敲得2000元钱。黄大脚则将褚四钱物盗窃一空。

“革命党武昌起义，陈不凡被黄兴约出，作了上海商团团长。小连生亦召集手下一般亡命，帮同陈不凡弹压地面，成日同这些伟人政客，同起同坐，居然也挂上一个革命头衔。待临时政府成立，孙文做了大总统，小连生便改名潘复生，充上海卫戍司令官，二次湖口事变，随同黄兴攻打制造局，虽然是跟着起哄，大捣其乱。”[①] 其事亦为袁世凯所闻。

后小连生失势，仍为伶人。其革命事迹人人皆知，江苏都督欲惩戒之，为人劝阻。

53.《爱国白话报》1920年8月11日（23节）—1920年8月26日（38节完）警世小说《回头岸》剑胆

54.《爱国白话报》1920年8月27日—1920年10月29日（59

---

① 剑胆：《小连生》，《爱国白话报》1920年7月15日。

节完)《虎口余生记》剑胆

北京崇文门外下岗地方小住户王七，单名一个壮字，人称小王七，乃一北京混混，暇时练武。

开宝局的蔡帮子之女蔡招儿，与小王七有情。蔡帮子侦知，痛殴小王七。保库兵康八为小王七画策，嘱其去木头底刘老处谋事，伺机以妓女翠玲勾引重色之刘老，小王七计售，且又结识刘老家两大奶奶。会刘老为人枪击死，小王七奸占刘老大小两妻，置蔡招儿于不顾，蔡招儿抑郁而死。小王七用刘老两妻之本与康八开设宝局。

有眼镜张三，混混也。至小王七宝局敲诈400吊钱，小王七用激将之计，挑拨张三至蔡帮子处要钱。眼镜张三中计，到蔡帮子处索钱。蔡老帮与手下痛打眼镜张三，且刺瞎其眼。张三伤重，复饮凉水受激而亡，蔡帮子因此逃祸而去。小王七一计害了眼镜张三与蔡帮子。

小王七娶荣大姑娘为侧室，后小王七因私设宝局被捉入狱，狱中得腿疾。其间，卖炸糕的马七与荣大姑娘私通。小王七出狱，锯去双腿，无奈只能看马七与荣大姑娘鱼水谐欢，做睁眼元绪公，度其余生终。

作者于文首云："余之画友关斧君在前清庚子年住居东交民巷，遭拳匪之乱，被外人圈入战线内，一家细弱转从事于教会中，作战时之辎重队，搬石运瓦，担土抠筐，其苦不堪言状。幸教会文明，男女各司其事，只要不偷懒，将所派之功课办完，即令轮班休息。然吾友关斧君系有心人也，每丁休息时，必将 日所见所闻者，用铅笔写于日记上……日前读《回头岸》小说，笑谓余曰：'君所说之事，不过略有一二处相似，然究不如吾40年来日记簿上所记之实事为多也。'"① 此篇内容与作者所宣称之陷匪日记无关。

55.《小公报》1920年9月16日—1920年10月15日（35节完）社会小说《石宝龟》剑胆

前清宣统年间，京东一带有个能办案的苗俊升，人称苗二老爷。两名手下，一个阎振东、一个石宝龟，二人皆盗劫邪淫之徒。阎振东

① 剑胆：《虎口余生记》，《爱国白话报》1920年8月27日。

人送外号阎王爷，与石宝龟结为兄弟，狼狈为奸，无恶不作。

阎振东看青，巧遇王高氏窃玉米，以此相威胁，奸占王高氏。后因一句玩笑，枪击糖锣张二。逃亡途中，为石宝龟所卖，被捕。石宝龟则为仇家焦六、孟七、无常、霍启捉获，砍断脚筋，瞎其一眼。

56.《小公报》1920 年 10 月 16 日—1920 年 11 月 15 日（30 节完）社会小说《义烈鸳鸯》剑胆

前清光绪年间，宣武门内单牌楼四条胡同住家昆玉。昆玉女春娘与邢知县之子符哥，二人为表兄妹，指腹为婚。后两家主人各赴任所，暌隔二地。会光绪庚子义和拳之乱，昆玉一家欲尽节，为邻居黄先生所救。昆玉乃委托老家人王贵、乳母刘老太太，把小姐送往山东婆家。不意，路中为黄四通所劫，欲为压寨夫人。春娘不从，一头撞死黄四通，为打入水牢，赖王贵之子王忠等之勇武救出。二头目魏星五为黄四通寨主报仇起兵，邢符哥被捉。王忠、李渊救出符哥。官兵剿灭匪患，符哥、春娘终成眷属。

57.《北京白话报》1920 年 10 月 23 日（57 节）—1920 年 11 月 17 日（81 节未完）警世小说《祸国奴》剑胆

58.《爱国白话报》1920 年 10 月 30 日—1920 年 11 月 17 日（19 节完）《新房死尸案》剑胆

浙江仁和县富户王晏安，一儿一女，儿子王幼安。县城东薛家沟一小住户薛礼放，王晏安为儿王幼安娶薛礼放女。新婚之夜闹洞房，表妹袁招儿匿于床下。不想，有邻人赵慨思者，亦来此藏匿，二人春风一度，不料珠胎暗结。赵慨思因潮湿芜秽死于床下。王晏安家因此罹祸，新娘以私通赵慨思以致伤命而判绞刑，王家亦因此荡尽家产。袁招儿一方，事机终露，遗腹子生下。袁父得悉原委，大义白冤，赖知县明察，新娘得释。后王晏安家掘得窖藏复兴，招儿名誉既损，无所归依，知县令王晏安娶袁招儿为二房。

59.《小公报》1920 年 11 月 16 日—1921 年 1 月 9 日（49 节完）社会小说《杨翠喜》剑胆

直隶深州南霍家营农户霍德旺有女霍生云，与表兄杨德发共砚，互萌爱意，然不为霍家所容。二人私奔至北京，然无生理，只好各寻出路。杨德发返乡，霍生云则落溷钰凤茶室为妓，取名杨翠喜。

北京交道口有个金店伙计姓杨号啸菊，与杨翠喜结为相好。杨啸菊慷慨解囊，救济杨翠喜之急。

杨翠喜有阔客陈午良，杨翠喜欲随之从良。杨啸菊为之探问底细，知陈午良原为烟土贩子而作罢。有某恩客刘长亮，杨翠喜为其拐骗，同走天津，被卖至天津下处为娼，后被弃，杨翠喜无奈又返回钰凤茶室。有豪客张三爷以慢客之名羞辱且打砸杨翠喜房间，杨翠喜跳金汤桥自尽。杨啸菊为其敛葬，树墓碑题义妓杨翠喜。

60.《爱国白话报》1920 年 11 月 18 日—1921 年 2 月 1 日（68 节未完）警世小说《风流所长》剑胆

前清光绪年间，直隶天津县仇家窑有一小小住户宫长万。宫长万在天津开烟铺，得识直隶都督署衙门里一位官儿老爷田中越。后田中越进京为官，宫长万亦夤缘得任密探队队长。

仁寿山开办贫民教养院，宫长万进谗于田大人，攘夺其院长职位自任之。后宫长万又为济良所所长，受人请托，为防妓女脱逃本家赴济良所，故将济良所归并于教养院妇女习工厂名下。瓜魁，妻瓜瓜氏，女二花。宫长万霸占二花，而任用其父母。

济良所归并教养院妇女习工厂后，凡有几分姿色者，皆为宫长万所占。有到所愿领妓女为妻妾者，便以姿色之好坏定价之高低，倘不如其意，任凭男女如何愿意，休想领出。竟自把个济良所，当做贩卖人口的交易所。

61.《北京白话报》1920 年 11 月 20 日（8 节）—1921 年 1 月 24 日（38 节未完）警世小说《英雄会》剑胆

62.《小公报》1921 年 1 月 10 日—1921 年 1 月 25 日（15 节完）社会小说《神术》剑胆

山东蓬莱有位鲁生，名纯，号诚斋。某日遇李道士，法号真辛，有铁嘴之号。道士为鲁生相，言唯年寿不永，令鲁生不能释怀。又赠鲁生谶语，嘱临事开验，后鲁生一一开视，皆应验。如会试中举题目及名次，若合符契。父病，求诸李道士之谶语，立验，且以所授药方治愈父病。

鲁生赴京殿试途中，遇田老太太之寡媳，昏夜来奔，鲁生坐怀不乱，以狄将军故事晓喻之。曰：“黄河一流尸，本是桃花面。当年恨不见，而今不忍看。”此事亦李道士言中。

后鲁生殿试状元及第，授翰林院编修。然自念年寿不永之语，遂倾囊救助因案系狱的江春彬，使其夫妻团聚。而鲁生由积德行善，已增年寿。此后李道士所言皆不中，鲁生亦福寿双臻。故知人之生死富贵，亦可由积德、损德中有所更易。

63.《北京白话报》1921年1月25日—1921年6月13日（122节未完）警世小说《美人祸水刘喜魁》剑胆

64.《小公报》1921年1月26日—1921年3月7日（33节完）实事小说《自由潮》剑胆

北京前门里东四牌楼大院住户俊瑞，前清贵官也。一女秀文，后冠以汉姓，名朱秀文，女子师范学校毕业，后又考入女子绣工科，其绣品赴荷国赛会得头等大奖。

袁政府时期，有个四川人周一龙在北京南横街圆通观内成立了一个石灰党支部，专讲平等自由，实则白吃白喝，白逛白乐，拆白也。朱秀文经人介绍入石灰党，委任文牍科干事，与本科主任范亲仁相恋。而周一龙大吃其醋，并以本党经费名义敲诈朱秀文1万块钱，秀文盗其父囊以付之。后范亲仁入狱，朱秀文始终不弃，二人终成眷属。

65.《爱国白话报》1921年2月6日（2节）—1921年3月6日（24节未完）警世小说《钓金龟》剑胆

北京一大杂院住着串门洗衣裤的魁大奶奶、舒大麻子姑娘舒大妞儿。刘小庵于魁大奶奶家打牌与舒大妞儿结识。小庵有银票2000元，初贴魁大奶奶，后许诺舒大妞儿。魁大奶奶、舒大妞儿和舒大麻子三人设计，以色相诱，并设赌局，骗取刘小庵钱财，财尽，弃之如敝屣。刘小庵得花柳病落魄。

66.《小公报》1921年3月9日—1921年3月15日（6续未完）实事小说《刘二爷》剑胆

67.《爱国白话报》1921年3月13日（3节）—1921年4月25日（45节完）警世小说《张观准》剑胆

刘二佣工张观准宅，因故被逐。刘二挟嫌，起意纠伙，遂与芮大等谋划敲诈张观准，以其革职官员，被逐出京而稽留不去以讹金钱。张观准递呈皇上，御览，龙颜大怒，限期捉获案犯。刘三黑、冯四奉令缉获案犯，皆伏法。

68. 爱国白话报》1921 年 4 月 26 日—1921 年 5 月 31 日（34 节完）警世小说《小五通》剑胆

《聊斋》中有五通者，本为狐狸，民间有美妇则被其奸淫。此所言小五通乃是雍正年间一优人，姓王名玉山，字小珠，绰号小五通。

小五通幼失怙恃，为人卖入北京韩家潭何朵仙所开的韵花别墅象姑堂子，暇则学戏以为日后生计，师傅为仰朝楼。孰料，师徒成就断袖之情好，为本堂老板何朵仙捉奸，老板何朵仙逼迫仰朝楼招赘小五通入其府，仰朝楼无奈将女儿嫣红嫁小五通。小五通入赘后又与二岳母有染。

小五通在天和馆偷窥人家女眷，为老板黄拱辰痛殴。灯节入宫献艺，颇得雍正皇帝欢心。小五通忽然想起那日在天和馆被武举老黄等人殴辱一事，自念何不趁此出气，当堂询问邱郸县的知县此时姓字名谁，是忠是奸。当下把皇帝惹恼，拉下责打，灌铅竹竿加身，立毙杖下。

69.《爱国白话报》1921 年 6 月 1 日—第 2798 号（57 节完）警世小说《恶妇回头岸》(助善语录）剑胆

民国年间，西城单牌楼砚台胡同住户黎老头，　了黎玉青，勤习俄文，由黎玉青同学好友高聘才担保，而任俄义洋行副经理。

高聘才为古董店主，与富孀魁大奶奶姘居。后魁大奶奶移情广兴木厂徒弟侯四儿，高聘才则另寻出路。他与白寡妇设计，安排高太太假称胡太太色诱黎玉青，事成，黎玉青与其成婚，是为黎太太。

黎太太纵情挥霍，人称洋行内老板，外号财神奶奶。弄下偌大亏空，无法抵补。黎玉青自焚，并纵火焚烧俄义洋行，黎玉青伤重而亡。

黎太太与翻译冯小齐一见钟情，冯小齐乃一擦白党也。黎太太为其所骗，财物罄尽，且冯小齐拐走丫头香儿远飏。高聘才为魁大奶奶所告，身陷囹圄。黎太太落魄，被卖入三不管小下处接客，受尽虐待。

后染了一身杨梅大疥，鼻子烂掉，自杀为老尼救回，入空门了其残生。

70.《小公报》1921年6月9日（26节）—1921年6月9日（26节未完）警世小说《钟德祥》剑胆

71.《实报》1921年7月21日—1930年9月30日（71节未完）实事小说《义合拳》剑胆

庚子义合拳匪乱起，“我”那年整30岁。当时称洋人为大毛子，教友为二毛子，沾点洋气的叫三毛子。

那日“我”恰巧由城里出来，因穿浅灰色竹布大褂而被义合拳盘问。那时穿布衣服，如浅月白色竹布大褂和浅灰色竹布大褂，多为念洋书学生和为外国人做事人员，故遭盘问。

开烟馆的小鲍，是天主教教徒，给大毛子做侦探，被义合拳杀死。

义和拳烧毁奉教人的房屋，煤市街荣丰恒煤油庄、大栅栏竹记洋货店，及老德记洋药店在焚烧之列。荣丰恒为防引起火灾，将煤油倾倒荒地水沟中燃烧。义合拳又命凡洋字商铺的牌匾，都要改换过来，不然就在焚烧之列。而竹记洋广杂货等完全是洋货，只好关门。义和拳焚烧著名商铺老德记，致酿成大栅栏火灾，延烧数街。

在天主教堂口做剃头生意的小三，常入教堂被疑为二毛子，因此被杀。义和拳与外国人交战念咒无效而被打死。八国联军破城。

72.《爱国白话报》1921年8月1日—1921年8月27日（26节完）《孝子寻亲记》剑胆

山东历城县义庄。省城王大帅与陈大帅失和交火，历城成战场，有齑粉之祸。

陈大帅麾下六名败兵进义庄掳掠，并奸淫阮六二妻室，为郭养田、牛八与村民所杀。历城县恩县官为义庄村民回护，因此，被李营官带走，陈大帅欲枪毙之。恩县官子恩德铭寻父，义庄村正郭养田和牛八，飞马救回恩县官，并捉获陈大帅并痛杀之。恩氏父子团聚，后恩德铭任鲁省镇守使。

73.《北京白话报》1921年8月24日（63节）—1921年8月24日（63节未完）社会小说《张小仙》剑胆

74.《爱国白话报》1921年8月28日—1921年9月16日（18节

完）《蒲葵扇》剑胆

前清康熙年间，福建臬台陈公，破案素有能名；麾下卢师爷，名迪安，号叫慕韩。

福建某绅士黄毓全，一子一女，儿子黄少荃，女黄秀如。毓全有娈童癖。

某日黄氏兄妹得无来历箑一，上题诗曰：

扇子有风凉，拿在手中央。

虽无云雨意，却可解烦肠。

少荃信手题曰：

雄飞原有志，雌伏固无妨。

倘借春风力，飘飘出画堂。

段霞轩为黄毓全之密友，后因故被逐，怀恨在心。会黄家欲与名宦刘体仁结秦晋之好，段霞轩以此扇作祟播弄其间。刘家欲解除婚约，两方不协，讼至官府。时卢慕韩在臬司署内为师爷，批曰："既甘雌伏，何必雄飞，其人之品，从可知，其人之婚，理宜绝，遂判解约。"

黄毓全回府责打儿女，儿自杀，女亦随之。二人冤魂不散索命于卢慕韩，卢惨死。臬台陈公，亦受报应。其子膺荣恶口伤害老师，污其与丫头素贞有私，素贞忧愤自尽，膺荣得病成残疾。

75.《小公报》1921年9月3日（29节）—1921年9月3日（29节未完）警世小说《七妻之议员》剑胆

76.《小公报》1921年9月3日—1921年9月3日（1节未完）警世小说《文艳王》剑胆

77.《爱国白话报》1921年9月18日—1921年9月30日（11节完）警世小说《妙判奇案》剑胆

山西太谷县有魏世昌者，一介书生也，有小卫玠之名。郦丰荣有女名珊娘，偶遇魏世昌，一见钟情。闺房中姑嫂夜话，珊娘向嫂吐露心曲，言已意属魏生。然珊娘父母做主将珊娘嫁给关公子为妾。

珊娘曾有言曰非金二做的衣服不穿，金二裁缝也。此话传入金二耳中，金二以为珊娘有意于己。花烛夜金二杀死关公子，图奸珊娘不成，于是嫁祸魏世昌，珊娘与魏世昌同入狱。

判案徐公有查察之明，洞烛其情，将珊娘与魏世昌关入同一监室，二人誓同生死。金二事泄，被捕伏法。徐公判魏世昌珊娘为夫妻，二人奉命成婚。

78.《爱国白话报》1921 年 10 月 2 日—1921 年 10 月 26 日（22 节未完）《猴美人案》剑胆

四川富顺有一家中人之户，姓何名福，家畜一猴，兄何祚。一日猴为何祚孩儿洗澡，被其嫂打死。后倏忽复活，口做人语，诉说己为良家女子，与某氏子订婚，其父母听信谗言退婚，己为父母勒毙。不料，猴所言实有其事。初，四川流井县卞婷婷，许配张少新为妻，张家悔婚，捏造婷婷谣言，婷婷为父母勒毙。

何家人怪猴能言人间事，牵猴至婷婷墓地，杀猴于墓地，婷婷得以复活。

有盗墓贼熊大，盗婷婷墓而见猴头，进言张少新，告上官府。经官府审问，熊大盗墓事泄，伏法。婷婷与何福终成眷属。

79.《爱国白话报》1921 年 10 月 27 日—1921 年 12 月 6 日（37 节未完）警世小说《毛阿贵》剑胆

浙江仁和县有个地痞光蛋，名叫毛贼阿贵的，排行在六，人呼之毛阿六。有富户徐芳者，店伙王三收账为毛阿贵贼众所劫。徐芳告至县衙，县官惧贼；又诉之巡抚，毛阿贵始为抓捕，押上囚车。不意为其三角会同伙所劫，三角会又坑杀 20 多官兵。毛阿贵回仁和重行不法，开设宝局。徐芳之子徐小舟好赌，入宝局亏输甚多，无法偿还，投水自杀而为齐总兵手下兵船小管带李星桥所救。齐总兵令李星桥缉匪。官兵围捕始获毛阿贵匪众。毛阿贵等皆伏法。

80.《爱国白话报》1921 年 12 月 8 日—1922 年 1 月 10 日（15 节未完）《狗头六》剑胆

81.《小公报》1922 年 5 月 6 日（42 节）—1922 年 5 月 9 日（44 节未完）实事小说《白狼》徐剑胆

82.《小公报》1922 年 5 月 10 日—1922 年 5 月 10 日（未完）《梦中梦》剑胆

83.《北京白话报》1922 年 5 月 17 日（3 节）—1922 年 5 月 25

日（11节未完）社会小说《苏兰芳》剑胆

84.《北京白话报》1922年5月19日—1922年6月12日（未完）历史小说《关公演义》编辑者徐剑胆，绘图者潘小山

85.《北京白话报》1922年5月27日—1922年6月12日（未完）实事小说《山海关》剑胆

白山黑水之间有个横行一世的魔王胡必烈，人称老胡疙瘩。一子胡少烈，人称小胡疙瘩。胡家父子觊觎中原，进关兴兵，为北京留守武止戈先生所败，老胡殒命。

86.《小公报》1922年6月11日—1922年7月6日（25节未完）实事小说《逆伦惨杀案》剑胆

87.《北京白话报》1922年6月14日—1922年11月3日（130节未完）社会小说《春明梦影》剑胆

宣武门外三条胡同杨老太太女儿二锁，人称杨二姑娘。杨二姑娘为妓女小桃闺中密友。

有小胡者，号武鸣，江苏武进人，穷学生也。与武升班的一枝春情好，又与褚四的大奶奶英氏、二奶奶双氏私通。后小胡死于一枝春处，偷葬于乱死岗子。

杨二姑娘嫁花旦红的鲜。朱尚书女朱三小姐，外号猪头三，倾慕红的鲜，拘之于家。红的鲜逃回家，为摆脱朱三小姐计，与妻杨二姑娘设计，于宾馆朱三小姐的房间，安排黑印度人现身，并让猪头三父朱尚书撞见。朱尚书不满朱三小姐荒唐，约束朱三小姐回家待嫁。猪头三又与冯三幽会，后去吉林与其夫团聚，收心不再做浪游。红的鲜与杨二姑娘则流落吉林而死。

88.《北京白话报》1922年11月4日—1922年11月25日（20节完）实事小说《大骗案》剑胆

光绪年间，北京珠宝市有一家恒兴银号，掌柜刘百川。某日，有自称郎贬之者光顾，与银号老板、伙计渐渐熟识，酒席往来。某日郎贬之称买300标金，恒兴银号伙计送之其住处，郎贬之纳入银柜中，迁延付款。恰在此时有人催饭局之邀，郎以赴饭局为名外出，留银号伙计胡云升看守银柜，且钥匙亦置于胡云升手中。孰料银柜与邻屋相

通，300标金不翼而飞。邻屋住卖花生者，实为郎贬之同伙。

89.《北京白话报》1922年11月26日—1924年4月8日（109节完）实事小说《金刚钻》剑胆

直隶天津县，王老七继女王二姑娘，名王小钻，本为渔家女，家贫学戏。艺成，登台而红，艺名金刚钻。金刚钻与小潘相恋，不意小潘为拆白党，金刚钻被小潘抛弃，为济良所收留，家人迎回天津，继续登台。

板章胡同有板达子者，其子板小牧是天津的名角，饰小生，与金刚钻氍毹定情，成就一段红角小生与当家坤伶的美好姻缘。

小潘后与黄一毛姘居。小潘负情，黄一毛设计，以杨梅疮妓女陪之过夜，小潘染病，所剩不过病患余生也。

90.《北京白话报》1923年3月21日—1923年4月1日（5节未完）实事小说《并蒂花》剑胆

91.《商业日报》1923年3月30日（2节）—1923年4月11日（13节未完）商人醒睡录·寓言小说《自由梦》剑胆

92.《商业日报》1923年6月23日（33节）—1923年6月23日（33节未完）说部撷华·侠情小说《因祸得福》剑胆

93.《商业日报》1923年7月15日（17节）—1923年8月23日（57节未完）说部撷华·历史小说《双剑奇侠录》剑胆

94.《小公报》1923年7月21日（15节）—1923年8月5日（28节未完）家庭小说《闷葫芦》剑胆

95.《商业日报》1923年9月7日—1923年11月22日（77节未完）说部撷华《恶魔记》剑胆

96.《北京白话报》1923年9月30日（30节）—1923年9月30日（30节未完）社会小说《金少梅》剑胆

97.《小公报》1923年10月10日（18节）—1923年10月10日（18节未完）折狱小说《陈厨子》剑胆

98.《实事白话报》1923年10月31日—1923年12月20日（54节未完）实事侦探小说《金扁簪》剑胆

99.《实事白话报》1923年12月27日—1924年3月10日（64

节未完）实事小说《付胜氏》剑胆

100.《商业日报》1924年1月17日（16节）—1924年3月11日（36节未完）社会小说《一枝花》剑胆

101.《北京白话报》1924年2月3日（10节）—1924年2月10日（11节未完）实事小说《地藏庵》剑胆

102.《实事白话报》1924年3月28日—1924年4月20日（23节未完）实事小说《黑骚儿》剑胆

103.《商业日报》1924年4月26日—1924年6月17日（51节未完）社会小说《警世宝鉴》剑胆

104.《实事白话报》1924年5月28日（12节）—1924年8月28日（101节未完）实事小说《三命奇冤》剑胆

105.《商业日报》1924年6月22日（2节）—1924年7月28日（37节未完）社会小说《无头案》剑胆

106.《商业日报》1924年8月18日（10节）—1924年8月18日（10节未完）社会小说《蛮荒惨事记》剑胆

107.《北京白话报》1924年9月27日（80节）—1924年9月27日（80节未完）实事小说《恶奴欺主记》剑胆

108.《实事白话报》1924年9月28日—1924年11月20日（53节未完）实事小说《前世冤》剑胆

109.《实事白话报》1924年11月26日—1925年1月12日实事小说《白脸常》剑胆

110.《实事白话报》1925年2月1日（14节）—1925年2月15日（27节未完）实事小说《除夕之夜》剑胆

111.《实事白话报》1925年3月15日（10节）—1925年5月13日（68节完）实事小说《七月生子》剑胆

112.《实事白话报》1925年5月18日（5节）—1925年6月15日（33节未完）实事小说《面包》剑胆

113.《实事白话报》1925年8月30日（27节）—1925年8月30日（27节未完）实事小说《齐大头》剑胆

114.《北京白话报》1927年4月3日（10节）—1927年4月3

日（10节未完）白话聊斋《罗刹海市》剑胆译

115.《北京白话报》1927年4月3日（25节）—1927年6月15日（96节未完）实事小说《董姑娘》剑胆

116.《北京白话报》1927年6月7日（7节）—1927年6月7日（7节未完）白话聊斋《贾奉雉》剑胆译

117.《北京白话报》1927年6月7日—1927年6月15日（96节未完）实事小说《黄姑娘》剑胆

118.《北京白话报》1927年6月15日—1927年6月15日（1节未完）白话聊斋《丁溪前》剑胆译

119.《北京白话报》1927年9月2日（10节）—1927年9月2日（10节未完）白话聊斋《柳生》剑胆译

120.《北京白话报》1927年9月2日（67节）—1927年9月2日（67节未完）实事小说《狡猾报》剑胆

121.《北京白话报》1927年10月5日（4节）—1927年10月5日（4节未完）白话聊斋《佟客》剑胆译

122.《北京白话报》1927年10月5日（14节）—1927年10月5日（14节未完）寓言小说《亡国泪》剑胆

123.《北京白话报》1927年11月7日（27节）—1927年11月7日（27节未完）白话聊斋《仇大娘》剑胆译

124.《北京白话报》1927年12月13日（12节）—1927年12月13日（12节未完）白话聊斋《阿英》剑胆译

125.《北京白话报》1927年12月17日—1927年12月17日（2节未完）白话聊斋《张诚》剑胆译

126.《北京白话报》1928年1月8日（4节）—1928年1月16日（13节未完）白话聊斋《庚娘》剑胆译

127.《北京白话报》1928年3月15日（14节）—1928年3月15日（14节未完）白话聊斋《巩仙》剑胆译

128.《北京白话报》1928年8月3日（5节）—1928年8月3日（5节未完）白话聊斋《竹青》剑胆译

129.《北京白话报》1928年9月24日（13节）—1928年12月

14日（89节未完）实事小说《葫芦梦》剑胆

130.《北京白话报》1928年9月24日（8节）—1928年9月24日（8节未完）白话聊斋《王大》剑胆译

131.《实报》1928年11月19日（45节）—1928年11月19日（45节未完）社会谈片《天桥》剑胆

132.《实报》1928年12月1日—1928年12月24日（19节未完）通俗小说《国贼》剑胆

133.《北京白话报》1929年7月3日（71节）—1929年7月12日（81节完）实事小说《恋爱孽镜》剑胆

134.《实报》1930年4月2日（32节）—1930年5月21日（74节完）社会小说《一念差》剑胆

提督府提署薛星甫，其亲家为京东潘家村潘家，被匪洗劫，薛星甫限定刘守备五天破案。刘守备的手下李德胜办案得力，捉获案犯李得旺、张老赶。

薛提署与府中师爷郭子良借此设谋，唆使犯人口供，牵连他人，从中渔利。最可怜李得旺、仇黑子、齐四几个人，本与案情无关，结果攀诬入狱，送到菜市口，身首异处。薛星甫从中落了七八百两银子。

后薛提督罢官，乡居避祸。孰料，被仇人何乐天所杀。初，何乐天兄何乐九被贼一口咬入劫案中，被老薛问了死罪。何乐天杀死薛星甫为兄报仇。

135.《实报》1930年5月22日—1930年7月20日（58节完）警世小说《活阎罗》剑胆

有乌振东者，为马师长麾下执法处长，人称活阎罗，其表兄王宪章任军需处长。活阎罗乌振东假司令部之威权，向驻扎之某镇勒逼钱款，开设银行，称入股本军银行，所入之款将来可以发给银行股票，作为长期存款，按月付息。有邱八、焦三、巴六等富户不从，乌振东便将他们一律拉到司令部后院枪毙。乌振东在此镇上驻四十几天，刮取民财30多万。于是便同表兄王宪章到北京组织银行，称银行原为给师部筹饷发饷之转运机关，于是各营长、连长都把侵蚀下来的兵饷存入银行。孰料，某军长败绩，马师长自杀，手下鸟兽散。孟营长，魏旅长等人持枪向乌振东、王宪章索款。乌振东、王宪章二人势败财散，先后病死。

136.《实报》1931年1月9日（4节）—1932年1月18日（455节完）武侠小说《红鬃烈马》剑胆

京师赵四赵公明，在胶厂开设顺兴镖局，常骑红鬃烈马，人称滚马猴赵四。此马头高腰壮，浑身紫色。

有王氏兄弟，兄王老八王占鳌，守备衙门供职，弟王九王占魁，任职守备，兄弟二人横行不法。住保吉巷刘玉亭，本做店伙，染烟瘾而被辞。夫人杨氏，一女金子，租住在庞大脚院内。某日王占魁与余二奶奶逛城隍庙，路过庞大脚院，瞧见杨氏便起觊觎之心。遂与庞大脚设计，将刘玉亭气死，奸占杨氏，又将杨氏女儿金子卖与开银香下处的熬吉子。杨氏贫病，王占魁置之不理，金子在火神庙下处不堪虐待，吞烟死。金子被卖殒命之事泄，王占鳌离京去张家口避祸，其家亦败落。后王占鳌病亡。王占鳌之女王大招与对门作捕头的赵英儿子赵得私通，大招腹中珠胎暗结。

刘守备奉令拘捕王九王占魁，王九拒捕，用洋枪打死刘守备。提署李千总请赵四爷一同捉拿王九，赵公明骑红鬃烈马将落水之王九衔出，王九成擒伏法。

北京胶厂地方住着一著名大混混，姓黄，外号一刀，曾在东交民巷外国府上当过厨子，与王占魁幼小同学。黄一刀与王九有旧交，曾得王九照护，王九临刑嘱黄一刀复仇赵公明。

京城有某御史奏本，因言得罪，发往军台。赵四爷乘红鬃烈马，从京城启程，一路护送至军台。赵四爷独自乘马而归，一文钱未收，因此京师大侠滚马猴赵公明之名益振。

庚子义和拳之变乱，董福祥攻打东交民巷，其部下黄金福拜访赵公明。赵公明为言攻打东交民巷之略，并出示攻打东交民巷的地图，图为黄金福携走。后黄金福阵亡，图不知下落。

八国联军进北京，成立保安公署，主事者为柳寒蝉，柳寒蝉请黄一刀当保安队长。联军下令捉拿义和拳大师兄赵义，黄一刀将赵义名嫁祸于赵公明，率洋兵捉走赵公明并枪杀之。黄一刀乘机窃走红鬃烈马。某日，黄一刀骑红鬃烈马，为红鬃烈马摔撞拖拽而死，红鬃烈马亦为黄一刀部下赵太枪击而亡。

137.《北京白话报》1931 年 4 月 1 日（21 节）—1931 年 4 月 1 日（21 节未完）实事小说《地藏庵》徐剑胆

138.《实报》1932 年 1 月 26 日—1933 年 12 月 17 日（第 28 回上集完）长篇小说《旧京黑幕》剑胆

全文由发生于北京的姚八案、金珠案、德氏案组成。

姚八案：

王锦川女四合，为姚八奸拐，卖入风尘。案子破获，姚八被捕，送刑部河南司，掌印为旗人连瑞。连瑞受姚八三千两贿赂，以王四合为王大夫之女，是体面人家的姑娘，不愿蒙被奸之名，将本应判死刑的姚八，判处十年充军。连瑞自谓，既可以保女子没有污秽的名誉，又可救这姚八杀头之罪，不但不损德，还可小小积点阴骘。后四合嫁崔掌柜为续弦。

金珠案：

京城劫匪，快马刘三、黄带子洪四、提署箭手霍士端为一股；转心狼塔七、铁胳膊魁老、大头王八一股。他们常到各下处敲诈钱财。

刘三、洪四、霍士端抢劫妓女小荣儿，错把某宅阔少奶奶抢下车来，劫其金珠而释之。案发，轰动九城，惊动深宫大内，三人被抓处死刑。

德氏案：

唐玉珊，人称老唐，乃侦缉处的处长，负责缉捕盗贼，查拿奸宄。有刘太监者娶德氏，不守妇德，姘小葛，号兰亭，后与打杂的小占二卷逃私奔。案发，小占二与德氏拘于老唐处。刘太监向老唐行贿，唐处长受了刘太监一个大帽，方将小德氏放出。所谓大帽，应系当时俗语，但不知究指钱之多少。

小德氏出狱仍与小葛姘居。小德氏被拘时小葛常来与小德氏私会，老唐为他们大开方便之门。小葛虽得了这般好处，然于老唐处无分毫津润，老唐遂报复葛兰亭，以搜得乱党信函之名将其抓捕。

139.《实报》1933 年 12 月 18 日—1934 年 4 月 22 日（第 10 回完）

《苦口婆心》剑胆

鼓楼大街无量佛胡同一家旗人宅，主人萨克敦。萨克敦父英耆，曾做过海关大员，正太太傅氏，后纳三姨太太，三姨太太乃天津鼓姬出身，名韵珍。

英耆亡，韵珍生有一儿一女，当然不能遣去，与正太太俱在府中。三姨太太缘诊病故，与开办诊所的郝大医士郝竹溪私通，萨三姨太太资助郝开医院。郝竹溪服用法国某医生所发明春药，与萨三姨太太在医院纵欲，脱精而亡。萨三姨太太惶急无措，求助院里账房刘东山，许其钱财，托其料理后事，并掩盖秽迹。刘东山见机可乘，逼萨三姨太太献色相，方允其请。刘东山财色两得，逃往上海，本欲投资兴业，孰料被车撞毙，人财两空。

140.《实报》1934 年 4 月 23 日—1934 年 4 月 30 日（第 2 章未完）实事小说《贫女奇遇》徐剑胆

141.《实报》1934 年 8 月 16 日（第 2 回）—1935 年 2 月 20 日（第 9 回未完）历史小说《新华忆旧》徐剑胆

142.《北京白话报》1934 年 11 月 18 日（50 节）—1934 年 11 月 18 日（50 节未完）《奇巧循环》徐剑胆

143.《群强报》1935 年 1 月 9 日（120 节第 3 回）—1935 年 1 月 9 日（120 节第 3 回未完）葫芦剩语《泥人志》剑胆

144.《实报》1935 年 12 月 4 日（第 2 回）—1936 年 10 月 24 日（第 12 回完）警世小说《恶恋》徐剑胆

司吉人留学归国，中西皆通，与关智白结缡。不意，项应新迷恋关智白，并持手枪逼迫其与司吉人离婚，嫁给项应新。后项应新死关外，关智白求司吉人收留。初，司吉人与关智白离婚后，别娶白氏，为项应新之发妻。司吉人无法收留关智白，而将其安排在尼庵中。后司吉人将与智白所生之子领至庙中相认，使其母子团圆，智白终老方外尼庵。

145.《群强报》1935 年 12 月 14 日（8 节第 1 回）—1935 年 12 月 22 日（16 节第 1 回未完）葫芦剩语《可怜虫》剑胆

146.《实报》1936 年 10 月 25 日—1937 年 11 月 18 日（第 15 回完）

实事小说《迷途》徐剑胆

杭州省城蒋仲涛、谢奇逢、卢月轩，皆大学生也，三人合伙，抢劫杀人。被杀者一为儿童，系用哥罗芳熏药闷死；一为车夫，为卢月轩用手枪打死；一为银行送款员，由卢月轩和蒋仲涛用铁锤击毙。谢奇逢抛尸灭迹时被发现，侦缉队寻踪追捕，抓获三人，皆处以死刑。文字漫漶。

147.《北京白话报》1937年9月1日—1937年9月6日（未完）《儿女英雄传》徐剑胆

148.《实报》1937年11月20日—1938年4月27日（第8回145节完）武侠小说《报恩侠女》徐剑胆

清宣统末年，直隶天津以南西新镇，驻扎有一营军队，营官庞如龙。镇上有王国梁者，系前任县官严老爷任内的师爷，王国梁一儿一女，女秀瑛。严老爷病死在任上，王国梁照顾其妻室子女，并预备筹款将其灵送回原籍安葬。

庞如龙求婚王国梁女儿被拒，与希及时一同设计陷害王国梁，买通黄龙会头目雷凤春诬攀王国梁下狱。幸遇宛平县县衙署中两位有道之科员，一为青年周信诚，一为老年之魏绳武。二人都是县官马敬直的好辅佐。王国梁被诬案得二人维持，始获脱狱。

出狱后，王国梁父女，扶严知县灵柩自任所南下，安葬祖茔。王国梁将秀瑛送往劳山，师从厉森然习武。后王国梁病殁，嘱女秀瑛莫忘当年周信诚救命之恩德。恰巧，周信诚入山误入匪窟，为秀瑛所救。得知为救命恩人，由厉森然作伐，将秀瑛嫁周信诚。然合卺之时，周信诚入山修仙而去。

149.《实报》1938年4月28日—1938年9月26日（第6回148节完）社会小说《欢喜冤家》徐剑胆

北京东城豆腐胡同，住着一家富户胡素和，本是山西皮货商人，在城里开着一家皮货局子，专做细毛生意。胡素和娶奎大妞，即胡大奶奶，二人育有两女。胡大奶奶与店里学徒赵旺苟且，殃及其女金子被赵旺奸污。后胡大奶奶与赵旺反目，赵旺杀死胡大奶奶，伤其二女，赵旺被捕伏法。胡氏二女后嫁为人妇，而胡素和出走入山不归。

150.《实报》1938 年 9 月 27 日—1940 年 10 月 9 日（第 20 回完）侦探小说《烟阀遭虐案》后又名《烟阀案》徐剑胆

唐德山，人称老唐，在民国初年北京侦缉界颇负威名。他提署马兵出身，不十年位至右翼统领，授陆军少将之职。

京城有孟、侯、广、唐四家大烟土贩子。侯四爷印松亭、唐六爷印云甫、孟大爷孟翼轩为其三者。

当过议员的胡宝臣与郑景从、郭荣山合股贩卖烟土。胡宝臣之小太太叶艳秋运土被捉，孟大爷孟翼轩找老唐疏通，最后以 15 000 元脱祸。老唐专门搜寻这一路贩土客人，后又办了延小亭与屠七案，几番下来老唐已积得三四十万的财产。老唐之所以敢如此妄为，所依仗的是一位王将军。老唐逢迎王将军，投其所好，赠送古董。

朱贵，原为北京的混混，后补了花市守备兼侦缉二队队官。朱贵与李汉三合谋，将烟土置于邬麻焦身上，恐吓并敲诈其房契。朱贵得其房契催逼其迁出，弊案败露，朱贵、李汉三被捉入狱。李汉三妻子李三奶奶活动官司，钱财被小马三与方小二骗光。而朱贵、李汉三终伏法。

151.《实报》1942 年 2 月 4 日—1942 年 12 月 15 日（第 7 章完）武侠小说《鬼蜮世界》徐剑胆

北京宣外铁门路东关王庙内小烟馆掌柜许三，酱肘子铺掌柜郭山东。郭山东借 300 两银子与许三，许三抵赖，郭山东郁愤上吊死。后许三牵涉拐卖少妇案，为大兴县官差锁走，许三母因其入狱病重亡故。许三身陷囹圄，官差向其索贿，许三筹款无门，亦上吊死。

北京西城水车胡同巨商文三爷，文三爷投资宫达斋两万银子开大绸缎铺。宫达斋直隶省景县人，人称小宫，在京油盐店学徒出身。绸缎庄开业，曰文锦号。后因宫达斋荒唐而致亏空关闭。

文宅的老姨奶奶，乃文三爷父亲的姨太太，老姨奶奶三十一二岁，比文三爷还小五六岁，曾在南方花船上做歌女。

慧明与小宫设计引诱文老姨奶奶，计售，小宫得文家出资开设银号任协理。慧明乃三清观道姑，在观中设立欢喜参禅会，召引城内王公子弟和当地有势力人员，来观寻欢取乐，从中渔利。文老姨奶奶常常光顾。慧明有徒名朗月，朗月因不堪慧明之虐待，将其毒死。

闻慧明死讯，文老姨奶奶悔悟，与小宫绝交，遗产留给文三爷。小宫得心痛病死。

尹箴明

(尹箴明，又名湛引铭)

(小说所演皆为《聊斋》篇目，故事情节不一一注出)

1.《北京新报》第546号—569号（22节完）说聊斋《邢子怡》尹箴明

2.《北京新报》第570号—599号（26节完）说聊斋《云翠仙》尹箴明

3.《北京新报》第600号—610号（9节完）说聊斋《折狱》尹箴明

4.《北京新报》第664号—680号（12节完）说聊斋《胡四娘》尹箴明

5.《北京新报》第706号—732号（24节完）说聊斋《小翠》尹箴明

6.《北京新报》第733号—757号（24节完）说聊斋《细柳》尹箴明

7.《北京新报》第758号—782号（24节完）说聊斋《红玉》尹箴明

8.《北京新报》第822号—861号（34节完）说聊斋《青梅》尹箴明

9.《北京新报》第880号—906号（25节完）说聊斋《小梅》尹箴明

10.《北京新报》第985号—1019号（26节完）说聊斋《侠女》尹箴明

11.《北京新报》第1020号—1034号（12节完）说聊斋《太原狱》尹箴明

12.《北京新报》第1035号—1063号（27节完）说聊斋《罗刹

海市》尹箴明

13.《北京新报》第1064号—1091号（26节完）说聊斋《婴宁》尹箴明

14.《北京新报》第1095号—1130号（34节完）说聊斋《莲香》尹箴明

15.《北京新报》第1152号—1179号（27节完）说聊斋《大男》尹箴明

16.《北京新报》第1240号—1268号（27节完）说聊斋《白秋练》尹箴明

17.《北京新报》第1267号—1306号（36节完）说聊斋《辛十四娘》尹箴明，耀亭（自第10节由耀亭接续）

18.《北京新报》第1307号—1338号（25节完）说聊斋《娇娜》尹箴明

19.《北京新报》第1339号—1350号（10节完）说聊斋《商三官》尹箴明

20.《群强报》1913年7月13日（16节）—1913年7月29日（28节完）评讲聊斋《锦瑟》尹箴明

21.《群强报》1913年7月30日—1913年9月4日（28节完）评讲聊斋《阿绣》尹箴明

22.《群强报》1913年9月5日—1913年10月7日（24节完）评讲聊斋《刘夫人》尹箴明

23.《群强报》1913年10月8日—1913年11月14日（29节完）评讲聊斋《青娥》尹箴明

24.《群强报》1913年11月15日—1913年12月8日（19节完）评讲聊斋《梅女》尹箴明

25.《群强报》1913年12月9日—564号（18节完）评讲聊斋《柳生》尹箴明

26.《群强报》1913年12月29日—587号（19节完）评讲聊斋《香玉》尹箴明

27.《群强报》1914年2月22日（13节）—628号（29节完）评

讲聊斋《乐仲》尹箴明

28.《群强报》1914年3月14日第629号—647号（16节完）评讲聊斋《姐妹易嫁》尹箴明

29.《群强报》1914年4月3日第649号—663号（12节完）评讲聊斋《嘉平公子》尹箴明

30.《群强报》1914年4月18日第664号—691号（25节完）评讲聊斋《曾友于》尹箴明

31.《群强报》第692号—719号（25节完）评讲聊斋《花姑子》尹箴明

32.《群强报》第720号—738号（15节完）评讲聊斋《金生色》尹箴明

33.《群强报》第739号—749号（9节完）评讲聊斋《瞳人语》尹箴明

34.《群强报》第750号—771号（19节完）评讲聊斋《晚霞》尹箴明

35.《群强报》第772号—805号（28节完）评讲聊斋《婴宁》尹箴明

36.《群强报》第806号—823号（14节完）评讲聊斋《促织》尹箴明

37.《群强报》第824号—842号（17节完）评讲聊斋《庚娘》尹箴明

38.《群强报》第843号—875号（22节完）评讲聊斋《神女》尹箴明

39.《群强报》第876号—904号（23节完）评讲聊斋《续黄粱》尹箴明

40.《群强报》第905号—939号（29节完）评讲聊斋《胭脂》尹箴明

41.《群强报》第940号—968号（20节完）评讲聊斋《崔猛》尹箴明

42.《群强报》第969号—1002号（29节完）评讲聊斋《凤仙》

尹箴明

43.《群强报》第1013号—1036号（20节完）评讲聊斋《阿英》尹箴明

44.《群强报》第1052号—1082号（24节完）评讲聊斋《陈公栖》尹箴明

45.《群强报》第1084号—1102号（15节完）评讲聊斋《梦狼》尹箴明

46.《群强报》第1103号—1123号（17节完）评讲聊斋《画皮》尹箴明

47.《群强报》第1124号—1171号（46节完）评讲聊斋《仇大娘》尹箴明

48.《群强报》第1172号—1174号（3节完）评讲聊斋《种梨》尹箴明

49.《群强报》第1175号—1188号（10节完）评讲聊斋《崂山道士》尹箴明

50.《群强报》第1189号—1227号（32节完）评讲聊斋《黄英》尹箴明

51.《群强报》第1228号—1252号（20节未完）评讲聊斋《胡四姐》尹箴明。

52.《群强报》1915年12月20日第1260号—1326号（59节完）评讲聊斋《田七郎》湛引铭

53.《群强报》第1327号—1348号（19节完）评讲聊斋《公孙九娘》湛引铭

54.《群强报》第1349号—1368号（16节完）评讲聊斋《齐天大圣》湛引铭

55.《群强报》1916年4月16日第1369号—1384号（13节完）评讲聊斋《惠芳》湛引铭

56.《群强报》第1385号—1412号（23节完）评讲聊斋《长亭》湛引铭

57.《群强报》第1413号—1434号（18节完）评讲聊斋《钟生》

湛引铭

58.《群强报》第 1435 号—1463 号（23 节完）评讲聊斋《贾奉雉》湛引铭

59.《群强报》第 1464 号—1485 号（17 节完）评讲聊斋《阿霞》湛引铭

60.《群强报》第 1486 号—1502 号（14 节完）评讲聊斋《毛狐》湛引铭

61.《群强报》第 1503 号—1527 号（21 节完）评讲聊斋《书痴》湛引铭

62.《群强报》第 1528 号—1561 号（26 节完）评讲聊斋《武孝廉》湛引铭

63.《群强报》第 1563 号—1590 号（22 节完）评讲聊斋《王成》湛引铭

64.《群强报》第 1592 号—1620 号（23 节完）评讲聊斋《王桂庵》湛引铭

65.《群强报》第 1621 号—1656 号（31 节完）评讲聊斋《寄生》湛引铭（按有附则）

66.《群强报》第 1657 号—1672 号（13 节完）评讲聊斋《公孙夏》湛引铭

67.《群强报》第 1673 号—1690 号（14 节完）评讲聊斋《房文淑》湛引铭

68.《群强报》第 1691 号—1710 号（16 节完）评讲聊斋《窦氏》湛引铭

69.《群强报》第 1711 号—1728 号（14 节完）评讲聊斋《韦公子》湛引铭

70.《群强报》第 1729 号—1749 号（15 节完）评讲聊斋《九山王》湛引铭

71.《群强报》第 1750 号—1762 号（9 节完）评讲聊斋《双灯》湛引铭

72.《群强报》第 1763 号—1791 号（25 节完）评讲聊斋《湘裙》

湛引铭

73.《群强报》第 1792 号—1817 号（18 节完）评讲聊斋《彭海秋》湛引铭

74.《群强报》第 1819 号—1830 号（9 节完）评讲聊斋《黎氏》湛引铭

75.《群强报》1917 年 8 月 9 日 1831 号—1846 号（15 节完）评讲聊斋《考弊司》湛引铭

76.《群强报》第 1847 号—1866 号（19 节完）评讲聊斋《佟客》湛引铭

77.《群强报》第 1867 号—1905 号（36 节完）评讲聊斋《张鸿渐》湛引铭

78.《群强报》第 1906 号—1924 号（16 节完）评讲聊斋《丁前溪》湛引铭

79.《群强报》第 1925 号—1974 号（47 节完）评讲聊斋《霍女》湛引铭

80.《群强报》第 1975 号—2020 号（41 节完）评讲聊斋《吕无病》湛引铭

81.《群强报》第 2021 号—2031 号（10 节完）评讲聊斋《段氏》湛引铭

82.《群强报》第 2032 号—2040 号（8 节完）评讲聊斋《段氏附则》湛引铭

83.《群强报》第 2041 号—2066 号（22 节完）评讲聊斋《薛尉娘》湛引铭

84.《群强报》第 2067 号—2083 号（14 节完）评讲聊斋《褚遂良》湛引铭

85.《群强报》第 2084 号—2105 号（18 节完）评讲聊斋《聂小倩》湛引铭

86.《群强报》第 2106 号—2135 号（26 节完）评讲聊斋《仙人岛》湛引铭

87.《群强报》第 2136 号—2156 号（19 节完）评讲聊斋《申氏》

湛引铭

88.《群强报》第 2157 号—2179 号（21 节完）评讲聊斋《龙飞相公》湛引铭

89.《群强报》第 2180 号—2234 号（48 节完）评讲聊斋《邵女》湛引铭

90.《群强报》第 2235 号—2284 号（44 节完）评讲聊斋《巩仙》湛引铭

91.《群强报》第 2285 号—2296 号（11 节完）评讲聊斋《鸽异》湛引铭

92.《群强报》第 2297 号—2334 号（35 节完）评讲聊斋《小翠》湛引铭

93.《群强报》第 2335 号—2366 号（29 节完）评讲聊斋《红玉》湛引铭

94.《群强报》第 2367 号—2402 号（32 节完）评讲聊斋《张诚》湛引铭

95.《群强报》第 2403 号—2429 号（20 节完）评讲聊斋《丐仙》湛引铭

96.《群强报》第 2430 号—2458 号（24 节完）评讲聊斋《水莽草》湛引铭

97.《群强报》第 2450 号—2464 号（14 节完）评讲聊斋《狐嫁女》湛引铭

98.《群强报》第 2465 号—2496 号（27 节完）评讲聊斋《任秀》湛引铭

99.《群强报》第 2497 号—2524 号（24 节完）评讲聊斋《贾儿》湛引铭

100.《群强报》第 2525 号—2672 号（44 节完）评讲聊斋《成仙》湛引铭

101.《群强报》第 2573 号—2603 号（29 节完）评讲聊斋《连琐》湛引铭

102.《群强报》第 2604 号—2615 号（11 节完）评讲聊斋《汪士

秀》湛引铭

103.《群强报》第2616号—2643号（27节完）评讲聊斋《王者》湛引铭

104.《群强报》第2644号—2654号（10节完）评讲聊斋《保住》湛引铭

105.《群强报》第2655号—2678号（22节完）评讲聊斋《青蛙神》湛引铭

106.《群强报》第2679号—2709号（31节完）评讲聊斋《陈锡九》湛引铭

107.《群强报》第2710号—2727号（16节完）评讲聊斋《西湖主》湛引铭

108.《群强报》第2728号—2743号（15节完）评讲聊斋《荷花三娘子》湛引铭

109.《群强报》第2744号—2757号（13节完）评讲聊斋《莲花公主》湛引铭

110.《群强报》第2758号—2765号（7节完）评讲聊斋《绿衣女》湛引铭

111.《群强报》第2766号—2827号（61节完）评讲聊斋《云萝公主》湛引铭

112.《群强报》第2828号—1920年8月2日（23节完）评讲聊斋《甄后》湛引铭

113.《群强报》1920年8月3日—2866号（14节完）评讲聊斋《胡大姑》湛引铭

114.《群强报》第2867号—2912号（44节完）评讲聊斋《娇娜》湛引铭

115.《群强报》第2913号—2924号（11节完）评讲聊斋《妖术》湛引铭

116.《群强报》第2925号—2991号（66节完）评讲聊斋《细侯》湛引铭

117.《群强报》第2992号—3000号（8节未完）评讲聊斋《毛

大福》湛引铭

118.《群强报》第3030号（3节）—3050号（20节完）评讲聊斋《太原狱》湛引铭

119.《群强报》第3051号—3105号（53节完）评讲聊斋《邢子仪》湛引铭

120.《群强报》第3106号—3126号（30节完）评讲聊斋《白莲教》湛引铭

121.《群强报》第3127号—3166号（42节完）评讲聊斋《云翠仙》湛引铭

122.《群强报》第3167号—3189号（22节完）评讲聊斋《萧七》湛引铭

123.《群强报》第3190号—3207号（17节完）评讲聊斋《狐梦》湛引铭

124.《群强报》第3208号—3218号（10节完）评讲聊斋《僧术》湛引铭

125.《群强报》第3219号—3232号（12节完）评讲聊斋《驱怪》湛引铭

126.《群强报》第3233号—3243号（10节完）评讲聊斋《骂鸭》湛引铭

127.《群强报》1952年9月3日—3258号（13节完）评讲聊斋《狐女》湛引铭

128.《群强报》第3259号—3276号（18节完）评讲聊斋《王大》湛引铭

129.《群强报》第3277号—3295号（18节完）评讲聊斋《伍秋月》湛引铭

130.《群强报》第3296号—3333号（37节完）评讲聊斋《夜叉国》湛引铭

131.《群强报》第3334号—3371号（37节完）评讲聊斋《大力将军》湛引铭

132.《群强报》第3372号—3386号（14节完）讲聊斋《姬生》

湛引铭

133.《群强报》第3387号—3403号（16节完）评讲聊斋《老饕》湛引铭

134.《群强报》第3404号—3406号（2节未完）评讲聊斋《叶生》湛引铭

135.《群强报》1922年7月11日（22节）—1922年7月11日（22节未完）评讲聊斋《石清虚》湛引铭

136.《群强报》1922年8月8日（2节）—1922年8月10日（3节未完）评讲聊斋《李伯言》湛引铭

137.《群强报》1922年8月23日（4节）—1922年8月23日（4节未完）评讲聊斋《雷曹》湛引铭

138.《群强报》1922年9月11日—1922年9月11日（1节未完）《赌符》湛引铭

139.《群强报》1922年9月13日—1922年9月13日（1节未完）《棋鬼》湛引铭

何必聊斋、讲演夜谈

（何必聊斋、讲演夜谈所演述皆为霁园主人《夜谈随录》篇段，故事情节不一一注出）

1.《群强报》1922年1月12日（3节）—1922年10月17日（6节未完）何必聊斋《崔秀才》湛引铭初稿

2.《群强报》1922年10月30日—1922年11月19日（19节未完）何必聊斋《碧碧》湛引铭初稿

"上段说的《夜谭随录》的首段《崔秀才》……接说第二段《碧碧》。"①

3.《群强报》1922年11月21日—1922年12月10日（18节未完）讲演夜谈《犁花》湛引铭初稿

"接着是我湛引铭按照讲演聊斋笔路口锋述说《夜谈随录》……

① 湛引铭初稿：《碧碧》，《群强报》1922年10月30日。

今天为什么去掉‘何必’二字，换做讲演夜谈呢？一则道其实，从此湛引铭讲演何书即用原书名儿，哪位爱瞧原文，您只管上书肆找去；二则有朋友指摘，说‘何必’二字，近于奚落，要知同处无聊境界，借笔墨啖饭，尚何必彼此而生嫌隙，既□来函赐教，咱就赶□‘何必’取消，仍换讲演”①。

4.《群强报》1922年12月12日—1922年12月12日（1节未完）讲演夜谈《张五》湛引铭初编

5.《群强报》1923年1月13日（18节）—1923年1月20日（25节未完）讲演夜谈《阿墀》湛引铭初编

6.《群强报》1923年1月28日—1923年1月28日（未完）讲演夜谈《某太医》湛引铭初编

7.《群强报》1923年2月3日—1923年2月26日（16节未完）讲演夜谈《闵预》湛引铭初编

8.《群强报》第3893号（2节）—1923年8月22日（未完）讲演夜谈《孝女》湛引铭初编

9.《群强报》1923年10月3日—1923年10月3日（1节未完）讲演夜谈《赵媒婆》湛引铭初编

10.《群强报》1923年12月7日—1923年12月7日（1节未完）讲演夜谈《双髻道人》湛引铭初编

11.《群强报》1924年1月14日（14节）—1924年1月14日（14节未完）讲演夜谈《铁公鸡》湛引铭初编

12.《群强报》1924年2月10日（20节）—1924年2月10日（20节未完）讲演夜谈《王侃》湛引铭初编

13.《群强报》1924年5月29日—1924年6月□日（31节未完）讲演夜谈《汪越》湛引铭初编

14.《群强报》1924年7月12日—1924年7月12日（未完）讲演夜谈《苏仲芳》湛引铭初编

15.《群强报》1924年8月3日—1924年9月10日（38节未完）

① 湛引铭初稿：《犁花》，《群强报》1922年11月21日。

讲演夜谈《邱生》湛引铭初编

16.《群强报》1924 年 9 月 20 日—1924 年 11 月 6 日（45 节未完）讲演夜谈《霍筠》湛引铭初编

17.《群强报》1924 年 12 月 6 日—1924 年 12 月 6 日（未完）讲演夜谈《周琰》湛引铭初编

18.《群强报》1925 年 5 月 8 日—1925 年 5 月 8 日（未完）讲演夜谈《尤大鼻》湛引铭初编

19.《群强报》1925 年 8 月 12 日（14 节）—1925 年 8 月 12 日（14 节未完）讲演夜谈《修鳞》湛引铭初编

耀亭

评讲聊斋

（小说皆为《聊斋》篇目，故事情节不一一注出）

1.《北京新报》1910 年 7 月 7 日第 531 号（9 节）—545 号（23 节完）说聊斋《颜氏》耀亭

2.《北京新报》第 611 号—649 号（35 节完）说聊斋《江城》耀亭

3.《北京新报》第 681 号—692 号（7 节完）说聊斋《凤阳士人》耀亭

4.《北京新报》第 907 号—928 号（17 节完）说聊斋《王桂庵》耀亭

5.《北京新报》第 1180 号—1197 号（16 节完）说聊斋《聂小倩》耀亭

6.《北京新报》第 1267 号—1306 号（36 节完）说聊斋《辛十四娘》尹箴明、耀亭（自第 10 节由耀亭接续）

7.《北京新报》第 1351 号—1382 号（26 节未完）说聊斋《素秋》耀亭

8.《白话国强报》1920 年 7 月 12 日（16 节）—1920 年 7 月 12 日（16 节未完）说聊斋《江城》耀亭

9.《白话国强报》1920 年 11 月 2 日—1920 年 11 月 17 日（15 节未完）说聊斋《葛巾》耀亭

10.《白话国强报》1921年4月12日（36节）—1921年4月12日（36节未完）说聊斋《双灯》耀亭

11.《白话国强报》1921年8月11日（22节）—1921年8月11日（22节未完）说聊斋《小谢》耀亭

12.《实事白话报》1921年9月27日（8节）—1921年10月24日（33节未完）说聊斋《云翠仙》耀亭

13.《实事白话报》1921年10月27日—1921年10月27日（未完）说聊斋《巩仙》耀亭

14.《实事白话报》1922年7月8日（11节）—1922年7月16日（19节未完）说聊斋《王桂庵》耀亭

15.《实事白话报》1922年8月21日（12节）—1922年9月2日（未完）说聊斋《连城》耀亭

16.《实事白话报》1922年9月3日—1922年9月25日（23节完）说聊斋《黄英》耀亭

17.《实事白话报》1922年9月26日—1922年10月22日（24节未完）说聊斋《章阿端》耀亭

18.《实事白话报》1922年10月23日—1922年11月22日（31节未完）说聊斋《白秋练》耀亭

19.《实事白话报》1922年11月30日—1922年12月14日（20节未完）说聊斋《邢子仪》耀亭

20.《实事白话报》1922年12月16日 1923年1月5日（17节未完）说聊斋《萧七》耀亭

21.《实事白话报》1923年1月12日—1923年1月30日（19节未完）说聊斋《乔女》耀亭

22.《实事白话报》1923年2月6日—1923年4月7日（54节未完）说聊斋《邵女》耀亭

23.《实事白话报》1923年7月14日—1923年8月15日（33节未完）说聊斋《乐仲》耀亭

24.《实事白话报》1923年8月17日—1923年9月13日（28节未完）说聊斋《席方平》耀亭

25.《实事白话报》1923年9月18日（5节）—1923年9月28日（14节未完）说聊斋《姚安》耀亭

26.《实事白话报》1923年9月30日—1923年10月31日（30节未完）说聊斋《续黄梁》耀亭

27.《实事白话报》1923年11月25日（23节）—1923年12月20日（48节未完）说聊斋《胭脂》耀亭

28.《实事白话报》1923年12月30日—1924年2月18日（46节未完）说聊斋《马介甫》耀亭

29.《实事白话报》1924年3月2日—1924年3月10日（18节未完）说聊斋《婴宁》耀亭

30.《实事白话报》1924年3月28日—1924年3月28日（1节未完）说聊斋《章阿瑞》耀亭

31.《实事白话报》1924年4月20日—1924年4月20日（1节未完）说聊斋《促织》耀亭

32.《实事白话报》1924年5月28日—1924年6月13日（36节未完）说聊斋《青梅》耀亭

33.《实事白话报》1924年6月19日（2节）—1924年7月22日（34节未完）说聊斋《霍女》耀亭

34.《实事白话报》1924年7月27日—1924年8月28日（33节未完）说聊斋《阿霞》耀亭

35.《实事白话报》1924年9月28日（21节）—1924年10月3日（26节完）说聊斋《细柳》耀亭

36.《实事白话报》1924年10月4日—1924年10月16日（12节未完）说聊斋《董生》耀亭

37.《实事白话报》1924年10月18日—1924年11月16日（30节未完）说聊斋《娇娜》耀亭

38.《实事白话报》1924年11月19日—1924年12月4日（16节未完）说聊斋《陆判》耀亭

39.《实事白话报》1925年1月12日—1925年2月1日（15节未完）说聊斋《晚霞》耀亭

40.《实事白话报》1925年2月9日（4节）—1925年2月15日（9节未完）说聊斋《侠女》耀亭

41.《实事白话报》1925年3月15日（10节）—1925年4月4日（30节完）说聊斋《封三娘》耀亭

42.《实事白话报》1925年4月13日（8节）—1925年4月21日（16节未完）说聊斋《胡四娘》耀亭

43.《实事白话报》1925年4月27日（4节）—1925年5月8日（15节完）说聊斋《柳生》耀亭

44.《实事白话报》1925年5月13日（5节）—1925年5月21日（13节完）说聊斋《水莽草》耀亭

45.《实事白话报》1925年5月22日—1925年6月8日（18节完）说聊斋《乐仲》耀亭

46.《实事白话报》1927年1月25日—1927年1月30日（6节未完）白话聊斋《赌符》耀亭

47.《实事白话报》1927年6月29日（8节）—1927年7月16日（24节未完）白话聊斋《折狱》耀亭

48.《实事白话报》1928年2月2日（6节）—1928年2月2日（6节未完）白话聊斋《胡四相公》耀亭

49.《实事白话报》1928年8月17日—1928年9月4日（19节未完）白话聊斋《吕无病》耀亭

50.《实事白话报》1930年4月1日（5节）—1930年4月14日（18节完）白话聊斋《巩仙》耀亭

51.《实事白话报》1930年4月15日—1930年5月8日（24节完）白话聊斋《梅女》耀亭

52.《实事白话报》1930年5月9日—1930年5月23日（15节完）白话聊斋《萧七》耀亭

53.《实事白话报》1930年5月24日—1930年6月8日（15节完）白话聊斋《乔女》耀亭

54.《实事白话报》1930年6月9日—1930年7月17日（37节完）白话聊斋《辛十四娘》耀亭

55.《实事白话报》1930年7月18日—1930年7月23日（6节完）白话聊斋《考城隍》耀亭

56.《实事白话报》1930年7月23日—1930年7月27日（5节完）白话聊斋《瞳人语》耀亭

57.《实事白话报》1930年7月28日—1930年8月3日（7节完）白话聊斋《画壁》耀亭

58.《实事白话报》1930年8月4日—1930年8月6日（3节完）白话聊斋《种梨》耀亭

59.《实事白话报》1930年8月7日—1930年8月14日（8节完）白话聊斋《崂山道士》耀亭

60.《实事白话报》1930年8月15日—1930年8月19日（5节完）白话聊斋《长清僧》耀亭

61.《实事白话报》1930年8月20日—1930年8月26日（7节完）白话聊斋《狐嫁女》耀亭

62.《实事白话报》1930年8月27日—1930年9月16日（27节完）白话聊斋《娇娜》耀亭

63.《实事白话报》1930年9月17日—1930年10月6日（20节完）白话聊斋《成仙》耀亭

64.《实事白话报》1930年10月8日—1930年10月25日（17节完）白话聊斋《王成》

65.《实事白话报》1930年10月26日—1930年11月14日（17节完）白话聊斋《青凤》耀亭

66.《实事白话报》1930年11月15日—1930年11月29日（14节未完）白话聊斋《画皮》耀亭

67.《实事白话报》1931年7月1日（4节）—1931年7月6日（9节完）白话聊斋《王者》耀亭

68.《实事白话报》1931年7月7日—1931年8月11日（35节完）白话聊斋《陈云栖》耀亭

69.《实事白话报》1931年8月12日—1931年8月21日（9节完）白话聊斋《织成》耀亭

70.《实事白话报》1931 年 8 月 22 日—1931 年 9 月 4 日（13 节完）白话聊斋《竹青》耀亭

71.《实事白话报》1931 年 9 月 5 日—1931 年 9 月 22 日（16 节完）白话聊斋《大男》耀亭

72.《实事白话报》1931 年 9 月 23 日—1931 年 9 月 30 日（7 节完）白话聊斋《嘉平公子》耀亭

73.《实事白话报》1931 年 10 月 1 日—1931 年 10 月 10 日（10 节完）白话聊斋《姊妹易嫁》耀亭

74.《实事白话报》1931 年 10 月 11 日—1931 年 10 月 13 日（3 节完）白话聊斋《保住》耀亭

75.《实事白话报》1931 年 10 月 14 日—1931 年 10 月 15 日（2 节完）白话聊斋《水灾》耀亭

76.《实事白话报》1931 年 10 月 16 日—1931 年 10 月 16 日（1 节完）白话聊斋《诸城某甲》耀亭

77.《实事白话报》1931 年 10 月 17 日—1931 年 10 月 17 日（1 节完）白话聊斋《戏缢》耀亭

78.《实事白话报》1931 年 10 月 18 日—1931 年 10 月 27 日（10 节完）白话聊斋《水莽草》耀亭

79.《实事白话报》1931 年 10 月 28 日—1931 年 11 月 4 日（8 节完）白话聊斋《凤阳士人》耀亭

80.《实事白话报》1931 年 11 月 5 日　1931 年 11 月 19 日（14 节完）白话聊斋《珠儿》耀亭

81.《实事白话报》1931 年 11 月 20 日—1931 年 12 月 6 日（17 节完）白话聊斋《续黄粱》耀亭

82.《实事白话报》1931 年 12 月 8 日—1931 年 12 月 20 日（13 节完）白话聊斋《胡四姐》耀亭

83.《实事白话报》1931 年 12 月 21 日—1931 年 12 月 23 日（3 节完）白话聊斋《祝翁》耀亭

84.《实事白话报》1931 年 12 月 24 日—1931 年 12 月 30 日（6 节完）白话聊斋《酒友》耀亭

85.《实事白话报》1931年12月31日—1932年1月22日（10节完）白话聊斋《阿宝》耀亭

86.《实事白话报》1932年1月23日—1932年1月24日（2节完）白话聊斋《伏狐》耀亭

87.《实事白话报》1932年1月25日—1932年1月28日（4节完）白话聊斋《赵城虎》耀亭

88.《实事白话报》1932年1月29日—1932年3月13日（40节完）白话聊斋《烈女图》耀亭

其他小说

89.《北京新报》第650号—663号（10节完）闲谈录《一技长》耀亭（短篇）

90.《北京新报》第693号—705号（完）闲谈录《时医》尹箴明（短篇）

91.《北京新报》第783号—801号（18节完）庄原录《巧团园》耀臣（短篇）

92.《北京新报》第802号—821号（17节完）庄原录《龙氏三娘》耀臣（短篇）

93.《北京新报》第862号—879号（完）庄原录《珠江花舫》耀臣（短篇）

94.《北京新报》第1131号—1151号（19节完）随缘录《一箭射双雕》耀亭（短篇）

哑铃

（哑铃，又作亚铃）

1.《白话捷报》1913年8月3日—1913年9月6日（34节完）《金三郎》亚铃

浙江杭州府钱塘县富户金如鉴，娶王霞姑为续弦。迎娶之日，金如鉴念霞姑年轻，将其许给侄儿金万青为妻。

新任知县全星槎，外号全不管，向金如鉴索贿不成，将其监禁。霞姑父王老头儿，船户也，人送外号水星子王。率人将金如鉴救出，迎到水寨，杀死全不管，截获其女葵香。葵香愿嫁金如鉴子金叔青为妻，二人成就眷属，金家老小亦于水寨寥花岗落草。

2.《白话捷报》1913 年 9 月 7 日—1913 年 10 月 13 日（32 节未完）《何喜珠》亚铃

3.《白话捷报》1913 年 10 月 14 日—1913 年 11 月 5 日（23 节完）《劫后再生缘》亚铃

明代浙江杭州府钱塘知县葛天柱，爱民如子，两袖清风。新任杭州知府何金寿，向其索贿不成，以聚众抗官、图谋不轨罪陷之狱。葛天柱外甥宁世基任侠尚义，闻讯率商民造反，救出葛知县，打死何知府和守备，焚烧官署。

乱中，宁世基念知府家属无辜，遂将何知府女线娘救出，自己则被捕。后逢满清定鼎北京，大赦天下，宁世基得返家。线娘知恩图报，愿嫁世基为妻。宁世基妻吴氏，念己无出，膝下犹虚，亦乐见线娘入府为姊妹，二人遂成眷属。

4.《白话捷报》1913 年 11 月 9 日—1913 年 11 月 27 日（19 节未完）《李清风》亚铃

5.《爱国白话报》1913 年 12 月 25 日—1914 年 3 月 15 日（66 节完）《康小八》亚铃

前清光绪年间，直隶大兴县康营地方，有康小八、康小九兄弟。康小八在北京东直门牵驴做赶脚为生。粮店二掌柜张有义雇驴，载至康营黑桥，康小八将其谋害，劫银 100 余两。首次得手后，索性打破脑袋用扇子扇，将赶脚驴卖掉，买小六转洋枪，专事抢劫。

康庄头乃康小八叔辈，康小八借钱不成，持枪杀死叔婶，纵火焚烧房屋，并劫走现银 300 余两。

康小八外出行劫，路过康各掌村，瞥见田姓大姑娘换子，夤夜翻墙入室，强逼成婚。康小八名声愈大，致有小毛贼冒用其名。

康小八进京，与在东直门柳树下剃头的剃头匠一言不合，开枪将其打死。后与陈小秃、张三、李四、胡老太、王黑头、王愣头结伙，到天津作案。在天津侯家后三喜下处，因争风吃醋打死白大爷。

路过昌平州，康小八见许四巴女儿许姑娘，欲行强奸。王黑头拦阻，并纵许姑娘逃走，康小八恼怒，开枪打死王黑头。其弟王愣头，含恨在康小八手下做碎催，伺机复仇。

康小八一伙沿路抢劫至营口，劫得东三省解京官饷。步兵统领衙门接谕旨，遣候补千总杨得山、杨仁山兄弟，捉拿康小八。

康小八眷一妓李小兰，杨得山以大义晓喻之，得其许为内应。又联合陈小秃，和志在为兄复仇的王愣头，设计将康小八骗到李小兰处灌醉捉获。康小八解京，凌迟处死。

杨得山信守当初承诺，娶李小兰为妾。

6.《白话捷报》1914年2月17日（36节）—1914年3月19日（66节完）《康小八》亚铃

亦刊于《爱国白话报》

7.《爱国白话报》1914年3月16日—1914年4月16日（31节完）《元宵案》亚铃

北京海甸街住户张福泉，娶妻郑氏，嗜食元宵。会郑氏姊生子满月，郑氏与夫张福泉往贺，当晚张福泉欲吃元宵。

先是，街坊苏大姑娘处，有一不相识驴夫，声称苏大姑娘表兄刘万才，托送元宵30枚，苏大姑娘遂收下。适逢张福泉欲食元宵，苏大姑娘便将驴夫所托送元宵拿出15枚转送张福泉，张福泉食后中毒身亡。苏大姑娘遂成嫌犯。而分居已久之弟苏斌，恰于事发当日返家，疑元宵出诸其手，意欲加害不相和睦的姐姐苏大姑娘，苏斌亦系狱。

然叠经地方监察厅，以至高等审判厅开审，因证据不足，遂判定此案暂告悬疑，俟侦查有确实证据，再行起诉。

"中华民国元年十一月，因为张福泉贪口腹之欲，误食毒物身死，叠经地方监察厅，将一干被嫌人犯传案，开预审六七次之多，因无确实证据，遂将嫌疑极重之苏大姑娘、苏斌，一并释放。后经原检察官依法抗告到高等审判厅……后经开庭再审，仍无确实证据，遂判定此案悬，俟侦查有确实证据，再行起诉，以此足见司法独立自比专制时代不同。若在前清时代，传至刑部，五刑交加，未尝不能讯出真凭实据来，然亦有受刑不过，因而诬服者……今本馆主任泪墨君觅得元宵案在监察厅前后追诉各呈词，以及高等审判庭，判□正本，委余作为实事小说。”①

8.《白话捷报》1914 年 3 月 20 日—1914 年 4 月 19 日（30 节未完）《元宵案》亚铃

亦刊于《爱国白话报》

9.《爱国白话报》1914 年 4 月 17 日—1914 年 5 月 27 日（39 节完）《煤筐奇案》亚铃

东四牌楼 18 条胡同住户德玉，一女梅妞儿。某日，梅妞母遣其去隆兴煤铺赊煤，梅妞前往，孰料为煤店王三、赵二、胡五、李八奸杀，埋于煤堆中。后为煤店张掌柜发现，事发，赵二、胡五、李八被捕，王三逃脱。

王三逃出煤店，奸拐赵二妻巧云，卖为妓女，又不断敲掠之。侦探甄熊得巧云之臂助，抓获王三，王三被斩首伏其辜，甄熊娶巧云为妾终。

10.《白话捷报》1914 年 6 月 27 日（25 节）—1914 年 7 月 1 日（29 节未完）《大报仇》亚铃

山东黄县耕织人家王昌、王义兄弟。王昌娶郭秀英为妻。先是，知县少爷高拱颇有觊觎秀英之心，其志未遂。迨秀英嫁王昌后，高拱仍不死心，派人当街殴死王昌。王义告官无地，高少爷派周六、王五、赵七、马八来劫秀英，秀英用剪刺死王五，煮肉烧骨灭迹，汤水喂猪。其余三人被王义追杀死。王义又入高府，手刃高拱，为兄报仇，已则自刎。案发，秀英无罪，高知县被革职。

11.《爱国白话报》1914 年 7 月 1 日—1914 年 8 月 13 日（42 节完）《张黑虎》亚铃

安徽凤阳米家村米德成，娶大竹村潘燕儿为妻。迎亲之日，新人甫下轿，突出利刃，将米德成父刺死，新人自杀未死。

先是，同村何腾蛟者，其妻何佩贞，某日为本地土棍张黑虎窥见，遂起觊觎之心，欲占为己室。佩贞被逼无奈，诈允之。迎娶之日，怀剪前往，欲刺死张黑虎。

---

① 亚玲：《元宵案》，《爱国白话报》1914 年 3 月 16 日。

轿至途中，突遇大雨，躲至清凉大佛庵内，适同日遣嫁的大竹村潘燕儿花轿，亦来此避雨。雨停，忽闻枪声，慌乱之中，二新人上错轿。佩贞被送至米德成家，以为张黑虎宅，出刀刺死米德成父。而潘燕儿被抬至张黑虎家，张黑虎见错就错，逼奸不从，将潘燕儿卖至花船上。遇忠仆王忠，燕儿得救，去官府申冤，林知县贪赃，得张黑虎一万两银子贿款，迁延案情。后赖赵太守、汪知县清明，冤终得白。米德成与潘燕儿终成眷属，何佩贞夫妻破镜重圆，张黑虎斩首伏其辜。

12.《白话捷报》1914年7月14日（9节）—1914年8月16日（41节未完）《张黑虎》亚铃

亦刊于《爱国白话报》

13.《白话捷报》1914年8月16日—1914年8月22日（5节未完）《杨莲史》亚铃

14.《北京白话报》1920年1月27日（17节）—1920年1月27日（17节未完）警世小说《煤筐奇案》亚铃

亦刊于《爱国白话报》

15.《爱国白话报》1921年3月6日—1921年4月21日（44节未完）《何喜珠》亚铃

16.《爱国白话报》1921年5月4日—1921年5月21日（18节完）《仇慕娘》亚铃

直隶保定府卫文庄，鄙弃八股制艺，入山十载学成武艺。陕西西安府仇慕娘比武招婿，文庄与慧明和尚一同前往。慧明和尚被慕娘打残，文庄不战而胜，娶得美人归。

先是，慧明未出家时倾羡慕娘。为拒慧明，慕娘声言比武选婿，慧明遂去少林寺习武，慕娘又立不与僧人比武之规。此番与文庄一同前来，慕娘出重手伤之，以绝其念，而与文庄结为连理。

有匪首白眼狼，啸聚县城西北五洞山为祸，攻占县城。文庄夫妻率一营之兵，收复县城，杀死白眼狼，荡平匪患，因功被封为总兵，暂行摄理县事终。

17.《北京白话报》1921年8月24日—1921年8月24日（未完）社会小说《邓子良》亚铃

18.《爱国白话报》1922年1月8日—1922年1月10日（3节未完）最近小说《李秃子》哑铃

19.《北京白话报》1922年6月14日—1922年8月2日（36节未完）《扁将军》哑铃

20.《北京白话报》1922年8月21日—1922年8月□日（未完）实事小说《美人与伟人》哑铃

21.《北京白话报》1922年10月7日—1923年4月8日（未完）历史小说《清宫十三朝秘史》哑铃

历史演义，演述清宫秘闻。

22.《北京白话报》1923年9月30日—1923年9月30日（1节未完）实事小说《家庭祸》哑铃

23.《北京白话报》1924年2月3日—1924年2月10日（2节未完）实事小说《新风流医》哑铃

24.《小小》1925年8月29日（2节）—1925年12月23日（114节未完）实事小说《庚子遇难记》徐哑铃

25.《北京白话报》1927年4月3日（27节）—1927年4月3日（27节未完）实事小说《方观承》哑铃

26.《北京白话报》1927年6月7日（22节）—1927年6月15日（31节未完）实事小说《义烈鸳鸯》哑铃

27.《北京白话报》1927年9月2日（50节）—1927年9月2日（50节未完）实事小说《文字之孽》哑铃

28.《北京白话报》1927年10月5日（30节）—1927年10月5日（30节未完）实事小说《官场冤案》哑铃

29.《北京白话报》1927年12月13日（19节）—1928年1月16日（47节未完）政治小说《宦途风波》哑铃

30.《北京白话报》1928年3月15日（16节）—1928年3月15日（16节未完）警世小说《眼镜博士》哑铃

31.《北京白话报》1931年7月7日—1931年7月25日（19节未完）实事小说《新贪欢报》哑铃

辽隐

1.《小公报》1919年12月4日（续）—1919年12月4日（未完）社会小说《拆白党》辽隐

《小公报》1920年5月16日（175节）—1920年5月17日（176节完）社会小说《拆白党》辽隐

2.《实事白话报》1921年9月10日（51节）—1921年9月27日（60节未完）家庭小说《凤凰愁》辽隐

3.《实事白话报》1921年10月16日（2节）—1921年10月27日（13节未完）家庭小说《东床媚》辽隐

4.《实事白话报》1921年10月16日—1921年10月27日（13节未完）《白话简明历史》辽隐

5.《爱国白话报》1922年1月5日—1922年2月26日（39节未完）家庭小说《舅舅误》辽隐

6.《实事白话报》1922年7月8日（35节）—1922年7月13日（未完）侦察小说《女屠户》辽隐

7.《实事白话报》1922年7月14日—1922年9月23日（71节未完）侦探小说《翠鹌鹑》辽隐

8.《实事白话报》1922年9月28日（5节）—1922年12月31日（95节未完）《孤儿泪》辽隐

前清山东蒲台县大赵村赵凤德、赵凤毛兄弟二人，只赵凤毛生一子牛儿。赵凤毛离乡任西席，与兄约，两房合一子，牛儿娶两妻，兼祧两房。凤毛携妻儿赴张国庆家西席之任，不想，赵凤毛夫妻染病双亡。张国庆抚牛儿成人，促其认祖归宗。

有马氏者，九嫁之妇，女小臭，婿葛树立，三人济恶，以马氏嫁赵凤德为计，同谋赵凤德财产。迨牛儿返乡大赵村，认取伯父赵凤德，孰料为马氏等诬为诈财，出手打死。长工舁至郊野，牛儿命不该死，活转人世。

命案讼至县令白如雪，判令张国庆将赵凤毛夫妻灵柩运回，以证牛儿为赵氏之后不诬，牛儿冤得白。

9.《燕都报》1922年10月20日—1922年12月5日（47节未

完）侦探小说《美人乳》黄辽隐

10.《小公报》1922年11月29日（42节）—1922年11月29日（42节未完）侦探小说《鸳鸯血》辽隐

11.《小公报》1922年12月17日—1923年1月7日（15节未完）生活小说《五文钱》辽隐

12.《实事白话报》1923年1月5日—1923年4月7日（85节未完）《金漆桌》辽隐

前清直隶天津府静海县上官村，于振鹤、于振鹏兄弟二人。振鹤书生懦弱，晚娶孀妇戈氏；振鹏投军离家。

不意戈氏赌局姘识赵三友，汪汪狗兜搭戈氏未就，知其隐，为振鹤出头捉奸，赵三友反将汪汪狗和振鹤杀死，并放火烧尸。

13.《实事白话报》1923年7月14日（46节）—1923年9月7日（101节未完）家庭小说《猪吃人》辽隐

14.《实事白话报》1923年9月13日—1923年10月31日（46节未完）家庭小说《甲鱼变》辽隐

15.《实事白话报》1923年11月25日—1924年2月10日（67节未完）实事小说《嫁女尸》辽隐

16.《小公报》1924年2月3日（3节）—1924年2月3日（3节未完）社会小说《脂粉侠》辽隐

17.《实事白话报》1924年3月2日（19节）—1924年4月20日（67节未完）实事小说《捉河神》辽隐

18.《实事白话报》1924年5月28日（36节）—1924年6月13日（51节未完）家庭小说《守宫毒》辽隐

19.《实事白话报》1924年6月19日—1924年8月5日（47节未完）《连环缢》辽隐

20.《小公报》1924年7月26日（62节）—1924年7月26日（62节未完）实事小说《猫媒》辽隐

21.《实事白话报》1924年8月7日—1924年11月19日（79节未完）伦理小说《女儿福》辽隐

22.《小公报》1924年8月21日（13节）—1924年10月23日

(65节未完）实事小说《男姨》辽隐

23.《实事白话报》1924年11月20日—1925年3月15日（99节未完）侦探小说《荆花鱼》辽隐

24.《小公报》1925年1月9日（16节）—1925年5月11日（110节未完）非战小说《海之罪》辽隐

25.《实事白话报》1925年4月4日（13节）—1925年5月30日（61节未完）家庭小说《典衣服》辽隐

26.《实事白话报》1925年5月31日—1925年6月15日（12节未完）实事小说《人面鸮》辽隐

27.《实事白话报》1925年8月30日（14节）—1925年8月30日（14节未完）家庭小说《周孝廉》辽隐

28.《实事白话报》1927年1月25日（6节）—1927年3月4日（99节未完）家庭小说《纸霸王》辽隐

29.《实事白话报》1927年7月16日（57节）—1927年7月16日（57节未完）讽世小说《终身误》辽隐

30.《实事白话报》1927年10月7日（58节）—1927年10月7日（58节未完）家庭小说《良心账》辽隐

31.《实事白话报》1928年2月2日（59节）—1928年2月2日（59节未完）社会小说《磨钱》辽隐

32.《实事白话报》1928年3月23日（36节）—1928年3月23日（36节未完）实事小说《珊瑚狱》辽隐

33.《实事白话报》1928年7月29日（23节）—1928年9月4日（66节未完）实事小说《爱河潮》辽隐

34.《实事白话报》1928年10月8日（15节）—1929年1月5日（90节未完）社会小说《王骨董》辽隐

35.《实事白话报》1929年6月18日（33节）—1929年6月18日（33节未完）社会小说《作孽花》辽隐

36.《实事白话报》1930年4月1日（87节）—1930年5月13日义侠小说（128节完）《红叶谷》辽隐

（前缺）柳玉清与柳氏夫妻，膝下两女，柳小青、柳小英。恶官朗德仁强娶柳小英，柳氏与柳小英被逼自杀。柳玉清、柳小青父女复仇，杀死帮凶苟其农，投奔红叶谷寨主戈飞霞。

戈飞霞亦士子，后家败落，手刃仇人，投著名帮头吴枫客麾下。吴枫客尽传其绝技并招为女婿，戈飞霞接任为山大王，啸聚红叶谷。

郝寡妇、柳小英二案，黑龙江巡抚贺秘君受贿包庇罪犯，民怨沸腾。贺秘君奉召赴京途中为戈飞霞劫获，戈飞霞杀朗德仁，削贺秘君鼻。飞霞又施展剑侠本领，入宫递书，进呈御览，所言贺秘君种种不法皆不虚。龙颜大怒，贺秘君伏法。

37.《实事白话报》1930年5月14日—1930年8月10日（80节完）社会小说《化杜鹃》辽隐

四川西充县方寿镇乔庚，与同窗郑雪芝结缡。适逢北伐军兴，乔庚奔赴江西，投身北伐革命。因其非军人出身，只能在后方做管理战俘的工作。其妻郑雪芝后亦携子追随丈夫至江西，组织妇女看护伤兵。

乔庚终如愿效命疆场，前线负伤而回。国民革命定鼎南京，乔庚因不是军人出身，无从安置，滞留南京，谋不到官职，仅靠家中接济。后去北平，希冀官场旧友之照拂，谋得一官半职。孰料，一无结果。抑郁失望，夫妻勃谿，家用日绌，车夫牛二吵闹索取工钱。至此，乔庚夫妻始悔其革命经历，贫病交加，失望至极，溺毙儿女，夫妻亦自杀于旧京崇文门外枣秸胡同西充乔寓。留题壁诗一首曰：

今日号啼难解决，将来金紫等浮萍。

雄心碧血于斯尽，儿女夫妻化杜鹃。

38.《实事白话报》1930年8月21日—1930年10月17日（72节完）社会小说《醋西施》辽隐

安徽宿迁县大源酒醋店，老板邬阿善，人称邬大源，原配亡故，续弦康爱姐，人称醋西施。本县书生宋师尧，佻达无行，倾慕爱姐，非爱姐不娶。爱姐嫁后，宋师尧颇有不忿之词，玩笑间曾有邬大源死、方得爱姐之类言谈。

孰料，邬大源在收账回途中被杀，钱财被劫。爱姐被疑杀夫，宋师尧因其言论，与李协台等亦被于知事下令抓捕。

追郭君实上任，知案另有隐情，假令判宋师尧有罪，爱姐任人呈领为妻。有卖豆腐的苗起端，递呈愿领爱姐为妻，作案者即其人也。又从其住处起获烟袋等赃证，苗起端抵命，康爱姐、宋师尧和李协台等无罪释放。宋师尧与康爱姐终成眷属。

39.《实事白话报》1930年10月28日—1930年11月30日（33节未完）社会小说《九人画》辽隐

郭君实任宿迁县知县，每出访，见一男童，手持白纸，叫卖书画，画共五段，绘九人，甚粗略。

郭公微服私访得知，卖画童俞大柱，住西城流水堡，其父俞耀西，母梅氏。初，俞耀西结交一军界朋友侯二刚，任连长之职，其兄大刚任旅长。侯二刚觊觎梅氏，为俞耀西痛斥。侯二刚则借县中劫案攀污俞耀西入狱，以图梅氏。为救丈夫，梅氏委身侯二刚，侯二刚应允其救夫之请，暗地却促其夫速死，以独占梅氏，俞耀西终被枪毙。丈夫死后，梅氏将侯二刚逐离身畔，然侯二刚仍来纠缠。

40.《实事白话报》1931年7月2（49节）—1931年11月3日（163节完）言情小说《七嫁娘》辽隐

41.《实事白话报》1931年11月5日—1932年4月9日（127节完）社会小说《杀子疑案》辽隐

湖南长沙杨兆和、杨屈氏夫妻，生三子，燮元、凯元、坤元。杨屈氏倌人出身，不改劣性，与萧子成私通，又与高鹏林有染。其子燮元怨愤其母，杨屈氏恋奸情热，曾有毒杀其子之图谋。

后燮元捉奸，孰料，捉奸不成，落水溺亡。燮元兄弟告杨屈氏杀子，警察验尸结论，杨屈氏杀子不成立，燮元致死之由无定论，成疑案。

文叙司法程序颇繁。

42.《实事白话报》1932年4月10日—1932年7月12日（87节完）武侠小说《洪三点》辽隐

前清东三省有大侠，名洪三点。奉天广宁县司家屯土霸马似彪逼娶娄家民女小杏，洪三点仗义相救，并惩戒马似彪。临去，于壁上题“我便是”，下涂三点血，其形如品字，又像十七帖的下字，大家遂称洪三点。东三省官员皆惧之。

金维晋将军为恶，洪三点杀其子并师爷，毁姨太太面容。

奉天安东县所属上祥镇内有位绅士，姓朱，名山头。实即隐居之洪三点。

43.《实事白话报》1932年5月27日—1932年7月31日（6节完）实事小说《猫媒》辽隐

吕若予与汪如雪互相倾慕已久，然无缘识荆。愁思之际，会猫衔项链投至吕若予处，汪家登报寻物，吕若予璧还项链，幸会汪如雪小姐，遂成姻缘。

44.《实事白话报》1932年7月13日—1932年10月9日（85节完）社会小说《迷魂药》辽隐

天津梅秀痴小姐，喜交际，善跳舞，父母反对。梅秀痴离家出走，住进伟人大饭店，易名杨三小姐。

梅秀痴为人驾弄，控父宠妾虐女以图钱财，复不顾父母之情，法庭相见，以一万块钱条件，登报声明脱离父女关系，并立手续。从此度其交际生涯，交纳赋闲的大老官鱼承祖，及宋小明、满阶修等。倾倒者颇众，人送外号迷魂药。

45.《实事白话报》1932年10月12日—1933年2月7日（109节完）社会小说《匪窟鸳鸯》辽隐

吴俊源、方雪庚倾慕已久，会匪乱，二人被劫，难中相遇。劫匪索钱，二家一时无着，二人被押，虽日日忧心撕票，然日久情洽。脱难后，终成眷属。

46.《实事白话报》1933年2月21日—1933年8月31日（第48回1374节未完）演说评书《水浒》辽隐

47.《实事白话报》1934年5月4日（32节）—1934年10月15日（182节完）长篇社会小说《男女拆白党》辽隐

蒋百痴乾纲不振，其妻莲英及其妹妹莲洁姘拆白党小阿三。后莲英与莲洁姊妹二人与王一串一起卷逃天津，为王一串所弃，沦落烟花。

到天津后王一串又与兰卿姘居，与汪太太私通。而汪太太又与小阿三往来。小阿三与阿金设仙人跳局，敲诈甄遐寿。

浮鸥

1.《实事白话报》1922年8月21日（12节）—1922年12月17日（106节未完）社会小说《自由岸》浮鸥

(前缺) 史勿悔自称学界新人，娶妻唐氏，却将其抛在娘家，而去追求在报上征婚的新潮女子秦爱莲。秦爱莲假借自由恋爱之名，行骗人之实。秦爱莲与史勿悔同走上海，骗光其钱财而弃之。

史勿悔虽移情别恋，其妻唐氏始终不弃，后设计重为史勿悔娶妻。新婚之夜，新娘乃旧人，实即唐氏也。至此史勿悔亦醒悟，夫妻重归于好。

2.《实事白话报》1922年12月18日—1923年3月10日（65节未完）寓言小说《新黄粱》浮鸥

书生甄觉，做了一黄粱美梦，梦见自己做了党首、议员、都督，直至贵为总统。制定治国方略，而臻国治民安之境。

3.《实事白话报》1923年3月14日—1923年4月7日（21节未完）实事小说《波斯女》浮鸥

4.《实事白话报》1923年7月14日（11节）—1923年10月21日（99节未完）家庭小说《彩舆错》浮鸥

申梦豪与陈佩琳姑舅亲，本相倾慕，而陈佩琳父母却将其许嫁孙家之丑男，同时申梦豪亦定亲任氏女。二女同日遣嫁，不意大风弄人，舆夫不辨东西，竟将佩琳送至申梦豪家。梦豪与之拜天地时，任氏女又送到。因此兴讼。

5.《小公报》1923年8月5日—1924年1月6日（123节未完）社会小说《自由岸》浮鸥

亦载于《实事白话报》。

6.《小公报》1924年1月6日（61节）—1924年1月24日（79节未完）社会小说《放白鸽》浮鸥

7.《小公报》1924年1月22日—1924年2月14日（14节未完）社会小说《炮底缘》浮鸥

8.《小公报》1924年8月21日（25节）—1924年10月23日（65节未完）侦探小说《哑巴老妈》浮鸥

9.《小公报》1925年1月9日（56节）—1925年1月9日（56节未完）家庭小说《凤凰愁》浮鸥

10.《实事白话报》1927年1月25日（11节）—1927年3月4日（41节未完）哀情小说《爱之反》浮鸥

11.《实事白话报》1927年7月16日（92节）—1927年7月16日（92节未完）家庭小说《女诸葛》浮鸥

12.《实事白话报》1927年10月7日（49节）—1927年10月7日（49节未完）警世小说《新人彘》浮鸥

13.《实事白话报》1928年2月2日（9节）—1928年2月2日（9节未完）实事小说《青楼传》浮鸥

14.《实事白话报》1928年3月23日（26节）—1928年3月23日（26节未完）侦探小说《胭脂僧》浮鸥

15.《实事白话报》1928年7月29日（87节）—1928年8月21日（99节未完）社会小说《情中贼》浮鸥

16.《实事白话报》1928年10月8日（42节）—1928年10月8日（42节未完）寓言小说《兄弟阋墙》浮鸥

17.《实事白话报》1928年12月10日（23节）—1929年1月5日（32节未完）义侠小说《石牛》浮鸥

18.《实事白话报》1929年6月18日（50节）—1929年6月18日（50节未完）社会小说《桃花劫》浮鸥

19.《实事白话报》1930年4月1日（130节）—1930年5月26日（185节完）义侠小说《三官保》浮鸥

三官保者，北京一混混也。虐待父母，休弃原配，原配被逼出家为尼，三官保则娶二房，又霸占妻嫂定氏。景介仁，乃定氏公公凤春之友，闻定氏事，颇不平，与三官保论理，为其打伤。

有郑瘤子者，名为小买卖人，实则侠盗，古道热肠，行侠仗义，知三官保作恶多端，决意为民除凶。遂于南顶庙跑马场，于三官保跑马之际，假作老赶，骑驴上赛马跑道，滑稽可笑。然却以所骑驴将三官保马惊翻，三官保被掀入泥塘，为郑瘤子痛殴。从此三官保敛迹，不敢为非，后离开北京，投军东北，死于非命。

20.《实事白话报》1930年5月27日—1930年7月6日（41节完）赈灾小说《人之劫》浮鸥

民国陕西大荔县连芳镇应荩生，一般实之富户，原配王氏，膝下两子运来、运亨，三女，老少三代十几口人。孰料遭逢兵乱，又加荒年，贩运的货物路中被军队所劫，伙友又以汉奸罪被枪毙。生意歇业，物价奇高，渐入饥荒，终致人食人。应运来将自己的臀肉割下以供父母食用，后竟易子而食。应运来将自己已死的两个女儿，换了别家的儿女来供养父母。孙子正儿死，亦将易他人子而食，荩生手抱孙儿不肯放手，终致饿死。最后，应家十几口人只剩下应运来、应运亨、辛氏、三桂四人。

21.《实事白话报》1930年7月7日—1930年9月7日（62节完）侦探小说《王阿毛》浮鸥

王阿毛乃江夏县令林宝书家奴，后送与太守贾克灿，因其善昆曲受宠。王阿毛与林宝书之女林韵芳青梅竹马，二人相约私奔出走，不虞失约未值。

韵芳走避朱起凤宅，朱起凤之妻侯氏不贞，与开染坊的牛兆麟有染，相约私会朱起凤宅中。牛兆麟赴约恰遇韵芳，牛遂奸之。适王阿毛寻至朱宅，见其情景，以为二人通奸，遂杀牛兆麟并林韵芳。

事发，经危九手始抓获元凶。危九，乃江夏县老捕头，年逾八旬，当年应役之时，经其手破获奇案颇多。

22.《实事白话报》1930年9月8日—1930年11月30日（77节未完）侦探小说《枯木花》浮鸥

前清直隶保定府徐水县大贯村人鱼乐业，娶妻霍氏，四十多岁无子，纳春华为妾。后妻妾同时怀孕，妾男妻女，霍氏将己所生女偷换妾生男，名此子曰续连。

妻霍氏与魏凤才私通，乐业捉奸受伤而死。乐业亡故后，霍氏携续连与魏凤才姘居，并与魏凤才生一子名续生。

霍氏与魏凤才事，为鱼乐业堂叔鱼秀，以奸占财产和私生子为名告发至官，霍氏、魏凤才入狱。鱼秀贿赂县官，侵占鱼乐业家产，将续生逐出。鱼乐业亲子续连，亦为鱼秀以魏凤才私生子名赶走。续连伸冤，终得昭雪。

23.《实事白话报》1931年7月1日（151节）—1931年8月6日武侠小说（181完）《儿女双侠》浮鸥

周氏姐弟二人行侠仗义，故名为儿女双侠。

24.《实事白话报》1931年8月6日—1932年5月25日（280节完）实事小说《张寡妇》浮鸥

河南洛宁墙头村村民张树斗，娶妻张贺氏。后丈夫早死，公公被匪打死，婆婆喝大烟身亡。张贺氏遂与夫弟树奎分爨，自立门户，人称张寡妇。

张寡妇家有田数百亩，一生吃着不尽。只因夫弟不良，勾结匪人，为争财产而将其儿子打死。张寡妇为复仇，遂将地亩卖去，买了数百杆枪，从此驾杆。不料树奎逃在外方，生死未明。张寡妇从此招兵买马，占山为王。后势力愈发壮大，计有步枪3000只，队伍有二师之众。

豫陕晋边区绥靖督办刘镇华，派阮勋副师长前去剿匪，匪首张寡妇被抓伏法。

25.《实事白话报》1932年5月30日（2节）—1932年11月10日（159节完）社会小说《珠翠媒》浮鸥

北京秦汝清局长太太水仙，为拆白党小邹奸拐，二人更名改姓在外姘居。水仙之珠翠为小邹所窃，又被居停主人钱伯斋夫妻及朱勤轩胁迫和敲诈。水仙悔悟，要还珠翠，与秦汝清重归于好。

26.《实事白话报》1932年11月11日—1933年2月28日（98节未完）实事小说《侬之泪》浮鸥

徐茜文喜时髦，征逐于游玩场所。受胡不然小姐蛊惑，主张婚姻自主，与父打官司，要求解除包办婚姻，并要赡养费若干。

27.《实事白话报》1933年5月1日（26节）—1933年10月19日（194节未完）社会小说《摩登毒》浮鸥

（前缺）富家子弟宝珍，乃一轻薄少年也。娶妻魏氏，却在外先后姘鼓姬雪桃红、万倩倩、昌锦芬。与昌锦芬欢会时，服用壮阳药儿致殒命，虽未死却已罹重疾。

28.《实事白话报》1933年10月20日—1934年5月3日（182

未完)《风流冤孽》浮鸥

冷太太原为上海野鸡，与王升等至天津设骗局，色诱男人。至上海投以高额保险，之后则以吸鸦片等种种方法荼毒被骗之男人，追其命亡，得保险费与同伙分润之。

29.《实事白话报》1934年5月5日—1934年10月12日（149节完）社会小说《带血桃花》浮鸥

罗家骏与赵若琫心心相印。提署子秦言，慕赵若琫之色，以甄怀为帮凶，借势陷家骏下狱。

为救家骏，赵若琫入秦府以求转圜，却被软禁，后装疯逃出。秦家败落，赵若琫与家骏终成眷属。

30.《实事白话报》1934年10月13日—1935年2月28日（134节未完）哀情小说《纯情洁爱》浮鸥

高淑华为徐文璜父徐渭学生。淑华、文璜二人兄妹相称，后结为夫妻。

有金大雕者开设赌局，贩卖白面，文璜被诱，深陷其中。后金大雕占淑华为妻，淑华怀为文璜报仇之志，迈入金府。

31.《实事白话报》1936年1月1日（64节）—1936年1月11日社会小说（71节)《狐媚狗》浮鸥

32.《实事白话报》）1936年1月12日—1936年2月7日（25节完）社会缩影《狗报》浮鸥

天津有一西洋人，名福赖姆，富商也，一子阿谋格，一女阿兰司。福赖姆豢一犬，名牲乃。

阿谋格觊觎父财，图谋行窃，为牲乃啮阻。阿谋格愤恨入骨，活埋牲乃。事甫毕，与未婚妻酒后驾车疾驰，但见牲乃绕于车前不去，车失控坠河，二人双亡。

33.《实事白话报》1936年2月8日—1936年5月10日（92节完）社会缩影《鸡魔》浮鸥

天津彭家驹，就职洋行，娶妻佩琳，却在外姘妓女苏老二，又疯魔饭馆女招待王小燕，后遇小学教员李红庄。李红庄善盘球，原是野鸡也，家驹竟与之同居。然红庄不安于室，唆使情人暴打家驹，家驹得下痿之症，红庄弃之不顾。

家驹落魄回家，发妻佩琳不弃，善遇之，未因其荒唐而稍减夫妻之情。

李红庄原为野鸡，故名小说为《鸡魔》。

34.《实事白话报》1936 年 5 月 11 日—1936 年 8 月 22 日（103 节完）生活缩影《三角血》浮鸥

女学生真静梅，校花也，性喜浪漫。与刘荀士、阮如咸二男生善。后嫁刘荀士，却与如咸私通，又毒死刘荀士，与阮如咸同居。

如咸吸食白面，杀死真静梅之情人姚阿顺。真静梅离开如咸，远走他方。

35.《实事白话报》1936 年 8 月 23 日—1936 年 8 月 31 日（9 节未完）生活缩影《一声雷》浮鸥

鸟迷

1.《实 报》1928 年 11 月 19 日（45 节 第 4 回）—1928 年 12 月 25 日（第 7 回 77 节未完）社会长篇《灾官梦》鸟迷

2.《实报》1930 年 4 月 2 日（63 节第 1 回）—1931 年 4 月 13 日完（422 节第 6 回完）社会小说《普大妞儿》鸟迷

北京某大杂院住有数户人家。普大奶奶，男人吴老西，夫妻皆烟鬼，女儿大妞和二妞。方老爷一家，夫妻二人，方老爷太监也，家豢狗数条，补方老爷被阉之缺，以泄方太太之肉欲。德韵如、德大奶奶一家。德韵如，琴师也，在天桥拉弦。普大妞从德韵如学戏，德韵如乘机奸污之。普大妞常出入方老爷家，渐知方家狗之妙用，因已为德韵如破其贞操，经方老爷和方太太撮合，普大妞嫁太监武少亭。钱震臣人称钱阎王，步军统领衙门统带，管辖侦缉队。他与武少亭过往甚密，羡普大妞的美貌，故设计诱陷武少亭，让其开设赌局子，供其烟土白面，之后派人查抄拘捕并枪杀之，钱统带则娶普大妞为如夫人。

陈显之旅长乃王司令手下，陈旅长贩烟土被钱统带查获，欲与之分肥。事为王司令所知，王司令派人至侦缉队抓获钱统带。王司令势焰熏天，总统亦惧三分。钱统带分肥不成反被王司令敲诈 30 万元，并被抄家，钱统领郁愤亡。普大妞与普大奶奶见势败，卷逃而去。普大妞后又姘甄孝勉，甄孝勉谎称为华洋医院院长，骗普大妞钱财远飏。后普大奶奶病故，吴老西被杀，德韵如瘐死，普大妞儿仍沦落世尘。

3.《实报》1930年7月5日—1930年9月30日（85节未完）《姊妹卖血记》鸟迷

羊毛大王家族罹患遗传疾病，死亡殆遍，其病源来自亚洲。德维斯本学政治经济学，改行习医，获医学博士，作羊毛大王的卫生顾问。为追究病原，羊毛大王资助德维斯到中国开设医院，嘱其以中国人为试验品，查明病原，其意不在医院之盈亏也。

德维斯来到中国开立医院，倒卖人体器官和血液。

4.《实报》1931年4月5日—1932年3月1日（第7回前集完）《浪里浮花》鸟迷

北京远东舞厅红舞女吕惜玉，家道中落，无奈供人搂抱。惜玉与谭子光相恋，然惜玉父却将其嫁给人称老金的金司令。入金府，惜玉受虐殆死，被弃置医院不顾，后惜玉病苏，遂在医院为护士。不料为老金所闻，重又将其捉回。

有山东侠客飞燕子刘二官者，飞檐走壁，手使盘龙宝剑，像自来水笔一样的小巧，削铁如泥，山东土匪闻之丧胆。某日，下榻北京旅馆，闻听谭子光述惜玉事，甚不平，出手相助，赠惜玉宝剑，以之刺死老金。惜玉逃往东交民巷躲藏，后又逃到刘二官家乡雄黄村儒林镇。

孰料，为盘踞卧虎山的匪首潘子章掳去，谭子光与刘二官复又寻迹追踪。上集终。

陈慎言

1.《上海商报》1932年9月25日—1932年10月12日（13节）长篇小说《文人傀儡》陈慎言

2.《实报》1935年12月5日（7节）—1936年12月30日（12节未完）社会小说《嬖人别传》陈慎言

（前缺）张金福旅长妻子张太太，时髦漂亮，出外交际，颇多结识。所结识者如张处长张筱卿、黄景熙黄师长，又经柳三太太之绍介，与金将军姘。金福之所以做了卫队旅旅长，即得诸太太与金将军之交厚。张太太与金将军之私情为金福所闻，金福愤而杀妻，令其马弁王明将张太太带出枪毙，王明私释之。

张太太又落入古将军掌中，某日张金福在古将军处，遇被枪毙的妻子，金福诧为见鬼。金福逼问王明，王明逃走。张太太为避金福躲至天津。在天津，柳三太太又为张太太拉拢洪绍春，洪家中本有妻妾，绍春回广东去而不返。张太太被骗至东北，沦落烟花，结识董团长。王明逃离张金福，亦投至董团长，与张太太重逢。二人一起潜逃，不意王明病故。

3.《实报》1937 年 1 月 3 日—1937 年 3 月 25 日（第 2 回 64 节上集终）社会小说《古城新史》陈慎言

古城崇老太太，一子成廉，侄女玉涛。某日玉涛与姑母游公园，路遇王师长，仅一面之照，未通一言，王师长即追踪玉涛至成廉家，威逼成廉，将玉涛赚入府中。某日王师长与玉涛路遇贝府四老太太及七嫂子，王师长又逼玉涛邀贝府七嫂子入其府中。

成廉，浪荡子，祖宗是开国元勋。成廉与文魁合伙，盗窃自家祖坟古物，送王师长。不想，王师长得物后，索求不已，以致拘禁成廉，文魁则远飏。

王师长从文魁家悬照片中见希七爷的福晋，又逼玉涛赚其入府。王师长所为皆是讨好一位年轻的王姓军团长。上集完。

4.《实报》1937 年 3 月 26 日—1937 年 6 月 2 日（第 5 章 65 节未完）社会小说《佛门隐士》陈慎言

5.《实报》1937 年 7 月 1 日—1938 年 8 月 8 日（385 节完）社会小说《天府哀鸿》陈慎言

（前缺）黄季侯黄校长，与曾伯钧（人称钧老），二人在李督理面前争宠。钧老因其千金与李督理关系非同一般，得创办赈济会，捐款落入钧老私囊。

黄校长则花钱买穷苦人家女娃子献李督理。初次所献女娃子，李督理只说用枪打老鼠，此女子便不知如何死在李府。女娃子所得钱物，及督理所给抚恤费 5000 元，都落入黄校长手中。

黄校长再献女子萃青，李督理娶为新太太。黄校长通过萃青买到土捐肥缺。

黄校长、萃青及李府八太太、十太太假公署名卖缺。事为李督理所闻，殴伤萃青，萃青后为十太太毒死。而八太太和十太太惧祸出走，被李督理抓回。十太太与李副官有私，二人被打死在李府院中。李副官是两手两足钉在墙上，十太太更惨，头上钉了一条长铁钉，一直透到嘴里。黄校长所得钱款被李督理追缴，又逼迫其出30万方可了事，黄太太无奈到李督理疏通，被留在府中，始将黄校长放出。此事后，黄校长又派黄太太去李督理处交际，活动土捐一缺。因与七太太同争此官，黄太太被七太太开枪打死。黄校长安葬黄太太，避祸乡间，遭黄旅长抢劫，被李马弁押解省城，途中逃出，避至王幼臣家，钱财被王幼臣盗走，最后死于外甥处。王幼臣亦妻亡财尽。

6.《实报》1938年8月9日—1939年9月14日（228节完）社会小说《窖中花》陈慎言

郭美芳，慈母早逝，不见怜于老父，寄寓舅氏家中。与表兄黄元焯青梅竹马，心意早属，然美芳父为债务所逼，坚欲其嫁老且病的表叔沈锡麟。元焯情场失意，出洋留学。美芳嫁沈锡麟，然琴瑟失和，常常勃豀。

初，沈锡麟与表妹蒋婉卿关系暧昧，沈锡麟手中握有婉卿的私密信件始终不归还，并以此相胁迫，供其驱使，令其在美芳面前谎称黄元焯已死，以绝其念。后婉卿报复，火烧沈锡麟家宅，拿走重要的契据和字据，并携美芳一起出走江西。

到了江西，美芳到南昌铁路局就职，不久，因欠款不得偿还，偷兑两张支票，到手四万元，出走上海，结果款被拐走。后与武夫出身之洪督理结下私情，此情未了。突遇黄元焯，二人终成连理。

7.《实报》1939年10月9日—1940年8月7日（第5章完）社会小说《贵族女儿》陈慎言

文漫漶不清。

8.《实报》1940年8月8日—1941年5月7日（完）《软冤家》陈慎言

北京李府，老爷海观，字敬臣。敬臣有蓄婢之雅，纳妾莲香。海观病故，莲香由张妈引诱结纳李先生。张妈与李先生设局，以托李先生办理存款为名，卷走莲香之钱款及古董远飏，莲香吞戒死。

李薰风

1.《实报》1936年5月21日—1936年9月14日（第6回完）社会小说《地狱天堂》李薰风

（前缺）乡居海甸倭瓜村的魏氏父女，魏德顺与魏秀珍，因避战乱进京，秀珍入郭府为女仆，父入玉府为男佣。后玉府少爷倒卖家中古董，魏德顺得贿私放其出宅，因此入狱。

初，郭府少爷郭振京纠缠秀珍。迨父入狱，秀珍为救父，委身郭振京，后为郭少奶奶侦知，入室殴打秀珍，致其流产。

后秀珍与父回乡村居，当年乡居时，秀珍与郭家海两小无猜，早萌爱意。迨郭家海从南京回乡寻找秀珍，欲圆其姻缘时，则已不见其踪迹。文字迹漫漶。

2.《实报》1937年1月4日—1937年8月15日（第6回未完）社会小说《女科员》李薰风。

民国北平，海伯泉出身没落旗人家庭。祝芳华是北平中学的一朵校花，画报曾登过她的相片。

某机关招考办事员，海伯泉与祝芳华同时报考，恰巧在同一考场应试，二人互递纸条，伯泉写国文，芳华写英文，得以完卷。试后，许多大学毕业生弃录，而仅高中毕业的祝芳华高中，海伯泉亦名落孙山。芳华就职后，汲引海伯泉进局办事，海伯泉为芳华补习国文。文字迹漫漶。

3.《实报》1938年10月11日—1941年11月16日（完）文化小说《北京明星》李薰风

北京的北国饭店舞会，是除看戏观影、逛公园之余最为有名的消遣。某日的礼拜六，沈大少慕钱三小姐名，前来参加舞会。沈大少，丕华，沈军长之子；钱三小姐，秀美，曼美女子中学学生，交际花。沈大少之外，另有刘震亚追逐钱三小姐。刘震亚、乃富商之子。钱三小姐以参加舞会之名向刘震亚商借首饰。

胡人飞，爱美剧社中坚，擅饰彩旦，以男作女，在戏台上唱文明戏，眼风向台下乱飞看，沈府姨太太与其私通。沈丕华遣刘大嘴等人砍死胡人飞。胡人飞妻闻夫死讯，携子三口自杀。沈丕华极力掩盖，外人不悉此案之真相。

施少白、钱尚孔，两位俱是小总会主事者，为话剧界老前辈。钱尚孔有干女儿钱菊蓉者。鲁梦元为钱菊蓉与钱尚孔拈酸吃醋，鲁梦元与钱菊蓉比翼飞南京。钱尚孔与施少白二位受钱太太之托，去南京寻其女钱菊蓉。不虞施少白、钱尚孔、鲁梦元、钱菊蓉四人游览玄武湖，落水溺亡，钱太太精神失常。

蔡之干开设单牌楼照相馆，妻为看护妇王永芳。广培行投资蔡之干照相馆，与王永芳有私。广培行经营投机生意失败，自杀。

密昔菲梨雅，丈夫密斯忒菲梨雅，夫妻二人开办研究夏威夷音乐的音乐社，在北京表演草裙舞。音乐社热心夏威夷音乐的男社员王大卫与菲梨雅有染，菲梨雅与丈夫时有勃豁，最后酿成血案。菲梨雅枪杀丈夫后自杀，王大卫溜走。

钱三小姐捧童伶王小白，为王小白家中筹款填补亏空。然钱三小姐去见王小白时，其师傅挡驾，不得见，失望而返终。文字迹漫漶。

4.《实报》1941 年 11 月 17 日—1942 年 7 月 2 日（第 14 回完）《夫妻儿女》李薰风

大华大学黄达章已婚且育有三子，却去追求富室小姐全飞莺。黄太太申述无门，寻找无踪，且已身怀六甲。无奈，黄太太率三子一女回原籍，苦志抚育儿女。而黄达章与全飞莺去天津同居，并诞一女。文字迹漫漶。

5.《实报》1942 年 7 月 4 日—1943 年 3 月 24 日（第 15 回完）《白衣天使》李薰风

王爱丽，舞女也，从良为胡二老爷妾。胡二老爷罹患肺病，王爱丽欲其早死，而分享其遗产，笼络威逼冯医生对二老爷下手。冯医生不堪其威逼，自杀而死。王爱丽投毒胡二老爷，下手之际被捉，为胡二老爷逐出门外，仍度其搂抱货腰生涯。胡二老爷不久病亡。文字迹漫漶。

6.《实报》1942 年 12 月 16 日—1943 年 12 月 18 日《血手印》李薰风

文字迹漫漶。

7.《实报》1943 年 3 月 16 日—1943 年 12 月 30 日（完）《大观园》李薰风

北京某校女学生严俊娴，胡大海得到严俊娴之照片，欲登诸《黄天画报》。

学校捐款活动，严俊娴独占鳌头，数目领先。同窗张德秀在北京饭店捐款中，结识某总长，并与其有下私情。白明玉，坤伶也，主动上门求见张德秀，向其说明与总长之关系，意欲独占总长。徐小琳建议张德秀乘机提出条件，张德秀向总长提出一万元捐款之要求。文字迹漫漶。

8.《实报》1944 年 1 月 3 日—1944 年 4 月 29 日（第 8 回未完）社会小说《北京外史》李薰风

觉禅

1.《实报》1932 年 10 月 27 日—1933 年 8 月 29 日（第 4 回完）武侠小说《江南剑侠传》觉禅

安徽宣城敬亭山翠云寺，寺之方丈为惠静。惠静为恶霸吴友良陷害，遭发配。吴友良则霸占翠云寺，建欢乐楼，里面机关重重，陷阱密布，设有刀磨。

惠静发配途中为剑侠无愁子所救，从飘渺了为师，剑术学成，重夺翠云寺，攻破欢乐楼。吴友良则误踏机关，为刀磨绞为齑粉。

2.《实报》1932 年 1 月 25 日—1932 年 10 月 26 日（第 10 回完）《尘世剑影》觉禅

清末北京近郊某村王梦麟，发妻周氏，膝下一女若兰。若兰与表兄尤学文幼则青梅竹马，长则约为连理。

会义和拳之乱，有张小三者，乃王梦麟厨子，因豪赌被逐，乘机挟私报复，诬梦麟为教民二毛子，梦麟为义和拳所害。

周氏携若兰、学文避乱，途中失散。学文为铁板道人弟子魏天佑所救，至终南山玉仙观，师从铁板道人习武。

若兰与母亲周氏，为飘渺仙姑女弟子胡秀侠所救，至古北外雁峰山静修庵落脚。飘渺仙姑与铁板道人本自熟识，故若兰与学文得以相会，后寻获张小三，杀之为父报仇。若兰与学文终成眷属，而胡秀侠与魏天佑亦谐连理，周氏则随飘渺仙姑至雁峰山习静而去。

3.《实报》1933 年 8 月 30 日—1933 年 12 月 29 日（第 12 回完）社会小说《梦里春秋》觉禅

闻修仁生三子，济德、济萍、济禄。济德娶妻吴淑贞，却在外姘吴蕙芳。吴淑贞闺房寂寞，亦出外放浪。济萍与父妾春云乱伦，腻妓女翠红。只一子济禄一心向学。

闻家败落，济德贫病死；济萍患梅毒，落下麻脸；而济禄则在南京供职。吴淑贞被毛伯如拐至上海，卷其钱财后，弃之不顾。后毛伯如所携巨款被盗，竟沦为扒手。吴蕙芳则沦落风尘。

4.《实报》1934 年 1 月 27 日—1935 年 1 月 15 日（第 15 回下集终）武侠小说《英雄外传》觉禅

太极门武师杨露禅，收德玉为徒，然德玉非善类，被逐出门。露禅同门师弟李德勇有女玉娥，太极功夫高强，父携其比武选婿，德玉戏侮之，为玉娥出手所伤而殒命。

周国兴母女为都司吴良陷害，玉娥杀吴良之妾红玉，削吴良发辫，以示惩戒。后玉娥与马文光比武定情，结为连理。又擒获盗取京城端王手印的凶僧慈仁送官。

八卦门武师董海川徒弟尹福，行侠仗义，擒获假扮怪兽害人的贺二，为民除凶。适逢慈禧、光绪自西安返跸，尹福随驾扈从至京。

5.《实报》1937 年 5 月 25 日—1937 年 7 月 8 日（第 4 回未完）武侠小说《少林大侠》杨觉禅撰稿，吴一舸绘图

耀臣

1.《北京新报》第 783 号—801 号（18 节完）庄原录《巧团园》耀臣

2.《北京新报》第 802 号—821 号（17 节完）庄原录《龙氏三娘》耀臣

3.《北京新报》第862号—879号（完）庄原录《珠江花舫》耀臣

4.《实事白话报》1920年2月8日（3节）—1920年2月8日（3节未完）庄言录《巧云》耀臣

5.《实事白话报》1920年4月7日（13节）—1920年4月13日（18节未完）庄言录《大小骗》耀臣

6.《实事白话报》1921年9月10日（105节）—1921年9月10日（105节未完）庄言录《铁胳膊王三》耀臣

7.《小公报》1924年7月26日—1924年8月21日（27节未完）庄言录《赵大》耀臣

8.《小公报》1924年8月25日—1924年8月25日（1节未完）讽世小说《舜琴》耀臣

9.《小公报》1924年10月23日—1924年10月23日（1节未完）庄言录《再生缘》耀臣

10.《小公报》1925年4月7日（5节）—1925年4月25日（21节完）社会小说《劝夫改良》耀臣

11.《小公报》1925年4月26日—1925年5月11日（15节未完）庄言录《孙菊仙》耀臣

12.《小公报》1925年6月12日（29节）—1925年6月12日（29节未完）社会小说《大小骗》耀臣

停云

1.《实报》1933年7月5日—1934年2月28日（第20回完）天津实事《龌龊社会》(后改称《津门记实》）停云

葛云峰，本为苦出身，幼拣煤核；发妻是个抢棉花的，即跟在棉花车后拣拾棉花的穷人。

葛云峰后做生意，闹义和团那年发了一点外财，开了一班叫卖行，后又开了一家军衣庄，跟着一个什么督军，到外省去做了一任军需处长，当了一回税官，搂了些个造孽的钱。

葛云峰阔了起来，置发妻不顾，冷落在楼后平房中，以捻棉花度日，而与被称为舅太太的女人同居。

老葛后又娶小太太，此小太太本为大小姐同学。小太太进门，将大小姐和少爷逐出，大太太待如老妈子，大姨太太打下冷宫，舅太太亦搬出。

大姨太太与舅老爷不清不白，舅太太与小杨有情有谊，小太太与外甥少爷、以及舅太太一个干哥哥邹鸿祖私通。后小太太离开老葛，老葛与舅太太正式结婚。舅太太饱历风尘，原为交际花，芳名悼红，至此始得安身之处，绝迹欢场。

镕百

1.《实报》1933 年 1 月 14 日—1933 年 4 月 29 日（第 7 回未完）侠情小说《傀儡春秋》镕百

“九一八”事变后，东北 3000 万同胞受尽暴日和伪国官吏的双重压迫和侮辱。江山好、冯玉梅、侯国柱、李金榜等绿林好汉，奋起抗日，组织义勇军，请秦天和出山为领袖。秦天和，善剑术，留学东瀛，攻习陆军，回国后在政府军队中供职，是位具文韬武略，力能统治全局的奇人。

秦天和恋人温若璧为帮助秦天和组织义军，与伪哈尔滨市长鲍观澄交际，并把他色诱至家中。侯国柱、冯玉梅将其劫持，索得 20 万元钱款。

秦天和组成救国军，任第十路军总指挥，率部光复宾县。

抱残

1.《实报》1937 年 1 月 4 日—1937 年 6 月 2 日（第 42 回未完）清史小说《宦海镜》抱残

八国联军进京，两宫西狩，荣禄随扈，用渭南县令范羊充文牍，范羊不堪任用，离职私走。凑巧，贻谷赴召前来，荣中堂如获至宝，与其商量义和拳及外国交涉事，引为臂助。

贻谷办事勤苦，简放山西臬职，贻谷不就。贻谷兄锦昌，因办奉省东流水垦溺职，充发四川。上谕贻谷办理北口外东西两盟垦务，为其兄赎罪。

贻谷赴任途中，接到郡王旗委员公禀，称郡王旗土萨拉齐丹泊尔造反，有焚局霸垦情事。贻谷到任，抓获丹泊尔，丹泊尔不知悔改，贻将军万不得已将他正法。

贻将军所委置备军械的文哲珲，原是绥远旗人中一位佐领，因贪污受贻谷申斥，惧罪而诬告贻谷。秘折由军机处进呈御览，太后动怒，即着大军机鹿传霖前往查办。贻谷解职任，绍英接任。

荣中堂不念前嫌，范羊开复原官，后得陕臬一缺。范羊结纳鹿中堂，向绍英推荐两个人，一个叫夏三，一个叫胡日贵，皆北京的混混。

孑民

1.《实报》1932年5月4日—1933年12月31日（第9回577节完）武侠小说《白玫瑰》孑民

三皇炮锤拳为明季少林寺普照大师发明，代有传人，清室禁卫军弓箭教授宋迈伦即三皇炮锤拳名师也。

有陈大成、陈二成姐弟二人，其父为山西左云知县，为吴友德陷害致死，不久母亦亡故。姐弟由仆人张福抚养成人，无力复仇，隐名埋姓过活。

姐弟二人为宋迈伦收为徒弟，教授武艺。二成夭殇，大成艺成，以“白玫瑰”名，女扮男装，行侠仗义，又与玉姑联手，杀死孙则李、吴友德，大仇得报。

2.《上海报》1932年10月5日（5节）—1933年1月4日（77节未完）奇情小说《血泊鸳鸯》钟孑民

3.《实事白话报》1933年6月5日　1934年4月1日（289节完）言情小说《泥中絮》孑民

孙祖荫独女玉瑛，入新式学堂，提倡男女交际自由。玉瑛与轻薄少年吴彦甫结交，开房密会，两情缱绻。结果吴彦甫始乱终弃，玉瑛受此打击，恹恹成病，香消玉殒。

又有某男名怀璧者，与甄梅痴自由交际，开房间，一度春风后，梅痴退换房间，不知所终。怀璧又与紫卿交，紫卿移情别恋，登报与他人结婚。怀璧受种种打击，废为疯人。

4.《实报》1934 年 1 月 1 日—1934 年 8 月 22 日（第 4 章 552 节未完）时事小说《北平新史》孑民

胡鼎铭开车，撞毙路人，拂袖而去。

胡鼎铭与李财主之女李月红，一同来京求学。后胡鼎铭留洋日本，携月红同往。

5.《实报》1935 年 1 月 3 日（第 14 回）—1935 年 2 月 20 日（第 37 回未完）写实小说《如之何》孑民

6.《实报》1937 年 12 月 20 日—1939 年 1 月 8 日（第 5 回 356 节未完）侠义小说《玉壶冰》钟孑民

北京西城区新街口一胡同住户孙希贤，一女冰玉。有阔少周庆普者与孙希贤不睦，周庆普入肃王府为西席，仗肃王府威势，为泄私愤，设计陷害，以通匪窝藏罪将孙希贤逮入肃府杖伤，希贤愤而自尽。

为报父仇，冰玉从三皇炮锤名家宋迈伦习武。凶匪赵天鹏抢掠钱财，奸淫妇女。宋迈伦出山，擒获赵天鹏，送官伏法。冰玉艺成，恶霸杨善修肆凶，迈伦遣冰玉枭其首。

“启事：《玉壶冰》小说著者钟孑民先生，日前因病逝世，小说稿件因而中断，不得已至此结束。”①

市隐

（文实权，名耀，笔名市隐，又名燕市酒徒）

1.《爱国白话报》1919 年 11 月 20 日—1919 年 12 月 18 日（28 节完）实事小说《毒饼案》市隐

穆怀德娶妻贾氏，贾氏与穆本现私通欲杀其夫。本现用火药制成毒饼，欲害怀德，怀德啖之呕吐而止。携至姐宅，其姐二女食之而亡。本现二儿大牛、二牛亦误食殒命，一饼四命。案发，穆本现伏法。

2.《爱国白话报》1920 年 1 月 27 日—1920 年 2 月 25 日（23 节未完）警世小说《双官诰》市隐

3.《燕都报》1920 年 5 月 1 日—1920 年 5 月 2 日（2 节未完）警

---

① 钟孑民：《玉壶冰》，《实报》1939 年 1 月 8 日。

世小说《新孽海花》市隐

4.《燕都报》1922年1月5日（第14回）—1922年12月15日（300节未完）绘图历史小说《西太后》市隐文，实权著（后又题李啸天著）

5.《燕都报》1922年1月5日—1922年1月5日（1节未完）侠情小说《贞娘传》市隐

6.《小公报》1924年7月26日（15节）—1924年7月26日（15节未完）哀情小说《恶婚姻》市隐

7.《实事白话报》1924年10月14日—1924年11月16日（34节未完）实事小说《母女同磔录》（亦名《绣花针》）市隐文，实权著

8.《实事白话报》1924年10月29日—1924年12月4日（37节未完）理想小说《火星游记》市隐

9.《实事白话报》1925年1月12日—1925年2月9日（37节未完）警世小说《奇杀案》市隐

10.《实事白话报》1925年4月4日—1925年4月13日（21节未完）实事小说《女阎王》市隐

时感生

1.《实事白话报》1920年4月7日（26节）—1920年4月13日（31节未完）社会小说《藏春庵》时感生

2.《白话国强报》1922年12月9日—1922年12月10日（2节未完）社会小说《赵四皇上》时感生

3.《白话国强报》1924年8月15日（57节）—1924年8月15日（57节未完）北京实事小说《卖妻恨》时感生

4. 1925年8月12日（14节）—1925年8月12日（14节未完）讲演夜谈《修鳞》时感生

5.《群强报》1925年11月5日—1925年11月19日（14节未完）遣兴录《仙露》时感生

“今天改演‘遣兴录’，体裁却与聊斋夜谈相同。今天讲演的玩意儿，因为什么人家说着说着，换了你呢？又为什么不接说聊斋夜谈

呢？诸公有所不知，皆因故去的老友湛引铭先生，在本报主笔□始演《聊斋》，后改夜谈，将些热闹目录，已经说了不少的段儿，搜罗殆尽，即便在下勉强再接着说几段儿，只怕也不及别位的大作。莫若另起炉灶，改演新书，标题为‘遣兴录’，反正不出《谐铎》《夜雨秋灯录》等这路笔记的故事儿。本报由来已久，就有这门讲演小说，阅读诸君也都瞧惯了，故此仍复旧制。”①

6.《白话国强报》1926 年 12 月 21 日—1926 年 12 月 22 日（2 节未完）遣兴录《贾义士》时感生

7.《白话国强报》1927 年 1 月 27 日（13 节）—1927 年 1 月 27 日（13 节未完）遣兴录《马宏漠》时感生

8.《白话国强报》1927 年 2 月 10 日—1927 年 2 月 10 日（1 节未完）遣兴录《陶公》时感生

9.《白话国强报》1927 年 6 月 17 日（20 节）—1927 年 6 月 17 日（20 节完）遣兴录《玉镜夫人》时感生

10.《白话国强报》1927 年 6 月 30 日（13 节）—1927 年 6 月 30 日（13 节未完）遣兴录《定洲狱》时感生

11.《白话国强报》1927 年 7 月 10 日—1927 年 7 月 26 日（18 节未完）遣兴录《灯下美人》时感生

12.《白话国强报》1927 年 10 月 26 日（11 节）—1927 年 10 月 26 日（11 节未完）遣兴录《女道士》时感生

13.《白话国强报》1927 年 12 月 13 日（17 节）—1927 年 12 月 13 日（17 节未完）遣兴录《周烈妇》时感生

14.《群强报》1928 年 6 月 17 日—1928 年 6 月 17 日（1 节未完）遣兴录《狮子王》时感生

15.《群强报》1928 年 7 月 11 日（17 节）—1928 年 7 月 14 日（20 节完）遣兴录《离奇骗术》时感生

16.《群强报》1928 年 7 月 15 日—1928 年 8 月 9 日（26 节未完）遣兴录《冯壎》时感生

---

①时感生：《仙露》，《群强报》1925 年 11 月 5 日。

啸天

1.《燕都报》1922年1月5日（第14回）—1922年12月15日（300节未完）绘图历史小说《西太后》市隐文，实权著（后又题李啸天著）

2.《燕都报》1922年12月15日—1924年10月27日（570节未完）实事小说《香雪奇缘》啸天

3.《实事白话报》1930年8月25日—1930年11月30日（19节未完）《挚爱的姊姊》啸天

4.《实事白话报》1931年7月1日（49节）—1931年10月28日（150节完）苦情小说《南海情鸳》啸天

5.《实事白话报》1931年10月19日—1932年5月13日（185节未完）侠情小说《铁树花》啸天

6.《实事白话报》1934年7月16日—1935年1月1日（158节未完）侠情小说《烟波新绿》啸天

洞庭西杏花港，有水上人家唐氏。主人唐顺，妻钱氏，子玉润，女玉莹。钱氏被易选青奸污。

粉衣女郎何玉霏，侠女也，以袖箭惩戒易选青。钱氏与女儿从师粉衣女郎在洞庭烟波中习武。

铁丐

1.《实事白话报》1928年3月23日（44节）—1928年3月23日（44节未完）社会言情《新鸳恨》铁丐

2.《实事白话报》1928年7月29日（18节）—1928年9月4日（55节未完）奇情小说《六月子》铁丐

3.《实事白话报》1928年10月8日（23节）—1928年12月10日（93节未完）情侠小说《女杰复仇》铁丐

4.《实事白话报》1930年7月18日—1930年11月29日（116节未完）剑术小说《新嫁魔》铁丐

5.《实事白话报》1933年9月8日—1933年12月31日（111节完）侠情小说《黑黛缘》铁丐

缪墨园初与苏若蕙情好，后苏若蕙移情别恋；然所嫁非人，以致染病殒命。

墨园与李黛芳、黄玉芙先后恋爱结婚生子，一夫二妻，琴瑟和谐。

6.《实事白话报》1934 年 1 月 5 日—1934 年 7 月 15 日（184 节完）侠情小说《新鸳影》铁丐

邹玉祥先后娶倩云和银鸾为妻。耿友珍，乃玉祥之义妹，亦钟情于玉祥，辛苦玉成玉祥姻缘而不居功，终生以哥妹相称。

7.《燕都报》1923 年 1 月 10 日—1923 年 1 月 20 日（13 节未完）短篇《罗敷怨》铁丐

北鹤

1.《实事白话报》1922 年 11 月 30 日—1923 年 4 月 7 日（111 节未完）社会小说《红粉劫》北鹤

天津梅花镇王希连之女引弟儿，与金成之子金不换，约为秦晋。金不换负笈天津习法文，就职瑞成公司；因在妓女月娥处荒唐所耗，亏空一万块钱，无法抵偿，无奈去外洋做华工。灾荒之年，引弟儿与母流落天津，母亡，引弟儿被骗入下处为娼，名雪梅。金不换回国于下处与引弟儿相遇，引弟儿研诘其履历得知为己夫。金不换为其脱籍成婚，回乡省亲云。

2.《实事白话报》1923 年 7 月 14 日—1923 年 7 月 31 日（44 节未完）实事小说《拍花子》北鹤

3.《实事白话报》1923 年 8 月 6 日—1923 年 10 月 10 日（57 节未完）社会小说《好男儿》北鹤

4.《实事白话报》1923 年 10 月 20 日（2 节）—1924 年 3 月 10 日（124 节未完）哀情小说《三人墓》北鹤

5.《实事白话报》1924 年 5 月 28 日（6 节）—1924 年 7 月 7 日（39 节未完）实事小说《失盗发财》北鹤

6.《实事白话报》1924 年 7 月 27 日（5 节）—1924 年 11 月 16 日（101 节未完）实事小说《一门贤孝》北鹤

7.《实事白话报》1924 年 11 月 19 日—1925 年 2 月 1 日（63 节

未完）非战小说《生死弟兄》北鹤

8.《实事白话报》1925 年 2 月 9 日—1925 年 4 月 13 日（57 节未完）非战小说《王铁牛》北鹤

9.《实事白话报》1925 年 4 月 20 日—1925 年 6 月 15 日（45 节未完）社会小说《朱砂记》北鹤

10.《实事白话报》1932 年 8 月 6 日—1933 年 2 月 20 日（182 节完）家庭小说《三小姐》北鹤

民国二年，国体甫变，京城名士云集，沪、汉名花亦来京纷树艳帜。红妓情情，本有恩客贾凤祥贾九爷，又与张国良，人称张老十者相好。情情外，桂花仙馆和梦红楼两人亦因张老十争风吃醋。复有洪三小姐亦钟情于张老十，成数人互争之势，以致于在中央公园大打出手，轰动一时。

三小姐乃京城洪总长之女，嫁毛大章，却与万忍暗相往来。及至天津，与某伶人交，钻戒被骗走，且被某伶殴伤。

谔谔生

1.《实事白话报》1933 年 7 月 25 日—1933 年 10 月 10 日（77 节完）《破碎家庭》谔谔生

谢春池，生有三子，曰谢鹿园、谢凤楼、谢鹤庄。谢春池正室亡故，姨太太掌管钱财。谢氏三子荒唐挥霍，又因家产，兄弟阋墙，致破家败业。

2.《实事白话报》1933 年 10 月 12 日—1933 年 12 月 9 日（59 节完）社会小说《人皮纸》谔谔生

沈怀玉入赘单府，夫妻和美，投人寿保险一万元。不久，怀玉恹恹病殂。孰知，此乃骗局也。初则假托单府招婿，招赘后以色及酒害其命，人死便去领取保险金。

按人皮纸，非剥人皮也。纸指保险协议也，以命换取保险金，故称人皮纸。

3.《实事白话报》1932 年 12 月 1 日—1933 年 7 月 24 日（229 节完）武侠小说《黄三太》谔谔生

明朝天启年间，福建漳州地方有一位英雄名叫黄道周。黄道周为福王征召，出山入朝。黄道周弟黄道隆生三子，中名黄秉开者，即黄三太。

黄三太从沧浪居士岳佩南习武。后投身抗清，在郑王手下出生入死。后闽粤义师瓦解，郑经退据台湾，徐图恢复。黄三太返回故里，闭门家居，直至五十岁以后，才重入绿林。

作者按："今日开演之黄三太……在清初之际，武侠队里有黄三太这么一个人，奈因《施公案》《清烈传》诸书，或未肯实指，或真个不知，于英雄本色，武侠奇情，概未能发挥于天下。记者考诸野史，参以私家日记，历叙黄三太出身之所在、武术之精奥，以及种族之观念、爱国之热忱，冀以补说书唱戏之阙文，唤起尚武青年之注意。阅者幸留神今日所演黄三太，即戏台上打窦尔敦之黄三太，切勿援当日损公之例，疑黄三太另有其人。"[①]

非非

1.《群强报》1928年9月19日—1928年9月20日（38节未完）葫芦剩语《生死交情》非非

2.《群强报》1928年9月24日—1928年12月15日（78节未完）葫芦剩语《陈剑豪》非非

3.《群强报》1928年12月17日—1929年7月9日（188节完）葫芦剩语《阋墙祸》非非

4.《群强报》1929年7月11日—1929年7月11日（1节未完）葫芦剩语《奇婚》非非

5.《群强报》1931年1月28日（137节）—1931年1月28日（137节未完）葫芦剩语《智女全贞记》非非

6.《群强报》1931年6月22日（76节）—1931年9月3日（149节未完）葫芦剩语《情误》非非

7.《群强报》1933年4月4日—1933年6月9日（235节第13

① 谔谔生：《黄三太》，《实事白话报》1932年12月1日。

回未完）葫芦剩语·惨情小说《烈妇歼仇记》非非

8.《群强报》1935年1月9日（87节第3回）—1935年1月9日（87节第3回未完）葫芦剩语《拯友酬恩记》非非

9.《群强报》1935年12月14日—1935年12月22日（80节第2回未完）葫芦剩语《彩凤随鸭记》非非

10.《实报》1930年4月4日（43节）—1930年6月27日（72节未完）实事小说《李秀英奸杀案》非非

（前缺）继昌、连氏夫妻，生一女秀英，从师胡桂山学戏。秀英与桂山有染，连氏亦与其结私情。秀英后又姘识胡旅长，胡旅长在粉房琉璃街39号筑金屋藏娇。孰料，奉军退出关外，国都南迁，胡旅长亦随之而去。秀英沦落，以卖笑为生，后欲赴长春。

冷佛

1.《白话捷报》1914年1月5日—1914年1月5日（未完）哀情小说《金锵水》冷佛

2.《燕都报》1922年1月5日—1922年1月5日（1节未完）言情小说《爱欤？仇欤？》冷佛

3.《燕都报》1922年3月16日（3节）—1922年12月5日（236节未完）绘图修正加批《春阿氏》著作者王冷佛，修正者文实权

4.《燕都报》1924年10月26日（155节）—1925年9月20日（459节第28回未完）社会小说《未了缘》冷佛

耿郁溪

1.《实报》1940年8月1日—1941年6月16日（第8章完）《意可香》耿郁溪

文字迹漫漶。

2.《实报》1941年6月18日—1942年4月6日（第6回完）社会言情《落花时》耿郁溪

某大院有四个住户，为吴正名家、颜如玉家、刘好德家和许达仁家。吴静珍嫁车夫而疯癫，颜如玉嫁阔少，刘好德不知所终。文漫漶

不清。

3.《实报》1942 年 4 月 7 日—1942 年 8 月 12 日（第 4 回未完）《风马牛》耿郁溪

4.《实报》1944 年 1 月 1 日—1944 年 4 月 15 日（第 4 章完）《子丑寅卯》耿郁溪

焦纪华、王午亭、李卯利，三人性情各异，互相嘲弄，以为笑乐。李卯利崇洋，王午亭媚古，主张相左，在在荒谬悖理，梯突滑稽。

损公

1.《京话日报》第 3340 号—3355 号（16 节完）新鲜滋味之 21 种实事小说《贞魂义魄》损公

2.《京话日报》第 3356 号—3359 号（4 节未完）新鲜滋味 22 种警世小说《回头岸》损公

3.《白话国强报》1920 年 7 月 12 日（14 节）—1920 年 7 月 12 日（14 节未完）警世小说《人人乐》损公

4.《白话国强报》1920 年 11 月 2 日（35 节）—1920 年 11 月 5 日（38 节完）警世小说《红颜薄命》损公

5.《白话国强报》1920 年 11 月 6 日—1920 年 11 月 17 日（12 节未完）《贾克理》损公

6.《白话国强报》1924 年 12 月 3 日（15 节）—1924 年 12 月 3 日（15 节未完）警世小说《骗中王》损公

毒虫

1.《白话国强报》1921 年 8 月 11 日—1921 年 8 月 11 日（1 节未完）绿林小说《马长江》毒虫

2.《白话国强报》1922 年 12 月 9 日（10 节）—1922 年 12 月 10 日（11 节未完）纪事小说《金陵女》毒虫

3.《白话国强报》1923 年 10 月 16 日（42 节）—1924 年 3 月 19 日（170 节未完）实事小说《军界孽》毒虫

4.《白话国强报》1923 年 10 月 16 日（101 节）—1923 年 10 月

29日（115节未完）实事小说《冯烈女》毒虫

5.《白话国强报》1924年12月3日（11节）—1925年4月18日（119节未完）警世小说《胡匪反狱记》毒虫

6.《白话国强报》1925年4月18日（82节）—1925年4月18日（82节5未完）纪实小说《女知县》毒虫

7.《小小》1926年12月10日（25节）—1927年1月21日（61节未完）实事小说《李五嫂》毒虫

8.《小小》1927年1月21日（7节）—1927年1月31日（18节未完）实事小说《顾曲缘》毒虫

9.《小小》1927年5月30日（22节）—1927年6月11日（33节未完）实事小说《双亲劫》毒虫

10.《小小》1927年8月17日（26节）—1927年8月17日（26节未完）实事小说《妈妈丑》毒虫

11.《小小》1927年9月2日（3节）—1927年9月5日（6节未完）惨情小说《江中魂》毒虫

12.《小小》1927年12月20日—1927年12月24日（未完）实事小说《佛门情波》毒虫

13.《小小》1928年4月11日（10节）—1928年5月1日（30节未完）实事小说《五虎劫》毒虫

赵仙洲

1.《小公报》1925年1月9日—1925年1月9日（1节未完）实事小说《十元钞》仙洲

2.《小小》1925年2月12日（6节）—1925年9月6日（183节未完）纪实小说《燕都怪现形》仙洲

3.《商业日报》1925年9月3日（8节）—1925年9月3日（8节未完）实事小说《双鞍记》赵仙洲

4.《小小》1928年12月23日（27节）—1928年12月23日（27节未完）警世小说《未婚妻》赵仙洲

5.《小小》1929年7月4日（8节）—1929年7月4日（8节未

完）纪实小说《一元钱》赵仙洲

6.《小小》1930年1月26日（59节）—1930年1月26日（59节未完）最近实事小说《巨匪尤占奎》仙洲文，帘碧绘

7.《小小》1930年4月1日（17节）—1930年4月30日（42节未完）纪事小说《雌雄冢》赵仙洲

8.《实事白话报》1930年4月8日—1930年7月9日言情小说《雪艳梨香》赵仙洲文，白帘碧绘

9.《小小》1930年5月29日（55节）—1930年6月5日纪事小说《雌雄冢》赵仙洲

10.《实事白话报》1931年7月1日（83节）—1931年8月25日（133节完）哀情小说《憔悴红颜》仙洲

11.《小小》1931年10月29日（168节）—1931年10月29日（168节未完）实事哀情《落花同梦》赵仙洲

12.《实事白话报》1932年3月14日—1932年6月18日（93节完）侦探小说《断肠狱》仙洲

井儿胡同出命案。女探员杨翠环乔装女仆协助吴探长破案，深入司德宝家盗取下毒所用杯子、手巾包及购毒来往邮寄信件，案得破。

13.《实事白话报》1932年8月30日—1932年10月12日（71节完）纪实小说《青冢残碑》赵仙洲

鲁振彪，号锡武，京兆武清县人，日本士官学校留学，回国任第七军第九师师长，人称老鲁。

李良田，子李奇，儿媳刘氏。老鲁私慕李良田之儿媳，招良田入幕，以图其儿媳。老鲁陷良田入狱，又诬李奇罪名，以惨刑将其打死。刘氏为救公爹，被老鲁奸污。刘氏寻机刺死老鲁，割下其阳物，己则吞金自尽。

14.《小小》1933年8月16日（519节）—1933年10月6日（569节未完）滑稽社会《糁花杨花》赵仙洲

钟智公

1.《实事白话报》1932年4月14日—1932年11月9日（196节

完）社会小说《故都花絮》钟智公

李伯衡之子李少甫，继母程氏遇之不良。谢婉霞，父母双亡，依舅母王寡妇居。少甫慕恋婉霞，结为连理，然不见容于婉霞舅母，将二人拆散。后婉霞竟为其舅母虐待致死。少甫于婉霞坟前洒泪祭奠。

2.《实事白话报》1932年11月10日—1933年6月4日（200节未完）武侠小说《义影侠声》钟智公

3.《实事白话报》1933年12月10日—1934年8月31日（244节完）言情小说《香闺秀色》钟智公

竞新遇慧兰，一见倾心。不虞，慧兰患病未愈，竞新早又情钟于翠娥。

4.《实事白话报》1934年9月1日—1935年1月1日（121节完）言情小说《幻梦情缘》钟智公

吴守仁，妻吕氏，一女吴蕴瑾。守仁有妾桂芳，青楼出身，不安于室，窃守仁钱物卷逃，又意欲拐骗蕴瑾未成。经此一番，守仁悔悟，夫妻和好如初。

5.《北京白话报》1937年9月1日—1937年10月28日（未完）社会言情小说《蝶恋花醉》钟智公

钟超尘

1.《实报》1935年12月4日（第7回）—1935年12月16日（第9回未完）武侠小说《离巢燕》钟超尘

2.《实报》1936年6月1日（第2回）—1936年12月29日（第20回完）武侠小说《粉蝶儿》钟超尘

桂贞从师紫燕，于观音庵习武艺成，以粉蝶儿名，来往江湖，行侠仗义。许文龙，名医之后，与桂贞为师兄妹，同门学艺，耳鬓厮磨，两心早已相许。有悍匪宋明为害地方，哄骗胞妹，先奸后卖。其兄宋亮济恶，盗取官府文卷，粉蝶儿与文龙出手擒宋亮。二人又寻踪追至安肃地方的普济寺，将匪首悟尘和尚抓获。

师傅紫燕圆寂，文龙、桂贞终谐连理。

李醒非

1.《日知小报》1924年1月17日（11节）—1924年3月□日（50节未完）实事小说《钟耐成》李醒非

2.《日知小报》1924年4月□日（39节）—1924年5月□日（65节未完）社会小说《郭寡妇》李醒非

3.《日知小报》1924年5月□日—1924年6月□日（24节未完）惨情小说《孽海奇冤》李醒非

4.《日知小报》1924年6月□日—1924年7月□日（35节未完）家庭小说《看财奴》李醒非

5.《日知小报》1924年8月□日（9节）—1924年8月□日（9节未完）实事小说《小龄儿》李醒非

6.《日知小报》1925年6月12日（14节）—1925年6月12日（14节未完）实事小说《牧猪童》李醒非

7.《日知小报》1925年9月3日（17节）—1925年9月3日（17节未完）实事小说《无义郎》李醒非

燕僧

1.《燕都报》1922年1月5日—1922年1月5日（1节未完）燕京妖魔录《某中堂》燕僧

2.《燕都报》1922年1月5日—1922年3月4日（52节未完）社会小说《梅福结婚记》燕僧

3.《燕都报》1922年2月27日（27节）—1922年3月16日（44节未完）侠义小说《大刀王五》燕僧

4.《燕都报》1922年5月8日（30节）—1922年5月17日（40节未完）《风筝误》燕僧述

二、近代小报小说相关统计数据

（一）小报地区分布表

地区	上海	北京	天津	福建	苏州	无锡
报纸（种）	180	17	1	2	3	2

（二）小报创刊时间分布表

	1911 年前	1911 － 1920 年	1921 － 1930 年	1931 － 1940 年	1941 － 1949 年
南方种数	6	9	86	47	42
北方种数	3	9	5	1	
总数（种）	9	18	91	48	42

（三）小报小说地区分布表

地区	上海	北京	天津	福州	苏州	无锡
篇数	3513	1232	16	35	54	37

（四）小报小说刊载时间分布表

	1911 － 1920 年	1921 － 1930 年	1931 － 1940 年	1941 － 1949 年
南方（篇）	265	636	1085	1499
北方（篇）	112	671	313	19
合计（篇）	377	1307	1398	1518

（五）小报小说连载天数表

	30 － 50 天	51 － 100 天	101 － 200 天	201 － 300 天	301 天以上
篇数	687	749	669	237	191

(六) 小报所载小说篇数排名（前 9）

报名	篇数
《实事白话报》	307
《大世界》	269
《社会日报》	180
《群强报》	168
《东方日报》	154
《北京白话报》	143
《力报》	131
《小小》	109
《新世界》	101

(七) 小说作者篇数排名（前 9）

作家	篇数
捉刀人	161
尹箴明	158
剑　胆	151
耀　亭	94
冯　蘅	87
周天籁	79
田舍郎	64
辽　隐	47
金小春	46

三、近代小报目录

（一）上海

1.《采风报》日刊 1898 年 7 月 12 日—1900 年 10 月 29 日

2.《游戏报》日刊 1897 年 8 月 5 日—1908 年 7 月 24 日

3.《同文沪报》日刊 1900 年 8 月 24 日—1906 年 4 月 27 日

4.《寓言报》日刊 1901 年 3 月 9 日—1905 年 3 月 12 日

5.《笑林报》日刊 1901 年 4 月 2 日—1910 年 5 月 29 日

6.《世界繁华报》日刊 1901 年 6 月 24 日—1907 年 10 月 21 日

7.《新世界》日刊 1917 年 7 月 26 日—1927 年 3 月 3 日

8.《大世界》日刊 1917 年 8 月 19 日—1931 年 6 月 7 日

9.《友声日报》（1919 年 9 月 24 日改为《薄海同文学会机关报》）日刊 1918 年 4 月 11 日—1919 年 10 月 23 日

10.《劝业场》日刊 1918 年 8 月 1 日—1919 年 5 月 2 日

11.《先施乐园》日刊 1918 年 8 月 19 日—1927 年 5 月 18 日

12.《上海新报》日刊 1918 年 10 月 5 日—1919 年 3 月 31 日

13.《振胜日报》1919 年 3 月 2 日—1919 年 6 月 13 日

14.《晶报》三日刊 1919 年 3 月 3 日—1940 年 5 月 23 日

15.《药风日刊》日刊 1919 年 6 月 17 日—1920 年 2 月 5 日

16.《春声日报》日刊 1921 年 5 月 1 日—1921 年 8 月 8 日

17.《社会镜》日刊 1921 年 9 月 2 日—1921 年 11 月 28 日

18.《四民报》日刊 1921 年 10 月 1 日—1922 年 8 月 29 日

19.《天韵报》日刊 1922 年 4 月 15 日—1930 年 3 月 1 日

20.《最小》旬刊 1922 年 11 月 15 日—1926 年 6 月 25 日

21.《小说日报》日刊 1922 年 12 月 3 日—1923 年 9 月 17 日

22.《小报》三日刊 1923 年 1 月 6 日—1923 年 8 月 18 日

23.《世界小报》日刊 1923 年 2 月 16 日—1926 年 3 月 27 日

24.《钟声》周刊 1923 年 7 月 19 日—1923 年 11 月 10 日

25.《轰》三日刊 1923 年 8 月 5 日—1925 年 1 月 15 日

26.《金刚钻》三日刊 1923 年 10 月 18 日—1937 年 8 月 13 日

27.《风人》三日刊 1924 年 5 月 6 日—1927 年 3 月 21 日

28.《显微镜》三日刊 1924 年 6 月 7 日—1924 年 6 月 28 日

29.《海报》三日刊 1924 年 10 月 10 日—1931 年 2 月 4 日

30.《光报》周刊（1924 年 11 月 8 日—1925 年 1 月 31 日）三日刊（1925 年 2 月 5 日 —1927 年 1 月 1 日）1924 年 11 月 8 日 —1927 年 1 月 1 日

31.《上海夜报》日刊 1924 年 12 月 1 日—1925 年 5 月 31 日

32.《电影》三日刊 1925 年 1 月 1 日—1925 年 6 月 10 日

33.《锦报》三日刊 1925 年 3 月 18 日—1926 年 2 月 7 日

34.《晓报》三日刊 1925 年 7 月 1 日—1926 年 3 月 8 日

35.《雄风》三日刊 1925 年 7 月 29 日—1926 年 8 月 12 日

36.《针报》周刊 1925 年 9 月 19 日—1926 年 10 月 23 日

37.《新新》日刊 1926 年 2 月 13 日—1927 年 3 月 3 日

38.《钟报》五日刊 1926 年 3 月 5 日—1927 年 4 月 6 日

39.《笑报》三日刊 1926 年 3 月 5 日—1931 年 2 月 9 日

40.《良报》三日刊 1926 年 4 月 7 日—1927 年 10 月 17 日

41.《繁华报》三日刊 1928 年 4 月 26 日—1928 年 7 月 28 日

42.《爱丝》三日刊 1926 年 6 月 25 日—1926 年 11 月 5 日

43.《福尔摩斯》三日刊 1926 年 7 月 3 日—1945 年 10 月 22 日

44.《小日报》日刊 1926 年 8 月 1 日—1948 年 8 月 31 日

45.《三四》日刊 1926 年 9 月 11 日—1926 年 11 月 21 日

46.《罗宾汉》三日刊（1935 年 5 月 1 日改为日刊）1926 年 12 月 8 月—1949 年 7 月 9 日

47.《洋径滨》三日刊 1926 年 12 月 13 日—1928 年 5 月 21 日

48.《花花世界》三日刊 1927 年 1 月 1 日—1927 年 9 月 20 日

49.《上海趣报》三日刊 1927 年 2 月 7 日—1927 年 6 月 7 日

50.《快乐世界》三日刊 1927 年 2 月 22 日—1929 年 5 月 3 日

51.《繁华世界》三日刊 1927 年 3 月 18 日—1927 年 11 月 12 日

52.《噜哩噜嗦》三日刊 1927 年 4 月 12 日—1928 年 5 月 22 日

53.《快活世界》三日刊 1927 年 4 月 30 日—1927 日 6 月 30 日

54.《谈天说地》三日刊 1927 年 5 月 1 日—1927 年 11 月 17 日

55.《糊裡糊塗》三日刊 1927 年 5 月 5 日—1928 年 6 月 3 日

56.《消闲》二日刊 1927 年 6 月 15 日—1927 年 12 月 10 日

57.《上海繁华》三日刊 1927 年 7 月 7 日—1928 年 4 月 20 日

58.《横行报》三日刊 1927 年 8 月 4 日—1929 年 1 月 17 日

59.《极乐世界》三日刊 1927 年 10 月 12 日—1928 年 6 月 6 日

60.《琼报》三日刊 1927 年 10 月 25 日—1930 年 7 月 29 日

61.《常识》周刊（1927 年 11 月 9 日—1928 年 1 月 25 日）三日刊（1928 年 2 月 1 日—1931 年 4 月 12 日）1927 年 11 月 9 日—1931 年 4 月 12 日

62.《报报》三日刊 1927 年 12 月 1 日—1936 年 6 月 5 日

63.《明镜》三日刊 1927 年 12 月 5 日—1928 年 12 月 16 日

64.《卫生报》周刊 1927 年 12 月 10 日—1930 年 1 月 4 日

65.《雅歌》三日刊 1928 年 1 月 1 日—1928 年 9 月 26 日

66.《龙报》四日刊 1928 年 1 月 23 日—1932 年 1 月 27 日

67.《城隍庙》三日刊 1928 年 1 月 23 日—1928 年 9 月 20 日

68.《礼拜六》周刊 1928 年 4 月 7 日—1932 年 4 月 30 日（随《工商新闻》附送）

69.《福报》三日刊 1928 年 5 月 19 日—1931 年 10 月 14 日

70.《大晶报》三日刊 1928 年 5 月 21 日—1936 年 7 月 19 日

71.《平报》三日刊 1928 年 6 月 6 日—1932 年 1 月 27 日

72.《大金刚钻》三日刊 1928 年 7 月 18 日—1928 年 12 月 5 日

73.《梨园公报》三日刊 1928 年 9 月 5 日—1931 年 12 月 29 日

74.《上海滩》三日刊 1928 年 10 月 1 日—1931 年 5 月 11 日

75.《新解放》三日刊 1928 年 10 月 11 日—1929 年 11 月 21 日

76.《新春秋》三日刊 1928 年 10 月 12 日—1937 年 6 月 13 日

77.《大常识》三日刊 1928 年 10 月 17 日—1930 年 12 月 21 日

78.《大秘密》三日刊 1928 年 11 月 14 日—1930 年 8 月 10 日

79.《新罗宾汉》三日刊 1928 年 11 月 20 日—1932 年 1 月 29 日

80.《真报》三日刊 1929 年 3 月 16 日—1931 年 12 月 19 日

81.《铁报》日刊 1929 年 7 月 7 日—1949 年 6 月 13 日

82.《上海报》日刊 1929 年 10 月 1 日—1939 年 3 月 31 日

83.《敢报》三日刊 1929 年 10 月 31 日—1930 年 4 月 9 日

84.《社会日报》日刊 1929 年 11 月 10 日—1945 年 8 月 7 日

85.《黄报》日刊 1930 年 3 月 13 日—1931 年 9 月 12 日

86.《大上海》三日刊 1930 年 4 月 2 日—1931 年 2 月 14 日

87.《克雷斯》三日刊 1930 年 4 月 3 日—1932 年 1 月 29 日

88.《铃报》日刊 1930 年 4 月 11 日—1932 年 1 月 14 日

89.《大报》日刊 1930 年 4 月 30 日—1930 年 6 月 24 日

90.《上海日报》日刊 1930 年 5 月 16 日—1934 年 9 月 7 日

91.《爱克斯》三日刊 1930 年 6 月 1 日—1931 年 2 月 9 日

92.《正气报》三日刊 1930 年 6 月 7 日—1945 年 10 月 9 日

93.《响报》三日刊 1930 年 9 月 1 日—1931 年 6 月 28 日

94.《太阳报》日刊 1930 年 11 月 15 日—1931 年 4 月 8 日

95.《大方日报》日刊 1931 年 1 月 1 日—1931 年 2 月 12 日

96.《大风》三日刊 1931 年 3 月 12 日—1931 年 10 月 8 日

97.《上海晓报》三日刊 1931 年 4 月 2 日—1932 年 1 月 22 日

98.《ABC 日报》（1931 年 6 月 14 日—7 月 3 日又名《民强报日刊》）日刊 1931 年 4 月 2 日—1931 年 11 月 15 日

99.《世界晨报》日刊 1931 年 7 月 5 日—1946 年 11 月 12 日

100.《正义》三日刊 1932 年 3 月 19 日—1932 年 11 月 29 日

101.《精华日报》日刊 1932 年 4 月 1 日—1932 年 6 月 30 日（1932 年继承《精华新闻》）

102.《晨报》日刊 1932 年 4 月 7 日—1936 年 2 月 2 日

103.《大晚报》日刊 1932 年 4 月 15 日—1949 年 5 月 27 日（继承《大晚报国难特刊》）

104.《电声日报》日刊 1932 年 5 月 1 日—1933 年 12 月 28 日

105.《东方日报》日刊 1932 年 5 月 27 日—1949 年 4 月 30 日

106.《长寿》周刊 1932 年 6 月 10 日—1935 年 4 月 1 日

107.《文化日报》(又名《文化与社会及政治》）日刊 1932 年 6 月

21日—1932年9月18日

108.《时代日报》日刊1932年7月1日—1936年4月30日

109.《影戏生活》日刊1932年9月7日—1933年3月17日

110.《上海商报》日刊1932年9月16日—1937年1月8日

111.《儿童晨报》三日刊1932年10月10日—1937年8月12日

112.《大都会》日刊1933年（上海图书馆仅存四份，1934年4月15日125号、1934年9月7日266号、1934年10月16日305号、1935年1月18日394号）

113.《社会晚报》日刊1934年3月1日—1945年10月8日

114.《立报》日刊1935年9月20日—1948年4月30日（1938年4月1日迁香港出版）

115.《辛报》日刊1936年6月1日—1949年5月12日

116.《市民日报》日刊1937年5月23日—1946年3月31日

117.《力报》日刊1937年12月10日—1945年9月18日

118.《生报》日刊1938年2月15日—1940年5月8日

119.《导报》日刊1938年4月2日—1939年6月30日

120.《上海宁波公报》日刊1938年4月27日—1944年9月10日

121.《上海日报》日刊1938年7月1日—1943年9月27日

122.《迅报》日刊1938年9月15日—1939年10月30日

123.《前线日报》（屯溪、上饶、上海）日刊1938年10月1日—1949年1月7日

124.《好莱坞日报》日刊1939年3月26日—1941年11月26日

125.《正报》日刊1939年4月1日—1939年9月2日

126.《奋报》日刊1939年4月1日—1940年11月30日

127.《袖珍报》日刊1939年6月20日—1939年11月4日

128.《小说日报》日刊1939年8月15日—1941年12月31日

129.《新华》日刊1939年8月23日—1939年9月25日

130.《上海世界》日刊1940年2月2日—1940年3月10日

131.《品报》日刊1940年7月31日—1942年5月31日

132.《电影日报》日刊1940年8月8日—1941年12月1日

133.《平报》日刊 1940 年 9 月 1 日—1945 年 6 月 30 日

134.《吉报》日刊 1940 年 10 月 15 日—1945 年 7 月 31 日（1942 年 6 月 1 日至 3 日与《品报》出联合版）

135.《春秋日报》（1940 年 10 月 23 日改名《上海小报》）日刊 1940 年 10 月 1 日—1940 年 10 月 22 日

136.《上海小报》日刊 1940 年 10 月 23 日—1941 年 4 月 15 日（1940 年继承《春秋日报》）

137.《上海时报》日刊 1940 年 12 月 1 日—1942 年 2 月 13 日

138.《跳舞日报》日刊 1940 年 12 月 21 日—1942 年 3 月 19 日

139.《绍兴戏报》日刊 1941 年 1 月 6 日—1941 年 3 月 15 日

140.《申曲日报》日刊 1941 年 3 月 6 日—1943 年 1 月 31 日

141.《万象报》日刊 1942 年 2 月 21 日—1942 年 2 月 28 日

142.《万言报》日刊 1942 年 3 月 1 日—1942 年 8 月 31 日（继承《万象报》）

143.《影舞日报》日刊 1942 年 3 月 20 日—1942 年 9 月 29 日

144.《海报》（1945 年 8 月 19 日改名《正报》）日刊 1942 年 5 月 1 日—1945 年 8 月 18 日

145.《繁华报》日刊 1943 年 9 月 13 日—1945 年 7 月 31 日

146.《大上海报》日刊 1943 年 10 月 21 日—1945 年 8 月 28 日

147.《光化日报》（1945 年 10 月 4 日改名《光复日报》）日刊 1945 年 4 月 14 日—1945 年 9 月 28 日

148.《正报》日刊 1945 年 8 月 19 日—1945 年 10 月 19 日（1945 年 8 月 19 日继承《海报》）

149.《大众日报》日刊 1945 年 8 月 29 日—1945 年 9 月 15 日（继承《大上海报》）

150.《吉普》周刊 1945 年 11 月 16 日—1946 年 8 月 22 日

151.《海风》周刊 1945 年 11 月 17 日—1946 年 8 月 3 日

152.《海光》周刊 1945 年 12 月 5 日—1946 年 7 月 30 日

153.《七日谈》周刊 1945 年 12 月 19 日—1946 年 8 月 14 日

154.《和平日报》日刊 1946 年 1 月 1 日—1949 年 5 月 24 日

155.《快活林》周刊 1946 年 2 月 2 日—1947 年 8 月 5 日

156.《海晶》周刊 1946 年 2 月 21 日—1946 年 12 月 24 日

157.《风光》周刊 1946 年 3 月 11 日—1946 年 10 月 18 日

158.《周播》周刊 1946 年 3 月 15 日—1946 年 9 月 1 日

159.《东南风》周刊 1946 年 3 月 21 日—1947 年 4 月 17 日

160.《是非》周刊 1946 年 3 月 25 日—1946 年 5 月 30 日

161.《沪光》周刊 1946 年 3 月 31 日—1947 年 9 月 30 日

162.《上海特写》周刊 1946 年 5 月 21 日—1947 年 2 月 1 日

163.《今报》日刊 1946 年 6 月 15 日—1946 年 11 月 30 日

164.《星光》周刊 1946 年 7 月 13 日—1946 年 10 月 19 日

165.《香雪海》周刊 1946 年 7 月 31 日—1947 年 6 月 10 日

166.《越剧报》周刊 1946 年 8 月 4 日—1949 年 10 月 9 日

167.《诚报》日刊 1946 年 8 月 15 日—1947 年 5 月 31 日

168.《沪报》日刊 1946 年 8 月 16 日—1947 年 5 月 15 日

169.《苏报》日刊 1946 年 9 月 22 日—1947 年 9 月 6 日

170.《飞报》日刊 1946 年 10 月 16 日—1949 年 7 月 9 日

171.《天报》日刊 1947 年 3 月 5 日—1947 年 4 月 30 日

172.《真报》日刊 1947 年 3 月 12 日—1949 年 3 月 31 日

173.《群报》日刊 1947 年 4 月 5 日—1947 年 10 月 31 日

174.《力报》日刊 1947 年 4 月 6 日—1949 年 4 月 30 日

175.《大风报》日刊 1947 年 4 月 15 日—1949 年 4 月 30 日

176.《风报》日刊 1947 年 5 月 1 日—1949 年 4 月 26 日

177.《光报》日刊 1947 年 5 月 2 日—1947 年 9 月 30 日

178.《上海人报》日刊 1947 年 5 月 18 日—1948 年 2 月 7 日

179.《活报》日刊 1947 年 7 月 20 日—1949 年 6 月 14 日

180.《上海书坛》周刊（1948 年 12 月 24 日—1949 年 4 月 30 日）半周刊（1949 年 6 月 4 日—1951 年 1 月 6 日）1948 年 12 月 24 日—1951 年 1 月 6 日（继承《书坛》）

（二）北京

1.《京话日报》日刊 1904 年 8 月 16 日—1923 年 4 月 5 日

2.《正宗爱国报》日刊 1908 年 4 月 3 日—1913 年 7 月 27 日

3.《北京新报》日刊 1910 年 7 月 7 日—1912 年 12 月 8 日

4.《群强报》日刊 1913 年 2 月 9 日—1936 年 4 月 30 日

5.《爱国白话报》日刊 1913 年 7 月 30 日—1922 年 2 月 26 日

6.《白话捷报》日刊 1913 年 8 月 3 日—1914 年 8 月 22 日

7.《白话国强报》日刊 1918 年 10 月 1 日—1925 年 4 月 8 日

8.《小公报》日刊 1919 年 8 月 1 日—1925 年 6 月 12 日

9.《北京白话报》日刊 1919 年 12 月 1 日—1938 年 9 月 5 日

10.《实事白话报》日刊 1920 年 2 月 8 日—1932 年 8 月 3 日

11.《燕都报》日刊 1920 年 5 月 1 日—1925 年 9 月 20 日

12.《日知小报》日刊 1920 年 9 月 11 日—1926 年 10 月 4 日

13.《商业日报》日刊 1922 年 1 月 15 日—1945 年 9 月 23 日（1922 年继承《北京商业日报》）

14.《时言报》日刊 1922 年 12 月 14 日—1924 年 2 月 4 日

15.《小小》（又名《小小日报》）日刊 1925 年 2 月 12 日—1936 年 8 月 30 日

16.《实报》日刊 1928 年 11 月 19 日—1945 年 9 月 21 日

17.《实事白话游艺报》日刊 1938 年 10 月 1 日—1939 年 3 月 31 日

（三）天津

1.《白话晨报》日刊 1927 年 12 月 13 日—1928 年 3 月 31 日

（四）福州

1.《华报》日刊 1930 年 11 月 9 日—1937 年 6 月 30 日

2.《小民报》日刊 1936 年 4 月 1 日—1937 年 6 月 30 日

（五）苏州

1.《吴语》日刊 1921 年 3 月 10 日—1928 年 1 月 18 日

2.《大光明》三日刊（1929年8月23日—1932年10月28日）日刊（1932年11月1日—1936年12月31日）1929年8月23日—1936年12月31日

3.《吴县晶报》三日刊1932年6月26日—1935年9月30日

（六）无锡

1.《锡报》日刊1921年4月10日—1948年11月20日

2.《人报》日刊1932年4月3日—1949年3月25日

管翼贤：《北京报纸小史》，载《中国近代报刊发展概况》（杨光辉等编），北京：新华出版社，1986 年

汪仲贤撰文，许晓霞绘图：《上海俗语图说》，上海：上海书店出版社，1999 年

魏少昌编：《鸳鸯蝴蝶派研究资料》，上海：上海文艺出版社，1962 年

《海派作家人物志》，上海：浩气出版公司，1946 年

上海图书馆所藏有关小报缩微胶卷（详目见附录三近代小报目录）

●莊嚴錄●

賽金花

劍膽

不演興亡事跡　不談優孟衣冠　新詞艷說楚江蘭　香草美人騷怨
誰是英雄兒女　都歸孽海波瀾　愧將野史託稗官　傳此金花小傳
仙子人間游戲　幻來怪怪奇奇　南柯夢眠是痴兒　誰可名標青史
俠骨芳心何似　危巢一木能支　閱書君等莫猜疑　恕我糊塗拙筆

西江月罷　接續就說賽金花這段事故　如今先把書中節目　草叙了大略　原說賽金花　本是李飛雲之後身　其中稍涉迷信　謂李飛雲　係上海堂子一個名妓　與舉子洪文卿結識　兩人交最密　燈前月下海誓山盟　願生生世世爲夫婦　後文卿落魄　不能赴京應試　李飛雲慨然出所畜贈之　臨別握手殷殷問後期　文卿揮淚謂飛雲曰　感卿高義　沒齒難忘　倘金榜有名　當聘卿歸里　以金屋貯之　飛雲亦洒涕而言曰　願上天佑我兩人　爲有情之眷屬　語至此　分手而去　後洪至京應試　竟爲金榜第一人　大魁天下　遠近皆知　李飛雲聞之喜不自勝　終日盼望彩輿來迎　不料洪竟背盟　飛雲情不能已遂自縊死　後十五年　洪在滬　又識一雛妓　名賽金花者　兩人一見　如舊相識　當晚即爲賽梳櫳惟見粉香膩玉之脖項　有紅線一週　心甚怪之　問於賽　賽亦不知　後洪爲之脫籍　位之小星　擅寵專房　洪遂携賽宦遊各國八九年　賽由此能通德英兩國語言文字　習染歐風　竊取男女自由之說　到處結交男友　洪因此氣憤而死　此賽金花第一期之艷史也　在下既然要將此事實　演成白話　勢不得不從洪文卿結識李飛雲起首　然其中原因結果　暗寓報應昭彰　可爲負意者　作當頭之棒喝　誠爲小說最妙之資料也　以上所述各節　作爲本題一個小小楔子　至於內中陪襯人名住址　與事實無甚關係姑從假借　閱者當於無字中求之　自然得其眞像矣　話是交代明白啦　跟着這就開書　且說江蘇蘇州府平江縣　有位士子姓龔　名弼　號叫良卿　年紀就在二十上下的歲數　生得面白如玉　唇紅似硃兩道劍眉　一雙鳳目　鼻直口方　項圓耳厚　才儲八斗　學富五車　十九歲上　在京鄉省　中式解元　爲人性情堅孤　好以權術用事　家有幾畝薄田　父母早已去世　娶妻鄭氏　亦係書香名門之女這且不在話下　時逢杏林絢錦　柳岸垂絲之際　這龔良卿　從家中出來　到街上閑遊　見街道路北新開一家酒樓　那酒旗兒挑在樓窗以外　被那春風兒吹得飄飄䍡䍡　不覺勾起飲酒的興味來　遂走至

…歡了身　喚作配眞　…長的既白…

這個女子能說

終日出去辦理外交　可是性情淫蕩不甘壓伏　自己…

在家裏還要爭寵　老…本是…

小說

花

一

利之所在　自然誰也不肯讓誰

道台衙門可就出…

場了　配眞雖然口似懸河

說得理由充足

…敵四手　好漢架不住人多

四五…

…前給他說話　宜佈他…

配眞…

市隱…

收權所…